DICTIONNAIRE BORDAS

DES

SYNONYMES

ANALOGIES
ANTONYMES

DICTIONNAIRE BORDAS

DES

SYNONYMES

ANALOGIES
ANTONYMES

par

Roger Boussinot

Bordas

000068661

© Bordas, Paris 1981
ISBN 2-04-012009-2 1re édition
ISBN 2-04-016147-3 2e édition

Avertissement

Tout dictionnaire des synonymes est fondé sur un paradoxe.
Aucun mot de la langue française n'est en effet, rigoureusement synonyme
d'un autre : chacun recèle une nuance qui lui est propre, qui le différencie
et qui, d'ailleurs, justifie son existence. Aussi " voisins " soient-ils, deux
termes ne peuvent être pris l'un à la place de l'autre que si l'on recherche
*entre eux une **équivalence** et non une totale **identité qui n'existe pas.***

On peut donc dire qu'il n'y a pas de synonymes, que chaque mot a son
identité propre, comme les personnes.
D'autre part, le mot isolé est impuissant à rendre compte de l'idée, sauf
exceptions quasi-miraculeuses fortement motivées par un contexte favorable ;
seule la phrase la module avec plus ou moins de bonheur au terme de ce com-
bat douteux qu'est l'art de l'écriture. On peut aussi dire que le mot, comme
la note musicale, n'a jamais tout à fait la même «coloration» dans deux phrases
différentes.
Et pourtant, dans la logique elle-même de ce paradoxe, le dictionnaire des
synonymes est un instrument de travail indispensable, puisque son objet est
précisément de fournir à l'usager la possibilité de choisir le mot exact, la
note précise dans la gamme des mots.
Or, la plupart des ouvrages existants, tout occupés à servir l'usager par des
définitions, recherches étymologiques, explications, comparaisons — certes
érudites et précieuses — s'alourdissent de tout cela jusqu'à perdre cette
qualité essentielle de l'instrument de travail : la simplicité d'usage par rap-
port à l'efficacité du service rendu.

Notre " Dictionnaire des Synonymes et des Antonymes ", en se voulant
avant tout instrument de travail, de manipulation rapide et pratique, se pré-
sente donc comme une immense collection de mots groupés en fonction de
leur " voisinage par le sens " — leur plus ou moins réelle équivalence étant
tributaire de l'usage que l'on veut en faire. Ainsi " glisse-t-il " tout naturel-
*lement vers **l'analogique**, le " glissement " en question suivant la pente de*
la pensée analogique d'un homme d'aujourd'hui.
Dans le même esprit, il nous a paru indispensable de faire une large part aux
termes courants, familiers, populaires, argotiques et même triviaux, ainsi
qu'aux locutions et expressions usuelles qui donnent à la langue française
d'aujourd'hui, écrite aussi bien que parlée, une vitalité tellement remarquable.

ABRÉVIATIONS

Absol.	=	Absolument
Abusivt.	=	Abusivement
Adj.	=	Adjectif, ou Adjectivement
Adm.	=	Langage administratif
Agric.	=	Agriculture
Anat.	=	Anatomie
Anc.	=	Ancien
Angl.	=	Anglais
Antiq.	=	Antiquité
Archit.	=	Architecture
Arg.	=	Argot
Biol.	=	Biologie
Bx-Arts ou *Bx-A.*	=	Beaux-Arts
Class.	=	Langue classique
Dés.	=	Terme désuet
Dr.	=	Langage du Droit
Eccl.	=	Langage ecclésiastique
Érud.	=	Langage érudit
Étym.	=	Etymologiquement
Fam.	=	Terme familier
Fig.	=	Figuré
Fisc.	=	Terme fiscal
Gén.	=	Sens général, ou générique
Id.	=	Idem
Intr.	=	Intransitivement
Iron.	=	Ironiquement
Jur.	=	Langage juridique
Lat.	=	Latin
Litt.	=	Littéraire
Mar.	=	Terme de marine
Méd.	=	Terme médical
Milit.	=	Langage militaire
Mod.	=	Moderne
Mor.	=	Moral, ou Moralement
Mus.	=	Musique
Néol.	=	Néologisme
N.m.	=	Nom masculin
N.f.	=	Nom féminin
Par ex.	=	Par exemple
Par extens.	=	Par extension
Péj.	=	Péjoratif
Peu us.	=	Peu usité
Phil.	=	Langage philosophique
Plais.	=	Plaisant, En plaisanterie
Polit.	=	Langage politique
Pop.	=	Langue populaire
Pr.	=	Sens propre
Prép.	=	Préposition
Psych.	=	Psychologie
Qqch.	=	Quelque chose
Qqn.	=	Quelqu'un
Rég.	=	Régional
Restrict.	=	Restrictivement
Scient.	=	Langage scientifique
Sc. nat.	=	Sciences naturelles
Sport.	=	Langage sportif
Subst.	=	Substantif, ou Substantivement
Théâtr.	=	Théâtre
Théol.	=	Théologie
Topogr.	=	Topographie
Trans.	=	Transitivement
Triv.	=	Trivial
Vulg.	=	Vulgaire
Zool.	=	Zoologie

ABAISSEMENT

Amoindrissement
Diminution
Rapetissement
Avilissement
Détrônement
Affaiblissement (du pouvoir)
Remise à la base (*polit.*)
Dégradation
Rétrogradation (de rang)
Humiliation
Descente
Dévaluation *et* Dévalorisation
Abrutissement
Décadence
Déchéance
Déliquescence
Honte
Ignominie

● ANTONYMES : Élévation, Augmentation, Ascension, Renforcement, Établissement, Rétablissement, Épanouissement.

ABAISSER

(*En hauteur, en importance, moralement*)
Baisser *et* Rabaisser
Amoindrir
Rapetisser
Apetisser (*class.*)
Descendre
Diminuer
Détrôner
Avilir
Affaiblir
Dégrader
Rétrograder
Humilier
Remettre à la base (*polit.*)
Dégommer (*pop.*)
Rabattre (l'orgueil, la ou les prétentions)
Ravaler (au rang de...)
Déprécier
Dévaluer *et* Dévaloriser

● ANTONYMES : Dresser, Élever, Relever, Élire, Sublimer, Augmenter, Exalter, Louanger, Louer, Flatter, Faire valoir.

ABAISSER (S')

V. TOMBER
V. DÉCHOIR
En venir à... Finir par...
Descendre (jusqu'à)
Condescendre (à *ou* jusqu'à)
Consentir (à)
Se laisser aller (à)
Se déculotter (*pop.*)
(*plus les transitifs d'*ABAISSER *employés seuls ou en locutions*).

● ANTONYMES : Se faire valoir, Se hisser (jusqu'à), Se glorifier (de), Se mettre en (évidence, en vedette, en avant, etc.), S'afficher, Se vendre soi-même, Se gonfler (*fam.*).

ABANDON

Renoncement *et* Renonciation
Abandonnement
Délaissement
Abdication
Résignation (de quelque chose)
Capitulation
Désistement
Fuite
Désertion
Reniement
Rétractation
Abjuration
Apostasie
Démission
Non-lieu (*jur.*)
Dessaisissement
Négligence (à l'abandon)
Consentement
Laisser-aller (*ou* Laisser-faire)
Inertie
Friche
Veulerie (morale) [V. LÂCHETÉ]
Cession *et* Rétrocession
Don *et* Donation

● ANTONYMES : Prise, Possession, Main mise, Assaut, Conquête, Inculpation, Entretien, Conservation, Mise (*ou* Remise) en état, en ordre, etc., Obstination, Acharnement, Dynamisme, Résistance, Acquisition.

ABANDONNÉ

Seul *et* Solitaire
Laissé
Quitté
Donné
Cédé
Plaqué (*fam.*)
Lâché (*fam.*)
Planté là (*fam.*)
Consenti
Sacrifié
Déserté
Délaissé
Fui
Laissé en cadeau
Excommunié
Évacué (lieu)
Renié
Résilié (un engagement)
Répudié
Laissé pour compte
Orphelin (*fam.*)
Cocu
Lanterne rouge (*pop. sport cycliste*).
Esseulé
Dépeuplé
Désert
Désolé
Inhabité
Sauvage
Isolé
Écarté
En quarantaine
Perdu
En fourrière
En friche
Vide (une maison)
Inculte (un champ)
Trouvé *et* Sans famille (un enfant)

● ANTONYMES : Entouré, Adopté, Gardé, Défendu, Occupé, Peuplé, Soutenu, Disputé, Cultivé (champ).

ABANDONNER

Laisser
Laisser tomber (*fam.*)
Quitter
Poser
Déposer
S'éloigner
Partir
Déloger
Renoncer
Résigner (quelque chose)
Donner
Planter là (*fam.*)
S'absenter
Plaquer (*fam.*)
Déguerpir
S'en aller
Évacuer
Ficher le camp (*pop.*)
Vider les lieux (*fam.*)
Céder
Lever le siège
Consentir
Lâcher
Sacrifier
Déserter
Délaisser
Fuir
Faire défection
Dire adieu (à)
Se désister (de)
Se dessaisir (de)
Se dépouiller (de)
Se démettre (de fonctions)
Se séparer (de)
Se désintéresser (de)
Se résigner (à)
Se défaire (de)
Renier
Changer
Abjurer
Abdiquer
Caner (*pop.*)
Mettre les pouces (*pop.*)
Se laisser glisser (*pop.*)
Se rétracter
Acquitter (*jur.*)
Accorder un non-lieu (*jur.*)
Rompre
Résilier (un engagement)

Émigrer
Déménager
Ne plus vouloir de
Répudier
Perdre
Divorcer (de)
Prendre ses cliques et ses claques (*fam.*)
Partir sans demander son reste (*fam.*)
Se tirer en douce, en lousdé (*arg.*)
Partir (S'éclipser, etc.) en catimini, sur la pointe des pieds, sans laisser d'adresse, à la cloche de bois, à l'anglaise, dans le brouillard
Faire cadeau (de)

● ANTONYMES : Prendre, Conquérir, Garder, Occuper, Venir, Maintenir, Conserver, S'obstiner, Mettre en accusation, Épouser.

ABANDONNER (S')

Se livrer
Se laisser aller (ou faire)
Se plaire *et* Se complaire (à *ou* dans)
Accepter
Se donner
S'adonner (à)
Se fier (à)
Se confier
Se prêter (à)
S'en remettre (à)
S'épancher
S'ouvrir (à quelqu'un)
Se laisser prendre (à quelque chose)
Ne pas résister (à)
Avoir une faiblesse
Être séduit (par)
Capituler (devant)

S'en remettre (à)

● ANTONYMES : Se défendre, Se reprendre, Se ressaisir, Disputer, Lutter, Refuser, Résister, Se méfier, Se fermer (à), Attaquer.

ABASOURDIR

Rendre sourd
Assourdir
Casser les oreilles (*fam.*)
Étourdir
Assommer
Crier comme un sourd
Faire gueuler la sono (*pop. mod.*)
Plein les esgourdes (*arg.*)
Ensabler les portugaises (*arg.*)
Ahurir
Abêtir
Abrutir
Hébéter
Étonner
Ébahir
Stupéfier
Consterner
Accabler

● ANTONYMES : Faire entendre, Demeurer silencieux, Éveiller (l'esprit), Charmer, Plaire.

ABÂTARDIR

Altérer
Adultérer
Dénaturer
Vicier
Avarier
Détériorer
Falsifier
Pourrir

Dégénérer
Gâcher
Ternir le blason
Métisser

● ANTONYMES : Régénérer, Légitimer.

ABATTEMENT

1. Perte d'énergie, de tonus, de dynamisme, de « moral »
Accablement
Adynamie
Dépression
Étésie
Break down (*néol.*)
Lassitude
Découragement
Stress (*néol.*)
Fatigue
Prostration
Indolence
Anéantissement (*fig.*)
Nonchalance
Torpeur (*fig.*)
Épuisement
Inertie (*fig.*)
Affaiblissement
Affaissement (*fig.*)
Assoupissement (*fig.*)
Langueur
Mollesse
Alanguissement
Stagnation
Engourdissement (*fig.*)
Léthargie (*fig.*)
Paralysie (*fig.*)
Asthénie
Apathie
Atonie
Marasme
Consomption
Démoralisation
Dépérissement
Affliction

Relâchement
Consternation
Ennui
Cafard (*fam.*)
Morbidesse
Bourdon (*fam.*)
À zéro (*fam.*)
V. PARESSE

2. Exonération (*fisc.*)
Diminution (*fisc.*)
Exemption (*fisc.*)
Marge (*fisc.*)
Dégrèvement (*fisc.*)
Soustraction
Remise

• ANTONYMES : 1. Vigueur, Dynamisme, Tonus, Optimisme, Santé.
2. Surimposition, Surtaxe, Pénalisation.

ABATTRE

Faire tomber, s'écrouler
Tomber (*trans.*) [*fam.*]
Démolir
V. DÉCOURAGER
Renverser
Ruiner
Jeter (à ses pieds, *ou* bas, *ou* à bas)
Démanteler
Raser
Terrasser
Triompher (de)
Défaire
Assommer
V. TUER *et ses synonymes* : ASSASSINER, MASSACRER, METTRE À MORT, OCCIRE, FAIRE UN CARNAGE, VERSER LE SANG, SUPPRIMER, FUSILLER, EXÉCUTER.
Dessouder (*arg.*)

Brûler (*arg.*)
Bousiller (*arg. anc.*)
Buter (*arg.*)
Descendre (*arg.*)
Faire pain grillé de quelqu'un (*arg.*)

• ANTONYMES : Dresser, Construire, Soutenir, Défendre.

ABATTU

Accablé
Affaibli
Anéanti
Épuisé
Écrasé (*fig.*)
Éteint (*fig.*)
Sans ressort (*fam.*)
Découragé
Affligé
Consterné
Prostré
Morne
Démoralisé
Mélancolique
Déprimé
Sombre
Taciturne
En proie au cafard
Atone
Qui a le moral à zéro (*fam.*)
Terne
En pleine dépression
Morose
Malheureux
Tué
Triste *et* Attristé
Éreinté
Vide (*fig.*) *et* Vidé (*fig.*, *fam.*)

• ANTONYMES : Optimiste, Dynamique, Confiant, Heureux.

ABBAYE

Cloître
Couvent
Monastère
Moutier (*anc.*)
Prieuré
Laure
Béguinage

ABBÉ

Ecclésiastique
Curé
Ministre du culte
Prêtre
Vicaire
Prédicant (*anc.*)
Desservant
Pasteur (*anc.*)
Capelan (*anc.*)
Prestolet (*fam.*, *péj.*)
Corbeau (*pop.*, *péj.*)
Ratichon (*pop.*, *fam.*)
Ensoutané (*péj.*)

ABCÈS

Pustule
Bouton
Bubon
Clou (*pop.*)
Apostème *ou* Apostume (*anc.*)
Panaris
Orgelet
Furoncle
Anthrax
Phlegmon
Tumeur purulente
Fongus *et* Fongosité
Lipome
Hématocèle
Mal blanc (*pop.*)
Muguet (*pop.*)
Empyème

Cancer
Tumeur maligne

ABDICATION

Renonciation
Démission
Résignation (d'une charge)
Abandon
Capitulation
Concession
Départ
Disparition
Résiliation
Lâcheté
Veulerie

● ANTONYMES : Maintien, Obstination, Contre-attaque.

ABDIQUER

Renoncer
Démissionner
Se désister
Se démettre
Résigner
Abandonner
Se dessaisir
Se dégager
S'en aller
Partir
Laisser
Faire place nette
S'enfuir
S'expatrier
Émigrer
Se découronner
Se dépouiller
Faire le sacrifice de
Disparaître
Résilier ses fonctions

● ANTONYMES : Se maintenir, Garder le pouvoir, Refuser, S'obstiner, Rester, S'accrocher (*fam.*)

ABDOMEN

Ventre
Hypogastre
Panse (*péj.*)
Bedaine (*fam.*)
Messer Gaster (*anc.*)
Bedon (*fam.*)
Bide (*arg.*)
Bidon (*arg.*)
Buffet (*arg.*)
Giron (*anc.*)
Flanc (*litt.*)
Tripe (*fam.*)

ABEILLE

Apis (*sc. nat.*)
Mouche à miel (*pop.*)
Avette (*anc.*)
Reine (mère)
Faux bourdon (mâle)
Apidés (*gén.*)
Mellifères (*gén.*)
Hyménoptère (*gén.*)
Aculéate mellifère (*gén.*)

ABERRANT

ABERRATION
V. ABSURDE, ERREUR, SE TROMPER

ABÊTI

V. BÊTE
Abruti
Hébété
Idiot
Imbécile
Crétin
Dégénéré
Gâteux
Brute

Obtus
Stupide
Cruche *ou* Cruchon (*pop.*)
Melon (*pop.*)
Ensuqué (*provençal*)

● ANTONYMES : Intelligent, Éveillé, Réveillé.

ABÊTIR

Assoter (*anc.*)
Rendre sot (*ou* bête, *ou* idiot, *etc.* V. SOT)
Abrutir
Ahurir
Hébéter
Ensuquer (*provençal*)
Abalourdir (*fam.*)
Abasourdir

● ANTONYMES : Rendre intelligent, Éveiller, Réveiller.

ABHORRER

Haïr
Exécrer
Détester
Abominer
Avoir en aversion, en haine, en horreur
Ne pas pouvoir supporter, admettre, aimer, sentir, souffrir
Avoir dans le nez (*pop.*)
Ne pouvoir voir en peinture (*pop.*)
Être à couteaux tirés
Maudire
Vomir
Mépriser

● ANTONYMES : Aimer *et tous les syn. de ce verbe.*

11

ABÎME

Profondeur insondable
Abysse
Gouffre
Précipice
Aven (*rég.*)
Maelström (*plus notion de* « Tourbillon »)

● ANTONYMES : Sommet, Cime.

ABÎMER

Détériorer
Causer (*ou* Faire) des dégâts *ou* des dommages
Dégrader
Endommager
Délabrer
Ruiner (abîmer totalement)
Gâter
Abâtardir
Édulcorer
Pervertir
Salir
Profaner
Vicier
Pourrir
Détraquer
Casser
Esquinter (*fam.*)
Ébrécher
Saboter (*fam.*)
Amocher (*fam.*)
Déglinguer (*fam.*)

● ANTONYMES : Réparer, Soigner, Conserver, Bichonner (*fam.*)

ABÎMER (S')

Sombrer (*mar.*)
S'engloutir *mar.*)
Couler (*mar.*)

S'enfoncer (*mar.* et *fig.*)
Au fig. :
S'absorber
Se plonger
Sombrer
Se vautrer (*péj.*)
Se perdre en (*ou* dans)
Se consumer
Se concentrer sur

● ANTONYMES : Rester lucide, Garder l'esprit clair, Rester présent, Participer.

ABJECT

Vil
Bas
Ignoble
Ignominieux
Infâme *et* Infamant
Infect
Méprisable *et* Méprisé
Honteux
Hideux
Avili *et* Avilissant
Taré
Sordide
Sale
Ordurier
Misérable
Haïssable
Effrayant
Impur
Immonde
Crapuleux
Dégradant
Déshonorant
Grossier
Dégoûtant
Indigne
Dégueulasse (*triv.*)
Innommable
A faire vomir
Lâche
Laid

Mesquin
Odieux
Servile
Vulgaire
Détestable *et* Détesté
Haïssable *et* Haï

● ANTONYMES : Noble, Respectable, Beau, Bien, Pur, Estimable, Estimé.

ABJECTION

Bassesse
Vilenie
Saleté
Avilissement
Honte
Déshonneur
Ignominie
Infamie
Déchéance
Chute
Souillure
Fange
Impureté
Turpitude
Tare
Misère (morale)
Crapulerie
Dégradation (morale)
Grossièreté
Indignité
Laideur
Servilité
Vulgarité
Vénalité

● ANTONYMES : Bien, Beau, Beauté (morale), Noblesse, Propreté, Honneur.

ABJURER

Apostasier
Renier *et* Se renier
Devenir un renégat

Renoncer (à une foi)
Rétracter (*fig.*)
Se dédire
Se désavouer
Se convertir (à une autre foi)
Quitter
● ANTONYMES : Se convertir, Embrasser une croyance, Jurer, Confirmer.

ABLATION

Amputation
Abscision (*méd.*)
Excision (*méd.*)
Exérèse
Opération
Résection
Mutilation
Autotomie *ou* Auto-amputation
● ANTONYME : Greffe.

ABLUTION

Se laver, Lavage
Débarbouillage
Soins corporels
Toilette
Bain
Douche
Nettoyage (Se nettoyer)
Aspersion
Affusion
Lustration (*litt.*)

ABNÉGATION

Oubli *ou* Sacrifice de soi-même
Dévouement
Désintéressement
Altruisme

Renoncement
Holocauste (*litt.*)
Sacrifice
Humilité
Bonté
● ANTONYMES : Égoïsme, Égotisme, Égocentrisme, Arrivisme, Esprit de domination, Autisme (*phil.*).

ABOI et ABOIEMENT

Jappement
Glapissement
Hurlement
Grognement
Clabaudement
Clabaudage

ABOLIR

Anéantir
Supprimer
Défaire
Annuler
Abroger
Casser (*jur.*)
Invalider
Révoquer
Rompre
Effacer
Dirimer
Infirmer
Annihiler
Rendre nul et non avenu
Résilier
Rapporter
Renverser
Abattre
Jeter bas
Extirper
Détruire
● ANTONYMES : Ériger, Construire, Jeter les bases de, Édifier, Glorifier.

ABOMINABLE

Détestable
Monstrueux
Horrible
Atroce
Très mauvais
Exécrable
Effrayant
Insupportable
Intolérable
Dégoûtant
Écœurant
A faire fuir
Déplorable
Terrible
Haïssable
● ANTONYMES : Aimable, Adorable, Joli, Séduisant, Agréable, Beau, Intéressant.

ABOMINER
V. HAÏR et ABHORRER

ABONDAMMENT
V. BEAUCOUP

ABONDANCE

Grande quantité
Plus que suffisant
Richesse
Profusion
Foison *et* Foisonnement
Pluie de...
Pléthore
Déluge de...
Luxe de...
Luxuriance
Affluence
Opulence
Beaucoup de...
Quantité de...
Bon nombre de...
Grouillement

Foule de...
Exubérance

● ANTONYMES : Pénurie, Manque, Insuffisance, Pauvreté, Indigence, Disette, Raréfaction.

ABONDANT

Riche (en)
Nombreux
En grand nombre
Copieux
Fertile
Fourmillant de...
Pullulant de...
Regorgeant (*fig.*) de...
Plein de...
A la pelle (*fam.*)
A profusion *et* Profusément
En masse
Des tas de... (*fam.*)
A satiété
A grande dose
Luxuriant
Touffu

● ANTONYMES : Rare, Recherché, Parcimonieux, Au compte-gouttes, Peu, Clairsemé, Exceptionnel, introuvable, Maigre, Pas lerche (*arg.*)

ABORD
V. ACCUEIL

ABORD (D')

Avant
Avant tout
Premièrement
Primo
Auparavant
Préalablement
Précédemment

Antérieurement

● ANTONYMES : Après, A la fin, In fine (*lat.*), Pour finir, Enfin, Postérieurement.

ABORDS
V. AUTOUR, ALENTOURS, ENVIRONS.

ABORDER

Approcher *et* S'approcher
Accéder
Avoir accès (à)
Arriver
Accoster
Atteindre
Toucher (*mar.*)
En venir à...
Commencer
Rejoindre
Racoler

● ANTONYMES : S'en aller, S'éloigner, En finir avec, Terminer, Conclure, Rompre.

ABORIGÈNE

Autochtone
Indigène
Natif
Naturel

● ANTONYMES : Étranger, Naturalisé.

ABOUCHER

Mettre bout à bout (*ou* bouche à bouche) [deux tubes]
Abouter

ABOUCHER (S')

Se mettre en rapport (avec)
S'entendre (avec)
Prendre contact
Prendre langue
Engager des pourparlers
Rencontrer
Conférer
Se réunir
Traiter
Entrer en pourparlers
(*Noter que* S'aboucher *contient une nuance péjorative que n'ont pas ses synonymes.*)

● ANTONYMES : Fuir, Refuser le contact, Éluder.

ABOULIQUE

Sans volonté
Mou
Velléitaire
Lunaire
Capricieux
Susceptible de lubies, de revirements
Instable
De volonté débile
Fantaisiste

● ANTONYMES : Volontaire, Têtu, Obstiné, Dynamique.

ABOUTER

Joindre *et* Adjoindre
Mettre bout à bout (autre chose que deux tubes)
Tailler (une vigne)

ABOUTIR

Mener à bien (quelque chose.)
Arriver au résultat
Finir
Conclure
Parvenir à
Terminer *ou* Se terminer (par)
Trouver l'issue
Réussir

● ANTONYME : Échouer à.

ABOUTISSEMENT

Issue
Bout
Terme
Terminaison
Résultat
Conclusion
Fin
Réussite

● ANTONYMES : Début, Commencement, Origine, Entrée, Prémices, Naissance, Échec.

ABOYER

V. ABOI
(*Au sens figuré*) « *Aboyer après quelqu'un* » :
Crier
Gueuler (*pop.*)
Engueuler (*pop.*)
Interpeller violemment
Brailler (*fam.*)
Hurler
Rugir
Tonitruer
Vociférer
Braire (*péj.*)
Beugler (*péj.*)

Bramer (*fam.*)
Brailler aux chausses (de quelqu'un)
S'époumoner (contre quelqu'un)
Japper (après quelqu'un)
Glapir

● ANTONYMES : Murmurer, Chuchoter, Susurrer, Bourdonner, Ronronner, Roucouler. (V. PARLER.)

ABRACADABRANT

Sans queue ni tête
Saugrenu
Extravagant
Fantastique
Fantasmagorique
Farfelu
Fantasque
Baroque
Biscornu
Extraordinaire
Bizarre
Étonnant
Cocasse
Invraisemblable

● ANTONYMES : Normal, Ordinaire, Commun, Quotidien, Banal, Quelconque, Insignifiant.

ABRÉGÉ (*n.m.*)

Raccourci
Résumé
Sommaire
Condensé (*n.m.*, *néol.*)
Digest (*néol.*)
Contraction (*n.f.*, *néol.*)
Précis (du lat. *præcidere*, « couper »)

Analyse (*n.f.*)
Topo
Notice
Compendium
Épitomé (Abrégé d'histoire)
Extrait (*au pluriel*, à l'usage des classes)
Manuel
Promptuaire (*anc.*)
Somme (Abrégé de théologie)
Aperçu (*n.m.*)

● ANTONYMES : Somme, Thèse, Version originale non expurgée, Totalité, Complet, In extenso, Intégral, Entier.

ABRÉGER

Raccourcir
Écourter
Résumer
Accourcir (*anc.*)
Réduire
Resserrer
Serrer
Faire plus court, plus bref
Diminuer
Rapetisser
Amoindrir
Ratatiner (*pop.*)
Apetisser (*anc.*)
Rétrécir
Étrécir
Condenser
Faire un digest (de) [*néol.*]
Restreindre (le temps)
Couper

● ANTONYMES : Allonger, Étirer, Prolonger, Rallonger, Agrandir.

ABREUVER

Faire (*ou* Offrir *ou* Donner à) boire
Apaiser (*ou* Étancher) la soif (de quelqu'un)
Désaltérer (quelqu'un)
Payer un pot, un godet, un pichet, une pinte (à quelqu'un) [*fam.*]
Soûler la gueule (*vulg.*)

(*Plus les emplois du suivant précédés du verbe* Faire *ou d'un verbe équivalent; ex.* : Faire s'abreuver)

ABREUVER (S')
V. Boire

ABRI

Refuge
Asile
Retraite
Couverture (*fig.*, *néol.*)
Planque (*arg.*)
Gîte
Cachette
Lieu sûr
Tanière
Toit
Trou
Retrait
Terrier
Repaire
Antre
Bauge
Casemate (*milit.*)
Cagna (*arg. milit.*)
Guitoune (*arg. milit.*)
Couvert (*n.m.*)

• ANTONYMES : Découvert (n.m.), Rase campagne.

ABRITER

Héberger
Couvrir
Loger
Garer
Cacher
Offrir *ou* Donner asile
Protéger
Planquer (*arg.*)

• ANTONYMES : Exposer, Abandonner en plein vent, Laisser se rouiller, Ne pas prendre soin de.

ABRITER (S')

Se couvrir
Se garer
Se protéger
Se loger
Se cacher
Se planquer (*arg.*)
Se réfugier
Se mettre hors d'atteinte (de)
Trouver asile
Se retrancher (dans *ou* à)
Se garantir
Se dérober (à)
Se terrer
Se tapir
Se barricader
Se motter (*chasse*)
Se dissimuler

• ANTONYMES : S'exposer, Se montrer, S'exhiber, Se risquer, Se mouiller (*fam.*)

ABROGATION

Abolition
Annulation
Révocation
Cassation (*jur.*)

Infirmation
Invalidation
Résiliation
Suppression

• ANTONYMES : Promulgation, Proclamation, Confirmation, Décret, Ordonnancement, Commandement, Codification, Légalisation.

ABROGER
V. Abolir

ABRUPT

Escarpé
À pic
Raide (en pente raide)
Montant
Malaisé
Rude (*pr.* et *fig.*)
Ardu
Difficile
Revêche (caractère)
Franc (*id.*)
Net (*id.*)
Âpre (*id.*)
Entier (*id.*)
Acerbe (*id.*)
Rogue (*id.*)
Rébarbatif

• ANTONYMES : Accueillant, Facile, Accessible, En pente douce, Aimable, Gentil.

ABRUTI
V. Brute, Bête, Abêtir

ABRUTIR
V. Abêtir

ABSCISSE
V. Coordonnée

• ANTONYME : Ordonnée

ABSCONS

Inintelligible
Obscur (*fig.*)
Abstrus (*litt.*)
Incompréhensible
Impénétrable
Indéchiffrable
Inexplicable *et* Inextricable
Sibyllin
Indébrouillable

et, par glissement du sens :
Abstrait
Confus
Compliqué
Difficile à comprendre
Nébuleux
Indéfini *et* Indéfinissable
Ambigu
Équivoque
Amphibologique
Embrouillé
Indistinct
Mystérieux
Énigmatique
Insoluble

● ANTONYMES : Clair, Lumineux, Simple *et* Facile (à comprendre), Élémentaire, Compréhensible, Accessible.

ABSENCE

(N'être) pas là (*ou* pas ici)
Carence
Défaut
Contumace (*jur.*)
Manque
Lacune
Disparition
Éloignement
Séparation
Étourderie

Défaut de mémoire *ou* d'intérêt
Être dans la lune
Distraction
Inattention

● ANTONYMES : Présence, Assistance.

ABSENT

Manquant
Défaillant
Contumace *ou* Contumax (*jur.*)
En allé
Parti
Enfui
Invisible
Évanoui
Évaporé
Envolé
Escamoté
Disparu
En fugue *et* En fuite
En voyage
Excusé
Envoyé

● ANTONYMES : Présent, Assistant, Bien là, En chair et en os, En personne, Témoin, Lui-même.

ABSENTER (S')

Manquer
Ne plus être là (*ou* ici)
Disparaître
Faire défaut
S'éloigner
Se faire porter pâle (*fam.*)
Partir
S'en aller
S'enfuir
Décamper

Déménager
Prendre ses cliques et ses claques
S'éclipser
Quitter
Mettre les adjas (*arg.*)

● ANTONYMES : Être présent, Arriver, Se présenter, Rester.

ABSOLU

Libre, Dégagé (de toute contrainte). [Du lat. *absolutus.*]
Sans contrôle
Sans compte à rendre
Sans contrainte
Autocratique
Autoritaire
Dictatorial
Césarien
Hitlérien,
Stalinien
Omnipotent
Despotique
Souverain
Tout-puissant
Discrétionnaire
Tyranique
Hégémonique

Au sens métaphysique :
Total
Infini
Idéal (*adj.*)
Parfait
Le meilleur

Au sens philosophique :
En soi (Héraclite, Platon, Kant)
Substance *Causa Sui* (Spinoza)
Parfait, Total *et* Achevé :
l'Être (Parménide); Dieu (saint Anselme, Descar-

17

tes); Dieu ou Nature (Spinoza); Être pur (Hegel)

● ANTONYMES : Relatif, Conciliant, Libéral, Faible.

ABSOLUMENT

Tout à fait
Oui
Bien sûr!
D'accord!
Exactement
Précisément *et* Avec précision
Complètement
Nécessairement
Indispensablement
Entièrement
De façon · indispensable
Malgré tout
Radicalement
Diamétralement
Parfaitement
Totalement
À fond (*fam.*) *et* À bloc (*arg.*)
Pleincment

● ANTONYMES : Peut-être, Possible, Pourquoi pas?, Ce n'est pas sûr, On verra, Éventuellement, Relativement, A peu près, Virtuellement, Si ça se trouve (*fam.*).

ABSOLUTION

Pardon
Acquittement
Grâce
Rémission
Amnistie
Aman
Mtséricorde

Oubli
Clémence
Relaxe (*jur.*)
Non-lieu (*jur.*)
Réhabilitation
Décharge
Absoute
Renvoi
Libération

● ANTONYMES : Sévérité, Intransigeance, Inflexibilité, Dureté, Rigueur, Tyrannie, Implacabilité, Inclémence, Accusation, Punition, Condamnation.

ABSOLUTISME

Pouvoir absolu *ou* discrétionnaire
Dictature
Autocratie
Autoritarisme
Caporalisme
Césarisme
Bonapartisme
Hitlérisme
Stalinisme
Tyrannie
« L'État, c'est moi »
Hégémonie
Droit de vie et de mort
Délire de puissance
Paranoïa
Esclavagisme
Militarisme

● ANTONYMES : Égalitarisme, Démocratie, Anarchie (*étym.*), Communisme (*idéal*), Individualisme.

ABSORBÉ

Participe passé V. ABSORBER

Au fig. :
Méditatif
Pensif
Occupé par
Abstrait
Préoccupé par
Songeur
Rêveur
Tout à (quelque chose)
Concentré sur
Perdu dans
Tendu vers
Veillant

● ANTONYMES : Inattentif, Distrait, Disponible.

ABSORBER

Boire
Avaler
Gober
Assimiler (*fig.*)
Pomper (absorber par aspiration)
S'imbiber (par capillarité)
Se détremper (par délayage ou détrempe)
Se pénétrer
Se mêler
Se combiner
Ingurgiter (*aussi au fig.*)
Ingérer (*aussi au fig.*)

● ANTONYMES : Cracher, Régurgiter.

ABSORBER (S')
V. ABÎMER (S')

ABSOUDRE

Pardonner
Acquitter
Innocenter
Réhabiliter
Gracier

● ANTONYMES : Accuser, Juger, Condamner, Punir.

ABSTENIR (S')

Se priver
Se passer (de)
Rester neutre, indifférent, à l'écart, inactif
Ne pas voter, ne pas prendre parti, ne pas décider
S'empêcher
Ne dire ni oui ni non
Refuser (de)
Se brosser (*pop.*)
Se l'accrocher (*pop.*)
Faire ceinture (*pop.*)
Se mettre la tringle *ou* la ceinture (*pop.*)
Passer à l'as (*pop.*)

● ANTONYMES : Décider, Prendre parti, Voter, Participer.

ABSTINENCE

Jeûne
Privation
Diète
Manque
Sobriété
A jeun
Ceinture (*pop.*)
(Faire) Tintin (*arg.*)
(Faire) Ramadan
(Faire) maigre
(Faire) carême

● ANTONYMES : Gloutonnerie, Voracité, Goinfrerie, Intempérance, Débordements (sexuels).

ABSTRACTION

Séparation (*fig.*)
Isolement (par la pensée)
Concept
Idée (abstraite et générale)

Vue de l'esprit
Être (*ou* Chose *ou* Fait) imaginaire

Par extens. :
Soustraction

ABSTRAIRE

Séparer (*fig.*)
Faire abstraction (de)
Isoler (*fig.*)
Laisser de côté *ou* à l'écart
Ne pas tenir compte de

ABSTRAIRE (S')

S'isoler (par la pensée)
Se séparer (*id.*)

ABSTRAIT

Conceptuel
Cérébral
Intellectuel
Idéel (*néol.*)
Non-figuratif (*bx-arts*)
Profond
Caché
Difficile à comprendre
Abstrus (*péj.*)
Obscur
Méditatif (*litt. class.*)
Indifférent (*id.*)

● ANTONYMES : Concret, Figuratif (*en peinture*), Imagé, Facile à comprendre, Directement accessible (*fig.*), Réel, Réalité, Sensible.

ABSURDE

Irrationnel
Aberrant

Déraisonnable
Extravagant
Illogique
Insensé
Kafkaïen
Fou
Stupide
Incohérent (*fig.*)
Inconséquent
Incompréhensible
Inepte
Décousu
Idiot
« Credo quia absurdum » (Tertullien)
Saugrenu
Sot

● ANTONYMES : Raisonnable, Logique.

ABUS

Excès
Exagération
Trop grand usage de
Usage excessif de
Injustice
Illégalité
Exaction
Immodération
Outrance
Disproportion
Superfluité
Superfétation
Trop-plein
Hyperbole
Pléthore

● ANTONYMES : Modération, Pondération, Justice.

ABUSER

Tromper
Duper
Escroquer

Capter
Suborner
Mystifier
Illusionner
Leurrer
Induire en erreur
Enjôler
Entortiller (*fam.*)
Mettre dedans (*fam.*)
Embéguiner (*rég.*)
Violer
Séduire
Violenter
Souiller (sexuellement)

● ANTONYMES : Détromper, Éclairer.

ABUSIF

Exagéré
Excessif
Immodéré
Démesuré
Exorbitant
Outré
Hyperbolique
Extrême
Injuste
Inique
Injurieux

● ANTONYMES : Mesuré, Juste, Modéré.

ABYSSE
V. ABÎME

ACABIT
V. ESPÈCE et QUALITÉ

ACADÉMICIEN

Immortel
Pensionnaire du Quai
Conti
Un des Quarante

ACADÉMIE
V. ÉCOLE, INSTITUT et CORPS

ACADÉMIQUE

Classique
Châtié
Impeccable
Noble
Pompeux
Pompier (*fam.*)

● ANTONYMES : Argotique, Familier, Simple.

ACARIÂTRE

Acrimonieux
Atrabilaire
Hypocondriaque
Revêche
Rogue
Rechigné
Grincheux
Maussade
Bilieux
Rébarbatif
Hargneux
Quinteux (*fam.*)
Coléreux
Ronchonneur (*fam.*)
Renfrogné
Grogneur
Grognard
Aigre (*fig.*)
Âpre (*fig.*)
Pimbêche
Harpie
Rébecca (*arg.*)
Bougon
Bourru
Incommode
Irritable
À la rigueur :
Maussade

Morose
Nerveux

● ANTONYMES : Facile, Heureux, Complaisant, Aimable, Liant, Ouvert, Amène, Affable, Courtois.

ACCABLANT

Pesant
Écrasant
Accusant lourdement
Fatigant
Épuisant
Trop chaud
Caniculaire
Torride
Affreux
Lourd
Orageux

et aussi :
Affligeant
Consternant

● ANTONYMES : Soulageant, Innocentant, Léger, Frais, Tempéré, Vivable.

ACCABLEMENT
V. ABATTEMENT

ACCABLER

Accuser lourdement
Charger
Écraser
V. ABATTRE
V. DÉCOURAGER
Fouler (*fig.*)
Noircir
Éreinter
Enfoncer
Mettre en mauvaise posture
Vilipender

Calomnier
Opprimer
Pressurer
Exploiter
Surcharger
En faire un bouc émissaire
Faire porter le chapeau
ou le bada (*arg.*)

et aussi :
Consterner
Affliger
Atterrer

● ANTONYMES : Soulager, Innocenter, Acquitter, Réhabiliter, Libérer, Louanger, Flatter, Flagorner.

ACCALMIE

Calme
Pause
Bonace (*mar.* et *fig.*)
Apaisement
Tranquillité
Sérénité
Embellie
Éclaircie
Paix momentanément rétablie
En voie d'extinction
Sécurité *ou* Quiétude momentanée
Repos

● ANTONYMES : Au plus fort de la tempête, Danger maximal, Feu de l'action, Coup de feu, Moment de pointe.

ACCAPARER

Prendre tout, Acheter tout
Monopoliser

Confisquer (à son profit)
Truster
Rafler
Détourner
Concentrer
Centraliser
Ne laisser à personne d'autre
Raréfier
Mettre la main sur la totalité de
Se payer (*fam.*)
Occuper tous les instants (de quelqu'un)
Se mettre en avant
Tenir le devant de la scène
Obnubiler (l'esprit de quelqu'un)
Tenir toute la place (dans l'esprit ou le cœur de quelqu'un)
S'imposer

● ANTONYMES : Liquider tout, Jouer le jeu de la libre concurrence, Rationner également, Partager, Répartir, Distribuer.

ACCÉDER

S'approcher (lat. *accedere*)
Avoir accès (à)
Pénétrer jusqu'à
Atteindre (avec difficulté) [*fig.*]
Aborder
Parvenir à
Entrer (Réussir à entrer)
Arriver à (*ou* jusqu'à)
Déboucher sur
Se frayer la route jusqu'à
Monter (*ou* Grimper) les échelons jusqu'à

● ANTONYMES : Rester hors de, Ne pas parvenir à, Stationner à la

porte de, Se tenir (ou être tenu) à l'écart de, Piétiner devant, Se voir refuser l'accès de, Être incapable d'arriver à (*ou* jusqu'à).

ACCÉLÉRER

Aller plus vite
Accroître la vitesse
Hâter *et* Se hâter
Forcer le mouvement (*fam.*)
Activer
Presser, Se presser *et* S'empresser
Se dépêcher brusquement
Expédier
Précipiter *et* Se précipiter
Pousser
Appuyer sur le champignon (d'une automobile) [*fam.*]
Donner un coup de rein (*cyclisme*)
Sprinter (*sport.*)
Faire vinaigre (*ou* fissa, *ou* ficelle) [*arg.*]
Se grouiller *ou* Se magner (*arg.*)

● ANTONYMES : Ralentir, Prendre son temps, Lambiner.

ACCENT

Écrit :
Aigu
Grave
Circonflexe
Cédille
Coronis
Astérisque
Apostrophe
Renvoi

Point
Tilde

Pour la voix :
Intonation
Inflexion
Cri
Articulation
Ton

Pour la musique (au plur.)
« Aux accents de ») :
Sons (« Aux sons de »)
Cris (« Aux cris de »)
Chant (« Au chant de »)
Rythme (« Au rythme de »)
Couplets (« Sur les couplets de »)

● ANTONYMES : Atone, Inaccentué.

ACCENTUATION

Scansion
Articulation
Modulation (de la voix)
Ponctuation (*fig.*)
Diction
Élocution
Expression
Prononciation

En peinture :
Intensité (de touche)
Sensibilité
Heurt (de couleurs)
Force (du trait)
Contraste
Exagération concertée
Lisibilité
Expressivité

ACCENTUER

Mettre les accents
Mettre l'accent (*fig.*)
Marquer avec force
Appuyer sur

Pousser
Peser sur
Souligner (*fig.*)
Articuler
Ponctuer
Marteler (les mots, une idée)
Détacher (*id.*)
Prononcer
Scander
Exprimer fortement
Accélérer *et* Accroître
Faire remarquer (*ou* bien voir) que

● ANTONYMES : Minimiser, Aplatir, Neutraliser, Dissimuler, Masquer, Banaliser.

ACCEPTER

Prendre ce qu'on vous offre
Consentir
Admettre
Agréer
Souffrir (que *ou* quelque chose)
Souscrire (à)
Se prêter (à)
Accéder (à)
Acquiescer
Permettre (que *ou* quelque chose)
Opiner du bonnet
Concéder (quelque chose *ou* que)
Dire oui
Donner son agrément à (quelque chose)
Ratifier
Assentir (*anc.*)
Toper (*pop.*)

● ANTONYMES : Refuser, Repousser, Réprouver, Dire non.

ACCEPTION

Signification exacte
Sens
Portée
Valeur
Désignation
Force (d'un mot)

Sens particulier :
Préférence, Favoritisme (de personnes) [*péj.*]

● ANTONYMES : Signification générale, En gros, Extension, Sens détourné.

ACCÈS

1. V. CRISE

2. V. ACCÉDER et ABORDER
Entrée
Porte
Ouverture
Passage
Seuil
Pas
Voie de pénétration
Arrivée

● ANTONYMES : Issue, Sortie, Descente.

ACCESSIBLE

Que l'on peut atteindre (*ou* toucher)
Abordable
Accostable
D'un abord aisé (ou facile)
D'un accueil agréable
Amène (Affable, Gracieux, etc.)

Au fig. :
Compréhensible
Compréhensif (*pour* Acces-

sible à un sentiment ou à une idée)

● ANTONYMES : Inaccessible, Intouchable, Inabordable, Hors d'atteinte, Trop loin, Trop haut, Trop bas, Trop bien caché, Trop vert (*fam.*).

ACCESSION

V. ACCÉDER
Arrivée à
Avènement
Montée (*par ex.* à un grade)
Nomination (*par ex.* à un emploi)
Élection (*par ex.* à une charge politique)
Approche de
Rattachement (*p a r e x.* d'un groupe restreint à une collectivité plus large)
Extension de propriété (*jur.*)

● ANTONYMES : Départ, Démission, Radiation, Rétrogradation, Scission, Sécession, Amputation (*jur.*).

ACCESSOIRE

1. *Adj.*

« *En supplément* »
Supplémentaire
Complémentaire
Additionnel
Annexe
D'accompagnement
De détail
Concomitant
Incident

Auxiliaire
« *De moindre importance* »
Mineur
Moins (*ou* Peu) important
De seconde ligne (*milit.*)
Pas (ou Non) essentiel
De moindre intérêt
Négligeable
Insignifiant
Dérisoire
Épisodique
Peu utile
Superfétatoire
Superflu
Secondaire

2. *Subst.*
Outil
Instrument
Ustensile
Garniture

En particulier, au théâtre :
Élément du décor
Praticable
Objet (du décor ou pour le jeu de l'acteur)
Rôle secondaire *ou* Petit rôle (« jouer les accessoires »)
Emplois secondaires
Utilités
Panne (*arg. théatr.*)

● ANTONYMES : 1. Essentiel, Fondamental, Capital Principal, Primordial, Indispensable, Majeur.
2. Décor principal; Premier rôle, Vedette, Diva, (*anc.*), Étoile, Star, Tête d'Affiche.

ACCIDENT

Imprévu
Surprise
Aventure extraordinaire

(plutôt malheureuse, mais qui peut être aussi heureuse)
Malheur
Accroc
Choc
Événement (grave ou bénin)
Mésaventure
Catastrophe
Cas
L'inattendu
Revers (du sort)
Vicissitude
Fait
Circonstance fatale
Conjoncture désagréable
Occurrence fâcheuse
Coup du sort
Malchance *et* Malencontre

● ANTONYMES : Prévu, Attendu, Train-train, Quotidien, Banalité.

ACCIDENTÉ

1. Blessé
Choqué
Traumatisé
Victime
Cabossé
Abîmé
Accroché
Détérioré
Endommagé
Cogné
Esquinté (*pop.*)
Escagassé (*pop. provençal*)
Bon pour la casse
Fracassé
Brisé
Disloqué
En capilotade (*fam.*)
En morceaux
Amoché (*pop.*)

2. *Un lieu, un terrain, un paysage* :
Mouvementé
Varié
Avec des creux et des bosses
Montueux
Inégal
Montagneux *et* Montagnard
Tourmenté
Escarpé
En montagnes russes
Au fig. (par ex. une vie, un moment) : .
Agité
De bâtons de chaise
Bousculé
Perturbé
Ballotté
De patachon (*pop.*)

● ANTONYMES : 1. Indemne, Intact, Sain et sauf; Neuf, Impeccable, Vierge, Nickel (*arg.*) ; 2. Plat, En plaine, Calme.

ACCIDENTEL
V. CASUEL

ACCIDENTELLEMENT

Par hasard
Incidemment
Fortuitement
Sans crier gare
Sans l'avoir prévu
Par malencontre
Par aventure *ou* D'aventure
Inopinément
À l'improviste
Occasionnellement *ou* Par occasion
Par chance
Par raccroc
Par surprise

Par un coup du sort

● ANTONYMES : Volontairement, Avec préméditation, Sans surprise.

ACCLAMATION

Ovation
Applaudissements
Délire
Transports
Cris d'enthousiasme
Dans l'unanimité, A l'unanimité (« par acclamation »)
Bravos
Un tabac (faire) [*arg. théât.*]
Un ban

● ANTONYMES : Sifflets, Huées, Quolibets, Cris d'horreur (*ou* d'animaux), Un bide (*arg.*), Un flop (*arg.*)

ACCLAMER

Ovationner (*néol.*)
Saluer
Crier d'enthousiasme
Applaudir
Casser les vitres (*fig.*), les fauteuils (*fig., néol.*), Tout casser (*fig.*)
Glorifier
Porter aux nues, au pinacle
Délirer
Élire (par acclamation)
Porter au pouvoir

● ANTONYMES : Huer, Conspuer, Siffler, Réclamer le crochet.

ACCLIMATER

Adapter l'organisme à un climat
Accoutumer
Habituer

Par extension :
Apprivoiser
Apaiser
Calmer
Familiariser
et encore :
Importer

ACCOLADE

Embrassade
Embrassement
Étreinte

ACCOLER

Serrer dans ses bras
Donner l'accolade
Embrasser (quelqu'un)
Joindre (deux choses)
Coller
Associer
Faire adhérer (deux choses)
Unir étroitement
Accolader (joindre par une accolade graphique)
Juxtaposer
Lier

● ANTONYMES : Décoller, Disjoindre, Séparer, Dissocier.

ACCOMMODANT

Conciliant *et* Conciliateur
Complaisant

D'un commerce facile
Sociable
Arrangeant
Facile (à vivre)
Serviable
Coulant (*fam.*)
Poire (*péj.*)

● ANTONYMES : Intraitable, Dur, Inflexible, Rigide, Inexorable, Intransigeant.

ACCOMMODEMENT

1. Arrangement
Conciliation
Expédient
Accord
Entente
Traité
Marché
Transaction
Convention
Engagement
Pacte
Négociation
Capitulation
Arbitrage
Rapprochement
Médiation
Concorde

2. Assaisonnement
Apprêt
Arrangement
Préparation d'un plat
Cuisine
Cooking (*néol.*)

● ANTONYMES : Intransigeance, Échec des négociations, Statu quo ante (*lat.*), Guerre, Hostilité.

ACCOMMODER

1. Apprêter
Assaisonner

Disposer
Cuisiner
Préparer (un plat)
Mijoter (*fam.*)
Mitonner (*fam.*)

2. Rendre propre à
Rendre commode pour
Apprêter
Arranger
Approprier
Aménager (pour)
Installer
Préparer
Agencer
Organiser

● ANTONYMES : 2. Déranger, Désorganiser, Casser.

ACCOMMODER (S')

S'habituer (à)
S'arranger (de *ou* avec)
S'acclimater (à)
S'accoutumer (à)
S'adapter (à)
Se familiariser (avec)
Se faire (à)
Prendre le pli
Adopter une coutume
Avoir accoutumé de
Se dresser soi-même à
S'entraîner à

● ANTONYMES : Être allergique (à), Ne pas s'habituer (à), Être réfractaire (à).

ACCOMPAGNER

Aller avec
Marcher à côté de (*ou* avec)
Escorter
Faire conduite
Être le compagnon de route de (quelqu'un)

Aller de concert, de conserve, de compagnie
Suivre
Conduire *et* Reconduire
Convoyer
Guider
Aller en cortège (à plusieurs)
Faire équipe *ou* équipage
Faire escorte
Être le sigisbée de (quelqu'un)

● ANTONYMES : Abandonner, Laisser seul, Laisser tomber, Aller de son côté, Délaisser, Isoler.

ACCOMPLI

Achevé
Réalisé
Révolu
Subi (un service, une obligation)
Passé
Parvenu à maturité
Parfait dans son genre
Idéal
Fini
Irréversible (« fait accompli ») *ou* Irrévocable
Consommé
Terminé

● ANTONYMES : Inachevé, En cours, Pas terminé, Ni fait ni à faire, A peine commencé *ou* entrepris, Novice, Raté, Discutable.

ACCOMPLIR

Réaliser
Mener à bien (*ou* à bout)
Exécuter
Effectuer

Faire *et* Parfaire
Terminer
S'acquitter de
Opérer
Achever
Procéder (*jur.*)

• ANTONYMES : S'arrêter de, Stopper, Ne pas aller au bout de, Interrompre, Laisser en état, *ou* en plan, *ou* inachevé.

ACCORD

V. ACCOMMMODEMENT
Harmonie
Unisson *et* Unanimité
Concert (*fig.*)
Concorde
Ensemble
Entente
Union *et* Unité de vues
Bonne intelligence
En copains, en frères, en amis
De mèche (*pop.*)
Combine (*péj.*)
Cohésion
Coordination
Association
Alliance
Pacte
Charte
Transaction
V. TRAITÉ

• ANTONYMES : Désaccord, Division, Disjonction, Désunion, Séparation, Schisme, Inimitié, Pétard (*arg.*), Schproum (*arg.*).

ACCORD (D')

Oui
Amen

Entendu
O.K.! *ou* Okay!
Convenu
D'acc! (*fam.*)
Gi! (*arg.*) *et* Gigot! (*arg.*)
Tope! *et* Tope là! (*pop.*)
Ça colle (*pop.*)
Ça boume (*arg.*)
Bien
Bon
Certes
J'opine ! (*pop.*)
Certainement
Parfait!
Ça tombe bien!

• ANTONYMES : Non, Pas question!, Pas d'accord!, Pas mèche (*arg.*).

ACCORDER

1. Permettre
Donner
Octroyer
Abandonner
Céder
Concéder
Rétrocéder
Vouloir bien
Rendre le service de
Avancer
Décerner
Allouer
Attribuer
Gratifier de
Pourvoir en
Fournir
Procurer
Dispenser
Ouvrir un crédit *ou* sa bourse

2. Acquiescer
Dire oui *ou* Dire amen.
Se résigner (à)
Approuver

Admettre
Consentir
Convenir (de *ou* que)
Accepter
Concéder (*fig.*)
Souscrire (à)
Accéder (à)
N'en pas disconvenir
Donner son accord, son consentement
Agréer
Ratifier
Se prononcer pour
Se rallier *ou* Se ranger à l'opinion (de)
Se déclarer (pour *ou* d'accord avec)
En passer par
Adhérer à (une opinion)
Se rendre (à un avis)

• ANTONYMES : 1. Refuser, Ne pas céder, Ne pas permettre, Exiger, Obtenir. 2. Dire non, Résister, Refuser, Rester sur ses positions, Désapprouver.

ACCORDER (S')

S'entendre
Convenir
S'arranger
Se conformer (à)
Se concerter
S'acoquiner
S'harmoniser
Se concilier *ou* Se réconcilier
Se mettre d'accord
Faire affaire
Tomber bien *et* Tomber d'accord, *ou* à pic
Aller bien
Conclure
Souscrire ensemble (à)
Concorder (avec *ou* pour)
Se soutenir mutuellement

● ANTONYMES : Se contredire, Ne pas s'entendre, Se haïr, Se heurter, Jurer avec, Se déchirer, Se partager.

ACCORT, E

Affable
Aimable
Accueillant, e

● ANTONYMES : Revêche, Rébarbatif.

ACCOSTER
V. ABORDER

ACCOTER
V. APPUYER

ACCOUCHEMENT

Enfantement
Couches
Parturition
Travail
Mise bas
Délivrance
Gésine
Vêlage *ou* Vêlement
Agnelage
Poulinement
Faire un petit
Ponte (*pop.*)
Mise au monde
Création (*fig.*)
Production
Procréation

● ANTONYMES : Stérilité, Rétention, Infécondité.

ACCOUCHER

Enfanter
Être en gésine

Mettre au monde
Donner le jour
V. METTRE BAS (*pour les animaux*)
Au fig. :
Créer
Produire
Finir par donner
Composer (une œuvre)
Avouer (*pop.*)

ACCOUCHEUSE

Sage-femme
Matrone (*anc.*)
Ventrière (*anc.*)

ACCOUPLER

Faire aller *ou* Grouper par couples, deux par deux
Marier
Former un couple, une paire
Apparier
Unir
Appareiller
Mettre sous un même joug
Assembler par paires
Amener (*ou* faire) besas (double as au jeu de trictrac)

● ANTONYMES : Dépareiller, Découpler, Séparer, Isoler.

ACCOUPLER (S')

Faire l'amour
S'unir (sexuellement)
Coucher *et* Coucher avec (quelqu'un)

Connaître (au sens biblique)
Entretenir un commerce charnel
Commettre le péché de chair
Baiser (*arg.*)
Couvrir (animaux en général)
S'attacher (chiens)
Lutter (ovins)
Cocher (oiseaux de basse-cour)
Saillir (chevaux, ânes, bovins, porcins)
Monter (*id.*)

ACCOUTREMENT

Habillement bizarre, ridicule
Déguisement
Affublement
Harnachement
Nippes
Défroque
Oripeau
Friperie
Guenille
Saint-frusquin
Ajustement
Affûtiaux (*anc.*)
Prétintaille (*anc.*)
Attifement

● ANTONYMES : Recherche (vestimentaire), Élégance, Parure.

ACCOUTUMANCE

Habitude
Routine
Apprivoisement
Acclimatation
Mithridatisation *ou* Mithridatisme

Usure
Réaction machinale

● ANTONYMES : Désadaptation, Désaccoutumance.

ACCROC

Déchirure
Accident
Incident
Contretemps
Complication
Anicroche (*fam.*)
Empêchement
Achoppement (*fig.*)
Difficulté
Embarras
Obstacles (*fig.*)
Entraves (*fig.*)
Embarras
Chiendent (*fig.*) [*fam.*]
Cheveu (*fig.*)

ACCROCHER

Crocher
Fixer à (*ou* par) un crochet
Pendre
Appendre
Suspendre
Clouer (avec un clou)
Agrafer (avec une agrafe)
Cramponner (avec un crampon)
River (par un rivet)
Attacher (deux wagons)
Agripper

● ANTONYMES : Décrocher, Dépendre.

ACCROCHER (S')

S'attacher (*fam.*)
Se heurter (*pop.*)

Se disputer (*pop.*)
S'agripper
S'agriffer (pour le chat)

ACCROISSEMENT

Agrandissement
Alourdissement (de charges, *par ex.*)
Aggravation
Augmentation
Élévation
Amplification
Développement
Renforcement
Surcroît
Recrudescence
Redoublement
Rallongement
Majoration
Prolongement
Grossissement

● ANTONYMES : Rétrécissement, Diminution, Allègement, Abaissement, Atténuation, Restriction, Rapetissement.

ACCROITRE

Augmenter
Agrandir
Amplifier
Faire croître
Agrandir
Intensifier
Étendre (accroître en surface)
Développer
Redoubler (accroître du double)
Allonger *et* Rallonger
Renforcer
Élever
Alourdir
Ajouter *et* Surajouter

Majorer
Exhausser
Prolonger
Multiplier
Accentuer
Grossir
Aggraver
Gagner (accroître un bénéfice, *par ex.*)
Accélérer (accroître la vitesse)
Pousser
Stimuler

● ANTONYMES : Diminuer, Rapetisser, Restreindre, Atténuer, Abaisser, Alléger, Amenuiser.

ACCUEIL

Réception
Bienvenue
Abord
Salutations

ACCUEILLANT

Affable
Amène
A bras ouverts
Aimable
Accort
Hospitalier
Avenant
Bonhomme
Gracieux
D'un abord agréable
Souriant
Facile

● ANTONYMES : Rébarbatif, Revêche, Fermé, Inabordable, Inhospitalier, Maussade, Renfrogné, Ours, Comme une porte de prison.

ACCUEILLIR

Recevoir
Héberger
Réceptionner
Bien vouloir de
Agréer (une parole, une idée)
Admettre (*id.*)
Fêter *et* Faire fête
Recueillir
Faire bon visage

● ANTONYMES : Mal recevoir, Refuser (une idée), Repousser, Claquer la porte (au nez de quelqu'un), Huer.

ACCUMULATEUR

1. Accus
Batterie
Éléments d'accumulation
Source d'énergie

2. *Dans les mines :*
Grande trémie
Silo à minerai

ACCUMULER

Amasser
Entasser
Cumuler
Truster
Amonceler *et* Mettre en tas, l'un sur l'autre
Assembler *et* Rassembler en tas
Réunir
Empiler *et* Mettre en pile, en liasse
Échafauder (*fig.*)

● ANTONYMES : Disperser, Gaspiller.

ACCUSATEUR

Celui qui accuse
Dénonciateur
Plaignant
Délateur
Indicateur
Sycophante
Mouchard
Cafard *et* Cafteur (*pop.*)
Donneur (*arg.*)
Procureur (accusateur public)
Un Fouquier-Tinville
Diffamateur
Requérant
Substitut

● ANTONYMES : Défenseur, Avocat, Témoin à décharge.

ACCUSATION

Acte d'accusation
Imputation
Incrimination
Inculpation
Attaque
Réquisitoire
Diatribe
Éreintement
Déblatération
Dénigrement
Délation
Haro sur
Médisance
Dénonciation
Plainte
Diffamation
Grief
Chef d'accusation

● ANTONYMES : Défense, Décharge, Absolution, Acquittement, Non-lieu.

ACCUSÉ

1. Prévenu
Inculpé
Incriminé
Reconnu coupable

2. Avis (de réception)

ACCUSER

1. Signaler comme coupable
Reprocher
S'en prendre à
Attaquer
Imputer (quelque chose à quelqu'un)
Dénoncer
Incriminer
Attribuer un méfait
Mettre en cause
Actionner
Assigner
Citer *ou* Appeler en justice
Porter plainte
Requérir contre
Déférer
Charger
Arguer contre quelqu'un
Noircir
Vilipender
Dénigrer
Formuler, Former, Dresser, Porter, Soulever, Articuler... une accusation
Porter le pet (*arg.*)
Intenter une action
Calomnier
Diffamer
Déblatérer contre (quelqu'un)
Détracter
Vendre (*arg.*)
Mettre sur le dos ou sur le compte (de)
Rendre responsable (de)

29

2. Signaler
Indiquer (*par ex.* : un poids)
Laisser voir (*par ex.* : une faiblesse)
Mettre en lumière, en relief
Faire ressortir (*par ex. en peinture*, les ombres)
Aviser (de la bonne réception d'une lettre, d'un objet)

● ANTONYMES : 1. Défendre, Innocenter, Laver de tout soupçon, Réhabiliter, Rendre (*ou* Recouvrer) son honneur. 2. Cacher, Dissimuler, Masquer.

ACERBE

D'un goût désagréable
Aigre
Âpre
Âcre
Sur
Acide (*aussi au fig.*)
Saumâtre
Amer
Astringent
Rêche
Acrimonieux
Acidulé
Tourné
Vert

Au fig. :
Dur
Acariâtre
Revêche
Criard
Âpre
Amer
Acrimonieux
Acéré
Agressif

Incisif
Caustique
Mordant *et* Mordicant
Moqueur
Blessant
Piquant
Pincé
Offensant
Satirique
Aristophanesque
Virulent
Sarcastique
Épigrammatique
Raide
Méchant
Vexant *et* Vexatoire
Sans pitié
Peu aimable *ou* Peu civil
Cassant
Sec
Vif
Qui ne plaisante (*ou* ne badine) pas
Pète-sec (*fam.*)

● ANTONYMES : Doux, Fade, Sucré, Exquis, Agréable, Compréhensif, Aimable, Civil.

ACÉRÉ

1. Aiguisé
Affilé
Pointu
Mordant
Tranchant
Aigu
Piquant
Coupant
Froid

2. *Au fig.* :
Vif
Aigu
Piquant
Acide
Pointu

Offensif *et* Offensant
Méchant
Acerbe
Médisant
Qui ne pardonne rien

● ANTONYMES : Émoussé, Rond, Indulgent, Bon, Généreux, Lent, Doux.

ACHARNÉ
V. TÊTU

ACHARNEMENT

Obstination
Persévérance
Entêtement
Ténacité
Constance
Zèle
Insistance
Opiniâtreté
Ardeur
Fureur
Rage
Cruauté

● ANTONYMES : Velléité, Mollesse, Indolence, Abandon.

ACHAT

Acquisition
Emplette
Acquêt (*jur.*)
Conquêt (*jur.*)

● ANTONYMES : Vente, Cession.

ACHEMINER (S')

Suivre le chemin de (*ou* vers)
Aller

Cheminer
Se diriger (vers)
Être en route (vers *ou* pour)
Marcher (vers *ou* sur)
Se porter
Avancer
Se rendre (à)
Faire le trajet

● ANTONYMES : S'arrêter, Stopper, Tourner le dos (à).

ACHETER

Acquérir *et* Se rendre acquéreur
Se procurer
Faire emplette
Traiter l'acquisition (*ou* l'achat)
Négocier l'achat
Se payer
S'offrir
Brocanter
Chiner
Soudoyer (quelqu'un)
Corrompre
Suborner
Stipendier
Graisser la patte
Bakchicher (*pop.*)

● ANTONYME : Vendre.

ACHETEUR

Acquéreur
V. CLIENT
Chaland
Pratique
Importateur
Preneur

● ANTONYME : Vendeur.

ACHEVÉ

Terminé
Fini
Consommé
Accompli
Mené à bien
Effectué
Fait
Réalisé
Exécuté
Complet
Parfait
Aguerri
Expérimenté *et* Expert
Complété

● ANTONYMES : Inachevé, Novice, Inexpérimenté.

ACHÈVEMENT

Aboutissement
Finition
Terminaison
Couronnement
Clôture
Oméga

● ANTONYMES : Début, Commencement, Alpha.

ACHEVER

Terminer
Finir *et* Mettre fin
Parfaire
Parachever
Consommer
Compléter
Couronner
Clore
Aboutir
Accomplir
En finir avec
Mettre la dernière main à
Tuer

Donner le coup de grâce

● ANTONYMES : Commencer, Entreprendre, Abandonner, Sauver.

ACHOPPEMENT

Obstacle
Embarras
Difficulté
Choc

ACHOPPER

Buter
Se heurter
Être arrêté par *ou* Être stoppé par (*néol.*)

ACIDE

Acidulé
Aigre *et* Aigrelet
Âcre
Ginguet (*rég.*)
Piquant
Sur, Suret *et* Suri
Tourné

Au figuré, une parole, un mot, une pensée.
V. ACERBE et ACÉRÉ

● ANTONYMES : Doux, Sucré, Agréable, Affable.

ACOLYTE

Complice
Compère
Compagnon
Camarade
Collègue (*pop. provençal*)
Baron (*arg.*)

ACOMPTE

Paiement partiel
Provision
Arrhes
Caution
Premier débours
Versement anticipé
Souscription
À-valoir

● ANTONYMES : Solde,
Quitus, Echéance.

ACQUÉRIR
V. ACHETER et OBTENIR

ACQUIESCER

Donner son acquiescement
Dire oui
Approuver
Accorder
Concéder
Consentir
Céder
Souscrire à
Être *ou* Tomber d'accord
Adhérer à
Convenir *et* En convenir
Agréer
Ratifier
Déférer (aux désirs de)

● ANTONYMES : Dire non,
Refuser, Résister.

ACQUISITION

Achat
Conquête
Prise
Résultat
Acquis

ACQUIT

Reçu
Quittance
Récépissé
Quitus
Décharge
Règlement
Libération

ACQUITTEMENT
V. ABSOLUTION

ACQUITTER

Absoudre
Pardonner
Innocenter
Libérer
Réhabiliter
Gracier
Renvoyer (des fins de la plainte)
Décharger (d'une accusation)
Relâcher *et* Relaxer
Lever l'accusation
Remettre en circulation
Payer (une facture, *par ex.*)
Régler (*id.*)
Verser
Solder (un compte, *par ex.*)

● ANTONYMES : Accuser,
Charger.

ACQUITTER (S')

Payer
Régler *et* Se mettre en règle
Se libérer
Rembourser
Solder (*par ex.* un compte)
Casquer (*arg.*)
Cracher (*arg.*)
Raquer (*arg.*)
Douiller (*arg.*)
Faire face à
Éteindre (une dette)
Liquider (un arriéré)

● ANTONYMES : Devoir,
Être débiteur, Contracter (un emprunt, une dette)
Hypothéquer, S'endetter,
Emprunter, Être mauvais payeur.

ACRIMONIEUX

Acerbe
Acide
Âcre
Aigre
Hargneux
Maussade
Irritant
Mordant
Acariâtre
Âpre
Fielleux
Dépourvu d'aménité

● ANTONYMES : Amène,
Doux, Gentil, Affable,
Apaisant.

ACROBATE

Agile
Souple
Gymnaste
Virtuose
Funambule
Fil-de-fériste
Équilibriste
Prestidigitateur
Voltigeur
Trapéziste
Un Frégoli
Un homme-serpent
Monte-en-l'air
Casse-cou
Cascadeur (*néol.*)
Sauteur

Pétauriste (*antiq.*)

● ANTONYMES : Lourdaud, Balourd, Malhabile, Pataud, Empoté, Gourd, Prudent.

ACTE

Action
Fait
Geste
Travail
Initiative
Opération
Agissement
Démarche
Entreprise
Exploit
Manigance *ou* Machination
Intervention
Manière (*ou* Façon) d'agir
Foucade
Coup de tête
Mouvement

● ANTONYMES : Inertie, Neutralité, Inactivité, Passivité.

ACTEUR

Comédien
Interprète
Personnage
Artiste
Vedette
Protagoniste
Étoile
Star
Baladin (*péj.*)
Histrion (*péj.*)
Cabotin *ou* Cabot (*péj.*)
Frimant (*péj.*)
Premier (*ou* Second) rôle
Petit rôle

Figurant
Troisième couteau
Comparse
Silhouette

● ANTONYMES : Spectateur, Public.

ACTIF

Agissant
Entreprenant
Remuant
Vif
Zélé
Affairé
Empressé
Occupé
Dégourdi
Fringant
Pétulant
Déluré *et* Délié
Sémillant
Infatigable
Mouche du coche (*péj.*)
Diligent
Laborieux
Travailleur

● ANTONYMES : Passif, Mou, Paresseux, Flemmard, Inactif, Oisif, Musard, Désœuvré, Apathique, Indolent.

ACTION
V. ACTE et BATAILLE

ACTIONNER

1. Mettre en mouvement
Pousser
Lancer (quelque chose *ou* quelqu'un)
Décider (quelqu'un à quelque chose)

2. *Jur.* :
Assigner
Citer
Attaquer (devant un tribunal)
Traduire (*id.*)
Intimer

ACTIVEMENT

Diligemment *ou* Avec diligence
Vivement
Ardemment *ou* Avec ardeur
Énergiquement *ou* Avec énergie
Rapidement
En moins de deux
En cinq sec
Bon train
Avec zèle
D'une façon dynamique
Intensément
Infatigablement
Intensivement
Sans relâche
Avec dévouement

● ANTONYMES : Mollement, Paresseusement, En musardant, Avec indolence, Sans se presser (*ou* Se forcer), Avec négligence.

ACTIVER

Presser
Accélérer
Dépêcher
Expédier
Talonner
Forcer l'allure (*ou* le train)
Pousser
Faire avancer

Faire hâter *ou* Se hâter
Brusquer
Bousculer

● ANTONYMES : Ralentir, Freiner.

ACTIVITÉ

Ardeur au travail
Entrain
Allant (*néol.*)
Zèle
Animation
Empressement
Diligence

Ou, plus banalement :
Emploi
Occupation
Exercice
Fonction
Place
Poste
Profession
Job (*arg.*)

● ANTONYMES : Inactivité, Oisiveté, Chômage.

ACTUEL

Présent
Contemporain
De maintenant
D'aujourd'hui
Encore valable
Tout frais
Moderne
Dans le vent
In (*angl.*)
À la mode
Simultané
Courant *et* En cours
Ci (*par ex.* « ce mois-ci »)

● ANTONYMES : Ancien, Périmé, Dépassé, Vieux,

Désuet, Suranné, D'une autre époque, Prématuré, Trop tôt.

ACTUELLEMENT

Aujourd'hui
En ce moment
En cours
De nos jours
En ce temps *ou* De notre temps
Présentement
Maintenant
D'ores et déjà
Simultanément

● ANTONYMES : Ancienne-ment, Hier, Jadis, Naguè-re, Récemment, Prochai-nement, Prématurément, Bientôt, Jamais.

ACUITÉ

Clairvoyance
Perspicacité
Vivacité
Lucidité
Finesse
Intelligence
Piquant

● ANTONYMES : Aveugle-ment, Cécité.

ADAGE

Proverbe
Sentence
Dicton
Maxime
Pensée
Mot
Parole
Apophtegme

Aphorisme
Précepte
Lieu commun
Réflexion
Observation populaire
Sagesse des nations

ADAPTATION

Ajustement
Arrangement
Union *et* Réunion
Acclimatation
Traitement (Adaptation cinématographique)
Scénario (*id.*)
Continuité (*id.*)
Script (*id.*)
Transposition (musicale)
Adhésion
Adéquation

● ANTONYMES : Inadapta-tion, Impossibilité, Échec.

ADAPTER (S')

S'acclimater
Aller bien (*ou* avec)
S'ajuster
S'arranger (de quelque chose) [*fam.*]
Cadrer avec
Coller (à *ou* avec) [*fam.*]
Convenir
Faire l'affaire
Aller (bien *ou* mal)
Tomber (bien *ou* à pic)
Être juste ce qu'il faut
Marcher (*fam.*)
Être adéquat

● ANTONYMES : Être in-conciliable (*ou* Inadap-table).

ADDITION

1. Augmentation
Ajout *et* Ajoutage (*litt. et archit.*)
Accumulation
Opération

2. Facture
Note
Compte
Dû
Relevé

● ANTONYMES : Soustraction, Diminution, Retranchement.

ADDITIONNER

Compter ensemble
Ajouter
Adjoindre
Joindre
Mettre en plus *ou* Mettre ensemble
Majorer
Augmenter
Grossir

● ANTONYMES : Soustraire, Retrancher, Séparer, Diminuer.

ADEPTE

Affilié
Partisan
Disciple
Adhérent
Fidèle
Initié
Sectateur
Séide
Affidé
Compagnon
Camarade
Frère (*ou* Sœur)

Élève
Ami de
Militant
Recrue
Suppôt
Sympathisant
Tenant
Zélateur

● ANTONYMES : Ennemi, Adversaire, Contradicteur.

ADÉQUAT

Approprié
Adapté
Qui correspond parfaitement
Semblable
Synonyme

● ANTONYMES : Inadéquat, Incongru, Injuste, Pas fait pour, Inadapté à, Dissemblable.

ADHÉRENCE

Attache *et* Attachement
Adhésion
Cohésion
Inhérence
Ajustement
Collure
Coalescence (*botanique*)
Adaptation parfaite
Qui tient
Tenue de route (*automobile*)

● ANTONYMES : Décollement, Incomptabilité.

ADHÉRENT

1. *Adj.* :
Qui tient solidement

Collant
Collé *et* Accolé
Attaché
Fixé
Lié *et* Relié
Enchaîné
Punaisé (*néol.*)
Trombonné (*néol.*)
Ficelé
Conjoint *et* Joint
Accouplé
Amalgamé
Ajouté *et* Ajusté
Agrégé (à)
Fondu (à, avec, dans)
Inséré
Greffé
Enté
Soudé
Enlacé (à) *ou* Entrelacé
Noué
Incrusté
Cimenté
Scellé
Mastiqué
Cloué
Vissé
Chevillé
Boulonné
Cousu
Emboîté
Mêlé *et* Mélangé

2. *Subst.* :
Membre
Partisan
Cotisant
Affilié *et* Affidé
Adepte
Compagnon
Camarade
Frère (*ou* Sœur)
Associé
En carte (*pop.*)

● ANTONYMES : 1. Écarté, Branlant, Libre, Ballant.
2. Isolé, Indépendant, Adversaire, Contestataire.

ADHÉSION

1. V. ADHÉRENCE
2. Approbation
Engagement
Consentement *et* Assentiment
Accord
Consensus
Prise de carte (*ou* de timbres)
Cotisation
Signature (donnée à)
Suffrage
Conversion (par ex. à une idée)
Ratification
Permission
Autorisation
Embrigadement (*péj.*)

● ANTONYMES : 1. Séparation, Décollage et Décollement.
2. Désapprobation, Refus, Négation, Contestation.

ADIEU

Salut
Au revoir
Bonjour
Bonsoir
Que Dieu te (*ou* vous) garde
Bonne route
Ciao (*néol.*)
À la revoyure (*pop.*)

ADIEUX

Séparation
Souhaits de départ
Salut
Fuite
Abdication

Abandon

● ANTONYMES : Arrivée, Bienvenue, Accueil.

ADIPEUX

Gras *et* Graisseux
Gros
Plein de graisse
Bouffi
Qui a de la panne *ou* de la cellulite
Gros lard (*pop.*)
Gravosse (*fém.*) [*arg.*]

● ANTONYMES : Sec, Maigre, Musclé, Fin.

ADJACENT

Contigu
Attenant
Limitrophe
Mitoyen
Jouxte (*anc.*)
Joignant (*anc.*)
Avoisinant *et* Voisin
Tangent
Collé
Touchant
En contact
Contre
Adossé (par ex. une maison)
À ras de

● ANTONYMES : Éloigné, Opposé, Loin, Sans rapports.

ADJOINDRE

Joindre
Ajouter
Annexer

Associer
Attacher
Rattacher
Réunir
Unir
Faire aller avec

● ANTONYMES : Disjoindre, Enlever, Ôter, Détacher, Supprimer.

ADJOINT, E

Assistant
Assesseur
Collaborateur
Aide
Auxiliaire
Acolyte
Second
Bras droit
Subordonné
Suppléant
Doublure
Remplaçant
Coadjuteur
Adjuvat (*anc.*)
Employé
Compagnon

● ANTONYMES : Chef, Directeur, Titulaire.

ADJONCTION

Jonction
Rattachement
Réunion
Annexion
Association
Incorporation
Accession (*jur.*)
Union

● ANTONYMES : Suppression, Soustraction, Désunion, Séparation.

ADJUDICATAIRE

Dernier enchérisseur
Soumissionnaire
Acheteur
Acquéreur
Concessionnaire (*jur.*)
Poursuivant (*jur.*)
Saisissant (*jur.*)
● ANTONYMES : Adjudicateur, Notaire, Huissier, Commissaire-priseur, Saisi.

ADJUGER

Attribuer par jugement
Accorder
Concéder
Donner
Décerner
Allouer

ADJUGER (S')

V. PRENDRE
S'approprier
S'emparer
S'arroger
S'attribuer
Usurper
Accaparer

ADJURATION

1. Exorcisme
Invocation
Conjuration
Obsécration
Incantation
Évocation
Prière
2. Imploration
Supplication
Commandement

ADJURER

Implorer
Prier instamment
Supplier
Ordonner
Commander
Conjurer
● ANTONYMES : Repousser, Récuser, Rester sourd, Rabrouer, Rembarrer, Rebuter.

ADMETTRE

1. Recevoir (quelqu'un)
Permettre d'accéder
Accueillir
Laisser entrer (*ou* passer)
Agréer
Introduire
2. Permettre (que *ou* quelque chose)
Souffrir
Vouloir bien
Accepter
3. Excuser
Pardonner
Tirer le point final
Conclure
Tolérer
4. Supposer
Tenir pour vrai (*ou* vraisemblable, *ou* possible)
Imaginer
D'où :
Accorder
Accepter
Avouer
Concéder
Consentir
Reconnaître
Approuver
Croire
Souscrire à

5. Inclure
Comporter
● ANTONYMES : 1. Repousser, Chasser, Expulser, Refouler, Éconduire, Éliminer, Recaler (*pop.*), Rejeter, Renvoyer,
2. Refuser, Exiger.
3. Ne pas transiger, Contester.
4. Nier, Dénier, Douter, Discuter, Ne pas croire.
5. Expulser, Exclure, Compter (*ou* Mettre) à part, Disjoindre.

ADMINISTRATION

1. Gestion
Direction des affaires
Gouvernement
Gérance
Conduite
Économie
Intendance
Régie
2. Fonction publique
Bureaux
Bureaucratie

ADMINISTRER

1. Gérer
Diriger
Régir
Gouverner
Régenter
Réglementer
Conduire
Commander
2. Faire prendre (*par ex.* un remède)
Donner (*par ex.* une preuve)

Appliquer (*par ex.* une peine)
Flanquer (*pop.*) [*par ex.* des coups]
Infliger
Faire subir
Apporter
Fournir
Produire (*par ex.* un raisonnement)

ADMIRABLE

Digne d'admiration
Extraordinaire
Étonnant
Surprenant
Étrange
Magnifique
Merveilleux
Mirifique
Superbe
Ravissant
Splendide
Éblouissant
Remarquable
Féerique (*fig.*)
Sublime
Fabuleux
Incomparable
Beau
Parfait
Considérable
Mirobolant (*fam.*) [*péj.*]

• ANTONYMES : Méprisable, Négligeable, Effroyable, Horrible, Laid, Répugnant, Repoussant.

ADMIRER

Contempler
Trouver beau (*ou* merveilleux, *ou* charmant, *ou* sublime)

Apprécier
S'émerveiller
S'extasier devant
Priser
Goûter (*fig.*)
Faire cas de
S'enthousiasmer pour
S'ébahir
Être ébloui (*ou* Bouche bée)
S'engouer
Applaudir
Acclamer
Célébrer
Louer *et* Louanger

• ANTONYMES : Mépriser, Dédaigner, Déprécier, Critiquer, Moquer, Railler, Abhorrer, Exécrer.

ADMISSIBLE

1. Qui peut être admis
Recevable
Acceptable
Valable
Passable
Plausible
Possible
Tolérable
Ça va (*ou* ça peut passer, *ou* ça peut aller)
Probatoire
Approuvable

2. Admis provisoirement (*ou* sous condition)
Reçu (*id.*)

• ANTONYMES : 1. Inadmissible, Inacceptable, Irrecevable, Impossible, Récusable.
2. Refusé, Ajourné, Recalé (*fam.*), Collé (*pop.*), Black-boulé (*pop.*).

ADMISSION

Entrée
Réception
Acceptation
Bon vouloir
Introduction
Initiation
Affiliation
Passage

• ANTONYMES : Refus, Rejet, Ajournement, Recalage (*pop.*).

ADMONESTATION

Réprimande
Admonition
Gronderie
Mercuriale
Représentation
Leçon
Avertissement
Correction
Exhortation
Critique
Blâme
Objurgation
Remontrance
Reproche
Semonce
Désapprobation
Observation
Réprimande
Sermon
Censure
Animadversion
Improbation
Engueulade (*pop.*)
Affront
Invective

• ANTONYMES : Compliment, Louange, Félicitation, Éloge, Congratulation.

ADMONESTER

Réprimander
Sermonner
Blâmer
Tancer
Gronder
Moraliser
Morigéner
Semoncer
Chapitrer
Gourmander
Quereller
Remontrer
Raisonner
Représenter
Catéchiser
Engueuler (*fam.*)
Passer une engueulade (*fam.*)
Laver la tête (*pop.*)
Frotter les oreilles (*fam.*)
Passer un savon (*fam.*)
Tutoyer (*pop.*)

● ANTONYMES : Féliciter, Louanger, Complimenter, Congratuler.

ADOLESCENT

Jeune homme
Jeune fille
Éphèbe
Jouvenceau
Jouvencelle
Damoiseau (*anc.*)
Demoiselle
Bachelier (*anc.*)
Godelureau
Blanc-bec (*péj.*)
Puceau (*péj.*)
Pucelle (*anc. et péj.*)
Béjaune (*péj.*)
Tendron
Galopin (*péj.*)
Garçon

Vierge
Page
Cadet
En son printemps

● ANTONYMES : Adulte, Vieux, Vieillard, Ancien, Dur à cuire.

ADONNER (S')

Se donner à
Se consacrer
S'occuper à
S'appliquer
Se livrer
S'attacher
Cultiver
Vaquer
Raffoler de

● ANTONYMES : Se détourner de, Être indifférent à, Négliger, Dédaigner.

ADOPTER

Choisir
Opter (pour)
Accepter volontiers
Acquiescer
Faire sien (*ou* sienne)
Se considérer comme solidaire
Admettre
Apprendre
Décider de
Être d'accord
Se ranger (à l'avis de)
Voter pour
Entériner (une décision)
Sanctionner
Faire choix de
Se décider pour
Élire
Embrasser (par ex. une carrière)

● ANTONYMES : Rejeter, Abandonner, Refuser, Renvoyer, Combattre, Renoncer à.

ADORATION

Culte
Dévotion
Amour
Admiration
Attachement
Idolâtrie
Passion
Ferveur
Vénération
Respect
Religion
Piété
Agenouillement
Prosternation *ou* Prosternement
Révérence
Extase

(*plus les mots composés du suffixe - lâtrie, comme* Astrolâtrie, Iconolâtrie, Zoolâtrie, *etc.*)

● ANTONYMES : Exécration, Haine, Mépris, Répulsion, Répugnance, Dédain, Malédiction, Blasphème.

ADORER

Honorer (une divinité)
Glorifier (*id.*)
Rendre un culte à (*id.*)
Idolâtrer
Aimer
Brûler pour
S'agenouiller devant
Déifier
Vivre une passion

Respecter
Vénérer
Révérer
Vivre dans le culte de
Se vouer à
Exalter

● ANTONYMES : Exécrer, Haïr, Abhorrer, Détester, Maudire, Blasphémer, Avoir horreur, Ne pas pouvoir sentir (*fam.*), Ne pas piffer (*pop.*), Honni.

ADOUCIR

Rendre plus doux (*ou* moins dur, moins amer, moins rude, plus supportable, etc.)
Atténuer
Dulcifier
Corriger
Lénifier
Édulcorer
Modérer
Tempérer
Réduire
Diminuer
Sucrer
Couper (un liquide fort)
Tamiser
Baisser
Attiédir
Affaiblir
Mitiger
Polir
Soulager
Faciliter

● ANTONYMES : Durcir, Aggraver, Aigrir, Appuyer, Exciter, Irriter.

ADRESSE

1. Destination
Suscription

2. Proclamation
Appel
Déclaration
Supplique
Manifeste
Dédicace
Hommage
Allocution

3. Habileté
Virtuosité
Dextérité
Savoir-faire
Maestria
Art
Souplesse
Agilité
Doigté
Prestesse
Artifice
Brio
Pratique
Jonglerie
Prestigiditation
Manipulation
Escamotage
Passe-passe

4. Diplomatie
Entregent
Finesse
Ingéniosité
Intelligence
Ruse
Chic
Souplesse
Science
Subtilité
Connaissance (des hommes, des âmes, des situations, etc.)
Talent
Industrie

● ANTONYMES : Maladresse, Gaucherie, Lourdeur, Gaffe, Erreur, Inaptitude.

ADROIT

Habile
Expert
Capable
Bon à (*ou* pour)
Exercé
Délié
Preste
Apte
Rompu
Souple
Dégourdi (*fam.*)
Diplomate
Fin
Ingénieux
Industrieux
Rusé
Politique
Maître dans l'art de
Subtil
Intelligent
Entendu *ou* Qui s'y entend à

● ANTONYMES : Maladroit, Gauche, Lourd, Lourdaud, Inapte à, Manchot (*fam.*).

ADULER

Flatter
Encenser
Louanger
Flagorner
Glorifier
Courtiser
Faire sa cour
Vanter
Chanter les louanges (*ou* le los)
Faire de la lèche (*pop.*)
Fayotter (*arg.*)

● ANTONYMES : Critiquer, Honnir, Censurer.

ADULTÉRER
V. Altérer et Falsifier

ADULTÉRIN
V. Illégitime

ADVERSAIRE

Opposant *et* Opposé
Antagoniste
Partie adverse (*jur.*)
Contradicteur
Rival
Challenger (*néol.*)
Concurrent
Compétiteur
Contraire
Ennemi
Défenseur (*jur.*)

● ANTONYMES : Ami, Allié, Partenaire, Défenseur, Partisan, Auxiliaire, Champion, Collaborateur.

ADVERSE
V. Opposé

ADVERSITÉ

Fortune contraire
Sort malheureux
Malheur *et* Malheurs
Coup du sort
Accident
Fatalité
Obstacle
Infortune
Épreuve
Disgrâce
Malchance
Misère
Détresse
Tribulation
Mélasse (*arg.*)
Manque de pot (*arg.*)
Revers
Ennuis

Contrariétés
Déboires
V. Malheur

● ANTONYMES : Fortune, Chance, Bonheur, Félicité, Prospérité.

AÉRONEF
V. Ballon

AÉROPLANE
V. Avion

AÉROSTAT
V. Ballon

AFFABLE

Amène
Accueillant
Avenant
Civil
Courtois
Obligeant
Sociable
Liant
Accort
Engageant
Aimable
Poli
Agréable
Bon
Gracieux
Doux
Accessible

● ANTONYMES : Rogue, Bourru, Arrogant, Brutal, Brusque, Désagréable, Dur, Impoli.

AFFABULATION
V. Fable

AFFAIBLIR

User les forces *et* User
Rendre faible

Altérer
Alanguir
Amoindrir
Débiliter
Faire dépérir
Déprimer
Fatiguer
Miner
Ruiner
Éreinter (*fam.*)
Exténuer
Affaisser (*fig.*)
Amortir
Émousser
Blaser
Amollir
Appauvrir
Aveulir
Émasculer
Énerver
Efféminer
Décourager
Adoucir (*par ex.* un jugement)
Atténuer
Épuiser
Tempérer (*par ex.* une couleur)
Modérer (*par ex.* une expression)
Dégrader
Décolorer
Édulcorer
Mitiger
Mettre de l'eau dans son vin

● ANTONYMES : Fortifier, Raffermir, Galvaniser, Renforcer, Consolider.

AFFAIBLIR (S')

Décliner
Baisser
Dépérir
Faiblir

Perdre ses forces
Déchoir
S'épuiser
Se débiliter
Pâlir
Diminuer
Décroître
Défaillir
Dégénérer
Vaciller (s'agissant par ex,
de la raison, la mémoire)
Vieillir

● ANTONYMES : Se remettre, Se requinquer (*fam.*),
Se raffermir, Se retrouver, Se fortifier, Se relever, Se renforcer.

AFFAIBLISSEMENT

Amoindrissement
Altération
Amollissement
Appauvrissement
Asthénie
Abaissement
Abattement
Abâtardissement
Affaissement
Alanguissement
Aveulissement
Débilitation
Débilité
Déclin
Décadence
Baisse
Consomption
Collapsus
Dépérissement
Dégénérescence
Décrépitude
Défaillance
Dépression
Épuisement
Émasculation
Énervement

Fatigue
Faiblesse
Langueur
Mollesse
Relâchement
Exténuation
Diminution

● ANTONYMES : Renforcement, Raffermissement,
Consolidation, Affermissement, Réconfort, Augmentation.

AFFAIRE

À faire
Occupation
Travail
Obligation
Devoir
Action
Intrigue (*par ex.* amoureuse)
Histoire (*par ex.* de cœur)
Duel
Rencontre (duel)
Problème (*par ex.* d'État)
Question (*par ex.* personnelle)
Danger (mauvaise affaire)
Péril (*id.*)
Difficulté
Embarras
Ennui
Objet de souci, d'inquiétude
Complication
Différend
Négociation
Tractation
Discussion
Débat
Démêlé
Dispute
Querelle
Bataille

Contestation
Règlement

Opération commerciale
Spéculation
Marché
Traité
Transaction
Convention

Commerce
Entreprise
Firme
Maison de commerce
Organisme
Procès
Objet de débat
Litige
Accusation
Fait-divers
Événement

Événement militaire
Combat
Acte de guerre
Engagement
Échauffourée
Bagarre
Embuscade

Faire affaire :
Traiter
Conclure
Convenir
S'accorder
Se mettre d'accord
Régler
Réussir
Acheter

AFFAIRER (S')

S'empresser
S'agiter
Se remuer
S'occuper activement
Se démener

Faire du zèle
Être actif
Faire la mouche du coche
Se grouiller (*arg.*)
Se magner (*arg.*)
Cavaler pour (*arg.*)
Faire fissa (*arg.*)

● ANTONYMES : Être oisif, Être désœuvré, Lambiner (*fam.*), Ne pas se presser.

AFFAISSER (S')

Ployer sous le faix
Se tasser
S'abaisser
Fléchir
Plier
S'enfoncer
S'affaiblir
S'effondrer
Se courber
S'affaler (*fam.*)
S'avachir (*fam.*)
Tomber
Mollir, S'amollir *et* Se ramollir
Se dégonfler (*fam.*)
S'aplatir (*fig.*)
S'agenouiller (*fig.*)

● ANTONYMES : S'élever, Se dresser, Se redresser, Se soulever, S'ériger, Se relever.

AFFAITER
V. APPRIVOISER

AFFALER (S')
V. TOMBER et S'ÉCROULER

AFFAMÉ

Famélique
À jeun

Meurt-la-faim
Crève-la-faim (*pop.*)
Ventre creux
Vorace
Ardent
Avide
En retard de tendresse (*pop.*)
Inassouvi
Insatiable
Morfal *ou* Morfalou (*arg.*)
Forçat de la faim
Prolétaire

● ANTONYMES : Repu, Rassasié, Assouvi, Satisfait, Nanti, Profiteur.

AFFAMER

Réduire à la faim *ou* à la misère, à l'abstinence
Exploiter
Voler
Faire manger des briques (*pop.*)
Priver (*fam.*)
Faire jeûner

● ANTONYMES : Nourrir, Alimenter, Rassasier, Repaître, Satisfaire.

AFFAMEUR

Accapareur
Exploiteur
Parasite
Suceur de sang (*pop.*)
Pillard
Spoliateur
Voleur

● ANTONYMES : Nourricier, Producteur, Donneur.

AFFECTATION

1. Emploi
Destination
Application
Attribution
Nomination (*adm.*)
Désignation
Déplacement (*adm.*)
Mutation (*adm.*)
Usage

2. Feinte
Afféterie
Recherche
Mièvrerie
Singularité
Gongorisme (*litt.*)
Faux-semblant
Apparence
Hypocrisie
Attitude
Comédie
Grimace
Mime
Simagrée
Simulation
Air de
Chiqué (*pop.*)
Forfanterie
Pharisaïsme
Pruderie
Bégueulerie
Pudibonderie
Puritanisme
Tartufferie
Fanfaronnade
Cabotinage
Embarras
Façons
Prétention
Charlatanerie *et* Charlatanisme
Ostentation
Pose
Cérémonie
Morgue
Grandiloquence

Cuistrerie
Pédantisme *et* Pédanterie
Contorsion
Emphase
Maniérisme
Mômerie (*pop.*)
Girie (*pop. anc.*)
Mignardise
Minauderie
Préciosité
Purisme
Complaisance
Chattemite
Snobisme
Chichi (*pop.*)

● ANTONYMES : 1. Désaffection, Mise à la retraite (*ou* au rancart [*fam.*], *ou* de côté, *ou* à la casse). 2. Naturel, Sincérité, Simplicité, Justesse de ton, Aisance.

AFFECTÉ

1. Atteint
Altéré
Attaqué
Affaibli
Consterné
Modifié
Impressionné
Touché
Sensibilisé
Ému
Affligé
Frappé
Malheureux
Diminué

2. Feint
Étudié
Apprêté
Forcé
Affété (*anc.*)
Composé

Empesé
Apparent
Compassé
Emprunté
Guindé
Gourmé
Cérémonieux
Contraint
Embarrassé
Étudié
Exagéré
Factice
Gêné
Hypocrite
Outré
Pincé
Précieux
Prétentieux
Mielleux *et* Emmiellé
Doucereux
Cuistre
Pédant
Minaudier
Maniéré
Mijaurée (*fém.*)
Pimbêche
Poseur
Sainte-nitouche
Prude
Pudibond
Pimpesouée (*fém.*) [*anc.*]
Renchérie (*fém.*)
Sucrée (*fém.*)
Sophie (faire sa) (*anc.*)
Bégueule
Entortillé *et* Tortillonné
Snob
Doctoral
Grandiloquent
Emphatique
V. IMPORTANT
Compassé
Raide
Qui a avalé son parapluie (*pop.*)
Sentencieux
Pompeux
Musqué

Contourné
Mièvre
Solennel
Quintessencié
Trop travaillé
Artificiel
Superficiel

● ANTONYMES : Simple, Naturel, Nature (*pop.*), Modeste, Sincère, Franc, Direct, Saint-Jean Bouche-d'or, Aisé, Net, Précis.

AFFECTER

1. Destiner à
Consacrer
Imputer sur
Attribuer
Nommer (*adm.*)
Muter (*adm.*)
Déplacer (*adm.*)
Appeler à (des fonctions)
Assigner (une place)

2. Faire semblant (*ou* comme si)
Afficher
Simuler
Prétendre
Vouloir faire croire
Prendre de grands airs
Faire l'important
Prendre la forme de
Se donner l'allure *ou* un genre
Jouer les (*ou* à)
Se composer (un personnage)
Plastronner
Pontifier
Faire le malin *ou* l'important
Se piquer de

● ANTONYMES : 1. Désaffecter, Mettre au rebut (à

l'écart, au rancart), Détourner, Distraire, Changer, Muter (*adm.*) Déplacer (*adm.*), Révoquer (*adm.*).
2. Être sincère, Dire honnêtement, franchement.

AFFECTION

1. Inclination
Amour
Passion
Attachement
Penchant
Estime
Sollicitude
Tendresse
Vénération
Sentiment
Complaisance
Amitié
Dilection
Coup de foudre
Piété
Goût
Prédilection
Béguin (*fam.*)
Pépin (*pop.*)
2. V. MALADIE
Atteinte

● ANTONYMES : Aversion, Exécration, Hostilité, Inimitié, Antipathie, Indifférence.

AFFECTUEUX

Aimant *et* Amical
Doux
Tendre
Affectionné
Chaleureux
Affectif
Affable

Suce-museau (*pop.*)
Câlin
Cajôleur
Caressant
Amoureux
Chat(te)
Dorloteur (*pop.*)

● ANTONYMES : Dur, Bourru, Froid, Haineux, Réservé, Sévère, Malveillant.

AFFERMER
V. LOUER

AFFERMIR

Consolider
Raffermir
Renforcer
Consacrer
Soutenir
Ratifier
Entériner
Conforter
Corroborer
Remonter (*fig.*)
Tremper (*fig.*)
Cimenter
Étayer
Fixer
Sceller
Confirmer
Endurcir
Fortifier
Asseoir
Assurer
Encourager
Ancrer (une opinion)

● ANTONYMES : Affaiblir, Amollir, Ébranler, Débiliter, Invalider, Délabrer, Abattre.

AFFÉTERIE
V. AFFECTATION

AFFICHE

Annonce
Placard
Avis
Emplacement
Panneau
Publicité
Réclame
Proclamation
Programme

AFFICHER

Placarder
Coller
Apposer (un avis, un placard, une annonce, etc.)
Faire étalage
Professer
Rendre ostensible
Étaler sans pudeur
Affecter
Proclamer
Publier (rendre public)
Annoncer

● ANTONYMES : Dissimuler, Taire, Cacher.

AFFILAGE

Affûtage
Aiguisage
Repassage
Émoulage
Émorfilage

AFFILIÉ
V. PARTISAN et CONJURÉ

AFFILOIR

Aiguisoir
Pierre à aiguiser
Meule

Fusil
Queux

AFFINER

Rendre plus fin
Purifier
Raffiner
Dégrossir
Perfectionner
Polir
Civiliser

● ANTONYMES : Alourdir,
Épaissir.

AFFINITÉ

Parenté
Voisinage
Sympathie
Attirance
Conformité
Communauté (de pensée)
Analogie
Association
Ressemblance
Compérage
Cohésion
Symbiose
Similitude
Connexité

● ANTONYMES : Antago-
nisme, Répulsion récipro-
que, Antipathie.

AFFIRMATION

Allégation
Assurance
Assertion
Déclaration
Affirmative
Dire

Protestation
Thèse
Démonstration
Manifestation de
Confirmation
Expression de
Extériorisation
Témoignage de
Preuve
Attestation

● ANTONYMES : Négation,
Démenti, Contestation,
Désaveu, Doute, Dissimu-
lation.

AFFIRMER

Prétendre
Dire
Attester
Assurer
Certifier
Avancer
Soutenir
Protester
Jurer
Promettre
Alléguer
Arguer
Déclarer
Garantir
Maintenir *et* Tenir
Répondre de
Mettre sa main au feu que
Donner sa tête à couper
Publier
Témoigner que
Insister
Prendre sous son bonnet
Se prononcer
Fiche *ou* Ficher son bil-
let que

● ANTONYMES : Nier,
Contredire, Contester, Démentir, Désavouer, Se
rétracter.

AFFLICTION

Chagrin
Peine
Deuil
Déchirement
Tristesse
Désolation
Ennui
Souffrance
Tourment
Amertume
Abattement
Désespérance
Désespoir
Douleur
Angoisse
Détresse
Écartèlement

Au plur. : « *Afflic-
tions* »
Accidents
Calamité
Malheurs
Maux
Catastrophe
Croix
Calice
Couronne d'épines
Tribulation

● ANTONYMES : Joie, Con-
tentement, Gaieté, Allé-
gresse, Consolation, Satisfaction.

AFFLIGEANT

Attristant
Désolant
Décourageant
Navrant
Déplorable
Triste
Désespérant
Douloureux

Lamentable
Fâcheux
Dur
Funeste
Cruel
Émouvant
Pénible
Pitoyable
Malheureux
Déchirant
Poignant

● ANTONYMES : Réjouissant, Heureux, Réconfortant, Agréable.

AFFLIGER

Accabler
Frapper
Troubler
Infliger
Nantir (par dérision)
Doter (*id.*)

Mortifier
Causer de l'affliction
Abattre (moralement)
Affecter
Atterrer
Attrister
Contrister
Chagriner
Désoler
Faire souffrir
Désespérer
Déchirer
Navrer
Peiner
Fendre l'âme (*ou* le cœur)
Arracher (des soupirs *ou* des larmes)

● ANTONYMES : Réjouir, Contenter, Rendre heureux, Réconforter, Consoler.

AFFLUENCE

Afflux
Flot
Abondance
Débordement
Grand concours de
Multitude
Presse
Rassemblement
Trèpe (*arg.*)
Foule
Nombre
Quantité de

● ANTONYMES : Sécheresse, Disette, Absence, Insuffisance, Manque de, Assistance clairsemée.

AFFLUENT
V. COURS D'EAU

AFFOLEMENT

V. ÉMOTION
Effroi
Frayeur
Inquiétude
Peur
Terreur
Trouble
Agitation
Panique
Égarement
Dérangement
Perte de sang-froid
Agitation
Sauve-qui-peut
Bouleversement
Folie *et* Coup de folie
Déraison

● ANTONYMES : Sang-froid, Calme, Maîtrise de soi, Tranquillité, Sérénité.

AFFOLER

Rendre fou
Paniquer (*néol.*)
Bouleverser
Effrayer
Égarer
Épouvanter
Terrifier
Terroriser
Apeurer
Déboussoler (*fam.*)
Enflammer (de passion)
Vamper (*néol.*)

● ANTONYMES : Calmer, Rassurer, Tranquilliser, Rasséréner.

AFFOLER (S')

Perdre la tête
Perdre la boule (*fam.*), les pédales (*pop.*), la boussole, le nord (*fam.*) Se paniquer

● ANTONYMES : Garder son sang-froid, Se calmer, Se maîtriser, Prendre sur soi-même.

AFFRANCHIR

1. Émanciper
Rendre libre
Libérer
Donner la liberté (*ou* sa liberté) à (quelqu'un)
Racheter
Rédimer

2. Timbrer
Acquitter la taxe

3. *Arg.* :
Mettre au courant (*ou* dans la confidence)
Éclairer

Confier (un secret)
Ouvrir les yeux (de quelqu'un)
Avertir
Casser le ' morceau (*arg.*)

● ANTONYMES : Asservir, Jeter en esclavage, Soumettre, Assujettir, Subjuguer.

AFFRANCHIR (S')

Se soustraire à
Se libérer
Rompre les liens
Secouer le joug
Quitter le nid
Couper le cordon (*pop.*)
Vivre sa vie
Prendre sa volée (*ou* son vol)
Briser avec
S'émanciper
Être son maître
Se dépêtrer de
Tourner le dos (*ou* les talons)
Rompre
S'échapper *ou* Échapper à

● ANTONYMES : Se livrer, Se jeter en esclavage, Se rendre à merci, Capituler.

AFFRES
V. ANGOISSE

AFFRÉTER
V. FRÉTER

AFFREUX

1. Effroyable
Cruel
Effrayant
Ignoble
Monstrueux
Terrible
Épouvantable
Abominable
Horrible
Cruel
Vilain
Laid
De mauvais goût
Mal fait
Désolant

2. *Néol :*
Mercenaire
Soudard
Soldat perdu
Reître

AFFRIANDER
V. ALLÉCHER

AFFRIOLANT et AFFRIOLER
V. ALLÉCHER

AFFRONT

Humiliation
Vexation
Camouflet
Gifle
Avanie
Indignité
Offense
Outrage
Soufflet
Mortification
Raillerie
Nasarde
Moquerie
Coup
Invective
Attaque
Insulte
Injure
Impertinence
Algarade
Blasphème
Sacrilège

● ANTONYMES : Louange, Geste (*ou* Parole) de conciliation, Compliment, Pardon.

AFFRONTER

1. Mettre front à front
Opposer

2. S'opposer (soi-même) à
Attaquer
Braver
Risquer
S'exposer à
Défier
Faire face à
Attendre de pied ferme
Combattre
Lutter
Empoigner
Relever le défi
Croiser le fer

● ANTONYMES : 1. Adosser.
2. Tourner le dos ou les talons, Fuir, Éviter, Éluder, Biaiser.

AFFUBLER
V. HABILLER et VÊTIR

AFFUSION
V. ABLUTION

AFFÛTER
V. AIGUISER

AGAÇANT

Irritant
Désagréable
Embêtant
Crispant
Obsédant
Horripilant
Énervant
Exaspérant
Impatientant

Insupportable
Contrariant
Enquiquinant (*pop.*)
Fastidieux
Taquin
Provoquant
Aguichant (*pop.*)
Titillant (*pop.*)

● ANTONYMES : Agréable, Amusant, Calmant.

AGACER

Crisper
Porter sur les nerfs (*fam.*)
Irriter
Énerver
Exciter
Harceler
Tracasser
Tourmenter
Taquiner
Provoquer
Contrarier
Piquer
Obséder
Impatienter
Importuner
Enquiquiner (*pop.*)
Asticoter (*pop.*)
Embêter (*fam.*)
Horripiler
Tarabuster
Turlupiner (*pop.*)
Picoter (*fig. pop.*)
Titiller (*pop.*)
Aguicher (*fam.*)
Allumer (*arg.*)

● ANTONYMES : Tranquilliser, Apaiser, Calmer, Séduire.

AGACERIE

Provocation
Avance

Coquetterie
Badinage
Geste (*ou* Parole) aguichant(e)
Mamours (*pop.*)
Retape (*pop.*)
Allumage (*arg.*)

AGAPE
V. FESTIN

ÂGÉ
V. VIEUX

AGENCER
V. ARRANGER

AGENDA

Carnet
Calendrier
Mémento
Calepin
Mémorandum
Registre
Éphéméride
Bloc
Planning (*néol.*)
Organigramme (*néol.*)

AGENT

1. Cause
Vecteur
Instrument de
Ferment de

2. Intermédiaire
Exécutant
Employé
Auxiliaire
Factotum
Préposé
Serviteur
Substitut
Suppôt
Commis

Commissaire
Subrécargue

3. Policier
Gardien de la paix
Agent en tenue
Poulet (*pop.*)
Sbire (*péj.*)
Argousin (*pop.*)
Alguazil (*pop.*)
Flic (*pop.*)
Flicard (*pop.*)
Guignol (*pop.*)
Cogne (*pop.*)
Quart d'œil (*pop., désigne le commissaire de police*)
Estaffier (*pop., désigne le garde du corps*)
Condé (*arg.*)
Roussin (*arg.*)
Bourre (*pop.*)
Bourrique (*pop.*)
Sergot (*pop. anc.*)
Vache (*pop.*)
Maton (*arg. des prisons, désigne le gardien*)
Matuche (*id.*)
Hirondelle (agent cycliste)
Vache à roulette (*id., pop.*)
Sergent de ville (*anc.*)
Arnac, Arnache *ou* Arnacle (*arg. anc.*)
Perdreau (*pop.*)

AGENT SECRET
V. ESPION

AGGLOMÉRATION
V. VILLE

AGGLUTINER
V. GROUPER et COLLER

AGGRAVATION

Augmentation (d'une peine)

Accroissement (d'une souf-
france, d'une maladie)
Complication
Progression
Progrès
Propagation (*par ex.* d'une
épidémie)
Recrudescence
Développement
Redoublement
Rechute
Exaspération (*par ex.* d'un
conflit)
Exacerbation

● ANTONYMES : Allège-
ment, Atténuation, Di-
minution, Soulagement,
Rémission, Amélioration,
Guérison.

AGGRAVER

Alourdir
Charger
Augmenter
Grever
Surcharger
Accroître
Compliquer
Grossir
Envenimer
Étendre
Exaspérer
Exacerber
Jeter de l'huile sur le feu
Aigrir
Renforcer

● ANTONYMES : Alléger,
Atténuer, Calmer, Soula-
ger, Améliorer, Minimiser.

AGILE

Leste
Vif

Vite
Véloce
Rapide
Prompt
Preste
Leste
Mobile
Léger
Alerte
Souple
Élastique
Délié
Adroit
Habile
Virtuose
Allègre
Fringant

● ANTONYMES : Mou,
Lourd, Gauche, Lent,
Lourdaud.

AGIOTAGE

Trafic
Spéculation
Coup de bourse
Tripotage
Accaparement
Arnaque (*arg.*)

AGIR

Faire
Entreprendre
Exécuter
Procéder à
Se remuer
Se mettre en mouvement
Entrer en activité

Se comporter (d'une cer-
taine façon)
Se conduire
S'y prendre
S'employer à

● ANTONYMES : S'abs-
tenir, Rester inactif (*ou*
oisif, *ou* neutre), Attendre, Temporiser.

AGISSANT

V. ACTIF
Allant
Efficace
Zélé
Influent
Énergique
Opérant
Fort

● ANTONYMES : Inactif.
Inefficace, Vain, Faible,

AGISSEMENT

Menée
Procédé
Manière
Pratique
Manœuvre
Façon
Intrigue
Manège
Astuce
Manigance
Artifice
Combine
Rouerie
Tripotage (*fam.*)
Tripatouillage (*pop.*)
Cuisine (*fam.*)
Tractation
Micmac (*pop.*)
Machination
Jeu (*péj.* et *fig.*)

AGITATEUR

Révolutionnaire
Insurgé

Mutin
Meneur
Incitateur
Contestataire
Excitateur
Agit-Prop (*néol. soviétique*)
Instigateur
Trublion
Factieux (*péj.*)

● ANTONYMES : Conformiste, Légaliste, Timbré, Homme d'ordre.

AGITATION

1. Mouvement
Activité
Affairement
Bouillonnement
Animation
Grouillement
Remue-ménage
Turbulence
Remous
Bruit

2. *Au fig.* :
Affres
Émoi *et* Émotion
Fièvre
Anxiété
Trouble
Bouleversement
Inquiétude
Souci
Préoccupation
Tourment
Orage
Tracas
Passion
Vicissitude
Colère

3. Remous
Mouvement de masse
Révolution

Effervescence
Manifestation
Émeute
Troubles
Insurrection
Revendications
Mouvemeàt revendicatif
Déchaînement des passions
Provocation
Soulèvement
Secousse sociale
Fermentation
Embrasement
Bouillonnement
Convulsion
Assaut contre le pouvoir

4. Angoisse (*méd.*)
Fébrilité
Fièvre
Nervosité
Nervosisme

● ANTONYMES : Calme, Repos, Tranquillité.

AGITER

1. V. REMUER
Secouer

2. Débattre (une question)
Discuter
Examiner
Traiter
Animer

● ANTONYMES : Apaiser, Biaiser, Fuir.

AGITER (S')

Bouger
Courir
Se démener
S'affairer
Aller et venir

S'empresser
Être nerveux
Se trémousser
Ne pas tenir en place
Piaffer
S'ébrouer
Se déchaîner
Tourbillonner
Trépider

● ANTONYMES : Se calmer, Se reposer, S'immobiliser.

AGONIE

Article de la mort
Dernière extrémité
Dernière heure
Derniers instants
Fin
Glas

● ANTONYME : Naissance.

AGONIR
V. INSULTER

AGONISANT

Moribond
Mourant
Expirant

● ANTONYME : Nouveau-né.

AGRAFE

Attache
Fermoir
Fibule
Broche
Fermail
Fermeture
Accrochage
Crampon

AGRANDIR

Rendre plus grand
Accroître
Allonger
Développer
Amplifier
Étendre
Ajouter à
Grossir
Augmenter
Élargir (une ouverture)
Évaser (*id.*)
Élever
Hausser
Surélever
Exhausser
Reculer les limites (*ou* les bornes)

Au fig. :
Ennoblir
Enrichir
Élever

● ANTONYMES : Amoindrir, Abaisser, Diminuer, Raccourcir, Rapetisser, Réduire.

AGRÉABLE

Qui agrée, Qui plaît, Qui convient, Qui satisfait
Bon
Doux
Savoureux
Plaisant

Caractère :
Aimable
Facile
Gentil
Sociable
Sympathique
Avenant
Amène
Plaisant

Gai
Prévenant
Engageant
Accommodant

Physique :
Charmant
Joli
Plaisant
Séduisant
Ravissant
Beau
Bien fait (*ou* bâti)

Un lieu de séjour :
Accueillant
Confortable
Commode
Reposant
Harmonieux

Un spectacle :
Plaisant
Attrayant
Captivant
Réjouissant
Amusant
Distrayant
Instructif
Mélodieux

Pop. et arg. :
Chic
Chouet *ou* Chouette
Bath
Soua-soua
Astap

● ANTONYMES : Désagréable, Incommode, Déplaisant, Pénible, Choquant, Odieux, Rebutant.

AGRÉER

1. *Intr.* :
Convenir
Faire l'affaire
Plaire *et* complaire

Accommoder
Contenter
Intéresser
Séduire
Flatter
Délecter
Faire la conquête de
Attacher
Ravir
Enthousiasmer
Réjouir
Satisfaire
Charmer
Enchanter
Sourire (à quelqu'un)

2. *Trans.* :
Trouver à son gré
Recevoir favorablement
Accepter
Approuver
Goûter
Aimer
Admettre
Permettre que
Accueillir favorablement
Recevoir
Éprouver de la satisfaction à

● ANTONYMES : 1. Déplaire.
2. Refuser, Repousser, Rejeter, Récuser.

AGRÉGER
V. ASSOCIER

AGRÉMENT
V. APPROBATION et PLAISIR

AGRÉMENTER

Orner
Parer
Embellir
Enjoliver
Enrichir

Relever
Rehausser

● ANTONYMES : Enlaidir, Déparer.

AGRESSIF

Combatif
Violent
Batailleur
Menaçant
Provocant
Provocateur
Querelleur
Tape-à-l'œil (*pop.*)
De mauvais goût

● ANTONYMES : Inoffensif, Doux, Paisible, Bienveillant, Discret.

AGRICULTEUR

Cultivateur
Planteur
Producteur
Laboureur
Colon
Paysan
Fermier
Métayer
Horticulteur
Maraîcher
Sylviculteur
Viticulteur
Arboriculteur
Éleveur
Agronome
Areur (*anc.*)

AGRIPPER
V. ATTRAPER et ACCROCHER

AGUICHER
V. EXCITER

AH! LA! LA! (*interj. pop. et fam.*)

Oh! ben, dis donc!
Ah! mince!
Hou là!
Ah! non, alors!
Et puis quoi encore!
Aïe! (Aïe! Aïe!)
Zut alors!
Non mais!
Ce n'est pas vrai!
Ça n'existe pas!
C'est trop fort!
Ouille, ouille, ouille
Kekséksa? (*arg., phonét.*)
Hé bé! (*rég.*)
Y en a, je vous jure! (*pop.*)

AHURI

1. V. IDIOT

2. Stupéfait
Pantois
Interloqué
Interdit
Étonné

AHURISSANT
V. ÉTONNANT

AIDE

1. V. AIDER
2. Auxiliaire
Assistant
Second
Adjoint
Acolyte
Coadjuteur
Collaborateur
Sous-verge (*fam.*)

AIDER

Assister
Appuyer

Épauler
Prêter main-forte
Seconder
Servir
Soutenir
Venir au secours (*ou* à la rescousse)
Collaborer
Coopérer
Conforter
Concourir à
Contribuer à
Faciliter
Participer à
Favoriser
Permettre de
Donner la main à
Obliger (quelqu'un)
Repêcher
Soulager
Secourir
Venir en aide

● ANTONYMES : Nuire, Contrarier, Couler, Torpiller (*fam.*), Abandonner à son sort, Desservir, Gêner, Paralyser.

AÏEUX

Ascendants
Ancêtres
Grands-parents
Aïeuls
Bisaïeuls
Trisaïeuls *ou* Trisaïeux
Nos pères
Vieux (*fam.*)

● ANTONYMES : Descendants, Fils et Filles (*fig.*), Petits-fils, Petites-filles.

AIGLE

Aquilidé
Aigle royal

Aigle impérial
Circaète *ou* Jean-le-Blanc
Frégate
Pygargue
Harpie
Spizaète
Uraète
Oiseau de Jupiter
Roi des oiseaux
Au fig. :
Phénix
As
Pic de la Mirandole
Génie

● ANTONYMES : *(au fig.)*
Crétin, Minus *(fam.)*,
Cancre.

AIGRE

Désagréablement acide
Acerbe
Acide *et* Acidulé
Acescent
Tourné
Vert
Ginguet *(rég.)*
Âcre
Sur *et* Suri

Pour un son :
Aigu
Criard
Perçant
Strident
Sifflant

Pour un climat :
Froid
Glacial *et* Glacé
Vif
Saisissant
Piquant
Cuisant

*Pour un caractère, une
parole :*
Acrimonieux

Acariâtre
Atrabilaire
Agressif
Âpre
Revêche
Amer
Malveillant
Acerbe

● ANTONYMES : Doux,
Agréable, Suave, Sucré.

AIGREFIN
V. ESCROC

AIGREUR

Hyperchlorhydrie

Au fig. :
Amertume
Acrimonie
Mauvaise humeur
Irritation
Animosité
Rancœur
Rancune
Ressentiment
Dépit
Colère
Âcreté
Brouille

● ANTONYMES : Aménité,
Paix, Calme, Suavité, Douceur.

AIGRIR

Rendre aigre
Altérer
Gâter
Faire tourner
Corrompre

Au fig. :
Envenimer
Aggraver
Attiser

Irriter
Aviver
Fâcher (quelqu'un)
Susciter l'amertume de
Soulever le ressentiment
de
Indisposer (quelqu'un)
Piquer (quelqu'un)

● ANTONYMES : Radoucir,
Apaiser, Calmer, Consoler.

AIGU

1. Pointu
Affilé *et* Effilé
Aiguisé
Acéré
Fin
Piquant
Saillant
Aculéiforme
Aciculaire
Acuminé
Lancéolé

2. *Un son, un cri :*
Criard
Aigre
Haut *et* Élevé
Déchirant
Fausset (voix de)
Flûtée (voix)
Perçant
Pointu
Strident
Suraigu
Glapissant
Crécelle (voix de)

3. *Une douleur, un mal :*
Cuisant
Déchirant
Violent
Vif
Imprévu
Subit
Piquant

4. *Un esprit, un regard :*
Perçant
Vif
Mordant
Incisif
Subtil
Pénétrant
Profond
Pas dans la poche (*fam.*)

● ANTONYMES : 1. Épointé,
Émoussé.
2. Sourd, Faible, Grave.
3. Profond, Sourd, Chronique.
4. Lourd, Balourd, Grossier, Lent.

AIGUILLE
V. SOMMET

AIGUILLON

Dard

Au fig. :
Excitant
Stimulant
Coup de fouet
Éperon dans les reins
Pique
Piqûre (d'amour-propre)

● ANTONYME : Frein.

AIGUILLONNER

Stimuler
Exciter
Éperonner
Pousser à
Piquer au vif
Inciter
Presser
Aiguiser

● ANTONYMES : Freiner,
Réfréner, Calmer.

AIGUISER

Acérer
Affiler
Affûter
Donner du tranchant
Repasser
Émoudre
Émorfiler

● ANTONYMES : Émousser, Épointer.

AIMABLE

Gentil
Agréable
Attirant
Séduisant
Plaisant
Amène
Affable
Avenant
Gracieux
Accort, e
Estimable
Sympathique
Beau
Joli
Consommable (*pop.*)
Accommodant
Attentionné
Bienveillant
Obligeant
Courtois
Sociable
Prévenant
Poli
Accueillant
Complaisant

● ANTONYMES : Abominable, Détestable, Exécrable, Haïssable, Odieux, Antipathique, Insupportable.

AIMANT

Amoureux
Tendre
Câlin
Affectueux
Sensible
Caressant
Ardent
Chaud
Fervent

● ANTONYMES : Froid,
Insensible, Distant, Dur.

AIMER

1. *Les êtres, les personnes :*
Nourrir, Éprouver (*ou* ressentir) de l'affection
Affectionner
Chérir
Adorer
Idolâtrer
Vénérer
Porter dans son cœur
N'avoir d'yeux que pour
Avoir (quelqu'un) dans la peau (*fam.*)
Être amoureux
En pincer pour (*fam.*)
Avoir le béguin
Estimer (quelqu'un)
Avoir à la bonne (*pop.*)
Gober (*pop.*)
Être attaché à

2. *Les choses, quelque chose :*
Être amateur de
Apprécier
Goûter
Avoir du goût pour
Affectionner
Se plaire à
Raffoler de
Trouver plaisir

Prendre plaisir à
S'intéresser à

● ANTONYMES : Haïr,
Détester, Exécrer, Abominer, Avoir horreur, Abhorrer.

AIMER MIEUX
V. PRÉFÉRER

AIMER (S')
V. ÉGOÏSTE

AINSI

De cette façon
Comme cela
De cette manière
Donc
De la sorte
Par conséquent
C'est pourquoi
Aussi

AIR

1. V. ATMOSPHÈRE

2. Mine
Allure
Semblant
Physionomie
Visage
Apparence
Aspect
Maintien
Dehors
Expression
Démarche
Attitude
Contenance

3. V. MÉLODIE

AISANCE

1. Aise
Facilité

Désinvolture
Naturel
Agilité
Prestesse
Souplesse
Grâce

2. Bien-être
Confort
Assurance

3. *Lieux d'aisance* :
V. CABINET
Latrines
Buen-retiro
Commodités
W.-C.

● ANTONYMES : 1. Gêne,
Difficulté, Peine, Gaucherie, Embarras. 2. Misère,
Dénuement, Pauvreté, Indigence.

AISE
V. AISANCE

AISÉ

1. Facile
Pratique
Commode
Ample (un vêtement)
Libre (un maintien)
Dégagé
Souple
Naturel (*par ex*. un style)
Coulant
Simple
Désinvolte

2. À son aise
Fortuné
Riche
Richard
Cossu
Huppé
Rupin (*pop.*)
Galetteux (*pop.*)

● ANTONYMES : 1. Difficile, Incommode, Laborieux.
2. Impécunieux, Gêné,
Indigent, Besogneux.

AISÉMENT

Facilement
Sans peine
Comme en se jouant
Commodément
À l'aise
Simplement
Naturellement
Couramment
Volontiers

● ANTONYMES : Difficilement, Péniblement, Malaisément, Avec peine.

AJOURNEMENT

Remise
Retard
Prorogation
Renvoi
Report
Sursis
Atermoiement
Temporisation
Recul de date
Différé
Procrastination
Refus
Échec
Recalage (*pop.*)

● ANTONYMES : Admission, Réussite.

AJOUT (*néol.*) et **AJOUTAGE**

Additif
Amendement

Nota bene
Post-scriptum
Adjonction
Addition
Joint
Allonge
Rallonge
About (*en menuiserie*)
Raccord
Ajutage (*en plomberie*)
Bonus
Boni (*fam.*)
Prime
Supplément
En plus

● ANTONYMES : Suppression, Retranchement, Moins *et* En moins, Rature, Remords, Deleatur (*typo.*)

AJOUTER

V. ADDITIONNER
Augmenter
Allonger
Compléter
Adjoindre *et* Joindre
Insérer
Intercaler
Apporter (un complément)
Étendre (un liquide)
Couper (*id.*)
Embellir (quelque chose)
Enrichir (*id.*)
Grossir (un revenu, un dire)
Exagérer
Enrichir
Amplifier (un son)
Renforcer

● ANTONYMES : Déduire, Soustraire, Défalquer, Enlever, Exclure, Retirer, Retrancher, Ôter.

AJUSTAGE
V. ASSEMBLAGE

AJUSTEMENT

1. Adaptation
Raccord
Rapport à *ou* avec
Agencement
Arrangement
Dispositions
Accommodation

2. Mise
Habillement
Parure
Tenue
Atour (*anc.*)
Parement

AJUSTER

1. Adapter
Arranger
Accommoder
Accorder
Conformer
Mettre en accord
Mesurer exactement
Bien agencer
Calculer
Combiner
Égaliser
Disposer (d'une certaine façon)

2. Assembler
Joindre
Abouter
Jumeler
Monter (deux pièces ensemble)

3. Viser
Tenir au bout de son fusil
Avoir dans le collimateur (*ou* dans la pointe de mire)

● ANTONYMES : Désajuster, Dépareiller, Défaire, Déranger, Démonter.

ALACRITÉ
V. GAIETÉ

ALAMBIQUÉ

Compliqué
Contourné
Précieux
Embarrassé
Quintessencié
Trop subtil
Torturé
Trop raffiné
Sophistiqué
À la mords-moi le nœud (*arg.*)

● ANTONYMES : Simple, Direct, Sans phrases, Franc.

ALANGUI

Indolent
Abattu
Fatigué
Langoureux
Énervé
Languissant
Lent
Mou *et* Amolli
Relâché

● ANTONYMES : Vif, Éveillé, Preste, Rapide, Ferme, Dur.

ALARME

Alerte
Agitation
Crainte
V. ANGOISSE
Émotion
Émoi
Appréhension
Effroi

Peine
Frayeur
Tourment
Prémonition
Ombrage (*fig.*)
Inquiétude
Anxiété
Souci
Transe
Effarouchement
V. Peur
Épouvante

● ANTONYMES : Paix, Calme, Tranquillité, Repos.

ALARMER

Inquiéter
Effrayer
Travailler (*fig.*, *fam.*)
Émouvoir
Ennuyer
Effaroucher
Faire faire du souci (*ou* de la bile) [*fam.*]
Apeurer
Harceler
Affoler
Assiéger
Épouvanter
Agiter (*fig.*)
Prendre au tragique
Chagriner
Tourmenter
Troubler
Angoisser
Mettre en peine
Donner (*ou* Fiche, *ou* Ficher, *ou* Filer) les jetons (*arg.*)
Tracasser
Harceler

● ANTONYMES : Rassurer, Calmer, Tranquilliser.

ALARMISTE

Pessimiste
Défaitiste
Provocateur
Paniquard (*fam.*)

● ANTONYMES : Rassurant, Optimiste, Lénifiant.

ALCOOLIQUE
V. Ivrogne

ALÉATOIRE

Incertain
Douteux
Hasardeux
Problématique
Fluctuant
Conjectural
Hypothétique

● ANTONYMES : Sûr, Assuré, Certain.

ALENTOURS

Environs
Lieux circonvoisins
Voisinage
Proximité
Abord
Autour
Banlieue
Hors limites

● ANTONYMES : Lointains, Centre.

ALERTE

1. Alarme
Avertissement
Appel à la vigilance
Émotion

Frayeur
Appel

2. *Adj.* :
Fringant
Ingambe
Vif
Leste
Vert
Nerveux
Éveillé
Gaillard
Agile
Rapide
Sémillant
Allègre

● ANTONYMES : 2. Impotent, Indolent, Paresseux, Lourd, Mou, Engourdi.

ALERTER
V. Avertir

ALGARADE

Sortie
Insulte
Querelle
Scène
Attaque
Incartade

ALGUE

Thallophyte
Goémon
Varech
Gélose (*ou* Agar-agar)
Tripoli du Livournais (algue fossile)

ALIÉNATION

1. Cession
Perte
Vente

Legs
Donation
Transfert
Échange

2. *Aliénation mentale* :
Folie
Débilité mentale
Démence
Déséquilibre
Incohérence
Inconscience
Névrose
Obsession
Vésanie
Manie *et* Monomanie
Phobie
Aberration
Idiotie
Imbécillité
Crétinisme
Délire
Dépression mentale
Neurasthénie
Psychasthénie
Troubles mentaux
Maboulisme (*pop.*)

3. *Aliénation sociale* :
Exploitation (subie)
Arriération
Sous-développement
Usure
Émigration intérieure
Citoyenneté de seconde
zone
Esclavage

● ANTONYMES : 1. Acqui-
sition, Enrichissement.
2. Santé, Équilibre, Rai-
son, Bon sens.
3. Exploitation (exercée),
Plein développement, Épa-
nouissement.

ALIÉNÉ
V. Fou

ALIGNER

Mettre en ligne (*ou* en
rang)
Ranger
Ordonner
Tracer

Au fig. :
Enfiler des mots
Exposer (des idées)
Donner (des chiffres)
Énumérer
Fournir
Présenter

Pop. :
Payer
Verser (de l'argent)
Régler (*id.*)
Cracher (*id.*) [*fam.*]

● ANTONYMES : Mettre
en désordre, en avant,
en saillie, en retrait, For-
jeter, Bafouiller.

ALIMENT

Nourriture
Mets
Subsistance
Manne (*litt.*)
Vivres
Pâture (animaux)
Soupe (*fig.*)
Pitance
Pain (*fig.*)
Provende
Chère
Comestible
Manger (*subst.*)
Mangeaille (*pop.*)
Croûte (*pop.*)
Boustifaille (*pop.*)
Bectance (*pop.*)
Avoine (*arg.*)
Jaffe (*arg.*)

Cuistance (*pop.*)
Bouffetance (*arg.*)
Tambouille (*pop.*)
Cooking (*néol.*)

ALIMENTER
V. Nourrir

ALIMENTER (S')
V. Manger

ALITER (S')
V. (Se) Coucher et Ma-
lade

ALIZÉ
V. Vent

ALLANT (*néol.*)

V. Entrain
Dynamisme
Activité
Énergie
Vitalité
Enthousiasme
Vigueur

● ANTONYMES : Mollesse.
Inertie, Indolence, Paresse,

ALLÉCHANT

Attirant
Séduisant
Appétissant
Attrayant
Prometteur
Tentant
Engageant
Affriolant

● ANTONYMES : Repous-
sant, Écœurant, Répu-
gnant.

ALLÉCHER
V. Attirer

59

ALLÉGATION

Assertion
Dire
Imputation
Affirmation
Déclaration
Proposition
Calomnie
Fable
Diffamation
Prétexte
Mauvaise excuse

● ANTONYMES : Preuve formelle, Assurance.

ALLÈGEMENT

Diminution
Dégrèvement
Soulagement
Atténuation
Adoucissement
Consolation

● ANTONYMES : Alourdissement, Appesantissement, Aggravation, Charge *et* Surcharge.

ALLÉGER

Rendre plus léger (*ou* moins lourd)
Soulager
Décharger
Délester
Allégir (amenuiser, enlever du poids à, amincir)
Dégrever (*fisc.*)
Atténuer
Diminuer
Adoucir
Calmer (un mal, un chagrin)
Apaiser

● ANTONYMES : Alourdir, Aggraver, Écraser, Grever.

ALLÉGORIE

Symbole
Allusion
Métaphore
Apologue
Image
Fiction
Fable
Mystère
Mythe
Parabole
Emblème.

● ANTONYMES : Réalité, Vérité, Matérialité.

ALLÉGORIQUE

Symbolique
Parabolique
Spirituel
Fictif
Fabuleux
Métaphorique
Mythique
Emblématique
Typique

● ANTONYMES : Réel, Littéral (sens), Vrai, Matériel.

ALLÉGUER

Citer
Donner pour référence
S'appuyer sur
Arguer de
Prétendre
Exciper de
Prétexter
Invoquer
Mettre en avant
Produire
Rapporter
Apporter (un argument, une preuve)
Avancer (*id.*)
Opposer (*id.*)
Objecter (*id.*)
Se prévaloir de
Jeter à la face (*ou* sur la table, *ou* dans les jambes)

● ANTONYMES : Apporter (*ou* Faire) la preuve formelle de, Prouver, Réfuter, Nier, Dénier.

ALLEMAND

Germain
Teuton
Prussien (*anc.*)
Tudesque (*anc.*)

Arg. :
Boche *et* Alboche
Chleu
Frizé
Fridolin
Doryphore

ALLER

1. Marcher
Cheminer
Circuler
Se promener
Ramper
Nager
Voler
Conduire (un véhicule)

Aller vers, ou à :
S'acheminer
Se diriger
Se rendre
Prendre la route, le train,

la voiture
Prendre l'air vers
Pédaler vers
Porter ses pas
Progresser vers (*ou* en direction de)
Se transporter
Se véhiculer (*néol.*)
Voyager
Se déplacer

2. Convenir
Seoir

● ANTONYMES : Venir, Rester.

ALLER (S'EN)

Partir
S'éloigner
Disparaître
S'éclipser
S'effacer
Passer
S'user
Se dissiper
S'évaporer
Mettre les bouts (*pop.*)
Filer (*fam.*)
Se tirer (*arg.*)

● ANTONYMES : Venir, Revenir, Rester.

ALLERGIE
V. INTOLÉRANCE

ALLIANCE

1. Anneau
Bague
Jonc
Bagouse (*arg.*)

2. Mariage
Apparentage
Hymen *et* Hyménée

Noces
Union
Conjugo (*pop.*)

3. Coalition
Ligue
Accord
Pacte
Association
Contrat
Rapprochement
Assemblage
Complicité
Communauté

● ANTONYMES : Séparation, Divorce, Antagonisme, Désunion, Mésalliance.

ALLIÉ

Associé
Confédéré
Fédéré
Partenaire
Alter ego
Ami
Auxiliaire
Ligueur
Partisan

● ANTONYMES : Ennemi, Adversaire.

ALLIER

Unir
Joindre
Combiner
Mêler
Mélanger
Concilier
Associer
Accorder
Harmoniser
Accommoder

Assortir
Marier
Lier

● ANTONYMES : Séparer, Disjoindre, Désunir, Distinguer.

ALLIER (S')

S'unir
Se marier
Se joindre
Convoler
Se lier
Se mêler
S'associer
S'accorder
Aller avec
Se fédérer
Passer traité
Passer dans le camp de
S'apparenter
Prendre pour partenaire
S'acoquiner (*péj.*)
Se maquer (*arg.*)

● ANTONYMES : Se séparer, Se détacher, Se brouiller.

ALLOCATION

Subside
Subvention
Prestation
Indemnité
Pension
Secours

ALLOCUTION

Discours
Adresse
Prise de parole
Laïus
Harangue

Oraison
Speech (*néol.*)
Briefing (*néol.*)

ALLOGÈNE

Étranger
Métèque (*péj.*)
Allochtone
Aubain (*jur. anc.*)

● ANTONYMES : Indigène, Autochtone, Aborigène.

ALLONGER

Prolonger
Rallonger
Augmenter
Étendre (*par ex.* un liquide)
Étirer *et* Tirer
Ajouter
Détirer
Tendre
Proroger
Faire traîner en longueur
Surseoir
Fam. :
Assener (*par ex.* une gifle)
Donner (*id.*)
Lancer (*id.*)
Porter (*par ex.* un coup)

ALLOUER
V. ATTRIBUER et DONNER

ALLUMER

1. Faire de la lumière
Éclairer
Illuminer

2. Mettre le feu
Enflammer
Embraser
Incendier

Faire flamber
Porter la flamme
Jeter une allumette
Battre le briquet
Jeter un brandon

3. *Au fig.* :
Provoquer
Susciter
Attiser
Animer
Exciter

4. *Pop. et arg.* :
Aguicher (quelqu'un)

● ANTONYMES : 1. Éteindre, Tourner le bouton (*ou* l'interrupteur).
2. Souffler.
3. Éteindre
4. Apaiser, Satisfaire.

ALLURE

1. Façon d'aller
Marche
Démarche
Pas
Train

2. Vitesse
Mouvement

3. *Allures du cheval* :
Pas
Trot
Galop
Amble
Pas relevé
Aubin
Entrepas
Trac

4. Apparence
Aspect
Air
Touche (*fam.*)
Maintien
Dégaine (*fam.*)

Silhouette
Tournure
Ligne
Effet produit
Extérieur
Tenue
Conduite
Caractère (*fig.*)
Façons
Attitude

5. Rythme (des événements, des choses)
Marche
Course
Déroulement
Train
Tournure

ALLUSION

Sous-entendu
Évocation
Rappel de
Insinuation
Comparaison
Allégorie
Métaphore
Image
Sans nommer personne
Badinage (*anc.*)

ALLUVION

Boue
Limon
Sédiment
Lœss
Palus (*rég.*)
Diluvium
Alaise
Colmatage
Atterrissement (*anc.*)
Accrue
Lais
Laisse

Relais
Accroissement

● ANTONYME : Avulsion.

ALMANACH
V. AGENDA et CALENDRIER

ALPAGE
V. PÂTURAGE

ALPHABET

Abécédaire
ABC.
Premier livre

ALTÉRATION

Diminution (*ou* Perte) de
qualité
Détérioration
Avarie
Dégradation
Dégât
Pourriture
Pourrissement
Putréfaction
Tare
Tache
Tavelure
Rouille
Défaut
Avilissement
Corruption
Dégénérescence (d'une
lignée, d'une race)
Abâtardissement (*id.*)
Désordre (de santé)
Ébranlement (*id.*)
Déformation (du sens)
Métaplasme (*id.*)
Trahison (de la pensée)
Falsification
Adultération
Dénaturation
Truquage

Censure
Fardage
Tromperie
Mutilation (d'un texte,
d'un film, d'une pièce,
d'un spectacle)
Entorse (à la vérité)
Déguisement (d'une idée)
Bouleversement (d'un vi-
sage, des traits, de la voix)
Trouble (*id.*)
Décomposition (*id.*)

● ANTONYMES : Intégrité,
Conservation, Permanen-
ce, Fraîcheur, Respect.

ALTERCATION

Dispute
Querelle
Controverse
Débat
Empoignade
Chicane
Contestation
Différend
Démêlé
Discussion
Passe oratoire
Prise de bec (*pop.*)
Crêpage de chignon (*pop.*)
Bagarre (*fig.*)
Chamaille *et* Chamaillerie
(*fam.*)
Bataille (*fig.*)

ALTÉRER

1. Assoiffer
Donner soif

2. Modifier
Changer
Avarier
Corrompre
Gâter

Pourrir
Putréfier
Attaquer
Ronger
Rouiller
Ternir
Endommager
Détériorer
Flétrir
Dégrader
Tarer
Faire tourner (le lait)
Rendre malade (altérer la
santé)
Affecter (la santé)
Détraquer (*id.*)
Vicier
Dépraver (*mor.*)
Affaiblir (*par ex.* un sen-
timent)
Ébranler (*id.*)
Diminuer
Compromettre (*par ex.*
l'amitié)
Défigurer (*par ex.* les traits)
Fausser (par ex. le sens)
Falsifier (*id.*)
Trahir (*id.*)
Farder
Truquer
Maquiller (*par ex.* la
vérité)
Déformer
Contrefaire
Adultérer
Dénaturer
Estropier (*par ex.* un texte)
Mutiler
Modifier
Censurer
Défigurer (*par ex.* une
œuvre)
Tronquer
Déguiser (une pensée, des
faits)
Mentir

● ANTONYMES : 1, Désal-

térer, Apaiser, Satisfaire,
2. Défendre l'intégrité de,
Maintenir, Conserver, Fortifier, Rectifier, Assainir,
Rétablir.

ALTERNANCE

Ordre
Tour
Battement
Flux et reflux
Oscillation
Rythme
Succession
Fréquence
Allée et venue
Va-et-vient
Cadence
Période
Changement
Variation
Assolement
Alternat
Bascule

● ANTONYMES : Continui-
té, Régularité, Suite, Série
continue.

ALTERNATIVE

Choix (*entre deux options*)
Dilemme (*entre deux rai-
sonnements*)

ALTERNATIVEMENT

Tour à tour
Chacun son tour
Successivement
L'un après l'autre
En se relayant

● ANTONYMES : Continuel-
lement, Continûment, En
suivant.

ALTIER

Hautain *et* Haut
Orgueilleux
Fier
Dédaigneux
Arrogant

● ANTONYMES : Modeste,
Simple, Affable, Accueil-
lant.

ALTITUDE

V. HAUTEUR

ALTRUISME

Amour du prochain
Oubli de soi-même
Abnégation
Affection
Bonté
Charité
Bienveillance

● ANTONYMES : Égoïsme,
Égotisme.

AMABILITÉ

Affabilité
Obligeance
Prévenance
Gentillesse
Courtoisie
Délicatesse
Civilité
Bienveillance
Grâce
Attention
Politesse
Prévenance
Douceur
Aménité

● ANTONYMES : Rudesse,
Brutalité, Brusquerie,
Grossièreté, Sauvagerie,
Maussaderie.

AMADOUER

Flatter
Domestiquer
Se rendre (quelqu'un)
favorable
Dresser
Cajoler
Enjôler
Flatter
Persuader
Adoucir
Caresser
Pateliner (*anc.*)
Flagorner
Peloter (*pop.*)
Embabouiner (*pop.*)

● ANTONYMES : Heurter,
Choquer, Se faire un
ennemi.

AMAIGRISSEMENT

Amoindrissement
Dessèchement
Émaciation
Étisie
Maigreur
Cachexie
Atrophie
Marasme
V. MAIGRIR

● ANTONYMES : Engrais-
sement, Prise de poids,
Remplumage (*pop.*).

AMALGAME

Mélange
Alliage
Alliance
Combinaison
Union
Réunion

Rapprochement
Fusion
Confusion

AMANT

Amoureux
Galant
Bien-aimé
Soupirant
Ami *et* Petit ami
Compagnon
Copain (*fam.*)
Mec (*arg.*)
Berger (*anc.*)
Jules (*arg.*)
Céladon (*anc.*)
Gigolo
Greluchon
Chéri
Béguin
Tourtereau
Miché (*arg.*)
Micheton (*arg.*)
Régulier (*arg.*)

AMANTE

Maîtresse
Amoureuse
Bonne amie
Bien-aimée
Dulcinée
Amie
Petite amie
Compagne
Copine (*fam.*)
Julie (*arg.*)
Nana (*arg.*)
Poule (*arg.*)
Houri (*arg.*)
Régulière (*arg.*)

AMARRER
V. ATTACHER

AMAS

Tas
Ramas *et* Ramassis
Monceau
Amoncellement
Pile
Bloc
Agrégat
Accumulation
Rassemblement
Masse
Collection
Agglomérat
Entassement
Montagne
Pyramide
Attirail
Capharnaüm
Fatras
Foule
Assemblage (par ex. de connaissances)
En vrac
En bloc
En pagaille (*pop.*)
Bordel (*pop.*, *triv.*)

● ANTONYMES : Dispersion, Éparpillement, Dissipation.

AMASSER

Accumuler
Mettre en tas
Amonceler
Collectionner
Assembler *et* Rassembler
Attrouper
Réunir
Empiler
Emmagasiner
Accaparer
Économiser
Capitaliser
Thésauriser
Faire sa pelote

En mettre à l'ombre (*pop.*), *ou* de côté, *ou* en réserve
Compiler

● ANTONYMES : Disperser, Éparpiller, Dépenser, Dilapider.

AMATEUR

1. Connaisseur
Curieux
Collectionneur
Féru de
Gourmet
Gourmand
Friand
Aficionado (tauromachie)
Chaland
Prétendant

2. Non professionnel
Dilettante
Peintre du dimanche
Douanier Rousseau de (quelque chose)

● ANTONYMES : 1. Ignorant, Insensible à, Indifférent, Ignare.
2. Professionnel.

AMBAGES

Équivoque
Ambiguïté
Circonlocution
Détour
Obscurité
Hypocrisie

● ANTONYMES : Franchise, Clarté, Netteté.

AMBASSADEUR

Envoyé
Légat

Ablégat (*anc.*)
Plénipotentiaire
Nonce
Représentant
Émissaire
En mission
Diplomate
Ministre
Chargé d'affaire
Agent
Envoyé (spécial)
Mandataire
Accrédité
Persona grata

AMBIANCE (*néol.*)

Atmosphère
Décor
Milieu
Climat
Entourage
Bain
Environnement
Bruit

AMBIGU, UË

Équivoque
Double
Amphibologique

D'où :
Indécis
Enigmatique
Douteux
Incertain
Flottant
Obscur

D'où :
Louche
Inquiétant
Pas franc (*pop.*)

● ANTONYMES : Net, Précis, Clair, Catégorique, Sans ambiguïté.

AMBITIEUX

Élevé (un but)
Difficile (*id.*)
Honorable (*id.*)
Qui honore (*id.*)

Un individu :
Prétentieux
Présomptueux
Arriviste
Qui a des visées sur
Impatient
Plein d'appétit
Passionné
Mégalomane

Au fig. un style :
Affecté
Pompeux
Pompier (*fam.*)
Recherché
Amphigourique

● ANTONYMES : Modeste, Simple, Désintéressé, Humble.

AMBITIONNER

Prétendre à
Aspirer à
Viser à
Briguer
Convoiter
Désirer
Brûler de
Être impatient de
Se croire déjà
Souhaiter

● ANTONYMES : Négliger, Dédaigner, Mépriser, Se fiche de.

AMBULANT

Nomade
Errant

Chineur (*fam.*)
Mobile
Changeant
Baladeur (*fam.*)
S.D.F. (Sans domicile fixe)
Forain

● ANTONYMES : Sédentaire, Stable, Fixe.

ÂME

1. Principe moteur
Animateur
Responsable
Créateur
Entraîneur
Dirigeant
Promoteur
Chef
Cheville ouvrière

2. *Métaphysique et poésie :*
Esprit
Principe spirituel
Vie
Force
Air
Souffle
Émanation
Essence
Étincelle divine
Feu
Le moi
Dedans
Mystère
Intimité
Cœur
Pensée
Volonté
Principe moral
Noblesse
Inclination
Énergie
Trempe
Audace

3. Habitant
Serf

Villageois
Individu
Paroissien
4. Mort (esprit du)
Mânes
Fantôme
Zombie

● ANTONYMES : Corps,
Chair, Dépouille mortelle.

AMÉLIORATION

Mieux
Progrès
Bonification
Abonnissement (*peu us.*)
Perfectionnement
Rétablissement
Amendement
Rénovation
Correction
Retouche
Révision
Réforme
Embellissement
Restauration
Réparation
Régénération
Affermissement
Adoucissement
Détente
Épuration
Fertilisation

● ANTONYMES : Aggra-
vation, Dégénération *et*
Dégénérescence, Détério-
ration, Adultération, Corruption, Dégradation.

AMÉNAGEMENT
V. INSTALLATION

AMENDE

Contravention
Astreinte

Réparation
Sanction
Peine

AMENDEMENT

1. V. AMÉLIORATION
2. Article rectificatif (d'un
projet)
Réforme
Révision
Modification
Ajout
Additif
Avenant (*jur.*)
Codicille (*id.*)

AMÈNE
V. AIMABLE

AMENER

Mener
Conduire
Faire venir
Attirer
Tirer (vers soi)
Abaisser (une voile, un
drapeau, des « couleurs »)
Faire descendre
Préparer (une comparai-
son, une surprise)
Ménager (*id.*)
Présenter
Attirer (une conséquence)
Entraîner
Causer

Au fig. :
Convaincre (quelqu'un) de
Déterminer à
Attirer vers
Engager
Entraîner

● ANTONYMES : Emme-
ner, Ramener, Arrêter,
Refuser, Dégoûter de.

AMÉNITÉ
V. AMABILITÉ

AMENUISER

Amincir
Rendre menu
Rapetisser *et* Apetisser
Dégrossir
V. AMOINDRIR *et* AFFAIBLIR
Allégir
Aiguiser
Effiler
Émincer (*cuisine*)
Écacher

● ANTONYMES : Grossir,
Donner de l'importance,
Épaissir, Gonfler.

AMER

Adj. :
V. ÂCRE
Saumâtre
Âpre

Subst. :
Fiel
Bitter (*néol.*)

Au fig. (*adj.*) :
Affligeant
Pénible
Morose
Cuisant
Cruel
Désolant
Douloureux
Saumâtre
Désagréable
Dur à avaler (*pop.*)
Triste
Sombre
Fielleux
Mordant
Acrimonieux
Rude

Sarcastique
Sévère

● ANTONYMES : Doux, Sucré, Agréable, Suave, Amène, Bienveillant, Amical.

AMÉRICAIN

D'outre-Atlantique
Du Nouveau Monde (*anc.*)
Indien (*anc., litt.*)
Yankee
Gringo (*péj.*)
Ricain (*arg.*)
Amerlo, Amerlot, Amerloc, Amerloque (*arg.*)

AMERTUME

Saveur amère

Au fig. :
Dégoût
Peine
Rancœur
Écœurement
Chagrin
Découragement
Fiel
Bile
Tristesse
Mélancolie
Humiliation
Dépit
Affliction
Rancune
Acrimonie

● ANTONYMES : Joie, Plaisir, Aménité, Amabilité, Douceur.

AMEUBLEMENT

1. Aménagement
Installation

2. Mobilier
Meubles
Décoration

AMEUTER

Rameuter
Attrouper
Rassembler
Alerter
Faire se masser
Exciter
Soulever
Haranguer
Échauffer (les esprits)
Mener à l'action
Battre le rappel
Mobiliser
Liguer
Jeter dans l'action directe (*néol.*)

● ANTONYMES : Disperser, Démobiliser, Calmer, Apaiser, Réprimer.

AMI

Copain (*fam.*)
Compagnon
Camarade
Relation
Fréquentation
Connaissance
Allié
Âme damnée (*péj.*)
Alter ego
Pote (*pop.*)
Poteau (*id.*)
Aminche (*arg. anc.*)
Collègue (*rég.*)
Amant
Amoureux
Compère
Complice
Intime

Autre soi-même
Frère (*fam.*)

● ANTONYMES : Ennemi, Adversaire, Antagoniste, Rival.

AMICAL

Avenant
Affable
Cordial
Intime
Sympathique

● ANTONYMES : Inamical Hostile, Malveillant, Antipathique, Froid.

AMITIÉ

1. Sentiment
Affection
Attachement
Accord
Fraternité
Entente
Compréhension
Intelligence
Camaraderie
Compagnonnage
Liaison

2. Bienveillance
Bonté
Sympathie

● ANTONYMES : Inimitié, Hostilité, Antipathie, Aversion, Indifférence, Haine, Répulsion.

AMOCHER (*pop.*)

Rendre moche (*pop.*) *ou* laid
Donner des coups

Frapper
Casser
Abîmer
Battre
Blesser
Accidenter
Défigurer
Arranger (*par dérision*)

● ANTONYMES : Rabibocher (*pop.*), Raccommoder, Arranger.

AMOINDRIR
V. ABAISSER, AFFAIBLIR, DIMINUER, RÉDUIRE et USER.

AMOLLIR

Rendre mou, faible
Ramollir
Alanguir
Efféminer
Attendrir
Affaiblir
Abâtardir
Faire fléchir

● ANTONYMES : Affermir, Durcir, Endurcir, Fortifier.

AMONCELER

V. ACCUMULER
Empiler *et* Mettre en pile *ou* en pilots (*rég.*)
Entasser *et* Mettre en tas (*ou* en amas)
Amasser
Agglomérer
Truster
Accaparer
Faire une montagne de
Jeter les uns sur les autres
Boucher la vue avec

● ANTONYMES : Déblayer, Disperser, Éparpiller, Dilapider, Disséminer.

AMONCELLEMENT
V. AMAS

AMORAL
V. IMMORAL

AMORCE
V. APPÂT

AMORCER

1. Appâter
Escher, Ècher *ou* Aicher (*jargon de pêcheurs*)

2. *Au fig.* :
Allécher
Attirer
Amadouer
Engager
Séduire

Commencer
Esquisser
Préparer
Ébaucher
Entamer
Mettre en marche (*par ex.* une pompe)
Lancer

● ANTONYMES : Désamorcer, Écarter, Éloigner, Terminer, Conclure, Clore.

AMORPHE

1. Sans forme, Informe

2. *Au fig.* :
Mou
Qui manque d'énergie
Veule
Inconsistant

Sans (force de) caractère
Mollasson *et* Mollasse (*pop.*)
Chiffe molle (*pop.*)

● ANTONYMES : Énergique, Entreprenant, Vif.

AMORTIR

1. Atténuer (un effet)
Affaiblir
Tempérer
Diminuer
Estomper
'Assourdir
Faire tampon
Modérer
Freiner
Attiédir (un sentiment)
Émousser (*id.*)
Apaiser (*par ex.* un chagrin)
Calmer (*id.*)

2. Éteindre (une dette)
Rendre rentable
Rentabiliser
Payer
(Se) rembourser de
Reconstituer (le capital)

● ANTONYMES : 1. Augmenter, Aviver, Amplifier, Attiser, Envenimer, Exciter, Stimuler, Exalter.

2. Perdre.

AMOUR

Inclination
Penchant
Sentiment
Passion
Flamme
Tendresse

Ardeur
Idolâtrie
Folie
Ivresse
Attachement
Feu
Désir
Ébats
Appétit sexuel
Aphrodisie
Concupiscence
Attraction sexuelle
Glamour (*néol. angl.*)
Sex-appeal (*id.*)
Luxure
Libertinage
Volupté
Lascivité
Accouplement
Don (de soi)
Œuvre de chair
Rut (animaux)
Coït
Copulation
Débauche
Hymen
Hyménée
Union
Union libre
Adultère
Inceste
Galanterie
Prostitution
Coup de foudre
Engouement
Béguin (*pop.*)
Pépin (*pop.*)
Adoration
Culte de
Ferveur
Dilection
Piété

● ANTONYMES : Haine, Exécration, Aversion, Abomination, Antipathie, Indifférence.

AMOURACHER (S')

S'éprendre
S'enticher
S'enamourer
Se coiffer (*pop.*)
S'affoler pour (*pop.*)
S'embéguiner (*pop.*)
S'enjuponner (*pop.*)
S'enticher
Se toquer (*pop.*)

● ANTONYMES : Se déprendre, Se fatiguer de, En avoir assez de, Plaquer (*fam.*).

AMOURETTE

Bagatelle
Bluette
Caprice
Aventure
Fantaisie
Flirt (*néol.*)
Intrigue
Passade
Coquetterie
Liaison
Badinage
Fleurette
Galanterie
Idylle
Toquade (*pop.*)
Béguin

● ANTONYME : Passion.

AMOUREUX, EUSE

1. *Adj.* :
Épris
Sot de
Entiché
Affolé
Adorateur
Ardent
Galant
Lascif
Passionné
Sensuel
Tendre
Voluptueux
Affectueux
Chipé (*pop.*)
Pincé (*pop.*)
Mordu (*pop.*)

2. *Subst.* :
Amant
Ami *et* Bon ami
Galant
Bien-aimé
Soupirant
Admirateur
Amateur
Fanatique
Féru
Fervent
Fou de
Passionné de
Esclave
Adorateur

● ANTONYMES : Indifférent, Détaché, Dépris, Froid.

AMOUR-PROPRE

Fierté
Dignité
Respect de soi-même
Égoïsme (*anc.*)
Orgueil
Ambition

● ANTONYMES : Indignité, Humilité, Modestie, Suffisance.

AMPHIBOLOGIE

Ambiguïté
Équivoque
Double-sens

AMPHIGOURI
V. Galimatias

AMPHIGOURIQUE

Embrouillé
Confus
Incompréhensible
Équivoque
Amphibologique
Inintelligible
Obscur (*fig.*)
Nébuleux (*fig.*)
Abscons
Abstrus
Impénétrable
Indébrouillable
Inextricable
Indéchiffrable (*fig.*)

• Antonymes : Clair, Précis, Qui dit bien ce qu'il veut dire.

AMPLE

Large
Grand
Spacieux
Étendue (une voix)
Sonore (*id.*)
Volumineuse (*id.*)
Vaste (un local)
Spacieux (*id.*)
Abondant (e) (*par ex.* une moisson)
Copieux (*par ex.* un repas)

• Antonymes : Ajusté (un vêtement,) Étroit, Étriqué, Exigu, Resserré, Serré, Modeste, Petit.

AMPLEMENT
V. Beaucoup

AMPLIFICATION
V. Grossissement

AMPLIFIER

Grossir
Développer
Augmenter
Agrandir
Paraphraser
Ajouter (*péj.*)
Broder (*péj.*)
Embellir (*péj.*)
Enjoliver (*péj.*)
Outrer (*péj.*)
Renchérir (*péj.*)

• Antonymes : Simplifier, Réduire, Abréger, Apetisser, Rétrécir.

AMPOULE

1. *Méd.* :
Cloque
Phlyctène
Boursouflure
Bulle

2. *Lumière* :
Lampe

AMPOULÉ

Redondant
Emphatique
Enflé
Pompeux *et* Pompier
Ronflant
Boursouflé
Bouffi
Pindarique
Gonflé
Guindé
Sonore
Théâtral
Grandiloquent

• Antonymes : Simple, Naturel, Familier, Négligé, Net.

AMPUTER

Couper
Enlever
Diminuer
Mutiler
Tailler
Tronquer
Censurer
Retrancher
Estropier

• Antonymes : Respecter l'intégrité de, Sauver.

AMULETTE

Fétiche
Gri-gri
Mascotte
Porte-bonheur
Objet béni
Médaille
Porte-chance
Phylactère
Relique
Scapulaire
Talisman
Scarabée (égyptien)
Image magique (*ou* sainte)

AMUSANT

Divertissant
Plaisant
Désopilant
Drôle
Gai
Hilarant
Réjouissant
Comique
Spirituel
Folâtre
Folichon (*fam.*)
Distrayant
Joyeux

Humoristique
Récréatif
Drolatique
Badin
Bouffon
Burlesque
Cocasse
Délassant
Agréable
Astap (*arg.*)
Jouace (*arg.*)

● ANTONYMES : Ennuyeux, Triste, Fatigant, Intolérable, Rasoir (*pop.*), Canulant (*pop.*), Fastidieux, Soporifique.

AMUSEMENT

V. JEU
Divertissement
Plaisir
Récréation
Agrément
Délassement
Passe-temps
Distraction
Dérivatif
Fête
Réjouissance
Plaisanterie
Frivolité
Badinage
Rigolade (*pop.*)

● ANTONYMES : Ennui, Tourment, Travail, Corvée, Fatigue, Obligation.

AMUSER

1. Distraire
Récréer
Égayer *et* Mettre en gaieté
Divertir
Délasser

Faire rire
Faire rigoler (*pop.*)
Plaire
Dérider
Ébaudir (*anc.*)

2. Endormir (la méfiance)
Jouer
Abuser
Duper
Tromper
Leurrer
Distraire (l'attention)
Bercer (de promesses)
Occuper

● ANTONYMES : 1. Ennuyer, Fatiguer, Assommer, Importuner. 2. Alerter, Éclairer, Ouvrir les yeux, Désabuser.

AMUSER (S')

1. Jouer
Faire joujou (*fam.*)
Rire
Badiner
Se distraire
S'ébrouer
Se récréer
Plaisanter
Passer le temps
S'ébattre
Se réjouir
Se régaler

2. Se baguenauder
Se plaire à
Folâtrer
Lambiner
Batifoler
Muser
Vétiller

3. Prendre (*ou* Se donner) du bon temps
Faire la fête *ou* la noce,

ou la bombe, *ou* la foire, *ou* la faridon (*pop.*)
Bambocher

4. *S'amuser de quelqu'un, ou aux dépens de quelqu'un* :
Se moquer
Se jouer
Railler
Plaisanter
Tromper
Leurrer
Tourmenter
Taquiner

● ANTONYMES : 1. S'ennuyer, Travailler, Peiner, Se fatiguer, Se presser. 4. Respecter.

AMUSEUR

Bateleur
Conteur
Boute-en-train
Clown
Bouffon
Show-man (*néol.*)

AN

Année
Printemps (pour l'âge) [*fam.*]
Automne (*id.*)
Pige (*arg.*)
Berge (*arg.*)
Douze mois
Cinquante-deux semaines
Trois cent-soixante-cinq jours

ANACHORÈTE
V. ERMITE

ANALOGIE

Ressemblance
Rapport
Conformité
Affinité
Contiguïté
Parenté
Similitude
Voisinage
Connexion
Lien
Relation
Correspondance

● ANTONYMES : Dissemblance, Opposition, Contraste, Contradiction, Différence.

ANALOGUE

Pareil
Similaire
Semblable
Même
Comparable
Ex æquo
Voisin
Équivalent
Qui ressemble, Ressemblant
Pair
Homologue
Ejusdem farinæ (*litt.*)
Correspondant
Égal
Connexe
Uniforme
Conforme
Identique
Tel quel

● ANTONYMES : Différent, Dissemblable, Opposé, Contraire.

ANALYSE

1. Étude
Examen
Décomposition (en ses éléments)
Division (*id.*)
Introspection
Psychanalyse
Dissection
Recherche des composants (en chimie)
Séparation des principes constituants (*id.*)

2. Compte rendu critique
Critique
Exposé
Résumé
Abrégé
Rapport
Précis
Raccourci
Contraction (*néol.*)

● ANTONYME : 1. Synthèse.

ANALYSER

Étudier
Examiner
Décomposer
Approfondir
Vérifier
Critiquer

● ANTONYMES : Synthétiser, Recomposer, Composer. Accepter tel quel.

ANARCHIE

1. Refus de la notion de commandement (en politique)
Égalitarisme absolu
Anarchisme

Ordre naturel
Socialisme libertaire
Communisme libertaire
Antiautoritarisme

2. *Péj.* :
Désordre
Nihilisme
Confusion
Trouble
Subversion

● ANTONYMES : 1. Tyrannie, Autoritarisme, Autocratie (politique), Paranoïa.
2. Ordre autoritaire.

ANATHÉMATISER

Excommunier
Maudire
Interdire (*eccl.*)
Condamner
Damner

● ANTONYMES : Bénir, Sacrer, Oindre, Consacrer.

ANATOMIE

1. V. DISSECTION
2. Corps
Académie
Physique (*n.m.*)
Plastique (*n.f.*) [*néol.*]
Carcasse (*fam.*)

● ANTONYMES : Âme, Esprit.

ANCÊTRES
V. AÏEUX

ANCIEN

1. *Adj.* :
Vieux

Périmé
Antique *et* Ancestral
Antédiluvien
Archaïque
Vétuste
Révolu
Antérieur
Lointain
Vieillot
Séculaire
Démodé
Désuet
Suranné
Rococo (*fam.*)
Passé
De temps reculés
Préhistorique (*fam.*)

2. *Subst :*
Vétéran
Doyen
Croulant (*néol. arg.*)
Carré (*arg. des écoles*)
Bicarré (*id.*)
Cube (*id.*)
Archicube (*id.*)

● ANTONYMES : 1. Neuf, Nouveau, Récent, Actuel, Jeune, Moderne. 2. Nouveau, Néophyte, Bizuth (*arg.*), Bleu, Bleusaille (*arg.*).

ANCIENNEMENT

Jadis
Autrefois
Antan
Dans le temps
Dans le passé
Il y a longtemps
À une époque révolue
Dans les temps anciens
Dans l'ancien temps
Auparavant *et* Avant Ex-
(précédant un nom propre,

une appellation qui a changé)
Naguère *et* Il n'y a guère

● ANTONYMES : Présentement, Actuellement, De nos jours, A l'époque où nous vivons, Fraîchement, Récemment, En ce moment.

ANCIENNETÉ

Vieillesse
Vétusté
Antiquité
Doyenneté (*anc.*)
Priorité
Antériorité
Hiérarchie par rang d'âge
Antécédents
Préséance

● ANTONYMES : Nouveauté, Actualité.

ANCRAGE

Mouillage
Embossage

ANCRE

Ancre de veille (*anc.*)
Grappin
Corps mort
Verge (barre de l'ancre)
Tige (*id.*)
Diamant (flèche terminale)
Jas *ou* Jouail (barre de l'ancre)

ANCRER

Jeter l'ancre
Mouiller

Affourcher
Riper
Amarrer
Empenneler

Au fig. :
Fixer
Enraciner
Implanter

● ANTONYMES : Désancrer, Appareiller, Arracher, Détacher.

ÂNE

1. Baudet
Bourricot *et* Bourrique
Bourriquet *et* Bourrin
Grison (*anc.*)
Roussin d'Arcadie
Aliboron
Bête asine
Ânon
Ânesse
Hémione
Onagre

2. Bête
Sot
Stupide
Niais
Balourd
Ignorant
Méchant (comme un âne rouge)
Con (*triv.*)

● ANTONYMES : 2. Savant, Intelligent, Instruit, Phénix, As, Pic de la Mirandole.

ANÉANTIR

Faire disparaître
Détruire
Annihiler

Abolir
Réduire à rien (*ou* à néant)
Faire s'écrouler
Ruiner
Exterminer
Vaincre définitivement
Étouffer
Enterrer
Engloutir
Dissoudre
Éteindre
Submerger
Couler
Emporter

Au fig. :
Fatiguer
Exténuer
Épuiser
Accabler
Briser
Consterner
Stupéfier
Sidérer
Excéder

● ANTONYMES : Faire naître, Susciter, Créer, Fonder. *Au fig.* : Réveiller, Charmer, Séduire, Enthousiasmer.

ANECDOTE

Histoire *et* Historiette
Petit fait curieux
Conte
Écho
Fable
Récit
Événement
Synopsis (*néol. cinéma*)
Scénario (*id.*)

ANÉMIE

Aglobulie
Chlorose

Épuisement
Langueur
Pâleur
Dépérissement
Affaiblissement
Étiolement
Consomption

● ANTONYMES : Congestion, Hyperémie, Prospérité, Santé.

ÂNERIE
V. BÊTISE

ANESTHÉSIER

Insensibiliser
Chloroformer
Éthériser
Endormir (*aussi au fig.*)

Au fig. :
Calmer
Apaiser
Assoupir
Tromper
Boucher les yeux
Étourdir
Abrutir

● ANTONYMES : Réveiller, Exciter, Surexciter.

ANGE

Esprit céleste
Séraphin
Chérubin
Archange
Messager de Dieu
Milice céleste (*au plur.*)
Saint
Gardien
Angelot *et* Angelet
Amour
Bébé

Nourrisson
Mort-né

● ANTONYME : Démon.

ANGLAIS

Britannique
D'outre-Manche
British (*néol.*)
Angliche (*péj.*)
Rosbif (*anc.*, *péj.*)

ANGLE

Coin
Encoignure
Coude
Saillant
Arête
Triangle
Rectangle
Quadrangle
Acutangle
Obtusangle
Polygone
Équerre

Au fig. :
Aspect
Point de vue

ANGOISSE

Anxiété
Peur
Mélancolie
Désarroi
Détresse
Appréhension
Crainte
Souci
Transe
Inquiétude
Incertitude
Névrose

Affres
Serrement de gorge
Poitrine oppressée
Frayeur
Épouvante
Égarement
Tourment
● ANTONYMES : Sérénité, Confiance, Paix, Calme, Sang-froid, Placidité, Tranquillité.

ANIMAL

1. Être animé
Être vivant
Créature
Bête
Bestiole
Brute
Bétail
Troupeau
Gibier
Faune
Pécore (*anc.*)
Fauve

2. *Adj.* :
Bestial
Instinctif
Matériel
Grossier
Physique
Végétatif
Sensuel
Brutal

● ANTONYMES : 1. Végétal, Minéral. 2. Intellectuel, Spirituel, Ésotérique, Fin, Distingué.

ANIMATION

Vie
Mouvement
Activité
Affairement
Image par image (*cinéma*)
Va-et-vient
Passage

Au fig. :
Fièvre
Excitation
Ardeur
Feu
Chaleur
Vivacité
Fougue
Flamme
Exaltation

● ANTONYMES : 1. Immobilité, Fixité, Repos, Silence, Calme, Paix, Paralysie. 2. Froideur, Torpeur, Pondération, Repos, Langueur, Engourdissement.

ANIMER

Créer
Insuffler la vie
Communiquer le mouvement
Mouvoir
Inciter
Inspirer
Stimuler
Communiquer (une ardeur)
Infuser
Encourager
Éperonner
Éveiller
Exciter
Échauffer
Aiguillonner
Passionner (par ex. un auditoire)
Intéresser (*id.*)
Égayer (par ex. une conversation)

Attiser (par ex. un feu)
Aviver (*id.*)
Irriter (quelqu'un)
Vivifier (une situation)
Diriger (*néol.*)
Être responsable de (*néol.*)
Faire marcher
Conduire
Inspirer
Mener

● ANTONYMES : Éteindre, Paralyser, Engourdir, Décourager, Retenir, Brider, Étouffer, Refréner, Freiner.

ANIMER (S')

S'éveiller
Se réveiller
S'ébranler
S'agiter
S'échauffer
S'exciter
S'emporter
Prendre feu
S'irriter
Bouillir
Déborder
Brûler de

● ANTONYMES : Se calmer, S'apaiser, Se maîtriser, S'endormir, S'assoupir.

ANIMOSITÉ

Inimitié
Malveillance
Ressentiment
Agressivité
Rancune
Malignité
Antipathie
Désobligeance
Amertume

Mauvais esprit
Haine
Méchanceté
Hostilité
Aigreur
Âpreté
Colère
Emportement
Violence
Véhémence

● ANTONYMES : Amitié, Amour, Cordialité, Sympathie, Bienveillance.

ANNALES

Chronologie
Chronique
Commentaire
Éphémérides
Journal
Revue
Mémoires
Archives
Documents
Tables

ANNEAU

Bague
Alliance
Boucle
Attache
Annelet
Organeau
Bride (d'un tuyau)
Collier (id.)
Manchon (id.)
Virole (d'un couteau)
Agrès (gymnastique)
Porte (d'une agrafe)
Frette (anneau de bois)
Embout (id.)
Estrope (de poulie)
Rond (de serviette)

Maillon (d'une chaîne)
Chaînon (id.)
Manille (id.)
Nœud (d'une corde)
Anse (d'une bombe)

ANNÉE
V. AN

ANNEXE

1. Adj. :
Secondaire
Complémentaire
Ajouté et Joint
Accessoire
Additif

2. Subst. :
Bâtiment secondaire
Succursale
Dépendance
Filiale
Communs

● ANTONYMES : 1. Principal. 2. Maison mère, Siège social.

ANNEXER

Rattacher
Incorporer
Réunir et Unir
Joindre
Envahir
S'approprier
Anschlusser (néol.)
Incamérer (eccl.)

● ANTONYMES : Détacher, Disjoindre, Séparer, Libérer.

ANNIHILER

Réduire à rien (ou à néant)
Détruire

Anéantir
Annuler
Abolir
Effacer
Supprimer
Abattre
Neutraliser
Paralyser

● ANTONYMES : Consolider, Développer, Assurer, Confirmer, Valider, Maintenir, Créer, Susciter.

ANNIVERSAIRE

Fête
Jubilé
Cinquantenaire
Centenaire, etc.

ANNONCE

1. Avis
Avertissement
Message
Nouvelle
Déclaration
Communication
Communiqué
Notification
Prédiction
Prophétie
Promesse
Discours
Boniment

2. Publication
Placard
Faire-part
Publicité
Prospectus
Réclame
Programme
Encadré

3. Annonciation
Signe et Signal

Présage
Signe précurseur
Indice
Indication
Prélude
Augure

ANNONCER

1. Informer (quelqu'un de quelque chose)
Aviser
Avertir de
Communiquer
Signaler
Proclamer *et* Clamer
Claironner
Apprendre
Dire
Indiquer
Notifier
Manifester
Exposer

2. Augurer
Être le signe *ou* le signal de
Indiquer
Faire pressentir
Laisser deviner
Prédire
Présager
Promettre
Prophétiser
Prévenir de
Préluder à
Précéder

3. Passer une annonce
Faire de la publicité

● ANTONYMES : Dissimuler, Cacher, Taire, Ne pas avertir.

ANNONCEUR

Publicitaire (*néol.*)
Agent de publicité

Client (d'un journal)
Gérant de budget (publicitaire)

ANNONCIATEUR

Avant-coureur
Précurseur
Prémonitoire

● ANTONYME : Consécutif.

ANNOTATION

Note
Réflexion
Commentaire
Glose
Apostille
Remarque
Marginale
Critique
Explication
Scolie
Mention
Observation
Nota bene

ANNULER

Effacer
Abroger
Rayer
Infirmer
Rapporter
Rétracter
Retirer
Invalider
Supprimer
Remettre à zéro
Rompre (par ex. un pacte)
Rendre vain (*ou* inutile, *ou* périmé, *ou* impuissant)
Annihiler
Anéantir
Détruire

● ANTONYMES : Valider, Confirmer, Ratifier, Consacrer, Consolider, Maintenir, Soutenir.

ANOMALIE

Irrégularité
Singularité
Particularité
Bizarrerie
Étrangeté
Monstruosité
Perversion
Déviation
Difformité
Altération
Exception
Phénomène
Incohérence

● ANTONYMES : Conformité, Normalité, Régularité.

ÂNONNER

Balbutier
Bredouiller
Bafouiller
Bégayer
Épeler (difficilement)

ANORMAL

Anomal
Singulier
Inaccoutumé
Inhabituel
Inusité
Particulier
Extraordinaire
V. BIZARRE
Phénoménal
Irrégulier

Irrationnel
Excentrique
Déraisonnable
Étonnant
Fou

● ANTONYMES : Normal, Régulier, Habituel, Quotidien.

ANSE

Poignée
Portant
Anneau
Bras (d'une amphore)
Au fig. :
Baie
Golfe
Arc (*archit.*)
Arceau
Cintre
Voûte

ANTAGONISME

Opposition
Rivalité
Lutte
Concurrence
Combat

● ANTONYMES : Accord, Harmonie, Concorde, Concordance, Affinité.

ANTAGONISTE

Adversaire
Ennemi
Antagonique
Rival
Concurrent
Combattant
Contradicteur

● ANTONYMES : Ami, Allié, Associé, Auxiliaire.

ANTÉCÉDENT

1. *Adj.* :
Antérieur
Précédent
Préexistant
Précurseur
Devancier
Préétabli
Précité
Susnommé
Premier
Préliminaire
Préalable

2. *Subst.* (*en général au plur.*) :
Actions antérieures
Passé
Références
Précédents
Curriculum vitæ
Casier judiciaire
Dossier

● ANTONYMES : 1. Consécutif, Subséquent, Postérieur, Ultérieur.
2. Situation, Actuel, Futur.

ANTÉDILUVIEN
V. ANCIEN, DÉSUET, DÉMODÉ

ANTÉRIEUREMENT
V. AUPARAVANT

ANTHOLOGIE

Recueil
Morceaux choisis
Florilège
Extraits
Analectes
Ana

Esprit (*anc.*)
Spicilège
Chrestomathie

● ANTONYME : Intégrale.

ANTHRAX
V. ABCÈS et FURONCLE

ANTHROPOPHAGE

Cannibale
Ogre
Sauvage

ANTICHAMBRE

Vestibule
Salle d'attente
Entrée
Hall
Propylée
Au fig. :
Approche (par ex. de la mort)

ANTICIPATION

Prolepse
Prénotion
Science-fiction (*néol.*)

ANTICIPER

Prévoir
Devancer
Escompter
Prévenir
Se voir déjà
Empiéter
Usurper

● ANTONYMES : Évoquer, Rappeler le passé, Retarder, Différer.

ANTIDOTE

Contrepoison
Remède
Alexipharmaque   (anc.)

ANTINOMIE

Contradiction
Antilogie
Opposition
Contre-pied

● ANTONYME : Accord.

ANTIPATHIE

Aversion
V. ANTAGONISME
Répugnance
Répulsion
Prévention
Dégoût
Inimitié
Froideur
Disconvenance
Haine
Opposition
Inconciliabilité
Incompatibilité (d'humeur)
Défaut d'affinité
Désaccord

● ANTONYMES : Sympathie, Amitié, Affinité, Attrait, Penchant, Goût, Inclination.

ANTIPATHIQUE

Déplaisant
Odieux
Inquiétant
Désagréable
Peu engageant
Répugnant
Repoussant
Imbuvable (fam.)
Tête à gifles (ou à claques) [pop.]
Sale gueule (pop.)

● ANTONYMES : Sympathique, Aimable, Attirant, Plaisant, Amical.

ANTIQUE
V. ANCIEN et VIEUX

ANTISEPSIE

Désinfection
Asepsie
Assainissement
Prophylaxie
Stérilisation

● ANTONYME : Infection.

ANTONYME

Contraire
De sens opposé

● ANTONYME : Synonyme.

ANTRE

Repaire
Tanière
Caverne
Abri
Liteau (pour le loup)
Terrier
Planque (arg.)

ANUS

Rectum
Sphincter anal
Fondement
Derrière
Trou du cul   (pop.)
Trou de balle   (pop.)
Figne (arg.)
Troufignon (arg.)
Gignon (arg.)

ANXIÉTÉ
V. ANGOISSE

APACHE
V. BANDIT

APAISER

Calmer
Donner la paix
Modérer
Tranquilliser
Rasséréner
Donner la quiétude
Pacifier
V. ADOUCIR et RADOUCIR
Amadouer
Attendrir
Consoler
Soulager (par ex. une douleur)
Guérir (par ex. une peine, un chagrin)
Fléchir (apaiser une humeur contraire)

● ANTONYMES : Aigrir, Attiser, Aviver, Irriter, Exciter, Exacerber, Révolutionner

APATHIE

Ataraxie
Indolence
Mollesse
Peu d'intérêt pour
Aboulie
Nonchaloir et Nonchalance
Insensibilité

Manque d'énergie
Indifférence
Absence d'(activité,
entrain, etc.)
Inertie
Atonie
Lymphatisme
Abattement
Marasme
Cagnardise
Paresse
Somnolence
Laisser-aller
Torpeur
Langueur
Inactivité
Faiblesse
Léthargie
Impassibilité
Engourdissement

● ANTONYMES : Excitation, Vivacité, Entrain, Exaltation, Passion, Enthousiasme, Délire.

APATRIDE

Sans patrie
Heimatlos
Passeport Nansen
Personne déplacée, « D.P.» (*néol.*)
Internationaliste
Individualiste
Citoyen du monde

● ANTONYMES : Citoyen, Patriote, Patriotard (*péj.*), National *et* Nationaliste.

APERCEVABLE
V. VISIBLE

APERCEVOIR

Voir
Entrevoir *et* Percevoir

Discerner
Distinguer
Saisir
Surprendre
Remarquer
Aviser
Découvrir
Repérer

Au fig. :
Comprendre
Se rendre compte
Découvrir à peine
Sentir
Connaître
Constater
Deviner
Pénétrer (le sens de)

● ANTONYMES : Ne pas voir, Être aveugle à, Perdre de vue, Être bouché à (*ou* Insensible à).

APERÇU (*subst. masc.*)

Esquisse
Résumé
Bref compte rendu
Vue rapide (*ou* d'ensemble)
Exposé sommaire
Mémo *ou* Mémento
Coup d'œil
Idée
Estimation
Appréciation
Échantillon
Exemple
Bref récit

● ANTONYMES : Rapport complet, Leçon détaillée.

À PEU PRÈS

1. Peu s'en faut
Presque
Quasiment

Quasi
Approximativement
Pas loin de
Plus ou moins

2. *Subst.* « *A-peu-près* » :
Calembour
Mot *et* Bon mot

APHORISME

Maxime
Pensée
Sentence
Vérité
Apophtegme
Adage
Dicton
Formule
Citation
Mot
Dit
Proverbe
Devise
Réflexion
Moralité
Brocard (*anc.*)
Proposition
Précepte
Principe
Axiome
Règle

● ANTONYMES : Traité, Thèse, Exposé complet.

APITOYER (S')

Compatir
Être touché
Se laisser attendrir *ou* émouvoir
S'attendrir
Plaindre

● ANTONYMES : Se cuirasser, Être insensible (*ou* impitoyable).

APLANIR

Niveler
Égaliser
Aplatir
Régaler (un terrain)
Mettre à niveau
Passer au bulldozer (*néol. pop.*)
Écacher (une planche)
Dégauchir
Doler
Raboter
Polir
Planer

Au fig. :
Faciliter
Ôter l'obstacle à
Ouvrir (la voie à)
Préparer (le terrain)
Faire disparaître
Lever (des difficultés)

● ANTONYMES : Bouleverser, Soulever, Mettre des obstacles à.

APLOMB

Verticalité
Équilibre
Stabilité

Au fig. :
Assurance
Sang-froid
Impudence
Audace
Effronterie
Toupet (*pop.*)
Culot (*pop.*)

APOCRYPHE

D'une authenticité douteuse
Supposé
Suspect
Inauthentique
Controuvé
Caux
Non canonique

● ANTONYMES : Authentique, Prouvé, Officiel, Reconnu, Canonique.

APOGÉE

Aphélie
Apside

Au fig. :
Zénith
Sommet
Summum
Faîte
Comble de

● ANTONYMES : Périgée, Au plus bas de, Au fond de.

APOLOGIE

Défense
Plaidoyer
Glorification
Éloge
Louange
Los (*litt. class.*)
Justification
Panégyrique

● ANTONYMES : Blâme, Censure, Critique, Philippique, Réprobation, Condamnation, Diatribe.

APOLOGUE

Fable
Allégorie
Récit
Parabole
Fiction
Conte

APOPHTEGME

Pensée
Parole
Sentence
Précepte
Aphorisme
Adage

● ANTONYMES : Parole en l'air (*fam.*), Sottise, Parole gratuite.

APOPHYSE

Partie saillante de l'os
Bosse
Protubérance
Tubérosité
Saillie osseuse
Crête
Épine
Acromion (omoplate)
Grand trochanter (fémur)
Petit trochanter (fémur)

APOPLEXIE

Congestion cérébrale
Attaque
Coup de sang
Hémorragie cérébrale

APOSTASIER
V. Abjurer

APOSTAT

Renégat
Hérétique
Hérésiarque

Infidèle
Déserteur
Schismatique
Laps *et* Relaps
Hétérodoxe

● ANTONYMES : Néophyte,
Initié, Fidèle, Orthodoxe,
Conformiste, Suiviste (*néol.
fam.*), Beni-oui-oui (*néol.
fam.*).

APOSTER

Poster
Mettre en place, en faction, en sentinelle
Placer
Planter
Faire planquer (quelqu'un)
[*arg.*]

● ANTONYMES : Enlever,
Ôter, Arracher, Faire partir, Donner champ libre.

APOSTILLE

Annotation
Note
Post-scriptum
Nota bene
Renvoi
Additif

APOSTOLAT
V. MISSION

APOSTROPHIER
V. INTERPELLER et APPELER

APOTHÉOSE
V. GLOIRE

APPARAITRE

Paraître soudain
Se présenter
Se montrer
Se manifester
Surgir
Se révéler
Survenir
Transparaître
Affleurer
Se découvrir
Se détacher (sur quelque chose)
Poindre
Naître
Éclore
Se lever (*par ex.* le jour, le soleil)
Se dégager
Se dévoiler
Se faire jour
Jaillir

● ANTONYMES : Disparaître,
Se dissimuler, Se cacher,
S'évanouir, S'éclipser, Se masquer.

APPARAT

Pompe
Appareil (*anc.*)
Faste
Éclat
Cérémonial
Luxe
Ostentation
Grand équipage
Magnificence
Solennité
Étalage
Escorte
Cortège
Cour
Suite

● ANTONYMES : Simplicité, Incognito.

APPAREIL

1. V. APPARAT

2. Machine
Engin
Instrument
Outil
Dispositif
Moteur

APPAREILLER

1. Préparer le départ
Gréer (un bateau)
Quitter le mouillage
Lever l'ancre

2. Trouver le pareil
Apparier
Assortir
Accoupler
Réunir
Accorder *et* Faire s'accorder

● ANTONYMES : 1. Arriver,
Mouiller, Jeter l'ancre.
2. Désapparier, Dépareiller, Désassortir.

APPAREMMENT

À ce qu'il (*ou* qui) paraît
Sans doute
Vraisemblablement
Au premier abord
À première vue
Extérieurement

● ANTONYMES : En réalité,
Sûrement, Réellement,
Effectivement, À coup sûr,
Sans aucun doute.

APPARENCE

Aspect
Extérieur

Air
Physionomie
Tournure
Figure
Contenance
Mine
Forme
Allure
Cachet
Couleur
Plastique
Prestance
Visage
Dehors
Vernis
Jour
Semblant
Clinquant
Déguisement
Fard
Illusion
Masque
Frime
Prétexte
Feinte
Simulacre
Oripeau
Brillant

Au plur., « *les apparences* » :
La bienséance
Les convenances
La face
Le qu'en dira-t-on
La vraisemblance

● ANTONYMES : Réalité, Fond, Essence, Substance, Vérité, Certitude.

APPARTEMENT

Habitation
Logement
Local
Pied-à-terre
Studio
Garçonnière
Meublé
Logis
Taudis
Palace
Hôtel particulier
Chez-soi

APPARTENIR

Être la propriété de
Être à
Dépendre
Se donner *ou* S'être donné à
Participer
Faire partie de
Relever de
Concerner
Tenir de
Se rapporter à
Convenir

● ANTONYMES : Être libre de, indépendant de.

APPAS

1. Attrait *et* Attraits
Charme
Séduction
Agrément
Délices
Allèchement
Amorce

2. Beauté
Formes
Rondeurs
Plastique (*néol.*)
Sex-appeal (*néol.*)

APPÂT

Leurre
Amorce
Piège
Asticot
Blé
Chenevis
Boëte *ou* Boitte
Mouche
Rogue
Vif
Ver
Capelan
Devon
Manne
Aiche (*ou* Esche, *ou* Èche)

APPEAU

Appelant (oiseau)
Chanterelle (*id.*)
Moquette (*id.*)
Courcaillet (pour la caille)
Leurre
Pipeau (sifflet)

APPEL

Cri
Interjection
Invitation
Invite
Proclamation
Exhortation
Excitation
Signal
Signe
Convocation
Assignation (*jur.*)
Citation (*id.*)
Pourvoi (*id.*)
Recours (*id.*)
Recrutement
Incorporation
Mobilisation
Levée (de troupes)
Ban
Offre (d'emploi)
Sollicitation

Au fig. :
Vocation
Aspiration
Voix
Provocation à

● ANTONYMES : Congédiement, Renvoi, Expulsion.

APPELANT
V. APPEAU

APPELER

1. Héler
Interpeller
Apostropher
Hucher (*anc.*)
Convier
Demander *et* Faire demander
Faire venir
Convoquer
Mander
Inviter
Prier à (*par ex.* dîner)
Sonner (*fam.*)
Siffler (*fam.*)
Assigner (*jur.*)
Citer (*id.*)
Choisir (quelqu'un pour quelque chose)
Désigner (*id.*)
Élire (*id.*)
Nommer (*id.*)
Incorporer (*milit.*)
Mobiliser (*id.*)
Désirer
Aspirer à
Souhaiter
Faire *ou* Former des vœux pour que

2. Nommer
Dénommer
Surnommer
Baptiser
Qualifier

Désigner
Donner le nom *ou* le titre de
Traiter de

● ANTONYMES : 1. Chasser. Laisser à l'écart, Expulser, Congédier, Laisser pour compte, Renvoyer.
2. Débaptiser.

APPELLATION

Dénomination
Nom
Désignation
Qualification
Vocable
Certification *ou* Certificat d'origine

APPENDICE
V. QUEUE

APPENDRE
V. ACCROCHER

APPENTIS

Hangar
Atelier
Remise
Chartil (*anc.*)

APPÉTENCE
V. APPÉTIT

APPÉTISSANT

Alléchant
Affriolant
Affriandant
Ragoûtant (*anc.*)
Savoureux
Succulent
Apéritif

Séduisant
Croustillant
Attirant
Engageant
Consommable (*pop.*)
Buvable (*pop.*)

● ANTONYMES : Dégoûtant, Peu ragoûtant, Repoussant, Rebutant, Déplaisant.

APPÉTIT

Appétence
Faim
Voracité
Gloutonnerie
Boulimie
Goût pour
Besoin
Désir
Avidité
Convoitise (appétit sexuel)
Désir (*id.*)
Concupiscence (*id.*)
Inclination pour
Attrait pour
Soif de
Fringale de

● ANTONYMES : Anorexie, Inappétence, Répugnance, Répulsion, Dysorexie, Dégoût, Satiété.

APPLAUDIR
V. ACCLAMER et APPROUVER

APPLICATION
V. ATTENTION et SOIN

APPLIQUER

1. Apposer
Poser
Mettre

Placer
Imprimer
Coller
Plaquer
Étendre
Superposer
Appuyer
Planter (*fam.*)

2. Mettre en pratique
Utiliser
Employer
Exécuter
Adapter
Faire usage de
Transposer (une méthode)

3. Flanquer (un coup)
Donner (*par ex.* une gifle)
Administrer (*id.*)
Coller (*id.*)
Lancer (*id.*)
Assener (*id.*)
Diriger (*id.*)

4. Concentrer (son esprit, son talent, sa science)
Diriger vers
Occuper
Tendre
Bander
Prendre garde de *ou* soin de

● ANTONYMES : 1. Ôter, Enlever, Décoller, Écarter, Séparer.
2.3.4. Négliger.

APPLIQUER (S')

1. Se mettre, Se poser, Se placer
Adhérer
Coller
Mouler
Recouvrir

2. *Au fig.* :
Convenir à

Se rapporter à
Correspondre à
Intéresser
Concerner
Viser
S'accorder avec

3. *Au fig.* :
Porter son attention sur
Se concentrer sur
S'employer à
S'attacher à
S'occuper à
Se consacrer à
S'acharner à
Se vouer à
Être attentif à
Chercher
Rechercher
S'énerver
Tendre son esprit vers
N'avoir la tête qu'à
Se casser la tête à
Peiner sur
Veiller à

● ANTONYMES : 1. Ne pas coller avec (*ou* à), N'avoir rien à voir (*ou* à faire) avec.
2. Être étranger à.
3. Être distrait, Se distraire, Être indifférent à, Négliger.

APPOINT

Complément
Appui complémentaire
Monnaie (faire l'appoint)
Supplément
Accessoire
Aide
Contribution
Solde

● ANTONYMES : Principal, Essentiel, Effort personnel.

APPOINTEMENTS

Salaire
Rétribution
Solde
Traitement
Mensualités
Rémunération
Émoluments
Revenus

APPORTER
V. PORTER

APPOSER
V. APPLIQUER

APPRÉCIABLE

Sensible
Notable
Visible
Perceptible
Important
Estimable
Non négligeable

● ANTONYMES : Négligeable, Imperceptible, Invisible, Peu important.

APPRÉCIER

1. Estimer le prix
Déterminer (la valeur)
Expertiser
Évaluer
Juger
Comparer
Peser
Mesurer
Jauger
Calculer

2. Estimer (la qualité)
Goûter
Aimer

Comprendre
Saisir
Sentir *et* Ressentir
Vibrer à
Discerner
Priser
Se régaler de
Jouir de
Faire ses choux gras de
(*pop.*)

● ANTONYMES : Déprécier, Négliger, Mésestimer, Méconnaître, Dédaigner, Décrier, Rester indifférent (*ou* insensible) à, Être étranger à.

APPRÉHENDER

1. *Sens ancien :*
Saisir (par la pensée)
Concevoir
S'emparer, Se saisir (d'une idée)

2. Envisager avec crainte
Craindre
Redouter
Trembler que
Avoir peur de (*ou* que)
Être angoissé par la perspective de
Se méfier que (*pop.*)
Avoir le trac *ou* la frousse que (*fam.*)
Avoir la trouille, (la pétoche, la pétasse, la chiasse) à l'idée que (*pop. et arg.*)

3. Arrêter (quelqu'un)
Se saisir de
Sauter (*arg. policier*)
S'assurer de (*ou* de la personne de)
Capturer
Avoir
Attraper

Prendre
S'emparer de (quelqu'un)
Passer les menottes à (quelqu'un)
Mettre la main au collet de (quelqu'un)

Pop. et fam. :
Agrafer (quelqu'un)
Choper
Coffrer
Emballer
Épingler
Pincer
Paumer
Poisser
Coincer
Harponner
Piper
Embarquer
Cueillir
Enchrister
Faire (*surtout au passif :* Être fait)
Arquepincer (*arg.*)
Gauler (*arg.*)

● ANTONYMES : 1. Ignorer.
2. Braver, Espérer, Risquer.
3. Laisser partir (*ou* filer), Lâcher, Relâcher.

APPRÉHENSION

Crainte
Prémonition
Inquiétude
Pressentiment
Doute
Peur
Timidité
Angoisse
Alarme
Transe
Souci

● ANTONYMES : Confiance,

Sérénité, Espoir, Assurance, Certitude (heureuse) Tranquillité d'âme, Quiétude.

APPRENDRE

1. Acquérir des connaissances
Étudier
S'instruire
Faire ses classes
S'initier à
Découvrir
Approfondir
Venir à la connaissance
Se mettre à (une discipline)
Se frotter de (*id.*)
Prendre une teinture de (*id.*)
Se barbouiller de
Se dessaler (*fam.*)
Se déniaiser (*id.*)
Se faire la main
Prendre du métier
Assimiler
Avaler
Absorber
Retenir (*id.*)

2. Donner des connaissances
Enseigner
Montrer
Instruire
Expliquer
Faire voir
Exercer à
Éduquer
Inculquer
Faire absorber *ou* avaler
Dégrossir
Dégourdir
Déniaiser
Guider
Initier à
Frotter de

Farcir la tête de
Gaver (*ou* Gorger) de
Nourrir de

3. Informer (quelqu'un) de
Renseigner
Éclairer
Ouvrir les yeux (de quelqu'un) sur (quelque chose)
Dire
Avertir
Aviser
Faire savoir (*ou* connaître)
Mettre au courant
Affranchir (*arg.*)
Mettre au parfum (*arg.*)
Communiquer (quelque chose à quelqu'un)

● ANTONYMES : 1. Négliger, Désapprendre, Ignorer *et* Vouloir ignorer, Oublier.
2.3. Laisser ignorer, Taire, Dissimuler, Masquer.

APPRENTI

Élève
Aspirant
Aide
Stagiaire
Mousse
Saute-ruisseau (*pop.*)
Bleu (*fam.*)
Néophyte
Arpète (*arg. de couture*)
Béjaune (*anc.*)
Inhabile
Débutant
Inexpérimenté
Clerc (*anc.*)
Jeune
Novice
Candide
Ignorant

● ANTONYMES : Maître,

Moniteur, Instructeur, Patron, Expert.

APPRÊT

1. Préparation
Préparatif
Disposition
Arrangement
Assaisonnement (*cuisine*)
Accommodage (*id.*)
2. *Technique du tissu, papiers, peaux* :
Beetlage (frapper à coups de maillet, pour lustrer)
Lustrage
Cati
Catissage
Calandrage
Collage
Crêpage
Cylindrage
Feutrage
Étendage
Foulage
Foulonnage
Humectage
Gommage
Grillage
Pressage
Gaufrage
Glaçage
Empesage
Séchage
Tondage
Moirage
Blanchissage
Vaporisage
Mise en rames
Corroyage
3. *Au fig.* :
Affectation
Recherche
Sophistication
Étude
Fard

Ornement
Parure
Toilette
Chichi (*péj.*)
Manières (*id.*)

● ANTONYMES : 1. Sans apprêts, Impromptu, Spontanément, Simplement, Par hasard, À l'improviste, Par fortune, Sur le pouce, Au pied levé.
3. Naturel, Simplicité, Simple appareil, Négligé.

APPRÊTER

V. PRÉPARER
Arranger
Disposer
Cuisiner
Accommoder (un mets)
Assaisonner
Mijoter

● ANTONYMES : Négliger, Improviser, Laisser aller.

APPRÊTER (S')

1. Se préparer à
Se disposer à
Se mettre en état de
Prendre ses dispositions pour
S'organiser pour
Préméditer
Élaborer

2. *Absol.* :
S'habiller
Se parer
Faire toilette
Se mettre sur son trente et un

● ANTONYMES : Négliger *et* Se négliger, Attendre,

Improviser, Se déshabiller, Déranger (sa toilette).

APPRIVOISER

Dresser
Acclimater
Affaîter (les oiseaux de proie)
Dompter (les fauves)
Charmer (les serpents)
Domestiquer

Au fig. :
Habituer
Rendre docile (*ou* sociable, *ou* souple, *ou* moins timide, *ou* plus doux)
Amadouer
Adoucir
Soumettre
Humaniser
Polir
Séduire
Familiariser
Accoutumer

● ANTONYMES : Assauvagir (*anc.*), Effaroucher, Effarer, Affoler, Rebuter, Éloigner de.

APPROBATION

Acquiescement
Encouragement
Acceptation
Agrément
Consentement
Entérinement
Assentiment
Ratification
Adhésion
Admission
Autorisation
Permission
Sanction

Visa
Suffrage
Nihil obstat
Applaudissement
Bénédiction (*fam.*)

● ANTONYMES : Désapprobation, Improbation, Blâme, Réprobation, Opposition, Objection, Répréhension, Condamnation, Protestation, Censure.

APPROCHANT

Proche
Voisin
Tangent
Approximatif
Ressemblant
Comparable
Presque équivalent (*ou* semblable, *ou* analogue *ou* égal)
Synonyme

● ANTONYMES : Éloigné, Différent, Distinct, Opposé, Antithétique.

APPROCHER

1. Mettre près *ou* plus près, *ou* auprès
Avancer *et* S'avancer vers
Joindre
Rapprocher

2. Fréquenter (quelqu'un)
Aborder (*id.*)
Devenir familier avec (*id.*)
Côtoyer
Vivre dans l'entourage de
Être familier avec (*ou* dans l'intimité de)
Toucher à

● ANTONYMES : Éloigner,

Reculer, Écarter, Séparer, Être étranger, Être exclu.

APPROFONDIR

Creuser
Affouiller
Caver
Fouir
Excaver
Forer

Au fig. :
Étudier plus avant
Creuser
Fouiller
Analyser
Explorer
Méditer
Sonder
Peser
Scruter
Examiner au fond
Bûcher (*fam.*)
Piocher (*fam.*)
Pousser la recherche
Y aller à fond (*fam.*)
S'appesantir sur

● ANTONYMES : Combler (un trou), Effleurer (une question, un problème), Rester à la surface.

APPROPRIER (S')

S'emparer de
Se donner autoritairement
S'arroger
S'attribuer
S'adjuger
Se saisir de
Usurper
S'appliquer (*anc.*)
Ravir
Voler

Prendre
Exproprier
Accabler
Dérober
Soustraire
Escroquer
Empocher
Rafler
Souffler (*fam.*)
Enlever
Détourner
Ratisser (*fam.*)
Ratiboiser (*pop.*)
Chouraver (*arg.*)

● ANTONYMES : Donner, Faire cadeau de, Se dépouiller de, Rendre.

APPROUVER

Être d'accord
Donner son agrément
Acquiescer
Consentir
Agréer
Accepter
Admettre
Ratifier
Homologuer
Adopter
Entériner
Autoriser
Donner quitus
Souscrire à
Donner son suffrage
Se rallier à
Adhérer à
Sanctionner
Donner l'imprimatur
Dire amen
Applaudir
Juger bon (*ou* bien)
Trouver juste (*ou* louable)
Comprendre
Encourager

Louer
Tolérer
Partager l'avis (de quelqu'un)
Etre du parti (de quelqu'un) *ou* de l'opinion de (quelqu'un)
Faire chorus

● ANTONYMES : Condamner, Désapprouver, Improuver, Réfuter, Blâmer Censurer, Contredire, Critiquer, Rejeter (une opinion), Siffler, Réprouver.

APPROVISIONNEMENT

Ravitaillement
Fourniture
Provisions
Vivres
Aliments *et* Alimentation
Subsistance
Réserves
Munitions
Stock

● ANTONYMES : Disette, Désapprovisionnement, Pénurie.

APPROXIMATIF

V. Approchant, Imprécis, et Vague

APPROXIMATION

Évaluation
A peu près
V. Estimation

● ANTONYMES : Exactitude, Précision.

APPUI

Soutien
Support

Étai
Accoudoir
Accotoir
Bâton
Béquille
Soutènement
Épaulement
Allège
Soubassement
Banquette
Barre (d'appui)
Base
Pilier
Fondement
Contrefort (*géographie*)
Embase

Au fig. :
Aide
Coup d'épaule
Piston (*fam.*)
Recommandation
Soutien
Protection
Assistance
Patronage
Secours
Intervention
Recours à l'influence de
Égide
Concours
Supporter (*néol.*)
Champion de (quelqu'un)

● ANTONYMES : Lâchage (*fam.*), Obstruction, Hostilité, Obstacle, Abandon.

APPUYER

1. Poser
Faire tenir
Maintenir
Faire supporter
Soutenir *et* Faire soutenir
Accoter
Adosser
Arc-bouter

2. *Au fig.* :
Fonder (*par ex.* une argumentation) sur
Faire reposer sur
Fortifier
Renforcer
Confirmer
Arguer
Exciper
Corroborer
Alléguer
Aider (quelqu'un)
Encourager (quelqu'un)
Pistonner (*fam.*)
Recommander (quelqu'un)
Fortifier (quelqu'un)
Fixer (son regard)
Regarder avec insistance

3. Peser
Presser
Accentuer (une parole)
Prononcer fortement

Au fig. :
Souligner
Insister
Faire ressortir
Exagérer

4. Prendre la direction de
Se porter vers
Aller vers
Se diriger vers
Obliquer vers

● ANTONYMES : 1. Ôter,
Enlever, Retirer.
2. Renoncer, Lâcher, Démentir.
3. Glisser, Effleurer.
4. Rester, Insister.

ÂPRE

Rude
Rugueux
Rigoureux
Violent
Virulent
Cinglant
Caustique
Vif
Râpeux
Rêche
Revêche
Austère
Cuisant
Mordant
Aigre
Raboteux
Sauvage
Sévère
Pénible
Blessant
Brûlant
Douloureux
Brutal
Difficile
Dur
Cruel
Acharné
Avide
Cupide

● ANTONYMES : D o u x,
Facile, Agréable, Courtois, Indulgent, Clément,
Caressant, Généreux, Désintéressé.

APRÈS

1. Ensuite
Par la suite
Une fois que
Postérieurement
Ultérieurement
Plus tard
Subséquemment
En second lieu

2. Plus loin
Au-delà de
Derrière
À la suite de
À la queue
À la traîne

3. Contre (aboyer après)
Pour (soupirer après)

● ANTONYMES : 1. Avant,
D'abord, Auparavant,
Préalablement.
2. En avant, Devant.

APRÈS-MIDI

Tantôt
Relevée (*anc.*)

APTE

Capable
Susceptible de
Bon (à *ou* pour)
Propre à
Habile à
Doué pour

● ANTONYMES : Inapte,
Incapable, Impropre à,
Pas doué pour.

APTITUDE

Disposition
Capacité
Goût
Penchant
Prédisposition *et* Disposition
Don
Tendance
Qualité pour
Compétence
Propension
Prédisposition
Faculté
Intelligence
Talent (pour)
Génie (*id.*)

Excellence
Habileté
Habilité (*langue class.*)
Adaptation
Adresse à
Esprit
● ANTONYMES : Inaptitude, Incapacité, Impossibilité.

ARAIGNÉE

Aragne *et* Araigne (*anc.*)
Arachnide
Argyronète
Épeire
Mygale
Tarentule
Dolomèdes
Lactrodecte
Lycose
Tégénaire
Ségestrie
Théridion
Thomise
Faucheux *ou* Faucheur

ARBITRAGE

Conciliation
Compromis
Règlement amiable
Accommodement

ARBITRAIRE

Adj. :
Discrétionnaire
Artificiel
Fantaisiste
Autoritaire
Despotique
Injuste
Irrégulier
Illégal

Subst. :
Bon plaisir
Caprice
Absolutisme
● ANTONYMES : Objectif, Équitable, Consenti, Convenu, Juste, Légal.

ARBITRER

Juger
Concilier
Négocier
Décider
Départager
Trancher
Évaluer
Composer
Mettre d'accord les parties
● ANTONYME : Décider unilatéralement.

ARBORER

Porter avec ostentation
Brandir
Afficher
Étaler
Hisser (les couleurs)
● ANTONYMES : Dissimuler, Cacher, Baisser, Amener (le pavillon).

ARBORICULTEUR

Pépiniériste
Agrumiculteur
Sylviculteur
Pomiculteur
Horticulteur
Planteur
Agriculteur

ARCADE
V. Voûte

ARCANE
V. Mystère

ARC-BOUTER
V. Appuyer

ARCHAÏQUE
V. Ancien et Vieux

ARCHANGE
V. Ange

ARCHÉTYPE

Prototype
Modèle original
Original
Principe
Étalon
● ANTONYMES : Copie, Modèle de série, Énième exemplaire (*fam.*).

ARCHITECTE

Maître d'œuvre
Constructeur
Édificateur
Ingénieur
Créateur
Bâtisseur
Au fig. :
Dieu (le « Grand Architecte »)
● ANTONYMES : Démolisseur, Destructeur.

ARCHITECTURAL

Architectonique

ARDENT, E

En feu
Qui brûle
Brûlant
Embrasé
Enflammé
Incandescent
Allumé
Rutilant
Lumineux
Éclatant
Flamboyant
Roux (blond ardent)
Chaud
Incendiaire
Bouillant (caractère)
Bouillonnant (*id.*)
Impatient (*id.*)
Exalté (*id.*)
Volcanique (*id.*)
Fervent
Amoureux
Passionné
Vif
Fougueux
Tout feu tout flamme
Fanatique
Emporté
Emballé
Enthousiaste
Chaleureux
Frénétique

● ANTONYMES : Éteint,
Froid, Frigide, Indolent,
Languissant, Nonchalant,
Tiède, Engourdi, Endormi.

ARDEUR

Feu
Chaleur
Brûlure (*par ex.* du soleil)

Au fig. :
Vitalité
Élan

Mouvement
Enthousiasme
Acharnement
Fureur
Emportement
Exaltation
Feu sacré
Empressement
Emballement
Ferveur
Fougue
Impétuosité
Vivacité
Violence
Véhémence
Passion
Avidité
Dévouement
Zèle
Cœur
Courage
Opiniâtreté

● ANTONYMES : Froideur,
Mollesse, Tiédeur, Non-
chalance, Indolence, Fai-
néantise, Lâcheté.

ARDU

Rude
Difficile
Pénible
Raide
Escarpé
Malaisé
Laborieux
Difficultueux

● ANTONYMES : Facile,
Abordable, Aisé, Acces-
sible.

ARGENT

Numéraire
Capital

Finances
Monnaie
Richesse
Fonds
Fortune
Pécule
Ressources
Trésorerie
Caisse
Viatique
Somme
Recette
Trésor
Sou
Franc
Devises
Traveller-chèque (*néol.*)
Chèque
Billet

Pop. et arg. :
Auber
Balle (1 ancien franc)
Sac (1 000 anciens francs)
Paquet
Brique (1 million d'anciens
francs)
Braise
Cig *ou* Sigue
Ferraille
Mitraille
Flouss *ou* Flouze
Fraîche
Fric
Galette
Kopeck
Oseille
Pèze
Picaillons (des)
Pépètes
Pile
Pognon
Ronds (des)
Radis (pas un = pas un
sou)
Vaisselle de poche
Quibus (*anc.*)
Grísbi

ARGOT

Jargon
Langue verte (*litt.*)

Arg. :
Jar *ou* Jars
Bigorne
Argomuche
Arguche
Arguse
Arlogaille
Argolaine
Jobelin (*anc.*)
Louchébème
Javanais
Arlogig
Arno-du-go
Largonji
Arpion (argot des chif-
fonniers)
Slang (argot américain)
Cockney (argot anglais)
Caló (argot espagnol mo-
derne)
Germanía (argot espagnol
ancien)

● ANTONYMES : Langage
académique, châtié.

ARGUMENT

1. Raisonnement
Argumentation
Raison
Preuve (élément de)
Thèse
Prétexte
Argutie (*péj.*)
Ergotage (*id.*)
Ratiocination
Cheval de bataille (*pop.*)
Fait
Invocation
Évocation
Référence

Chicane
Chinoiserie (*péj.*)
Foi (bonne ou mauvaise)

2. Livret (*théât.*)
Synopsis (*néol.*)
Anecdote (*théât.*)
Exposé sommaire
Canevas
Intrigue
Prétexte
Thème
Anecdote

ARGUTIE

Raisonnement spécieux
Subtilité
Finesse
Chicane
Ergotage
Paradoxe
Sophisme
Prétexte

● ANTONYMES : Argument,
Preuve.

ARIA

1. Tourment
Embarras
Ennui
Souci
Tracas
Tintouin (*fam.*)
Tracassin (*fam.*)

2. *Mus.* :
Air
Ariette
Arioso
Mélodie

● ANTONYMES : Quiétude,
Tranquillité.

ARIDE

Sec
Désert
Pauvre
Stérile
Improductif
Inculte *et* Incultivable
Maigre

Au fig. :
Sévère
Froid
Gelé
Rébarbatif
Ingrat
Difficile
Ardu

● ANTONYMES : Fertile,
Productif, Fécond, Riant,
Humide, Agréable, At-
trayant, Facile.

ARISTOCRATE

Noble
Patricien
Seigneur
Grand
Gentilhomme
Hidalgo
Altesse
Hobereau
Junker
Boyard
Nobliau (*fam.*)
Noblaillon (*péj.*)
Aristo (*pop.*)
Ci-devant
Oligarque

● ANTONYMES : Homme
du peuple, Citoyen, Dé-
mocrate, Bourgeois, Pro-
létaire, Sans-culotte.

ARMATURE

Charpente
Échafaudage
Ossature
Support
Soutien
Base
Treillis
Bâti

ARME

Armement
Armure

Plur. :
Arsenal (*fam.*)
Artillerie (*id.*)

Au fig. :
Moyens
Ressources
Arguments
Répliques

ARMÉE

Troupe
Milice
Division
Brigade
Corps d'armée
Régiment
Légion
Cohorte
Phalange
Horde
Au fig. :
Multitude
Foule
Quantité (de)

● ANTONYMES : Individu, Unité.

ARMER

Pourvoir en armes
Donner une arme (à quelqu'un)
Munir de
Adouber (*anc.* : armer chevalier)
Renforcer (par une armature)
Fortifier
Blinder
Pourvoir en
Garnir de
Barder
Hérisser de
Cuirasser

Au fig. :
Donner *ou* Se donner
Précautionner *ou* Se précautionner
Garantir *ou* Se garantir contre
Prémunir
Argumenter

● ANTONYMES : Désarmer, Réarmer.

ARMURE

Cuirasse
Bouclier
Cotte (de mailles)
Cataphracte
Panoplie
Gilet (pare-balles)
Caparaçon
Carapace (armure naturelle)
Blindage (*id.*)
Défense (*id.*)
Corne (*id.*)
Andouiller (*id.*)

Au fig. :
Défense

Cuirasse
Couche de
Croûte de (*par ex.* d'égoïsme)
Protection
Rempart

● ANTONYME : Nudité.

AROMATE
V. ÉPICES

ARÔME
V. PARFUM

ARPENTAGE

Mesure de superficie
Mesurage
Aréage
Cadastrage
Levé de plans
Relevé
Bornage
Topographie

ARPENTER

Au fig. :
Marcher à grands pas
Parcourir
Faire de grandes enjambées
Faire les cent pas
Courir
Sillonner
Trotter

● ANTONYMES : Trottiner, Flâner, Se reposer.

ARRACHAGE

Arrachement
Arrachis
Défrichement
Déchaumage

Essartage
Essouchement
Déracinement
Extraction (*par ex.* d'une dent)
Avulsion *et* Évulsion
Éradication
Épilation
Extirpation

● ANTONYMES : Plantation, Implantation, Insertion, Enracinement.

ARRACHEMENT
V. DÉRACINEMENT

ARRACHER
V. ÔTER

ARRANGEMENT
V. ACCOMMODEMENT, ORDRE et ARRANGER

ARRANGER

1. Mettre en ordre
Ranger
Disposer
Ordonner
Placer
Classer
Mettre
Agencer
Aménager
Accommoder
Apprêter
Approprier
Coordonner
Composer

2. Combiner (d'une certaine façon)
Transformer (en mieux)
Harmoniser
Fignoler
Réparer
Adapter

Ajuster
Organiser
Préparer
Disposer
Régler
Parer

3. *Par antiphrase ou dérision* (*pop*) :
Malmener
Maltraiter
Abîmer
Blesser
Médire
Voler (« arranger » un client)

4. Contenter (quelqu'un)
Satisfaire (quelqu'un)
Être agréable (à quelqu'un)
Être serviable (envers quelqu'un)

● ANTONYMES : Déranger, Dérégler, Désorganiser, Mélanger, Brouiller, Bouleverser.

ARRÊT

1. Étape
Escale
Halte
Stop (*néol.*)
Pause
Relâche
Répit
Repos
Grève (arrêt de travail)
Vacances
Congé
Interruption
Entracte
Silence
Syncope (arrêt du cœur)
Inhibition
Rémission (arrêt d'une maladie)

Marasme (arrêt des affaires)
Stagnation (*id.*)

2. Arrêté
Jugement
Décret
Décision
Ordonnance
Sentence
Verdict
Résolution
Ukase
Conclusion
Bien-jugé (*jur.*)
Règlement

● ANTONYMES : Mouvement, Marche, Suite, Continuation.

ARRÊTER

1. Immobiliser
Empêcher d'avancer (*ou* d'aller plus loin, *ou* plus longtemps)
Retenir
Stopper (*néol.*)
Bloquer
Paralyser
Maintenir
Contenir
Endiguer
Tarir
Interrompre
Intercepter
Ancrer (un navire)
Mouiller (*id.*)
Fixer (une date)
Borner (la vue)
Limiter (*id.*)
Cacher
Suspendre (un geste)
Entraver (une action)
Tenir en échec
Assujettir
Accrocher

Attacher
Captiver (la pensée)
Cesser (une action)
Terminer (*id.*)

Au fig. :
Faire cesser
Enrayer
Réprimer
Retenir
Contenir
Mettre le frein *et* Mettre
fin

2. Décider
Convenir (de quelque
chose)
Déterminer
Régler
Fixer
Clore (un compte)
Fermer (*id.*)

3. V. APPRÉHENDER

● ANTONYMES : Laisser
aller, Continuer, Pour-
suivre, Relâcher.

ARRHES

Acompte
Gage
Caution
À-valoir

● ANTONYMES : Reliquat,
Dette.

ARRIÈRE
V. DERRIÈRE

ARRIÉRÉ

Adj. :
Vieux
Rétrograde
Encroûté (*fam.*)
Fossile

Démodé
D'un autre âge
Croulant
D'une autre époque
Réactionnaire
Attardé
Réac (*fam.*)
Plus dans le coup (*fam.*)
Timoré

Subst. :
Dû et Dette
Arrérages
Rappel

● ANTONYMES : En avance,
Moderne, Up to date
(*néol.*) Dans le vent (*néol.*),
In (*néol.*), Anticipé, Avancé.

ARRIÈRE-PENSÉE

Réticence
Réserve
Derrière la tête
Sournoiserie
Calcul
Dessein
Intention

● ANTONYMES : Franchise,
Démonstration, Déclara-
tion, Engagement ferme.

ARRIVÉE

Venue
Débarquement
Survenance
Apparition
Arrivage
Afflux
Affluence
Accession
Avènement
Apparition

Début
Commencement

● ANTONYME : Départ.

ARRIVER

Parvenir
Être réndu
Aborder
Toucher
Venir
Débarquer
Atteindre
Accéder
Gagner
Survenir
Tomber
Surprendre
Approcher

Absol. :
Réussir

● ANTONYMES : Partir, S'en
aller, S'éloigner, Échouer,
Rater, Manquer.

ARRIVISTE

Intrigant
Faiseur
Aventurier
Ambitieux
Mégalomane
Dévoré d'ambition

● ANTONYMES : Désin-
téressé, Modeste, Humble.

ARROGANT

Insolent
Important
Insultant
Suffisant
Méprisant

Hautain
Haut
Blessant
Dédaigneux
Fat
Fier
Orgueilleux
Supérieur
Rogue
Superbe
Impertinent
Plein de morgue
Présomptueux

● ANTONYMES : Respectueux, Affable, Courtois, Déférent, Aimable, Modeste, Familer, Soumis.

ARROGER (S')
V. APPROPRIER (s')

ARROSAGE et ARROSEMENT

Aspersion
Irrigation
Pluie
Douche
Bassinage
Seringage
Affusion (*méd.*)
Irroration (*méd.*)

● ANTONYMES : Assèchement, Dessèchement, Draînage, Inondation.

ARROSER

Répandre la rosée
Asperger
Doucher
Irriguer
Mouiller
Tremper
Baptiser
Bassiner

Humecter
Répandre
Baigner
Inonder
Seringuer
Aiguayer (*anc.*)
Ondoyer
Imbiber
Distribuer (de l'argent)

● ANTONYMES : Assécher, Sécher, Dessécher, Drainer.

ART

1. Adresse
Habileté
Talent
Génie
Manière
Savoir-faire
Artifice
Inspiration
Entregent
Métier
Secret
Science de
Ruse

2. Technique de
Discipline
Activité
Pratique
Tour de main
Patte
Style
Procédé

3. Beaux-Arts
Poésie
Musique
Peinture
Sculpture
Gravure
Architecture
Décoration
Éloquence

Dessin
Danse
Chorégraphie
Statuaire
Céroplastique
Céramique
Orfèvrerie
Joaillerie
Verrerie
Émaillerie
Ébénisterie
Pyrotechnie
Photographie
Cinéma (« septième art »)
Chant
Les Muses
Prestidigitation
Illusion
Manipulation (prestidigitation)

ARTICLE

1. *De journal :*
Écrit
Papier
Éditorial (*ou, en abrégé,* Édito)
Leader (*néol.*)
Rubrique
Chronique
Colonne
Étude
Reportage
Article de fond
Feuilleton
Rez-de-chaussée
Articulet
Puce

2. Alinéa
Division (d'un texte)
Compte
Écriture (comptable)
Question
Sujet
Point

3. Objet de vente
Marchandise

ARTICULER

Parler distinctement
Détacher (les mots, les syllabes)
Énoncer clairement
Marteler

● ANTONYMES : Bafouiller, Balbutier, Bredouiller, Dissimuler, Taire.

ARTIFICE

1. Subterfuge
Apparence
Fausse apparence
Déguisement
Feinte
Tour
Tromperie
Trompe l'œil
Combinaison
Manège
Machiavélisme
Piège
Mensonge
Ruse
Attrape (*pop.*)
Fard
Leurre
Carotte (*pop.*)
Combine (*pop.*)
Postiche (*arg.*)

2. *Feu d'artifice :*
Pyrotechnie
Pièce (d'artifice)
Feux de Bengale
Fusées
Pétards
Chandelles romaines
Chenille

Soleil
Bombe
Gerbe
Pluie
Bouquet

Au fig. :
Éblouissement
Virtuosité
Éloquence
Séduction

● ANTONYMES : 1. Droiture, Sincérité, Vérité, Naturel. 3. Peine, Difficulté.

ARTIFICIEL

Factice
Faux
Fabriqué
Emprunté
Feint
Simulé
Imité
Inventé
Postiche
Truqué (*fam.*)
Affecté
Contraint
Forcé
Arbitraire
Prothèse (*méd.*)

● ANTONYMES : Naturel, Sincère, Droit, Vrai, Original, Réel, Pur.

ARTIFICIEUX

Rusé
Captieux
Fallacieux
Insidieux
Trompeur
Dolosif
Retors

Hypocrite
Flatteur

● ANTONYMES : Sincère, Franc, Naïf, Direct.

ARTISAN

Artiste (*anc.*)
Compagnon
Façonnier
Ouvrier
À son compte

Au fig. :
Responsable de
Auteur de
Animateur de
Cause
Ouvrier

● ANTONYMES : Industriel, P.D.G., Magnat, Grossium (*arg.*)

ARTISTE

V. ART
Acteur
Exécutant
Créateur
Interprète
Comédien
Vedette (*néol.*)
Virtuose
Star (*néol.*)

Au fig. :
Fantaisiste (*péj.*)

● ANTONYMES : Auteur, Spectateur, Auditeur, Sérieux.

ASCENDANT

Adj. :
Montant
Progressant

En gradation
En progression
Amplifiant
2. *Subst :*
Influence
Puissance
Autorité
Domination
Empire
Emprise
Pouvoir
Prestige
Supériorité
Prédominance
Séduction
Règne
Fascination
Empreinte
Suprématie
Tyrannie
Inspiration
Mainmise
Charme
Crédit
Poids
3. Parenté
Aïeul
Père *et* Grand-père (*ou*
Mère *et* Grand-mère)
Lignée

● ANTONYMES : 1. Descendant, En dégression.
2. Soumission.
3. Descendant.

ASCENSEUR

Élévateur
Escalier mécanique
Monte-charge

ASCENSION

V. ESCALADE
Alpinisme

Excursion
Course
Au fig. :
Montée
Élévation
Progrès
Progression
Réussite (sociale)

● ANTONYMES : Descente, Chute.

ASCÉTISME

Austérité
Macération
Puritanisme
Mortification
Vie monacale
Érémitisme
Jeûne

● ANTONYMES : Épicurisme, Hédonisme, Jouissance, Sybaritisme.

ASILE
V. ABRI

ASPECT
V. APPARENCE

ASPERGER
V. ARROSER

ASPHYXIER

Causer l'asphyxie
Étouffer
Faire suffoquer
Étrangler
Gazer
Au fig. :
Faire dépérir
Tuer lentement
Rendre irrespirable
Faire s'étioler

Opprimer
Paralyser

● ANTONYMES : Animer, Réanimer, Faire respirer, Libérer, Ôter les contraintes.

ASPIRATION

1. Désir
Souhait
Ambition
Espoir *et* Espérance
Élan vers
Tendance à
Soif de
Prétention à
Convoitise de
Visées sur
Vues sur
Envie de
But
Poursuite de
Démarches pour
Intrigue
2. Inspiration (d'air)
Respiration
Au fig. :
Souffle (divin)

● ANTONYMES : 1. Répulsion pour, Refus de, Méfiance pour.
2. Expiration.

ASPIRER

1. Inspirer (de l'air)
Respirer
Inhaler
Humer
Priser
Renifler (une odeur)
Sentir (un parfum)

Faire venir à sa bouche (un liquide)
Avaler
Absorber
Sucer
Prendre une gorgée
Attirer

2. *Aspirer à* :
V. AMBITIONNER
Désirer
Souhaiter
Prétendre à
Courir après (quelque chose)
Soupirer après
Porter les yeux sur
Appeler de ses vœux

● ANTONYMES : 1. Expirer, Souffler, Refouler, Cracher, Rejeter. 2. Renoncer à, Dédaigner, Refouler l'envie de.

ASSAILLIR
V. ATTAQUER

ASSAINIR

Purifier
Désinfecter
Nettoyer
Épurer
Mettre en ordre
Équilibrer
Stabiliser
Clarifier
Déterger (*méd.*)

● ANTONYMES : Corrompre, Empoisonner, Empester, Infecter, Infester, Pervertir, Perdre.

ASSAISONNER

Épicer
Relever
Aromatiser
Saler
Poivrer
Vinaigrer
Ajouter des condiments
Ailler
Pimenter
Accommoder
Apprêter
Agrémenter
Rehausser

● ANTONYME : Affadir.

ASSASSIN

Homicide
Meurtrier
Tueur
Égorgeur
Spadassin
Éventreur
Sicaire
Bourreau
Coupe-jarret
Bravo (*anc.*)
Criminel
Malfaiteur
Escarpe
Parricide
Coupable d'homicide
Infanticide
Fratricide
Régicide

● ANTONYMES : Victime, Philanthrope.

ASSASSINAT
V. MEURTRE

ASSASSINER
V. TUER

ASSAUT

Attaque
Offensive
Coup de main
Charge
Abordage (attaque navale)
Escalade
Clash (*néol.*)
Épreuve
Choc
Agression

Au fig. : (« *Faire assaut de* ») :
Compétition
Émulation
Tournoi
Rivalité
Dispute
Lutte

● ANTONYMES : Calme, Repos, Paix, Collaboration.

ASSÉCHER

Sécher
Dessécher
Drainer
Pomper
Vider
Tarir
Assainir
Épuiser

● ANTONYMES : Inonder, Mouiller, Arroser, Irriguer, Déborder *et* Faire déborder.

ASSEMBLÉE

1. Réunion
Attroupement
Meeting
Association
Rassemblement
Conférence
Rencontre (*néol. dans ce sens*)

Fête
Assises
Congrès
Concile *et* Conclave
Cercle
Parlement
État
États généraux
Diète
Conseil
Convention
Conciliabule
Couvent
Église
Sanhédrin
Synode
Symposium *ou* Symposion
Consistoire
Séminaire (*néol. dans ce sens*)
Groupe
Tribunal
Jury
Aréopage

2. Public
Auditoire
Société
Compagnie
Entourage
Assistance
Foule

● ANTONYME : Solitude.

ASSEMBLER

Mettre ensemble
Rassembler
Réunir *et* Unir
Lier *et* Allier
Joindre
Grouper *et* Regrouper
Masser *et* Ramasser
Attrouper
Concentrer
Rallier

Accoler
Collationner
Combiner
Composer
Associer
Faire se rencontrer
Ajouter
Amonceler
Mettre bout à bout
Monter (les éléments d'une machine, d'un complexe, d'un jeu, etc.)
Ameuter (*vénerie*)

● ANTONYMES : Désunir, Disperser, Disloquer, Disjoindre, Disperser, Casser, Séparer, Dissimuler, Éparpiller.

ASSENTIMENT
V. ACCORD, APPROBATION et CONSENTEMENT

ASSEOIR

Poser
Fixer
Placer
Mettre
Installer
Affermir
Assurer
Appuyer
Fonder (un raisonnement)
Motiver (un jugement)
Consacrer
Équilibrer
Rendre stable

● ANTONYMES : Ébranler, Enlever, Démolir, Renverser, Ruiner.

ASSERVIR

Assujettir
Opprimer

Jeter en esclavage
Courber sous sa volonté
Mettre en dépendance
Placer sous le joug
Soumettre
Dominer
Subjuguer
Enchaîner
Se rendre maître de
Tyranniser
Occuper
Conquérir
Exploiter
Faire peser sa volonté sur
S'imposer à
Dompter
Domestiquer

Au fig. :
Juguler (*par ex.* ses passions)
Régner sur
Régir

● ANTONYMES : Libérer, Affranchir, Délivrer, Émanciper.

ASSEZ

1. Suffisamment
Passablement
Convenablement
Ce qu'il faut
Autant qu'il faut
Honnêtement
Raisonnablement
Plutôt
Prou (*anc.*)

2. Assez! (*interjection*) :
Cela suffit! (*ou* Il suffit!)
Suffit!
Arrêtez!
Stop! (*néol.*)
Ça va!
Pas davantage!
Pas plus longtemps! (*ou* Pas plus loin!)

Plus!
Fini!
N'allez pas plus avant!
N'insistez pas!
Restons-en là!
Brisons là!
Paix!
Pouce!
Ne jouons plus!
Point final!
Basta! (*rég.*)
Zut!

● ANTONYMES : 1. Insuffisamment, Peu, Trop peu, Trop, Exagérément, Excessivement.
2. Encore! Davantage! Plus! Bis!

ASSIDUITÉ

Ponctualité
Régularité
Esprit de suite
Constance
Continuité
Diligence
Zèle
Obstination
Exactitude
Fréquentation
Ténacité
Présence ininterrompue
(*ou* régulière)
Sujétion
Assujettissement
Cour (amoureuse)
Visites (*au plur.*)
Soins
Attentions
Propositions
Adulation
Cajolerie
Courtisanerie

● ANTONYMES : Fantaisie, Irrégularité, Relâchement, Inexactitude, Insouciance, Négligence, Indifférence.

ASSIÉGER

Mettre (*et* Faire) le siège de
Investir
Cerner
Encercler
Envelopper
Emprisonner
Faire le blocus
Bloquer
Couper (une ville) de
Au fig. :
Obséder
Importuner
Tourmenter
Poursuivre
Assaillir
Accabler de
Guetter
Solliciter
Embêter
Occuper l'antichambre

● ANTONYMES : Passer au large de, Forcer le blocus, Dédaigner, Ignorer, Abandonner, Lever le siège, Délivrer, Libérer.

ASSIETTE

1. Écuelle (*anc.*)
Vaisselle
Couvert
Plat
Soucoupe

2. Équilibre
Position
Stabilité
Base

Assise
Fond *et* Fondement
Solidìté
Fermeté
Situation
Emplacement

ASSIGNATION
V. APPEL, ATTRIBUTION et CITATION

ASSIGNER
V. AFFECTER et CONVOQUER

ASSIMILER

1. Rendre semblable
Identifier à
Confondre avec
Amalgamer *et* Faire un amalgame avec (*néol.*)
Transformer en
Rapprocher de
Intégrer
Incorporer à
Fondre dans
Mélanger à
Comparer à

2. *Physiol. et au fig.* :
Absorber
Digérer
Adopter
S'approprier
Acquérir

3. *S'assimiler* :
S'incorporer
S'imprégner
S'égaler (*ou* Se croire égal à)
Se comparer
S'identifier
S'adapter
Se confondre
Se fondre
S'intégrer
Fusionner

● ANTONYMES : 1. Séparer, Distinguer, Différencier, Isoler.
2. Rejeter, Refuser, Expulser, Cracher, Rendre.
3. Se distinguer, Se différencier.

ASSISTANCE

1. V. ASSEMBLÉE et PUBLIC
2. V. AIDE
Concours
V. APPUI
Soutien
Charité
Secours
Service
Soin
Protection
Aumône
Subvention
Dédommagement
Réconfort
Main-forte
Renfort
Coup de main (ou d'épaule)
Rescousse
Coopération
Contribution
Facilités
Participation
Collaboration

● ANTONYMES : Abandon, Égoïsme, Désaveu, Préjudice, Éloignement.

ASSISTER

1. Être présent à
Être témoin de
Être spectateur (ou auditeur)

Par extens. :
Prendre part
Participer

2. Se tenir auprès (de quelqu'un)
V. AIDER
Seconder
Accompagner
Secourir
Protéger

● ANTONYMES : 1. Être absent, Manquer, Rater (fam.).
2. Gêner, Nuire, Desservir, Délaisser, Abandonner.

ASSOCIATION

1. Groupement et Groupe
Société
Union et Réunion
Ligue
Communauté
Syndicat
Coopérative
Alliance
Rassemblement
Parti
Amicale
Front
Organisation
Ordre
Fédération
Coalition
Comité
Entente
Alliance
Confédération
Commonwealth (britannique)
Club
Convention
Coterie
Amphictionie
Hanse
Fraternelle
Confrérie
Fraternité

Congrégation
Loge (maçonnique)
Atelier (id.)
Guilde
Cartel
Bande
Gang
Trust
Consortium
Holding
Corporation
Compagnonnage

2. Participation
Coopération
Collaboration
Complicité avec
Adjonction à
Agrégation à
Fusion
Symbiose
Entente
Coalition
Synergie
Liaison
Mariage
Concubinage

3. Association d'idées ou de mots :
Rapprochement
Enchaînement
Évocation
Suggestion
Synthèse
Assemblage
Analogie
Similitude
Ressemblance
Déduction
Affinité
Rapport

● ANTONYMES : 1. Isolement, Individualité.
2. Autonomie, Division, Séparation.
3. Rupture, Éloignement, Différence.

ASSOIFFÉ

Altéré
Avide

Au fig. :
Affamé
Impatient de
Dévoré du désir de
Désireux de
Aiguillonné par
Passionné pour

Absol. :
V. IVROGNE
Buveur
Bec salé (*fam.*)
Qui a la pépie (*fam.*)
Boit sans soif (*pop.*)
Dipsomane
Poivrot (*fam.*)
Pochard (*fam.*)
Soûlaud (*pop.*)
Soûlard (*pop.*)
Biberon (*arg.*)
Gosier (*ou* dalle) en pente
(*pop.*)

ASSOIFFER

Donner soif
Altérer
Ne pas (*ou* Oublier de)
donner à boire
Laisser sécher (*ou* se des-
sécher)

● ANTONYMES : Désal-
térer, Arroser, Régaler,
Payer la tournée (*fam.*).

ASSOLEMENT

Alternat
Rotation des cultures
Jachère

● ANTONYME : Monocul-
ture.

ASSOMBRIR

Obscurcir
Voiler
Ternir
Cacher
Donner de l'ombre
Couvrir

Au fig. :
Attrister
Rembrunir
Embrumer
Brouiller
Laisser (*ou* Faire) peser
une menace sur
Menacer

● ANTONYMES : Enso-
leiller, Réjouir, Éclairer,
Égayer, Faire s'épanouir.

ASSOMMANT

Ennuyeux
Embêtant
Fatigant
Fastidieux
Désagréable
Accablant
Attristant
Tuant

● ANTONYMES : Réjouis-
sant, Gai, Distrayant, Plaisant, Agréable.

ASSOMMER

Endormir (*étym.*)
Étourdir
Abattre
Faire le coup du lapin
(*ou* du père François) [*pop.*].
Estourbir (*pop.*)
Envoyer dans les pommes
(*pop.*)

Mettre K.-O. (*néol.*)
Envoyer au tapis (*pop.*)
Descendre (*pop.*)

Au fig. :
1. Accabler
Confondre (par des preu-
ves)
Abasourdir
Déconcerter
Déprimer
Anéantir

2. Ennuyer
Importuner
Fatiguer
Lasser
Embêter
Faire bâiller
Empoisonner (*pop.*)
Barber (*fam.*)
Raser (*fam.*)
Pomper l'air (*pop.*)

● ANTONYMES : Réveiller,
Revigorer, Ranimer; Réa-
nimer, Égayer, Plaire,
Exciter, Amuser, Distraire.

ASSORTIR

Appareiller
Accorder
Accoupler
Associer
Apparier
Allier
Marier
Harmoniser
Nuancer *et* Nuer
Unir
Adapter
Conformer
Approvisionner
Fournir
Réassortir
Garnir (*par ex.* une vitrine)
Pourvoir

Accompagner (*par ex.* une exigence d'une autre exigence)
Compléter (*id.*)
Ajouter (*id.*)

● ANTONYMES : Désassortir, Dépareiller, Faire jurer (des couleurs).

ASSOUPISSEMENT

Endormissement
Engourdissement
Somnolence
Torpeur
Narcose
Appesantissement
Léthargie
Sopor (*méd.*)
Coma

Au fig. :
Atténuation
Apaisement
Acalmie
Paresse
Langueur
Indolence
Nonchalance
Paralysie
Bien-être

● ANTONYMES : Réveil, Éveil, Excitation, Exaltation.

ASSOURDIR
V. ABASOURDIR

ASSOURDISSANT
V. BRUYANT

ASSOUVIR

Calmer
Contenter
Rassasier
Satisfaire
Combler
Apaiser
Passer son envie
Étancher (la soif)
Remplir les vœux
Faire le bonheur
Exaucer
Couronner les appétits (*ou* les souhaits, *ou* les désirs)
Faire se repaître

● ANTONYMES : Affamer, Laisser sur sa faim, Exciter, Allumer (*arg.*)

ASSUJETTIR

1. V. ASSERVIR

2. Maîtriser
Maintenir
Attacher
Assurer
Enchaîner
Astreindre
Imposer (quelqu'un)
Lier
Tenir fermement
Immobiliser
Fixer
Caler
Clouer
River
Coincer
Ligoter
Épingler
Ficeler
Visser
Amarrer
Contraindre
Forcer
Rendre taillable et corvéable à merci
Domestiquer
Dompter
Conquérir
Séduire
Captiver
Charmer

Assujetti « *subst.* » :
Contribuable
Redevable
Prestataire
Cotisant
Inscrit
Débiteur
Immatriculé

● ANTONYMES : Affranchir, Libérer, Dégager, Décharger, Dispenser, Exempter, Exonérer.

ASSUJETTISSEMENT

Subordination
Sujétion
Servitude
Esclavage
Soumission
Dépendance
Asservissement
Vassalité
Obéissance
Captivité
Domestication
Chaîne
Joug
Lien
Obligation
Contention
Imposition (fiscale)

● ANTONYMES : Liberté, Libération, Indépendance, Libre arbitre, Délivrance, Affranchissement, Exemption.

ASSUMER

Prendre à sa charge (*ou* sur soi, *ou* à son compte)

Assurer (un service)
Accepter (une charge)
Se charger de
Supporter
Endosser
Couvrir
Payer pour
Se porter garant de
Se déclarer responsable de

● ANTONYMES : Se décharger de, Refuser la responsabilité, Repousser, Se laver les mains de, Se défiler (*pop.*), Se dégonfler (*pop.*), Se désolidariser de.

ASSURANCE

1. Confiance en soi
Aplomb
Hardiesse
Aisance
Bonne conscience
Sans se démonter (*fam.*)
Sang-froid
Toupet
Audace
Maîtrise
Fermeté
Sûreté
Caractère
Personnalité
Cran
Culot (*pop.*)

2. Certitude
Intime conviction
Foi
Espoir *et* Espérance
Persuasion

3. Garantie
Caution
Gage
Preuve
Contrat
Prime
Police

Avenant
Mutuelle
Indemnité
Portefeuille
Ristourne

4. Promesse
Affirmation
Protestation
Déclaration

● ANTONYMES : Timidité, Indécision, Embarras, Réticence, Crainte, Défiance, Doute.

ASSURÉMENT

Sûrement
Sûr
A coup sûr *et* Bien sûr
Pour sûr (*pop. anc.*)
Certainement
Évidemment
Véritablement
Incontestablement
Indiscutablement
Indubitablement
Infailliblement
Immanquablement
Sans (aucun) doute
Bien entendu
Vraiment
Sans conteste
Manifestement
Sans contredit
Avec certitude
Oui-da! (*anc* ou *plais.*)

● ANTONYMES : Sans garantie, Éventuellement, Probablement, Peut-être, Si ça se trouve (*pop.*)

ASSURER

1. Consolider
Fixer

Affermir
Assujettir
Étayer
Immobiliser
Caler
Arrêter
Accorer (sur un bateau)

2. Protéger (par ex. ses arrières)
Garantir
Défendre
Préserver
Faire marcher
Pourvoir à
Procurer
Ravitailler
Approvisionner

3. Affirmer
Certifier
Soutenir
Jurer
Reconnaître que
Attester
Se porter garant
Ficher son billet (*pop.*)
Répondre de
Témoigner

● ANTONYMES : 1. Ébranler.
1.2. Compromettre, Risquer, Exposer.
3. Contester, Nier, Rétracter.

ASSURER (S')

1. Se défendre
Se mettre en sûreté
Se garantir
Se protéger
Se garder
Faire attention
Se prémunir
Se précautionner
Se préserver

2. Se pourvoir
Se procurer
Se ménager
Réserver
Retenir
Se rendre maître de
3. Se saisir de (quelqu'un)
S'emparer de
V. ARRÊTER
Faire prisonnier

4. Vérifier que
Contrôler
Aller voir
Être certain (*ou* sûr, *ou* persuadé)
Se persuader que

● ANTONYMES : 1. S'exposer, Risquer, Se compromettre. 2. Manquer de. 3. Lâcher, Laisser. 4. Être indifférent (*ou* insouciant), Laisser courir (*fam.*), Se moquer de.

ASTHÉNIE

Adynamie
Faiblesse
Exténuation
Affaiblissement
Dépression

● ANTONYMES : Hypersthénie, Euphorie, Vigueur.

ASTHME
Dyspnée

ASTICOTER (*fam.*)

Plaisanter (quelqu'un)
Agacer
Harceler
Interroger
Embêter

Faire chevrer (*pop.*)
Aguicher
Taquiner
Picoter

● ANTONYMES : Laisser en paix, Négliger.

ASTIQUER

Frotter
Nettoyer
Fourbir
Polir
Cirer

● ANTONYMES : Salir, Ternir.

ASTRAKAN

Caracul
Breitschwantz
Fourrure d'agneau

ASTRE
V. ÉTOILE

ASTREINDRE
V. ASSUJETTIR et OBLIGER

ASTREINTE

Amende
Contrainte
Condamnation
Obligation

● ANTONYMES : Liberté, Relaxe, Acquittement.

ASTROLOGUE

Devin
Mage
Magicien

Faiseur d'horoscopes
Augure

ASTUCE
V. RUSE

ATARAXIE
V. APATHIE

ATELIER

Lieu de travail
Manufacture
Chantier
Officine
Boutique
Laboratoire
Work-house
Ouvroir
Arsenal (atelier national)
Studio
Loge

ATERMOIEMENT

Délai
Ajournement
Remise
Tergiversation
Hésitation
Palinodie
Faux-fuyant
Retard

● ANTONYMES : Hâte, Précipitation, Vitesse.

ATHÉE

Agnostique
Sans Dieu
Incroyant
Incrédule
Irréligieux
Mécréant
Matérialiste

Esprit fort
Rationaliste
Libre penseur
Sceptique
Impie
Hérétique

● ANTONYMES : Croyant, Religieux, Déiste, Théiste.

ATHLÈTE
V. SPORTIF

ATMOSPHÈRE

1. Couche gazeuse
Air
Ciel
Vapeur terrestre
Éther
Ionosphére
Stratosphère
Troposphère
Photosphère

2. Température
Temps
Météorologie
Climat
Chaleur
Pression (de l'air)
Perturbations
Turbulences
Nuages

3. Environnement
Ambiance
Entourage
Milieu
Climat

ATOME

Particule
Matière insécable
Infiniment petit
Molécule
Proton
Neutron

Au fig. :
Poussière
Grain
Parcelle
Rien

● ANTONYMES : Tout, Grand Tout, Infiniment grand.

ATOUR
V. PARURE

ATRABILAIRE

V. ACARIÂTRE
Bilieux
Hypocondriaque
Mélancolique
Morose
Pessimiste
Misanthrope

● ANTONYMES : Optimiste, Insouciant, Gai, De bonne humeur.

ATROCE

Noir
Cruel
Douloureux
Affreux
Odieux
Abominable
Barbare
Effrayant
Effroyable
Épouvantable
Insupportable
Monstrueux
Intolérable
Horrible
Accablant
Laid
Mauvais

● ANTONYMES : Doux, Beau, Charmant, Bon, Agréable.

ATTACHANT

Qui retient l'attention (*ou* l'intérêt)
Intéressant
Captivant
Fascinant
Curieux
Attirant
Attrayant
Séduisant
Touchant

● ANTONYMES : Repoussant, Rebutant, Désespérant, Dégoûtant, Rébarbatif, Assommant.

ATTACHE
V. LIEN

ATTACHEMENT

V. AFFECTION
Amour
Estime
Fidélité
Constance
Lien (affectif)
Attache
Liaison
Dévouement
Goût pour
Intérêt pour
Passion
Fanatisme
Application à
Zèle pour
Assiduité

● ANTONYMES : Détachement, Éloignement, Aversion, Indifférence, Dégoût.

ATTACHER

1. Lier
Faire tenir
Fixer
Maintenir
Retenir
Amarrer
Ancrer
Atteler
Accrocher
Suspendre
Boucler
Nouer
Faire un nœud
Enchaîner
Lacer
Ligaturer
Sangler
Assujettir
Associer
Assurer
Consolider
Serrer
Agrafer
Épingler
Tromboner (*néol.*)
Brocher
Coudre
Piquer
Boutonner
Bloquer
Visser
Cadenasser
River
Coller
Ficeler
Encorder
Encâbler
Garrotter
Passer les menottes (*ou* le cabriolet)
Subordonner (à quelqu'un)

Attacher par le haut :
Pendre
Appendre
Suspendre

Accrocher
Mettre au clou

Attacher deux par deux :
Accoupler
Coupler
Accoler
Ajuster
Abouter
Annexer (quelque chose à quelqu'un)
Joindre
Unir *et* Réunir
Assembler

2. Mettre à la disposition de
Affecter
Placer
Nommer (à un poste)
Engager (quelqu'un) pour
Adjoindre

3. Accorder (par ex. du prix à quelque chose)
Donner
Attribuer

4. Retenir la pensée (*ou* le sentiment, *ou* l'attention)
Intéresser
Charmer
Passionner
Séduire

5. Cuisine (*fam.*) *:*
Adhérer au fond de la casserole
Brûler
Roussir
Cramer (*pop.*)

● ANTONYMES : Détacher, Délier, Défaire, Séparer, Dépendre, Diviser, Écarter, Isoler, Arracher.

ATTAQUER

1. Assaillir
Agresser

Prendre l'offensive
Engager une action
Commencer le combat (la bataille, la lutte, la guerre)
Porter le premier coup
Se jeter sur
Foncer sur
Fondre sur
Se ruer sur
Tomber sur
Attenter à
Surprendre
Frapper
Ouvrir les hostilités
Tirer l'épée
Rompre en visière
Rentrer dedans (*ou* dans le chou) [*pop.*]

2. Provoquer
S'en prendre à
Accuser
Charger
Défier
Déposer contre
Incriminer
Insulter
Injurier
Faire une sortie contre (quelqu'un)
Vitupérer
Vilipender
Traîner dans la boue
Traduire devant le tribunal
Médire de
Dire du mal de
Donner un coup de patte (*ou* de griffe) à
V. CRITIQUER

3. Corroder
Détériorer
Endommager
Ronger
Rouiller
Miner
Entamer
Altérer

Atteindre *et* Porter atteinte
Piquer
Mordre
Nuire à

● ANTONYMES : 1. Défendre, Riposter, Parer les coups, Protéger.
2. Se faire l'avocat de, Louanger, Louer, Faire le panégyrique de.
3. Entretenir, Dérouiller, Décaper, Protéger.

ATTARDER (S')

Se mettre en retard
Dépasser l'heure
Lambiner
Muser *et* Musarder
Traîner
S'amuser
S'incruster
S'anuiter (*anc.*)
Attendre *et* Faire attendre
Croquer le marmot
Perdre son temps
S'appesantir sur
S'arrêter sur
S'étendre sur

● ANTONYMES : Se dépêcher, Prendre de l'avance, Aller vite, Passer.

ATTEINDRE

1. Toucher
Frapper
Attaquer
Porter un coup
Endommager
Léser
Ébranler
Compromettre
Blesser

Offenser
Choquer
Heurter
Piquer
Émouvoir
Troubler
Faire réfléchir (quelqu'un)
Remuer

2. Accéder à
Arriver à
Monter jusqu'à
S'élever à
Gagner
Parvenir à
Attraper
Prendre
Réaliser (un objectif)
Accomplir
Joindre (quelqu'un) *et* Rejoindre
Rencontrer
Attraper *et* Rattraper
Égaler

● ANTONYMES : Manquer, Rater, Échouer à, Rester en deçà de, Dépasser, Mettre la plaque à côté (*fam.*), Louper son coup (*fam.*).

ATTEINTE

Coup
Attaque
Blessure
Dommage
Préjudice
Dégât
Attentat
Outrage
Discrédit
Tort
Viol *et* Violation
Entorse
Acte attentatoire
Dérogation

Crise (*méd.*)
Accès (*méd.*)

ATTENANT

V. ADJACENT
Contigu
Voisin *et* Avoisinant
Mitoyen
Jouxtant
Joint à
Accolé à
Proche

● ANTONYMES : Éloigné de, Séparé de, Distant de.

ATTENDRE

1. Patienter
Temporiser
S'attarder
Retarder
Faire antichambre
Faire le pied de grue (*pop.*)
Languir
Poser
Se morfondre
Surseoir
Tergiverser
Atermoyer
Suspendre
Musarder
Traîner
S'armer de patience
Tarder
Remettre (à plus tard)
Observer une pause

2. Espérer
Être sûr que
Prévoir
Calculer
Souhaiter

● ANTONYMES : Hâter, Presser, Précipiter.

ATTENDRIR
V. AMOLLIR *et* ÉMOUVOIR

ATTENDRIR (S')
V. APITOYER (s')

ATTENTAT

Agression
Attaque
Tentative criminelle
Sacrilège
Crime
Viol
Outrage

ATTENTATOIRE

Qui porte atteinte à
Contraire à
Opposé à
Préjudiciable à

● ANTONYMES : Conforme
à, Respectueux de.

ATTENTE

Expectative *et* Expecta-
tion
Quarantaine
Pause
Sursis
Stationnement
Atermoiement
Tergiversation
En faction
Suspension
Délai

« *Dans l'attente que* » :
En prévision de
Dans l'expectative
Dans l'espoir (*ou* l'espé-
rance) que (*ou* de)
En faisant le calcul que
Dans la crainte que

En formulant le souhait
que
A l'affût de
En guettant

● ANTONYMES : Action,
Acte, Sans délai, Inces-
samment, Toutes affaires
cessantes.

ATTENTIF

Tout ouïe
Vigilant
Observateur
Curieux
Aux aguets
A l'affût
Absorbé
Concentré
Appliqué
L'œil ouvert
Occupé par
Préoccupé
Soucieux de
Consciencieux
Diligent
Scrupuleux
Fidèle
Exact
Empressé à
Soigneux de
Assidu
Zélé
Délicat
Circonspect

● ANTONYMES : Inatten-
tif, Distrait, Indifférent,
Étourdi, Brutal, Impoli.

ATTENTION

1. Application
Concentration
Contention
Tension (d'esprit)

Soin
Vigilance
Circonspection
Précaution
Accaparement
Abstraction
Curiosité
Esprit en éveil (*ou* en
arrêt)
Approfondissement
Réflexion
Méditation
Guet
Introspection

2. Amabilité
Empressement
Sollicitude
Soin
Complaisance
Obligeance
Délicatesse

● ANTONYMES : Inatten-
tion, Distraction, Étourderie, Inadvertance, Absence,
Dissipation, Goujaterie,
Grossièreté, Impolitesse.

ATTÉNUER

Diminuer
Amoindrir
Réduire
Tempérer
Modérer
Adoucir
Assoupir
Émousser
Soulager
Affaiblir
Amincir
Excuser
Couvrir (une faute)
Minimiser
Alléger
Pallier

● ANTONYMES : Aggraver.

112

Accabler, Charger, Accroître, Renforcer, Exacerber, Grossir, Augmenter.

ATTERRER

Consterner
Accabler
Abattre
Terrasser
Foudroyer
Affliger
Stupéfier
Rendre très triste

● ANTONYMES : Réconforter, Ragaillardir, Réjouir, Requinquer (*fam.*)

ATTESTATION

Certificat
Témoignage
Déclaration
Signature
Satisfecit
Visa
Assurance
Certification
Authentification
Diplôme
Cachet
Affirmation *et* Confirmation
Recommandation
Garantie (bon de)

● ANTONYMES : Démenti, Désaveu, Infirmation, Contestation, Dénégation, Mise en garde.

ATTESTER
V. AFFIRMER et TÉMOIGNER

ATTIÉDIR
V. REFROIDIR

ATTIRAIL

Équipement
Harnachement
Fourniment
Bagage
Barda (*arg.*)
Fourbi (*arg.*)
Appareil
Assortiment
Équipage
Outils
Outillage
Bazar (*pop.*)
Bataclan (*pop.*)
Saint-Frusquin (*fam.*)
Saint-Crépin (outillage du cordonnier)
Saint-Jean (outillage du typo.)

ATTIRANCE

Attrait
Attraction
Appétence
Appétit
Séduction
Propension
Tentation
Envie
Attrait
Inclination
Invitation
Penchant
Pente
Appel
Désir
Fascination
Préférence
Charme
Passion (pour)
Amitié (pour)
V. AMOUR
Sympathie (envers)
Affection (pour)
Entraînement

Tendance (à)
Faiblesse (pour)

● ANTONYMES : Répulsion, Aversion, Répugnance, Dégoût, Antipathie.

ATTIRER

Exercer une attraction
Allécher
Captiver
Charmer
Séduire
Affriander
Affrioler
Appâter
Inviter
Convier
Tirer vers *ou* à
Drainer
Racoler
Enjôler
Entraîner
Plaire
Tenter
Exciter (un sentiment)
Provoquer
Appeler
Occasionner

● ANTONYMES : Repousser, Rebuter, Refouler, Éloigner, Détourner.

ATTITUDE

Posture
Position *et* Pose
Comportement
Manière d'être (*ou* de se tenir, *ou* de se présenter)
Contenance
Maintien
Air
Allure
Aspect

Extérieur
Genre
Expression
Geste
Conduite
Démarche
Tournure
Dégaine (*fam.*)
Façon
Mine
Physionomie

● ANTONYME : Réalité.

ATTOUCHEMENT

Frôlement
Palpation
Toucher
Contact
Caresse
Tangence
Titillement
Chatouille
Effleurement
Frottement

● ANTONYMES : Éloigne-
ment, Écartement, Écart,
Choc brutal.

ATTRACTION et ATTRAIT
V. ATTIRANCE

ATTRAPE

Leurre
Mystification
Farce
Tour (bon ou mauvais)
Plaisanterie
Malice
Duperie
Tromperie
Blague (*fam.*)
Fumisterie

Bateau (*fam.*)
Bourde (*fam.*)

● ANTONYMES : Vérité,
Réalité.

ATTRAPER

1. Prendre
Saisir *et* Se saisir de
Gripper *et* Agripper
Empoigner
Poisser (*arg.*)
Agrafer (*pop.*)
Happer
S'emparer de
Gagner
Choper (*fam.*)
Obtenir
Sauter dans (*par ex.* un
autobus)
Contracter (*par ex.* une
maladie)
Subir (*par ex.* un coup de
poing)
Être victime de (*id.*)
Réussir (attraper un coup
de main)
Être capable d'imiter, de
reproduire, d'exprimer, de
contrefaire (*par ex.* un
accent)

2. Tromper
Surprendre
Abuser
Leurrer
Faire prendre (*ou* avaler)
Duper
Piper
Enjôler
Faire gober
Emberlificoter (*pop.*)
Séduire

3. *Fam.* :
V. GRONDER
Réprimander

Enguirlander (*pop.*)
Engueuler (*pop.*)

● ANTONYMES : 1. Man-
quer, Rater, Louper(*fam.*),
Échapper à.
2. Dire la vérité, Ouvrir
les yeux, Être franc.
3. Féliciter, Louanger,
Récompenser.

ATTRAYANT
V. PLAISANT

ATTRIBUER

Donner
Allouer
Répartir
Adjuger
Allotir (*jur.*)
Distribuer
Accorder
Partager
Assigner
Décerner
Conférer
Concéder
Octroyer
Affecter à
Prêter
Imputer
Gratifier de
Mettre au compte de
Mettre sur le dos de
Faire honneur de
Accuser
Rejeter sur
Faire retomber sur

● ANTONYMES : Revendi-
quer, Accaparer, Refuser,
Retirer, Ôter, Reprendre,
Prendre, Confisquer.

ATTRIBUT

Marque
Propriété

Qualité particulière
Signe distinctif
Particularité
Caractéristique *et* Caractère propre (*ou* spécifique)
Prérogative
Emblème
Symbole
Signe représentatif
Décoration

● ANTONYMES : Généralité, Banalité, Communauté.

ATTRIBUTAIRE

Allocataire
Bénéficiaire

ATTRIBUTION

1. Dotation *et* Donation
Allocation
Distribution
Octroi de
Remise
Concession
Don

2. Compétence
Emploi
Fonction
Rôle
Prérogative
Privilège
Devoir
Droit
Pouvoir

● ANTONYMES : 1. Retenue, Saisie, Confiscation, Reprise, Retrait.
2. Limitation, Restriction, Incompétence (*jur.*).

ATTRISTER

Rendre triste
Contrister
Chagriner
Consterner
Contrarier
Peiner
Affliger
Assombrir
Rembrunir
Désespérer
Décevoir
Dépiter
Désenchanter
Ennuyer
Inquiéter
Mécontenter
Mortifier
Tourmenter
Tracasser
Faire se renfrogner
Navrer
Désoler
Affecter
Émouvoir
Fâcher
Apitoyer
Fendre le cœur

● ANTONYMES : Égayer, Réjouir, Amuser, Divertir, Dérider, Réconforter, Consoler.

ATTROUPEMENT
V. FOULE et RASSEMBLEMENT

ATTROUPER

V. ASSEMBLER
Rassembler
Grouper *et* Regrouper
Ameuter

● ANTONYMES : Disperser, Dissoudre (une assemblée).

AUBAINE

Avantage inattendu
Chance
Profit inespéré
Occasion
Pot (*arg.*)
Veine (*fam.*)
Chape-chute (*anc.*)
Bonne fortune
Heureux hasard

● ANTONYMES : Malchance, Malencontre, Tuile (*pop.*), Pépin (*pop.*), Guigne (*pop.*) Perte, Déconfiture.

AUBE

Point du jour
Petit matin
Aurore
Jour naissant
Première clarté (*ou* lueur
Au chant du coq (*ou* de l'alouette)
Dès potron-minet

Au fig. :
Commencement
Début
Première apparition de (*ou* Première manifestation de)
Origine

● ANTONYMES : Crépuscule, A la brune, Tombée du jour (*ou* Tombée de la nuit), Fin.

AUBERGE

Hôtel
Hôtellerie
Pension
Palace
Restaurant

Restauroute (*néol.*)
Caravansérail
Bordj
Taverne
Guinguette
Gargote (*péj.*)
Posada (auberge espagnole)
Parador (*id.*)
Cambuse (*péj.*)
Tournebride (*anc.*)
Motel (*néol.*)
Cabaret

AUCUN
V. Nul

AUCUNS (D')
V. Plusieurs et Certains

AUDACE

Bravoure
Hardiesse
Intrépidité
Cran
Cœur
Résolution
Bravoure
Courage
Assurance
Décision
Impavidité (*anc.*)
Effronterie
Culot (*pop.*)
Estomac (*pop.*)
Aplomb (*fam.*)
Toupet (*fam.*)

● ANTONYMES : Pusillanimité, Couardise, Poltronnerie, Lâcheté, Peur, Timidité, Retenue, Pudeur, Réserve.

AUDACIEUX
V. Hardi et Aventureux

AUDIENCE

1. Réception
Rendez-vous
Entretien
Communication
Séance (de tribunal)
Entrevue protocolaire

2. Renommée
Crédit (*fig.*)
Poids (*fig.*)
Confiance

3. V. Auditoire

● ANTONYMES : 2. Discrédit.

AUDITEUR, TRICE
V. Évèle et Public

AUDITION

1. Faculté d'entendre
Réception auditive
Acoustique

2. Épreuve (*théâtre*)
Examen
Essai
Concert (*musique*)
Émission (*radio*)

● ANTONYME : Surdité.

AUDITOIRE
V. Assistance

AUGMENTATION

Accroissement
Amplification
Addition
Croissance
Grossissement
Gonflement
Distension
Dilatation

Élargissement
Extension
Crue
Développement
Accumulation
Allongement
Hausse
Multiplication
Enrichissement
Majoration
Montée (par ex. des prix)
Enchérissement
Élévation
Accentuation
Redoublement
Stimulation
Aggravation
Recrudescence
Inflation
Alourdissement
Accélération (augmentation de la vitesse)
Étirement
Davantage (*ou* Plus) de

● ANTONYMES : Diminution, Amoindrissement, Décroissance, Baisse, Réduction.

AUGMENTER
V. Accroître, Allonger et Grossir

AUGURER

Conjecturer
Présumer
Supposer
Prévoir
Présager
Pressentir
Inférer
Deviner
Prédire
Affirmer
S'aventurer à prédire

● ANTONYMES : Se taire,

S'enfermer dans le mutisme, Être prudent.

AUGUSTE

1. *Adj.* :
Solennel
Grand
Élevé
Imposant
Majestueux
Noble
Respectable
Vénérable
Saint
Sacré
Pompeux

2. *Subst.* :
Clown
Paillasse
Pitre
Bouffon
Gugusse (*pop.*)

● ANTONYMES : 1. Trivial,
Bas, Vulgaire, Méprisable,
Profane.
2. Clown blanc.

AUJOURD'HUI

Ce jour
Ce jour d'hui (*anc.*)
En ce moment
Présentement
À l'heure qu'il est
Actuellement
Dans le temps présent
De nos jours
Maintenant
À l'époque actuelle

● ANTONYMES : Jadis,
Hier, Demain, Autrefois,
Anciennement, Dans le
passé.

AUMÔNE

Obole
Don
Charité
Offrande
Geste (*ou* Acte) de bienfaisance
Bienfait
Secours
Libéralité
Faveur
Assistance

● ANTONYMES : Dû, Salaire.

AUMÔNIER

(Frère) Élémosinaire
Chapelain
Prêtre

AUPARAVANT
V. AVANT

AUPRÈS
V. PRÈS et PROCHE

AURÉOLE

Nimbe
Couronne
Halo
Diadème

Au fig. :
Gloire
Prestige
Aura
Émanation

AURORE
V. AUBE et COMMENCEMENT

AUSPICES (sous les)

Égide
Patronage
Faveur
Protection
Sauvegarde
Tutelle
Direction
Influence

« *Auspices favorables* » :
V. CHANCE

● ANTONYMES : À l'encontre de, Malgré, En
dépit de, Nonobstant.

AUSSI

1. Autant
Si
Tant
De même (que)
Pareillement
Également
Encore
En outre
En plus
Par-dessus le marché
Itou (*pop.*)

2. C'est pourquoi
En conséquence
Aussi bien
D'ailleurs
Au surplus
Tout compte fait
En tout état de cause

● ANTONYMES : Pas si
(*ou* pas autant, *ou* pas
aussi), Malgré.

AUSSITÔT
V. IMMÉDIATEMENT

AUSTÉRITÉ

Ascétisme
Sobriété
Stoïcisme
Frugalité

Restrictions
Privations
Régime sec (*ou* maigre, *ou* jokey)
Au fig. :
Rigorisme
Puritanisme
Sévérité
Froideur
Raideur
Rigidité
Sécheresse
Dureté
Ascèse
Sérieux

● ANTONYMES : Hédonisme, Débauche, Facilité, Gaieté, Douceur, Abondance.

AUTEUR

1. Créateur
Responsable
Artisan de
Fondateur
Inventeur
Promoteur
Initiateur
2. Compositeur
Sculpteur
Peintre
Dessinateur
Graveur
Chorégraphe
Réalisateur (*cinéma*)
Scénariste (*id.*)
Ciseleur
Orfèvre
Maître
Écrivain
Dramaturge
Littérateur
Homme de lettres
Homme de plume

Prosateur
Poète
Gendelettre (*péj.*)
Écrivailleur (*péj.*)
Écrivassier (*péj.*)
Bas-Bleu (*fém.*, *péj.*)
Pisseur de copie (*péj.*)
Chieur d'encre (*péj.*)
Plumitif (*péj.*)

● ANTONYMES : Interprète, Public, Lecteur, Consommateur, Création, Créature, Produit, Œuvre.

AUTHENTIQUE
V. VRAI et OFFICIEL

AUTOCHTONE

Aborigène
Indigène
Originaire
Naturel

● ANTONYMES : Étranger, Immigré, Créole.

AUTOCRATE
V. MONARQUE

AUTOCRATIQUE
V. ABSOLU

AUTOMATE

Androïde
Robot
Machine
Appareil automatique
Machine cybernétique
Computer *ou* Computeur (*néol.*)
Ordinateur (*néol.*)

Au fig. :
Fantoche

Péj. :
Jouet

Marionnette
Machine
Pantin
Guignol
Inconscient

● ANTONYMES : Créature vivante, En chair et en os, Conscient, Responsable.

AUTOMATISME

Mécanisme
Réflexe
Fonctionnement automatique
Mouvement machinal (*ou* inconscient, *ou* mécanique, *ou* spontané, *ou* involontaire)
Somnambulisme
Automation (*néol.*)

Au fig. :
Régularité
Formalisme
Irréflexion
Raideur

● ANTONYMES : Humanisme, Animalité, Fantaisie, Irrégularité.

AUTOMOBILE

Auto
Voiture
Véhicule
Machine
Conduite intérieure
Roadster
Décapotable

(*Plus les noms de marque substantivés :*
Une Citroën, une Peugeot, une Renault, etc.)

Teuf Teuf (*fam. péj.*)
Char (*rég.*)
Bagnole (*fam.*)
Tacot (*péj.*)
Guimbarde (*péj.*)
Clou (*péj.*)
Tas de ferraille (*péj.*)
Tire (*arg.*)
Chignole (*péj.*)

● ANTONYME : Voiture à traction animale.

AUTOMOTRICE

Micheline
Autorail

AUTONOMIE

Indépendance
Liberté
Droit de se gouverner
Self-Government (*néol.*)
Autogestion (*néol.*)
Souveraineté
Sécession
Nationalisme
Séparatisme
Particularisme
Identité (*ou* Personnalité) nationale (*néol.*)

● ANTONYMES : Dépendance, Vassalité, Colonialisme, Subordination, Tutelle, Association.

AUTORISATION

Permission
Consentement
Acquiescement
Accord
Approbation
Habilitation
Imprimatur
Agrément
Nihil obstat
Faculté de
Dispense
Licence
Bon
Congé
Permis .
Laisser-passer
Ausweiss (*néol. all.*)
Exequatur
Navicert
Visa
Exemption

● ANTONYMES : Interdiction, Défense, Impossibilité, Refus, Prohibition, Empêchement.

AUTORISER (S')

S'appuyer sur
Prendre prétexte de
Se justifier par (*ou* de)
Se permettre
Invoquer
Se juger habilité à (*ou* pour)
Prétendre

● ANTONYMES : S'interdire de, Se refuser à, Ne pas vouloir.

AUTORITAIRE

1. V. ABSOLU

2. Despotique
Impérieux
Cassant
Sec
Sévère
Dominateur
Dictatorial
Intransigeant
Dur
Hautain
Raide
À poigne
Strict
Impératif
Tyrannique
Habitué à commander
Qui a le goût du commandement
Paranoïaque
Adjudantesque (*fam.*)
Scrongneugneu (*pop.*)
Pète-sec (*pop.*)
Ronchonnot (*pop.*)

● ANTONYMES : Soumis, Obéissant, Humain, Conciliant, Anarchiste, Doux, Libéral, Démocrate, Libertaire, Anti-autoritaire.

AUTORITÉ

1. *Naturelle :*
Ascendant
Crédit
Capital confiance (*néol.*)
Influence
Magnétisme
Prestige
Réputation
Séduction
Considération
Respect
Force persuasive
Poids
Charme

2. *Sociale, sous l'autorité de* :
Pouvoir
Puissance
Supériorité
Force
Gouvernement
Commandement

Domination
Tutelle
Arbitraire
Férule
Oppression
Prépotence
Toute-puissance
Joug
Prépondérance
Loi (*par ex.* : Être sous
la loi de)
Autocratie
Sceptre (Sous le)
Galons
Emprise *et* Empire
Dictature
Bon plaisir
Souveraineté
Administration

● ANTONYMES : Indépendance, Libre arbitre, Quant-à-soi, Liberté, Égalité.

AUTREFOIS
V. JADIS

AUTREMENT
V. DIFFÉREMMENT

AUTRUI

Les autres
Le *ou* Son semblable
Le prochain
Les *ou* Ses proches
Le voisin

● ANTONYMES : Soi, Soi-même.

AUXILIAIRE
V. ADJOINT et ACCESSOIRE

AVALER

Absorber
Boire

Ingérer
Ingurgiter
Manger
Déglutir
Consommer
Engloutir
Engouler (*anc.*)
Aspirer
Humer
Gober
S'envoyer (*fam.*)
Écluser (*fam.*)
Descendre (un liquide, *fam.*)
Au fig. :
Croire
Se laisser berner
Admettre

● ANTONYMES : Rendre, Cracher, Recracher, Refuser.

AVANCE, AVANCÉE, AVANCEMENT

Saillie *et* Saillant
Pointe
Bec
Surplomb
Empiétement
Jetée
Corniche
Angle
Aspérité
Crête
Éperon
Redan *et* Relief
Proéminence
Protubérance
Hors d'alignement

AVANCEMENT

1. V. PROGRÈS
2. Promotion

Montée en grade
Cursus Honorum

● ANTONYMES : Rétrogradation, Recul, Descente, Déchéance.

AVANCER
V. MARCHER et AFFIRMER

AVANIE

Affront
Humiliation
Vexation
Brimade
Offense
Outrage
Insulte

● ANTONYMES : Flatterie, Louange, Prévenance, Service, Attention.

AVANT

1. *Dans le temps* :
Auparavant
Antérieurement
Préalablement
Précédemment
D'abord
Au préalable
Plus tôt
Précocement
Prématurément

2. *Dans l'espace* :
Devant
En avant
(Au) *ou* (Ci-) dessus
Plus haut
Supra-
En tête
En premier

● ANTONYMES : 1. Près. 2. Arrière, En arrière, En queue, En dernier.

AVANTAGE

Supériorité
Privilège
Prérogative
Avance
Atout
Dessus (Avoir le)
Bénéfice
Chance
Don (à la naissance)
Mérite
Bon bout (Tenir le)
Succès
Gain
Intérêt
Libéralité
Rétribution
Profit
Fruits (Recueillir les)
Bienfait
Rémunération
Satisfaction
Plaisir
Honneur
Joie
Bonheur
Faveur

● ANTONYMES : Désavantage, Dommage, Inconvénient, Préjudice, Disgrâce.

AVANTAGER

Favoriser
Accorder la préférence
Privilégier (*mod.*)
Gratifier
Doter de
Chouchouter (*fam.*)

● ANTONYMES : Désavantager, Léser, Frustrer, Pénaliser, Desservir, Porter préjudice.

AVANTAGEUX

1. Profitable
Économique
Heureux
Favorable
Abondant
Intéressant
Flatteur

2. Fat
Suffisant
Pompeux
Vaniteux
Glorieux
Orgueilleux
Fier
Présomptueux
Superbe

● ANTONYMES : 1. Désavantageux, Cher, Onéreux, Défavorable, Nuisible.
2. Modeste, Humble, Simple.

AVANT-COUREUR

Avant-courrier
Éclaireur
Messager
Fourrier
Annonciateur
Prélude
Présage
Augure (*anc.*)
Précurseur
Prémonitoire

● ANTONYMES : Tardif, Attardé, Après la bataille.

AVANT-GOÛT

Pressentiment
Première impression
Préfiguration
Prénotion
Prémices
Anticipation
Présage

● ANTONYMES : Arrièregoût, Séquelles.

AVARE

Avaricieux
Intéressé
Thésauriseur
Économe
Serré (*pop.*)
Regardant
Mesquin
Cupide
Âpre (au gain)
Dur à la détente (*pop.*)
Coriace (*pop.*)
Rat (*pop.*)
Fesse-mathieu (*anc.*)
Avide
Harpagon
Chiche
Près de ses sous
Grippe-sou
Radin (*pop.*)
Rapace
Lésineur
Grigou
Crasseux
Ladre
Pingre
Rapiat (*pop.*)
Pleure-misère
Pignouf (*pop.*)
Pouacre (*anc.*)
Chien (*pop.*)
Parcimonieux
Sordide
Regrattier (*anc.*)
Qui n'attache pas ses chiens avec des saucisses (*pop.*)

Qui les lâche avec un élastique (*pop.*)
Qui économise les bouts de chandelles (*ou* de ficelles)

● ANTONYMES : Prodigue. Dépensier, Gaspilleur, Large, Généreux, Désintéressé, Munificent, Libéral.

AVARIER

Détériorer
Endommager
Corrompre
Altérer
Tarer
Gâter
Pourrir
Meurtrir

AVATAR

Incarnation
Transmutation (des âmes)
Changement
Métamorphose
Transformation

AVENANT
V. AFFABLE

AVÈNEMENT

Venue
Arrivée
Accession (au pouvoir)
Élévation (*id.*)
Couronnement

● ANTONYMES : Départ, Déchéance, Abandon, Abdication, Chute.

AVENIR

Futur
Lendemain
Postérité
Destin *et* Destinée
Éternité
À l'avenir ou *Dans l'avenir* :
Désormais
Dorénavant
Par (*ou* Dans) la suite
Ultérieurement
Prochainement
Tantôt
Sous peu
Bientôt
A bref délai
Demain
Dans (peu *ou* beaucoup) de temps (*ou* un certain temps)
Un jour
Plus tard
Dans la perspective

● ANTONYMES : Passé, Présent.

AVENTURE

Événement
Histoire
Fait
Accident
Incident
Épisode
Affaire
Mésaventure
Conjoncture
Fortune (bonne *ou* mauvaise)
Hasard
Péril
Entreprise
Péripétie

Aventure galante :
Intrigue
Liaison
Rencontre
Passade

AVENTURER (S')

(Se) hasarder
S'exposer
Risquer
Tenter
Essayer
Aller
Progresser
Pénétrer

● ANTONYMES : Se méfier, Se garantir, Ne pas tenter, Rester en deçà.

AVENTUREUX

Hasardeux
Hardi
Audacieux
Imprudent
Intrépide
Risqué
Téméraire
Aléatoire
Dangereux

● ANTONYMES : Sûr, Prudent, Réfléchi.

AVENTURIER

1. Mercenaire
Condottiere
Pirate
Flibustier
Corsaire
Boucanier

2. Intrigant

Chevalier d'industrie
Escroc

● ANTONYMES : Homme
rangé, Timoré, Pantou-
flard (*fam.*), Bourgeois.

AVENUE

Voie
Accès
Boulevard
Rue
Cours
Allée
Promenade
Mail
Ring (*allemand*)
Strip (*américain, arg.*)
Perspective (*Avenue, en
Russie*)

● ANTONYMES : Ruelle,
Impasse, Passage.

AVÉRÉ
V. VRAI

AVERSE
V. PLUIE

AVERSION
V. ANTIPATHIE et DÉGOÛT

AVERTIR

1. Prévenir
Aviser
Donner avis *ou* préavis
Annoncer
Apprendre
Mettre dans la confidence
Affranchir (*pop.*)
Mettre dans le coup (*pop.*)
Mettre au parfum (*arg.*)
Instruire de
Informer
Signaler

Éclairer
Renseigner
Faire savoir

2. Menacer
Donner un avertissement
Semoncer
Sommer
Admonester
Représenter
Réprimander

● ANTONYMES : Taire,
Tromper, Laisser faire,
Laisser passer.

AVERTISSEMENT

1. Avis *et* Préavis
Appel à l'attention, à la
prudence
Note *et* Notice
Instruction
Conseil
Recommandation
Information
Annonce
Présage
Prémonition
Signe *et* Signal
Pressentiment
Cri
Appel *et* Rappel
Coup de semonce
Sommation (*fisc.*)
Commandement (*fisc.*)

2. Réprimande
Admonestation
Admonition *et* Monition
Observation
Menace
Leçon
Intimidation
Semonce

3. Préface
Avant-propos
Introduction

4. Convocation (*jur.*)
Invitation à comparaître
(*ou* à payer)

● ANTONYMES : 1. Silence.
3. Postface.

AVEU

Confession
Reconnaissance de
Mea-culpa
Révélation
Déclaration (d'amour)
Vanne (*arg.*)

● ANTONYMES : Désaveu.
Rétractation, Dénégation,
Silence.

AVEUGLEMENT

Cécité
Amaurose
Perte de la vue

Au fig. :
Partialité
Obstination
Égarement
Folie
Illusion
Passion
Erreur
Affolement
Bandeau sur les yeux
(*ou* écailles) (*ou* merde
[*pop.*])
Œillères
Poutre (dans l'œil, par
opposition à paille)
Arbre (qui cache la forêt)

● ANTONYMES : Clair-
voyance, Lucidité, Pers-
picacité, Sagacité.

AVEUGLER

1. Rendre aveugle
Priver de la vue
Empêcher de voir
Crever les yeux
Troubler la vue
Voiler les yeux
Obscurcir (*id.*)
Cacher

Au fig. :
Éblouir
Égarer
Troubler
Dissimuler la réalité
Déguiser (*id.*)

2. Calfater
Boucher (une voie d'eau)

● ANTONYMES : Ouvrir les yeux, Dessiller, Éclairer, Détromper, Avertir.

AVEULIR
V. AFFAIBLIR

AVIATION

Aéronautique
Circulation aérienne
Navigation aérienne
Armée de l'air
R.A.F. (Aviation britannique)
U.S. Air Force (Aviation américaine)
Compagnies aériennes (*ou* d'aviation)
Aeroflot (Aviation soviétique)
Luftwaffe (Aviation allemande)

AVIDE
V. AVARE, AFFAMÉ et GLOUTON

AVIDITÉ

Convoitise
Appétit
Âpreté
Avarice
Envie
Faim
Gloutonnerie
Gourmandise
Rapacité
Soif
Voracité
Concupiscence
Passion
Ardeur
Curiosité
Envie
Désir
Impatience
Vampirisme
Accaparement

● ANTONYMES : Anorexie, Indifférence, Détachement, Insouciance, Je-m'en-fichisme, Générosité, Prodigalité.

AVILIR
V. ABAISSER et ABÎMER

AVION

Aéroplane
Aéronef
Appareil
Taxi (*fam.*)
Coucou (*fam.*)
Zinc (*fam.*)
Hydravion
Planeur
Hélicoptère
Autogire
Pou du ciel

(*plus les marques qui sont autant de synonymes* : Boeing, Caravelle, Tupolev, *etc.*)

AVIS
V. AVERTISSEMENT

AVISÉ
V. PRUDENT

AVOCAT
V. DÉFENSEUR

AVOIR

Subst. :
Actif
Compte créditeur
Bien
Richesse
Solde (créditeur)
Possession
Crédit

● ANTONYMES : Débit, Manque, Passif.

AVOISINANT
V. PROCHE et VOISIN

AVORTEMENT

Fausse couche
Expulsion (d'un fœtus avant terme)

Au fig. :
Échec
Insuccès

● ANTONYME : Enfantement.

AVORTON
V. PETIT

AVOUER

1. S'accuser
Reconnaître *et* Se reconnaître
Confesser
Faire des aveux

Vider son sac (*fam.*)
Se mettre à table (*pop.*)
Se déboutonner (*pop.*)
Décharger (*ou* Dégager,
ou Libérer) sa conscience
Se dégonfler (*fam.*)
Casser (*ou* Cracher, *ou*
Manger) le morceau
Accoucher
Convenir

2. Accorder
Concéder
Admettre
Convenir
Dire (la vérité)
Déclarer

● ANTONYMES : Dissimuler, Se défendre de, Disconvenir, Nier, Taire, Contester.

AVULSION
V. ARRACHAGE

AXE
Droite orientée
Pivot
Arbre (*mécanique*)
Essieu

AXIOME

1. Évidence
Postulat
Prémisse
Vérité (première *ou* fondamentale)
Proposition (de base)

2. V. ADAGE
Aphorisme
Sentence

Maxime
Apophtegme

● ANTONYMES : Approximation, Vérité douteuse, Conclusion.

AYANT-CAUSE *ou*
AYANT-DROIT

Héritier
Légataire
Bénéficiaire
Donataire
Acquisiteur des droits
Hoir (*anc.*)

● ANTONYMES : Donateur, Vendeur.

AZUR
V. BLEU

BABIL et **BABILLAGE**

Gazouillis
Bavardage
Caquetage
Caquet
Jaserie (*anc.*)
Murmure

● ANTONYMES : Silence,
Sobriété (de parole).

BABILLARD et
BABILLER
V. BAVARD et BAVARDER

BABIOLE

Jouet
Joujou
Gadget (*néol.*)
Amusette
Broutille
Frivolité
Un petit quelque chose
Un rien
Futilité

Vétille
Bêtise
Affiquet
Bagatelle
Bibelot
Breloque
Brimborion
Colifichet
Bibus (*anc.*)

● ANTONYME : Une affaire.

BAC

1. *Récipient* :
Cuve
Bassin
Baquet
Bain (de photographe)
Auge

2. *Bateau* :
Traille
Va-et-vient
Bateau de passeur
Toue (*anc.*)
Bachot

Bachet (*anc.*)
Ferry-boat

3. V. BACCALAURÉAT

BACCALAURÉAT

Bac (*fam.*)
Bachot (*fam.*)
Diplôme
Parchemin
Peau d'âne (*péj.*)

BACCHANAL et
BACCHANALE (S)

Tapage
Chahut
Sabbat
Vacarme
Boucan (*fam.*)
Charivari
Hourvari
Tintamarre
Fête de Bacchus (*ou*
bachique)

Foire (*pop.*)
Faridon (*pop.*)
Partouze (*pop.* et *triv.*)
Débauche
Orgie
Saturnales
Bombe (*pop.*)
Bringue (*pop.*)
Nouba (*pop.*)
Ribouldingue (*pop.*)
Ribote (*pop. anc.*)
Train *et* .Grand train

BACCHANTE

Ménade
Thyade
Eviade
Prêtresse de Bacchus

Au fig. :
Mégère
Furie
Sorcière
Ivrognesse

Arg. :
V. Moustache

● ANTONYMES : Sainte,
Sainte-Nitouche, Pudi-
bonde, Collet-monté.

BÂCHE

Toile (imperméabilisée)
Couverture
Banne
Prélart (*mar.*)

BACILLE
V. Microbe

BÂCLER (*fam.*)

Expédier (un travail) Se
débarrasser (d'un devoir)

Torcher (*pop.*)
Gâcher
Saboter
Faire trop vite et sans soin
Sabrer
Commettre
Improviser
Trousser
Faire à la diable, *ou* à la
6-4-2

● ANTONYMES : Figno-
ler, Faire avec amour,
Dorloter, Soigner.

BADAUD
V. Flâneur, Spectateur
et Niais

BADIGEON

Enduit
Couche (de peinture)
Peinture
Apprêt (superficiel)
Coup de pinceau (hâtif)

BADIN

Espiègle
Léger
Gai
Mutin
Enjoué
Folâtre
Folichon (*fam.*)
Divertissant
Aimable
Pince-sans-rire
Qui n'a pas l'air d'y tou-
cher
Détaché

● ANTONYMES : Grave,
Sérieux, Compassé,
Réservé, Sévère.

BADINAGE

Plaisanterie
Jeu
Badinerie
Amusette *et* Amusement
Complicité (amoureuse)
Marivaudage
Flirt
Batifolage

● ANTONYMES : Sérieux,
Gravité, Sévérité, Austé-
rité, Réserve.

BADINER

Plaisanter
S'amuser
Jouer
Batifoler
Rigoler (*pop.*)
Folâtrer
Ne pas prendre au sérieux
Traiter par-dessous la
jambe (*pop.*)
Marivauder
Fleureter
Flirter (*néol.*)
Tenir des propos galants

● ANTONYMES : Être sérieux
et Prendre au sérieux, avec
gravité, Dramatiser.

BAFOUER

Ridiculiser
Outrager
Tromper
Berner
Cocufier
Humilier
Se moquer
Se payer la tête de (quel-
qu'un)
Mortifier

Transgresser (*par ex.* une loi)
Tourner en dérision
Faire fi (*ou* litière) de
Fouler aux pieds
Railler

● ANTONYMES : Mettre en valeur (*ou* en vedette), Exalter, Faire admirer.

BAFOUILLER

Bredouiller
Ânonner
Bégayer
Perdre les pédales (*pop.*)
Perdre le fil (*fam.*)
Se troubler
Barboter
Décoconer (*rég.*)

● ANTONYMES : Articuler, Énoncer clairement, Clamer, Proclamer.

BÂFRER (*fam.*)

Manger (gloutonnement)
Bouffer (*fam.*)
S'empiffrer (*fam.*)
Brifer (*pop.*)
Engloutir
S'en mettre plein la lampe (*ou* plein la hotte) [*pop.*]
Dévorer
S'en mettre plein la panse (*fam.*)
Se bourrer (de) [*fam.*]

● ANTONYMES : Jeûner, Chipoter (*fam.*)

BAGAGE

Fourniment
Équipage *et* Équipement

Arroi (*anc.*)
Train
Paquetage *et* Paquet
Malle
V. SAC
Marmotte
Valise
Colis
Coffre
Ballot
Cantine
Barda (*pop.*)
Fourbi (*pop.*)
Attirail (*fam.*)
Baise-en-ville (*arg.*)

BAGARRE

Rixe
Bataille
Empoignade
Accrochage
Combat (de rue)
Altercation
Querelle
Échauffourée
Grabuge
Barouf (*pop.*)

BAGATELLE

1. V. BABIOLE

2. *Péj.* :
Baliverne
Fadaise
Bluette
Bêtise
Sornette
Vétille
Sottise

3. V. AMOURETTE

● ANTONYME : Sérieux.

BAGNE

Pénitencier
Travaux forcés
Galères
Préside (*espagnol*)
Les travaux publics (*milit.*)
Chiourme
Biribi (*milit.*)
Bachasse (*arg. anc.*)
Cayenne
Pré (*arg.*)
Les durs (*arg.*)

BAGUE

Anneau
Alliance
Bijou
Chevalière
Camée (monté en bague)
Bagouze (*arg.*)
Jonc

BAGUENAUDER
V. FLÂNER

BAGUETTE

Verge
Houssine
Bâton
Canne
Badine
Cravache
Vîme (*rég.*)
Jonc
Stick (*angl.*)
Caducée

BAHUT

Coffre
Huche
Maie (*anc. ou rég.*)

Arche (*anc.*)
Armoire
Buffet
Cabinet (*anc.*)
Chaperon bombé (architecture)

BAIE

1. Anse
Calanque
Fjord
Petit golfe
Crique
Conche
Plage

2. Ouverture
Fenêtre
Porte-fenêtre

3. V. FRUIT

● ANTONYMES : 1. Cap, Pointe, Promontoire.
2. Mur, Clôture.

BAIGNER

(Faire) tremper
Immerger
Plonger (dans)
Inonder
Mouiller
Arroser
Irriguer (pour un fleuve)
Au fig. :
Imprégner
Envelopper
Entourer
Pénétrer
Remplir

● ANTONYMES : Sécher, Assécher.

BÂILLON

Tampon
Muselière
Bandeau

BÂILLONNER

Réduire au silence
Fermer la bouche
Museler
Enchaîner
Paralyser (*fig.*)
Dompter
Étouffer (*fig.*)
Garrotter
Censurer
Soumettre
Ôter la liberté d'expression
Interdire de parler
Faire taire

● ANTONYMES : Donner la parole, Libérer.

BAIN

Baignade
Immersion
Ablution
Pédiluve (bain de pieds)
Manuluve (bain de mains)
Illutation (bain de boue)
Hydrothérapie
Balnéation (*méd.*)
Héliothérapie (bain de soleil)
Sauna (bain de vapeur)
Hammam (*id.*)
Thermes (bains publics)

BAISER v. *trans.*

Biser
Faire la bise

Embrasser
Baisoter (*fam.*)
Faire un bisou (*fam.*), un bécot (*fam.*)
Faire lambiche (*rég.*)
Bécoter (*fam.*)
Se prosterner (baiser les pieds)

Arg. :
1. Faire l'amour

2. Tromper
Berner
Doubler (*arg.*)
Couillonner (*pop.*)
Mystifier
Avoir (quelqu'un) [*fam.*]
Posséder (quelqu'un) [*fam.*]

● ANTONYME : 2. Être régulier (*arg.*)

BAISSER

Descendre (quelque chose)
Rendre accessible (quelque chose)
Abaisser *et* Rabaisser
Mouvoir vers le bas
(Faire s') affaisser
Faire décroître
Diminuer
Pencher
Incliner *et* Décliner
Tourner vers (le bas)
Courber (*par ex.* la tête)
Rabattre
Refluer (*par ex.* la mer)
Affaiblir *et* S'affaiblir
Faiblir

● ANTONYMES : Monter, Élever, Hausser, Lever, Ériger, Hisser, Augmenter, Se ragaillardir.

BAL

Dancing (*néol.*)
Boîte (de nuit)
Bastringue (*pop. péj.*)
Guinguette
Musette
Redoute (*anc.*)
Guinche (*pop. arg.*)

BALADE

Promenade
Excursion
Sortie
Marche
Voyage
Déplacement
Trajet
Randonnée
Un tour (*fam.*)
Vadrouille (*arg.*)
Shopping (*néol.*)
Virée (*pop.*)
Flânerie

● ANTONYMES : Course,
Mission.

BALAI

Brosse
Houssoir (balai de houx)
Plumeau *ou* Plumail *ou*
Plumard (balai de plu-
mes)
Balayette
Tête-de-loup
Chasse-mouches
Essuie-glace (balai de
pluie)
Écouvillon
Fauber *ou* Faubert
Aspirateur (balai mécani-
que)

BALANCE

1. Bascule
Pesette
Peson
Romaine
Roberval
Ajustoir (*anc.*)
Trébuchet
Poids publics
Pèse-lettre
Pèse-bébé
Pèse-lait
Pèse-grain
Baroscope (*scient.*)

2. « *En balance* » :
Comparaison
Évaluation comparative
Appréciation
Jugement
Opposition
Équivalence
Hésitation
Pondération
Équilibre

3. *Balance comptable* :
Bilan
Compte profits et pertes
Différence
Solde

BALANCER

1. Faire osciller
Faire aller et venir
Bercer
Dodeliner (la tête)
Branler (*id.*)
(Se) dandiner
Tanguer (*mar.*)
Rouler (*id.*)
Battre (comme un balan-
cier)
Ballotter
Brimbaler (*fam.*)

Bringuebaler (*fam.*)
Se tortiller

2. *Au fig.* :
Hésiter
Être incertain (*ou* Être
peu décidé à) *ou* Être
indécis
Flotter
Vaciller
Peser le pour et le contre
Être ballotté entre (deux
choses)

3. *Fam., pop. et arg.* :
Jeter *et* Rejeter
Envoyer *et* Renvoyer
Se débarrasser de
Congédier
Rompre avec
Envoyer valser (*fam.*)
Plaquer (*fam.*)
Bazarder (*fam.*)
Mettre au rancart
Balayer
Dénoncer
Moucharder

● ANTONYMES : Fixer
(*et* Se fixer), Immobiliser,
Décider, Garder.

BALANCIER

Pendule
Contrepoids

BALANÇOIRE

Bascule
Escarpolette
Au fig., fam. :
V. SORNETTE
V. BALIVERNE
Lieu commun
Banalité

BALBUTIER
V. Bafouiller

BALDAQUIN

Dais
(Lit à) Colonnes

BALISE
V. Bouée

BALIVERNE

Sornette
Sottise
Niaiserie
Enfantillage
Faribole
Billevesée
Propos en l'air
Futilité
Songe creux
Balançoire
Bourde
Calembredaine
Fadaise
Puérilité
Bagatelle
Coquecigrue (anc.)
Baguenauderie (anc.)
Béotisme (anc.)
Connerie (triv.)
Décoconade (rég.)

● ANTONYME : Chose
sérieuse.

BALLE

1. Ballon
Pelote
Éteuf (balle de paume)
V. Boule

2. Projectile
Mitraille
Plomb
Chevrotine

Pruneau (arg.)
Bastos (arg.)
Valda (arg.)

3. Paquet
Ballot
Colis
Balluchon
Sac
Farde (balle de café)

4. (ou BALE)
Glume
Glumelle

● ANTONYME : 4. Grain,
Épi.

BALLERINE
Danseuse

BALLON

1. Balle
Vessie (arg. sportif)
Cuir (id.)
Ballonnet
Punching-ball (de boxeur)
Alcootest (néol.)

2. Aéronef
Aérostat
Montgolfière
Ballon captif
Saucisse (arg. milit.)
Dirigeable
Zeppelin

3. « Faire ballon » (pop.) :
Se passer de
Se bomber (pop.)
Faire ceinture (pop.)
Se mettre la tringle (pop.)
Faire tintin (pop.)
Faire rideau (pop.)
Se l'accrocher (pop.)
Passer au travers (pop.)
Rester sur la touche (pop.)

● ANTONYMES : 3. Être

de la distribution, Avoir
sa part, Tomber au bon
moment.

BALLOT

1. V. Balle, Colis et
Paquet

2. (pop.) V. Niais

BALLOTTER

1. Balancer
Secouer
Cahoter
Remuer
Faire une vie instable (à
un enfant)

2. Se jouer (de quelqu'un)
Renvoyer sans cesse
(Ballotté : Indécis, Tiraillé)

● ANTONYMES : Stabiliser,
Fixer, Planter, Établir.

BALOURD

Lourd et Lourdaud
Gauche
Grossier
Fruste
Maladroit
Malappris
Rustaud
Stupide
Obtus
Rustre
Butor
Sot
Bête

● ANTONYMES : Fin,
Délicat, Subtil, Spirituel,
Adroit.

131

BALOURDISE

Bêtise
Sottise
Stupidité
Gaucherie
Maladresse
Gaffe (*fam.*)
Bévue
Lourderie

● ANTONYMES : Finesse, Délicatesse, Subtilité, À-propos, Adresse.

BALUSTRADE

Rambarde
Parapet
Balustre
Rampe
Garde-corps
Garde-fou

BAMBIN
V. ENFANT

BAMBOCHE

Débauche
Bambochade
Ripaille
Noce
Fête
Bamboula (*fam.*)
Faridon (*pop.*)
Java (*arg.*)

BANAL

Commun
Ordinaire
Général
Insignifiant
Habituel
Courant
Pauvre
Fréquent
Impersonnel
Rebattu
Prudhommesque
Vieux
Trivial
Plat
Ressassé
Usé
Vulgaire
Simple
Médiocre
Universel
Vulgarisé
Facile
Fréquent
Normal
Naturel
Connu

● ANTONYMES : Original, Extraordinaire, Curieux, Insolite, Nouveau, Inédit, Remarquable.

BANALITÉ

Lieu commun
Cliché
Poncif
Platitude
Truisme
Selle à tous chevaux (*anc.*)
Pauvreté
Médiocrité
Insignifiance
Vulgarité
Facilité

● ANTONYMES : Originalité, Nouveauté, Curiosité, Relief.

BANDE

1. Bandage *et* Bandeau
Bandelette
Ligature
Lanière
Lien
Rouleau
Ruban
Courroie
Molletière
Galon
Guiche
Volant
Écharpe
Sparadrap
Sangle
Bandoulière
Jugulaire
Mentonnière
Serre-tête
Velpeau
Turban

2. *Cinéma :*
Film
Pellicule
Long (*ou* moyen, *ou* court) métrage
Bande-image
Bande-son
Fromage (*fam.*)
Camembert (*fam.*)
Navet (*fam. péj.*)

3. *Bande de terrain :*
Zone
Région
Ruban

4. Groupe
Équipe
Groupement
Association
Compagnie
Troupe
Armée
Clan
Clique (*péj.*)
Maffia (*péj.*)
Coterie
Ramassis (*péj.*)
Ligue
Meute

BANDER

1. Tendre (un arc ou ses muscles)
Raidir
Appliquer (son esprit, son attention)

2. Sangler
Serrer
Enrouler dans
Entourer de

● ANTONYMES : Détendre Relâcher.

BANDIT

Malfaiteur
Brigand
Filou
Escarpe
Voyou
Arsouille
Apache
Chenapan
Forban
Truand
Malandrin
Flibustier
Écumeur
Chauffeur (XIXᵉ s.)
Pillard
Pirate
Coupe-jarret
Bandoulier (anc.)
Miquelet (anc.)
Gibier de potence
Scélérat
Canaille
Sicaire
Gangster
Crapule

● ANTONYMES : Saint, Héros, Victime.

BANLIEUE

Environs
Les abords de
Périphérie
Hors les murs
Quartier extra-muros
Les faubourgs de
Ceinture

● ANTONYMES : Centre, En ville.

BANNIR

Mettre au ban
Expulser
Proscrire
Refouler
Reléguer
Exiler
Expatrier
Interdire de séjour
Prononcer l'ostracisme contre (quelqu'un)
Déporter
Exclure
Chasser
Éloigner
Écarter
Repousser
Limoger
Mettre à l'écart
Interdire sa porte à
Supprimer (quelque chose)
Éviter (id.)
Rejeter (id.)
Repousser (id.)

● ANTONYMES : Accueillir, Adopter, Offrir asile-Héberger, Gracier, Amnis.tier, Appeler, Rappeler,

BANQUEROUTE

Faillite
Krach

Déconfiture
Échec (fig.)
Ruine (fig.)
Trou dans la lune (fam.)
(Manger la) grenouille (fam.)

● ANTONYMES : Prospérité, Solidité.

BANQUET

Festin
Repas solennel
Agape
Frairie (anc.)
Réjouissance

● ANTONYMES : Dîner, Déjeuner, Petit souper, Sur le pouce.

BAPTISER

1. Ondoyer

2. V. NOMMER

BAQUET
V. BAC

BAR

Café
Cabaret
Comptoir
Zinc (fam.)
Bois et charbons (anc.)
Bougnat (fam.)
Débit de boissons
Bistro (ou Bistrot)
Tapis (arg.)
Pub (néol. angl.)
Store (néol. amér.)
Troquet (fam.)
Buvette
Estaminet

Assommoir (*péj.*)
Bouchon (*pop.*)
Gargote (*pop.*)
Caboulot (*pop.*)
Tapis-franc (*arg.*)
Taverne
Popine (*pop. anc.*)
Boui-boui
Bastringue (*pop.*)
Café-concert
Caf'conc'

BARAQUE

V. Maison
Cabane
Hutte
Baraquement
Hangar
Échoppe
Bicoque
Masure
Cassine

Péj. :
Boîte
Boutique
Turne
Crémerie

● Antonymes : Palais, Palace.

BARATIN
V. Boniment

BARBARE

Subst. :
Sauvage
Arriéré
Brute
Non-civilisé
Vandale
Ostrogoth
Wisigoth
Hun
Béotien

Adj. :
Inculte
Ignorant
Grossier
Cruel
Inhumain
Dur
Féroce
Impitoyable
Assassin
Incorrect (un mot, *par ex.*)
Impropre (*id.*)
Malsonnant

● Antonymes : Civil, Civilisé, Humain, Délicat, Policé, Poli, Cultivé, Éclairé, Raffiné, Doux, Correct.

BARBE

Poil
Barbouze (*pop.*)
Collier (de barbe)
Bouc
Barbiche *et* Barbichette
Duvet
Impériale
Virilisme pilaire

BARBELÉ

Ronce artificielle
Chevaux de frise

BARBIER
V. Coiffeur

BARBIFIER (*fam.*)

Faire la barbe
Raser

Au fig. :
Ennuyer

Barber (*fam.*)
Raser (*fam.*)

● Antonymes : Intéresser, Passionner.

BARBON

V. Vieillard
Birbe *et* Vieux birbe
Géronte
Vieux beau
Grison (*anc.*)
Un Arnolphe

● Antonymes : Jeunot, Puceau, Blanc-bec.

BARBOTER

1. Patauger
Se tremper
Faire trempette
S'éclabousser
Se crotter
S'agiter (dans l'eau)
Nageoter (*fam.*)
S'embourber (*fig.*)
S'empêtrer (fig.)

2. *Pop. :*
Voler
Chiper
Chaparder
Subtiliser
Chouraver (*arg.*)
V. Dérober

● Antonymes : 1. Nager, Se sécher, Se tenir au sec.
2. Donner, Rendre, Restituer.

BARBOUILLAGE

Gribouillage
Gribouillis

Graffiti (pluriel de Graffito)
Peinturlure (*fam.*)
Croûte
Grimoire
Salissure
Griffonnage

● ANTONYMES : Débarbouillage, Blanchissage, Blanchiment.

BARBOUILLER

Salir
Maculer
Noircir
Couvrir de (peinture)
Peinturer
Peinturlurer
Mâchurer
Gâcher (du papier)
Gaspiller (de la couleur, de l'encre, etc.)
Souiller
Gribouiller
Griffonner
Au fig. :
« *Barbouiller l'estomac* » :
Embarrasser
Peser sur
Ne pas passer
Chavirer (le cœur)

● ANTONYMES : Débarbouiller, Nettoyer, Laver, Blanchir, Rendre vierge.

BARBU

Poilu
Mal rasé
Barbudo (*néol. espagnol*)
Barbouzard (*arg.*)
Barbouze (*arg. néol.*)

● ANTONYMES : Imberbe,

Glabre, Rasé, Net, Lisse, Peau de pêche.

BARIOLER

Bigarrer
Chamarrer
Mêler les couleurs
Assortir bizarrement
Panacher
Peinturer
Chiner
Jasper
Veiner

● ANTONYMES : Uniformiser, Unir, Unifier.

BAROQUE

Bizarre
Irrégulier
Étrange
Biscornu
Excentrique
Composite
Contourné
Hybride
Surprenant
Choquant
Inégal
Style jésuite (*arch.*)
Rococo (*id.*)

● ANTONYMES : Régulier, Classique, Normal, Ordinaire, Conforme.

BARQUE

Bateau
Embarcation
Bac
Bachot
Toue
Traille

Barcasse (*péj.*)
Barge
Birème
Voilier
V. CANOT
Coquille de noix (*péj.*)
Nègue-can (*rég. Aquitaine*)
Bélandre
Chaland
Bisquine (*rég.*)
Cange (en Égypte)
Coble (*rég. britann.*)
Couralin
Filadière (*rég. Nord et Gironde*)
Gig (*rég. britann.*)
Gondole
Gribane (*rég. Normandie*)
Norvégienne
Patache
Picoteux (*rég. Manche*)
Pinasse (*rég. Sud-Ouest*)
Pirogue
Plate
Satteau (barque pour la pêche au corail)
Saugue (*rég. Méditerranée*)
Sinagot (*rég. Morbihan*)
Taureau (*rég. Manche*)
Tillole (*rég. Arcachon*)
Voirolle (*rég. Normandie*)
Warnetteur (*rég. Dieppe*)
Youyou

BARRAGE

Barrière
Fermeture
Cordon (de police, sanitaire)
Obstacle
Obstruction
Digue
Endiguement
Écran
Empêchement
Défense (de passer)

Hydraulique
Écluse
Retenue
Sas
Vanne
Digue
Bâtardeau
Fermette
Hausse (*ou* Haussoir, *ou*
Haussoire)
Duit

BARRE

Barreau
Bâcle
Tige
Baguette
Tringle
Levier
Axe
Arbre (de transmission)
Épar
Traverse
Barrette
Ringard
Lingot (d'or)

Au fig. :
Bande
Trait
Rature
Bâton

« *Coup de barre* » :
Fatigue

« *Avoir barre sur...* » :
V. DOMINER

Mar. :
V. GOUVERNAIL

BARRER

1. Fermer (avec une barre)
Interdire (le passage)

Mettre obstacle
Empêcher (de passer)
Boucher
Bâcler (*anc.*)

2. Rayer
Biffer
Raturer
Sabrer (*fig.*)
Gommer
Supprimer
Annuler
Effacer

3. *Mar. :*
Gouverner
Tenir (la barre *ou* le gou-
vernail)
Diriger (un bateau)

● ANTONYME : Ouvrir.

BARRER (SE) (*pop.*)

S'en aller
Partir
Disparaître
S'évanouir dans la nature
S'effacer
Se sauver
Se tailler (*arg.*)
Les mettre (*pop.*)
S'enfuir
Mettre les bouts (*pop.*)
ou les bouts de bois (*pop.*)
ou les adjats (*arg.*)
Se tirer (*pop.*)
Trisser (*arg.*)

● ANTONYMES : Venir,
Arriver, S'imposer.

BARRIÈRE

Clôture
Barrage (*aussi au fig.*)
Fermeture

Palissade
Échalier
Haie
Borne
Digue
Levée
Obstacle (*aussi au fig.*)
Mur (*aussi au fig.*)
Muraille
Fossé (*aussi au fig.*)
Séparation (*id.*)
Grille
Grillage
Garde-fou (*aussi au fig.*)
Parapet
Balustrade
Empêchement
Restriction

● ANTONYMES : Passage,
Ouverture, Accès.

BARRIQUE

Baril
Fût
Futaille
Tonneau
Feuillette
Bordelaise
Queue (barrique bourgui-
gnonne)
Muid
Pièce
Boucaut
Foudre
Caque (baril de harengs)

BARRIR
Baréter

BAS (*adj.*)

1. *Dans l'espace :*
Sans hauteur
À petit niveau

V. COURT
V. PETIT
2. *Au fig.* :
Modéré (*par ex.* un prix)
Infime
Modique
Inférieur
Moindre
Subalterne (*par ex.* un rang social)
Au-dessous de
Grave (un son)
3. *Moral* :
V. VIL
V. ABJECT
4. *Langage* :
V. TRIVIAL
Commun
V. VULGAIRE
Gras
Relâché

5. *Mettre bas* (femelles des animaux)
Chatter (*anc.*)
Chatonner
Chevretter (*anc.*)
Vêler
Cochonner
Chienner (*anc.*)

6. *Parler bas* :
V. MURMURER
V. CHUCHOTER

7. *Jeter à bas* :
V. ABATTRE
V. DÉMOLIR

● ANTONYMES : 1. Haut, Élevé, En hauteur.
2. Élevé, Supérieur, Inaccessible, Aigu (un son).
3. Relevé, Grand, Noble, Généreux, Sublime.
4. Distingué, Recherché, Élégant.
6. Crier, Hurler.

BAS (*subst.*)
Chausse (*anc.*)
Chaussette
Jambe
Collant (*néol.*)

BASCULE
V. BALANCE

BASCULER
Tomber (en arrière *ou* de l'autre côté)
Culbuter
Chavirer
Se renverser
Capoter
Se décider pour (*fig.*)

● ANTONYMES : Rester, Se maintenir, Demeurer tel, Ne pas bouger.

BASE
Fondement *et* Fond
Pied
Assise
Assiette
Point d'appui
Pierre angulaire
Embasement *et* Embase
Soubassement
Empattement
Fondations
Socle
Au fig. :
Principe
Point de départ
Clef de voûte
Condition fondamentale
Origine
Pivot
Source
Règle essentielle

● ANTONYMES : Sommet,

Cime, Faîte. *Au fig.* : Dérivé, Conséquences, Séquelles.

BASER
Faire reposer sur
Faire dépendre de
Fonder
Appuyer (*sur*)
Tabler (*sur*)
Échafauder (à partir de)
Justifier (par)
Établir (sur *ou* d'après)

BASSESSE
1. V. ABJECTION
Abaissement
Avilissement
Animalité
Misère (morale)
Indignité
Petitesse
Manque de (cœur, de noblesse, de dignité, etc.)
Mesquinerie
Ignominie
Infamie
Lâcheté
Laideur (morale)
Corruption (*id.*)
Crapulerie
Honte
Platitude
Turpitude
Vilenie
Vice
Traîtrise
Impureté
Grossièreté (du langage)
Trivialité (*id.*)
Vulgarité (*id.*)

2. Mauvaise action
Compromission

Démarche oblique
Intrigue
Courbette
Platitude
Trahison
Saloperie (*pop.*)
Dégueulasserie (*arg.*)
Turpitude

● ANTONYMES : 1. Éléva-
tion, Noblesse, Pureté,
Grandeur.
2. Générosité, Désintéressement, Pureté, Distinction.

BASSIN

1. *Récipient*
Bac
Vase
Cuvette
Bassine, Bassinet *et* Bas-
sinoire
Casse (de fonderie)
Aquamanile
Tub

2. *Par extens.* :
Réservoir
Auge
Vasque
Baignoire
Piscine
Pièce d'eau
Étang artificiel

3. *Par analogie, instal-
lation portuaire :*
Darse
Rade
Dock
Cale

*et aussi ensemble géo-
graphique :*
Plaine
Dépression
Cuvette
Gisement (bassin minier)

4. *Anat.* :
Ventre
Abdomen
Base du tronc
Cavité pelvienne
Hanches
Os iliaques

BASTIDE

Bastille (*anc.*)
Bastidon (*rég.*)
Mas (*rég.*)
Villa
Maison de campagne
Cabanon (*rég.*)
Fermette (*néol.*)

BASTION

Fortification
Ouvrage de défense

Au fig. :
Soutien
Protection
Défense
Rempart
Retranchement
Hauts murs (*anc.*
Position (solide, défen-
sive, fortifiée)

BATAILLE

Combat
Action (de guerre)
Assaut
Affaire
Engagement
Choc
Mêlée
Rencontre (de deux ar-
mées)
Attaque

Lutte
Conflit
Duel
Prise
Bagarre
Échauffourée
Escarmouche
Rixe
Batterie (*anc.*)
(Coup de) tabac (*pop.*)
Massacre
Tuerie
Carnage
Boucherie
Gigantomachie (bataille de
géants)
Rififi (*arg.*)
Baroud (*arg. milit.*)

● ANTONYMES : Paix,
Calme, Amour.

BATEAU

Embarcation
Navire
Vaisseau
Bâtiment
Paquebot
Transatlantique
Steamer *et* Steamboat
V. BARQUE
V. BAC
Cargo
Bananier
Charbonnier
Remorqueur
Canot
Baleinière
Baleinier
Chalutier
Langoustier
Morutier
Sardinier
Thonier
Crevettier
Follier

Tartane
Pink
Chaland
Péniche
Caboteur *ou* Cabotier
Drague
Mouche
Nacelle (*anc. et litt.*)
Chaloupe
Gondole
Pirogue
Jonque
Felouque
Galère
Galiote
Caïque
Trirème (*anc.*)
Bucentaure
Quadrirème (*anc.*)
Quinquérème (*anc.*)
Gabare *ou* Gabarre (*rég.*)
Caravelle (*anc.*)
Caraque *ou* Carraque
(*anc.*)
Sloop
Aviso
Cutter
Croiseur
Cuirassé
Porte-avions
Dragueur (de mines)
Torpilleur
Canonnière
Vedette (rapide ou lance-
torpilles)
Sous-marin
Submersible
Brûlot
Transport
Liberty-ship
Transbordeur
Yacht
Skiff
Hydroglisseur
Kayak
Périssoire
Yole
Canoë

Chris-craf
Naviplane
Catamaran
Rafiot (*péj.*)
Marie-Salope (*pop.*)
Nègue-can (*Sud-Ouest*)

BATELEUR
V. Amuseur et Saltim-
banque

BATELIER
V. Marinier et Passeur

BÂTIMENT

1. Bâtisse
Édifice
Construction
Immeuble
Monument
Maison
Building (*néol.*)
Gratte-ciel

2. V. Bateau et Navire

BÂTIR

Construire
Édifier
Élever
Ériger
Créer
Fonder
V. Échafauder (*fig.*)

● antonymes : Démolir,
Abattre, Ruiner, Raser,
Détruire.

BÂTON

Gourdin
Trique
Épieu *et* Pieu
Matraque

Pieu
Canne
Houlette
Béquille
Alpenstock
Piolet
Manche
Hampe
Férule
Verge
Règle
Sceptre
Piquet
Jalon
Latte
Échalas
Batte
Nerf de bœuf
Badine
Baguette
Stick
Gaule
Houssine
Perche
Tuteur
Rame
Aiguillon
Voltige
Pal

BATTRE

1. Donner des coups
V. Frapper
Cogner
Brutaliser
Taper (*fam.*)
Rosser (*fam.*)
Donner une rouste (*ou*
Rouster) [*fam.*]
Dérouiller (*arg.*)
Rouer (de coups)
Gourmer (*anc.*)
Gifler
Claquer
Fesser
Châtier

Boxer
Corriger *(fam.)*
Calotter *(fam.)*
Donner une correction
Filer une avoine *(arg.)*
Lever la main sur (quelqu'un)
Malmener
Molester
Punir
Échiner *(langue class.)*
Souffleter
Talocher
Assommer

Avec un instrument :
Bâtonner
Matraquer
Cingler
Triquer *(fam.)*
Bûcher *(pop.)*
Fouetter
Flageller
Fouailler
Passer à la chambrière *(anc.)*
Donner la bastonnade
Crosser
Fustiger
Étriller
Lyncher

Mots et expressions populaires :
Tabasser *ou* Tabacer
Passer à tabac
Secouer
Frotter
Tanner le cuir
Faire à quelqu'un la *(ou* une) conduite de Grenoble
Casser la gueule
Bigorner
Flanquer une raclée (une tourlousine, une danse, une frottée, une dégelée, une peignée, une pile, une ratatouille, une tatouille, une rouste, une rincée, une trempe, une volée, une tannée, une tripotée, une dérouillée une giboulée, une tournée, une tatouinée)
Sonner
Secouer les puces
Taper, *ou* Flanquer, *ou* Mettre sur la gueule
Piler
Tamponner
Talmouser

2. Vaincre
Défaire
Avoir le dessus
L'emporter (sur)
Bousculer
Remporter la victoire *(ou* le succès)
Avoir *(ou* Prendre) le meilleur
Avoir l'avantage
Gagner
Tailler en pièces
Triompher de
Enfoncer
Culbuter

3. *Cuisine :*
Brouiller
Agiter
Mêler
Touiller *(pop.)*
Fouailler
Mixer *(néol.)*

● ANTONYMES : 1. Laisser en paix, Caresser.
2. Être vaincu, Capituler, Renoncer, Demander grâce, Dire pouce *(fam.)*

BATTU

V. Vaincu
Perdant
Écraser
K.-O.
Capot

Kaputt *(all.)*
Bousculé
Déconfit
Dominé
Enfoncé *(fam.)*
Étrillé *(fam.)*
Foudroyé
Maîtrisé
Réduit
Ruiné
Renversé
Terrassé
Eu

● ANTONYMES : Vainqueur, Triomphateur, Victorieux, Supérieur.

BAVARD

Loquace
Volubile
Babillard
Discoureur
Phraseur
Prolixe
Jaseur
Moulin à paroles
Beau parleur
Bon bec
Qui a une bonne tapette *(pop.)*
Jaspineur *(arg.)*
Papoteur *ou* Parloteur *(fam.)*
Causant *(fam.)*
Commère *(fém.)*
Qui l'ouvre sans arrêt *(ou* tout le temps) [*pop.*]

● ANTONYMES : Muet, Discret, Taciturne, Silencieux, Sobre *ou* Avare (de paroles).

BAVARDAGE

Babillage *et* Babil
Papotage

Verbiage
Baratin (*pop.*)
Jacasserie
Bla-bla *ou* Blablabla (*pop.*)
Commérage
Caquetage *et* Caquet
Loquacité
Bagout (*ou* Bagou)
Parlotte
Cancan
Indiscrétion
Potin
Racontar *et* Ragot (*fam.*)
Parlerie (*fam.*, *anc.*)
Jaspin *et* Jaspinage (*arg.*)
Jaserie (*anc.*)
Phraséologie
On-dit

● ANTONYMES : Mutisme, Discrétion, Silence.

BAVARDER

Parler
Causer
Jaser
Caqueter
Cailleter
Discourir
Papoter
Potiner
Babiller
Jaboter (*pop.*)
Jacasser
Jaspiner (*arg.*)
Tailler une bavette (*pop.*)
Baratiner (*pop.*)
Cancaner
Déblatérer
Commettre une indiscrétion
Divulguer
Bavasser (*pop.*)
Dégoiser (*arg.*)
Jacter (*arg.*)
Bagouler (*arg.*)
Baver (*pop.*)

● ANTONYMES : Se taire, Être discret, Ne rien dire.

BAVER

Saliver
Couler
Écumer
Béer (d'admiration, de surprise, etc.) [*pop*].
Déborder

Au fig. :
Calomnier
Médire
Salir
Souiller
Bavasser (*pop.*)

BAVURE

Trace
Salissure
Tache
Macule
Barbe *et* Barbille
Marque
Ébarbure

Au fig. :
Erreur
Accident
Incident
Ratage

BAZAR

1. Magasin
Boutique
Drugstore (*néol.*)
Shop (*néol.*)
Souk
Boîte
Désordre
Capharnaüm (*péj.*)

2. *Pop.* :
Bagage
Barda
V. ATTIRAIL

BÉAT
V. CONTENT

BÉATITUDE

Félicité
Gloire (*théol.*)
Bonheur (sans mélange)
Satisfaction
Extase
Euphorie
Contentement
Satisfaction
Quiétude
Bien-être

● ANTONYMES : Douleur, Inquiétude, Infortune, Malheur, Anxiété.

BEAU

1. Accompli
Admirable
Adorable
Agréable
Aimable
Angélique
Archangélique
Artistique
Bellâtre (*péj.*)
Bellot (*anc.*)
Bellissime (*fam.*)
Bien
Bien fait
Bien balancé (*fam.*)
Bien foutu (*pop.*)
Bien (moulé, pris, proportionné, roulé) [*pop.*]
Bien tourné
Bien troussé
Bon
Brillant

Céleste
Charmant
Coquet
Délicat
Délicieux
Distingué
Divin
Éblouissant
Éclatant
Élégant
Embelli
Enchanteur
Enjolivé
Esthétique
Étonnant
Exquis
Fait (au tour, au moule, à peindre, à ravir)
Fastueux
Féerique
Fin *et* Fini
Flambant
Fort
Frais
Gentil *et* Gentillet
Glorieux
Gracieux
Grand *et* Grandiose
Harmonieux
Idéal
Incomparable
Imposant
Intéressant
Irréprochable
Joli *et* Joliet
Luxueux
Magique
Magistral
Magnifique
Majestueux
Merveilleux
Mignon
Mirifique
Monumental
Moulé
Noble
Nonpareil (*anc.*) *et* Sans pareil

Orné
Parfait
Piquant
Pittoresque
Plaisant
Poétique
Princier
Propre
Pur
Radieux
Ravissant
Régulier
Riant
Riche
Robuste
Royal
Sculptural
Séduisant
Solennel
Somptueux
Splendide
Stupéfiant
Sublime
Superbe
Super (*pop.*)
Supérieur
Svelte
Vertueux

« *Beau comme* » :
Un chérubin
Cupidon
Un astre
Un Apollon
Un Adonis
Narcisse
Un ange
Un archange
(L')Amour
Un cœur
Un modèle

« *Belle comme* » :
Vénus
Une déesse
Une nymphe
Une reine
Un chef-d'œuvre
Une star

« *Beau temps* » :
Clair
Limpide
Dégagé
Pur
Serein
Calme
Radieux
Une éclaircie
Une embellie

« *Un beau jour* » :
Un beau matin
Inopinément
Un certain jour
Par hasard

2. *Fam., pop. et arg.* :
Bath
Badour
Bavour, Baveau, Bavelle
Chic
Chouet *ou* Chouette
Formid *et* Formidable
Girond
Lobé
Aux petits oignons
Aux pommes
Rupin
Schbeb
Soua-soua

● ANTONYMES : 1. Laid, Vilain, Repoussant, Affreux, Horrible, Effroyable, Épouvantable, Hideux, Ignoble, Monstrueux.

BEAUCOUP

Abondamment
Abondance
Amplement
Copieusement
Profusément *et* À profusion
À foison
À gogo (*fam.*)

Considérablement
Largement
Libéralement
Énormément
Autant qu'on veut
À pleines mains
En quantité
Plantureusement
En masse
À la tonne
Des tonnes
À tire-larigot (*fam.*)
En veux-tu en voilà (*fam.*)
Fabuleusement
Comme quatre (*pop.*)
À satiété
À la douzaine
À souhait
À la pelle (*fam.*)
À discrétion
Assez de
Pas mal de (*pop.*)
Force de (quelque chose)
Quantité de
Grand nombre de *ou* Bon nombre de
Moult (*anc.*)
Prou (Peu ou prou) [*anc.*]
Bésef *ou* Bézef (*pop.*)

● ANTONYMES : Peu, Rien, Nul, Aucun, Sans.

BEAUTÉ

Manifestation du beau
Vénusté
Joliesse
Éclat
Splendeur
Harmonie
Magnificence
Perfection
Agrément
Charme
Délicatesse
Distinction

Fraîcheur
Grâce
Séduction
Gentillesse
Attrait
Appas
Avantages
Formes
Piquant
Poésie
Somptuosité
Brillant
Élégance
Grandeur
Majesté
Fashion
Belles proportions
Esthétique

● ANTONYMES : Laideur, Hideur, Monstruosité, Vulgarité, Horreur, Vilenie.

BÉBÉ

Baby (*angl.*)
Enfant
Nourrisson
Nouveau-né
Poupon
Petit

Fam., pop. et arg. :
Gosse
Mioche
Loupiot
Lardon
Moutard
Petit salé
Môme
Marmot
Moutchachou
Poupard
Têtard
Chiard

● ANTONYMES : Vieillard, Adulte, Grand.

BEC

Rostre (*et les composés de ce mot, en langage de zoologistes, tels que*) :
Brévirostre (bec court)
Conirostre (en cône)
Cultrirostre (en couteau)
Cunéirostre (en coin)
Dentirostre (échancré)
Crénirostre (en créneau)
Latirostre (large)
Longirostre (long)

Au fig. :
Bouche
Parole
Bagou

Géographie :
Cap
Promontoire
Confluent
Embouchure

● ANTONYMES : Queue, Plume.

BÊCHE

Outil de jardin
Houe (*anc.*)
Binette
Louchet (*rég.*)
Palot (*rég.*)
Pelle

BÉER

Bayer
Rêver
Rêvasser
S'étonner
Admirer
Soupirer auprès
Aspirer à (*ou* après)

BÉGAYER
V. BAFOUILLER

BÉGUEULE

Prude
Puritain, e
Maniéré, e
Chochote (*pop.*)
Sainte-Nitouche (*pop.*)
Pudibond, e
Chipie (*fém.*)
(Qui fait sa) Rosière (*fém.*)

● ANTONYMES : Franc
(Franche), Libre, Libertin, Aimable, Déluré, e.

BÊLER

Bégueter

Au fig. :
Chevroter
Pleurnicher
Se lamenter
Se plaindre

BELLICISTE et **BELLIQUEUX**
V. GUERRIER

BELVÉDÈRE

Pavillon
Kiosque
Mirador
Tour
Terrasse (élevée)
Plate-forme (*id.*)

● ANTONYME : Cave.

BÉNÉFICE

Gain
Boni
Profit
Bénef *ou* Béné (*pop.*)
Revenu
Rapport
Excédent
Avantage
Revenant-bon
Faveur
Privilège
Grâce
Bienfait
Récompense

● ANTONYMES : Déficit,
Manque à gagner, Perte,
Dommage, Désavantage,
Inconvénient, Disgrâce,
Préjudice.

BENÊT

Sot
Niais
Nigaud
Naïf
Jocrisse
Balourd
Godiche *et* Godichon
Dadais
Simplet *et* Simple
Bébête
Innocent
Jobard
Gogo
Gobe-mouches
Calino (*anc.*)
Serin
Colas (*anc.*)
Coquebin (*anc.*)
Jean-jean (*anc.*)
Daim
Dindon
Cornichon
Gourde *et* Gourdiflot
Nouille *et* Niguedouille
Poire
Couenne
Pigeon
Coquard (*anc.*)
Toquard
Du schnoque
Con *et* Connard (*triv.*)
Fada (*rég.*)
Qui n'a pas inventé l'eau
chaude (*ou* le fil à couper
le beurre)

● ANTONYMES : Malin, Vif,
Futé, Intelligent.

BÉNÉVOLE

Gratuit
Spontané
Volontaire
De bon gré *ou* De bonne
grâce
Complaisant
Désintéressé
Gracieux *et* À titre gracieux

● ANTONYMES : Payant,
Onéreux, De force, Rétribué, Malveillant, Malintentionné.

BÉNIR

Donner sa bénédiction
Répandre sa faveur
Aimer (*théol.*)
Récompenser (*id.*)
Protéger (*id.*)
Sacrer *et* Consacrer (*id.*)
Oindre (*id.*)
Louer le Ciel (*ou* la Providence) que
Se féliciter (de *ou* que)
Glorifier
Remercier
Applaudir
Exalter

● ANTONYME : Maudire.

BERCER

1. Balancer (un enfant)
Dodeliner (*id.*) [*anc.*]
Endormir (*id.*)

2. *Au fig.* :
Apaiser
Consoler
Adoucir
Calmer
Endormir
Donner des espérances
Flatter (d'illusions)
Illusionner
Couvrir (de promesses)
Leurrer
Tromper
Pigeonner (*arg.*)

● ANTONYMES : 1. Immobiliser, Réveiller.
2. Aviver, Désabuser.

BERGE
V. BORD

BERGER

Pâtre
Pasteur
Pastoureau (*anc.*)
Patour (*anc.*)

Par extens. :
Gardien de troupeau
Chevrier
Porcher
Bouvier
Muletier
Vacher
Gardeur
Gardian (*rég.*)
Gaucho (gardien de troupeau sud-américain)
Vaquero (*id.*)
Cow-boy (gardien de bestiaux américain)

BERNER
V. TROMPER

BESACE

Bissac
V. SAC

BESOGNE
V. TRAVAIL

BESOGNEUX

Dans le besoin
Dans la gêne
Gêné
V. PAUVRE
Impécunieux
Nécessiteux
Miséreux
Misérable
Miteux (*fam.*)

● ANTONYMES : Riche, Aisé.

BESOIN

1. Nécessité
Exigence
Obligation
Chose indispensable
Utilité

2. Appétit
Envie
Aspiration
Désir
Faim
Soif
Goût

3. Pauvreté
Indigence
Gêne
Manque
Privation
Dénuement
Disette

● ANTONYMES : 1. Superfluité, Inutilité, Gratuité.
2. Indifférence, Répugnance, Dégoût.
3. Richesse, Aisance, Opulence, Prospérité.

BESTIAL

Animal
Brutal
Brute
Grossier
Butor
Sauvage
Cruel
Inhumain
Sans délicatesse
Lubrique
Sensuel

● ANTONYMES : Humain, Angélique, Raffiné, Délicat.

BÉTAIL

Troupeau
Cheptel
Bestiaux
Animaux
Bêtes
Élevage

BÊTE

1. *Subst.* :
V. ANIMAL

2. *Adj. subst.* :
Inintelligent
Sot
Âne *et* Âne bâté
Bêta *et* Bêtasse
Stupide
Imbécile
Idiot

Crétin
Butor
Buse
Inepte
Obtus
Borné
Épais
Nul
Balourd
Benêt
Pauvre d'esprit
Simple *et* Simplet
Innocent
Niais
Nigaud
Pas doué (*fam.*)
Hébété
Ahuri
Cruche *et* Cruchon
Dadais
Jocrisse
Jean-Jean
Godiche
Nicodème
Serin
Pécore
Oie
Dinde
Bécasse *et* Bécassine
Huître (comme une)
(Comme la) Lune
Arriéré
(Comme ses) pieds
Corniaud
Couillon (*pop.*)

● ANTONYMES : Intelligent, Ingénieux, Futé, Éveillé, Fin, Subtil.

BÊTISE

Sottise
Ânerie
Stupidité
Niaiserie
Balourdise

Bévue
Connerie (*triv.*)
Inintelligence
Pauvreté (d'esprit)
Imbécillité
Idiotie
Inanité
Absurdité
Crétinisme
Ineptie
Naïveté
Jobardise
Ignorance
Maladresse
Gaffe
Bourde
Enfantillage
Futilité
Puérilité
Simplicité
Billevesée
Fadaise
Turlupinade
Faribole
Pantalonnade
Couillonnade (*pop.*)
Radotage
Déraison
Plaisanterie
Bagatelle
Babiole
Sans importance
Parole en l'air
Amusement
Folie

● ANTONYMES : Intelligence, Esprit, Ingéniosité, Subtilité, Finesse, Bon sens, Responsabilité, Sérieux.

BÉTON
V. CIMENT

BEUGLEMENT

V. CRI
Meuglement

Mugissement
Gueulement
Hurlement

● ANTONYMES : Silence, Murmure.

BEUVERIE
V. ORGIE

BÉVUE

Bêtise
Erreur
Étourderie
Méprise
Gaffe (*fam.*)
Impair (*fam.*)
Maladresse
Sottise
Faute
Boulette (*pop.*)
Stupidité
Pas de clerc
Pieds dans le plat (*pop.*)
Inadvertance
Distraction
Bourde
Blague

● ANTONYMES : Calcul, Adresse, Subtilité.

BIAIS
V. DÉTOUR

BIAISER

Obliquer
Fuir
Tergiverser
Louvoyer
Tournoyer (*anc.*)
Employer des moyens détournés (*ou* artificieux)
Être franc comme un âne qui recule (*pop.*)
User d'artifices (*ou* de ménagements)

Composer avec (par ex. sa conscience, *ou* la réalité)
S'arranger avec (*id.*)

● ANTONYMES : Aller droit au but, Être franc, Ne pas craindre de.

BIBELOT

(Petit) Objet (*ou* Objet d'art)
Babiole
Bimbelot
Bricole (*fam.*)
Bagatelle
Futilité
Figurine
Tanagra
Biscuit
Saxe
Statuette
Petit sujet
Chinoiserie
Gadget (*néol.*)

● ANTONYME : Meuble.

BIBLIOPHILE

Amateur de livres
Bibliomane (*péj.*)
Collectionneur
Bibliolâtre (*péj.*)

● ANTONYME : Bibliophobe

BIBLIOTHÉCAIRE

Libraire
Archiviste
Conservateur
Chartiste

BIBLIOTHÈQUE

Librairie
Meuble (à livres)
Armoire (*id.*)
Rayonnage (*id.*)
Casier (*id.*)
Cabinet (de lecture)
Kiosque (de gare)

BICOQUE
V. BARAQUE et MAISON

BICYCLETTE

Vélo
Vélocipède
Cycle *et* Bicycle (*anc.*)
Bécane (*fam.*)
Petite reine (*arg. sportif*)
Clou (*pop.*)
Tandem (à deux places)
Triplette (à trois places)
Quadruplette (à quatre places)
Célérifère (*anc.*)
Draisienne (*anc.*)
Cheval à pédales (*anc.*)

BIEN

1. Bravo
Oui
Parfait *et* Parfaitement
D'accord
Ça va (*ou* Ça ira)

2. Comme il faut
Convenablement
Suffisamment
Admirablement
À merveille
Merveilleusement
Agréablement
Gracieusement
Adroitement
Habilement
Intelligemment

Raisonnablement
Correctement
Judicieusement
Honnêtement
Honorablement
Prudemment
Sagement
Conformément à
Vraiment
Tout à fait
Intégralement
Nettement

3. *Subst.* :
Avoir
Propriété
Capital
Richesse
Fortune
Possessions
Patrimoine

● ANTONYMES : 1. Non. 2. Mal. 3. Rien.

BIEN-AIMÉ
V. AMANT

BIENFAIT

Acte de bienfaisance (*ou* de générosité)
Charité
Don
Cadeau
Largesse
Aumône
Secours
Obole
Libéralité
Munificence
Bonté (s)
Présent
Faveur
Service (rendu)
Plaisir (fait)
Avantage (accordé)

● ANTONYMES : Méfait, Préjudice.

BIEN-FONDÉ

Droit *et* Bon droit
Légitimité
Pertinence

BIENHEUREUX
V. Heureux et Saint

BIENSÉANCE
V. Décence et Convenance

BIENVEILLANCE

V. Bonté
Indulgence
Mansuétude
Humanité
Bon vouloir
Bonne volonté
Complaisance
Débonnaireté
Obligeance
Amabilité
Affabilité
Cordialité
Bienfaisance
Faveurs
Grâce
Bon cœur
Altruisme
Douceur
Sympathie

● ANTONYMES : Malveillance, Animosité, Hostilité, Froideur, Antipathie.

BIÈRE

1. Bock
Demi
Chope
Canette
Panaché (bière et limonade)

Stout
Ale *et* Pale ale
Faro
Lambic
Porter
Saki (bière de riz)

2. V. Cercueil

BIFFER

Barrer
Rayer
Effacer
Annuler
Raturer *et* Faire une rature
Sabrer (*fig.*)
Bâtonner (un article dans un compte)
Avoir un remords
Corriger
Raccourcir

● ANTONYMES : Ajouter, Rajouter, Écrire.

BIFURCATION

Fourche
Embranchement
Croisement
Carrefour
Enfourchure (*botanique*)
Bras (de rivière)
Aiguillage (*chemin de fer*)
Dichotomie (*botanique*)

● ANTONYMES : Jonction, Raccordement.

BIGARRÉ

Bariolé
Peinturé
Chamarré
Diversement coloré
Habit d'Arlequin

Par extens. :
Hétérogène
Disparate
Hétéroclite
Mêlé
Varié
Diversifié

● ANTONYMES : Uni, Homogène, Uniforme.

BIGOT

Croyant
Superstitieux
Bondieusard (*pop.*)
Calotin
Cafard
Béat (*péj.*)
Momier (*rég.*)
Tartufe
Grenouille de bénitier *ou* Punaise de sacristie (*fém.*)
Dévot
Hypocrite

● ANTONYMES : Athée, Libre penseur, Agnostique, Incroyant, Sincère, Convaincu.

BIJOU

Joyau
Parure
Ornement
Pièce de joaillerie (*ou* d'orfèvrerie)

BILATÉRAL

Symétrique
Réciproque
Synallagmatique (*jur.*)
Artiozoaires (*zool.*)

● ANTONYMES : Unilatéral, Multilatéral.

BILIEUX

Hypocondriaque
Soucieux
Pessimiste
Morose
Mélancolique
Sombre
V. Acariâtre
Coléreux *et* Colère
Triste
Irascible

● Antonymes : Optimiste, Jovial, Heureux.

BILLE

(Petite) Boule
Boulette
Calot

BILLET

1. Courte lettre
Court article
Mot
Poulet (*fam.*)
Missive

2. Ticket
Carte
Contremarque
Coupon
Entrée
Bulletin (de bagage)
Titre (de voyage)

3. Attestation
Certificat
Mot d'excuse
Bon (billet de paiement)

4. Argent
Monnaie *et* Papier-monnaie
Coupure
Effet

Devise
Bank-note
Assignat
Traite
Valeur

BILLEVESÉE
V. Baliverne et Sottise

BINOCLE

Besicles
Pince-nez
Lorgnon
Face-à-main

BISBILLE
V. Chicane et Dispute

BISCORNU
V. Bizarre et Tordu

BISCUIT

1. Galette
Biscotin *et* Biscotte
Petit-beurre
Croquant
Craquelin
Croquet
Gâteau

2. Céramique
Porcelaine

BISE

1. V. Vent (froid)

2. *Fam. :*
Baiser
Bisou (*fam.*)
Bisette (*fam.*)
Bec (*rég.*)
Bécot (*fam.*)
Frotte-museau (*fam.*)

BISSAC

Besace
V. Sac

BISSEXUÉ

Androgyne
Hermaphrodite
Monoïque (*botanique*)

BISTRO et BISTROT
V. Café

BITUME

Hydrocarbure
Goudron
Asphalte
Élatérite (*ou* Caoutchouc fossile, *ou* Caoutchouc minéral)
Naphte
Malthe
Spalt
Caoutchouc minéral

Au fig. :
Trottoir

BIVOUAC

Cantonnement
Campement
Halte
Camp provisoire (*ou* volant)

● Antonymes : Forteresse, Camp retranché.

BIZARRE

Baroque
Biscornu

Insolite
Curieux
Nouveau
Capricieux
Anormal
Inaccoutumé
Étrange
Inhabituel
Extraordinaire
Incompréhensible
Rare
Singulier
Saugrenu
Étonnant
Abracadabrant
Cocasse
Comique
Drôle
Grotesque
Original
Hétéroclite
Fantaisiste
Extravagant
Drolatique
Excentrique
Inquiétant
Lunatique
Un peu fou
Cinglé (*pop.*)
Chinois (*pop.*)
Paradoxal
Iroquois (*anc.*)
Maniaque
Un phénomène
Un drôle de pistolet (*pop.*)
Un drôle de corps (*pop.*)
Olibrius
Zinzin (*pop.*)
Jean de la lune (*pop.*)
Numéro (*fam.*)
Zèbre (*fam.*)
Fantasque
Funambulesque
Incroyable
Particulier
À part
Unique
Farfelu

Fantastique
Fantasmagorique

● ANTONYMES : Normal,
Simple, Transparent, Clair,
Régulier, Ordinaire, Com-
mun, Équilibré, Comme
vous et moi.

BLACKBOULER

Refuser
Coller (*fam.*)
Recaler
Évincer
Offrir une veste (*pop.*)
Repousser
Renvoyer à ses chères
études (*fam.*)

● ANTONYMES : Recevoir,
Faire réussir, Accorder
(un diplôme, un emploi).

BLAFARD

Pâle
Sans éclat
Blanc
Incolore
Blême
Livide
Exangue
Terne
Triste (*fig.*)
Hâve
Comme un cachet d'aspi-
rine (*pop.*)
(Teint) Terreux
(Couleur) Délavée

● ANTONYMES : Coloré,
Rubicond, Sanguin, Écla-
tant, Vif, Vermeil, Frais,
Animé.

BLAGUE

1. Plaisanterie
Bonne histoire
Galéjade (*rég.*)
Hâblerie
Canular
Historiette
Raillerie

2. V. ERREUR
Mensonge
V. BÊTISE
Gaffe
Bobard
V. SOTTISE
Attrape
Faux pas
Mise à côté de la plaque
(au jeu)
Boulette

3. Petite poche
Tabatière
Sachet. V. SAC

● ANTONYMES : 1. Vérité,
Sérieux.

BLAGUER

Plaisanter
Mentir
Raconter des histoires
(*péj.*)
En faire accroire
Se moquer
Railler
Taquiner
Hâbler (*langue class.*)
Charrier (*pop.*)

● ANTONYME : Être sérieux.

BLÂME

Désapprobation
Reproche *et* Réprobation

Réprimande
Critique
Anathème
Condamnation
Répréhension
Jugement défavorable
Remontrance
Admonestation
Animadversion
Grief
Improbation
Objurgation
Plainte
Tollé
Position contre
Engueulade (*pop.*)
Savon (*pop.*)

● ANTONYMES : Félicitation, Éloge, Louange, Approbation, Apologie.

BLÂMER

Condamner
Critiquer
Désapprouver
Anathématiser
Accuser
Attaquer
Reprocher
Réprouver
Improuver
Flétrir
Fustiger
Stigmatiser
Flageller
Vitupérer
Désavouer
Faire grief
Censurer
Engueuler (*pop.*)
Enguirlander (*fam.*)
Passer un savon (*fam.*)
Tutoyer (*fam.*)

● ANTONYMES : Féliciter, Approuver, Applaudir,

Louer, Vanter, Encourager, Complimenter, Exalter.

BLANC

1. Incolore
Blafard
Lactescent, Lacté *et* Laiteux
Nivéen *et* Neigeux
Blême
Argenté
Ivoirin
Opalin
Chenu
Crayeux
Pâle
2. Net
Pur
Propre
Vierge *et* Virginal
Immaculé
Innocent
Lilial
Candide

● ANTONYMES : Noir, Foncé, Coloré, Sombre, Obscur, Sale, Impur.

BLANC-BEC
V. ADOLESCENT

BLANCHIR

Rendre blanc
Laver
Nettoyer
Savonner
Lessiver
Éclaircir
Javelliser
Chauler (blanchir à la chaux)
Peindre en blanc

Au fig. :
Disculper
Justifier
Acquitter
Laver (de tout soupçon)

● ANTONYMES : Noircir, Salir, Souiller, Accuser, Charger.

BLASÉ

Lassé
Rassasié
Fatigué
Rendu indifférent
Dégoûté
Revenu de tout
Aux sens émoussés
Désabusé
Insensible
Indifférent
Rendu (*ou* Laissé) froid (par quelque chose)
Soûlé de
Sceptique
V. BLINDÉ
Cuirassé

● ANTONYME : Enthousiaste.

BLASON

Armoiries
Armes
Sceau
Écusson
Écu
Emblème
Cartouche
Panonceau
Devise
Pennon *ou* Penon
Armorial
Titre
Nom

BLASPHÈME

Sacrilège
Juron
Juron
Injure
Imprécation
Insulte
Impiété
Irréligion
Malédiction

● ANTONYMES : Vénération, Bénédiction.

BLÊME
V. BLANC et PÂLE

BLESSANT

Désobligeant
Offensant
Injurieux
Mortifiant
Désagréable
Déplaisant
Froissant
Arrogant (mot *ou* personnage)
Plein de morgue (*id.*)
V. ACERBE

● ANTONYMES : Flatteur, Charmant, Aimable, Conciliant.

BLESSER

Meurtrir
Mutiler
Navrer (*anc.*)
Estropier
Léser
Causer une lésion
Contusionner
Casser (un membre)
Déchirer (un muscle)
Écorcher
Écharper
Éreinter
Frapper
Abîmer
Amocher (*fam.*)
Esquinter (*fam.*)
Arranger (*pop. iron.*)
Atteindre
Toucher
Écloper (*fam.*)

Au fig. :
Offenser
Froisser
Choquer
Toucher au vif
Cingler
Vexer
Ulcérer
Irriter
Heurter
Déplaire
Mortifier
Contrarier
Piquer
Être désagréable
Atteindre *et* Porter atteinte à
Mécontenter
Léser
Nuire à

● ANTONYMES : Soigner, Panser, Flatter, Complimenter, Respecter.

BLESSURE

Plaie
Mal
Lésion
Coup (de couteau, d'épée, de revolver, etc.) *et* Mauvais coup
Coupure
Fracture
Cassure
Foulure
Meurtrissure
Contusion
Écorchure
Égratignure
Griffure
Entaille
Entorse
Balafre
Éraflure
Estafilade
Estocade
Trauma *et* Traumatisme
Morsure
Piqûre
Brûlure
Élongation
Distension
Luxation
Froissement
Fêlure
Cicatrice
Bosse
Bleu
Ecchymose
Ulcération
Excoriation
Escarre

Au fig. :
Atteinte (Blessure morale)
Froissement
Coup
Choc
Offense
Traumatisme
Vexation
Irritation
Heurt
Mortification
Pique
Nuisance (*néol.*)
Douleur
Vanne (*arg.*)

● ANTONYMES : Guérison, Caresse. *Au fig.* : Consolation, Flatterie, Apaisement, Flagornerie.

BLEU

Azur *et* Azurin (*anc.*)
Céruléen
Bleuâtre
Bleuté
Lapis-lazuli
Cobalt

Au fig. :
V. BLESSURE
Ecchymose
Meurtrissure

et aussi :
V. CONSCRIT
Nouveau
Bizut (*arg. des écoles*)
Novice
Apprenti
Bleusaille (*pop.*)

● ANTONYMES : Vétéran, Cube *et* Archicube, Ancien, Redoublant.

BLINDÉ (*fig.*)

Endurci
Immunisé
Armé
Dur à cuire
Protégé
Cuirassé
Sans illusion
Bardé
V. BLASÉ
Matelassé

● ANTONYMES : Vulnérable, Fragile, Désarmé.

BLIZZARD
V. VENT

BLOC

Masse
Roche *et* Rocher
Monolithe (pierre)
Bille (bois)
Pavé (bloc cubique)
Aérolithe
Moellon

Par extension :
Ensemble
Assemblage
Amas
Totalité *et* Tout
Union
Coalition
Groupement

« *En bloc* » :
En totalité
En masse
En gros
Tout ensemble
En une seule fois

● ANTONYMES : Fragment, Miette, Morceau, Parcelle, Partie, En détail, En tronçons, Incomplètement.

BLOCKHAUS

Fortin *et* Fort
Redoute
Fortification
Forteresse
Ouvrage bétonné (*ou* blindé, *ou simplement* militaire)
Bastion
Retranchement
Casemate
Batterie
Poste de combat

BLOND

Entre doré et châtain clair
Selon la nuance :
(Presque) Doré
(Presque) Châtain
(Presque) Roux
(Presque) Jaune
(Presque) Beige (*ou* Blanc)
Oxygéné
Vénitien
Titien
Cendré
Platiné
Fauve

● ANTONYMES : Brun, Foncé, Noir *et* Noiraud.

BLOQUER

1. Mettre en bloc
Réunir
Grouper
Masser
Regrouper

2. Établir un blocus
Investir
Cerner
Empêcher de (sortir, bouger, communiquer)
Mettre (*ou* Faire) le siège

Par extens. :
Arrêter
Interrompre
Barrer
Obstruer
Immobiliser
Embouteiller

et aussi :
Visser
Serrer (à bloc)
Coincer
Freiner
Geler (un compte bancaire)

● ANTONYMES : Débloquer, Disperser, Desserrer, Dégager, Libérer, Laisser repartir.

BLOTTIR (SE)

Se pelotonner
Se recroqueviller
Se tapir
Se replier
Se ramasser (sur soi-même)
Se mettre en boule
S'accroupir

Par extens. :
Se réfugier
Chercher refuge
Se serrer contre
Se presser contre
S'acagnarder
Se rencogner
Se clapir (Se blottir comme un lapin)
Se cacher
Se mucher (*ou* Se musser)
Se mettre au chaud
Se faire couver (*fam.*)

● ANTONYMES : Se détacher, S'étirer, S'exposer.

BLOUSE

Bourgeron
Vareuse
Sarrau
Tablier
Corsage
Chemisier
Marinière
Blouson (*néol.*)

BLUFF

Esbroufe (*pop.*)
Intimidation
Exagération
Tromperie
Battage
Vantardise
Leurre
Épate (*fam.*)
Chantage
Partie de poker
Surenchère
Escalade
Bourrage de crâne

● ANTONYMES : Vérité, Sincérité, Fait, Réalité.

BOBARD

V. MENSONGE
Canard (*pop.*)
Canular
Craque (*pop.*)
Fausse nouvelle
Boniment
Intoxe (*néol.*)
Blague
Poisson d'avril
Bateau
Serpent de mer
Vanne (*arg.*)

● ANTONYMES : Vérité, Fait vrai, Information (confirmée).

BOHÉMIEN

Tsigane *ou* Tzigane
Romanichel
Nomade
Égyptien
Gitan *et* Gitano
Boumian
Gipsy
Romani *ou* Rômi
Manouche
Zingaro
Camp-volant (*anc.*)
Rabouin (*néol.*)
Cigain (*anc.*)

● ANTONYMES : Gadji
(*ou* Gadgé), Autochtone, Sédentaire.

BOIRE

V. AVALER (un liquide)
Se désaltérer
Étancher sa soif
Se rafraîchir
Absorber
Lamper
Laper
Déguster
Siroter
Téter (*pop.*)
Sucer (*pop.*)
S'enivrer
Se soûler
S'aviner
S'alcooliser
Picoler (*fam.*)
Écluser (*pop.*)
Trinquer
Buvoter
Entonner (*fam.*)
Pomper (*fam.*)
Sabler
Pinter (*pop.*)
Siffler (*fam.*)
Chopiner
Biberonner (*pop.*)
Licher *et* Lichoter
Lever le coude (*fam.*)
(S') Arroser la dalle (*pop.*)
S'humecter (le gosier)
Se gargariser (*fam.*)
Se cocarder (*pop. anc.*)
Sécher (*arg.*)
Se taper (un verre *ou* une bouteille)
S'ivrogner (*fam.*)
En étouffer un (*pop.*)
S'en jeter un (derrière la cravate) [*pop.*]
Picter *et* Pictonner (*arg.*)
S'enfiler (*arg.*)
Se rincer (le gosier)

Tuer le ver (*pop.*)
Faire le trou (normand)
Vider (un verre, une bou-
teille)
Prendre un godet (*pop.*)
Faire cul sec (*pop.*)
Toaster *ou* Toster *ou* Por-
ter un toast à la santé de
(quelqu'un)

● ANTONYMES : Vomir,
S'abstenir, Être sobre,
Être tempérant.

BOIS

Bosquet
Boqueteau
Sylve
Bouquet d'arbres
Futaie
Frondaison
Forêt
Bocage
Fourré
Buisson
Breuil *ou* Broil (*anc.*)
Chênaie
Châtaigneraie
Sapinière
Pinède
Frênaie

BOISSON

Breuvage
Liquide
V. LIQUEUR
Rafraîchissement
Consommation
Apéritif
Digestif
Élixir
Philtre
Nectar
Potion

Sirop
Tisane
Décoction
Infusion
V. EAU
V. VIN
V. ALCOOL
Cidre
Poiré
V. BIÉRE
Limonade
Panaché
Soda
Eau-de-vie
Grog
Punch
Coctktail
Café
Thé
Maté
Bouillon
Jus de fruit
Lait
Cordial
Vulnéraire
Remontant
Purge

● ANTONYMES : Nourri-
ture, Plat.

BOITE

Récipient
Contenant (par opp. à
Contenu)
Boîtier
Coffre *et* Coffret
Cassette *et* Case
Caisse
Emballage
Carton
Écrin
Étui
Trousse
Nécessaire
Coffre

Cagnotte
Tronc
Tabatière
Urne
Tirelire
Plumier
Drageoir
Bonbonnière
Chocolatière
Poudrier
Baguier
Châsse
Reliquaire
Custode (à hosties)
Marmotte (*anc.*)

BOITEUX

Bancal
Infirme
Éclopé
Béquillard
Bancroche (*fam.*)
Invalide
Estropié
Stropiat
Quatre-et-trois-font-six
(*rég.*)
Banban (*pop.* et *péj.*)
Clampin (*anc.*)

Un objet :
Branlant
Mal assuré
Instable

Au fig. :
Faux *et* Fautif
Imparfait
Inégal
Mal fait
Approximatif
Bâtard
Défectueux
Qui cloche (*fam.*)
Inadéquat
Incomplet
Inexact

155

Médiocre
Vicié

● ANTONYMES : Valide,
D'aplomb, Harmonieux,
Parfait.

BOMBANCE
V. FESTIN

BOMBARDEMENT

Canonnade
Mitraillage *et* Mitraillade
Pilonnage
Tir d'artillerie
Feu
Pluie de projectiles
Marmitage (*arg. milit.*)
Enfer
Clash (*néol. angl.*)
Bombing (*néol. angl.*)

BON

Agréable
Plaisant
Délicieux
Exquis
Suave
Qui plaît
Doux

Un être :
Altruiste
Bienfaisant
Philanthrope
Humain *et* Humanitaire
Qui aime faire du bien
Charitable
Généreux
Bienveillant
Bien
Sensible
Clément
Indulgent
Magnanime

Miséricordieux
Secourable
Serviable
Noble
Vertueux
Gracieux
Brave (*pop.*)
Débonnaire
Bonasse (*péj.*)
Faible (*péj.*)
Excellent
Bonhomme
(Un) Cœur d'or
(Un) Ange de bonté
Paternel
Pacifique
Accommodant
Facile
Tolérant

● ANTONYMES : Mauvais,
Cruel, Abominable, Dur,
Féroce, Impitoyable, Méchant, Malfaisant.

BONACE
V. CALME

BONAPARTISME
V. ABSOLUTISME

BONBON

Confiserie
Sucrerie
Chatterie
Douceur
Pastille (de...)
Dragée
Praline
Caramel
Berlingot
Sucre d'orge
Papillotes
Surprise
Boule de gomme
Pâte de (fruit, guimauve,
etc.)

Réglisse
Jujube
Fondant
Crotte (de chocolat)

BOND
V. SAUT

BONDE

1. Bouchon (de barrique)
Tampon (*id.*)
Bondon (*id.*)

2. Ouverture (de barrique)
Trou (*id.*)

BONDIEUSARD
V. BIGOT

BONDIR
V. SAUTER

BONHEUR

1. Félicité
Satisfaction
Joie
Contentement
Enchantement
Ravissement
Plaisir
Bien-être
Extase
Béatitude
Délices
Ataraxie
Euphorie
Prospérité
(Le) Nirvâna
(Un) Paradis
Septième ciel

2. « *Avoir le bonheur de* » :
Chance
Heur (*anc.*)
Veine (*fam.*)
Aubaine

(Bonne) Fortune
Réussite
Faveur
Bénédiction
(Heureux) Hasard
Avantage
Agrément
Succès
Du pot (*arg.*)
Du bol (*arg.*)

● ANTONYMES : Malheur, Peine, Misère, Tristesse, Déboire, Malchance, Douleur, Déveine, Échec, Infortune, Guigne (*et* Guignon).

BONJOUR
V. SALUTATION

BONNE
V. SERVANTE

BONNET
V. COIFFURE

BONSOIR
V. SALUTATION

BONTÉ
V. ALTRUISME et HUMANITÉ

BORD

Bordure
Côté
Rebord
Pourtour *et* Alentour
Périphérie
Périmètre
Contour *et* Tour
Lisère *et* Liseré *ou* Liséré
Orée
Délinéament
Limite
Rive *et* Rivage
Côte

Grève
Littoral
Plage
Front de mer
Berge
Marge
Cadre *et* Encadrement
Arête
Frange
Ourlet
Feston
Tranche
Margelle (d'un puits)
Extrémité
Clôture

● ANTONYMES : Milieu, Centre, Intérieur.

BORDEL

Maison close (*ou* de prostitution)
Bourdeau (*anc.*)
Clac *ou* Claque (*arg.*)
Clandé (*arg.*)
Boxon (*arg.*)
Bouic (*arg.*)
B.M.C. (*arg. milit.*)

BORDEREAU

État (récapitulatif)
Relevé
Liste
Note
Facture
Justificatif
Mémoire
Récapitulation
Compte
Détail (de *ou* des)

BORDURE

V. BORD, *plus :*
Garniture

Ornement
Cordon
Haie
Ligne
Plate-bande
Barrière
Carnèle (d'une monnaie)

BORNE

Limite
Terme
Fin
Bornage
Bout
Frontière
Aboutissement
Repère
Pierre milliaire (Borne romaine)
Meta (Borne romaine)
Bouche (d'incendie)
Bouteroue (*anc.*)
Chasse-roue (*anc.*)
Bitte (d'amarrage)

Au fig. :
Obstacle
Cadre
Mesure

Pop. :
Kilomètre

BORNÉ

V. SOT
Obtus
Bouché
Limité
(Esprit) Étroit
Qui a la vue courte
Qui a des œillères
Qui ne voit pas plus loin que le bout de son nez
Intolérant
Autoritaire

● ANTONYMES : Intelligent, Universel, Ouvert.

BORNER

Limiter
Marquer
Délimiter
Localiser
Barrer
Border
Terminer
Confiner à
Arrêter
Séparer
Circonscrire
Restreindre
Fixer
Établir
Modérer
Définir (les limites)
Mettre un point final

« *Se borner* » :
Se limiter à
S'en tenir à
Se cantonner dans
Se confiner
Se satisfaire de
Se contenter de
Ne faire que
S'interdire de

● ANTONYMES : Élargir, Répandre, Étendre, Empiéter.

BOSSE

Gibbosité
Protubérance
Cyphose
Saillie
Enflure
Tumeur
Ecchymose
Cabosse (*pop. anc.*)

Bigne (*pop. anc.*)
Éminence
Proéminence
Convexité
Renflement
Colline
Bosselure
Côte
Montée
Don (« avoir la bosse de »)

● ANTONYMES : Creux, Cavité, Trou, Concavité.

BOSSU

Gibbeux
Contrefait
Difforme
Disgracié de la nature
Marqué au b (*anc.*)
Polichinelle

Un terrain :
Inégal
Montueux
Bosselé
Bombé

● ANTONYME : Plat.

BOTTE

1. Chaussure
Bottine
Bottillon
Houseau (*anc.*)
Heuse (*Moyen Âge*)
Brodequin

2. Gerbe (céréales et fleurs)
Bouquet (assemblage de fleurs)
Bourrée (branchages)
Fagot (*id.*)
Manoque (petit botte de feuilles de tabac)

Faisceau (botte longiligne)
Touffe (d'herbes)

● ANTONYMES : 1. Escarpin, Pantoufle.

BOUCAN (*pop.*)
V. TAPAGE et VACARME

BOUCANIER
V. PIRATE

BOUCHE

Cavité buccale
Gueule (*pop.*)
Gosier (*pop.*)
Avaloire (*ou* Avaloir) [*fam. anc.*]
Bec (*pop.*)
Museau (*pop.*)
Goulot (*pop.*)
Goule (*pop. anc.*)
Margoulette (*pop.*)
Tirelire (*arg.*)

Organe de la parole :
Parole
Voix
Discours
Oral *et* Oralement

Animaux :
Bec
Gueule
Museau
Trompe
Suçoir
Mandibule

BOUCHÉ
V. BORNÉ

BOUCHER

Mettre (*ou* Placer un bouchon)
Fermer *et* Refermer
Obstruer

Obturer
Clore
Colmater
Aveugler
Calfeutrer
Opiler (*méd*.)
Occlure (*ne pas confondre avec* Occulter) [*méd*.]
Condamner (un passage)
Barrer (*id*.)
Murer (*id*.
Encombrer (une rue)
Embouteiller (*id*.)

● ANTONYMES : Déboucher, Ouvrir, Dégager, Percer.

BOUCHERIE

Abattoir
Commerce de viande

Au fig. :
V. TUERIE
V. CARNAGE
Massacre
Guerre

BOUCLE

1. V. ANNEAU

2. Bouclette
Accroche-cœur
Frisette
Frison
Anglaises
Ondulation
Crochet (*anc*.)
Boudin (*fig. anc*.)

3. V. NŒUD

BOUCLER

V. ATTACHER

Fermer la boucle
Clore (un dossier)

Pop. :
V. EMPRISONNER
Enfermer

BOUCLIER

Pavois
Écu
Rondache
Targe
Pelta *ou* Pelte (bouclier grec)
Broquel (bouclier espagnol)
Rondelle
Égide (bouclier de Zeus et d'Athéna)

Au fig. :
Protection
Sauvegarde
Défense
Palladium
Rempart
Couverture
Carapace

BOUDER

Faire la moue
Rechigner
Faire la tête
Être fâché
Rester dans son coin
Être en froid avec (quelqu'un)
Se tenir à l'écart
Montrer sa mauvaise humeur (*ou* Avoir de l'humeur)
Faire la gueule (*pop*.)
Faire la soupe à la grimace (*pop*.)

● ANTONYMES : Participer, Rire.

BOUDEUR

Renfrogné
Chagrin
Morose
Bougon
Grognon
Maussade
Revêche
De mauvaise humeur
Qui fait grise mine
Dépité

● ANTONYMES : Rieur, Ouvert.

BOUE

Fange
Gadoue
Bourbe
Crotte
Gadouille (*pop*.)
Gâchis
Margouillis (*pop*.)
Vase
Limon
Dépôt
Tourbe
Curure
Sédiment

Au figuré :
Bassesse de l'âme
Salissure
Abjection
Infamie
Perversité
Vilenie
Ordure
Ignominie
Calomnie
Cloaque

BOUEUR

Éboueur
Boueux

Balayeur
Nettoyeur de rues
Employé au nettoiement

BOUFFI

Gonflé
Gras *et* Gros
Joufflu
Mafflu
Boursouflé
Soufflé
Vultueux

Au fig. :
Empli *et* Rempli de (*péj.*)
Plein de (*péj.*)
Grandiloquent
Emphatique
Ampoulé
Creux
Vide

● ANTONYMES : Maigre,
Sec, Précis, Net.

BOUFFISSURE

Boursouflure
Gonflement
Embonpoint
Cloque

Au fig. :
Enflure
Emphase
Grandiloquence
Académisme
Pompiérisme
Boursouflage

● ANTONYMES : Amaigrissement, Simplicité.

BOUFFON

1. *Subst.*
V. COMIQUE

Clown
Auguste
Gugusse (*fam.*)
Bateleur
Paillasse
Baladin
Histrion
Pitre
Plaisantin
Arlequin
Pasquin
Fou (du roi)
Loustic
Farceur
Turlupin
Polichinelle
Pantin
Fagotin
Saltimbanque

2. *adj.* :
Cocasse
Risible
(Trop) Drôle
Burlesque
Folâtre
Grotesque
Ridicule
Astap (*arg.*)

● ANTONYMES : Tragique,
Dramatique, Sérieux, Austère, Raffiné.

BOUFFONNERIE

Joyeuseté
Farce
Plaisanterie
Drôlerie
Arlequinade
Clownerie
Comédie burlesque
Slapstick (*néol. angl.*)
Rigolade (*pop.*)
Couillonnade (*pop.*)
Batelage

● ANTONYMES : Tragédie,
Gravité, Sérieux, Tristesse.

BOUGE

1. Taudis
Galetas
Bauge
Réduit
Local insalubre

2. Maison malfamée (*ou* mal famée)
Cabaret mal fréquenté
Boui-boui (*pop.*)
Bouic (*arg.*)

3. Partie renflée
Renflement
Convexité
Enflure
Bombement

● ANTONYMES : Palais,
Palace.
3. Concavité.

BOUGER

Déplacer *et* Se déplacer
Remuer
Faire un mouvement
S'agiter
Broncher
Branler
Se mouvoir
Avoir la bougeotte
Ne pas rester en place
Aller
Venir
Aller et venir
Se déranger

● ANTONYMES : Être (*ou* Rester) immobile, S'immobiliser, Se fixer, Être fixe (*ou* fixé).

BOUGIE

Chandelle
Cierge
Lumignon
Moccolo (bougie de carnaval)

BOUGON

Bouru
Grognon
Ronchon
V. ACARIÂTRE
V. BOUDEUR

● ANTONYMES : Affable, Aimable.

BOUILLANT

Au fig. :
Emporté
Vif
Fougueux
Impatient
Prompt
Chaud
Actif
Ardent
Tout feu tout flamme
Plein de sang
Enragé (*péj.*)

● ANTONYMES : Froid, Lymphatique, Réservé, Pondéré, Mou, Calme.

BOUILLIE

Purée
Farine lactée
Marmelade
Crème
Gaude
Polenta (en Italie)

Mamaliga (en Roumanie)
Cruchade (*rég.*)
Chyme (bol alimentaire)
Cataplasme
Magma

BOUILLON

Consommé
Potage
Soupe
Brouet
Chaudeau (*anc.*)
Décoction
Concentré
Pot-au-feu
Court-bouillon
Kub
Eau de vaisselle (*péj.*)
Lavure (*péj.*)
Lavasse (*péj.*)

Par extens. (*péj.*) :
Restaurant bon marché
Gargote

BOUILLONNEMENT

Ébullition (*aussi au fig.*)
Fermentation (*id.*)
Effervescence (*id.*)

Au fig. :
Agitation
Tumulte
Prélude à l'action (*et l'action elle-même*)
Ardeur
Animation
Remous
Remue-ménage
Turbulence
Excitation
Passion
Convulsion (*pop.*)
Fièvre

Trouble
Chaleur

● ANTONYMES : Apaisement, Calme, Stagnation, Refroidissement.

BOULE

Sphère
Globe
Balle
Ballon
Bille
Boulet
Boulette
Bulle
Pelote *et* Peloton

● ANTONYMES : Fil, Cube.

BOULETTE

V. BOULE

Fam. :
V. ERREUR

Cuisine :
Croquette

BOULEVARD
V. AVENUE

BOULEVERSEMENT

Désordre
Renversement
Révolution
Changement
Chambard (*fam.*) *et* Chambardement *ou* Chamboulement
Perturbation
Remise en cause
Branle-bas
Cataclysme
Convulsion(s)

Subversion
Dérangement
Mise à l'envers
Pagaille
Schproum (*arg.*)

Au point de vue affectif :
V. ÉMOTION
Altération (d'une expression du visage)
Trouble
Secousse
Choc

● ANTONYMES : Calme, Ordre.

BOULIMIE
V. APPÉTIT et FAIM

BOURBIER

Marais
Marécage
Cloaque
(La) Fange
(La) Boue
Fond limoneux
Fondrière
Ornière
Décharge

Au fig. :
Mauvaise affaire
Histoires (*péj.*)
Embêtements (*fam.*)
Piège
Galère (*pop. anc.*)

● ANTONYMES : Pureté, Velours (jouer sur le).

BOURDE
V. BÉVUE

BOURDONNEMENT

Bruit (sourd)
Ronflement
Vrombissement

Rumeur
Son (d'une cloche)
Murmure
Tintement (d'oreilles)
Bruissement
Fredonnement

● ANTONYMES : Silence, Cri, Hurlement.

BOURG

Bourgade
Village
Agglomération
Centre
Petite ville
Hameau
Écart (*anc.*)
(Un) Trou (*fam.*)

● ANTONYMES : Métropole, Capitale, Maison (isolée).

BOURGEON

Œil
Bouton
Chaton
Bulbe
Caïeu (*ou* Cayeu)
Pousse
Rejet
Turion (d'asperge)
Stolon
Mailleton (*anc.*)
Maillole
Écusson (pour la greffe)

Par extens. :
Bouture

BOURRASQUE

Coup de vent
Grain (*mar.*)

Orage
Risée (*mar.*)
Rafale
Tornade
Trombe
Tourbillon
Tempête
Sale temps
Cyclone
Tourmente
Typhon

● ANTONYMES : Calme, Bonace.

BOURREAU

Exécuteur (des hautes œuvres)
Guillotineur
Tranche-tête (*anc.*)
Monsieur de Paris
Deibler

Par extens. :
Tortionnaire
Tourmenteur
Tortureur
Inquisiteur

● ANTONYMES : Victime, Condamné, Exécuté, Patient, Martyr, Supplicié.

BOURRÉE
V. BOTTE et FAGOT

BOURRER

1. Garnir de bourre
Rembourrer
Matelasser
Remplir de crin (*ou* de paille, *ou* de coton, etc.)
Cotonner

2. *Par extens. :*
Remplir *et* Emplir

Combler
Farcir
Truffer
Rassasier
Gorger
Faire s'empifrer
Faire se goberger

Bourrer le crâne (pop.) :
V. MENTIR
V. BLUFFER
En faire accroire
Faire croire
V. TROMPER

BOURRIQUE

1. V. ÂNE

2. *Arg.* :
V. POLICIER et AGENT

BOURRU

De mauvaise (*ou* méchante) humeur
V. ACARIÂTRE et BOUGON
Rude
Brusque
Rustre *et* Rustaud
Hirsute
Entier
Sans détour
Grincheux
Grognon
Revêche
Rébarbatif
Ours
(Ours) Mal léché
Mal luné
Mal élevé
Grossier
Cavalier
Colère
Désagréable
Hargneux
Brutal
Renfrogné

Misanthrope (*ou* Misogyne)
Ostrogoth (*fam.*)

● ANTONYMES : Affable,
Doux, Aimable, Courtois,
Cajoleur, Câlin, Enjôleur,
Patelin.

BOURSE

V. SAC
Porte-monnaie
Escarcelle
Aumônière
Boursicot (*anc.*)
Sacoche
Poche
Gousset
Portefeuille

Par extens. :
Pension (d'études)
Don
Attribution
Rente
Rémunération *ou* Cachet
(du boxeur, pour un
match)

BOURSOUFLÉ, E

Bouffi
Enflé
Gonflé
Cloquée (une peinture)
Coquillé (un pain)
Soufflé
Mou (un visage)
Ampoulé (un discours)
Emphatique (*id.*)
Pompier (*id.*)
Déclamatoire (*id.*)
Guindé (*id.*)

● ANTONYMES : Net, Sec,
Dégonflé, Désenflé, Simple, Direct.

BOUSCULER

Pousser
Renverser
Culbuter
Bouleverser
Battre (l'ennemi)
Vaincre (*id.*)

Au fig. :
Presser (quelqu'un)
Harceler
Déranger
Troubler
V. ACCÉLÉRER

● ANTONYMES : Protéger,
Ménager, Couvrir (*fig.*).

BOUSILLER

Étym. : Construire en
bousillage [*torchis*])
Gâcher
Torcher
Bâcler

D'où, pop. :
V. ABÎMER
V. AMOCHER
Détériorer
Esquinter (*fam.*)
Tuer
Massacrer

● ANTONYMES : Préserver, Sauver.

BOUT

1. Extrémité
Fin
Embout
Limite
Borne
Terminaison
Aboutissement
Désinence

Issue
Résultat
Solution
Terme
Terminus
But
Point d'arrivée
Queue
Arrière
Déclin
Cime
Sommet
Faîte

2. Morceau
Partie *et* Part
Section
Segment
Élément
Division
Subdivision
Fraction
Fragment
Quartier
Portion
Bouchée
Quote-part
Tronçon
Parcelle
Lot *et* Lopin
Motte (de terre)
Compartiment
Bride
Brin
Grain
Rognure
Chanteau
Trognon
Débris
Copeau
Éclat
Détail
Chicot
Miette
Échantillon
Coupure
Entame
Bouchée

Quignon
Lambeau
Darne (de poisson)
Tranche
Rondelle
Retaille *et* Retaillon

● ANTONYMES : 1. Milieu, Commencement.
2. Totalité, Intégralité.

BOUTADE

Mot (d'esprit)
Trait
Saillie
Plaisanterie
Paradoxe
Fantaisie
V. CAPRICE

● ANTONYMES : Discours
Prêche.

BOUTEILLE

Litre
Fillette (*rég. pop.*)
Flacon
Fiole
Magnum (bouteille de champagne)
Jéroboam (*id.*)
Carafe *et* Carafon
Canette (bouteille de bière)
Gourde
Bonbonne
Dame-jeanne
Fiasque
Tourie
Calebasse
Burette (*eccl.*)
Gargoulette
Alcarazas
Pichet
Cruche *et* Cruchon

Chope *et* Chopine
Cadavre (bouteille bue), [*pop.*]

BOUTIQUE

Magasin
Commerce
Échoppe
Officine
Bazar
Drugstore (*néol.*)
Débit de
Bureau de (tabac, change, etc.)

BOUTON

1. V. BOURGEON
Œil

2. Bulbe
Pustule
Bubon
Acné
Bubelette
Tumeur
Vésicule
Mamelon (du sein)

3. Attache
Fermeture
Olive *et* Olivette

4. Poignée (de porte)
Poussoir
Sonnerie *et* Sonnette
Fiche
Commutateur (d'électricité)
Olive (*id.*)

● ANTONYME : 3. Boutonnière.

BOUTON-D'OR

Renoncule
Bassinet (*rég. pop.*)
Populage (*ou* Souci-d'eau)

BOUTONNIÈRE

Bride
Œillet
Incision

BOUTURE

Greffe
Marcotte
Mailleton
Crossette
Plançon

BOXE

Pugilat
Le noble art

BOXEUR

Pugiliste
Homme du ring

BOYAU

1. Intestin
Tripe
Viscères
Entrailles

2. Tuyau
Passage
Tranchée

BOYCOTTER

Mettre à l'index
Mettre en quarantaine
Rompre les relations
Jeter l'interdit

● ANTONYMES : Encourager, Aider, Soutenir.

BRACELET

V. ORNEMENT
Bijou
Chaîne et Chaînette
Jonc
Gourmette
Psellion (Antiq.)

BRADER
V. VENDRE

BRAILLER, BRAIRE
V. CRIER

BRAISE

Brandon
Tison
Brasier

BRAMER (fam.)

V. CRIER
Beugler
Brailler
Chanter (péj.)
Pleurer
Sangloter
Se lamenter

BRANCARD
V. CIVIÈRE

BRANCHAGE et BRANCHE

Ramure
Rameau
Ramille
Ramée
Branchette
Brindille
Tige
Rouette (rég.)
Pousse
Rejet et Rejeton

Surgeon
Bois
Pampre
Sarment

● ANTONYMES : Racine, Souche, Tronc.

BRANLANT

Instable
Chancelant
Hochant (la tête)
Tremblant
Peu assuré
Près de tomber

● ANTONYMES : Stable, Fixe, Solide, Ferme, Bien planté.

BRAQUER

Tourner (vers)
Diriger
Virer
Obliquer
Pointer (sur)

Au fig. :
Dresser (quelqu'un) contre
Faire se raidir
Faire (quelqu'un) être contre
Révolter

● ANTONYMES : Détourner, Amadouer.

BRASSER

Prendre à (pleins) bras
Remuer
Pétrir
Agiter
Mêler

Au fig. :
Traiter (des affaires)
Tramer (des intrigues)
Ourdir (*id.*)
Machiner (*id.*)

BRASSERIE
V. CAFÉ et RESTAURANT

BRAVACHE

Fanfaron
Matamore
Fier-à-bras
Rodomont (*péj. anc.*)
Faux dur (*arg.*)

● ANTONYMES : Brave,
Héros.

BRAVE

1. Courageux
Crâne
Intrépide
Vaillant
Valeureux
Éprouvé
Indomptable
Audacieux
Chevaleresque
Don Quichotte
Homme de cœur
Héros
Lion
Résolu
Décidé
Déterminé

2. V. BON
Bonasse
Généreux
Obligeant
Serviable
Honnête
Gentil

● ANTONYMES : 1. Lâche,

Couard, Peureux, Poltron, Timide, Pusillanime.
2. Méchant, Mauvais,
Malhonnête.

BRAVER

Affronter
Défier
Provoquer
Se rebeller contre
Se révolter contre
Narguer
S'opposer à
Se moquer de
Mépriser
Ne pas craindre
Ne pas se laisser intimider par
Avoir l'audace de
S'enhardir jusqu'à
Oser

Par extens. :
Offenser (les convenances)
Violer (*par ex.* la grammaire)

● ANTONYMES : Fuir,
Respecter, Éviter, Se
tenir à l'écart de, Obéir,
Se soumettre à.

BRAVO

1. Vivat
Vive!
Applaudissement
Acclamation
Bravissimo!

2. Spadassin
V. MEURTRIER
Tueur à gages
Sicaire

● ANTONYMES : 1. Huée,
Sifflet, Crochet.

BRAVOURE
V. COURAGE

BRÈCHE
V. TROU et TROUÉE

BREDOUILLER

Bafouiller
S'embrouiller
Manger ses mots
Parler à mots précipités
Être dyslexique *ou* atteint
de dyslexie
Balbutier
Mal articuler
Marmonner
Bégayer

● ANTONYMES : Articuler, Parler distinctement,
Prononcer clairement.

BREF

1. V. COURT
Succinct
Concis
Laconique
Petit

2. Momentané
V. RAPIDE
Abrégé
Raccourci

3. Brusque
Coupant
Sec
Impératif

4. En bref
En résumé
Enfin

5. Rescrit (*eccl.*)

Bulle (*id.*)
Mandement
Constitution

● ANTONYMES : 1. 2.
3. Long, Prolongé, Ample,
Large, Bavard, Prolixe,
Diffus, Délayé, Verbeux.

BRETTEUR (*anc.*)

Bretailleur
Ferrailleur (*anc.*)
Batailleur
Duelliste
Spadassin (*péj.*)
Estafier (*péj.*)

● ANTONYMES : Pacifi-
que, Non-violent.

BREUVAGE
V. BOISSON

BRIBE
V. BOUT et MORCEAU

BRIDER

Attacher la bride (*ou* le
bridon)
Au fig. :
Contenir
Empêcher
Freiner
Refréner (*ou* Réfréner)
Comprimer
Réprimer
Nuire au développement
de
Contrarier
Entraver

● ANTONYMES : Libérer,
Permettre.

BRIGAND
V. BANDIT

BRIGUE
V. INTRIGUE

BRIGUER

Intriguer
Chercher à obtenir
Convoiter
Solliciter (insidieusement)
Comploter (en vue de)
Conspirer (*id.*)
Rechercher une faveur,
Ambitionner (un emploi)
(*trans.*)
Viser *ou* Poursuivre (un
but)
Être candidat à

● ANTONYME : Mériter.

BRILLANT (*adj.*)

Qui a de l'éclat
Lumineux
Brasillant (*peu us.*)
Étincelant
Scintillant
Luisant *et* Reluisant
Miroitant
Chatoyant
Coruscant (*anc.*)
Clair
Éblouissant
Éclatant
Flamboyant *et* Flambant
Rayonnant
Radieux
Doré
Fulgurant
Lustré
Poli
Phosphorescent
Resplendissant
Rutilant
Électrique
Splendide
Papillotant

Clinquant (*péj.*)
Claquant (qui « claque »)
[*néol.*]
Au fig. :
Beau (*par ex.* un succès)
Enviable
Fastueux
Luxueux
Riche
Somptueux
Magnifique
Intelligent
Séduisant
Florissant
Heureux
Prospère
Mondain
Captivant
Habile
Doué
Superficiel (*péj.*)
Léger (*péj.*)

● ANTONYMES : Terne,
Effacé, Éteint, Mat, Obs-
cur, Fané, Sombre, Triste,
Laid, Sot, Médiocre.

BRILLANT (*subst.*)

1. Luminosité
Fulgurance *et* Fulgura-
tion
Éclat
Clarté
Lustre
Splendeur
Rayonnement
Scintillement
Miroitement
Flamboiement
Phosphorescence
Resplendissement
Nitescence
Clinquant

2. Apparence
Vernis

Séduction
Brio
Luxe
Magnificence
Prospérité
Habileté
Mondanité
Superficialité
Légèreté

3. V. DIAMANT

● ANTONYMES : Laideur, Lourdeur, Pauvreté (*aussi au fig.*).

BRILLER

Luire *et* Reluire
Rayonner
Resplendir
Étinceler
Flamboyer
Scintiller
Chatoyer
Miroiter
Brasiller
Papilloter
Illuminer
Éclairer
Éblouir
Éclater
Iriser
Irradier
Brillanter
Pétiller
Refléter
Réfléchir (une lumière)

Au fig. :
Charmer
Ravir
Exceller
Réussir
Faire des étincelles
Faire florès
Se mettre en relief
Ressortir

Se détacher (sur quelque chose)
Se manifester avec éclat
Se distinguer
Se faire remarquer
Éclabousser (*fam.*, *péj.*)
Se faire valoir (*péj.*)
En jeter (*pop.*)
Se faire reluire (*pop.*)
En étaler (*pop.*)

● ANTONYMES : Être terne, éteint, Pâlir, S'éclipser, S'effacer, S'obscurcir.

BRIMADE

Épreuve vexatoire
Vexation
Offense
Affront
Avanie
Méchanceté
V. INJUSTICE

● ANTONYMES : Flatterie, Caresse, Cajolerie.

BRIMBORION
V. BABIOLE

BRIN

V. BOUT
Fétu
Grain (un grain de)
Peu (un peu de)
Doigt (un doigt de)
Souffle (de vent)
Larme (de liquide)

● ANTONYMES : Tout, Totalité, Masse.

BRINGUE (*fam.*)
V. FÊTE

BRIO

Brillant
Virtuosité
Panache
Adresse
Entrain
Pétulance
Vivacité
Fougue
Talent
Aisance
Facilité
Maestria

● ANTONYMES : Maladresse, Lourdeur, Pesanteur, D'une façon terne (pâle, sans éclat).

BRIQUER
V. FROTTER

BRISANT
V. ÉCUEIL

BRISE
V. VENT

BRISER
V. CASSER

BROCANTEUR

Antiquaire
Fripier
Marchand d'ancien
Vendeur d'antiquaille
Chineur
Regrattier (*anc.*)

BROCARD et
BROCARDER
V. MOQUERIE et MOQUER

BROCHET

Bécard *ou* Beccard
Lanceron (*anc.*)
Ésocidé

BROCHURE

Opuscule
Petit livre
Prospectus
Tract
Pamphlet
Libelle
Texte (*théât.*)
Livret (*id.*)
Pièce (*id.*)
Rôle (*id.*)
Bulletin

● ANTONYMES : Volume,
In-quarto.

BRODER

Au fig. :
Inventer
Amplifier
Enjoliver
Exagérer
Laisser aller son imagination
Mentir
Diluer

● ANTONYMES : Abréger,
Raccourcir, Être strict.

BRONCHER

Achopper *et* Chopper
Trébucher
Faire un faux pas
Buter

Au fig. :
1. Commettre une faute
(*ou* une erreur)

Se tromper
Hésiter
Faillir

2. V. BOUGER
Être impatient
Manifester de l'humeur
Murmurer
Protester

● ANTONYMES : Marcher
droit, Garder l'équilibre, Se taire, Rester maître de soi.

BRONZE
Airain

BRONZÉ

Hâlé
Bruni
Aduste (*scient.*)

● ANTONYME : Pâle.

BROSSER

Passer à la brosse
Frotter
Nettoyer
Épousseter
Étriller (un cheval)
Panser (*id.*)
Peigner (des cheveux)
Donner un coup de brosse
Décrotter
Dépoussiérer
Bouchonner
Peindre (un tableau)
Exécuter à la brosse
Décrire
Dépeindre

● ANTONYMES : Empoussiérer, Salir, Dépeigner,
Emmêler.

BROUHAHA
V. RUMEUR et BRUIT

BROUILLARD

Brume *et* Brumaille (*litt.*)
Nielle (*anc.*)
Brouillasse
Brumasse (*anc.*)
Crachin
Bruine
Embrun
Frimas

● ANTONYME : Ciel clair.

BROUILLE

Brouillerie
Fâcherie
Bouderie
Mésintelligence
Mésentente
Querelle
Dispute
Trouble
(Être en) froid
(Se) [Faire la] gueule (*pop.*)
Désaccord
Désunion
Contestation
Malentendu
Dissension
Différend
Discord *et* Discorde
Opposition
Inimitié
Zizanie
Incompatibilité (d'humeur)
Tiraillements
Fêlure
Rupture
Contradiction
Divorce (*fig.*)
Contraste
Discordance
Incohérence

Dissonance
Divergence

● ANTONYMES : Raccommodement, Réconciliation, Paix, Accord.

BROUILLER

1. Mêler
Mélanger
Mettre pêle-mêle
Mettre en désordre
Emmêler
Confondre
Enchevêtrer
Déranger
Désorganiser
Gâcher
Mettre en pagaille
Bouleverser
Rendre trouble
Jeter la confusion
Embrouiller

2. Désunir
Jeter la brouille
Provoquer la zizanie
Faire se fâcher (deux personnes) (*ou* Faire se bouder, se quereller, se disputer, etc. (V. BROUILLE)
Casser l'amitié (de deux personnes)

● ANTONYMES : Arranger, Débrouiller, Démêler, Accorder, Raccommoder, Réconcilier, Réunir.

BROUILLON

1. *Adj.* :
Désordonné
Confus
Étourdi

Bizarre
Lunatique

2. *Subst.* :
Ébauche
Premier jet
Tentative
Esquisse
Expérience
Expérimentation
Préliminaires
Maquette
Numéro zéro (*journalisme*)

● ANTONYMES : 1. Méthodique, Organisé, Tatillon, Maniaque,
2. Chef-d'œuvre, Œuvre complète, Version définitive.

BROUSSAILLE

Buisson
Fourré
Hallier
Maquis
Épinier (*vénerie*)
Taillis

● ANTONYMES : Clairière, Bois blanc *ou* clair, Plaine.

BROUTER

Paître
Tondre (en broutant)

BROYER

Écraser
Moudre
Concasser
Briser

Croquer
Écacher (broyer en aplatissant)
Égruger (broyer en petits grains)
Écrabouiller (*fam.*)
Pulvériser (broyer en poudre)
Triturer (broyer dans un mortier)

Au fig. :
Annihiler
Briser
Abattre
Détruire
Maltraiter

● ANTONYMES : Choyer, Préserver, Sauver.

BRUIRE

Faire un bruit (confus)
Chuchoter
Chuinter
Murmurer
Frémir
Froufrouter
Bourdonner
Crisser

● ANTONYMES : Faire silence, Se taire.

BRUIT

Son
Boucan (*pop.*)
Barouf (*pop.*)
Bousin (*pop.*)
Pétard (*pop.*)
Chambard (*fam.*)

Différentes sortes de bruits :
Battement
Borborygme

Bourdonnement
Brasillement (*peu us.*)
Brondissement (*anc. peu us.*)
Bruissement
Cacophonie
Choc
Chuintement
Clameur
Clapotage
Clapotement
Clapotis
Claque
Clappement
Claquement
Cliquetis
Craquement
Craquettement ou Craquètement
Crépitation
Crépitement
Criaillement
Crissement
Décrépitation
Déflagration
Détonation
Éclat *et* Éclatement
Explosion
Fracas
Froissement
Frôlement
Gargouillement
Gargouillis
Gazouillis
Gazouillement
Gémissement
Glouglou
Grésillement
Grincement
Grognement
Grondement
Grouillement
Hurlement
Hydatisme
Murmure
Pétarade
Pétillement
Râle *et* Râlement

Ramage
Ronflement
Ronron *et* Ronronnement
Roulement
Rumeur
Sifflement
Stridulation
Tapement
Tintement
Ululation (*ou* Hululation) *et* Ululement (*ou* Hululement)
Vacarme
Vagissement
Vocifération
Vrombissement
(*Voir aussi* ONOMATOPÉES)

Bruits humains ou d'animaux :
Cri
Chanson *et* Chant *et* Chantonnement
Musique
Soupir
Gémissement
Chevrotement
Pépiement
Roucoulement
Susurrement
Souffle
Plainte
Glapissement
Clapotement
Clabaudage
Clabauderie
Huée
Sabbat
Vacarme
Tapage
Charivari
Hourvari
Brouhaha
Tohu-bohu
Tintamarre
Bacchanale
Stridence
Esclandre

Carillon
Chahut
Foin (faire du)
Potin (*fam.*)
Schproum (*pop.*)
Pétard (*pop.*)

● ANTONYME : Silence.

BRÛLANT

En feu
En flammes
Qui brûle
Ardent
Embrasé
Igné (*ou* En ignition)
Incandescent
Comburant
Incendié
Enflammé
En combustion
Flambant
Flamboyant
Crépitant
Allumé
En fumée
En autodafé
Sur le bûcher
Dans le brasier
Dans la fournaise
Combustible

Par extens. et au fig. :
Bouillant
Torride
Cuisant
Corrosif
Dangereux
Périlleux
Épineux
Délicat
Dévorant
Embrasé *et* Enflammé
Fervent
Enthousiaste
Passionné
Vif

● ANTONYMES : Éteint,
Froid, Gelé, Glacé, Noyé,
Refroidi, Tiède, Insensi-
ble, Indifférent, Mou, Flegmatique.

BRÛLE-POURPOINT
(À)

À bout portant
À l'improviste
Impromptu *et* A l'im-
promptu
Par surprise
Sans préparation
Sur le vif
Brusquement
Incidemment
De façon déconcertante
(*ou* déroutante)
Au culot (*fam.*)

● ANTONYMES : Après
réflexion, Posément, Avec
application, Concerté.

BRÛLER

1. Mettre en feu
Livrer aux flammes
Jeter au feu
Calciner
Carboniser
Incinérer
Griller
Incendier
Embraser
Consumer
Faire flamber
Réduire en cendres, en
fumée)
Rôtir
Torréfier
Cramer
Roussir
Cautériser

Allumer
Cuire
2. *Au fig.* :
Brûler de
Aspirer à
Rêver de
Ambitionner
Griller de

● ANTONYMES : 1. Étein-
dre, Geler, Noyer.

BRUME
V. BROUILLARD

BRUMEUX

Nébuleux
(Ciel) Couvert
(Temps) Humide
Ouaté

Au fig. :
Obscur
Sombre
Triste
Mélancolique

● ANTONYMES : Clair,
Découvert, Gai, Limpide.

BRUN

Sombre
Châtain foncé
Brunâtre
Bistre
Noiraud
Marron
Chocolat
Tabac
Tête de Maure
Terreux
Bronzé
Hâlé

● ANTONYMES : Blond,
Pâle, Clair.

BRUSQUE

1. V. BOURRU

2. Rapide
Inopiné
Brutal
Soudain
Subit
Précipité
Inattendu
Violent
Non préparé
Imprévu

● ANTONYMES : Progressif,
Graduel, Lent, Métho-
dique, Posé.

BRUSQUEMENT

Soudain *et* Soudainement
Promptement
Tout à coup
À brûle-pourpoint
De but en blanc
À l'instant *et* Instanta-
nément
En sursaut
D'un saut *ou* D'un plein
saut
Précipitamment
Sans avertissement
D'un trait *ou* D'une traite
Hâtivement
Toutes affaires cessantes
Au pied levé
Sans débrider
Au débotté
Incessamment
Sitôt
À la minute
À la seconde
Avec brusquerie
Subitement
Sans crier gare
En un clin d'œil
Sur-le-champ

Sur l'heure
Séance tenante
Subito (*fam.*) *et* Subito presto (*fam.*)
Tout de go
Aussitôt dit, aussitôt fait *ou* Sitôt dit, sitôt fait, Fut dit, fut fait (*rég.*)
V. VITE

● ANTONYMES : Lentement, Négligemment, Doucement, Progressivement.

BRUT

1. Tel quel
Nature *ou* Naturel
Pur
Vierge
Sauvage
Primitif
Originel
Rustique
Natif
Écru (e) (toile)
Grège (soie)
Sec (champagne)
En friche

2. Grossier
Rudimentaire
Élémentaire
Informe
Non travaillé
Imparfait

Au fig. :
Illettré
Inculte
Simple
Barbare
Sauvage
Fruste
Lourd
Rude
Abrupt
Inintelligent

Stupide
Brutal
Vulgaire

● ANTONYMES : Achevé, Travaillé, Affiné, Ouvré, Ouvragé, Dégrossi, Complexe, Civilisé, Poli.

BRUTAL
V. VIOLENT et BESTIAL

BUFFET

1. Armoire
Bahut
Desserte
Crédence
Placard
Garde-manger

2. Restaurant
Buvette
Table
Cantine
Estaminet
Snack (*néol.*)

BUILDING
V. IMMEUBLE

BUISSON
V. BOIS

BULLE
V. BOULE et BREF

BULLETIN

Billet
Acte
Certificat
Reçu
Récépissé
Ticket
Bordereau
Ordre
Communiqué (Bulletin de santé)

Annonce
Journal
Revue
Cote
Brochure

BUREAUCRATE (*péj.*)

Employé de bureau
Employé aux écritures
Gratte-papier
Scribe *et* Scribouillard
Plumitif
Rond-de-cuir
Père Soupe
Paperassier
Apparatchick (*néol. russe*)
Homme d'appareil

BURLESQUE

Bouffon
Cocasse
Comique
Joué en charge
Caricatural
À gros traits
Saugrenu
Loufoque
Vaudevillesque
Grotesque
Parodique
Abracadabrant
Absurde
Slapstick (*néol. américain*)

● ANTONYMES : Sérieux, Grave, Dramatique, Tragique, Triste.

BUSE
V. SOT et IDIOT

BUT

Fin
Objectif *et* Objet

Visée
Cible
Point de mire
Dessein
Intention
Mission
Achèvement
Résultat
Bois (« les buts ») [*sportif*]
Panier (*id.*)
Filet (*id.*)
Rêve

● ANTONYMES : Départ
(point de, ligne de).

BUTÉ
V. TÊTU

BUTER
V. ACHOPPER et BRONCHER

BUTIN

Profit
Gain
Prise
Proie

Récolte
Bénéfice
Richesse

● ANTONYME : Perte.

BUTOR
V. GROSSIER et BÊTE

BUTTE

Monticule
Mamelon
Tertre
Colline
Motte
Mont
Ballon
Dune
Taupinière *et* Taupinée
Talus

« *En butte à* » :
Exposé à
Cible
Victime de
Aux prises avec
Donnant prise à
Prêtant le flanc à

En point de mire

● ANTONYMES : Creux,
Vallon, Dépression.

BUVABLE

Potable
Consommable

Au fig. :
Supportable (*pop.*)
Possible (*pop.*)

● ANTONYMES : Imbuvable, Intolérable, Impossible, Rebutant, Repoussant.

BUVETTE

Débit de boissons
Estaminet
Bistro *ou* Bistrot
Buffet
Cabaret
Café
Cantine

CABALE

Brigue
Concertation secrète
Association secrète
Coalition
Clique
Conjuration
Complot
Coterie
Faction
Conspiration
Ligue
Parti
Intrigue

● ANTONYMES : Amitié, Soutien, Claque (*théâtre*).

CABALISTIQUE

Mystérieux
Magique
Occulte
Ésotérique
Du chinois (*péj.*)
De l'hébreu (*péj.*)

● ANTONYMES : Clair, Limpide, Lisible, Facilement déchiffrable, Exotérique.

CABANE

Maisonnette
Masure
Chaumière
Chaumine
Cabanon
Cahute
Hutte
Borie (*rég.*)
Buron (*rég.*)
Case (*rég. Afrique*)
Cagna (*arg. milit.*)
Gourbi (*id.*)
Carbet (*rég. Antilles*)
Paillote (*rég. Afrique*)
Mas
Chalet
Loge (de bûcheron)
Baraque
Bicoque

Cagibi (*fam.*)
Abri

● ANTONYME : Palais.

CABANON

V. CABANE
Cellule (pour fous)
Chambre de force (*id.*)

CABARET

Débit de boissons
Estaminet
Café
Bar
Bistrot (*ou* Bistro)
Bouchon
Caboulot
Tripot
Taverne
Buvette
Assommoir (*péj.*)
Bouge (*péj.*)

Bousin (*péj.*)
Popine (*anc.*)
Gargote (*péj.*)
Guinguette
Tapis-franc (*arg.*)
Boîte (*fam.*)
Café-concert *ou* Caf'conc'
Chez les chansonniers

CABAS

V. Panier
Couffin
Couffe
Filet

CABINET

Cabine
Réduit
Gloriette (*anc.*)
Cagibi
Débarras
Agence (d'affaires)
Établissement (*id.*)
Bureau (*id.*)
Studio (*id.*)
Musée
Laboratoire
Gouvernement

« *Cabinet d'aisances* » :
Cabinets
Garde-robe
Commodités
Water-closet(s) *ou* Waters
W.-C.
Buen-retiro (*fam. anc.*)
Petit coin (*fam.*)
Petit endroit
Toilettes
Lieux (*ou* Lieux d'aisances)
Latrines
Chiottes (*triv.*)
Pissotières (*pop.*)
Vespasienne

Pissoir (*pop. rég.*)
Gogues (*pop.*)
Goguenots (*pop.*)
Tinettes (*fam.*)
100 (*rég.*)
Lavabos

CÂBLE

Corde
Cordage
Remorque
Filin
Tendeur
Fil
Cordon
Orin
Amarre
Drisse

CABOCHARD
V. Têtu

CABOCHE
V. Tête

CABOT
V. Chien et Acteur

CABOTIN
V. Acteur

CABOTINAGE
V. Affectation et Charlatanisme

CABRER (SE)

Se dresser
Réagir (avec colère)
Se révolter
Se fâcher
S'irriter
S'emporter

● ANTONYMES : Se soumettre, Accepter, Se laisser convaincre, S'allonger.

CABRIOLE

Saut (de cabri)
Bond
Culbute
Roulade
Galipette
Gambade
Pirouette

Au fig. :
Dégringolade
Chute
Krach
Échappatoire
Revirement
Retournement

CABRIOLET

1. Voiture *et* Cheval
Cab
Tilbury
Wiski
Boghei (*ou* Boguet, *ou* Buggy)
Décapotable (auto)

2. Menottes
Chaînes
Entrave
Bracelet (s)

CACHÉ

Secret
Dérobé
Invisible
Occulte
Clandestin
Dissimulé
Inaperçu
Masqué
Voilé
Anonyme
Latent
Subreptice

Obscur
Furtif
Sibyllin
Souterrain
Sourd
Intime
Mystérieux
Ésotérique
Abscons
Incognito
En catimini
En tapinois
A l'insu de
Sous le prétexte (*ou* le voile) de
À la dérobée
Ni vu ni connu
En douce (*fam.*)

● ANTONYMES : Exposé, Au vu et au su de, Apparent, Évident, Ostensible, Visible, Découvert, Saillant, Transparent.

CACHER

1. Dissimuler
Celer *et* Receler
Camoufler (*pop.*)
Planquer (*pop.*)
Dérober à la vue
Enfermer
Serrer
Mettre sous clef
Mettre à l'abri
Mettre en sûreté
Escamoter
Faire disparaître
Mucher (*ou* Musser, *fam. et dial.*)
Murer

2. Masquer
Occulter
Boucher la vue
Obstruer
Éclipser

Obscurcir
Offusquer

3. *Au fig.* :
Soustraire (à la connaissance)
Déguiser
Farder
Couvrir
Tenir secret
Garder pour soi
Faire mystère de
Taire
Jeter un voile (sur)
Tirer le rideau (sur)
Étouffer
Ne pas (*ou* Refuser d') avouer
La fermer (*pop.*)
Ne pas l'ouvrir (sur un sujet) [*pop.*]

● ANTONYMES : Montrer, Exhiber, Sortir, Mettre en évidence, Crier sur les toits, Avouer, Afficher, Étaler, Divulguer, Révéler.

CACHET

1. Sceau
Seing
Empreinte
Estampille
Marque
Timbre
Poinçon
Tampon
Marqueur (*néol.*)
Dateur
Griffe
Chiffre
Monogramme
Initiales
Sigle
Armes *et* Armoiries
Signe distinctif
Caractéristique

Originalité
Patte (*fam.*)

2. Capsule
Comprimé
Pastille

3. Rétribution
Rémunération
Honoraires
Vacations
Émoluments
Pige
Gages
Gain

CACHETTE

Cache
Planque (*pop.*)
Abri
Refuge
Retraite
Asile
Repaire
Lieu sûr
Trou
Terrier
Tanière

CACHETTE (EN)

Clandestinement
Subrepticement
Furtivement
En secret *et* Secrètement
Discrètement
En catimini
À la cloche de bois
En contrebande
À la dérobée
En tapinois
Dans sa barbe (rire)
Sous cape (rire)
En douce (*fam*)
En lousdoc *ou* En lousdé (*arg.*)

Incognito
Sournoisement

● ANTONYMES : Ouvertement, À découvert, Franchement, Clairement, Officiellement.

CACHOT

Cellule
Ergastule (*Antiq. rom.*)
Basse-fosse *ou* Cul de basse-fosse.
Geôle
Oubliettes
Cabanon (pour les fous)
Trou
Mitard (*arg.*)
In pace (*eccl.*)

CACOCHYME

Débile
D'une santé déficiente
Valétudinaire
Malingre
Maladif
Malade
Faible *et* Affaibli
Souffreteux
Égrotant
Quinteux

● ANTONYMES : Vigoureux, Sain, Valide, En pleine forme (*fam.*)

CACOPHONIE

Dissonance
Sons discordants
Défaut d'harmonie
Bruit (désordonné)
Charivari
Tintamarre

Tohu-bohu
Tumulte
Tapage
Chahut

● ANTONYMES : Harmonie, Euphonie, Mélodie.

CADAVRE

Mort
Corps
Dépouille (mortelle)
Restes
Enveloppe (charnelle)
Macchabée (*pop.*)
Macchab *ou* Macab (*arg.*)
Charogne
Défunt
Décédé
Refroidi (*arg.*)
Viande froide (*arg.*)
Cendres

● ANTONYME : Vivant.

CADEAU

Don
Présent
Gratification
Libéralité
Largesse
Gracieuseté
Bienfait
Prime
Par-dessus le marché (en cadeau)
Souvenir
Pourboire
Pot-de-vin (*péj.*)
Bakchich
Dessous-de-table
Ex-voto (*eccl.*)
Charité
Aumône
Obole

Offrande
Allocation
Étrenne (s)
Denier à Dieu
Pas-de-porte
Bouquet
Surprise
Corbeille (de mariage)

● ANTONYMES : Prise *et* Reprise, Vol, Paiement.

CADENCE
V. RYTHME

CADET

Puîné
Benjamin
Petit frère
Junior
Dernier-né

● ANTONYME : Aîné.

CADRE

Encadrement
Bordure *et* Bords
Châssis
Cartouche
Coffrage
Chambranle (porte, fenêtre)

Au fig. :
1. Limites
Décor
Entourage
Entre les bornes
Contrainte
Carcan

2. Employé
Contremaître
Technicien
Agent de maîtrise
Homme d'appareil
Classe moyenne

CADRER

S'accorder (avec)
Convenir à
S'assortir à
Se rapporter à
Concorder avec
Vérifier (quelque chose)
Confirmer (une hypothèse)
Coller (*fam.*)
Permettre le rapproche-
ment (entre, *ou* de, *ou*
avec)

● ANTONYMES : Contre-
dire, Jurer avec, Être en
opposition.

CADUC

Périmé
Dépassé
Vieux
Terminé
Démodé
Annulé *et* Nul
Nul et non avenu

● ANTONYMES : Actuel,
Toujours valable, Récent,
Neuf, Dernier cri, À la
mode.

CAFARD

1. Bigot
Dévot
Cagot
Hypocrite
Tartufe
Grenouille (*ou* Punaise)
de bénitier
Jésuite

D'où :
2. Délateur
Mouchard

Rapporteur
Espion
Dénonciateur

3. Mélancolie
Découragement
Tristesse
Bourdon (*pop.*)
Noir (broyer du)
Mauvaise humeur

● ANTONYMES : 1. et 2.
Athée, Gai, Ouvert, Franc,
Complice, Sûr.
3. Gaieté, Bonne humeur,
Optimisme

CAFÉ

1. Moka
Arabica
Bourbon
Martinique

2. Filtre
Turc
Expresso
Cona
Mazagran

3. Débit de boissons
V. BAR

CAGIBI

Réduit
Placard
Appentis
Cage
Cabane
Case
Chambrette
Guichet
Guérite
Local
Cagna
Cahute

CAGNA
V. ABRI, BARAQUEMENT et
CAGIBI

CAGOT
V. BIGOT et CAFARD

CAHIER

Carnet
Calepin
Livret
Registre
Bloc *et* Bloc-notes
Feuilles
Papier réglé (*mus.*)

CAHOT
V. SECOUSSE

CAÏD

V. CHEF

Arg. :
Patron (de gang)
Grossium
Gangster

● ANTONYMES : Cave (*arg.*),
Demi-sel (*arg.*), Condé
(*arg.*).

CAILLER

V. COAGULER
Figer
Épaissir
Granuler (le miel)

● ANTONYME : Liquéfier.

CAILLOU

Pierre
Caillasse
Cailloutis

Gravier
Galet
Rocaille
Silex
Jalet
Roche
Pavé
Calcul (*méd.*)
Tête (*pop.*)
Crâne (*pop.*)

CAISSE

1. V. Boîte
Coffre
Coffret
Cassette
Caissette
Caisson
Carrosserie (d'une voiture)

2. Bureau (de caisse)
Guichet (de paiement)

D'où :
Encaisse
Produit de vente
Masse

et :
Cagnotte
Coffre-fort
Tirelire
Casier

CAJOLER

Câliner
Caresser
Mignoter (*fam.*)
Choyer
Dorloter
Bichonner
Gâter
Être aux petits soins
Consoler

Bercer
Pateliner (*anc.*)
Courtiser
Flatter
Enjôler
Amadouer
Embobeliner
Flagorner

● ANTONYMES : Rudoyer.
Brutaliser, Terroriser.

CAJOLERIE
V. Chatterie

CALAMITÉ

Malheur
Fléau
Catastrophe
Désastre
Infortune
Misère
Désolation
Adversité
Coup du sort
Épreuve
Mauvais coup (*ou* Mauvaise fortune)
Mésaventure
Dommage
Perte
Disgrâce
Ruine
Déveine

● ANTONYMES : Bonheur,
Chance, Heureuse surprise.

CALCINER
V. Brûler

CALCUL

Spéculation
Prévision
Computation
Estimation

Supputation
Appréciation
Évaluation
Compte

Au fig. :
Projet
Combinaison *et* Combine (*péj.*)
Dessein
Plan
Stratégie
Tactique
Moyen

● ANTONYMES : Improvisation, Hasard.

CALEÇON

Culotte
Chausses (*anc.*)
Slip
Maillot (de bain)
Monokini (*néol.*)

CALEMBOUR

À-peu-près
Homophonie
Équivoque
Mot
Jeu de mots

CALEMBREDAINE

Sornette
Sottise
Bourde
Bêtise
Plaisanterie
Baliverne
Faribole
Billevesée
Conte à dormir debout
Coquecigrue (*anc.*)

Balançoire
Fadaise
Chanson
Propos en l'air
Couillonnade (*pop.*)

● ANTONYMES : Discours sérieux, Propos académiques.

CALENDRIER

Éphéméride
Almanach
Agenda
Annuaire
Mémo
Chronologie
Emploi du temps
Plan
Planning
Ménologe (*eccl.*)
Comput (*eccl.*)
Programme
Prévisions
Ordo (*eccl.*)

CALEPIN
V. CARNET

CALER

Mettre en cale
Fixer
Assujettir
Étayer
Stabiliser
Équilibrer
Ajuster
Serrer
Bloquer
Faire une faute (mécanique)

Au fig. (*pop.*) :
S'arrêter (de manger)
Être repu
Ne plus pouvoir (manger)

Renoncer
Laisser (de la nourriture)

CALFATER

Goudronner
Brayer
Boucher
Aveugler (une voie d'eau)

CALFEUTRER
V. ENFERMER

CALIBRE

Diamètre
Dimension
Taille
Grosseur
Modèle
Catégorie
Volume

CÂLIN, E

Caressant
Tendre
Langoureux
Cajoleur
Enjôleur
Prévenant
Empressé
Mignard
Doux
Gracieux
Amoureux
Aimant
Chat (*fig.*)
Aux petits soins
Suce-museau (*pop.*)

● ANTONYMES : Bourru, Dur, Rogue, Froid, Indifférent.

CÂLINERIE
V. CHATTERIE

CALMANT

Sédatif
Tranquillisant
Analgésique
Antalgique
Antipyrétique
Antispasmodique
Anesthésique
Balsamique
Hypnotique
Lénifiant *et* Lénitif
Narcotique
Parégorique
Rafraîchissant
Vulnéraire

● ANTONYMES : Irritant, Stimulant, Excitant, Agaçant, Caustique.

CALME

1. *Subst.* :
Immobilité
Apaisement
Repos
Tranquillité
Quiétude
Paix
Neutralité
Ataraxie
Détachement
Impassibilité
Sérénité
Placidité
Maîtrise (de soi)
Sang-froid
Possession (de soi)
Nirvâna
Patience
Sécurité
Pondération
Douceur
Sûreté
Silence
Insensibilité

181

Imperturbabilité
Béatitude
Adoucissement
Allègement
Assoupissement
Détente
Rémission
Sédation
Sommeil
Soulagement
Accalmie
Embellie
Bonace (*mar.*)
Ordre

2. *Adj.* :
Tranquille
Silencieux
Quiet
Flegmatique
Froid
Philosophe
Placide
Paisible
Posé
Pondéré
Réfléchi
Serein
Bénin
Doux
Impassible
Impavide
Impertubable
Inébranlable
Insensible
Rassis
Patient
Coi
Maître de soi
Apaisé
Satisfait
Content
Stoïque
Sûr
Assuré
Pacifique
Indifférent
Neutre
Impartial

Insouciant
Sans-Souci
Incurieux

● ANTONYMES : 1. Agitation, Désordre, Perturbation, Tempête, Excitation, Activité, Mouvement, Fureur, Impatience, Douleur, Violence.
2. Agité, Impétueux, Impatient, Mouvementé, Tourmenté, Turbulent, Irritable, Emporté, Déchaîné, Efferverscent.

CALMER

Apaiser
Rasséréner
Tranquilliser
Adoucir
Ramener le calme
Rétablir la paix
Alléger
Assoupir
Endormir
Détendre
Consoler
Rassurer
Soulager
Éteindre
Lénifier
Panser
Assourdir
Satisfaire
Mater
Dompter
Désarmer
Modérer
Faire taire
Tempérer
Maîtriser
Étouffer
Étancher (la soif)
Désaltérer
Assouvir
Pacifier
Neutraliser

● ANTONYMES : Exciter, Aviver, Déchaîner, Exaspérer, Irriter, Révolutionner, Stimuler.

CALOMNIE

Diffamation
Dénonciation calomnieuse
Attaque
Insinuation
Mensonge
Allégation
Délégation
Détraction *(langue class.)*
Cancan
Injure
Médisance
Dénigrement
Imputation
Éreintement
Commérage
Ragot

● ANTONYMES : Éloge, Glorification, Défense, Panégyrique, Louange, Los.

CALOMNIER

Diffamer
Attaquer
Accuser
Médire
Insinuer
Alléger
Dénoncer à tort
Déblatérer contre (quelqu'un)
Dénigrer
Imputer
Entacher l'honneur de
Cracher sur (quelqu'un)
Décrier
Noircir (quelqu'un)

Parler mal (de quelqu'un)
Salir (quelqu'un)
Traîner (quelqu'un) dans
la boue
Jeter son venin sur (quel-
qu'un)
Casser du sucre sur le dos
de (quelqu'un)
Baver sur (quelqu'un)
[*pop.*]
Habiller (quelqu'un) [*pop.*]
Cancaner

● ANTONYMES : Glorifier,
Défendre, Louer, Chan-
ter le los de, Innocenter.

CALOTIN
V. BIGOT et CLÉRICAL

CALOTTE
V. GIFLE

CALQUER

Copier
Décalquer
Rapporter (quelque chose
sur quelqu'un)
Plagier
Modeler
Imiter

● ANTONYME : Différen-
cier.

CALVAIRE

Martyre
Supplice
Épreuve
Chemin de croix
Enfer

● ANTONYMES : Eden,
Extase, Récompense.

CALVINISME

Protestantisme
Réforme

CALVITIE
Alopécie

CAMARADE

Copain
Compagnon
Ami
Frère
Partisan
Collègue
Confrère
Condisciple
Pote *et* Poteau (*arg.*)
Vieille branche (*pop.*)
Familier de

● ANTONYMES : Adversaire,
Ennemi, Rival, Inconnu.

CAMARILLA
V. CLAN et COTERIE

CAMBRER

Arquer
Courber
Arrondir
Redresser (la taille, le
genou, etc.) [*néol.*]
Infléchir
Cintrer

● ANTONYMES : Redres-
ser, Aplatir, Mettre droit.

CAMBRIOLAGE

Vol avec effraction
Casse *ou* Cassement (*arg.*)
Fric-frac

CAMELOT
V. CHARLATAN

CAMION

Véhicule lourd
Poids-lourd (*néol.*)
Camionnette
Fourgon
Semi-remorque
Half-track (*néol. angl.*)
(Camion-) Citerne

CAMOUFLAGE
V. DÉGUISEMENT

CAMOUFLER

Cacher
Dissimuler
Maquiller
Déguiser
Soustraire (au regard, à
la curiosité)

● ANTONYMES : Révéler,
Exposer.

CAMOUFLET
V. AFFRONT

CAMP

Campement *et* Camping
Cantonnement
Quartier
Bivouac *et* Bivac
Baraquement

Au fig. :
Clan
Parti
Côté
Faction
Groupe *et* Groupement

Camp d'aviation :
Champ (d'aviation)
Terrain (*id.*)

Aérodrome
Aéroport

CAMPAGNARD
V. Paysan

CAMPAGNE

Champs
Plaine
Terre
Cambrousse (*fam.*)
Brousse
Bled
(Au) Vert

● Antonymes : Ville, Montagne, Mer.

CAMPER

1. Cantonner
Bivouaquer
Prendre ses quartiers
S'installer
Villégiaturer
Établir son camp
Planter (*ou* Dresser) sa tente)
Faire du camping (*ou* du caravaning)
Arrêter sa caravane
Faire un feu
Vivre en nomade

2. *Par extens.* :
Installer
Affermir
Établir
Asseoir
Fixer
Poster
Mettre (en place)
Placer
Assurer
Interpréter (*théâtre*)

Incarner (un personnage) (*id.*)
Planter

● Antonyme : Décamper.

CAMUS

Camard
Aplati
Écrasé
Épaté
Sime (*anc.*)

● Antonymes : Aquilin, Pointu, Effilé, Fin.

CANAILLE

Populace
Racaille
Bas-fonds
Lie
Écume
Pègre
Lumpenproletariat (*néol.*)

Par extens. :
Coquin
V. Bandit
Crapule
Fripouille *et* Fripon
Malandrin
Malhonnête homme
Gouape
Cochon (*fig.*)
Triste sire
Salaud *et* Saligaud (*pop.*)
Chenapan
Vaurien
Escroc
Filou
Larron
Forban
Pirate
Brigand
Scélérat

Sacripant
Malfaiteur

Par atténuation :
Coquin
Primesautier
Libertin
Leste *et* Léger
Sexy (*néol.*)
Érotique
Aguichant
Excitant
Polisson
Fripon

● Antonymes : Honnête, Aristocrate, Mondain, Gratin (*arg.*).

CANAL

Chenal
Robine *ou* Roubine (*rég.* *Midi*)
Voie d'eau
Passe
Détroit
Embouquement *ou* Engainement
Conduit *et* Conduite
Tube
Tuyau
Adducteur
Aqueduc
Pipe-line
Oléoduc
Buse
Arrugie (de mine)
Coursier (de moulin) (*anc.*)
Cunette
Dalot
Drain
Émissaire (d'évacuation)
Goulette
Goulet
Saignée
Watergang (de polder)

Au fig. :
Filière
Moyen
Truchement
Intermédiaire

CANALISER

Diriger sur (*ou* vers)
Centraliser
Concentrer
Réunir
Grouper

● ANTONYMES : Disperser, Éparpiller, Faire diverger.

CANAPÉ

Fauteuil
Siège
Divan
Méridienne
Ottomane
Causeuse
Cosy *ou* Cosy-corner
Tête-à-tête
Canapé-lit

CANCER

Tumeur maligne
Fongus malin
Carcinome *et* Carcinose
Épithéliome
Néoplasie *et* Néoplasme
Sarcome
Squirrhe *ou* Squirre

CANDEUR

Ingénuité
Innocence
Naïveté

Pureté
Simplicité
Crédulité
Sincérité
Virginité
Franchise
Jobarderie
Bonhomie

● ANTONYMES : Ruse, Fausseté, Hypocrisie, Fourberie, Malice, Calcul.

CANDIDAT

Prétendant
Postulant
Impétrant
Poursuivant (*anc.*)
Concurrent
Compétiteur
Outsider

● ANTONYMES : Lauréat, Élu, Examinateur, Électeur.

CANEVAS

Toile
Trame
Schéma
Maquette
Synopsis
Ébauche
Plan
Esquisse
Croquis
Crayon
Squelette
Ossature
Carcasse
Scénario
Modèle
Monstre (*mus.*)
Ours (*fam.*)
Saucisson (*mus.*)

● ANTONYMES : Broderie, Œuvre (achevée), Chef-d'œuvre, Ajouts.

CANNE

Béquille
V. BÂTON
Béquillon (*anc.*)
Houlette
Crosse (*eccl.*)
Stick
Alpenstock
Gaule
Perche

CANNELURE

Sillon
Moulure
Strie
Rainure
Gorge *et* Goujure (*par ex.* d'une poulie)

CANON

1. Pièce d'artillerie
Arme
Tube
Mortier
Obusier
Crapouillot
Bertha
(Un) 75
(Un) 105
(Un) 155 long
Bouche à feu
Bombarde (*anc.*)
Caronade (*mar. anc.*)
Couleuvrine (*anc.*)
Pierrier (*anc.*)
Fauconneau (*anc.*)
Veuglaire (*anc.*)

2. *Théol.* :
Règle
Décret
(Droit) Capitulaire

CANOT

Embarcation (légère)
V. Bateau
V. Barque
Batelet
Canoë
Canadienne
Yole
Youyou
Périssoire
Skiff
Esquif
Nacelle
Baleinière
Flambard
Vedette
Hors-bord
Chaloupe

CANTATRICE
V. Chanteur, euse

CANTINE

V. Restaurant
V. Buvette
Réfectoire
Mess (*milit.*)
Popote (*fam.*)
Cambuse (*mar.*)
Roulante (*milit.*)
Cuisine

CANTIQUE

Chant (religieux)
Psaume
Motet
Te deum
Noël (*anc.*)

Hymne
Antienne
Répons
Prose

CANTONNEMENT
V. Camp

CANTONNER (SE)

Se fortifier
S'isoler
S'établir
Se renfermer
Se retirer

Au fig. :
Se borner
Se limiter
Réduire (ses aspirations, son ambition, son but) à
S'enfermer dans
S'isoler
S'abstraire

● Antonymes : Ne pas se contenter de, Se répandre, Déborder.

CAP

Promontoire
Pointe
Bec
Ras

● Antonymes : Baie, Crique, Plage.

CAPABLE
V. Susceptible et Adroit

CAPACITÉ
V. Contenance et Aptitude

CAPARAÇON
V. Armure

CAPE

Pèlerine
Houppelande
Manteau
Capote
Caban

CAPITAL

1. *Adj.* :
Primordial
Suprême
Essentiel
Fondamental
Le plus important
Décisif
Principal
Transcendant
Le plus sérieux
Inappréciable
Incalculable
Sine qua non
Cardinal

● Antonymes : Secondaire, Négligeable, Dérisoire.

2. *Subst.* :
Bien
Richesse
Actif
Argent
Fonds
Fortune
Numéraire
Principal
Épargne

● Antonymes : Revenu, Intérêt, Rente, Travail.

CAPITALE

1. Métropole
Chef-lieu
Centre

186

2. Majuscule

● ANTONYMES : 1. Bourgade.
2. Minuscule.

CAPITULATION

Reddition
Défaite

Au fig. :
V. ABANDON et ABDICATION

● ANTONYMES : Victoire, Triomphe.

CAPITULER

Déposer (*ou* Rendre, *ou* Mettre bas, *ou* Poser) les armes
Se rendre (à merci)
Hisser le drapeau blanc
Livrer les clefs de la ville
Demander l'aman
Céder
Abandonner

● ANTONYMES : Vaincre, Triompher, Résister, Tenir.

CAPON
V. LÂCHE

CAPORAL

Brigadier
Cabot (*fam.*)

CAPORALISME
V. ABSOLUTISME et MILITARISME

CAPOTE
V. CAPE

CAPOTER

Chavirer
Se renverser
Se retourner
Faire un tonneau
Culbuter

CAPRICE

Fantaisie
Lubie
Foucade
Coup de tête
Singularité
(Coup de) Folie
Engouement
Fredaine
Aventure
Incartade
Extravagance
Frasque
Accès de
Boutade
Bizarrerie
Humeur
Légèreté
Instabilité
Inconstance
Bon plaisir
Toquade
Passade
Saute (d'humeur)
Variation
Quinte (*anc.*)

et aussi :
Envie
Désir
Volonté
Convoitise
Gourmandise

● ANTONYMES : Constance, Stabilité, Sérieux, Sagesse.

CAPTER

Prendre
Saisir
Intercepter
Retenir

mais, étymologiquement et au sens propre :
Chercher à obtenir
Circonvenir
Captiver
Embobeliner (quelqu'un)

et au fig. :
Rassembler
Recueillir
Réunir

● ANTONYMES : Écarter, Perdre, Disperser, Répandre.

CAPTIEUX

Spécieux
Fallacieux
Insidieux
Faux
Sophistiqué

● ANTONYMES : Franc, Vrai, Correct, Exact, Scrupuleux.

CAPTIF

V. PRISONNIER
V. DÉTENU
Capturé
Écroué
Enfermé
Incarcéré
Emprisonné
Coffré (*fam.*)
Enchristé (*arg.*)
Claustré
Chambré

Claquemuré
Encagé *et* En cage
Interné
Reclus
Pris
Retenu
Arrêté
Fait aux pattes (*pop.*)
Parqué
Appréhendé
Garrotté
Déporté
Relégué
Enchaîné
Bouclé (*pop.*)
Asservi
Assujetti
Privé de liberté
Domestiqué (animal)

● ANTONYMES : Être libre, Sauvage (animal), Affranchi, Détaché.

CAPTIVER
(CAPTIVANT)

Retenir captif (*étym.*)

Au fig. :
Charmer *et* charmant
Enchanter *et* Enchanteur
Intéresser *et* Intéressant
Absorber *et* Absorbant
Capter (l'attention, l'intérêt, etc.) et Captateur
Attacher *et* Attachant
Prendre *et* Prenant
Passionné *et* Passionnant
Séduire *et* Séduisant
Ensorceler *et* Ensorcelant
Saisir *et* Saisissant
Plaire *et* Plaisant
Enthousiasmer *et* Enthousiasmant

● ANTONYMES : Ennuyer

(Ennuyeux), Être indifférent, Laisser disponible, Demeurer étranger, Repousser (Repoussant).

CAPTURE

1. Prise
Coup de filet
Arrestation
Saut (*arg. policier*)

2. Butin
Prisonnier

● ANTONYME : Échec.

CAPUCHON

Capuche
Chaperon
Coqueluchon (*anc.*)
Cagoule
Camail
Capuce (*anc.*)
Cuculle (de moine)
Béguin (*rég.*)
Capulet (*anc.*)
Capeline (*anc.*)
Couvre-chef

et aussi :
Couvercle
Bouchon
Protection
Coiffe

CAQUET

Caquetage
Gloussement
Bavardage
Babil *et* Babillage
Commérage
Verbiage
Jactance (*pop.*)

Arrogance
Prétention

● ANTONYMES : Mutisme, Silence, Discrétion, Modestie.

CARACTÈRE

1. Signe (écrit ou gravé)
Lettre
Écriture *et* Écrit
Graphie
Gravure
Symbole
Chiffre
Inscription
Trait
Type
Typographie
Plomb

2. Caractéristique
Propriété
Qualité
Marque
Particularité
Attribut
Spécificité
Indice
Signe
Trait
Nature *et* Naturel
Allure
Aspect
Air
Apparence
Cachet
Expression
Extérieur
Manière d'être

3. Tempérament
Tendance (caractérielle)
Personnalité
Constitution
Individualité
Naturel

Comportement
Humeur
Idiosyncrasie

CARACTÉRISTIQUE

1. Distinctif
Particulier
Dominant
Spécifique
Typique
Symptomatique
Propre
Ontologique
Déterminé *et* Déterminant
Saillant
Personnel
Essentiel

2. *Subst.* :
Particularité
Caractère
Qualité (essentielle)
Marque (distinctive)
Trait
Signe (particulier)
Indice

● ANTONYMES : Général,
Anonyme, Quelconque.

CARAVANE

Roulotte
Camping-car

CARAVANSÉRAIL
V. AUBERGE

CARBONISER
V. BRÛLER

CARBURANT

Combustible
Essence
Alcool (éthylique ou
méthylique)
Benzol

Pétrole
Gas-oil
Mazout
Comburant

● ANTONYME : Incom-
bustible.

CARCASSE

Squelette
Charpente
Ossature
Armature
Coque (*mar.*)
Châssis
Plan (*fig.*)
Canevas (*id.*)
Construction (*id.*)

● ANTONYMES : Chair, Su-
perflu, Revêtement, Enjo-
livure.

CARDINAL
V. CAPITAL et PRINCIPAL

CARÊME
V. JEÛNE

CARENCE

Défaut (de quelque chose)
Manque de
Insuffisance de
Absence de
Faute de
Déficience
Pénurie
Disette

● ANTONYMES : Abon-
dance, Présence, Trop
de, Assez de, Pléthore,
Excès de.

CARESSANT
V. AFFECTUEUX, AIMANT,
CÂLIN

CARESSE

Attouchement
Contact
Frôlement
Frottement
Effleurement
Baiser
Cajolerie
Câlinerie
Chatterie
Patte de velours
Geste tendre (*ou* fami-
lier)
Familiarité
Tendresse
Flatterie
Embrassement *et* Embras-
sade
Enlacement
Étreinte
Accolade
Becquetage
Bisou *et* Bise *et* Bécot
Pression
Papouille (*pop.*)
Pelotage (*pop.*)
Béguinage (*rég.*, *pop.*)
Privauté
Titillation
Mignardise
Gentillesses
Gâteries
Bonnes manières
Attentions
Mamours
Complaisances
Agaceries
Gracieusetés
Avances
Témoignages d'affection
Jeux (de mains, de bou-
ches, etc.)
Douceurs
Bontés

● ANTONYMES : Coup,

Brutalité, Sévices, Châtiment.

CARGAISON

Chargement
Charge
Fret

CARGO
V. BATEAU

CARICATURAL
V. BURLESQUE et GROTESQUE

CARICATURE

Portrait en charge
Portrait humoristique
Charge
Dessin satirique
Pochade
Parodie
Fantaisie

Au fig. :
Déformation
Dérision
Maladresse

● ANTONYMES : Portrait d'art, Portrait académique, Idéalisation, Flatterie.

CARMIN
V. ROUGE

CARNAGE

Boucherie
Bataille
Mise à sac
Tuerie
Saccage
Hécatombe
Immolation
Massacre

Assassinat
Génocide
Anéantissement
Extermination
Septembrisade

Au fig. :
Dévastation
Ruine
Destruction
Gâchis

● ANTONYMES : Paix, Amitié.

CARNASSIER

Carnivore
Cannibale (adjectivement se dit d'un animal qui dévore ceux de son espèce)
Anthropophage
Autophage (animal)

● ANTONYMES : Herbivore, Végétarien, Frugivore.

CARNAVAL

Mascarade
Jours gras
V. FÊTE
Chienlit (*péj.*)

CARNET

Calepin
Cahier
Livret
Bloc *et* Bloc-notes
Agenda
Mémento
Répertoire
Mémorandum
Fichier
Chéquier
Échéancier

CARNIVORE
V. CARNASSIER

CARPETTE

V. TAPIS
Descente de lit

CARRÉ

Quadrilatère
Carreau
Quadrillage

● ANTONYME : Rond.

CARREAU

Carrelage
Dalle
Pavé plat
Pavage
Vitre *et* Vitrage
Plaque de verre

CARREFOUR

Croisement
Croisée des chemins
Embranchement
Patte-d'oie
Rond-point
Fourche
Étoile
Bifurcation
Intersection

● ANTONYME : Ligne droite.

CARRELAGE

V. CARREAU
Dallage
Pavement
Revêtement
Mosaïque

CARRÉMENT

Abruptement
Catégoriquement
Sans ambages
Sans détour
Sans faux-fuyant
Sans barguigner
Sans hésitation
Franchement
Hardiment
Nettement
Librement
D'autorité

● ANTONYMES : Timidement, Avec hésitation, Indirectement, Hypocritement, Mollement.

CARRIÈRE
V. PROFESSION

CARROSSERIE

Caisse (d'une voiture)
Extérieur (*id.*)
Apparence (*id.*)
Aspect (*id.*)
Tôlerie (*id.*)

● ANTONYMES : Moteur, Organes, Mécanisme.

CARROUSEL

Tournoi
Parade
Quadrille à cheval
Manège
Fantasia (Carrousel arabe)

CARRURE

Largeur d'épaules
Taille

Aspect
Silhouette (imposante ou non)

Au fig. :
Franchise
Netteté
Ampleur
Valeur
Envergure
Classe
Poids
Autorité

CARTE

Carton
Atout (*fig.*)
Chance (*fig.*)
Brême (*arg.*)

Mappemonde (*géogr.*)
Planisphère (*id.*)
Atlas (*id.*)
Bristol (carte de visite)
Billet
Ticket

CARTEL

V. ASSOCIATION
Société
Consortium
Entente
Trust
Concentration horizontale
Konzern (*allem.*)
Holding
Hanse (*anc.*)
Pool (*angl.*)

Anciennement :
Défi
Échange de cartes (en vue d'un duel)
Provocation

CARTÉSIEN

Méthodique
Logique
Clair
Rationnel

● ANTONYMES : Confus, Obscur, Irrationnel, Mystique.

CARTOMANCIE

V. DIVINATION
V. OCCULTISME
V. CHARLATANISME

CAS

Circonstance
Conjoncture
Occasion
Occurrence
Aventure
Événement
Éventualité
Possibilité
Situation
Hypothèse
Fait
Hasard
Affaire
Procès
Cause

CASANIER

Sédentaire
Amoureux de son intérieur
Pantouflard (*pop.*)
Pot-au-feu (*pop.*)

● ANTONYMES : Baladeur, Bohème, Ambulant, Claustrophobe (*néol. fam.*)

CASCADE

Chute d'eau
Cataracte
Buffet d'eau (*archit.*)
Jet (d'eau)
Fontaine
Cascatelle

CASE

1. V. CABANE
Hutte
Paillote
2. Cellule
Alvéole
Casier

3. Compartiment
Subdivision
Tranche (horaire)

CASEMATE

V. BLOCKHAUS
Fortin
Fortification
Abri (fortifié)

CASER
V. PLACER

CASERNE

Bâtiment militaire
Baraquement
Quartier
Dépôt
Casernement
Cantonnement

Par extension :
Régiment
Service (militaire)
Période (*id.*)

CASQUE

Armure (de tête)
Armet (*anc.*)
Bassinet *ou* Bacinet (*id.*)
Cabasset (*id.*)
Bourguignotte (*id.*)
Heaume (*id.*)
Morion (*id.*)
Capeline (*id.*)
Pot de chambre (*arg.*)
Pot-de-fer (*anc.*)
Salade (*anc.*)

CASSANT

1. Fragile
Friable
Délicat

2. *Au fig. :*
Impérieux *et* Impératif
Dur
Tranchant
Brusque
Autoritaire
Sans réplique
Inflexible
Sans discussion possible
Insolent

● ANTONYMES : 1. Résistant, Solide, Souple, Malléable, Flexible.
2. Accommodant, Amène, Doux, Onctueux.

CASSE-COU

Hardi
Téméraire
Imprudent
Audacieux
Risque-tout
Bagarreur

Spécialement :
Cascadeur (*cinéma*)
Doublure (*id.*)

CASSER

Briser
Détériorer
Rompre
Fendre
Morceler
Mettre en morceaux
Abîmer
Fracasser
Détruire
Écorner
Éventrer
Fracturer
Écraser
Endommager
Déchirer
Broyer
Fractionner
Causer un dommage

● ANTONYMES : Raccommoder, Réparer, Recoller, Arranger.

CASSEROLE

Poêle *et* Poêlon
Cocotte
Braisière
Friteuse (*néol.*)
Faitout *ou* Fait-tout
Marmite
Coquemar
Lèchefrite

CASSOLETTE

Brûle-parfum
Encensoir

CASSURE

Brèche
Brisure
Fissure
Faille
Fracture
Crevasse
Fente
Arête
Bord

Au fig. :
Rupture
Fêlure
Coupure
Séparation
Divorce

● ANTONYMES : Soudure, Colmatage, Recollage, Raccommodage.

CASTE

Classe
Clan
Ethnie

CASTEL
V. CHÂTEAU

CASTRAT

Eunuque
Châtré

Spécialement :
Sopraniste

CASTRATION

Émasculation
Stérilisation
Ovariotomie
Bistournage
Chaponnage

CASUEL

Accidentel
Occasionnel
Fortuit
Contingent
Éventuel
Incertain
Conditionnel

● ANTONYMES : Assuré, Sûr, Inévitable, Immanquable, Invariable.

CATACLYSME
V. BOULEVERSEMENT et CATASTROPHE

CATALEPSIE

Paralysie
Léthargie
Immobilité
État second
Extase
Cataplexie

CATALOGUE

Liste
Nomenclature
Répertoire
Dénombrement
Rôle
Inventaire
Index
Collection
Table
Énumération

CATAPHOTE

Réflecteur
Feu rouge (de voiture)

CATAPLASME

Sinapisme
Emplâtre
Traitement antiphlogistique

CATARACTE
V. CASCADE et CHUTE

CATASTROPHE

Bouleversement
Cataclysme
Malheur
Calamité
Désastre
Coup
Drame
Tragédie
Fléau
Crise
Dénouement (attendu *ou* inattendu)
Accident

● ANTONYMES : Chance, Bonheur, Succès, Événement heureux, Bonne surprise.

CATÉCHISER

Endoctriner
Instruire (en religion)
Moraliser
Persuader
Prêcher
Chapitrer
Sermonner
Bourrer le crâne (*pop. péj.*)
Abuser (l'esprit de quelqu'un)

● ANTONYMES : Désabuser, Ouvrir les yeux, Instruire, Éclairer, Détromper.

CATÉGORIQUE

Net
Formel
Sans hésitation
Affirmatif
Clair
Franc
Sans bravures (*fam.*)
Précis
Sans ambiguïté (*ou* équivoque) possible
Dogmatique
Explicite

● ANTONYMES : Hypothétique, Confus, Équivoque, Évasif, Ambigu.

CATIMINI (EN)
V. CACHETTE (EN)

CATIN

Femme de mauvaise vie (*ou* de mauvaises mœurs)
V. PROSTITUÉE
Putain

CAUCHEMAR

V. RÊVE
Mauvais rêve
Angoisse
Hallucination
V. TOURMENT (*fig.*)

CAUSE

1. Origine
Moteur
Moyen
Principe
Fondement
Raison
Motif

Instigateur
À l'instigation de
Ce par quoi (*ou* pour quoi)
Mobile
Agent
Auteur
Créateur
Sujet
Objet
Ferment
Germe
Source
Point de départ
Fin mot
Promoteur
Inspiration
Inspirateur, trice

2. Prétexte
Aboutissement
Occasion
En considération de
Eu égard à
Considérant
Intention
Intérêt
Parti

● ANTONYMES : Effet, Conséquence, Résultat.

CAUSER

1. Susciter
Provoquer
Donner lieu à
Amener
Attirer
Motiver
Faire naître
Occasionner
Produire
Provoquer
Entraîner
Apporter

2. V. PARLER

● ANTONYMES : Venir de, Procéder de, Dériver de, Tenir de.

CAUSERIE
V. CONFÉRENCE

CAUSTIQUE

Corrosif (*aussi au fig.*)
Corrodant
Brûlant
Cuisant
Mordicant
Destructif (*aussi au fig.*)

Au fig. :
Acerbe
Satirique
Moqueur
Aigu
Mordant
Narquois
Piquant
Agressif
Destructeur

● ANTONYMES : Doux, Bénin, Bienveillant, Flatteur.

CAUTELEUX

V. RUSÉ
V. HYPOCRITE
Roué
Habile
Défiant
Fin
Sournois

● ANTONYMES : Naïf, Droit, Franc, Candide.

CAUTION

Cautionnement (*jur.*)
Arrhes

Garantie
Assurance
Gage
Preuve
Répondant
Garant
Témoin
Certificat
Consigne
Otage

CAUTIONNER

Répondre de
Avaliser
V. GARANTIR
Couvrir

● ANTONYMES : Désavouer, Se laver les mains de, Mettre en garde contre.

CAVALE
Jument

CAVALIER

1. *Subst.* :
Chevalier
Homme à (*ou* de) cheval
Écuyer, ère
Amazone (femme)
Jockey

Cavalerie militaire :
Argoulet (*anc.*)
Carabin *et* Carabinier à cheval (*anc.*)
Cent-garde (*anc.*)
Chevau-léger (*anc.*)
Éclaireur
Stradiot *ou* Estradiot (*anc.*)
Lancier (*anc.*)
Hussard
Uhlan
Mameluk *ou* Mamelouk
Cosaque

Chasseur
Dragon
Spahi
Cuirassier

● ANTONYMES : Piéton, Fantassin, Biffin (*arg. milit.*)

2. *Adj.* :
Sans-gêne
Hardi
Impertinent
Inconvenant
Hautain
Brusque
Désinvolte
V. IMPOLI

● ANTONYMES : Sérieux, Attentif, Poli.

3. Chevalier servant
Galant
Petit ami
Danseur
Sigisbée (*péj.*)

CAVE

Caveau
Cellier
Chai
Sous-sol
Silo
Souterrain

● ANTONYMES : Grenier, Toit, Comble.

CAVEAU

Tombe
Sépulture
Niche (funéraire)
Columbarium
Sépulcre

● ANTONYME : Berceau.

CAVERNE

Cavité naturelle
Grotte
Spélonque (pulmonaire, *méd.*)
V. ANTRE
V. REPAIRE

CAVERNEUX

Creux
Sépulcral
Profond
(Voix) Grave
(Voix de) Basse
(Son) Sourd

● ANTONYMES : Plein, Léger, Aigu, Flûté.

CAVIARDER
V. CENSURER

CAVITÉ

Espace intérieur vide
Creux
Vide
Trou
Anfractuosité
Fosse *et* Fossé
Enfonçure
Alvéole
Niche
Puits
Sac
Poche

Cavités naturelles :
Grotte
Caverne
Aven
Abîme
Gouffre
Galerie
Précipice
Ravin *et* Ravine

Puisard
Bétoire
Doline
Poljé

● ANTONYMES : Protubérance, Mont, Saillie, Pic, Éminence, Bosse, Colline.

CÉCITÉ

V. AVEUGLEMENT
Amaurose

● ANTONYMES : Clairvoyance.

CÉDER

1. *Trans.* :
Abandonner
Laisser (quelque chose à quelqu'un)
Donner
Concéder
Accorder
Livrer
Transmettre
Passer (*fam.*)
Refiler (*pop*)
Perdre (du terrain)
Battre (en retraite)
Reculer

2. *Intrans. et absol.* :
Capituler
Se rendre
S'abandonner
Ne plus résister
Acquiescer
Dire oui
Succomber à
Consentir
Déférer à
S'incliner devant
Plier devant
Obéir à
Se résigner à

Se soumettre à
Écouter
Obéir à
Composer avec
Reculer devant
Renoncer à
Lâcher pied devant (quelque chose ou quelqu'un)
Mollir
Caler (*pop.*)
Caner (*id.*)
Se coucher (*id.*)
S'écraser (*id.*)

3. *Jur.* :
Concéder
Rétrograder
Vendre
Transférer (la propriété de)
Se dessaisir de
Livrer
Donner
Léguer

● ANTONYMES : 1. Garder, Conserver, Retenir, Se réserver, Disputer.
2. Résister, Regimber, S'opposer, S'obstiner, Se cabrer, Repousser.
3. Acquérir.

CEINDRE

Entourer
Enserrer
Sangler
Ceinturer
Attacher
Encercler
Enclore
Enfermer
Couronner
Environner
Mettre une ceinture

● ANTONYMES : Dégager, Détacher, Libérer.

CEINTURE

Ceinturon
Cordelière
Cordon
Cilice (*eccl.*)
Zone (*géogr.*)

CÉLÈBRE

Connu
Réputé
Fameux
Notoire
Renommé
Vanté
Légendaire
Illustre
Glorieux
Public
Immortel
Populaire
Qui a (eu) du retentissement
Qui a du succès
Mémorable
Considérable

● ANTONYMES : Ignoré, Inconnu, Obscur, Oublié.

CÉLÉBRER

Fêter
Commémorer
Solenniser
Glorifier
Chanter (la gloire de)
Exalter
Publier (les louanges de)
Faire l'éloge de
Admirer
Rendre un culte à
Vanter

● ANTONYMES : Décrier, Déprécier, Oublier, Abaisser, Ravaler.

CÉLÉBRITÉ

Réputation
Notoriété
Renom *et* Renommée
Popularité
Gloire

● ANTONYMES : Obscurité,
Anonymat, Ombre, Oubli,
Effacement.

CELER

Garder secret (*ou* secrè-
tement)
Cacher
Taire
Dissimuler
Receler
Déguiser (son jeu)

● ANTONYMES : Divulguer,
Exhiber, Proclamer, Dé-
voiler.

CÉLÉRITÉ

V. RAPIDITÉ
Vitesse
Promptitude
Vélocité
Empressement
Diligence
Activité

● ANTONYME : Lenteur.

CÉLESTE

Divin
Paradisiaque
Angélique
Astral
Aérien

● ANTONYMES : Infernal,
Terrestre, Humain.

CÉLIBATAIRE

Garçon
Fille
Vieux garçon
Vieille fille
Catherinette
Seul *et* Solitaire
Non marié
Laissé pour compte (*pop.
péj.*)
Cœur à prendre (*pop.*)

● ANTONYME : Marié, e.

CELLIER
V. CAVE et HANGAR

CELLULE

1. Case
Loge
Chambre *et* Chambrette
Compartiment
Alvéole

2. Cachot
Cabanon (de fou)
Geôle
In-pace
Basse-fosse
Cul-de-basse-fosse
Régime cellulaire
Prison
Oubliettes
Bloc (*pop.*)
Gnouf (*arg.*)
Violon (*pop.*)
Mitard (*arg.*)
Tôle *ou* Taule (*pop.*)

CÉNACLE

Cercle
Club
Réunion

V. GROUPE et GROUPE-
MENT
Société

● ANTONYME : Réunion
publique.

CENSEUR

Critique
Juge
Père la Pudeur (*pop. péj.*)
Pédant (*péj.*)
Bégueule (*id.*)
Moraliste (*id.*)
Puritain

● ANTONYMES : Apologiste,
Libéral.

CENSURE

Condamnation
Critique
Réprobation
Animadversion
Blâme
Improbation
Interdit *et* Interdiction
Atteinte à la liberté
(de pensée, d'expression)
Caviardage
Anastasie (*néol.*)
Coupe
Ciseaux
Abus de pouvoir
Fait du prince

● ANTONYME : Liberté.

CENTRE

Milieu
Noyau
Cœur
Point central

Mitan (*dial.*)
Foyer
Pivot
Axe
Nombril (*fig.*)
Siège (central)

● ANTONYMES : Bord, Périphérie, Extrémité, Pourtour.

CEPENDANT

1. *Adv* :
Pendant ce temps
À ce moment
Pendant que
Durant que
Au moment où
Alors que
Tandis que

2. *Conj.* :
Pourtant
Néanmoins
Malgré cela (*ou* Malgré que)
Toutefois
Nonobstant
En regard de cela
Quoique ça (*pop.*)

CERCLE

1. V. CÉNACLE

2. V. ROND

3. Entourage
Compagnie
Relations
Domaine
Étendue (de connaissances)

● ANTONYMES : Droite, Carré.

CERCUEIL

Bière
Sarcophage
Sapin (*pop.*)

● ANTONYME : Berceau.

CÉRÉMONIAL

Cérémonie
Protocole
Étiquette
Pompe
Apparat
Rituel
Décorum
Règle
Rites
Usages
Traitement

CÉRÉMONIE

Fête (liturgique)
Cérémonial
Liturgie
Solennité
Gala
Pompe
Commémoration
Parade
Réception
Cortège
Procession

CÉRÉMONIEUX

Formaliste
Affecté
Obséquieux
Révérencieux
(Trop) Poli
Apprêté
Solennel

● ANTONYMES : Familier, Naturel, Sans façon, Simple.

CERISE

Bigarreau
Guigne
Griotte *ou* Aigriotte
Marasque

Arg. :
Guigne *et* Guignon (*pop.*)
Malchance
Poisse (*arg.*)
Manque de pot, de bol (*arg.*)

CERNER

Investir
Assiéger
Bloquer
Entourer
Encercler
Envelopper
Faire des manœuvres d'approche

● ANTONYMES : Libérer, lever le siège.

CERTAIN

Vrai *et* Avéré
Sûr *et* Assuré
Réel
Authentique
Confirmé
Incontestable
Hors de question
Exact
Évident
Indéniable
Indiscutable
Indubitable

Inévitable
Fondé
Flagrant
Admis
Manifeste
Décisif
Apodictique (*phil.*)
Clair
Connu *et* Reconnu
Corroboré
Démontré
Effectif
Prouvé
Établi
Garanti
Formel
Inattaquable
Irrécusable
Officiel
Notoire
Solide
Su
Tangible
Certifié

● ANTONYMES : Incertain, Douteux, Discutable, Faux, Hasardé, Problématique, Contestable, Controversé.

CERTAINEMENT

D'une façon certaine
Sûrement
Incontestablement
Indubitablement
Indéniablement
Indiscutablement
Sans conteste
Formellement
Inévitablement
Infailliblement
Fatalement
Nécessairement
À coup sûr
Assurément

Évidemment
Vraiment
Naturellement
Franchement
Réellement
Véritablement
Nettement
Certes
Parfaitement
Bien sûr

● ANTONYMES : Peut-être, Douteusement, Faussement

CERTIFICAT
V. ATTESTATION

CERTIFIER

V. ATTESTER
V. AFFIRMER
Confirmer
Garantir
Témoigner de (*ou* que)
Constater
Authentifier
Légaliser
Jurer que
Maintenir que
Vidimer (*diplom.*)
Donner *ou* Fiche son billet que (*pop.*)

● ANTONYMES : Démentir, Désavouer, Contester, Mettre en doute, Nier.

CERTITUDE

Conviction
Croyance
Opinion affirmée
Évidence
Vérité
Assurance
Dogme
Révélation

Fanatisme
Religiosité

● ANTONYMES : Doute, Hypothèse, Incertitude, Conjecture.

CERVEAU

Encéphale
Cervelle
Bulbe
Circonvolutions cérébrales
Hémisphères cérébraux

Au fig. :
Crâne
Tête
Méninges
Esprit
Jugement
Intelligence
Raison
Ciboulot (*pop.*)

● ANTONYMES : Inintelligence, Bêtise.

CÉSARISME
V. ABSOLUTISME

CESSATION

Arrêt
Fin
Interruption
Suspension
Abandon
Trêve
Armistice
Repos
Répit
Rémission
Relâche
Apaisement
Paix
Suppression
Guérison (d'une maladie)

Mort
Grève (cessation du travail)
Faillite (cessation des paiements)
Fermeture (d'un commerce)
Liquidation (*id.*)

● ANTONYMES : Poursuite, Continuation, Persistance, Maintien, Reprise, Recommencement.

CESSER
V. ARRÊTER et INTERROMPRE

CESSION
V. ABANDON et VENTE

CÉSURE

Coupure
Interruption
Repos
Coupe (poétique)
Hémistiche (*id.*)

CHAFOUIN
V. RUSÉ et SOURNOIS

CHAGRIN

1. *Subst.* :
Peine
Déplaisir
Affliction
Souci
Malheur
Larme (s)
Désolation
Désespoir
Douleur
Souffrance
Déchirement
Tristesse
Mélancolie
Humeur noire

Cafard
Spleen

2. *Adj.* :
Triste
Affligé
Attristé
Atrabilaire
Morose
Aigre
Inquiet
Maussade
Morne
Pessimiste
Mélancolique
Bilieux
Cafardeux (*fam.*)
Bourru
De mauvais poil (*pop.*)
Hypocondriaque
Neurasthénique
Grimaud (*anc.*)
Rabat-joie (*pop.*)
Dolent
Contrit
Lugubre
Comme une porte de prison (*pop.*)
Abattu
Amer
Pleurnichard
Sombre
Soucieux
Désabusé
Malheureux

● ANTONYMES : 1. Gaieté, Bonheur, Allégresse, Joie.
2. Gai, Joyeux, Jovial, Optimiste, Épanoui, Heureux.

CHAGRINER
V. ATTRISTER

CHAHUT

Bruit
Désordre

Tapage
Sabbat
Tumulte
Vacarme
Bacchanal
Bousin (*pop.*)
Chambard
Tohu-bohu
Cacophonie
Schproum (*arg.*)

● ANTONYMES : Calme, Paix, Silence, Discipline, Ordre.

CHAINE

1. Lien
Anneaux
Attache
Fers

2. *Au fig.* :
Servitude
Assujettissement
Sujétion
Asservissement
Esclavage
Captivité
Dépendance
Joug
Obligation
Discipline
Attache *et* Attachement
Union
Alliance
Mariage
Enchaînement
Liaison
Continuité
Association

● ANTONYME : Liberté.

CHAINON

Maille
Maillon

CHAIR

1. V. Viande

2. V. Sensualité ·

● Antonymes : 1. Os, Squelette.
2. Esprit, Âme.

CHALAND

1. Péniche
Barque
Balandre *et* Bélandre (chaland des canaux du Nord)
Bette (chaland en Méditerranée)
Ponton
Drague (chaland pour curage)
Marie-Salope (chaland à clapet)
Coche (*anc.*)

2. Acheteur
Client
Pratique

CHÂLE

Fichu
Pointe
Sautoir
Taleth (châle hébreu)
Poncho

CHALET
V. Villa

CHALEUR

Chaud (*subst.*)
Tiédeur
Touffeur
Canicule
Haute température
Incandescence

Au fig. :
Cordialité
Amour
Flamme
Ferveur
Ardeur
Passion
Zèle
Empressement
Effervescence
Animation
Animosité
Entrain
Exaltation
Fièvre
Feu
Vigueur
Vivacité
Véhémence
Enthousiasme
Lyrisme
Verve
Violence

● Antonymes : Froid *et* Froideur, Fraîcheur, Tiédeur, Indifférence, Dureté, Langueur.

CHALLENGE

Compétition
Match
Concours
Championnat
Critérium
Course

CHALOUPE
V. Bateau

CHAMAILLERIE
V. Dispute

CHAMBARD
V. Bruit et Chahut

CHAMBARDEMENT

V. Bouleversement
Remue-ménage
Révolution
Renversement
Changement (radical *ou* total)
Mise à l'envers (*ou* en l'air) [*fam.*]
Sens dessus dessous (*fam.*)
V. Dérangement
Chamboulement (*fam.*)

● Antonymes : Conservation, Maintien, Immobilité, Ordre.

CHAMBRE

Pièce
Salle
Chambre à coucher
Chambrette
Nursery (chambre pour les enfants)
Mansarde
Galetas
Carrée (*pop.*)
Crèche (*pop.*)
Piaule (*pop.*)
Taule (*pop.*)
Turne (*pop.*)
Cambuse (*pop.*)
Gourbi (*pop.*)
Cagibi
Cellule
Gloriette (*anc.*)

CHAMBRÉE
Dortoir

CHAMBRER

Circonvenir
Envelopper
Soustraire (quelqu'un)

Isoler (quelqu'un)
Endoctriner
Sermonner

Pop. :
Se moquer (de quelqu'un)
Plaisanter (quelqu'un)
Faire marcher (quelqu'un)
[*fam.*]
Se payer la tête (de quelqu'un) [*pop.*]

CHAMBRIÈRE

Femme de chambre
Camériste
Camérière (*anc.*)
Servante
Domestique
Soubrette

CHAMP

Glèbe
Plaine
Pré *et* Prairie
Pâturage
Herbage
(Pièce de) Terre
Lopin
Enclos
Culture
Campagne
Plantation
Emblavure
Guéret

« *Sur-le-champ* » :
V. IMMÉDIATEMENT

CHAMPÊTRE

Agreste
Rustique
Rural
Bucolique

Pastoral
De la campagne
Agricole

● ANTONYME : Urbain.

CHAMPIONNAT
V. CHALLENGE et COMPÉTITION

CHANCE

1. (Bonne) Fortune
(Heureux) Hasard
Bonheur *et* Heur (*anc.*)
(Heureux) Sort
Veine
Aubaine
Bonne étoile
Réussite
Événement providentiel
(Heureuse) Surprise
(Heureux) Coup de dés
(Heureuse) Occasion
Coup de pot (*arg.*)
Chopin (*arg.*)

2. « *Chances* » :
Aléa
Possibilité
Probabilité
Éventualité
Peut-être
Si tout va bien
Vicissitudes
(Par) Aventure

● ANTONYMES : Malchance,
Malheur, Déveine, Guigne
(*ou* Guignon).

CHANCELER

Tituber
Vaciller
Flageoler (*fam.*)
Flotter
Manquer (*ou* Être près)
de tomber

Branler
Être peu assuré
Trembler *et* Trembloter
Hésiter
Être sur le point de

● ANTONYMES : Tenir bon,
Être ferme, Se fixer, S'affermir.

CHANCIR

Moisir
Pourrir
Se gâter

CHANDAIL

Pull-over *ou* Pull
Tricot
Maillot
T-Shirt (*néol.*)

CHANDELIER

Candélabre
Bougeoir
Torchère
Girandole
Flambeau
Applique
Lustre
Martinet (*anc.*)

CHANGEANT

Variable
Incertain
Inconstant
Infidèle
Mobile
Capricieux
Transitoire
Éphémère
Versatile

Volage
Lunatique
Cyclothymique
Léger
Instable
Flottant
Indécis
Girouette
Caméléon
Papillon
Protée
Inégal
Mouvant
Cœur d'artichaut
Arlequin
Papillonnant
Oscillant
Ondoyant
Louvoyant
Divers
Opportuniste

● ANTONYMES : Constant,
Stable, Fixé, Fidèle, Égal,
Invariable, Immuable, Per-
sistant, Persévérant.

CHANGEMENT

Modification
Passage
Mutation
Transformation
Transmutation
Avatar
Falsification
Échange
Évolution
Variation
Différence
Bouleversement
Remue-ménage
Renouvellement
Rectification
Retournement
Suppression
Addition

Révolution
Amélioration
Renversement
Mouvement
Fluctuation
Renforcement
Phase
Accélération
Ralentissement
Transition
Progression
Métamorphose
Adaptation
Métempsycose
Altération
Conversion
Correction
Inconstance
Atténuation
Aggravation
Caprice
Palinodie
Revirement
Variante
Remaniement
Volte-face
Vicissitude

● ANTONYMES : Fixité,
Passéisme, Conservatisme,
Invariabilité, Persistance,
Immutabilité, Constance,
Immobilité.

CHANGER

Modifier
V. Échanger
Troquer
Convertir
Remplacer
Céder
Donner (en échange)
Abandonner
Quitter
Donner (ou Prendre) la
place

Bouleverser
Transformer
Réformer
Renouveler
Rénover
Métamorphoser
Transmuer et Muer
Substituer
Bouger (changer de place)
Déranger (id.)
● ANTONYMES : Conser-
ver, Perpétuer, Mainte-
nir, Stabiliser, Faire durer.

CHANGER D'AVIS

Se raviser
Tourner bride (fig.)
Être versatile
Se reprendre
Varier
Réévaluer son idée (ou
son raisonnement)
Réformer son jugement

● ANTONYMES : Confirmer,
Maintenir, Se fortifier
(dans une opinion).

CHANSON et CHANT

Air
Chansonnette
Romance
Morceau
Couplet
Complainte
Litanie
Aubade
Canzonnette (fam.)
Goualante (pop.)
Ritournelle
Rengaine (péj.)
Scié (péj.)
Refrain
Flonflon

Saucisson (*arg. mus. professionnel*)
Tube (*id.*, *néol.*)
Comptine
Aria *et* Ariette
Ballade
Barcarolle
Berceuse
Cantilène
Cavatine
Lied
Mélodie
Ronde
Villanelle

Au fig., *pop. et péj.* :
Propos futile
Mensonge
Baliverne
Sornette
Conte à dormir debout
Mauvaise excuse

CHANTER

Donner de la voix
Chantonner
Chansonner
Fredonner
Roucouler
Triller
Vocaliser
Entonner (un chant)
Filer (un son)
Porter (*id.*)
Couler (*id.*)
Moduler
Nuancer
Barytonner
Ténoriser
Jodler
Bourdonner
Psalmodier
Gazouiller
Exécuter (un morceau)
Solfier
Déchiffrer

S'égosiller (*péj.*)
Beugler (*péj.*)
Braire (*péj.*)
Bramer (*péj.*)
Gueuler (*péj.*)
Miauler (*péj.*)
Hurler (*péj.*)
S'époumoner (*péj.*)

● ANTONYME : Se taire.

CHANTEUR

Chantre
Chansonnier
Cantatrice (*femme*)
Vedette
Diva (*femme*)
Soprano (*id.*)
Mezzo-soprano (*id.*)
Médium
Contralto (*femme*)
Coloratur (*id.*)
Choriste
Ténorino
Ténor
Haute-taille
Haut-dessus
Haute-contre
Dessus
Basse
Basse-dessus
Basse-contre
Basse-taille
Baryton
Castrat
Prima donna (*femme*)
Divette (*id.*)
Aède
Barde
Citharède
Coryphée
Ménestrel
Minnesanger (poète chanteur allemand au Moyen Age)
Rhapsode

Scalde (poète chanteur scandinave ancien)
Troubadour
Trouvère
Soliste

CHANTIER
V. ATELIER

CHANTONNER
V. CHANTER

CHANTRE
V. CHANTEUR

CHAOS

Commencement du monde
V. BOULEVERSEMENT
V. CONFUSION
Désordre
Tohu-bohu
Trouble
Inorganisation
Cataclysme
Incohérence
Fatras
Mêlée
Cohue
Pétaudière (*fam.*)
Fin du monde

● ANTONYMES : Ordre, Clarté, Harmonie, Organisation.

CHAPARDER
V. DÉROBER et VOLER

CHAPEAU

V. COIFFURE
Couvre-chef
Galure *et* Galurin (*pop.*)
Bitos (*arg.*)
Haut-de-forme
Claque
Melon

Gibus
Bousingot
Bolivar
Stetson
Borsalino
(Chapeau) Mou
Canotier
Panama
Toque
Mortier
Sombrero
Feutre
Tube
Bicorne
Tricorne
Capeline
Béguin
Cornette
Hennin
Coiffe

CHAPELET
Rosaire

CHAPELLE

1. Église
Oratoire
Baptistère

2. Coterie
Clan
Clique
Secte
Groupuscule
Camarilla
Fraction *et* Faction
Mafia *ou* Maffia
École
Tendance
Parti

CHAPITEAU
V. Cirque et Tente

CHAPITRE
Partie
Section

Titre
Article
Question
Matière
Sujet
Objet

CHAPITRER

Réprimander
Morigéner
Faire la leçon
Catéchiser
Endoctriner
Moraliser
Sermonner
Gourmander

● ANTONYMES : Féliciter, Louanger.

CHARABIA

Galimatias
Baragouin
Jargon
Amphigouri
Pathos
Barbarisme
Solécisme
Pataquès
Phébus (*anc.*)

● ANTONYME : Correction.

CHARBON
V. Houille

CHARGE

1. Fardeau
Poids
Somme
Faix
Cargaison
Batelée (*anc.*)
Lest
Fret

2. Embarras
Peine
Incommodité
Servitude
Gêne
Souci
Responsabilité
Handicap
Obligation
Devoir

3. Fonction
Poste
Place
Dignité
Emploi
Ministère
Office

4. V. Caricature

5. V. Assaut
Attaque
Choc

CHARIOT
V. Charrette

CHARITÉ

Bienfaisance
Philanthropie
Humanité
Miséricorde
Pitié
Indulgence
Altruisme
Générosité
Bonté
Mansuétude
Fraternité
Condescendance
V. Aumône
Offrande
Obole
Assistance
Secours

● ANTONYMES : Dureté,

Égoïsme, Misanthropie, Avarice, Cupidité.

CHARIVARI
V. Tapage et Vacarme

CHARLATAN

Vendeur ambulant
Marchand à la sauvette
Camelot
Posticheur (*arg.*)
Vendeur d'orviétan (*anc.*)
Bluffeur
Escroc
Hâbleur
Imposteur
Menteur
Marchand de courants d'air (*pop.*)
Guérisseur
Rebouteux
Médicastre (*pop.*)
Empiriste
Cabotin

CHARMANT

Plaisant
Séduisant
Enchanteur
Captivant
Agréable
Aimable
Amène
Ravissant
Gracieux
Piquant
Intéressant
Fascinant
Ensorcelant
V. Attrayant

● ANTONYMES : Déplaisant, Affreux, Hideux, Rebutant, Repoussant, Désagréable.

CHARME

1. Enchantement
Ensorcellement
Envoûtement
Sortilège
Incantation
Maléfice
Magnétisme
Illusion
Pratique magique
Sort (jeté)

2. Grâce
Agrément
Attrait
Séduction
Plaisir
Intérêt
Délice
Fascination
Ravissement
Enchantement

3. « *Charmes* » :
Appas
Attributs
Beauté
Vénusté
Élégance
Chic

● ANTONYMES : 1. Conjuration, Désenvoûtement. 2. 3. Laideur, Horreur, Monstruosité.

CHARMER

Enchanter
Ensorceler
Fasciner
Attirer
Ravir
Entraîner
Séduire
Enjôler
Captiver
Délecter

Enthousiasmer
Plaire
Conquérir
Flatter
Enivrer
Griser
Taper dans l'œil (*pop.*)
En mettre plein la vue (*pop.*) [*péj.*]
Apprivoiser

● ANTONYMES : Déplaire, Rebuter, Choquer, Attrister, Désenchanter.

CHARPENTE

V. Carcasse
Ossature
Structure
Architecture
Squelette
Nervure
Assemblage
Armature
Châssis
Bâti

CHARRETTE

Char
Chariot
Carriole
Tombereau
Chartil
Gerbière
Haquet
Charreton
Fardier
Triqueballe (*ou* Trinqueballe)

CHARRIER

Charroyer
Transporter

Entraîner
Emporter

Au fig. (*pop.*) :
Plaisanter
Moquer
Mystifier
Mener en bateau (*pop.*)
Faire marcher (*fam.*)

et, absol. :
Exagérer

CHARTE

Titre (de propriété, de privilège octroyé, etc.)
Convention
Règlement
V. ACCORD
V. TRAITÉ

CHASSER

Obliger à partir
Déloger
Débusquer
Bouter (dehors)
Congédier
Renvoyer
Refouler
Reconduire
Mettre à la porte
Flanquer à la porte (*fam.*)
Faire prendre la porte
Ficher dehors (*fam.*)
Flanquer dehors (*fam.*)
Se séparer (de quelqu'un)
Pousser dehors
Écarter
Éliminer
Exclure
Expulser
Bannir
Faire fuir
Excommunier
Démettre

Évincer
Vider (*pop.*)
Détrôner
Défenestrer
Limoger

● ANTONYMES : Accueillir, Recevoir, Admettre, Engager, Embaucher, Ouvrir la porte.

CHASSEUR

1. Nemrod
Braconnier
Trappeur
Boucanier
Veneur
Piégeur
Traqueur
Rabatteur
Piqueur

2. Groom
Domestique
Garçon d'ascenseur
Liftier
Portier

CHÂSSIS
V. CADRE

CHASTE

Continent
Ascétique
Vertueux
Pur
Sage
Vierge
Pudique
Innocent
Prude
Angélique
Honnête
Tempérant

● ANTONYMES : Luxu-

rieux, Voluptueux, Sensuel, Concupiscent, Débauché, Dissolu, Érotique (*et* Érotomane), Incontinent, Lubrique, Libidineux, Impur.

CHAT

Félin
Matou
Minet *et* Minou (*fam.*)
Mistigri (*fam.*)
Chaton
Raminagrobis
Rodilardus
Grippeminaud
Haret (chat sauvage)
Greffier (*pop.*)

CHÂTEAU

1. Castel
Manoir
Gentilhommière
Résidence
Demeure
Palais

2. « *Château fort* » :
Forteresse
Citadelle
Bastille
Demeure fortifiée
Fort
Donjon

3. « *Château d'eau* » :
Réservoir

● ANTONYMES : 1. Chaumière, Hutte, Cabane, Maison bourgeoise.

CHÂTIER
V. PUNIR

207

CHÂTIMENT

V . PUNITION
Répression
Expiation
Correction
Pénitence
Prix (de la faute)
Peine (à subir)
Sanction
Salaire
Vengeance
Vindicte
Pénalité
Condamnation
Amende
Dédommagement
Dommages et intérêts *ou*
Dommages-intérêts
Flétrissure
Damnation

● ANTONYMES : Récompense, Encouragement, Prime.

CHATOUILLER

Titiller
Picoter
Agacer
Exciter
Caresser

● ANTONYME : Gratter.

CHATOYER

Miroiter
Briller (*aussi au fig.*)
Changer (de couleur)
Avoir des reflets
Étinceler
Rutiler
Séduire (*fig.*)

CHÂTRER

Castrer
Émasculer
Bretauder *ou* Bertauder,
ou Bertouder, *ou* Bretouder (animaux)

« *Châtré* » :
Castrat
Eunuque
Hongre (cheval)
Chapon (coq)

CHATTERIE

1. Cajolerie
Caresse
Câlinerie
Prévenance
Mignardise
Dorlotement
Petits soins
Tendresse
Empressement

2. V. FRIANDISE
Gâterie
Douceurs
Sucreries

● ANTONYMES : 1. Brutalité, Brusquerie.
2. Purge, Remède.

CHAUD

Brûlant
Torride
Bouillant (*aussi au fig.*)
Au fig. :
1. Chaleureux
Ardent
Enthousiaste
Empressé
Fervent
Pressant

Passionné
Amoureux
Zélé
Emporté
Vif
Fougueux
Emballé (*fam.*)

2. Animé
Apre
Dur
Sanglant (combat)
Sévère
Coriace

● ANTONYMES : Froid,
Glacé, Gelé, Frais.
Au fig. : 1. Calme, Indifférent, Flegmatique.
2. Mou, Douteux, Hésitant.

CHAUFFER

Échauffer
Réchauffer
Rendre chaud
Faire cuire
Faire bouillir
Mettre sur le feu
Bassiner (des draps)

● ANTONYMES : Rafraîchir, Glacer, Refroidir,
Réfrigérer. Attiédir.

CHAUFFEUR

Conducteur
Automobiliste
Automédon (*litt.*)
Phaéton (*litt.*)
Chauffard (*péj.*)

CHAUME

Paille
Éteule

CHAUMIÈRE

Chaumine
V. CABANE

● ANTONYMES : Palais, Palace, Château.

CHAUSSON

Pantoufle
Savate
Babouche
Socque
Mule
Espadrille
Charentaise (rég.)

● ANTONYMES : Botte, Brodequin, Soulier.

CHAUSSURE

Soulier
Botte et Bottine
Brodequin
Cothurne (anc.)
Escarpin
Galoche
Mocassin
Sabot
Patin
Sandale
Snow-boot
Bottillon
Grolle (pop.)
Godasse (fam.)
Godillot (pop.)
Pompe (pop.)
Croquenot (pop.)
Péniche (pop.)
Tatane (pop.)
Bateau (pop.)
Ribouis (arg.)
Écrase-merde (arg.)
Sorlot (arg. anc.)

CHAUVIN

Patriote
Superpatriote
Patriotard
Cocardier
Xénophobe
Jingo (chauvin anglais)
Fanatique
Esprit de clocher

● ANTONYMES : Internationaliste, Impartial, Citoyen du monde.

CHAVIRER

Se renverser
Se retourner (sur soi-même)
Basculer
Sombrer
Couler

Par extens. :
Vaciller
Chanceler
Trébucher
Tanguer
Cabaner (mar.)

CHEF

Tête
Responsable
Dirigeant
Patron
Maître
Seigneur
Commandant
Directeur
Supérieur
Administrateur
Despote
Animateur
Gouverneur
Leader
Manitou (fam.)

Grossium (arg.)
Meneur

● ANTONYMES : Subalterne, Administré, Piétaille, Subordonné, Inférieur.

CHEMIN

Route
Voie
Allée
Avenue
Piste
Sente et Sentier
Layon (ou Lé, ou Laie)
Tranchée (Eaux et Forêts)
Ravin
Charmille
Cavée (anc.)
(Chemin) Communal
(Chemin) Vicinal
(Chemin) Départemental

● ANTONYMES : Autoroute, Nationale.

CHEMINEMENT

Approche
Marche
Progression
Progrès
Avance et Avancée
Chemin

CHEMINER
V. ALLER et MARCHER

CHEMISE

1. Chemisette
Camisole
Chemisier
Bannière (pop.)
Liquette (pop.)
Limace (arg.)
2. V. DOSSIER

CHENAL
V. Canal

CHENAPAN

Vaurien
Garnement
Sacripant
Gredin
Canaille
Crapule
Galapiat
Arsouille
Vermine
Gouape
Galopin
Coquin
Dévoyé
V. Bandit

CHEPTEL
V. Bétail

CHER

1. Coûteux
Onéreux
Exorbitant
Dispendieux
Hors de prix
Inabordable
Coup de fusil
Ruineux
Salé (*fam.*)

2. Précieux
Aimé
Chéri
Bien-aimé
Préféré
Estimable
Agréable

● Antonymes : 1. Bon
marché, Gratuit.
2. Haï, Détesté, Odieux.

CHERCHER

1. Rechercher
Quérir
S'efforcer de trouver (*ou*
de découvrir)
Explorer
Fouiller
Fureter
Se mettre en quête de
Aller à la recherche de
Partir à la découverte de
Aller en reconnaissance
Fourrager dans (quelque
chose)

2. « *Chercher à...* »
S'appliquer à
S'efforcer de
S'évertuer à
Tenter
Tâcher de
Essayer de
Calculer
Imaginer
Supposer
Inventer
Se pencher sur
Examiner
Scruter
Se battre les flancs pour
Réfléchir
Enquêter sur
S'informer sur
Se demander si

● Antonymes : Trouver,
Être indifférent à.

CHERCHEUR

Fureteur
Investigateur
Fouineur (*fam.*)
Curieux
Détecteur

Absol. :
Savant

Érudit
Inventeur

● Antonymes : Incurieux,
Sceptique.

CHÈRE (BONNE)
V. Festin

CHÉRIR

V. Aimer
Affectionner
Vénérer
Porter dans son cœur
Estimer
Préférer
Se complaire à

● Antonymes : Haïr,
Détester, Abhorrer.

CHÉRUBIN
V. Ange et Enfant

CHÉTIF

Débile
Faible
Malingre
Rachitique
Gringalet
Mauviette
Demi-portion (*pop.*)
Crapoussin (*pop.*)
Criquet (*fam. péj.*)
Rabougri
Dérisoire
Piètre
Maigre
Malade
Piteux
Pauvre
Mesquin
Chiche

● Antonymes : Robuste,
Vigoureux, Costaud, Solide, Fort.

CHEVAL

Équidé
Solipède
Étalon
Poulain *et* Pouliche
Jument
Poney
Dada (*fam.*)
Coursier (*anc.*)
Destrier (*anc.*)
Palefroi (*anc.*)
Roussin (*anc.*)
Hunter (cheval de chasse)
Sauteur
Trotteur
Crack
Pommelé
Rouan
Alezan
Pie
Barbe
Pinchard *ou* Pêchard
Rubican
Saure
Bai
Arzel
Aubère *ou* Aubert
Zain
Hongre
Mustang (cheval sauvage)
Tarpan (*id.*)
Yearling
Genet (cheval d'Espagne
ou du Portugal)
Pur-sang
Arabe
Anglo-normand
Anglo-arabe
Percheron
Camarguais
Boulonnais

Péj. :
Canasson (*arg.*)
Bourrin (*arg.*)
Carne
Haridelle

Rosse
Rossinante
Rossard
Mazette (*anc.*)
Bidet
Tocard *ou* Toquard (*fam.*)
Bourrique
Carcan (*arg.*)
Gail *ou* Gaille (*arg.*)
Veau (*arg.*)

CHEVALERESQUE

V. Généreux
Romanesque

CHEVALIER

Preux
Paladin
Écuyer
Cavalier
Noble

**CHEVALIER D'INDUS-
TRIE**
V. Escroc

CHEVALIER SERVANT
V. Cavalier

CHEVAUCHÉE

Course à cheval
Cavalcade
Incursion
Raid

CHEVELURE et **CHE-
VEUX**

Coiffure
Crinière (*fam.*)
Toison
Tignasse (*fam.*)

Poil (le *ou* les)
Crins (*pop.*)
Perruque
Postiche
Chichi (*fam.*)
Tifs (*pop.*)
Douilles (*arg.*)
Boucles
Chignon
Frisures *et* Frisons
Toupet
Plumes (*pop.*)
Persil (*pop.*)
Cresson (*pop.*)
Mousse (*pop.*)

CHÈVRE

Bique *et* Biquette (*fam.*)
Cabri
Chevreau

CHEVRON

Madrier
Pièce de charpente
Latte
Chanlatte *ou* Chanlate

CHIC

Élégance
Tournure
Classe
Chien
A la mode
(Du) Caractère
Sélect
Smart
Aisance
Désinvolture
Habileté
Savoir-faire
Bath (*pop.*)
Chouette *ou* Chouet (*pop.*)

Fam. :
Beau
Brave
Gentil
Sympathique
Généreux

● ANTONYMES : Vulgarité, Maladresse, Banalité, Inélégance ; Méchant, Mauvais, Vache (*pop.*)

CHICANE

Chicanerie
Avocasserie
Procédure
Humeur processive
Dispute
Bisbille
Argutie
Altercation
Ergotage
Artifice (de procédure)
Contestation (illégitime)
Objection captieuse
Mauvaise foi
Chipotage (*fam.*)
Tracasserie

● ANTONYMES : Entente, Accord.

CHICANER

Ergoter
Objecter
Chipoter
Vétiller
Chercher (la petite bête *ou* des poux dans la tête)
Chercher noise
Discuter
Disputer
Épiloguer
Contester (à tort)
Objecter (à tort)

Pointiller (*anc.*)
Arguer (de mauvaise foi)
Argumenter (*id.*)
Disputailler (*fam.*)
Discutailler (*fam.*)
Chercher querelle
Soulever un incident

● ANTONYMES : Être (tomber, *ou* Se mettre) d'accord, Laisser en paix, Accepter, Céder.

CHICHE
V. AVARE

CHICHI
V. AFFECTATION

CHIEN

Molosse
Cerbère
Mâtin
Limier
Berger
Roquet (*péj.*)
Toutou (*fam.*)
Chiot
Cabot (*fam.*)
Clebs *et* Clébard (*arg.*)
Cador (*arg.*)
Basset
Beagle
Braque
Briard
Bulldog *ou* Bouledogue
Barbet
Bichon
Bleu (d'Auvergne, de Gascogne)
Caniche
Chien-loup
Chow-chow
Carlin
Clabaud
Cocker
Colley *ou* Collie

Corniaud *ou* Corniot (*péj.*)
Danois
Dogue
Doberman
Épagneul
Fox-terrier
Griffon
Havanais
Houret (*langue class.*)
King-charles
Lévrier *et* Levrette
Loulou
Malinois
Mastiff
Pékinois
Pointer
Ratier
Ric et rac
Saint-bernard
Setter
Sloughi
Terre-neuve
Terrier
Turquet
Vautre (*anc.*)

Au fig. :
V. AVARE
V. CHICHE

CHIFFON

Guenille
Haillon
Lambeau
Serpillière
Loque
Wassingue
Oripeau
Charpie

CHIFFONNER

Froisser (*aussi au fig.*)
Mettre en tapon
Bouchonner

Mettre en chiffon
Faire des plis

Au fig. :
Chagriner
V. ATTRISTER
Contrarier
Inquiéter
Tourmenter
Préoccuper
Travailler
Intriguer
Taquiner

● ANTONYMES : Défrois-
ser, Repasser, Lisser, Rassurer.

CHIFFONNIER

1. Biffin (*arg.*)
Chineur (*arg.*)
Triqueur (*arg.*)
Chiftire (*arg.*)

2. V. COMMODE

CHIFFRE
V. NOMBRE

CHIMÈRE

Illusion
Imagination
Idée (folle *ou* fixe)
Folie
Rêve
Rêvasserie
Songe
Mirage
Phantasme
Ombre
Vision
Utopie
Roman

● ANTONYMES : Réalité,
Réel, Fait, Raison, Sagesse.

CHIMÉRIQUE

Imaginaire
Vain
Irréel
Utopique
Illusoire
Invraisemblable
Impossible
Fou
Fabuleux
Fantastique
Inexistant
Faux

● ANTONYMES : Réel, Vrai,
Certain, Fondé, Solide.

CHIPER
V. DÉROBER

CHIPOTER
V. CHICANER et MANGER

CHIQUENAUDE

(Petit) Coup
Pichenette
Croquignole
Nasarde (sur le nez)

CHIRURGIEN
V. MÉDECIN

CHIURE
V. EXCRÉMENT

CHOC

1. V. COUP et CONTRE-
COUP
Collision
Tamponnement
Heurt
Percussion
Battement
Carambolage
Secousse

Rencontre
Estocade
Tape
Confusion
Commotion
Ébranlement
Émotion
À-coup
Stress (*méd. néol.*)
Cahot
Revers
Vicissitude
Traumatisme
Conflit
Combat
Lutte
Échauffourée
Bataille

« *Choc en retour* » :
Contrecoup
Effet
Ricochet
Boomerang

● ANTONYMES : Caresse,
Frôlement.

CHOIR

V. TOMBER
S'écrouler

« *Laisser choir* » :
Laisser tomber
V. ABANDONNER
Renoncer
Plaquer (*fam.*)

CHOISIR

Faire (*ou* Fixer) son choix
Préférer
Faire choix de
Élire
Adopter
Se déterminer pour

Se décider pour
Se prononcer pour
Donner la palme à
Donner (sa voix *ou* son suffrage) à
Opter pour
Coopter (quelqu'un)
Jeter le mouchoir à
Jeter son dévolu sur
Trier
Désigner
Distinguer
Sélectionner
Nommer (quelqu'un)
Embrasser (une carrière)
Trancher en faveur de
Prendre parti pour
S'engager
Prendre option pour
Montrer une (*ou* sa) prédilection pour
Chouchouter

● ANTONYMES : Temporiser, S'abstenir, Être indécis, Hésiter, Réserver son attitude (*ou* son jugement).

CHOIX

1. Option
Sélection
Préférence
Prédilection
Décision
Élection
Nomination
Désignation
Résolution (en faveur de)
Alternative
Dilemme

2. Assortiment
Collection
Éventail
Réunion
Premier choix
Dessus du panier

Surchoix
Crème
Fleur
Sélection
Élite
Morceaux choisis
Chrestomathie
Anthologie
Recueil
Analectes

● ANTONYMES : Abstention, Indécision, Temporisation.

CHÔMER

Suspendre le travail
Fêter
Faire le pont
Interrompre l'activité
Pointer (au chômage) [*pop.*]
Être sans travail (*ou* inactif)

● ANTONYME : Travailler.

CHOPER (*pop.*)

Attraper
Prendre
Arrêter
Chiper
Obtenir
Saisir (*aussi fig.*)

CHOQUANT, E

Déplaisant
Désagréable
Révoltant
Rebutant
Grossier
Malséant
Déplacé

Inconvenant
Shocking (*angl.*)
Cynique
Cru
De mauvais goût
Blessant
Scandaleux

● ANTONYMES : Plaisant, Bienséant, Séduisant, Engageant, Attrayant, Agréable.

CHOQUER

Heurter
Offusquer
Froisser
Blesser
Scandaliser
Révolter
Offenser
Vexer
Déplaire
Effaroucher
Rebuter
Atteindre
Indigner
Soulever (contre)
Aller contre (un sentiment)
Contrarier
Sonner mal
Écorcher (les oreilles)
Être discordant

● ANTONYMES : Plaire, Charmer, Séduire, Complaire, Flatter.

CHOUETTE

1. Chat-huant
Hulotte
Chevêche
Harfang *ou* Chouette blanche
Effraie

Strix
Aegolie

2. *Pop.* :
Chic
Beau
Agréable
Joli
Mignon

● ANTONYMES : Moche,
Dégueulasse, Affreux.

CHOYER

Cajoler
Caresser
Entourer (de prévenances)
Soigner (tendrement)
Combler (d'attentions)
Mignoter
Mignarder (*anc.*)
Gâter
Cultiver
Entretenir

● ANTONYMES : Brusquer,
Brutaliser.

CHRONIQUE
V. ANNALES, HISTOIRE et
RÉCIT

CHRONOLOGIE

V. ANNALES
Histoire
Calendrier
Éphéméride
Fastes
Anachronisme
Parachronisme
Prochronisme

CHUCHOTER

Murmurer
Parler bas

Souffler
Susurrer
Dire des messes basses
Marmotter
Marmonner
Parler entre ses dents (*ou*
dans sa barbe)
Grommeler
Rognonner

● ANTONYMES : Hurler,
Tempêter, Tonner, Voci-
férer, S'égosiller.

CHUT !

Silence!
Paix!
Taisez-vous!
Motus!
Vos gueules! (*pop.*)
Fermez-la! (*pop.*)

CHUTE

Écroulement
Croulement
Effondrement
Culbute
Affaissement
Éboulement
Ruine
Descente
Dégringolade
Éboulis
Avalanche
Écrasement
Renversement
Décadence
Déchéance
Déclin

« *Chute d'eau* » :
Cataracte
Cascade
Cascatelle
Saut

« *Chute du jour* » :
Tombée de la nuit

« *Faire une chute* » :
Tomber
Dégringoler
(Ramasser une) Bûche
(*fam.*)
Chûter
(Effectuer un) Carambo-
lage
(Faire la) Cabriole
(Ramasser une) Pelle(*fam.*)
(Ramasser un) Gadin (*arg.*)
(Faire un) Plongeon (*fam.*)

● ANTONYMES : Ascension,
Montée, Érection, Crois-
sance, Levée.

CICATRICE

Marque
Stigmate
Balafre
Blessure (guérie)
Plaie (refermée)

CICÉRONE
V. GUIDE

CIEL

Firmament
Voûte (céleste)
Calotte (céleste)
Dôme (céleste)
Nues
Éther
Atmosphère
Stratosphère
Zénith
Univers
Espaces infinis
Nadir

Au fig. :
Au-delà

Séjour *ou* Jérusalem céleste
Paradis
Jérusalem nouvelle
Cieux
Olympe
Champs Élysées
Empyrée
Walhalla
V. BONHEUR

CIGARETTE

Sèche (*arg.*)
Cibiche (*arg.*)
Pipe (*arg.*)
Toute cousue (*arg.*)
Long module
Gros module
Blonde
Brune
Sans filtre
Avec filtre

(*plus chaque marque commerciale, automatiquement synonyme de « cigarette »* : Gauloise, Gitane, Chesterfield, *etc.*)

CI-JOINT

Ci-inclus
Ci-annexé

CIME
V. SOMMET

CIMENT

Mortier
Béton
Fibrociment
Lien *et* Liant (*aussi au fig.*)

CIMETERRE

Sabre (oriental)
Épée
Yatagan
Badelaire *ou* Bazelaire
Kriss, *ou* Criss, *ou* Crid

CIMETIÈRE

Nécropole
Champ des morts
Champ du repos
Charnier (*anc.*)
Columbarium
Ossuaire
Catacombes
Crypte
Cayenne (*arg.*)

CINÉMA

Spectacle (cinématographique)
Salle (de cinéma)
Ciné (*fam.*)
Kino (*pop.*)
Cinématographe
Cinoche (*pop.*)
Projection
V. FILM

CINÉMATOGRAPHIER

Prendre des vues (Prise de vues)
Filmer
Tourner (un film)
Réaliser (un film)
Faire (un film *ou* du cinéma)

CINGLANT

Blessant
Offensant

Qui touche au vif
Cruel
Irritant
Vexant
Mortifiant
Sec
Méprisant

● ANTONYMES : Doux, Affectueux, Patient, Compréhensif.

CINGLER

1. Faire voile vers
Faire route vers
Mettre le cap sur
Naviguer vers
S'avancer vers
Progresser vers
Voguer vers

2. Battre
Flageller
Fouetter (*aussi au fig.*)
Fouailler (*id.*)
Cravacher (*id.*)

Au fig. :
Attaquer
Attiser
Exciter
Vexer
Critiquer
Blesser
Toucher au vif
Moucher (*fam.*)

● ANTONYMES : 1. Jeter l'ancre.
2. Caresser, Flatter.

CINTRE

Voûte
Courbure (hémisphérique)
Hémisphère concave
Arc
Arceau

CIRCONFÉRENCE

Rond
Cercle
Périmètre
Tour
Pourtour
Enceinte
Périphérie
En cerceau

● ANTONYMES : Droite, Carré, Cube, Centre.

CIRCONLOCUTION
V. PÉRIPHRASE

CIRCONSCRIPTION

Département
Arrondissement
Préfecture
Canton
Commune
Province
District
Douar
Diocèse (eccl.)
Paroisse (eccl.
Échevinage (anc.)
Généralité (anc.)
Sandjak (circonscription turque)
Vilayet (id.)
Wilaya (circonscription algérienne)
Région (circonscription militaire)
Division (id.)
Subdivision (id.)
Capitainerie (id., anc.)
Chefferie (id., anc.)

CIRCONSCRIRE

Borner
Limiter
Localiser
Exinscrire (math.)
Entourer

● ANTONYMES : Élargir, Étendre.

CIRCONSPECT

V. PRUDENT
Qui prend garde
Attentif
Posé
Avisé
Réfléchi
Réservé
Défiant
Sage
Précautionneux
Discret
Sur ses gardes

● ANTONYMES : Imprudent, Aventureux, Inconsidéré, Téméraire, Léger.

CIRCONSPECTION

Discrétion
Prudence
Précaution
Réserve
Défiance
Retenue
Attention
Discernement
Réticence
Mesure
Modération
Diplomatie
Sobriété
Quant-à-soi
Maturité
Responsabilité

● ANTONYMES : Imprudence, Légèreté, Témérité, Étourderie.

CIRCONSTANCE

Cas
Conditions
Données
Opportunité
Modalités
Climat
Accident
Particularité
Conjoncture
Hasard
État des choses
Actualité
Situation
Moment
Occasion
Éventualité
Occurrence
Incidence

CIRCONVENIR

Tromper
Abuser
Embobiner (fam.)
Embobeliner (fam.)
Endormir (fam.)
Entortiller (fam.)
Emberlificoter (fam.)
Trigauder (anc.)
Fourber (langue class.)
Empaumer (pop.)

● ANTONYMES : Détromper, Éclairer, Ouvrir les yeux.

CIRCUIT
V. TOUR

CIRCULER

Passer
Marcher
Rouler
Aller

Se promener
Ne pas stationner

● ANTONYMES : Stationner, S'arrêter *ou* Être à l'arrêt.

CIRE

Cérat
Gaufre
Rayon
Encaustique
Pain (de cire)
Cirage
Cachet (de cire)
Empreinte (*id.*)

CIRQUE

Amphithéâtre
Arène
Carrière
Enceinte
Chapiteau
Piste
Hippodrome

CISELER
V. PARFAIRE

CITADELLE
V. CHATEAU et FORTERESSE

CITÉ

V. VILLE
État
Nation
Patrie
République
Organisation administrative

● ANTONYMES : Désert, Campagne.

CITER

1. Sommer à comparaître
Appeler (en justice)
Traduire (*id.*)
Convoquer
Assigner
Ajourner (*jur.*)
Déférer (en justice)
Accuser
2. Rappeler
Rapporter
Mentionner
Invoquer
Évoquer
Donner (en exemple)
Nommer
Signaler
Appeler (à témoignage)
Alléguer
Produire (un texte, un témoin)
Donner pour preuve
Indiquer
Faire une citation
Mettre en avant

● ANTONYMES : 1. Dissimuler,
2. Cacher.

CITERNE
V. RÉSERVOIR

CIVIÈRE

Brancard
Bard (*anc.*)
Bayart (*anc.*)

CIVIL

1. Civique
2. Non militaire
Pékin (*pop.*)

Bourgeois
Citadin
Sans uniforme

3. Poli
Courtois
Affable
Galant homme
Honnête
Empressé

● ANTONYMES : 2. Militaire, Religieux.
3. Grossier, Impoli, Rustre *et* Discourtois.

CIVILISATION

Culture
Avancement (d'une société)
Progrès (*id.*)

● ANTONYMES : Barbarie, Sauvagerie.

CIVILITÉ
V. POLITESSE

CIVISME

Patriotisme

● ANTONYME : Incivisme.

CLABAUDER

V. ABOYER

Au fig. :
Dénigrer
Médire
Cancaner
Critiquer
Rouspéter (*pop.*)
Criailler

CLAIR

Lumineux
Éclatant
Transparent
Pur
Distinct
Net
Visible
Audible
Intelligible
Sûr
Manifeste
Évident
Certain
Explicite
Cartésien (esprit)
Lucide (*id.*)
Délié (*id.*)
Organisé (*id.*)
Synthétique (*id.*)

● ANTONYMES : Obscur, Abscons, Hermétique, Brumeux, Fumeux, Équivoque, Douteux, Embrouillé, Opaque, Sombre, Inintelligible.

CLAIRIÈRE

Trouée
Échappée
Éclaircie
Clair

● ANTONYMES : Futaie, Fond des bois, Cœur de la forêt.

CLAIRSEMÉ

Épars
Parsemé
Éparpillé
Rare

● ANTONYMES : Dense, Serré, Pressé, Compact.

CLAIRVOYANCE

Discernement
Lucidité
Flair (*fam.*)
Perspicacité
Nez (*fam.*)
Pénétration
Acuité
Sagacité
Intelligence
Intuition
Finesse
Compréhension
Subtilité

● ANTONYME : Aveuglement.

CLAMEUR

V. BRUIT
Tumulte
Vacarme
Cris
Vox populi
Vocifération
Tollé
Hurlement
Criaillement
Réprobation

● ANTONYMES : Silence, Murmure.

CLAMPIN

Traînard
Traîne-patin (*pop.*)
Retardataire
Musard
Flâneur

D'où :
Fainéant
Paresseux
Traîne-savate (*pop.*)

et :
Boiteux

● ANTONYMES : Serre-file, Avant-garde, Tête, Zélé, Fayot (*arg.*)

CLAN

Groupement social
Tribu
Horde
Caste

Par extension :
Association
Bande
Classe
Coterie
Parti
Camarilla
Mafia
Chapelle
Copinerie *et* Copinage
Gang

● ANTONYME : Individu.

CLANDESTIN

Caché
Secret
Subreptice
(De *ou* En) Contrebande
Planqué (*arg.*)
En cavale (*arg.*)
(Marché) Noir
Combattant de la nuit (*néol.*)
Résistant (*néol.*)
Illégal
Prohibé
Hors-la-loi

● ANTONYMES : Légal, Licite, Autorisé, Avoué, Reconnu, Collaborateur (*néol.*) *ou* Collabo (*néol. fam.*)

CLAPET

Valve
Soupape
Obturateur

CLAQUE
V. Gifle

CLAQUEMURER
V. Cloîtrer et Enfermer

CLAQUER

Faire « clac » (*onomatopée*)
Faire un bruit (sec)
Frapper
Battre
Gifler (*fam.*)
Fermer (violemment) [par ex. une porte]
Grelotter (claquer de froid)
Trembler (*id. ou* de peur)
Avoir faim (claquer du bec) [*pop.*]
Mourir (*pop.*)
Dépenser (*pop.*)
Gaspiller (*pop.*)
Dissiper (une fortune) [*pop.*]
Manger (de l'argent) [*fam.*]
Fatiguer (*fam.*)
Éreinter (*fam.*)

CLARIFIER

Rendre clair
Épurer (un liquide)
Filtrer (*id.*)
Décanter (*id.*)
Purifier (*id.*)
Éclaircir (*fig.*)
Élucider (*fig.*)

● ANTONYMES : Obscurcir, Brouiller, Embrouiller, Épaissir, Louchir.

CLARTÉ

Lumière
Lueur
Nitescence
Embrasement
Éclat
Illumination
Diffraction
Rayon
Réverbération
Diaphanéité
Phosphorescence
Contre-jour
Demi-jour
Transparence
Clair-obscur
Pénombre
Halo
Aurore
Aube

Au fig. :
Précision
Intelligibilité
Lucidité
Lisibilité
Audibilité
Limpidité
Netteté

● ANTONYMES : Obscurité, Noir, Nébulosité, Confusion, Chaos, Ambiguïté, Imprécision.

CLASSE

1. Catégorie
Groupe
Clan
Caste
Rang
Ordre
État
Gent (*ou* lat. Gens)

2. Espèce
Sorte

Classification
Série
Division

3. « *Avoir de la classe* » :
Élégance
Distinction
Branche (*fam.*)
Valeur
Chic (*fam.*)
Carrure

4. Cours
Division (scolaire)
Leçons
Enseignement (faire la classe)
Cycle (scolaire)

CLASSEMENT

Classification
Rangement
Ordre
Arrangement
Répartition
Tri *et* Triage
Nomenclature
Hiérarchisation
Sectionnement

● ANTONYMES : Déclassement, Désordre, Confusion.

CLASSIFICATION

Taxologie
Classement
Hiérarchie
Zootaxie (classification des animaux)

CLAUDIQUER

Boiter
Boitiller

Clopiner
Se déhancher

CLAUSE

Condition
Modalité
Disposition
Convention
Stipulation

CLAUSTRER

Cloîtrer
Isoler
Confiner
Enfermer
Couper du monde
Séquestrer
Emprisonner
Renfermer
Reclure (*anc.*)
Claquemurer
Verrouiller (quelqu'un)
(Se) Calfeutrer
Consigner
Chambrer
Mettre au secret
(Faire) Vivre en vase clos

● ANTONYMES : Libérer,
Élargir (*fam.*)

CLÉMENT

V. INDULGENT
Miséricordieux
Compréhensif
Qui pardonne
Magnanime
Doux
Généreux
Bon
Humain

● ANTONYMES : Inclé-

ment, Inexorable, Cruel,
Inflexible, Sévère.

CLICHÉ

1. Image (à l'origine :
négative)
Phototype
Photo
Photogramme
Négatif
Épreuve

Néologisme courant :
Positif (Épreuve positive)

2. Banalité
Poncif
Stéréotype
Lieu commun
Opinion toute faite
Redite
Rabâchage (*fam.*)

● ANTONYMES : 2. Trou-
vaille, Nouveauté, Ori-
ginalité.

CLIENT

V. ACHETEUR
Habitué
Consommateur
Fidèle
Clientèle
Pratique
Chaland
Miché *et* Micheton (*arg.*)

● ANTONYMES : Marchand,
Vendeur, Détaillant, Com-
merçant, Fournisseur.

CLIGNOTANT

Adj. :
Intermittent

Scintillant
Vacillant

Subst. :
Feu (de direction)

● ANTONYME : Fixe.

CLIGNOTER

Cligner (rapidement)
Battre (des paupières)
Scintiller
S'allumer et s'éteindre
Indiquer (sa direction) [*au-
tomobile*]

CLIMAT

Conditions atmosphéri-
ques (habituelles)
Température
Temps

Par extens. :
Milieu
Lieu
Pays

Au fig. :
Atmosphère
V. AMBIANCE

CLIN D'ŒIL

Clignement
Coup d'œil
Œillade
Invite
Complicité

CLINIQUE

Maison de santé
Policlinique (clinique
municipale)

Polyclinique
Établissement privé

● ANTONYME : Hôpital.

CLINQUANT

Simili
Clinquaille (*pop.*)
Camelote
Imitation
Faux
Quincaillerie (*pop.*)
Verroterie
Quincaille (*pop.*)

● ANTONYMES : Vrai, Authentique, Dix-huit carats (*pop.*)

CLIP

Broche
Attache
Bijou
Agrafe (précieuse)

CLIQUE

1. Bande
Groupe (*péj.*)
Coterie
Clan (*péj.*)
Gang
Cabale

2. Tambours et trompettes (musique)

CLIQUETIS

Bruit (sec)

CLOAQUE

Égout
Bourbier

Sentine
Décharge
Ruisseau (*péj.*)
Bas-fond
V. BOUE

CLOCHE

Bourdon (grosse cloche)
Campane (*langue class.*)
Carillon

CLOCHER

Campanile
Clocheton
Beffroi
Tour d'église

CLOCHETTE

Sonnette
Grelot
Clarine
Bélière
Sonnaille

CLOITRE

Abbaye
Couvent
Communauté (religieuse)
Monastère
Prieuré
Convent (*anc.*)
Moutier (*anc.*)
Béguinage (*rég.*)
Retraite
Préau (*eccl.*)
Bonzerie (bouddhiste)
Lamaserie (*id.*)

CLOITRER
V. CLAUSTRER

CLOPINER

Boiter

CLOQUE

V. AMPOULE
Bouffissure
Brûlure
Boursouflure

CLORE

1. Fermer
Entourer (d'une enceinte)
Enfermer
Enclore
Mettre une barrière (tout le tour *ou* autour)
Barrer
Boucher
Murer

2. Terminer
Finir
Arrêter
Achever
Conclure
Refermer (*par ex.* un dossier)

● ANTONYMES : 1. Ouvrir, Dégager, Percer, Déboucher.
2. Commencer.

CLÔTURE

Barrière
Enceinte
Fermeture
Palissade
Grille
Haie
V. PORTE
Chaîne
Barbelé

● ANTONYMES : Ouverture, Issue, Dégagement, Sortie.

CLOU

Pointe
Broquette, *ou* Broqué, *ou* Broquart
Cavalier (à deux pointes)
Crampillon (*id.*)
Cheville (sans tête)
Clavette (*id.*)
Chevillette (*id.*)
Semence
Guingasson (*rég.*)
Bossette
Béquet *ou* Becquet
Rivet
Punaise

CLOWN

Bouffon
Pitre
Paillasse
Auguste
Gugusse (*fam.*)
Clown blanc
Auguste de soirée
Zouave (faire le) [*pop.*]

● ANTONYMES : Sérieux, Monsieur Loyal.

CLUB
V. ASSOCIATION et CÉNACLE

CLUSE
V. VALLÉE

CLYSTÈRE
V. LAVEMENT

COADJUTEUR

Adjoint
Assesseur
Auxiliaire
Aide
Suppléant

COAGULER

Cailler
Figer
Solidifier
Grumeler
Congeler
Caillebotter (*anc.*)

« *Se coaguler* » :
Se figer
Prendre
Se cristalliser
Se précipiter (*physique*)

● ANTONYMES : Fondre, Liquéfier.

COALISER (SE)

S'allier
S'unir *et* Se réunir
Se liguer
S'associer
Se joindre
S'ameuter
Se grouper
S'entendre
Se partager la tâche
Faire bloc
Devenir alliés
Former un front (*ou* une ligue, une alliance)

● ANTONYMES : Se brouiller, Rompre, Se séparer, S'opposer.

COALITION

Ligue
Entente
Alliance
Fédération *et* Confédération
Association
Bloc

Phalange
Faisceau

● ANTONYMES : Scission, Rupture.

COALTAR
V. GOUDRON

COASSER

Au fig. :
Claubauder
Criailler
Cabaler
V. MÉDIRE

COCASSE
V. COMIQUE et DRÔLE

COCHE
V. BATEAU, CHALAND et VOITURE

COCHER

Conducteur
Postillon
Automédon
Voiturier
Voiturin (*anc.*)
Roulier
Collignon (*pop. anc.*)
Charretier

COCHON

Porc
Goret
Pourceau
Truie
(Une) Coche (*anc.*)

Par extens. :
Sale

Malpropre
Dégoûtant
Paillard
Débauché
Dépravé
Vicieux
Égrillard
Érotique

● ANTONYMES : Propre,
Pur, Innocent.

COCU

Cornard (*pop.*)
Trompé
Cocufié
Coiffé (de cornes) [*pop.*]
Georges Dandin

● ANTONYMES : Amant,
Lovelace, Cocufieur (*pop.*).

CODE
V. RÈGLEMENT

COERCITIF et COER-
CITION
V. CONTRAINTE

CŒUR
V. AMOUR, ARDEUR, et
COURAGE

CŒUR (DE BON)
V. VOLONTAIREMENT

COFFRE

Meuble
Caisse
Bahut
Armoire
Huche
Maie
Arche (*anc.*)
Commode

Saloir
Saunière
Farinière
Boîte
Boîtier
Cassette
Coffret
Écrin

COFFRER
V. EMPRISONNER

COGNÉE
Hache

COGNER

Frapper
Heurter
V. BATTRE (*pop.*)
Rosser (*pop.*)

● ANTONYME : Caresser.

COHÉRENCE

Adhérence
Cohésion
Agrégation
Connexion
Homogénéité
Consistance
Inhérence

Au fig. :
Union
Unité
Vraisemblance
Liaison (logique)
Harmonie (*id.*)

● ANTONYMES : Désa-
grégation, Incohérence,
Confusion.

COHÉRENT

Homogène
Adhérent

Logique
Rationnel
Qui (se) tient
Ordonné
Harmonieux

● ANTONYME : Incohérent.

COHÉSION
V. COHÉRENCE

COHORTE
V. TROUPE

COHUE

1. Foule
Multitude

2. Mêlée
Bousculade
Confusion
Tumulte
Désordre
Presse (*fam.*)

● ANTONYMES : 1. Soli-
tude, Calme,
2. Silence, Désert.

COIFFER

1. Chapeauter
Recouvrir la tête
Couvrir
Casquer
Encapuchonner
Couronner

Au fig. :
Surmonter
Diriger

2. Arranger les cheveux
Peigner
Brosser
Friser
Indéfriser (*fam.*)

● ANTONYMES : 2. Décoif-
fer, Découvrir.

COIFFEUR

Barbier (*anc.*)
Perruquier (*anc.*)
Figaro (*fam.*)
Merlan (*arg.*)
Artiste capillaire (*néol.*)

COIFFURE

Couvre-chef
V. CHAPEAU
Bibi (*fam.*)
Galurin *et* Galure (*pop.*)
Bitos (*ou* Bitau) [*arg.*]
Borsalino (*pop.*)

Variétés de coiffures :
Bonnet
Béret
Feutre
Melon
Haut-de-forme
Claque (*ou* Clac)
Paille
Bord roulé
Faluche
Cloche
Toque
Turban
Tube
Fanchon
Résille
Diadème
Serre-tête
Calot *et* Calotte
Casque
Casquette
Képi
Shako
Chapska *ou* Schapska
Talpack
Tiare (*eccl.*)
Barrette (*id.*)
Mitre (*id.*)
Mortier (*jur.*)
Cornette (*eccl.*)

Tarbouch (e)
Capuche *et* Capuchon
Madras
Chéchia
Fez
Polo

Arrangement des cheveux :
V. CHEVELURE
Anglaises
Boucles
Nattes
Torsades
Tresses
Chignon
Queue (de cheval)
Ailes (de pigeon)
Bandeaux
Cadogan *ou* Catogan
Macarons
Coques
Rouleaux
A la chienne
Accroche-cœur
France
À l'Aiglon
À la Jeanne d'Arc
À la Titus
Au bol (*péj.*)
À la caniche
(En) Brosse (homme)
À la Bressant (homme)

COIN

1. Angle
Recoin
Encoignure
Renfoncement
Écoinçon

2. *Par extens.* :
Trou
Lieu
Endroit
Pays
Région

3. Croisement (de rues)
Carrefour (*id.*)
Tournant (*id.*)

● ANTONYMES : Droite (ligne), Surface.

COÏNCIDENCE

Rencontre (fortuite)
Qui arrive par hasard en même temps
Correspondance (imprévue)
Concours de circonstances
Simultanéité
Accord

● ANTONYMES : Désaccord, Divergence.

COÏT

Copulation
Accouplement
Amour

COL

1. Cou (*anc.*)

2. Tour de cou
Rabat
Bavette
Collerette *et* Collet
Fraise
Gorgette *ou* Gorgerette
Guimpe
Encolure

3. Dépression (montagneuse)
Brèche
Défilé
Détroit
Pas *et* Passage
Port

Gorge
Cañon

● ANTONYME : Sommet.

COLBACK (*pop.*)
Col *et* Collet

COLÈRE

Courroux
Ire (*anc.*)
Fureur *et* Furie
Irritation
Exaspération
Emportement
Rage
Surexcitation
Perte de contrôle
Ressentiment
Mauvaise humeur
Impatience
Aigreur
Acrimonie
Indignation
Déchaînement
Explosion
Crise (de nerfs)
Bouffée (de colère)
Crise (*id.*)
Incartade
Algarade
Hargne
Agressivité
Irascibilité
Violence

« *Être en colère* » :
Fulminer
Fumer (*pop.*)
Rager
Râler (*fam.*)
Rogner
Grogner
Bisquer (*fam.*)
Maronner (*fam.*)
Mousser (*fam.*)
Être monté (contre)
Jeter des flammes

Péter (*pop.*)
Être hors de soi (*ou* de ses gonds)
Bouillir (*fam.*)
Écumer (*fam.*)
Suffoquer (de colère)
Sauter (*id.*)
Trépigner (*id.*)
Ne plus se connaître
S'irriter
Se courroucer
Éclater
Exhaler (sa bile)
Pester
Gronder
Se fâcher
Prendre la mouche
Montrer les dents
Être outré
Faire une scène
Ne pas décolérer

● ANTONYMES : Calme, Douceur, Patience, Modération; Décolérer, Se calmer, S'apaiser.

COLÉREUX

Colérique
Atrabilaire
Colère
Irascible
Rageur
Susceptible
Prompt à se mettre en colère
Nerveux
Caractériel (*néol. méd.*)

● ANTONYMES : Calme, Patient, Posé, Pondéré.

COLIFICHET

Babiole
Fantaisie

Bagatelle
Bibelot
Bimbelot (*anc.*)
Brimborion
Frivolité
Futilité
Rien *ou* Un petit rien
Gadget (*néol.*)

COLIMAÇON

Limaçon
Escargot
Hélix

« *En colimaçon* » :
En spirale
En volute
En développement concentrique

COLIQUE

Mal au ventre
Entérite
Colite
Tranchées
Entéralgie
Diarrhée
Dysenterie
Déchirement d'entrailles
Trouille (*arg.*)
Chiasse (*pop.*)
Cliche (*arg.*)
Foire (*arg.*)
Entérocolite
Anurie
Dysurie
Hématurie
Saturnisme *ou* Coliques de plomb
Dysménorrhée

● ANTONYME : Constipation.

COLIS

Bagage
Paquet
Envoi
Marchandise
Sac
Valise
Ballot
Caisse
Barda (*fam.*)
Malle
Fardeau
Charge

COLLABORATEUR

Collègue
Adjoint
Bras droit (*fam.*)
Coopérateur
Assistant
Compagnon
Associé
Camarade
Second
Cosignataire
Aide
Participant

● ANTONYMES : Concurrent, Adversaire.

COLLABORATION

Participation
Coopération
Concours
Co-signature
Aide
Association
Appui
Effort en commun
Contribution à
Travail collectif

● ANTONYME : Solitude.

COLLANT

1. Adhésif
Agglutinatif *et* Agglutinant
Conglutinant
Gluant
Poisseux
Visqueux

2. Serré
Juste
Étroit
Ajusté

3. Bas (de femme)
Maillot (de danseur, de sportif)

4. Importun
Intrus
Crampon (*fam.*)
Fâcheux (*anc.*)
Gêneur
Casse-pieds (*fam.*)
Poison (*fam.*)

● ANTONYMES : 1. Lisse, Incollable, Sec.
2. Large, Bouffant.
3. Discret.

COLLATION

1. Comparaison
Confrontation
Examen (comparatif)

2. Goûter
En-cas
Réfection (dans les communautés religieuses : repas)
Souper
Lunch
Quatre-heures
Five o'clock tea
Casse-croûte (*fam.*)
(Nourriture *ou* Repas) Sur le pouce (*fam.*)

● ANTONYMES : 2. Banquet, Festin, Bombe (*fam.* Nouba (*pop*).

COLLATIONNER

1. Comparer
Confronter
Examiner
Vidimer (*jur.*)
Réviser
Vérifier

2. Faire (*ou* Prendre) collation
Casser la croûte (*ou* la graine) [*fam.*]
Faire quatre-heures *ou* Prendre son quatre-heures
Goûter
Souper

COLLECTE

Quête
Récolte

COLLECTION

Recueil
Rassemblement (d'objets)
Assemblage (*id.*)
Assortiment (*id.*)
Amas (*id.*)
Accumulation (*id.*)
Tas (*id.*)
Ensemble (*id.*)
Réunion (*id.*)
Groupement (*id.*)
Grand nombre (*id.*)
Foule (*id.*)
Quantité (*id.*)

Spécialement :
Galerie
Vitrine

Musée
Bibliothèque
Pinacothèque
Discothèque
Cinémathèque
Filmothèque (*néol.*)
Médaillier
Ménagerie
Herbier
Archives
Recueil
Corps
Compilation

● ANTONYMES : Individu, Objet isolé, Pièce unique.

COLLECTIVISME

Socialisme
Mutuellisme
Mutualisme
Anarchie
Marxisme
Marxisme libertaire
Syndicalisme révolution-
naire
Communisme
Fouriérisme
Proudhonisme
Bakouninisme
Autogestion

Par extens. :
Bolchevisme
Léninisme
Capitalisme étatique

● ANTONYMES : Capi-
talisme, Féodalité, Libé-
ralisme, Libre-entreprise.

COLLÈGE

1. Confrérie
Corporation
Groupement

Chapitre
(L') Ensemble (des)
Compagnie

2. École (secondaire)
Établissement (d'enseigne-
ment)
Institution (*id.*)
Lycée
C.E.G. (*néol.*)
C.E.S. (*néol.*)
C.E.T. (*néol.*)
Bahut (*arg. scol.*)
Boîte (*id.*)

COLLÈGUE
V. COLLABORATEUR et
CONFRÈRE

COLLER

1. Faire adhérer
Joindre
Plaquer
Contre-plaquer
Agglutiner
Encoller
Recoller
Sceller
Cimenter
Lier
Faire tenir
Engluer
Poisser
Fixer
Assembler
Attacher
Appuyer

2. *Au fig. et fam. :*
Remettre d'autorité
Faire cadeau (*péj.*)
Obliger à accepter
Colloquer
Placer
Vendre (à l'esbroufe, au
culot)
Poser une colle (une ques-

tion difficile) [*arg. uni-
versitaire.*)
Embarrasser
Faire sécher (*arg. univer-
sit.*)
Infliger une retenue
Consigner
Punir
Refuser (à un examen)
Ajourner (*id.*)
Faire échouer (*id.*)

● ANTONYMES : Déta-
cher, Décoller, Arracher,
Déprendre.

COLLIER

Bijou
Parure
Sautoir
Rivière de diamants
Carcan
Chaîne (de cou)
Rang de perles

COLLINE

Hauteur
Éminence
Butte
Côte *et* Coteau
Élévation
Mamelon
Croupe
Mont
Haut

● ANTONYMES : Pic,
Montagne, Vallée, Plaine,
Creux, Combe.

COLLISION

Choc
Accident

Télescopage
Rencontre brutale
Coup de tampon
Froissement de tôles
Heurt

Par extens. :
Opposition
Désaccord
Échauffourée
Rencontre armée

● ANTONYMES : Entente,
Accord, Évitage (*mar.*),
Évitement (routier *ou*
aérien).

COLLOQUE

Conférence
Discussion
Séminaire
Réunion
Entretien
Symposium
Table ronde
Assemblée
Meeting
Conversations
Rencontres
Sommet (*néol.*)

COLLUSION

Entente secrète
Complicité
Intelligence
Manœuvre (souterraine)
Arrangement
Accord (secret)

COLON
V. FERMIER et PIONNIER

COLONNE

Support (vertical)
Pilier

Pilastre
Poteau
Pylône
Fût
Cariatide
Stèle
Obélisque
Aiguille
Cippe

« *Colonne vertébrale* » :
Épine dorsale
Échine
Rachis
Vertèbres
Dos

COLORER

Mettre (*ou* Donner) des
couleurs
Colorier
Peindre
Teinter
Teindre

Par extension :
Orner
Farder
Embellir
Animer
Rendre expressif (vivant,
imagé) [*fig.*]

● ANTONYMES : Déco-
lorer, Ternir, Pâlir, Délaver.

COLORIER

Enluminer
V. COLORER

COLORIS
V. COULEUR

COLOSSAL

Gigantesque
Monumental
Titanesque
Immense
Énorme
Hénaurme (*iron.*)
Démesuré
Kolossal (*iron. et péj.*)
Formidable
Extraordinaire
Exagéré
Herculéen
Mastoc (*péj.*)
Monstrueux
Bœuf (*péj., fam.*)
Formid' (*iron. ou fam.*)

● ANTONYMES : Minus-
cule, Lilliputien, Infime,
Microscopique.

COLPORTER

Propager
Répandre
Rapporter
Divulguer

● ANTONYMES : Tenir
secret, Cacher, Taire.

COMBAT

V. BATAILLE
Action de guerre
Affaire
Engagement
Choc
Mêlée
Rencontre
Attaque
Lutte
Conflit
Duel
Bagarre

Rixe
Baroud (*arg. milit.*)
Aux prises
Échauffourée
Assaut
Corps à corps
Massacre
Tuerie
Carnage
Boucherie
Rififi (*arg.*)
Joute
Tournoi
Antagonisme
Querelle
Opposition
Rivalité
Dispute
Pugilat
Jeu de force

● ANTONYMES : Paix, Calme, Entente.

COMBATTANT
V. SOLDAT et ADVERSAIRE

COMBINAISON

1. Arrangement
Assemblage
Organisation
Alliance
Modus vivendi
Accord
Mélange
Réunion
Composition
Mosaïque
Harmonie
Association
Synthèse (*chimie*)
Osmose
Constitution

Au fig. :
Édifice
Échafaudage
Construction

Équilibre
Combine (*péj.*) [*pop.*]
Manœuvre (*péj.*)
Manigance (*péj.*)
Machination (*péj.*)
Truc (*fam.*)
Système (*fam.*)
Stratagème
Calcul
Artifice

2. Chemise
Jupon
Combine (*fam.*)
Vêtement d'une seule pièce
Cotte
Bleu (de travail)
Salopette (*fam.*)
Surtout
Blue Jeans (*néol. améric.*)

● ANTONYMES : 1. Analyse, Séparation, Décomposition.

COMBINE (*pop.*)

Moyen
Astuce
Tuyau (*pop.*)
Truc (*fam.*)
Système *et* Système D (*fam.*)
Chopin (*arg.*)
Resquille (*pop.*)

COMBINER

Arranger
Accorder
Disposer
Associer
Faire d'une pierre deux coups
Se débrouiller pour

Réunir *et* Unir
Mêler *et* Mélanger
Composer
Assembler
Allier
Assortir (par ex. deux couleurs)
Marier (*id.*)
Ourdir (quelque chose)
Agencer
Calculer
Tramer
Prévoir
Méditer
Manigancer
Machiner
Préparer
Organiser
Spéculer
Imaginer
Élaborer
Comploter
Trafiquer
Concerter
Gamberger (*arg.*)

● ANTONYMES : Séparer, Disperser, Ne pas préparer (*ou* Ne pas prévoir), Être pris au dépourvu.

COMBLE

1. Surcroît
Surplus
Trop-plein
Supplément

Au fig. :
Maximum
Summum
Sommet
Faîte
Apogée
Zénith
Pinacle
Excès
Le plus haut degré

Qui passe la mesure
Au-dessus du commun
Qui passe la limite
Au-delà de
Plus que

2. V. MANSARDE
Haut (d'une maison)
Grenier
Galetas

3. Plein (à craquer)
Complet
Bondé
Bourré (*fam.*)
Empli
Ras le bol (*fam.*)
À ras

● ANTONYMES : 1. Minimum, Au plus bas.
2. Cave, Fondations.
3. Vide.

COMBLER

Remplir par-dessus bord
Surcharger

Au fig. :
Accabler de
Couvrir de
Gorger de
Abreuver de
Charger de

Absol. :
Rendre heureux
Gâter
Ne plus rien laisser désirer
Exaucer
Donner tout
Tout accorder
Pourvoir
Satisfaire totalement

● ANTONYMES : Mettre à sec, Vider, Priver, Nuire.

COMBUSTION

Ignition
Feu
Calcination
Inflammation
Incendie
Incinération
Oxydation
Chauffage
Déflagration

● ANTONYME : Extinction.

COMÉDIE

Pièce (de théâtre)
Spectacle
Parodie
Genre comique
Farce
Sottie
Parabase (*théâtre grec anc.*)
Folie
Musical (*néol. angl.*)
Vaudeville
Bouffonnerie
Clownerie
Proverbe
Saynette
Sketch
Burlesque

Au fig. :
Tromperie
Mise en scène (*péj.*)
Feinte
Hypocrisie
Simulation
Momerie
Mensonge
Invention (*péj.*)
Spectacle (*péj.*)
Plaisanterie

● ANTONYMES : Tragédie, Drame, Sincérité, Sérieux.

COMÉDIEN, ENNE

Artiste
Acteur, trice
Comique
Tragédien
Mime
Grime (*anc.*)
Pensionnaire (*ou* Sociétaire) de la Comédie-Française
Jeune premier, ère
Soubrette
Père noble
Confident
Ingénue
Premier rôle
Second rôle
Troisième couteau
Chef d'emploi
Valet
Duègne
Utilité
Doublure
Figurant
Choriste *et* Choryphée
Pierrot
Arlequin
Scaramouche
Vamp
Vedette
Étoile
Star
Starlette

Péj. :
Cabotin *et* Cabot
Bateleur
Histrion
Baladin
Pitre

Au fig. :
Amuseur
Joyeux
Joueur

et aussi :
V. HYPOCRITE

● ANTONYMES : Auteur, Directeur, Sérieux, Sincère.

COMIQUE

1. *Adj.* :
Amusant
Drôle
Hilarant
Inénarrable
Cocasse
Risible
Burlesque
Bouffon
Bouffe
Bizarre
Désopilant
Impayable
Divertissant
Plaisant
Grotesque
Rigolo (*fam.*)
Tordant (*fam.*)
Impayable (*fam.*)
Bidonnant (*pop.*)
Crevant (*pop.*)
Boyautant (*pop.*)
Marrant (*fam.*)
Roulant (*fam.*)
Poilant (*pop.*)
Gondolant (*fam.*)
Pissant (*pop.*)
Gai
Ridicule

2. *Subst.* :
Acteur
Pitre
Bouffon
Clown
Mime
V. COMÉDIEN

● ANTONYMES : Dramatique, Émouvant, Sérieux, Grave, Tragique, Triste, À pleurer, Pathétique,

COMMANDE

Ordre (d'achat)
Bordereau (d'achat)

« *De commande* » :
Artificiel
Factice
Feint
Simulé
Affecté

● ANTONYMES : Livraison, Vente; Spontané.

COMMANDEMENT

1. Ordre
Injonction
Sommation
Prescription
Jussion (*jur. anc.*)
Instructions
Arrêt *et* Arrêté
Mise en demeure
Décret
Ordonnance
Ultimatum
Pragmatique sanction
Consigne
Ukase

2. Pouvoir
Autorité
Gouvernement
Direction
Conduite
Hégémonie
Suprématie
Domination
Suzeraineté
Despotisme
Bon plaisir
Autocratie
Empire
Règne
Monarchie
Puissance

● ANTONYMES : Obéissance, Soumission, Sujétion, Impuissance.

COMMANDER

Ordonner
Intimer l'ordre
Enjoindre
Imposer
Exiger
Prescrire
Décréter
Sommer
Contraindre à
Obliger à
Mener
Conduire
Exercer une autorité sur
Être le supérieur de
Diriger
Dominer
Gouverner
Avoir la haute main sur
Régler la marche de
Avoir autorité sur
Régenter
Régner sur
Être le maître

● ANTONYMES : Interdire, Défendre, Obéir, Exécuter, Obtempérer, Se soumettre, Décommander.

COMME

1. Ainsi que
De la même façon (*ou* de la même manière)
A l'instar de
De même que
Pareil à
Non moins que
Également
Pareillement

Au même degré que
De façon semblable à
Semblablement
Identiquement
Aussi bien que
Comparable à

2. Quand
Au moment où
Alors que
Tandis que

3. Puisque
Parce que
Pour la raison que

COMMÉMORATION

Célébration
V. ANNIVERSAIRE
Fête
Cérémonie
Mémento

● ANTONYME : Oubli.

COMMÉMORER

V. CÉLÉBRER et FÊTER

COMMENCEMENT

Début
Naissance
Alpha (anton. : Oméga)
Origine
Préliminaire
Source
Racine
Prélude
Départ (de quelque chose)
Primeur
(Coup d') Envoi
Avènement
Premier(s) pas
Incubation
Premier abord
Primo
Prémices et Prémisse

Introduction
Entrée
Ouverture
Exorde
Lune de miel
Essor et Essai
Entreprise
Inauguration
Starter (coup de)
Avant tout
Ab ovo

● ANTONYMES : Fin, Aboutissement, Achèvement, Conclusion, But, Issue, Terme, Terminaison, Chute, Péroraison.

COMMENCER

Entreprendre
Débuter
Ébaucher
Mettre la main à
Entamer
Attaquer et S'attaquer à
Aborder
Amorcer
Se mettre à
Préluder
Se lancer dans
Entrer dans
Partir
S'atteler à
Se jeter (dans ou à l'eau)
S'engager dans
Se hasarder dans
Donner le branle à
Prendre l'initiative de
Ouvrir la voie (ou la marche)
Étrenner
Payer d'exemple
Esquisser
Ébaucher
Démarrer
Prendre le départ pour
Engrener

Fonder
Créer
Déclencher
Engager
S'embarquer dans
Entonner (un chant)
Initier à
Inaugurer
Naître
Poindre
Éclore
Se lever

● ANTONYMES : Finir, Achever, Conclure, Terminer, Aboutir, Couronner.

COMMENSAL

Hôte
Convive
Compagnon
Convié
Invité

● ANTONYMES : Hôte, Maître de maison, Amphitryon.

COMMENT

1. Par quel moyen
De quelle façon
Comme
Cause (« le comment »)
Mécanisme (id.)

● ANTONYMES : Pourquoi, Le pourquoi.

2. « Comment? » :
Pardon?
Plaît-il?
S'il vous plaît?
Hein? (pop.)
Quoi? (fam.)
Oui? (fam.)

3. « *Comment donc!* » :
Mais oui!
Évidemment!
Bien sûr!
Je vous en prie!
Faites donc!

« *Et comment!* » (*pop.*) :
Tu parles!
Je te crois!
Et alors!
Je me gênerais!

COMMENTAIRE

Explication
Remarques
Observations
Notes
Exégèse
Glose
Marginale
Paraphrase

Péj. :
V. COMMÉRAGE
Médisance
Bavardage

COMMÉRAGE

Cancan
Médisance
Potin
Bavardage
Parlage (*anc.*)
Parlote (*fam.*)
Ragot
Bavassage (*pop.*)
Clabauderie, Clabaudage,
Clabaudement (*anc.*) *et*
Éreintage *et* Éreintement

COMMERÇANT

Négociant
Marchand

Détaillant
Fournisseur
Représentant
Voyageur
V.R.P. (*néol.*)
Grossiste
Businessman
Importateur
Concessionnaire
Revendeur
Exportateur
Distributeur
Transitaire
Dépositaire
Consignataire
Commissionnaire
Stockiste *ou* Stockeur
(*néol. fam.*)
Mercanti (*péj.*)
Boutiquier
Exploitant (de spectacles)
Débitant
Courtier
Placier
Trafiquant (*péj.*)

● ANTONYMES : Client,
Consommateur, Producteur.

COMMERCE

Négoce
Achat-vente
Boutique
Import-Export
Trafic
Business
Magasin
Débit
Merchandising (*ou* Marchandising) [*néol. angl.*]

Au fig. :
Fréquentation
Relations
Rapports

Amitié
Sociabilité

● ANTONYME : Clientèle.

COMMETTRE
V. FAIRE

COMMINATOIRE

Menaçant
Impératif
Sans réplique

COMMIS
V. EMPLOYÉ

COMMISÉRATION

Compassion
Apitoiement
Pitié
Attendrissement
Miséricorde

● ANTONYMES : Dureté,
Indifférence, Sécheresse de
cœur.

COMMISSION

1. Rémunération
Pourcentage
Prime (de courtage)
Remise
Tant pour cent
Agio (de banque)
Pot-de-vin (*péj.*)
Pourboire (*id.*)
Dessous de table (*id.*)
Bakchich (*id.*)

2. V. MESSAGE

● ANTONYMES : Prix net,
Prix brut.

COMMISSIONNAIRE

Intermédiaire
Entremetteur
Médiateur
Messager
Émissaire
Estafette
Délégué
Envoyé
Porteur
Courrier
Ambassadeur
Député
Légat
Facteur
Chargé de mission
Coursier
Chasseur
Groom

● ANTONYMES : Envoyeur, Receveur.

COMMODE

1. Pratique *et* Praticable
Maniable
Convenable
Facile
Simple
Abordable
Réalisable
Aisé
Faisable
Sans difficulté
Avantageux
Favorable
Agréable
Bon
Bien
Accommodant

2. Armoire
Coffre
Chiffonnier
Poudreuse (*rare*)
Bonheur-du-jour

● ANTONYMES : Difficile, Incommode, Malaisé, Embarrassant, Gênant, Impraticable.

COMMODÉMENT
V. AISÉMENT

COMMODITÉ

Confort
Facilité
Avantage
Agrément
Utilité
Aise *et* Aisance

● ANTONYMES : Difficulté, Incommodité, Inconvénient, Gêne, Inconfort.

COMMOTION
V. CHOC

COMMUN

1. Collectif
En copropriété
En collaboration
En équipe
Ensemble
Conjointement
Conjoint
Avec (quelqu'un)
De concert avec
En communauté
En cohabitation
À l'unanimité

2. Ordinaire
Habituel
Quelconque
Courant
Banal
Usuel
Accoutumé
Naturel
Fréquent

3. Universel
Public
Général
Répandu
Unanime

4. Vulgaire
Grossier
Médiocre
Bas
Trivial
Prosaïque

● ANTONYMES : 1. Personnel, Individuel, Réservé, Singulier, Propre.
2.3. Extraordinaire, Rare, Curieux, Exceptionnel, Spécial, Unique.
4. Noble, Précieux, Élégant.

COMMUNAUTÉ

Collectivité
Groupe
Confrérie
Phalanstère
V. ASSOCIATION
Corporation
Congrégation
Ordre
Corps
Société
Église
Couvent
Monastère
Cloître

● ANTONYME : Isolement.

COMMUNICATIF

Expansif
Confiant
Causant
Exubérant
Ouvert

● ANTONYMES : Taciturne, Cachottier, Secret, Dissimulé.

COMMUNIQUÉ

Avis *et* Préavis
Appel *et* Rappel
Avertissement
Faire-part
Annonce
Note
Renseignement
Bulletin

COMMUNIQUER

1. Faire savoir
Faire connaître
Transmettre
Donner en communication
Porter à la connaissance de
Publier
Colporter (*fig.*)
Faire partager
Faire part de
Confier
Dire
Divulguer
Révéler
Livrer

2. Correspondre à (*ou* avec)
Relier à
Ouvrir sur
Donner sur (*ou* dans)

3. Passer (*par ex.* une maladie)
Inoculer
Transmettre
Imprimer (*par ex.* un mouvement)

● ANTONYMES : 1. Taire, Garder pour soi.
2. Séparer.
3. Protéger, Préserver.

COMPACT

Dense
Tassé
D'un bloc
Pressé
Serré
Épais

● ANTONYMES : Épars, Éparpillé, Fluide, Dispersé, Ténu.

COMPAGNIE

1. Présence
Accompagnement
Escorte
Suite
Cortège
Équipage *et* Équipe

2. V. ASSEMBLÉE et SOCIÉTÉ

● ANTONYMES : Solitude, Isolement, Absence.

COMPAGNON

Copain (*pop.*)
Copine (*fém.*) [*pop.*]
Collègue
Associé
Confrère
Condisciple
Partenaire
Compère
Camarade
Complice
Co (préfixe + substant.)

● ANTONYMES : Étranger, Ennemi, Adversaire.

COMPARABLE

V. COMME
Analogue
Égal
Mesurable (à)
Semblable
Opposable
Approchant
Assimilable (à)
Que l'on peut approcher de

● ANTONYMES : Incomparable, Différent, Sans comparaison avec.

COMPARAISON

Rapprochement
Mesure
Jugement
Parallèle
Analyse
Parité
Similitude
Confrontation
Collationnement
Analogie
Rapport
Relation
Ressemblance
Dissemblance

« *En comparaison de* » :
Par rapport à
Vis-à-vis de
Relativement
À côté de
En proportion
Au prix (où, que, de)
Auprès de

COMPARER

Examiner (comparativement)

Confronter
Apprécier (par comparaison)
Rapprocher
Mettre en parallèle
Mettre en balance
Mettre en regard
Évaluer
Mesurer
Collationner
Vidimer (*jur.*)

● ANTONYME : Séparer.

COMPARTIMENT

Séparation
Case *et* Casier
Alvéole
Cellule
Catégorie
Caisse *et* Caisson
Tiroir
Division

● ANTONYMES : Tout, Totalité, Ensemble.

COMPASSION

Commisération
Pitié
Apitoiement
Condoléance
Attendrissement
Miséricorde
Cœur
Sentiment (humain, fraternel, de solidarité)
Partage (d'une douleur, d'une peine)

● ANTONYMES : Insensibilité, Indifférence, Dureté, Sécheresse de cœur.

COMPATIBLE

Conciliable
Possible
Accommodable
Mélangeable
Assimilable
Alliable

● ANTONYMES : Incompatible, Opposé, Irréductible.

COMPATRIOTE

Concitoyen
Pays (*fam.*)
● ANTONYME : Étranger.

COMPENDIUM

V. ABRÉGÉ
Résumé

COMPENSATION

Dédommagement
Réparation
Indemnité
Contrepoids
Consolation
Récompense
Revanche
Échange
(En) Balance
Correctif
(En) Retour
Soulte
Reprise
(Pour l') Équilibre
Clearing (*néol. financier*)

● ANTONYMES : Inégalité, Punition.

COMPÈRE

Parrain
V. COMPAGNON
V. COMPLICE
Baron (*arg.*)

● ANTONYME : Adversaire.

COMPÉTENCE

V. APTITUDE
Capacité
Qualité
Autorité (pour)
Qualité (pour)
Connaissance (de)
Ressort (*jur.*)

● ANTONYMES : Incompétence, Inaptitude.

COMPÉTITEUR
V. ADVERSAIRE et RIVAL

COMPÉTITION

Rivalité
Concurrence
Conflit
Concours
Match
Course
Critérium
Challenge
Championnat
Coupe
Poule
Partie
Dispute
Épreuve (sportive)
Jeu

● ANTONYME : Entente.

COMPILATION

Emprunt (littéraire)
Plagiat (*péj.*)
Ramas (*péj.*)

● ANTONYME : Création (originale).

COMPLAINTE

Lamentation
Plainte
Mélodie
Chant (plaintif)
Cantilène
Chanson (triste)
Commentaire plaintif

COMPLAISANCE

Bienveillance
Amabilité
Amitié
Obligeance
Bonté
Civilité
Empressement
Politesse
Bon vouloir
Bonne volonté
Aide
Facilité
Serviabilité
Indulgence
Faveur
Galanterie

Péj. :
Contentement (de soi)
Veulerie
Satisfaction *et* Autosatisfaction
Délectation
Vanité
Orgueil
Servilité
Complicité

● ANTONYMES : Dureté, Malveillance, Rudesse, Sévérité, Brutalité; Fierté, Quant-à-soi, Dignité, Modestie.

COMPLAISANT

Serviable
Aimable
Obligeant
Empressé
Prévenant
Arrangeant
Coulant
Commode
Facile
Poli
Indulgent
Bienveillant
Condescendant
Courtisan

Péj. :
Complice
Cocu (mari) et content
Qui tient la chandelle (*pop.*)
Faible

● ANTONYMES : Inflexible, Désobligeant, Brutal, Dur, Malveillant.

COMPLÉMENT

Appoint
Allonge *et* Rallonge
Reste
Solde
Soulte
Addenda
Annexe
Post-scriptum
Codicille
Appendice
Achèvement
Couronnement
Adjonction
Prime
Treizième mois

● ANTONYMES : Acompte, Début, Essentiel, Le gros (de quelque chose), Principal.

COMPLET

V. ENTIER et EN ENTIER
Intégral
Total *et* En totalité
Rempli
Bondé
Achevé
Fini
Parfait
Terminé
In extenso
Exhaustif
Accompli
Sans lacune
Sans faille
Le tout
Radical (*par ex.* un changement)
Absolu (*par ex.* un succès)
Extrême (*par ex.* une joie)
Révolu (*par ex.* un an)

ANTONYMES : Incomplet, Abrégé, Ébauché, Partiel, Réduit.

COMPLÈTEMENT
V. TOTALEMENT

COMPLÉTER

V. ACHEVER
Terminer
Parfaire

Parachever
Combler les lacunes
Perfectionner
Améliorer
Rajouter
Embellir
Enrichir
Additionner

● ANTONYMES : Diminuer, Réduire, Commencer, Ébaucher, Appauvrir.

COMPLEXE
V. COMPLIQUÉ

COMPLEXION

Nature
Tempérament
Constitution (physique)
Naturel

COMPLICATION

Difficulté
Complexité
Incident (imprévu)
Imprévu
Ennui
Accident
Anicroche
Pépin (*fam.*)
Embarras
Accroc *et* Accrochage
Contretemps
Inbroglio
Empêchement
Résistance

● ANTONYMES : Simplicité, Facilité, Naturel, Sobriété.

COMPLICE

Acolyte

Compère
Baron (*arg.*)
De mèche (*arg.*)
Associé
Aide (*fig.*)
Auxiliaire (*fig.*)

● ANTONYMES : Adversaire, Ennemi, Témoin.

COMPLICITÉ

Connivence
Accord
Intelligence
Entente
Collusion
Recel

● ANTONYMES : Désaccord, Hostilité.

COMPLIMENT

Félicitation
Louange
Los
Madrigal
Panégyrique
Encensement
Coup d'encensoir
Coup de chapeau
Approbation
V. DISCOURS, ÉLOGE

● ANTONYMES : Blâme, Admonestation, Réprimande, Reproche, Sarcasme, Observation.

COMPLIQUER

Rendre difficile
Obscurcir
Embrouiller

Alambiquer
Entortiller
Emmêler
Emberlificoter
Chercher midi à quatorze heures
Aggraver
Troubler
Embarrasser
Embroussailler

● ANTONYMES : Simplifier, Éclaircir, Démêler, Aplanir, Débroussailler.

COMPLOTER

Conspirer
Monter une machination (*ou* une conjuration)
Machiner
Ourdir (un complot)
Tramer (*id.*)
Se coaliser (secrètement)
Se liguer (*id.*)
Intriguer
Cabaler
Manigancer

COMPORTEMENT

Conduite
Attitude
Allure
Manière (d'être)
Façon de faire
Air
Activité
Faits et gestes
Agissements
Actes
Mœurs
Genre de vie
Ligne (de conduite)
Réaction (à quelque chose)

COMPORTER

Impliquer
V. COMPRENDRE, CONTE-
NIR

« *Se comporter* » :
Se conduire

COMPOSANT

Élément

● ANTONYME : Composé.

COMPOSER

1. Agencer
Assembler
Continuer
Organiser
Faire
Former *et* Se former
Combiner
Préparer
Confectionner
Créer
Produire
Écrire (une œuvre)
Travailler
Bâtir
Constituer
Élucubrer (*péj.*)

2. Transiger
Négocier
Traiter
S'accommoder de
Couper la poire en deux
(*pop.*)
Pactiser
Céder
Faiblir
Capituler
S'entendre
Arriver (*ou* Parvenir) à
un arrangement

● ANTONYMES : 1. Décom-
poser, Défaire, Détruire,
Dissocier, Diviser.
2. Résister, Maintenir.

COMPOSITEUR

V. MUSICIEN

COMPRÉHENSIBLE

Intelligible
Net
Clair
Accessible
Simple
Convenable
Explicable
Rationnel
Cohérent
Défendable
Évident
Naturel
Normal

● ANTONYMES : Incom-
préhensible, Alambiqué,
Confus, Brouillé.

COMPRÉHENSIF

Indulgent
Bienveillant
Souple
Large d'idées
Compatissant
Tolérant

● ANTONYMES : Intraita-
ble, Intolérant, Obtus,
Impitoyable, Incompré-
hensif.

COMPRENDRE

1. Contenir (en soi)
Comporter
Inclure
Renfermer
Impliquer
Englober
Compter
Embrasser
Incorporer
Mêler
Enfermer

2. Saisir (le sens)
Concevoir
Entendre
Piger (*pop.*)
Interpréter
Traduire
Déchiffrer
Pénétrer (le sens)
Appréhender
Sentir
Voir
(S') Apercevoir
Se rendre compte
Y être
Connaître
Assimiler
Enregistrer
Se rendre à l'évidence
Prendre conscience
Réaliser
V. DÉCOUVRIR

● ANTONYMES : 1. Ex-
clure, Excepter, Omettre.
2. Rester étranger à, Continuer à ignorer, Mécon-
naître, Refuser de voir.

COMPRESSIBLE

Comprimable
Condensable
Coercible
Élastique
Réductible
Qui peut être réduit à un
digest (*néol. amér.*)

● ANTONYMES : Expansi-
ble, Dilatable, Incompres-
sible.

COMPROMETTRE

Mettre dans une situation critique
Exposer
Hasarder
Mettre en péril, en danger
Risquer
Commettre *et* Se commettre
Ternir (*par ex.* sa réputation)
Nuire (*id.*)
S'afficher (avec quelqu'un)
Afficher (une liaison)
Porter atteinte à la réputation (de quelqu'un)

● ANTONYMES : Renforcer, Garantir, Assurer.

COMPROMIS

Arrangement
Accord (amiable)
Transaction
Moyen terme
Arbitrage
Cote (bien *ou* mal) taillée
Concordat
Convention (amiable)
Gentlemen agreement (*néol. angl.*)
Concessions mutuelles
Composition

● ANTONYME : Intransigeance.

COMPTABLE
V. RESPONSABLE

COMPTE

Calcul
Relevé
Règlement
Inventaire
État
Somme
Montant
Addition
Note
Paie
Douloureuse (*fam.*)
Facture

COMPTER

Calculer
Chiffrer
Nombrer *et* Dénombrer
Inventorier
Recenser
Précompter
Supputer
Facturer
Payer

« *Compter sur* » :
Faire confiance à
S'en remettre à
Tabler sur
S'appuyer sur
Faire fond
Être sûr de (*ou* que)
Escompter
Présumer que

« *Compter que* » :
Espérer
Former le projet de
Avoir l'intention de
Se proposer de
Projeter
Penser
S'attendre à
Regarder comme certain que
Tenir pour sûr que
Croire (fermement) que

● ANTONYMES : Négliger, Omettre.

COMPULSER
V. CONSULTER

CONCAVE

Surface sphérique creuse
Creux
Courbe *et* Courbure (interne)
Cavet (moulure)
Intrados

● ANTONYMES : Convexe, Bombé.

CONCÉDER

Accorder (une faveur)
Faire une concession
Faire une fleur (*fam.*)
Octroyer
Allouer
Donner
Céder
Attribuer

Au fig. :
Admettre que
Avouer que
Convenir

● ANTONYMES : Refuser, Contester, Rejeter.

CONCENTRATION

Réunion
Rassemblement
Groupement *et* Regroupement
Concours (*anc.* ou *litt.*)
Centralisation

Au fig. :
Contention (d'esprit)
Réflexion
Application
Attention
Recueillement
Tension

● ANTONYMES : Dispersion, Distraction.

241

CONCENTRÉ

Réduit
Condensé
Digest (*néol. subst.*)
Contracté (*néol.*)
Épais
Lourd

● ANTONYMES : Dilué, Disséminé, Intégral.

CONCEPT
V. ABSTRACTION et IDÉE

CONCEPTION

Création
Fécondation
Grossesse
Génération

Au fig. :
Formation d'un concept
Abstraction
Entendement
Intellection
Jugement
Intelligence
V. IDÉE
Vue (de l'esprit)
Opinion
Imagination

CONCERNER

Avoir rapport à
S'appliquer à
Porter sur
Se rapporter à
Dépendre de
Être du ressort (de la juridiction, *ou* du rayon) de
Être relatif à
Regarder (quelqu'un)

Intéresser (quelqu'un)
Relever de

● ANTONYME : Être étranger à.

CONCERT

1. Séance musicale
Audition
Récital
Aubade
Sérénade

2. V. ACCORD
Entente
Intelligence
Union
« *De concert* » :
Ensemble
En accord
En harmonie
De connivence
Conjointement
Concurremment

CONCERTER (SE)

S'entendre
S'accorder
S'organiser
Chercher en commun (une solution)
Se consulter
Délibérer (en commun)
S'épauler
V. CONSPIRER
Conjurer (*anc.*)
Décider en commun (*ou* ensemble)
Se conjurer (*mod.*)
Prendre avis (l'un de l'autre)

● ANTONYMES : Décider seul, Agir en franc-tireur.

CONCESSION

Cession (d'un droit)
Don
Octroi
Autorisation

Au fig. :
Renoncement
Tolérance
Bon vouloir (Faire preuve de)
Abandon
Désistement
Abdication
Compromis
Transaction
Composition

● ANTONYMES : Intransigeance, Refus, Rejet, Contestation.

CONCEVOIR

1. Engendrer (un enfant)
Faire (un enfant)
Féconder (une femme)
Être enceinte (*fém.*)
Être grosse (*fém.*)
Créer (la vie)
Donner (*id.*)

2. Former (une idée)
Se faire (une idée)
Comprendre
Entendre
Imaginer
Inventer
Envisager
Saisir
Voir
Prévoir
Supposer
Échafauder (un projet)

● ANTONYMES : 1. Être stérile, Être impuissant, Avorter.

2. Être sans idée, sans imagination.

CONCIERGE

Gardien
Portier
Suisse (*anc.*)
Huissier (*anc.*)
Cerbère (*iron.*)
Pipelet (*pop.*)
Tire-cordon (*pop. anc.*)
Bignol(le) (*arg.*)
Cloporte (*arg.*)

Par extens. :
Factionnaire
Sentinelle

CONCILE

Consistoire
Synode
Réunion (*fig.*)
Assemblée (*fig.*)
Convent (*maçonnique*)

CONCILIABULE
V. Conversation

CONCILIANT

Conciliateur
V. Accommodant
Arrangeant
Coulant (*fam.*)
Facile
Complaisant
Apaisant

● Antonymes : Intransigeant, Absolu, Coupant, Pète-sec (*fam.*).

CONCILIATEUR

Médiateur
Arbitre
Intermédiaire

CONCILIATION
V. Accommodement

CONCILIER

Mettre d'accord
Réconcilier
Accommoder *et* Raccommoder
Faire concorder
Faire cadrer
Arrondir les angles
Allier
Réunir
Harmoniser
Arbitrer
Ménager la chèvre et le chou (*fam.*)

● Antonymes : Brouiller, Jeter la discorde, Désunir, Aggraver.

CONCIS

Bref
Dépouillé
Laconique
Succinct
Sobre
Serré
Lapidaire
Court
Incisif
Nerveux
Précis

● Antonymes : Long, Prolixe, Diffus, Éparpillé, Touffu, Filandreux.

CONCLURE

Terminer
Finir
Achever
Arrêter

Tirer la conclusion
Arriver à une conclusion
Mener à sa conclusion

« *En conclure* » :
En déduire
Arguer
Démontrer
Inférer
Induire

● Antonymes : Débuter, Commencer, Préluder, Préfacer, Amorcer.

CONCLUSION

V. Fin
Règlement (d'une affaire)
Décision
Terme
Terminaison
Issue
Arrangement (final)
Solution
Couronnement
Dénouement
Épilogue
Moralité
Péroraison
Résultat
Conséquence
Déduction
Leçon
Preuve
Enseignement

● Antonymes : Début, Commencement, Avant-propos, Exorde, Prémisses, Préliminaires, Préambule.

CONCOMITANT

Simultané
Coïncident (*math.*)
Au même moment

En même temps
Voisin
Parallèle

● ANTONYMES : Indépendant, Séparé.

CONCORDER

S'accorder
Correspondre
Être en harmonie *et* S'harmoniser
Aller (ensemble *ou* dans le même sens) [*fig.*]
Cadrer
Être en rapport
S'adapter
Convenir
Répondre à
Coïncider avec
Être synchrone

● ANTONYMES : Contraster, Jurer (avec), Se contredire, S'opposer, Différer, Être à contre-temps.

CONCOURIR À
V. CONTRIBUER

CONCOURS

1. V. AFFLUENCE

2. Aide
Appui
Collaboration
Coopération
Apport
Assistance
Secours
Service
Main-forte
Contribution
Prestation

3. Compétition
Concurrence

Joute
Rivalité
Examen

« *Concourir à* » :
V. CONTRIBUER

● ANTONYMES : Abstention, Opposition.

CONCRET

Matériel
Palpable
Réel *et* Réaliste
Positif
Précis
Net

● ANTONYMES : Abstrait, Métaphysique, Fluide, Spirituel.

CONCUBINE

Amante
Maîtresse
Compagne
(Petite) Amie

● ANTONYME : Épouse.

CONCUPISCENCE
V. CONVOITISE et AVIDITÉ

CONCURRENCE
V. RIVALITÉ

CONCURRENT

Rival
Contendant (*langue class.* et *litt.*)
Candidat
Participant (à l'épreuve)
Prétendant
Compétiteur

Champion (*anc.*)
Émule
Challenger (*néol. sportif*)
Adversaire

● ANTONYMES : Associé, Allié, De la même équipe, Domestique (*jargon sportif*).

CONCUSSION

Malversation
Déprédation
Exaction
Péculat
Extorsion
Prévarication
Forfaiture
Rapine
Pillage
Brigandage

● ANTONYMES : Intégrité, Honnêteté, Incorruptibilité.

CONDAMNABLE

Blâmable
Répréhensible
Déplorable
Critiquable

● ANTONYMES : Irréprochable, Louable.

CONDAMNATION

Punition
Peine
Sanction
Sentence
Jugement
Arrêt
Damnation
Anathématisation

Excommunication
Interdit
Privation (de)
Flétrissure
Réprobation
Procès
V. ACCUSATION
Désaveu
Négation

● ANTONYMES : Apologie, Exaltation, Louange, Sanctification, Absolution, Acquittement, Non-lieu, Amnistie, Grâce *et* Grâce amnistiante.

CONDAMNER

1. Réprouver
Stigmatiser
Proscrire
Anathématiser
Se prononcer contre (quelqu'un *ou* quelque chose)
Flétrir
Blâmer
Accabler
Censurer
Critiquer
Désapprouver
Désavouer
Réprimander
Bannir
Improuver (*langue class.* et *litt.*)

2. Prohiber
Défendre
Proscrire
Empêcher

Au fig. :
Fermer (définitivement) [une issue, une porte]
Barrer (*id.*)
Murer (*id.*)
Boucher (*id.*)

● ANTONYMES : 1. Approuver, Excuser, Absoudre, Acquitter, Disculper, Libérer, Relaxer.
2. Permettre, Autoriser, Ouvrir.

CONDENSÉ

Comprimé
Réduit
Saturé
Figé

Au fig. :
Abrégé
Dépouillé
Resserré
Groupé
Rassemblé
Contracté *et* Contraction (*néol. subst.*)
Digest (*néol. subst.*)
Concentré

● ANTONYMES : Dilaté, Éparpillé, Allongé, Délayé, Dilué, Étendu.

CONDESCENDANT

Complaisant (*anc.*)

Péj. :
Hautain
Arrogant
Protecteur
Supérieur
Dédaigneux
Méprisant
Prétentieux

● ANTONYMES : Humble, Égal, Amical.

CONDESCENDRE
V. DAIGNER

CONDIMENT

Épices
Assaisonnement

CONDISCIPLE
V. COMPAGNON

CONDITION

1. État
Situation
Rang
Position
Classe
Nature
Circonstance
Posture
Forme
Conjoncture
Données
Fondement
Base
Élément

2. Clause
Formalité
Stipulation
Exigence
Modalité
Règlement

● ANTONYMES : Conséquence, Fin.

CONDUIRE

Mener
Emmener
Guider
Diriger
Piloter
Orienter
Cornaquer (*fam.*)
Servir de cornac
Driver (*néol. angl.*) [*sport et fam.*]
Amener

Promener
Jouer les cicérones
Accompagner
Raccompagner
Reconduire
Manœuvrer (un véhicule)
Être au volant (*id.*)

« *Se conduire* » :
Se comporter
Agir (de telle ou telle manière)
Se diriger

● ANTONYMES : Laisser (seul), Abandonner.

CONDUIT

V. CANAL et CANALISATION
Tube *et* Tubulure
Tuyau
Boyau
Conduite
Écoulement
Gouttière
Chéneau
Buse
Égout
Manche à air
Passage
Tranchée
Collecteur
Pipe-line
Aqueduc
Oléoduc
Colonne

● ANTONYMES : Fermeture, Coupe-circuit, Valve, Pompe.

CONFECTION

V. FABRICATION
Façon

Préparation
Tout fait

● ANTONYME : Sur mesure.

CONFÉRENCE

Discours
Exposé
Causerie
Réunion
V. ASSEMBLÉE
Entretien
Conciliabule
Conseil
Pourparler
V. COLLOQUE
Briefing (*néol. angl.*)
Palabre (*fam.*)
Parlote (*fam.*)
Négociation
Rendez-vous

● ANTONYMES : Soliloque, Absence.

CONFÉRENCIER
V. ORATEUR

CONFÉRER

1. Attribuer
Donner
Déférer
Accorder
Passer (des pouvoirs)
Décorer
Consacrer
Ordonner

2. Consulter (quelqu'un)
Être en conférence
S'entretenir (avec quelqu'un)
Causer (*id.*)
Parler (*id.*)
Discuter (*id.*)
Prendre avis (de quelqu'un)
V. SE CONCERTER

● ANTONYMES : 1. Ôter
Prendre *et* Reprendre,
Refuser, Dégrader (quelqu'un).
2. S'isoler, Décider seul,
Se taire.

CONFESSER
V. AVOUER

CONFESSEUR

Directeur (de conscience)
Aumônier
Confident
Directeur spirituel

● ANTONYMES : Pêcheur, Confident, Pénitent.

CONFESSION

Aveu (des péchés)
(Acte de) Contrition
Examen de conscience
Confiteor
Meâ-culpâ
Pénitence

Par extens. :
1. Déclaration (de quelque chose)
Reconnaissance (*id.*)
Déballage (*id.*) [*fam.*]

2. Croyance (générale)
Religion
Foi
Église

● ANTONYMES : Silence, Démenti, Demi-omission, Mutisme, Contestation, Protestation, Restriction mentale.

CONFIANCE

Créance
Foi

Crédit
Fiabilité (*néol.*)
Sûreté
Assurance
Espérance
(Les) Yeux fermés
(Sentiment de) Sécurité
Crédulité (*péj.*)

« *Avoir confiance* » :
Se fier (à)
Faire fond (sur)
Compter (sur)
S'en remettre (à)
Se reposer (sur)
S'en rapporter (à)
S'abandonner (à)
Se livrer (à)
Accorder du crédit (à)
Se rassurer

● ANTONYMES : Doute, Suspicion, Méfiance, Crainte, Anxiété, Défiance, Se défier, Se méfier.

CONFIER

1. Remettre à la garde (de)
Mettre dans les mains de (quelqu'un)
Abandonner
Laisser
Donner
Prêter
Charger (par ex. quelqu'un d'une mission)

2. Communiquer (en secret)
Murmurer (*id.*)
Dire à l'oreille (de quelqu'un)
Faire confidence (de quelque chose)
Souffler (quelque chose à quelqu'un)
Livrer (un secret)
Révéler (*id.*)

● ANTONYMES : Retirer, Enlever, Ôter, Cacher, Taire, Dissimuler.

CONFIER (SE)

Se fier
Témoigner de la confiance
S'en remettre (à)
Parler
S'ouvrir
S'épancher
Ouvrir son cœur
Faire ses confidences

● ANTONYMES : Se défier, Se méfier.

CONFIGURATION

V. FORME
Conformation
Figure *et* Figuration
Tournure
Aspect

CONFINER

Cantonner
Reléguer
Enfermer
Cloîtrer
V. CLAUSTRER

« *Confiner à* », *au sens figuré* :
Approcher de
Toucher à
Friser (par ex. l'inconscience)
Côtoyer
Aboutir

● ANTONYMES : Ouvrir, Aérer, Libérer; Être loin de.

CONFINS

Frontière
Limite
Borne
Extrémité
Fin fond (*fam.*)
Terme
Terminus
Ligne de démarcation
Lisière
Aboutissement
Point extrême

● ANTONYMES : Milieu, Centre, Noyau, (Lieu) Proche, À portée (de la main).

CONFIRMATION

Assurance
Affirmation
Renouvellement
Approbation
Authentification
Preuve
Vérification
Garantie
Entérinement
Validation
Ratification
Continuation
Maintien
Homologation
Reconduction

● ANTONYMES : Annulation, Infirmation, Rétractation, Abrogation, Négation, Démenti.

CONFIRMER

Affermir
Répéter

Réaffirmer
Certifier
Assurer
Consacrer
Garantir
Attester
Corroborer
Vérifier
Prouver
Entériner
Valider
Homologuer
Légaliser
(S') Avérer
Ratifier
Sanctionner
Affirmer (à nouveau)

● ANTONYMES : Démentir, Infirmer, Désavouer, Invalider, Nier, Contredire, Réfuter, Rétracter, Abroger.

CONFISCATION

V. SAISIE
Mainmise
Spoliation
Appropriation
Vol légal

● ANTONYMES : Restitution.

CONFISQUER

Saisir (*jur.*)
Mettre la main sur
Prendre

Au fig. :
Accaparer
Détourner
Retirer de la circulation
Soustraire
Enlever

Ravir
Absorber
S'adjuger (*fam.*)
Voler
Spolier (quelqu'un de quelque chose)

● ANTONYMES : Donner, Attribuer, Restituer, Rendre.

CONFITURE

Marmelade
Conserve
Compote
Gelée
Cotignac (pâte de coings)
Raisiné (confiture de raisins)
Orangeat (écorce d'orange confite)
Roquille (confiture d'écorce d'orange)
Prunelée (confiture de prunes)

CONFLAGRATION

Incendie
Embrasement
Explosion
Déflagration
Implosion
Bouleversement
Conflit
Guerre

● ANTONYMES : Paix, Calme.

CONFLIT

V. COMBAT et GUERRE
Au fig. :
Antagonisme

Désaccord
Opposition
Compétition
Lutte
Rivalité
Divorce (*fig.*)
Dispute
Discorde
Tiraillement (s)
Contestation

● ANTONYMES : Entente, Concorde, Paix, Coopération, Accord.

CONFONDRE

1. Amalgamer
Mélanger
Mêler
Unir *et* Réunir
Fondre (ensemble)
Associer
Fusionner
Identifier (quelque chose à quelque chose *ou* quelqu'un avec quelqu'un)

2. *Absol.* :
Se tromper
Faire une confusion
Prendre pour un autre
Embrouiller *et* Brouiller

3. Déconcerter
Consterner
Stupéfier
Surprendre
Étonner
Remplir d'étonnement
Laisser (quelqu'un) interdit
Passer l'imagination
Dépasser (*id.*)
Assommer (*fig.*)

4. Démasquer
Désarçonner (*fig.*)
Déjouer

Vaincre
Faire (*ou* Forcer à) avouer
Aplatir
Anéantir
Humilier

● ANTONYMES : 1. Séparer,
Distinguer, Différencier,
Particulariser.
2. Savoir exactement.
3. Enthousiasmer.
4. Aider, Approuver,
Louer.

CONFORMATION
V. CONFIGURATION

CONFORME

En accord
Semblable
Analogue
Identique
Pareil
Égal
Exact
Correct
Convenable
Adéquat
Réglementaire
Adapté
Approprié
(Pour) Ampliation («Copie
conforme »)

● ANTONYMES : En désac-
cord, Contraire, Différent,
Opposé, Irrégulier, Faux.

CONFORMER

Adapter
Accorder
Mettre en accord
Faire cadrer
Calibrer
Normaliser
Faire correspondre

Standardiser
Assortir
Approprier
Ajuster
Calquer (sur)
Copier (sur)
Imiter

● ANTONYMES : Oppo-
ser, Différencier.

CONFORMER (SE)

Se soumettre (à)
Se plier (à)
Se régler (sur)
S'assujettir
Se modeler
Se mettre dans le ton
Obéir
Acquiescer
S'adapter
Observer (*fig.*)
Renoncer à (son origina-
lité)
Adhérer
Sacrifier à

● ANTONYMES : Se refu-
ser à, S'insurger contre,
Se maintenir, Contreve-
nir à.

CONFORMISTE

Traditionaliste
Conservateur
Orthodoxe
Suiviste (*néol. fam.*)
Discipliné (*péj.*)
Beni-oui-oui (*fam. et
péj.*)

● ANTONYMES : Non-confor-
miste, Original, Contestataire, Révolté *et* Révolutionnaire, Individualiste,
En-dehors.

CONFORT

Bien-être
Aises
Luxe
Commodité
Niveau de vie acceptable
(*ou* haut)
Bon standing (*néol.*)

● ANTONYMES : Incon-
fort, Misère.

CONFRÈRE

Collègue
Pair
Dans la même partie
(*fam.*)
Compagnon
Associé
Concurrent
Consœur (*fém.*)

● ANTONYMES : Étran-
ger (au métier), Inconnu.

CONFRÉRIE
V. COMMUNAUTÉ
V. ASSOCIATION

CONFRONTER
V. COMPARER

CONFUS

1. Confondu (*aussi au
fig.*)
Indistinct
Brouillé *et* Embrouillé
Disparate
Pêle-mêle
En désordre *et* Désordonné
Amphigourique
Équivoque
Indécis
Compliqué
Indéterminé
Alambiqué

Nébuleux
Tortillé (*fam.*)
Entortillé (*fam.*)
Filandreux
Embarrassé (*aussi au fig.*)
2. Penaud
Quinaud (*anc.*)
Déconcerté
Désarçonné
Piteux
Capot (*anc.*)
(Tout) Sot *et* Assoté
(*lanque class.*)
Honteux
Abasourdi
Désolé
Ennuyé
Plein de regret

● ANTONYMES : 1. Clair,
Net, Précis, Distinct.
2. Assuré, À son aise,
Désinvolte.

CONFUSION
V. DÉSORDRE

CONGÉ

V. VACANCES
Permission
Détente
Relâche
Campos (*fam.*)
Inactivité
Fête
Week-end
Jour férié
Pont
Férié (*antiq. rom.*)

● ANTONYMES : Activité,
Travail.

CONGÉDIER

Donner son congé
V. RENVOYER

Mettre à la porte
Flanquer dehors (*fam.*)
Chasser
Destituer
Licencier
Remercier
Révoquer
Faire passer à la caisse
Sacquer (*fam.*)
Vider (*pop.*)
Lourder (*arg.*)
Balancer (*pop.*)
Débarquer (*pop.*)
Virer (*arg.*)
Envoyer valser (*pop.*)
Écarter
Limoger (*milit.*)
Expédier (*fam.*)
Fendre l'oreille (*anc.*)
Donner son compte

● ANTONYMES : Enga-
ger, Embaucher, Accueil-
lir, Convier.

CONGÉNITAL

De naissance
Inné
Héréditaire *et* Hérité

● ANTONYME : Acquis.

CONGESTION

Hypérémie *ou* Hyperhé-
mie
Fluxion
Turgescence
Hémorragie (cérébrale)
Coup de sang
Transport au cerveau
Apoplexie
Tension

● ANTONYMES : Anémie,
Hypotension.

CONGRATULATION
V. FÉLICITATION

CONGRÉGATION

V. COMMUNAUTÉ
Ordre (religieux)
Compagnie
Confrérie

CONGRÈS
V. ASSEMBLÉE

CONJECTURE
V. HYPOTHÈSE et SUPPO-
SITION

CONJOINT
V. ÉPOUX

CONJUGAL

Matrimonial
Domestique
Marital
Nuptial
Du couple
Entre mari et femme

● ANTONYMES : Séparé,
Individuel.

CONJUGUER
V. COMBINER et UNIR

CONJURATION
V. CONSPIRATION et EXOR-
CISME

CONNAISSANCE

1. Conscience
Compréhension
Idée
Impression
Intuition
Perception

Représentation
Prescience
Science
Discernement
Intelligence
Savoir
Instruction
Entendement
Culture
Notions
Acquis *et* Acquisitions
Éducation
Instruction
Bagage (*fam.*)
Lumières
Clartés
Compétence (*jur.*)

2. Relation (sociale)
Familier
Personne connue
Liaison
Rencontre
Personne présentée
Personne avec laquelle
on est en rapports

● ANTONYMES : 1. Ignorance, Inconscience, Méconnaissance.
2. Inconnu.

CONNAISSEUR
V. EXPERT

CONNAITRE

1. Savoir
Posséder
Avoir connaissance
Avoir appris
Être informé
Être instruit de
Ne pas ignorer
Être au courant

« *S'y connaître* » :
Être qualifié
Être expert
Être averti

En connaître un bout (*pop.*)
En connaître un rayon (*pop.*)
Être calé
Être ferré
Être savant
S'y entendre en
Avoir la pratique de
Avoir l'usage de

2. Ressentir (une joie, une douleur)
Éprouver
Apprendre
Expérimenter
Souffrir

3. Faire la connaissance (de quelqu'un)
Rencontrer

● ANTONYMES : Ignorer, Méconnaître, Dédaigner, Négliger, Oublier.

CONNIVENCE
V. COMPLICITÉ

CONQUÉRANT

Vainqueur
Guerrier
Conquistador
Envahisseur
Soudard

Au fig. :
Dominateur
Fier
Don Juan
Amoureux
Accapareur

● ANTONYMES : Conquis, Soumis, Servile, Docile.

CONQUÉRIR

Acquérir (par la force)
S'approprier

Vaincre
V. ASSUJETTIR (*aussi au fig.*)
Soumettre
Dominer
Subjuguer (*aussi au fig.*)

Au fig. :
Capter
Captiver
Séduire
Subjuguer
Envoûter
Amener à soi
S'attacher
Attirer
Charmer
Dominer
Entortiller (*fam.*)
Gagner *et* Se gagner
Prendre
Empaumer (*pop.*)
Convertir à

● ANTONYMES : Perdre, Abandonner, Renoncer.

CONQUÊTE

Victoire
Prise
Domination
Gain
Assujettissement
Soumission
Capture

Au fig. :
Séduction
Envoûtement
Attirance
Charme
Conversion

● ANTONYMES : Perte, Abandon, Échec, Renoncement *et* Renonciation.

CONSACRER

Vouer *et* Dévouer
Dédier
Sacrer *et* Sacrifier
Affecter (à)
Destiner
Appliquer
Réserver

● ANTONYMES : Profaner, Violer, Abolir, Annuler, Invalider, Défaire.

CONSANGUIN

Parent (du côté du père)
Agnat

Par extens. :
Familial
Frère (sœur)

● ANTONYMES : Cognat, Germain, Utérin, Frère (ou Sœur) de lait.

CONSCIENCIEUX

Scrupuleux
Travailleur
Responsable
Attentif
Minutieux
Tatillon
Assidu
Obstiné
Exact
Honnête
Vertueux
Méticuleux

● ANTONYMES : Léger, Irresponsable, Indifférent, Désinvolte, Paresseux, Négligent.

CONSCRIT
V. SOLDAT

CONSEILLER

1. *Verbe* :
Indiquer
Recommander
Inciter
Pousser (à)
Engager (à)
Exhorter (à)
Prêcher (pour quelque chose)
Suggérer
Presser (de faire quelque chose)
Déterminer (à)

2. *Subst.* :
Instigateur
Mentor
Guide
Directeur (de conscience)
Inspirateur
Égérie (*fém.*)
Gourou
Conseilleur (*péj.*)
Conseil
Maître
Confident

● ANTONYMES : 1. Déconseiller, Dissuader, Défendre, Interdire.
2. Adversaire.

CONSENTIR

V. APPROUVER
V. ACCEPTER
Accéder (à la demande)
Souscrire
Admettre
Acquiescer
Dire oui
Autoriser
Opiner
Permettre
Être d'accord
Dire amen
Se résigner
Se soumettre
Condescendre
Adhérer à
Accorder que
Céder
Octroyer
Se prêter à

● ANTONYMES : Refuser, Interdire, S'opposer, Résister.

CONSÉQUENCE

Suite (logique)
Résultat
Séquelle
Corollaire
Contrecoup
Fruit
Réaction
Effet
Résultante
Portée
Aboutissement
Conclusion
Ricochet (conséquence indirecte)
Rejaillissement (*id.*)
Rebondissement (*id.*)

● ANTONYMES : Cause, Condition, Motif, Antécédent.

CONSÉQUENT (PAR)
V. AINSI

CONSERVATEUR

1. V. GARDIEN

2. Traditionaliste
Passéiste
Modéré
Homme d'ordre (établi)

Homme de droite
Réactionnaire

● ANTONYMES : Novateur, Progressiste, Révolutionnaire.

CONSERVER

Maintenir (en état)
Garder
Sauvegarder
Préserver
Entretenir *et* Tenir
Protéger
Sauver
Ménager
Soigner
Épargner
Détenir

● ANTONYMES : Aliéner, Casser, Détériorer, Rejeter, Vendre.

CONSIDÉRER

V. REGARDER

Au fig. :
Examiner
Étudier
Fixer son attention (sur)
Observer
Envisager
Apprécier
Juger
Approfondir
Tenir compte
Prendre garde à
Se souvenir de (*ou* que)
Se préoccuper
S'attacher à
Avoir égard à
Songer que

Absol. :
Estimer (*ou* Avoir de

l'estime pour)
Apprécier
Respecter
Révérer
Vénérer
Tirer son chapeau
Avoir (de la considération, de la vénération, du respect)

● ANTONYMES : Négliger, Ne pas vouloir voir, Dédaigner; Mépriser, Méconnaître, Ignorer, Déconsidérer, Discréditer.

CONSIGNE

1. V. ORDRE
Instruction
Recommandation

2. Défense de sortir
Retenue
Punition
Colle (*arg. des collèges*)

CONSIGNER

1. Remettre en dépôt
Déposer
Donner en garde (*ou* en garantie)

Au fig. :
Mentionner
Noter (par écrit)
Écrire
Enregistrer
Constater
Relater
Rapporter
Coucher par écrit
Citer

2. Empêcher (de sortir)
Retenir
Coller (*arg. des collèges*)

Mettre en quarantaine
Interdire l'accès

● ANTONYMES : Déconsigner, Retirer ; Taire, Omettre, Libérer. Autoriser.

CONSISTANT

Ferme
Solide
Cohérent
Épais
Dur
Corsé
Copieux (*par ex.* un repas)
Plantureux (*id.*)
Coriace
Visqueux (un liquide)

● ANTONYMES : Inconsistant, Frêle, Maigre, Mou, Flasque, Sans épaisseur, Diaphane, Fluide.

CONSOLANT

Consolateur
Lénitif
Réconfortant
Calmant
Apaisant

● ANTONYMES : Accablant, Affligeant, Désolant, Désespérant.

CONSOLATION

Compensation
Adoucissement
Allègement *ou* Allégement
Apaisement
Soulagement
Atténuation

Réconfort
Baume
Dédommagement
Satisfaction

● ANTONYMES : Affliction,
Désolation, Tourment,
Malheur, Aggravation.

CONSOLER

Réconforter
Conforter (*anc.*)
Remonter (*fam.*)
Verser du baume (sur le
cœur)
Relever (le moral)
Calmer
Apaiser
Soulager
Sécher les larmes
Essuyer les larmes
Distraire
Égayer
Tranquilliser

● ANTONYMES : Accabler,
Affliger, Tourmenter, Dé-
primer, Abattre le moral.

CONSOLIDER
V. AFFERMIR

CONSOMMATEUR
V. CLIENT

CONSOMMER

1. User de
Se nourrir de
Absorber
Brûler
Consumer
Manger

2. Mener à son terme
Commettre
Perpétrer

Accomplir
Parfaire
Achever
Terminer
Couronner

● ANTONYMES : 1. Éco-
nomiser, Se priver.
2. Commencer.

CONSPIRATION

Complot
Conjuration
Machination
Intrigue
Menée
Connivence
Alliance (secrète)
Affiliation (secrète)
Vehme (organisation
secrète allemande)
Activité factieuse

CONSPIRER
V. COMPLOTER

CONSPUER

Huer
Siffler
Honnir
Bafouer
Crier haro sur

● ANTONYMES : Applau-
dir, Féliciter, Acclamer.

CONSTAMMENT

Sans cesse
Continuellement
Assidûment
En permanence
Toujours
À chaque instant
Sans discontinuer

Sans relâche
Invariablement
Régulièrement

● ANTONYMES : Jamais, Ra-
rement, Sporadiquement,
Momentanément, Quel-
quefois, Parfois.

CONSTANCE

Courage
Force (morale)
Fermeté (d'âme)
Énergie
Volonté
Résolution
Persévérance
Assiduité
Obstination
Opiniâtreté
Fidélité
Régularité
Continuité
Permanence
Stabilité
Fiabilité (*néol.*)
Persistance
Durabilité
Fixité
Sûreté

● ANTONYMES : Incons-
tance, Inconsistance, Instabilité, Variabilité.

CONSTATER

V. CONSIGNER
Se rendre compte
Enregistrer
Remarquer
Établir
Observer
Noter
Éprouver
Avérer

Découvrir
Voir
Vérifier
Prendre acte
Faire un constat
Consigner

● ANTONYMES : Ne pas voir, Fermer les yeux, Omettre, Négliger.

CONSTERNATION
V. ABATTEMENT

CONSTERNER
V. ATTRISTER

CONSTITUER

Former
Créer
Instituer
Instaurer
Établir
Mettre sur pied
Composer
Faire
Bâtir
Organiser
Édifier
Construire
Monter
Arranger

● ANTONYMES : Défaire, Détruire, Démolir, Disperser.

CONSTRUIRE
V. BÂTIR

CONSULTER

Prendre avis
Prendre conseil
Interroger
Demander (conseil)
Questionner
Solliciter (un avis, une indication, des instructions, une idée, un encouragement, une suggestion, une incitation, etc.)
S'éclairer de l'opinion de (quelqu'un)
Écouter (quelqu'un)
Sonder (*par ex.* l'opinion publique)
Procéder à un sondage
Prendre le pouls (*par ex.* de l'électorat)
Compulser (un document)
Chercher des références (*par ex.* dans un ouvrage)
Se référer à
Dépouiller (une documentation)
Examiner (*par ex.* la jurisprudence)
Conférer (avec une autre personne)
Délibérer
Se faire examiner (*ou* ausculter) [par un médecin]

● ANTONYMES : Répondre, Conseiller, Refuser un avis, Écarter un conseil.

CONSUMER

Détruire
Dévorer
Brûler
Embraser
Calciner
Ronger
User
Anéantir
Ruiner
Dissiper

« *Se consumer* » :
S'épuiser
S'user
Se ronger
S'éteindre
Languir
Périr de consomption
Dépérir
Sécher sur pied (*fig. fam.*)
Se dessécher (*fig. fam.*)
Décliner
Péricliter

● ANTONYMES : Créer, Se fortifier, Se remonter.

CONTACT

Attouchement
Tangence
Adhérence
Toucher
Contiguïté
Jonction
Tact *et* Sensation tactile
Attenance
Mitoyenneté
Proximité (immédiate)

Entre les personnes :
Relation
Rencontre
Rendez-vous
Rapports
Entrevue
Communication
Coudoiement
Intimité
Familiarité
Rapprochement

● ANTONYMES : Éloignement ; Détachement, Séparation.

CONTACTER (*néol.*)

Prendre contact (avec quelqu'un)
Approcher (prudemment quelqu'un)

Procéder à l'approche (de quelqu'un)
Sonder (les intentions de quelqu'un)
Prévenir (quelqu'un)
Prendre rendez-vous
Avertir
Rencontrer
Voir (quelqu'un)
Approcher (quelqu'un)

● ANTONYMES : Tenir à l'écart, Éviter (quelqu'un), Laisser (quelqu'un) dans son coin.

CONTAGION

Contamination
Transmission (d'une maladie)
Infection
Communication (d'un mal)
Diffusion (*par ex.* des idées)

● ANTONYMES : Prophylaxie, Prévention, Vaccination.

CONTAMINATION
V. CONTAGION

CONTE

Histoire
Historiette
Fiction
Récit
Nouvelle
Légende
Roman
Péj. :
Baliverne
Blague
Racontar
Sornette

Craque (*pop.*)
Baratin (*pop.*)
Boniment
Fadaise
V. MENSONGE
Bobard (*pop.*)

● ANTONYMES : Fait vrai, Récit authentique, Vérité, Réalité.

CONTEMPLER
V. REGARDER et ADMIRER

CONTEMPORAIN
V. ACTUEL

CONTEMPTEUR

Méprisant
Dénigreur
Critique
Accusateur
Zoïle
Détracteur

● ANTONYMES : Laudateur, Admirateur.

CONTENANCE

1. Capacité
Tonnage
Étendue
Superficie
Contenu
Mesure
Quantité de
Volume

2. V. ATTITUDE
Allure
Air
Dégaine (*fam.*)
Maintien
Posture

Mine
Port
Figure

● ANTONYMES : 1. Contenant, Enveloppe, Emballage, Flacon, Bouteille, etc.

CONTENIR

1. Renfermer
Tenir
Cuber
Comporter
Comprendre
Englober
Posséder (en soi)
Avoir (en soi)
Inclure
Receler (*fig.*)
Impliquer
Embrasser (*fig.*)

2. Maintenir
Retenir
Empêcher de (s'étendre, d'avancer)
Endiguer
Contrôler
Borner
Dompter
Maîtriser
Réprimer
Refouler
Refréner *ou* Réfréner
Modérer
Contraindre
(Se) Faire violence (Se contenir)

● ANTONYMES : 1. Être trop petit (pour contenir)..., Laisser déborder, Déverser.
2. Lâcher, Laisser (s'échapper, se déverser, éclater).

CONTENT

Satisfait
Heureux
Enchanté
Ravi
Radieux
Réjoui
Gai
Comblé
(Bien) Aise
Joyeux
Rassasié

● ANTONYMES : Mécontent, Chagrin, Malheureux, Ennuyé, Insatisfait, En colère.

CONTENTEMENT

V. SATISFACTION
Aise
Félicité
Ravissement
Bonheur
Joie
Plaisir
Béatitude
Assouvissement

● ANTONYMES : Mécontentement, Insatisfaction, Tristesse, Colère.

CONTENTER
V. SATISFAIRE

CONTENTION
V. ATTENTION

CONTER

Raconter
Narrer (anc.)
Relater
Faire le récit de
Dire

Exprimer
Rapporter
Rendre compte
Décrire
Retracer
Détailler
Ne rien omettre
Communiquer
Faire part
Coucher sur le papier (ou par écrit)
Exposer
S'écouter (péj.)
Bonir (arg.)

● ANTONYMES : Faire, Cacher, Dissimuler.

CONTESTER

Contredire
Nier
Discuter et Disputer
Refuser
Revendiquer
Révoquer en doute
S'opposer
Se révolter
Argumenter contre
Plaider contre
Ne pas accepter
Remettre en cause
Ne pas tenir pour acquis
Controverser
Attaquer
Batailler contre
Chicaner (péj.)
Être en conflit

● ANTONYMES : Accepter, Se plier, Courber l'échine, Faire le béni-oui-oui (fam.)

CONTEXTURE

Texture
Tissu et Tissure

Entrelacement
Composition
Trame
Enchevêtrement
Assemblage
Arrangement
Constitution
Structure

CONTIGU
V. ATTENANT

CONTINENT
V. CHASTE

CONTINGENT
V. CASUEL

CONTINU

Ininterrompu
Continuel
Incessant
D'un seul (trait ou morceau)
Invariable
Permanent
Persistant
Perpétuel
Éternel
Sempiternel
Soutenu
Suivi et À la suite
Roulant (par ex. un feu d'artillerie)

● ANTONYMES : Discontinu, Coupé, Par moments, Sporadique, Intermittent.

CONTINUATION

Suite
Prolongement
Continuité
Prolongation

Reprise
Héritage

● ANTONYMES : Interruption, Arrêt, Cessation, Fin.

CONTINUEL
V. CONTINU

CONTINUER

Poursuivre
Perpétuer
Pousser (plus loin *ou* jusqu'au bout)
Prolonger
Maintenir (un état de fait)
Reconduire
Persister
Insister
Subsister
Durer
Conserver
Tenir
(Se) succéder (à soi-même)

● ANTONYMES : En finir, Arrêter, Cesser, Achever, Mettre le point final, Terminer, Abandonner.

CONTINUITÉ

V. CONTINUATION
Enchaînement
Pérennité
Permanence
Persistance
Persévérance
Perpétuation
Maintien de
Constance
Ininterruption
Cohésion
Liaison

et spécialement (*cinéma*) :
Scénario
Traitement

● ANTONYMES : Rupture, Coupure, Interruption, Suspension, Brisure, Intermittence ; Synopsis, Découpage.

CONTORSION

Torsion
Mouvement violent du corps
Convulsion
Contraction

Par extens. :
Grimaces
Affectation
Agitation
Embarras
Manières
Acrobatie

Au fig. :
Déformation
Entorse
Extrapolation
Hypocrisie

● ANTONYME : Rectitude.

CONTOUR
V. BORD

CONTOURNER

Faire le tour
Tourner (autour)
Éviter
Faire un détour
Passer par ailleurs

● ANTONYME : Aller droit sur.

CONTRACTER

1. S'engager (par contrat)
Acquérir
Gagner
Prendre
S'endetter
Attraper (une maladie)

2. Réduire
Rétrécir
Resserrer
Raccourcir
Tasser
Serrer
Crisper
Raidir
Bander (*par ex.* un muscle)
Tendre (*id.*)

● ANTONYMES : 1. Se libérer, Rompre, Perdre, Guérir.
2. Dilater, Développer, Délayer, Décontracter, Détendre, Gonfler.

CONTRADICTION

Réfutation
Contestation
Opposition
Objection
Négation
Dénégation
Démenti
Protestation
Réserves
Raisons contraires
Réclamation
Contredit
Désaccord
Chicane
Dispute
Critique
Contrepartie
Antinomie

Antilogie
Incompatibilité
Contraste
Impossibilité
Obstacle
Empêchement
Contrariété

● ANTONYMES : Accord, Approbation, Confirmation, Concordance, Entente, Identité, Analogie.

CONTRADICTOIRE
V. CONTRAIRE

CONTRAINDRE

Obliger (à)
Forcer
Presser
Imposer
Forcer la main
Astreindre (à)
Réduire (à)
Faire violence
Violenter
Assujettir (à)
Exiger
Requérir
Réquisitionner
Opprimer

● ANTONYMES : Tolérer, Permettre, Laisser (libre de), Dispenser, Autoriser, Libérer, Affranchir.

CONTRAINTE

Violence
Coercition
Pression
Entrave
Empêchement
Gêne
Poids
Étouffement

Retenue
Frein
Asservissement
Esclavage
Joug
Servitude
Sujétion
Tutelle
Oppression
Menace
Chantage

● ANTONYMES : Liberté, Libération, Libre arbitre, Anarchie, Naturel.

CONTRAIRE

Inverse *et* Adverse
Opposé
Antinomique
Antithétique
Contradictoire
Incompatible
Aux antipodes
Antonyme
(En) Négatif
(En) Opposition
(En) Antithèse
(En) Contraste
À l'envers
À l'inverse
En revanche
Au rebours
À l'encontre
Par contre

● ANTONYMES : Identique, Analogue, Pareil, Même, Semblable, Synonyme.

CONTRARIER

Empêcher
Contrecarrer
S'opposer à

Résister à
Bloquer (*fam.*)
Aller contre
Combattre
Être contraire
Gêner
Freiner
Nuire
Contredire

Par extens. :
Causer du dépit (*ou* du chagrin, *ou* de l'agacement)
Chagriner
Agacer
Fâcher
Irriter
Chiffonner
Déranger
Faire faire du mauvais sang (*ou* une maladie)
Mécontenter
Tarabuster
Désoler
Embêter
Enquiquiner
Offusquer

● ANTONYMES : Aider, Seconder, Favoriser, Réjouir, Satisfaire, Contenter, Amuser.

CONTRARIÉTÉ

Déplaisir
Mécontentement
Agacement
Souci
Déception
Irritation
Fâcherie
Bouderie
Désolation

● ANTONYMES : Plaisir, Satisfaction.

CONTRASTE

V. CONTRAIRE
Antithèse
V. OPPOSITION
Disparité
Différence
Comparaison
Disproportion
Clair-obscur

● ANTONYMES : Identité, Accord, Similitude, Ressemblance, Parité.

CONTRASTER

S'opposer (à)
Trancher (sur)
Jurer (avec)
Ressortir
Détonner

● ANTONYME : S'accorder.

CONTRAT

Convention
Pacte
Traité
Covenant
Engagement
Accord
Protocole
Compromis
Entente
Libellé
Arrangement
Dispositions
Stipulations
Transaction
Concordat
Consentement
Acte (notarié, enregistré, sous-seing privé)

● ANTONYMES : Liberté, Indépendance.

CONTRAVENTION

Infraction
Entorse
Procès-verbal (d'infraction)
Contredanse (pop.)
Papier bleu (pop. anc.)

CONTREBALANCER
V. ÉQUILIBRER

CONTRECARRER
V. CONTRARIER

CONTREDIRE

Dire le contraire
Démentir
Dédire
Désavouer
Contester
Protester
S'inscrire en faux
Soutenir l'inverse (ou autre chose)
Prendre le contrepied
Nier
Dire non
Critiquer
Chicaner
Faire des réserves
Réfuter
Rétorquer
Exciper
Présenter des objections
Être en contradiction
Être d'un avis opposé (ou contraire)
Ne pas admettre
Combattre (une opinion)
Opposer des dénégations

● ANTONYMES : Approuver, Appuyer, Confirmer, Aller dans le sens de.

CONTREDIT (SANS)
V. ASSURÉMENT

CONTRÉE
V. PAYS

CONTREFAIT
V. DIFFORME

CONTREPOISON

Alexipharmaque
Antidote
Remède

CONTRETEMPS
V. COMPLICATION

CONTREVENIR
V. DÉSOBÉIR

CONTREVENT

Volet
Persienne
Jalousie

CONTRIBUABLE

Assujetti
Citoyen
Taillable (anc.)
Corvéable (anc.)
Prestataire (en nature)

CONTRIBUER

V. AIDER
Concourir (à)
Collaborer (à)
Participer (à)

CONTRISTER
V. ATTRISTER

CONTRITION
V. Repentir

CONTRÔLER

Vérifier
Soumettre à vérification
Surveiller
Observer
S'assurer que
Exercer un contrôle
Examiner
Inspecter
Pointer
Collationner
Censurer
Critiquer

● ANTONYMES : Laisser libre, Faire confiance, Laisser aller.

CONTROUVER

Inventer (pour tromper)
Forger de toutes pièces
Falsifier
Mentir

« *Controuvé* » :
Apocryphe
Inventé
Mensonger
Inauthentique
Fabriqué

● ANTONYMES : Authentique, Vrai, Réel.

CONTROVERSE
V. Discussion et Polémique

CONTUSION

Coup
Ecchymose
Meurtrissure
Bleu
Bosse
Blessure
Mâchure (*fam.*)
Lésion

● ANTONYMES : Déchirure, Plaie (ouverte).

CONVAINCRE
V. Persuader

CONVALESCENCE

Analepsie
Rétablissement
Mieux
Guérison (voie de)
Meilleure santé

« *Entrer en convalescence* »
Se requinquer
Se rétablir
Aller mieux
Renaître
Guérir
Ressusciter (*fig.*)

● ANTONYMES : Rechute, Rechuter.

CONVENABLE

1. Qui convient
Adéquat
Approprié
Adapté
Ad hoc
Conforme
Idoine
Convenant
Expédient
Compatible avec
Propre à
De saison
Congru
Opportun
Favorable
Proportionné à

2. Bienséant
Conforme à la morale
Correct
Décent
Séant
Honnête
Digne
Passable

● ANTONYMES : Inconvenant, Inadéquat, Incompatible, Impropre, Disconvenant, Incongru, Saugrenu.

CONVENIR
V. Accorder, Reconnaître, Plaire, Avouer, Aller

CONVENTION
V. Accord, Contrat et Clause

CONVENTIONNEL

Convenu
Arbitraire
Académique
Banal
Officiel
Conformiste
Attendu
En clichés
Rituel

● ANTONYMES : Original, Imprévu, Personnel, Surprenant.

CONVERSATION

Entretien
Dialogue
Colloque
Causerie
Conférence
Pourparlers
Conciliabule

Tête-à-tête
Aparté
Parlote
Bavardage
Causette
Interview

● ANTONYMES : Silence, Mutisme.

CONVERSER

Parler
Deviser
Causer
S'entretenir
Dialoguer
Bavarder
Conférer avec
Chuchoter
Bourdonner
Badiner
Blaguer (*fam.*)
Tailler une bavette (*pop.*)
Bavasser (*pop.*)

● ANTONYMES : Se taire, Faire le silence.

CONVERTIR
V. CHANGER

CONVICTION
V. CERTITUDE

CONVIÉ et CONVIVE

Invité
Hôte
Commensal

Péj. :
Pique-assiette
Écornifleur
Parasite

● ANTONYMES : Hôte, Amphitryon, Maître (*ou* Maîtresse) de maison.

CONVOCATION

Invitation (à se présenter)
Assignation
Appel
Avertissement
Citation (à comparaître)
Indiction (*eccl.*)
Mandement (*anc.*)

● ANTONYMES : Renvoi, Congé, Licenciement.

CONVOITER

Désirer
Avoir envie de
Envier
Guigner (*fam.*)
Briguer
Ambitionner
Rêver de
Souhaiter
Soupirer (après *ou* pour)
Lorgner (*fam.*)
Brûler de
Reluquer (*arg.*)

● ANTONYMES : Dédaigner, Refuser, Mépriser, Être détaché.

CONVOITISE

Envie
Appétence
Concupiscence
Cupidité
Avidité
V. AMBITION
Rapacité
V. DÉSIR
Vampirisme (*litt.*)

CONVOYER
V. ACCOMPAGNER

CONVULSION

1. Spasme
V. CONTRACTION et CONTORSION

2. V. AGITATION

COOLIE
V. PORTEUR

COOPÉRATION
V. COLLABORATION

COORDINATION

Synchronisation
Planification
Organisation
Arrangement

● ANTONYMES : Incoordination, Confusion, Ordre dispersé, Hasard.

COPAIN
V. AMI, CAMARADE et COMPAGNON

COPIE

Reproduction
Double
Duplicata
Ampliation
Transcription
Triplicata
Pelure (*pop.*)
Calque
Épreuve (photographique)
Carbone (*fam.*)
Fac-similé
Expédition (*jur.*)
Grosse (*jur.*)
Exemplaire
Réplique
Imitation
Photocopie
Polycopie

Compulsoire (*jur.*)
Plagiat
Pastiche

● ANTONYMES : Original, Archétype, Modèle, Minute, Autographe.

COPIER
V. IMITER

COPIEUX
V. ABONDANT

COPIEUSEMENT
V. BEAUCOUP

COPULATION
V. COÏT

COQUET, ETTE

Élégant, e
Soigné, e
Dandy
Fashionable
Sur son trente-et-un
À quatre épingles
À la mode
Mignon, onne

Spécialement (*féminin*) :
Aguicheuse
Allumeuse
Célimène
Flirteuse
Bourreau des cœurs
Cœur d'artichaut (*fam.*)

● ANTONYMES : Bourru, e, Sauvage, Misanthrope, Négligé, e, Indifférent, e.

COQUETTERIE

Souci de plaire
Charme
Séduction

Galanterie
Minauderie
Fatuité
Afféterie
Snobisme

Spécialement :
Agacerie
Galanterie
Marivaudage
Flirt
Amourette

● ANTONYMES : Candeur, Ingénuité, Indifférence.

COQUILLE

Coque
Coquillage
Carapace
Conque
Écaille

COQUIN

Faquin
Gredin
Fripon
Bélître
Maraud
Maroufle
Vaurien
Pendard
Gueux
Garnement
Canaille
Scélérat
Voleur

Adj. :
Malicieux
Gamin
Espiègle
Libertin
Égrillard

Érotique
V. LESTE

● ANTONYMES : Honnête, Sérieux, Prude, Pudibond.

COR

1. Andouiller
Bois
Épois

2. Corne
Olifant
Trompe

3. Callosité
Durillon
Tylose *ou* Tylosis
Oignon
Induration
Œil-de-perdrix

CORBEILLE
V. PANIER

CORDAGE

Cordes
Câble *et* Câblot *ou* Cableau
Filin
Bitord
Grelin
Lusin *ou* Luzin
Ralingue
Trélingage

CORDE

Cordon
Câble
Fil
Ficelle
Cordeau *et* Cordelle
Lasso
Cordelière
Palangre *ou* Palancre *et*

Palangrotte
Catgut
Boyau de chat
Simbleau

CORDIAL

V. AMICAL
Chaleureux
Sympathique
Sincère
Bienveillant
Affectueux
Réconfortant
Remontant (*fam.*)
Reconstituant
Stimulant
Tonique
Fortifiant

● ANTONYMES : Froid,
Indifférent, Malveillant,
Hypocrite, Faux, Insincère, Débilitant.

CORDIALITÉ
V. AMITIÉ

CORDONNIER

Savetier
Bottier
Chausseur
Bouif (*pop.*)
Gnaf (*arg.*)

CORIACE
V. DUR

CORNE

1. V. BOIS
Andouiller
Ramure
V. ONGLE

2. Cor
Cornet

Trompe
Avertisseur

3. Chausse-pied

CORNEMUSE

Biniou (cornemuse bretonne)
Pibrock (cornemuse écossaise)
Bagpipe (*id.*)
Cabrette (cornemuse auvergnate)
Musette

COROLLAIRE
V. CONSÉQUENCE

CORPORATION
V. COMMUNAUTÉ
V. ASSOCIATION

CORPS

1. Objet (Corps matériel)
Substance
Matière

2. Chair
Anatomie
Organisme
Matière vivante
Personne
Guenille (*fém.*) [*péj.*]
Cadavre

3. V. COMMUNAUTÉ

● ANTONYMES : Esprit,
Âme, Intellect.

CORPULENT
V. GROS

CORPUSCULE

Atome
Molécule
Particule
Parcelle

CORRECT

1. Exact
Conforme
Fidèle
Juste
Bon
Vrai

2. Bienséant
Décent
Bien
Honnête
Régulier
Scrupuleux
Poli mais froid (*ou* distant)

● ANTONYMES : Faux,
Incorrect, Mal élevé.

CORRECTION
V. PUNITION

CORRÉLATION

Relation
Rapport
Cause *et* Causalité
Concordance
Liaison
Dépendance
Correspondance
Interdépendance
Réciprocité

● ANTONYMES : Autonomie, Indépendance.

CORRESPONDANCE

1. Rapport
Relation
Liaison
V. ACCORD
Analogie
Concordance
Corrélation
Ressemblance
Harmonie

Affinité
Synchronisme
Simultanéité
Équivalence
Équilibre
Balance

2. Communication
Passage (*par ex.* du métro)
Changement (*id.*)

Spécialement :
Courrier
Relations épistolaires
V. LETTRES
Reportage
Rubrique
Chronique
Envoi (spécial)

● ANTONYMES : Opposition, Dissemblance, Désaccord, Antagonisme, Silence, Mutisme (*fig.*).

CORRIDOR

V. COULOIR
Passage
Galerie

CORRIGER

1. Améliorer
Bonifier
Rendre meilleur
Amender
Régénérer
Redresser
Réformer
Relever
Perfectionner
Reprendre
Rétablir
Rénover
Retoucher
Réviser
Restaurer

Réparer
Affermir
Épurer
Émender (*jur.*)
Polir
Rectifier
Revoir
Remanier
Reprendre
Remettre sur le métier
Modifier (en mieux)
Refondre
Épouiller (son style)
Faire la toilette (d'un texte)
Mettre la dernière main

2. Atténuer
Adoucir
Compenser
Dulcifier (*anc.*)
Minimiser
Pallier
Racheter
Tempérer
Équilibrer
Compenser

3. Châtier
V. PUNIR
Fustiger
Réprimander
Morigéner
Dresser
Apprendre à vivre
Ramener dans le droit chemin
Dompter
Donner de bonnes habitudes (*ou* manières)
Élever
V. BATTRE
Fouetter
Fesser
Gifler

● ANTONYMES : 1. Aggraver, Corrompre, Détériorer, Gâter.

2. Envenimer, Exaspérer, Compliquer, Pousser.
3. Récompenser, Féliciter, Louanger.

CORROBORER

V. CONFIRMER

CORRODER

V. RONGER

CORROMPRE

Altérer
Putréfier
Avarier
Gâter (*aussi au fig.*)
Pourrir
Décomposer
Infecter
Souiller
Moisir
Vicier (*aussi au fig.*)
Faisander
Empoisonner
Infester
Gangrener
Attaquer

Mor. :
Dépraver
Tarer
Dénaturer
Avilir
Pervertir
Abâtardir
Souiller
Démoraliser
Falsifier

Spécialement :
Acheter
Soudoyer
Suborner
Circonvenir
Stipendier
Bakchicher (*pop.*)
Graisser la patte (*pop.*)

Débaucher
Séduire

● ANTONYMES : Assainir, Purifier, Amender, Corriger, Améliorer, Réformer, Moraliser.

CORRUPTION

Mœurs :
Décadence
Déliquescence
Dérèglement
Dissolution
Désagrégation
Pourriture
Relâchement
Débauche
Perversité
Vice
Bassesse
Impureté

● ANTONYMES : Moralisation, Progrès, Réforme, Édification, Purification, Assainissement.

CORSAIRE

Pirate
Flibustier
Boucanier
Forban
Écumeur des mers
Homme de la course

CORSET

Ceinture (orthopédique)
Gaine
Bandage

CORTÈGE

Escorte
Suite

Cour
Procession
Défilé
Théorie
Cavalcade
Mascarade
Ribambelle

CORVÉE

Prestation (en nature)
Travail (imposé)
Service (imposé)
Besogne (ennuyeuse)
Obligation (*id.*)
Ennui

● ANTONYMES : Amusement, Loisir.

COSSE

1. Gousse

2. *Pop.* :
Flemme
Paresse
Manque d'entrain

● ANTONYMES : Courage, Entrain.

COSSU
V. RICHE

COSTUME

Habit
Vêtement
Vêture (*litt.*)
Accoutrement
Habillement
Tenue
Complet
Trois-pièces (veston, gilet, pantalon) [*masc.*]
Tailleur (veste, jupe) [*fém.*]
Uniforme
Déguisement

COSTUMER
V. VÊTIR

CÔTE

1. Bord
Bordure
Rivage
Littoral
Cordon (littoral)
Plage
Falaise
Contour
Échancrure
Lagune
Corniche

2. Montée
Colline
Raidillon
Pente
Déclivité

● ANTONYMES : 1. Haute mer, Intérieur des terres. 2. Plaine, Plat.

CÔTÉ
V. FLANC

COTERIE
V. CLAN

COTISATION

Quote-part
Participation
Contribution
Timbre

COTTAGE
V. MAISON et VILLA

COTTE

Anc. :
Tunique
Haubert
Brigandine

Armure
Chemise

Actuellement :
Vêtement de travail
Bleu (*id.*)
Combinaison
Salopette

COUARD

V. Peureux
Lâche
Poltron
Pusillanime
Capon
Péteux et Pétochard (*pop.*)

● Antonymes : Coura-
geux, Hardi, Brave, Crâne,
Audacieux.

COUCHANT

Occident
Ouest
Ponant

● Antonymes : Orient,
Est, Levant.

COUCHE

1. V. Lit
Couchette

2. Linge d'enfant
Lange
Drapeau
Pointe
Braie (*anc.*)

3. V. Accouchement

4. Enduit
Pellicule
Croûte
Étendue
Surface

5. Strate (terme de géo-
logie)
Formation (*id.*)
Banc (*id.*)
Assise (*id.*)
Nappe (*id.*)
Sédiment (*id.*)
Alluvion (*id.*)
Région (*id.*)

6. Classe (sociale)
Catégorie (*id.*)

COUCHER (SE)

S'aliter
Se mettre au lit
Prendre le lit
Se glisser dans les draps
S'étendre
S'allonger

Fam. et pop. :
Aller au dodo
Se pieuter
Se pagnoter
Se pageoter
Aller au page (*ou* au
pageot)
Se mettre au pieu (*ou* au
paddock)
Se glisser dans les toiles
Se vautrer (*péj.*)
Se plumarder (*ou* Se met-
tre au plume, au plumard)
Se bâcher

● Antonymes : Se lever,
Se dresser, S'asseoir, Mettre les pieds par terre.

COUDE
V. Angle

COUDRIER
Noisetier

COUFFIN
V. Cabas

COULER

S'écouler
Se déverser
Se répandre
Fluer (*litt.* ou *méd.*)
Refluer
Filer
Se jeter
Sourdre
Jaillir
Suinter
Suer
Filtrer
S'infiltrer
Pleuvoir
S'égoutter
Goutter
Tomber
S'épancher
S'extravaser
Larmoyer (*fig.*)
Pleurer (*fig.*)
Distiller
Courir
Déborder
Dégouliner
Ruisseler
Rouler
Gicler
Inonder
Suppurer (par ex. une
plaie)
Se vider
S'enfuir (s'agissant du
temps)
Passer (*id.*)
Glisser (*id.*)

Spécialement (*mar.*) :
Sombrer
S'engloutir
S'immerger
Disparaître (dans la mer)
S'enfoncer (*id.*)
Chavirer
Se saborder
Se noyer

● ANTONYMES : Stagner, Flotter.

COULEUR

Coloration
Coloris
Teinte *et* Teinture
Ton
Nuance
Tonalité
V. PEINTURE

« *Couleur de la peau* » :
Carnation
Teint
Chlorose (*méd.*)

« *Couleurs* » :
Drapeau
Pavillon
Casaque *et* Toque (*hippisme*)
Maillot (*sport*)
Marque (*id.*)
Patronage (*id.*)

COULOIR

Passage
Corridor
Galerie
Coulisse (*théâtr.*)
Coursive (*mar.*)
Goulet (*géogr.*)
Gorge (*id.*)
Détroit (*id.*)

● ANTONYMES : Pièce, Chambre.

COUP

V. CHOC
Heurt
Brutalité
Atteinte

Voie de fait
Violence
Horion
Marron (*pop.*)
Pêche (*id.*)
Tape
Gifle
Soufflet
Va-te-laver (*id.*)
Mornifle (*id.*)
Aller-et-retour (*id.*)
Taloche
Calotte
Claque
Baffe (*id.*)
Nasarde (*anc.*)
Mandale (*arg.*)
Chiquenaude
Pichenette
Correction
Raclée
Branlée (*arg.*)
Rossée
Brossée (*fam.*)
Dégelée (*fam.*)
Fessée
Volée
Estocade
Bastonnade
Schlague (*all.*)
Knout (*russe*)
Gnon (*fam.*)
Frottée (*fam.*)
Dérouillée (*pop.*)
Contredanse (*id.*)
Rouste (*id.*)
Peignée (*id.*)
Torgnole (*id.*)
Trempe (*id.*)
Tripotée (*id.*)
Tourlousine (*id.*)
Tournée (*id.*)
Tatouille (*id.*)
Rincée (*id.*)
Taquet (*id.*)
Ramponneau (*arg.*)
Mornifle (*pop.*)
Pain (*arg.*)

Pile (*fam.*)
Distribution (*fam.*)
V. CONTUSION
V. TAMPONNEMENT

● ANTONYME : Caresse.

COUP (À TOUT)
V. TOUJOURS

COUP D'ÉTAT

Coup de force
Révolution de palais
Prise du pouvoir
Pronunciamiento
Putsch
Clash (*néol.*)

● ANTONYMES : Révolution (populaire), Ordre.

COUP SÛR (À)
V. ASSURÉMENT *et* OUI

COUP (COUP SUR)
V. SUCCESSIVEMENT

COUP (TOUT À)

Subitement
Tout d'un coup
Brusquement
Inopinément
Sans avertissement
Subito *et* Subito presto (*pop.*)
À l'improviste
Sans préparation
Sans crier gare
De but en blanc

● ANTONYMES : Lentement, En avertissant.

COUPABLE

Fautif
Délinquant

Criminel
Condamné
Condamnable
Blâmable
Délictueux
Répréhensible
Punissable
Illicite
Illégitime
Indigne
Infâme
Honteux
Inavouable

Spécialement :
Responsable

● ANTONYMES : Innocent, Acquitté, Avouable, Normal, Généreux.

COUPANT

Tranchant
Aigu
Sécant (*géométrie*)

● ANTONYMES : Émoussé, Contondant.

COUPER

Diviser
Sectionner
Découper
Morceler
Trancher *et* Retrancher
Débiter
Tailler *et* Taillader
Fractionner
Tronçonner
Scinder
Partager
Réséquer
Disséquer
Démembrer
Écourter

Raccourcir
Enlever
Détacher
Sabrer
Raser
Faucher
Hacher
Émonder
Étêter
Écrêter
Écimer
Décoller
Amputer
Décapiter
Mutiler
Détailler
Dépecer
Équarrir
Exciser
Procéder à l'ablation de
Inciser
V. OPÉRER
Abréger
Tronquer
Censurer
Expurger
Effacer
Interrompre
Ôter (par ex. la parole)
Barrer (par ex. le chemin)
Intercepter
Séparer
Isoler
Cesser (par ex. des relations)
Rompre
Mouiller (par ex. du lait)
Mélanger
Tempérer

« *Couper à* » :
Passer au travers
Éviter
Éluder
Être dispensé de

● ANTONYMES : Ajouter, Souder, Prolonger, Suturer, Allonger, Agrandir.

COUPLE

Paire

Par extens. :
Ménage
Amoureux
Amants
Époux

● ANTONYMES : Un, Individu isolé, Célibataire.

COUPLET

Stance
Strophe
Tercet (trois vers)
Quatrain (quatre vers)

Par extens. :
Chanson

● ANTONYME : Refrain.

COUPOLE

Dôme
Bulbe
Rotonde
V. PLAFOND

COUPON
V. BILLET

COUR

1. V. CORTÈGE

2. V. TRIBUNAL

3. Conseil (royal)
Assemblée
Parlement

4. Atrium (*anc.*)
Patio
Préau (d'école)
Espace découvert

Clos *et* Enclos
Courette
Arrière-cour

COURAGE

Bravoure
Résolution
Cran (*pop.*)
Sang-froid
Constance
Énergie
Force (d'âme)
Vaillance
Valeur
Crânerie
Fermeté
Hardiesse
Héroïsme
Intrépidité
Témérité
Cœur
Assurance
Ardeur
Volonté

● ANTONYMES : Peur,
Lâcheté, Couardise.

COURAGEUX

Brave
Valeureux
Crâne
Intrépide
Déterminé
Homme de cœur
Vaillant
Résolu
Éprouvé
Décidé
Indomptable
Aguerri
Stoïque
Héroïque
Audacieux

Téméraire
Ferme
Hardi
Ardent
Énergique
Fort
Mâle
Viril
Noble
Généreux
(Un) Lion
Casse-cou

● ANTONYMES : Lâche,
Peureux, Couard, Faible,
Pusillanime, Poltron,
Capon, Craintif, Timoré,
Timide.

COURAMMENT

Communément
Généralement
Ordinairement
Habituellement
Facilement
Sans difficulté
Aisément

● ANTONYMES : Rarement,
Difficilement, Malaisé-
ment.

COURANT

1. *Eau :*
Flot
Fil de l'eau
Cours (d'eau)

Air :
Bouffée (d'air)
Vent
Saute (de vent)
Filet (d'air)

2. V. ACTUEL et PRÉSENT

3. V. ORDINAIRE

● ANTONYMES : Lac,
Marais, Touffeur, Passé,
Futur, Exceptionnel.

COURBE et COURBÉ

Pas droit
Arrondi
Bombé
Coude *et* Coudé
Cintré
Incurvé
Contourné
Voûté
Rebondi
Recourbé
Infléchi
Cambré
Enflé *et* Renflé
Courbure
Lenticulaire
Cycloïde *et* Épicycloïde
Parabolique
Hyperbolique
Concave
Convexe
Conchoïde
Ellipse *et* Elliptique
Curviligne
Ove *et* Ovale
Sinusoïde *et* Sinusoïdal
Busqué
Concentrique
Circulaire
Galbé
Rond
Tordu *et* Tortu
En arabesque
En arc
En cercle
En arc de cercle
En boucle
En feston
En méandre
Ondulé *et* En ondulation

Serpentin
En spirale
En volute
Sinueux
En S
En col de cygne
Bossu
Croche *et* Crochu

● ANTONYMES : Rectiligne, Droit, Direct.

COURBER

Arrondir
Bomber
Recourber
Cintrer
Voûter
Plier *et* Ployer
Tordre
Cambrer
Arquer
Onder
Fléchir *et* Infléchir
Chantourner
Busquer
Gondoler
Gauchir
Déjeter
Incurver

Au fig. :
Imposer sa volonté
Faire se courber
Dominer
Assujettir
Faire s'incliner
Soumettre
Plier (sous sa volonté)
Subordonner
Rabaisser
Humilier

et aussi :
Obéir
Se soumettre
Céder

Plier (devant une volonté étrangère) et Se plier
Accepter
Subir
Se résoudre à
Se résigner (à)

● ANTONYMES : Redresser (*et* Se redresser), Raidir (*et* Se raidir), Se relever.

COURBETTE

Salut
Révérence
Inclination

« *Faire des courbettes à quelqu'un* » (*péj.*) :
Ramper (devant quelqu'un [*fig.*]
Faire des bassesses
Lécher les bottes (*fam.*)
S'aplatir
Faire des platitudes
Flatter
En remettre
Fayoter (*arg.*)

COURIR

Courre (*anc.*)
Trotter
Galoper
Filer
Se hâter
Fendre l'air
S'élancer
Se précipiter
Bondir
Aller bon train
Voler
Voltiger
Prendre ses jambes à son cou
Décamper
Détaler

Fondre sur
Se jeter sur
Se ruer sur
Poursuivre
Pourchasser
Aller ventre à terre
Se dépêcher
S'empresser
Accourir
Fuir
Cavaler (*pop.*)
Tracer (*arg.*)
Calter (*ou* Caleter) [*arg.*]
Tricoter (*arg.*)
Pouloper (*arg.*)

● ANTONYMES : Marcher, Stationner, Stopper, Piétiner.

COURONNE

Diadème
Bandeau (royal)
Tiare
Trirègne (couronne du pape)
Auréole
Nimbe
Guirlande

Au fig. et absol. :
Royauté *et* Royaume
Empire
Souveraineté
Monarchie

COURONNER

Au fig. :
V. ACHEVER et ACCOMPLIR
Conclure
Finir
Terminer
Parfaire

Parachever

● ANTONYME : Commencer.

COURRIER

1. V. CORRESPONDANCE
2. Poste
V. ESTAFETTE
Messager
Avant-courrier *(anc.)*

COURROIE

Lanière
Sangle
Attache
Transmission

COURROUX
V. COLÈRE

COURS D'EAU

Ruisseau *et* Ruisselet
Ru
Rivière
Affluent
Torrent
Gave
Ravine
Fleuve
Cascade
Oued
Bayou
Canal

● ANTONYMES : Étang, Lac, Chott.

COURSE

Parcours
Trajet
Excursion
Randonnée
Chevauchée
Déplacement
Voyage

Sports :
Épreuve
Compétition
Marathon
Sprint
Rallye
(Course de) Haies
Demi-fond *et* Fond
Cent mètres
Cinq mille mètres
Dix mille mètres
Cross-country
Steeple-chase
Omnium
Kermesse
Drags
Réclamé *(hippisme)*
Handicap *(id.)*

«*Les courses (hippiques)*»:
Réunion (hippique)
Courtines *(arg.)*
Courettes *(arg.)*

● ANTONYME : Immobilité.

COURSIER
V. CHEVAL

COURT

Bref
Fugace
Momentané
Éphémère
Passager
Transitoire
Abrégé
Raccourci
Sommaire
Laconique
Concis
Lapidaire
Succinct
V. PETIT
Compendieux *(anc.)*
Cursif
Précaire
Réduit
Écourté
Diminué
Coupé
Courtaud
V. NAIN
Maigre *(fig.)*
Mince *(fig.)*
Étriqué
Elliptique

● ANTONYMES : Long, Allongé, Large, Gros, Interminable, Éternel, Diffus, Abondant.

COURTAUD
V. TRAPU

COURTIER

Intermédiaire
Placier
Agent
Représentant
Commissionnaire
Concessionnaire
Voyageur de commerce
V.R.P. *(néol.)*
Coulissier (en bourse))
Démarcheur

● ANTONYMES : Employeur, Fabricant, Client.

COURTISAN
V. FLATTEUR

COURTISANE

Hétaïre
Cocotte
Demi-mondaine
Grisette
Lorette
Fille
V. PROSTITUÉE

Ribaude
Débauchée
Viveuse
Messaline
Femme légère

● ANTONYMES : Honnête femme, Bonne bourgeoise, Femme sérieuse.

COURTISER

Faire la (*ou* sa) cour
Aduler
Flatter
Louanger
Flagorner
Lécher les bottes (*fam.*)
Faire du plat (*fam.*)
Caresser dans le sens du poil (*fam*).

Spécialement :
Flirter avec (une femme)
Fleureter (*anc.*)
Coqueter (*anc.*)
Coqueliner (*anc.*)
Mugueter
Galantiser (*anc.*)
Conter fleurette

● ANTONYMES : Dédaigner, Mépriser.

COURTOIS

V. POLI
Affable
Civil
Gracieux
Aimable
Honnête
Bien élevé
Accort
Discret
Réservé
Homme du monde

Gentleman
Galant homme
Civilisé

● ANTONYMES : Discourtois, Malappris, Grossier, Butor, Sauvage, Goujat.

COURTOISIE

Politesse
Affabilité
Civilité
Amabilité
Honnêteté
Distinction
Savoir-vivre
Tact
Bienséance

● ANTONYMES : Goujaterie, Grossièreté.

COUSETTE

(Apprentie) Couturière
Petite main
Midinette (*fam.*)
Arpète *ou* Arpette (*pop.*)

COÛT

Prix (de revient)
Montant
Somme

COUTEAU

Coutelas
Canif
Couperet
Tranchet
Tranchelard (*anc.*)
Hachoir

Dépeçoir
Coupe-légumes
Épluchoir
Poignard
Surin (*arg.*)
Eustache (*pop.*)
Jambette (*dialect.*)
Coupoir
Rasoir
Bistouri
Scalpel
Lancette
Ouvre-boîte
V. FAUX
V. SERPE
Greffoir
Navaja (couteau espagnol)
Criss (poignard malais)

COÛTEUX
V. CHER

COUTUME

Habitude
Tradition
Usage
Règle
Us (*anc.*)
Mode
Mœurs

« *De coutume* » :
Habituellement *et* D'habitude
Ordinairement *et* D'ordinaire
Normalement
Selon la tradition *et* Traditionnellement
Toujours
Selon l'usage
Routinièrement
Couramment

● ANTONYMES : Exception, Nouveauté, Exceptionnellement.

273

COUTURIÈRE

Cousette *(fam.)*
Midinette *(pop.)*
Arpète *ou* Arpette *(pop.)*
Petite main
Première *et* Première-
main
Coupeuse
Essayeuse
Retoucheuse
Repasseuse
Confectionneuse
Finisseuse

COUVENT
V. CLOÎTRE

COUVERTURE

V. TOITURE
Toit
Couvercle
Opercule *(zool.)*
Banne
Bâche
Capote (de voiture)
Plaid
Caparaçon (couverture de
cheval)

« *Couverture de lit* » :
Couvre-lit
Couvre-pied
Édredon
Courtepointe
Grand-repasse *(anc.)*
Patchwork *(néol. angl.)*
Housse
Couverte *(auj. pop. ou
dialect.)*
Couvrante *(pop.)*

« *Couverture papier* » :
Couvre-livre
Liseuse
Reliure
Protège-livre (*ou* Protège-
cahier)
Cartonnage

Jaquette
Chemise

Au fig. :
Provision (couverture ban-
caire)
Garantie *(id.)*
Couvert
Prétexte
Paravent
Déguisement

● ANTONYMES : Intérieur,
Découvert.

COUVRIR

Recouvrir
V. FERMER
Abriter
Mettre un couvercle
Bâcher *et* Banner
Protéger *(aussi au fig.)*
Barder
Cuirasser
Blinder
Caparaçonner
Enduire
Revêtir *et* Vêtir
Envelopper

Au fig. :
V. CACHER
Dissimuler
Voiler
Garantir
V. PAYER
Rembourser
Régler
Compenser
Excuser (quelqu'un)

● ANTONYMES : Décou-
vrir, Dénuder, Trahir, Dévoiler.

CRACHER

Expectorer
Crachoter
Mollarder *(pop.)*

Glavioter *(pop.)*
Graillonner *(pop.)*

« *Cracher sur* » *(fig.)* :
Mépriser (quelque chose)
Dédaigner (quelque chose)
Refuser (quelque chose)
Outrager (quelqu'un)
Insulter (quelqu'un)
Calomnier (quelqu'un)
Injurier (quelqu'un)
Rejeter (quelqu'un)

● ANTONYMES : Avaler,
Aimer, Respecter, Louer.

CRACHIN
V. PLUIE

CRAINDRE

Appréhender
Redouter
Avoir peur de (*ou* que)
Trembler que
Être en alarme
Avoir la frousse que *(fam.)*
Se défier de
Se méfier de
Frémir
Être angoissé (*ou* terri-
fié) à l'idée que
Nourrir une anxiété
Être déjà effarouché (*ou*
en émoi, *ou* alarmé)
Avoir l'obsession (*ou* la
phobie) de
Avoir le funeste pressen-
timent que
Être effrayé par
S'effaroucher

● ANTONYMES : Espérer
Vouloir, Aspirer à, Sou-
haiter, Oser, Ne pas avoir
peur, Être (*ou* Rester)
impavide (*ou* impassible).

CRAINTE

Appréhension
Inquiétude

Peur
Anxiété
Effroi
Alarme
Frayeur
Épouvante
Frousse
Frousse *(fam.)*
Émoi
Obsession
Transe
Phobie
Trac *(fam.)*
Pressentiment
Respect (Crainte de quelqu'un)
Révérence *(id.)*
Vénération *(id.)*

● ANTONYMES : Certitude, Assurance, Impavidité, Audace, Intrépidité, Hardiesse, Espérance, Mépris de, Souhait.

CRASSE

Saleté
Encrassement
Malpropreté
Salissure
Ternissure
Tache
Souillure
Impureté
Maculature *(anc.)*
Ordure
Immondice
Au fig. :
Malhonnêteté
Indélicatesse
Vilenie
Méchanceté
Tort

● ANTONYMES : Propreté, Faveur.

CRAYONNER
V. DESSINER

CRÉANCE

1. Crédit
Croyance
Foi
Crédibilité
Fiabilité *(néol.)*
2. Obligation

● ANTONYMES : 1. Mécréance *(langue class.* et *litt.),*
Incroyance.
2. Dette

CRÉATEUR

Auteur
Inventeur
Promoteur
Fondateur
Constructeur
Bâtisseur
Père
Novateur *et* Innovateur
Pionnier
Générateur
Géniteur
Producteur
Dieu *(eccl.)*
Le Grand architecte de l'Univers *(maçonnerie)*

● ANTONYMES : Créature, Œuvre, Consommateur, Spectateur, Destructeur, Casseur.

CRÈCHE

Mangeoire
Auge
Par extens. :
Pouponnière
Pop. :
Chambre

Piaule
Carrée

CRÉDIBILITÉ
V. VRAISEMBLANCE

CRÉDIT

Confiance
Autorité
Pouvoir
Influence
Empire
Réputation
Importance
Faveur
Avance
Prêt
Compte ouvert
Sûreté
À terme *ou* À tempérament
Caution
Aval

● ANTONYMES : Discrédit, Défiance, Méfiance, Débit, Dû.

CRÉDULITÉ
V. CANDEUR
Superstition

CRÉER

Engendrer
Composer
Concevoir
Former
Enfanter
Inventer
Produire
Réaliser
Imaginer
Donner vie (à)
Élaborer
Découvrir

Établir
Fonder
Instituer
Constituer
V. BÂTIR
Édifier
Ériger

● ANTONYMES : Détruire, Anéantir, Abolir, Démolir, Anihiler.

CRÉPITER
V. PÉTILLER

CRÉPUSCULE

Tombée du jour (*ou* de la nuit)
Déclin du jour
Brune

Au fig. :
Fin
Décadence
Vieillesse

● ANTONYMES : Aube, Aurore.

CRESCENDO

Adv. :
De plus en plus fort
En augmentant
Rinforzando

Subst. :
Hausse
Augmentation
Renforcement
Amplification
Montée
Exaspération

● ANTONYME : Decrescendo.

CRÊTE
V. SOMMET

CRÉTIN
V. SOT

CREUSER

V. APPROFONDIR
Rendre creux
Excaver *et* Caver
Miner
Vider
Fouir *et* Fouiller
Forer
Tarauder
Évider
Curer
Affouiller
Défoncer
Percer
Champlever (une médaille)
Chever (un diamant)
Trouer *et* Faire un trou

● ANTONYMES : Combler, Remplir.

CREUX

V. VIDE et TROU

Au fig. :
(Discours) inutile
Vain
Futile
Académique
Ronflant
Verbiage
Phraséologie
Parlage (*anc.*)

● ANTONYMES : Utile, Indispensable, Fécond.

CREVASSE

Fente
Lézarde
Fissure

Cassure
Craquelure
Anfractuosité
Entaille
Faille
Fondrière
Gerçure (*méd.*)
Rhagade (*id.*)
Engelure (*id.*)

CREVER

Éclater
Percer (s'agissant d'un pneu)
Être à plat (*automobile*)
V. MOURIR

● ANTONYMES : Gonfler, Naître.

CRI

V. APPEL
Hurlement
Vocifération
Exclamation
Protestation
Clabauderie
Clameur
Huée
Haro
Acclamation
Tollé
Avertissement
Criaillerie
Vagissement
Piaillerie
Crierie
Glapissement
Gueulement
Mugissement
Réclamation

● ANTONYMES : Murmure, Silence.

CRIARD

Discordant
Perçant
Aigu *et* Aigre
Désagréable
Glapissant
(Voix de) Crécelle
Tapageur
Choquant
Criant
Âcre
Évident
Manifeste

● ANTONYMES : Harmonieux, Agréable; Douteux.

CRIBLER

1. Passer au crible
Tamiser
Trier
Calibrer
Épurer
Nettoyer

2. Percer de trous
Transpercer
Mitrailler
Parsemer

● ANTONYMES :
1. Mêler, Mélanger,
2. Boucher.

CRIÉE
V. ENCHÈRES

CRIER

Jeter un (*ou* des) cri (s)
Criailler
Brailler
Beugler
Meugler
S'égosiller
S'époumoner
Gueuler (*pop.*)

Hurler
Invectiver
Bramer
Braire (*pop.*)
Rugir
Mugir
Glapir
Vagir
Huer
Donner de la voix
S'exclamer
Proclamer
Acclamer
Conspuer
Tonner
Tempêter
Tonitruer
Clabauder
Clamer
Hululer *ou* Ululer
Jeter les hauts cris
Attraper (*fam.*)
Engueuler (*pop.*)

● ANTONYMES : Se taire,
Faire silence, Murmurer.

CRIME

Forfait
Attentat
Délit
Mal
Infraction
V. FAUTE
V. MEUTRE
Assassinat
Péché (*eccl.*)
Mauvais coup
Monstruosité
Infamie
Atrocité
Haute trahison
Homicide

● ANTONYMES : Innocence,
Exploit, Prouesse, Héroïsme.

CRIMINEL
V. ASSASSIN et COUPABLE

CRIQUE
V. BAIE et GOLFE

CRISPER
V. AGACER et SERRER

CRISTAL
V. VERRE

CRITÈRE
et **CRITÉRIUM**

Élément déterminant (d'un
jugement)
Pierre de touche
Épreuve
Test
Preuve
Signe
Jauge
Fondement
Point de comparaison
Échelle d'estimation

« *Critérium* » (*sports*) :
Compétition
Épreuve (sportive)
Course
Sélection
Match
Éliminatoires
Finale
Demi-finale
Quart de finale
Poule

CRITIQUE

Adj. :
Dangereux
Délicat
Difficile
Où le sort (de quelqu'un
ou de quelque chose) se
décide

Crucial
Indécis
Décisif
Grave
De crise *ou* En crise

Subst. :
1. (*Fém.*) Jugement
Examen
Appréciation
Analyse
Manière de voir
Opinion
Avis
Parti (pris)
Estimation
Évaluation
Dissection (*fig.*)
Glose

2. (*Masc.*) Censeur
Juge
Commentateur
Exégète
Métapraste
Aristarque
Zoïle (*péj.*)
Contempteur

3. (*Fém.*) V. ATTAQUE
Blâme
Condamnation
Réprimande
Remontrance
Reproche
Éreintement
Diatribe
Assassinat (*fig.*)
Étrillage (*fig. fam.*)
Sabrage (*fig. fam.*)
Argutie
Chicane

● ANTONYMES : Normal,
Paisible, Heureux.
1. Indifférence, Ignorance.
2. Auteur, Victime.
3. Louange, Exaltation,
Admiration.

CRITIQUER

Faire la critique
Examiner
Étudier
Éplucher (*fig.* et *fam.*)
Analyser
Discuter
Faire l'étude critique de
Dégager une opinion sur
Émettre un jugement moti-
vé sur (quelqu'un *ou* quel-
que chose)

Péj. :
Attaquer
Censurer
Trouver à redire
Reprocher
Réprouver
Discuter
Contredire
Décrier
Condamner
Désapprouver
Cingler
Éreinter
Esquinter (*fam.*)
Assassiner (*fig.* et *fam.*)
Étriller (*id.*)

● ANTONYMES : Appré-
cier, Accepter sans ana-
lyse, Approuver, Féli-
citer, Louanger.

CROC

1. Canine
Dent
Crochet

2. Harpin *et* Harpon (*anc.*)
Émerillon
Crochet
Hameçon
Grappin

CROCHER
V. ACCROCHER

CROCHET

Agrafe
Croc
Pendoir (*anc.*)
Esse
Patère
Patte
Clef (de fortune)
Passe-partout
Tricot (*ou* Crochet)

Au fig. :
Détour
Zigzag
Changement de direction
(*ou* de pied)

CROCODILE

Caïman
Alligator
Gavial
Croco (peau de crocodile)
[*abrév. fam.*]

CROIRE

1. Faire tenir pour vrai
ou véritable
Admettre
Accepter
Être contraint (*ou* sûr)
que
Embrasser une foi
Avoir foi en (*ou* Avoir la
foi)
Se fier à
Ajouter foi à (*ou* Prêter
foi)
Prendre pour argent comp-
tant
Avaler (*péj.*)
Gober (*péj.*)

Penser que
Mordre à l'hameçon
Marcher (*fig.* et *fam.*)

2. Supposer
Soupçonner
Se persuader que
Conjecturer
Se figurer que
S'imaginer que
Être d'avis que
Deviner
Épouser *ou* Acquérir la conviction
Faire confiance
Estimer que
Juger à propos de
Préjuger
Présumer

● ANTONYMES : Douter, Contester, Révoquer en doute, Nier.

CROISÉE
V. CARREFOUR et FENÊTRE

CROISEMENT

1. V. CARREFOUR

2. Accouplement
Métissage
Mélange de races
Hybridation

CROISIÈRE

Excursion
Voyage (en mer)
Périple

CROITRE
V. GRANDIR

CROQUER

1. Broyer (sous la dent)
Manger
Mordre

Au fig. :
Dépenser (de l'argent)
Gaspiller
Dilapider
Claquer (*pop.*)
Dissiper
Escamoter (une note de musique)

2. Croustiller
Craquer (sous la dent)

3. Faire un croquis
Dessiner
Ébaucher
Crayonner
Saisir sur le vif
Camper (en quelques traits)
Caricaturer
Faire une épure, un schéma, un plan, un topo (*fam.*)
Décrire en peu de mots

● ANTONYMES : 1. Mâcher, Économiser.
2. Être mou.
3. Fignoler, Lécher.

CROQUIS

Dessin
Crayon
Ébauche
Esquisse
Canevas
Plan
Schéma
Topo (*pop.*)
Portrait hâtif

● ANTONYME : Tableau.

CROTTE
V. BOUE et EXCRÉMENT

CROTTIN
V. FUMIER et EXCRÉMENT

CROULER

S'abattre
S'écrouler
Tomber en ruine
S'affaisser
S'effondrer
S'ébouler
Tomber
Être accablé par
Périr (sous)

● ANTONYMES : Se dresser, S'élever, Tenir, Résister.

CROUPE
V. DERRIÈRE

CROUPION

Uropyge *ou* Uropygium
As de pique (*fam.*)
Sot-l'y-laisse (*pop.*) [*anc.*]

CROUPIR
V. STAGNER et POURRIR

CROYANCE

Foi
Créance (*anc.*)
Opinion
Pensée
Certitude
Conviction
Confiance
Espérance
Credo
Profession de foi
Crédulité (*péj.*)

● ANTONYMES : Doute, Incroyance, Méfiance, Scepticisme.

CROYANT

Dévot
Fidèle
Adepte
Convaincu
Pieux
Religieux
Mystique
Crédule (*péj.*)
Gogo (*péj.*)
Gobe-mouches (*péj.*)
Bigot *et* Cagot (*péj.*)

● ANTONYMES : Incroyant, Incrédule, Athée, Agnostique, Mécréant, Sceptique, Esprit libre, Lucide.

CRUAUTÉ

Barbarie
Inhumanité
Insensibilité
Férocité
Sauvagerie
Atrocité
Dureté
Méchanceté
Brutalité
Sadisme
Bestialité
Monstruosité
Tyrannie

Au fig. :
Inclémence
Rigueur
Hostilité
Rudesse
Sévérité
Injustice
Exaction

Vexation
Sévices (moraux)

● ANTONYMES : Humanité, Sensibilité, Bonté, Bienfaisance, Pitié, Miséricorde, Tendresse.

CRUCIAL
V. CRITIQUE

CUEILLETTE

Collecte
Ramassage

CUEILLIR
V. RÉCOLTER

CUIRASSE
V. ARMURE

CUIRASSÉ
V. BLINDÉ et BLASÉ

CUIRE

Chauffer
(Faire) Bouillir
(Faire) Rôtir
Cuisiner
Frire
Griller
Rissoler
À l'étuvée
À l'étouffée
À la casserole
Au four
Sur le gril
En robe des champs
En robe d'argent (*néol.*)
Mijoter
Mitonner
V. BRÛLER (cuire trop fort)
Cramer (*id.*)
Attacher (*id.*)
Sécher (*id.*)

Calciner (*id.*)
Fricasser

● ANTONYMES : Glacer, Geler, Refroidir.

CUISANT
V. DOULOUREUX

CUISINE

1. Art culinaire
Gastronomie
Gastrologie
Préparation (des mets)
Tambouille (*péj. pop.*)
Popote (*id.*)
Bouffe (*pop.*)
Bouffetance (*pop.*)
Cuistance (*pop.*)
Fricot (*pop.*)
Frichti (*pop.*)
Casse-croûte *et* Casse-graine (*pop.*)
Ragougnasse (*péj. pop.*)

2. Pièce où l'on cuisine
Office
Souillarde (*rég.*)
Coquerie (*mar.*)

CUISINIER

Chef (de cuisine)
Chef d'office
Maître queux
Cordon bleu
Traiteur
Rôtisseur
Saucier (*anc.*)
Coq (*mar.*)
Cuistot (*arg. milit.*)
Gargotier (*péj.*)
Fricasseur (*péj. anc.*)
Gâte-sauce (*péj.*)
Marmiton (aide-cuisinier)
Plongeur (*id.*)
Souillon (*péj.*)

CUISSON

Coction
Cuite
Caléfaction

● ANTONYMES : Glaciation, Rafraîchissement.

CUISTRE
V. PÉDANT

CUL

Derrière
Postérieur
Arrière-train
Fesses
Croupe
Fondement
Fond (*par ex*. de bouteille)
Base (*id*.)
Culot (*id*.)

Pop. et *arg*. :
Trou de balle
Troufignon
Croupion
Pétard
Popotin
Panier
Nazin (*anc*.)
Oignon
Figne
Train
Pot
Lune
Miroir (*anc*.)
Verre de montre

CULBUTER

Renverser
Basculer
Mettre cul par-dessus tête
Dégringoler
Tomber
Capoter *et* Chavirer

Verser
Faire panache (*équitation*)
S'écrouler

Par extens. :
Bousculer
Pousser
Défaire (l'ennemi)
Battre (*id*.)
Repousser (*id*.)
Vaincre (*id*.)
Mettre sens dessus dessous

● ANTONYMES : Redresser, Dresser, Mettre en ordre.

CUL-DE-SAC

Impasse
Rue sans issue

● ANTONYME : Passage.

CULOT

1. Toupet (*fam*.)
Effronterie
Assurance
Audace (*fam*.)
Aplomb
Courage
Estomac (*pop*.)
Top (*néol. arg*.)
2. V. FOND et CUL

● ANTONYMES : 1. Timidité, Réserve, Retenue.
2. Goulot.

CULOTTE

V. PANTALON
Short (culotte de sport)
Bermuda

Caleçon (*id*.)
Slip
Cache-sexe
Collant

Anc. :
Braies
Chausses *et* Haut-de-chausses
Grègues

CULTE

Religion
Confession
Hommage à la divinité
Pratique
Rite
Office
Mystère
Adoration
Amour
Attachement
Vénération
Adulation
Respect
Dévouement

● ANTONYMES : Haine, Indifférence, Mépris, Indépendance d'esprit.

CULTIVATEUR
V. AGRICULTEUR

CULTIVÉ
V. INSTRUIT

CULTIVER

Faire (pousser *ou* venir)
Soigner
Entretenir
Exploiter (une propriété agricole)
Travailler (la terre)
V. LABOURER, SEMER, RÉCOLTER, etc.

Au fig. :
1. Instruire
Élever
Éduquer
Former
Développer (les connaissances de quelqu'un)
Diriger (l'éducation de quelqu'un)

2. S'adonner (à la connaissance de)
Se plaire à
S'intéresser à
Travailler (quelque chose)
Apprendre

3. « *Cultiver quelqu'un (ou l'amitié de quelqu'un)* » :
Flatter
Flagorner (*péj.*)
Entretenir des rapports
Vouloir plaire

● ANTONYME : Détruire.

CULTURE

Au fig. :
Connaissance
Acquis
Formation
Savoir
Science
Érudition
Éducation

● ANTONYMES : Inculture, Ignorance, Béotisme.

CUPIDE
V. AVARE

CUPIDITÉ

Avarice
Rapacité
Âpreté
Avidité
Convoitise
Concupiscence
Mercantilisme
Ambition
Vénalité

● ANTONYMES : Désintéressement, Abnégation, Détachement, Prodigalité.

CURÉ

Prêtre
Vicaire
Abbé
Recteur
Desservant
Officiant
Doyen
Pasteur (des âmes)
Ratichon (*péj. pop.*)
Cureton (*id.*)

● ANTONYME : Paroissien.

CURER
V. NETTOYER et VIDER

CURIEUX

1. Amateur de
Indiscret
Intéressé par
Fureteur
Fouineur
Amoureux de
Chercheur de
Inquisiteur
Questionneur
Observateur
Interrogateur
Investigateur
Juge (*arg.*)

2. Bizarre
Étonnant
Intéressant
Rare
Attachant
Étrange
Qui pique la curiosité
Singulier
Surprenant
Unique (*fam.*)
Original
Plaisant
Piquant

● ANTONYMES : 1. Incurieux, Blasé, Indifférent, Discret, Réservé.
2. Banal, Quelconque, Commun, Ordinaire, Quotidien.

CURIOSITÉ

Intérêt
Soif (*ou* Avidité, *ou* Appétit) de savoir, de connaissance
Indiscrétion (*péj.*)
Attention

● ANTONYMES : Incuriosité, Indifférence.

CURVILIGNE
V. COURBE

CUVE

Cuvier
Cuveau
Cuvette
Bac
Baille *et* Baillotte (*anc.*)
Baquet
Échaudoir
Trempoire (*anc.*)
Brassin
Pétrin
Bassine
Baignoire

CUVETTE

Petite cuve
Récipient
Bock (à toilette)
Bassinet
Lavabo
Évier
Tub
Bidet
Siège (de cabinets)

Géographie :
Dépression
Bassin
Creux
Vallée
Cirque

CYCLE

1. Période
Révolution
Suite régulière
Circuit (*par ex.* du carbone)

2. Bicyclette
Vélo *et* Vélocipède
Vélomoteur
Moto, Motocyclette *et* Motocycle
Tricycle
Tandem
Cyclecar
Vélo-taxi
Autocycle
Triporteur
Triplette
Side-car
Scooter
Monocycle

CYCLONE
V. Tempête

CYLINDRÉE

Puissance (d'un moteur)

CYNIQUE et CYNISME
V. Impudent et Impudence

DADA

Marotte
Hobby (*néol. angl.*)
Manie
Idée fixe

DADAIS
V. Sot et Niais

DAGUE
V. Épée et Poignard

DAIGNER

Condescendre
Vouloir bien
Accepter

● ANTONYMES : Dédaigner, Refuser, Mépriser,

DAIM

Faon (jeune daim)
Daneau (*id.*)
Daguet *ou* Dagard (*id.*)

Au fig. :
V. Sot

DAIS

Baldaquin
Ciel (de lit)
Chapiteau
Poêle (*anc.*)

DALLE

V. Carreau
Arg. :
Gosier (« se rincer la dalle », « avoir la dalle en pente »)

DAME
V. Femme et Épouse

DAMOISEAU
V. Adolescent

DANCING
V. Bal

DANDIN
V. Cocu et Sot

DANDINER (SE)

Se déhancher
Balancer (d'un pied sur l'autre)

DANDY

Gandin
Élégant
Muscadin
Mirliflore (*péj.*)
Gommeux (*péj.*)
Mondain (*péj.*)
Gigolo (*arg.*)
Cocodès (*péj.*)
Jeune France (*anc.*)
Brummel
À la mode
Zazou (*néol.*)
Minet (*néol.*)

284

DANGER

Péril
Risque
Hasard
Alarme
Menace
Piège
Écueil
Inconvénient
Moment critique
Mauvais pas
Passe difficile
Détresse
Perdition
Mauvais quart d'heure
V. DIFFICULTÉ

● ANTONYMES : Sécurité,
Calme, Paix, Tranquillité.

DANGEREUX

Périlleux
Hasardeux *et* Hasardé
Risqué
Aventuré *et* Aventureux
Mortel
Menaçant
Critique
Délicat
Difficile
Offensif
Redoutable
Téméraire
Glissant
Fâcheux
Scabreux
Sinistre
Pernicieux
Nocif
Malsain
Mauvais
Grave
Sérieux

● ANTONYMES : Sûr,
Inoffensif, Paisible, Bon,
Avantageux.

DANSE

Chorégraphie
Saltation (*Antiq. rom.*)
V. BAL
Ballet
Quadrille
Musique (de danse)
Farandole
Ronde
Sauterie
Surprise-party

Danse classique :
Arabesque
Ailes de pigeon
Assemblé
Attitude
Ballonné
Pas de Basque
Battement
Battu
Jeté-battu
Bond
Pas de bourrée
Pas de deux
Pas de trois
Pas de quatre
Brisé
Cabriole
Changement de pied
Chassé et chassé-croisé
Contretemps
Coulé
Coupé
Bras en couronne
Course
Déboulé
Déchassé
Dégagé
Détiré
Détourné
Développé
Grand écart
Emboîté

Enlevé
Entrechat
Fouetté
Glissade *et* Glissé
Jeté
Moulinet
Piqué
Pirouette
Plié
Pointes
Relevé
Révérence
Rond de jambe
Saut
Sissonne
Soubresaut
Tombé
Tour
Pas de zéphyr

Danses typiques :
Allemande
Boléro
Cachucha
Chica
Cravovienne
Czardas
Écossaise
Fandango
Flamenco
Forlane
Fricassée
Habanera
Hussarde
Jota
Pavane
Polonaise
Russe
Saltarelle
Sardane
Séguedille
Sicilienne
Tarentelle
Tyrolienne
Zapateado
Zorongo

Danses antiques :
Bacchanale

Pyrrhique
Bibasis
Cordace
Pantomime
Sicinnis

Danses anciennes :
Bourrée
Branle
Cancan
Carmagnole
Chaconne
Chahut
Claquettes
Contredanse
Cotillon
Courante
Gaillarde
Galop
Gavotte
Gigue
Guimbarde
Lanciers
Loure
Mazurka
Menuet
Passacaille
Passe-pied
Pastourelle
Polka
Rigaudon *ou* Rigodon
Scottish
Tambourin

Danses modernes :
Blues
Boston
Shimmy
Charleston
Cake-walk
Fox-trot
Java
One-step
Mambo
Paso-doble
Rumba
Samba
Slow
Swing

Tango
Valse
Jerk
Rock and roll
Twist
Sirtaki
Madison
Bostella
Shuffle
Cha-cha-cha
Hully-gully

DANSER

Baller (*anc.*)
Exécuter une danse
Valser
Polker
Bostonner
Fox-trotter
Swinguer (*néol.*)
Jerker (*néol.*)
Twister (*néol.*)
Se trémousser (*péj.*)
Ouvrir le bal
Mener la danse
Mener le cotillon

Pop., fam. et arg. :
Guincher
Gambiller
En suer une
Tricoter (des jambes, des gambettes *ou* des pincettes)
Balancer du popotin
Gigoter

● ANTONYME : Faire tapisserie (*fam.*).

DANSEUR, EUSE

Baladin (*anc.*)
Premier sujet (danseur classique)
Grand sujet (danseur classique)

Petit sujet (danseur class.)
Étoile
(Du) premier ou
(du) Deuxième quadrille
Coryphée
Dame de chœur
Ballerine
(Petit) Rat
Ménade (*Antiq.*)
Caryatide (*id.*)
Bayadère (Danseuse d'Orient)
Almée (*id.*)
Valseur, euse
Bostonneur, euse
Fox-trotteur, euse
Swingueur, euse
Jerkeur, euse (*néol.*)
Twisteur, euse (*néol.*)
Girl
Taxi-girl
Entraîneuse
Funambule (Danseur sur corde)
Cavalier, ère

DANTESQUE
V. EFFROYABLE

DARD

V. FLÈCHE
Aiguillon (d'un insecte)
Pistil (d'une fleur)
Dardillon (d'hameçon)
Barbillon (*id.*)

DARDER
V. LANCER

DATE

Jour
Quantième (du mois)
Millésime (année)
An *et* Année
Moment
Période

Époque
Millénaire
Ère
Postdate
Antidate
Avant (*ou* Après) Jésus-Christ

● ANTONYME : Sans âge.

DATER

Apposer un tampon dateur
Oblitérer
Millésimer (par ex. un vin)
Indiquer (le temps, la période, le jour, l'année)
Établir la date
Établir un chronogramme

Par extens. :
Marquer (son âge)
Être vieux
Avoir de l'importance
Prendre date
À partir de (à dater de)
À compter de (*id.*)
Antidater
Postdater

DAUBER
V. RAILLER

DAVANTAGE
V. PLUS

DÉAMBULER

Marcher (sans but)
Se promener (*id.*)
Errer
V. FLANER
Se baguenauder (*pop.*)
Vadrouiller (*pop.*)
Faire du lèche-vitrine (*pop.*)

● ANTONYMES : Se presser, Se hâter.

DÉBÂCLE

Dégel
Fonte (des neiges, des glaces)
Au fig. :
Déroute
Défaite
Débandade
Désordre
Rupture (du front)
Retraite (militaire)
Confusion
Naufrage (*fig.*)
Catastrophe (*fig.*)
Désastre
Fuite
Écrasement (débâcle militaire)
Ruine
Faillite
Krach (débâcle financière)

● ANTONYMES : Embâcle, Gel; Victoire, Réussite.

DÉBANDADE

Fuite (en désordre)
Débâcle
Déroute
Dispersion
Retraite
Panique
Ruée (vers l'arrière)
Reculade (sans ordre)
Chaos
Désarroi
Désunion (de l'effort)
Cohue
Gâchis
Abandon (de poste)
Pagaille (*fam.*)
À vau-l'eau

● ANTONYMES : Ordre, Discipline, Alignement, Acharnement.

DÉBARBOUILLER
V. LAVER

DÉBARCADÈRE

Embarcadère
Appontement
Quai
Gare maritime

DÉBARQUER

Décharger
Débarder (du bois)
Mettre à terre
Effectuer un débarquement
Descendre (à terre)

Par extens. :
V. ARRIVER
V. VENIR
S'amener (*fam.*)
Surgir *et* Survenir
Rappliquer (*pop.*)
Radiner (*arg.*)

Au fig., fam. et pop. :
V. CONGÉDIER

● ANTONYMES : Embarquer, Charger, Partir, S'en aller, Ficher le camp; Engager.

DÉBARRASSER

Dégager
Libérer de
Soulager de
Ôter
Enlever
Nettoyer
Déblayer
Désobstruer

Dégarnir
Purifier
Délivrer
Purger
Décharger de
Exonérer de
Dépêtrer et Désempêtrer

« *Se débarrasser* » :
Se défaire
Abandonner
Quitter (un vêtement)
Se dépouiller (*id.*)
S'acquitter (d'un travail,
d'une corvée, d'une dette)
Rejeter
Balancer (*fam.*)
Bazarder (*fam.*)
Jeter
Colloquer (*arg.*)
S'affranchir de
Oter *et* S'ôter le souci de
En finir avec
Liquider
Vendre

● ANTONYMES : Embarrasser, Empêtrer, Charger, Entraver, Gêner, Donner le souci de, Culpabiliser.

DÉBAT
V. DISCUSSION

DÉBATTRE

V. DISCUTER
Disputer
Agiter
Examiner
Chercher une solution
Confronter des idées
Être en conférence
Tenter de démêler
Délibérer
Négocier
Marchander
Chicaner (*péj.*)

Parlementer
Traiter
Mener la controverse
Controverser
Échanger les points de vue
Se colleter avec (*fig.*)
Se battre avec (*fig.*)

● ANTONYMES : Éviter la discussion, Se taire, Fuir la confrontation.

DÉBAUCHE

1. Excès (de plaisirs)
Dévergondage
Dépravation
Dissipation
Inconduite
Déportement *et* Débordements
Dérèglement
Luxure
Orgie
Noce
Licence
Nouba (*pop.*)
Vice
Relâchement (des mœurs)
Corruption (*id.*)
Ribauderie
Stupre
Turpitude
Paillardise
Immoralité
Vie de bâton de chaise
Conduite scandaleuse
Scandale
Crapule
Obscénité
Prostitution
Intempérance
Abus

« *Débauche de quelque chose* » :
Profusion

Quantité
Trop de
Étalage
Surabondance
Luxe de

2. Orgie
Bacchanale
Bombe (*fam.*)
Bamboche (*id.*)
Bamboula (*id.*)
Bambochade (*id.*)
Bringue (*pop.*)
Bordée (*pop.*)
Partie (fine, carrée, etc.)
Partouse (*arg.*)
Foire (*pop.*)
Ribote
Ribouldingue (*arg.*)
Soûlerie
Saturnale
Vadrouille (*id.*)
Fiesta (*id.*)
Java (*id.*)
Tournée (des Grands Ducs)

● ANTONYMES : Vertu, Abstinence, Frugalité, Sobriété, Austérité, Ascétisme, Sagesse, Retenue, Pondération, Modération, Peu de, Parcimonie.

DÉBAUCHÉ, E

Bambocheur (*pop.*)
Dissolu
Dissipé
Noceur
Dévergondé
Fêtard
Épicurien
Paillard
Ribaud (*anc.*)
Arsouille (*pop.*)
Sybarite
Viveur

Mauvais sujet (*ou* garnement)
Coureur
Corrompu
Polisson
Ruffian
Vicieux
Don Juan
Lovelace
Séducteur
Suborneur
Libertin
Libidineux
Vaurien
Joyeux drille
Godailleur (*anc.*)
V. Dépravé
Fille perdue
Femme de mauvaise vie

● Antonymes : Ascète, Ermite, Chaste, Sage, Vertueux.

DÉBAUCHER

1. Détourner (du travail)
Entraîner (ailleurs)
Corrompre
Dépraver
Pervertir
Dévergonder
Dissiper
Déranger
Séduire
Prostituer

2. Renvoyer (de son travail)
Congédier
Licencier
Jeter au chômage
Réduire les effectifs
Lock-outer (*néol.*)
Fermer l'usine
Diminuer le personnel

● Antonymes : 1. Rame-ner dans le bon chemin, Moraliser.
2. Embaucher.

DÉBILE
V. Faible et Malade

DÉBILITÉ

Adynamie
Asthénie
Faiblesse
Manque de dynamisme (*ou* de force)
Impuissance
Étiolement
Affaiblissement

« *Débilité mentale* » :
Psychasthénie
Aboulie (diminution de la volonté)
V. Idiotie
Imbécillité
Crétinisme
Pauvreté d'esprit
Gâtisme
Bêtise

● Antonymes : Force, Énergie, Fermeté, Puissance, Vigueur, Intelligence.

DÉBILITER
V. Affaiblir

DÉBITER

1. Découper *et* Couper
Tronçonner
Diviser
Partager
Scier

Par analogie :
Façonner (en nombre)
Produire (*id.*)
Fabriquer (*id.*)

et aussi :
Vendre (au détail)
Écouler (une marchandise)
Liquider (*id.*)

2. Parler (beaucoup *ou* vite)
Dire (un texte)
Raconter
Pérorer
Dégoiser (*arg.*)
Sortir (*par ex.* des sottises en nombres), [*fam.*]
Servir (*par ex.* des vérités en nombre)
Prononcer
Articuler
Réciter

● Antonymes : Stocker, Garder, Se taire.

DÉBITEUR, TRICE

Qui doit
Qui a une dette
Emprunteur
Redevable
Client
Endetté
Obligé

● Antonymes : Créancier, Créditeur.

DÉBLATÉRER

Dénigrer (quelqu'un *ou* quelque chose)
Médire de
Déclamer contre
Accuser
Répandre partout
Clamer contre
Vitupérer
Calomnier
Baver sur (*pop.*)
Essayer de discréditer

Commérer
Cancaner
Casser du sucre (*pop.*)
Bêcher (*pop.*)

● ANTONYMES : Dire du bien, Louer, Louanger.

DÉBLAYER

V. DÉGAGER

Au fig.
Aplanir (le terrain)
Préparer (*id.*)
Balayer (les obstacles)

● ANTONYMES : Encombrer, Boucher, Engorger.

DÉBOIRE
V. DÉCEPTION

DÉBONNAIRE
V. BON

DÉBORDEMENT
V. INONDATION et EXCÈS

DÉBORDER
V. DÉPASSER et INONDER

DÉBOUCHÉ

Issue
Sortie
Déversoir
Estuaire
Port

Par extens. :
Marché
Possibilité
Perspectives
Espoirs
Emploi

● ANTONYMES : Impasse, Barrière, Cul-de-sac, Chômage.

DÉBOUCHER

1. V. OUVRIR
Dégager
Désobstruer
Désengorger
Désopiler (*méd., anc.*)
Désoperculer (*apiculture*)
Faire sauter le bouchon
Enlever le bouchon
Décacheter (une bouteille)
Décapsuler (*id.*)
Débrider

2. « *Déboucher sur* » :
Arriver (à, *ou* dans, *ou* sur)
Donner sur
Tomber dans
Passer dans

● ANTONYMES : Boucher, Obstruer, Fermer, Barrer, Clore, Condamner.

DÉBOUCLER

Dégrafer
Défaire (sa ceinture)
Débrider
Défriser (ses cheveux)

● ANTONYME : Boucler.

DÉBOURSER

Payer
Sortir (*ou* Tirer) de sa bourse
Décaisser
Dépenser
Verser (une somme d'argent)
Dépocher (*pop.*)
Aligner (*id.*)
Raquer (*id.*)

Casquer (*id.*)
Lâcher (*id.*)
Cracher (*id.*)

● ANTONYMES : Empocher, Encaisser, Toucher, Ramasser, Hériter de (*fam.*).

DÉBRAILLÉ

Négligé
Désordre
Laisser-aller
Bohème
Libre

● ANTONYMES : Strict, Correct, À quatre épingles, Endimanché.

DÉBRIS

Reste
Morceau
Fragment
Détritus
Tesson
Copeau
Brindille
Résidu
Déchet
Rognure
Miette
Reliefs (d'un repas)
Épave (d'un bateau)
Os *et* Ossement
Décombre
Ruine

● ANTONYMES : Pièce (*ou* morceau), Neuf, Intact.

DÉBROUILLARD

Malin
Habile

Fûté
Adroit
A la coule (*pop.*)
Roublard (*pop.*)
Resquilleur (*pop.*)
Adepte du système D
(*pop.*)
Démerdard *et* Démerde
(*arg.*)

● ANTONYMES : Empoté,
Embarrassé, Timide, Qui
reste les deux pieds dans
le même sabot, Maladroit.

DÉBROUILLER

Démêler
Remettre en ordre
Ordonner
Ranger
Trier
Déchiffrer
Éclaircir
Élucider
Tirer au clair
Dénouer (une intrigue)
Défricher
Dégager (par ex. une idée)

« *Se débrouiller* » :
S'arranger
Se démerder (*arg.*)
Se défendre (*pop.*)
S'en sortir

● ANTONYMES : Embrouil-
ler, Emmêler.

DÉBROUSSAILLER

Arracher (Brûler, Enle-
ver, Faucher) les brous-
sailles
Dégager
V. DÉFRICHER
Éclaircir
Essarter

● ANTONYMES : Laisser
en friche.

DÉBUCHER et DÉBUS-QUER

Déloger
Chasser
Faire partir (*ou* sortir)
Faire lever

Au fig. :
Démasquer

● ANTONYME : Embusquer.

DÉBUT
V. COMMENCEMENT

DÉBUTANT
V. APPRENTI

DÉCADENCE

Déchéance
Dégénérescence
Décrépitude
Déclin
Descente
Dégringolade
Détérioration
Ruine
Perte
Dégradation
Acheminement vers la fin
Affaiblissement
Affaissement
Abaissement
Chute
Écroulement
Abâtardissement
Déliquescence

● ANTONYMES : Épa-
nouissement, Croissance,
Montée, Progrès, Gran-
deur.

DÉCALER

V. DÉPLACER
Retarder
Avancer
Reculer
Désynchroniser (*jargon
cinématographique*)
Changer

● ANTONYMES : Caler,
Synchroniser.

DÉCAMPER

Lever le camp
Ficher le camp
Plier bagage
S'en aller (précipitam-
ment)
Escamper (*anc.*)
V. FUIR et S'ENFUIR
Prendre le large
Déguerpir
Déloger
Détaler
Partir (en hâte)
Céder la place
Se retirer
Ne pas demander son
reste
Décaniller (*pop.*)
Se cavaler (*arg.*)
Prendre la poudre d'es-
campette (*pop.*)
(Se) Trisser (*arg.*)

● ANTONYMES : S'ins-
taller, Arriver, Établir son
camp.

DÉCAPITER

Trancher (*ou* Couper) la
tête
Décoller (la tête)

Faire sauter (*ou* Faire voler) la tête
Arracher la tête
Guillotiner
Exécuter
Écimer (un arbre)
Étêter (*id.*)
Découronner (*id.*)
Procéder à une exécution capitale

DÉCÉDÉ
V. Défunt

DÉCELER
V. Découvrir

DÉCENCE

Bienséance
Discrétion
Réserve
Pudeur
Pudicité
Honnêteté
Convenance
Correction
Tact
Politesse
Modestie
Propreté d'âme

● Antonymes : Indécence, Incorrection.

DÉCENT

Bienséant
Séant
Convenable
Honnête
Pudique
Correct
Propre
Austère
Modeste
Réservé

Poli
Conventionnel
Conforme *et* Conformiste
Sortable *(pop.)*

● ANTONYMES : Indécent, Inconvenant, Incongru, Incorrect, Effronté, Éhonté, Malséant, Licencieux, Obscène, Déshonnête, Cynique.

DÉCEPTION

Déboire
Décompte
Mécompte
Désappointement
Désenchantement
Désillusion
Désabusement
Déconvenue
Erreur (sur la personne)
Ennui
Défrisement (*fam.*)

DÉCERNER
V. Accorder, Adjuger et Attribuer

DÉCÈS

V. Mort
Trépas
Fin
Perte (de quelqu'un)

● ANTONYME : Naissance.

DÉCEVOIR

Désappointer
Tromper (l'attente)
Frustrer
Trahir (l'attente)
Voler (*fam.*)
Abuser

Surprendre (désagréablement)

● ANTONYMES : Combler, Satisfaire, Répondre à l'attente.

DÉCHAÎNEMENT

Désenchaînement
Débridement
Explosion
Débordement
Emportement
Tempête
Soulèvement
Transport
Exaltation
Flot (de)
Libération

● ANTONYMES : Apaisement, Contrôle.

DÉCHAÎNER

Désenchaîner
Libérer
Détacher
Donner libre cours (à)
Déclencher
Provoquer
Inciter (à)
Exciter
Entraîner
Animer
Irriter
Pousser (violemment) à
Soulever une tempête
Débrider
Ameuter (contre quelqu'un)
Occasionner

● ANTONYMES : Apaiser, Calmer, Enchaîner, Modérer, Maîtriser.

DÉCHARGE

1. Tir
Salve
Volée (d'artillerie)
Bordée (*id.*) [*mar.*]
Fusillade
Détonation

2. Quitus *et* Quittance
Reçu
Exemption
Exonération
Dégrèvement
Acquit
Allègement
Soulagement
Libération
Justification

● ANTONYMES : Aggravation, Accusation.

DÉCHARGER

Débarrasser (de sa charge)
V. ALLÉGER
Délester
Débarder
Débarquer
Débarrasser
Soulager
Dispenser
Exempter
Libérer
Exonérer
Dégrever
Renvoyer d'accusation
Disculper
Innocenter
Blanchir
Justifier
Réhabiliter
Accorder un non-lieu

● ANTONYMES : Charger, Surcharger, Grever, Alourdir, Aggraver, Accuser, Enfoncer (*fig.*).

DÉCHARNÉ

Maigre
Sec
Étique
Efflanqué
Amaigri
Émacié
Maigrelet
Grêle
Atrophié
Chétif
Qui n'a que la peau sur les os
Comme un clou

● ANTONYMES : Charnu, Gras, Bien en chair.

DÉCHÉANCE

V. DÉCADENCE
Décrépitude
Vieillesse
Vieillissement
Déposition (d'un souverain)
Chute (*id.*)
Disgrâce

● ANTONYMES : Ascension, Montée, Progrès *et* Progression.

DÉCHET

Perte
Altération
Déperdition
Freinte (textile)
Passe (librairie)
Casse
Discale
Don *et* Surdon (*anc.*)
Par extens. :
Débris

Épluchure
Résidu
Rognure
Scorie
Copeau
Battitudes (de forge)
Riblon (*id.*)
Bris (de glace)
Parcelle
Chute (*cinéma*)

DÉCHIFFRER

Décrypter
Traduire (en clair)
Démêler
Éclaircir
Deviner (une énigme)
Expliquer
Pénétrer (le sens de)
Découvrir
Comprendre

● ANTONYMES : Chiffrer, Envelopper de mystère, Obscurcir.

DÉCHIQUETER

Hacher
Taillader
Réduire en charpie
Broyer
Découper
V. DÉCHIRER

DÉCHIRANT

Qui déchire le cœur
V. ÉMOUVANT

● ANTONYMES : Réjouissant, Charmant.

DÉCHIREMENT
V. AFFLICTION

DÉCHIRER

Mettre en pièces
Diviser en morceaux
Lacérer
Découdre
Érafler
Écarteler
Écorcher
Entamer (la peau)
Érailler
Labourer
Ouvrir
Déchiqueter

Au fig. :
Fendre le cœur
Émouvoir
V. AFFLIGER
Tourmenter
Meurtrir
Attrister
Navrer
Désoler

● ANTONYMES : Recoudre
et Coudre, Raccommo-
der, Stopper, Coller, Cicatriser, Guérir, Réjouir.

DÉCHIRURE

Accroc
Éraillure
Blessure
Écorchure
Égratignure
Coupure
Éraflure
Coup de fouet (déchirure
d'un muscle)

DÉCHOIR

V. TOMBER (en décadence)
Baisser *et* S'abaisser
Se déclasser

Descendre
Rétrograder
Chuter
Décliner
Se dégrader
Déroger
Dégringoler (*fam.*)
Vieillir
S'affaiblir

« *Déchu* » :
Déposé
Découronné
Chassé
Mis au ban de
Privé de
Dépossédé

● ANTONYMES : S'élever,
Progresser, Réhabiliter.

DÉCIDÉ
V. BRAVE et HARDI

DÉCIDER

Prendre une décision
Fixer son choix
Arrêter
Choisir de
Jeter les dés
Trancher
Résoudre de
Juger
Décréter
Conclure que
Déterminer
Ordonner
Régler
Tirer au sort
(Se) Prononcer
Disposer que
Être prêt à
Adopter (une solution, une
attitude)
Sauter le pas
Opter pour
Arbitrer
Commander

Délibérer de

● ANTONYMES : Hésiter,
Tergiverser, Balancer.

DÉCIMER
V. EXTERMINER

DÉCISIF

Concluant
Déterminant
Décisoire (*jur.*)
Capital
Prépondérant
Convaincant
Irréfutable
Péremptoire
Crucial
Principal
Important
Probant
Tranchant
Dogmatique

● ANTONYMES : Secondai-
re, Négligeable, Accessoire, Dérisoire.

DÉCISION
V. ARRÊT, CHOIX et CON-
CLUSION.

DÉCLAMATION
V. ÉLOQUENCE

DÉCLAMER
V. DIRE et RÉCITER

DÉCLARATION

Proclamation
Profession de foi
Affirmation
Annonce
Révélation
Manifeste
Aveu

Assurance
Promesse
Dires
Parole
Confession

● ANTONYMES : Rétrac-
tation, Dissimulation.

DÉCLARER

Affirmer
Annoncer
Dire
Proclamer
Assurer
Annoncer
Dénoncer
Dévoiler
Indiquer
Manifester
Montrer
Porter à la connaissance
Professer
Signifier
Prétendre
Promettre
Signaler
Exprimer
Protester de
Condamner
Attester
Certifier

● ANTONYMES : Taire,
Garder pour soi.

DÉCLENCHER

Mettre en mouvement (ou
en branle)
Lancer
Provoquer
Entraîner
Déterminer
Déchaîner

● ANTONYMES : Arrêter,
Stopper.

DÉCLIN

V. DÉCADENCE
V. DÉCHÉANCE
Crépuscule
Agonie
Étiolement
Dégénérescence
Vieillesse et Vieillissement
Décours (*astronomie*)

● ANTONYMES : Croissan-
ce, Montée, Essor, Aube.

DÉCLINER

1. V. DÉCHOIR

2. Refuser
Rejeter
Repousser
Éviter
Écarter
Éloigner
Renvoyer

3. V. DÉPÉRIR
(S') Étioler
Décroître
(S') Affaiblir
Empirer
Languir
Vieillir
Péricliter
S'effondrer
Baisser

● ANTONYMES :
2. Accepter.
3. Se fortifier, S'accroître,
Guérir, Rajeunir.

DÉCLIVITÉ

Pente
Rampe
Penchant
Inclinaison
Côte

Versant
Dénivellation
Talus
Descente
Escarpement

● ANTONYMES : Contre-
pente, Palier, Base, Som-
met.

DÉCOCHER
V. LANCER

DÉCOCTION

Apozème
Extrait
Tisane
Infusion
Concentré

DÉCOLLER (SE)

(Se) Faner
(Se) Flétrir
(Se) Ternir
Passer
(S') Altérer
(S') Effacer
Blanchir
Déteindre
Pâlir
Devenir blafard (*ou* pâle,
ou terne, *ou* blême)

● ANTONYMES : Colorer,
Raviver, Teinter, Colorier.

DÉCOLLETER
Échancrer

DÉCOMBRES
V. RUINES

DÉCOMPOSER

1. Séparer (*ou* diviser)
Analyser

Dissocier
Faire l'électrolyse de (*chimie*)
Résoudre à
Scinder
Disséquer (*fig.*)
Désosser (*fig.*)

2. Désorganiser
Corrompre
Pourrir
Putréfier
Gâter
Altérer
Dissoudre (*fig.*)
Détruire (*fig.*)
Désagréger

● ANTONYMES : Composer, Faire la synthèse de, Associer, Combiner, Conserver.

DÉCONCERTER

Décontenancer
Dérouter
Désorienter
Embarrasser
Surprendre
Désarçonner
Troubler
Inquiéter
Démonter (*fam.*)
Démoraliser
Déconfire
Désemparer
Confondre
Déferrer (*anc.*)
Interdire
Embrouiller
Intimider
Faire perdre contenance

« *Déconcerté* » :
Les participes passés des récédents, plus :
Confus
Penaud

Pantois
Ébahi
Bouche bée

« *Déconcertant* » :
Les participes passés des verbes précédents, plus :
Bizarre
Imprévu
Inattendu

● ANTONYMES : Enhardir, Encourager, Rassurer, Raffermir; Hardi, Sûr de soi; Encourageant.

DÉCONFITURE

Défaite totale
Déroute

Au fig. :
Échec
Faillite
Banqueroute
Ruine
Insolvabilité

● ANTONYMES : Victoire, Triomphe, Succès, Bénéfices.

DÉCONSIDÉRER

Discréditer
Perdre de réputation
Priver de considération
Avilir
Nuire à (la réputation)
Couler (*fam.*)

● ANTONYMES : Considérer, Estimer, Vanter, Faire la publicité de, Élever au pinacle.

DÉCONTENANCER
V. DÉCONCERTER

DÉCONTRACTION

Relâchement (des muscles)
Relaxe (*néol.*)
Détente
Souplesse
Désinvolture
Insouciance

● ANTONYMES : Contraction, Crispation, Raidissement, Affairement, Inquiétude, Souci.

DÉCONVENUE
V. DÉCEPTION et MÉSAVENTURE

DÉCOR

Décoration
Toile de fond (*théâtr.*)
Montant (*id.*)
Trompe-l'œil (*id.*)
Cadre
Ambiance
Alentours
Paysage
Atmosphère
Milieu (ambiant)
Apparence

DÉCORATIF

Ornemental
Flatteur (*fig.*)
Qui fait bien (*ou* bonne impression)

● ANTONYMES : Laid, Insignifiant.

DÉCORATION

1. Ornement
Parure

Ornementation
Embellissement
Enjolivure

2. Insigne
Distinction (honorifique)
Marque d'honneur
Chamarrure
Médaille
Croix
Cordon
Ruban
Rosette
Palme
Plaque
Étoile
Crachat (*fam.*)
Chaîne
Collier
Jarretière
Écharpe

● ANTONYMES : Dégradation, Simplicité, Nudité.

DÉCORER

1. Orner
Parer
Embellir
Enjoliver
Agrémenter
Revêtir (de)

2. Honorer
Médailler
Décerner (une décoration)
Conférer (*id.*)
Distinguer
Donner (une distinction honorifique)
Nommer
Faire (*par ex.* chevalier de la Légion d'honneur)

● ANTONYMES : 1. Enlaidir, Dépasser.
2. Dégrader.

DÉCORUM
V. CÉRÉMONIAL

DÉCOULER

V. RÉSULTER
Dériver
Procéder *et* Provenir
Se déduire

● ANTONYMES : Susciter, Provoquer.

DÉCOUPER
V. COUPER

DÉCOURAGER

Démoraliser
Écœurer
Rebuter
Décevoir
Dégoûter (*fam.*)
Faire perdre courage
Couper bras et jambes
Démonter (*fam.*)
Consterner
Accabler
Abattre
Désenchanter
Désespérer
Détourner de
Dissuader de
Refroidir (*fam.*)
Lasser (la bonne volonté de quelqu'un)

« *Découragé* » :
Le participe passé des verbes précédents, plus :
Sans moral
Triste
Malheureux
Assommé
Avachi (*pop.*)
Au plus bas
Brisé
Cassé
Déprimé

Effondré
Épuisé
Las
Vaincu

● ANTONYMES : Encourager, Remonter (*fam.*), Réconforter, Électriser.

DÉCOUSU
V. INCOHÉRENT

DÉCOUVERTE

Trouvaille
Invention
Exploration
Recherche
Trait de lumière (*ou* de génie)
Illumination
Mise au jour

Spécialement (*cinéma*) :
Toile de fond
Cyclorama
Décor en trompe-l'œil
Paysage factice

DÉCOUVRIR

1. Dévoiler
Dénuder
Ôter (la couverture)
Enlever (*id.*)
Dégager
Laisser voir
Déchausser
Défaire (un vêtement)
Décolleter
Exposer
Déterrer
V. DIVULGUER

2. V. TROUVER
Voir *et* Apercevoir
Repérer
Remarquer
Discerner

Deviner
Pénétrer
Comprendre
Saisir
Détecter
Déceler
Dépister
Dénicher (*fam.*)
Dégoter (*pop.*)
Constater
Éventer
V. Inventer

● ANTONYMES : Couvrir, Cacher, Dissimuler, Voiler, Masquer, Receler, Se boucher les yeux.

DÉCRASSER
V. Laver et Nettoyer

DÉCRÉPITUDE

V. Déchéance
Décadence
Vieillesse
Caducité
Sénilité
Grand âge
Déclin

● ANTONYMES : Vigueur, Jeunesse.

DÉCRET

V. Arrêt et Arrêté
Décision
Loi
Ordre
Jugement
Commandement
Sentence (*eccl.*)
Bulle (*eccl.*)
Ordonnance

DÉCRÉTER
V. Décider

DÉCRIER

Dénigrer
Déprécier
Attaquer (la réputation de)
Rabaisser (*id.*)
V. Calomnier
Vilipender
Médire
Mépriser
Discréditer
Critiquer

● ANTONYMES : Exalter, Célébrer, Vanter, Prôner, Louer.

DÉCRIRE

Dépeindre *et* Peindre
Raconter
Représenter
Dessiner
Retracer *et* Tracer
Détailler
Exposer
Analyser
Mettre sous les yeux
Faire voir
Écrire
Dire

● ANTONYMES : Cacher, Dissimuler.

DÉCROITRE

Diminuer
Baisser
S'amoindrir
Tomber
S'amenuiser
S'atténuer
S'affaiblir
Se réduire
Tiédir *et* S'attiédir

Se rapetisser *et* S'apetisser
Se tasser
V. Décliner
(Aller) Decrescendo
(Aller) Diminuendo

● ANTONYMES : Croître, Grandir, Allonger, Grossir, Augmenter.

DÉDAIGNER

Faire fi de
V. Mépriser
Rejeter (avec mépris)
Repousser (*id.*)
Considérer avec dédain
Regarder de haut
Se moquer (*ou* rire) de
Négliger
Considérer comme négligeable
Faire bon marché de
Faire la moue devant (quelque chose)
Ne pas s'intéresser à
Ignorer (*et* Faire semblant d')
Vouloir ignorer
Ne pas faire cas de

● ANTONYMES : Faire (grand) cas de, Se soucier de, Admirer, Estimer.

DÉDAIGNEUX

Altier
Fier
Affecté
Distant
Gonflé (*fam.*)
Guindé
Haut *et* Hautain
Méprisant
Important
Inabordable

Inaccostable
Insolent
Outrecuidant
Poseur
Prétentieux
Suffisant
Supérieur
Condescendant
Protecteur

● ANTONYMES : Respectueux, Attentif, Humble, Admiratif.

DÉDAIN

Arrogance
Manque de considération
Mésestime
Hauteur
Superbe
Orgueil
Indifférence
Mépris
Absence de respect
Irrévérence
Dérision
Moquerie
Fierté

● ANTONYMES : Considération, Admiration, Déférence, Vénération, Souci, Peur, Désir.

DÉDALE

Labyrinthe
Détours (compliqués)

Au fig. :
Enchevêtrement
Écheveau (*fig.*)
Confusion
Embrouillamini
Complications
Embarras

● ANTONYMES : Avenue; Simplicité, Clarté.

DEDANS

Dans
(À l') Intérieur
(Au) Cœur (de)
Interne
(Au) Sein (de)
(Au) Centre (de)
(Au) Milieu (de)
Compris
Inclus

« *En dedans, au-dedans* » :
Rentré
Enfoncé
Intérieur
Intrinsèque
Intra- (*préfixe*)

● ANTONYMES : Dehors, Extérieur, Hors de.

DÉDICACE

Hommage de l'auteur
Consécration à (*eccl.*)
Invocation de (*eccl.*)
Envoi (d'auteur)
Autographe

DÉDIER

Consacrer
Vouer *et* Dévouer
Dédicacer (une œuvre)
Offrir

DÉDIRE (SE)

Se rétracter
Reprendre sa parole
Se contredire

Revenir sur ce que l'on a dit
Ne pas tenir sa parole
Manquer à sa parole
Se déjuger
Se désavouer
Se délier
Se raviser

● ANTONYMES : Tenir sa parole, Confirmer, Ratifier, Maintenir.

DÉDOMMAGEMENT
V. COMPENSATION

DÉDUCTION

Soustraction
Défalcation
Décompte
Remise
Retranchement

Spécialement :
Conclusion d'un raisonnement
Démonstration
Raisonnement

● ANTONYMES : Induction, Intuition.

DÉDUIRE

1. Soustraire
Retrancher
Défalquer
Décompter
Retenir
Ôter

2. Raisonner
Faire découler
Conclure
Démontrer
Tirer la conséquence
Faire résulter

● ANTONYMES : 1. Ajouter, Additionner.
2. Induire.

DÉESSE
V. DIVINITÉ

DÉFAILLANCE

1 . V. FAIBLESSE
V. ÉVANOUISSEMENT
Pâmoison

2. Absence
Défaut
Trou (par ex. de mémoire)
Manque

● ANTONYMES : 1. Énergie, Constance, Force.
2. Présence, Maintien, Stabilité.

DÉFAITE

Déconfiture
Échec
Revers
Débâcle
Déroute
Débandade
Désavantage
(Avoir) Le dessous
Fuite
Retraite
Pile (*fam.*)
Frottée (*fam.*)
Brossée (*fam.*)
Anéantissement
Insuccès
Désastre
Écrasement
Chou blanc (*pop.*)
Fiasco
Culbute

● ANTONYMES : Victoire, Triomphe, Succès, Bonne fortune.

DÉFAITISTE

Pessimiste

● ANTONYMES : Optimiste, Fanatique.

DÉFALQUER
V. DÉDUIRE

DÉFAUT

1. Manque
Carence
Absence de
Pénurie de
Privation de
Faute (de)
Insuffisance
Rareté
Défaillance
Déficience
Trahison

2. Défectuosité
Malformation
Imperfection
Anomalie
Difformité
Vice
Tare
Déformation
Mauvaise qualité
Inconvénient
Détérioration
Désavantage
Incorrection
Malfaçon

3. *Mor.* :
Faiblesse
Travers
Mauvais penchant
Péché
Tache (morale)
Tort

● ANTONYMES : Excès, Abondance, Perfection, Vertu, Qualité.

DÉFAVEUR

Perte de faveur
Disgrâce
Discrédit
Décri (*anc.*)
Limogeage
Éclipse (de faveur)
Hostilité
Inimitié

● ANTONYMES : Faveur-Crédit, Popularité, Amitié, Grâce.

DÉFAVORABLE

Néfaste
Mauvais
Contraire à
Opposé
Nuisible
Funeste
Adverse
Désavantageux
Hostile à
Ennemi de
Péjoratif

● ANTONYMES : Favorable, Propice à, Avantageux, Ami de.

DÉFAVORISER

Désavantager
Desservir
Nuire
Handicaper
Frustrer
Voler (son dû à quelqu'un)

● ANTONYMES : Favoriser, Avantager.

DÉFECTUEUX

Imparfait
Qui laisse à désirer

Mal (fait, *ou* Mal fichu,
ou Mal foutu)
Manqué
Raté
Vicieux
Boiteux
Incorrect
Insuffisant

● ANTONYME : Parfait.

DÉFECTUOSITÉ
V. DÉFAUT

DÉFENDRE

1. Protéger
Aider
Secourir
Aller au secours (*ou* à la
rescousse)
Soutenir
Couvrir
Abriter
Garantir
Mettre hors d'atteinte
Garder
Interdire (à l'ennemi)
Tenir (une position)
Fortifier (une ville)
Préserver
Sauvegarder

Spécialement :
Prendre la défense
Intercéder (en faveur)
Intervenir (*id.*)
Plaider pour (quelqu'un
ou quelque chose)
Excuser

Au fig. :
Se prononcer pour
Tenir (pour)
Faire valoir (par ex. une
cause, ses droits)

2. Prohiber
Interdire
S'opposer à

Opposer un veto
Empêcher
Contremander
Mettre le holà
Condamner
Proscrire
Exclure (la possibilité de)
Fermer sa porte à (quel-
qu'un)
Inhiber (*anc.*)

● ANTONYMES : 1. Atta-
quer, Accuser, Être con-
tre.
2. Permettre.

DÉFENDRE (SE)
V. RÉSISTER

DÉFENDU

Interdit
Prohibé
Illicite
Proscrit
Condamné
Verboten (*all.*)
Fermé
Inhibé (*anc.*)

● ANTONYMES : Permis,
Autorisé.

DÉFENSEUR

Protecteur
Soutien
Allié
Champion
Garde du corps
Gorille (*néol, pop.*)
Soldat de (*fig.*)
Pilier (de) (*fig.*)
Chevalier
Redresseur de torts
Apôtre de
Avocat
Tenant

Partisan
Mandataire
Serviteur (d'une cause)

● ANTONYMES : Adversai-
re, Ennemi, Accusateur.

DÉFÉRENCE

Considération
Estime
Respect
Égards
Révérence
Attentions
Ménagements
Hommages
Marques de (respect)
Vénération

● ANTONYMES : Irrévé-
rence, Irrespect, Insolence,
Effronterie, Impertinence.

DÉFÉRER
V. CITER, CÉDER et AC-
QUIESCER.

DÉFIANT
V. MÉFIANT

DÉFICIENCE
V. INSUFFISANCE et MAN-
QUE

DÉFICIENT
V. FAIBLE

DÉFIER
V. BRAVER

DÉFIER (SE)

V. SE MÉFIER
Se garder
Être sur ses gardes
Craindre
Douter (de soi-même)

● ANTONYMES : Faire confiance, Compter sur.

DÉFILÉ

1. Couloir (naturel)
Gorge (*géographie*)
Passage (*id.*)
Cañon (*id.*)
Col (*id.*)

2. File
Cortège
Procession
Parade (militaire)
Manifestation (populaire)
Colonne
Cavalcade
Mascarade
Retraite (aux flambeaux)
Théorie (*litt.*)
Succession (de personnes)

● ANTONYMES : 1. Plaine, Sommet.

DÉFINIR

Déterminer (le sens)
Expliquer (le sens)
Préciser
Indiquer
Fixer
Faire connaître (*par ex.* sa pensée)

● ANTONYMES : Laisser ignorer, Laisser indéterminé.

DÉFLAGRATION

Combustion (vive)
Explosion
Éclatement
Détonation

Bruit
Fracas
Tir (d'armes à feu)

DÉFORMATION

Altération
Changement
Anamorphose
Mensonge
Incorrection
Faute (de langage)
Travestissement (de la pensée)
Trahison (*id.*)
Caricature
Gauchissement
Distorsion
Transformation
Corruption
Usure
Mutilation
Fatigue
Avachissement
Défraîchissement

● ANTONYMES : Rectitude, Redressement, Conformité.

DÉFRAÎCHI

Fané
Flétri
Fatigué
Usé
Vieux *et* Vieilli
Avachi
Décati
Élimé
Passé
Fripé
Déformé

● ANTONYMES : Neuf, Rafraîchi.

DÉFRICHER

V. DÉBROUSSAILLER
Déboiser
Essarter
Rendre labourable

Au fig. :
Préparer
Partir en avant-garde
Débrouiller
Éclaircir
Faire le plus gros (*fam.*)
Démêler

● ANTONYME : Laisser en friche.

DÉFRICHEUR

Pionnier

DÉFROQUE

(Vieux) Vêtements
Frusques
Froc
Guenille
Haillon
Hardes
Fringues (*arg.*)
Déguisement
Soutane
Gueille (*rég.*)

● ANTONYMES : Habits du dimanche, Vêtements neufs, chics.

DÉFUNT

Décédé
Mort
Disparu
Feu

Au fig. :
Révolu

Passé
Oublié

● ANTONYMES : Vivant,
Actuel.

DÉGAGER

1. V. Débarrasser

2. Produire une émanation
Exhaler
Émettre (une odeur)
Sentir
Émaner
Se répandre
Jaillir
Apparaître
Se découvrir
Se montrer

3. « Se dégager » :
Se libérer
Se rendre libre
Quitter
Rompre

● ANTONYMES : S'engager,
Se lier.

DÉGAINE
V. Allure

DÉGARNIR

V. Débarrasser
Dépourvoir (anc.)
Dépouiller
Démeubler
Faire le vide
Vider
Déménager

● ANTONYMES : Garnir,
Munir, Meubler, Mettre.

DÉGÂT

Dommage
Dégradation

Casse
Détérioration
Ravage
Destruction
Dévastation
Ruine
Déprédation
Méfait
Perte
Avarie

● ANTONYME : Réparation.

DÉGEL

Débâcle
Fonte (des neiges, des
glaces)
Réchauffement

Au fig. :
Adoucissement
Amollissement
Libéralisation

● ANTONYMES : Embâcle,
Gel.

DÉGELER

Au fig. et fam. :
Réchauffer
Animer et Ranimer
Faire sourire
Dérider
Faire fondre (la glace)
Débloquer (un compte)

● ANTONYMES : Geler,
Bloquer.

DÉGÉNÉRESCENCE

Abâtardissement

Au fig. :
V. Décadence et Déclin

DÉGLUTIR
V. Avaler

DÉGOULINER
V. Couler

DÉGOURDI

Vif
Éveillé
Malin
Déluré
Délié
Adroit
Avisé
Fripon
Intelligent
Pétulant
Pétillant
Affranchi (arg.)
Preste
(D'esprit) Rapide ou Sou-
ple
Dessalé

● ANTONYMES : Engourdi,
Empoté (fam.), Gauche,
Maladroit.

DÉGOÛT

Écœurement
Répugnance
Répulsion
Aversion
Exécration
Inappétence
Anorexie (méd.)
Horreur
Nausée
Haut-le-cœur
Soulèvement de cœur
Satiété (de quelque chose)
Antipathie (pour quel-
qu'un)
Haine (de quelqu'un ou
de quelque chose)

Honte de (soi-même)
Mépris

● ANTONYMES : Goût
(pour), Plaisir, Attrait,
Bonheur de (faire quel-
que chose), Satisfaction,
Envie, Appétence, Jouis-
sance.

DÉGOÛTANT
V. DÉPLAISANT et SALE

DÉGRADATION
V. ABAISSEMENT et DÉGÂT

DÉGRADER
V. ABAISSER, ABÎMER

DÉGRAFER

Défaire
Déboutonner
Détacher
Désagrafer (*pop.*)
Ouvrir

« *Se dégrafer* » :
Se déshabiller
Se mettre à l'aise

● ANTONYMES : Agrafer,
Accrocher, Former.

DEGRÉ

Marche (degré d'escalier)
Échelon (degré d'échelle)
Gradin (degré d'une salle)
Rang *et* Rangée
Étage
Rayon
Niveau
Palier
Étape
Position
Cran
Pas
Différence

Gradation *et* Graduation
Nuance
Stade (de développement)
Point (atteint)
Phase (atteinte)

« *Par degré* » :
Graduellement
Progressivement
Par étape
Par palier
De proche en proche
Au fur et à mesure
Par échelon
Successivement
De plus en plus
De moins en moins
Peu à peu
Petit à petit

● ANTONYMES : D'un seul
coup, Dun seul trait, Subitement, Brusquement.

DÉGRINGOLER

V. TOMBER
Descendre (précipitam-
ment)
Culbuter
Rouler (en bas de)
Chuter
Faire la culbute
Débouler (*fam.*)
Basculer
S'écrouler
S'abattre
S'ébouler

● ANTONYMES : Grimper,
S'élever, Monter, Remon-
ter.

DÉGRISER

Dessouler (*ou* Dessoûler)
Désenivrer

Au fig. :
Désillusionnei
Ouvrir les yeux
Ramener (*ou* faire reve
nir) à la réalité
Démystifier

● ANTONYMES : Griser,
Soûler, Illusionner, Mys-
tifier.

DÉGUENILLÉ

Dépenaillé
Loqueteux
Va-nu-pieds
Haillonneux *et* En haillons
Misérable
Clochard
En guenilles

● ANTONYMES : Soigné,
Élégant, Bien habillé, Chic.

DÉGUERPIR

V. FUIR et S'ENFUIR
Partir (précipitamment)
Filer (*fam.*)
Se sauver
Décaniller (*pop.*)
Se cavaler (*arg.*)
Ficher le camp (*fam.*)
Prendre du champ
Prendre la poudre d'es-
campette (*fam.*)
Décamper
Calter (*arg.*)
Se trisser (*arg.*)
Déménager

● ANTONYMES : S'instal-
ler, Arriver, S'établir.

DÉGUISEMENT

Travestissement
Travesti

Accoutrement
Mascarade
Masque

Au fig. :
Artifice
Camouflage
Feinte
Dissimulation
Fard

● ANTONYMES : Naturel,
Franchise, Simplicité, Sincérité.

DÉGUISER

Travestir (*aussi au fig.*)
Affubler
Changer
Masquer
Accoutrer
Maquiller (*aussi au fig.*)
Camoufler (*id.*)
Farder (*id.*)
Dissimuler (*id.*)
Contrefaire (*par ex.* sa
voix.)
Dénaturer
Donner le change
Cacher
Envelopper (sa pensée)
Arranger

● ANTONYMES : Dévoiler,
Révéler, Dire, Confesser,
Avouer, Montrer.

DÉGUSTER

V. GOÛTER
Savourer
Apprécier
Se délecter
Boire (savamment)
Se régaler

● ANTONYMES : Avaler,
Bâfrer (*fam.*).

DEHORS

À l'extérieur
Extérieurement
Extra-muros
À l'air libre
En plein vent
Hors *et* Au-dehors
V. APPARENCE

● ANTONYMES : Dedans,
Dans, À l'intérieur, À
l'abri.

DÉIFIER
V. ADORER

DÉJECTION
V. EXCRÉMENT

DÉJETÉ

Déformé
Dévié
Contourné
Faussé
Gondolé
Gauchi

Spécialement :
Cassé
Courbé
Tordu (en parlant d'un
homme)

et pop. :
Avachi
Enlaidi
Vieilli

● ANTONYMES : Naturel,
Droit, Normal, Beau, Ra-
jeuni.

DÉJEUNER
V. REPAS

DÉLAI

Répit
Sursis

Temps accordé
Retard (permis)
Prolongation (de temps)
Remise
Atermoiement
Surséance (*anc.*)
Marge
Temps *ou* Moment de
Grâce

DÉLAISSER
V. ABANDONNER

DÉLATEUR

Dénonciateur
Accusateur
Sycophante
Traître
Espion
Mouchard
Rapporteur (*scol.*)
Cafard *et* Cafardeur (*id.*)
Cafteur (*id.*)
Donneur (*arg.*)
Mouton (*id.*)
Mouche (*id.*)
Indic (*id.*)

DÉLAYER

Étendre
Détremper
Laver *et* Délaver
Noyer
Diluer
Dissoudre
Fondre
Décolorer
Éclaircir
Allonger la sauce (*fam.*)

● ANTONYMES : Concen-
trer, Serrer *et* Resserrer,
Épaissir.

DÉLECTABLE

Délicieux
Exquis
Bon
Agréable
Savoureux
Délicat
Du nanan (*pop.*)
Un régal
Suave
Succulent

● ANTONYMES : Dégoûtant, Affreux.

DÉLECTATION
V. PLAISIR

DÉLECTER (SE)

Se régaler
Savourer
Prendre (grand) plaisir
Goûter
Se plaire (à quelque chose)
Se réjouir

● ANTONYME : Détester.

DÉLÉGUÉ

Député
Envoyé
Mandataire
Émissaire
Représentant
Parlementaire
Élu
Commissaire
Ambassadeur
Fondé de pouvoir
Chargé de mission
Fidéicommis *et* Fidéicommissaire
Commissionnaire
Plénipotentiaire
Légat

● ANTONYMES : Commettant, Électeur.

DÉLESTER
V. ALLÉGER et VOLER

DÉLÉTÈRE

Nocif
Nuisible
Dangereux
Toxique
Asphyxiant
Irrespirable
Méphitique
Malsain
Néfaste
Corrupteur

● ANTONYMES : Sain, Salubre, Vivifiant.

DÉLICAT

1. (Très) Fin
V. AGRÉABLE
Délicieux
Exquis
V. DÉLECTABLE
Recherché
Friand (*anc.* ou *rég.*)
Doux
Raffiné
Gracieux
Gracile
Beau
Joli
Sensible
Fragile
Tendre
Ténu
Frêle
Mince
Aérien
Éthéré
Arachnéen

2. Subtil
Complexe
Compliqué
Scabreux
Embarrassant
Brûlant (*fig.*)
Périlleux
Dangereux
Compromettant
Difficile
Malaisé

3. Exigeant
Distingué
Délié
Pénétrant
Bien élevé
Scrupuleux
Discret
Probe
Pur

4. Chétif
Pichelin (*Rég. Ouest*)
Faible
Débile
Douillet
Fluet
Frêle
Maigre
Malingre
En mauvaise santé

● ANTONYMES : 1. Grossier, Laid, Mauvais, Rugueux.
2. Aisé, Facile, Simple.
3. Indélicat, Impoli, Brutal, Indiscret.
4. Vigoureux.

DÉLICE (S)

V. PLAISIR
Bonheur
Félicité
Joie
Charme

Jouissance
Blandice (*litt.*)
Régal

● ANTONYMES : Supplice,
Douleur, Calice, Cruauté.

DÉLICIEUX
V. EXQUIS

DÉLICTUEUX

Criminel
Illégal
Illicite
Illégitime
Défendu
Interdit
Indigne

● ANTONYMES : Nor-
mal, Juste, Légal, Légi-
time, Permis, Autorisé.

DÉLIÉ

Fin
Effilé
Élancé
Aérien
Svelte
Souple
Mince
Menu
Grêle

« *Un esprit délié* » :
Subtil
Pénétrant
Agile
Clair
Adroit
Délicat
Rapide
Vif
Souple
Habile

● ANTONYMES : Gros-
sier, Épais, Lourd.

DÉLINQUANT
V. COUPABLE

DÉLIQUESCENCE
V. ABAISSEMENT, CORRUP-
TION et DÉCADENCE

DÉLIRE

Divagation
Égarement
Trouble
Frénésie (*aussi au fig.*)
Hallucination
Folie
Delirium tremens
Désordre mental
Transport (au cerveau)
Création de fantasmes
Aliénation

Au fig. :
Fantasme (*ou* Phantasme)
Surexcitation
Excitation
Agitation (passionnelle *ou*
émotionnelle)
Enthousiasme
Exultation

● ANTONYMES : Apathie,
Calme, Sagesse, Sang-
froid, Bon sens, Indiffé-
rence.

DÉLIT

Faute
Fait illicite (*ou* délictueux)
Infraction
Entorse à la loi (*ou* au
règlement)
Crime
Contravention

Forfait
Récidive

● ANTONYME : Bienfait.

DÉLIVRANCE

1. Libération
Allègement (*ou* Allége-
ment)
Débarras
Affranchissement
Soulagement
Enfantement
V. ACCOUCHEMENT

2. Livraison
Remise de

● ANTONYMES : Arresta-
tion, Asservissement, Dé-
tention, Soumission, Ser-
vitude.

DÉLIVRER

1. Rendre la liberté
Libérer
Affranchir
Mettre en liberté
Tirer de la servitude
Briser les liens
Ôter les fers
Ouvrir la prison
Relaxer
Sauver
Désenchaîner
Désemprisonner
Lâcher *et* Relâcher

2. Dégager de
Délier
Débarrasser
Soulager
Dépêtrer
Tirer d'affaire
Sortir de

Défaire de
Guérir de
Secourir
Décharger de
Émanciper

3. Donner
Remettre (quelque chose à quelqu'un)
Livrer

● ANTONYMES : 1. Écrouer Emprisonner, Asservir, Enchaîner, Charger.
3. Prendre.

DÉLOGER

V. CHASSER
Expulser
Vider (pop.)
Débusquer
Faire partir
Éjecter (pop.)

● ANTONYMES : Loger, Reloger, Héberger, Abriter.

DÉLOYAL

Félon
Traître
Malhonnête
De mauvaise foi
Sans parole
Fourbe
Perfide
Hypocrite
Faux
Faux jeton (pop.)
Planche pourrie (pop.)
Indélicat

● ANTONYMES : Loyal, Probe, Honnête, Droit, Fidèle.

DÉLOYAUTÉ
V. TRAHISON

DÉLUGE
V. INONDATION et PLUIE

DÉLURÉ
V. DÉGOURDI

DÉMAGOGUE
V. POLITICIEN

DEMANDE

1. Requête
Sollicitation
Prière
Placet
Supplique
Desideratum (plur. : Desiderata)
Imploration
Pétition
Instance
Vœu
Souhait
Désir
Réclamation
Revendication
Sommation
Exigence
Adjuration
Appel
Quête et Requête
Postulation (anc. ou jur.)
Pétitionnement
Réquisition
Démarche

2. V. QUESTION

● ANTONYMES : 1. Offre, Acceptation, Refus.
2. Réponse.

DEMANDER

1. Solliciter
Implorer

Supplier
Adjurer
Réclamer
Exiger
Sommer
Requérir
Quémander
Postuler
Briguer
Revendiquer
Formuler (ou Exposer ou Faire) une demande
Faire appel à
Mendier
Prier
Pétitionner
Assiéger (fig.)
Assaillir (fig.)
Importuner (de demandes)
Harceler (id.)
Obséder (id.)
Fatiguer (id.)
Prétendre à
Exprimer un désir
Désirer
Souhaiter
Imposer
Ordonner
Prescrire
Vouloir
Requérir (jur.)

2. V. QUESTIONNER
Interroger
Consulter
Se renseigner

● ANTONYMES : 1. Obtenir, Recevoir, Prendre.
2. Répondre.

DEMANDER (SE)

V. CHERCHER
Délibérer
Réfléchir
Se poser la question
S'interroger

Hésiter à
Se tâter (*fam.*)

● ANTONYMES : Savoir,
Être sûr.

DÉMANGEAISON

Prurit
Irritation
Chatouillement
Picotement
Prurigo
Urticaire

Au fig. et fam. :
V. DÉSIR
Envie de
Manie
Passion

DÉMANTELER

Abattre
Démolir
Raser
Ruiner
Ne pas laisser pierre sur
pierre
Démonter

● ANTONYMES : Édifier,
Construire, Reconstruire,
Fortifier.

DÉMANTIBULER

Disloquer
Mettre en pièces
Briser
Démonter
Casser
Détraquer
Démettre (la mâchoire)

● ANTONYMES : Agen-

cer, Arranger, Assembler,
Réparer.

DÉMARCATION

Délimitation
Séparation
Limitation
Marque
Borne
Frontière

DÉMARCHE
V. AIR, ALLURE et DEMAN-
DE.

DÉMÊLER
V. DÉBROUILLER

DÉMÉNAGER

Changer d'habitation
Transporter le mobilier
Quitter (un logement)
Vider (les lieux)
Partir
Déguerpir
S'en aller ailleurs

Au fig. et fam. :
Être (*ou* Devenir) fou
V. DÉRAISONNER
Extravaguer

DÉMENCE
V. FOLIE

DÉMENER (SE)

Se débattre
S'agiter
Se remuer
Se battre contre
Lutter
Se donner du mal (*ou* de
la peine)
Se colleter avec
Ne pas rester les deux

pieds dans le même sabot
(*fam.*)

● ANTONYME : Rester
tranquille (*au passif*).

DÉMENT
V. FOU

DÉMENTI

Dénégation *et* Négation
Déni
Infirmation
Refus
Désaveu
Reniement
Contestation
Contre-lettre (*jur.*)
Récusation

● ANTONYME : Confir-
mation.

DÉMENTIR
V. NIER

DÉMESURE

Outrance
Exagération
Manque de mesure
V. EXCÈS

● ANTONYMES : Mesure,
Modération.

DÉMESURÉ

Hors de proportion
Immense
Incommensurable
Énorme
Maouss *ou* Mahous (*arg.*)
Colossal
Gigantesque
Disproportionné
Excessif

Outré
Exorbitant
Déraisonnable
Exagéré
Sans rapport avec
Immodéré
Infini
Monumental (*fig.*)

● ANTONYMES : Convenable, Limité, Mesuré, Raisonnable.

DÉMETTRE
V. CHASSER

DEMEURE

1. Habitation
Logis
Logement
Maison
Résidence
Séjour
Pénates
Home
Foyer
Gîte (*fam.*)
Domicile
Appartement
Adresse

2. « *Mise en demeure* » :
V. SOMMATION
Exigence
Ultimatum
Ordonnance
Signification
Injonction

DEMEURER

1. V. HABITER

2. Rester
S'arrêter
S'attarder
Subsister

Durer
(Se) Maintenir
Persister
S'éterniser
Continuer (à)

● ANTONYMES : Passer, S'en aller, Partir, Finir.

DÉMISSIONNER

Résigner ses fonctions
Se retirer
Abandonner
Abdiquer
Renoncer
Donner sa démission

● ANTONYMES : S'imposer, Se maintenir, S'engager, Continuer.

DÉMOCRATE

Partisan de la démocratie
Démophile
Républicain
De gauche
Égalitaire

● ANTONYMES : Autocrate, Aristocrate, Monarchiste, Fasciste.

DÉMODÉ

Désuet
Passé
Suranné
Vieillot
Ancien
Vieux
Antédiluvien

● ANTONYME : À la mode.

DÉMOLIR

V. ABATTRE
Démanteler
Détruire
Casser
Défaire
Supprimer
Jeter à bas
Faire tomber
Renverser
Raser
Mettre à bas
Mettre en pièces
Abîmer
Démonter
Détraquer
Briser
Déglinguer (*fam.*)
Bousiller (*fam.*)

● ANTONYMES : Édifier, Créer, Arranger.

DÉMON
V. DIABLE

DÉMONIAQUE
V. DIABOLIQUE

DÉMONSTRATION

1. Raisonnement déductif
Déduction
Preuve
Justification

2. Protestation (par ex. d'amitié)
Marque
Témoignage
Manifestation
Étalage
Expression

DÉMONTRER
V. PROUVER

DÉMORALISER
V. DÉCOURAGER

DÉNATURER
V. ALTÉRER

DÉNÉGATION
V. DÉMENTI et DÉSAVEU

DÉNICHER
V. TROUVER

DÉNIER
V. NIER

DÉNIGRER

Dire du mal de
Débiner (*fam.*)
Médire
Décrier
Critiquer
Noircir
Calomnier
Rabaisser
Déblatérer
Casser du sucre sur le
dos de (quelqu'un) [*fam.*]
Faire une publicité désa-
gréable (*ou* de mauvais
aloi) à (quelqu'un)
Accuser
Clabauder (sur le compte
de quelqu'un)

● ANTONYMES : Exalter,
Faire l'apologie, Vanter,
Prôner.

DÉNOMBREMENT

Recensement
Énumération
Compte
Inventaire
Cens (*Antiq.*)
Détail de
Statistique

DÉNOMBRER
V. COMPTER

DÉNOMMER

V. NOMMER
Désigner
Baptiser
Étiqueter
Qualifier
Appeler

DÉNONCER

1. V. TRAHIR
V. ACCUSER
Vendre (*pop.*)
Moucharder
Espionner
Rapporter (*scol.*)
Cafarder (*id.*)
Cafter (*id.*)
Brûler (*arg.*)
Griller (*arg.*)
Se mettre à table (*arg.*)
2. V. ANNULER (par ex.
un accord, un contrat)
Rompre
Révoquer (unilatéralement)
Résilier (*id.*)
Casser (*id.*)
Reprendre sa liberté (d'ac-
tion, de mouvement)
Infirmer
Invalider

● ANTONYMES : 1. Taire,
Cacher, Être complice.
2. Confirmer.

DÉNOUER

Défaire (un nœud)
Délier
Délacer
Déficeler
Détacher
Débrouiller

Démêler
Apporter le dénouement
Résoudre (une énigme)
Éclaircir (*id.*)
Solutionner (*néol. fam.*)
Terminer
Finir *et* Mettre fin
Aboutir (à un résultat)
Trancher le nœud gordien

● ANTONYMES : Nouer,
Ficeler, Embrouiller, Obscurcir.

DENRÉE

Produit (comestible)
Aliment
Provision
Marchandise
Article
Vivres
Subsistance
Comestibles

DENSE

Épais
Compact
Plein
Serré
Tassé
Touffu
Abondant
Condensé
Dru
Ramassé
Contracté (*néol.*)
Concis
Court
Sobre
Nourri
Lourd (*phys.*)

● ANTONYMES : Clair,
Clairsemé, Dilaté, Raré-
fié, Léger.

311

DENT

Dentition
Denture
Canine
Incisive
Molaire
Prémolaire
Surdent (*méd. vétér*).
Quenotte (*fam.*)
Croc (*fam.* et *zool.*)
Ratoune (*fam.*)
Chicot
Prothèse (dentaire)

Zool. :
Croc
Défense
Broche (de sanglier)
Crochet (à venin)
Ivoire
Fanon
Pince (Dent du poulain)
Carnassière

DÉNUDER

Mettre nu (*ou* à nu)
Dévêtir
Dépouiller
V. Découvrir
Déshabiller
Déchausser
Dégarnir
Oter (ce qui couvre)
V. Exhiber

● ANTONYMES : Couvrir, Vêtir, Habiller, Garnir.

DÉNUÉ

Démuni
Dépouillé
Dépourvu
Nu

Privé de
Pauvre
Misérable

● ANTONYMES : Nanti, Riche.

DÉNUEMENT
V. Pauvreté

DÉPANNER

Réparer
Remettre en état de marche
Tirer d'embarras (*fig.*)

DÉPAREILLER

Déparier
Désassortir
Désapparier

● ANTONYMES : Apparier, Assortir.

DÉPART

Partance
Appareillage (*mar.*)
Démarrage
Décollage
Envol

Au fig. :
V. Commencement

DÉPARTAGER
V. Arbitrer

DÉPASSER

Aller plus vite que
Laisser derrière soi (*ou* en arrière)
Gagner de vitesse
Devancer

Doubler
Gratter (*fam.*)
L'emporter sur
Déborder
Mordre (sur)
Saillir
Être en surplomb de
Surplomber
Outrepasser
Enchérir sur
Franchir (des limites)
Passer (*id.*)

● ANTONYMES : Suivre, Être en retrait (*ou* en arrière), Égaler.

DÉPAYSER

Faire changer de lieu
Déraciner
Exiler

Par extens. :
Dérouter
Déconcerter
Désorienter
Égarer
Embarrasser
Perdre

● ANTONYMES : Rapatrier, Enraciner, Orienter, Familiariser.

DÉPECER
V. Morceler et Couper

DÉPÊCHE

Télégramme
Message
Câble
Pneumatique (*ou* Pneu)
Belino
Télex
Flash
Petit bleu (*dés.*)

Correspondance
Avis
Missive
V. LETTRE

DÉPÊCHER (SE)

Se hâter
Faire (plus) vite
S'empresser
Faire diligence
Se grouiller (arg.)
Se manier (ou magner) [arg.]
Se presser
Faire vinaigre (arg.)
(Faire) Fissa! (arg.)
Se décarcasser (arg.)
Aller au trot (fam.)
Galoper (fam.)
V. COURIR

● ANTONYMES : Ralentir, Flemmarder (fam.), Flâner, Prendre son temps.

DÉPEINDRE
V. DÉCRIRE

DÉPENAILLÉ
V. DÉGUENILLÉ

DÉPENDANCE

1. Rapport (d'une chose à une autre)
Causalité
Corrélation
Liaison
Interdépendance
Conséquence
Analogie
Appartenance

2. Annexe
Communs
Succursale

Au fig. :
Appendice
Complément
Suite

3. V. ASSUJETTISSEMENT

● ANTONYME : Indépendance.

DÉPENDRE DE

Relever de
Ressortir de (ou à)
Être lié (ou attaché, ou enchaîné) à
Découler de
Procéder de
Provenir de
Reposer sur
Tenir à
Rouler sur
Se rattacher à
Il appartient à

● ANTONYME : Être indépendant de.

DÉPENSE

Débours
Dépens
Frais
Paiement
Charge
Coût
Prix
Règlement
Débit
Décaissement
Sortie
Perte

● ANTONYMES : Gain, Revenu, Crédit, Rentrée d'argent.

DÉPENSER

Débourser
V. PAYER
Dissiper
Dilapider
Prodiguer
Engloutir (des sommes)
Verser (de l'argent)
V. GASPILLER
Consommer (fig.)
User
Déployer

« Se dépenser » :
Se démener
Se donner du mal
Se dévouer
Se fatiguer

● ANTONYMES : Encaisser, Prendre, Économiser.

DÉPISTER
V. DÉCOUVRIR

DÉPIT

Déception
Désappointement
Jalousie
Vexation
Contrariété
Aigreur
Amertume
Bouderie
Rancœur
Ressentiment
Courroux
Colère
Rire jaune (fam.)
Crève-cœur
Rage
Froissement

« En dépit de » :
V. MALGRÉ
Nonobstant

● ANTONYMES : Joie, Satisfaction.

DÉPLACER

V. BOUGER
Déranger
Muter
Déménager
Manipuler
Décaler
Intervertir
Changer de place
Inverser
Transposer
Transplanter
Faire valser (*fam.*)

« *Déplacé* » :
V. INOPPORTUN
Grossier
Malvenu
Hors de saison
Saugrenu

● ANTONYMES : Remettre en place, Maintenir, Replacer.

DÉPLAIRE

Choquer
Offusquer
Rebuter
Ennuyer
Dégoûter
Blesser
Offenser
Fâcher
Froisser
Contrarier
Irriter
Indisposer
Peiner
Vexer
Gêner

● ANTONYMES : Plaire, Charmer, Séduire, Enchanter, Ravir.

DÉPLAISANT
V. DÉSAGRÉABLE

DÉPLAISIR

V. CHAGRIN
Douleur
Peine
Désagrément
Mécontentement
Contrariété
Dégoût
Amertume
Regret

● ANTONYMES : Satisfaction, Plaisir, Contentement, Aise.

DÉPLORABLE

Navrant
Pitoyable
Pénible
Attristant
Regrettable
Détestable
Lamentable
Désastreux
Fâcheux
Funeste
Scandaleux
Blâmable
Triste
Au-dessous de tout
À pleurer

● ANTONYMES : Heureux, Satisfaisant, Réjouissant, Opportun.

DÉPLORER
V. REGRETTER

DÉPLOYER
V. ÉTALER

DÉPORTATION

Exil
Transportation
Bannissement
Relégation
Nacht und Nebel (*néol. all.*)

DÉPOSER

V. POSER
Entreposer
V. ABANDONNER
V. LAISSER
Mettre
Placer
Confier

Au fig. :
Démettre
Faire abdiquer
Destituer (un roi)
Faire tomber (*id.*)
Chasser (*id.*)

● ANTONYMES : Prendre, Retirer, Couronner, Nommer.

DÉPOSITAIRE

Consignataire
Stockiste *ou* Stockeur
Gardien
Kiosquier (*arg. de presse*)
Au fig. :
Confident (dépositaire d'un secret)

● ANTONYMES : Déposant, Commettant.

DÉPOSSÉDER

Dépouiller
Spolier

Voler
Saisir
Confisquer (quelque chose
à quelqu'un)
Frustrer (quelqu'un de
quelque chose)
Priver
Dessaisir
Enlever
Ôter
Plumer (*pop.*)
Tondre (*pop.*)

● ANTONYMES : Attribuer,
Faire don, Donner.

DÉPÔT

1. Consignation
Couverture
Cautionnement
Garantie
Gage
Provision
Consigne
Entrepôt
Magasin
Stocks
Dock

2. Alluvion
Boue
Vase
Effondrilles (*anc.*)
Précipité
Lie
Tartre
Croûte (de vin)
Sédiment
Limon

● ANTONYME : 1. Retrait.

DÉPOUILLE

V. CADAVRE
Restes

Butin
Trophée

DÉPOUILLER

Au sens propre :
Écorcher
Dépiauter

Au fig. :
1. Dégarnir
Dénuder
Dévêtir
Découvrir
Déshabiller
Peler
Raser

2. V. DÉPOSSÉDER
Dévaliser
Gruger
Spolier
Voler
Démunir
Dépourvoir (*anc.*)
Priver de
Déshériter
Réduire (à la misère, à la
mendicité, etc.)
Jeter sur le pavé
Plumer (*pop.*)
Tondre (*pop.*)
Arnaquer (*arg.*)

● ANTONYMES : Garnir,
Couvrir, Vêtir, Habil-
ler; Donner, Enrichir.

DÉPOURVOIR (*anc.*)
V. DÉPOUILLER

DÉPRAVATION

Perversion
Corruption
Débauche
Altération
Avilissement

Contamination
Entraînement (au vice)
Vice
Perversité

● ANTONYMES : Santé
(morale), Innocence, Ra-
chat, Pureté.

DÉPRAVÉ

V. DÉBAUCHÉ
Vicieux
Amoral
Immoral
Libertin
Corrompu
Pervers
Dissolu
Perdu de vices

● ANTONYMES : Pur, Sain,
Moral.

DÉPRÉCIER
V. DÉCRIER

DÉPRÉDATION

Vol
Pillage
Détérioration
Dégradation
Saccage
Dévastation
Vandalisme
Destruction

Spécialement :
Prévarication
Malversation
Détournement
Dilapidation
Gaspillage

● ANTONYMES : Protec-
tion, Rénovation, Conser-
vation, Don.

DÉPRESSION

1. Creux
Affaissement
Bassin (*géogr.*)
Cuvette (*id.*)
Fosse (*id.*)
Géosynclinal (*id.*)
Vallée (*id.*)

2. Mélancolie
Adynamie
Asthénie
Neurasthénie
Abattement
Stress (*néol. méd.*)
Prostration
Alanguissement
Maladie de langueur
Sidération
Torpeur
Perte de tonus (vital)
Coma

● ANTONYMES : 1. Éminence,
2. Sommet, Euphorie, Exaltation, Excitation, Vitalité.

DÉPUCELER
Déflorer

DÉPURATIF

Diaphorétique
Purgatif
Diurétique
Sudorifique

DÉPUTÉ
V. DÉLÉGUÉ

DÉRACINEMENT

Arrachement
Éradication
Extirpation
Extraction

Essouchage, *ou* Essouchement, *ou* Dessouchement

Au fig. :
Expatriation
Exil
Déportation

● ANTONYME : Enracinement.

DÉRAISONNER

Divaguer
Délirer
Dérailler (*fam.*)
Déménager (*fam.*)
Battre la campagne
Battre la breloque
Faire l'âne (*ou* la bête)
Extravaguer (*anc.*)
Radoter
Débloquer (*arg.*)
Déconner (*arg.*)
Perdre (le sens des choses, *ou* l'esprit, *ou* la raison)
Ne plus avoir sa tête

● ANTONYME : Raisonner.

DÉRANGEMENT

V. BOULEVERSEMENT
Désordre
Dérèglement
Perturbation
Désorganisation
Déplacement
Chambardement (*pop.*)
Remue-ménage
Branle-bas
Tracas
Trouble
Désarroi

Confusion
Bousculade
Décalage
Interversion
Embrouillamini
V. CHANGEMENT

● ANTONYMES : Rangement, Mise en ordre, Arrangement.

DÉRANGER

1. V. DÉPLACER

2. Gêner
Importuner
Ennuyer
Troubler
Embarrasser
Perturber
Contrarier
Déséquilibrer
Détraquer

● ANTONYME : Arranger.

DÉRÈGLEMENT
V. DÉRANGEMENT

DÉRIDER

V. AMUSER
Égayer
Distraire
Réjouir
Faire sourire
Consoler
Apaiser

● ANTONYMES : Attrister, Chagriner, Ennuyer, Contrister.

DÉRISION

Moquerie

Raillerie
Risée
Ironie
Plaisanterie
Persiflage
Sarcasme
Satire
Mépris
Dédain

● ANTONYMES : Déférence, Respect, Sérieux, Révérence.

DÉRISOIRE

Insignifiant
Minime
Piètre
Injurieux
Ridicule
Ridiculement petit
Vain
Négligeable
Pauvre

● ANTONYMES : Important, Énorme, Précieux, Capital.

DÉRIVER

V. DÉCOULER
Venir *et* Provenir de
Émaner
Tirer son origine de
Suivre

● ANTONYMES : Déterminer, Provoquer.

DERNIER

Final
Ultime
Extrême
Suprême

En queue
Lanterne rouge
Traînard
Au bout
Terminal
Définitif
In extremis

● ANTONYMES : Premier, Initial, En tête.

DÉROBER

1. Subtiliser
Soustraire
Voler
Commettre un larcin (*ou* une indélicatesse)
Escamoter
Détourner
Chaparder
Barboter (*pop.*)
Chiper
Chauffer (*pop.*)
Choper (*pop.*)
Faucher (*pop.*)
Chouraver (*arg.*)
Carotter (*arg.*)
Emprunter (*iron.*)
Organiser (*néol. des camps de prisonniers en Allemagne*)
Marauder
S'emparer furtivement de
Attraper
S'approprier
Prendre

2. Dissimuler (à la vue)
Masquer
Cacher
Voiler

« *Se dérober* » :
Se soustraire
Échapper (à la vue)
Se sauver
Fuir
Se cacher

Se dissimuler
S'éclipser
Devenir invisible
Se perdre dans
Se faufiler dans
Se couler dans
Se réfugier
Esquiver
Éviter
Éluder
S'esbigner (*pop.*)
Prendre la tangente (*pop.*)
Manquer à
Faire (soudain) défaut
Se refuser à
Se retirer de

« *A la dérobée* » :
V. (EN) CACHETTE

● ANTONYMES : 1. Rendre, Restituer, Donner.
2. Se montrer, Se livrer, Accepter, Affronter.

DÉROGATION
V. EXCEPTION

DÉROULEMENT

Développement
Déploiement

Au fig. :
Enchaînement
Suite
Succession
Marche (d'un événement)
Écoulement
Étalement

● ANTONYMES : Enroulement, Arrêt.

DÉROUTE
V. DÉFAITE

DÉROUTER

Dépister
Détourner

Leurrer
V. Déconcerter
Décontenancer
Dépayser
Confondre

« *Déroutant* » :
Inattendu
Imprévu *et* Imprévisible

● ANTONYMES : Suivre,
Assurer ; Banal, Rassurant.

DERRIÈRE

1. *Prép.* :
En arrière de
Au (*ou* Dans le) dos de
Après
Au revers de
Au verso
Sur les talons (de quelqu'un)
A la suite de

2. *Spécialement* :
Arrière-train
Postérieur *et* Postère (*arg.*)
Séant
Fessier
Croupe
Fondement
Lune (*pop.*)
Cucul (*enfantin*)
Popotin (*pop.*)
Valseur (*arg.*)
Derche, Derjeau (*arg.*)
Pétard (*pop.*)

● ANTONYMES : 1. Devant,
En avant, En premier.

DÉSABUSÉ

Détrompé
Les yeux dessillés
Averti
Sans illusion

Revenu (de tout)
Revenu de son erreur
Déçu
Désenchanté
Dégoûté

● ANTONYMES : Abusé,
Illusionné, Naïf, Enthousiaste.

DÉSACCORD
V. Brouille

DÉSAGRÉABLE

Déplaisant
Regrettable
Saumâtre
Fâcheux
Blessant
Ennuyeux
Pénible
Mauvais
Douloureux
Moche (*pop.*)
Sale (*pop.*) [*par ex.* un sale coup]
Contrariant
Agaçant
Malencontreux
Gênant
Malheureux
Incommodant
Choquant
Rebutant
Répugnant
Insupportable
Intolérable
Irritant
Odieux

● ANTONYMES : Agréable,
Plaisant.

DÉSAGRÉMENT

V. Ennui
V. Souci

Contrariété
Difficulté
Déboire
Incident malheureux
Chagrin
Inconvénient
Contretemps
Incommodité
Tribulation
Sujétion
Accroc
Anicroche
Alarme
Déplaisir
Importunité *et* Inopportunité
Embarras
Tintouin (*fam.*)
Tracassin (*fam. anc.*)
Mécontentement
Désavantage

● ANTONYMES : Agrément,
Plaisir.

DÉSALTÉRER (SE)
V. Boire

DÉSAPPOINTEMENT
V. Déception

DÉSAPPROUVER

Réprouver
Désavouer
Blâmer
Critiquer
Condamner
Improuver (*langue class.*)
Se prononcer contre
Trouver à redire
Censurer
Vitupérer
Protester
Railler
Trouver mauvais
Se moquer de

Fronder
Être dans l'opposition à
et S'opposer à
Mettre à l'index
Décrier
Huer
Honnir
Conspuer
Siffler
Dire non à

● ANTONYMES : Approuver, Dire oui, Louer, Louanger.

DÉSARMER
V. CALMER

DÉSARROI
V. TROUBLE

DÉSARTICULER

Disloquer
Déboîter (une articulation)
Démettre (*id.*)
Désassembler
Démantibuler
Démancher

● ANTONYMES : Articuler, Agencer, Mettre en marche, Fignoler.

DÉSASSORTIR
V. DÉPAREILLER

DÉSASTRE

V. CATASTROPHE

« *Désastre financier* » :
Faillite
Banqueroute
Krach
Déconfiture

DÉSASTREUX

Catastrophique.
Néfaste
Mauvais
Malheureux
Funeste
Sans aucun succès
Écrasant
Fatal
Un four

● ANTONYMES : Heureux, Avantageux.

DÉSAVANTAGE
V. GÊNE et INCONVÉNIENT

DÉSAVEU

Dénégation
Rétractation
Palinodie
Condamnation
Reniement
Apostasie
Désapprobation

● ANTONYMES : Approbation, Aveu, Confirmation.

DÉSAVOUER
V. DÉSAPPROUVER

DESCENDANCE

Filiation
Postérité
Lignage
Parenté (directe)
Progéniture
Génération
Souche
Race
Généalogie
Extraction

● ANTONYME : Ascendance.

DESCENDRE

Aller vers le bas
Dévaler
S'abaisser *et* Baisser
Glisser
Couler
Diminuer
Tomber
Se jeter à bas
Pencher
(S') Incliner
Décroître
Déchoir
Condescendre

Fam. :
V. ABATTRE

● ANTONYMES : Monter, Grimper, Se hausser.

DÉSENCHANTEMENT
V. DÉCEPTION

DÉSERT

Zone aride
Plaine de sable
Erg
Hamada
Steppe
Sahara
Savane
Llanos
Toundra
Pampa

Au fig. :
Néant
Vide
Solitude
Bled (*fam.*)
Trou (*fam.*)

Adj. :
Inhabité

Sans âme qui vive
Sans trace de vie
Dépeuplé
Nu *et* dénudé
Dépouillé
Désolé
Ras
Désertique
Sauvage
Abandonné (de Dieu et
des hommes)
Dévasté
Déserté

● ANTONYMES : Métropole, Foule, Presse; Monde; Peuplé, Habité, Fréquenté.

DÉSERTER

V. ABANDONNER
Passer à l'ennemi
Trahir
Rentrer chez soi

● ANTONYME : S'engager.

DÉSESPOIR

Découragement
Désespérance
Abattement
Accablement
Démoralisation
Consternation
Détresse
Affliction
Chagrin
Désolation
Déception
Désillusion

● ANTONYMES : Espoir, Confiance, Foi, Joie, Contentement.

DÉSHABILLER
V. DÉCOUVRIR et DÉNUDER

DÉSHÉRITER

Exhéréder
Exclure de la succession

● ANTONYMES : Faire hériter, Coucher sur son testament.

DÉSHONNÊTE

1. V. MALHONNÊTE
Véreux
Marron (*pop.*)

2. Indécent
Obscène
Mauvais
Laid (*fig.*)
Vilain (*fam.*)

● ANTONYMES : 1. Honnête, Scrupuleux. Convenable, 2. Décent, Moral.

DÉSHONORER

Déconsidérer
Discréditer
Perdre de réputation
Salir
Ternir
Entacher
Déprécier
Décréditer (*anc.*)
Avilir
Flétrir
Plonger dans la honte
Nuire
Salir
Souiller

Compromettre
Avilir
Abîmer
Dégrader
Défigurer

● ANTONYMES : Honorer, Mettre en honneur, Exalter, Distinguer.

DÉSIGNER
V. INDIQUER

DÉSILLUSION

V. DÉCEPTION
Déboire
Désenchantement
Désappointement
Mécompte
Contrariété
Amertume
Rancœur
Perte (d'intérêt, d'illusion)
Refroidissement (*fig.*)
Faux calcul
Dégrisement (*fig.*)

● ANTONYMES : Illusion, Émerveillement, Enchantement.

DÉSINENCE
V. TERMINAISON

DÉSINTÉRESSEMENT
V. ABNÉGATION et ALTRUISME

DÉSINVOLTURE

Légèreté
Familiarité
Impertinence
Sans-souci
Sans esprit de responsabilité
Inconvenance
Aisance (exagérée)

Facilité
Attitude inconséquente
Liberté (excessive)
Sans gêne
Libre allure

● ANTONYMES : Responsabilité, Application, Lourdeur, Gêne.

DÉSIR

Appétence
Aspiration (*fig.*)
Attrait (pour *ou* vers)
Envie (de)
Ambition
Appétit
Convoitise
Attente (de quelque chose)
Vœu
Visée (sur)
Soif (de) [*fig.*]
Exigence
Besoin
Espoir
Démangeaison (de quelque chose)
Tentation
Intérêt (pour)
Vouloir
Volonté
Dessein
Appel
Cupidité

Spécialement :
Amour
Sensualité
Libido
Instinct sexuel
Flamme
Feu
Aiguillon de la chair
Exigence (passionnelle)
Concupiscence
Curiosité
Caprice
Faim

● ANTONYMES : Répugnance, Répulsion, Peur, Appréhension, Indifférence.

DÉSIRABLE

Tentant
Attrayant
Adorable
Convoité *et* Convoitable
Enviable
Appétissant
Séduisant
Beau
Joli
Intéressant
Tentant
Cherché *et* Recherché
Rêvé
Souhaitable
Agréable
Prometteur
Ravissant
Recommandable
Valable

● ANTONYMES : Indésirable, Repoussant, Regrettable, Méprisable.

DÉSIRER

Vouloir
Souhaiter
Ambitionner
Aspirer (à)
Convoiter
Prétendre (à)
Appéter (*langue class.*)
Briguer
Rechercher
Guigner (*fam.*)
Attendre
Soupirer après
Lorgner (*pop.*)
Reluquer (*pop.*)
Brûler

Viser (à)
Avoir des vues sur
Être démangé par
Crever d'envie (de)
Mourir de désir
Griller de
Rêver de
Poursuivre (*ou* Appeler) de ses vœux
Avoir du goût pour
Espérer
Demander
Tendre à
Tenir à
Être tenté par

● ANTONYMES : Craindre, Appréhender, Mépriser, Réprouver, Regretter.

DÉSISTER (SE)
V. RENONCER

DÉSOBÉIR

Enfreindre
Contrevenir
Transgresser
S'opposer
Passer outre
Violer
Rompre la discipline
Se révolter
Se rebeller
Résister
Répondre non
Lever l'étendard de la révolte
Mettre la crosse en l'air
S'insurger
Ne pas obtempérer
Refuser l'obéissance
Contester
Être en opposition avec
Objecter
Se mutiner (contre)
Être insoumis (*ou* réfractaire, rebelle, etc.*)

V. Désobéissant
Ne pas écouter
Déroger à
Ne pas tenir compte de
Tenir tête
Se cabrer
Regimber

● ANTONYMES : Obéir, Obtempérer, Se plier, Se soumettre.

DÉSOBÉISSANT

Insubordonné
Indiscipliné
Indocile
Insoumis
Réfractaire
Récalcitrant
Rebelle
Révolté
Résistant
Indépendant
Rétif
Frondeur
Entier
Entêté
Indomptable
Mutin
Tête de fer (ou de bois)

● ANTONYMES : Obéissant, Docile, Soumis, Sage, Discipliné.

DÉSOBLIGEANT
V. MALVEILLANT

DÉSOBLIGER

Froisser
Indisposer
Vexer
Ennuyer
Déplaire
Desservir
Peiner

Piquer
V. BLESSER
● ANTONYMES : Obliger, Plaire, Complaire.

DÉSŒUVREMENT

Inactivité
Inaction
Oisiveté
Paresse
Chômage
Inoccupation (littér.)
Vacuité (d'esprit)
Disponibilité
Fainéantise
Indolence
Léthargie (fig.)
Nonchalance
Repos
Farniente
Marasme
Relâchement
Immobilité
Relâche
Campos (ou Campo) (pop.)

● ANTONYMES : Activité, Affairement, Travail.

DÉSOLATION

1. Dévastation
Destruction
Saccage
Ravage
Ruine

2. Affliction
Peine
Consternation
Amertume
Chagrin
Douleur
Détresse
Contrariété
Mal

Ennui
Souffrance
Tourment

● ANTONYMES : 2. Consolation, Contentement, Satisfaction, Joie.

DÉSOLER
V. RAVAGER et ATTRISTER

DÉSOPILANT
V. COMIQUE

DÉSORDRE

Confusion
Chaos
Absence d'ordre
Trouble
Pagaille (fam.)
Bouleversement
Chambardement (fam.)
Embrouillement
Brouillamini et Embrouillamini
Éparpillement
Désorganisation
Dispersion
Perturbation
Dérangement
Désarroi
Débandade
Incohérence
Désunion
Cohue
Fatras
Fouillis
Tohu-bohu
Remue-ménage
Méli-mélo
Pétaudière
Salade (pop.)
Bazar (pop.)
Bordel (pop.)
Merdier (pop.)
Bric-à-brac (fam.)
Capharnaüm
Pastis (pop.)

Fourbi (*pop.*)
Gâchis
Mélange
Pot-pourri
Billebaude (*anc.*)
Gabegie
Ravage
Scandale
Tumulte
Bagarre
Rixe
Émeute
Écuries d'Augias
Cour du roi Pétaud
Tour de Babel
Arche de Noé
Agitation
Turbulence
Dérèglement
Dissolution
Débauche
Licence
Dissipation
Quatre cents coups
Mauvaise vie

● ANTONYMES : Ordre, Organisation, Rangement, Cohérence, Calme, Logique, Clarté, Sagesse.

DÉSORMAIS

À partir de maintenant
À dater de ce jour
Dès maintenant
Dorénavant
À l'avenir
Sitôt dit

● ANTONYMES : Jamais plus, Jusqu'à maintenant.

DESPOTE

V. TYRAN
Souverain

Chef
Dictateur
César
Duce (*néol. ital.*)
Führer (*néol. allem.*)
Seigneur
Autocrate
Monarque
Tzar *ou* Czar
Satrape
Proconsul
Absolutiste

● ANTONYMES : Sujet, Démocrate, Bienfaiteur.

DESPOTISME

V. ABSOLUTISME

DESSÉCHER

V. SÉCHER

DESSEIN

Projet
Plan
Intention
Idée
Visée
Vue
But
Désir
Pensée
Propos *et* Proposition
Volonté (de)
Résolution
Programme
Entreprise
Combinaison
Machination
Complot
Intrigue
Calcul
Préméditation

● ANTONYMES : Velléité, Réalisation, Exécution, Achèvement.

DESSERRER
V. RELÂCHER

DESSERVIR
V. NUIRE

DESSILLER
V. DÉTROMPER

DESSIN

Représentation graphique
Image
Figure
Croquis
Tracé
Crayon
Étude
Trait
Ébauche
Craie
Fusain
Mine de plomb
Pastel
Gouache
Bistre
Lavis
Sépia
Sanguine
Estompe
Pointe-sèche
Pochoir
Silhouette
Vignette
Calque
Décalque
Schéma
Cartouche
Cul-de-lampe
Motif
Ornement
Lettre ornée
Arabesque
Frise
Portrait
Caricature
Charge
Graphie (d'un mot)

DESSINER

Crayonner
Croquer
Esquisser
Délinéer
Représenter
Tracer
Reproduire
Calquer, Décalquer *et*
Contre-calquer
Charbonner
Griffonner
Gribouiller

DESSOUS

Sous
Au-dessous
En dessous
Par-dessous
Au bas de *et* Bas
Inférieur
Moins *et* Moindre

Au fig. :
Désavantage

● ANTONYME : Dessus.

DESSUS

Au-dessus
En dessus
Haut
Partie supérieure
En amont (*géogr.*)
Au nord (*id.*)

Au fig. :
Supériorité
Avantage
Prééminence
Le meilleur (sur)

● ANTONYME : Dessous.

DESTIN

Destinée
Sort
Avenir
V. FATALITÉ
Fatum
Hasard
Prédestination
Étoile
(Bonne *ou* Mauvaise)
Futur
Fortune
Providence
Existence
Vie
Imprévu
Coïncidence
Chance *ou* Malchance
Aléa
Circonstances
Péripéties
Vicissitudes
Enchaînement
Inconnu(e) [s] (de la vie)
Lot (de chacun)
Conditions (de vie)

DESTINATION
V. DIRECTION

DESTINER

Réserver (quelque chose à quelqu'un)
Garder
Préserver (pour)
Assigner
Attribuer
Affecter
Prédestiner

DESTITUER

Révoquer
Relever de ses fonctions
Renvoyer

Démettre
Casser
Rayer des cadres
Radier
Décharger de ses responsabilités
Déposer
Congédier
Licencier
Disgracier
Blackbouler (*fam.*)
Limoger (*fam.*)
Détrôner
Déposséder
Dépouiller
Dépourvoir
Deshériter
Découronner
Écarter
Éliminer
Évincer
Exclure
Expulser
Renverser
Priver (de ses fonctions)
Démissionner (d'office)
Ficher (*ou* Flanquer, *ou* Jeter) à la porte
Jeter à bas (de son trône)
Dégommer (*pop.*)
Déboulonner (*pop.*)

● ANTONYMES : Instituer, Nommer, Choisir, Couronner.

DESTRUCTION

Anéantissement
Dévastation
Ruine
Écrasement
Désintégration
Disparition
Effacement
Cassage
Désagrégation
Extinction

Abolition
Extermination
Massacre
Génocide
Ravage
Carnage
Suppression
Dissolution
Démantèlement
Sac *et* Saccage
Bouleversement
Élimination
Annulation
Abrogation
Résiliation
Révocation
Extirpation
Écroulement
Effondrement
Mort
Fin

● ANTONYMES : Édification, Construction, Création.

DÉSUET

Démodé
Suranné
Passé (de mode)
Vieillot
Périmé
Retardataire
Attardé
Obsolète (*rare*)
Ancien
Vieux
Antédiluvien
Rococo

● ANTONYMES : À la mode, Dernier cri, D'actualité, En vogue, Up-to-date.

DÉSUNION

Mésintelligence
Désaccord

Divorce
Dislocation
Désagrégation
Disjonction
Rupture
Séparation
Divergence

● ANTONYMES : Union, Accord, Entente, Cohésion.

DÉSUNIR

Dissocier
Diviser
Désaccorder
Brouiller
Désolidariser
Creuser un abîme
Séparer
Détacher
Disjoindre
Disloquer
Désagréger
Désassembler

● ANTONYMES : Unir, Allier, Accorder, Associer, Marier, Coaliser, Concilier, Réconcilier.

DÉTACHEMENT

Désintérêt *et* Désintéressement
Abandon
Renoncement
Indifférence
Insensibilité
Insouciance
Oubli (de soi-même)
Désinvolture

● ANTONYMES : Attachement, Cupidité, Concupiscence, Passion.

DÉTACHER
V. SÉPARER

DÉTAIL

Partie
Morceau
Fragment
Élément
Particularité
Accessoire
Broutille
Vétille
Bagatelle
Sans importance

● ANTONYMES : Essentiel, Ensemble, Principal, Important.

DÉTAILLÉ

Circonstancié
Précis
Minutieux
Par le menu
Analytique

● ANTONYMES : Vague, Grossier.

DÉTALER
V. FUIR

DÉTECTIVE

Enquêteur
Policier
Espion (*péj.*)
Mouchard (*péj.*)
Fouille-merde (*pop.*, *péj.*)
Flicard (*pop.*, *péj.*)

DÉTENIR

Tenir en sa possession
Avoir

Disposer de
Garder
Posséder
Conserver

Spécialement :
Retenir (prisonnier)
Séquestrer

« *Détenu* » :
Prisonnier
Captif
Reclus
Bagnard
Forçat
Convict (*angl.*)
Taulard (*arg.*)

ANTONYMES : Lâcher,
Abandonner, Libérer,
Relaxer.

DÉTENTE

Relâchement
Décontraction
Relaxation
Délassement
Répit
Repos
Distraction
Récréation
Oubli (momentané)
Soulagement
Allègement (*ou* Allége-
ment)
Amélioration
Rémission
Apaisement
Dégel (politique)
Paix

Technologie :
Ressort
Déclic
Gâchette (d'arme à feu)

● ANTONYMES : Tension,
Contraction, Fatigue,
Crise.

DÉTENTION
V. EMPRISONNEMENT

DÉTÉRIORER
V. ABÎMER

DÉTERMINER

1. Définir
Délimiter
Indiquer
Évaluer
Décider
Spécifier
Fixer
Indiquer
Dire (nettement)
Estimer
Établir
Caractériser
Régler
Juger
Rechercher
Identifier
Mesurer
Diagnostiquer
Calculer

2. Entraîner (quelqu'un)
Pousser (quelqu'un à faire
quelque chose)
Amener
Conduire
Diriger (vers)
Persuader
Inciter
Engager
Encourager
Décider à
Inspirer

● ANTONYMES : 1. Ne pas
préciser, Laisser dans le
vague (*ou* le flou).
2. Craindre, Hésiter, Rester neutre, S'abstenir.

DÉTERRER

Arracher
Sortir de terre
Déraciner

Spécialement :
Exhumer

Au fig. :
Redécouvrir
Ranimer (par exemple une
querelle)
Ressusciter (*id.*)
Faire remonter au jour
Raviver
Retrouver
Redécouvrir
Dénicher (*fig.*)

● ANTONYMES : Enterrer,
Enfouir; Inhumer, Ense-
velir; Laisser en paix,
Oublier, Cacher.

DÉTESTABLE

Haïssable
Méprisable
Exécrable
Atroce
Écœurant
Dégoûtant
Odieux
Insupportable
Imbuvable (*fam.*)
Répugnant
Affreux
(Très) Mauvais
Ignoble
Abominable
Dégueulasse (*pop.*)
À vomir (*fam.*)
À dégueuler (*pop.*)
Horrible
Incompatible avec

● ANTONYMES : Adorable,
Admirable, Exquis, Excel-
lent.

DÉTESTER

Abhorrer
Exécrer
Abominer
Haïr
Avoir horreur (de)
Ne pas pouvoir sentir (*ou* voir, *ou* souffrir, *ou* supporter, *ou* blairer [*pop.*])
Avoir en aversion
Vomir (*pop.*)
Maudire

● ANTONYMES : Aimer, Adorer.

DÉTONATION

Coup de feu
Déflagration
Éclatement
Décharge (d'arme à feu)
Explosion
Pet (*fam.*)
(Coup de) Pétard (*fam.*)
Pétarade

DÉTOUR

Angle
Boucle
Coude
Courbe
Tournant
Zigzag
Circonvolution
Crochet (*aussi au fig.*)
Déviation
Lacet
Dédale
Labyrinthe

Au fig. :
Biais
Faux-fuyant
Subterfuge

Circonlocution
Obliquité
Louvoiement
Ruse
Manigance
Sinuosité (de raisonnement).
Périphrase

● ANTONYMES : Ligne droite, Raccourci; Droiture, Simplicité.

DÉTOURNER

1. V. VOLER

2. Faire faire un détour
Dérouter
Dériver (un cours d'eau)
Éloigner
Dévier
Esquiver
Parer
Éluder
Éviter
Arracher à
Distraire (l'attention)
Dévoyer
Débaucher
Divertir
Dissuader
Déconseiller
Dégoûter de
Enlever (un mineur)
Séduire (une femme mariée)

● ANTONYMES : Respecter, Encourager.

DÉTRACTEUR

Adversaire
Ennemi
Calomniateur
Dénigreur
Contempteur

Dépréciateur
Zoïle
Critique
Médisant

● ANTONYMES : Admirateur, Apologiste, Louangeur.

DÉTRAQUER

Déranger
V. CASSER
Détériorer
Dérégler
Déglinguer
Démonter
Disloquer
Troubler
Pervertir
Brouiller

« *Détraqué* » :
V. FOU
Déséquilibré
Malade (mental)
Obsédé

● ANTONYMES : Arranger, Réparer, Dépanner.

DÉTRESSE
V. MALHEUR et MISÈRE

DÉTRIMENT

Préjudice
Tort
Dommage
Désavantage

● ANTONYME : Avantage.

DÉTRITUS

Déchet
Résidu
Débris

Reste
Ordure
Immondice

DÉTROIT

Bras (de mer)
Pas
Bouque
Manche
Pertuis
Canal
Chenal

● ANTONYME : Isthme.

DÉTROMPER

Désabuser
Dessiller les yeux
Ouvrir les yeux
Tirer d'erreur
Avertir
Informer
Désillusionner

● ANTONYMES : Tromper,
Abuser, Induire en erreur.

DÉTRÔNER

V. DESTITUER
Déposer
Chasser
Déchoir

Au fig. :
Éclipser
Effacer
Discréditer
Surpasser
L'emporter sur

● ANTONYMES : Couron-
ner, Proclamer; Pousser
au premier rang, Donner
la prééminence à.

DÉTROUSSER
V. VOLER

DÉTRUIRE

V. ABATTRE
Défaire
Altérer
Anéantir
Annihiler *et* Annuler
Démolir
Raser
Ruiner
Pulvériser
Démanteler
Faire disparaître
Réduire à néant
Broyer
Casser *et* Concasser
Mettre en pièces
Mettre en miettes
Dévaster
Ravager
Saccager
Consumer
Engloutir
Dévorer
Faire périr
Exterminer
Massacrer
Dissoudre
Abolir

● ANTONYMES : Construi-
re, Créer.

DETTE

Dû
Obligation
Engagement
Emprunt
Découvert
Passif
Solde débiteur
Arriéré

● ANTONYMES : Créance,
Crédit, Actif, Avoir.

DEUIL

Affliction
Douleur
Malheur
Tristesse
(En) Berne
Souffrance

● ANTONYMES : Allégresse,
Joie.

DEUXIÈME
Second

DÉVALER

V. DESCENDRE
Tomber
Rouler
Dégringoler
Se précipiter (au bas)

● ANTONYMES : Escala-
der, Grimper, Monter,
Remonter.

DÉVALISER
V. VOLER

DÉVALORISER

Dévaluer
Déprécier

● ANTONYMES : Revalori-
ser, Réévaluer, Surévaluer.

DEVANCER

Précéder
Prendre de l'avance
Dépasser
Distancer
Prendre l'avantage

Gagner de vitesse
Gratter (*pop.*)
Semer (*pop.*)
L'emporter sur
Surpasser
Primer sur
Anticiper
Être en avance
Prendre de l'avance
Prévenir

● ANTONYMES : Succéder,
Suivre.

DEVANCIER

Prédécesseur
Aïeul
Ancêtre
Précurseur

● ANTONYME : Successeur.

DEVANTURE

Étalage
Montre
Façade
Vitrine
Étal
Éventaire

● ANTONYME : Arrière-
boutique.

DÉVASTER

Ravager
Désoler
Ruiner
Faire le vide
Piller
Raser
Détruire
Dépouiller
Mettre à sac
Saccager

Mettre à feu et à sang
Pratiquer la politique de
la terre brûlée

● ANTONYMES : Peupler,
Repeupler, Construire,
Protéger.

DÉVEINE
V. MALCHANCE

DÉVELOPPER

1. Désenvelopper
Défaire
Dégager

2. Déployer
Dérouler
Déplier
Étaler *et* Étendre

3. Faire croître
Accroître
Amplifier
Élargir
Agrandir
Augmenter

4. Montrer
Exposer (en détail)
Présenter
Traiter
Expliquer
Embellir
Enrichir
Faire s'épanouir

● ANTONYMES : 1.2.3. Envelopper, Plier, Replier, Restreindre.
4. Résumer, Appauvrir,
Schématiser, Contracter
(*néol.*)

DÉVERGONDAGE

V. DÉBAUCHE
Relâchement des mœurs
Libertinage

Immoralité
Licence
Vice
Perversion
Impudicité
Dépravation

● ANTONYMES : Austérité,
Ascétisme, Retenue,
Pudeur.

DÉVERSER
V. VERSER et RÉPANDRE

DÉVÊTIR

Déshabiller
Dénuder
Mettre à nu
Découvrir
Dépouiller
Défrusquer (*pop.*)
Déloquer (*arg.*)

● ANTONYMES : Vêtir,
Habiller, Couvrir.

DEVIN

Prophète
Agure
Aruspice
Mage
Magicien
Oracle
Sibylle
Pythie
Pythonisse
Sorcier
Voyant
Visionnaire
Vaticinateur
Chiromancien
Nécromancien
Cartomancien
Tireuse de cartes
Astrologue

Diseur (*ou* Diseuse) de bonne aventure
Inspiré
Clairvoyant
Œdipe
Cassandre
Chresmologue (*antiq.*)

● ANTONYME : Aveugle (*fig.*)

DEVINER

Découvrir
Trouver
Imaginer
Augurer
Prédire *et* Prévoir
Présager
Dévoiler (l'avenir)
Prophétiser
Vaticiner
Avoir l'intuition de
Entrevoir
Discerner
Pressentir
Sentir
Flairer (*fam.*)
Soupçonner
Subodorer
Se douter de (*ou* que)
Déchiffrer
Comprendre
Avoir le nez creux (*pop.*)

DÉVISAGER

V. REGARDER
Fixer (avec attention)
Observer
Voir
Contempler
Photographier (*fig. fam.*)

DEVISER

V. PARLER
Converser

Dialoguer
Discuter
S'entretenir
Échanger (des paroles, des idées)
Avoir une conversation

● ANTONYME : Se taire.

DÉVOILER
V. DIVULGUER

DEVOIR

Obligation
Tâche
Dictamen (*eccl.*)
Prescription
Impératif
Principes
Loi (morale)
Responsabilité
Charge
Office
Fonction
Travail
Service
Rôle
Dette

Scolairement :
Épreuve
Vérification
Composition
Copie
Interrogation écrite
Exercice

● ANTONYMES : Faculté, Choix, Droit.

DÉVORER

1. V. MANGER

2. Anéantir
Détruire
Consumer
Brûler

Ronger
Enflammer
Tourmenter

● ANTONYMES : 1. Cracher, Rejeter.
2. Préserver, Sauver.

DÉVOT

Pieux
Dévotieux (*anc.*)
Religieux
Mystique
Fervent
Bigot
Cafard
Cagot
Bondieusard (*pop.*)
Calotin
Papelard
Béat (*fam.*)
Hypocrite
Tartufe et Tartuffe
Rat d'église (*pop.*)
Punaise de sacristie (*pop.*)
Grenouille de bénitier (*pop.*)

● ANTONYMES : Athée, Libre-penseur, Indévot, Indifférent, Incroyant.

DÉVOTION

Ferveur
Attachement
Zèle
Soins
Dévouement
Adoration
Prière (*au plur.*)
Vénération
Piété
Culte
Mysticisme

En mauvaise part :
Bigoterie
Cagoterie
Hypocrisie
Papelardise
Capucinade
Tartuferie *et* Tartufferie
Pharisaïsme
Cafardise

● ANTONYMES : Irréligion, Impiété, Liberté (d'esprit), Incroyance, Athéisme, Indifférence.

DÉVOUEMENT

Abnégation
Sacrifice
Désintéressement
Oubli de soi-même
Détachement
Fidélité
Conscience
Loyauté
Zèle
Soins
Attachement à

V. AMOUR
Culte
Dévotion
Vénération

● ANTONYMES : Égoïsme, Indifférence.

DÉVOUER

Dédier
Consacrer
Offrir
Sacrifier
Vouer
Donner
Abandonner
Livrer

« *Dévoué* » :
Empressé
Zélé
Consciencieux
Scrupuleux
Fidèle
Altruiste
Généreux
Attentif

● ANTONYMES : Abandonner, Déserter, Conserver, Garder ; Égoïste, Oublieux, Léger.

DÉVOYER

Corrompre
Pervertir
Détourner (du droit chemin)
Entraîner
Dépraver
Dévergonder
Perdre (*fig.*)
Gangrener
Tarer
Pourrir (*fig.*)

● ANTONYMES : Remettre dans le droit chemin, Sauver, Racheter.

DEXTÉRITÉ
V. ADRESSE

DIABLE

Démon
Esprit malin
Esprit du mal
Génie du mal
Mauvais ange
Puissance infernale
Ange déchu (*ou* noir)
Diabloteau (*anc.*)
Diablotin
Satan

Lucifer
Asmodée
Azazel
Belzébuth
Méphistophélès *et*
Méphisto
Incube
Succube

● ANTONYMES : Dieu, Ange.

DIABOLIQUE

Démoniaque
Infernal
Méphistophélique
Satanique
Malin
Luciférien
Génial
Calculé

● ANTONYMES : Angélique, Divin, Bête, Sot, Stupide.

DIADÈME
V. COURONNE

DIALECTE

Parler (régional)
Patois
Jargon
Langue
Argot

DIALECTIQUE

Logique
Maïeutique
Argumentation
Raisonnement
Dialogue (platonicien)

● ANTONYME : Rhétorique.

DIALOGUE

Conversation
Colloque
Tête-à-tête
Interview
Duo
Échange (de répliques)
Joute oratoire

● ANTONYMES : Monologue, Soliloque, Aparté, Silence.

DIAMANT

Pierre précieuse
Gemme
Brillant
Rose
Solitaire
Jargon (Diamant jaune)

DIAPHANE

Translucide
Transparent

● ANTONYMES : Opaque, Sombre.

DIARRHÉE

Dysenterie
Débâcle (*fam.*)
Courante (*pop.*)
Chiasse (*pop.*)
Cliche (*pop.*)
Foire (*pop.*)

● ANTONYME : Constipation.

DIATRIBE

Attaque
Agression (verbale)

Satire
Pamphlet
Libelle
Factum
Prise à partie

● ANTONYMES : Éloge, Apologie.

DICTATURE

V. ABSOLUTISME
V. AUTOCRATIE
Césarisme
Caporalisme
Concentration du pouvoir
Bonapartisme
Fascisme
Nazisme
Hitlérisme
Stalinisme
Franquisme
Salazarisme
V. TYRANNIE
Autoritarisme
Féodalité
Monopolisme
Étatisme

● ANTONYMES : Démocratie, Anarchie.

DICTER

Dire
Donner la dictée

Au fig. :
Inspirer
Commander
Ordonner
Stipuler
Prescrire
Imposer
Décider
Régler
Faire la leçon

Conditionner
Suggérer

● ANTONYMES : Obéir, Exécuter.

DICTION

Élocution
Manière de dire
Débit
Déclamation

● ANTONYME : Écoute.

DICTIONNAIRE

Glossaire
Nomenclature
Lexique
Vocabulaire
Thesaurus (*anc.*)
Code
Répertoire
Encyclopédie

DICTON

Adage
Proverbe
Sentence
Parole
Mot
Pensée
Maxime
Devise
Formule
Sagesse des nations
Lieu commun
Aphorisme
Apophtegme
Précepte
Réflexion

● ANTONYME : Improvisation.

DIÈTE

1. Régime
Abstinence
Jeûne
Privation (de nourriture)
2. V. ASSEMBLÉE et PAR-
LEMENT

● ANTONYME : Festin.

DIEU

Divinité
L'Être suprême
Le Pur esprit
La Déité
La Providence
Le Principe souverain
Le Souverain bien
La Cause universelle
Le Grand architecte de
l'Univers (*maçonnerie*)
Le Grand horloger
Le Grand ouvrier *ou*
L'Éternel ouvrier
Fin dernière
L'Ancien des jours
Le Démiurge
L'Alpha et l'Omega
Le Logos
L'Idole
Le Verbe
Le Saint Esprit *et* L'Esprit
saint
L'Éternel
Le Très-haut
Le Père céleste
Le Seigneur
Le Juge (souverain) *ou*
Le Souverain Juge
Le Maître (de la nature)
Le Roi du ciel et de la
terre

● ANTONYMES : Homme,
Diable.

DIFFAMATION

Accusation
Calomnie
Attaque
Médisance
Discrédit jeté (sur)
Décri
Flétrissure (*fig.*)
Souillure (*fig.*)
Atteinte

● ANTONYMES : Apolo-
gie, Louange, Los.

DIFFÉRENCE

Dissemblance
Dissimilitude
Distinction
Divergence
Distance
Écart
Inégalité
Altérité
Caractéristique
Diversité
Nuance
Variété
Particularité
Antinomie
Antithèse
Hétérogénéité
Contraste
Contradiction
Opposition
Incompatibilité
Disparité
Discordance
Contrariété
Désaccord
Incohérence
Disproportion

● ANTONYMES : Ressem-
blance, Similitude, Iden-
tité, Égalité, Analogie,
Conformité.

DIFFÉREND

Désaccord
Contestation
Démêlé
Discussion
Dispute
Altercation
Débat
Difficulté
Querelle

● ANTONYMES : Accord,
Conciliation, Réconcilia-
tion.

DIFFÉRENT

Distinct
Autre
Dissemblable
Divergent
Opposé
Contraire
Contradictoire
Hétérogène
À part
Singulier
Étrange *et* Étranger
Discordant
Exceptionnel
Disparate
Hétéroclite
Changé
Méconnaissable
Nouveau
Modifié
Transformé

● ANTONYMES : Semblable,
Identique, Conforme, Ana-
logue, Pareil, Uniforme.

DIFFÉRER

1. Surseoir
Retarder

Remettre
Repousser
Renvoyer
Reculer
Ajourner
Atermoyer
Lanterner
Attendre
Temporiser
2. *Intr.* :
Se différencier
Se distinguer
Être distinct (*ou* différent, *ou* dissemblable)
S'opposer
Diverger

● ANTONYMES : 1. Hâter, Avancer.
2. Se ressembler, Se confondre.

DIFFICILE

Difficultueux (*fam.*)
Ardu
Laborieux
Dur
Pénible
Abrupt
Escarpé
Malaisé
Rude
Incommode
Pas commode
Malcommode
Gênant
Délicat
Épineux
Scabreux
Compliqué
Complexe
Confus
Embrouillé
Entortillé
Enchevêtré
Indéchiffrable

Inextricable
Insoluble
Obscur
Ésotérique
Subtil
Inintelligible

Un lieu difficile :
Escarpé
Inaccessible
Impraticable
Inabordable
Raide
Raboteux
Périlleux
Casse-cou
Dangereux

Un caractère difficile :
V. ACARIÂTRE
Exigeant
Irascible
Querelleur
Turbulent
Irritable
Intraitable
Dur
Mauvais
Coriace
Mauvais coucheur
Susceptible
Ombrageux

● ANTONYMES : Facile, Simple, Agréable, Commode; Aisé, Praticable Accessible; Aimable, Conciliant.

DIFFICULTÉ

Gêne
Embarras
Mal
Peine
Aria (*fam.*)
Complication
Obstacle
Corvée
Tourment

Tracasserie *et* Tracas
Crise
Tablature
Bâtons dans les roues
Problème
Question
Impasse
Rémora (*anc.*)
Dédale
Labyrinthe
Mauvais pas (à franchir)
Fil à retordre
Nœud gordien (Difficulté à trancher)
Empêchement
Ennui
Opposition
Souci
Accroc (*fam.*)
(Le) Hic (*pop.*)
(Un) Cheveu (*pop.*)
(Un) Os (*pop.*)
(Un) Pépin (*pop.*)
(Du) Tirage (*fam.*)
Tomber sur un bec
Donner du chiendent (*pop.*)
Tiraillement

● ANTONYMES : Facilité, Aise, Aisance, Faculté, Simplicité.

DIFFORME

Contrefait
Informe
Déformé
Disgracié *et* Disgracieux
Mal fait
Mal fichu (*fam.*)
Malbâti *ou* Mal bâti (*fam.*)
Disproportionné
Infirme
Estropié *et* Stropiat (*fam.*)
Défiguré
Monstrueux

Affreux
Phénomène
Avorton
Nabot
Bossu
Boiteux
Cagneux
Éclopé
Tordu *et* Tortu
Dégingandé
Déjeté
Bot
Bancal
Bancroche (*fam.*)
Biscornu
Ratatiné (*fam.*)

● ANTONYMES : Parfait, Beau, Normal, Régulier, Symétrique.

DIFFUS

Délayé
Détaillé
Redondant
Prolixe
Répété
Verbeux
Épars *et* Éparpillé
Vague
Fastidieux
Ennuyeux
Brumeux
Filandreux
Abondant

● ANTONYMES : Concis, Clair, Précis, Laconique, Bref.

DIFFUSER

V. PROPAGER
Dispenser
Disperser
Répandre

Spécialement :
Distribuer
Mettre en librairie, dans les kiosques
Répartir
Émettre
Transmettre
Retransmettre
Radiodiffuser
Envoyer (sur les ondes)
Programmer (fréquemment *ou* régulièrement)
Télédiffuser

● ANTONYMES : Concentrer, Censurer.

DIFFUSION

Propagation
Distribution
Expansion
Répartition
Vulgarisation

Spécialement :
Émission
Transmission
Retransmission
Radiodiffusion
Télédiffusion
Programmation

● ANTONYMES : Concentration, Centralisation, Étouffement, Censure.

DIGÉRER
V. ASSIMILER

DIGNE

Honnête
Méritant
Respectable
Sérieux
Juste
Noble

Vertueux
Honorable
Louable
Méritoire
Qui a de la dignité
Grave
Distant
Fier

« *Digne de* » :
Qui mérite
A la hauteur
Conforme à
Convenable
Approprié

● ANTONYMES : Indigne, Malhonnête, Qui a démérité.

DIGNITÉ
V. DISTINCTION

DIGUE

Jetée
Môle
Estacade
Barrage
Embarcadère
Brise-lames

Au fig. :
V. OBSTACLE

DILAPIDER

Gaspiller
Dissiper
Dépenser (sans compter)
Manger
Croquer (*fam.*)
Jeter par les fenêtres
Mener la vie à grandes guides
Être (trop) prodigue
Faire des folies

Détourner (le bien d'autrui)

● ANTONYMES : Amasser, Accumuler, Thésauriser, Économiser, Se priver.

DILETTANTE

V. AMATEUR
Esthète
Sceptique

● ANTONYMES : Spécialiste, Professionnel.

DILIGENT

Prompt
Rapide
Expéditif
Actif
Empressé
Zélé
Appliqué
Attentif
Laborieux
Assidu
Soigneux
Prévoyant

● ANTONYMES : Indolent, Lent, Nonchalant, Négligent

DILUER

Délayer
Étendre
Mouiller
Noyer
Atténuer
Affaiblir

● ANTONYMES : Condenser, Concentrer, Déshydrater, Dessécher.

DIMENSION

Étendue mesurable
Grandeur
Grosseur
Proportion
Mesure
Mensuration
Largeur
Longueur
Hauteur
Profondeur
Épaisseur
Importance
Taille
Format
Capacité
Contenance
Calibre
Pointure

DIMINUER

Amoindrir
Réduire
Raccourcir
Écourter
Abréger
Rapetisser *et* Apetisser
Rogner
Couper
Tronquer
Tasser
Serrer *et* Resserrer
Atténuer
Affaiblir
Tempérer
Tiédir *et* Attiédir
Modérer
Mitiger
Restreindre
Déprécier
Rabaisser
Ramener
Épargner
Mettre une sourdine
Étouffer

Amortir
Émousser
Alléger

● ANTONYMES : Augmenter, Agrandir, Accroître, Ajouter, Grossir, Amplifier.

DIMINUTION

Réduction
Amoindrissement
Soustraction
Décroissance
Retranchement
Baisse *et* Abaissement
Raccourcissement
Abrègement
Dévalorisation
Dévaluation
Moins-value
Amenuisement
Amincissement
Amaigrissement
Dépréciation
Déperdition
Rétrécissement
Allégement
Soulagement
Ralentissement
Dégradation
Rabais
Remise
Ristourne

● ANTONYMES : Augmentation, Accroissement, Agrandissement, Amplification.

DÎNER
V. REPAS

DIPLOMATE

1. *Subst.* :
Négociateur

Ambassadeur
Plénipotentiaire
Parlementaire
Ministre
Agent diplomatique
Représentant
Médiateur
Émissaire
Député
Légat
Nonce
Envoyé
Excellence
Chargé d'affaires
Consul
Résident

2. *Adj.* :
Habile
Rusé
Subtil
Circonspect
Adroit
Fin
Roué
Précautionneux
Prudent

● ANTONYMES : 2. Brutal, Fruste, Imprudent, Grossier.

DIPLÔME

Titre (certifié)
Grade
Parchemin (*fam.*)
Brevet
Certificat
Baccalauréat
Licence
Doctorat
Attestation
Peau d'âne (*pop.*)
Récompense
Médaille
Prix

DIRE

Parler
Exprimer
Formuler
Relater
Raconter
Exposer
Révéler
Informer
Notifier
Communiquer
Énoncer
Émettre
Rendre public
Annoncer
Porter à la connaissance
Faire savoir
Faire part
Faire connaître
Rapporter
Transmettre
Renseigner
Avertir
Dévoiler
Divulguer
Affranchir (*arg.*)
Répandre
Accréditer
Colporter
Propager
Publier
Ébruiter
Confier
Attester
Apprendre (à quelqu'un)
Alléguer
Faire mention (de)
Affirmer
Déclarer
Assurer
Causer
Proférer
Insinuer
Faire allusion
Prétendre
Articuler
Stipuler

Objecter
Répéter
Ressasser
Insister
Seriner
Développer
Se faire l'interprète (*ou* le porte-parole) de
Ne pas cacher que
Crier
S'écrier
Prononcer
Chuchoter
Murmurer
Souffler
Lâcher
Lancer
Débiter
Sortir (*fam.*, *pop.*)
Blaguer
Plaisanter
Dégoiser (*pop.*)
Cracher (*pop.*)
Avouer
Répondre
Rétorquer
Professer
Bavarder
Jaser
Conter
Narrer
Commander
Ordonner
Réciter
Déclamer
Montrer *et* Démontrer
Signifier
Manifester

● ANTONYMES : Taire, Se taire, Cacher, Dissimuler, Omettre, Écouter, Entendre.

DIRECT

V. DROIT

DIRECTIVE

Instruction
Ordre
Recommandation

DIRIGER

Conduire
Gouverner
Administrer
Gérer
Régir *et* Régenter
Régler (la marche de)
Commander
Guider
Tenir la barre (*ou* le gouvernail)
Tenir les rênes
Présider à
Mener
Dominer
Organiser
Animer
Être à la tête de
Inspirer
Conseiller

Se diriger :
V. ALLER

● ANTONYMES : Obéir, Suivre, Écouter.

DISCERNEMENT

Appréciation
Jugement
Bon sens

DISCERNER

V. APERCEVOIR
Distinguer
Percevoir
Identifier
Voir
Reconnaître
Deviner

Sentir *et* Ressentir
Découvrir
Isoler
Différencier
Séparer
Démêler
Faire la distinction
Discriminer

● ANTONYMES : Confondre, Mêler, Mélanger.

DISCIPLE

Élève
Écolier
Adepte
Catéchumène
Tenant
Partisan

● ANTONYMES : Maître, Professeur.

DISCIPLINE

1. Art
Science
Matière (d'étude)
Étude
Branche (d'activité *et* de connaissance)

2. Règle
Règlement
Loi
Ordre

● ANTONYMES : 2. Indiscipline, Désordre.

DISCONTINU

Interrompu
Coupé
Intermittent
Alternatif

Momentané
Temporaire
Irrégulier
Chronique (*méd.*)
Larvé (*méd.*)
Endémique (*méd.*)
Saccadé

● ANTONYMES : Continu, Suivi, Régulier.

DISCORDE

V. MÉSINTELLIGENCE
Désaccord
Dissension
Division
Zizanie
Désunion
Dispute
Querelle

● ANTONYMES : Accord, Concorde.

DISCOURS

Propos
Conférence
Déclaration
Allocution
Adresse
Harangue
Causerie
Message
Plaidoyer
Plaidoirie
Prédication
Homélie
Sermon
Prône
Prêche
Déclamation
Exhortation
Exposé
Laïus (*fam.*)
Boniment (*fam.*)
Baratin (*fam.*)

Bla-bla-bla (*fam*)
Bavardage (*péj.*)
Monologue
Verbiage (*péj.*)
Palabre
Proclamation
Oraison
Speech (*angl.*)
Topo (*fam.*)
Panégyrique
Éloge
Compliment
Catilinaire
Diatribe
Philippique
Apostrophe
Réquisitoire
Logorrhée (*péj.*)
Prise de parole
Dissertation
Improvisation
Prosopopée (*rare*)
Morceau de bravoure
Crise d'éloquence
Digression
Tirade

DISCOURTOIS
V. IMPOLI

DISCRÉDIT

V. DÉFAVEUR
Déconsidération (*litt.*)
Perte de confiance
Diminution d'estime
Perte d'autorité
Baisse de faveur

● ANTONYMES : Crédit, Autorité, Faveur, Considération.

DISCRÉDITER

Décréditer (*anc*).
Déconsidérer

Déprécier
Dénigrer
Disqualifier
Décrier
Perdre de réputation
Nuire à
Diffamer
Calomnier
Compromettre
Débiner (*pop.*)

● ANTONYMES : Accréditer, Prôner, Assurer la réputation.

DISCRET

Réservé
Secret
Délicat
Retenu
Modeste *et* Modéré
Sobre
Distingué
Feutré
Poli
Silencieux
Invisible
Prudent

● ANTONYMES : Voyant, Encombrant, Indélicat, Indiscret, Impudent.

DISCRÉTION

Délicatesse
Retenue
Décence
Réserve
Circonspection
Tact
Pudeur
Modération
Secret

● ANTONYMES : Indélica-

tesse, Indiscrétion, Sans-gêne, Impudence, Insolence.

DISCUSSION

Débat
Dispute
Controverse
Polémique
Contestation
Chicane
Altercation
Différend
Contention (*anc.*)
Discord (*anc.*)
Désaccord
Chamaillerie (*fam.*)
Querelle
Conflit
Litige
Explication
Empoignade
Délibération
Examen

● ANTONYMES : Accord, Entente.

DISCUTER

1. Agiter (une question)
Examiner (une question)
Étudier le pour et le contre
Controverser
Disputer (de *ou* sur)
Critiquer (quelque chose)
Arguer
Contester
Mettre en question
Chicaner

2. Parler
Échanger des arguments (*ou* des idées)
Conférer

Tenir conseil
Débattre
Négocier
Parlementer
Traiter
Marchander
Épiloguer
Batailler
Discutailler (*péj.*)
Ergoter
Se chamailler
Se disputer
Se quereller
Se prendre aux cheveux
Palabrer
Bavarder
Tailler une bavette (*pop*.)

● ANTONYMES : Accepter (sans discussion), Croire, Admettre.

DISETTE

Pénurie
Manque de
Rareté
Défaut de
Besoin
Absence
Vaches maigres
Indigence
Famine

● ANTONYME : Abondance.

DISGRÂCE

V. DÉFAVEUR

V. DISCRÉDIT
Décri (*anc.*)
Malheur
Infortune
Revers
Misère
Adversité

Détresse
Laideur
Difformité
Infirmité

et aussi :
Destitution
Renvoi
Déchéance
Chute
Mise à la porte

● ANTONYMES : Grâce, Faveur, Beauté, Charme.

DISJOINDRE
V. ÉCARTER et SÉPARER

DISLOQUER

Déboîter
Désarticuler
Démantibuler
Démettre
Démancher
Luxer
Désemboîter
Fausser
Désosser
Détraquer
Démolir
Briser
Casser
Dissoudre (*ou* Disloquer un cortège)
Déglinguer (*fam.*)

● ANTONYMES : Emboîter, Remboîter, Remettre, Réparer.

DISPARAITRE

Cesser d'être visible
S'éclipser
S'évanouir
Se cacher
S'évaporer

Se dérober
Se soustraire (aux regards)
S'échapper (à la vue)
S'en aller
Se dissimuler
S'éloigner
S'enfuir
S'esquiver
S'éloigner
Se retirer
S'éteindre
Se perdre
S'effacer
Se dissiper
De dissoudre
Se noyer
Périr
Mourir

● ANTONYMES : Apparaître, Se montrer, Se manifester, Venir.

DISPARITÉ
V. DIFFÉRENCE

DISPENDIEUX

V. CHER
Coûteux
Onéreux
Ruineux

● ANTONYMES : Bon marché, Gratuit, Économique.

DISPENSE

Exemption
Autorisation (spéciale)
Permission
Exonération
Immunité
Franchise
Faveur

● ANTONYME : Obligation.

DISPENSER

1. V. Distribuer

2. V. Exempter

DISPERSER

Disséminer
Éparpiller
Répandre
Parsemer *et* Semer
Jeter çà et là
Dissiper
Répartir çà et là
Mettre en fuite
Provoquer la débandade
Débander (*anc.*)
Faire fuir
Faire s'égailler
Chasser
Mettre en fuite
Diviser
Balayer (*fig.*)
Émietter (*fig.*)

● ANTONYMES : Rassembler, Rameuter, Masser, Concentrer.

DISPOSER

V. Arranger, Ordonner, Préparer et Jouir

DISPOSITION

1. Agencement
Arrangement
Organisation
Mesure (à prendre)
Ordre
Orientation
Rangement
Ordonnance
Distribution (des places)
Situation
Position
Configuration
Forme
Texture
Répartition
Composition
Combinaison
Manière
Structure

2. Prédisposition (pour)
Tendance (à)
Aptitude
Don
Facilité
Propension
Penchant
Goût
Faculté
Inclination
Vocation

● ANTONYMES : Désordre, Désorganisation.

DISPROPORTION

Inégalité
Défaut de proportion
Disparité
Déséquilibre
Disconvenance (*litt.*)
Démesure

● ANTONYMES : Égalité. Proportion, Équilibre,

DISPUTE

Discussion
Débat
Litige
Polémique
Logomachie (*litt.*)
Altercation
Querelle
Controverse
Discorde
Chamaille *et* Chamaillerie (*fam.*)
Mésentente
Engueulade (*pop.*)
Chicane
Démêlé
Heurt
Joute
Lutte
Prise de bec (*fam.*)
Crêpage de chignon (*pop.*)
Bisbille (*fam.*)
Conflit
Dissension
Opposition
Désordre
Division
Escarmouche
Explication
Incident
Malentendu
Affaire
Différend
Tiraillement
Empoignade
Bagarre (*fig.*)
Scène (de ménage)
Brouille
Fâcherie
Rupture
Zizanie
Trouble
Grabuge
Noise (*anc.*)

● ANTONYMES : Entente, Accord, Paix, Union, Réconciliation.

DISQUE

Enregistrement
Microsillon
Quarante-cinq tours
Trente-trois tours

Soixante-dix-huit tours
Tube (*arg. mus.*)

DISSECTION

Analyse
Autopsie
Étude
Examen
Recherche

DISSEMBLANCE
V. Différence

DISSÉMINER
V. Disperser

DISSENSION
V. Dispute

DISSENTIMENT

V. Conflit
Opposition
Désaccord
Dissension
Mésintelligence

● antonymes : Accord,
Entente, Harmonie.

DISSERTER

V. Parler
Discourir
Traiter de
Développer
Palabrer (*péj.*)
Pérorer (*péj.*)
Baratiner (*péj.*)

● antonyme : Se taire.

DISSIDENCE

Schisme
Sécession

Séparation
Scission
Division
Rébellion
Révolte

● antonymes : Union,
Réunion, Accord.

DISSIDENT

Hétérodoxe
Rebelle
Nonc onformiste
Schismatique
Hérétique
Séparatiste
Opposant

● antonymes : Confor-
miste, Fidèle.

DISSIMULATION

V. Mensonge
Simulation
Feinte
Cachotterie
Duplicité
Comédie (*fam.*)
Mauvaise foi
Hypocrisie
Sournoiserie
Fausseté
Art de feindre
Fourberie
Machiavélisme
Patelinage (*anc.*)
Papelardise
Singerie
Grimaces
Momerie (*anc.*)
Tartuferie
Astuce
Jésuitisme
Restriction mentale
Arrière-pensées

Belles paroles
Masque
Perfidie

● antonymes : Fran-
chise, Sincérité, Loyauté,
Candeur.

DISSIMULER
V. Cacher et Taire

DISSIPATION

1. Étourderie
Inattention
Distraction
Turbulence
Indiscipline
Éparpillement
Légèreté
Désordre (des mœurs)
Débauche
Chahut (*arg. scol.*)

2. Dilapidation
Gaspillage
Dépense (exagérée)
Prodigalité
Folie
Détournement

● antonymes : 1. Sérieux,
Concentration, Attention,
Réflexion, Sagesse.
2. Économie, Épargne.

DISSIPER
V. Dépenser et Disperser

DISSOCIER
V. Séparer

DISSOLU

Débauché
Corrompu
Déréglé
Relâché

Impudique
Impur
Effronté
Éhonté
Immodeste
Libertin
Vicieux
Bambocheur (*fam.*)
Crapuleux
Dépravé
Désordonné
Dévergondé
Dissipé
Épicurien
Fêtard
Immoral
Luxurieux
Indécent
Obscène
Lubrique
Licencieux
Pervers
Perverti
Polisson
Ribaud (*anc.*)
Sybarite
Canaille

● ANTONYMES : Vertueux, Rangé, Chaste, Austère, Pur, Rigide, Pudique, Honnête.

DISSONANCE

Cacophonie

Au fig. :
Discordance
Contradiction
Désaccord
Opposition
Disparité
Divergence
Contraste

V. DIFFÉRENCE

● ANTONYMES : Harmo-

nie, Consonance, Euphonie, Accord.

DISSOUDRE

Décomposer
Dissocier
Ronger
Résoudre
Putréfier
Délayer
Liquéfier

Au fig. :
V. ANNIHILER

● ANTONYMES : Cristalliser, Solidifier, Raffermir, Précipiter, Combiner, Constituer.

DISSUADER

Détourner
Faire renoncer
Dégoûter
Conseiller de ne pas
Inciter à ne pas
Pousser à ne pas
Persuader de ne pas
Déterminer à ne pas
Faire reculer
Déconseiller de

● ANTONYMES : Persuader, Encourager, Pousser, Conseiller, Exhorter, Engager.

DISTANCE

Écart *et* Écartement
Espacement
Espace
Intervalle
Étendue

Éloignement
Mesure
Écart
Profondeur
Hauteur
Loin *et* Lointain
Près *et* Proximité
Portée
Rayon
Périmètre
Voisinage
Équidistance
(A *ou* hors de) portée
Trajet
Course
Amplitude (*géom.*)
Déclinaison (*astron.*)
Opposition (*id.*)
Élongation (*id.*)

● ANTONYMES : Contiguïté, Superposition, Coïncidence.

DISTANCER

V. DÉPASSER
Laisser derrière soi
Laisser sur place
Devancer
Doubler (*néol.*)
Semer (*fam.*)
Gratter (*pop.*)
Surpasser (*fig.*)

● ANTONYMES : Rejoindre, Approcher, Atteindre.

DISTANT

Éloigné
Lointain *et* Loin
Reculé
Retiré

Au fig. :
Froid
Réservé
Hautain
Seul *et* Solitaire
Absent

● ANTONYMES : Proche, Rapproché, Voisin, Tangent, Contigu.

DISTINCT

V. DIFFÉRENT
Séparé
Indépendant
Particulier
Autre
Étranger
Propre
Singulier
Individuel
Dissimila ire
Dissemblable
Opposé
Contraire
Qui contraste
Qui s'écarte
Autonome

● ANTONYMES : Indistinct, Confondu, Commun, Inséparable.

DISTINCTION

1. Différenciation
Discrimination
Séparation
Démarcation
Distinguo
Division

2. Supériorité
Élégance
Noblesse
Grandeur

Éclat
Recherche
Grâce
Majesté
Aisance
Harmonie
Brillant
Chic (*fam.*)
Tenue
Éducation

3. Marque d'estime
Honneur
Faveur
Décoration
Charge honorifique
Dignité
Nomination
Promotion
Élévation

4. Insigne
Palmes
Ruban
Rosette
Cordon
Croix
Étoile
Médaille
Plaque
Collier
Ordre
Chamarrure
Crachat (*fam.*)
Grade

● ANTONYMES : 1. Confusion, Similitude, Identité.
2. Grossièreté, Vulgarité.
3. Blâme, Condamnation.

DISTINGUÉ

Remarquable *et* Remarqué
Éminent
Brillant

Supérieur
Célèbre
Élégant
Qui a de bonnes manières
(Un) Gentleman
(Un) Monsieur
De bonne compagnie
(Une) Lady
(Une) Grande dame
Poli
Digne
Choisi
De l'élite
De bon ton
Gracieux
Délicat
De bon aloi

● ANTONYMES : Commun, Vulgaire, Ordinaire, Anonyme, Grossier, Ignoble.

DISTINGUER

1. Différencier
Discriminer
Séparer
Faire un distinguo
Mettre à part
Mettre au-dessus
Mettre au-dessous
Mettre de côté
Démêler
Isoler
Classer
Spécifier
Analyser

2. Choisir
Remarquer
Préférer
Faire une distinction (en faveur de)
Montrer une inclination (*ou* une préférence) pour

3. V. VOIR et APERCEVOIR

● ANTONYMES : 1. Confondre, Mêler, Mélanger, Assimiler, Identifier.
2. Ignorer, Rabaisser, Négliger, Haïr.

DISTRACTION

1. Manque (*ou* absence) d'attention
Inattention
Étourderie
Défaut d'application
Inapplication
Inadvertance
Absence
Oubli
Omission
Bévue
Gaffe
Impair
Maladresse
Inconséquence
Irréflexion
Irresponsabilité
Légèreté
Imprudence
Mégarde

2. Amusement
Diversion *et* Divertissement
Dissipation
Plaisir
Passe-temps
Délassement
Évasion
Récréation
Ravissement
Fête

● ANTONYMES : 1. Application, Concentration, Attention.
2. Occupation (sérieuse), Travail.

DISTRAIRE

V. AMUSER, DÉTOURNER, et DIVERTIR

DISTRAIT

V. ÉTOURDI
Absorbé
Absent
Inattentif
Rêveur
Dans la lune
Songe-creux
Dans le vague
Dans les nuages
Tête en l'air
La tête ailleurs
Troublé
Qui s'oublie
Amusé par autre chose
Oublieux
Étourneau (*fig.*)
Tête de linotte (*fig.*)
Évaporé
Écervelé

● ANTONYMES : Attentif, Appliqué, Présent, Concentré.

DISTRIBUER

Dispenser
Répartir
Donner (à chacun)
Partager
Arroser (*fam.*)
Attribuer (à chacun)
Prodiguer
Faire pleuvoir (des dons)
Faire cadeau (à chacun)
Diviser (par exemple le travail)
Semer

● ANTONYMES : Capitaliser, Amasser, Garder, Accaparer, Récolter, Recueillir, Prendre, Voler.

DITHYRAMBE
V. ÉLOGE

DIVAGATION

Délire
Élucubration
Extravagance
Rêverie
Folie
Égarement
Trouble
Déraison
Aliénation
Hallucination
Transport
Digression
Absurdité

● ANTONYMES : Bon sens, Sang-froid, Raison.

DIVAGUER

Délirer
Déraisonner
Rêver
Errer
Être fou
Élucubrer
Débloquer (*arg.*)
Dérailler
Battre la campagne
Extravaguer
Décoconer (*rég.*)

● ANTONYMES : Raisonner, Savoir ce qu'on dit, Être conscient.

DIVAN

Canapé
Sofa

Cosy (-corner)
Lit de repos
Méridienne

DIVERGENCE
V. Différence

DIVERS
V. Varié

DIVERSITÉ
V. Différence et Variété

DIVERTIR

V. Amuser
Distraire
Récréer
Égayer
Donner du bon temps
Faire s'ébaudir
Réjouir
Délasser
Donner de la joie
Mettre en joie
Désennuyer
Faire rire
Faire jubiler
Donner du bon sang
Dérider

● Antonymes : Ennuyer, Assombrir, Attrister, Importuner.

DIVERTISSANT

Amusant
Distrayant
Récréatif
Drôle
Désopilant
Drolatique
Hilarant
Exhilarant (*class.*)
Réjouissant
Plaisant
(Un) Dérivatif

Comique
Humoristique
Joyeux
Gaillard
Folâtre

● Antonymes : Ennuyeux, Triste, Insipide, Fastidieux.

DIVERTISSEMENT

Jeu
Amusement
Distraction
Récréation
Passe-temps
Plaisir
Partie de plaisir
Réjouissance
Fête
Délassement
Agrément

● Antonymes : Travail, Devoir, Ennui, Ouvrage, Affaires.

DIVIN

Céleste

V. Parfait

● Antonymes : Humain, Profane, Infernal, Satanique.

DIVINATION

Magie
Occultisme
Astrologie
Cartomancie
Chiromancie
Nécromancie
Clairvoyance

Par extens. :
Intuition
Prévision
Sagacité
Inspiration
Conjecture
Hypothèse
Imagination

● Antonyme : Aveuglement.

DIVINITÉ
V. Dieu

DIVISER

Séparer (en parties)
Partager
Scinder
Fractionner
Subdiviser
Morceler
Parceller
Tronçonner
Sectionner
Émietter
Découper
Détailler
Décomposer
Dissocier
Compartimenter
Disperser
Désagréger

Au fig. :
Créer la désunion
Semer la discorde
Susciter la division
Brouiller
Désunir
Faire divorcer
Séparer
Opposer

● Antonymes : Unir *et* Réunir, Rassembler, Accorder, Grouper, Cimenter, Bloquer.

DIVORCE

Séparation
Démariage (*anc.*)
Rupture
Répudiation
Fin d'une union

Au fig. :
V. OPPOSITION

● ANTONYMES : Mariage, Union, Hymen.

DIVULGUER

Dévoiler
Révéler
Ébruiter
Faire connaître
Publier
Proclamer
Propager
Répandre
Dire (partout *ou* à la cantonade)
Trompeter
Tympaniser
Crier sur les toits
Trahir (le secret)
Jeter à tous les vents
Corner aux oreilles
Mettre (*ou* Dire) au grand jour
Colporter
Annoncer
Avoir la langue trop longue

● ANTONYMES : Taire, Dissimuler, Garder pour soi, Cacher.

DOCILE

Obéissant
Souple
Maniable
(Bien) en main
Discipliné
Sage
Malléable
Doux
Facile
(Bien) dressé
Soumis
Résigné
Dompté
Rampant (*péj.*)
Maté (*pop.*)
Flexible

● ANTONYMES : Indocile, Rebelle, Récalcitrant, Rétif, Réfractaire, Indomptable, Obstiné.

DOCKER

Débardeur
Déchargeur
Ouvrier des docks
Porteur
Arrimeur
Portefaix (*anc.*)

DOCTE

V. SAVANT
Érudit
Instruit
Connaisseur (en)
Docteur (ès)
Fort (en)
Solennel
Pédant (*péj.*)

● ANTONYME : Ignorant.

DOCTEUR

V. MÉDECIN
Toubib (*fam.*)
Doc (*arg. améric.*)
Généraliste
Praticien *et* Omnipraticien
Spécialiste
Homme de l'art (*litt.*)
Morticole (*plais.*)

DOCTORAL

Grave
Sérieux
Solennel
Doctrinaire
Dogmatique
Pontifiant (*péj.*)
Pédantesque (*péj.*)

● ANTONYMES : Simple, Modeste, Humble.

DOCTRINE

Enseignement
Thèse
Théorie
Système
Opinion
Dogme
Connaissance
Syncrétisme

Particulièrement :
Philosophie
Religion
École
Chapelle

DOCUMENT

Documentation
Dossier
Texte
Papier
Pièce justificative
Titre officiel
Original

Copie
Duplicata
Protocole
Matériel
Pièce à conviction
Preuve
Témoignage
Justificatif

DODU

Replet
Potelé
Rebondi
Plantureux
Plein
Gras
Grassouillet
Rond
Rondelet
Rondouillard
Ferme
Étoffé

● ANTONYMES : Mince,
Maigre, Étique.

DOGME

Doctrine
Vérité établie
Article de foi
Croyance
Certitude
Évangile
Vérité d'évangile
Catéchisme
Mystère
Loi (religieuse)

● ANTONYMES : Déviation,
Erreur, Doute.

DOIGTÉ

Savoir-faire
Tact

Adresse
Habileté
Entregent
Prudence
Diplomatie
Jugement

● ANTONYMES : Mala-
dresse, Gaucherie, Esprit
brouillon.

DOLÉANCE

Réclamation
Récrimination
Plainte
Regret
Représentation
Lamentation
Jérémiade (*péj.*)
Pleurs
Litanie (*péj.*)

● ANTONYMES : Félicita-
tion, Remerciement.

DOLENT
V. MALADE

DOMAINE

Bien foncier
Propriété foncière
Terres *et* Terrains
Fief
Enclos
Héritage
Apanage
Avoir
Home-Stead

Au fig. :
Compétence
Ressort
Spécialité
Matière
Rayon
(Son) terrain
Univers

DÔME

Coupole
Bulbe
Voûte
Ciel

DOMESTIQUE

1. *Subst.* :
Gens de maison
Serviteur
Valet (de chambre, de pied)
Bonne (à tout faire)
Femme de chambre
Employée de maison
Camériste
Servante
Soubrette
Suivante
Nourrice
Nounou (*fam.*)
Employée (au pair)
Femme de ménage
Chauffeur
Homme à tout faire
Laquais
Ordonnance
Gouvernante
Butler (*néol. angl.*)
Chambrière
Souillon (*péj.*)
Boniche *ou* Bonniche (*péj.*)
Garçon (de courses, de
bureau, de café, d'ascen-
seur)
Fille (de cuisine, de salle)
Majordome
Serveur
Steward
Boy
Chasseur
Groom
Gardien
Concierge
Portier

Porte-clefs (Valet de prison)
Nurse
Plongeur
Serveur, euse
Sommelier
Liftier
Lingère
Palefrenier
Garde *et* Gardienne
Gardeuse d'enfants
Baby-sitter (*néol.*)
Aide familiale
Jardinier
Lad
Maître d'hôtel
Extra
Laveuse
Marmiton
Cuisinier
Larbin (*péj.*)
Loufiat (*arg. péj.*)
Valetaille (*péj.*)
Personnel
Suite
Service

2. *Adj.* :
Familial
Intime
Personnel
Privé
Intérieur
Ménager

● ANTONYMES : 1. Maître,
Patron.
2. Public, Étranger.

DOMESTIQUER
V. APPRIVOISER

DOMICILE

Demeure (légale)
Habitation
Logement
Maison
Résidence

Chez-soi
Adresse
Logis
Foyer
Home
Pénates

DOMINANT

Principal
Supérieur
Prépondérant
Déterminant
Premier
(Le plus) Important
Caractéristique
Éminent
(Le plus) Élevé
Culminant
(Le plus) Haut

● ANTONYMES : Secondaire, Auxiliaire, Subordonné, Incident, Anodin.

DOMINATEUR

Qui aime dominer
Autoritaire
Conquérant
Absolu
Impérieux
Impératif
Dictatorial
Exigeant
Intraitable
Volontaire

● ANTONYMES : Humble,
Soumis, Obéissant.

DOMINATION

Pouvoir
Autorité
Prépotence (*anc.*)
Prépondérance

Suprématie
Empire
Emprise
Maîtrise
Influence
Ascendant
Dépendance
Joug
Esclavage

● ANTONYMES : Liberté,
Indépendance, Sujétion.

DOMINER
V. COMMANDER

DOMMAGE

Atteinte
Détriment
Préjudice
Tort
Dam
Mal
Dégât
Méfait
Ravage
Avarie
Perte
Casse
Outrage (du temps)
Détérioration
Dégradation
Endommagement

« *Dommage!* » :
Hélas!
C'est regrettable
C'est fâcheux
C'est triste
Tant pis!

● ANTONYMES : Avantage,
Bien, Bonheur, Bénéfice.

DOMPTER

Dresser
Apprivoiser

Réduire à l'obéissance
Soumettre
Assujettir
Asservir
Maîtriser
Mater
Domestiquer
Subjuguer
Dominer
Captiver
Vaincre
Plier à sa volonté
Terrasser

Au fig. :
Briser
Abattre
Casser les reins
Museler
Mortifier
Juguler
Faire manger dans la main
Calmer
Mettre à genoux
Humilier

● ANTONYME : Subir.

DON

1. Cadeau
Présent
Offrande
Gracieuseté
Libéralité
Hommage
Oblation (*eccl.*)
Donation
Legs
Souvenir
Largesse
Bienfait
Aumône
Charité
Secours
Subside
Faveur
Grâce
Obole

Bonne œuvre
Denier (à Dieu, de la veuve)
Gratification
Dation (*jur.*)
Allocation
Étrenne
Pourboire
Assistance
Générosité
Acte philanthropique
Prodigalité
Munificence
Pot-de-vin (*péj.*)
Bakchich (*péj.*)
Dessous-de-table (*péj.*)
Achat de conscience (*péj.*)

2. Aptitude
Disposition (pour)
Talent
Facilité
Capacité
Art
Génie
Habileté
Bosse (*fam.*)

● ANTONYMES : 1. Accaparement, Prise, Vol.
2. Inaptitude, Défaut, Manque, Lacune.

DONC

Par conséquent
En conséquence
En conclusion
Par suite
Subséquemment
Ainsi
Comme ça (*ou* Comme cela)

DONNER

Octroyer
Céder

Faire cadeau
Offrir
Attribuer
Léguer
Allouer
Gratifier
Se dessaisir de
Abandonner
Transmettre
Concéder
Rétrocéder
Accorder
Prodiguer
Obliger
Rendre service
Avancer
Combler
Décerner
Conférer
Adjurer
Pourvoir
Doter
Fournir de
Procurer
Dispenser
Distribuer
Confier
Remettre

● ANTONYMES : Prendre, Recevoir, Accepter.

DORÉNAVANT

À l'avenir
Désormais
À partir d'aujourd'hui (*ou* de maintenant)
Dans la suite

DORLOTER

Cajoler
V. CARESSER

Mignoter
Mitonner
Bouchonner
Faire des mamours (*fam.*)
Entourer de soins

● ANTONYME : Rudoyer.

DORMANT

Qui dort
Immobile
Stagnant
Tranquille
Endormi

Spécialement :
Fixe (*en menuiserie*)

● ANTONYMES : Courant,
Mobile.

DORMIR

Être dans l'état de sommeil
Faire un somme
Sommeiller
Reposer
Somnoler
Être couché
Être dans les bras de Morphée (*litt.*)
Fermer l'œil
Faire la sieste
Faire la méridienne
Faire dodo (*fam.*)

Pop. et arg. :
Pioncer
Roupiller
Piquer un roupillon
En écraser

● ANTONYMES : Veiller,
S'éveiller.

DORMITIF (*anc.*)

Somnifère
Soporifique
Narcotique
Tranquillisant

● ANTONYME : Excitant.

DOS

Échine
Râble
Rachis
Colonne vertébrale
Omoplates
Épaules
Reins
Derrière
Verso
Envers

● ANTONYMES : Face, Ventre, Poitrine, Recto, Avers.

DOSE

Mesure
Quantité
Ration
Portion
Proportion

DOSSIER

Chemise
Carton

DOTATION

Apport
Pension
Traitement

DOUANE

Régie
Contributions indirectes
Entrée
Octroi
Péage
Barrière douanière

DOUANIER

Gabelou
Péager
Préposé à la douane

DOUBLE

Deuxième
Copie
Duplicata
Fac-similé
Photocopie
Contretype
Marron (*cinéma*)
Lavande (*id.*)
Duplex
Ampliation
Expédition
Reproduction
Carbone

● ANTONYME : Original.

DOUBLER
V. Dépasser

DOUCEMENT

Délicatement
Légèrement
Lentement
Mollement
Posément
Piano *et* Pianissimo
Furtivement
Paisiblement

En douce (*fam.*)
Graduellement
Peu à peu
Insensiblement
Tout doux

● ANTONYMES : Brusquement, Brutalement, Rudement, Soudain, Précipitamment.

DOUCEREUX

Douceâtre
Mièvre
Mielleux
Papelard
Paterne
Patelin *et* Patelineur
Benoit
Sournois
(Tout) Sucre
Chattemite (*fam.*)
Peloteur
Melliflue (*anc.*)

● ANTONYMES : Dur, Sec, Franc.

DOUCEUR

1. Suavité
Onctuosité
Moelleux
Velouté
Sans rudesse
Mollesse
Finesse

2. Friandise
Sucrerie

3. Caresse
Galanterie
Fadaise (*péj.*)
V. AMABILITÉ
Délicatesse

Modération
V. BONTÉ
Grâce
Légèreté
Lenteur
Affabilité
Aménité
Humanité
Mansuétude
Indulgence
Gentillesse
Patience
Bienveillance
Faiblesse
Onction
Bénignité

● ANTONYMES : Rudesse, Âcreté, Aspérité, Dureté, Cruauté, Amertume, Violence.

DOUCHE

Projection (d'eau)
Pluie
Arrosage
Affusion
Hydrothérapie

Au fig. :
Déception
Désenchantement
Désillusion
Retour à la réalité

DOUCHER

Mouiller
Tremper
Arroser

Au fig. :
Décevoir
Réprimander

DOUILLET

1. Confortable
Agréable
Doux
Ouaté
Mol *et* Mollet

2. Tendre
Délicat
Craintif
Sensible
Chatouilleux
Fragile
Impressionnable
Poule mouillée (*fam.*)

● ANTONYMES : 1. Inconfortable, Dur, Inhospitalier, Rude.
2. Endurant, Courageux, Stoïque, Viril.

DOULEUR

Mal
Souffrance
Sensation pénible
Supplice
Torture
Calvaire
Brûlure
Irritation
Cuisson
Prurit
Pincement
Piqûre
Compression
Algie (*méd.*)
Élancement
Abcès
Crise
Paroxysme
Courbature
Migraine
Rage (de dents)
Crispation

Douleur morale :
Affliction
Calvaire
Angoisse
Amertume
Peine
Chagrin
Déchirement
Désespoir
Détresse
Désolation
Crève-cœur
Consternation
Contrition
Tristesse
Deuil
Repentir
Blessure (*fig.*)
Plaie (*fig.*)
Géhenne (*anc.*)

● ANTONYMES : Bonheur,
Euphorie, Joie, Béatitude,
Plaisir, Jouissance.

DOULOUREUX
V. PÉNIBLE

DOUTE

Incertitude
Perplexité
Incrédulité
Indécision
Hésitation
Irrésolution
Indétermination
Vacillation (*littér.*)
Balance
Contestation
Controverse
Scepticisme
Pyrrhonisme
Incroyance
Négation
Refus de croire
Suspicion
Soupçon

Méfiance
Crainte
Appréhension
Tergiversation

● ANTONYMES : Certitude,
Croyance, Évidence, Foi,
Religiosité.

DOUTE (SANS)

Assurément
Certainement
À coup sûr
C'est certain
C'est évident
Certes
Sûrement
Immanquablement
Indubitablement
Infailliblement
Sans conteste
Incontestablement
Sans contestation possible
Sans contredit

● ANTONYME : Peut-être.

DOUTER (SE)

Pressentir
Croire
Deviner
Soupçonner
Conjecturer
Imaginer
Subodorer
Flairer
Avoir idée que
S'attendre à ce que (*ou*
que)

● ANTONYMES : Savoir,
Être certain, Ignorer, Ne
pas s'imaginer que, Ne
pas s'attendre à, Être
surpris par.

DOUTEUX

Improbable
Aléatoire
Problématique
Incertain
Hypothétique
Discutable
Contestable
Équivoque
Ambigu
Litigieux
Contentieux
Sujet à caution
En litige
Suspect
Obscur
Amphibologique
Invérifiable
Incontrôlable

● ANTONYMES : Sûr, As-
suré, Authentique, Incon-
testable, Indiscuté, For-
mel, Évident, Notoire,
Manifeste, Patent, Indu-
bitable, Clair, Certain.

DOUX

V. AGRÉABLE

1. *Saveur :*
Savoureux
Sucré
Suave
Délicieux
Exquis
Onctueux
Délectable
Délicat
Bon
Succulent

Péj. « trop doux » :
Douceâtre
Doucereux
Sirupeux

Liquoreux
Fade
Écœurant

2. *Toucher* :
Lisse
Fin
Velouté
Satiné
Soyeux
Moelleux
Souple
Duveteux
Confortable
Douillet
Mou

3. *Ouïe* :
Harmonieux
Caressant
Mélodieux
Chantant
Léger
Enchanteur
Charmant
Lénifiant (*péj.*)
Piano (*mus.*)
Pianissimo (*mus.*)
Dolce (*mus.*)

4. *Vue* :
Atténué
Pâle
Clair
Noyé
Pastel
Tamisé
Faible

5. *Caractère* :
V. AFFABLE
Gentil
Affectueux
Bon
Bonasse
Bonhomme
Aimable *et* Aimant
Amène
Angélique
Calme

Conciliant
Complaisant
Sage
Bénin
Clément
Faible (*péj.*)
Paisible
Débonnaire
Coulant
Indulgent
Patient
Docile
Tendre
Câlin
Caressant

● ANTONYME : V. DUR.

DRACONIEN

V. RIGOUREUX
Sévère
Implacable
Impératif
Inexorable
Sans réplique
Sans échappatoire
Imparable
Obligatoire
Tyrannique

● ANTONYMES : Indulgent,
Facultatif.

DRAGON

Chimère
Hydre
Monstre
Bête faramine (*rég. ouest*)
Tarasque (*rég.*)
Vouivre
Guivre (*rég.*)

Au fig. :
Gardienne
Cerbère

Mégère
Virago
Gendarme (*fig.*)
Diablesse
Dragonne (*anc.*)

DRAMATIQUE

Émouvant
Poignant
Prenant
Tragique
Passionnant
Dangereux
Mouvementé
Hasardeux
Grave
Sérieux
Difficile

● ANTONYMES : Comique,
Burlesque, Facile, Plai-
sant, Léger.

DRAMATURGE

Auteur dramatique
V. ÉCRIVAIN

DRAME

Tragédie
Mélodrame
Tragi-comédie

Au fig. :
Catastrophe
Accident
Événement grave

● ANTONYME : Comédie.

DRAPEAU

Étendard
Couleurs

Oriflamme
Étamine
Flamme
Pavillon
Gonfalon
Fanion
Bannière
Pennon
Enseigne
Cornette (*anc.*)

Spécialement :
Lange (*anc*)
Couche (*id*)

DRESSER

1. Lever
Redresser
(Faire) Tenir droit
Élever
Ériger
Monter (*par ex.* une tente)
Installer
Préparer (*par ex.* le couvert)
Monter
Exciter
Braquer (quelqu'un contre quelqu'un)

2. V. Apprivoiser
V. Dompter

● ANTONYMES : 1. Abattre, Baisser, Abaisser, Faire tomber.

DROIT

1. Direct
Rectiligne
Tendu
Tiré au cordeau
D'aplomb
Debout
Vertical

Sans contour
Abrupt
Perpendiculaire
En droit fil
En droite ligne
Sans tournants

2. *Au fig. :*
Juste
Loyal
Franc
Honnête
Intègre
Sincère
Équitable
Clair
Net
Direct
Strict
Sain
Sensé
Noble

3. Dextre
Tribord (*mar.*)

● ANTONYMES : 1. Courbe.
2. Fourbe.
3. Gauche, Bâbord.

DROITURE

Franchise
Équité
Honnêteté
Loyauté
Probité
Rectitude
Sincérité
Justice
Impartialité
Bon sens
Bonne foi

● ANTONYMES : Fourberie, Duplicité, Malhonnêteté, Déloyauté, Mauvaise foi, Rouerie.

DRÔLE

Cocasse
Comique
Amusant
Plaisant
Facétieux
Bouffon
Gai
Curieux
Étonnant
Singulier
Étrange
Surprenant
Extraordinaire
Anormal
Bizarre

● ANTONYMES : Triste, Ennuyeux, Insipide, Bête, Ordinaire, Normal, Quotidien, Sans surprise.

DROMADAIRE

Méhari

Abusiv. :
Chameau

DRU

Touffu
Serré
Épais
Vigoureux
Fort

● ANTONYMES : Clairsemé, Rare.

DUÈGNE

Chaperon
Gouvernante
Domestique
Suivante
V. Dragon

DUEL

Cartel
Affaire d'honneur
Rencontre
Mensur (duel au sabre chez les étudiants allemands)
Combat singulier
Réparation par les armes

Au fig. :
Joute
Lutte
Opposition
Antagonisme

DUELLISTE

Bretteur
Ferrailleur
Spadassin
Estafier

DULCIFIER
V. Adoucir

DUPER

Prendre pour dupe
V. Tromper
Abuser
Mystifier
Leurrer
Amuser
Attraper
Dindonner
Trahir
Flouer
Jobarder
Enquinauder (*anc.*)
Surprendre

Pop. et arg. :
Rouler
Refaire
Pigeonner
Ficher (*ou* Foutre *ou* Mettre) dedans

Embobiner
Couillonner
Baiser
Avoir
Empiler
Entôler
Faire marron
Feinter
Estamper
Faire tomber dans le panneau

● ANTONYMES : Détromper, Aider à voir clair.

DUPERIE
V. Supercherie

DUPLICATA
V. Double

DUPLICITÉ

Fausseté
Hypocrisie
À double face
Double jeu
(À) Deux rateliers
Mauvaise foi
V. Mensonge

● ANTONYMES : Franchise, Droiture, Loyauté, Simplicité.

DUR

Résistant
Coriace
Solide
Ferme
Raide *et* Rude
Rigide
Endurci
Induré
Corné
Calleux
Consistant

Épais
Rassis
Fort
Empesé
Rugueux
Rêche

Au fig. :
Stoïque
Courageux
Aguerri
Endurant
Endurci
Buté
Entêté
Entier
Patient
Réfractaire
Trempé
V. Autoritaire
Sans cœur (*ou* Sans âme)
Brutal
Rigoriste *et* Rigoureux
Sévère
Farouche
Revêche
Strict
Inflexible
Irréductible
Intolérant
Sectaire
Inhumain
Exigeant
Insensible
Intraitable
Intransigeant
Froid
Impitoyable
Inclément
Méchant
Vache (*pop.*)
Salaud (*pop.*)
Adjudantesque
Blessant
Féroce
Rébarbatif
Sec
Rude

Cassant
Bourru
Rogue
Brusque
Cinglant

● ANTONYMES : V. DOUX.

DURABLE

Stable
Constant
Permanent
Perpétuel
Confirmé
Viable
Persistant
Appelé à durer
Tenace
Vivace
Solide

● ANTONYMES : Éphémère, Fugace, Fugitif, Passager, Momentané, Temporaire, Transitoire.

DURANT

V. PENDANT
Au moment où
Dans le temps où
Au cours de
Alors que

DURCIR

Affermir
Endurcir
Fortifier
Épaissir
Indurer
Tremper
Rassir
Solidifier

● ANTONYMES : Amollir,

Mollir, Ramollir, Attendrir, Adoucir.

DURÉE

Cours (du temps)
Temps
Laps (de temps)
Instant
Longueur (du temps)
Espace (de temps)
Suite
Continuité
Persistance
Permanence
Pérennité
Existence
Vie
Moment
Période
Règne
Âge
Ancienneté
Session

DURER

Tenir
Persister
Continuer
Rester
Résister
Demeurer
Subsister
Persévérer
Insister
Prendre racine
Se maintenir
S'attarder
S'opiniâtrer
S'éterniser
S'implanter
Séjourner
Se perpétuer
Se consolider
Se conserver
Se prolonger

S'allonger
S'étendre
S'affermir
Traîner en longueur
N'en plus finir
Couver (sous la cendre
Vivre (encore)
Être éternel
Séjourner

DUVET

Plume
Plumule
Barbe
Poil follet
Édredon
Sac de couchage

DUVETEUX

Doux
Moelleux
Cotonneux
Laineux
Lanugineux
Pubescent
Tomenteux

● ANTONYME : Piquant

DYNAMISME

Énergie
Vitalité
Allant
Activité
Puissance de travail

● ANTONYMES : Apathie, Mollesse, Débilité.

DYNAMO

Inducteur
Alternateur
Collecteur
Bobine (d'induction)

EAU

Aqua simplex (*fam.*)
Flotte (*pop.*)
Liquide
Pluie
Flot
Onde
Nappe
Filet (d'eau)
Source
Fleuve
Rivière
Ruisseau
Ru
Gave
Courant
Flaque
Vague
Lac
Étang
Chott
Vivier
Piscine
Mare
Marais
Lagune
Mer
Océan
Déluge
Goutte
Rosée
Larme
Pleur
Sueur
Poste d'eau
Bouche d'eau
Filet d'eau
Prise d'eau
Fil de l'eau
Cours d'eau
Hydraulique
Hydrothérapie
Hydrographie
Hydrodynamique
Hydrologie
Hydrométrie
Hydroscopie
Carafe
Bain
Douche
Débit
Robinet
Aqueduc
Branchement
Station d'épuration
H_2O

● ANTONYMES : Feu,
Terre, Ciel, Air.

EAU-DE-VIE
V. ALCOOL

ÉBAHIR

V. ABASOURDIR
Ébaubir
V. ÉTONNER
Épater
Stupéfier
Éberluer
Ébouriffer (*fig.* et *fam.*)
Sidérer
Méduser
Interloquer
Ahurir
Pétrifier (d'étonnement)
Estomaquer (*fam.*)
Rendre (*ou* Laisser) baba
(*fam.*)

Hébéter
Émerveiller
(Laisser) Bouche bée
Laisser pantois
Surprendre
Saisir
Fasciner
Déconcerter
Embarrasser
Avoir à l'estomac (*pop.*)

● ANTONYMES : Laisser froid, Agacer, Lasser, Irriter.

ÉBATTRE (S')

V. JOUER
Se divertir
Folâtrer

ÉBAUCHE

V. CANEVAS
Essai
Esquisse
Croquis
Tracé
Schéma
Brouillon
Premier jet
Projet
Griffonnage
Crayon
Glaise
Début
Commencement
Tentative
Embryon
Germe (*fig.*)
Monstre (*arg. mus.*)
Saucisson (*id.*)

● ANTONYMES : Achèvement, Accomplissement, Chef-d'œuvre.

ÉBERLUER
V. ÉBAHIR

ÉBLOUIR

Aveugler
Frapper la vue
Blesser les yeux
Briller
Reluire
Rayonner
Irradier
Resplendir
Étinceler

Au fig. :
Frapper d'admiration
Briller
Étinceler
Jeter des étincelles
Jeter de la poudre aux yeux (*péj.*)
Émerveiller
Étonner
Épater (*fam.*)
Étourdir
Surprendre
Séduire
Fasciner
Hypnotiser
Troubler
Taper dans l'œil (*péj.*)
En mettre plein la vue
Tromper
Abuser

● ANTONYMES : Obscurcir, Ternir ; Affliger, Faire pitié.

ÉBLOUISSEMENT

Étonnement
Émerveillement
Surprise
Fascination
Excès de (lumière, joie, bonheur)

Découverte (subite)
Inspiration (*id.*)
Compréhension (*id.*)

Méd. :
Trouble
Vertige
Hallucination
Berlue
Syncope
Faiblesse

ÉBOUILLANTER

Arroser d'eau bouillante
Échauder
Blanchir (des légumes)

● ANTONYMES : Glacer, Geler, Congeler.

ÉBOULEMENT

Effondrement
Affaissement
Chute
Glissement (de terrain)
Écroulement
Avalanche
Éboulis
Dégringolade (*fam.*)

● ANTONYMES : Redressement, Consolidation, Raffermissement.

ÉBOURIFFANT

Fam. :
Étonnant
Incroyable
Stupéfiant
Étrange
Extraordinaire
Invraisemblable
A faire se dresser les cheveux sur la tête

● ANTONYMES : Banal, Ordinaire.

ÉBOURIFFÉ

Dépeigné
Hirsute
Échevelé
Hérissé
En désordre

Au fig. :
V. ÉBAHIR, AHURI

ÉBRANCHER

Élaguer
Émonder *et* Monder
Tailler (les branches)
Raccourcir (les branches)
Couper (les branches)
Éclaircir
Écimer
Étêter
Égayer (*fig.*)
Nettoyer

ÉBRANLEMENT

Secousse
Choc
Commotion
Vibration
Tremblement
Émotion
Trouble
Agitation
Bouleversement

Par extens. :
Commencement
Mise en route
Changement
Départ de (quelque chose)

● ANTONYMES : Stabilisation, Fin.

ÉBRANLER

Faire trembler
Mettre en branle
Balancer
Branler
Brimbaler
ou Bringuebaler, *ou*
Brinquebaler
Faire osciller
Faire vibrer
Agiter
Secouer
Mouvoir
Faire démarrer
Mettre en route
Affaiblir
Faire crouler
Porter un coup
Attaquer
Saper
Compromettre (l'équilibre de quelque chose)
Mettre en danger
Favoriser la ruine de

Au fig. :
Entamer (par ex. la confiance)
Détruire
Faire douter
Troubler
Toucher
Remuer
Secouer
Émouvoir
Convaincre

● ANTONYMES : Étayer, Affermir, Assurer, Fixer, Consolider.

ÉBRÉCHER
V. DÉTÉRIORER

ÉBRIÉTÉ
V. IVRESSE

ÉBRUITER
V. DIVULGUER

ÉBULLITION

Bouillonnement
Effervescence
Fermentation

Au fig., les mêmes, plus :
Agitation
Éruption
Énervement
Mouvements divers
Insécurité

● ANTONYMES : Calme, Tranquillité, Apaisement.

ÉCARLATE
V. ROUGE

ÉCART

V. DISTANCE

Au fig. :
Irrégularité
Errement
Dévergondage
Frasque
Faute
Libertinage
Inconduite
Incartade
Fredaine
Folie
Équipée
Escapade
Extravagance
Faux pas
Manquement
Relâchement
Coup de canif dans le contrat (*pop.*)
Aberration
Exception (à la règle)
Impertinence
Incorrection
Inconvenance

« *A l'écart* » :
Dans un lieu isolé (*ou* éloigné, *ou* écarté)
À part
Loin
À l'abri
À distance

● ANTONYMES : Coïncidence, Règle, Régime, Près.

ÉCARTER
V. ÉLOIGNER

ECCLÉSIASTIQUE
V. RELIGIEUX

ÉCERVELÉ
V. DISTRAIT et ÉTOURDI

ÉCHAFAUD

Guillotine
Bois de justice
Dernier supplice
La veuve (*arg.*)
L'abbaye de Monte-À-Regret (*arg.*)
La bascule à Charlot (*arg.*)

ÉCHAFAUDAGE

Charpente provisoire
Échafaud (*anc.*)
Plate-forme
Écoperche (*support d'écha-faudage*)
Étamperche (ou Étemperche) (*id.*)

Au fig. :
V. AMAS et AMONCELLE-MENT
Entassement
Édifice
Pyramide (de quelque chose)

ÉCHAFAUDER

Au fig. :
Bâtir
Élaborer
Établir
Fonder
Manigancer (*péj.*)
Combiner
Amonceler
Amasser
Accumuler
Construire
Assembler
Monter (une affaire)
Imaginer
Bricoler

● ANTONYMES : Démolir, Détruire, Casser, Démonter.

ÉCHALAS

Pieu
Tuteur
Piquet
Paisseau (*anc.* ou *rég.*)

Au fig. :
Escogriffe
Perche
Double-mètre (*pop.*)

● ANTONYME : (*fig.*) Nain.

ÉCHANCRER

Entamer
Faire une échancrure (*ou* une entaille)
Enlever un morceau
Entailler
Couper
Décolleter
Découper

Tailler
Faire une encoche

ÉCHANCRURE

Découpure
Encoche
Entaille
Indentation
Dentelure
Entournure

● ANTONYME : Saillie.

ÉCHANGE

Troc
Permutation
Change

« *En échange* » :
En contrepartie
En retour
En compensation
En remplacement

ÉCHANGER

Troquer
Permuter
Changer (de *ou* contre)
Commercer
Acheter
Vendre

● ANTONYMES : Garder, Conserver.

ÉCHANTILLON

Spécimen
Aperçu
Exemple
Abrégé
Résumé
Modèle

ÉCHAPPATOIRE

Excuse
Fuite
Faux-fuyant
Prétexte
Ruse
Subterfuge
Dérobade
Défaite (*langue class.*)

ÉCHAPPÉE
V. Escapade

ÉCHAPPEMENT
V. Sortie

ÉCHAPPER (S')
V. Fuir

ÉCHARPE

Cache-col
Cache-nez
Châle
Foulard
Carré
Pointe

ÉCHAUDER
V. Ébouillanter

ÉCHAUFFER

V. Chauffer
Réchauffer

Au fig. :
Exciter
Enflammer
Exalter
Animer
Jeter de l'huile sur le feu (*fam.*)
Embraser (par exemple les esprits, les passions)
Encourager

● Antonymes : Refroidir, Geler, Glacer, Apaiser, Calmer.

ÉCHAUFFOURÉE

V. Bagarre
Rixe
Engagement
Accrochage
Escarmouche
Rencontre
Choc

ÉCHÉANCE

Expiration
Terme
Fin du délai

● Antonymes : Engagement, Début.

ÉCHEC

Insuccès
Revers
Défaite
Faillite
Fiasco
Déception
Déconvenue
Déboire
Malheur
Avortement
Dommage
Naufrage
Four (*arg. théâtre*)
Bide (*arg.*)
Veste (*pop.*)

● Antonymes : Succès, Réussite.

ÉCHELON

Barreau (d'échelle)
Degré
Marche

Au fig. :
Grade
Rang
Position
Niveau
Stade

ÉCHELONNER

Espacer
Répartir
Graduer
Disposer (graduellement *ou* progressivement)
Sérier
Poser (à distance régulière)

● Antonymes : Grouper, Rassembler, Bloquer, Ramasser.

ÉCHEVELÉ

V. Ébouriffé

Au fig. :
Effréné
Fou
Affolant
Désordonné
Insensé
Intense
Frénétique

● Antonymes : Calme, Sage.

ÉCHINE

Colonne vertébrale
Dos
Épine dorsale
Rachis (*méd.*)

ÉCHO

Au fig. :
Bruit
Nouvelle
Anecdote
(Petite) Information
Cancan
Papotage
Indiscrétion
Rumeur

« *Écho favorable* » :
Réponse
Approbation
Sympathie
Adhésion

ÉCHOUER

Rater
Ne pas réussir
Manquer
Avorter
Connaître l'insuccès
Coller (à un examen)
Sécher (à un examen)
Essuyer un échec
Claquer (*fam.*)
Tourner mal (*ou* tourner en eau de boudin) [*pop.*]
Faire long feu
Tomber
Crever
Faire naufrage
Se perdre dans les sables (*fam.*)
Faire flop (*pop.*)
Faire un bide (*arg.*)
Se casser le nez (*pop.*)
En être pour sa peine
Ramasser une veste (*ou* une tape, *ou* une pelle) [*pop.*]
Achopper
Faire fiasco
Tomber sur un bec

Prendre la pilule (*pop.*)
Revenir bredouille (*fam.*)
Ne pas y arriver (*fam.*)

● ANTONYME : Réussir.

ÉCLABOUSSER

Asperger
Arroser
Mouiller
Gicler

Au fig. :
Salir
Compromettre
Souiller
Baver sur (*pop.*)
Faire rejaillir sur
Ternir

● ANTONYMES : (*Au fig.*) Sauver l'honneur de, Blanchir, Innocenter, Laver.

ÉCLABOUSSURE

Salissure
Tache
Souillure
Saleté
Saloperie (*pop.*)
Crasse (*pop. fam.*)
Ternissure
Bave (*fam.*)

● ANTONYMES : Nettoyage, Blanchiment, Réhabilitation.

ÉCLAIR

Fulguration
Foudre
Éclat
Électricité (naturelle)
Épart

Au fig. :
Comme une flèche
En un clin d'œil
Flamme
Étincelles (*par ex.* : yeux qui lancent des)
Lueur

● ANTONYME : Obscurité.

ÉCLAIRCIE

Embellie
Trouée
Meilleur temps
Accalmie
Bonace (*mar.*)
Changement de temps

Au fig. :
Amélioration
Détente
Répit

● ANTONYMES : Obscurcissement, Assombrissement, Rembrunissement, Ça se gâte.

ÉCLAIRCIR

Au fig. :
Clarifier
Démêler
Débrouiller
Débroussailler
Expliquer
Élucider
Tirer au clair
Déchiffrer
Mettre les idées en place
Éclairer
Illustrer (par des exemples)

● ANTONYMES : Obscurcir, Enténébrer, Embrouil-

363

ler, Emmêler, Troubler, Rendre trouble (*ou* confus).

ÉCLAIRER

Allumer
Donner de la lumière
Illuminer
Répandre la clarté sur
Enluminer

Au fig. :
Donner de l'éclat à
Éclaircir
Clarifier
Espacer
Augmenter les blancs *ou* Ajouter du blanc (*imprimerie*)
Rendre clair (*ou* intelligible, *ou* compréhensible)
Expliquer
Mettre en lumière
Instruire
Informer
Enseigner
Guider
Renseigner
Édifier
Détromper
Ouvrir les yeux
Désabuser
Dessiller les yeux

« *Éclairé* » :
Averti
Instruit
Expérimenté
Qui sait
Lucide
Savant
Sensé
Avisé
Édifié
Érudit
Sage

● ANTONYMES : Assombrir, Obscurcir, Aveugler, Abuser, Tromper.

ÉCLAT

Fragment
Copeau
Morceau
Bout (de quelque chose)
Éclisse
Esquille
Écharde
Brisure

Au fig. :
1. Cri
Hurlement
Gueulement
Bruit
Scandale
Tapage
Boucan (*fam.*)

2. Apparat
Apparence
Luxe
Magnificence
Panache
Gloire
Majesté
Faste
Pompe
Clinquant
Richesse
Grandeur
Célébrité
Prestige

3. V. LUMIÈRE
Flamboiement
Étincellement
Feu
Scintillement
Scintillation
Brillant
Brillance
Chatoiement

Pétillement
Luminosité
Coruscance
Miroitement

● ANTONYMES : (*Au fig.*)
1. Murmure, Acceptation, Calme.
2. Anonymat, Médiocrité, Humilité.
3. Matité, Obscurité.

ÉCLATANT

Étincelant
Éblouissant
Flamboyant
Brillant
Rutilant
Resplendissant
Rayonnant
Illustre
Magnifique
Glorieux
Luxueux
Riche
Fastueux
Coloré
Lumineux
Illuminé
Ardent
Bruyant
Qui frappe (les yeux *ou* les oreilles)
Assourdissant
Sonore
Triomphant *et* Triomphal
Retentissant
Strident
Perçant
Tonnant
Aigu
Évident
Indéniable
Flagrant
Qui crève les yeux (*fam.*)
Notoire
Manifeste

Irrécusable
Frappant
Fulgurant

● ANTONYMES : Discret, Terne, Sombre, Effacé, Mat, Sobre, Pâle *et* Pâlot, Neutre, Modeste, Humble, Incertain, Douteux.

ÉCLATER

Voler en éclats
Exploser
Sauter
Crever
Péter (*pop.*)
Se rompre
Se casser
Se briser
S'ouvrir
Se fendre
Faire entendre une détonation (*ou* une déflagration)
Tonner
Retentir
Crépiter

Au fig. :
Se mettre en colère
Fulminer
S'emporter
Se débonder
Déborder
Se répandre en (injures, imprécations, etc.)

● ANTONYMES : Foirer (*pop.*), Caguer (*pop, rég.*) Faire long feu, Être éteint (*ou* noyé), Être comprimé (*ou* contenu, *ou* étouffé); Se dominer, Se maîtriser.

ÉCLIPSE

Au fig. :
Absence (momentanée)
Défaillance

Obnubilation
Disparition (temporaire)
Manque
(En) Sommeil
Déchéance
Défaveur
Décadence

● ANTONYMES : Éclat, Apparition, Faveur, Présence.

ÉCLIPSER

Cacher
Intercepter
Voiler
Obscurcir
Offusquer (*anc.*)
Porter ombrage
Effacer (*fig.*)
Surpasser (*fig.*)
Distancer (*fig.*)
Faire pâlir (*fig.*)

● ANTONYMES : Mettre en lumière (*ou* en évidence), Faire valoir, S'incliner devant.

ÉCLIPSER (S')
V. PARTIR

ÉCLOPÉ

Blessé
Accidenté
Estropié
Boiteux
Infirme
Bancal

ANTONYME : Ingambe.

ÉCLORE

Sortir de l'œuf
Naître

Fleurir
S'ouvrir
S'épanouir
Voir le jour

Au fig. :
Paraître *et* Apparaître
Surgir
Se produire
Se manifester
Commencer

● ANTONYMES : Mourir, Disparaître, Avorter, Se faner, Se flétrir.

ÉCŒURANT

Nauséabond
Nauséeux
Fétide
Fade
Qui soulève le cœur
Répugnant
Dégoûtant
Infect
Qui coupe l'appétit
Puant
A vomir
A dégueuler (*pop.*)
Décourageant
Rebutant
V. SALE
V. MALPROPRE
V. IMMORAL

● ANTONYMES : Engageant, Appétissant, Réjouissant, Agréable, Encourageant.

ÉCŒUREMENT

Dégoût
Nausée
Répugnance
Répulsion
Haut-le-cœur

Mal de cœur
Découragement
Lassitude
Abattement
Révolte
Indignation

● ANTONYMES : Euphorie,
Joie, Enthousiasme, Confiance, Bonheur.

ÉCOLE

Établissement scolaire
Institution (d'enseignement)
Cours
Maison d'éducation
Collège
Lycée
Université
Faculté
Internat
Externat
Pensionnat *et* Pension
Conservatoire
Prytanée
Séminaire
(L') Asile (*anc.*)
Athénée (*antiq.*)
Gymnase
Gynmasium (*antiq.*)
(La) Communale
(La) Laïque
Confessionnelle
Privée
Publique
Chrétienne
Religieuse
Libre
Militaire
Professionnelle
Industrielle
D'application
Populaire
Primaire

Secondaire
Supérieure
Élémentaire
Maternelle
Préparatoire
Spéciale
Polytechnique
Normale
Garderie
Jardin d'enfants
Classe
Atelier

Au fig. :
Enseignement
Chapelle
Secte
Tradition
Coterie
Tendance
Doctrine
Système
Manière
Façon
Style

Arg. :
Bahut
Boîte
Fac
Bazar

ÉCOLIER
V. ÉLÈVE

ÉCONDUIRE

Congédier
Se débarrasser de
Chasser
Renvoyer
Mettre à la porte (*ou* dehors)
Refuser (sa porte)
Fermer sa porte à (quelqu'un)
Repousser
Reconduire
Envoyer (promener, *ou*

au bain, *ou* bouler, *ou*
au diable) [*fam.*]
Envoyer (aux pelotes, *ou*
se faire fiche, *ou* se faire
foutre) [*pop.*]
Faire sortir
Expédier (*fam.*)
Envoyer sur les roses (*fam.*)
Écarter
Éloigner
Évincer
Pousser dehors
Refouler
Expulser
Éliminer

● ANTONYMES : Recevoir,
Accepter, Accueillir, Admettre.

ÉCONOME

1. *Subst.* :
Gestionnaire
Intendant
Régisseur
Trésorier
Administrateur
Riz-pain-sel (*milit.*)
Dépensier (*anc.*)

2. *Adj.* :
Épargnant (*anc.*)
Parcimonieux
Prévoyant
Ménager de (quelque
chose)
Serré (*fam.*)
Modéré
Mesuré
V. AVARE

● ANTONYMES : Dépensier,
Gaspilleur.

ÉCONOMIE

1. Épargne
Parcimonie

Ménage (*anc.*)
Frugalité
Prévoyance
Modération
Sobriété
Mesure
Tempérance

2. Administration (de quelque chose)
Gestion
Arrangement
Ordre
Organisation
Distribution
Harmonie
Structure
Planification

● ANTONYMES : 1. Dissipation, Gaspillage, Prodigalité.
2. Désordre.

ÉCONOMISER

Épargner
Mettre (de l'argent) de côté
Ménager
Regarder à la dépense
Compter
Mettre à gauche (*fam.*)
Limiter (la dépense)
Amasser
Capitaliser
Emmagasiner
Thésauriser
Se constituer un pécule
Accumuler (sou à sou)
Être avare de (*ou* parcimonieux)

● ANTONYMES : Dépenser, Gaspiller, Dilapider, Prodiguer, Jeter par les fenêtres.

ÉCORCE

Enveloppe
Teille *ou* Tille
Regros
Zeste
Croûte (écorce terrestre)

● ANTONYME : Cœur.

ÉCORCHER

Dépouiller
Dépiauter
Équarrir
V. BLESSER
Égratigner
Érafler
Griffer
Érailler
Excorier
Labourer

Au fig. :
Exploiter
Estamper
Rançonner

ÉCORCHURE

Excoriation
Égratignure
Griffure
Éraflure
Éraillure
V. BLESSURE

ÉCORNER

V. DÉTÉRIORER
Ébrécher
Endommager
Entamer
V. DÉPENSER

ÉCOULEMENT

Épanchement
Coulure
Égoutture
Coulée
Dégoulinement
Dégoulinade
Déversement
Débordement
Ruissellement
Fuite
Sortie
Évacuation
Suintement
Flux
Exsudation
Drainage
Vidange
Lactation (écoulement du lait)
Miction (écoulement de l'urine)
Sécrétion
Hémorragie

Spécialement :
Débit
Vente
Débouché

● ANTONYMES : Rétention, Stagnation.

ÉCOULER (S')

V. COULER

Au fig. :
S'enfuir
S'en aller
Disparaître
S'évanouir
Passer
Se consumer
S'envoler
Marcher
Se répandre

S'envoler
Filer (*fam.*)
Expirer

● ANTONYMES : Stagner, Rester.

ÉCOURTER

Raccourcir
Rendre plus court
Abréger
Couper
Diminuer
Rapetisser
Rogner
Alléger
Résumer
Condenser
Simplifier
Contracter (*néol.*)
Tronquer

● ANTONYMES : Allonger, Développer.

ÉCOUTER

Entendre
Ouïr
Percevoir
Être attentif
Être à l'écoute
Être aux aguets
Guetter
Prêter (*ou* tendre, *ou* dresser) l'oreille
Ausculter

Par extens. :
Obéir
Suivre (le conseil)
Tenir compte *ou* Considérer avec intérêt (ce que dit quelqu'un)

● ANTONYMES : Se boucher les oreilles, Ne pas enten-dre, Rester sourd, Désobéir.

ÉCRASER

Aplatir
Comprimer
Presser
Écrabouiller
Piler
Fouler
Laminer
Broyer
Mâcher
Triturer
Moudre
Pulvériser
Concasser
Écacher (*anc.*)
Égruger
Émietter
Hacher
Marteler
Désagréger

Au fig. :
V. ACCABLER
Abattre
Anéantir
Détruire
Consterner
Abasourdir
Humilier
Rapetisser
Dominer
Éclipser
Éclabousser
Opprimer
V. VAINCRE
Ruiner

● ANTONYMES : Gonfler, Soulager, Favoriser, Aider.

ÉCRIN

V. BOÎTE
Étui
Coffret
Baguier

ÉCRIRE

Mettre par écrit
Consigner
Tracer (des signes)
Rédiger
Transcrire
Noter
Marquer
Inscrire
Coucher sur le papier (*ou* par écrit)
Noircir du papier
Confier au papier
Calligraphier
Griffonnner
Gribouiller
Écrivailler (*péj.*)
Autographier
Orthographier
Faire un brouillon
Mettre au net
Barbouiller des pages
Pisser de la copie
Copier *et* Recopier
Récrire
Rewriter (*néol.*)
Traduire
Exprimer
Exposer
Dactylographier
Faire une lettre
Correspondre
Faire du courrier
Tenir la plume
S'adresser à (quelqu'un)
Taper à la machine (*fam.*)
Composer
Libeller
Élucubrer (*iron.*)
Pondre (*fam.*)
Tartiner (*péj.*)
Scribouiller (*péj.*)

● ANTONYMES : Effacer,

Rayer, Raturer, Biffer,
Laisser en blanc.

ÉCRITEAU

Pancarte
Placard
Enseigne
Affiche *et* Affichage
Avis
Indication
Plaque (indicatrice)
Inscription
Affichette
Étiquette
Tableau
Tablette

ÉCRITURE

Graphie *et* Graphisme
Autographe
Manuscrit
Grimoire
Texte
Écrit
Calligraphie
Sténographie
Hiéroglyphe
Runes
Lettres
Caractères
Idéogramme
Cryptogramme
Griffonnage (*péj.*)

Sortes d'écritures :
Anglaise
Ronde
Cursive
Penchée
Droite
Bâtarde
Coulée
Gothique
Italique
Allemande

Onciale
Idéographique
Cunéiforme
Cyrillique

ÉCRIVAIN

V. AUTEUR
Littérateur
Homme de plume (*anc.*)
Homme de lettres
Romancier
Dramaturge
Librettiste
Historien
Grammairien
Géographe
Annaliste
Historiographe
Biographe
Panégyriste
Pamphlétaire
Apologiste
Commentateur
Exégète
Glossateur
Scoliaste
Encyclopédiste
Publiciste
V. JOURNALISTE
Prosateur
Poète
Versificateur
Styliste
Chroniqueur
Feuilletoniste
Critique
Courriériste
Polémiste
Conteur
Nouvelliste
Folliculaire
Reporter
Rédacteur
Éditorialiste
Échotier
Gazetier (*anc.*)

Traducteur
Annotateur
Compilateur
Polygraphe
Épistolier
Humoriste
Satiriste
Moraliste
Lexicographe
Parolier (*mus.*)
Musicographe
Compositeur (*mus.*)
Chorégraphe (*danse*)
Scénariste (*cinéma*)
Scénographe (*théâtre*)
Dialoguiste (*cinéma*)

Péj. et fam. :
Scribe
Scribouillard
Écrivailleur
Écrivassier
Graphomane
Grimaud
Gratte-papier
Barbouilleur
Bla-blateur
Greffier
Plagiaire
Nègre

ÉCROUER
V. EMPRISONNER

ÉCUEIL

Récif
Brisant
Chaussée
Roc, Roche *et* Rocher

Au fig. :
Danger
V. OBSTACLE
Péril
Chausse-trape
Piège
Pierre d'achopement
Barrière

ÉCUELLE

Récipient
Assiette
Bol
Orillon (*anc.* ou *rég.*)
Soucoupe
Sébille
Gamelle (*anc.*)
Plat

ÉCUME

Mousse
Moutons (*mar.*)
Bouillonnement
Bave
Sueu·
Crachat

Au fig. :
Lie
Chienlit
Rebut
Pègre
Ramassis
Lumpenproletariat
Populace
Voyoucratie (*pop.*)

● ANTONYMES : (*Au fig.*)
Gratin, Élite.

ÉCUMER
V. RAGER

ÉCURIE

V. ÉTABLE
Box
Stalles
Haras

ÉDEN
V. PARADIS

ÉDIFICE
V. BÂTIMENT

ÉDIFIER
V. BÂTIR et ÉCLAIRER

ÉDIT
V. LOI

ÉDITER

Publier
Faire paraître
Imprimer
Diffuser
Tirer (à tant d'exemplaires)

ÉDITION

Publication
Impression *et* Réimpression
Réédition
Tirage
Parution

ÉDITORIAL
V. ARTICLE

ÉDUCATION

1. Pédagogie
Instruction
Formation
Enseignement
Apprentissage
Initiation
Dressage (Éducation des animaux)

2. Savoir-vivre
Politesse
Bienséance
Tenue
Maintien
Distinction
Culture

● ANTONYMES : Ignorance, Grossièreté, Impolitesse, Rudesse.

ÉDULCORER
V. ADOUCIR

ÉDUQUER

Cultiver
Élever
Enseigner
Former
Guider
Développer
Dresser
Façonner
Discipliner

● ANTONYMES : Abêtir, Abrutir.

EFFACER

Faire disparaître
Gommer
Ôter
Gratter
Recouvrir
Enlever
Estomper
Affaiblir
Faner
Éteindre
Ternir
Faire passer
Raturer
Rayer
Biffer
Barrer
Annuler
Couper
Censurer
Caviarder (*fam.*)
Supprimer
Radier
Oblitérer
Sabrer

Au fig. :
Faire oublier
Absoudre

Passer l'éponge
Racheter
Réparer
Pardonner
Faire table rase
Répartir de zéro

« *Effacé* » :
Falot
Modeste
Insignifiant
Ignoré
Sans personnalité
Discret
Humble
Terne
Quelconque

● ANTONYMES : Raviver, Faire valoir, Accentuer, Faire ressortir, Faire briller ; Venger, S'obstiner, Retourner le fer dans la plaie ; Glorieux, M'as-tu-vu, Immodeste.

EFFARER et **EFFAROUCHER**
V. EFFRAYER

EFFECTIF

Réel
Tangible
Certain
Concret
Positif
Vrai
Solide
Efficace

● ANTONYMES : Fictif, Hypothétique, Illusoire, Possible, Virtuel.

EFFECTUER
V. ACCOMPLIR et FAIRE

EFFERVESCENCE
V. ÉBULLITION

EFFET

Conséquence
Rapport
V. RÉSULTAT
V. SUITE
Réaction
Fruit
Produit
Profit
Avantage
Contrecoup
Corrélation
Fait
Choc en retour
Portée
Impression
Résultante
Conclusion
Influence

« *En effet* » :
Effectivement
Vraiment
Réellement
Assurément
Véritablement
Hé oui! (*ou* Hé non!)
Car
Parce que

● ANTONYME : Cause.

EFFICACE

Efficient
Actif
Puissant
Énergique
Sûr
Agissant
Souverain
Fort
Bon
Capable
Compétent
Certain
Imparable

● ANTONYMES : Inefficace, Anodin.

EFFICIENT
V. EFFICACE

EFFIGIE

Représentation (par l'image)
Image
Portrait
Figure

EFFILÉ
V. POINTU

EFFLEURER

Toucher presque
Toucher à fleur de peau
Caresser
Frôler
Friser (*fig.*)
Raser (*fig.*)
Lécher (*fig.*)
Glisser (à la surface de)
Aborder (superficiellement
Entamer légèrement
Égratigner
Érafler
Écorcher

● ANTONYMES : Écraser, Pénétrer, Approfondir.

EFFLUVE

Émanation
Effluence (*rare*)
Miasme
Exhalaison
Vapeur
Parfum
Transpiration
Arôme
Odeur

Relent
Remugle
Bouffée
Fumet

EFFONDREMENT

V. Éboulement
Écroulement
Écrasement
Affaissement
Chute

Au fig. :
Anéantissement
Décadence
Fin
Destruction
Ruine
Accablement (Effondrement moral)
Disparition

● ANTONYMES : Érection, Puissance.

EFFORCER (S')
V. Essayer et Tenter

EFFORT

Tension
Volonté de
Poussée
Épaulée (*anc.*)
Pesée
Application
Concentration
Contention
Attention
Peine
Mal
Difficulté
Lutte
Travail

● ANTONYMES : Repos, Détente, Laisser-aller, Abandon.

EFFRAYER

Faire peur
Frapper de frayeur (*ou* d'effroi)
Effaroucher
Effarer
Alarmer
Angoisser
Inquiéter
Tourmenter
Terrifier
Affoler
Rendre anxieux
Apeurer
Épouvanter
Traumatiser (*néol.*)

● ANTONYMES : Rassurer, Tranquilliser, Apaiser, Calmer.

EFFRÉNÉ

Sans retenue
Sans frein
Immodéré
Déchaîné
Démesuré
Illimité
Extrême
Échevelé
Désordonné
Passionné
Exagéré
Outré
Excessif
Fou
Débridé
A grandes brides
Sans contrôle
Crapuleux

● ANTONYMES : Retenu, Modéré, Mesuré, Réservé, Sage, Tempéré, Contenu.

EFFROI

Frayeur
Affolement
Effarement
Crainte
Anxiété
Trouble
Alarme
Saisissement
Terreur
Panique
Épouvante
Transe
Trouille (*pop.*)
Chocotes (*arg.*)
V. Peur

● ANTONYMES : Assurance, Quiétude, Tranquillité, Calme, Courage.

EFFRONTÉ
V. Insolent

EFFRONTERIE

Culot
Toupet
Hardiesse
Audace
Impudence
Insolence
Impudeur
Aplomb
Sans-gêne
Outrecuidance
Cynisme
Impertinence

● ANTONYMES : Pudeur, Délicatesse, Décence, Modestie, Réserve.

EFFROYABLE

Effrayant
Affreux

Épouvantable
Horrible
Tragique
Terrible
Atroce
Monstrueux
Dantesque
Terrifiant
Formidable
À faire peur
Incroyable

● ANTONYMES : Rassurant, Admirable, Attirant, Superbe, Ravissant, Délicieux.

ÉGAL

Identique
Pareil
Semblable
Similaire
Équivalent
Équipollent
Même
Pair
Comparable
Conforme
De même valeur
Ex æquo
De même niveau
De même force
Adéquat
Équilatéral
Équidistant
Équiangle
Isocèle
Isobare
Isotherme
Isochrone
En balance
Uni
Plat

● ANTONYMES : Inégal, Différent, Disproportionné.

ÉGALEMENT

Pareillement
Aussi
Autant

● ANTONYME : Inégalement.

ÉGALER

Valoir autant que
Être égal
Équivaloir
Équipoller (*anc.*)
Balancer
Contrebalancer
Équilibrer
Compenser
Rivaliser avec

● ANTONYMES : Dépasser. Surpasser, Être inférieur à,

ÉGALISER

Rendre égal
Ajuster
Équilibrer
Faire s'égaler
Aplanir
Étaler
Niveler
Combler
Unir
Araser
Polir
Mettre au niveau
Écrêter

● ANTONYME : Différencier.

ÉGALITÉ

Équivalence
Équipollence (*anc.*)

Équilibre
Conformité
Parité
Concordance
Identité
Équation

Par extens. :
Uniformité
Régularité
Continuité
Constance
Calme (égalité de caractère)
Pondération
Maîtrise de soi
Sociabilité
Sérénité
Tranquillité
Équanimité

● ANTONYMES : Inégalité, Irrégularité, Disparité.

ÉGARD

Respect
Considération
Déférence
Ménagement
Attention
Révérence
Politesse

« *Eu égard à* » :
Attendu que
En raison de
Vu que
En considération de

« *A l'égard de* » :
Envers
Quant à
Relativement à
Au regard de
Rar rapport à

● ANTONYMES : Insolence, Grossièreté, Impolitesse, Impertinence.

ÉGAREMENT

V. Délire
Dérangement
Démence
Fureur
Divagation
Aliénation
Folie
Dérèglement
Aberration
Désordre
Fourvoiement · (*litt.*)
Aveuglement
Frénésie
Écart
Dépravation
Faute

● ANTONYMES : Ordre, Calme, Tranquillité, Prudence.

ÉGARER

V. Perdre et Tromper

ÉGARER (S')

S'écarter (du bon chemin)
Se fourvoyer
Se perdre
Divaguer
Errer
● ANTONYMES : Suivre son chemin, Aller droit.

ÉGAYER

V. Amuser
Divertir
Dérider
Désennuyer
Distraire
Réjouir
Faire rire (*ou* Faire sourire)
Rendre joyeux (*ou* Rendre gai)

● ANTONYMES : Attrister, Ennuyer, Assombrir, Affliger.

ÉGIDE

V. Auspices

ÉGLISE

1. Édifice du culte
Basilique
Chapelle
Saint lieu
Maison de Dieu
Lieu consacré
Oratoire
Prieuré
Temple
Abbaye
Martyrium
Sanctuaire
Abbatiale
Collégiale
Cathédrale
Épiscopat

2. Communauté
Communion
Croyance
Paroisse
Confession
Religion
Culte
Catholicité
Papisme (*péj.*)
Clergé

ÉGOÏSME

Égocentrisme
Égotisme
Autisme (*psychan.*)
Individualisme
Amour de soi-même
Narcissisme
Indifférence à autrui
Insensibilité
Vanité

● ANTONYMES : Altruisme, Dévouement, Désintéressement.

ÉGORGER

V. Tuer
Saigner (à blanc)
Juguler (*anc.*)
Immoler
Sacrifier
Couper la gorge (*ou* le cou)

ÉGOSILLER (S')

V. Crier
S'époumoner
Hurler
Gueuler
En perdre la voix

● ANTONYMES : Murmurer, Chuchoter.

ÉGOTISME

V. Egoïsme

ÉGOUT

V. Cloaque
Puisard
Canalisation
Conduit
Bourbier

ÉGRATIGNER

Érafler
Écorcher
Déchirer la peau
Griffer
Gratter
Effleurer
Rifler (*techn.*)
Égraffigner (*pop.*)

Piquer
Blesser

Au fig. :
V. CRITIQUER
Se moquer
Attaquer

● ANTONYMES : Caresser, Panser; Louer, Louanger.

ÉGRILLARD

Coquin
Fripon
Léger
Gaillard
Érotique
Gaulois
Libre
Libertin
Osé
Salé
Épicé
Olé-olé
Leste
Folichon
Grivois
Rabelaisien
Vert
Dessalé

● ANTONYMES : Pudibond, Pudique, Puritain, Sérieux, Austère.

ÉGROTANT

Maladif
Souffreteux
Valétudinaire (*anc.* ou *litt.*)
Mal fichu
Patraque
Cacochyme (*anc.* ou *plais.*)

● ANTONYMES : Bien portant, Solide.

ÉHONTÉ

V. INSOLENT
Impudent
Effronté
Impudique
Audacieux
Osé
Scandaleux
Hardi
Cynique

● ANTONYMES : Honteux, Pudique, Décent, Réservé.

ÉLABORER
V. PRÉPARER

ÉLAGUER

Couper
Tailler
Émonder
Ébrancher
Écimer
Étêter
Éclaircir
Égayer

Au fig. :
Supprimer
Retrancher
Raccourcir
Dépouiller
Alléger

● ANTONYMES : Allonger, Ajouter.

ÉLAN

1. Bond
Essor

Au fig. :
Impulsion
Poussée
Mouvement vers
Ardeur

Effusion
Empressement
Emportement
Zèle
Animation
Fougue
Foucade
Toquade
Aspiration à
Envolée (Élan vers)
Transport
Vivacité
Chaleur

2. Orignal (Canada)
Cerf
Mammifère de la famille des artiodactyles

● ANTONYMES : Retenue, Immobilité.

ÉLANCÉ

Svelte
Mince
Fin
Délié
Long
Sec

● ANTONYMES : Trapu, Court, Massif, Rabougri.

ÉLANCER (S')

Se lancer
Se mettre en branle
Se jeter dans
Entrer en action
Partir
Y aller (*fam.*)
Bondir
Se précipiter
Se ruer
Voler vers
Sauter sur

S'envoler
Foncer (*fam.*)
Piquer sur (*fam.*)
Jaillir
Surgir

● ANTONYMES : Reculer,
Battre en retraite.

ÉLARGIR

Rendre plus large
Dilater
Agrandir
Relâcher
Évaser
Échancrer

Au fig. :
Augmenter
Gonfler
Enfler
Étendre
Développer
Accroître
Ouvrir

Spécialement :
Libérer
Relâcher
Relaxer
Remettre en liberté

● ANTONYMES : Étrécir,
Resserrer, Rétrécir, Amincir ; Arrêter.

ÉLASTIQUE

Subst. :
Caoutchouc

Adj. :
Extensible
Étirable
Compressible
Flexible
Souple

● ANTONYMES : Incompres-
sible, Raide, Rigide, Dur.

ÉLECTION

Vote
Suffrage
Choix
Désignation
Nomination
Cooptation
Consultation (électorale)
Plébiscite
Référendum
Scrutin
Sélection
Option

ÉLECTRICITÉ

Fluide (électrique)
Charge (*id.*)
Courant (électrique, alter-
natif *ou* continu)
Tension
Induction
Circuit
Électro-magnétisme
Accumulation
Condensation
Électrisation
Joules
Volts
Ampères
Watts

Par extens. :
V. LUMIÈRE *et* NERVOSITÉ.

ÉLECTRISER

Au fig. :
Exalter
Enflammer
Enthousiasmer

Passionner
Galvaniser
Exciter

● ANTONYMES : Endormir,
Ennuyer, Lasser, Calmer.

ÉLÉGANCE

Grâce
Beauté
Sveltesse
Harmonie
Charme
Distinction
Chic
Raffinement
Goût
Classe (*fam.*)
Dandysme
Aisance
Aristocratie
Savoir-vivre
Finesse
Rectitude (morale)
Honnêteté (*id.*)
Délicatesse (*id.*)
Adresse (*id.*)
Habileté (*id.*)
Tact
Art

● ANTONYMES : Inélégance,
Laisser-aller, Négligence,
Vulgarité.

ÉLÉGANT

Gracieux
Joli
Charmant
Délicat
Bien fait (*ou* Bien tourné)
Distingué
Brillant
Aisé

Fringant
Fin
Élancé
Raffiné
Chic
Chouet (*ou* Chouette) [*pop.*]
Gandin (*péj. iron.*)
Mondain (*iron.*)
Smart
Coquet
Pomponné
Bichonné
Soigné
Dandy
Gommeux (*péj.*)
Petit crevé (*anc.*)
Muscadin
Mirliflore (*péj.*)
Jeune-France
Fashionable
Lion (*anc.*)
Incroyable (*anc.*)
Petit-maître (*péj.*)
Zazou
Minet (*péj.*)
Recherché
Qui a du style
Sélect

● ANTONYMES : Vulgaire, Commun, Quelconque, Inélégant, Grossier, Lourd, Plat.

ÉLÉMENTAIRE

Simple
Rudimentaire
Primitif
Primaire
Réduit au minimum (*ou* à l'essentiel)
Fondamental

● ANTONYMES : Composé, Complexe, Complet, Compliqué, Supérieur.

ÉLÉPHANT

Pachyderme
Mammouth

ÉLEVAGE

Nourrissage (*agric.*)
Engraissement
Apiculture (abeilles)
Aquiculture (poissons)
Pisciculture (*id.*)
Aviculture (volailles)
Cuniculture (lapins)
Héliciculture (escargots)
Ostréiculture (huîtres)
Sériciculture (vers à soie)
Mytiliculture (moules)
Colombophilie (pigeons voyageurs)
Astaciculture (écrevisses)

ÉLÉVATEUR

Ascenseur
Monte-charge
Appareil de levage
Cric
Vérin
Treuil
Noria
Pompe
Dolly (*néol. cinéma*)

● ANTONYMES : Abaisseur, Descenseur (*néol.*).

ÉLÉVATION
V. HAUTEUR, AUGMENTATION et PROMOTION

ÉLÈVE

Écolier
Collégien
Lycéen
Étudiant
Disciple
Condisciple
Potache
Grimaud (*anc.*)
Apprenti
Aspirant
Bizut (*arg.*)
Cancre
Fort en thème
Tapir (*id.*)
Carré (*id.*)
Cube (*id.*)
Archicube (*id.*)
Vétéran
Redoublant

● ANTONYMES : Maître, Professeur, Prof (*fam.*), Pion (*arg.*)

ÉLEVÉ
V. HAUT

ÉLEVER

1. Hausser
Relever
Hisser
Soulever
Monter
Surhausser (*rare*)
Exhausser
Rehausser
Surélever
Lever
Dresser
Arborer
V. BÂTIR
Construire
Édifier
Ériger
Planter

2. Éduquer
Nourrir
Soigner
Entretenir
Allaiter

Cultiver
Former
Instruire
Gouverner

3. *Au fig.* :
Fortifier
Grandir
Ennoblir
Exalter
Louer
Porter aux nues
Promouvoir
Prôner
Vanter

● ANTONYMES : Abattre, Abaisser, Faire tomber.

ELFE

Génie
Lutin
Sylphe
Farfadet
Kobold
Korrigan
Djinn
Gnome
Follet
Esprit follet

ÉLIMÉ

Usé
Râpé
Aminci (par l'usage)

ÉLIMINER

Écarter
Éloigner
Rejeter
Évincer
Expulser
Chasser

Rayer (des listes, des contrôles, de la compétition)
Repousser
Renvoyer (chez lui, dans ses foyers)
Proscrire
Refouler
Exclure
Recaler
Blackbouler

● ANTONYMES : Accepter, Intégrer, Admettre, Recevoir, Élire.

ÉLIRE

Choisir
Nommer
Adopter
Accorder ses suffrages
Déléguer ses pouvoirs
Préférer

Spécialement :
Plébisciter

● ANTONYMES : Rejeter, Repousser, Éliminer. Blackbouler.

ÉLITE

High Society (*angl.*)
(La) Haute (*arg.*)
Gratin (*fam.*)
Bonne société
(La) Pulmann Classe (*néol.*)
(Les) Meilleurs
(La) Crème (*pop.*)
(Le) Dessus du panier (*pop.*)
(La) Fleur (de la société)

● ANTONYMES : Déchet, Écume, Rebut, Lie (de la société).

ELLIPSE

V. OVALE
Raccourci

ÉLOCUTION

Diction
Articulation
Manière de parler
Débit
Parole
Style
Énonciation
Prononciation
Faconde

ÉLOGE

Louange
Compliment
Apologie
Panégyrique
Dithyrambe
Péan (*Antiq.*)
Los (*anc.*)
Glorification
Mise à l'honneur
Encensement
Approbation
Applaudissement
Félicitation
Congratulation
Plaidoyer pour
Flatterie
Flagornerie (*péj.*)
Tombeau (composition musicale ou poétique en l'honneur de quelqu'un)

« *Éloge funèbre* » :
Oraison
Discours (sur la tombe)

● ANTONYMES : Critique, Dénigrement, Condamnation, Diatribe, Satire.

ÉLOIGNEMENT

Écart
Séparation
Intervalle
Distance

Au fig. :
Opposition
Différence

Spécialement :
Absence
Exil
Retraite
Disparition
Fuite
Limogeage
Ostracisme

● ANTONYMES : Rapprochement, Contact, Voisinage, Présence.

ÉLOIGNER

Placer à distance
Mettre à l'écart
Écarter
Repousser
Pousser
Retirer
Tirer (*ou* Porter loin de)
Reculer
Différer
Retarder
Rejeter
Détourner
Détacher
Chasser
Exiler
Limoger
Séparer
Isoler
Disjoindre
Faire diverger

● ANTONYMES : Joindre, Rapprocher, Réunir, Juxtaposer.

ÉLOQUENCE

Talent oratoire
Don de la parole
Art de parler
Facilité d'expression
Verve
Loquacité
Volubilité
Faconde
Bagou *ou* Bagout (*fam.*)
Beau langage
Atticisme
Rhétorique
Verbiage (*péj.*)
Bla-bla-bla (*néol. péj.*)

● ANTONYMES : Mutisme, Maladresse.

ÉLOQUENT

Disert
Beau parleur
Baratineur (*pop.*)
Convaincant
Démonstratif
Persuasif
Expressif
Parlant
Entraînant
Impressionnant
Touchant
Émouvant
Enthousiasmant
Bavard (*péj.*)

● ANTONYMES : Peu convaincant, Muet, Repoussant.

ÉLUDER

Répondre à côté
Esquiver
Échapper à
Laisser de côté

Escamoter
Se dérober
Sauter
Passer par-dessus
Tourner la difficulté
Fuir
Ne pas tenir compte de
Prendre la tangente (*pop.*)
Glisser (*fam.*)

● ANTONYMES : Affronter, Faire face, Assumer.

ÉMACIÉ
V. MAIGRE

ÉMANATION

V. EFFLUVE

Au fig. :
Expression de
Manifestation (de)
Dérivation
Aura

ÉMANCIPATION

Affranchissement
Libération
Indépendance
Majorité (légale)

● ANTONYMES : Esclavage, Asservissement, Assujettissement, Mise en tutelle.

ÉMANER

Provenir
Découler
Venir de
Dériver de
Descendre
Procéder de
Sortir de

ÉMASCULER

Châtrer *et* Castrer
Stériliser
Couper les couilles (*pop.*)
Faire sauter les roustons
(*arg.*)

Au fig. :
Efféminer
Oter toute force
Abâtardir
Affaiblir
Énerver
Mutiler

● ANTONYME : Viriliser.

EMBALLAGE

Conditionnement
Empaquetage
Emboîtage

● ANTONYME : Déballage.

EMBALLEMENT
V. ENTHOUSIASME

EMBALLER

Conditionner
Empaqueter
Emboîter
Plier dans (quelque chose)
Mettre en balle
Entoiler
Ensacher
Envelopper
Encaquer (*anc.*)
Encaisser

Arg. :
Enlever
Séduire
Lever (*arg.*)
Soulever (*fam.*)
Emmener
Inviter

Arrêter
Emprisonner

Fam. :
V. ENTHOUSIASMER

● ANTONYMES : Déballer, Déplier.

EMBARCATION
V. BARQUE et BATEAU

EMBARQUER

Monter à bord
Charger
Procéder à l'embarquement
Emporter
Partir

Au fig. :
Entraîner (quelqu'un)
Engager
Pousser

« *S'embarquer dans quelque chose* » :
Se lancer dans
Entreprendre
S'engager
S'aventurer
Prendre le risque de

Arg. :
Arrêter (*police*)
Interpeller (*police*)
Faire monter dans le panier à salade
Enchrister (*arg.*)

● ANTONYMES : Débarquer, Décharger, Descendre.

EMBARRAS

Encombre
Obstacle
Obstruction

Encombrement
Embouteillage
Empêchement
Entrave
Complication
Difficulté
Accroc
Anicroche
Embrouillement
Embûche

Au fig. :
Confusion
Émotion
Gaucherie
Malaise
Trouble
Gêne
Timidité
Honte
Façons (*péj.*)
Chichis (*id.*)
Manières (*id.*)
Magnes (*arg.*)
Histoires (*péj.*)
Affectation
Indisposition (*méd.*)

● ANTONYMES : Facilité, Commodité, Aises ; Aplomb, Assurance.

EMBARRASSER

1. Encombrer
Gêner
Embouteiller
Obstruer
Barrer
Paralyser
Congestionner
Boucher
Engorger
Bloquer

2. Déranger (quelqu'un)
Embêter
Contrarier
Incommoder

Importuner
Ennuyer
Empoisonner (*fig.*)
Emberlificoter
Jouer les fâcheux
Casser les pieds (*pop.*)
Déconcerter
Poser un problème (*fam.*)
Décontenancer
Troubler
Désorienter
Faire patauger (*fam.*)
Intriguer
Dépayser
Dérouter
Placer devant un dilemme
Jeter dans l'incertitude
Poser une question délicate
Interloquer
Coller (*fam.*)
Poser une colle (*pop.*)
Pousser une botte
Mettre *ou* Réduire à quia
Préoccuper
Empêcher de dormir (*fig.*)
[*pop.*]
Faire faire du souci
Causer du tracas
Embrouiller
Enquiquiner (*fam.*)
Compliquer (la situation)
Faire bafouiller
Emplir de confusion
Rendre perplexe

« *Embarrassé* » :
Troublé
Confus
Penaud
Quinaud (*anc.*)
Indécis
Perplexe
L'Âne de Buridan
Inquiet
Gêné
Désorienté
Interdit

Honteux
Balbutiant
Bafouillant
Emprunté
Contraint
Empoté
Constipé (*fam.*)
Soucieux
D'une gaieté forcée
Affecté
Compassé
Gauche
Godiche (*fam.*)
Une poule qui a trouvé un couteau (*pop.*)

● ANTONYMES : Débarrasser, Dégager, Débloquer ; Mettre à son aise, Aider, Seconder, Faciliter ; Dégagé, Naturel, Libre, Résolu, Hardi.

EMBAUCHER

Recruter
Donner du travail
S'assurer la collaboration de (quelqu'un)
Engager
Confier un poste à
Enrôler
Offrir un contrat de travail
Racoler (*péj.*)
Préposer

● ANTONYMES : Débaucher, Mettre à la porte, Renvoyer, Lock-outer (*néol.*).

EMBAUMER
V. PARFUMER

EMBELLIR

Orner
Enjoliver

Agrémenter
Rendre plus beau (*ou* plus agréable)
Arranger
Enrichir
Rehausser
Ornementer
Parer
Décorer
Égayer

Au fig. :
Idéaliser
Poétiser
Broder
Flatter
Magnifier
Amplifier
(Se) Raconter des histoires
(Se) Faire des illusions
Ennoblir

● ANTONYMES : Enlaidir, Déparer, Gâter ; Désenchanter.

EMBÊTEMENT

Souci
Contrariété
Ennui
Tracas *et* Tracassin (*pop.*)
Embrouille (*fam.*)
Enquiquinement (*fam.*)
Emmerdement (*pop.*)
Casse-tête (*fam.*)
Préoccupation
Tourment
Empoisonnement (*fam.*)
Tintouin (*fam.*)
Désagrément
Tracasserie
Aria (*pop.*)
Embûche

● ANTONYMES : Plaisir, Joie.

EMBÊTER

Ennuyer
Déranger
Contrarier
Agacer
Raser (*fig. fam.*)
Importuner
Assommer (*fig.*)
Barber (*fam.*)
Fatiguer
Lasser
Saoûler (*pop.*)
Faire obstacle
Empoisonner (*fig. fam.*)
Tanner (*pop.*)
Bassiner (*pop.*)
Cramponner (*pop.*)
Enquiquiner (*pop.*)
Seriner (*pop.*)
Emmerder (*pop.*)
Faire suer (*id.*)
Canuler (*id.*)

● ANTONYMES : Inté-
resser, Amuser, Égàyer,
Distraire, Faire plaisir.

EMBLÈME
V. DRAPEAU et SYMBOLE

EMBOITER
V. AJUSTER

EMBONPOINT

Corpulence
Obésité
Rotondité (*fam.*)
Grosseur
Réplétion (*anc.*)

« *Avoir de l'embonpoint* » :
Être gros
Être gras
Être dodu
Être obèse
Être replet
Être potelé

Être une dondon (*fam.*)
Être une toutoune (*id.*)
Être rondelet, ette
Être bien en chair
Prendre du ventre, de la
brioche
Engraisser
Se remplumer
S'arrondir
Péter *ou* Crever de santé
Prendre de la panne
Faire de la graisse

● ANTONYMES : Maigreur,
Amaigrissement, Étisie.

EMBOUCHURE

Estuaire
Bouches
Entrée
Grau
Delta

Musique :
Bec

● ANTONYME : Source

EMBOURBER

Enliser
Envaser

● ANTONYMES : Désem-
bourber, Débourber.

EMBOUTIR

Heurter
Défoncer
Caramboler (*fam.*)
Démolir
Rentrer dedans (*pop.*)
Emplâtrer (*arg.*)
Encadrer (*arg.*)

Emplafonner (*arg.*)

● ANTONYMES : Frôler,
Éviter.

EMBRANCHEMENT

V. CARREFOUR
Croisement
Rond-point
Bifurcation
Étoile
Nœud (ferroviaire)
V. FOURCHE
Patte d'oie
Bretelle (de raccordement)
[*néol.*]

EMBRASEMENT
V. INCENDIE et ILLU-
MINATION

EMBRASSADE et
EMBRASSEMENT

Étreinte
Accolade
Baiser
Caresses
Enlacement

● ANTONYME : Sépara-
tion.

EMBRASSER

Enlacer
Entourer de ses bras
Tenir (*ou* Prendre) dans
ses bras
Serrer contre soi
Étreindre
Sauter au cou
Couvrir de caresses
V. BAISER
Accoler
Donner l'accolade

EMBRIGADER

Enrôler
Enrégimenter
Recruter
Incorporer
Mobiliser

● ANTONYMES : Libérer, Démobiliser.

EMBROCATION

Liniment
Onguent
Crème
Huile

EMBROUILLER
V. BROUILLER

EMBRYON

Fœtus
Germe
Graine

EMBÛCHE

V. PIÈGE
Traquenard
Embuscade
Machination
Filets

EMBUSCADE

Guet-apens
V. EMBÛCHE, PIÈGE

ÉMÉCHÉ
V. IVRE

ÉMERGER

Sortir de (l'onde)
Apparaître
Se montrer

Au fig. :
Se faire jour
Se manifester

● ANTONYMES : Sombrer, Disparaître, S'abîmer dans.

ÉMÉRITE

Éprouvé
Expérimenté
Rompu (à)
D'un mérite reconnu
Supérieur
Remarquable
Champion (*adj. fam.*)
Compétent
(Très) Adroit

● ANTONYMES : Maladroit, Novice.

ÉMERVEILLER

Étonner
Éblouir
Enchanter
Fasciner

● ANTONYMES : Désenchanter, Désillusionner, Faire horreur.

ÉMETTRE

Jeter (un son, un mot, un cri)
Lancer
Proférer
Lâcher
Articuler
Exhaler
Dégager (de la chaleur, des rayons, etc.)
Darder

Répandre
Diffuser
Radiodiffuser
Télédiffuser
Couvrir (une région) [*radio*]
Utiliser une longueur d'onde

Au fig. :
Exprimer (une idée)
Formuler
Énoncer
Manifester
Prononcer
Publier
Hasarder

● ANTONYMES : Entendre, Recevoir, Prendre, Accepter.

ÉMEUTE

Soulèvement populaire
Insurrection
Troubles
Révolte
Agitation
Tumulte
Sédition
Mutinerie

ÉMIGRATION

Expatriation
Migration
Transplantation
Déplacement de population
Exode
Brain-drain (*néol. angl.*)

● ANTONYME : Immigration.

ÉMIGRER

S'expatrier
Partir (pour l'étranger)
Se réfugier (à l'étranger)
Demander le droit d'asile
S'établir (ailleurs)
Devenir une personne déplacée (*néol.*)
Devenir heimatlos
Choisir la liberté

● ANTONYMES : Immigrer, Être (*ou* Se) rapatrié (er).

ÉMINENCE

1. Élévation de terrain
Butte
Hauteur
Colline
Pli (de terrain)
Sommet
Tertre
Puy
Pic
Motte
Monticule

2. Cardinal

3. Saillie
Protubérance
Bosse
Apophyse

● ANTONYMES : 1. Creux, Vallon, Dépression, Plaine.

ÉMINENT

V. DISTINGUÉ
Insigne
Fameux
Renommé
Réputé

Signalé
Important
Émérite
Remarquable
Supérieur
Au-dessus du commun
Élevé
Connaisseur
(Une) Sommité

● ANTONYMES : Médiocre, Nul.

ÉMISSAIRE
V. MESSAGER

ÉMISSION

1. Projection
Envoi
Écoulement
Éruption
Jet
Éjaculation

2. Mise en vente (*Émission de timbres*)
Mise en circulation (*Émission de monnaie*)
Diffusion
Radiodiffusion
Télédiffusion
Programme (*Émission de radiotélévision*)
Spectacle (*Émission de télévision*)
Transmission *et* Retransmission

● ANTONYME : Réception.

EMMÊLER
V. BROUILLER et MÊLER

EMMENER

Conduire hors de
Guider

Abusivt. :
Emporter

● ANTONYME : Amener.

EMMERDER (*triv.*)

V. EMBÊTER
Importuner
Agacer
Empoisonner
Enquiquiner (*pop.*)
Emmouscailler (*pop.*)
Gêner
Empêcher de (faire quelque chose)
Ennuyer
Embarrasser
Contrarier

● ANTONYMES : Aider, Soutenir, Plaire.

ÉMOI
V. ÉMOTION

ÉMOLUMENT

Rémunération
Paye *ou* Paie
Salaire
Appointement
Traitement
Cachet
Rétribution
Honoraire
Indemnité
Pige (*arg. de presse*)
Vacation
Revenu
Gain

ÉMOTIF

Sensible
Impressionnable

Prompt à s'émouvoir
Nerveux
Affectif

● ANTONYMES : Apathique, Froid.

ÉMOTION

Émoi
Trouble
Impression
Sentiment
Excitation
Sensation
Agitation
Saisissement
Bouleversement
Désarroi
Commotion
Frisson
Enthousiasme
Affolement
Transe
Ébranlement

● ANTONYMES : Calme, Sérénité.

ÉMOUSSÉ

Épointé
Désappointé
Moucheté
Obtus
Usé
Écaché

Au fig. :
Diminué
Amorti
Affaibli
Endormi (*fig.*)
Abattu

● ANTONYMES : Affûté, Acéré, Appointé, Appointi, Affiné, Aiguisé.

ÉMOUSTILLÉ

Animé
Fouetté (*fig.*)
Réveillé (*fig.*)
V. EXCITÉ
Attisé (*fig.*)
Aguiché
Alléché

● ANTONYMES : Blasé, Refroidi, Calmé, Apaisé.

ÉMOUVANT

Touchant
Attendrissant
Bouleversant
Impressionnant
Poignant
Saisissant
Troublant
Dramatique
Pathétique
Éloquent
Suffocant
Navrant
Tragique
Attachant
Déchirant
Convaincant
Frappant
Palpitant
Passionnant
Prenant
Théâtral
Triste
Déconcertant
Inquiétant
Intéressant
Intimidant
Magnétisant
Larmoyant

● ANTONYMES : Grotesque, Comique, Banal, Irritant.

ÉMOUVOIR

Attendrir
Toucher
Remuer
Impressionner
Bouleverser
Empoigner
Émotionner (*fam.*)
Affecter
Troubler
Apitoyer
Attrister
Consterner
Déchirer
Empoigner
Retourner
Révolutionner
Saisir
Suffoquer
Alarmer
Blesser
Faire vibrer
Aller (droit) au cœur
Trouver le chemin du cœur
Enflammer
Fléchir
Exciter
Froisser
Piquer au vif

● ANTONYMES : Refroidir, Glacer, Laisser indifférent, Calmer.

EMPARER (S')
V. APPROPRIER (S') et PRENDRE

EMPÊCHEMENT
V. EMBARRAS

EMPÊCHER

S'opposer
Mettre un obstacle à, *ou* Faire obstacle à

Déjouer
Prévenir
Étouffer
Conjurer
Éviter
Écarter (la possibilité de)
Interdire
Défendre
Prohiber
Enrayer
Bloquer
Supprimer
Condamner
Arrêter
Barrer la route à
Contrecarrer
Casser
Mettre son veto (*ou* Mettre le holà)
Contrarier
Obstruer
Entraver
Paralyser
Restreindre
Vaincre
Triompher de
Résister à
Contraindre à
Gêner
Tenir *et* Retenir

● ANTONYMES : Aider, Encourager, Favoriser, Pousser (à).

EMPEREUR

Souverain
Monarque
Chef
Kaiser (Allemagne)
Tsar *ou* Czar (Russie)
Mikado (Japon)
Fils du Ciel (Chine)
Sultan (Turquie)
Padischa (*id.*)
Autocrate
César
Auguste (*Antiq.*)

EMPESÉ

Amidonné

Au fig. :
Raide
Apprêté
Guindé
Gourmé
Compassé
Dur
Recherché

● ANTONYME : Souple.

EMPESTER
V. PUER

EMPHATIQUE

Déclamatoire
Pompeux
Solennel
Prétentieux
Pédantesque
Académique
Boursouflé
Guindé
Sentencieux
Ampoulé
Apprêté
À effet
Affecté
Ambitieux
Alambiqué
Dramatique
Dythyrambique
Empanaché
Enflé
Exagéré
Excessif
Lyrique
Mélodramatique
Maniéré
Ronflant

● ANTONYMES : Simple, Naturel, Sobre, Retenu.

EMPIÉTER

Gagner (du terrain) sur
Mordre (*fig.*)
Chevaucher
Enjamber
Marcher sur les plates-bandes (de quelqu'un) [*pop.*]
Outrepasser (ses droits)
Usurper

● ANTONYMES : Céder, Concéder.

EMPIFFRER (S')
V. MANGER

EMPILER

Mettre en pile (*ou* en tas)
V. ENTASSER
Poser les uns sur les autres

Spécialement (*pop.*) :
Duper
Tromper
Voler
Exploiter

EMPIRE

Au fig. :
Autorité
Influence
Domination
Main-mise
Prestige
Maîtrise
Contrôle
Ascendant
Pouvoir

Puissance
Emprise
Crédit
Tyrannie

EMPLACEMENT

Lieu
Place
Terrain
Position
Situation
Secteur

EMPLÂTRE

Cataplasme
Compresse
Topique (*méd.*)
Sparadrap
Diachylon *ou* Diachylum
Magdaléon

EMPLETTE
V. ACHAT

EMPLIR

Remplir
Garnir
Combler
Bourrer
Bonder
Saturer
Truffer
Charger (à ras bord)
Surcharger
Gonfler
Occuper
Encombrer
Envahir
Tasser
Farcir
Opiler (*anc.*)
Boucher
Gorger

Gaver
Masser
Faire déborder

● ANTONYMES : Vider,
Désemplir.

EMPLOI

1. Usage
Utilisation
Exploitation
Utilité
Service
Destination
Affectation
Mise en jeu (*ou* en œuvre)
Maniement
Application

2. Fonction
Attribution
Place
Poste
Situation
Travail
Profession
Gagne-pain
Office
Ministère
Charge
État
Job (*pop.*)
Position
Boulot (*pop.*)
Occupation
Sinécure

● ANTONYMES : 1. Inutilité.
2. Inactivité, Chômage.

EMPLOYÉ

Suborné
Subordonné
Salarié

Agent
Agent contractuel
Préposé
Expéditionnaire
Commis
Manutentionnaire
Auxiliaire
V. ADJOINT
Surnuméraire
Secrétaire
Fonctionnaire

● ANTONYMES : Patron,
Supérieur, Directeur, Ou-
vrier (manuel), Cadre,
Travailleur indépendant.

EMPLOYER

1. Se servir de
User de *et* Faire usage
Utiliser
Appliquer
Faire servir à
Disposer de
Profiter
Mettre à profit
Recourir à
Adopter
Affecter à
Mettre en œuvre
Destiner à
Accommoder à
Tirer parti de
Faire un (bon *ou* mau-
vais) emploi de
Vouer
Consacrer
Donner (par exemple son
temps)
Passer (*id.*)
Perdre (*id.*)

2. Faire travailler (pour
son compte)
V. EMBAUCHER

● ANTONYMES : Dédaigner,
Négliger, Laisser de côté.

EMPOIGNER
V. Saisir

EMPOISONNER

Intoxiquer
Infecter
Envenimer (*aussi au fig.*)

Au fig. :
Empuantir
Empester
Incommoder
Altérer
Gâter
Ennuyer (*pop.*)
Importuner
Embêter
Emmerder (*pop.*)

● ANTONYMES : Désin-
toxiquer; Assainir.

EMPORTÉ
V. Violent

EMPORTEMENT

Ardeur
Emballement
Élan
Fougue
Exaltation
Véhémence
Impétuosité
Frénésie
Folie
Transport

Spécialement :
Colère
Animosité
Vivacité
Passion
Fureur *et* Furie

● ANTONYMES : Douceur,
Sérénité, Sang-froid.

EMPORTER

Porter ailleurs
Emmener
Prendre (avec soi)
Enlever
Transporter
Ôter
Entraîner
Charrier
Embarquer (*pop.*)
Voler (*fam.*)
Rafler (*fam.*)
Ravir
Soustraire

● ANTONYMES : Appor-
ter, Donner.

EMPORTER (S')

Se mettre en colère
S'encolérer
Se cabrer
S'emballer
Éclater
Se déchaîner
Se gendarmer
Perdre patience
Monter sur ses grands
chevaux
Sortir de ses gonds
Fulminer
Jeter feu et flamme
Prendre la mouche (*ou*
le mors au dents)
Faire une sortie (*fam.*)
Casser les vitres (*pop.*)
Ne plus se connaître
Maudire (quelqu'un *ou*
quelque chose)
Maugréer contre

● ANTONYMES : Prendre
patience, S'adoucir. Se
calmer,

EMPOTÉ
V. Gauche

EMPREINTE

Marque
Trace
Dactylogramme
Stigmate
Impression
Figure
Griffe
Signature
Estampille
Gravure
Gaufrure (Empreinte sur
tissu)
Filigrane (Empreinte sur
papier)
Frappe
Moulage
Seing *et* Sceau
Cachet

EMPRESSÉ

Attentionné
Complaisant
Dévoué
Attentif
Chaleureux
Civil
Prévenant
Ardent
Galant
(Très) Aimable
Zélé
Amoureux

● ANTONYMES : Apathi-
que, Froid, Indifférent.

EMPRESSER (S')

S'affairer
Se démener
Se presser
Se dépêcher
Se hâter

Se précipiter
Courir
Être attentionné
Se mettre en quatre (*fam.*)
Chercher à plaire
Faire du zèle

● ANTONYMES : Traîner, Lambiner, Traînasser (*pop.*), Négliger, Être indifférent.

EMPRISE
V. EMPIRE et INFLUENCE

EMPRISONNEMENT

Mise en prison
Incarcération
Internement
Détention
V. ARRESTATION
Mise sous mandat (d'arrêt, de dépôt)
Réclusion
Mise à l'ombre (*fam.*)
Mise sous les verrous
Captivité
Claustration
Séquestration
Embastillement

● ANTONYMES : Libération, Levée d'écrou, Élargissement.

EMPRISONNER

Mettre (*ou* jeter) en prison (*ou* en tôle [*pop.*])
V. ARRÊTER
Appréhender
S'assurer de (quelqu'un)
Écrouer
Coffrer
Boucler (*fam.*)
Ficher (*ou* Foutre) dedans (*fam.*)

Mettre à l'ombre
Jeter aux fers
Jeter sur la paille humide des cachots (*litt.*)
Mettre sous les verrous
Retenir captif
Embarquer (*pop.*)
Embastiller
Encager
Encelluler
Interner
Incarcérer
Garder à vue
Empoigner
Enchaîner
Consigner
Enfermer
Enchrister (*arg.*)
Encabaner (*arg.*)

● ANTONYMES : Libérer, Délivrer, Élargir.

EMPRUNTER

Se faire prêter
Contracter une dette (*ou* un emprunt)
Taper (*fam.*)

Au fig. :
Prendre à
Recevoir (de)
Devoir (à)
Puiser (dans)
Tirer (de)
User (de)
Se servir (de)
Employer

et aussi :
Se parer de
Imiter
Se modeler (*ou* Modeler son attitude) sur
Singer

« *Emprunté* » :
V. EMBARRASSÉ

ÉMULATION
V. COMPÉTITION

ÉMULE

Rival
En compétition avec (quelqu'un)
Compétiteur
Concurrent
Adversaire

Par extension abusive :
Disciple
Élève
Imitateur

ENCAISSER

1. Mettre en caisse
Emballer

2. Percevoir (de l'argent)
Recevoir (de l'argent)
Toucher (de l'argent)

3. *Au fig. et pop. :*
Prendre un (*ou* des) coup(s)
Supporter
Accepter

D'où :
Sentir (*fig.*)
Piffer (*arg.*)
Encadrer (*arg.*)

● ANTONYMES : 1. Décaisser.
2. Payer, Débourser.
3. Frapper, Cogner ; Aimer.

ENCAN

Vente (aux enchères)
V. ENCHÈRES

ENCANAILLER (S')
V. Déchoir

ENCASTRER

Emboîter
Assembler
Enchâsser
Sertir
Chatonner (Encastrer un diamant)
Enclaver
Enfoncer (quelque chose dans quelque chose)

● ANTONYMES : Dégager, Dissocier, Séparer.

ENCAUSTIQUER
Cirer

ENCEINTE
V. Clôture

ENCENSER
V. Flatter et Louanger

ENCÉPHALE
V. Cerveau

ENCERCLER

Cerner
Entourer
Envelopper
Investir
Serrer (de tous côtés ou de toutes parts)
Enserrer
Assiéger

● ANTONYMES : Dégager, Rompre (l'encerclement).

ENCHAÎNER
V. Attacher et Emprisonner

ENCHANTEMENT

1. V. Charme
Magie
Ensorcellement
Envoûtement
Sortilège
Sort
Incantation
Maléfice
Envoûture (anc.)
2. V. Plaisir et Bonheur

● ANTONYMES : 1. Conjuration (d'un sort), Exorcisme.
2. V. Ennui.

ENCHANTER
V. Charmer et Ensorceler

ENCHANTEUR

1. V. Magicien

2. Adj. :
Merveilleux
Charmant
Charmeur
Ensorceleur
Paradisiaque
V. Agréable
V. Séduisant

● ANTONYMES : 2. Repoussant, Répugnant, Horrifiant, Antipathique, Désagréable.

ENCHÈRE

Criée
Licitation (jur.)
Surenchère
Encan
Saisie
Vente publique
Adjudication

ENCLENCHER

Engrener
Engager

Au fig. :
V. Commencer
Déclencher (aussi antony.)
Faire partir
Rendre irréversible

● ANTONYMES : Arrêter, Déclencher.

ENCLIN, (E)

Prédisposé
Sujet à
Porté à ou vers
Qui a un penchant (ou une tendance) pour

● ANTONYMES : Réfractaire, Rebelle à.

ENCOMBRE, ENCOMBREMENT et ENCOMBRER
V. Embarras et Embarrasser

ENCOURAGER

Déterminer (à)
Pousser (à)
Inciter (à)
Porter (à)
Appuyer
Approuver
Applaudir
Soutenir
Engager

Exhorter
Exciter
Animer
Aiguillonner
Enhardir
Stimuler
Réconforter *et* Conforter
Conseiller (de)
Décider
Persuader (de)
Galvaniser
Convier (à)
Enflammer pour (quelque chose)

● ANTONYMES : Décourager, Dégoûter de, Empêcher, Détourner.

ENDETTÉ

Obéré

● ANTONYME : Libéré.

ENDIABLÉ

Infernal
Enragé
Impétueux
Fou
Fougueux
V. VIF

● ANTONYMES : Lent, Mou, Apathique, Calme, Endormi.

ENDIGUER

Contenir
Retenir
Arrêter
Canaliser
Faire obstacle
Barrer le passage
Empêcher

Enrayer

● ANTONYMES : Lâcher, Laisser, Libérer.

ENDIMANCHÉ

Paré
Dans son beau costume
Sur son trente et un
Chic
En habit de cérémonie

● ANTONYME : En négligé.

ENDOCTRINER

Catéchiser
Influencer
Circonvenir
Faire la leçon à
Persuader
Inspirer
Chambrer
Conseiller
Subjuguer
Entortiller
Bourrer le crâne (*pop.*)
Enrégimenter (*fig.*)
Fanatiser

● ANTONYMES : Laisser libre, Détromper, Désabuser.

ENDOMMAGER
V. ALTÉRER

ENDORMIR

Assoupir
Faire dormir
Plonger dans le sommeil
Faire reposer
Ensommeiller
Anesthésier
Chloroformer
Insensibiliser

Engourdir
Ankyloser
Hypnotiser

Au fig. :
Apaiser
Adoucir
Calmer
Soulager
Atténuer
Consoler
Fatiguer
Ennuyer
Amuser (tromper)
Tromper
Leurrer
Distraire (Endormir l'attention)
Émousser
Embobeliner

● ANTONYME : Réveiller.

ENDOSSER

Au fig. :
Prendre sur soi
Prendre la responsabilité de
Assumer
Se charger de
Accepter (la charge de)
Reconnaître (par exemple un enfant)
Couvrir (*fig.*)

● ANTONYMES : Récuser, Fuir ses responsabilités.

ENDROIT
V. LIEU

ENDUIRE

Passer un enduit
Couvrir *et* Recouvrir
Appliquer (une couche)
Barbouiller
Badigeonner

Frotter avec (quelque chose)
Revêtir de
Oindre
Étendre
Plaquer
Coucher

Particulièrement :
Beurrer
Bitumer
Blanchir
Chauler
Cimenter
Cirer
Coaltarer
Crépir
Emmieller
Empoisser
Encaustiquer
Encoller
Encrer
Engluer
Ensoufrer
Farter
Glacer
Glycériner
Gommer
Goudronner
Graisser
Huiler
Lubrifier
Noircir
Peindre
Plâtrer
Poisser
Pommader
Soufrer
Stuquer
Vernir *et* Vernisser

● ANTONYMES : Décaper, Mettre à nu Enlever.

ENDURANCE

Patience
Résistance

Dureıe
Trempe
Force
Entraînement

● ANTONYMES : Fragilité, Impatience.

ENDURANT

Résistant
Infatigable
Patient
Ferme
Éprouvé
Rompu à
Stoïque
Résigné
Persévérant
Dur (à la souffrance)
Dur à cuire (*pop.*)
Insensible

● ANTONYMES : Fragile, Douillet, Délicat, Faible.

ENDURCI

V. Dur
Accoutumé
Insensible
Indifférent
Aguerri
Ingrat
Forte tête
Entêté
Irrécupérable (Endurci moralement)
Perdu (*id.*)
Cuirassé
Blindé (*fam.*)
Trempé
Entraîné
Habitué
Sans cœur
Implacable
Impitoyable

Inflexible
Invétéré
Impénitent

● ANTONYMES : Ramolli *et* Amolli, Efféminé, Aveuli, Doux.

ENDURER
V. Souffrir

ÉNERGIE

Mor. :
Détermination
Décision
Résolution
Cran
Volonté
Vitalité
Bravoure
Force de caractère
Dynamisme
Ressort
Fermeté
Poigne
Cœur
Audace
Ardeur
Virilité
Force d'âme
Hardiesse
Vigueur
Persévérance
Entêtement
Constance
Puissance (*par ex.* de travail)

● ANTONYMES : Mollesse, Veulerie, Inertie, Indolence, Fatigue, Faiblesse.

ÉNERGIQUE

Décidé
V. Actif
Agissant

Vif
Vigoureux
Fort
Robuste
Hardi
Résolu
Ferme
Courageux
Déterminé
Qui sait ce qu'il veut (*fam.*)
Bien trempé
Viril
Volontaire

● ANTONYMES : Faible,
Mou, Velléitaire, Apathique, Timide.

ÉNERGUMÈNE

(Un) Agité
(Un) Excité
(Un) Violent
(Un) Furieux
(Un) Fanatique
(Un) Forcené
(Un) Exalté
(Un) Emporté
(Un) Fou

ÉNERVER (*sens moderne*)

V. AGACER
Porter sur les nerfs
Impatienter
Crisper
Irriter
Échauffer (les oreilles)
Exciter *et* Surexciter
Rendre nerveux
Taper sur le système (*pop.*)
Faire perdre patience
Casser les pieds (*pop.*)

● ANTONYMES : Calmer,
Détendre, Reposer, Amuser.

ENFANT

Nouveau-né
Premier (*ou* dernier)-né
Poupon
Poupard
V. BÉBÉ
Baby (*angl.*)
Marmot
Petit
Mioche
Moutard (*pop.*)
Bambin
Bambino (*pop.*)
Poussin (*fam.*)
Chérubin
Petit ange (*fam.*)
Tête blonde (*fam. déris.*)
Blondin
Môme (*pop.*)
Mignard
Gniard (*arg.*)
Momignard (*pop.*)
Gosse
Gône (*rég. Lyon*)
Niston (*rég. Midi*)
Pitchoun (*rég. Midi*)
Drôle *ou* Drolle
Loupiot
Gamin
Moutchatchou (*pop.*)
Marmaille (*fam.*)
Morpion (*arg.*)
Mouflet (*arg.*)
Galopin
Petit bonhomme
Lardon (*arg.*)
Garçon (net)
Fille (tte)
Moujingue (*arg.*)
Petit salé (*fig., pop., anc.*)
Héritier
Rejeton
Progéniture
Bâtard
Descendant
Postérité
Aîné

Puîné
Benjamin
Dauphin
Infant
Tsarévitch (*ou* Czarevitz)
(Jeune) Orphelin
V. ADOLESCENT

● ANTONYMES : Vieillard,
Adulte, Parents.

ENFANTEMENT

Accouchement
Couches
Délivrance
Parturition
Gésine
Naissance

Au fig. :
V. CRÉATION
Production
Engendrement

ENFANTER

Mettre au monde
Accoucher
Mettre bas (animaux)
Donner le jour
Donner naissance

Au fig. :
Produire
Créer
Engendrer
Faire naître

● ANTONYME : Tuer.

ENFANTILLAGE

Puérilité
Futilité
Légèreté
Frivolité
Baliverne

V. Bêtise
Sottise
Naïveté
Niaiserie

● ANTONYMES : Sérieux,
Gravité, Maturité.

ENFER

Royaume des morts
Empire des morts
Séjour des ombres
Sombres rivages
Ténébreux séjour
Royaume des ombres
Le Schéol
Chez Hadès
Abîme
Géhenne
Lieu d'expiation
Styx
Léthé
Empire de Pluton
Séjour des damnés (ou
des réprouvés)
Flammes éternelles
Le Tartare
(Le) Grand chaudron

Au fig. :
V. Souffrance

● ANTONYMES : Paradis,
Ciel, Champs-Élysées.

ENFERMER

Fermer (dans)
Mettre dedans
Empêche de sortir
Renfermer
Serrer
Mettre sous clef
Chambrer
Claustrer
Cloîtrer

Emmurer
Séquestrer
Murer *et* Emmurer
Retrancher
Interner
V. Emprisonner
Écrouer
Coffrer (*fam.*)
Boucler (*fam.*)
Détenir
Mettre sous les verrous
Verrouiller
Confiner
Claquemurer

Au fig. :
Contenir
Avoir en soi
V. Renfermer

« *S'enfermer* » :
S'isoler
Se retrancher
Se calfeutrer
Se barricader
Se cantonner
Se cloîtrer
Garder (la chambre)
S'enterrer (*fig.*)

Au fig. :
Se limiter à
S'interdire de
Ne pas sortir de
Garder (le silence)
Se maintenir dans

● ANTONYMES : Libérer,
Délivrer, Sortir, Extraire.

ENFERRER (S')

Se prendre à son propre
piège
S'embrouiller
S'enfoncer
Se compromettre davan-
tage
Se nuire

● ANTONYMES : S'en tirer,
Trouver une échappatoire,
Se dégager.

ENFIÉVRER

Au fig. :
Rendre fiévreux
Exciter
V. Animer
Envenimer
Troubler
Passionner (par exemple
un débat)
Enflammer

● ANTONYMES : Apaiser,
Calmer.

ENFIN

Pour finir
Finalement
En fin de compte
Pour terminer
À la fin
Bref
En un mot
Pour conclure
Somme toute
Après tout
Tout compte fait

● ANTONYMES : Primo,
Premièrement, D'abord,
Pour commencer.

ENFLAMMER

Mettre en flamme
Embraser
Allumer
Jeter (*ou* Mettre) le feu
Craquer une allumette
Porter la torche

Au fig. :
Échauffer
Animer
Enfiévrer
Passionner
Enthousiasmer
Exciter
Emporter
Galvaniser
Soulever
Entraîner
Attiser
Stimuler
Doper
Exalter
Électriser
Donner du courage
Rendre amoureux
Soulever la (*ou* les) passion (s)

● ANTONYMES : Éteindre, Étouffer, Noyer; Apaiser, Calmer.

ENFLER

Gonfler (*aussi au fig.*)
Remplir d'air (*ou* de gaz)
Dilater
(Faire) Augmenter de volume
Ballonner
Bouffir
Distendre

Au fig. :
Exagérer
Grossir
Donner plus (*ou* trop) d'importance à
Augmenter
Surfaire
Ajouter (indûment)
Amplifier

« *Enflé* » (*pop.*) :
Imbécile
Niais

Bête
Salaud
Orgueilleux
Bouffi (d'orgueil)

● ANTONYMES : Désenfler, Dégonfler, Rapetisser, Minimiser.

ENFLURE

Grosseur
Gonflement
Œdème
Dilatation
Intumescence
Tuméfaction
Bosse
Bouffissure
Boursouflure
Fluxion
Météorisme *ou* Météorisation (Enflure de l'abdomen)
Tumeur
Éléphantiasis
Cloque
Congestion
Dilatation

Au fig. :
Emphase
Exagération
Amplification
Déclamation
Grossissement
Redondance

● ANTONYMES : Désenflure, Simplicité, Sobriété.

ENFONCEMENT

Cavité
Renfoncement
Creux
Trou

Partie en retrait (*ou* reculée)
Baissière
Bas-fond
Fond
Profondeur
Lointain
Niche
Réduit
Alcôve
Angle rentrant

● ANTONYMES : Saillie, Relief, Bosse, Hauteur.

ENFONCER

Faire pénétrer
Pousser au (*ou* vers le) fond
Planter
Ficher
Enfouir
Fourrer dans
Embourber (boue)
Enliser (sable)
Envaser (vase)
Enterrer (terre)
Immerger (eau)
Engloutir (*id.*)
Submerger (*id.*)
Plonger (*id.*)
Mettre
Introduire
Forcer (un obstacle)
Défoncer
Crever
Briser
Abattre
Renverser
Bousculer (*milit.*)
Culbuter (*id.*)
Battre (*id.*)
Défaire (*id.*)

● ANTONYMES : Arracher, Sortir, Extirper, Tirer, Remonter.

ENFONCER (S')

Pénétrer dans
S'avancer dans
S'engager dans
Entrer
Aller au fond de
Disparaître dans
S'enfouir
Se cacher
S'abîmer
S'engouffrer
S'engloutir
Sombrer dans
Couler *et* Se couler
S'enliser
S'embourber
S'ensabler
S'enterrer

Au fig. :
S'enferrer
Aller à la dérive
Péricliter
Se ruiner
S'endetter
Boire un bouillon (*ou* la tasse) [*fam.*]
Crouler
Perdre les pédales (*pop.*)

● ANTONYMES : Se sauver, Surnager, S'extraire, Se tirer, Sortir.

ENFOUIR
V. ENTERRER

ENFREINDRE

Désobéir à
Contrevenir à
Ne pas respecter
Être en contravention avec
Violer (une règle, un ordre)
Transgresser
Passer outre
Forcer
Manquer à (Enfreindre une obligation)

● ANTONYMES : Respecter, Observer, Suivre.

ENFUIR (S')
V. FUIR

ENGAGEANT

Alléchant
Attirant
Attrayant
Aguichant
Séduisant
Agréable
Plaisant
Appétissant
Potable (*fam.*)
Buvable (*fam.*)

● ANTONYMES : Repoussant, Écœurant, Rébarbatif.

ENGAGEMENT

1. Promesse
Serment
Contrat
Convention
Obligation
Reconnaissance de
Signature
Parole
Aval
Bail
Dette
Billet
Souscription
Assurance
Police (d'assurance)
Caution
Gage
Nantissement
Garantie
Hypothèque
Protocole
Traité
Vœu (Engagement religieux)
Foi jurée (*anc.*)
Alliance
Mariage (promesse de)
Fiançailles
Échange de promesses

2. Embauche *et* Embauchage
Recrutement (*milit.*)
Enrôlement (*milit.*)

3. V. COMBAT (*milit.*)
Escarmouche
Bataille
Échauffourée
Assaut
Accrochage

● ANTONYMES : 1. Dégagement, Désaveu, Parjure, Reniement, Abandon.
2. Renvoi, Débauchage, Démission.
3. Calme, Tranquillité, Paix.

ENGAGER

1. Mettre en gage
Donner en gage
Porter au clou (*pop.*)
Aller chez ma tante (*pop.*)
Laisser en garantie
Donner pour caution
Hypothéquer

2. « *S'engager à* »
Promettre
Jurer
Donner sa parole
Cautionner
Prêter serment de
S'obliger à

Se lier d'honneur
Prêter son crédit
Souscrire à

2. V. EMBAUCHER

3. Introduire (quelque chose dans quelque chose)
Enfoncer
Enclencher
Mettre dans
Glisser

4. V. COMMENCER (une action)
V. ATTAQUER

5. Investir
Risquer
Aventurer
Exposer
Commettre

6. Pousser (quelqu'un à faire quelque chose)
Inciter
Inviter
Exciter
Appeler
Convier
Amener (à)
Déterminer (à)
Disposer (à)
Conseiller
Encourager
Exhorter
Attirer (dans)

● ANTONYMES : Dégager, Se dégager.
6. Dissuader de.

ENGAGER (S')

V. ENTREPRENDRE
S'aventurer
Se lancer
Se jeter
S'embarquer

Entrer dans
Se mettre en avant

Absolument :
S'enrôler (*milit.*)

ENGELURE
Érythème

ENGENDRER

Procréer
Enfanter
Concevoir
Donner la vie

Au fig. :
Causer
Entraîner
Avoir pour effet
Occasionner
Produire
Déterminer
Créer
Faire naître
Susciter

ENGIN

Machine
Instrument
Appareil
Outil
Ustensile
Arme

Fam. :
Truc
Machin
Chose

ENGLOBER

Contenir
Comprendre
Réunir

Enclaver
Joindre
Annexer
Mettre dans le tout (*ou* dans le même sac) [*fam.*]
Faire un lot (*ou* un paquet) de

● ANTONYMES : Dissocier, Séparer, Distinguer, Mettre à l'écart.

ENGLOUTIR

Absorber
Avaler
Dévorer
Engouffrer
S'empiffrer de (*pop.*)
Enfourner
Submerger
Détruire
Épuiser (par exemple une fortune)
Dissiper (*id.*)
Gaspiller (*id.*)

« *S'engloutir* » :
Disparaître
S'abîmer
V. SOMBRER

● ANTONYMES : Vomir, Cracher, Préserver, Garder, Économiser.

ENGOUEMENT
V. ENTHOUSIASME et TOQUADE

ENGOUER (S')

S'étouffer

Au fig. :
S'éprendre de
S'emballer
S'enthousiasmer pour
Se toquer

S'enticher
Se passionner (momentanément) pour
S'entêter de (*anc.*)
S'infatuer

● ANTONYMES : Se dégoûter de, Se lasser, Mépriser, Négliger.

ENGOUFFRER

V. ENGLOUTIR

« *S'engouffrer* » :
Entrer
Pénétrer
Se jeter dans
Se précipiter dans
Descendre précipitamment dans
Tomber dans
Se perdre dans
S'entonner dans

● ANTONYMES : Sortir de, Émerger de.

ENGOURDIR

Paralyser
Transir
Endormir
Ensommeiller (*fig.*)
Rouiller (*fig.*)
Assoupir (*fig.*)
(Faire) Vivre au ralenti
Rendre gourd

« *Engourdi* » :
Gourd
Léthargique
Inerte
Paralysé
Raide
Rigide
Empoté

V. GAUCHE
Lent
Lourd
Balourd
Endormi

● ANTONYMES : Dégourdir, Réveiller, Dérouiller ; Dégourdi, Vif, Fringant, Ardent, Alerte.

ENGOURDISSEMENT

Onglée
Raideur
Rigidité
Hibernation (*zool.*)
Estivation (*id.*)
Léthargie
Torpeur
Somnolence
Assoupissement
Appesantissement

Au fig. :
Atonie
Hébétude
Inaction
Stupeur
Paresse
Indolence

● ANTONYMES : Dégourdissement ; Activité, Vivacité.

ENGRAISSER

Absol. :
Grossir
Prendre du poids
S'arrondir
Prendre des formes
Épaissir
S'alourdir
S'empâter

Prendre du ventre (*ou* un double menton, *ou* de la panne) [*pop.*]
Forcir
Faire du lard

Engraisser des volailles :
Gaver
Gorger
Appâter
Engrener

Engraisser un terrain :
Fumer
Amender
Fertiliser
Améliorer

● ANTONYMES : Dégraisser, maigrir, Amaigrir, Couler (*pop.*), Décoller (*pop.*) Fondre (*fam.*).

ENHARDIR
V. ENCOURAGER

ENHARDIR (S')
V. OSER

ÉNIGMATIQUE
V. AMBIGU et MYSTÉRIEUX

ÉNIGME

Devinette
Charade
Logogriphe
Rébus

Par extens. :
Mystère
Secret
Problème
Arcane
Dédale
Labyrinthe
Phébus (*anc.*)

ENIVREMENT

Ivresse
Exaltation
Trouble
Transport
Excitation
Délectation
Plaisir
Enthousiasme
Bonheur
Béatitude
Volupté
Vertige
Perte des sens
Oubli

● ANTONYMES : Lucidité, Calme, Ennui, Indifférence, Froideur.

ENIVRER

Griser
Soûler *ou* Saouler
Rendre ivre
Taper (*pop.*)
Étourdir

Au fig. :
Charmer
Émouvoir
Troubler
Ravir
Soulever
Transporter
Rendre ivre de (quelque chose)

« *S'enivrer* » :
V. BOIRE
Se soûler *ou* Se saouler
Se griser
Se prendre de boisson
S'émécher
Se mettre en état d'ivresse (*ou* éthylique)

Pop. :
Se cuiter
Prendre une cuite
Se piquer le nez
Se poivrer
Se pocharder
En prendre (*ou* En tenir) une sévère
Prendre une muffée
Picoler
Prendre une biture (*ou* une pistache)
Noyer ses soucis
S'arsouiller
Se coiffer (*anc.*)

● ANTONYMES : Dégriser, Dessouler, Désenivrer ; Ennuyer, Barber, Raser.

ENJÔLER
V. CAJOLER, SÉDUIRE et TROMPER

ENJOLIVER
V. EMBELLIR

ENJOUÉ
V. GAI et JOVIAL

ENLACER

Passer un (*ou* des) lacet(s)
Tenir serré
Serrer
Entourer
Embrasser
Étreindre
Prendre dans ses bras
Attacher
Lier
Entrelacer
Entrecroiser

● ANTONYMES : Délacer, Dénouer, Désenlacer.

ENLAIDIR

Rendre laid
Défigurer
Déparer

● ANTONYMES : Embellir, Parer, Enjoliver, Orner.

ENLÈVEMENT

Rapt
Kidnapping
Détournement (de mineur)
Vol (d'enfant)
Ravissement (*dés.*)

● ANTONYME : Restitution.

ENLEVER

Ôter
Lever *et* Soulever
Emporter
Retirer
Dégager
Débarrasser
Détacher
Séparer
Arracher
Décrocher
Décoller
Déclouer
Desceller
Défaire
Effacer
Supprimer (par exemple une tache)
Laver
Retrancher
Soustraire
Déduire
Défalquer
Éliminer
Excepter
Amputer de
Prélever

« *Enlever une personne* » :
Détourner
Ravir
Kidnapper

● ANTONYMES : Poser,
Donner, Déposer, Fixer,
Mettre, Ajouter.

ENLISER
V. ENFONCER

ENLUMINER
V. ÉCLAIRER et COLO-
RIER

ENNEMI

V. ADVERSAIRE
Antagoniste
Rival
Détracteur

● ANTONYMES : Ami,
Allié.

ENNOBLIR

Idéaliser
Rendre (plus) noble
Élever
Embellir
Grandir
Rehausser
Orner

● ANTONYMES : Avilir,
Dégrader, Banaliser, Ren-
dre commun, Abaisser,
Déshonorer.

ENNUI

Mélancolie
Spleen
Désœuvrement
Hypocondrie

Cafard (*fam.*)
Dégoût
Tristesse
Morosité
Neurasthénie
Mal du siècle
Vacuité
Lassitude (morale)
Plaisir à rien
Abattement
Accablement
Vide
Disponibilité
Fatigue (de tout)

« *Un (ou des) ennui(s)* :
Tracas
Souci
Contrariété
Préoccupation
Embarras
Tourment
Aria
Avanie
Désagrément
Mécontentement
Fardeau
Incommodité
Traverse (*anc. ou litt.*)
Gêne
Inconvénient
Déboire
Déception
Complication
Difficulté
Anicroche
Cassement de tête
Déconvenue
Contretemps
Incident de parcours (*fam.*)
Désappointement
Vicissitude
Bisbille
Empoisonnement (*pop.*)
Accroc
Emmerdement (*triv.*)

● ANTONYMES : Plai-
sir, Bonheur, Gaieté, Joie,
Euphorie, Activité, Ré-
jouissance, Divertissement,
Heureuse surprise, Satis-
faction.

ENNUYANT (*anc.* ou *rég.*)
V. ENNUYEUX

ENNUYER

Agacer
Assommer (*fig.*)
Importuner
Excéder
Taper sur les nerfs (*ou*
sur le système) [*fam.*]
Accabler
Assassiner (*fig.*)
Assourdir (*fig.*)
Lasser
Déplaire
Fatiguer
Endormir
Mécontenter
Contrarier
Impatienter

Fam. et pop. :
Embêter
Canuler
Barber
Bassiner
Casser la tête (*ou* les
pieds)
Enquiquiner
Cavaler
Courir *ou* Taper sur le
haricot
Cramponner
Empoisonner
Soûler *ou* Saouler
Seriner
Faire suer
Tanner
Tuer

● ANTONYMES : Amuser,

Distraire, Désennuyer, Récréer, Réjouir.

ENNUYER (S')

Se morfondre
S'embêter (*fam.*)
S'enquiquiner (*pop.*)
S'emmerder (*triv.*)
Languir *et* Se languir
Éprouver de l'ennui
Crever d'ennui
Avoir le cafard (*ou* le bourdon)
Sécher (d'ennui) [*fam.*]
Être morose
Se faire suer (*pop.*)
Se faire chier (*triv.*)

● ANTONYMES : S'amuser, Se distraire, Rigoler (*fam.*) ; Prendre du bon temps, S'en payer une tranche (*pop.*).

ENNUYEUX, EUSE

Accablant
Fastidieux
Monotone
Rébarbatif
Ennuyant (*anc. ou rég.*)
Triste
Assommant
Embêtant
Lassant
Enquiquinant
Emmerdant (*triv.*)
Monotone
Insoutenable
Insupportable
Désagréable
Agaçant
Pénible
Déplaisant
Fâcheux

Importun
Casse-pieds (*pop.*)
Insipide
Soporifique
Fade
Somnifère
Endormant
Désolant
Gênant
Mortel (*fig.*)
Malencontreux
Embarrassant
Inquiétant
Difficile
Maussade
Contrariant
Incommode
Tracassier
Inopportun
Intempestif

● ANTONYMES : Heureux, Réjouissant, Divertissant, Gai, Récréatif, Folichon, Amusant, Charmant.

ÉNONCER

V. DIRE
Émettre
Formuler
Exprimer
Exposer *et* Poser
Expliquer
Éclaircir
Stipuler
Préciser
Expliciter
Énumérer
Laisser entendre
Établir
Décliner
Avancer
Articuler
Prononcer
Balbutier

ÉNONCIATION

Énoncé
Déclaration
V. ÉLOCUTION

ENORGUEILLIR (S')

Tirer vanité (de quelque chose)
Être fier de
Se glorifier de
Se prévaloir de
Se gonfler
S'enfler
S'élever

● ANTONYMES : Ne pas se vanter de, S'humilier.

ÉNORME

1. V. DÉMESURÉ
Anormal
Excessif
Hors des normes
Qui passe les bornes
Outré
Extraordinaire
Exagéré
Étonnant
Immodéré
Formidable
Phénoménal
Monstrueux

2. Gros
Grand
Immense
Géant
Éléphantesque
Hypertrophié
Cyclopéen
Monumental
Gigantesque
Pantagruélique
Gargantuesque

Colossal
Titanesque
Majestueux
Fantastique

● ANTONYMES : Mesuré, Normal, Quelconque, Ordinaire ; Minuscule, Microscopique, Mince, Tout petit, Insignifiant.

ÉNORMITÉ

Excès
Extravagance
Grandeur

Spécialement :
Sottise
Incongruité
Invraisemblance
V. BÉVUE
Ânerie

● ANTONYMES : Petitesse, Vérité.

ENQUÉRIR (S')

Chercher (à savoir)
S'informer
Aller aux renseignements
Se renseigner
Se tuyauter (*arg.*)
Enquêter sur
Demander
Aller voir si
Se rencarder (*pop.*)
Aller aux rencards (*arg.*)
Aller au parfum (*arg.*)
Fouiner (*pop.*)

● ANTONYMES : Se désintéresser de.

ENQUÊTE

Recherche
Investigation
Instruction (*jur.*)
Examen
Expertise
Inquisition
Reportage
Article (de journal)
Étude (de marché)
Sondage (d'opinion) (*néol.*)

ENQUÊTEUR

Détective
Privé (*fam.*)
Limier
(Policier) chargé d'enquête
Sondeur d'opinions, (*néol.*)

ENRAGER

V. RAGER

« *Enragé* » :
Saisi de rage
Acharné
Violent
Fanatique
Furieux
Fou
Excessif
Extrémiste (*polit.*)
Obstiné
Emporté
Têtu

ENRAYER

Freiner
Entraver
Empêcher (le fonctionnement)
Arrêter (le cours)
Briser
Étouffer
Neutraliser
Réprimer
Refréner *ou* Réfréner
Juguler
Modérer
Endiguer
Gêner
Bloquer

● ANTONYMES : Favoriser, Permettre.

ENRÉGIMENTER

Incorporer
Enrôler
Recruter
Mobiliser
Embrigader
Caporaliser
Militariser
Lever (des troupes)
Engager

● ANTONYMES : Libérer, Libéraliser.

ENREGISTRER

1. Inscrire (sur un registre)
V. ÉCRIRE
Transcrire
Registrer
Homologuer (par exemple un record)
Mentionner
Noter
Consigner
Porter en compte
Authentiquer (*anc.*)
Authentifier
Constater (officiellement)
Recueillir
Se souvenir de

2. *Spécialement :*
Graver

Prendre le son
Faire un recording (*néol.*)
Faire une séance (d'enregistrement)

« *Enregistrer des images* » :
Filmer
Tourner
Mettre dans la boîte
(*fam.*)

● ANTONYMES : Oublier,
Négliger.
2. Effacer

ENRHUMÉ

Enchifrené
Grippé
Bronchiteux
Quinteux
Pris (de la gorge *ou* de la poitrine)
Tousseur
Catarrheux

ENRICHIR (S')

Faire fortune
Gagner (de l'argent)
Accumuler
Profiter
Faire des profits
Bâtir sa fortune
Amasser
Capitaliser
Faire sa pelote (*fam.*)
Thésauriser (*litt.*)
Devenir opulent
Devenir rupin
Réussir
Entasser
Se mettre à l'abri du besoin
Garnir sa bourse

● ANTONYMES : S'appauvrir, Se ruiner.

ENRÔLER
V. ENRÉGIMENTER

ENROUÉ

Rauque
Éraillé
Voilé
Sourd
Terne
Qui a un chat dans la gorge
Qui a une voix de rogomme

● ANTONYMES : Clair,
Éclairci, Harmonieux.

ENROULEMENT

Intorsion (*zool.*)
Circonvolution
Volute
Coquille
(En) colimaçon
Spirale
Vrille

● ANTONYME : Déroulement.

ENROULER

Rouler autour de
Plier en rouleau
Bobiner
Caneter
Envider
Peloter
Renvider

● ANTONYME : Dérouler.

ENSANGLANTÉ

Sanglant
Saignant
Sanguinolent

ENSEIGNE

Pancarte
Panonceau
Écriteau
Écusson
Panneau
Raison sociale
Inscription
Cartouche

Terme militaire. :
V. DRAPEAU

ENSEIGNEMENT

Précepte
Leçon
Moralité
Doctrine
Éducation
Instruction
Système
Discipline
Diffusion (de la culture)
Vulgarisation
Initiation à
Professorat
Pédagogie
Apostolat

ENSEIGNER

V. APPRENDRE et FAIRE
Apprendre
V. INSTRUIRE
Professer
Inculquer
Expliquer
Démontrer
Révéler
Dogmatiser (*péj.*)
Prêcher (*id.*)
Catéchiser (*id.*)
Montrer
Indiquer

Former
Éclairer
Initier à
Endoctriner (*péj.*)
Donner des leçons
Propager
Dévoiler
Dégrossir
Seriner (*péj.*)
Vulgariser
Faire un cours
Renseigner
Féconder l'esprit (*litt.*)
Pénétrer l'esprit (de quelqu'un)
Graver dans l'esprit (de quelqu'un)
Imprégner de

ENSEMBLE

L'un avec l'autre
De concert
De compagnie
En commun
De conserve
En concordance
Dans l'unité
Au coude à coude
Conjointement
Collectivement
En harmonie
En accord
De pair
Simultanément
D'une seule voix
D'un même élan
En chœur
À l'unisson
De front
Au pas (*ou* Du même pas)
À la fois
En bloc
Globalement
En gros
Au total

● ANTONYMES : Isolément, Séparément, Individuellement, Un à un, Seul, L'un après l'autre.

ENSEMENCER
V. SEMER

ENSEVELIR
V. ENTERRER

ENSORCELER

Jeter un sort
Soumettre à un sortilège
Envoûter
Enchanter
Charmer (*anc.*)

Au fig. :
Troubler
Captiver
Exercer un (grand) charme
Séduire
Fasciner
Suggestionner
Enjôler
Faire perdre le sens commun (*ou* les pédales [*pop.*])

● ANTONYMES : Exorciser, Désenchanter, Désenvoûter, Désensorceler.

ENSUITE

Après
Par la suite
Puis
Plus tard
Secondement, Troisièmement, *etc.*
Ultérieurement
Subséquemment
Postérieurement

● ANTONYMES : Avant, D'abord, Premièrement.

ENTAILLE

1. Encoche *ou* Coche
Entamure *et* Entame
Coupure
Échancrure
Cran *et* Créneau
Fente
Rainure
Rayure
Hoche
Raie
Sillon
Brèche
Mortaise

2. Incision
Estafilade
Balafre
Taillade
Blessure
Scarification (*méd.*)
Boutonnière (*id.*)

3. Marque

ENTAMER
V. COMMENCER

ENTASSER

Mettre en tas
Empiler
V. AMONCELER
Amasser
Accumuler
Réunir
Presser
Tasser
Encaquer (*fig. et anc.*)
Serrer
Emmagasiner
Collectionner
Thésauriser
Économiser
Épargner

● ANTONYMES : Éparpiller, Disperser, Disséminer, Dilapider.

ENTENDEMENT

Compréhension
Faculté de comprendre
Intellection
Conception

Par extens. :
Raison
Intelligence
Intellect
Esprit
Cerveau
Cervelle
Jugement

ENTENDRE

1. Ouïr
Percevoir
Discerner
Distinguer
Prêter l'oreille
Écouter
Saisir

2. V. COMPRENDRE

« *S'entendre* » :
V. S'ACCORDER
S'associer
Se concerter
Convenir
S'arranger
Se mettre d'accord
Fraterniser
Sympathiser

● ANTONYMES : 1. Être
sourd, Rester sourd.
3. Se disputer, Se haïr.

ENTENTE

Accord
Convention
Compréhension (mutuelle)

Accointance
Complicité
Connivence
Intelligence
Accommodement
Conspiration
Union
Collusion
Coalition
Association
Concorde
Amitié

● ANTONYMES : Désac-
cord, Conflit, Chicane,
Mésentente.

ENTÉRINER

Confirmer
Ratifier
Enregistrer
Homologuer
Valider
Sanctionner
Accepter
Admettre
Approuver
Consacrer
Prendre à son compte
Rendre légal
Rendre durable

● ANTONYMES : Désap-
prouver, Rejeter, Refuser.

ENTERREMENT

Inhumation
Ensevelissement
Mise au tombeau (*ou* au
sépulcre)
Funérailles
Obsèques
Honneurs funèbres
Convoi funèbre
Dernier hommage

Service (religieux *ou* civil)
Derniers devoirs

Au fig. :
Abandon (de quelque
chose)
Rejet (*id.*)
Fin (de quelque chose)
Renonciation à
Mort

● ANTONYMES : Exhuma-
tion, Résurrection, Renouveau.

ENTERRER

1. Enfouir
Cacher
Ensevelir
Engloutir

2. *Spécialement :*
Inhumer
Porter en terre
Mettre au tombeau
Rendre les derniers devoirs
Faire des obsèques

3. *Au fig. :*
V. ABANDONNER
Jeter dans l'oubli

« *S'enterrer* » :
S'isoler
Se retirer
Se cacher
S'ensevelir
Se confiner

● ANTONYMES : Déter-
rer, Exhumer.

ENTÊTÉ
V. TÊTU

ENTÊTEMENT

Obstination
Pertinacité

Opiniâtreté
Persévérance
Ténacité
Volonté
Acharnement
Insistance
Résolution
Détermination
Persistance

● ANTONYMES : Versatilité, Inconstance.

ENTHOUSIASME

Inspiration
Enivrement
Extase
Exaltation
Frénésie
Délire
Lyrisme
(Grande) Joie
Mysticisme
Chaleur
Ardeur
Violence
Virulence
Mordant
Transport
Fanatisme
Ivresse
Fureur
Ravissement
Feu
Flamme
Zèle
Engouement
Emballement
Admiration
Allégresse
Fougue

● ANTONYMES : Indifférence, Détachement, Apathie, Dégoût, Scepticisme.

ENTHOUSIASMER

Remplir d'enthousiasme
Embraser
Enflammer
Électriser
Exalter
Galvaniser
Fanatiser
Passionner
Ravir
Enivrer
Exciter
Surexciter
Échauffer
Enfiévrer
Emballer
Transporter

● ANTONYMES : Consterner, Ennuyer, Glacer, Dégoûter, Refroidir (*fam.*) Écœurer, Assommer.

ENTHOUSIASTE

Emporté
Transporté
Ravi
Excité
Extatique
Possédé
En délire
Passionné
Fanatique
Frénétique
Lyrique
Épique
Zélé
Zélateur
Fervent
Chaleureux
Admiratif
Mystique
Illuminé
Enflammé
Ardent

Brûlant
Fou de
Hors de soi

● ANTONYMES : Blasé, Désabusé, Flegmatique, Froid, Apathique, Sceptique.

ENTICHER (S')
V. S'ENGOUER

ENTIER

Intact
Intégral
Total
Plénier
Complet
Parfait
Absolu
Sans réserve
Dans son intégrité
Plein
Rempli
Achevé
Dans sa totalité
Tout (*subst.*)

● ANTONYMES : Fragmentaire, Incomplet, Partiel, Morcelé, Tronqué.

ENTIÈREMENT

Complètement
Intégralement
Totalement
Sans partage
Pleinement
Tout à fait
Absolument
En entier
En bloc
En masse
À fond
Tout à fait
De fond en comble

Du tout au tout
Parfaitement

● ANTONYMES : Fragmentairement, Partiellement, En partie, Incomplètement, Imparfaitement.

ENTÔLER
V. TROMPER

ENTORSE

Foulure
Luxation
Lumbago
Effort
Écart (animaux)

Au fig. :
Altération
Atteinte
Dommage
Tort

ENTORTILLER
V. CIRCONVENIR

ENTOUR (À L')
V. AUTOUR

ENTOURAGE

Voisinage
Entours (*litt.*)
Milieu
Compagnie
Cercle
(Les) Proches
Cour (*iron.*)

ENTOURER

Mettre (*ou* Disposer) autour
Envelopper
Environner

Ceindre *et* Enceindre
Ceinturer
Enfermer
Clore *et* Enclore
Clôturer
Cercler *et* Encercler
Encadrer
Couronner
Border
Enrober
Enchâsser
Bander *et* Barder
Ficeler
Garnir
Draper
Molletonner
Serrer *et* Enserrer
Environner
Enclaver
Cerner

● ANTONYMES : Dérouler, Dégager.

ENTRACTE

Intermède
Pause
Interruption
Changement de décor
Intermezzo (*mus.*)
Interlude
Divertissement (*id.*)
Récréation

● ANTONYME : Acte.

ENTRAILLES

V. VENTRE
Viscères
Intestin
Tripes
Boyaux
Sein (*litt.*)

Au fig. :
Sensibilité

Instinct
Cœur
Âme

ENTRAIN

V. ARDEUR
Vivacité
Bonne humeur
Activité
Allant
Brio
Chaleur
Cœur
Vie
Fougue
Feu
Enthousiasme
Animation
Gaieté
Zèle
Mouvement

● ANTONYMES : Abattement, Accablement, Dépression, Tristesse.

ENTRAÎNER

V. EMPORTER, EXCITER, DÉTERMINER, OCCASIONNER, EXERCER.

ENTRAVE
V. EMBARRAS

ENTRAVER
V. GÊNER

ENTRECROISER

Entrelacer
Croiser ensemble

ENTRÉE

Accès
Vestibule
Réception
Seuil
Orée
Hall
Admission
Introduction
Arrivée
Apparition
Exorde
Préambule
Commencement
Prologue
Début

● ANTONYMES : Sortie, Issue, Départ, Disparition.

ENTRELACEMENT

Entrecroisement
Entrelacs
Réseau
Filet
Lacis
Réseau
Chaîne
Nœud
Labyrinthe

ENTREMETTEUR, EUSE

Intermédiaire
Courtier
Médiateur
Négociateur
Conciliateur

Péj. :
Maquignon
Maquereau *et* Maquerelle
Pourvoyeur
Souteneur

Proxénète
Procureuse (*pop.*)
Appareilleuse (*anc.*)

● ANTONYMES : Client, Partie.

ENTREMETTRE (S')

S'interposer
Concilier
Intervenir
S'employer à
Se faire l'avocat de
Se mêler de
S'ingérer dans (une affaire)
Offrir ses bons offices

● ANTONYME : Se tenir à l'écart.

ENTREMISE

Intercession
Interposition
Intermédiaire
Truchement
Arbitrage
Médiation
Moyen
Ministère
Bons offices
Canal
Voie
Bons soins
Bonne volonté

● ANTONYME : Abstention.

ENTREPRENANT
V. AUDACIEUX et HARDI

ENTREPRENDRE

Commencer
Engager

Entamer
Déclencher
Prendre l'initiative (de)
Risquer
Oser
Tenter
Essayer
Enclencher
Engrener
Emmancher (*fam.*)
Attaquer (*fam.*) *et* S'attaquer à
Mettre la main à

● ANTONYMES : Achever, Terminer, Finir, Mener à bien.

ENTRER

Pénétrer
S'introduire
Se glisser
Se faufiler
S'engager dans
Enfiler (une rue)
Se jeter
Se précipiter
Se ruer
Se couler
S'infiltrer
S'enfoncer
S'engouffrer
Fare irruption
Mettre les pieds
Se frayer un passage
S'ouvrir un accès
Accéder
Faire une descente
Envahir
Rentrer dans
Forcer (la porte)
Arriver
Venir
Passer (le seuil)
S'immiscer
S'ingérer
S'incorporer

● ANTONYMES : Sortir, Partir, Fuir, S'en aller, S'exclure de.

ENTRESOL

Mezzanine

● ANTONYMES : Rez-de-chaussée, Étage.

ENTRETENIR
V. CONSERVER et MAINTE-NIR.

ENTRETIEN

V. CONVERSATION

ENTREVOIR
V. VOIR

ENTREVUE

Entretien
Tête-à-tête
Visite
Interview
Contact
V. CONVERSATION
Rendez-vous

ENTROUVRIR
V. OUVRIR

ÉNUMÉRATION

Compte
Dénombrement
Recensement
V. LISTE
Répertoire
Inventaire
Catalogue
Détail
Table *et* Tableau

ENVAHISSEMENT

Invasion
Incursion
Empiétement
Occupation
Raid
Irruption

● ANTONYMES : Fuite, Départ, Retrait, Retraite.

ENVELOPPE

Contenant
Étui
Fourreau
Écrin
Gaine
Revêtement
Chape
Emballage
Couverture
Housse
Sac
Taie
Cosse
Gousse
Glume *et* Glumelle
Bogue
Écale
Brou
Écaille
Carapace
Chemise
Paillon
Clisse
Gangue
Écorce
Balle *ou* Bale
Coquille
Tégument
Test
Cocon
Coque
Membrane
Capsule
Coiffe (*anat.*)

Périoste (*anat.*)
Plèvre (*anat.*)
Péritoine (*anat.*)

Spécialement :
Pli (postal)
Bande

● ANTONYME : Contenu.

ENVELOPPER

Entourer
Emballer
Empaqueter
Couvrir *et* Recouvrir
Emmailloter
Emmitoufler
Enclore
Englober
Enrober
Engainer
Ensacher
Encaquer
Encoffrer
Enserrer
Enfermer
Entortiller
Encapuchonner
Engoncer
Emmitonner (*fam.*)
Rouler dans *et* Enrouler
Ceindre de

● ANTONYMES : Déballer, Dégager, Défaire, Désen-velopper.

ENVENIMER

V. EMPOISONNER

Au fig. :
Aigrir
Exaspérer
Aggraver
Enfieller (*rare*)
Attiser

Jeter de l'huile sur le feu
Enflammer
Aviver

● ANTONYMES : Désenvenimer, Désinfecter, Soigner, Calmer, Apaiser, Amortir.

ENVERS

Dos
Verso
Revers
Pile
Derrière

● ANTONYMES : Avers, Endroit, Devant, Face.

ENVIABLE

Digne d'envie
Désirable
Tentant
Souhaitable

● ANTONYME : Détestable.

ENVIE

1. Jalousie

2. Désir
Convoitise
Appétence *et* Appétit
Concupiscence
Avidité
Démangeaison
Caprice
Cupidité
Besoin
Inclination
Goût
Foucade
Souhait

Ardeur
Passion
Voracité
Soif
Faim
Fringale
Manque
Curiosité
Desideratum

● ANTONYMES : 1. Amour,
2. Détachement, Aversion.
Satiété.

ENVIER

1. Jalouser
Haïr
Porter envie à

2. Désirer
Vouloir
Convoiter
Appéter (*langue class.*)
Prétendre à
Ambitionner de
Briguer
Rechercher
Être démangé
Dévorer des yeux
Lorgner (*fam.*)
Reluquer (*fam.*)
Guigner (*fam.*)
Crever d'envie
Brûler de
Griller de
Rêver de
Appeler (*ou* Poursuivre) de
ses vœux

● ANTONYMES : 1. Aimer.
2. Dédaigner.

ENVIRONNER
V. ENTOURER

ENVIRONS
V. ABORDS et ALENTOURS

ENVISAGER

V. VOIR
Regarder
Considérer
Examiner
Estimer
Juger
Tenir pour possible *ou*
vraisemblable que
Avoir en vue de
Penser à
Réfléchir à
Prendre en considération
Projeter

ENVOI

1. Expédition
Message
Lettre
Paquet
Colis
Nouvelle
Transmission

2. Dédicace

● ANTONYMES : Renvoi,
Retour.

ENVOL

Spécialement :
Décollage
Départ

● ANTONYME : Atterrissage.

ENVOÛTEMENT

Maléfice
Sortilège
Magie
Sorcellerie

Charme (*aussi au fig.*)

Au fig. :
Enchantement
Assujettissement
Fascination
Sujétion
Suggestion
Séduction
Domination

● ANTONYMES : Exorcisme, Conjuration.

ENVOÛTER
V. ENSORCELER

ENVOYÉ

Délégué
Courrier
Messager
Exprès
Estafette
Agent
Ambassadeur
Émissaire
Missionnaire
Plénipotentiaire
Représentant
Député
Parlementaire
Détaché *ou* Chargé de mission
Attaché auprès de
Légat
Reporter
Correspondant

● ANTONYMES : Destinataire, Envoyeur.

ENVOYER

Déléguer (quelqu'un)
Dépêcher
Détacher
Élire

Nommer
Députer
Adresser (quelque chose)
Expédier
Transmettre
Mander

Fam. :
Jeter
Lancer
Allonger (*par ex.* : une gifle)
Appliquer
Donner
Flanquer
Décocher
Coller

● ANTONYMES : Recevoir, Accueillir, Apporter.

ÉPAIS

Dense *et* Condensé
Gros *et* Gras
Fort
Solide
Consistant
Butyreux
Pâteux
Gluant
Visqueux
Volumineux
Corsé
Grossier
Lourd
Pesant
Massif
Mastoc (*arg.*)
Trapu
Râblé
Ramassé
Touffu
Fourni
Serré
Dru

● ANTONYMES : Mince,

Fin, Léger, Délié, Menu, Subtil, Fluide, Clairsemé.

ÉPANCHEMENT

Au fig. :
Effusion
Abandon
Expansion
Confidence
V. CONVERSATION

● ANTONYMES : Silence, Repli sur soi-même.

ÉPANCHER (S')

V. SE CONFIER
S'ouvrir
Se soulager
Se décharger
Décharger son cœur (*ou* sa conscience)
Révéler
Faire l'aveu de
Déverser
S'abandonner
Se livrer
Parler
Déborder
Faire (ses) confidences
Communiquer (ses sentiments)
Dire (ce que l'on pense)

● ANTONYMES : Se replier sur soi-même, Dissimuler, Se fermer.

ÉPANDRE
V. RÉPANDRE et VERSER

ÉPARGNE
V. ÉCONOMIE

ÉPARGNER
V. Économiser et Grâcier

ÉPARPILLER
V. Disperser

ÉPARS

Dispersé
Éparpillé
Disséminé
Répandu
Épandu
Dissocié
Divisé
Séparé
Isolé
Clairsemé
Sporadique
En désordre
Flottant

● ANTONYMES : Rassemblé, Groupé, Compact, Massif.

ÉPATANT

Admirable
Étonnant
Surprenant
Mirifique
Mirobolant
Stupéfiant
Formidable
Excellent
Exceptionnel
Remarquable
Merveilleux
Du tonnerre! (*pop.*)
Chouet *ou* Chouette (*pop.*)
Terrible (*pop.*)
Au poil (*pop.*)
Époustouflant (*fam.*)
Formid' (*pop.*)

● ANTONYMES : Minable, Miteux, Lamentable, Misérable.

ÉPATE

Ostentation
Bluff
Esbroufe
Chiqué

● ANTONYMES : Sérieux, Sincérité, Naturel.

ÉPATÉ

1. Surpris
Ébahi
Étonné
Stupéfié *et* Stupéfait
Renversé
Ébloui
Ébaubi
Interdit
Interloqué
Ahuri
2. Aplati (nez)
Écrasé
Camus
Large
En pied de marmite

● ANTONYME : Fin.

ÉPAULER
V. Aider

ÉPÉE

Arme (blanche)
Lame
Latte
Sabre
Fleuret
Glaive
Claymore (Épée écossaise)
Branc *ou* Brand
Badelaire *ou* Bazelaire
Braquemart *ou* Braquet
Brette

Estramaçon
Flambard *et* Flambe
Flamberge
Plombée *ou* Plommée
Rapière
Colichemarde
Bancal (Épée courbe)
Cimeterre (*id.*)
Yatagan (*id.*)
Alfange (*id.*)
Palache (Épée hongroise, d'origine turque)

ÉPHÈBE
V. Adolescent

ÉPHÉMÈRE

Momentané
Bref
Passager
Temporaire
Fugitif
Provisoire
Court
Périssable
Rapide
Fragile
Fugace
Précaire
Transitoire

● ANTONYMES : Éternel, Durable.

ÉPICERIE

Boutique d'épicier
Crémerie
Self-service (*néol. angl.*)

ÉPICES

Aromates
Assaisonnement
Condiments

Ingrédients

Principales épices :
Anis
Bétel
Cannelle
Cari, Cary *ou* Curry
Cumin
Gingembre
Girofle
Moutarde
Muscade
Paprika
Piment
Poivre
Safran
Sauge
Vanille
Thym
Laurier

« *Épicé* » :
V. GRIVOIS

ÉPICURIEN

Disciple d'Épicure
Ataraxiste

Par extension :
Sensuel
Voluptueux
Hédoniste
Jouisseur
Heureux
Bon vivant

● ANTONYMES : Stoïcien, Janséniste, Puritain.

ÉPIDÉMIE

Contagion
Maladie endémique
Épizootie (animaux)
Enzootie (*id.*)
Épiphytie (plantes)
Pandémie

Au fig. :
Engouement
Mode

ÉPIDERME
V. PEAU

ÉPIER

Espionner
Guetter
Surveiller
Pister
Filer
Être à l'affût (*ou* aux aguets)
Faire le guet
Faire sentinelle (*anc.*)

ÉPIGRAMME

Trait (satirique)
Satire
Raillerie
Mot
Critique
Coup de langue
Pasquin (*anc.*)

● ANTONYMES : Compliment, Louange.

ÉPILOGUE
V. CONCLUSION et FIN

ÉPILOGUER

Faire des commentaires
Discourir
Blablater (*néol.*)
Chicaner
Ergoter
Trouver à redire
Critiquer
Blâmer
Désapprouver
Censurer
Condamner

ÉPINEUX

Difficile
Délicat
Embarrassant
Pénible

● ANTONYME : Facile.

ÉPINGLE
V. ATTACHE

ÉPIQUE

Digne de l'épopée
Homérique
Lyrique
Extraordinaire

Par extens. :
Inimaginable
Rare
Aventureux
Hasardeux

● ANTONYME : Prosaïque.

ÉPISODE

V. AVENTURE
Événement
Circonstance
Incident
Péripétie
Tranche (d'un feuilleton)

ÉPISPASTIQUE

Vésicatoire
Vésicant
Révulsif

ÉPISTAXIS

Saignement (de nez)
Hémorragie

ÉPITAPHE
V. Inscription

ÉPITHÈTE
V. Adjectif

ÉPITOMÉ
V. Abrégé

ÉPÎTRE
V. Lettre

ÉPIZOOTIE
V. Épidémie

ÉPLORÉ

V. Attristé
V. Triste
Désolé
Larmoyant

● Antonymes : Gai, Riant.

ÉPLUCHER

Décortiquer
Nettoyer
Peler
Écosser

Au fig. :
Passer au crible
Trier
Critiquer (en détail)
Examiner consciencieusement
Disséquer
Dépecer

ÉPOINTÉ
V. Émoussé

ÉPOPÉE

Poème épique
Chanson de geste

Aventure héroïque
Événements historiques
Action sublime

● Antonymes : Vie quotidienne, Trivialité.

ÉPOQUE

Moment (historique)
Ère
Période
Temps
Siècle
Règne
Date
Âge
Étape (historique)

ÉPOUMONER (S')
V. Crier

ÉPOUSAILLES

V. Noces
Mariage

ÉPOUSER

Prendre pour époux (*ou* pour épouse)
Se marier (avec)
Conduire à l'autel

Au fig. :
Adopter (une cause)
Partager (un point de vue)
Embrasser
Prendre parti
Soutenir
Entrer dans les intérêts (d. quelqu'un)
S'adapter à
Suivre (le contour)
Se mouler sur

● Antonymes : Répudier,

Divorcer ; S'éloigner, Se distinguer de.

ÉPOUSSETER

Enlever la poussière
Nettoyer
Brosser
Essuyer
Passer le balai (*ou* l'aspirateur *ou* le chiffon)
Vergeter (*anc.*)

ÉPOUSTOUFLANT
V. Épatant et Étonnant

ÉPOUVANTABLE

Effrayant
V. Effroyable
Horrible
Horrifiant
Terrible
Terrifiant
Affreux
Monstrueux
Atroce
Cruel
Insupportable
Détestable
Infernal
Catastrophique

● Antonymes : Heureux, Rassurant, Agréable, Bon.

ÉPOUVANTAIL

Croquemitaine
Loup-garou
Tarasque (*rég.*)
Spectre
Fantôme
Hantise
Ogre

● ANTONYMES : Appât, Tentation.

ÉPOUVANTE

Épouvantement (anc.)
Frayeur
Effroi
Horreur
Terreur
V. PEUR
Panique
Affolement
Crainte
Appréhension
Inquiétude
V. ANGOISSE

ÉPOUVANTER
V. PEUR (FAIRE) et EFFRAYER

ÉPOUX, OUSE

V. MARI (et FEMME)
V. FEMME
Couple
Mariés
Conjoints
Ménage
Compagnon et Compagne
(Ma) Moitié (fam.)
(Ma) Légitime (pop.)
(Ma) Bourgeoise (fam.)
Bobonne (fam.)
(Mon) Jules (pop.)
Ma Nana (pop.)
Ma Bonne femme (pop.)
Mon Bonhomme (pop.)
Mon Homme (pop.)
Mon Cinquante-pour-cent (pop.)

● ANTONYMES : Célibataire, Veuf (ou Veuve), Fiancé (e).

ÉPRENDRE (S')

Se mettre à aimer
Avoir le coup de foudre (pour quelqu'un ou pour quelque chose)
S'emballer
S'enticher de
S'engouer
S'enthousiasmer (pour)
Devenir amoureux
Être pris (ou séduit)
S'assoter de (langue class.)
Être chipé (pop.)
Être fou de
Être féru de
Se passionner
S'entêter
Se mettre à raffoler de

● ANTONYMES : Se déprendre, Se détacher, Prendre en grippe, Se mettre à détester (ou à haïr).

ÉPREUVE

1. Expérience
Essai
Test
Contre-épreuve
Exercice
Examen
Colle (fam., scol.)
Devoir
Composition
Schibboleth
Critère
Pierre de touche
Crible
Probation
Tentation
Assaut
Danger
Peine
Affliction
Malheur
Peine
Coup
Persécution
Mauvais quart d'heure
Purgatoire
Souffrance
(Dur) Apprentissage
Brimade
Aventure
Péril
Tribulation
Adversité
Duel judiciaire
Ordalie
Jugement de Dieu

2. Match
Compétition
Rencontre
Critérium
Championnat
Course
Handicap
Éliminatoire
Finale
Poule

3. Composition (imprimerie)
Morasse
Placard

4. Image positive (photographie)
Copie
Positif
Photocopie
Photostat
Phototype
Image négative
Contretype
Cliché
Marron (film)
Lavande (id.)

ÉPROUVER

1. Essayer
Expérimenter

Tâter (de)
Mettre à l'épreuve
Vérifier
Risquer
Hasarder
Tenter (quelque chose)
Soumettre à la tentation

2. Sentir *et* Ressentir
Avoir (un sentiment)
Concevoir (*id.*)
Endurer (*id.*)
Souffrir (*id.*)
Supporter (*id.*)
Subir (*id.*)
Participer à (*id.*)
Partager (*id.*)
Percevoir
Être sensible à

« *Éprouvé* » :
V. SÛR

● ANTONYMES : 1. Utiliser, Employer, User de.
2. Inspirer

ÉPUISÉ

Abattu
Déprimé
Accablé
Affaibli
Fatigué
Las *et* Lassé
Crevé (*fam.*)
Eu (*fam.*)
Exténué
Sur les genoux (*ou* Sur les rotules) [*pop.*]
Flapi (*fam.*)
Harassé
Vidé (*pop.*)
Démoli (*fam.*)
Anémié
Diminué
Consumé
Excédé
À bout (*fam.*)

Au bout du rouleau (*fam.*)
Éreinté
Claqué (*pop*)
Esquinté (*fam.*)
Brisé
Perdu (de fatigue)
Rendu (de fatigue)
Échiné
Pressé comme un citron
Flagada (*arg.*)

● ANTONYMES : Fortifié, Revigoré, Gonflé, Regonflé.

ÉPURATION

Purification
Clarification
Assainissement
Filtrage
Filtration
Raffinage *et* Affinage
Dépuration

● ANTONYMES : Contamination, Corruption, Dépravation, Pollution.

ÉPURER

Rendre pur
Apurer
V. PURIFIER
Purger
Clarifier
Décanter
Filtrer
Raffiner *et* Affiner
Assainir
Distiller
Rectifier
Cribler *ou* Passer au crible
Améliorer

● ANTONYMES : Polluer, Salir, Souiller, Troubler, Corrompre, Pervertir.

ÉQUANIMITÉ

Égalité d'humeur (*ou* d'âme)
Impassibilité
Indifférence
Équilibre (affectif)
Cœur tranquille
Sérénité
Flegme
Philosophie
Stoïcisme

● ANTONYMES : Inquiétude, Instabilité, Versatilité.

ÉQUARRIR
V. ÉCORCHER

ÉQUILIBRER

Contrebalancer
Compenser
Faire équivaloir
Corriger
Pondérer
Neutraliser
Harmoniser
Mettre en équilibre
Fixer

● ANTONYME : Déséquilibrer.

ÉQUIPE

Groupe (de travail)
Atelier
Compagnons
Camarades
Escouade

Sports :
Écurie
Team
Joueurs

● ANTONYMES : Solitaire, Homme seul.

ÉQUIPÉE

Escapade
Fugue
Évasion
Frasque
Fredaine
Bordée
Absence
Sortie
V. Aventure

ÉQUIPEMENT
V. Bagage

ÉQUITABLE

V. Juste
Impartial
Intègre
Objectif
Droit
Loyal
De bonne foi

● ANTONYMES : Injuste,
Partial, Arbitraire, Inique.

ÉQUITÉ
V. Justice

ÉQUIVALENT

Égal
Identique
Équipollent (anc.)
Semblable
Synonyme
Comparable
(Le) Même
Pareil

● ANTONYMES : Différent,
Inégal.

ÉQUIVALOIR
V. Égaler

ÉQUIVOQUE
V. Ambigu et Suspect

ÉRAFLURE et
ÉRAILLURE
V. Écorchure

ÈRE
V. Époque

ÉRECTION
V. Construction

ÉREINTEMENT
V. Critique

ÉREINTER (S')
V. Fatiguer (se)

ÉRIGER
V. Bâtir, Dresser et
Élever

ERMITE

Anachorète
Solitaire
Ascète
Cénobite
Stylite
Marabout

● ANTONYME : Être social.

ÉROSION

Corrosion
Dégradation
Désagrégation
V. Usure

ÉROTIQUE

Sensuel
Sexuel
Amoureux
Libre
Libertin
Licencieux
Voluptueux
Excitant
Luxurieux
Stimulant
Cochon (péj.)
Sexy (néol. angl.)

● ANTONYMES : Privatif,
Chaste, Castrateur.

ERREMENTS
V. Erreur

ERRER

Se tromper
Faire erreur
S'écarter (de la vérité)
S'éloigner (de la vérité)
Aller au hasard
Vaguer (littér.)
Divaguer
Battre (la campagne, l'es-
trade, le pavé)
Rôder
Traîner (fam.)
Trimarder (pop.)
Vagabonder
Vadrouiller
Traînasser (pop., péj.)
Flâner
Se promener (sans but)
Se perdre
S'égarer
Traîner ses guêtres
Rouler sa bosse (pop.)
Voyager
Rêver

● ANTONYMES : S'arrêter,
Se fixer.

ERREUR

Méprise
Aberration

Fourvoiement
Égarement
Errement
Fausseté
Faute
Coquille
Lapsus
Cuir
Bourde
Pataquès
Blague (*fam.*)
Bévue
Impair
Pas de clerc
Incorrection
Maldonne
Omission
Contresens
Non-sens
Mastic (*typogr.*)
Interversion
Confusion
Quiproquo
Leurre
Illusion
Chimère
Hallucination
Mensonge
Imagination
Mirage
Préjugé
Métachronisme
Anachronisme
Prochronisme
Superstition
Fausse apparence
Aveuglement
Tromperie (*anc.*)
Vice (de raisonnement)
Paralogisme
Sophisme
Étourderie
Gaffe
Inadvertance
Oubli
Inexactitude
Mécompte
Irrégularité

Boulette (*fam.*)

● ANTONYMES : Justesse,
Vérité, Correction, Pers-
picacité.

ERRONÉ

V. FAUX
Inexact
Fautif
Mal fondé
Entaché d'erreur
Incorrect

● ANTONYMES : Juste,
Vrai, Correct.

ERSATZ (*néol.*)

Produit de remplacement
Succédané
Substitut
Imitation
Simili

ÉRUDIT

Savant
Docte
Cultivé
Lettré
Mandarin (*péj.*)
Instruit
Spécialiste (*et* Spécialisé)
en (*ou* ès)
Docteur
Sommité
Puits de science

● ANTONYMES : Ignorant,
Ignare, Inculte.

ÉRUDITION
V. SAVOIR

ÉRUPTION

Jaillissement
Ébullition (d'un volcan)
Débordement (*fig.*)
Explosion

Médecine :
Efflorescence
Confluence
Poussée
Dermatose

ESCALADER

Monter
Franchir
Passer
Sauter
Faire l'ascension de
Grimper à
Gravir

● ANTONYMES : Descen-
dre, Dégringoler, Dévaler.

ESCALE

Port
Relâche
V. HALTE
Étape
Station
Arrêt

ESCAMOTER

V. DÉROBER et SOUSTRAIRE
Faire disparaître
Subtiliser
Dérober
Attraper
Faire un tour de passe-
passe (*ou* d'illusion)
Faire passer au bleu (*ou*
à l'as)
Cacher

Au fig. :
Esquiver
Éluder
Tourner
Éviter
Fuir
Sauter (*ou* Avaler) la difficulté
Croquer (la note) (*mus.*)

● ANTONYMES : Affronter (la difficulté), Mettre en évidence.

ESCAPADE
V. ÉQUIPÉE

ESCARGOT

Gastéropode
Colimaçon
Limaçon
Helix (nom scientifique de l'escargot)
Luma (*rég.*)
Cagouille (*rég.*)
Bourgogne
Petit-gris
Vigneron *ou* Hélice vigneronne (Helix pometia)

ESCARMOUCHE
V. COMBAT et ENGAGEMENT

ESCARPÉ

Abrupt
À pic
Haut
Ardu
Raide
Montant
Malaisé
Difficile (d'accès)

● ANTONYMES : D'accès facile, Accessible.

ESCARPOLETTE
V. BALANÇOIRE

ESCHE
V. APPÂT

ESCLAFFER (S')
V. RIRE

ESCLANDRE
V. SCANDALE

ESCLAVAGE

Servitude
Asservissement
Servage
Assujettissement
Dépendance
Fers
Chaîne
Captivité
Traite
Domination
Sujétion
Subordination
Contrainte
Soumission
Tyrannie

● ANTONYMES : Liberté, Libération, Affranchissement.

ESCOMPTER

Avancer
Payer d'avance (avant échéance)

Au fig. :
Compter sur
Espérer
Prévoir
Attendre *et* S'attendre à

● ANTONYME : (*Au fig.*) Craindre que.

ESCORTER

V. ACCOMPAGNER
Convoyer
Suivre
Aller avec
Garder
Faire la haie
Protéger
Servir de garde du corps

ESCROC

Aigrefin
Escroqueur
Estampeur (*fam.*)
Carotteur (*fam.*)
Écornifleur
Arnaqueur (*arg.*)
Filou
Flibustier
Pirate
Écumeur
Voleur
Chevalier d'industrie
Carambouilleur
Faiseur

ESCROQUER

V. VOLER
Extorquer
Soutirer
Soustraire
Arnaquer (*arg.*)
Carambouiller
Carotter (*fam.*)
Détrousser
Spolier
Détourner
Friponner
Filouter
Pigeonner (*pop.*)
Tirer une carotte (à quelqu'un) [*arg.*]
Flouer (*fam.*)

419

ESCROQUERIE

Arnaque (*arg.*)
Carambouille *et* Carambouillage
Manœuvre frauduleuse
Filouterie
Friponnerie
Flouerie
Vol
Malversation
Abus de confiance
Tromperie
Prévarication
Cavalerie (bancaire)

ÉSOTÉRIQUE

Acroatique *ou* Acroamatique
Occulte
Initiatique
Mystérieux
Hermétique
Sibyllin
Énigmatique
Abscons
Obscur
Insondable
Ténébreux
Secret
(Sens) Caché
Impénétrable
Inexplicable

● ANTONYMES : Exotérique, Profane, Clair, Public, Simple.

ESPACE

1. Intervalle
Distance
Ecart *et* Écartement
Interstice
Joint
Vide (entre deux objets)
Trajet *et* Trajectoire
Course
Éloignement

Spécialement typographie :
Interligne
Blanc
Espace (*n.f.*)

2. V. ÉTENDUE et ZONE

3. Univers
Immensité (spatiale)
Ciel
Atmosphère
Éther
Vide interstellaire
Cosmos

ESPAGNOL

Ibère *et* Ibérique
Castillan (langue)

ESPAGNOLETTE

Crémone

ESPAGNOLISME

Hispanisme

ESPÈCE

Groupe
Catégorie
Genre
Sorte
Variété
Type
Race
Essence
Nature

« *De même espèce* » (*péj.*) :
Acabit
Engeance
Gent
Poil
Farine
Calibre

ESPÈCES

V. ARGENT
Liquide *et* Liquidités
Numéraire
Billets (de banque)
(Argent) Comptant

● ANTONYMES : En nature, Chèque, Traite.

ESPÉRANCE
V. ESPOIR

ESPÉRER

Attendre
Compter sur
Tabler sur
Augurer
Rêver de
Se bercer de
Se flatter de (ou que)
Nourrir (*ou* Former) l'espoir
Croire *et* Vouloir croire
Être dans l'expectative de (*ou* dans la perspective)
Avoir confiance
Escompter

● ANTONYMES : Désespérer, Ne pas croire que, Ne pas attendre que.

ESPIÈGLE

Malicieux
Vif
Malin
Coquin
Narquois
Astucieux
Futé
Farceur
Taquin
Railleur
Roué

Turbulent
Fin
Spirituel
Plein d'esprit
Gamin
Fripon
Badin

« *Enfant espiègle* » :
Diablotin
Lutin
Polisson

● ANTONYMES : Niais,
Sot, Bête, Apathique,
Indolent.

ESPION

Délateur
Indicateur (de police)
Indic' (*pop.*)
Affidé (*anc.*)
Mouchard *et* Mouche
Donneur (*arg.*)
Rapporteur
Doulos (*arg.*)
Argus
Chien (de police, du pa-
tron)
Surveillant
Sycophante (*litt. et anc.*)
Agent
Agent secret
Membre des services
secrets
Agent des services de ren-
seignements
Membre *ou* Agent de la
5ᵉ Colonne
Agent de la C.I.A.
Œil de Moscou
Traître
Contre-espion
Résident (*néol.*)
(Honorable) Correspon-
dant (*néol.*)
Antenne (*néol.*)

Traitant (*néol.*)
Contact (*néol.*)
Barbouze (*néol.*)
Mouton (*arg.*)
Roussi *et* Roussin (*arg.*)
Casserole (*arg. anc.*)
Condé (*arg.*)
Un Javert (*litt.*)

ESPIONNER
V. ÉPIER

ESPOIR

Espérance
Attente
Confiance
Expectative
Perspective
Croyance
Désir
Projet
Certitude
Conviction
Assurance

● ANTONYMES : Déses-
poir, Crainte.

ESPRIT

1. Intelligence
Conscience
Connaissance
Imagination
Entendement
Pensée
Réalité pensante
Moi
Raison
Génie
Talent
Réflexion
Représentation
Cerveau
Tête
Concept

Image
Intellection
Discernement
Invention

2. Mentalité
Humeur
Caractère
Disposition (mentale)
Goût

3. Âme (*eccl.*)
Cœur (*eccl.*)
Essence
Inspiration
Grâce
Souffle vital
Dieu
Ange *et* Ange déchu
Démon
Diable

Par extens. :
Elfe
Gnome
Fée
Sylphe
Lutin
Kobold
Korrigan
Farfadet
Fantôme
Mânes
Spectre
Revenant

4. Humour
Verve
Malice
Légèreté
Ingéniosité
Causticité
Vivacité
Brillant

5. « *Trait d'esprit* »
Boutade
Repartie
Bon mot
Pointe

Trouvaille
Sarcasme
Satire
Épigramme
Concetti
Lazzi

● ANTONYMES : 1. Inintelligence, Animalité, Foi.
3. Matière, Chair.
4. Lourdeur, Grossièreté, Brutalité.

ESQUIF
V. BARQUE

ESQUINTER

V. ABÎMER et CRITIQUER

« *S'esquinter* » :
V. FATIGUER (SE)

ESQUISSE

Aperçu
Plan
Tentative
Canevas
Projet
Idée
Ébauche
Essai
Synopsis

● ANTONYMES : Œuvre achevée, Chef-d'œuvre.

ESQUIVER
V. ÉVITER

ESSAI

Tentative
Épreuve
Ballon (d'essai)
Expérience
Vérification
Expérimentation

Banc (d'essai)
Vol (d'essai)
Apprentissage
Tâtonnement
Début (s)
Coup (d'essai)
Commencement
Sous condition (à l'essai)
Sans engagement (à l'essai)
Statut provisoire (à l'essai)
Ébauche
Esquisse

● ANTONYMES : Chef-d'œuvre, Coup de maître, Réussite, Statut définitif.

ESSAIM

Au fig. :
NUÉE
Grand nombre
V. MULTITUDE
Foule
Quantité
Troupeau
Troupe
Ruche

● ANTONYMES : Individu, Individualité.

ESSAYER

V. TENTER et ÉPROUVER
Entreprendre
Tâter *et* Tâtonner
Risquer *et* Se risquer à
Aborder
Sonder
Attaquer
Débuter
Commencer
Hasarder *et* Se hasarder à
Faire l'essai
S'embarquer dans
Se lancer dans
Chercher à

Tâcher de
Faire l'effort de
Vouloir en avoir le cœur net
Faire le possible (*ou* son possible) pour
Vouloir
Faire un essayage
S'exercer à
S'évertuer à

● ANTONYMES : Renoncer à, Réussir à.

ESSENCE

1. Nature profonde (*ou* essentielle)
Principe essentiel
Quintessence
Substance
Moelle
Substantifique moelle
Quiddité (*anc.*)

2. Huile essentielle
Liquide volatil
Parfum (de base)
Arôme
Nizeré (essence de roses blanches)
Extrait
Concentré

3. Hydrocarbure
Pétrole (raffiné)
Carburant
Benzine (*néol. allem.*)

4. Espèce (végétale)

● ANTONYMES : 1. Apparence, Existence.
2. Composé de.

ESSENTIEL

1. Indispensable
Nécessaire

Obligatoire
Vital
(Absolument) Utile
Fondamental
Capital
Inappréciable

2. *Par extens.* :
V. PRINCIPAL
V. IMPORTANT
Primordial

● ANTONYMES : Accessoire, Secondaire, Éventuel, Casuel, Contingent.

ESSOR

Envol *ou* Envolée
Élan vers le ciel
Départ (*aussi au fig.*)

Au fig. :
Épanouissement
Extension
Progrès
Développement
Croissance
Expansion
Succès
Agrandissement
Élargissement

● ANTONYMES : Atterrissage; Chute, Repos, Déclin, Baisse, Ruine, Stagnation.

ESSUYER

Sécher
Éponger
Astiquer
Fourbir
Torcher
Essorer (*sens étym.*)
Bouchonner
Épousseter

Dépoussiérer
V. FROTTER
Rendre propre
Faire briller (*ou* reluire)
V. NETTOYER
Ôter (la poussière, les taches)

Au fig. :
Subir (*par ex.* un affront)
Endurer
Souffrir
Être la cible de

● ANTONYMES : Mouiller, Imbiber, Humecter, Tremper; Salir, Empoussiérer, Souiller, Maculer; Infliger, Causer, Provoquer.

EST

Orient
Levant

● ANTONYME : Ouest.

ESTACADE
V. DIGUE et JETÉE

ESTAFETTE
V. ENVOYÉ et MESSAGER

ESTAFILADE
V. COUPURE et ENTAILLE

ESTAMINET
V. BAR et CABARET

ESTAMPILLE
V. CACHET et MARQUE

ESTHÉTIQUE

1. *Subst.* :
V. ART
V. BEAU

2. *Adj.* :
V. ARTISTIQUE
V. HARMONIEUX

● ANTONYME : Inesthétique.

ESTIMABLE
V. AIMABLE

ESTIMATION

Évaluation
Appréciation
Expertise
Prise
Devis (estimatif *ou* estimatoire)
Calcul
Approximation
Aperçu (estimatif)
Détermination
Fixation (du prix)
Surestimation
Sous-estimation

ESTIME
V. AMITIÉ

ESTIMER

1. Déterminer le prix
Apprécier
Évaluer
Priser
Faire une estimation
Jauger
Coter
Calculer (approximativement)
Supputer

2. Juger
Croire
Considérer comme
Tenir pour
Trouver

3. *Absol.* :
Aimer

Honorer
Vénérer
Priser
Goûter
Avoir une bonne opinion de
Faire (grand) cas de
Gober (*pop.*)
Avoir à la bonne (*pop.*)

● ANTONYMES : Mésestimer, Dédaigner, Mépriser.

ESTOMAQUER
V. ÉBAHIR

ESTOMPER
V. VOILER et ADOUCIR

ESTOURBIR
V. ASSOMMER et TUER

ESTRADE

Échafaud *et* Échafaudage
Tréteaux (théâtre)
Tribune
Praticable (théâtre)
Ring
Scène
Podium
Chaire

● ANTONYMES : Parterre, Salle.

ESTRAPADE
V. GIBET et SUPPLICE

ESTROPIER

Écloper
Mutiler
Rendre infirme (*ou* impotent)
V. BLESSER

Au fig. :
Déformer

Altérer
Abîmer
Déformer
Défigurer
Écorcher (*par ex.* un mot)

● ANTONYMES : Respecter, Préserver, Conserver.

ESTUAIRE
V. EMBOUCHURE

ÉTABLE

Bâtiment à bestiaux
Bouverie
Vacherie
Ménagerie (*anc.*)
Bercail
Bergerie
Porcherie
Soue (*rég.*)
Loge (à porcs)
Écurie
Remise
Hangar
Abri (à bêtes)

ÉTABLIR

Installer
Disposer *et* Poser
Mettre (en place)
Placer
Bâtir
Construire
Édifier
Fonder
Implanter
Fixer
Jeter les fondations (*ou* les fondements) de
Créer
Monter (*par ex.* un commerce)
Échafauder
Élever

Forger
Nouer (*par ex.* des relations avec quelqu'un)
Baser
Appuyer (*par ex.* un raisonnement)
Montrer
Prouver
Déterminer
Préciser
Découvrir (*par ex.* l'étymologie d'un mot)
Reconnaître (*id.*)
Calculer (*par ex.* un compte)
Dresser (*id.*)
Instituer (*par ex.* une règle)
Définir (*id.*)
Instaurer (*id.*)
Organiser
Constituer
Introniser (quelqu'un dans une fonction)
Nommer (*id.*)
Pourvoir (d'un emploi)
Assurer un casuel (à quelqu'un, *fam.*)
Doter

« *S'établir* » :
Se fixer
S'installer
Emménager
Élire domicile
S'ancrer
S'enraciner
Immigrer

« *Établi* » :
Démontré
Reconnu
Avéré
Prouvé
V. CERTAIN
Assuré
Sûr
Incontestable
Indiscutable

- ANTONYMES : Détruire, Démolir, Abolir, Abroger, Renverser, Casser; S'en aller, Partir, Quitter, Émigrer; Douteux, Incertain, Hasardé.

ÉTABLISSEMENT

V. MAISON (de commerce, d'enseignement, etc.)
Entreprise
V. USINE
Firme
Institution
Fabrique
Manufacture
Industrie
Magasin
Comptoir
Exploitation (agricole, industrielle, etc.)
V. BANQUE (établissement bancaire)
V. ÉCOLE (établissement scolaire)
Casino (établissement de jeux)
V. SOCIÉTÉ
Office
Régie
Asile (établissement de bienfaisance)
V. HÔPITAL (établissement hospitalier)
V. PRISON (établissement pénitentiaire)
Caisse (établissement d'épargne, de crédit, d'assurances, etc.)

ÉTAGE

1. Palier
Plate-forme
Carré
Sous-sol
Entresol

2. Couche (*par ex.* géologique)
Gradin
Plan (*aussi au fig.*)
Station
Niveau (*aussi au fig.*)

Au fig. :
Catégorie
Degré
Rang
Classe sociale
Condition (sociale)
Espèce (*par ex.* : une personne de bas étage)
Genre (*par ex.* : une pensée de bas étage)

- ANTONYME : Rez-de-chaussée.

ÉTAI

Appui
Arc-boutant
Béquille
Pilier
Accotoir
Soutien
Cale
Contre-boutant *ou* Contre-butement
Étançon
Chevalet *et* Chevalement
Fiche *et* Contre-fiche
Soutènement
Boisage
Accore (*mar.*)
Épontille (*id.*)
Étrier (métallurgie)
Renfort (*id.*)
Couchis (terrassement)
Étrésillon (*id.*)
Chandelier (*id.*)

ÉTALAGE

Étal
Éventaire
Devanture
Montre
Vitrine
Exposition

Au fig. (*péj.*) :
V. OSTENTATION
Démonstration
Exhibition
Esbroufe
Parade
Déploiement de
Faste
Luxe de
Profusion de

« *Faire étalage* » :
Se prévaloir
V. SE VANTER
Se faire valoir
V. EXHIBER
V. MONTRER

- ANTONYMES : Cacher, Dissimuler.

ÉTALER
V. ÉTENDRE et MONTRER

ÉTALON

Cheval entier
Reproducteur (cheval ou baudet, et *iron.*, *fam.* et *pop.* : homme)

- ANTONYMES : Hongre, Châtré.

ÉTANCHE

Imperméable
Hermétique
Isolé

Sec
(Bien) Fermé

● ANTONYMES : Perméable, Poreux, Qui fuit.

ÉTANCHER

1. Arrêter l'écoulement
Assécher *et* Sécher
Éponger
Aveugler (une voie d'eau)
Boucher (une fissure)

2. « *Étancher sa soif* » :
Se désaltérer
Boire

ÉTANÇON
V. ÉTAI

ÉTANG

V. BASSIN et EAU
Lagune *et* Lac
Chott
Pièce d'eau
Mare *et* Marais
Marécage
Réservoir
Barrage
Abreuvoir
Vivier
Alevinier *ou* Alevinière
Canardière

ÉTAPE

1. Halte
Escale
Couchée (*anc.*)
Cantonnement
Arrêt
Repos
Arrivée (ville-étape) [sport cycliste et automobile]
Distance à parcourir (sport)

Route (*id.*)
Station

2. *Au fig.* :
Phase
Stade
Degré
Période
Époque
Niveau

ÉTAT

1. V. SITUATION
Condition
Position
Sort
Destin
Manière (*ou* Façon) d'être (*ou* de vivre)

« *Bon état* » :
Aller bien (en bon état)
Être bien
Être sain
Être O.K.! (*néol.*)
Se porter bien
V. INTACT
Entier

« *Mauvais état* » :
Aller (*ou* Être) mal
Être malade (v. MALADE)
Se porter mal
Être cassé, brisé, détérioré, abattu, etc. (*voir ces mots*)

2. V. ÉTAPE
Degré
Niveau

« *En état de* » :
Capable de
En mesure de
Prêt à
Disposé à
Décidé à
Habilité à
Préparé à

En passe de
En posture de
Dans la possibilité de
En situation de
Bien placé pour

« *État de choses* » :
Conjoncture
Situation (de fait)
Circonstances
Conditions
Occurrence
Occasion

« *État des lieux* » :
V. INVENTAIRE
V. ESTIMATION

3. Métier
Profession
Travail
Art
Occupation

4. Groupement humain
Société (étatique)
Cité (étatique)
Communauté nationale (étatique)
Corps politique (étatique)

« *Homme d'État* » :
Politicien
Homme politique
Dirigeant
Homme de pouvoir

5. « *Un État* » :
Pays
Nation
Empire
Royaume
République
Puissance

ÉTAT-MAJOR

Commandement
Direction

Tête (*fig.*)
Cerveau (*fig.*)
Brain-trust (*néol. angl.*)

● ANTONYMES : Piétaille, Simple soldat, Seconde classe.

ÉTAU

Tenaille à vis
Presse
Mâchoires (à vis)

Au fig. :
Étreinte
Cercle
Angoisse
Oppression

ÉTAYER
V. SOUTENIR

ÉTÉ

Saison chaude
Canicule

● ANTONYME : Hiver.

ÉTEINDRE

Étouffer (la flamme)
Souffler (*id.*)
Noyer (*id. ou* le feu)
Observer le couvre-feu
Faire l'obscurité
Faire le black-out
Tourner le bouton
Faire le noir
Mettre l'éteignoir

Au fig. :
Apaiser
Calmer
Diminuer
Endormir

Assoupir
Affaiblir
Obscurcir
Ternir
Étouffer
Atrophier
Effacer
Anéantir
Abolir
Détruire
Annuler
Acquitter (*par ex.* : une dette)
Amortir
Consumer
Exterminer
Supprimer

« *S'éteindre* » :
Agoniser
S'affaiblir
Mourir
Tomber en désuétude
Disparaître
Passer
Expirer
Décliner
S'alanguir

« *Éteint* » :
Qui a perdu son éclat
Terne
Passé
Pâle *et* Pâli
Effacé
Décoloré
Blême
Refroidi
Fatigué
Usé
Apathique
Morne

● ANTONYMES : Allumer, Éclairer, Briller; Aviver, Attiser, Entretenir; Ressusciter, Ragaillardir, Se rétablir; Vif, Frais, Éclatant, Dynamique.

ÉTENDARD

V. DRAPEAU
Bannière
Gonfalon (*anc.*)
Cornette (*anc.*)
Vexille (*Antiq.*)
Labarum (*Antiq.*)

ÉTENDRE

Développer
Déployer *et* Éployer
Déplier
Étaler
Ouvrir
Détendre
Mettre en extension
Étirer *et* Détirer
Allonger
Distendre
Dilater
Élargir
Détordre
Augmenter la surface (*ou* le volume)
Donner davantage de place
Amplifier
Agrandir
Gagner du terrain (*ou* de la place)
Reculer les limites (*ou* les frontières)
Gagner sur
Évaser
Répandre
Disséminer
Parsemer
Propager
Rayonner
Ramifier
Transmettre
Généraliser
Universaliser
Publier
Faire connaître davantage

ÉTENDU

« *S'étendre* » :
Empiéter
Aller jusqu'à
S'épancher
S'épanouir

Spécialement :
S'allonger
Se coucher
Se mettre à l'aise
Prendre ses aises

Pop. :
Chuter
V. TOMBER

● ANTONYMES : Rétrécir,
Couper, Diminuer, Abré-
ger, Limiter, Raccourcir,
Rapetisser.

ÉTENDU

Ample
Large
Long
Vaste
Volumineux
Immense
Grand
Allongé
Déployé
Couché
Gisant

● ANTONYMES : Petit,
Étroit, Bref, Court, Réduit,
Restreint, Debout.

ÉTENDUE

Espace
Surface
Dimensions
Grandeur
Volume
Superficie
Largeur
Longueur
Envergure
Ampleur
Développement
Extension
Proportions
Importance
Portée
Amplitude
Distance
Contenance
Capacité
Champ (*fig.*)
Domaine (*fig.*)
Sphère (*fig.*)
Durée (étendue de temps)

ÉTERNEL

1. De tout les temps
Immortel
Sempiternel
Continuel
Perpétuel
Impérissable
Infini
Sans commencement ni fin
Indestructible
Sans fin
Immuable
Durable
Constant

Fam. péj. :
Fatigant
Ennuyeux
Interminable
Incessant
Lassant

2. V. DIEU

● ANTONYMES : Bref, Éphé-
mère, Court, Fugitif, Passager, Périssable, Précaire,
Temporaire.

ÉTERNUEMENT

Sternutation (éternuements
répétés)
Ébrouement (animaux)

ÉTÊTER
V. DÉCAPITER et ÉLA-
GUER

ÉTHIQUE
V. MORALE

ÉTHYLIQUE
V. ALCOOLIQUE

ÉTINCELANT

Qui fait (*ou* jette) des
étincelles
Resplendissant
Incandescent
Luminescent
Phosphorescent
Brillant
Fulgurant
Scintillant
Brasillant
Flamboyant
Rutilant
Chatoyant

● ANTONYMES : Obscur,
Noir, Terne, Mat, Éteint,
Pâle.

ÉTINCELLE

Parcelle incandescente
Bluette (*anc.*)
Flammèche

Au fig. :
Éclair
Lueur (fugitive)

ÉTIOLER (S')

V. S'Affaiblir
Dépérir
Languir
S'appauvrir
S'atrophier
Se défaire (progressivement)
S'asphyxier
Être anémique
Se débiliter
Se rouiller
Se détruire
Se ruiner
Devenir (de plus en plus) faible

● ANTONYMES : S'affermir, S'épanouir, Se Développer, Se fortifier.

ÉTIQUE
V. Maigre

ÉTIQUETTE

1. Marque
V. Écriteau
Vignette
Timbre
Label
Cachet
Tampon
Garantie

2. Protocole
Décorum
Règle
Préséances
Cérémonial
Bienséance
Savoir-vivre
Mondanités

● ANTONYME : 2. Laisser-aller.

ÉTIRER

V. Allonger et Étendre
Distendre
Élonger
Tirer
Dégrosser (le métal)
Laminer (id.)
Tréfiler (id.)

● ANTONYMES : Comprimer, Contracter, Rétrécir, Ramasser.

ÉTOFFE

Tissu
Laine et Lainage
Coton et Cotonnade
Soie et Soierie
Lin et Linon
Fil
Velours
Crin
Fibre
Rayonne
Fibrane
Nylon
Crylon

Étoffes de laine :
Alpaga
Bure
Cachemire
Castorine
Crêpe et Crépon
Damas
Drap
Casimir
Droguet
Feutre
Flanelle
Lasting
Mérinos
Molleton
Mousseline (de laine)
Popeline
Ratine

Reps
Serge
Tartan et Tartanelle
Moquette
Velours

Étoffes de coton :
Calicot
Rouennerie
Finette
Pilou
Coutil
Cretonne
Indienne
Jouy (toile de)
Mousseline (de coton)
Nankin
Organdi
Percale
Piqué
Satinette
Tarlatane
Futaine
Velours (de coton)
Velvet

Étoffes de fil :
Batiste
Coutil
Cretonne
Toile
Étamine
Linon
Serpillière
Treillis

Étoffes de soie :
Brocart
Brocatelle
Buratin ou Buratine
Surah
Crépon
Damas
Florence
Gaze
Lustrine
Moire (de soie)
Madras
Popeline

Reps
Satin
Taffetas
Filoselle (de soie)
Peluche
Velours (de soie)

Soie et métal :
Samit
Passement

Laine et soie :
Alépine
Silésienne
Sicilienne

Fil et coton :
Basin
Futaine

Soie et coton :
Madras

ÉTOILE

V. ASTRE
Corps céleste
Planète
Comète
Nova
Étoile filante
Aérolithe *ou* Aérolite
Météorite
Bolide
Nébuleuse
Constellation

Au fig. :
1. Fortune
Sort
Destin *et* Destinée
Chance
Crédit
Puissance

2. Célébrité
Vedette
Star
Danseuse (étoile)
Personnalité

V.I.P. (Very Important Person *néol. américain*)

ÉTONNANT

Surprenant
Ahurissant
Impressionnant
Singulier
Particulier
Exceptionnel
Extraordinaire
Prodigieux
Fabuleux
Curieux
Merveilleux
Étrange
Insolite
Inaccoutumé
Rare
Bizarre
Unique
Incroyable
Inconcevable
Invraisemblable
Improbable
Incompréhensible
Surnaturel
Magique
Inouï
Extravagant
Baroque
Biscornu
Cocasse
Saugrenu
Inattendu
Fantastique
Déconcertant
Effarant
Confondant
Étourdissant
Époustouflant (*fam.*)
Renversant
Frappant
Saisissant
Ébouriffant
Épatant (*fam.*)

Phénoménal
Faramineux
Pyramidal
Gigantesque
Mirobolant (*fam.*)
Mirifique (*fam.*)
Drôle
Stupéfiant
Énorme
Formidable
Imprévu

● ANTONYMES : Attendu, Ordinaire, Commun, Banal, Normal, Habituel, Courant, Quelconque.

ÉTONNÉ

Surpris
Saisi
Stupéfié
Stupéfait
Frappé de stupeur
Interdit
Ébahi
Ébaubi
Ahuri
Confondu
Bouche bée
Hébété
Fasciné
Émerveillé
Interloqué
Déconcerté
Désorienté
Démonté (*fam.*)
Dérouté
Bleu de surprise (*fam.*)
Décontenancé
Dépasssé
Tombé des nues
N'en croyant pas ses yeux (*ou* ses oreilles)
Sur le cul (*triv.*)
Y perdant son latin
Tombant de son haut

Effaré
Baba (*fam.*)
Éberlué
Estomaqué
Renversé
Soufflé (*fam.*)
Épaté
Abasourdi

● ANTONYMES : Fleg-
matique, Indifférent.

ÉTOUFFANT

Suffoquant
Asphyxiant
Accablant
Qui coupe la respiration
Opressant

● ANTONYMES : Vivi-
fiant, Frais, Exaltant.

ÉTOUFFER (S')

Suffoquer
S'étrangler
Respirer avec peine

Au fig. :
Se perdre (*fig.*)
Mourir (*fig.*)
Se presser
S'écraser (*fig.*)

ÉTOURDERIE

Inattention
Distraction
Irréflexion
Inconséquence
Légèreté
Manque de sérieux (*ou*
d'attention)
Futilité
Vanité

Imprévoyance
Inapplication
Insouciance
Dissipation
Imprudence
Inadvertance
Faute
Bévue
Maladresse
Oubli

● ANTONYMES : Atten-
tion, Application, Pré-
voyance, Réflexion, Cir-
conspection, Sérieux.

ÉTOURDI

Distrait
Écervelé
Évaporé
Inattentif
Inappliqué
Irréfléchi
Éventé (*anc.*)
Irraisonné
Malavisé
Imprudent
Frivole
Jean de la Lune
Fou
Inconsidéré
Léger
Lunaire
Insouciant
Inconséquent
Braque (*fam.*)
Dans la lune (*fam.*)
Étourneau (*fam.*)
Hurluberlu
Tête en l'air (*ou* folle, *ou*
légère, *ou* de linotte)
Qui n'a pas de plomb dans
la cervelle
Brouillon
Absent
Abstrait

Dissipé
Rêveur
Sans cervelle

● ANTONYMES : Atten-
tif, Appliqué, Sérieux,
Posé, Réfléchi, Prudent,
Vigilant.

ÉTOURDISSANT

V. ASSOURDISSANT *et*
FATIGANT

Au fig. :
V. ÉTONNANT

ÉTOURNEAU
V. ÉTOURDI

ÉTRANGE
V. BIZARRE

ÉTRANGER

Aubain (*anc.*)
Allochtone
Barbare (*anc.*)
Allogène
Exotique
Métèque (*péj.*)
Importé
Immigrant *et* Immigré
Barbare (*antiq.*)
Qui vient d'ailleurs
Réfugié
Personne déplacée (*néol.*)

Par extens. :
Différent
Isolé
Distinct
Étrange
Inconnu
Ignoré
Tiers *ou* Tierce personne
En dehors (de)
Qui n'a rien à voir (avec)

et aussi :
Voyageur
Touriste
De passage
Résident temporaire
Apatride
Heimatlos

« *Étranger à (quelque chose)* » :
Profane
Ignorant de
Indifférent à
Éloigné de
Fermé à
Détaché de
Qui reste froid devant
Insensible à
Imperméable à

● ANTONYMES : Autochtone, Aborigène, Indigène, Natif, Naturel, Citoyen, National.

ÉTRANGLER

Garrotter
Asphyxier
Serrer (*ou* Prendre) à la gorge
Étouffer
Faire perdre la respiration
Suffoquer
Oppresser
Stranguler (*plais.*)

Au fig. :
Opprimer
Mettre à genoux
Assassiner
Écorcher
Égorger
Bâillonner
Ruiner

« *S'étrangler* » :
1. S'étouffer
S'engouer (*anc.*)

Être oppressé
Manquer d'air
Être victime de dyspnée

2. Se resserrer
Se rétrécir

ÊTRE

1. *Subst.* :
Créature
Personne
Individu
Personnalité
Âme (être matériel)
Homme

Selon les philosophies :
Réalité (*antonyme :* Entité)
Entité (*antonyme :* Réalité)

2. *Verbe :*
Exister
Avoir lieu
Se trouver
Consister en
S'incarner dans
Se rencontrer
Se présenter
Se voir
Venir au monde
S'accomplir
S'exécuter
Se réaliser
Subsister
Vivre
Faire

● ANTONYMES : 1. Néant, Non-être.
2. Ne pas être

ÉTREINDRE

V. EMBRASSER
Enlacer
Empoigner

Serrer (dans ses bras)
Prendre (*id.*)
Presser (contre soi)
Tenir
Étouffer

● ANTONYMES : Lâcher, Relâcher, Laisser.

ÉTRENNES
V. CADEAU

ÉTRILLER

V. BROSSER
Frotter
Panser
Bouchonner

Pop. et *fam.* :
V. BATTRE
Malmener

ÉTRIQUÉ

V. ÉTROIT et RÉTRÉCI
Mesquin
Petit
Strict
Médiocre
Sans ampleur
Sans générosité
Sans perspective
Sec
Court
Exigu
Minable (*fam.*)
Riquiqui *ou* Rikiki (*fam.*)

● ANTONYMES : Large, Ample, Généreux.

ÉTROIT

Étréci
Rétréci
Court

Petit
Exigu
Limité
Réduit
Restreint
Mince
Maigre
Étranglé
Fin
Serré *et* Resserré
Juste
Étriqué
Collant
Ridicule
Confiné
Encaissé
Effilé
Étiré
Strict

Au fig. et péj. :
Borné
Buté
Mesquin
Intolérant
Insensible
Bégueule
Conformiste
Routinier
Incompréhensif

● ANTONYMES : Large, Ample, Relâché, Souple, Éclairé, Humain, Généreux, Ouvert.

ÉTUDIANT
V. ÉLÈVE

ÉTUDIER

Appliquer son esprit à
Apprendre
Potasser (*fam.*)
Piocher (*fam.*)
Chercher à comprendre
Analyser
Observer
Tâter (*fig. fam.*)

Considérer
S'appliquer à
S'instruire
Travailler
Bûcher (*fam.*)
Chiader (*fam.*)
Rechercher
Approfondir
Fouiller

« *Étudié* » :
Calculé
Soigné
Affecté (*péj.*)
Recherché
Apprêté
Faux

● ANTONYMES : Naturel, Simple.

ÉTUI
V. ENVELOPPE

EUNUQUE
V. CASTRAT

EUPHORIE

Bien-être
Bonne humeur
V. GAIETÉ
Aise
Béatitude
V. BONHEUR
Satisfaction
Détente
Soulagement
Optimisme
Oubli (des soucis)
V. JOIE

● ANTONYMES : Tristesse, Chagrin, Douleur, Dépression, Asthénie.

ÉVACUER
V. PARTIR et VIDER

ÉVADER (S')
V. FUIR

ÉVALUER
V. ESTIMER

ÉVANGÉLISER

Christianiser
Prêcher (l'Évangile)
Catéchiser

ÉVANOUIR (S')

1. V. DISPARAÎTRE et FUIR
2. Défaillir
Perdre connaissance
Tomber en syncope
Tomber en pâmoison
Avoir une faiblesse
Avoir une défaillance
Avoir un vertige
Avoir des vapeurs (*iron.*)
Se trouver mal
Tomber dans les pommes (*arg.*)
Se pâmer (*anc.*)
Être victime d'un collapsus

ÉVASIF

Fuyant
Équivoque
Ambigu
Détourné
Douteux
Qui cherche à éluder

● ANTONYMES : Catégorique, Net, Clair, Positif, Précis, Qui prend ses responsabilités.

ÉVASION

V. FUITE

Au fig. (*néol.*) :
Distraction
Divertissement
Changement
Rêve

ÉVEIL

Alarme
Alerte

« *En éveil* » :
Sur ses gardes
L'œil ouvert sur
L'œil fixé sur
La puce à l'oreille
Vigilant
Aux aguets
Attentif
Épiant
En état de veille
Qui ne dort que d'un œil

● ANTONYMES : Sommeil, Torpeur, Assoupissement, Mégarde.

ÉVEILLER

Réveiller
Tirer du sommeil

Au fig. :
Faire naître
Susciter
Faire apparaître
Faire affleurer
Provoquer
Susciter
Attiser
Exciter
Piquer (*par ex.* la curiosité).
Ouvrir l'esprit à

« *Éveillé* » :
V. DÉGOURDI

● ANTONYMES : Endormir, Assoupir.

ÉVÉNEMENT

Fait (*et* Fait divers)
Aventure
Incident
Accident
Coïncidence
Occurrence
Conjoncture
Situation (fortuite)
Actualité
Péripétie
Mésaventure
Vicissitude
Crise
Hasard
Contingence
Cas
Ce qui arrive
Aléa
Event (*angl.*)
Coup de théâtre
Occasion
Bonheur
Malheur
Chance
Malchance
V. CATASTROPHE
Désastre
Drame
Tragédie
Histoire (*fam.*)
Épisode
Éventualité
Scène
Page (d'histoire)
Affaire (*fam.*)

ÉVERTUER (S')
V. ESSAYER

ÉVIDEMMENT

À l'évidence
De toute évidence
Sûrement
Cela va de soi
Cela va sans dire
V. ASSURÉMENT
V. CERTAINEMENT

● ANTONYMES : Peut-être, Non.

ÉVIDENCE

Vérité (d'évidence)
Certitude
Réalité
Truisme
Lapalissade
Banalité
Pont aux ânes
Lieu commun

● ANTONYMES : Doute, Incertitude, Vague, Improbabilité.

ÉVIDENT

V. CERTAIN
Incontestable
Indéniable
Indiscutable
Indubitable
Patent
Sûr *et* Assuré
Clair
Flagrant
Lumineux
Manifeste
Éclatant
Transparent
Notoire
Criant
Sensible
Qui tombe sous le sens

● ANTONYMES : Douteux, Faux, Erroné, Contestable, Vague.

ÉVINCER

V. CHASSER
V. ÉLIMINER
Supplanter
Déposséder
Dépouiller
Écarter
Passer par-dessus (la tête de) [quelqu'un]
Mettre à l'écart (ou au rancart)
V. ÉLOIGNER
Exclure
Blackbouler
Repousser
Éliminer

● ANTONYMES : Accepter, Favoriser.

ÉVITER

Contourner
(Se) Détourner (de)
Esquiver
Parer à
Échapper à
Fuir
(S') Écarter (de) [ou quelque chose]
(S') Éloigner (de) [ou quelque chose]
Se garder de
Se défendre de
S'abstenir de
Prendre garde à
Se dispenser de
Résister à
Empêcher
Conjurer

Prévenir
Passer outre (ou au travers)
Obvier
Éluder
Bannir (fig.)
Couper à (fam.)
Se dérober
(S') Épargner (quelque chose)
Épargner (quelque chose à quelqu'un)
Décharger (quelqu'un de quelque chose)
Délivrer (id.)

● ANTONYMES : Affronter, Braver, Chercher, Aller au-devant de, Courir après.

ÉVOLUER
V. CHANGER

ÉVOLUTION

V. CHANGEMENT
Transformation
Mouvement
Processus
Développement
Marche
Progrès et Progression
Métamorphose

● ANTONYMES : Immobilité, Stabilité, Permanence, Fixité.

ÉVOQUER

Invoquer
Remémorer
Faire revivre
Rappeler
Remettre en mémoire
Réveiller

Susciter et Ressusciter
Suggérer
Imaginer
Montrer
Représenter
Décrire
Faire penser (à)

● ANTONYMES : Repousser, Chasser, Oublier, Effacer.

EXACERBER

Rendre plus aigu (ou plus violent)
Porter à son paroxysme
Exaspérer
Irriter
Mettre à vif
Redoubler

● ANTONYMES : Calmer, Apaiser, Adoucir, Atténuer.

EXACT

V. VRAI
Véridique
Correct
Juste
Véritable
Réel
Strict
O.K. (améric.)
Certain
Conforme
Parfait
Textuel
Littéral
Certifié
Affirmatif! (néol. barbare d'orig. milit.)

● ANTONYMES : Faux, Douteux, Inexact, Erroné.

EXACTION

Abus (de pouvoir)
Excès
Brigandage
Extorsion
V. Vol
Malversation
Pillage
Rançonnement
Concussion

EXACTITUDE

Ponctualité
Régularité
Minutie
Conscience
Assiduité
Correction
Rectitude
Rigueur
Justesse
Véracité
Véridicité
Fidélité à
Précision

● ANTONYMES : Inexactitude, Imprécision, Erreur, Approximation.

EXAGÉRÉ
V. Trop

EXAGÉRER

Ajouter
Broder
Amplifier
Forcer
Grossir
Bluffer
Pousser
Surestimer
Enfler
(Trop) Développer

Passer la mesure (*ou* les bornes)
Abuser
Outrer
Surcharger
Excéder
Surabonder
Surmener
Mesurer

Fam. et pop. :
Attiger
Charrier
Cherrer

● ANTONYMES : Minimiser, Amoindrir, Atténuer, Modérer, Réduire.

EXALTATION
V. Enthousiasme

EXALTER

Glorifier
Magnifier
Louer *et* Louanger
Vanter
Complimenter
Célébrer
Porter aux nues
Chanter
Faire l'éloge
Faire valoir
Déifier
Diviniser
Encenser
Bénir
Mettre sur le pavois
Parer d'une auréole
Admirer
Couvrir de fleurs

Par extens. :
Enthousiasmer
Enfiévrer
Soulever
Passionner
Galvaniser

Transporter
Enflammer
Emballer
Électriser
Échauffer
Chauffer à blanc
Remonter
Pousser à bloc (*fam.*)
Exciter

● ANTONYMES : Bafouer, Déprécier, Dénigrer, Ravaler, Diffamer, Refroidir, Endormir, Éteindre.

EXAMEN

Épreuve
Test
Audition
Correction
Composition
Interrogation
Écrit
Oral
Diplôme
Brevet
Certificat
Baccalauréat
Licence
Doctorat
B.E.P.C.
Contrôle des connaissances
Colle (*fam.*)

● ANTONYME : Concours.

EXAMINER

Considérer
Observer
Étudier
Inspecter
Rechercher
Estimer
Évaluer

Juger
Approfondir
Fouiller
Disséquer (*fig.*)
Éplucher (*fig.*)
Scruter
Voir
Regarder (de près)
Explorer
Prospecter
Dépouilller
Sonder
Tâter
Délibérer
Discuter
Débattre
Comparer
Penser
Réfléchir

Spécialement :
Interroger
Ausculter
Toiser (*aussi au fig.*)

EXASPÉRER
V. Irriter

EXAUCER
V. Satisfaire

EXCÉDÉ
V. Las

EXCÉDENT

V. Trop
Surcroît
Surplus
Trop-plein
Supplément
Surcharge
Surnombre
Différence en plus
Reste
Résidu
Plus-value

● Antonymes : Manque, Déficit, Perte, Moins-value.

EXCÉDER
V. Irriter et Dépasser

EXCELLENT
V. Bon

EXCENTRIQUE
V. Bizarre

EXCEPTER

Mettre à part
Mettre de côté
Exclure
Réserver
Écarter
Faire exception
Ôter
Retrancher
Enlever
Oublier
Négliger
Épargner

« *Excepté* » :
À part
À l'exclusion de
Hormis *et* Hors
À l'exception de
Part faite de
Sauf
À cette réserve près que
Sinon
Fors (*anc.*)
Indépendamment de

● Antonymes : Comprendre, Englober, Inclure; Inclus, Compris.

EXCEPTION

Dérogation
Restriction

Particularité
Anomalie
Singularité
Réserve
Mise à part

● Antonymes : Règle, Généralité, Principe.

EXCEPTIONNEL
V. Rare

EXCÈS

V. Excédent
Comble
Surplus
Trop-plein
Profusion
Surabondance
Pléthore
Démesure
Exagération
Outrance
Prodigalité
Satiété
Luxe
Abus
Incontinence
Licence
Écart
Folie

Spécialement :
V. Débauche

● Antonymes : Carence, Manque, Défaut, Déficit, Insuffisance, Indigence, Tempérance.

EXCESSIF

Exagéré
Outré
Outrancier
Abusif
Déréglé

Exorbitant
Surabondant
Démesuré
Extrême
Monstrueux
Fou
Hyperbolique
Effrayant
V. EFFROYABLE
Insupportable
Insoutenable

● ANTONYME : Insuffisant.

EXCESSIVEMENT

Trop
Démesurément
Exagérément
Outrageusement
Surabondamment

● ANTONYMES : Insuffisamment, Trop peu.

EXCITANT

Troublant
Émouvant
Alléchant
Provocant
Appétissant
Émoustillant
Aguichant
Piquant
Qui fait rêver
Agaçant
Engageant
Exaltant
Entraînant
Attrayant
Échauffant
Érotique
Énivrant
Électrisant
Tentant
Capiteux

Aphrodisiaque
Stimulant
Un aiguillon
Tonique
Réconfortant
Reconstituant
Excitatif (*méd.*)
Euphorisant (*néol.*)

● ANTONYMES : Déprimant, Émollient, Sédatif.

EXCITER
V. ANIMER, ENCOURAGER et INCITER

EXCLAMATION
V. CRI

EXCLURE
V. CHASSER et ÉVINCER

EXCLUSIF

Propre
Personnel
Spécial
Spécifique
Particulier
Unique

« *Caractère exclusif* » :
Jaloux
Égoïste
Absolu
Entier
De parti pris
Buté
Étroit
Farouche

● ANTONYMES : Inclusif, Ouvert, Large, Tolérant.

EXCLUSION

Élimination
Expulsion

Renvoi
Mise en quarantaine
Révocation
Destitution
Radiation
Épuration
Ostracisme
Suppression
Interdiction
Excommunication

● ANTONYMES : Admission, Inclusion, Réintégration.

ÉXCLUSIVEMENT

Uniquement
Seulement
Non compris
Exclu

● ANTONYMES : Inclusivement, Inclus, Y compris.

EXCOMMUNICATON

Anathème
Exclusion (de l'Église)

● ANTONYME : Baptême.

EXCRÉMENT

Excrétion
Déchet
Résidu

Spécialement :
Matières fécales
Déjections
Matières alvines
Fèces
Selle
Méconium
Ordure

Pop. et triv. :
Caca
Bran *ou* Bren (*dial.*)
Merde
Crotte
Chiasse
Pêche (*arg.*)
Mouscaille
Confiture
Étron
Sentinelle
Colombin

Animaux :
Bouse
Crotte
Fiente
Guano
Crottin
Purin
Colombin (*pigeon, volaille*)
Laissés
Fumées (fauves)
Chiure (mouches)

EXCURSION

Promenade
Course
Voyage
Tournée (*fam.*)
Balade (*fam.*)
Expédition
Ascension
Alpinisme
Partie (de campagne)
Pique-nique
Randonnée
Pérambulation (*litt., peu us., et topogr.*)

EXCUSER

1. S'efforcer de justifier
Justifier
Défendre
Prendre la défense
Disculper
Blanchir
Couvrir
Invoquer une (bonne) raison
Expliquer

2. Absoudre
Pardonner
Décharger
Passer l'éponge
Admettre
Accorder le pardon
Tolérer

● ANTONYMES : Accuser, Condamner, Blâmer, Charger, Reprocher.

EXÉCRER

V. ABHORRER
Abominer
Détester
Haïr
Avoir de la haine (pour)
Avoir en horreur
Ne pas pouvoir sentir
Avoir dans le nez
Maudire
Avoir de l'aversion (pour)
Repousser
Rejeter
Ne pas supporter *ou* Ne pas pouvoir supporter
Ne pas pouvoir souffrir
Avoir en abomination

● ANTONYMES : Aimer, Adorer, Rechercher.

EXÉCUTANT

Instrumentiste
Musicien
Choriste
Chanteur
Interprète

Par extens. :
Praticien
Technicien
Agent

● ANTONYMES : Compositeur, Chef d'orchestre, Maître d'œuvre, Créateur, Directeur.

EXÉCUTER
V. ACCOMPLIR, FAIRE et TUER

EXÉCUTEUR
V. TUEUR

EXÉGÈSE

Commentaire
Interprétation
Discussion
Anagogie (*ou* Anagogisme)
Explication
Herméneutique

EXEMPLE

Modèle
Type et Prototype
Règle
Idéal
Parangon
Patron
Précédent
Échantillon
Spécimen
Aperçu
Imitation
Entraînement
Contagion
Étalon
Canon
Image
Dessin

Citation
Paradigme

EXEMPTION

Dispense
Réforme (*milit.*)
Exonération
Faveur
Décharge
Privilège
Franchise
Immunité
Dégrèvement
Grâce
Remise gracieuse

● ANTONYMES : Obligation, Contrainte.

EXERCER

1. Soumettre à l'entraînement
Former
Accoutumer
Conditionner à
Entraîner (à quelque chose)
Plier (à quelque chose)
Habituer (à quelque chose)
Dresser
Aguerrir
Faire prendre le pli (*ou* Faire contracter l'habitude de)
Faire à
Rompre à
Familiariser avec

2. Pratiquer
Professer
Remplir (un emploi de)
S'acquitter (des fonctions de)

« *S'exercer à* » :
S'entraîner

Apprendre
S'appliquer
S'essayer
Étudier
Se faire la main

● ANTONYMES : 1. Laisser (en friche, ignorer).
2. Refuser, Ignorer.

EXERCICE

1. Travail
Apprentissage
Entraînement
Manœuvres (militaires)
Instruction (militaire)

2. Activité (physique)
Mouvement
Pratique (du sport)

● ANTONYMES : Repos, Inactivité, Inaction.

EXERGUE
Inscription

EXHALER

1. Sentir (bon *ou* mauvais)
Fleurer
Odorer
Embaumer
Empester
Puer

2. Proférer
Laisser percevoir (*ou* Laisser entendre)
Pousser (un gémissement, un cri, un son)
Exprimer
Manifester
Déverser (par ex. son humeur)

« *Exhaler le dernier soupir* » :
Expirer

V. MOURIR
Rendre l'âme

● ANTONYMES : Aspirer, Réprimer, Taire.

EXHAUSSER
V. ÉLEVER et HAUSSER

EXHIBER
V. MONTRER

EXHORTER
V. ENCOURAGER et PRÊCHER

EXHUMER

Déterrer
Procéder à l'exhumation
Retirer (de terre, *ou* du tombeau)
Au fig. :
Tirer de l'oubli
Rappeler
Ressusciter

● ANTONYMES : Enterrer, Ensevelir, Inhumer, Oublier.

EXIGEANT

Difficile
Pointilleux
Minutieux
Tyrannique
Maniable
Insatiable
Sévère
Dur
Intraitable
Intéressé
Vorace
Grippe-sou

● ANTONYMES : Facile, Coulant, Accommodant, Arrangeant.

EXIGER

V. Demander et Vouloir

« *Exiger que* » :
Commander
Ordonner
Sommer
Vouloir
Imposer
Réclamer
Requérir
Obliger à
Contraindre à

● Antonymes : Permettre, Dispenser de, Exempter de.

EXIGU
V. Petit

EXIL

Bannissement
Ban
Ostracisme
Relégation
Expulsion
Expatriation
Proscription
Transportation
Éloignement
Séparation
Isolement

● Antonymes : Amnistie, Grâce, Retour.

EXILER
V. Bannir

EXISTENCE
V. Vie

EXISTER
V. Être

EXODE
V. Émigration

EXORBITANT
V. Excessif

EXORCISME

Conjuration
Adjuration
Adjuro te *(latin)*

● Antonyme : Envoûtement.

EXORDE
V. Début, Entrée et Préliminaire

EXOTIQUE
V. Étranger

EXPANSIF

Exubérant
Démonstratif
Communicatif
Confiant
Ouvert
Franc
Débordant
Méridional

● Antonymes : Réservé, Froid, Timide, Cachottier, Discret.

EXPANSION

Dilatation
Détente
Explosion (d'un gaz)
Décompression
Développement
Épanouissement
Extension
Propagation
Diffusion

● Antonymes : Compression, Contraction, Tension, Régression.

EXPATRIER

V. Bannir

« *S'expatrier* » :
V. Émigrer

EXPECTATIVE
V. Attente

EXPECTORER
V. Cracher

EXPÉDIENT

Pis-aller
Moyen
Ressource
Échappatoire
Accommodement
Tour acrobatique (*fig.*)
Intrigue
Truc (*pop.*)

EXPÉDIER

1. Envoyer
Dépêcher
Poster
Faire partir
Adresser
Transmettre
Lancer

2. V. Bâcler

● Antonyme : Recevoir.

EXPÉDITIF
V. Rapide

EXPÉDITION

Opération (militaire)
Campagne
Raid
Razzia
Coup de main

Au fig. :
Voyage
Aventure
Équipée
Excursion

EXPÉRIENCE

Pratique
Familiarité avec
Apprentissage de
(L') Acquis
(Le) Savoir
(La) Connaissance
(La) Science
Habitude (de quelque chose)
Expérimentation
Épreuve
Essai
Observation
Étude
Démonstration
Recherche
Vérification
Contrôle
Test
Méthode expérimentale
Tentative

● ANTONYMES : Théorie, Inexpérience.

EXPÉRIMENTÉ et EXPERT

Exercé
Éprouvé
Chevronné

V. ADROIT
Émérite
Versé
Rompu
Habile
Connaisseur
Orfèvre en la matière
Averti
Fort
Capable
V. HABILE
V. SAVANT
Compétent
Instruit
Qui a la pratique

● ANTONYME : Inexpérimenté.

EXPIATION

Châtiment
Punition
Rachat
Compensation
Réparation
Peine
Répression

● ANTONYME : Récompense.

EXPIER

Payer
Être puni (*ou* châtié)
Subir les conséquences de
Faire (*ou* Subir) sa peine

● ANTONYMES : Jouir, Profiter.

EXPIRER

1. V. SOUFFLER

2. V. MOURIR

EXPLICATION

Éclaircissement
Interprétation
Commentaire
Exposition
Exposé
Légende
Précision
Lumière
Indication
Renseignement
Exégèse
Cause
Motif
Raison

Spécialement :
Mise au point
Débat
Discussion
Dispute
V. ALTERCATION

EXPLICITE

Exprimé
Formulé
Exprès
Précis
Net
Clair
Positif
Catégorique

● ANTONYMES : Implicite, Confus, Obscur, Sousentendu.

EXPLICITER

Énoncer formellement
V. FORMULER

● ANTONYME : Laisser entendre.

EXPLIQUER

Développer
Commenter
Décrire
Éclairer
Éclaircir
Analyser
Raconter
Montrer
Exposer
Exprimer
Donner l'explication
Élucider
Démêler
Débrouiller
Interpréter
Traduire
Mettre les points sur les i
Faire connaître la cause
(de quelque chose)
Motiver
Justifier
Rendre compréhensible
Faire comprendre
Traduire
Enseigner
Apprendre

● ANTONYMES : Obscurcir,
Embrouiller.

EXPLOIT

Prouesse
Haut fait
Action d'éclat
Geste
Performance
Record

Au sens juridique :
Assignation
Citation
Signification
Notification
Sommation
Commandement
Instrumentation

EXPLOITANT

Cultivateur
Fermier
Métayer
Colon

Spécialement :
Propriétaire de salle (de
cinéma)

EXPLOITATION

1. Mise en valeur
Production
Culture (d'une terre)
Fermage
Métayage
Domaine
Propriété
Plantation
Ferme
Manufacture
Usine (exploitation industrielle)
Industrie (*id.*)
Fabrique (*id.*)
Établissement (commercial
Commerce
Entreprise

2. Mise à profit
Utilisation de
Abus
Privilège (social)
Création de plus-value
(*économie politique*)
Tyrannie *(économique)*
Exaction
Escroquerie

EXPLOITER

1. Faire valoir
Mettre en valeur
Tirer parti de

Faire donner du rendement
Mettre à profit
Cultiver (une terre)
Faire tourner (une usine)
Tenir (un commerce)
Vivre de
Tirer ses moyens d'existence de
Se servir de

2. *Péj. :*
Abuser de
Profiter de
Tirer profit (*ou* parti) de
Bénéficier de
Tromper
Voler
Spolier
Écorcher (le client)
Rouler (*id.*)
Rançonner (*id.*)
Pressurer
Estamper
Empiler (*fam.*)

● ANTONYME : 1. Laisser
en friche.

EXPLORATION
V. VOYAGE

EXPLORER

Parcourir (un pays)
Reconnaître (un territoire)
Visiter
Voyager
Être en expédition
Prospecter
Battre (un terrain)
Effectuer une reconnaissance (*ou* la reconnaissance
d'un territoire)

Au fig. :
V. ÉTUDIER
V. APPROFONDIR
Sonder
Tâter (le terrain)

Ausculter (*méd.*)
Examiner (*méd.*)

EXPLOSER

V. ÉCLATER
Détoner
Péter (*pop.*)
Sauter
Faire explosion
Déborder (*fig.*)
Se mettre en colère

Spécialement :
Imploser

EXPOSÉ

Narration
Récit
Rapport
Discours
Conférence
Description
Analyse
Développement
Énoncé
Compte rendu
Mémoire
Note
Mémorandum
Résumé
Aperçu
Relation

EXPOSER
V. DIRE, ÉNONCER et
MONTRER

EXPOSITION

V. ÉTALAGE
Exhibition
Galerie (d'art)
Salon
Vernissage
Rétrospective

EXPRESSION

Locution
Terme
Mot
Tour *et* Tournure
Formule
Euphémisme
Idiotisme
Trait
Pointe
Figure
Métaphore
Symbole
Image
Cliché
Slogan

● ANTONYMES : Silence,
Mutisme.

EXPRIMER

V. DIRE
Manifester
V. EXPLIQUER
Traduire
Extérioriser
V. ÉNONCER

● ANTONYME : Se taire.

EXPULSER
V. CHASSER

EXQUIS
V. HEUREUX et CHARMANT

EXTASE

Vision (béatifique)
Transport
Ravissement
Contemplation
Béatitude
Exaltation
Félicité

Émerveillement

● ANTONYMES : Tristesse,
Dégoût, Désespoir.

EXTENSIBLE

Élastique
Malléable

● ANTONYME : Inexten-
sible.

EXTENSION
V. ACCROISSEMENT et
ALLONGEMENT

EXTÉNUÉ
V. FATIGUÉ et LAS

EXTÉRIEUR

Dehors
Hors de
Externe
Extrinsèque
Apparent
Visible
Périphérie
V. APPARENCE et ASPECT

Spécialement cinéma :
Décor naturel (ou réel)

● ANTONYMES : Intérieur,
Dedans.

EXTERMINER

Tuer (jusqu'au dernier)
V. ANÉANTIR
Détruire
Massacrer
Éteindre
Se livrer à un génocide

● ANTONYMES : Préserver,
Sauver.

EXTERNE
V. Extérieur et Médecin

EXTINCTION
V. Disparition

EXTIRPER
V. Arracher et Déraciner

EXTORQUER
V. Arracher, Voler et Escroquer

EXTRAIRE
V. Arracher et Distiller

EXTRAIT

Citation
Fragment
Morceau
Bribe
V. Abrégé

● antonyme : Texte intégral.

EXTRAORDINAIRE
V. Rare, Anormal, Étonnant et Inhabituel

EXTRAVAGANT
V. Bizarre et Fou

EXTRÊME

Final
Terminal
Ultime
V. Excessif
Suprême
Comble

● antonyme : Modéré.

EXTRÉMITÉ
V. Bout et Agonie

EXUBÉRANCE

Abondance
Surabondance
Débordement
Luxuriance
Plénitude
Épanouissement
Fécondité
Richesse de
Opulence (par ex. des formes)

Spécialement :
Faconde
Volubilité

Exagération
Prolixité
Logorrhée (*méd.*)

● antonymes : Aridité, Pauvreté, Stérilité, Mutisme, Discrétion.

EXULTER

Jubiler
Être fou de joie
Éclater de joie (*ou* de bonheur)
Déborder (de joie)
Être transporté (de joie)

● antonymes : Se désespérer, Se désoler, Pleurer, Souffrir.

EXUTOIRE

1. *Méd. :*
Ulcère artificiel
Abcès de fixation
Émonctoire

2. *Au fig. :*
Dérivatif
Soupape de sûreté

F

FABLE

Apologue
Parabole
Allégorie
Fabliau
Moralité
Conte
Légende
Saga
Fiction
Fantaisie
Invention
Utopie
Anecdote
Mensonge
Tromperie
Mythe *et* Mythologie
Folklore (*péj.*)

● ANTONYME : Vérité.

FABRIQUE

Manufacture
Usine
Atelier

FABRIQUER

Faire
Produire
Manufacturer
Usiner
Confectionner

Au fig. :
Inventer (*péj.*)
Forger

● ANTONYME : Détruire.

FABULEUX

Légendaire
Mythologique
Mythique
Chimérique
Imaginaire
Irréel
Féérique
Fictif
Fantastique
Prodigieux
Incroyable

Extraordinaire
Étonnant
Surnaturel

● ANTONYMES : Réel, Vrai, Certain, Exact, Ordinaire, Quelconque.

FAÇADE

V. FACE
Devant *et* Devanture
Front
Apparence
Extérieur
Frontispice (*anc.*)

● ANTONYMES : Derrière, Intérieur, Fond.

FACE

V. VISAGE
V. FIGURE
Surface faciale
(Devant de la) Tête

Frimousse (*fam.*)
Minois (*fam.*)
Faciès
V. PHYSIONOMIE

2. V. FAÇADE

3. Côté (de quelque chose)
Facette
Paroi
Front

4. « *Faire face* » :
Faire front
Affronter
S'opposer
Résister
Réagir
Parer à
Pourvoir à
Satisfaire à
Répondre à

● ANTONYMES : 1. Nuque.
3. Arrière (côté), Pile,
Angle, Envers.
4. Céder, Fuir.

FACÉTIE
V. FARCE et PLAISANTERIE

FACÉTIEUX
V. SPIRITUEL

FÂCHER

1. Affliger
Attrister
Chagriner
Contrister
Ennuyer
Peiner
Contrarier
Désoler

2. Irriter
Indigner
Mettre en colère
Faire enrager

Faire râler
Mécontenter
Indisposer
Faire endêver (*rég.*)
Exaspérer
Mortifier
Agacer
Cabrer
Révolter
Mettre à cran
Mettre hors de soi
Mettre en pétard (*pop.*)

3. « *Se fâcher* » :
Se mettre en colère
Avoir un accès d'humeur
S'emporter
Sortir de ses gonds
Voir rouge
Se vexer
S'irriter
Se piquer
Se formaliser
Se froisser
Se brouiller (avec quelqu'un)
Avoir des mots (avec quelqu'un)
Battre froid (à quelqu'un)
Être en froid (avec quelqu'un)
Bouder (quelqu'un)
Tourner le dos (à quelqu'un)

● ANTONYMES : 1. Plaire
et Complaire, Enchanter,
Réjouir.
2. Calmer, Apaiser, Rasséréner.
3. Se lier (avec quelqu'un),
Se réconcilier.

FÂCHEUX

1. *Adj.* :
V. DÉSAGRÉABLE et ENNUYEUX

2. *Subst.* :
V. IMPORTUN

FACIÈS
V. FACE

FACILE

Aisé
Commode
Possible
Faisable
Enfantin
Élémentaire
Simple
Praticable
Réalisable
Exécutable
Abordable
Accessible
À portée
Un jeu pour (quelqu'un)

« *Caractère* » :
V. DOUX
Complaisant
Conciliant
Commode
Arrangeant
Traitable (*litt.*)
Malléable
Accommodant
Indulgent
Débonnaire

Spécialement :
Clair
Compréhensible
Intelligible
Sans difficulté
Sans problème

« *Une femme facile* » :
De mœurs libres
Légère

● ANTONYMES : Difficile,
Incommode, Impossible,
Exigeant.

FACILEMENT

Aisément
Sans peine
Avec facilité
Commodément
En se jouant
Naturellement
Comme qui s'amuse (*pop.*)
Sans se faire prier (*fam.*)
Volontiers
Sans faire de difficultés
Sans difficulté
Les doigts dans le nez (*pop.*)
Dans un fauteuil (*pop.*)

● ANTONYMES : Difficilement, Avec peine, Tout juste.

FACILITER
V. AIDER et PERMETTRE

FAÇON

1. Façonnage
Fabrication
Création
Confection
Exécution
Facture

2. « *Façons* » :
Manières
Comportement
Agissements
Allure
Procédés
Guise (*anc.*)

Péj. :
Chichis
Grimaces
Simagrées
Giries (*fam.*)
Mines
Minauderies
Embarras
Histoires

« *De façon que* » :
De (telle) sorte que
Tellement que

« *De toute façon* » :
Quoi qu'il en soit
Quoi qu'il arrive
De toute manière
Immanquablement
En tout état de cause

FAÇONNER

Faire
Fabriquer
Confectionner
Modeler
Bâtir
Former
Élaborer
Mettre en œuvre
Œuvrer
Préparer

Au fig. :
Éduquer (quelqu'un)
Dresser
Former à (quelque chose)
Pétrir
Transformer

● ANTONYMES : Déformer, Détruire.

FAÇONNIER

Travailleur à façon
Artisan
Ouvrier

FAC-SIMILÉ
V. COPIE

FACTEUR

Employé des postes et télécommunications

Préposé
Porteur
Télégraphiste
Porteur de dépêches

FACTICE

Imité
Faux
Artificiel
Postiche

Au fig. :
Affecté
De commande
Voulu
Forcé
D'emprunt
Feint
Fabriqué
De convention
Conventionnel
Insincère
Bidon (*arg.*)

● ANTONYMES : Naturel, Authentique, Vrai, Sincère.

FACTIEUX

Séditieux
Comploteur
Révolutionnaire
Rebelle
Agitateur
Insurgé
Trublion
Mutin
Partisan
Fauteur de troubles
Révolté

● ANTONYMES : Fidèle, Sujet, Obéissant.

FACTION

1. Ligue
Cabale
Brigue
Parti

2. Agitation
Intrigue
Complot
Conspiration
Sédition
Mutinerie

3. Garde
Guet

FACTIONNAIRE

Sentinelle
Homme de garde
Vedette (*anc.*)

FACTUM

V. PAMPHLET
Satire
Libelle
Diatribe

FACTURE

1. Style
Manière
Technique
Exécution
Façon
Fabrication
Travail

2. Compte
Addition
Note
Relevé
Quittance
Récépissé
Détail

Bordereau
Mémoire
Memorandum
État

FACULTÉ

Possibilité
Pouvoir (de)
Liberté (de)
Privilège
Droit (de)
Choix
Capacité
Aptitude (à)
Moyens (de)
Dispositions (naturelles)

FADAISE

Baliverne
Niaiserie
Sottise
Platitude
Ineptie
Pauvreté

FADE

Sans saveur
Insipide
Sans (aucun) goût
Sans sel

Au fig. :
Plat
Ennuyeux
Pâle
Délavé
Terne
Conventionnel
Insignifiant

● ANTONYMES : Relevé,
Épicé, Salé, Assaisonné,
Excitant, Brillant.

FAGOT

Falourde
Fascine
Fagotin
Ligot
Bourrée
Brande
Cotret
Fouée
Javelle
Margotin

FAGOTER

Au fig. (*péj.*) :
Accoutrer
Affubler
Habiller (mal)
Arranger (mal)
Saper (*arg.*)
Ficeler (*fam.*)
Vêtir (mal)

● ANTONYMES : Endiman-
cher.

FAIBLE

Débile
Chétif
Lymphatique
Anémique *et* Anémié
Asthénique
Adynamique
Déficient
Fragile
Affaibli
Délicat
Frêle
Fluet
Malingre
Gringalet
Freluquet
Mauviette
Criquet

Avorton
Pichelin (rég. Ouest)
Désarmé
Impuissant
Sans défense
Vacillant
Chancelant
Inoffensif
Fatigué
Épuisé
Infirme
Malade
Invalide
Valétudinaire
Usé
Impotent
Étiolé
Souffreteux
Chlorotique
Pâle

Moralement :
Lâche
Mou
Pusillanime
Veule
Sans caractère
Sans volonté
Indécis
Aboulique
Apathique
Velléitaire
Débonnaire
Bonasse
Complaisant
Facile
Bénin
Doux

● ANTONYMES : Fort,
Robuste, Vigoureux, So-
lide, Puissant, Tyran, Despote, Autoritaire.

FAIBLESSE

1. Asthénie
Adynamie
Anémie

Manque de force (de vi-
gueur, de résistance)
Déficience
Débilité *et* Débilitation
Impuissance
Impotence
Épuisement
Fatigue
Affaiblissement
Langueur
Consomption

2. Défaillance
Évanouissement
Pâmoison
Étourdissement
Syncope
Dépression
Collapsus
Psychasthénie

3. Aboulie
Apathie
Lâcheté
Mollesse
Indécision
Veulerie
Laisser-aller
Irrésolution
(Trop grande) Indulgence
Débonnaireté

4. Faute
Erreur
Faux pas
Complaisance
Inclination (dangereuse)
Prédilection pour
Préférence pour
Complaisance pour

● ANTONYMES : 1. Force,
Vigueur.
2. Santé.
3. Volonté, Courage, Obstination, Fermeté.
4. Dégoût, Répulsion.

FAILLE
V FISSURE

FAILLIR
V. MANQUER

FAILLITE

Liquidation judiciaire
Banqueroute
Krach
Déconfiture
Débâcle
Culbute
Ruine

FAIM

Appétit
Boulimie
Fringale
Creux à l'estomac
Polyphagie

« *Avoir faim* » :
Crever la faim
La crever (*fam.*)
Avoir les crocs (la dent,
les crochets)
La sauter
Avoir le ventre creux
Avoir l'estomac dans les
talons (*ou* creux, *ou* vide)
Crier famine
Danser devant le buffet
(*pop.*)

Au fig. :
Besoin de
Désir de
Soif de
Envie de
Avidité
Cupidité

● ANTONYMES : Satiété,
Inappétence; Être repu
(*ou* gavé, *ou* rassasié).

FAINÉANT

V. PARESSEUX
Vaurien

Propre à rien
Clampin (*anc.*)
Qui a un poil dans la main (*fam.*)
Indolent
Nonchalant
Oisif
Inactif

● ANTONYMES : Travailleur, Actif, Laborieux, Diligent.

FAIRE

Réaliser
Créer
Fabriquer
Exécuter
Produire
Enfanter (faire un enfant)
Procréer (*id.*)
Accomplir
Commettre
Opérer
Perpétrer
Effectuer
Former
Établir
Fonder
Instituer
Instaurer
Trousser
Bâcler *(péj.)*
Causer
Provoquer
Soulever
Élever
Composer
Écrire

Spécialement :
Uriner
Déféquer
Évacuer
V. CHIER (*triv.*)

● ANTONYME : Défaire.

FAIRE FI DE
V. MÉPRISER

FAIRE SEMBLANT DE
V. FEINDRE

FAIRE VALOIR
V. EXPLOITER

FAISABLE
V. FACILE et POSSIBLE

FAISEUR
V. ESCROC

FAIT
V. ACTE et ACTION

FAÎTE
V. CIME

FAIX
V. FARDEAU

FALLACIEUX

Trompeur
Insidieux
Mensonger
Fourbe
Perfide
Hypocrite
Faux
Captieux
Spécieux

● ANTONYMES : Franc, Sincère, Droit, Loyal, Exact, Honnête.

FALOT
V. INSIGNIFIANT

FALSIFIER

Altérer
Fausser
Adultérer

Maquiller (*fam.*)
Truquer (*fam.*)
Dénaturer
Travestir
Défigurer
Corrompre
Sophistiquer

● ANTONYMES : Respecter, Garder.

FAMÉLIQUE

Affamé
V. MAIGRE
Étique
Meurt-la-faim
Miséreux
Pauvre
Crève-la-faim
Qui la saute (*pop.*)
Besogneux (*anc.*)
Qui n'a que la peau sur les os

● ANTONYMES : Rassasié, Repu, Gavé, Riche.

FAMEUX

Célèbre
Illustre
Renommé
Réputé
Brillant
Grand
Glorieux
Mémorable
Insigne
Historique
Marquant
Ineffaçable
Remarquable
Extraordinaire
Inoubliable

● ANTONYMES : Obscur, Inconnu, Ignoré, Oublié, Quelconque.

FAMILIARITÉ

Camaraderie
Intimité
Amitié (très proche)
Fréquentation (intime)
Commerce (amical)
Contact (constant)
A tu et à toi
Promiscuité (*péj.*)
Liberté
Désinvolture
Effronterie (*péj.*)
Abandon
Privauté
Simplicité
Partage

● ANTONYMES : Distance, Arrogance, Éloignement, Raideur.

FAMILIER

(Comme) En famille
Intime
Domestique
Habituel
Connu
Coutumier
Ordinaire
Normal
Quotidien
V. SIMPLE
Amical
Usuel
Facile
Aisé
Accessible
Social

● ANTONYMES : Distant, Inhabituel, Étranger, Exceptionnel, Rare, Sauvage.

FAMILLE

Groupe familial
Foyer

Maison *et* Maisonnée
Gens (*Ant. lat.*)
Logis (*fig.*)
Toit (*fig.*)
Ménage
Nichée (*fam.*)
Couvée (*fam., fig.*)
Tribu (*fam.*)
Clan (*id.*)
Smala (*id.*)
(Même) Sang
Dynastie
Lignage
Descendance
Progéniture
Généalogie
Souche
Parentèle
Consanguinité
Ascendants *et* Ascendance
Patriarcat
Matriarcat

● ANTONYME : Étrangers

FAMINE
V. DISETTE

FANAL
V. LANTERNE

FANATIQUE

Intolérant
Sectaire
Exalté
Énergumène
Séïde

Par extens. :
Passionné de
Fan
Enthousiaste
Fervent
Inconditionnel de
Enragé
Fou de
Amoureux de
Chauvin

Cagot
Illuminé
Mystique

● ANTONYMES : Sceptique, Tolérant, Tiède.

FANCHON
V. COIFFURE

FANÉ
V. FLÉTRI

FANFARON

Vantard
Hâbleur
Crâneur
Bravache
Casseur d'assiettes (*pop.*)
Fier-à-bras
Fracasse
Tranche-montagne
Rodomont (*anc.*)
Fat
Matador
Pourfendeur
Fendant
Craqueur (*pop.*)
Matamore
Prétentieux
Suffisant
Tartarin
Monteur de coups
Mâchefer (*anc.*)
Faraud

● ANTONYMES : Modeste, Simple.

FANFARONNADE

Forfanterie
Hâblerie
Rodomontade
Exagération
Jactance

Vantardise
Vanterie (*anc.*)
Crânerie (*peu us.*)
Braverie (*peu us.*)

● ANTONYMES : Modestie, Retenue, Réserve, Timidité.

FANGE
V. BOUE

FANTAISIE

V. CAPRICE
Envie (soudaine)
Désir (brusque)
Lubie
Toquade
Extravagance
(Petite) Folie
Vertigo (*anc.*)
Humeur (fantasque)
Gré
Imagination (créatrice)
Humour
Foucade
Initiative
Originalité
Esprit
Passade (amoureuse)
Imprévu

● ANTONYMES : Sagesse, Raison, Régularité, Banalité.

FANTAISISTE

Original
Bohème
Irrégulier
Capricieux
Amateur
Dilettante
Peu sérieux
Fumiste
Fantasque

Spécialement :
Artiste de variétés
Amuseur (music-hall)
Comique (d'opérette)
Compère (de revue)
Chanteur (grivois ou léger)

● ANTONYMES : Sérieux, Grave, Consciencieux, Ponctuel, Exact.

FANTASQUE

Fantaisiste
Capricieux
Lunatique
Changeant
Indécis
Peu sûr
Mobile
Original
Bizarre
Vole au vent (*fam.*)

● ANTONYMES : Posé, Égal, Raisonnable, Banal.

FANTASSIN
V. SOLDAT

FANTASTIQUE

1. V. FABULEUX

2. Incroyable
Invraisemblable
Extravagant
Énorme
Étonnant
Formidable
Sensationnel

● ANTONYMES : Banal, Ordinaire, Quelconque, Normal, Réel.

FANTOCHE

Marionnette
Pantin
Polichinelle
Mannequin
Homme de paille
Instrument (de quelqu'un d'autre)
Prête-nom

FANTÔME

Apparition (surnaturelle)
Spectre
Esprit
Revenant
Ombre
Vision
Lémure (*antiq.*)
Larve (*antiq.*)
Vampire
Farfadet
Feu follet
Lamie
Elfe
Péri
Sylphe *et* Sylphide
Chimère
Simulacre
Phantasme
Apparence
En chaîne et en os (*arg.*)

● ANTONYMES : Réalité. Vivant, En chair et en os,

FAQUIN
V. COQUIN

FARAMINEUX
V. ÉTONNANT

FARAUD
V. FANFARON et FIER

FARCE

1. Hachis
Farci
Godiveau

2. Comédie
Atellanes (*antiq.*)
Bouffonnerie
Facétie
Mystification
Plaisanterie
Tromperie
Canular
Malice
Tour
Attrape
Espièglerie
Pantalonnade

● ANTONYMES : Tragédie, Drame.

FARCEUR

V. BOUFFON
Boute-en-train
Loustic
Plaisantin
Rigolo (*fam.*)
Turlupin (*anc.*)
Mauvais plaisant
Blagueur

FARDEAU

Charge
Poids
Faix
Colis
Surcharge
Tourment (*fig.*)
Responsabilité

FARDER

Maquiller
Grimer

Au fig. :
Déguiser
Masquer
Altérer
Fausser
Voiler
Embellir(mensongèrement)
Envelopper
Dissimuler

« *Se farder* » :
Se faire (par ex. les yeux)
Se faire (*ou* Se refaire une beauté)
Se ravaler (la façade) [*pop. péj.*]

● ANTONYMES : (Se) Démaquiller, Mettre à nu.

FARDIER
V. CHARIOT

FARFOUILLER

Chercher
Fureter
Fourgonner
Trifouiller (*pop.*)
Fouiller dans
Fourrager dans
Tout mettre sens dessus-dessous

● ANTONYMES : Ordonner, Ranger.

FARNIENTE
V. OISEVETÉ et REPOS

FAROUCHE

Sauvage
Indompté
Non apprivoisé
Ombrageux
Fier
Timide
Intimidant

Insociable
Asocial
Misanthrope
Dur
Hostile
Torve (œil)
Violent
Tenace
Ferme
Obstiné
Qui sait ce qu'il veut

« *Une femme farouche* » :
Austère
Prude
Intransigeante
Bégueule
Cruelle
Difficile
Inaccessible
Dragon de vertu

● ANTONYMES : Apprivoisé, Sociable, Accueillant, Facile, Familier.

FASCINANT

Attachant
Séduisant
V. CHARMANT

● ANTONYMES : Repoussant, Banal.

FASCINER

1. V. ENSORCELER

2. *Au fig.* :
Séduire
Attirer
Captiver
Charmer
Troubler
Émerveiller
Éblouir
Enivrer

FATIGUE

Égarer
Hypnotiser

● ANTONYMES : Repousser, Écœurer, Dégoûter, Rebuter

FASHIONABLE
V. Élégant

FASTE

V. Apparat
Éclat
Pompe
Luxe
Magnificence
Brillant
Splendeur
Ostentation (*péj.*)

● ANTONYME : Simplicité.

FASTIDIEUX
V. Fatigant

FASTUEUX

Somptueux
Luxueux
Éclatant
Beau
Magnifique
Riche
Splendide
Ostentatoire (*péj.*)
Pompeux (*péj.*)

● ANTONYMES : Pauvre, Simple, Modeste, Mesquin, Ordinaire.

FAT

Sot *et* Vaniteux
Autosatisfait (*néol.*)
Content de soi
Avantageux

Vain
Suffisant
Plein de soi-même
Infatué de sa personne
Fiérot (*fam.*)
Poseur
Prétentieux
Snob
Bêcheur (*pop.*)
Important
Niais
Bellâtre
Le-plus-beau-de-tous(*pop.*)
Apollon de basse-cour
Qui se croit irrésistible
Qui a une haute opinion de soi-même
Qui se gobe (*pop.*)
Imbu de soi-même
Qui ne se prend pas pour la moitié d'une mandarine (*ou* d'un cachet d'aspirine) (*pop.*)

● ANTONYME : Modeste.

FATAL

1. V. Inévitable

2. Funeste
Néfaste
Nuisible
Malheureux
(Mauvais) Sort
Mortel

● ANTONYMES : Heureux, Propice, Sauveur.

FATALITÉ

Fatum
Anankê
Destin *et* Destinée
Sort
Malédiction

Prédestination
Guigne (*fam.*)
Cerise (*arg.*)

● ANTONYMES :° Libre arbitre, Volonté, Chance.

FATIGANT

Lassant
Harassant
Accablant
Épuisant
Exténuant
Écrasant
Laborieux
Tuant (*fig.*)
Pénible
Crevant (*fig.*)
Éreintant
Excédant
Rude
Assommant
V. Ennuyant et Ennuyeux
Fastidieux
Rasant (*fam.*) *et* Rasoir (*pop.*)
Casse-pieds
Casse-tête
Désagréable
Désolant

● ANTONYMES : Revigorant, Reposant, Remontant, Distrayant, Amusant, Récréatif.

FATIGUE

Lassitude
Épuisement
Exténuation
Harassement
Accablement
Abattement
Anéantissement

Surmenage
Faiblesse
Asthénie
Alanguissement
Essoufflement
Ahan
Fourbure
Forfaiture

Par extens. :
Ennui
Lassitude
Peine

● ANTONYMES : Repos,
Force, Ardeur, Vivacité.

FATIGUER

1. Accabler
Éreinter
Harasser
Exténuer
Épuiser
Claquer (*fam.*)
Crever (*pop.*)
Vanner (*fam.*)
Surmener
Mettre sur les genoux
(*ou* sur les rotules) (*pop.*)
Mettre à plat (*fam.*)

2. V. ENNUYER

« *Fatigué* » :
Brisé
Épuisé
Éreinté
Flapi
Exténué
À plat
Courbattu *et* Courbaturé
Rompu
Recru
Moulu
Las
Harassé
Assommé
Avachi (*pop.*)

Rendu (*fam.*)
Claqué (*fam.*)
Crevé (*pop.*)
Pompé (*pop.*)
Vanné (*fam.*)
Vidé (*pop.*)
Vermoulu (*fam.*)
Esquinté (*pop.*)
Vaseux (*fam.*)

et aussi :
Malade
Souffrant
Délabré

Au fig. :
Défraîchi
Déformé
Usé *et* Usagé
Vieux
Abîmé

« *Se fatiguer* » :
Travailler (en peinant)
Peiner
Trimer
Se crever (*pop.*)
Se fouler (*pop.*)
Se tuer (*fam.*, *fig.*)
Se casser (*pop.*)
S'échiner (*fam.*)
N'en pouvoir plus
Tirer la langue
Se surmener
Se donner du mal
Se faire suer (*pop.*)

● ANTONYMES : 1. Délas-
ser, Détendre, Ménager.
2. Amuser, Intéresser;
Repos, Dispos, Frais;
Neuf; Se reposer, Ne pas
se fouler.

FATRAS

Amas (hétéroclite)
Monceau
Tas

Amoncellement (pêle-
mêle)
Désordre

Au fig. :
Mots incohérents
Idées confuses
Amphigouri
Confusion

● ANTONYMES : Ordre,
Clarté.

FATUITÉ

Infatuation
Suffisance
Orgueil
Vanité
Prétention
Jactance
Grands airs

● ANTONYMES : Modestie,
Simplicité, Humilité.

FATUM
V. DESTIN et FATALITÉ

FAUBOURG
V. BANLIEUE et QUARTIER

FAUCHÉ (*pop.*)
V. PAUVRE

FAUCHER

1. Couper (avec une faux)
Moissonner
Tondre

2. V. TUER
Anéantir
Détruire
Faire tomber
Coucher
Abattre
Renverser

3. *Pop.* :
Voler
Dérober
S'emparer de
Mettre la main sur
Piquer
Chouraver (*arg.*)
Prendre

● ANTONYMES : 1. Semer.
2. Sauver.
3. Donner.

FAUFILER

Coudre à grands points
Bâtir
Baguer

« *Se faufiler* » :
Se couler
S'insinuer
Se glisser
S'introduire
Entrer (subrepticement)
Pénétrer (*id.*)
Se perdre dans

FAUNE

Chèvre-pied *ou* Chèvre-pieds
Sylvain
Satyre

FAUSSAIRE
Contrefacteur

FAUSSEMENT

A tort
Indûment
Inexactement
Mensongèrement
Artificiellement
Fictivement
Absurdement

● ANTONYMES : Bien,
Correctement, Vraiment.

FAUSSER

Rendre faux
Altérer
Déformer
Dénaturer
Fabriquer
V. FALSIFIER
V. FARDER
Maquiller
Controuver
Contrefaire
Interpoler
Adultérer
Truquer
Sophistiquer
Travestir
Pervertir
Gâter

Spécialement :
Détraquer
Forcer
Plier
Couder
Tordre
Disloquer
Bossuer

● ANTONYMES : Redresser,
Rétablir.

FAUSSETÉ

1. Erreur

2. Duplicité
Hypocrisie
Fourberie
Jésuitisme
Tartuferie
Pharisaïsme
Papelardise (*anc.*)
Patelinage *ou* Patelinerie
(*anc.*)

Escobarderie (*anc.*)
Déloyauté
Dissimulation
Mauvaise foi

● ANTONYMES : 1. Vérité,
Véracité.
2. Sincérité, Franchise,
Candeur.

FAUTE

1. Manquement à la règle
Délit
Péché
Écart
Forfait
Infraction
Démérite (*litt.*)
Crime
Faiblesse
Excès
Méfait
Trahison
Violation
Tort
Culpabilité
Tache
Peccadille
Chute (*eccl.*)

2. Manque
Absence
V. DÉFAUT
Pénurie
Privation

« *Faute de* » :
À défaut de
Au lieu de
Par manque de
Sans quoi
Sinon
Autrement

3. V. ERREUR
Inexactitude
Erratum
Bévue

Bourde (*fam.*)
Gaffe
Maladresse
Incongruité
Lourderie *et* Lourdeur (de style)
Brioche (*anc. pop.*)
Anerie
Bêtise
Irrégularité
Omission
Incorrection
Barbarisme
Pataquès
Lapsus
Imperfection
Oubli
Négligence
Coquille (Faute typographique)

● ANTONYMES : 1. Bienfait, Mérite.
2. Pléthore, Abondance, Excès.
3. Perfection, Justesse, Correction.

FAUTEUIL

Siège
Bergère
Cabriolet
Causeuse
Canapé
(Fauteuil) Voltaire
(Fauteuil) Club
Rocking-chair
Berceuse
Chaire
Trône

Spécialement :
Place (de théâtre)
Billet (*id.*)

FAUTIF
V. COUPABLE

FAUX

Inexact
Erroné
Controuvé
Sans fondement
Inventé
Fictif
Apocryphe
Mensonger *et* Menteur
Démenti (par les faits)
Factice
Artificiel
Fabriqué
Imité
Contrefait
Falsifié
Copié
Démarqué
Pastiché
Truqué
Simulé
Joué
Feint
Dissimulé
Faussé
Emprunté *ou* D'emprunt
Imaginaire
Illusoire
Chimérique
Fabuleux
Incroyable
Insoutenable
Inadmissible
Contraire à la vérité
Captieux
Fallacieux
Subreptice
Parjure
Semblant
Trompe l'œil

Spécialement :
Déloyal
Faux jeton (*fam.*)
Faux derche (*arg.*)
Fourbe
Sournois
Hypocrite

Jésuite
Patelin
Équivoque
Tordu (*pop.*)

● ANTONYMES : Vrai, Authentique, Réel, Avéré, Certain, Assuré, Indiscutable, Officiel, Normal Droit, Juste, Correct, Sincère.

FAVEUR

Aide
Amitié
Bienveillance
Crédit
Considération
Privilège
Prédilection
Préférence
Complaisance
Avantage
Prérogative
Influence
Bonnes grâces
Népotisme
Favoritisme
Protection
Dispense
Passe-droit
Service
Plaisir
Grâce
Affection
Faiblesse
Fleur

● ANTONYMES : Défaveur, Disgrâce, Discrédit, Droit, Rigueur, Prévention, Malveillance.

FAVORABLE

Propice
Heureux

Convenable
Opportun
(Sous d') Heureux
auspices
Bon
Avantageux
Amical
Indulgent
Approbatif
Bienveillant
Clément
Tutélaire
Bénéfique
Bénin
Sympathique
Influent
Complaisant
Coulant

● ANTONYMES : Défavorable, Malencontreux, Opposé, Adversaire.

FAVORI

Préféré
Chouchou (*fam.*)
Gâté
Privilégié
Le mieux placé
L'élu (de son cœur)

« *Favori*s » :
Rouflaquettes (*pop.*)
Côtelettes
Pattes (de lapin)

● ANTONYMES : Souffre-douleur, Victime préférée.

FAVORISER

V. AIDER
V. AVANTAGER
Gâter
Accorder la préférence
Combler de
Protéger

Encourager
Prêter la main à (quelque chose)
Gratifier (quelqu'un) d'un avantage
Servir les desseins (de quelqu'un)
Faciliter (quelque chose)

● ANTONYMES : Défavoriser, Combattre, Entraver, Contrarier, Contrecarrer.

FAVORITISME

Partialité
Népotisme
Injustice
Préférence

● ANTONYME : Justice.

FÉBRIFUGE

Antipyrétique
Antithermique

FÉBRILE

Énervé
Nerveux
Agité
V. FIÉVREUX
Excité
Inquiet
Tourmenté
Passionné
Vif
Qui ne tient pas en place
Impatient

● ANTONYMES : Calme, Posé, Pondéré.

FÉBRILITÉ
V. IMPATIENCE et NERVOSITÉ

FÉCOND

Prolifique
Créateur
Inventif
Imaginatif
Productif
Généreux
Fertile
Riche en
Fructueux
Fructifiant
Abondant

● ANTONYMES : Stérile, Aride, Improductif, Pauvre, Avare de.

FÉCONDATION

Conception
Insémination
Reproduction
Génération
Hybridation
Autofécondation
Imprégnation

● ANTONYME : Stérilisation.

FÉDÉRATION

V. ASSOCIATION
Union
Confédération
Ligue
État fédéral

FEINDRE

V. SIMULER

« *Feindre de* » :
Faire semblant

FEINTE
V. Ruse

FÉLICITÉ
V. Bonheur

FÉLICITER

Complimenter
Congratuler
V. Applaudir
Louer
Approuver

● Antonymes : Critiquer,
Admonester, Engueuler
(*fam.*)

FÉLONIE
V. Trahison

FEMELLE

Féminin

● Antonyme : Mâle.

FÉMININ

Efféminé
Femelle
● Antonymes : Masculin,
Viril.

FEMME

Sexe féminin
Sexe faible
Personne du sexe (*ou* du
beau sexe)
Fille d'Ève
Dame *ou* Madame
Lady *ou* Milady
Épouse
Mère
Jeune personne

Sœur
Demoiselle
Jouvencelle
Fille
Bambine
Ingénue
Matrone
Mondaine
Femme du monde
Femme d'intérieur
Ménagère
Commère
Mégère
Bonne sœur
Péronnelle
Virago
Maritorne
Courtisane
Créature
Fille de mauvaise vie (*ou*
galante)
Cocotte
Grisette
Lorette
Demi-mondaine
Hétaïre
Laideron
Beauté
Héroïne
Sirène
Ondine
Almée
Déesse
Walkyrie (*péj.*)
Jument (*péj.*)
Nymphe
Naïade
Baigneuse
Amazone
Bonne
Soubrette
Cameriste
Bas-bleu
Blonde
Brune
Rousse
Amante
Maîtresse

Favorite
(Petite) Amie
Concubine
Belle
Jupon (*péj.*)
Égérie
Muse
Vénus
Madone
Fée
Sainte-Nitouche (*fam.*)
[*péj.*]
Chipie
Furie
Harpie
Mijaurée
Belle-mère
Marâtre

Fam,, pop. et arg. :
Garce
Garçonne
Garçon manqué
Gonzesse
Grognasse
Rombière
Poule *ou* Poulette
Moukère
Nénesse *et* Nana
Cotillon (*anc.*)
Mousmé
Poupée
Souris
Moitié

● Antonymes : Homme,
Enfant.

FENÊTRE

Ajour *et* Jour
Ouverture
Baie
Croisée
Bow-window
Fenêtrage
Œil-de-bœuf
Lucarne

Vasistas
Tabatière
Lunette
Soupirail
Judas
Guichet
Hublot
Sabord
Vitrail
Carreaux
Rose *et* Rosace

FENTE

Fissure
Fêlure
Coupure
Lézarde
Rayure
Rainure
Strie
Cassure
Brisure
Gerçure
Craquelure
Faille
Gélivure
Griffure *et* Grippure
Estafilade
Entaille
Incision
Espace
Intervalle
Interstice
Jour
Vide
Trou
Déchirure
Déhiscence
Accroc
Lacération
Excavation
Meurtrière
Fuite
Grigne
Bouterolle
Boutonnière

FERMENT

Levain
Levure
Moisissure
Bacille
Microcoque
Bactérie
Enzyme
Zymase
Diastase
Oxydase
Suc (digestif)
Myrosine
Émulsine
Papaïne

Au fig. :
Germe
Agent
Source
Cause
Principe

FERMER

1. Clore *et* Enclore
Clôturer
Barrer
Barricader
Palissader
Murer
Boucher
Calfeutrer
Aveugler
Bloquer
Clouer
Griller *et* Grillager
Cadenasser
Verrouiller
Boucler (*fam.*)
Cheviller
Obturer
Obstruer
Encuver
Occlure
Operculer

Encager
Investir
Serrer *et* Enserrer
Claquemurer
Combler (*par ex.* un trou)
Remblayer (*id.*)
Cacheter
Plier
Sceller
Étreindre

● ANTONYMES : Ouvrir,
Déboucher, Déblayer,
Déverrouiller.

FERMETÉ

Assurance
Détermination
Énergie
Constance
Cran
Force
Impassibilité
Résistance
Résolution
Stoïcisme
Sang-froid
Autorité
Inflexibilité
Opiniâtreté
Ténacité
Rigueur
Persévérance
Persistance
Volonté

● ANTONYMES : Mollesse,
Avachissement, Inconsis-
tance, Veulerie, Faiblesse,
Abdication, Instabilité.

FERMIER

Agriculteur
Cultivateur
Paysan

Colon
Métayer
Mégier (*rég.*)
Closier (*rég.*)

FÉROCE

V. Cruel
Impitoyable
Inhumain
Dur
Sanguinaire
Sauvage
Cannibale
Barbare
Implacable
Atroce
Sans pitié (*ou* Sans cœur)
Monstrueux
Fermé à la pitié
Altéré de sang
Sans entrailles

● Antonymes : Humain,
Bon, Doux.

FÉROCITÉ
V. Cruauté

FERRY-BOAT
V. Bac

FERS
V. Liens

FERTILE

V. Fécond
Productif
Riche
Plantureux
Généreux
Bon (terrain)
Gras (*id.*)
(Terre) Noire

« *Pays fertile* » :
Pays de cocagne

Oasis
Terre promise
Jardin
Grenier

Au fig. :
Imaginatif
Ingénieux
Subtil
Inventeur
Inventif

● Antonymes : Aride,
Stérile.

FERTILISER

Amender
Bonifier
Mettre des engrais
Terreauter
Engraisser
Fumer
Colmater

● Antonymes : Stéri-
liser, Appauvrir, Épuiser.

FERVENT
V. Enthousiaste

FESSER
V. Battre

FESSES et FESSIER
V. Derrière

FESTIN

Agape
Banquet
Bombance *et* Bombe
Ripaille
Ribote
Gala
Fête
Gueuleton
Frairie (*anc.*)
Bamboche

Balthazar *ou* Balthasar
Noce
Nouba
Beuverie
Bâfre *et* Bâfrée
Godaille (*fam.*)
Bonne chère

● Antonymes : Disette,
Repas maigre.

FESTIVITÉ
V. Fête

FÊTE

Solennité
Réjouissances
Cérémonie
Jour férié
Vacance
Congé
Jour chômé
Commémoration
Anniversaire
Cinquantenaire
Centenaire
Jubilé
Noces (d'argent, d'or, etc.)
Kermesse
Pardon
Pèlerinage
Procession
Festival
Gala
Bal
Festin
V. Foire (*péj.*, *fam.*)

Rég. :
Vogue
Frairie
Redoute
Ducasse
Voto
Festo majore
Apport
Ballade

Assemblée
Ferrade

Péj. « *faire la fête* » :
Bombance
Vie
Noce
Java (*arg.*)
Bombe
Faridon (*pop.*)

● ANTONYME : Deuil.

FÊTER
V. CÉLÉBRER

FÉTIDE

Puant
Malodorant
Croupissant
Infect
Empesté
Malsain
Écœurant
Dégoûtant
Répugnant
Repoussant
Immonde

● ANTONYMES : Agréable,
Suave, Odoriférant.

FEU

Flammes
Jet de flammes
Flambée
Flamboiement
Flammèche
Étincelle
Fumée
Ignition
Combustion
Calcination
Inflammation
Incendie
Sinistre
Embrasement
Lueur (d'incendie)

Crépitement (de flammes)
Tison
Brandon
Braises *et* Brasier
Foudre (feu du ciel)
Fumerolle
Grisou
Fournaise

Au fig. :
V. ARDEUR et ENTHOU-
SIASME

FEUILLAGE et FEUILLE

1. Feuilles
Pousse
Frondaison
Feuillée
Ramure *et* Ramée
Verdure
Feuillaison
Foliation
Reverdissement (*litt.*)
Ombrage
Berceau
Charmille
Tonnelle
Pampre
Fane
Rinceau (sculpture)

2. V. PAPIER
Folio *et* Feuillet
Page
Copie
Planche
Encart
Défet
V. JOURNAL

FEUILLÉE

1. V. FEUILLAGE

2. Latrines
Lieux d'aisances
V. CABINET

FEUILLET
V. FEUILLE (2)

FEUILLETON

Article (de journal)
Rubrique (littéraire)
Rez-de-chaussée (journa-
lisme)
Critique
Roman (à suivre)
Ciné-roman
Film (à épisodes)
Épisode (d'un film à épi-
sodes)
Série (télévisée *ou* de télé-
vision)

FEUILLU

V. TOUFFU
Fourni
Ombragé

● ANTONYMES : Dénudé,
Nu.

FEUTRÉ

Ouaté
Silencieux
Amorti
Étouffé
Discret

● ANTONYME : Bruyant.

FIACRE
V. VOITURE

FIANÇAILLES

Accordailles
Promesse (de mariage)
V. AMOUR

● ANTONYMES : Mariage,
Rupture.

FIANCÉ, E

Futur, e
Promis, e
Prétendu, e
Bon(ne) ami (e)
Accordé (e) (*anc.*)
Dulcinée

● ANTONYMES : Marié,
Époux.

FIASCO
V. ÉCHEC et IMPUIS-
SANCE

FICELER
V. ATTACHER et FAGOTER

FICELLE

Corde
Cordelle
Fil
Cordelette
Mèche (de fouet)
Lignette
Cordée *et* Cordeau

Au fig. :
1. V. GALON
2. V. RUSE

FICHER

V. FIXER
Planter
Enfoncer
Clouer
Mettre
Introduire
« Ficher » ou
« fiche » (*fam.*)
Faire
Donner
Flanquer (*fam.*)
« Fiche(r)
le camp » (*fam.*)
Filer (*fam.*)

« *Se ficher* » (*fam.*)
V. SE MOQUER

Spécialement :
Répertorier
Coucher sur des fiches
Collationner (des fiches)
Noter
Mémoriser (*néol.*)
Espionner (ses concitoyens)

FICHU

1. Châle
Écharpe
Fanchon
Marmotte
Mouchoir
Pointe
Carré
Guimpe

2. *Part. passé de* « *ficher* »
(*fam.*) :
Fait
Flanqué
Jeté
Envoyé
Foutu
Condamné
Perdu
(Presque *ou* Bientôt) Mort
Maudit! (exclamation)
Sale! (*id.*)
Fâcheux! (*id.*)
Mauvais (*par ex.* un fichu
caractère)
Détestable (*id.*)
Insupportable (*id.*)

FICTIF

Inventé
Imaginaire
Allégorique
V. FAUX
Fabuleux

Supposé
Conventionnel *ou* De
convention
Extrinsèque

● ANTONYMES : Effectif,
Réel.

FICTION

Invention (de l'imagina-
tion)
Imagination
Fait (*ou* récit) imaginaire
Songe
Conte
Chimère
Fable
Allégorie
Apologue
Procédé conventionnel
Convention
Supposition

● ANTONYME : Réalité.

FIDÈLE

Sûr
Sincère
Attaché à
Constant
Féal
Inconditionnel de
Dévoué
Loyal
Adepte de
Croyant

● ANTONYME : Infidèle.

FIDÉLITÉ

Loyalisme
Dévouement
Constance
Allégeance (à)

Attachement (à)
Persévérance
Foi jurée
Honnêteté
Droiture
Scrupule
Probité
Sérieux
Véracité
Exactitude
Correction (morale)
Rapport véridique
Vérité
Fiabilité (*néol.*)

● ANTONYMES : Déloyauté, Infidélité, Inconstance, Légèreté, Trahison, Félonie.

FIEL

Bile

Au fig. :
Amertume
Acrimonie
Animosité
V. HAINE

● ANTONYME : Bienveillance.

FIELLEUX

V. MÉCHANT
Haineux
Amer
Venimeux (*fig.*)
Sournois
Hypocrite

● ANTONYMES : Franc, Bon, Généreux.

FIENTE
V. EXCRÉMENT

FIER

Digne
Noble
Indépendant
Majestueux
Crâne
Courageux

En mauvaise part :
Dédaigneux
Arrogant
Altier
Distant
Hautain
Méprisant
Suffisant
Rogue
Vain
Prétentieux
Glorieux
Orgueilleux
Fat
Faraud
Renchéri (*anc. ou litt.*)
Bouffi (d'orgueil)
Superbe (*anc. ou litt.*)
Satisfait
Supérieur
Conquérant
Enflé

● ANTONYMES : Modeste, Affable, Simple, Familier.

FIER-À-BRAS
V. FANFARON

FIÉVREUX
V. FÉBRILE

FIFRE

Pipeau
Flûte
Flageolet

FIGER

Coaguler
Cailler
Épaissir
Solidifier
Congeler
Condenser

« *Se figer* » (*Au fig.*) :
S'immobiliser
Se raidir
Être paralysé (*fig.*)
Se scléroser (*fig.*)

« *Un sourire figé* » :
Stéréotypé

● ANTONYMES : Liquéfier, Rendre fluide, Dégeler, Fondre, Défiger.

FIGNOLER

Finir
Parachever
Parfaire
Raffiner
Polir
Limer
Mignoter (*fam.*)
Enjoliver
Caresser
Lécher (*fam.*)

● ANTONYME : Bâcler.

FIGURANT

Comparse
Frimant (*arg. spectacle*)
Artiste de complément

FIGURE

1. V. FACE
Visage

Tête
Frimousse (*fam.*)
Faciès
Physionomie
Effigie
Traits (du visage)
Portrait
Minois

Pop. :
Gueule
Hure
Margoulette
Bouille
Bobine
Tronche
Binette
Poire
Bille
Trogne
Museau
Groin
Trombine

2. Représentation
Image
Illustration
Photo
Dessin
Schéma
Gravure
Estampe
Signe
Vignette
Mouvement de danse
Allégorie
Symbole
V. Caractère

FIGURER (SE)
V. Imaginer

FIL

1. V. Ficelle

2. Lien
Liaison
Cours *et* Courant

Succession
Suite
Enchaînement

3. V. Tranchant

FILASSE
Étoupe

FILE

Rang *et* Rangée
Suite
Procession
Défilé
Queue
Colonne
Caravane
(En) Ligne
L'un derrière l'autre
Enfilade
Chapelet de

● Antonyme : (De) Front.

FILER
V. Courir et Fuir
Ficher le camp (*fam.*)

FILET
1. Rets
Lacets *et* Lacs
Nasse
Panneau
Pantière
Poche
Épervier
Épuisette
Traînasse *et* Traîneau
Madrague
Gabare *ou* Gabarre
Chalon
Seine *ou* Senne
Chalut
Tramail *ou* Trémail
Verveux
Boulier *ou* Bolier

Carrelet
Ableret
Bastude
Tirasse
Résille
Réseau
Balance
Bouterolle
Carré
Caudrette
Combrière
Drège
Folle
Goujonnier
Guideau
Havenet *ou* Haveneau
Langoustier *ou* Langoustière
Picot
Puche
Pêchette
Rissole
Sardinier
Thonaire
Truble
Vannet
Araignée

2. V. Cabas

FILIALE
V. Succursale

FILIN
V. Cordage

FILLE
1. Demoiselle
Donzelle
Sœur
Fillette
Bambine
Gosse
Adolescente
Jouvencelle
Tendron (*fam.*)
Poulette (*fam.*)
Pucelle

Vierge
Colombe (*fam.*)
Brebis (*fam.*)
Catherinette
Midinette
Trottin
Rosière
Garçonne
Minette (*pop.*)
Blondinette
Brunette
Enfant
Descendante
Nièce
Petite-fille

2. V. FEMME (2)
Servante
Employée
Poule (*pop.*)

3. V. PROSTITUÉE

● ANTONYMES : Mère,
Père, Parents.

FILLETTE
V. FILLE (1)

FILM

1. Pellicule
Bande (Celluloïd *ou* élec-
tromagnétique)
Péloche (*arg.*)
Flamme
Non-flamme

2. Spectacle (cinémato-
graphique *ou* télévisuel)
Cinéma
Cinématographe
Ciné
35 mm
16 mm
8 mm
70 mm (anamorphosé)
Long métrage
Court métrage
Moyen métrage

Histoire (filmée)
Documentaire
Dessin animé
Animation
Reportage (filmé)
Actualités (n. f. pl.)
Publicité (filmée)
Western (*amér.*) [n. m.]
Thriller (*amér.*) [n. m.]
Comédie américaine
Burlesque (n. m.)
Policier (*id.*)
Ciné-roman (*id.*)
Feuilleton (*id.*)
Dramatique (*id.*)
Émission (télévision)
Programme
Avant-programme
Double programme
Scénario

FILMER

Cinématographier
Tourner
Mettre dans la boîte
(*fam.*)
Enregistrer
Impressionner de la pel-
licule
Gâcher de la pellicule
(*fam.*)
Être en tournage

● ANTONYMES : Projeter,
Montrer (un film).

FILON

Veine
Dyke

Au fig. :
Mine
Source
Occasion
Aubaine

FILOU
V. ESCROC

FILOUTER
V. VOLER

FILS

V. GARÇON
V. ENFANT
Héritier
Fiston (*fam.*)
Rejeton
Progéniture
Descendant
Mouflet (*pop.*)
Moujingue (*pop.*)
Môme (*pop.*)
Aîné
Puîné
Benjamin
Infant (royal)
Dauphin
Gosse (*fam.*)
Gars

● ANTONYMES : Père, Papa,
Mère, Maman.

FIN

1. V. BOUT, BUT, MORT
et RÉSULTAT

2. V. DÉLICAT, MINCE
et AIGU

FINAL

V. DERNIER
Ultime
Terminal
Extrême

● ANTONYMES : Initial,
Premier.

FINANCER

V. Payer
Commanditer
Soutenir (financièrement)
Apporter les capitaux
Signer les chèques
Virer l'argent
Placer des fonds
Spéculer
Faire la banque (*ou* le banquier) pour (une entreprise ou pour quelqu'un) (*fam.*)
Lancer
Faire l'escompte
Avancer l'argent
Accorder le crédit
Faire l'avance
Garantir le découvert
Apporter des liquidités
Avaliser des traites
Permettre le lancement (d'une affaire)
Offrir l'argent nécessaire
V. Foncer (*fam.*)
Casquer (*fam.*)
Banquer (*arg.*)

● Antonymes : Se récuser, Garder (*ou* Retirer) ses billes (*fam.*), Refuser son aval.

FINASSER
V. Ruser et Tergiverser

FINAUD
V. Malin

FINESSE

Légèreté (d'un travail)
V. Grâce
V. Beauté
Distinction
Élégance
V. Charme
Douceur

Au fig. :
Perspicacité
V. Intelligence
Sagacité
Clairvoyance
Pénétration
Subtilité
Tact
Souplesse d'esprit
Vivacité de jugement

Par extens. :
V. Ruse
Astuce
Artifice
Stratagème
Diplomatie

● Antonymes : Grossièreté, Rudesse, Bêtise, Balourdise, Stupidité, Niaiserie.

FINIR

Achever
Terminer
Parfaire
En finir avec
Mettre fin
Mettre la dernière main
Parachever
Couronner
Consommer
Compléter
Clore
Mettre le point final à
Couper court à
Interrompre
Aboutir
Conclure
Lever la séance
Baisser le rideau
Toucher au but
Arriver au port
Accomplir
Cesser de
S'arrêter de
Rompre

Tarir
Régler

● Antonymes : Commencer, Débuter.

FIRMAMENT
V. Ciel

FIRME
V. Établissement

FISSURE
V. Fente

FIXE

Immobile
Immuable
Permanent
Sédentaire
Invariable
Stable
Ferme
Définitif
Irrévocable
Constant
Arrêté
Assuré
Régulier
Continu
Persistant
Stationnaire
Établi (une fois pour toutes)
Fixé
Inébranlable

● Antonymes : Mobile, Variable, Errant, Nomade, Incertain, Accidentel, Instable.

FIXER

1. V. Immobiliser
Établir
Stabiliser
Assurer

Affermir
Assujettir
Planter
Clouer
Visser
Boulonner
Riveter *et* River
Coller
Lier
Nouer
Sceller
Coincer
Épingler
Pendre *et* Suspendre
Amarrer
Pétrifier
Arrêter
Attacher
Maintenir (en place)
Ficher
Enraciner
Implanter
Établir

2. Regarder
Dévisager
Planter les yeux dans
Observer
Arrêter son regard sur

3. Décider
Déterminer
Régler
Imposer
Prescrire

● ANTONYMES : 1. Libérer, Défaire, Arracher, Transporter.
2. Détourner (son regard).
3. Hésiter à.

FLACON
V. BOUTEILLE

FLAGELLER

Fouetter
Fustiger
Battre

Au fig. :
V. CRITIQUER

FLAGEOLER

Chanceler
Trembler (de fatigue, de faiblesse, de peur)
Avoir les jambes en coton

FLAGEOLET
V. FIFFRE et HARICOT

FLAGORNER
V. FLATTER

FLAGRANT
V. ÉVIDENT

FLAIR

V. ODORAT

Au fig. :
Clairvoyance
Perspicacité
Intuition
Instinct

● ANTONYME : Aveuglement.

FLAIRER
V. SENTIR

FLAMBÉE
V. FEU

FLAMBER
V. BRÛLER

FLAMBOYER

V. BRÛLER

Au fig. :
V. BRILLER

Resplendir
Étinceler
Éclater

FLAMME

1. Flammèche
Feu (*aussi au fig.*)
Lumière
Clarté
Flambeau
Éclat

Au fig. :
V. ARDEUR
Passion
Animation
Éloquence
Zèle
Vivacité
Amour
Désir

2. V. DRAPEAU

● ANTONYMES : Cendre, Indifférence.

FLAN

Crème renversée
Œufs au lait
Dariole
Quiche

FLANC
V. CÔTÉ

FLANCHER

Reculer
Lâcher pied
Mollir
Abandonner
Se dégonfler (*pop.*)

● ANTONYMES : Tenir, Résister.

469

FLÂNER

Se promener
Errer
Baguenauder
Se balader
Traîner
Muser *et* Musarder
Badauder *et* Bâder (*pop.*)
Boulevarder
Lambiner
Lécher les vitrines (*pop.*)
Faire du shopping (*néol.*)
Balocher (*pop.*)
Glander (*arg.*)
Lanterner

● ANTONYME : Se presser.

FLANQUER
V. JETER, APPLIQUER, FICHER

FLAPI
V. FATIGUÉ

FLASQUE
V. MOU

FLATTER

1. Complimenter
Aduler
Vanter
Louanger
Louer
Amadouer
Enjôler
Cajoler
Mignoter
Encenser
Courtiser
Caresser
Flagorner
Peloter (*fam.*)
Lécher les bottes (*pop.*)
Faire la cour
Faire des courbettes

Passer de la pommade
Lécher le cul (*triv.*)
Passer la main dans le dos
Faire du plat (*fam.*)

2. Avantager
Embellir
Idéaliser

« *Se flatter de* »
Se féliciter de
Être fier de
Être heureux de
Se targuer
Se prévaloir
Se vanter
Espérer
Compter
Prétendre

● ANTONYMES : 1. Blâmer, Critiquer.
2. Enlaidir.

FLÉAU
V. CALAMITÉ

FLÈCHE

Trait
Javelot
Dard (*anc.*)
Carreau (*anc.*)
Matras (*anc.*)
Javeline
Sagaie
Sagette (*anc.*)
Timon (Flèche d'un attelage)
Aiguille

FLÉCHIR

1. Plier
Ployer
Faiblir
Céder
Flancher
Lâcher pied

Succomber (*fig.*)
Reculer
S'incliner
Se soumettre

2. Faire céder (quelqu'un)
Attendrir
Ébranler
Apitoyer
Émouvoir
Désarmer
Faire capituler
Apaiser
Gagner
Toucher

● ANTONYMES : (Se) Dresser, (Se) Braquer, (Se) Durcir.

FLEGMATIQUE

Placide
Calme
Froid
Impassible
Imperturbable
Qui se contrôle
Qui garde son sang-froid
Sur son quant-à-soi

● ANTONYMES : Emporté, Exubérant, Fougueux, Passionné.

FLEMME
V. PARESSE

FLÉTRI

Fané
Passé
Pâle *et* Pâli
Séché
Défraîchi
Décoloré
Altéré
Terni
Marescent

470

Gâté
Ridé
Ratatiné

Au fig. :
Vieilli
Avili
Corrompu
Enlaidi
Souillé
Sali
Condamné
Désapprouvé
Honni
Jugé sévèrement
Engueulé (*fam.*)

● ANTONYMES : Épanoui,
Éclos, Éclatant, Frais;
Félicité, Approuvé, Prôné.

FLEUR

Fleurette
Fleuron
Inflorescence
Bouton
Bouquet

Au fig. :
V. ÉLITE
V. VIRGINITÉ
V. FRAÎCHEUR

FLEURER
V. SENTIR

FLEURET
V. ÉPÉE

FLEURIR

Au fig. :
S'ouvrir
S'épanouir
Prospérer
Briller
Être florissant

Se développer
Se multiplier

« *Fleuri* » :
Riant
Orné
Embelli
Séduisant
Élégant
Choisi
Coloré
Frais
Vif

● ANTONYMES : Se faner,
Régresser; Dépouillé,
Froid.

FLEURISTE

Horticulteur
Jardinier *et* Jardinier pay-
sagiste
Bouquetier

FLEUVE
V. COURS D'EAU et EAU

FLEXIBLE

Souple
Élastique
Pliant *et* Pliable
Mou
Plastique
Flexueux

● ANTONYMES : Raide,
Cassant, Rigide.

FLIBUSTIER
V. AVENTURIER

FLIRT

Amourette
Coquetterie
Cour (amoureuse)

Béguin
Idylle

FLIRTER

Avoir un flirt (avec quel-
qu'un)
Coqueter (*anc.*)
Courtiser (quelqu'un)
Faire la (*ou* sa) cour
« Sortir » avec (quelqu'un)
Fréquenter (quelqu'un)
Fleureter (*litt.*)
Avoir une amourette (avec
quelqu'un)
Conter fleurette
Avoir un petit ami (*ou*
une petite amie, *ou* un
boy friend [*néol.*]).

FLOPÉE
V. MULTITUDE

FLORE
V. VÉGÉTATION

FLORILÈGE
V. ANTHOLOGIE

FLOT

V. EAU
Onde
Vague
Lame
Flux *et* Reflux
Afflux de
Courant

Au fig. :
V. AFFLUENCE
Foule
Multitude
Torrent de (*par ex.* paro-
les)

● ANTONYMES : Goutte,
Filet de, Suintement.

FLOTTANT
V. FLUCTUANT

FLOTTER

1. Être porté par le flot
Surnager (*ou* Nager)
Rester à la surface
Être dans la vague
Ondoyer
Se laisser porter par (le courant)
Émerger

Au fig. :
V. HÉSITER

2. *Pop.* :
V. PLEUVOIR

● ANTONYMES : Sombrer, Se noyer.

FLOTTEUR

Bouée
Bouchon
Plume

FLOU

Vague
Vaporeux
Nébuleux
Léger
Inconsistant
Aux contours mal définis
Effacé
Fondu
Brumeux
Indistinct
Incertain
Indécis

● ANTONYMES : Net, Précis, Distinct.

FLOUER

V. DUPER
Escroquer
Voler
Tromper
Tricher

FLUCTUANT

Flottant
Hésitant
Incertain
Instable
Indécis
Mobile
Tantôt ceci, tantôt cela
Inconstant
Indéterminé

● ANTONYMES : Fixe, Fixé, Invariable, Stable, Ferme.

FLUCTUATION

Flottement
Balancement
Variation
Variabilité
Oscillation
Changement
Mobilité

● ANTONYMES : Stabilité, Fixité.

FLUIDE

1. *Adj.* :
Liquide
Clair
Limpide
Coulant
Liquoreux

Au fig. :
Flottant

V. FLUCTUANT
Hésitant
Indéterminé
Insaisissable

2. Influx (magnétique)
Courant (*id.*)
Onde (*id.*)
Radiation (*id.*)
Rayonnement (*id.*)
Influence (*id.*)
Émanation (*id.*)

● ANTONYMES : Solide, Compact, Visqueux, Épais, Concret.

FLUORESCENCE

Luminescence
Phosphorescence

FLÛTE

Syrinx (*antiq.*)
Diaule (*antiq.*)
Fifre
Larigot (*anc.*)
Piccolo ou Picolo
Pipeau
Flageolet
Chalumeau
Galoubet (*rég.*)
Octavin
Mirliton
Flûteau
Ocarina
Bigophone

FLUX
V. FLOT

FŒTUS
V. EMBRYON

FOI

V. CROYANCE

« *Bonne foi* » :
Loyauté
Honnêteté
Franchise
Sincérité
Probité
Honneur
Conscience
Conviction réelle

« *Mauvaise foi* » :
Déloyauté
Parti pris
Partialité
Fausseté
Duplicité
Perfidie
Fraude
Jésuitisme
Restriction mentale
Dissimulation
Partisanerie (*néol.*)
Esprit de chapelle
Zèle déplacé

● ANTONYMES : Doute,
Incroyance.

FOIRE
V. FÊTE et MARCHÉ

FOISON
V. ABONDANCE

FOISONNER

Abonder
Surabonder
Être en quantité
Pulluler
Fourmiller
Regorger de

● ANTONYMES : Manquer,
Faire défaut.

FOLÂTRER

Jouer
S'ébattre
Badiner
Papillonner
Batifoler
Plaisanter
Se livrer à sa fantaisie
Marivauder
S'ébrouer
Ginguer (*peu us.*)
V. RIGOLER (*pop.*)

● ANTONYMES : Être sé-
rieux, S'ennuyer.

FOLIE

Trouble mental
Déséquilibre mental
Aliénation
Démence
Délire
Maladie mentale
Névrose
Psychose
Phobie
Manie
Vésanie (*anc.*)
Perte de la raison
Déraison
Dérangement
Égarement
Divagation
V. ABERRATION
Irresponsabilité
Absence
Inconscience
Fêlure (*fam.*)
Idiotie
Crétinisme
Delirium tremens
Idée fixe
Fureur
Monomanie
Hallucination
Schizophrénie
Paranoïa
Mégalomanie
Perversion
Insanité
Toquade
Extravagance
Monomanie
Nymphomanie
Érotomanie
Lycanthropie
Bizarrerie
Maboulisme (*fam.*)

● ANTONYMES : Raison,
Santé, Équilibre, Jugement.

FOLLEMENT

A la folie
Éperdument
Extrêmement
Au plus haut point
Excessivement
Très
Trop
Passionnément

● ANTONYME : Raison-
nablement.

FOMENTER
V. SUSCITER

FONCÉ

(De couleur) Sombre
Obscur
Brun
Profond

● ANTONYMES : Clair,
Pâle, Blanc.

FONCER

Charger
Se précipiter sur

Courir sus à
V. ATTAQUER
Aller droit sur
Se lancer
S'élancer vers
Courir à toute allure
Filer
Sprinter (*néol.*)
Poursuivre
Se défoncer (*pop.*)

● ANTONYMES : Éviter,
Flâner, Lambiner.

FONCTION

V. ACTIVITÉ
Occupation
Charge
Ministère
Rôle
Mission
Office
Tâche
Service
Travail
Devoir
État
Emploi
Métier
Profession
Situation
Place
Poste
V. UTILITÉ

FONCTIONNAIRE

Agent de la fonction publique
Employé, e (*adm.*)
Administrateur
Commis
Titulaire
Intérimaire

Commis expéditionnaire
Suppléant
Surnuméraire
Dignitaire
Magistrat
Ministre
Bureaucrate

FONCTIONNER

Marcher
Aller
Bien se comporter
Remuer
Se mouvoir
Jouer
Avancer
(*Plus tous termes faisant
référence à une machine,
à un mécanisme ou à un
organisme*)

● ANTONYMES : Être en
panne, Se détraquer, Se
coincer, S'arrêter, Ne pas
marcher.

FOND

Bas-fond
Bas
Cul *et* Culot
Profondeur
Abysse
Haut-fond (*mar.*)
Hauteur d'eau (*mar.*)
Renfoncement
Arrière
Décor (*théâtre*)
Pièce (fond de culotte)

Au fig. :
Contenu (*litt.*)
Idée
Sujet
Substance
Matière

Thème
Intrigue
Trame

● ANTONYME : Forme.

« *Au fond* » :
En réalité
Réellement

« *À fond* » :
Complètement
Tout à fait
Entièrement
Profondément
À bloc (*fam.*)

● ANTONYMES : Surface ;
En surface, Superficiellement.

FONDAMENTAL

Essentiel
Principal
De base
De principe
Constitutif
Vital
Pierre angulaire de
Radical
Foncier

● ANTONYMES : Accessoire,
Secondaire, Superficiel,
Complémentaire.

FONDATION

1. Fondement
Maçonnerie (de base)
Soubassement
Enrochement
Semelle
Pilot *et* Pilotis
Radier
Sommier

Au fig. :
Assise (s)

Base
Assiette (*fig.*)
Armature (*fig.*)
Charpente (*fig.*)
Structure *et* Structuration

2. Création
Institution
Instauration
Constitution
Édification
Formation
Érection

● ANTONYMES : 1. Toiture, Faîtage, Comble, Superstructure.
2. Destruction, Ruine, Renversement.

FONDEMENT
V. FONDATION

FONDER
V. ÉTABLIR

FONDRE

1. Rendre liquide
(Se) Dissoudre
Liquéfier *et* Se liquéfier
Brûler
Dégeler
Déglacer

Au fig. :
Disparaître
Se dissiper
S'évanouir
Se volatiliser
Se désagréger
Se résorber
Se résoudre

2. Réunir (intimement)
Mêler *et* Mélanger
Amalgamer
Fusionner
Incorporer

Unir
Grouper
Ne faire qu'un
Assimiler

Spécialement, au fig. :
V. S'ATTENDRIR
et aussi
MAIGRIR

3. S'abattre sur
Se précipiter
Assaillir
Se jeter sur
Tomber sur
Attaquer
Foncer
Courir (sus)
Se lancer contre
Piquer sur
Voler en piqué (aviation)

● ANTONYMES : 1. Coaguler, Cailler, Précipiter, Figer, Solidifier.
2. Séparer, Disjoindre, Diviser, Détacher.
3. S'éloigner, Fuir.

FONDS
V. ARGENT et TERRE

FONDU, E

À l'état liquide
Coulé
Moulé
Dissous
Flou
Dégradé
Vaporeux

Pop. :
V. FOU

● ANTONYME : Solidifié.

FONTAINE
V. SOURCE

FONTE

Fusion
Liquation

Spécialement :
Moulage

FORAIN
V. NOMADE

FORBAN
V. PIRATE

FORCE

1. Robustesse
Vigueur
Puissance
Fermeté
Résistance
Solidité
Verdeur
Dynamisme
Poigne
Dureté
Virulence
Véhémence
Fougue
Intensité
Emportement
Élan
V. POUVOIR

« *Force morale* » :
V. COURAGE
Cran
Énergie
Détermination
Volonté
Endurance
Constance
Fermeté
Cœur
2. Contrainte
Oppression
Violence
Tyrannie

475

Efficacité
Autorité

● ANTONYMES : Faiblesse, Débilité, Fragilité, Asthénie, Impuissance, Inefficacité, Douceur, Persuasion.

FORCÉ

1. V. INÉVITABLE
Obligé *et* Obligatoire
Inéluctable
Nécessaire
Involontaire

2. Outré
Affecté
Contraint
Embarrassé
Artificiel
Faux
Factice
D'emprunt

● ANTONYMES : Facultatif, Spontané, Volontaire, Libre; Naturel, Authentique, Vrai.

FORÊT
V. BOIS

FORFAIT
V. CRIME

FORFAITURE
V. TRAHISON

FORFANTERIE

Vantardise
Hâblerie
Charlatanisme
Vanterie
Fanfaronnade
Rodomontade
Bravade

● ANTONYMES : Humilité, Modestie, Naturel, Simplicité.

FORGER

Au fig. :
Faire
Fabriquer
Produire
Construire
Constituer
Façonner
Établir
Fonder
Composer
Écrire
Inventer
Trouver
Imaginer
Rêver
Se figurer

FORMALISER (SE)

Se fâcher
S'offusquer
Se vexer
Se piquer
Être choqué
Être blessé
Prendre la mouche

FORMAT

Dimension
Taille
Grandeur
Mesures

FORME

Conformation
Configuration
Contour *et* Tour
V. APPARENCE
Aspect
Disposition
Extérieur
Figure
Allure
Façon
Manière
V. STYLE
Arrangement
Proportions
Dehors
Silhouette
Modelé
Calibre
Galbe
Ligne
Gabarit
Profil
Modèle
Patron

● ANTONYMES : Intérieur, Réalité, Fonds.

FORMER
V. CRÉER

FORMIDABLE

Étym. :
Effrayant
Redoutable
Terrible
Épouvantable

Par extens. :
Extraordinaire
Considérable
Énorme
Étonnant
Imposant
Fantastique
Colossal
Beau
Extravagant
Stupéfiant
Renversant

Sensationnel
Épatant
Très bien

● ANTONYMES : Bénin,
Rassurant, Insignifiant,
Ordinaire, Quelconque,
Médiocre, Petit, Plat, Ter-
ne, Laid, Mauvais.

FORMULE

1. Énoncé
Libellé
Rédaction
Texte
Intitulé
Aphorisme
Expression
Précepte
Slogan
Sentence
Locution
Phrase
Raccourci
Tournure
Cliché

2. Solution type
Méthode
Procédé
Combinaison
Remède
Mode de
Panacée

FORMULER
V. ÉNONCER

FORT

Vigoureux
Robuste
Puissant
Herculéen
Ferme
Résistant
Solide

Dur
Athlète *et* Athlétique
Musculeux *et* Musclé
Membru (*anc.*)
Vert
Découplé
Trapu
D'acier
De fer
Invincible
Incoercible
Inflexible
Costaud (*fam.*)
Malabar (*pop.*)
Bien taillé (*ou* bâti)
Valide

Moralement :
V. COURAGEUX
Résistant
Armé
Averti
Énergique
Trempé
Solide
Ferme
Volontaire
Autoritaire
Aguerri

Intellectuellement :
Capable
Excellent
Doué
Calé (*fam.*)
Ferré (*fam.*)
Expérimenté
Habile
Talentueux
Intelligent
Adroit
Adapté
Malin
Imbattable

Qualifiant un objet :
Résistant
Dur
Solide

Cartonné
Épais
Rigide
Inusable
Renforcé

● ANTONYMES : Faible,
Chétif, Débile, Déficient;
Timoré, Peureux, Timide,
Craintif; Ignorant, Incom-
pétent, Nul; Mou.

FORTERESSE

Fort *et* Fortin
Citadelle
Fortification
Place forte
Abri
Château
Bastion

FORTIFIANT

Réconfortant
Reconstituant
Cordial
Analeptique
Remontant (*fam.*)
Roboratif
Stimulant
Réparateur
Tonique

● ANTONYMES : Anémiant,
Débilitant, Amollissant,
Affaiblissant.

FORTIFICATION

Abri (armé)
Bastide
Bastion
Blockhaus

Casemate
Camp retranché
Citadelle
Travaux militaires
Fort *et* Fortin
Enceinte
Place forte
Redoute
Tour
Oppidum (*antiq. rom.*)
Château
Retranchement
Ksar (fortification arabe)
Casbah (*id.*)

FORTIFIER

Rendre fort
Donner de la force
Renforcer
Enforcir
Consolider
Raffermir
Retremper
Développer
Conforter
Ragaillardir
Réconforter
Tonifier
Consolider
Étayer
Soutenir
Arc-bouter
Affermir
Soutenir
Durcir
Tremper
Défendre
V. Protéger

● ANTONYMES : Affaiblir, Débiliter, Anémier, Amollir, Miner.

FORTIN
V. Forteresse et Fortification

FORTUIT

Accidentel
Imprévu
Brusque
Inattendu
Inopiné
Exceptionnel
Occasionnel
Par aventure
Casuel
Surprenant
Éventuel
Contingent
Exceptionnel

● ANTONYMES : Préparé, Mûri, Réfléchi, Attendu, Prévu.

FORTUITEMENT

Par hasard
Accidentellement
Occasionnellement
De façon inopinée (*ou* inattendue *ou* imprévue)
Éventuellement

● ANTONYME : À coup sûr.

FORTUNE

1. Hasard
Chance *ou* Malchance
Bonheur *ou* Malheur
Succès *ou* Insuccès
Vicissitude
Risque
Adversité
Traverse

« *De fortune* » :
Provisoire
De hasard
Pis-aller

2. Avoir
Richesse
Argent
Bien
Biens au soleil
Actif
Meubles *et* Immeubles
Capital
Patrimoine
Ressources
Domaine
Opulence

● ANTONYMES : 2. Misère, Pauvreté, Indigence, Gêne.

FORTUNÉ
V. Heureux

FOSSE
V. Trou

FOSSÉ
V. Canal

FOU

Aliéné
Dément
Insensé
Irresponsable
Forcené
Halluciné
Schizophrène
Paranoïaque
Inconscient
Monomane
Possédé
Déséquilibré
Détraqué (*fam.*)
Timbré (*fam.*)
Braque *et* Branque (*rég.*)
Toqué (*fam.*)
Furieux
Enfermé
Interné
Névrosé
Obsédé

Anormal
Désaxé
Cinglé (*pop.*)
Cintré (*pop.*)
Dingue *et* Dingo (*pop.*)
Fada (*rég.*)
Fondu (*pop.*)
Louf *et* Louftingue (*id.*)
Loufoque (*id.*)
Maboul (*id.*)
Marteau (*id.*)
Piqué (*id.*)
Sonné (*id.*)
Siphonné (*id.*)
Tapé (*id.*)
Échappé des Petites-Maisons (*anc. et litt.*)
Échappé de Charenton
Frappé (*fam.*)
Excentrique
Extravagant
Qui a perdu l'esprit (*ou* la raison *ou* la boule) [*pop.*]
Idiot
Crétin
Bizarre
Zinzin (*pop.*)
Camé (*arg.*)
Cinoque (*arg.*)

Par extens. (*adj.*) :
V. ABSURDE
Dangereux
Hasardeux *et* Hasardé
Chimérique
Éperdu
Extraordinaire
V. PRODIGIEUX

● ANTONYMES : Sain, Normal, Équilibré, Raisonnable, Sensé.

FOUAILLER
V. BATTRE et FOUETTER

FOUCADE
V. CAPRICE et FANTAISIE

FOUDRE

1. Feu du ciel
Tonnerre *et* Coup de tonnerre
Fulguration
Éclair fulgurant
Électricité statique
Grondement
Roulement

2. *Au plur.* : « *Foudres* » :
Condamnation
Châtiment
Opposition
Reproches
Réprimande
Critique
Excommunication

● ANTONYMES : 2. Louanges, Félicitations.

FOUDROYER
V. ABATTRE et PUNIR

FOUETTER

Flageller
Fouailler
Fustiger
V. BATTRE
Sangler (*anc.*)
Cingler
Donner des verges (*ou* des étrivières)
Frapper à coups de fouet
Donner du martinet
Cravacher
Passer au knout
V. CORRIGER

Au fig. :
Aiguillonner
Inciter à
Exciter
Stimuler
Donner une impulsion

Censurer
Critiquer

FOUGUE
V. ARDEUR et ENTHOUSIASME

FOUGUEUX

V. ARDENT
Bouillant
Enthousiaste
Impétueux
Pétulant
Vaillant
Emporté
Emballé
Indocile
Enflammé
Exubérant
Effervescent
Véhément
Violent

● ANTONYMES : Flegmatique, Calme, Froid, Impassible, Placide.

FOUILLER

1. Creuser
Remuer (la terre)
Fouir (*id.*)
Retourner (*id.*)

2. Explorer
Sonder
Battre
Perquisitionner
Visiter
Examiner
Traquer
Scruter

3. Approfondir
Compulser
Consulter
Étudier (à fond)

Travailler (à fond)
Éplucher
Ciseler

4. Chercher
Rechercher
Fureter
Fouiner (*fam.*)
Farfouiller (*pop.*)
Trifouiller (*pop.*)
Fourgonner (*pop.*)
Fourrager

FOULARD
V. ÉCHARPE

FOULE

V. Affluence
Multitude
Monde
Presse
Assemblée
Assistance
Public
Masse
Peuple
Populo (*fam.*)
Troupeau (*péj.*)
Populaire (*fam.*)
Populace (*péj.*)
(Le) Vulgaire (*péj.*)
Tourbe (*péj.*)
Plèbe (*péj.*)
Trèpe (*arg.*)
Cohue
Attroupement
Grouillement
Encombrement
Grand nombre de
Beaucoup de
Flopée de (*fam.*)
Collection de
Quantité de

● ANTONYMES : Rareté,
Désert, Peu de, Poignée
de, Élite.

FOULER

Écraser
Presser

Au fig. : « *Fouler aux
pieds* » :
Mépriser
Bafouer
Piétiner
Braver
Faire litière de
Marcher sur le ventre
(*pop.*)
Opprimer
Se moquer de
S'en fiche (*ou* S'en foutre)
[*fam.*]

« *Se fouler* » :
Se faire une entorse
Se luxer
Se distendre (un muscle)
Se disloquer (un membre)
V. SE FATIGUER (*pop. iron.*)

FOUR

1. Fournil
Chaufour
Fourneau
Creuset
Caléfecteur
Hypocauste (*antiq.*)
Chaudière
Étuve
Fournaise
Foyer

Au fig. :
V. ÉCHEC
Insuccès
Fiasco
Désastre
Bide (*arg.*)

● ANTONYMES : Succès,
Réussite.

FOURBE

Hypocrite
Sournois
Faux (Jeton)
Perfide
Jésuite
Sycophante (*litt.*)
Planche pourrie (*pop.*)
Trompeur
Indélicat
Salaud (*pop.*)
Judas

● ANTONYMES : Franc,
Loyal.

FOURBERIE

Hypocrisie
Duplicité
Sournoiserie
Fausseté
Tromperie
Artifice
Mensonge
Escroquerie
Trahison
Coup fourré (*fam.*)
Patelinage (*anc.*)
Traîtrise
Saloperie (*pop.*)
Piperie (*anc.*)
V. RUSE
Déloyauté

● ANTONYMES : Loyauté,
Franchise.

FOURBIR
V. FROTTER

FOURBU
V. FATIGUÉ

FOURCHE

Bident
Trident

Foène *ou* Foëne *ou* Fouine
Fuscine
Fourchette

Spécialement :
V. Carrefour
V. Embranchement
Croisée des chemins
Bifurcation
Quatre-routes (*rég.*)
Bretelle
Patte-d'oie

FOURGON

Wagon
Chariot couvert

FOURGONNER

Tisonner
V. Fouiller
Fourrager (*fam.*)

FOURMILLEMENT

1. Grouillement
Foisonnement
Multitude
Grand nombre de
Agitation de masse
Pullulement
Quantité de
Abondance de

2. Picotement
Formication
Démangeaison
Des fourmis dans (un
muscle, un membre)

FOURNIR

Procurer
Apporter

Donner
Livrer
Vendre
Ravitailler (en quelque
chose)
Pourvoir en
Produire
Servir
Alimenter en

● antonymes : Priver,
Démunir, Refuser, Reti-
rer, Frustrer.

FOURRÉ

1. V. Buisson

2. Garni (intérieurement)
Molletonné
Doublé de (fourrure)

FOURRER

1. Garnir
Doubler
Enrober
Envelopper

2. Faire entrer
Enfoncer
Mettre
Enfourner
Introduire

● antonymes : Ôter,
Vider.

FOURRURE

Poil
Toison
Pelage
Pelleterie
Peau (de bête)
Pelisse
Manteau

Étole
Parement
Manchon
Hermine

FOURVOYER (SE)
V. S'égarer et Se Trom-
per

FOYER

V. Âtre
V. Cheminée
Feu
Brasier

Par extens. :

1. V. Domicile
Demeure
Maison
Ménage
Famille
Pénates
Bercail (*fig.*)

2. Source (de lumière)
Focale
Centre
Origine

FRAC
V. Vêtement

FRACAS
V. Bruit

FRACASSER
V. Casser, Briser

FRACTION

Partie *et* Part de
Portion de
Parcelle de
Morceau de
Division
Section
Fragment

● ANTONYMES : Totalité, Tout, Ensemble, Entier.

FRACTIONNER

Sectionner
Diviser
Partager
Scinder
Couper (en parts)
Morceler

● ANTONYMES : Unir, Réunir, Grouper, Joindre, Unifier, Fondre.

FRACTURE

Bris
Cassure
Rupture
Blessure
Fêlure
Lésion (osseuse)
Plaie

● ANTONYMES : Soudure, Réduction.

FRACTURER

V. BRISER
V. CASSER
Rompre
Forcer (*par ex.* une serrure)
Ouvrir (de force)
Violer *(fig)*

● ANTONYMES : Fermer, Refermer, Boucher, Obturer, Réparer.

FRAGILE

Délicat
Frêle

Cassant *et* Cassable
Peu Solide
Vulnérable
Précaire
Altérable
Périssable
Débile
Chétif
Mièvre
Faible
Éphémere
Passager
Faillible
Instable
Changeant

● ANTONYMES : Robuste, Solide, Résistant, Dur, Constant.

FRAGMENT
V. FRACTION et MORCEAU

FRAGMENTER
V. DIVISER

FRAGRANCE
V. PARFUM

FRAIS

1. *Adj.* :
(Presque) Froid
Rafraîchi

Au fig. :
Neuf
Nouveau
Récent
Jeune
Sain
Candide
Pur
Éclatant
Reposé
En forme

2. *Subst.* :
V. DÉPENSE

Débours
Coût

● ANTONYMES : 1. Chaud, Tiède, Vieux, Ancien, Rassis, Fané, Passé, Fatigué.
2. Bénéfice.

FRANC

Droit
Loyal
Direct
Sincère
Honnête
Ouvert
Cordial
Spontané
Carré
Précis
Net
Clair
Déclaré
Catégorique
Vrai
Cru
Explicite
Nu
Rond
Simple
(doublon)
Familier
Sans façon

● ANTONYMES : Fourbe, Sournois, Oblique, Tortueux, Louche, Équivoque, Menteur.

FRANCHEMENT

Sans détour
Sans dissimulation
Directement
Uniment
Sans ambages

Brutalement
Simplement
Ouvertement
À découvert
À cœur ouvert
Sans équivoque
Sans ambiguïté
Clairement
Nettement
Évidemment
Carrément
Résolument
Rondement
Hardiment
Vraiment
Certainement
En conscience

● ANTONYMES : Hypocritement, Confusément, Faussement, Sournoisement.

FRANCHIR

Traverser
Sauter
Passer
Escalader
Enjamber
Outrepasser
Brûler (*fig.*)
Bondir au-dessus (*ou* au-delà) de
Cabrioler par-dessus
Parcourir (une distance)

● ANTONYMES : Buter, Achopper, Heurter, Échouer, Refuser.

FRANCHISE

1. V. EXEMPTION

2. Droiture
Loyauté
Sincérité

Confiance
Bonne foi
Franc-parler
Confiance
Abandon
Spontanéité
Rondeur
Cordialité
V. CANDEUR
Simplicité

● ANTONYMES : 1. Obligation.
2. Détour, Duplicité, Dissimulation.

FRANC-PARLER
V. LIBERTÉ

FRAPPANT

Impressionnant
Étonnant
Évident
Éclatant
Lumineux
Saisissant
Qui fait impression
Saillant
Qui sollicite l'attention

● ANTONYMES : Lointain, Neutre, Quelconque.

FRAPPER

Taper
Cogner
Battre
Brutaliser
Toucher
Assener (un coup)
Porter (*id.*)
Donner (*id.*)
Heurter
Marteler
Tambouriner
Toquer (*anc.*)

Sonner (*arg.*)
Atteindre

Au fig. :
V. IMPRESSIONNER
Affecter
Commotionner
Émouvoir
Saisir
Méduser
Choquer
Étonner
Donner un choc

● ANTONYMES : Caresser, Laisser indifférent.

FRASQUE
V. ÉCART

FRATERNISER
V. (S') ENTENDRE

FRAUDER

Tromper
Frustrer
Falsifier
Passer (une douane) en fraude
Dissimuler (des bénéfices)
Priver (l'État *ou* quelqu'un) de recettes
Se défendre (individuellement)
Faire de la contrebande

● ANTONYMES : Payer, Se laisser dépouiller, Être en règle.

FRAYEUR
V. PEUR et EFFROI

FREDAINE
V. ÉCART

FREDONNER
V. CHANTER

FREINER

Ralentir
Mettre obstacle à
Enrayer
Mettre un empêchement à
Retarder
Tenir la bride à
Mettre un frein
Modérer
Contrarier
Diminuer
Refréner *ou* Réfréner
Brider
Passer la vitesse inférieure
Appuyer sur le frein
Tirer sur les rênes (*fig.*)
Mettre des bâtons dans les roues (*fig.*)

● ANTONYMES : Accélérer, Encourager, Favoriser.

FRELATÉ

Altéré
Adultéré
Gâté
Impur
Trafiqué
Falsifié
Sophistiqué
Insincère
Pourri

● ANTONYMES : Pur, Intact.

FRÊLE
V. FRAGILE

FRELUQUET
V. GAMIN

FRÉMIR

Frissonner
Bruire
Vibrer
Palpiter
Trembler
Être effrayé
Avoir peur
Être ému

● ANTONYMES : Rester impassible, Garder son sang-froid, Ne pas broncher.

FRÉNÉSIE

Fièvre
Agitation
Exaltation
Ardeur
Fureur
Furie
Déchaînement
Folie
Enthousiasme
Violence
Passion
Débordement

● ANTONYMES : Calme, Tranquillité, Pondération, Mesure.

FRÉQUENTATION

Contact
Pratique
Commerce
Assiduité
Familiarité
Usage
Voisinage
Entourage
Connaissance
Accointance (s)
Relation (s)
Rapport (s)

● ANTONYMES : Abandon, Éloignement, Délaissement.

FRÉQUENTER

Aller souvent
Avoir des liens avec
Commercer
Hanter
Frayer
Voisiner
Pratiquer
Voir souvent
Côtoyer
Se frotter à
Approcher
S'attacher aux pas de
Être un habitué de
Être un pilier de
Courir les
Être de l'entourage de
Avoir dans son entourage
Être en relation avec
Visiter souvent
Gueusailler (*anc.*)
Traîner ses guêtres (*fam.*)
Être un familier de

« *Fréquenté* » :
Passant
Encombré
Couru
Battu
Suivi
Frayé

● ANTONYMES : Éviter, Fuir, Se tenir à l'écart de, Désert, Écarté, Isolé.

FRÉTER

Affréter
Noliser

Au fig. :
Équiper
Orner

FRÉTILLER

S'agiter
Se trémousser
Danser
Être guilleret
S'exciter

● ANTONYME : Se tenir tranquille.

FRETIN

Alevin
Blanchaille
Menuaille
Nourrain
Poissonnaille (*rég. Ouest*)

FRIAND
V. AMATEUR et GOURMAND

FRIANDISE

Gourmandise
Confiserie
Bonbon
Sucrerie
Gâterie
Douceur
Nanan (*fam.*)
Chatterie

FRICTIONNER
V. FROTTER

FRIGIDAIRE (nom déposé)

Réfrigérateur
Glacière
Chambre froide
Frigo

FRIGORIFIQUE

Réfrigérant

● ANTONYME : Calorifique.

FRIMAS

Brouillard froid
Givre
Grésil

FRIME
V. SIMULACRE

FRIMOUSSE
V. FIGURE

FRINGALE
V. FAIM

FRIPER
V. CHIFFONNER

FRIPIER

Marchand d'habits (usagés, d'occasion)
Brocanteur
Revendeur
Chiffonnier

FRIPON

Canaille
Coquin
Gredin
Picaro (*anc.*)
Voleur
Filou
Maroufle (*anc.*)
Pendard
Gueux
Escroc

Atténué :
Brigand (*iron.*)
Diable
Déluré
Polisson
Égrillard
Leste
Séduisant
Aguichant

● ANTONYMES : Timide, Niais, Honnête, Pudique.

FRIPOUILLE
V. VAURIEN

FRISER

1. Boucler
Onduler
Faire des frisures
Passer au petit fer
Mettre des bigoudis
Faire une indéfrisable (*ou* une permanente)
Crêper
Calamistrer
Ratiner (un tissu)
Mettre en plis

2. V. FRÔLER
Passer très près de (*ou* à un cheveu de, *ou* à un poil de)
Effleurer
Manquer de peu
Être tout près de
Confiner à

● ANTONYMES : Défriser, Mettre à plat, Faire tenir raide, Lisser.

FRISSON

Tremblement
Tressaillement
Frémissement
Crispation
Soubresaut
Mouvement convulsif
Haut-le-corps
Sursaut
Crainte
Émoi
Émotion
Vertige de

Frissonnement
Froissement
Bruissement
Frou-frou *ou* Froufrou
Friselis

FRISSONNER
V. TREMBLER

FRIVOLE

Futile
Léger
Superficiel
Insignifiant
Puéril
Vain
Changeant
Fuyant
Inconsistant
Insouciant
Étourdi
Instable
Fluctuant
Inconstant
Volage
Coquet *et* Coquette
Infidèle
Capricieux

● ANTONYMES : Sérieux,
Grave, Profond, Posé, Ré-
fléchi, Important, Fidèle.

FROID

Subst. :
Froidure *et* Froideur
Fraîcheur
Frais
Basse température
Refroidissement
Zéro degré

Adj. :
Au-dessous de zéro
Gelé
Glacé

Frisquet (*fam.*)
Frigo (*pop.*)
Frio (*pop.*)

Au fig. (*adj.*) :
Flegmatique
Frigide (*spécialement*)
Glacial *et* Glaçant
Distant
Austère
Imperturbable
Impassible
Insensible
Marmoréen
De marbre
Sérieux
Posé
Réservé
Blasé
Sévère
Terne
Ennuyeux
Inexpressif
Sans émotion
Plat
Sans éclat
Monotone

● ANTONYMES : Chaud,
Chaleur; Tiède, Doux;
Bouillant, Animé, Vif,
Enflammé.

FROIDEUR
V. FROID et MÉSINTEL-
LIGENCE

FROISSER

Au fig. :
Désobliger
Choquer
Indisposer
Vexer
Piquer
Offusquer
Mortifier
Heurter

Ulcérer
Dépiter
Déplaire (à quelqu'un)
Blesser
Mettre en colère
Donner de l'humeur
Fâcher
Chagriner
Humilier

Sens propre :
Chiffonner (*aussi au fig.*)
Friper
Donner de faux plis
Se claquer (un muscle)

● ANTONYMES : Flatter,
Contenter, Ménager, Com-
plaire; Défroisser, Défriper, Repasser.

FRÔLER

Effleurer
Raser (*fig.*)
Serrer de près
Friser (*fig.*)
Toucher presque
Côtoyer (quelqu'un)
Coudoyer (quelqu'un)
Manquer de peu

● ANTONYMES : Manquer,
Toucher (en plein), Faire
mouche.

FRONCER
V. PLISSER

FRONDAISON
V. FEUILLE et FEUILLAGE

FRONDE

1. Espringale
Lance-pierre

2. *Histoire* :
Mazarinade

3. *Au fig.* :
Révolte

FRONDER
V. RAILLER

FRONT

1. V. FAÇADE
Fronton
Ligne (*milit.*)
Positions avancées (*id.*)

2. Union
Entente
Bloc
Bund
Rassemblement
Alliance
Ligue
Cartel
Groupement (politique)

3. *Au fig.* :
Audace
Effronterie
Impudence
Hardiesse

« *De front* » :
Ensemble
En même temps
Simultanément
À la fois
Sur un même rang
En ligne
Coude à coude

● ANTONYMES : Derrière, Arrière, Dos, Flanc; À la file, À la queue leu leu, De biais.

FRONTIÈRE

Limite
Lisière

Borne
Démarcation
Bordure
Délimitation
Confins
Séparation (entre)
Zone limitrophe
Zone douanière

● ANTONYMES : Centre, Intérieur.

FROTTER

Frictionner
Masser
Briquer
Brosser
Astiquer
Lustrer
Fourbir
Essuyer
Racler
Râper
Gratter
Limer
Décaper
Polir
Pétrir
Palper
Malaxer
Poncer
Roder

et aussi :
Oindre
Enduire
Passer (à) [un produit d'entretien]
Graisser
Huiler
Encaustiquer
Rendre propre
Tamponner
Cirer

● ANTONYME : Éviter.

FROU-FROU ou
FROUFROU

Léger bruit
Froissement (d'étoffe)
Bruissement
Frémissement
Friselis

● ANTONYME : Tonnerre

FROUSSARD
V. POLTRON

FROUSSE
V. PEUR

FRUCTUEUX

Fécond
Avantageux
Juteux (*fam.*)
Rentable
Profitable
Lucratif
Utile

● ANTONYMES : Infructueux, Stérile, Infécond, Inutile.

FRUGAL

Sobre
Ascétique
Austère
Simple

● ANTONYMES : Plantureux, Pantagruélique, Glouton, Goinfre.

FRUGALITÉ

Sobriété
Tempérance
Abstinence
Modération

● ANTONYMES : Voracité, Gloutonnerie.

FRUIT

Au fig. :

V. Effet

FRUSQUES (*pop.*)

V. Vêtement
Hardes
Nippes
Fringues (*arg.*)

FRUSTE

V. Grossier
Balourd *et* Lourd
Lourdaud
Rude
Sauvage
Primitif
Inculte
Impoli
Malpoli (*pop.*)
Mal léché (*fam.*)
Mal dégrossi
Rustre

● Antonymes : Raffiné,
Fin, Cultivé, Distingué.

FRUSTRER

Priver
Léser
Spolier
Désavantager
Déposséder
Dépouiller
Déshériter
Sevrer
Nuire

Par extens. :
Décevoir
Trahir (l'espoir)
Désappointer
Tromper

● Antonymes : Favori-
ser, Donner, Faire cadeau,
Ajouter, Avantager.

FUGACE
V. Éphémère

FUGITIF

Subst. :
Fuyard
Évadé
Proscrit

Adj. :
Fugace
V. Éphémère
Instable
Mouvant
Mobile
Évanescent
Variable

● Antonymes : Stable,
Solide, Fixe, Permanent.

FUGUE

Fuite
Escapade
V. Équipée
Échappée
Absence
Fredaine

FUIR

Prendre la fuite
S'éloigner
S'enfuir
Décamper
S'échapper
Fausser compagnie
Détaler
Filer
S'esquiver
S'éclipser
Gagner le large

Brûler la politesse
Partir précipitamment
Déloger
Déguerpir
Se sauver
Prendre la poudre
d'escampette
Prendre ses jambes à son
cou
Ficher le camp
Tirer sa révérence
S'évader
Tourner les talons
Lever le pied (*ou* le siège)
Prendre la clef des champs
Débarrasser le plancher
S'envoler

Au fig. :
Tenter d'échapper à
Éluder
Se dérober
Se récuser
Se garer
Se mettre à l'abri de
Esquiver
Éviter
Se garantir
Prévenir

Pop. et arg. :
Se cavaler
Se carapater
S'esbigner
Jouer la fille de l'air
Calter *ou* Caleter
Se tirer des flûtes (*ou* des
quilles)
Jouer des ripatons

● Antonymes : Se pré-
cipiter, Aller à la ren-
contre, Rechercher, Faire
front.

FUITE

1. Échappée
Évasion

Départ en vitesse, (à toute allure, en catastrophe)
Disparition
Sortie (impromptue)
Abandon
Débandade
Panique
Déroute
Dispersion
Sauve-qui-peut
Escapade
Fugue

Au fig. :
Dérobade
Reculade
Excuse
Faux-fuyant
Défaite
Échappatoire

2. Déperdition
Écoulement
Perte
Passage (*par ex.* du temps)
Indiscrétion
Divulgation

● ANTONYMES : Approche, Résistance.

FULGURANT

Comme l'éclair
Éclatant
Étincelant
Foudroyant
Instantané

● ANTONYMES : Étèint, Pâle, Lent.

FULGURATION

Éclair de chaleur
Lueur d'électricité naturelle
Épart
Foudre
Étincelage (*méd.*)

FULIGINEUX

Comme la suie
Noirâtre
Grisâtre

Au fig. :
Obscur
Fumeux
Embrouillé

● ANTONYME : Clair.

FULMINER

Exploser
Éclater
S'emporter
Tonner
Tempêter
Pester
Invectiver
Lancer ses foudres

FUMER

Boucaner
Saurer

FUMET
V. ODEUR

FUMEUX

Brumeux
Nébuleux
Vague
Obscur
Fuligineux

FUMISTE

Farceur
Mystificateur
Plaisantin
Pas sérieux

Mauvais plaisant
Fantaisiste
Amateur

● ANTONYME : Sérieux.

FUNAMBULE

Danseur de corde
Équilibriste
Acrobate
Saltimbanque
Bateleur

FUNÈBRE

Funéraire
Mortuaire

Par extens. :
Sinistre
Lugubre
Triste
Sombre
Noir
Sépulcral
Macabre

● ANTONYMES : Riant, Gai, Plaisant.

FUNÉRAILLES
V. ENTERREMENT

FUNESTE

Fatal
Mortel
Meurtrier
Catastrophique
Sinistre
Navrant
Tragique
Malheureux
Affligeant
Calamiteux
Nocif

Néfaste
Nuisible
Préjudiciable
Défavorable
Contraire

● ANTONYMES : Avantageux, Favorable, Heureux, Salutaire, Profitable.

FUNICULAIRE
Téléphérique

FURETER
V. FOUILLER

FUREUR

V. ÉGAREMENT et COLÈRE
Emportement
Furie
Rage
Frénésie
Acharnement
Passion
Transport
V. VIOLENCE

« *Faire fureur* » :
Être à la mode
Susciter l'enthousiasme
(*ou* l'exaltation, *ou* le désir)

FURIBOND
V. FURIEUX

FURIE

1. V. FUREUR

2. V. MÉGÈRE

FURIEUX

Fou
Furibond
Forcené
Fanatique

Enragé
Exalté
Acharné
Déchaîné
Impétueux
Violent
En colère
Hors de soi
Furax (*pop.*)

● ANTONYMES : Doux, Calme, Tranquille, Souriant.

FURONCLE

Anthrax
Bouton
Inflammation
Clou
V. ABCÈS

FURTIF

Subreptice
Secret
Clandestin
Caché
Fugitif
Fugace
Discret
Rapide
En cachette
À la dérobée

FUSER
V. JAILLIR

FUSIL

Arme (à feu)
Carabine
Rifle
Mousqueton
Canardière
Hammerless
Chassepot
Lebel

Anciennement :
Arquebuse
Couleuvrine à main
Escopette
Espingole
Haquebute
Tromblon
Mousquet

Fam. et pop. :
Flingue
Flingot
Pétoire

FUSILLER

V. TUER
Exécuter
Passer par les armes
Coller au mur (*fam.*)
Coller au poteau (*fam.*)

Au fig. :
Foudroyer du regard

FUSION

Fonte

Au fig. :
Amalgame
Union *et* Réunion
Mélange
Intégration
Assimilation
Concentration
Syncrétisme

● ANTONYME : Séparation.

FUSTIGER

V. BATTRE
Frapper
Fouetter
Fouailler
Cingler
Passer par les verges

Au fig. :
V. Blâmer
Réprimander
Stigmatiser
Châtier
Faire honte

FÛT

1. Tronc d'arbre
2. Affût (de canon)
3. V. Futaille
Futaie (*rég.*)
Tonneau
Baril

FUTAILLE

Barrique
Feuillette
Tonneau *et* Tonnelet
Pièce
Bordelaise
Muid (et demi-muid)
Quartaud
Foudre
Baril
Boucaut
Gonne (pour le goudron)
Queue (*anc.*)

FÛTÉ

Malin
Débrouillard
Rusé
Roué
Finaud (*fam.*)
Madré
D'esprit vif
Malicieux
Fripon

● Antonymes : Niais, Nigaud, Bête, Bêta, Sot.

FUTILE

Frivole
Dépourvu de sérieux
Sans intérêt
Sans importance
Sans valeur
Qui ne mérite aucune attention
Creux
Vain
Vide
Léger
Puéril
Superficiel
Nul

● Antonymes : Important, Sérieux.

FUTILITÉ

Frivolité
Inanité
Vanité
Vide
Insignifiance
Nullité
Rien(s)
Enfantillage
Puérilité
Niaiserie
Inutilité
Légèreté
Broutille
Bagatelle
Babiole
Mondanité(s)

● Antonymes : Utilité, Importance, Gravité.

FUTUR

V. Avenir
À venir
Prochain
À suivre
Postérieur
Éventuel
Possible
Ultérieur
Qui sera
Qui viendra
Qui existera
Qui arrivera
Qui se produira

● Antonymes : Passé, Révolu, Présent, Actuel.

FUYANT

V. Fuyard
Qui se dérobe
Qui échappe
Insaisissable
Évasif
Évanescent
V. Fugitif
Instable
Peu stable
Mobile
Peu fixé
Incertain
Inconstant

● Antonymes : Stable, Fixe, Sûr.

FUYARD

1. *Subst. :*
Qui s'enfuit
Fugitif
Qui refuse le combat
Vaincu

2. *Adj. :*
Lâche
Pleutre

● Antonymes : 1. Vainqueur.
2. Courageux, Obstiné, Résistant.

GABARDINE
Manteau de pluie
Imperméable
Pèlerine

GABARIT
Modèle
Type
Tonnage
Dimension
Volume
Forme

Au fig. :
Genre
Acabit

GABEGIE
Gaspillage
Dilapidation
Prodigalité

GABELOU
Douanier
Commis de la gabelle
(*anc.*)

GÂCHER
Gaspiller
V. ABÎMER
Gâter
Perdre (*ou* Laisser perdre)
Manquer
Bâcler
Galvauder
Rater
Bousiller (*pop.*)
Torcher (*pop.*)
Torchonner (*fam.*)
Saboter
Saloper (*fam.*)
Cochonner (*fam.*)
Barbouiller
Contrarier (*par ex.* le plaisir)
Compromettre (*id.*)
Ruiner

● ANTONYMES : Sauver,
Exploiter, Profiter, Tirer
parti, Garder, Épargner.

GADOUE
V. BOUE

GAFFE
V. BÉVUE, ERREUR et
MALADRESSE

GAFFEUR
V. MALADROIT

GAGE

Caution
Nantissement
Garantie
Dépôt
Aval
Endos
Cautionnement
Sûreté
Couverture
Hypothèque
V. ARRHES

Au fig. :
Promesse de
Assurance
Témoignage
Preuve

« *Gages* » :
Paiement
Appointements
Paiement (des services)
Salaire

GAGEURE
V. Pari

GAGNER

1. Toucher (*id.*)
Encaisser (*id*)
Recevoir (*id.*)
Faire (*et* Se faire) (*id.*)
Empocher
Ramasser (*fam.*)
Rafler (*fam.*)

2. V. Acquérir
Conquérir
Recueillir
Prendre
Mériter
Tirer (avantage)
Retirer (profit)
Bénéficier
Obtenir
S'attirer
Capter
Convaincre
Persuader
Convertir
Rallier

3. Réussir
Vaincre
L'emporter
Triompher

4. Arriver
Aborder
Toucher
Regagner
Rejoindre

« *Gagner de vitesse* » :
Aller plus vite (que)
Dépasser
Devancer

Grignoter (*fam.*)
Doubler
Griller (*fam.*)
Prévenir

« *Gagner du terrain* » :
Avancer
Progresser
S'étendre
Empiéter
Se propager
S'agrandir

● Antonyme : Perdre.

GAI

Content
Aise
Allègre
Enjoué
Réjoui *et* Réjouissant
Rieur
Ravi
Rayonnant
Radieux
Joyeux
Jovial
Riant
Guilleret
Badin
Plaisant
Goguenard
Grivois
Drôle
Espiègle
Folâtre
Gaillard
Hilare *et* Hilarant
Mutin
Rigoleur *et* Rigolard
Souriant
Boute-en-train
Bon vivant
Joyeux drille
Fou
Gai luron
Comique

Amusant
Animé
Divertissant
Vif
Agréable
Encourageant
Folichon (*fam.*)
Drolatique
Désopilant
Émoustillant *et* Émoustillé
Rabelaisien
Ensoleillé
Humoristique
Ironique
Plein de sel

● Antonymes : Triste, Ennuyeux, Morne, Morose, Maussade, Sombre, Désolant.

GAIEMENT

Joyeusement
Jovialement
Plaisamment
Drôlement
Facétieusement
En gaieté
Avec entrain
De bon cœur
Sans souci
Sans se soucier de

● Antonyme : Tristement.

GAIETÉ

Alacrité
Allégresse
Contentement
Aise
Belle (*ou* Bonne) humeur
V. Joie

Liesse
Joie *et* Joyeuseté
Enjouement
Jubilation
Humour
Entrain
Exultation
Hilarité
Jovialité
Amusement
Ardeur
Gaillardise
Ironie
Sel
Plaisanterie
Badinage
Folâtrerie (*anc.* ou *litt.*)
Satisfaction
Réjouissance
Ébaudissement (*anc.*)
Gaudriole
Grivoiserie
Rigolade (*pop.*)

● ANTONYMES : Application, Tristesse, Abattement.

GAILLARD

1. *Adj.* :
Plein de vie, d'entrain
Alerte
Allègre
Dispos
Fringant
Vigoureux
Vif
Frais
Décidé
Ferme
Sain
Valide
Ingambe
Vert
Joyeux
Jovial

Enjoué
Guilleret

Spécialement :
Grivois
Égrillard
Libre
Leste
V. LICENCIEUX
Cru
Léger
Gaulois
Porno (*fam., néol.*)

2. *Subst.* (*fam.*) :
Costaud
Bougre
Luron
(Sacré) Bonhomme
Lascar
Gars
Mâtin
Flambard
Drôle
Individu
Compère
(Joyeux) Drille

Mar. :
Dunette
Roof
Teugue
Vibord

● ANTONYMES : Faible, Débile, Las, Fatigué, Triste, Chagrin.

GAILLARDISE

Propos gaillard
Liberté de propos
Gauloiserie
Grivoiserie
Plaisanterie (salace)
Gaudriole
Rigolade (*fam.*)
Propos pince-fesse (*pop.*)

GAIN

Profit
Bénéfice
Rapport
Lucre (*péj.*)
Revenu
Salaire
Honoraires
Gratification
Boni
Acquêt
Appointements
Dividende
Émoluments
Commission
Gratification
Prime
Produit
Fruit (de quelque chose)
Intérêt
Récolte
V. RÉTRIBUTION
Rémunération
Rendement
Revenant-bon (*anc.*)
Traitement
Avantage
Gratte (*fam.* et *pop.*)

Par extens. :
Succès
Victoire
Enrichissement
Agrandissement
Conquête

● ANTONYMES : Perte, Dépense, Dommage, Désavantage.

GAINE
V. ENVELOPPE

GALA
V. FÊTE

GALANT

1. *Subst.* :
Cavalier
Soupirant
Amoureux
Amant
Bourreau des cœurs
Don Juan
Séducteur
Céladon
(Vieux) Beau
Coureur
Casanova
Coquin (*pop.*)
Blondin (*anc.*)
Galantin (*id.*)
Dameret (*id.*)
Damoiseau (*id.*)
Cupidon (*id.*)
Homme d'honneur

2. *Adj.* :
Probe
Gentleman
Serviable
Empressé
Entreprenant
Généreux

Spécialement :
Libertin
Troublant
Aguichant

● ANTONYMES : 1. Butor,
Lourdaud, Grossier, Impoli, Froid, Malhonnête.

GALANTERIE

1. Courtoisie
Empressement
Gentillesse
Politesse
Respect
Amabilité
Civilité
Délicatesse

2. *Spécialement :*
Amour
Assiduité (amoureuse)
Coquetterie
Manège (amoureux)
Marivaudage
Libertinage
Petits soins
Cour
Flirt

Et aussi :
V. DÉBAUCHE

3. Compliment
Propos flatteur (*ou* galant)
Gaillardise
Fadeur
Fleurette

Spécialement :
Intrigue (amoureuse)
Aventure (sentimentale)
Liaison
Passade
Bonne fortune
Commerce (amoureux)
Affaire (de cœur)
Bagatelle
Fredaine
Adultère

● ANTONYMES : Muflerie,
Impolitesse, Froideur.

GALÉJADE
V. PLAISANTERIE

GALERIE

Passage
Portique
Péristyle
Véranda
Loggia
Couloir
Corridor
Coursive
V. SOUTERRAIN

V. PUBLIC
V. MUSÉE

GALET
V. CAILLOU

GALETAS

Bouge
Réduit
Taudis
Bauge (*fig.*)
Soupente

● ANTONYME : Palais.

GALIMATIAS

V. CHARABIA
Pathos
Amphigouri
Baragouin
Jargon
Phébus
Pataquès
Embrouillamini
Discours confus
Confusion

GALIPETTE

V. CABRIOLE
Culbute
Pirouette
Gambade

Au fig. :
Fantaisie

GALOCHE

Sabot
Brodequin

GALOPER

V. Courir
Aller au galop
Cavaler (*pop.*)

● Antonymes : Trotter,
Aller au pas.

GALOPIN

V. Gamin
Garnement
Chenapan
Drôle *ou* Drolle (*rég.*)
Gône (*rég.*)
Vaurien
Polisson
Titi
Voyou

GALOUBET
V. Flûte

GALVANISER

Au fig. :
Exalter
Animer
Électriser
Entraîner
Enflammer
Donner du courage
Exciter

● Antonymes : Décou-
rager, Démoraliser, Dé-
primer.

GALVAUDER

1. Avilir
Perdre
Vulgariser
Prostituer (*fig.*)
Gaspiller

Compromettre
Salir (*fig.*)
Laisser traîner (*fig.*)
Dégrader
Déprécier (un mot)

2. Perdre son temps
Traîner ses savates
Traîner *et* Traînasser (*pop.*)

● Antonymes : Faire
valoir, Mettre en valeur,
Valoriser.

GAMBADE

V. Cabriole
Culbute
Galipette
Ébat
Saut *et* Sautillement
Bond
Entrechat
Danse (désordonnée)

GAMIN

Enfant
Petit garçon (*ou* Petite
fille)
Garnement
Gavroche
Gouspin (*anc.*)
Gône (*rég.*)
Niston *ou* Miston (*dial.*)
Espiègle
Mutin
Gosse
Titi

● Antonymes : Adulte,
Sérieux.

GANACHE
V. Incapable

GANDIN

Dandy
Élégant
Zazou (*néol.*)
Freluquet
Tiré à quatre épingles
Endimanché

● Antonymes : Négligé,
Sale, Mal vêtu.

GANG
V. Bande

GANGRÈNE

Nécrose
Putréfaction des tissus
Mortification
Sphacèle

Au fig. :
Corruption
Décomposition
Pourriture

GANGRENER
V. Pourrir

GANSE

Cordonnet
Ruban
Extra-fort
Cordon
Passement
Tirant
Nervure

GANT

Gantelet
Mitaine
Miton (*anc.*)
Moufle
Manicle *ou* Manique (*anc.*)
Ceste (*antiq.*)

Paumelle
Main
Poucier
Chistera *(rég.)*

GARAGE

Remise
Dépôt
Abri
Lieu couvert
Stationnement
Parc (de stationnement)
Parking *(néol)*
Box *(néol.)*

GARANT
V. Responsable

GARANTIE

Caution
Cautionnement
V. Gage
Aval
Nantissement
Warrant
Hypothèque
Assurance
Signature
Engagement
Couverture
Précaution
Sauvegarde
Répondant

● antonymes : Découvert, Imprudence.

GARANTIR

Affirmer
Certifier
Attester
Assurer
Cautionner
Avaliser

Donner son aval
Rendre sûr
Confirmer
Répondre de
Protéger de
Défendre de
Préserver de
Abriter de
Parer
Exempter de
Mettre à l'abri de
Épargner (quelque chose à quelqu'un)
Prémunir (contre)

● antonymes : Exposer, Compromettre

GARÇON

V. Enfant
Fils
Gars
Garçonnet
Jouvenceau
V. Adolescent
Célibataire
Gosse

Spécialement :
Serveur
Steward
Barman
Groom
Chasseur
Coursier
Boy
Livreur
Domestique
Apprenti
Loufiat *(arg.)*

● antonymes : Fille, Marié, Patron.

GARÇON DE BUREAU
V. Huissier

GARÇONNIÈRE

V. Appartement
Studio

GARDE

1. Surveillance
Veille *et* Veillée
Protection
Conservation
Consignation
Défense
Tutelle
Soin

2. V. Gardien

3. Faction
Sentinelle
Guet
Vigile
Quart *(marine)*
Protection
V. Escorte

Au fig. :
Vigilance
Précaution
Attention
Avertissement
Conseil (mise en garde)
Prévention (être sur ses gardes)

« *Prendre garde* » :
V. Se méfier
Faire attention
Crier casse-cou
Gare! *et* Se garer de
Avoir l'œil
Ouvrir l'œil
Être avisé
Veiller à
Faire gaffe *(arg.)*
Éviter
Considérer que
Penser que *(ou* à)
S'efforcer de
Noter

Observer
Remarquer

● ANTONYMES : Mégarde, Inadvertance.

GARDIEN

Surveillant
Conservateur
Vigile
Dépositaire
Consignataire
Entreposeur
Huissier
Garde-chasse
Garde-chiourme
Forestier
Geôlier
Sentinelle
Vedette (*anc.*)
Licteur (*antiq.*)
Mameluk
Prétorien
Gorille (*néol.*)
Guetteur
Garde-malade
Nurse
Cerbère
Concierge
Portier
Guichetier
Veilleur
Pointeau
Agent (de police)
Séquestre (*jur.*)
Portier (*id.*)
Protecteur
Garant
Goal (gardien de buts, *sport.*)

● ANTONYME : Attaquant.

GARE

Station
Halte

Terminus
Embarcadère (*mar.*)
Aéroport

GARGOTE
V. Auberge

GARNEMENT
V. Galopin

GARNIR
V. Emplir et Orner

GARROTTER

V. Étrangler
V. Serrer

Au fig. :
Lier
Paralyser
Bâillonner
Museler
Attacher

● ANTONYMES : Délier, Libérer.

GARS
V. Fils et Garçon

GASPILLER

V. Gâcher (*fig.*)
Prodiguer
Dépenser
Dissiper
Dilapider
Croquer (*pop.*)
Claquer (*pop.*)
Dévorer
Engloutir
Perdre
Jeter par les fenêtres (*fam.*)
Brûler la chandelle par les deux bouts (*fam.*)
Attacher ses chiens avec des saucisses (*fam., anc.*)
Laisser échapper

● ANTONYMES : Économiser, Accumuler, Entasser, Thésauriser.

GASTRONOME

Gourmet
Fine gueule (*fam.*)
Amateur de bonne chère

● ANTONYMES : Goinfre, Glouton.

GÂTEAU

Pâtisserie
Galette

GÂTER

1. V. Abîmer
Altérer
Avarier
Pourrir
Corrompre
Putréfier
Enlaidir
Flétrir
Déprécier
V. Gâcher
Vicier
Défigurer
Fausser
Déformer
Galvauder
Entacher de
Dégrader
Sophistiquer
Dépraver
Perdre
Empoisonner (*fig.*)

2. Avoir trop de faiblesse pour
Cajoler (exagérément)
Choyer (*id.*)

Favoriser (*id.*)
Combler
Être prévenant
Être aux petits soins

« *Gâté* » :
Pourri
Altéré
Adultéré
Compromis
Cariée (une dent)
Avarié
Saboté
Moisi (un fruit)

● ANTONYMES : 1. Bonifier, Améliorer, Amender, Corriger, Embellir.
2. Maltraiter.

GÂTEUX

Gaga (*fam.*)
Tombé en enfance
Ramolli (*fam.*)
Déliquescent
Amoindri

GAUCHE

1. Senestre (*anc.*)
Bâbord (*mar.*).

2. Maladroit
Emprunté
Embarrassé
Timide
Empoté (*fam.*)
Empaillé (*fig., fam.*)
Godiche (*pop.*)
V. BALOURD
Lourdaud *et* Lourd
Pataud
Nigaud
Dadais
Contraint
Mal à son aise

Provincial
Qui s'y prend mal (*ou* de travers)
Mal dans sa peau (*fam.*)

● ANTONYMES : 1. Droit, Dextre.
2. Adroit, Habile, Agile.

GAUCHERIE
V. EMBARRAS

GAUDRIOLE
V. GAILLARDISE

GAUFRER
Cloquer (une étoffe)

GAULE

Perche
Canne à pêche

GAULOIS

1. Celte

2. V. GAILLARD
Égrillard
Grivois
Leste
Léger
Licencieux
Salé
Cru
Épicé
Bien français (*iron.*)
Déshonnête

GAUSSER (SE)

V. RAILLER
V. (SE) MOQUER
Mettre en boîte (*fam.*)
V. BLAGUER

GAVE
V. EAU

GAVER

Gorger *et* Engorger
Embecquer (une volaille)
Bourrer (*fam.*)
Rassasier
Étouffer (*fig.*)
Emplir
Combler

● ANTONYMES : Priver, Restreindre, Sous-alimenter.

GAVROCHE

V. GAMIN (de Paris)
Titi
Poulbot
Cockney (londonien)

GAZ

Vapeur
Fluide
Atmosphère
Air
Grisou

Spécialement :
Flatulence
Flatuosité
Ballonnement
Colique (flatulente)
Vent
Pet (*triv.*)
Météorisme

GAZETTE
V. JOURNAL

GAZOUILLER
V. CHANTER

GÉANT

Colosse
Titan

Cyclope
Malabar
Ogre
Gargantua
Au fig. :
Surhomme
Héros
Génie
Adj. :
Gigantesque
Immense
Colossal
Énorme

● ANTONYMES : Nain,
Avorton, Myrmidon.

GEINDRE
V. Gémir

GELER

(Se) Congeler
Glacer
Givrer
Réfrigérer
Refroidir
Transir
(Se) Figer
Spécialement :
Souffrir du froid
Grelotter
Cailler *(arg.)*
« *Gelé* » :
Glacé
Transi
Gourd *et* Engourdi
Froid

● ANTONYMES : Griller
Brûler, Bouillir, Fondre.

GÉMISSEMENT

Plainte
Pleur

Sanglot
Lamentation
Jérémiade
Soupir
Cri plaintif
Souffrance
Douleur

GÊNANT

Incommodant
Fâcheux
Désagréable
Incommode
Inconfortable
Importun
Ennuyeux
Emmerdant *(triv.)*
Embarrassant
Encombrant
Assujettissant
Envahissant
Gêneur

● ANTONYMES : Commode,
Pratique.

GENDARME

Brigadier (de gendamerie)
Pandore *(pop.)*
Guignol *(pop.)*
Cogne *(arg.)*
Carabinier (Gendarme ita-
lien)
Guardia civil (Gendarme
espagnol)

GENDARMERIE

Maréchaussée
V. Police

GÊNE
V. Embarras

Ennui
Incommodité

Obstacle
Entrave
Dérangement
Difficulté
Contrainte
Trouble
Confusion
Scrupule
Ne savoir où se mettre
Perte de contenance
Froid *(fig.)*

(Spécialement) « *être
dans la gêne* » :
Pauvre
Besoin
Privation (s)
Pénurie
Misère
Nécessité

● ANTONYMES : Aisance,
Facilité, Aplomb, Assu-
rance, Richesse.

GÉNÉALOGIE

Lignée
Filiation
Famille
Extraction
Ascendance
Descendance
Origine
Souche
Race
Pedigree
Phylogenèse *(biol.)*

GÊNER

Embarrasser
Encombrer
Empêcher de
Entraver
Obstruer *et* Obturer
Restreindre

Contraindre
Importuner
Déranger
Troubler
Intimider
Serrer (*par ex.* un vête-ment)
Engoncer (*id.*)
Incommoder
Indisposer
Contrarier
Handicaper
Désavantager

● ANTONYMES : Aider, Servir, Mettre à l'aise, Débarrasser, Dégager.

GÉNÉRAL

Habituel
Ordinaire
Commun
Constant
Courant
Universel
Global
Collectif
Unanime
Total
Vague
Indécis

● ANTONYMES : Particulier, Personnel, Individuel, Spécial.

GÉNÉREUX

Le cœur sur la main
Grand cœur
Désintéressé
Enclin à donner
Large (*fig.*)
Libéral
Bienfaisant
Prodigue
Magnifique

Magnanime
Indulgent
Charitable
Humain
Sensible
Obligeant
Bienveillant
Fraternel
Pas rancunier
Altruiste
Oublieux de soi-même
Plein d'abnégation
Noble

● ANTONYMES : Égoïste, Intéressé, Ladre, Avare, Avaricieux.

GENÈSE

V. Création
Formation
Élaboration
Naissance
Origines

GÊNEUR
V. Importun

GÉNIE
V. Démon et Esprit

GÉNITEUR
V. Père

GENRE
V. Espèce

GENS
V. Personne

GENT
V. Espèce

GENTIL

V. Aimable
Agréable

Plaisant
Gracieux
Charmant
Beau
Mignon
Joli
Bon
Complaisant
Attentionné
Obligeant
Délicat
Généreux
Chic type (*fam.*)
Doux
Tendre
Sage (enfant)
Tranquille (*id.*)
Calme
Gentillet
Mièvre (*péj.*)
Mignard (*péj.*)

● ANTONYMES : Méchant, Odieux, insupportable, Malgracieux.

GENTILHOMME

V. Aristocrate
Noble

En bonne part (*sens moderne*) :
(Un) Gentleman
(Un) Galant (homme)
(Un) Grand seigneur
(Un) Homme d'honneur
(Un) Honnête homme

● ANTONYMES : Goujat, Rustre, Butor, Malhonnête.

GENTILLESSE

V. Aménité
Aménité

Obligeance
Délicatesse
Bonté
Bienveillance
Douceur
Indulgence
Générosité
Attention (s)
Prévenance

● ANTONYME : Méchanceté.

GEÔLE
V. PRISON

GÉRANCE

Gestion
Administration

GÉRANT

Gestionnaire
Administrateur
Mandataire
Tenancier
Délégué
Agent
Directeur (d'agence)

GERBE
V. BOTTE et BOUQUET

GÉRER

Administrer
Régir
Diriger (des affaires)
Gouverner (*id.*)
Conduire (*id.*)

GERME

Grain *et* Graine
Semence
Embryon

Spore
Kyste

Au fig. :
Cause
Principe
Levain
Origine
Commencement
Source

● ANTONYMES : Plante,
Fruit.

GÉSINE
V. ENFANTEMENT

GESTATION

Grossesse

Au fig. :
Genèse

GESTE

Attitude
Mouvement
Mimique
Gesticulation
Pantomime
Manière
Contorsion (*péj.*)
Minauderie (*péj.*)

GIBECIÈRE

Carnier *ou* Carnassière
Musette
Giberne
Sacoche
Panetière (*anc.*)
Sac

GIBERNE

Cartouchière
Grenadière
V. GIBECIÈRE

GIBET

Potence
Fourches patibulaires
Croix
Estrapade

GIBOULÉE

Averse
Ondée
Pluie

GICLER
V. ÉCLABOUSSER et JAILLIR

GIFLE

Soufflet
Claque (*fam.*)
Taloche (*fam.*)
Beigne (*pop.*)
Mornifle (*pop.*)
Baffe (*fam.*)
Tape (*fam.*)
Tarte (*pop.*)
Torgnole (*pop.*)
Pain (*pop.*)
Talmouse (*fam. et anc.*)
Calotte (*fam.*)
Emplâtre (*pop.*)
Giroflée *ou* Giroflée à cinq
feuilles (*pop.*)

Au fig :
Humiliation
Affront
Vexation

GIGANTESQUE

V. GRAND
Colossal
Géant
Démesuré
V. ÉNORME

Éléphantesque
Plus grand que nature
Monstrueux
Prodigieux
Cyclopéen
Titanesque
Gargantuesque
Pantagruélique
V. ÉTONNANT

● ANTONYMES : Petit, Infime, Minuscule, Microscopique.

GIGOTER
V. REMUER

GITAN
V. BOHÉMIEN

GÎTER
V. HABITER

GLABRE

Imberbe
Lisse
Nu

● ANTONYMES : Barbu, Poilu.

GLACE

1. Eau congelée
Glaçon
Glacier
Sérac
Banquise
Iceberg
Gel

Spécialement :
Sorbet
Rafraîchissement
Bombe (glacée)
Parfait (dessert)
Plombières (aux fruits)

Liégeois (à la crème)
Mystère (au caramel)

2. Miroir
V. VITRAGE et VITRE
Trumeau
Pare-brise
Hublot
Psyché

GLACÉ

Gelé *et* Congelé
Froid
Refroidi *et* Réfrigéré
Glacial
Aigre (vent)
Frappé (une boisson)
Transi (une personne)

Au fig. :
V. HOSTILE
Figé
Dur
Glaçant
Réfrigérant
Intimidant
Pétrifié *et* Pétrifiant

Spécialement :
Lustré
Satiné
Luisant
Revêtu d'un glacis
Ciré
Calandré

● ANTONYMES : Brûlant, Bouillant, Doux, Engageant; Rêche, Nu.

GLACER
V. GELER

GLACIER

Mer de glace
Champ de glace
Névé

Sérac
Rimaye
Langue (de glace)

GLACIÈRE

Réfrigérateur
Frigidaire (marque déposée de réfrigérateur)
Appareil frigorifique
Chambre froide
Frigorifère
Garde-manger
Frigorigène
Placard à froid

● ANTONYMES : Étuve, Four, Fournaise, Calorifère.

GLACIS
V. TALUS

GLAIVE
V. ÉPÉE

GLANER

V. RAMASSER
Récolter

Au fig. :
Recueillir
Butiner
Grappiller
Puiser (çà et là)

GLAPIR
V. CRIER et ABOYER

GLAUQUE
V. VERT

GLISSADE
V. CHUTE

GLISSER

Couler
Rouler
Faire une glissade
Patiner
Skier
Déraper
Coulisser
Filer
Riper
Ramper
Tomber
Sombrer dans
Passer
Effleurer

« *Se glisser* » :
S'insinuer
Se faufiler
S'infiltrer
Se couler
S'introduire
Resquiller (*fam.*)

GLOBE

V. Boule
Sphère
Orbe
Rond

« *Globe terrestre ou céleste* » :
Monde
Monde habité
Terre
Univers
Planisphère
Mappemonde
Sphère armillaire
(La) Planète

GLOBE-TROTTER
V. Voyageur

GLOIRE

Célébrité
Renom *et* Renommée
Honneurs
Lauriers
Éclat
Immortalité
Popularité
Illustration
Notoriété
Retentissement
Engouement
Vogue
Glorification
Splendeur
Triomphe
Apothéose
Fastes
Pinacle
Faîte
Apogée
Panthéon
Déification
Lustre
Rayonnement
Réputation
Mérite

Péj. :
Gloriole
Vanité
Superbe
V. Orgueil

● ANTONYMES : Honte, Déshonneur, Opprobre.

GLORIFIER
V. Exalter

GLORIOLE
V. Orgueil

GLOSSAIRE
V. Dictionnaire

GLOUTON

Goinfre
Vorace
Goulu
Avide
Gourmand
Bâfreur (*pop.*)
Piffre (*anc.*) *ou* Qui s'empiffre
Avale-tout
Bouffe-tout
Gueule (*pop.*)
Tout-à-l'égout (*pop.*)
Goulaf *ou* Goulafre (*pop.*)
Saute-au-rab' (*pop.*)

● ANTONYMES : Ascétique, Sobre, Frugal, Gourmet.

GLUANT

Visqueux
Poisseux
Collant

Au fig. :
V. Importun

● ANTONYMES : Fluide, Sec, Discret.

GNOME
V. Lutin et Nain

GNON
V. Coup

GOBELET

Timbale
Godet
Quart
Chope

GOBER
V. Avaler et Croire

GODELUREAU
V. ADOLESCENT et GALANT

GODICHE
V. BALOURD et GAUCHE

GODILLE
V. RAME

GOÉMON
V. ALGUE

GOGO

Niais
Naïf
Pigeon (*arg.*)
Gobeur (*fam.*)
Gobe-mouche (s)
Crédule
Victime

GOGUENARD
V. NARQUOIS

GOINFRE
V. Glouton

GOLFE

Baie
Échancrure
Bassin
Fjord
Embouchure
Estuaire
Anse
Crique
Calanque
Conche (*rég. Saintonge*)

● ANTONYME : Presqu'île.

GOMMEUX
V. ÉLÉGANT

GOND

Charnière

« *Sortir de ses gonds* » :
V. (S') EMPORTER

GONDOLER

Jouer
Travailler
Se bomber
Se gonfler
Se déformer
Se déjeter
Se courber

● ANTONYMES : Se mettre
en place, S'aplatir, Se
redresser.

GONFLÉ

Ballonné
Dilaté
Distendu
Bouffi *et* Bouffant
Boursouflé
Soufflé
Grossi *et* Gros de
Enflé
Bourré de
Congestionné
Météorisé
Vultueux
Tuméfié
Débordant
Plein de
Rempli de
Exagéré
Surestimé
Tumescent *et* Intumescent
Turgescent
Augmenté (de)
Élargi

GONFLEMENT

Dilatation
Bouffissure
Ballonnement
Bombement
Enflure
Grossissement
Intumescence
Fluxion
Distension
Hypertrophie
Météorisme
Turgescence
Tympanisme
Tuméfaction

Au fig. :
Exagération
Augmentation
Inflation
Surestimation
Grossissement
Foisonnement

GONFLER

*Les verbes correspondant
aux substantifs précédents*

GORET
V. PORC

GORGE

V. COU
Gosier
Col
Encolure
Jabot
Goître
Jugulaire
Double-menton
Gargamelle (*anc.*)
Kiki (*pop.*)
Sifflet (*pop.*)
Dalle (*pop.*)

Par extens. :
Poitrine
Sein

GOSSE
V. ENFANT

GOUAILLE
V. RAILLERIE

GOUAPE
V. VAURIEN

GOUDRON

Coaltar
Brai

GOUFFRE

V. ABÎME
Précipice
Fosse (marine)
Aven
Doline
Igue (*rég. Quercy*)
Bétoire

● ANTONYMES : Pic, Montagne, Éminence.

GOUJAT

Rustre
Malotru
Mufle
Salaud
Impoli (*adj. substantivé*)
Malpoli (*id.*)
Mal élevé (*id.*)
Butor

● ANTONYME : Gentleman.

GOULU
V. GLOUTON

GOUPIL
V. RENARD

GOURBI
V. CABANE

GOURD
V. ENGOURDI

GOURDIN
V. BÂTON

GOURMAND

Friand
Gourmet
Amateur de
Fine bouche
Bec fin
Gastronome
Lécheur de plats

V. *aussi, péj.* :
GLOUTON

● ANTONYMES : Frugal, Insensible à.

GOURMANDER

V. GRONDER
Tancer
Catéchiser
Réprimander
Frotter les oreilles

● ANTONYME : Complimenter.

GOURMANDISE
V. FRIANDISE

GOURMET
V. GOURMAND

GOÛT

1. Saveur
Bouquet

Fumet
Sapidité
Avant-goût
Arrière-goût
Relent
Succulence
Fadeur
Insipidité

2. Penchant (pour)
Disposition
Vocation
Appétence
Appétit (pour)
Envie (de)
Prédilection (pour)

« *Bon goût* » :
V. ÉLÉGANCE
Bon ton
Beau
Mode
Bonnes manières
Bon genre

● ANTONYMES : 1. Dégoût.
2. Répugnance, Antipathie, Répulsion; Grossièreté, Vulgarité.

GOÛTER

V. AIMER
Déguster
Savourer
Essayer
Apprécier
Estimer
Priser
Approuver
Jouir de
Se délecter de
Sentir
Ressentir
Éprouver
Tâter de
Expérimenter
Raffoler de

● ANTONYME : Refuser.

GOUVERNAIL

Barre
Timon (*anc.*)
Peautre (*rég.*)
Gouverne (*aviation*)
Manche à balai (*fam.*, *aviation*)

GOUVERNANTE

Nurse
Duègne
Chaperon
Domestique

GOUVERNEMENT

Pouvoir
Administration
Gestion
Direction
Autorité
Puissance
État
Ministère

● ANTONYMES : Sujet, Opposition.

GOUVERNER

Diriger
Commander
Administrer
Gérer (les affaires de l'État)
Régir
Conduire (les peuples)
Être (le) maître (de)

● ANTONYMES : Subir, Obéir.

GOUVERNEUR

Administrateur
Haut-Commissaire

Vice-Roi
Proconsul
Tétrarque (*antiq.*)
Procurateur (*antiq.*)
Légat (*antiq.*)
Satrape (*perse*)
Vicaire (*eccl.*)
Pacha (musulman)
Bey (*id.*)
Dey (*id.*)

● ANTONYME : Sujet.

GRABAT
V. LIT

GRABUGE

Dispute
Querelle
Scène (de ménage)
Désordre
Gâchis
Bataille
Bagarre
Bruit
Dégâts
Rififi (*arg.*)

GRÂCE

1. Gracieuseté
Avantage
Don
Bienfait
Faveur
V. AUMÔNE
Amitié
Bienveillance
Bonté (s)
Protection
Bénédiction (*théol.*)
Inspiration (*id.*)
Secours divin (*id.*)

2. Amnistie
Miséricorde

Indulgence
Quartier
Pitié
Merci
Aman
Absolution
Excuse
Pardon

3. Beauté
Charme
Vénusté
Aisance
Attrait
Joliesse
Gracieuseté
Élégance
Finesse
Douceur
Aménité
Gentillesse
Affabilité
Manières agréables

« *Grâce à* ... » :
Par
À l'aide de
À cause de
Du fait de
Par suite de
Au moyen de
Moyennant
Par faveur
Avec l'appui de

● ANTONYMES : 1. Dette, Défaveur, Malveillance.
2. Exécution, Disgrâce.
3. Laideur, Lourdeur, Grossièreté, Malgré, En dépit de, Par la faute de.

GRACIEUX

Accort
Affable
Amène
Avenant

Civil
Charmant
Courtois
Gentil
Poli
Empressé
Galant
Joli
Élégant
Mignon
Délicat
Tendre
Gracile
Plaisant

● ANTONYMES : Disgracieux, Malgracieux, Impoli, Laid, Lourd.

GRACILE
V. GRÊLE et MENU

GRADE

Degré
Échelon
Promotion
Diplôme
Hiérarchie
Fonction

GRADUEL

Progressif
Atténué
Accentué
Par degrés

● ANTONYMES : Subit, Brusque.

GRADUELLEMENT

Progressivement
Par degrés
(Échelon) Par échelon

Peu à peu
Petit à petit
Doucement
À petits pas
De jour en jour
Pas à pas
Pied à pied

● ANTONYMES : Brusquement, Brutalement, D'un coup.

GRAIN

1. V. GERME

2. V. PLUIE

GRAINE
V. GERME

GRAISSE

Gras
Lipide
Corps gras
Matière grasse
Lard
Axonge
Saindoux
Panne
Suif

● ANTONYME : Maigre.

GRAISSER

Oindre
Lubrifier
Huiler
Enduire
V. SALIR
Encrasser

● ANTONYMES : Dégraisser, Nettoyer.

GRAMMAIRE

Syntaxe
Phonétique
Phonologie
Morphologie
Sémantique
Stylistique
Lexicologie
Science du langage
Orthographe
Ponctuation
Construction (des phrases)
Analyse (grammaticale *ou* logique)
Formation (*id.*)
Étymologie
Linguistique

GRAND

Long *et* Allongé
Haut *et* De haute taille
Élevé
Étendu
Vaste
Colosse *et* Colossal
Spacieux
Large
V. ÉNORME
Immense
Grandiose
Monumental
Gros
Considérable
Important

« *Un homme grand* » :
Perche (*fam.*)
Asperge (*fam.*)
Échalas (*fam.*)
Escogriffe
Élancé
Flandrin
Géant
Imposant
Bel homme

« *Un grand homme* » :
Fameux
Illustre
Héros
Supérieur
D'envergure
Glorieux
Génie *et* Génial
Noble
Magnifique
Magnanime

● ANTONYMES : Petit, Mesquin, Mince, Minable (*pop.*), Nain, Nabot, Court, Bas.

GRANDILOQUENT

Emphatique
Pompeux *et* Pompier(*fam.*)
V. AMPOULÉ
Oratoire
Déclamatoire
Ronflant
Sonore
Enflé
Boursouflé

● ANTONYMES : Simple, Naturel.

GRANDIOSE

Majestueux
Imposant
Impressionnant
Magnifique
Sublime
Incommensurable
Gigantesque
Monumental
Énorme
Immense
Démesuré
Sans bornes
Infini

Sans (commune) mesure
Indicible
Inexprimable
Ineffable

● ANTONYMES: Petit, Médiocre, Mesquin.

GRAPHIE, GRAPHISME
V. ÉCRITURE

GRAS

1. *Subst.* :
V. GRAISSE

2. *Adj.* :
V. ADIPEUX
V. ÉPAIS
Gros
Gluant
Visqueux
Poisseux
Onctueux
Huileux
Graisseux

Au fig. :
Fertile
Abondant
Plantureux

Spécialement :
Licencieux
Obscène
Graveleux

● ANTONYME : Maigre.

GRASSOUILLET
V. GROS

GRATIFICATION

Prime
V. DON
Cadeau
Avantage
Récompense

Libéralité
Gracieuseté
Pourboire
Pièce
Denier à Dieu
Pas-de-porte
Étrennes
Pot-de-vin (*péj.*)
Dessous-de-table (*péj.*)
Petit quelque chose (*pop.*)
Backchich (*péj.*)
Surpaye (*anc.*)
Guelte
Indemnité
Allocation
Rallonge (*fam.*)

● ANTONYMES : Retenue, Pénalisation, Amende.

GRATIFIER

Allouer
Accorder
Récompenser
Doter (de)
Avantager (de)
Favoriser
Honorer
Nantir

● ANTONYMES : Priver, Pénaliser.

GRATIS

Gratuitement
Sans frais
À l'œil (*pop.*)
Sans bourse délier
Gratuit
Pour rien

● ANTONYME : Onéreusement (*rare*).

GRATITUDE

Reconnaissance
Gré
Remerciement
Obligation
Merci

● ANTONYME : Ingratitude.

GRATTE

1. Gale (*pop.*)
2. V. LARCIN *et* VOL

GRATTE-CIEL
V. IMMEUBLE

GRATTER

Frotter
Racler
Râper
Enlever (en frottant)
Effacer
Ravaler (une façade)
Fouiller (la terre)
Creuser (le sol)
Remuer (le sol)

Au fig. (*pop.*) :
Économiser
Faire de la gratte
Grappiller
Voler
Prélever

Arg. sportif :
Doubler
Dépasser
Devancer
Griller

GRATUIT

1. V. GRATIS
Bénévole

Gracieux
Sans intérêts, *et au fig.*,
Sans intérêt
Entrée libre

2. Sans raison
Arbitraire
Injustifié
Absurde
Hypothétique
Hasardeux *et* Hasardé
Incertain
Douteux
Peu (*ou* Pas.) fondé
Fantaisiste

● ANTONYMES : 1. Payant,
Cher, Coûteux.
2. Motivé, Justifié, Fondé,
Utile.

GRATUITEMENT

V. GRATIS
À titre gracieux
Gracieusement
Pour rien
À l'œil (*pop.*)
Aux frais de la princesse
(*pop.*)
Bénévolement
Pour les beaux yeux de
(*pop.*)
Librement

Spécialement :
Sans motif
Sans fondement
Sans preuve

● ANTONYMES : Coûteusement, Chèrement, A bon
droit.

GRAVATS

Décombres
Plâtras

Débris
Gravois (*anc.*)

GRAVE

1. Important
Sérieux
Dangereux
Dramatique
Tragique
Lourd
Mortel
Fatal
Cruel
Triste
Pénible

2. *Une personne :*
Austère
Sage
Réservé
Réfléchi
Digne
Posé
Raide *et* Rigide
Sévère
Circonspect
Imposant
Majestueux
Pesant
Lourd
Doctoral
Sentencieux
Gourmé
Pédant
Compassé
Solennel
Empesé

« *Un son, une voix* » :
Bas (se)
Caverneux (euse)
Profond (e)
Contralto
(De) Basse [V. CHANTEUR]

● ANTONYMES : Léger, Futile, Bénin, Anodin, Frivole,

510

Facétieux, Bouffon; Aigu,
Clair.

GRAVER

Tracer (en creux)
Buriner
Entailler *et* Intailler
Ciseler
Enregistrer (un disque)
Incruster
Imprimer
Fixer
Empreindre

GRAVIR
V. Escalader et Monter

GRAVITATION

Attraction (universelle)
Force attractive

GRAVITÉ

1. V. Sérieux et Austé-
rité
Componction
Majesté
Dignité
Raideur

2. V. Importance

● antonymes : Légèreté,
Futilité.

GRÉ
V. Vouloir

GREDIN
V. Vaurien

GRÉEMENT

Agrès

GREFFER

Enter
Écussonner
Marcotter
Bouturer

Au fig. :
Insérer
Ajouter
Introduire

GRÊLE

1. Grêlons
Grésil

2. Mince
Maigre
Fluet
Filiforme
Fragile
Menu
Fin
Élancé
Faible
Gracile
Sec
Aigu (un son)
Aigre (*id.*)

● antonymes : 2. Épais,
Court, Fort.

GRELOT

Clochette
Sonnette
Clarine

GRELOTTER

Trembler (de froid)
Trembloter
Frissonner
Claquer des dents (*pop.*

● antonymes : Trans-
pirer, Suer.

GRENIER

Grange
Fenil
Pailler
Hangar à paille
Silo
Magasin
Comble
Étage supérieur
Mansarde

● antonyme : Cave.

GRÈVE

1. Rive *et* Rivage
Bord
Lais

2. Arrêt du travail
Débrayage
Coalition (ouvrière) (*anc.*)

● antonymes : Travail;
Lock-out.

GRIEF

Doléance
Reproche
Blâme
Récrimination
Rancune

● antonyme : Remercie-
ment.

GRIFFE

Ongle
Serre
Ergot
Éperon

Au fig. :
Marque
Empreinte
Étiquette (de couturier)
Patte

GRIFFER
V. ÉGRATIGNER

GRIFFONNAGE

V. ÉCRITURE
Barbouillage
Gribouillis
Gribouillage

GRIFFURE

Égratignure
Écorchure
Éraflure
Rayure
Grippure

GRIGNOTER

1. V. RONGER

2. Manger peu
Chipoter

3. S'approprier petit à petit
Faire de petits profits

GRIGOU
V. AVARE

GRI-GRI ou GRIGRI

V. AMULETTE
Fétiche

GRILLE

Barreaux
V. CLÔTURE
Barrière

Spécialement :

1. Entrée

2. Quadrillage (par ex. pour mots croisés) [*néol.*], Planning (*néol.* : « *grille des programmes de télévision* »)
Programmation (*i.l.*)

GRILLER

Brûler
Faire cuire (sur le gril)
Torréfier
Rôtir
Dessécher
Calciner

Fam. :
Fumer (une cigarette)
Aller plus vite que (quelqu'un)
Être plus vif que

« *Griller de* » :
Être impatient de
Brûler de
Être en proie à (un désir)

● ANTONYMES : Geler, Glacer.

GRIMACE

Contorsion (du visage)
Singerie (*fam.*)
Rictus
Lippe
Moue
Marque de dégoût (de répugnance, de mépris, etc.)
Grise mine

Au fig. :
Frime
Hypocrisie
Simagrée

Affectation
Afféterie
Minauderie
Dissimulation
Comédie (*péj.*)

GRIMAUD
V. PÉDANT

GRIMER
V. MAQUILLER

GRIMOIRE
V. MANUSCRIT et LIVRE

GRIMPER
V. ESCALADER et MONTER

GRINCER

Craquer
Crisser
Crier

GRINCHEUX
V. ACARIÂTRE

GRINGALET
V. FAIBLE

GRIPPE-SOU
V. AVARE

GRISER
V. ENIVRER

GRIVOIS
V. GAILLARD et GAULOIS

GROGNER

Gronder
Bougonner
Grommeler
Maugréer
Ronchonner
Rouspéter
Rognonner (*fam.*)

Râler (*fig.*)
Pester
Protester
Maronner (*fam.*)
Murmurer
Être grognon (*ou* grognard [*anc.*])
Grognonner
Se plaindre

● ANTONYMES : Se réjouir, Se féliciter.

GROGNON

Bougon
Ronchon
Grogneur
Maussade
V. ACARIÂTRE
Pleurnicheur
Mécontent
Morose
Rouspéteur (*fam.*)

● ANTONYMES : Gai, Heureux, Affable, Charmant, Aimable.

GROIN
V. MUSEAU

GRONDER

1. V. GROGNER

2. Réprimander
Admonester
Engueuler (*fam.*)
Quereller
Tancer
Attraper (*fig.*)
Disputer (*fam.*)
Rabrouer
Se fâcher contre
Crier après
Secouer (*fam.*)
Tonner contre

Tempêter contre
Morigéner
Chapitrer
Corriger
Gourmander
Reprendre
Sermonner

● ANTONYME : 2. Féliciter.

GROOM
V. CHASSEUR

GROS

Obèse
Gras
Pansu
Ventru
Dodu
Épais
Replet
Corpulent
Fort
Massif
Empâté
Rebondi
Ventripotent
Plein
Rebondi
Œdémateux
Bouffi
Mafflu
Rond *et* Rondelet
Boulot (*fam.*)
Potelé
Grassouillet
V. ÉNORME
Boursouflé
Poussah
Patapouf (*fam.*)
Maous (*pop.*)
Pépère (*pop.*)

Plus particulièrement :
Bombé
Renflé
Épanoui

Membru
Opulent
Ample
Charnu
Joufflu
Ballonné
Gonflé

● ANTONYMES : Maigre, Menu, Minuscule, Petit, Mince, Délié, Filiforme, Fluet, Frêle, Efflanqué, Sec, Chétif, Mal nourri, Étique.

GROSSESSE

Gestation
Maternité prochaine
État intéressant (*fam.*)
Gravidité
État de femme enceinte

GROSSIER

1. Brut
Commun
Ordinaire
De basse qualité
Rudimentaire
De peu de valeur
Gros
Sommaire
Informe
Rude
Primitif
Mal dégrossi
Approximatif
Élémentaire
Imprécis
Imparfait
Vague

2. Bestial
Rustre *et* Rustaud
Fruste
Barbare
Inculte
Hirsute

Incivil
Impoli
Lourd
Lourdaud
Béotien
Philistin
Goujat
Mufle
Butor
Malotru
Manant (*anc.*)
Maroufle (*anc.*)
Pignouf (*pop.*)
Ostrogoth
Paltoquet
Poissard
Incorrect
Sans usages
Mal élevé
Malappris
Malhonnête
Mal embouché
Impertinent
Maraud (*anc.*)
Bélître (*anc.*)

3. Bas
Choquant
Inconvenant
Déplacé
Dégoûtant
Malséant
Malsonnant
Obscène
Ordurier
Vulgaire
Trivial
Discourtois
Blessant
Licencieux
Indécent
Incongru
Laid

● ANTONYMES : 1. Fignolé,
Raffiné, Aristocratique,
Cultivé, Poli, Distingué,
Léger, Subtil, Éclairé, Fin,
Délicat.

GROSSIÈRETÉ

Vulgarité
Trivialité
Inconvenance
Obscénité
Gros mot
Goujaterie
Insolence
Brutalité
Rusticité
Insulte
Injure
Muflerie
Incorrection
Saleté
Ordure
Cochonnerie

● ANTONYMES : Délica-
tesse, Finesse, Subtilité,
Correction.

GROSSIR

Devenir (plus) gros
Prendre du poids
Augmenter (de poids, de
volume)
Engraisser
Épaissir
S'empâter
Forcir
Prendre du ventre
Perdre la ligne
Prendre de l'embonpoint
Gonfler
Être soufflé
Croître (en volume)
Enfler
Se développer
Se tuméfier
Aller en grossissant
Prospérer
Rendre plus fort (*ou* plus
intense)
V. AMPLIFIER

Exagérer
Dramatiser

● ANTONYMES : Maigrir,
S'émacier, Décoller (*pop.*),
Diminuer, Amoindrir, Mi-
nimiser.

GROTESQUE
V. BURLESQUE et RIDICULE

GROTTE

Excavation
Caverne
Antre
Baume *ou* Balme (*Rég.*)

GROUILLEMENT
V. FOURMILLEMENT

GROUPE et GROUPE-
MENT

Association
Union *et* Réunion
Attroupement
Essaim
Paquet
Grappe
Peloton
Trio
Quatuor
Quintette
Sextuor
Bande
Gang
Équipe
Clan
Coterie
Clique
Collectif
Famille
Tribu
Ethnie
Communauté
Collectivité

Amalgame
Corps
Classe
Club
Cellule
Section
Cénacle
Ensemble de
Ordre
Collection de
Escouade
Catégorie
Espèce
Division
Syndicat
Bloc
Fédération
Confédération
Rassemblement
Coalition
Front
Organisation
Agglomération
Assemblage

● ANTONYMES : Individu, Éparpillement, Dispersion, Diaspora.

GROUPER
V. ASSEMBLER

GRUGER
V. VOLER

GUENILLE

Haillon
Loque
Oripeau
Penaille, Penaillon (anc.)
Défroque
Hardes

GUÊPIER
V. PIÈGE

GUÈRE
V. PEU

GUÉRILLA
V. GUERRE

GUÉRIR

1. *Trans.* :
Délivrer de son mal
Arracher à la maladie (*ou* à la mort)
Sauver
Soigner
Remettre sur pied
Désintoxiquer
Débarrasser de
Ôter le mal

Par extens. :
Calmer
Remédier
Apaiser
Adoucir
Corriger
Pallier

2. *Intr.* :
Aller mieux
Recouvrer la santé
Se rétablir
Se remettre
Entrer en convalescence
En réchapper
Sortir de maladie
Ressusciter
Être hors de danger
Sortir (*ou* Se tirer) d'affaire
Renaître
Reprendre des forces
Être en voie de guérison
Être sauvé
Être sur pied

● ANTONYMES : Tomber malade, Mourir.

GUÉRISON

Rétablissement
Traitement
Soulagement
Cicatrisation
Salut
Santé (retrouvée *ou* recouvrée)
Relèvement
Relevailles
Convalescence
Résurrection

● ANTONYME : Aggravation.

GUÉRISSEUR

Rebouteux (*pop.*) *ou* Rebouteur
Médecin empirique
Charlatan
Hypnotiseur

GUÉRITE
Guitoune (*pop.*)

GUERRE

Belligérance
Hostilité (s)
Conflagration
Conflit armé
Campagne
Combat (s)
Expédition
Guérilla
Lutte armée
Casse-pipe (*pop.*)
Casse-gueule (*triv.*)
Baroud (*arg. milit.*)
Bataille
Riflette
Boucherie (*pop.*)
Opération (s)
Promenade militaire
Engagement
Incursion
Invasion
Razzia

● ANTONYME : Paix.

GUERRIER

Combattant
V. SOLDAT
Militaire
Soudard

Adj. :
Martial
Belliqueux
Belliciste

• ANTONYMES : Civil, Pacifiste, Pacifique.

GUERRIÈRE
Amazone

GUERROYEUR

V. GUERRIER
Soldatesque
Boutefeu
Va-t-en guerre

GUETTER
V. ÉPIER

GUEULE
V. BOUCHE et FIGURE

GUEULER

Parler (*ou* Chanter *ou* Crier)
très fort
Hurler
Beugler (*fig.*)
Tempêter
Bramer (*fig.*)

• ANTONYME : Murmurer.

GUEUX
V. MENDIANT
et MISÉRABLE

GUICHET

Judas
(Petite) Ouverture

GUIDE

Cicérone
Conseiller
Mentor
Directeur de conscience
Gourou
Pilote
Conducteur
Berger
Pasteur
Chef
Duce (*italien*)
Führer (*allemand*)

Spécialement :
Vade-mecum
Manuel

GUIDER

V. CONDUIRE
Piloter
Cornaquer (*pop.*)
Mener
Conseiller
Diriger
Orienter
Gouverner
Éclairer
Éduquer
Mettre sur la voie
Dire *ou* Indiquer son chemin (à quelqu'un)
Montrer la route (à suivre)
Radioguider
Téléguider

• ANTONYMES : Égarer, Fourvoyer.

GUIGNE
V. MALCHANCE

GUIGNER
V. CONVOITER

GUIGNOL

Marionnette
Pantin
Gendarme (*arg.*)
Scène (*arg. théâtre*)

GUIGNON

V. MALCHANCE
Déveine
Poisse (*arg.*)
Cerise (*arg.*)

GUILLERET
V. GAI et GAILLARD

GUINDÉ
V. AFFECTÉ

GUINGOIS (DE)

De travers
Oblique
Bancal
Mal équilibré

• ANTONYMES : Droit, Solide, Fixe.

GUINGUETTE
V. BAL et AUBERGE

GUIRLANDE

Enroulement
Enlacement
Festons
Tortil
Rinceau

GUISE
V. VOLONTÉ et FAÇON

GUITOUNE

Abri
Guérite
Tente
V. CABANE

GUTTURAL
V. RAUQUE

GYMNASE

Académie (*antiq.*)
Palestre (*antiq.*)
Salle d'entraînement
Palais des sports

GYMNASTE

Sportif
Acrobate

GYMNASTIQUE

Éducation physique
Entraînement physique
Exercices corporels
Athlétisme
Sport gymnique
Hébertisme
Travail des muscles

GYNÉCÉE

Harem
Appartement des femmes
Sérail (*anc.*)

GYPSE

Sulfate hydraté de calcium
naturel
Pierre à plâtre
Alabastrite
Albâtre

H

HABILE

Industrieux
V. ADROIT
Expert
Qui s'y entend
Compétent
Ferré
Capable
Émérite
Praticien (de)
Virtuose
Agile (à)
Dégourdi
Preste
Leste
Malin
Exercé
Débrouillard
Fort
Roublard
V. RUSÉ
Avisé
Vieux routier
Savant
Ingénieux
Retors (*péj.*)

Madré (*péj.*)
Futé
Délié
Vieux renard
Qui sait y faire
Qui sait se retourner
Qui sait retomber sur ses pieds
Pas manchot (*pop.*)
Rompu à
Qui excelle à
Apte à
Subtil
Diplomate
Captieux (*péj.*)
Artificieux (*péj.*)

● ANTONYMES : Malhabile, Gauche, Inhabile, Maladroit, Lourd.

HABILETÉ
V. ADRESSE

HABILITER

Autoriser
Permettre
Donner pouvoir de
Mandater
Donner mandat
Mandater (quelqu'un) pour
Donner qualité pour
Déléguer
Conférer la capacité de

● ANTONYMES : Retirer son mandat, sa confiance.

HABILLEMENT

V. VÊTEMENT
Costume
Habit
Effets
Tenue
Mise
Accoutrement
Attifement (*péj.*)
Déguisement
Harnachement (*péj.*)
Barda (*pop*).

● ANTONYME : Nudité.

HABILLER

Vêtir
Couvrir (de vêtements)
Équiper
Nipper (*fam.*)
Parer
Attifer (*péj.*)
Accoutrer (*péj.*)
Affubler (*péj.*)
Costumer
Fagoter (*pop.*)
Ficeler (*péj. pop.*)
Harnacher (*péj.*)
Déguiser
Travestir
Endimancher

Au fig. :
Recouvrir
Arranger
Envelopper
Dissimuler
Orner
Parer
Draper de

« *S'habiller* » :
Mettre ses habits
Passer un vêtement
Se vêtir
Endosser un costume
S'ajuster
S'arranger
Se fringuer (*fam.*)
Se nipper (*fam.*)
Se requinquer (*fam.*)
S'accoutrer
S'attifer
Se mettre sur son trente et un
S'endimancher

● ANTONYMES : Déshabiller, Dévêtir, Mettre (à) nu, Dénuder.

HABIT
V. VÊTEMENT

HABITANT

Locataire
Propriétaire
Occupant
Domicilié
Hôte
Résidant

« *Habitants* » :
Population
Peuple
Faune
Gens
Citoyens
Citadins
Âmes
Bourgeois
Banlieusards
Naturels
Natifs
Autochtones
Aborigènes
Villageois
Campagnards
Montagnards
Administrés
Sujets
Assujettis
Colons

● ANTONYMES : Étranger, Nomade.

HABITATION

Logis
Logement
Demeure
Habitat
Domicile
Résidence
Maison
Lieu d'habitation
Abri
Foyer
Gîte
Toit
Local

Home
Chez-soi
Séjour
Ermitage
Nid (*aussi au fig.*)
Appartement
Asile
Retraite
Refuge
Habitacle
Établissement
Chambre
Piaule (*pop.*)
Carrée (*pop.*)
Turne (*pop.*)
Propriété
Villa
Château
Chartreuse
Manoir
Palais
Palace
Studio
Pied-à-terre
Garçonnière
Pigeonnier (*fam.*)
Bonbonnière (*fam.*)
Duplex
Hôtel
Hôtel particulier
Garni
Meublé
Suite
Loge
Cure
Doyenné
Couvent
Monastère
Presbytère
Cabane
Case
Gourbi
Cagna
Hutte
Isba
Datcha
Cahute
Igloo

Tente
Cavarane
Roulotte
Caravansérail
Camping
Bouge (*péj.*)
Bauge (*id.*)
Galetas (*id.*)
Taudis (*id.*)
Clapier (*aussi fig.*, *péjor.*)
Cantonnement (*milit.*)
Caserne (*id.*)
Quartier (*id.*)

HABITER

Résider
Loger
Demeurer
Nicher
Percher
Vivre
Être fixé
Être établi
Élire domicile
Séjourner
Gîter
Rester (*fam. anc.*)
Camper
Coucher
Occuper
Crécher (*pop.*)
Peupler

HABITUDE

Coutume
Usage
Tradition
Règle
Routine
Rite
Rituel
Mœurs
Manie
Marotte
Penchant

Façons
Manières
Automatisme
Pli
Tic
Accoutumance
Us
Entraînement
Familiarité
Répétition
Pratique
Exercices

● ANTONYMES : Exception, Accident, Anomalie, Occasion.

HABITUEL

Coutumier
Devenir une habitude
Ordinaire
Quotidien
Normal
Familier
Machinal
Traditionnel
Rituel
Courant
Consacré
D'usage
Usuel
Commun
Accoutumé
Classique
Chronique
Fréquent

● ANTONYMES : Accidentel, Occasionnel, Exceptionnel, Inaccoutumé, Rare, Unique, Anormal, Extraordinaire, Inhabituel.

HABITUER

Donner l'habitude de
V. ACCOUTUMER

Dresser
Façonner
Éduquer
Former
Initier (à)
V. APPRENDRE
V. APPRIVOISER
Plier (à)
Adapter
Familiariser (avec)
Faire (à quelque chose)
Acclimater

« *Habitué* » :
(*Les participes passés des précédents plus* :)
Familier
Client
Pilier
Abonné (*fam.*)

● ANTONYMES : Déshabituer, Désaccoutumer, Désintoxiquer, Libérer (de)

HÂBLEUR

Craqueur (*pop.*)
Blagueur
V. FANFARON
Faiseur
Vantard
Gascon
Brodeur
Menteur
Charlatan
Mythomane
Vendeur de pianos (*pop.*)
Vendeur d'orviétan (*anc.*)

● ANTONYMES : Réservé, Sérieux.

HACHE

Cognée
Herminette *ou* Erminette
Doleau *et* Doloire

Merlin
Coupe-coupe
Machette
Tomahawk
Francisque

HACHER
V. Couper

HACHOIR

Couperet
Hansart

HAGARD
V. Ahuri

HAIE
V. Clôture

HAILLON

Chiffon
V. Guenille
Défroque
Oripeau
Loque
Penaille (*anc.*)
Harde (s)

HAINE

V. Animosité
Animadversion
Aversion
Abomination
Antagonisme
Antipathie
Détestation
Exécration
Horreur
Hostilité
Ressentiment
Amertume
Aigreur
Rancœur
Phobie

Spécialement :
Misanthropie
Misogynie
Xénophobie
Racisme

● Antonymes : Amour, Tendresse.

HAÏR

V. Abhorrer
Exécrer
Honnir
Maudire
Avoir en haine
Ne pas pouvoir sentir (souffrir, voir)
Avoir dans le ncz (*pop.*)
Avoir dans le collimateur (*pop.*)
Avoir (quelqu'un) pour bête noire
Fuir (quelqu'un *ou* quelque chose)
Avoir en horreur
Répugner à

● Antonymes : Aimer, Adorer, Chérir.

HAÏSSABLE

V. Détestable
Odieux
Exécrable
Insupportable
Irréconciliable

● Antonymes : Adorable, Aimable.

HÂLÉ

V. Bronzé
Brun *et* Bruni

Cuivré
Doré

● Antonymes: Pâle, Blanc.

HALEINE

Souffle
Expiration
Respiration

Par analogie :
V. Odeur
Parfum
Exhalaison
Exhalation
Effluve
Émanation

HALER
V. Tirer

HALETER

Respirer (avec gêne)
Souffler
S'essouffler
Panteler (*anc.*)
Être à bout de souffle
Être hors d'haleine
Être oppressé (*fam.*)

HALL
V. Entrée

HALLE
V. Marché

HALLIER
V. Buisson

HALLUCINATION

Apparition
Phantasme
Vision
Voix (hallucination auditive)

Berlue
Délire
Rêve
Cauchemar
V. FOLIE
Égarement
Bizarrerie

● ANTONYME : Réalité.

HALO

Couronne (lumineuse)
Auréole (*id.*)
Cerne
Irradiation

HALTE

V. ESCALE
Station
Étape
Relais
Pause
Répit

● ANTONYME   Marche.

HANDICAPER

Désavantager
Défavoriser
Mettre en état d'infériorité

● ANTONYMES : Avantager,
Favoriser.

HANGAR

V. ABRI
Remise
Entrepôt
Dock
Séchoir (Hangar à tabac)
Grange

Fenil
Herbier
Carbet (Hangar à bateaux)
Rotonde (Hangar ferro-
viaire)
Hall

HANTER

V. FRÉQUENTER

Au fig. :
Obséder
Être la hantise de
Poursuivre
Habiter
Peupler

● ANTONYMES : Fuir, Dé-
serter.

HANTISE
V. OBSESSION

HAPPER

V. ATTRAPER
Saisir
Gripper *et* Agripper
Prendre
Choper (*fam.*)
Croquer

HARANGUE

V. ALLOCUTION
Discours
Prise de parole
Catilinaire
Philippique
Sermon
Prosopopée (*fig.* et *rare*)

HARASSER
V. FATIGUER

HARCELER

Soumettre à un harcèle-
ment
Attaquer (sans cesse)
Assaillir
Poursuivre
Aiguillonner
Talonner
Presser
Houspiller
Tourmenter
Provoquer
Agacer
Importuner
Asticoter (*fam.*)
Tarabuster
Tirailler
Faire des scènes (*fam.*)
Fatiguer
Ennuyer
Embêter (*fam.*)

● ANTONYMES : Laisser en
paix, Apaiser.

HARDE

V. VÊTEMENT

Péj. :
Nippe
Loque
Défroque
Vieillerie
Frusque
Fringue (*pop.*

HARDI

V. AUDACIEUX
Aventureux
Intrépide
Entreprenant
Courageux
Brave
Résolu

Décidé
Déterminé
Énergique
Assuré
Téméraire
Risque-tout
Casse-cou
Présomptueux (*péj.*)
Impudent (*id.*)
Insolent (*id.*)
Cavalier (*id.*)
Original
Nouveau

et aussi :
Osé
Leste
Risqué
Gaillard
Non conformiste
Libertin
Libre

● ANTONYMES : Pusilla-
nime, Peureux, En retrait,
Couard, Lâche, Timide,
Réservé ; Conformiste, Banal, Terne, Plat.

HARDIESSE

Audace
Intrépidité
Énergie
Risque
Courage
Cœur
Assurance
Bravoure
Fermeté
Témérité
Imprudence
Liberté
Licence
Aplomb (*péj.*)
Culot (*id.*)
Toupet (*id.*)
Front (*id.*)

Impudence (*id.*)
Effronterie (*id.*)
Indécence (*id.*)
Inconvenance (*id.*)
Originalité
Nouveauté
Audace
Absence de complexes
(*mod.*)
Innovation
Vigueur

● ANTONYMES : Timidité,
Pusillanimité, Crainte, Banalité, Platitude.

HAREM

Gynécée
Appartement des femmes
Sérail

HARENG

Clupéidés (*scient.*)
Saur
Rollmops
Gendarme (*pop.*)
Kipper

HARGNE

Mauvaise humeur
Colère
Grogne (*fam.*)

HARGNEUX
V. ACARIÂTRE

HARIDELLE
V. CHEVAL

HARMONIE

V. ACCORD
Euphonie

Consonance
Synchronisme
Unisson
Similitude
Adaptation
Alliance
Entente
Concorde
Conciliation
Équilibre
Eurythmie
Symétrie
Régularité
V. ÉLÉGANCE

● ANTONYMES : Cacopho-
nie, Chaos, Dissonance,
Inharnomie, Laideur.

HARMONISER

Concilier
Faire concorder
Accorder
Arranger
Allier
Orchestrer
Coordonner
Faire aller ensemble
Faire correspondre

● ANTONYMES : Désac-
corder, Rendre dissonant,
Faire détonner.

HASARD

Fortune
Coïncidence
Coup de dés
Loterie (*fig.*)
Aléa
Risque
Danger
Déveine
Malchance
Accident

Chance
Veine
Coup de pot (*pop.*)
Aubaine
Occasion
Occurrence
Destin
Sort
Fatalité
Conjoncture
Circonstance
Imprévu
Probabilité
Vicissitude
Bonne (*ou* Mauvaise)
étoile

« *Par hasard* » :
Accidentellement
Fortuitement
Par miracle
Par aventure
Par raccroc
Occasionnellement
Exceptionnellement
Éventuellement

● ANTONYMES : Finalité,
Déterminisme; Délibéré-
ment, Volontairement.

HASARDER
V. RISQUER

HÂTE

Promptitude
Impatience
Précipitation
Empressement
Presse
Activité
Vitesse
Rapidité
Diligence

« *En hâte* » et « *A la hâte* » :
Promptement

En vitesse
Hâtivement
Vite
Dare-dare (*fam.*)
En courant
Avec précipitation
Au plus vite
À la va vite
Sur le pouce (*arg.*)
À la six-quatre-deux (*pop.*)

● ANTONYMES : Lenteur;
Lentement.

HÂTER

Avancer
Brusquer
Accélérer
Presser
Précipiter
Activer
Dépêcher
Forcer
Trousser

« *Se hâter* » :
Faire vite
Se dépêcher
Se grouiller
S'empresser de
Faire diligence
Faire vinaigre (*fam.*)
Faire fissa (*arg.*)
Se magner (*arg.*)

● ANTONYMES : Ralentir,
Retarder, Temporiser, Surseoir.

HÂTIF

Prématuré
Précoce
Pressé
Bâclé

● ANTONYMES : Retarda-
taire, Tardif, Retardé, Lent.

HAUSSER

Élever
Surélever
Surhausser (*rare*)
Exhausser
Monter
Remonter
Dresser
Redresser
Porter plus haut
Lever
Relever
Majorer
Augmenter
Exalter

● ANTONYMES : Baisser,
Abaisser, Descendre, Avi-
lir.

HAUT

Élevé
Grand
Haussé
Exhaussé
Surhaussé
Surélevé
Dominant
Culminant
Supérieur
Éminent
Élancé
Hissé

« *Le haut de* » :
V. CIME
Faîte
Crête
Flèche
Pointe
Tête
Arête
Éminence
Proéminence
Surplomb
V. HAUTEUR
Élévation

Dans le temps :
V. ANCIEN
Éloigné
Reculé (*par ex.* la haute
Antiquité, le haut Moyen
Age)

● ANTONYME : Bas.

HAUTAIN

V. ALTIER
Arrogant
Condescendant
Dédaigneux
V. FIER
Orgueilleux
Impérieux
Cavalier
Superbe
Méprisant

● ANTONYMES : Modeste,
Affable.

HAUTEUR

V. ALTITUDE
Élévation
Surélévation
Éminence
Sommet
V. CIME
Point culminant
Faîte
Tertre
Bosse
Mamelon
Monticule
V. MONTAGNE
Crête
Arête
Pinacle

« *À la hauteur* » :
Au niveau de
Égal à

Capable
Compétent

Moralement :
V. ARROGANCE
Fierté
Morgue
Dédain
Condescendance
Orgueil

● ANTONYMES : Abîme,
Bas-fond ; Insuffisant ;
Affabilité, Attention.

HÂVE
V. MAIGRE et PÂLE

HAVRE
V. PORT et REFUGE

HÉBERGER

Loger (chez soi)
Accueillir
Recueillir
Recevoir
Abriter

● ANTONYME : Chasser.

HÉBÉTÉ

V. ABÊTI
Abruti
Ahuri
Sidéré
Troublé
Stupide
Bête
Traumatisé (*néol.*)
Abasourdi
Engourdi
Ensommeillé
Ensuqué (*rég.*)

● ANTONYMES : Éveillé,
Dégourdi.

HÉBREU

Hébraïque
Juif
Judaïque
Israélite

HÉCATOMBE

V. CARNAGE
Massacre
Tuerie
Génocide
Boucherie
Pogrom

HÉGÉMONIE

Suprématie
Supériorité
Domination
Prépondérance
Pouvoir (supérieur)

● ANTONYMES : Sujétion,
Faiblesse.

HEIMATLOS

Apatride
Passeport Nansen
Sans-patrie
Displaced Persons (D. P.)
(*loc. angl.*)
Personne déplacée (*néol.*)
Citoyen du monde

● ANTONYMES : Autochtone
Citoyen, Assujetti.

HÉLER
V. APPELER et INTERPELLER

HELLÈNE
Grec

HÉMATOME

Épanchement sanguin (enkysté)
Coup
Bleu (*fam.*)
Bosse (*fam.*)
Coquard (*pop.*)
Ecchymose

HÉMIPLÉGIE
V. PARALYSIE

HÉMISPHÈRE

Calotte sphérique
Moitié du globe
Coupole (*Archit.*)

HÉMORRAGIE

Saignement
Épanchement sanguin
Perte de sang
Effusion de sang
Purpura (Hémorragie cutanée)
Épistaxis (Hémorragie nasale)
Hématémèse (Hémorragie stomacale)
Hématurie (Hémorragie urinaire)
Hémoptysie (Hémorragie respiratoire)
Hémorroïde (Hémorragie anale)
Congestion (Hémorragie) cérébrale.

HERBAGE et HERBE

V. PLANTE (herbacée)
Végétation
Verdure
Gazon

Ray-grass
Vertugadin
Herbette
Foin
Fourrage
Regain
Graminée
Simples
Pelouse
Prairie
Pré
Pâturage

HERBIVORE

Ruminant (animal)
Végétarien (humain)

HERBORISER

Botaniser
Collectionner les plantes
Tenir un herbier

HÉRÉDITÉ

Héritage (génétique)
Patrimoine (génétique)
Atavisme

HÉRÉSIE

Hétérodoxie
Doctrine condamnée
Dissidence
Schisme
V. SACRILÈGE

● ANTONYMES : Orthodoxie, Conformisme.

HÉRÉTIQUE

Hérésiarque
Renégat

Apostat
Relaps
Dissident
Hétérodoxe
Gentil
Giaour
Non-conformiste
Incroyant
Mécréant
Païen
Infidèle
Impie

● ANTONYMES : Orthodoxe, Fidèle, Croyant, Conformiste.

HÉRISSÉ

Hispide (pour les plantes)
Hirsute (pour les poils)
Garni de (pointes)
Muni de (pointes)
Entouré de (pointes)
Comme un hérisson
Épineux
Barbu (plantes)

Au fig. :
Horripilé
Irrité
Fâché
Révolté
Raidi
Susceptible
Choqué

● ANTONYMES : Plat, Lisse, Arrondi.

HÉRITAGE

Succession
Patrimoine
Transmission
Hoirie (*jur.*)

Legs
Douaire
Espérances
Dévolution

Au fig. :
Hérédité
Atavisme

HÉRITIER

Parent
Successeur
Bénéficiaire
Ayant cause
Ayant droit
Hoir (*anc.*)
Couché sur le testament
Légataire
Continuateur

Par extens. :
Fils
Fille
Enfant

● ANTONYMES : Parent, Tuteur, Testateur, De cujus.

HERMAPHRODITE

Androgyne
Bissexué

HERMÉTIQUE
V. ÉSOTÉRIQUE

HÉROÏQUE

V. COURAGEUX
Brave
Énergique
Digne d'un héros
Épique
Stoïque
Homérique

● ANTONYME : Lâche.

HÉROÏSME

V. COURAGE
Bravoure
Dévouement
Sacrifice
Grandeur

● ANTONYME : Lâcheté.

HÉROS

Demi-dieu (*Antiq.*)
Grand homme
Géant (*fig.*)
Brave
Personnage (littéraire)

● ANTONYME : Lâche.

HÉSITATION

Incertitude
Indécision
Balancement
Doute
Flottement
Embarras
Atermoiement
Tergiversation
Errement
Tâtonnement
Réticence
Scrupule
Résistance

● ANTONYMES : Assurance, Détermination, Résolution, Décision.

HÉSITER

Balancer
Délibérer
Douter
Rester en suspens

Demeurer incertain
Tâtonner
S'interroger
Se tâter
Être perplexe
Tergiverser
Flotter
Barguigner
Lanterner
Être indécis
Ne pas se décider
Ne pas se prononcer
Y regarder à deux fois
Peser le pour et le contre
Ne pas savoir sur quel pied danser
Tourner autour du pot
Atermoyer
Attendre
Marchander
Se demander si
Osciller
Craindre que
Avoir des scrupules

● ANTONYMES : Se décider, Agir.

HÉTÉROGÈNE

Hétéroclite
Composite
Disparate
Bigarré
Mêlé *et* Mélangé
Dissemblable
Divers
Différent

● ANTONYMES: Homogène, Uniforme.

HEUR
V. CHANCE

HEUREUX

1. Fortuné
Chanceux

Content
Enchanté
Satisfait
Bien aise
Béat
Bienheureux
Prospère
Joyeux
Favorisé
Gâté
Avantagé
Florissant
Aux anges
Né coiffé
Veinard
Au septième ciel
Né sous une bonne étoile
Fils de roi
Petit prince
Fils de la poule blanche
Coq en pâte
Tombé le cul dans le beurre (*pop.*)
Qui l'a belle
Poisson dans l'eau

2. Beau
Bon
Favorable
Avantageux
Réussi
Bien trouvé
Original
Juste

● ANTONYMES : 1. Malheureux, Infortuné, Malchanceux.
2. Déplorable, Désolant, Triste.

HEURT

V. CHOC et COUP

Au fig. :
Conflit
Antagonisme

Opposition (brutale)
V. DISPUTE
Froissement
Friction

● ANTONYMES : Harmonie, Conciliation.

HEURTER

Choquer
Entrer violemment en contact avec
Cogner
Percuter
Tamponner
Emboutir
Télescoper
Toucher brutalement
Casser
Froisser

Au fig. :
Contrarier
Attaquer de front (*fig.*)
V. FROISSER (*fig.*)
V. OFFENSER
V. SCANDALISER
Vexer
Offusquer
Blesser

et aussi :
V. ACHOPPER
Buter (contre)
Donner (dans *ou* contre)
Taper (contre *ou* sur)

● ANTONYMES : Éviter; Plaire.

HIDEUX

Laid
Repoussant
D'une laideur repoussante
Affreux
Atroce

Horrible
Ignoble
Répugnant
Dégueulasse (*triv.*)

● ANTONYME : Beau.

HIER

Le jour précédant aujourd'hui

Par extens. :
Naguère
Récemment
Jadis

● ANTONYMES : Aujourd'hui, Demain.

HILARANT
V. AMUSANT et COMIQUE

HILARITÉ
V. GAIETÉ

HIRSUTE

Ébouriffé
Échevelé
Touffu
V. HÉRISSÉ

● ANTONYMES : Glabre, Imberbe, Chauve, Nu.

HISSER

V. HAUSSER
Guinder (marine)
Envoyer (les couleurs)
Arborer (*id.*)
Étarquer (*mar.*)
Tirer en (*ou* vers le) haut
V. LEVER

« *Se hisser* » :
V. MONTER

● ANTONYMES : Baisser, Amener, Descendre.

HISTOIRE

1. Chronique
Commentaires
Annales
Documents
Souvenirs
Mémoires
Éphémérides
Biographie
Autobiographie
Journal
Fastes (*anc.*)
Archéologie
Paléographie
Chronologie
Archives

2. V. CONTE
Récit
Relation
Anecdote
Fiction
Fable
Mythe
Légende
Épisode
Tradition
Témoignage
Racontar (*péj.*)
Potin (*péj.*)
On-dit (*péj.*)
Blague (*iron.*)

3. V. AFFAIRE et AVENTURE

« *Faire des histoires* » :
(Faire des) Embarras
Façons
Manières
Chichis
Difficultés
Ennuis
Jouer la comédie (*fig.*)

HISTORIEN

V. ÉCRIVAIN
Annaliste

Chroniqueur
Historiographe
Biographe
Mémorialiste (*ou* Auteur de Mémoires)
Chronologiste
Archéologue
Paléographe
Archiviste

HISTORIETTE
V. ANECDOTE

HISTORIQUE

V. RÉEL
Vrai
Mémorable
Connu
Célèbre

● ANTONYMES : Imaginaire, Légendaire, Mythologique, Fabuleux.

HISTRION

Baladin
Bateleur
Bouffon
Cabotin

HOLOCAUSTE
V. SACRIFICE

HOMÉLIE

V. DISCOURS
Prêche
Prône
Sermon
Remontrance
Réprimande
Prédication

HOMÉRIQUE
V. ÉPIQUE et HÉROÏQUE

HOMICIDE
V. MEURTRE

HOMMAGE

Témoignage (de respect, d'admiration, de reconnaissance)
Vénération
Culte
Adoration
Piété
Tribut

Spécialement :
Galanterie
Civilité (s)
Compliment (s)
Respect (s)
Devoir (s)
Dédicace

HOMME

1. Hominien *et* Humain
Hominidé
Être (humain)
Créature (humaine)
Personne (humaine)
Humanité
Homo sapiens
Mortel
Prochain
Individu
Quidam
Particulier
Semblable
Quelqu'un
Autrui

2. Mâle
(Du) Sexe masculin
Adam
Garçon *et* Gars
(Du) Sexe fort

Pop., *fam. et arg.* :
Mec

Type
Gonze
Zig
Jules
Bipède

3. Époux
Mari
V. AMANT
Ami

● ANTONYMES : Femme, Enfant.

HOMOGÈNE

De même nature
Cohérent
Uni *et* Uniforme
Régulier
Similaire
Harmonieux

● ANTONYME : Hétérogène.

HOMOLOGUER

Entériner
Ratifier
Valider
Sanctionner
Reconnaître
Approuver
Confirmer

● ANTONYME : Refuser (l'homologation).

HONNÊTE

Droit
Intègre
Loyal
Probe
Irréprochable
Incorruptible
Correct

Consciencieux
Honorable
Exemplaire
Homme de bien
Digne homme
Respectable
(Un) Juste
Vertueux
Éprouvé
Irrépréhensible (*litt.*)
Impeccable
Scrupuleux
Délicat
Moral
Estimable
Recommandable
Méritant
Désintéressé
Sans reproche
Inattaquable
Strict

Spécialement
Convenable
Acceptable
Décent
Normal
Raisonnable
Bienséant
Naturel
Conforme
Satisfaisant
Suffisant

● ANTONYMES : Malhonnête, Déloyal, Déshonnête, Inconvenant, Indécent.

HONNÊTETÉ

Droiture
Intégrité
Probité
Correction
Irréprochabilité
Respectabilité
Incorruptibilité

Conscience
Honorabilité
Dignité
Respectabilité
Moralité
Pureté (d'intentions, d'âme d'esprit)
Sens de la justice
Rigueur
Austérité

Spécialement :
Chasteté (des femmes)
Pureté (*id.*)
Fidélité (*id.*)
Vertu (*id.*)
Sagesse (*id.*)
Pudeur (*id.*)

● ANTONYMES : Malhonnêteté, Improbité (*littér.*); Immoralité.

HONNEUR

Estime
Respect
V. GLOIRE
Réputation
Dignité
Fierté

● ANTONYME : Déshonneur.

HONNIR

Détester
Répudier
Vouer à la détestation
Vilipender
Mépriser
Vomir (*fig.*)
Huer
Conspuer
V. HAÏR
Dénoncer
Se désolidariser de

● ANTONYMES : Honorer, Vénérer, Louer, Encenser.

HONORABLE
V. HONNÊTE et RESPECTABLE

HONORER

Rendre hommage
Célébrer
Mettre à l'honneur
Rendre un culte à
Glorifier
Adorer
Déifier
Encenser
Saluer
Avoir du respect (pour)
Respecter
Révérer
Estimer
Gratifier de

● ANTONYMES : Mépriser, Honnir, Déshonorer, Avilir.

HONTE

Déshonneur
Flétrissure
Opprobre
Ignominie
Indignité
Bassesse
Abjection
Dégradation
Humiliation
Affront
Dégoût (de soi *ou* de quelque chose)
Remords
Repentir
Regret
Confusion
Vergogne

Scrupule
Retenue
Timidité
V. EMBARRAS
V. PUDEUR

● ANTONYMES : Bonne conscience, Honneur, Gloire, Effronterie.

HONTEUX

1. Confus
Consterné
Humilié
Penaud
Déconfit
Quinaud (*anc.*)
Embarrassé

2. Avilissant
Déshonorant
Dégradant
Bas
Méprisable
Abject
Ignominieux
Scandaleux
Dégoûtant
Infâme
Immoral
Inavouable
Lâche
Infamant
V. INDÉCENT

● ANTONYMES : 1. Fier, Glorieux, Sans complexe, Sûr de soi, Effronté, Impudent, Toute honte bue.
2. Honorable, Avoué, Franc, Direct, Étalé.

HÔPITAL

Hospice
Asile

Dispensaire
Infirmerie
Maison de santé
Refuge
Clinique
Policlinique (hôpital municipal)
Polyclinique
Maternité
Établissement de santé (*ou* sanitaire)
Maison de repos
Sanatorium
Aérium
Hosteau (*arg.*)
Ladrerie
Lazaret
Léproserie
Maladrerie
Hôtel-Dieu
Antenne chirurgicale

HORION
V. COUP

HORLOGE

Pendule
Carillon
Cadran solaire
Gnomon (*anc.*)
Clepsydre (*antiq.*)
Cartel (*anc.*)
Sablier
Jaquemart *ou* Jacquemart (*rég.*)
Coucou
Comtoise

HORMIS

V. EXCEPTÉ
Hors
Sauf
Mis à part
À part
Fors (*anc.*)

À l'exclusion de

● ANTONYMES : Inclus, Y compris.

HORREUR

Épouvante
Effroi
Peur
Répulsion
Dégoût
Écœurement
Saisissement
Impression pénible
Aversion pour
Répugnance à
Détestation
Haine (de *ou* pour)
Exécration
Phobie (de quelque chose)

Spécialement :
Atrocité
Crime
Infamie
Monstruosité

● ANTONYMES : Amour, Besoin de; Beauté.

HORRIBLE

Abominable
Atroce
Effroyable
Hideux
Épouvantable
Exécrable
Monstrueux
Affreux
Infâme
Dégoûtant
Effrayant
Révoltant
Intolérable
Laid

Mauvais
Macabre

● ANTONYMES : Beau, Rassurant, Agréable, Merveilleux, Charmant, Attirant.

HORRIPILER
V. AGACER et IRRITER

HORS
V. EXCEPTÉ et HORMIS

HORTICULTURE
V. JARDINAGE

HOSPICE
V. HÔPITAL

HOSPITALITÉ

Accueil
Réception
Asile
Logement
Abri
Hébergement

HOSTILE

Opposé
En opposition
Inamical
Antagonique
Contraire
Défavorable
Dangereux
Ingrat
Adverse
Ennemi (*adj.*)
Néfaste
Malveillant
Prévenu contre
Sur la défensive
Sur ses gardes
Menaçant

Inhospitalier
Mal disposé
Haineux
Antipathique
Irréconciliable
Inexorable
Odieux
Fielleux
Rancunier

● ANTONYMES : Amical, Affectueux, Attentif, Bienveillant.

HOSTILITÉ
V. ANIMOSITÉ

HÔTE

1. Maître de maison
Amphitryon
Puissance invitante

2. Invité
Convive
Commensal

Par extens. :
Habitant
Occupant
Locataire
Visiteur

HÔTEL et HÔTELLERIE
V. AUBERGE

HÔTEL DE VILLE

Mairie
Maison commune (*ou* du peuple)

HOUILLE

Charbon
Anthracite
Gaillette
Gailleterie
Gailletin

Poussier
Boulet
Briquette
Tête-de-moineau
Tout-venant

HOULE

Roulis
Tangage
Grosse mer

● ANTONYME : Calme.

HOUPPE
V. TOUFFE

HOUPPELANDE

Douillette
Pelisse
Cape
Robe de chambre

HOURVARI
V. BRUIT

HOUSPILLER

V. HARCELER
Critiquer
Quereller
Attaquer (en paroles)
Maltraiter (id.)
Réprimander
Engueuler (pop.)
Enguirlander (fam.)

HOUSSE
V. ENVELOPPE

HUCHE
V. COFFRE

HUER

Conspuer
Siffler

Pousser des cris d'animaux
(pop.)
V. HONNIR

● ANTONYMES : Applaudir,
Crier bravo.

HUGUENOT

V. PROTESTANT
Calviniste
Réformé
Confédéré (1532, Alliance
de Genève)
Parpaillot (péj.)

HUILER

Lubrifier
Graisser
Oindre
Assaisonner
Appliquer ou Passer une
embrocation (ou [fam.] une
embroc)
Brillantiner
Cosmétiquer (fam.)

Au fig. :
Adoucir
Faciliter
Mettre du liant (fam.)
Arrondir les angles

● ANTONYMES : Sécher;
Attiser, Jeter de l'huile sur
le feu; Envenimer, Exciter,
Inciter à, Pousser à

HUILEUX

Graisseux et Gras
Visqueux
Onctueux
Poisseux (péj.)

HUISSIER

1. Appariteur
Portier
Introducteur
Garçon de bureau

2. Officier ministériel

HUMAIN
V. BON

HUMANITÉ

1. Bonté
Charité
Pitié
Compassion
Bienveillance
Indulgence
Sensibilité
Sens de l'humain
Amour du genre humain

« Humanités » :
Études classiques
Culture classique

● ANTONYMES : Bestialité,
Inhumanité.

HUMBLE

Modeste
Effacé
Réservé
Simple
Timide
Soumis
Pauvre
Obscur

Péj. :
Médiocre
Petit
Servile
(Trop) Souple
Plat

● ANTONYMES : Glorieux, Arrogant, Dominateur.

HUMECTER

Mouiller (légèrement)
Arroser (*id.*)
Imbiber
Imprégner
Rendre humide

● ANTONYMES : Sécher, Essorer, Essuyer.

HUMER

V. ASPIRER
Respirer
Inspirer
Sentir
Emplir ses poumons de
Flairer

HUMEUR

Disposition d'esprit
V. CARACTÈRE
Tempérament
Tendances
Naturel
Complexion
État d'âme (*ou* d'esprit)

« *Mauvaise humeur* » :
Acrimonie
V. AIGREUR
Irritation
Maussaderie
Misanthropie
Esprit chagrin
V. COLÈRE
Bouderie
Rogne

« *Bonne humeur* » :
Gaieté

Aménité
Jovialité
Alacrité
V. FANTAISIE
Verve
Enjouement
Entrain
Optimisme

HUMIDE

Mouillé
Humecté
Humidifié
Suintant
V. MOITE
Chargé d'eau
Imbibé
Imprégné
Transpirant
Embué
Embrumé

● ANTONYMES : Sec, Trempé.

HUMIDITÉ

Mouillure
Moiteur
Sueur
Imprégnation
Saturation

● ANTONYMES : Sécheresse, Aridité.

HUMILIANT

Mortifiant
Dégradant
Avilissant
Vexant
Abaissant
Rabaissant
Honteux
Écrasant
Blessant

● ANTONYMES : Flatteur, Réjouissant, Glorieux, Exaltant.

HUMILIATION

Mortification
Dégradation
Avilissement
Vexation
Abaissement
Rabaissement
Honte
Couleuvre
Aplatissement
Confusion
Blessure
V. AFFRONT
Avanie
Vanne (*pop*)
Gifle (*aussi au fig.*)
Camouflet (*aussi au fig.*)

● ANTONYMES : Flatterie, Glorification, Gloire, Exaltation.

HUMILIER

Abaisser *et* Rabaisser
Abattre *et* Rabattre
Mortifier
Avilir
Vexer
Blesser
Faire honte
Faire rougir
Confondre
Remettre à sa place (*fam.*)
Mettre plus bas que terre (*fam.*)
Infliger une avanie
Donner un camouflet (*aussi au fig.*)
Gifler (*aussi au fig.*)
Cingler (*fig.*)

Courber sous sa loi
Mater
Mener à Canossa
Faire passer par les four-ches Caudines
Mettre son nez dans sa crotte (*pop.*)
Prendre sa revanche

● ANTONYMES : Exalter, Glorifier, Rendre sa fierté (à quelqu'un)

HUMILIER (S')

S'abaisser
En rabattre
Se courber
Courber le front
Plier (*ou* Ployer) le genou
Se jeter aux pieds de
Se ravaler
Se prosterner
S'agenouiller
S'aplatir
S'écraser (*fam.*)
Se faire tout petit
Baisser pavillon
Baisser sa culotte (*pop.*)
Baisser l'oreille
Ramper (*fig.*)
Valeter (*anc.* [*péj.*])
Se faire obséquieux (*péj.*)

● ANTONYMES : Faire le glorieux, Se vanter, Bom-ber le torse (*fam.*), Devenir arrogant, Se redresser.

HUMORISTIQUE
V. AMUSANT et COMIQUE

HUMOUR
V. ESPRIT

HURLEMENT

V. CRI
Clameur

Vocifération
Plainte
Aboiement
Gueulement (*pop.*)
Braillement

● ANTONYMES : Murmure, Silence.

HURLER
V. CRIER

HURLUBERLU
V. ÉTOURDI

HUTTE
V. CABANE

HYBRIDATION

Hybridisme
Croisement
Métissage

HYBRIDE

D'espèces différentes
Sang-mêlé
Métissé *et* Métis
Mâtiné
Bâtard
Issu d'un croisement

Par extens. :
Mélangé
Impur
Composite

● ANTONYME : Pur.

HYGIÈNE

Soins
Salubrité
Propreté
Diététique

Spécialement :
Prophylaxie
Désinfection
Assainissement

HYGIÉNIQUE
V. SAIN

HYMEN et HYMÉNÉE
V. MARIAGE

HYMNE

V. CHANT
Poème à la gloire de
Cantique
Psaume
Incantation
Péan
Hosanna

HYPERBOLE

Emphase
Grandiloquence
Exagération

● ANTONYME : Litote.

HYPERBOLIQUE
V. EXCESSIF

HYPNOSE

Sommeil provoqué
Magnétisme
Suggestion (hypnotique)
Transe (hypnotique)
Léthargie
Somnambulisme
Catalepsie
Narcose

HYPNOTISER

Endormir artificiellement
Magnétiser

Fasciner (*aussi au fig.*)

Au fig. :
Éblouir

HYPOCONDRIAQUE
V. ACARIÂTRE et BILIEUX

HYPOCRISIE

Fausseté
Duplicité
Dissimulation
Déloyauté
Fourberie
Fraude
Patelinage (*anc.*)
Affectation de
Tartuferie
Imposture
Fausse dévotion
Papelardise
Bigoterie
Bigotisme (*anc.*)
Pharisaïsme
Jésuitisme
Simagrée
Mensonge
Tromperie
Coup de poignard dans le dos (*fig.*)
Trahison
Mascarade
Grimace
Feinte

Comédie (*péj.*)
Cautèle

● ANTONYMES : Franchise, Sincérité, Loyauté.

HYPOCRITE

V. FOURBE
Sournois
Jésuite
Judas
Qui fait ses coups en dessous (*ou* dans le dos) [*fam.*]
Grimacier
Comédien (*péj.*)
Faux-jeton *ou* Faux comme un jeton (*fam.*)
Imposteur
Dissimulé
Perfide
Traître
Double (*anc.*)
Artificieux
Menteur *et* Mensonger
Mielleux
Obreptice (terme de chancellerie)
Machiavélique
Tortueux
Contourné
Doucereux
Cauteleux
Enfariné

Chattemite (*anc.*)
Insinuant
Abusif (*anc.*)
Tartufe
Escobar (*anc.*)
Sycophante (*littér. et anc.*)
Cafard
Chafouin
Papelard
Patelineur (*anc.*)
Faux dévot
Cagot
Faux bonhomme
Félon
Pharisien *et* Pharisaïque
Sainte nitouche
Caméléon (*fig.*)
Scorpion (*fig.*)
Aspic (*fig.*)
À double face
Faux frère
Franc comme un âne qui recule (*pop.*)
Planche pourrie (*pop.*)

● ANTONYMES : Loyal, Franc.

HYPOTHÈQUE
V. GAGE et GARANTIE

HYPOTHÈSE
V. SUPPOSITION

HYSTÉRIE
V. NÉVROSE

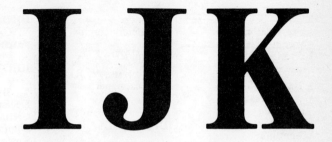

I J K

IBÈRE

Ibérique
Hispanique
Ibérien, ienne
Espagnol
Portugais
Lusitanien

ICEBERG

Banquise flottante
Glacier à la dérive

ICI

En ce lieu
Céans
Deçà (*opposé* à Delà)

Dans le temps :
V. MAINTENANT
En ce moment

● ANTONYMES : Ailleurs,
Là, Delà.

ICONOCLASTE

Au fig. :
Non-conformiste
Vandale (*péj.*)

ICONOGRAPHIE
V. ILLUSTRATION (S)

IDÉAL

1. *Subst.* :
Idéaux
Type parfait de
Modèle absolu de
Parangon
Utopie
Archétype
Absolu
(Souverain) Bien
Perfection

2. *Adj.* :
Idéel
Théorique
Rêvé
Imaginaire

Qui serait le mieux (*ou*
parfait)
Type
Modèle
Pur
Parfait
Suprême
Immatériel
Purement spéculatif
Qui n'est pas de ce monde
Incorporel
Métaphysique
Platonique
Transcendantal

● ANTONYMES : 1. Réalité,
Réel, Positif.
2. Réel, Matériel, Pro-
saïque, Relatif.

IDÉALISER
V. EMBELLIR

IDÉE

1. Représentation abstraite
(*ou* intellectuelle)

Essence des choses sensibles (Platon)
Concept
Notion
Pensée

2. Image de
Vue (sommaire)
Aperçu de
Exemple
Échantillon

3. Allégorie
Emblème
Symbole
Rêve *et* Rêverie
Vision
Fantaisie
Chimère
Invention
Mythe
Ombre
Apparence
Fantôme de

4. Opinion
Idéologie
Système
Philosophie
Théorie
Croyance
Doctrine
Préjugé

5. Projet (artistique)
Dessein
Plan
Thème
Intention
Donnée (de départ)
Inspiration
Sujet
Hypothèse
Ébauche

IDENTIFIER

Reconnaître
Assimiler

Confondre
Considérer comme identique
Déterminer

● ANTONYMES : Différencier, Distinguer.

IDENTIQUE

V. SEMBLABLE
Analogue
Égal
Pareil
Équivalent
Même
Conforme
Tout un
Commun

● ANTONYMES : Différent, Contraire, Autre, Dissemblable, Distinct.

IDENTITÉ

V. SIMILITUDE
Unité
Consubstantialité
Communauté de
Accord
Coïncidence

● ANTONYMES : Différence, Altérité, Dissemblance, Distinction.

IDÉOGRAMME
V. ÉCRITURE

IDIOME

Langue *et* langage
Parler
Dialecte
Patois

IDIOSYNCRASIE
V. CARACTÈRE et TEMPÉRAMENT

IDIOT

V. BÊTE
Dégénéré
Crétin
Stupide
Sans intelligence
Dépourvu de bons sens
Imbécile
Atteint d'idiotie
Fou
Inepte
Arriéré
Simple d'esprit
Innocent
Non développé (intellectuellement)
Débile mental
Déficient mental
Handicapé mental
Intellectuellement attardé
Sous-développé intellectuel *ou* mental
Sot
Abruti (*fam.*)
Cruche (*fam.*)
Andouille (*pop.*)
Ballot (*pop.*)
Manche *et* Manchot (*pop.*)

● ANTONYME : Intelligent.

IDIOTIE
V. BÊTISE

IDIOTISME

Particularité
Locution intraduisible
Gallicisme
Anglicisme
Germanisme
Italianisme
Latinisme

Hellénisme
Hispanisme
Indianisme

IDOLÂTRE
V. Païen

IDOLÂTRER
V. Aimer et Adorer

IDOLÂTRIE

Animisme
Culte des images
Totémisme
Fétichisme
Xylolâtrie
Iconolâtrie

Au fig. :
V. Adoration

● antonyme : Haine,
Iconoclastie.

IDYLLE

Pastorale
Églogue

Au fig. :
V. Amourette et Flirt

IGNARE
V. Ignorant

IGNOBLE
et **IGNOMINIEUX**
V. Abject

IGNOMINIE
V. Abjection

IGNORANCE

Manque (*ou* Absence) de
savoir
Incompétence
Incapacité

Impéritie
Inaptitude
Insuffisance
Lacune
Inexpérience
Inconscience
Nullité
Bêtise
Ânerie
Crétinerie

Spécialement :
Analphabétisme

et aussi :
Naïveté
Candeur
Innocence
Simplicité
Ingénuité

● antonymes : Savoir,
Connaissance, Expérience,
Culture, Instruction.

IGNORANT

Qui ne sait pas (quelque
chose)
Qui n'a pas connaissance
de (quelque chose)
Illettré
Inculte
Ignare
Étranger à
Indocte (*peu us.*)
Qui manque d'instruction
Analphabète
Profane
Qui n'est pas au courant
Pas informé de
Inexpérimenté
Novice
Béjaune
Incompétent
Inhabile à
Ignorantin
Âne (bâté)

Nul
Incapable
Barbare
Baudet
Bourrique (*pop.*)
V. Bête
Aliboron
Ganache
Primitif
Arriéré

● antonymes : Savant,
Cultivé, Docte, Éclairé,
Érudit, Fort, Expérimenté,
Instruit, Lettré.

IGNORÉ
V. Inconnu

IGNORER

Ne pas savoir
Être ignorant de
Ne pas connaître
Ne pas entendre (*fig.*)
Méconnaître

● antonymes : Savoir,
Connaître.

ÎLE

Îlot
Atoll
Javeau
Archipel (« îles »)

● antonymes : Continent,
Terre ferme.

ILLÉGAL
V. Illicite

ILLÉGITIME

Adultérin
Naturel
Bâtard

Par extens. :
Incestueux
Illicite
Coupable
Illégal
Irrégulier
Injuste
Déraisonnable

● ANTONYMES : Légitime, Reconnu, Raisonnable, Régulier.

ILLETTRÉ

V. IGNORANT
Analphabète
Ignorantin
Frater (*eccl.*)

● ANTONYMES : Lettré, Érudit.

ILLICITE

Illégal
Défendu
Interdit
Prohibé
Irrégulier
Coupable
Clandestin
Délictueux
Subreptice
Arbitraire
Usurpatoire
Annulable
Attaquable
Injuste
Adultère

● ANTONYMES : Licite, Légal.

ILLICO

Immédiatement
Promptement

Sur-le-champ
Tout de suite
Aussitôt
Aussi sec (*pop.*)

ILLIMITÉ

Sans limite (s)
Infini
Grand
Immense
Incommensurable
Incalculable
Sans mesure
Démesuré
Indéterminable *et* Indéterminé
Indéfini
Effréné
Sans bornes
Insondable

● ANTONYMES : Limité, Mesuré, Fini, Borné, Déterminé.

ILLISIBLE

Indéchiffrable

Au fig. :
V. ENNUYEUX (à la lecture)
Insupportable (*id.*)
Incompréhensible

● ANTONYMES : Lisible, Clair.

ILLOGIQUE

V. ABSURDE
Incohérent
Anormal
Faux
Irrationnel

● ANTONYMES : Logique, Cohérent.

ILLUMINER

V. ÉCLAIRER

« *Illuminé* » :
V. VISIONNAIRE et FANATIQUE

ILLUSION

Erreur
Leurre
Aberration
Apparence (fausse)
Mirage
Chimère
Rêve *et* Rêverie
Songe
Utopie
Fausse opinion
Duperie
Vision (fausse)
Fantasme *ou* Phantasme
Fantôme
Croyance (erronée)
Irréalité
Vanité de (quelque chose)

Spécialement :
Prestidigitation
Illusionnisme
(Art de la) Manipulation
Escamotage

« *Faire illusion* » :
En imposer
Abuser
Bluffer
V. TROMPER

● ANTONYMES : Réalité, Certitude, Vérité, Réel, Désillusion.

ILLUSIONNER

Faire illusion
V. TROMPER

Éblouir
Épater (*fam.*)

« *S'illusionner* » :
Se faire des illusions
Se faire des idées
Se faire des imaginations
S'abuser
Se leurrer
S'aveugler
Se bercer (de)
Se flatter (de)
S'endormir
Se tromper (soi-même)
Se monter le coup (*ou*
le bourrichon) [*fam.*]

● ANTONYMES : Désabuser,
Se rendre compte, Ouvrir
les yeux.

ILLUSOIRE

V. FAUX
Trompeur
Chimérique
V. VAIN

● ANTONYMES : Sûr, Certain, Vrai.

ILLUSTRATION

V. IMAGE
Dessin
Gravure
Planche
Photographie
Enluminure
Miniature
Iconographie

Par extens. :
Exemple (s)

ILLUSTRE
V. CÉLÈBRE et FAMEUX

ILLUSTRER

Rendre illustre (célèbre,
connu, fameux, etc.)
Rehausser l'éclat (de)
Orner
Enrichir
Mettre des illustrations
Rendre plaisant
Éclairer
Expliquer
Éclaircir
Mettre en lumière
Rendre (plus) démonstratif
Donner des exemples
Ajouter des dessins (des
gravures, des photos, etc.)

« *Illustré* » :
V. JOURNAL

« *S'illustrer* » :
Se rendre célèbre
Se faire connaître
Se distinguer

● ANTONYMES : Rendre
plus austère, plus sévère;
Noircir.

IMAGE

Représentation
Reproduction
Effigie
Reflet
Dessin
Gravure
Portrait
V. PHOTOGRAPHIE et PHOTO
Photogramme
V. CLICHÉ
Chromo
Figure (*fig.*)
Illustration
Caricature
Icône

Estampe
Tableau

Par extens. et au fig. :
Exemple
Comparaison
Description
Métaphore
Allégorie
Parabole
Idée visuelle
Représentation
Illusion
Mirage

IMAGINAIRE

Fictif
Irréel
Inventé
V. FAUX
Chimérique
Utopique
Mental
Mythique
Fabuleux
Légendaire
Fantastique
Feint
Fabriqué

● ANTONYMES : Réel, Matériel, Palpable, Exact, Historique, Vrai .

IMAGINATION

Faculté d'imaginer
Invention
Vision (mentale)
Fantaisie
Fiction
Rêve *et* Rêverie
Phantasme *ou* Fantasme
Chimère
Illusion
Caprice (de l'esprit)

Inspiration (artistique)
Création (*id*)
Fabulation *et* Affabulation
Divagation
Mythomanie
Folle du logis (*litt.*)

Spécialement :
Hypothèse
Supposition
Absurdité
Conte
Mensonge
Folie

● ANTONYMES : Réalité, Réel, Raison, Vérité.

IMAGINER

Se représenter
Se figurer
Inventer
Évoquer
Rêver
Concevoir
Envisager
Croire
Penser
Deviner
Chercher
Supposer
Former l'idée (que)
Conjecturer (que)
Échafauder
Combiner
Forger

IMBÉCILE

Débile
Idiot
Arriéré
Dégénéré
Faible d'esprit
Sot
Abêti

Stupide
Bouché (*fam.*)
Incapable (de)
Impuissant (à)
Niais
Bête
Crétin

Fam., pop., arg. ou triv.
Andouille
Ballot
Balluchon
Buse
Cornichon
Corniaud
Couenne
Croûton
Enflé
Ganache
Gourde
Moule
Noix
Pochetée
Patate
Poire
Saucisse
Tourte
Con *et* Connard
Couillon
Cucul
Duchnock
Fleur de nave

● ANTONYMES : Capable, Intelligent.

IMBÉCILLITÉ
V. BÊTISE

IMBERBE
V. GLABRE

IMBIBER

V. MOUILLER
Tremper
Imprégner
Humecter

Détremper
Pénétrer (d'eau)

● ANTONYMES : Sécher, Assécher, Dessécher.

IMBRIQUER
V. MÉLANGER et MÊLER

IMBROGLIO

Embrouillamini
Confusion
Situation compliquée
Complication
Enchevêtrement
Désordre
Quiproquo
Sac de nœuds (*fam.*)

IMBU

Pénétré de
Plein de
Rempli de

« *Imbu de soi-même* » :
Infatué
V. FAT

IMITER

Contrefaire
Copier
Singer (*fam., péj.*)
Caricaturer (*péj.*)
Simuler
Parodier (*péj.*)
Mimer
Répéter
Faire (comme)
Plagier (*péj.*)
Piller (*péj.*)
Suivre les traces
Aller sur les brisées
Pirater (*péj.*)
S'inspirer de

Calquer (*fig.*)
Prendre pour modèle
Marcher sur la piste de
Ressembler à

● ANTONYMES : Créer,
Inventer.

IMMANQUABLE
V. INÉVITABLE

IMMATÉRIEL

Incorporel
Spirituel
Pur (esprit)
Évanescent
Aérien

● ANTONYMES : Matériel,
Charnel, Terrestre.

IMMÉDIATEMENT

Sur-le-champ
V. AUSSITÔT
Instantanément
V. ILLICO
Tout de suite
Incontinent
À l'instant
Sans délai
Dès l'abord
Séance tenante
Sur l'heure

● ANTONYMES : Après, Par
la suite.

IMMENSE
V. ILLIMITÉ et ÉNORME

IMMENSITÉ
V. ESPACE et INFINI

IMMERSION

Plongée *et* Plongeon
V. BAIN

IMMERGER
V. PLONGER

IMMEUBLE

Bâtiment
Édifice
Maison (à étages)
Building
Gratte-ciel
V. MAISON (de rapport)

IMMINENCE

Approche
Proximité

IMMINENT

(Très) Prochain
(Très) Proche
Tout près
Instant
D'un instant à l'autre
Immédiat
Sur le point de se produire
À l'instant de se produire
Menaçant
À deux doigts de

● ANTONYMES : Lointain,
Loin, Éloigné.

IMMISCER (S')

Intervenir
Se mêler (de)
Être indiscret
Commettre une indiscré-
tion (*ou* une ingérence,
ou une immixtion)
S'ingérer
Se fourrer dans

● ANTONYMES : Se tenir
(à l'écart, sur la réserve),
Rester étranger.

IMMOBILE
V. FIXE

IMMOBILISER

V. ARRÊTER, FIXER,
ASSUJETTIR

IMMODÉRÉ
V. ABUSIF

IMMOLER
V. SACRIFIER

IMMONDE
V. ABJECT et SALE

IMMONDICE
V. DÉCHET et ORDURE

IMMORAL

Amoral
Antimoral (*peu us.*)
Déréglé
Contraire aux bonnes
mœurs
Corrompu
Débauché
Dépravé
Vicieux
Impur
Cynique
Honteux
Malhonnête
Malsain
Licencieux
Obscène
Scandaleux

● ANTONYMES : Moral,
Honnête, Décent, Ver-
tueux.

IMMORTEL
V. ÉTERNEL

IMMUABLE

Inchangeable
Constant
Continu
V. Fixe
Invariable
Inaltérable
Durable
(Bien) Arrêté
Figé
Ferme
Identique à soi-même
Égal à soi-même
Stationnaire
Sans variation

● Antonymes : Changeant, Variable.

IMMUNISER

Vacciner
Rendre réfractaire à
Mettre à l'abri de (par ex.
une maladie)
Protéger contre
Accoutumer à
Mithridatiser
Blinder (fam. et fig.)

● Antonyme : Contaminer.

IMMUNITÉ

V. Exemption
Impunité
Dispense
Franchise
Privilège
Irresponsabilité
Inviolabilité

Spécialement :
Immunisation

● Antonymes : Intolérance, Anaphylaxie.

IMPARTIAL
V. Équitable

IMPASSE

Sans issue
Cul-de-sac
Accul (anc.)

IMPASSIBLE
V. Calme et Froid

IMPATIENCE

Agacement
Précipitation
Énervement
Empressement
Hâte
V. Colère
Exaspération
Irritation
Nervosité
Fièvre
Avidité
Désir
Irritabilité

● Antonymes : Calme, Patience.

IMPATIENT
V. Ardent et Bouillant

IMPATIENTER

Agacer
Contrarier
Énerver
Exaspérer
Ennuyer
Crisper
Lasser
Horripiler
Irriter
Faire damner
Échauffer les oreilles (fam.)

Casser les pieds (pop.)

● Antonymes : Amuser, Calmer, Faire patienter.

IMPECCABLE

Irréprochable
Parfait

● Antonymes : Imparfait, Défectueux.

IMPÉNÉTRABLE
V. Inaccessible et Ésotérique

IMPENSABLE

Incroyable
Inconcevable
Inimaginable
Invraisemblable
Inadmissible

IMPÉRATIF
V. Impérieux

IMPERCEPTIBLE

Invisible
Trop petit
Trop faible
Microscopique
Inaudible
Insensible
Infrason ou Infra-son
Ultrason ou Ultra-son

● Antonymes : Perceptible, Évident, Considérable, Énorme.

IMPERFECTION

Défaut
Défectuosité

Tare
Malfaçon
Vice
Médiocrité

● ANTONYME : Perfection.

IMPÉRIEUX

V. AUTORITAIRE
Tyrannique
Dictatorial
Cassant
Dominateur
Tranchant
Magistral
Irrésistible
Impératif
Pressant
Absolument nécessaire
Indispensable
Primordial
Urgent
Inévitable
Absolu

● ANTONYMES : Humble, Soumis, Facultatif, Secondaire.

IMPÉRISSABLE

Immortel
Éternel
Perpétuel
Durable

● ANTONYMES : Éphémère, Périssable, Fragile, Passager.

IMPERMÉABLE

1. *Adj.* :
Étanche

2. *Subst.* :
Ciré
Gabardine
Imper (*fam.*)
Mackintosh (*anc.*)
Trench-coat
Waterproof (*anc.*)
Caoutchouc

Au fig. :
Inaccessible
Insensible

● ANTONYME : Perméable.

IMPERTINENT
V. INSOLENT

IMPERTURBABLE

Impassible
Flegmatique
Froid
Calme
Ferme
Placide
Inébranlable
Insensible
Indifférent
Que rien ne peut troubler
Apathique
Comme un roc

● ANTONYMES : Émotif, Changeant.

IMPÉTUEUX

V. ARDENT
V. FOUGUEUX
Déchaîné
Comme un ouragan
Violent
Vif
Volcanique
Bouillant
Endiablé
De feu

Prompt
Fort
Torrentueux
Véhément
Effréné
Enragé

● ANTONYMES : Mou, Nonchalant.

IMPIE

Irréligieux
Sacrilège
Impénitent
Mécréant
Incroyant
Incrédule
Indévot
Esprit fort (*ou* libre)
Blasphémateur
Libertin (*anc.*)
Athée
Païen
Hérétique
Scandaleux

● ANTONYMES : Pie, Pieux, Dévot, Croyant, Fidèle.

IMPITOYABLE et IMPLACABLE

Cruel
Sans cœur
Sans âme
Féroce
Insensible
Inexorable
Inflexible
Terrible
Inhumain
Rigoureux
Acharné
Intraitable
Endurci
Accablant

Irrésistible
Inéluctable
Infaillible
Inapaisable (*litt.*)
Maupiteux (*anc.*)

● ANTONYMES : Indulgent, Clément, Compréhensif.

IMPLANTER

Planter
Enraciner
Ancrer
Fixer
Apporter
Introduire
Insérer
Établir

● ANTONYMES : Arracher Déraciner.

IMPLORER

Prier
Supplier
Adjurer
Conjurer
V. DEMANDER (instamment)
Réclamer
Solliciter

● ANTONYMES : Refuser, Repousser.

IMPOLI

Qui manque à la politesse
Discourtois
Malappris
Malhonnête
Incivil
Grossier (personnage)

Incorrect
Inconvenant
Insolent
Impertinent
Irrespectueux
Irrévérencieux
Mal élevé
Goujat
Sans-gêne
Brute
Plouc (*arg.*)

● ANTONYMES : Poli, Civil, Bien élevé, Galant, Courtois, Affable.

IMPORTANCE

Conséquence
Poids
Portée
Intérêt
Gravité
Étendue
Rôle
Force
Effet
Efficacité
Énormité
Validité
Influence
Valeur
Autorité
Crédit
Ascendant
Considération
Égard
Signifiance (*litt. peu us.*)
Signification
Grandeur
Prestige
Arrogance (*péj.*)
Suffisance (*péj.*)
Vanité (*péj.*)

● ANTONYMES : Futilité, Insignifiance.

IMPORTANT

Grave
Considérable
Sérieux
Principal
Notable
Essentiel
Capital
Fondamental
Grand
Utile
Vital
Crucial
Majeur
Dominant
Substantiel
Décisif
Efficace
Effectif
Marquant
Sensible
Inestimable
Insigne
Appréciable
Inappréciable
Incalculable
Gros de conséquences
Fameux
Signalé
Prononcé
Pressé
Urgent

Péj. :
V. AFFECTÉ et FAT

IMPORTUN

Fâcheux
Gêneur
Intrus
Indiscret
Embarrassant
Encombrant
Fatigant
Bassinant (*pop.*)

Casse-pieds (*pop.*)
Collant (*fam.*)
Embêtant (*fam.*)
Tannant (*pop.*)
Fouineur
Envahissant
Agaçant
Obsédant
Excédant
Étourdissant
Tuant
Témoin abusif
Pas invité
Mouche du coche
Emmerdeur (*triv.*)

● ANTONYMES : Discret, Utile, Invité, Convié.

IMPORTUNER
V. EMBÊTER et ENNUYER

IMPOSANT

Majestueux
Magistral
Grave
Auguste
Solennel
Superbe
Monumental
Considérable
Impressionnant
Grand
Gros
Corpulent
Intimidant

● ANTONYMES : Insignifiant, Négligeable, Ridicule.

IMPOSER

1. V. EXIGER (QUE)
2. Faire payer (arbitrairement)
Grever

Frapper (d'une imposition)
Charger
Assujettir (à l'impôt)
Rançonner
Taxer

● ANTONYMES : Dégrever, Dispenser, Affranchir.

IMPOSSIBLE

Irréalisable
Chimérique
Utopique
Insensé
Inaccessible
Inabordable
Inexécutable
Inapplicable
Infaisable
Impraticable
Inconcevable
Impensable
Incompatible
Inconciliable
Inadmissible
Inacceptable
Incroyable
Inexcusable
Insupportable
Invivable
Absurde
Vain

● ANTONYMES : Faisable, Possible, Facile, Acceptable.

IMPOSTEUR
V. CHARLATAN

IMPOSTURE
V. MENSONGE

IMPÔT

Imposition
Charge

Taxe
Tribut
Contribution
Capitalisation
Fisc *et* Fiscalité
Octroi
Dîme
Prestation
Régie financière
Cens
Maltôte (*anc.*)
Décimes
Centimes additionnels
Taille (*anc.*)
Gabelle (*anc.*)
Redevance
Patente
Droit de
Income-tax (*néol. angl.*)
Congé
Acquit
Timbre

IMPOTENT

Invalide
Infirme
Paralytique
Perclus
Estropié
Podagre

● ANTONYMES : Ingambe, Valide.

IMPRÉCATION

Malédiction
Anathème
Jurement
Blasphème
Exécration

● ANTONYME : Bénédiction.

IMPRÉCIS

Flou
Vague

Incertain
Indéfini
Imparfait
Approximatif
Confus
Trouble
Indistinct
Indéterminé
Sans netteté
Flottant
Dans un halo

● ANTONYMES : Précis, Net.

IMPRESSION

Effet
Émotion
Trouble
Étonnement
Saisissement
Empreinte
Marque
Trace
Influence
Action (sur)
Teinture (*fig.*)
Sensation
Perception
Sentiment
Opinion

Spécialement :
V. IMPRIMERIE

IMPRESSIONNER
V. ÉMOUVOIR

IMPRÉVU

Inattendu
Inopiné
Fortuit
Improvisé
Impromptu
Accidentel
Par hasard
Inespéré

Subit
Soudain
Brusque
Par accroc (*ou* Par raccroc)
Déconcertant
De but en blanc

● ANTONYMES : Prévu,
Prédit, Préparé.

IMPRIMER

Empreindre
Graver
Marquer
Impressionner
Apposer
Estamper
Gaufrer
Lithographier

Par extens. :
Composer
Éditer
Tirer
Publier

IMPRIMERIE

Typographie
Xylographie
Lithographie
Chalcographie
Lithochromie
Chromolithographie
Offset
Phototypie
Impression
Clichage
Composition
Linotypie
Labeur
Tirage

IMPROBABLE

Douteux
Peu probable

Qui serait surprenant (*ou*
étonnant)
Qui paraît exclu

● ANTONYMES : Certain,
Probable.

IMPROMPTU et IMPROVISÉ
V. IMPRÉVU

IMPROVISTE (À L')

Inopinément
Subitement
Par surprise
De façon inattendue
(imprévue, inopinée)
Au dépourvu
Au débotté
De manière improvisée

● ANTONYMES : Lentement,
Mûrement réfléchi, Après
réflexion.

IMPRUDENT

V. AVENTUREUX, HARDI et
ÉTOURDI
Hasardé *et* Hasardeux
Osé
Téméraire
Casse-cou (*fam.*)
Frivole
Risque-tout (*fam.*)
Dangereux
Inconséquent
Inconsidéré
Irréfléchi
Tête en l'air (*fam.*)
Léger
Malavisé

● ANTONYMES : Prudent.
Circonspect, Avisé.

IMPUDENCE

Audace
Cynisme
Impudeur
Aplomb
Insolence
Front
Effronterie
Hardiesse
Impertinence

● ANTONYMES : Pudeur,
Réserve, Discrétion.

IMPUDENT

Effronté
Éhonté
Cynique
(Trop) Assuré
Insolent
Impertinent
V. HARDI
Inconséquent

● ANTONYMES : Réservé,
Pudique, Discret.

IMPUDEUR

Manque de pudeur (de
discrétion, de réserve)
Immodestie
Impudicité
Impudence
Indécence
Cynisme

● ANTONYMES : Pudeur,
Réserve, Décence.

IMPUDICITÉ

Dévergondage
Impudeur

Luxure
Lubricité
Lasciveté *ou* Lascivité
Impureté
Indécence
Obscénité
Licence
Débauche
Immodestie
Dissolution (des mœurs)
[*litt.*]

● ANTONYMES : Pudicité,
Pureté, Chasteté, Honnê-
teté.

IMPUDIQUE
V. DISSOLU

IMPUISSANCE
V. FAIBLESSE

IMPUISSANT

Faible
Débile
Désarmé
Inefficace
Inopérant
Incapable (de)
Sans effet (sur quelque
chose)
Sans efficacité
Sans pouvoir
Pop. :
Eunuque (*abusivt.*)

● ANTONYMES : Capable,
Efficace, Puissant.

IMPULSIF

V. VIOLENT
Emporté
Irréfléchi
Fougueux
Spontané

● ANTONYMES : Réfléchi,
Calme, Pondéré.

IMPULSION
V. ÉLAN

IMPUNÉMENT

Librement
En toute liberté
Sans être puni
Sans dommage
Sans inconvénient
En toute impunité
Sans aucun danger
Sans risque
Sans rien risquer
Sans avoir à craindre (quoi
que ce soit *ou* une vengean-
ce)

● ANTONYMES : À ses ris-
ques et périls, Dangereu-
sement.

IMPUR

Souillé
Sale
Empesté
Infect *et* Infecté
Malsain
Boueux
Bourbeux
Corrompu
Imparfait
Pollué
Mélangé
V. IMMORAL
V. MAUVAIS

● ANTONYME : Pur.

IMPURETÉ

Saleté
Souillure (aussi morale)

Corruption (aussi morale)
Altération
Immondice
Humeur
Poison
Pollution

Spécialement :
Bassesse
Impudicité
Péché (de la chair)
Tache
V. VICE
Obscénité
Acte impur

● ANTONYME : Pureté.

IMPUTATION
V. ACCUSATION

IMPUTER

Attribuer
Mettre sur le compte de
Accuser
Charger
Incriminer
Affecter (à un compte)
Porter (à un compte)
Appliquer à

● ANTONYMES : Excuser,
Décharger, Soulager.

INACCESSIBLE

Inabordable
Impénétrable
Hors d'atteinte

Au fig. :
Incognoscible (*peu us*).
Inconnaissable

● ANTONYMES : Accessi-
ble, Facile, Connu.

INACCOUTUMÉ

Inhabituel
Anormal
Insolite
V. RARE
Peu fréquent
Nouveau

● ANTONYMES : Coutu-
mier, Habituel, Fréquent,
Accoutumé.

INACHEVÉ

Imparfait
Pas terminé (*ou* Pas fini)
Incomplet
Brut
Tel
Inaccompli
À l'état d'ébauche
À suivre

● ANTONYMES : Achevé,
Complet, Terminé, Accom-
pli, Parfait.

INACTIF

Désœuvré
Oisif
Inerte
Inoccupé
Immobile
En (*ou* Au) Repos
Végétatif
Léthargique
Stagnant
Chômant *et* Chômeur
Endormi (*fig.*)
Fainéant
Paresseux
Retraité
Croupissant

● ANTONYMES : Actif, Oc-
cupé.

INACTION et INACTI-
VITÉ
V. REPOS

INADMISSIBLE

Inacceptable
Irrecevable
Intolérable
Insoutenable
Inconcevable
Injuste
Impossible (d'admettre,
d'accepter, etc.)

● ANTONYMES : Accepta-
ble, Recevable, Admis-
sible.

INADVERTANCE

Étourderie
Inattention
Négligence
Erreur

Spécialement :
Lapsus

« *Par inadvertance* » :
Par mégarde
Par méprise
Par oubli
Par hasard
V. INVOLONTAIREMENT
Sans le faire exprès

● ANTONYMES : Volonté,
Volontairement, Délibé-
rément.

INALTÉRABLE

Imputrescible
Incorruptible
Inoxydable
Apyre
Ininflammable

Inattaquable
Blindé (*fam.*)
Immuable
Constant
Invariable
Permanent
Perpétuel
Éternel
Stable

Au fig. :
Serein (*par ex.* un caractère)
Calme

● ANTONYMES : Fragile, Altérable, Changeant.

INANIMÉ

Inerte
Immobile
Mort

Au fig. :
Inexpressif
Insensible
V. FROID

● ANTONYMES : Animé, Vivant.

INAPTE
V. INCAPABLE

INASSOUVI

Insatisfait
Inapaisé
Vorace

● ANTONYMES : Assouvi, Satisfait.

INATTENDU
V. FORTUIT

INATTENTIF
V. DISTRAIT et ÉTOURDI

INATTENTION

Distraction
Étourderie
Inadvertance
Mégarde (*anc.*)
Négligence
Imprudence
Légèreté
Irréflexion
Insouciance
Défaut d'attention
Inconséquence
Irresponsabilité
Dissipation
Dispersion de l'esprit
Omission
Oubli
Évagation

● ANTONYMES : Attention, Application.

INAVOUABLE
V. HONTEUX

INCANDESCENT
V. ARDENT

INCAPABLE

V. IMPUISSANT
Inapte
Incompétent
Maladroit
Malhabile

Subst. :
Ignorant
Médiocre
Mineur (*jur.*)
Interdit (*jur.*)
Inhabile (*jur.*)

● ANTONYMES : Capable, Apte.

INCAPACITÉ

Inaptitude (à)
Impuissance (à)
Impossibilité (de)
Incompétence
Insuffisance
Invalidité
Stérilité (Incapacité sexuelle)
Agénésie (*id.*)

Jur. :
Interdiction
Minorité
(Sous) Tutelle
Inhabilité

● ANTONYMES : Capacité, Aptitude.

INCARCÉRER
V. EMPRISONNER

INCARNATION

Avatar
Métamorphose
Personnification
Réincarnation

INCARTADE
V. CAPRICE et ÉCART

INCENDIAIRE

Pyromane
Au fig. :
V. SÉDITIEUX

INCENDIE

V. FEU
Sinistre
Brasier
Embrasement

INCENDIER
V. BRÛLER

INCERTAIN

Peu sûr (*ou* Peu assuré)
Contingent
Problématique
Aléatoire
Douteux
Indéterminé
Hypothétique
Conditionnel (*et* Conditionné à)
Possible (mais)
Éventuel
Contesté (*et* Contestable)
Hasardé
Précaire
Confus
Imprécis
Nébuleux
Indécis
Indéfini
Obscur
Variable
Changeant
Hésitant
Flottant *et* Flou
Fluctuant
Irrésolu
Suspendu à

● ANTONYMES : Certain, Sûr, Évident, Prouvé, Assuré, Défini, Net, Précis, Clair.

INCESSAMMENT

1. Sans cesse (*anc.*)
Continûment
Continuellement
Constamment
Sans reprendre sa respiration (*fig.*)

2. (Très) Bientôt

De façon imminente
Tout de suite
D'ici peu
Sous peu
Au plus tôt

● ANTONYMES : 1. Par intermittence.
2. (Beaucoup) plus tard.

INCESSANT

Continu (*et* Continuel)
Ininterrompu
Sans interruption
Constant
Sans arrêt
Perpétuel
Éternel

INCIDENT

Accroc
Anicroche
Aventure
Épisode
Difficulté (imprévue)
Accident
Péripétie

INCISER

Faire une incision
Couper
Entailler
Ouvrir
Débrider
Scarifier

INCISIF

Acerbe *et* Acéré
Aigu
Mordant

Piquant
Tranchant
Vif
Concis
A l'emporte-pièce

● ANTONYMES : Émoussé, Lent.

INCITER
V. ENCOURAGER

INCLINAISON

Déclivité
Pente
Penchant
Descente
Bande
Gîte
Angle
Dévoiement (*archit.*)
Obliquité (astronomie)
Amplitude (physique)

● ANTONYME : Aplomb, Horizontalité.

INCLINATION
V. ATTIRANCE

INCLINER

Pencher (*et* Se pencher *et* Faire pencher)
Plier
Courber
Fléchir
Baisser
Abaisser vers
Prédisposer à

Au fig. :
Être (*ou* Rendre) enclin (à)
Pousser (*ou* être poussé) vers
Inciter à
Être attiré par

Être porté à (*ou* vers)
Être prédisposé (à)

« *S'incliner* » :
Se courber
Se pencher
Faire une révérence (*ou*
une courbette)
Saluer (*aussi au fig.*)

Au fig. :
Respecter
Se prosterner (devant)
Marquer du respect
S'humilier
Être poli (avec quelqu'un)
Laisser faire
Se soumettre
Accepter
Se résigner
Céder
Obéir
Abandonner (la lutte)
Courber la tête

● ANTONYMES : Dresser,
Lever, Redresser, S'obstiner, Continuer.

INCLURE

Mettre dans
Enfermer
Introduire
Insérer
Impliquer
Contenir
Comprendre
Joindre

● ANTONYMES : Exclure,
Excepter, Chasser.

INCOHÉRENT
V. Absurde

INCOMMENSURABLE
V. ILLIMITÉ

INCOMMODE
V. GÊNANT

INCOMMODER

Gêner
Déranger
Indisposer
Fatiguer
Importuner
Troubler
Rendre malade
Mettre mal à l'aise
Empoisonner
Ennuyer

● ANTONYMES : Arranger,
Mettre à son aise, Faci-
liter.

INCOMMUNICABLE

Intransmissible
Inexprimable
Indicible
Secret
Réservé

● ANTONYMES : Commu-
nicable, Transmissible, Ex-
primable.

INCOMPARABLE

Sans égal
Inégalable
Sans pareil
Nonpareil (*anc.*)
Unique
Supérieur
Parfait
Admirable
Accompli

● ANTONYMES : Compara-
ble, Commun, Quelconque,
Médiocre.

INCOMPATIBILITÉ
V. ANTIPATHIE et OPPO-
SITION

INCOMPATIBLE
V. INCONCILIABLE

IMCOMPÉTENT
V. INCAPABLE

INCOMPLET

Imparfait
Insuffisant
Fragmentaire
Inachevé
Fait à demi
Boîteux (*fig.*)
Dépareillé

● ANTONYME : Complet.

INCOMPRÉHENSIBLE

Inconcevable
Impénétrable
Insondable
Inintelligible
Inexplicable
Indéchiffrable
Obscur
Abstrus
Confus
Nébuleux
Ténébreux
Amphigourique

● ANTONYMES : Clair,
Compréhensible.

INCONCEVABLE
V. INIMAGINABLE

INCONDUITE
V. DÉBAUCHE

INCONFORTABLE
V. GÊNANT

INCONGRU

Inconvenant
Déplacé
Malséant
Messéant (anc.)

● ANTONYMES : Congru (anc.), Bienséant, Convenable.

INCONNU

Ignoré
Inexploré
Caché
Secret
Mystérieux
Voilé
Occulte
Dans l'ombre
Incognito
Anonyme
Étranger
Tiers et Tierce personne
Nouveau et Neuf

● ANTONYMES : Connu, Célèbre, Renommé, Familier.

INCONSCIENCE

Absence de jugement
Ignorance
Aveuglement
Irréflexion
Folie
Insensibilité

● ANTONYMES : Conscience, Connaissance.

INCONSCIENT

Machinal
Involontaire
Par réflexe
Spontané
Animal
Instinctif
Automatique
Irréfléchi
Inné

● ANTONYMES : Conscient, Réfléchi, Prémédité.

INCONSÉQUENCE
V. ÉTOURDERIE et CAPRICE

INCONSÉQUENT et INCONSIDÉRÉ
V. IMPRUDENT

INCONSISTANT
V. MOU

INCONSTANT
V. FRIVOLE

INCONTESTABLE
V. SÛR

INCONVENANT
V. GROSSIER

INCONVÉNIENT

Incommodité
Importunité
Désagrément
Embarras
Ennui
Défaut
Désavantage
Empêchement
Obstacle
Objection
Risque
Danger
Écueil

● ANTONYMES : Avantage, Commodité.

INCORPORER

Faire entrer (dans la composition de)
Insérer
Comprendre
Joindre et Adjoindre
Annexer
Réunir
Rattacher
Assimiler
Agréger
Associer
Mélanger
Introduire
Fondre (dans ou avec)
Unir intimement
Faire un alliage

Spécialement (militaire) :
Appeler (sous les drapeaux)
Mobiliser
Enrôler
Embrigader
Recruter

● ANTONYMES : Exclure, Séparer, Isoler, Détacher, Retrancher; Démobiliser, Libérer.

INCORRECT

1. Inexact
Impropre
Barbare
Fautif
Faux
Défectueux
Irrégulier

2. V. IMPOLI
Inconvenant
Débraillé
Déplacé
Grossier
Impertinent

● ANTONYMES : Correct, Fidèle, Exact.
2. Poli, Bien élevé, Courtois.

INCORRIGIBLE

Impénitent
Indécrottable
Irrécupérable (*néol.*)
Incurable (*fam.*)
Entêté
V. TÊTU

● ANTONYMES : Curable, Amendable, Redressable, Récupérable.

INCORRUPTIBLE

Inattaquable
Inaltérable
Imputrescible

Au fig. :
Intègre
V. HONNÊTE

● ANTONYMES : Corruptible, Putrescible, Périssable, Malhonnête, Corrompu, Vendu (*fam.*).

INCRÉDULE

V. SCEPTIQUE
Défiant
Incroyant
Irréligieux
Positif
Sérieux
Libre (d'esprit)
Mécréant
Expérimental
Scientifique
Rationaliste

● ANTONYMES : Crédule, Croyant, Impressionnable, Naïf, Religieux.

INCRÉDULITÉ
V. DOUTE

INCRIMINER
V. ACCUSER

INCROYABLE

V. ÉTONNANT
Inconcevable
Impensable
Invraisemblable
Inimaginable
Effarant
Fabuleux
Prodigieux
Surprenant
Ébouriffant (*fam.*)

● ANTONYME : Croyable.

INCROYANT
V. ATHÉE

INCULQUER
V. ENSEIGNER

INCULTE

Vierge (*aussi au fig.*)
En friche (*aussi au fig.*)
En jachère
Désertique
Aride
Infertile

Au fig. :
Ignare
Ignorant
Primitif
Analphabète
Sans culture
Barbare
Sauvage

● ANTONYMES : Cultivé, Soigné, Fertile, Savant.

INCURABLE

Inguérissable
Condamné
Perdu
Fichu (*fam.*)

Au fig. :
V. INCORRIGIBLE

● ANTONYMES : Curable, Guérissable.

INCURSION

Attaque
Invasion
Coup de main
Razzia *et* Rezzou
Ingression (*anc.*)
Agression
Raid
Promenade militaire
Irruption
Violation de frontière, de territoire

INDÉCENCE
V. IMPUDEUR et IMPUDICITÉ

INDÉCENT

Malséant
Inconvenant
Déshonnête
Malhonnête
Choquant
Impudique
Immodeste
Impur
Malpropre
Licencieux
Obscène

555

V. Honteux

● antonymes : Décent,
Honnête, Bienséant, Cor-
rect, Pudique.

INDÉCHIFFRABLE

Illisible

Au fig. :
Incompréhensible
Mystérieux
Inintelligible
Inexplicable
Énigmatique
Obscur
Embrouillé

● antonymes : Lisible,
Clair, Compréhensible,
Déchiffrable.

INDÉCIS

Hésitant
Flottant
Perplexe
Désorienté
Embarassé
Balloté (entre)
Vacillant
Timoré
Irrésolu
Aboulique
Ondoyant
Faible
Fuyant
Flou
Confus
Indistinct
Imprécis
Incertain
Douteux
Indéterminé *et* Indéter-
minable
Trouble
Vague
Ambigu

Pas net
Équivoque
Fluide

● antonymes : Précis,
Déterminé, Décidé, Pro-
noncé, Résolu, Distinct,
Net.

INDÉLÉBILE

Ineffaçable

Au fig. :
Perpétuel
Indestructible

● antonymes : Effa-
çable, Délébile *(rare).*

INDÉLICAT
V. Fourbe et Malhon-
nête

INDEMNITÉ

Dédommagement
Réparation
Dommages-Intérêts
Compensation
Allocation
Wergeld *(jur. allem.)*

INDÉNIABLE
V. Certain

INDÉPENDANT
V. Distinct

INDESCRIPTIBLE

Inexprimable
Indicible
Ineffable
V. Inexplicable

● antonymes : Facile à
dire *(ou* à décrire).

INDESTRUCTIBLE

Inusable
Solide
Indélibile
Éternel
Perpétuel
Indissoluble
Indéfectible

● antonymes : Fragile,
Précaire.

INDÉTERMINÉ
V. Imprécis, Indécis et
Vague.

INDICATEUR

1. Dénonciateur
Délateur
Espion
Mouton *(arg.)*
Mouchard *et* Mouche
(pop.)
Donneur *ou* Donneuse
(arg.)
Condé *(arg.)*
Agent secret

2. Poteau
Borne
Compteur
Manomètre
Altimètre
Marégraphe *(mar.)*
Axiomètre *(mar.)*

INDICATION
V. Renseignement

INDICE
V. Symptôme

INDIFFÉRENCE

Détachement
Désintéressement
Dédain

Indolence
Insensibilité
Apathie
Insouciance
Indolence
Nonchaloir (*anc.*)
Impassibilité
Flegme
Équanimité

● ANTONYMES : Ardeur, Passion, Intérêt, Enthousiasme.

INDIFFÉRENT

Blasé
Froid
Détaché
Dédaigneux
Étranger
Apathique
Passif
Insoucieux de (*et* Insouciant)
Je m'en fichiste (*pop.*)
Je m'en foutiste (*pop.*)

● ANTONYMES : Intéressé, Passionné, Enthousiaste, Ardent.

INDIGÈNE

V. ABORIGÈNE
Autochtone
Originaire de
Natif
Naturel
Par plaisanterie :
Habitant

● ANTONYMES : Allogène, Étranger.

INDIGENT

Nécessiteux
V. PAUVRE

● ANTONYMES : Fortuné, Riche.

INDIGNATION
V. COLÈRE et RÉVOLTE

INDIGNE

Qui a démérité
Qui s'est disqualifié
V. ABJECT
Coupable
Méchant
Méprisable
Vil
Avilissant
Bas
Révoltant
Scandaleux
Odieux
Inqualifiable
Déshonorant

● ANTONYMES : Digne, Séant, Admirable, Convenable.

INDIQUER

Faire voir
Montrer
Désigner
Signaler
Faire connaître
Dire
Apprendre
Enseigner
Fournir (un renseignement)
Définir
Révéler
Annoncer
Signifier
Donner à entendre
Marquer
Inscrire
Écrire

INDIRECT

Détourné
Courbe
En biais
Oblique
Par l'intermédiaire de
Allusif
Évasif
Par insinuation
En biaisant
Par contrecoup
Par répercussion
Indirectement
Par la bande
Par ricochet

● ANTONYMES : Direct, Droit, Immédiat.

INDISCIPLINE

Désobéissance
Anarchie
Mauvais esprit
Indocilité
Insubordination
Insoumission
Résistance (à l'autorité)
Sédition
Dissipation

● ANTONYMES : Discipline, Obéissance.

INDISCRET
V. CURIEUX et IMPORTUN

INDISCUTABLE
V. CERTAIN et ÉVIDENT

INDISPENSABLE

V. OBLIGATOIRE
Nécessaire
Essentiel

(Absolument) Utile
Vital
Sine qua non
De première nécessité
Primordial

● ANTONYMES : Inutile,
Superflu.

INDISPOSER
V. INCOMMODER

INDISSOLUBLE
V. INDESTRUCTIBLE

INDISTINCT
V. CONFUS, FLOU et IN-
DÉCIS

INDIVIDU

Un
Unité
Homme
Humain
Être
Personne
Individualité
Échantillon
Spécimen
(Un) Exemplaire *(subst.)*
(L') Unique *(Phil.)*

Fam. :
Citoyen
Gars
Bonhomme
Gaillard
Bougre
Particulier
Personnage
Client
Paroissien
Quidam
Type
Phénomène *(péj.)*
Zozo *(péj., arg.)*

Mec *(arg.)*
Oiseau *(péj., pop.)*
Coco *(péj., pop.)*
Pistolet *(péj., pop.)*
Sire *(péj.)*
Voyou *(péj.)*
Vaurien *(péj.)*
Zigue *(pop.)*
Corps *(pop.)*

● ANTONYMES : Genre,
Espèce, Colonie, Foule,
Collectivité.

INDIVIDUALISER

Particulariser
Personnaliser
Caractériser
Distinguer
Rendre individuel

● ANTONYME : Généraliser.

INDIVIDUEL

Personnel
Particulier
De chacun
Propre
Autonome
Privé
Singulier
Distinct
Seul
Spécial

● ANTONYMES : Collectif,
Commun, Général.

INDIVIS

(En) Commun
(En) Indivision

● ANTONYME : Divis.

INDOCILE

Désobéissant
Dissipé
Récalcitrant
Rebelle
Indomptable
Têtu

● ANTONYMES : Docile,
Soumis, Obéissant.

INDOLENCE
V. APATHIE

INDOMPTABLE

Irréductible
Invincible
Courageux
Fier
Inflexible
Inapprivoisable

● ANTONYMES : Docile,
Dressé, Apprivoisable.

INDUBITABLE
V. CERTAIN

INDULGENCE
V. BIENVEILLANCE

INDULGENT
V. BON et DOUX

INDUSTRIALISER

Mécaniser
Passer au stade industriel
Implanter des usines *(ou
des industries)*
Traiter en grand *(ou indus-
triellement)*

INDUSTRIEUX
V. HABILE

INÉBRANLABLE

V. Fixe
Immobile
Solide
Robuste
Ferme

Au fig. :
Courageux
Impassible
Impavide
Stoïque
Persistant
Constant
Têtu
Inflexible

● ANTONYMES : Fragile, Branlant, Influençable.

INÉDIT

Nouveau
Original
(Une) Innovation

● ANTONYMES : Banal, Connu.

INEFFABLE

Indicible
V. Indescriptible
Inexprimable
Extraordinaire
Sublime
V. Doux

INEFFICACE

Inopérant
Vain
Infructueux
Impuissant (à)
Stérile
Inutile

● ANTONYMES : Efficace, Actif, Utile, Infaillible.

INÉGAL

Disproportionné
Disparate
Différent
Bancal
Boiteux
Irrégulier
Accidenté
Déséquilibré

● ANTONYMES : Égal, Équilibré, Identique, Pareil.

INÉGALITÉ

Différence
Disparité
Déséquilibre
Distance
Disproportion
Inéquation (*math.*)
Irrégularité
Dénivellation

● ANTONYMES : Égalité, Identité, Régularité, Uniformité.

INÉLUCTABLE
V. Inévitable

INEPTE
V. Bête

INÉPUISABLE

Inexhaustible (*litt.*)
Intarissable
V. Infini

● ANTONYMES : Limité, Épuisable.

INERTE

Inanimé
Immobile
Engourdi
Assommé
Sans vigueur
Qui ne donne pas signe de vie

● ANTONYMES : Actif, Vif, Remuant.

INERTIE

Repos
Atonie
Paralysie
Stagnation
Résistance (passive)

Au fig. .
Inaction
Paresse
Indolence
Passivité
Flemme (*fam.*)

● ANTONYMES : Activité, Entrain, Mouvement, Action.

INESTIMABLE

Inappréciable
Incalculable

INÉVITABLE

V. Certain
Inéluctable
Fatal
Obligatoire
Immanquable
Assuré
Obligé

Forcé
Indispensable
Impossible à éviter
Infaillible

● ANTONYMES : Évitable, Invraisemblable, Éventuel, Possible.

INEXACT

V. FAUX et ERRONÉ
Incorrect
Approximatif
Infidèle

● ANTONYMES : Exact, Correct, Juste.

INEXCUSABLE

Impardonnable
Injustifiable

● ANTONYMES : Pardonnable, Justifiable, Excusable.

INEXORABLE
V. IMPITOYABLE

INEXPÉRIENCE

V. IGNORANCE
Maladresse
Ingénuité
Naïveté

● ANTONYMES : Expérience, Habileté.

INEXPÉRIMENTÉ

Inexpert
Novice
Inexercé
Nouveau
Bleu (*pop.*)

Ignorant
Naïf
Débutant
Apprenti
Inhabile

● ANTONYMES : Expérimenté, Expert, Habile.

INEXPLICABLE

Incompréhensible
Impénétrable
Obscur
Mystérieux
Étrange
Indéchiffrable
Singulier
V. INDESCRIPTIBLE
Inconcevable
Énigmatique
Indéfinissable
Inexprimable

● ANTONYMES : Explicable, Simple, Clair, Compréhensible.

INEXPLORÉ
V. INCONNU

INEXPRIMABLE
V. INDESCRIPTIBLE et INEXPLICABLE

INEXTRICABLE

Embrouillé
En fouillis
Impossible à démêler
Enchevêtré
Complexe
Tortueux
Dédaléen (*litt.*)

● ANTONYME : Simple.

INFAILLIBLE
V. SÛR et CERTAIN

INFAMANT

Déshonorant
V. HONTEUX
Avilissant
Flétrissant

● ANTONYMES : Honorable, Glorieux.

INFAME
V. ABJECT

INFÂMIE
V. ABJECTION et HONTE

INFANTERIE

Troupe de pied (*anc.*)
Piétons (*anc.*)
Fantassins
Biffins *et* Biffe (*arg.*)
Lignards (*anc.*)
Fusiliers
Chasseurs (à pied)
Tirailleurs
Zouaves (infanterie coloniale)

● ANTONYMES : Artillerie, Marine, Aviation.

INFANTILE
V. PUÉRIL

INFATIGABLE

Inlassable
Robuste
Résistant

● ANTONYMES : Fatigable, Faible.

INFECT

V. ABJECT
Répugnant

Ignoble
Repoussant
Pestilentiel
Putride
Puant
(Très) Mauvais

● ANTONYMES : Parfumé, Aromatique, Propre, Bon.

INFECTER

Envenimer
Empoisonner
Contaminer
Contagionner (*peu us.*)
Gâter
Corrompre
Souiller
Empester
Empuantir

● ANTONYMES : Désinfecter, Assainir, Purifier, Stériliser, Mettre en quarantaine.

INFECTION

Pestilence
Puanteur
Putréfaction
Corruption
Empoisonnement
Épidémie
Contagion
Maladie infectieuse
Septicémie

● ANTONYMES : Désinfection, Assainissement, Antisepsie.

INFÉRIEUR

En *ou* Au-Dessous
Plus bas

Moins haut
Moins grand
Plus petit
Moindre
Mineur
Secondaire
Dépendant

Spécialement :
Subordonné
Sous-ordre
Sous-fifre (*pop.*)
Sous-verge (*pop.*)
Subalterne
(En) Second
Sujet
Vassal
Homme lige
Comparse
Serviteur
Domestique
Pupille
Esclave
Serf

● ANTONYME : Supérieur.

INFÉRIORITÉ

Désavantage
Handicap

● ANTONYMES : Supériorité, Avantage.

INFERNAL

Démoniaque
Diabolique
Satanique
Méphistophélique
Chthonien (*litt.*)

Par extens. :
Terrible
Insupportable
Effrayant

● ANTONYMES : Céleste, Angélique, Idéal, Divin, Merveilleux.

INFIDÈLE

1. V. HÉRÉTIQUE

2. Déloyal
Félon
Fourbe
V. TRAÎTRE
Adultère
Inconstant
Volage
Trompeur
Parjure
Faux frère (*fam.*)
Planche pourrie (*pop.*)
Faux derche (*arg.*)
V. MALHONNÊTE
De peu de fiabilité (*néol.*)

● ANTONYMES : Fidèle, Loyal, Sûr, Honnête, Constant.

INFIDÉLITÉ

Déloyauté
Trahison
Inconstance
Perfidie
Adultère
Tromperie
Cocuage *ou* Cocufiage (*fam.*)
Abandon
Fugue (sentimentale)
Coup de canif dans le contrat (*pop.*)
Erreur
Inexactitude

● ANTONYMES : Fidélité Constance, Honnêteté, Exactitude.

INFINI

Sans fin
Illimité
Éternel
Perpétuel
Sans commencement ni fin
Sans borne
Démesuré
Incalculable
Interminable
Innombrable
Indéfini

● ANTONYMES : Fini,
Limité, Borné, Mesuré.

INFIRME

Atteint d'infirmité
Invalide
Impotent
Handicapé
Estropié
Mutilé
Stropiat (*fam.*)
Éclopé
Disgracié
Boiteux
Amputé
Difforme

● ANTONYMES : Ingambe,
Intact, Valide.

INFIRMER
V. DÉMENTIR et ANNULER

INFIRMIER

Aide-soignant (*néol.*)
Garde-malade
Brancardier
Ambulancier
Nurse (*fém.*)

INFLAMMABLE

Combustible

● ANTONYMES : Ininflam-
mable, Apyre.

INFLEXIBLE

Rigide (*aussi au fig.*)
Raide (*id.*)
Dur (*id.*)
Au fig. :
Intraitable
Implacable
Impitoyable
Intransigeant
Inexorable
Inébranlable
Rigoureux
Cassant
Cruel
Sourd
De bronze

● ANTONYMES : Souple,
Flexible, Influençable,
Doux.

INFLUENCE
V. ASCENDANT

INFLUENCER

Influer (sur)
Agir (sur)
Peser (sur)
Déteindre (sur)
Soumettre à son influence
Décider (quelqu'un à quel-
que chose)
Avoir de l'ascendant
Charmer
Circonvenir
Dominer (la volonté de
quelqu'un)
Suggestionner
Mener les yeux fermés

Endoctriner
Catéchiser
Styler

● ANTONYMES : Laisser
libre de, Se désintéresser
de.

INFORMATION

Nouvelle
Événement nouveau
Renseignement
Communiqué

Spécialement au plur. :
Journal parlé (*ou* télévisé)
Actualités
Flash (*néol. angl.*)

Jur. :
Instruction (préparatoire)
Enquête (préalable)
Investigation
Examen (de la question)
Enquête

INFORMER

Faire connaître (*ou* faire
savoir)
Dire
Avertir (quelqu'un)
Annoncer (quelque chose)
Apprendre (quelque chose
à quelqu'un)
Renseigner
Enseigner
Aviser
Prévenir
Donner connaissance de
Faire part de
Mettre au courant
Mettre au fait
Dire à quoi s'en tenir

● ANTONYMES : Désin-
former (*néol.*), Tromper.

INFORTUNE
V. Malchance et Malheur

INFRACTION

Transgression
Violation
Manquement
Contravention
Faute
Délit

● antonyme : Respect.

INFRUCTUEUX

V. Stérile
Vain
Inefficace
Inutile
Ingrat

● antonymes : Fructueux, Profitable, Utile, Juteux (*pop.*).

INFUSION

Tisane
Décoction
Macération

INGAMBE

Alerte
Dispos
Gaillard
Agile
Léger
Vif

● antonymes : Impotent, Blessé.

INGÉNIEUX
V. Habile, Inventif

INGÉNIOSITÉ
V. Adresse

INGÉNU
V. Naïf

INGÉNUITÉ
V. Candeur

INGÉRER (S')
V. S'immiscer

INGRAT

1. Qui n'a pas de reconnaissance
Oublieux
Égoïste
Sans cœur
Qui paie d'ingratitude

2. Qui manque de grâce
Disgracieux et disgracié
Laid
Déplaisant
Désagréable

3. V. Infructueux
Stérile
Hostile
Difficile
Pénible
Fatigant
Qui ne paie pas

● antonymes : 1. Reconnaissant.
2. Beau, Avenant.
3. Fructueux.

INGRATITUDE

Oubli
Méconnaissance

● antonymes : Gratitude, Reconnaissance.

INGUÉRISSABLE
V. Incurable

INGURGITER
V. Avaler

INHABILE
V. Gauche et Maladroit

INHABITÉ

Inoccupé
Abandonné
Vide
Désert *et* Déserté
Sauvage
Solitaire
Nu

● antonymes : Habité, Occupé.

INHABITUEL
V. Inaccoutumé

INHALATION
V. Respiration

INHÉRENT

Inséparable
Immanent
Intrinsèque
Essentiel
Qui tient à

● antonymes : Étranger, Séparé.

INHIBITION

Blocage (psychologique) [*fam.*]
Paralysie (*fig.*)

Anc. (*jur.*) :
Interdiction

Défense (de)
Opposition
Prohibition

● ANTONYME : Impulsion.

INHUMAIN
V. BARBARE, CRUEL et
IMPITOYABLE

INHUMER

Enterrer
Porter en terre
Mettre au tombeau
Ensevelir

● ANTONYMES : Exhumer,
Déterrer.

INIMAGINABLE

Inconcevable
Impensable
Invraisemblable
Extraordinaire

● ANTONYMES : Imaginable,
Concevable, Probable.

INIMITIÉ

Animosité
Hostilité
Aversion
Antipathie
V. HAINE
Ressentiment

● ANTONYMES : Amitié,
Sympathie.

ININFLAMMABLE

Ignifugé
Apyre
Aphlogistique (*chimie anc.*)

● ANTONYME : Inflamma-
ble.

ININTELLIGENT
V. BÊTE

ININTELLIGIBLE
V. INCOMPRÉHENSIBLE

INIQUE
V. INJUSTE

INITIAL
V. PREMIER

INITIATEUR, TRICE

Éducateur
Premier maître
Révélateur
Introducteur
Promoteur
Innovateur
Novateur
Précurseur
Mystagogue (*Antiq.*)

● ANTONYME : Disciple.

INITIATION

Introduction (à)
Apprentissage
Éducation
Révélation (de)
Baptême (de) [*fig.*]
Instruction
Admission (à)

INITIER
V. APPRENDRE

INJONCTION

V. COMMANDEMENT
Ordre
Sommation

● ANTONYME : Conseil.

INJURE

Offense
Insulte
Affront
Outrage
Atteinte
Invective
Attaque
Avanie
Impolitesse
Grossièreté
Insolence
Sottises (*fam.*)
Gros mot
Violence (de langage)
Sarcasme
Camouflet
Parole déplacée
Vilenie
Infamie
Apostrophe
Eugueulade
Calomnie

● ANTONYMES : Compli-
ment, Louange, Civilité,
Politesse.

INJURIER

Outrager
Insulter
Invectiver
Traîner dans la boue
Vilipender
Agonir
Abreuver (d'injures)
Chanter pouilles
Traiter de tous les noms
Attaquer (*fig.*)
Couvrir d'injures
Cracher sur
Offenser
Faire affront
Éclabousser (*fig.*)
Salir (*fig.*)

Engueuler (*triv.*)
Mettre plus bas que terre
V. MAUDIRE

● ANTONYMES : Féliciter,
Louer, Complimenter.

INJUSTE

Immérité
Inique
Abusif
Arbitraire
Partial
Illégal
Illégitime
Indu
Mal fondé
Injustifié
Insoutenable
Usurpé
Inéquitable (*rare*)
Déraisonnable
Attentatoire
Tyrannique
Odieux
Mauvais
Méchant
Léonin

● ANTONYMES : Juste, Équitable, Légitime, Fondé,
Raisonnable.

INJUSTICE

Iniquité
Arbitraire
Partialité
Passe-droit
Abus
Faveur imméritée
Tort
Inégalité
Illégalité
Illégitimité (*jur.*)
Empiétement

Usurpation
Persécution
Cruauté

● ANTONYMES : Justice,
Équité.

INLASSABLE
V. INFATIGABLE

INNÉ

Naturel
Congénital
Infus
Foncier

● ANTONYME : Acquis.

INNOCENCE

Pureté
Candeur
Ingénuité
Fraîcheur
Naïveté
Simplicité
Virginité
Ignorance

● ANTONYMES : Culpabilité,
Dépravation, Rouerie, Dé-
bauche.

INNOCENT

1. Pur
Immaculé
Candide
Sans tache
Angélique
Chaste
Ignorant
Vierge
Ingénu

2. V. NAÏF
Niais

Crédule
Simple
Idiot
Crétin

3. Anodin
Inoffensif
Bénin

4. Non coupable
Irresponsable
Irrépréhensible
Blanc comme neige
Pas blâmable

● ANTONYMES : Coupable,
Dépravé, Dangereux, No-
cif, Nuisible, Blâmable,
Criminel.

INNOCENTER

Disculper
Couvrir
Décharger
Blanchir
Faire la preuve de l'inno-
cence de
Réhabiliter
Déclarer non coupable
V. ACQUITTER
Absoudre
Défendre
Excuser
Laver
Justifier

● ANTONYMES : Accuser,
Charger, Condamner,
Noircir.

INNOMBRABLE
V. INFINI

INNOVATION

Nouveauté
Création

Changement
Inédit (*subst.*)
Inconnu (*id.*)
Invention
Originalité
Hardiesse

● ANTONYMES : Archaïsme, Routine, Tradition, Immobilisme.

INNOVER

Faire du neuf
Inventer
Trouver
Changer

● ANTONYMES : Maintenir, Imiter, Copier, Conserver.

INOCCUPÉ

Vide
Vacant
Libre
Inhabité
(Terrain) Vague
Désœuvré
Oisif
V. CHÔMEUR

● ANTONYMES : Occupé, Habité, Affairé, Au travail.

INOFFENSIF

Anodin
Bénin
Pacifique
V. DOUX
Incapable de nuire
V. CALME
Tranquille
Innocent
V. BON

● ANTONYMES : Dangereux, Agressif, Méchant, Nuisible.

INONDATION

Submersion
Débordement
Déluge

● ANTONYMES : Assèchement, Dessèchement.

INONDER

Submerger
Immerger
Noyer
Dévaster

Par extens. et abusivt. :
Arroser
Baigner
Mouiller
Tremper
Envahir

Au fig. :
Remplir
Abreuver
Couvrir de

● ANTONYME : Assécher.

INOPINÉ
V. FORTUIT

INOPPORTUN

Hors de propos
Déplacé
Hors de saison
Intempestif
Inconvenant
Importun
Fâcheux
Mal venu

● ANTONYMES : À propos, Opportun, Bienséant, À pic.

INOUÏ
V. ÉTONNANT

INQUIET

Anxieux
Soucieux
Tourmenté
Fébrile *et* Fiévreux (*fig.*)
Chagrin
Agité
Troublé
Tourmenté
Embarrassé
Dans l'embarras
En peine
Perplexe
Insatisfait
Impatient
Pas (*ou* Jamais) satisfait
Qui ne trouve pas le repos

● ANTONYMES : Quiet, L'âme en repos, Tranquille, Heureux, Serein, Insouciant, Béat.

INQUIÉTANT

Alarmant
Menaçant
Angoissant
Sinistre
Patibulaire
Effrayant
Ennuyeux
Sombre (*fig.*)

● ANTONYMES : Rassurant, Réconfortant, Joyeux.

INQUIÉTER
V. ALARMER

INQUIÉTUDE
V. ALARME et ANGOISSE

INQUISITION
V. ENQUÊTE

INSAISISSABLE
V. FUYANT

INSALUBRE

Malsain
Dangereux (pour la santé)
Nid à microbes (*fam.*)

● ANTONYMES : Salubre,
Sain.

INSATIABLE

Jamais satisfait
Inassouvissable (*litt.*)
Boulimique
Dévorant
Inextinguible
(Toujours) Insatisfait
Jamais assouvi
Inassouvi
Inapaisable
Dévorant
Avide
Vorace
Affamé
(Éternel) Mécontent

● ANTONYMES : Rassasié,
Assouvi.

INSATISFAIT
V. INSATIABLE

INCRIPTION

1. Épigraphe
Exergue
Écrit
Graffiti
Épitaphe
Chronogramme
Légende
Ex-libris
Titre

2. Immatriculation
Citation (à l'ordre de)

● ANTONYME : Radiation.

INSCRIRE
V. ENREGISTRER

INSENSÉ

V. FOU
Déraisonnable
V. ABSURDE
Extravagant
Impossible
Inepte
Insane
Stupide
Contraire au bon sens
Qui n'a pas le sens commun
Sans queue ni tête
Échevelé

● ANTONYMES : Sensé, Sage,
Raisonnable, Mesuré.

INSENSIBILITÉ
V. INDIFFÉRENCE

INSENSIBLE
V. FROID

INSÉPARABLE

Consubstantiel
Indissociable
Inhérent
Uni (intimement *et* durablement)
Joint

Subst. :
Inévitable
Éternel
Compère
Compagnon

● ANTONYMES : Séparable,
Décomposable.

INSÉRER

Introduire
Intercaler
Interfolier
Incruster
Implanter
Enchâsser
Enchatonner
Encarter
Sertir
Encadrer
Introduire
Faire entrer
Ajouter
Mettre
Entremêler
Fourrer (*fam.*)

● ANTONYMES : Retirer,
Dégager, Retrancher, Ôter.

INSIDIEUX

V. SOURNOIS
Captieux
Fallacieux
Trompeur
Rusé

● ANTONYMES : Franc,
Clair.

INSIGNE

1. *Adj.* :
V. ÉMINENT

2. *Subst.* :
Emblème
Symbole

Signe
Décoration
Marque
Médaille
Enseigne
Fourragère

INSIGNIFIANT

Infime
Minime
Négligeable
Mince
Véniel
Anodin
Dérisoire
Banal
Futile
Vide
Vain
Frivole

(*Par extens.*) « *un indi-vidu* » :
Falot
Terne
Effacé
Inconsistant
Quelconque

● ANTONYMES : Important, Capital, Considérable.

INSINUER

Suggérer
Souffler (*fig.*)
Conseiller
Vouloir dire que
Avertir (sournoisement que)

« *S'insinuer* » :
V. SE FAUFILER

● ANTONYME : Dire (franchement).

INSIPIDE

Insapide (*peu us.*)
Fade
Sans goût
Sans saveur

Au fig. :
V. ENNUYEUX

● ANTONYMES : Sapide, Savoureux, Appétissant; Intéressant.

INSISTANCE

Obstination
Persévérance

INSISTER

Appuyer sur
Souligner
Répéter
S'appesantir
Mettre l'accent sur
Mettre les points sur les i
Mettre ses gros sabots
Persévérer
S'obstiner
Prier
Presser (*fig.*)

● ANTONYMES : Renoncer, Passer (*fig.*), Glisser (*fig.*).

INSOLATION

Exposition au soleil
Héliothérapie
Coup de soleil (*méd.*)
Coup de chaleur (*id.*)
Brûlure (*id.*)

INSOLENCE

Impertinence
Irrespect
Effronterie
Morgue
Mépris
Grossièreté
Injure
Insulte
Offense
Cynisme
Orgueil
Arrogance
Superbe
Hardiesse
Dédain
Suffisance

● ANTONYMES : Déférence, Politesse, Respect, Civilité, Modestie.

INSOLENT

Impertinent
Impoli
Effronté
Impudent
Irrespectueux
Désagréable
Insultant
Grossier
Cynique
Arrogant
Orgueilleux

● ANTONYMES : Poli, Courtois, Respectueux, Civil, Modeste.

INSOLITE
V. BIZARRE

INSONDABLE

Impénétrable
Abyssal

V. Incompréhensible
Énigmatique
Mystérieux
V. Illimité

● antonymes : Limité,
Connu.

INSOUCIANCE
V. Indifférence

INSOUCIANT

Insoucieux
Indifférent
Oublieux
Imprévoyant
Sans-souci
Négligent
Indolent
Frivole
Étourdi
Léger
Bohème
Fataliste

● antonymes : Inquiet,
Soucieux, Sérieux, Prudent, Bilieux, Préoccupé.

INSOUMIS

Rebelle
Mutin (*subst.*)
Séditieux
Désobéissant
V. Indiscipliné
Libre

Spécialement, subst. (*milit.*) :
Réfractaire
Déserteur

● antonymes : Soumis,
Discipliné, Obéissant,
Conformiste.

INSOUTENABLE

1. Insupportable
Qu'il est impossible d'endurer (*ou* de supporter)
V. Excessif

2. Indéfendable
Injustifiable
Inadmissible

● antonymes : Supportable, Admissible.

INSPECTER

Contrôler
Examiner
Faire une inspection
Surveiller
Fouiller
Scruter
Explorer
Sonder

INSPECTEUR

Contrôleur
Agent de contrôle

Spécialement :
Policier
Flic (*pop.*, *péj.*)

INSPIRATION

1. V. Respiration

2. Souffle (créateur)
Esprit (créateur)
Illumination (créatrice)
Grâce (créatrice)
Idée
Intuition
Veine (poétique)
Verve (créatrice)
Délire (poétique)

3. V. Ascendant

INSPIRER

1. V. Respirer

2. Animer
Insuffler
Donner le souffle créateur
Provoquer (la création de)
Être à l'origine de
Être l'égérie (*ou* la muse)
de (quelqu'un)
Fournir le sujet de (quelque chose)
Servir de modèle à
Suggérer
Conduire
Diriger
Conseiller
Déterminer
Persuader
Provoquer (une œuvre)
Imposer (un sujet)

INSTABILITÉ

Déséquilibre
Précarité
Incertitude
Inconstance
Versatilité
Mobilité

● antonymes : Stabilité,
Équilibre, Fixité, Permanence.

INSTABLE

En déséquilibre
Branlant
Boiteux
(En équilibre) Précaire
Fragile
Capricieux
Mouvant
Errant
Nomade

Changeant
Variable
Fuyant
Fugitif
Fluctuant
Flottant
Inconstant

Spécialement :
Caractériel (*psych.*)

● ANTONYMES : Stable, Fixe *et* Fixé, Constant, Solide.

INSTALLATION

Mise en place
Aménagement
Arrangement
Établissement
Équipement
Montage (d'une tente)
Dressage (*id.*)
Intronisation (*eccl.*)

● ANTONYMES : Évacuation, Déménagement.

INSTALLER
V. ÉTABLIR et ARRANGER

INSTANT

1. Moment
Laps de temps
Minute
Seconde
Tierce

2. *Adj.* :
Pressant
V. IMMINENT

3. « *À l'instant* » :
Aussitôt
Tout de suite
Soudain
V. IMMÉDIATEMENT

« *Dans un instant* » :
Tout à l'heure
Bientôt

« *En un instant* » :
Très vite
Aussitôt
Rapidement
En un clin d'œil
Sur-le-champ
Incontinent
En un tournemain
À toute allure

« *À chaque instant* » :
Tout le temps
Sans cesse
À tout propos
À tout bout de champ

● ANTONYME : Éternité.

INSTANTANÉMENT
V. IMMÉDIATEMENT

INSTAURER
V. ÉTABLIR

INSTINCTIF
V. INCONSCIENT

INSTITUER
V. ÉTABLIR

INSTITUTEUR, TRICE

Enseignant
Pédagogue
Maître (*ou* Maîtresse) d'école
Éducateur
Régent (*anc. ou rég.*)
Pion (*pop.*, *péj.*)
Précepteur
Écolâtre (*anc.*)

INSTITUTION
V. FONDATION et ÉTABLISSEMENT

INSTRUCTIF

Éducatif
Édifiant
Utile
Qui en apprend
Formatif (*néol.*)

INSTRUCTION

1. V. ÉDUCATION

2. Culture
Connaissances
Savoir
Science
Bagage (*fam. fig.*)
Lettres
Lecture

3. V. ORDRE

4. *Jur.* :
V. ENQUÊTE

● ANTONYMES : 1. 2. Ignorance.

INSTRUIRE

1. V. ÉDUQUER
Éclairer
Édifier (quelqu'un)
Endoctriner
Apprendre (quelque chose à quelqu'un)

Spécialement :
Enseigner
Élever
Former
Initier
Préparer
Gouverner
Dresser
Donner *ou* Dispenser des connaissances
Cultiver

Faire étudier
Faire apprendre

3. V. Avertir

● antonymes : Laisser dans l'ignorance, Aveugler, Tromper.

INSTRUMENT

Appareil
Engin
Outil
Ustensile
Accessoire
Organe
Objet

Au fig. :
Moyen
Agent de
V. Intermédiaire
Serviteur.
Esclave (*fig.*)
Bras (*fig.*)

Jur. :
Acte (authentique)

INSUBORDINATION

Indiscipline
Désobéissance
Manquement (à la discipline)
Refus d'obéissance
Rébellion
Mutinerie
Résistance aux ordres

● antonymes : Obéissance, Soumission, Subordination.

INSUCCÈS
V. Échec

INSUFFISANCE

Carence
Défaut de
Manque de
Déficience en
Déficit
Lacune
Imperfection
Médiocrité
Incapacité à

● antonymes : Excédent, Excès, Supériorité, Abondance.

INSUFFLER
V. Animer

INSULTE
V. Injure

INSULTER
V. Injurier

INSUPPORTABLE

V. Insoutenable
Intolérable
Atroce
Impossible
Infernal
Odieux
V. Ennuyeux

● antonymes : Supportable, Tolérable, Agréable.

INSURGER (S')
V. se Révolter

INSURMONTABLE

Infranchissable
Invincible
Définitif
Impossible

● antonymes : Surmontable, Facile, Aisé, Franchissable.

INSURRECTION

Sédition
Soulèvement
Mutinerie
Révolte
Révolution
Jacquerie
Chouannerie
Mouvement insurrectionnel
Prise des armes
Levée de boucliers
Levée en masse
Résistance armée
Trouble

● antonymes : Résignation, Soumission.

INTARISSABLE

Inépuisable
Sans fond
Sans fin
Généreux
Abondant

● antonymes : Pauvre, Maigre, Vite tari.

INTÉGRAL
V. Complet

INTÉGRATION

Assimilation
Fusion
Concentration
Incorporation
Unification

● antonymes : Désintégration, Séparation.

INTÈGRE

V. HONNÊTE
Probe
Incorruptible
Juste

● ANTONYMES : Malhonnête, Voleur.

INTELLECT

Entendement
Intelligence
Esprit

INTELLECTUEL

Cérébral
Spirituel
Moral
Subst. :
Clerc
Intelligentsia
Mandarin (*péj.*)

● ANTONYME : Manuel.

INTELLIGENCE

1. Intellect
Pensée
Esprit
Entendement
Capacité (mentale *ou* intellectuelle)
Discernement
Jugement
Perspicacité
Pénétration
Réflexion
Lumière
Compréhension
Intellection

2. V. ENTENTE

● ANTONYMES : Inintelligence, Bêtise, Aveuglement, Incompréhension, Désunion, Mésintelligence.

INTELLIGENT

Sagace
Brillant
Doué
Adroit
Capable
Éveillé
Astucieux
Malin
Ingénieux
Perspicace
Fort
Habile
Aigle (*fig., fam.*)
Pic de La Mirandole
Lumière (*fig.*)

● ANTONYMES : Inintelligent, Bête, Borné, Bouché, Abruti, Sot, Inepte, Stupide, Bourrique.

INTELLIGIBLE

Compréhensible
Accessible
Clair
Limpide
Lisible
Facile
Net
Déchiffrable

● ANTONYMES : Inintelligible, Incompréhensible.

INTEMPÉRANCE

Abus
Excès

Immodération (*rare*)
Spécialement :
Ivrognerie
Gloutonnerie
Gourmandise

● ANTONYMES : Tempérance, Mesure.

INTEMPÉRIE

Mauvais temps
Orage
Tempête
Rigueur du climat

INTEMPESTIF
V. INOPPORTUN

INTENDANT

Administrateur
Régisseur
Économe
Factotum
Gestionnaire
Officier de détail (*milit.*)

INTENSE

Intensif
Tendu
Extrême
Fort
Vif
Grand
Violent
Continu
Compact
Soutenu
Acharné

● ANTONYME : Faible.

INTENSIFIER
V. ACCROÎTRE

INTENTION

Projet
Propos
Dessein
Idée
Pensée
Calcul
Préméditation
Machination (*péj.*)
Mobile
Motif
Arrière-pensée
Résolution
Détermination
Décision
Volonté de
Désir de
Visée
But
Objectif
Vouloir (*n. m.*)

INTERCÉDER

Intervenir (pour quelqu'un)
User de son influence (en faveur de quelqu'un)
Réclamer pour (quelqu'un)
Parler pour (quelqu'un)
Prier
Défendre

● ANTONYME : Se désintéresser de.

INTERCEPTER

Saisir
Capter *et* Capturer
S'emparer
Surprendre

Par extens. :
Interrompre

Couper
Arrêter le cours de
Offusquer
Éclipser
Cacher
Boucher

INTERDIRE

Défendre
Proscrire
Prohiber
Déclarer illicite
Exclure
Empêcher
Condamner
Censurer
Refuser l'autorisation
Faire obstacle
Mettre l'embargo (sur)
Déclarer tabou
Faire obstacle à
Frapper d'interdiction
Suspendre
Révoquer

Au fig. (*vieilli*) :
Étonner
Interloquer
Troubler
Confondre
Couper le sifflet (*pop.*)
Stupéfier
Jeter dans (le trouble, la stupéfaction)

● ANTONYMES : Autoriser, Permettre, Tolérer, Approuver, Conseiller.

INTERDIT

1. Défendu
Banni
Prohibé
Exclu
Condamné

Censuré
Refusé
Non autorisé
Tabou
Verboten (*néol. allem.*)
Off limits (*néol. angl.*)
Suspendu
Illicite
Illégal

2. Déconcerté
Déconfit
Confondu
Stupéfait
Stupéfié
Stupide
Pantois
Sidéré
Ahuri
Ébahi
Ébaubi
Épaté
Étonné
Capot (*anc.*)
Sans voix
Bec cloué (*pop.*)
Tout chose (*fam.*)

3. *Subst.* :
Sentence (d'interdiction)
Censure
Exclusive
À l'index
En quarantaine
Boycottage *et* Boycott

● ANTONYMES : Permis, Autorisé, Toléré, Conseillé; À son aise, Compréhensif, Amusé; Autorisation, Permission.

INTÉRESSANT

Captivant
Attachant
Palpitant
Curieux
Passionnant

Piquant
Charmant
Qui retient l'attention (*ou*
l'intérêt)

● ANTONYMES : Ennuyeux,
Inintéressant, Fastidieux.

INTÉRESSER

1. V. ATTIRER (l'intérêt *ou*
l'attention)
Captiver
Retenir (l'intérêt)
Émouvoir
Attacher
Passionner
Charmer
Toucher
Animer

2. Concerner
Avoir trait à
Regarder
Toucher à
Être relatif à
Avoir rapport avec
S'appliquer à

« *S'intéresser à* » :
Prendre de l'intérêt pour
Faire attention à
Se soucier de
Se préoccuper de
Prendre à cœur
Aimer
Pratiquer (un art, un
sport)
Être amateur de
Cultiver

« *Intéressé* » :
Cupide
Avare
Vénal (D'esprit)
Mercenaire (*fig.*)
Calculateur (*fig.*)
Qui cherche un avantage

● ANTONYME : Ennuyer.

INTÉRÊT

1. Gain
Dividende
Revenu
Rapport
Rente
Annuité
Commission
Agio
Escompte
Arrérage
Avantage

2. Attention
Sollicitude
Bienveillance
Curiosité pour
Souci de
Ardeur à
Sel (« Qui ne manque pas
de sel »)

3. Avantage
Importance
Utilité

● ANTONYMES : 1. Désin-
térêt, Indifférence, Gra-
tuité, Désintéressement.
3. Inutilité.

INTÉRIEUR

Interne
(Du) Dedans
Centre
Contenu
Intestin (*adj. peu us.*)
Civil
Privé
Intime
Secret

Absol. :
Chez-soi
Maison
Logis *et* Logement
Foyer

Appartement
Domestique
Intra-muros

● ANTONYMES : Extérieur,
Externe.

INTERLOQUER

Surprendre
Démonter (*fig.*)
Ébahir
Épater
Déconcerter
Étonner
Étourdir
Interdire
Couper le souffle (*fam.*)
Couper le sifflet (*pop.*)
Décontenancer

● ANTONYMES : Fortifier,
Rassurer, Rasséréner.

INTERLUDE et INTER-
MÈDE

Divertissement
Ballet
Entracte

INTERMÉDIAIRE

1. Médiateur
Entremetteur
Négociateur
Médium
Commissionnaire
Envoyé
Mandataire
Représentant
Courtier
V. INTERPRÈTE
Truchement
Bons offices

Entremise
Médiation

2. *Adj.* :
Entre-deux
Moyen *et* Moyenne
Moyen terme
Médian

● ANTONYMES : Extrêmes,
Pôles.

INTERMITTENT

Irrégulier
Avec des interruptions
Discontinu
À éclipses
Spasmodique
Alternatif
Sporadique
Clignotant
Rémittent (*méd.*)
Par à-coups
Avec des soubresauts
Par saccades

● ANTONYMES : Régulier,
Continu.

INTERNAT

Pensionnat *et* Pension
Boîte (*fam.*)

● ANTONYME : Externat.

INTERNATIONAL

Plurinational (*néol.*)
Mondial
Universel
Cosmopolite

● ANTONYMES: National,
Local.

INTERNE
V. INTÉRIEUR

INTERNER
V. ENFERMER

INTERPELLER

Héler
Apostropher
Appeler

Spécialement :
Arrêter

INTERPOSER

Intercaler
Interpoler
Placer entre
Poser entre
Mettre entre
Séparer par

« *S'interposer* » :
Intervenir
Se dresser entre
S'entremettre
Faire office d'intermédiaire

● ANTONYMES : Ôter, Join-
dre, Unir.

INTERPRÉTATION

Explication
Exégèse
Glose
Commentaire
Critique
Herméneutique
Paraphrase
Translation

Spécialement
Jeu (dramatique *ou* musi-
cal)
Exécution (musicale)

INTERPRÈTE

1. Porte-parole
Intermédiaire
Truchement
Drogman
Traducteur
Commentateur
Exégète

2. Artiste
Exécutant
Acteur
Comédien
Tragédien
Musicien
Chanteur

● ANTONYME : Auteur,
Public.

INTERPRÉTER

1. Donner un sens
Traduire (en)
Expliquer
Commenter
Rendre clair
Gloser
Tirer la signification
Lire
Deviner
Comprendre *et* Faire com-
prendre
Travestir (*péj.*)
Déformer (*péj.*)

2. Jouer (un rôle)
Incarner (un personnage)
Être l'interprète de
Exécuter
Traduire (les intentions)
Créer (un rôle, un person-
nage, une œuvre)

INTERROGER
V. QUESTIONNER

INTERROMPRE

Rompre
Arrêter
Couper
Briser
Casser
Suspendre
Terminer
Finir
Empêcher de
Faire une pause
Faire relâche
Mettre fin
Mettre en panne (*mar.*)
Donner un répit
Cesser
Donner congé

● ANTONYMES : Continuer, Poursuivre, Progresser, Aller jusqu'au bout, Aller jusqu'à la fin, Laisser terminer, Renouer, Reprendre.

INTERRUPTION

Arrêt
Coupure
Discontinuité *et* Discontinuation (*rare*)
Cessation
Pause
Suspension
Halte
Entracte
Rupture
Hiatus
Solution de continuité
Relâche
Vacance
Chômage
Panne
Répit
Rémission
Trêve
Éclaircie
Armistice
Intermède
Silence

● ANTONYMES : Continuation, Déroulement, Continuité, Reprise.

« *Sans interruption* » :
D'affilée
D'une traite
D'un seul coup
De suite
Consécutivement
Sans arrêt
Sans débrider
En permanence
D'arrache-pied
Assidûment

INTERSTICE

Intervalle
Fente
Méat
Hiatus
Jour

INTERVALLE

V. .ESPACE

Distance
Interstice
Entrebâillement
Fente
Interligne *et* Entre-ligne (*rare*)
Écart *et* Écartement
Entre-rail
Éloignement
Entrecolonne *ou* Entre-colonnement
Marge
Échelonnement
Période
Entre-deux-guerres
Intermittence
Espace *ou* Temps intercalaire
Pause
Répit
V. INTERRUPTION

INTERVENIR

Prendre part
Participer
S'immiscer
S'entremettre
Se mêler
En être (*fam.*)
S'ingérer
Intercéder
S'interposer
Survenir
Secourir
V. AIDER
Jouer (pour *ou* contre)

● ANTONYMES : S'abstenir, Rester à l'écart, Rester neutre, S'en laver les mains.

INTERVERSION

Renversement (de l'ordre)
Transposition
Métathèse
Contrepèterie *ou* Contrepet
Permutation
Retournement
Inversion
Mastic (*imprimerie*)

INTERVIEW

Entretien
Entrevue

Rendez-vous
Face-à-face (*néol.*)
Rencontre
Tête-à-tête
Reportage
Enregistrement
Enquête
Interrogatoire
Dialogue

INTESTIN

Viscère (abdominal)
Entrailles
Tripes
Boyaux
Tripaille (*fam.*)
Côlon
Duodénum
Jéjunum
Iléon
Cæcum
Rectum

INTESTINAL

Entérique
Cœliaque

INTIME

Personnel
Profond
Intérieur
Au fond
Au tréfonds
En son for intérieur
Caché
Familier (*subst. et adj.*)
Ami (*subst.*)
Confident (*subst.*)
Secret
Privé
Particulier
Domestique

● ANTONYMES : Étranger,
Public, Visible, Extérieur.

INTIMIDATION

Peur
Chantage
Menaces
Pression (s)
Bluff

INTIMIDER

Menacer
Remplir de crainte
Faire peur
Effrayer
Faire chanter
Faire pression sur
Bluffer
Impressionner
Troubler
Rendre timide
Rendre craintif
Effaroucher
Tenir à distance
Glacer
Paralyser
Terroriser

● ANTONYMES : Enhardir,
Mettre à son aise, Encou-
rager, Rassurer.

INTIMITÉ

Familiarité
Contact intime
Amitié (profonde)
Liaison
Union
Vie privée
Vie intime
Secret
(Le) Privé

● ANTONYMES : Vie

publique, Publicité, Éloignement, Distance.

INTOLÉRABLE
V. INSUPPORTABLE

INTOLÉRANCE

Fanatisme
Sectarisme
Intransigeance
Étroitesse d'esprit

Méd. :
Allergie
Idiosyncrasie
Sensibilité *et* Sensibilisa-
tion à
Anaphylaxie

● ANTONYME : Tolérance.

INTONATION

Ton
Accent *et* Accentuation
Inflexion (de la voix)

INTOUCHABLE

Intangible
Sacro-saint

Subst. :
Paria

INTOXIQUER
V. EMPOISONNER

INTRAITABLE et
INTRANSIGEANT
V. DUR

INTRÉPIDE
V. AVENTUREUX et HARDI

INTRIGANT

Arriviste
Comploteur
Aventurier
Faiseur
Picaro
Ambitieux
Courtisan

INTRIGUE

Affaire (de cœur ou autre)
Situation compliquée
Aventure
Manœuvre
Manigances (*fam.*)
Manège
Agissements
Rouerie
Micmac (*fam.*)
Brigue
Diablerie
Menée
Cabale
Complot
Conspiration
Machination
Desseins
Embrouilles (*pop.*)

Spécialement :
Action (dramatique)
Anecdote
Faits
Scénario
Imbroglio
Trame
Coups de théâtre
Quiproquos

INTRIGUER

V. Comploter
Cabaler
Manœuvrer
Briguer

et aussi :
Susciter la curiosité
Donner à penser

INTRODUCTION

1. Entrée
Admission
Intromission
Importation
Invagination (*méd.*)
Intussusception (*biol.*)
Cathétérisme (*méd.*)
Acclimatation

2. Avant-propos
Discours préliminaire
Exorde
Préface
Avis au lecteur
Prologue
Avertissement
Prolégomènes
Préambule
Prodrome
Liminaire

3. Recommandation
Lettre de présentation
Présentation

● ANTONYMES : 1. Sortie.
Retrait, Renvoi, Éviction.
2. Conclusion, Postface,
Épilogue.

INTRODUIRE

Faire entrer
Faire passer
Conduire
Livrer accès
Mettre dans
Engager
Glisser
Enfoncer
Fourrer (*fam.*)

Insérer
Insinuer
Injecter
Inoculer
Plonger
Incorporer
Intercaler
Interpoler
Enfourner

Au fig. :
Acclimater
Importer
Implanter
Faire adopter
Impatroniser (*rare.*)

● ANTONYMES : Sortir,
Chasser, Extirper, Élimi-
ner, Exclure, Expulser,
Arracher.

INTRONISER
V. Établir

INTROUVABLE

Difficile à trouver
V. Rare
Précieux

● ANTONYME : Commun.

INTRUS
V. Importun

INTUITION

Sentiment
Inspiration
Pressentiment
Prémonition
Flair
Divination
Pif (*pop.*)

● ANTONYMES : Raison-
nement, Déduction.

INUSITÉ

Nouveau
Singulier
Rare
Anormal
Extraordinaire
Peu usité
Peu courant
Inhabituel

● ANTONYMES : Commun,
Courant, Habituel.

INUTILE

Superflu
Superfétatoire
Vain
Vide
Creux
Infructueux
Stérile
Sans objet
Oiseux
Sans importance

● ANTONYMES : Utile, In-
dispensable, Nécessaire.

INUTILITÉ

Inanité
Vanité
Futilité

● ANTONYME : Utilité.

INVALIDE

V. IMPOTENT
Infirme
Blessé
Mutilé (du travail, de
guerre)

● ANTONYME : Valide.

INVARIABLE

Immuable
Constant
Fixe
Inaltérable
Immobile
Égal
Stationnaire
Continu
Ferme
Toujours le même
Sans changement
Inchangé

● ANTONYMES : Varia-
ble, Altérable, Changeant,
Fluctuant.

INVASION

Envahissement
Ingression (anc.)
Agression
Incursion
Raid ou Rezzou
ou Razzia
Occupation
Arrivée en masse
Irruption

● ANTONYME : Évacuation.

INVECTIVE
V. INJURE

INVECTIVER

Lancer des invectives
Injurier
Crier (contre quelqu'un)
Fulminer (id.)
Gueuler (id.)
Pester (id.)
Déclamer (id.)
Engueuler (quelqu'un)
[pop.]

Enguirlander (pop.)
Maudire
Apostropher

● ANTONYME : Féliciter.

INVENTAIRE

Nomenclature
Récapitulation
Répertoire
Recensement
Tableau
Catalogue
Liste
Évaluation
Statistique

INVENTER
V. CRÉER, IMAGINER et
MENTIR

INVENTEUR

Créateur
Auteur
Découvreur
Père (fig.)

● ANTONYMES : Imitateur,
Copieur.

INVENTIF

Ingénieux
Fécond
Fertile
Industrieux

INVENTION

Création
Découverte
Trouvaille
Imagination
Nouveauté

579

Péj. :
Mensonge
Calomnie
Fable
Histoire
Fabrication
Tromperie

Spécialement :
V. FICTION
V. FANTAISIE

● ANTONYMES : Réalité,
Imitation.

INVENTORIER

Dénombrer
Compter
Faire l'inventaire

INVÉRIFIABLE

Incontrôlable
Indémontrable
V. DOUTEUX

● ANTONYMES : Vérifiable,
Contrôlable, Certain, Sûr,
Avéré.

INVERSE

Contraire
Contrepied
Contrepartie
Antithèse
Opposé

● ANTONYME : Même.

INVERSION

Anastrophe
Hyperbate

Spécialement :
Homosexualité

INVESTIGATION
V. ENQUÊTE et RECHERCHE

INVESTIR
V. ASSIÉGER et CERNER

INVESTISSEMENT
Placement

INVÉTÉRÉ

Endurci
Impénitent
Ancien
Vieux
Chronique
Obstiné
Ancré
Fortifié
Déterminé

● ANTONYME : Récent.

INVINCIBLE

Imbattable
Indomptable
Insurmontable
Irréfutable
Irrésistible
Infranchissable
Inviolable

● ANTONYME : Vulnéra-
ble.

INVIOLABLE

Intangible
Sacré
Protégé
Garanti

Qui bénéficie de l'immu-
nité

● ANTONYME : Vulnérable.

INVISIBLE
V. IMPERCEPTIBLE

INVITER

Convier
Convoquer
Prier (quelqu'un de)
Engager (quelqu'un) à
Inciter
Appeler
Exhorter
Exciter
Solliciter
Tenter
Attirer

● ANTONYMES : Refuser,
Renvoyer.

INVOLONTAIRE

Machinal
Irréfléchi
Réflexe
Automatique
Spontané
Forcé

● ANTONYMES : Volontaire,
Calculé.

INVOQUER

En appeler à
Évoquer (le témoignage,
la mémoire, etc.) de
Prendre à témoin
Mettre en cause
Alléguer
Arguer

INVRAISEMBLABLE

Incroyable
Peu certain
Impensable
Improbable
Chimérique
Inimaginable
Du roman (*fam.*)
Qui ne tient pas debout
(*fam.*)

● ANTONYMES : Vrai, Vraisemblable, Certain.

IRASCIBLE

V. ATRABILAIRE
Coléreux
Emporté
Irritable
Ombrageux
Soupe au lait (*fam.*)
Violent
Brutal
Bilieux

● ANTONYMES : Paisible, Calme, Doux.

IRONIE

Persiflage
Moquerie
Raillerie
Humour
Sarcasme
Gaieté
Dérision

● ANTONYME : Sérieux.

IRONIQUE

Moqueur
Narquois

Persifleur
Sarcastique
Blagueur
Qui tourne en dérision
Qui se gausse

● ANTONYME : Sérieux.

IRRATIONNEL

Déraisonnable
Machinal
Instinctif
Gratuit
Automatique
Mystique
Fou

● ANTONYMES : Rationnel, Normal.

IRRÉALISABLE

Impossible
Inexécutable
Impraticable
Utopique
Chimérique

● ANTONYME : Réalisable.

IRRECEVABLE

Inacceptable
Inadmissible
Inaccordable (*rare*)

● ANTONYMES : Acceptable, Recevable, Accordable.

IRRÉCUSABLE

Indiscutable
Irréfutable
Irréfragable

Éclatant
Certain
Pas sujet à caution

● ANTONYME : Discutable.

IRRÉDUCTIBLE

Dont on ne peut venir à bout
Indomptable
Intraitable
Invincible

● ANTONYME : Réductible.

IRRÉEL

Imaginaire
Chimérique
Inexistant
Fabuleux
Faux
Vain
Fantastique
Illusoire

● ANTONYMES : Réel, Effectif.

IRRÉFLÉCHI
V. ÉTOURDI

IRRÉFLEXION
V. ÉTOURDERIE

IRRÉFUTABLE
V. IRRÉCUSABLE

IRRÉGULARITÉ
V. ÉCART

IRRÉGULIER

Inégal
Anormal
Discontinu

Asymétrique
Biscornu
Déréglé
Saccadé
Désordonné
Accidentel
Incorrect
Arbitraire
Libre

● ANTONYMES : Régulier, Normal, Droit, Symétrique.

IRRÉLIGIEUX
V. ATHÉE

IRRÉMÉDIABLE

Irréparable
Inarrangeable
Fichu (*fam.*)
Foutu (*pop.*)
Irrattrapable (*pop.*)
Sans remède.

● ANTONYMES : Réparable, Remédiable, Arrangeable.

IRRÉPROCHABLE

Irrépréhensible (*litt.*)
Sans reproche
Parfait
Accompli
Impeccable
Inattaquable
Sans défaut
Honnête

● ANTONYMES : Condamnable, Défectueux, Malhonnête, Taré.

IRRÉSISTIBLE

Impérieux
Irrépressible

Tyrannique
Concluant
Implacable
Foudroyant
Inéluctable

● ANTONYME : Résistible (*néol.*).

IRRÉSOLU
V. INDÉCIS

IRRESPECTUEUX

Irrévérent
Irrévérencieux
Impertinent
(Esprit) Libre
Audacieux
Impoli

● ANTONYME : Respectueux.

IRRESPIRABLE

Délétère
Asphyxiant
Étouffant
Suffocant
Méphitique
Empesté
Empuanti

● ANTONYME : Respirable.

IRRESPONSABLE
V. INNOCENT

IRRÉVÉRENCIEUX
V. IRRESPECTUEUX

IRRÉVOCABLE
V. DÉFINITIF

IRRIGUER
V. ARROSER

IRRITABLE
V. IRASCIBLE

IRRITANT

Déplaisant
Agaçant
Désagréable
Provocant
Énervant
Enrageant
Échauffant
Vexant
Suffocant

● ANTONYMES : Apaisant, Calmant, Lénifiant.

IRRITER
V. FÂCHER

IRRUPTION
V. INVASION

ISOLÉ

Écarté
Séparé
Retiré
Reculé
Éloigné
Solitaire
Seul
Esseulé
Détaché
Délaissé

● ANTONYMES : Fréquenté, Groupé, Sociable, Collectif.

ISOLEMENT

Isolation
Solitude

Claustration
Délaissement
Exil
Abandon
Séquestration
Quarantaine

● ANTONYMES : Association, Groupement, Compagnie, Société.

ISOLER

Séparer
Détacher
Disjoindre
Reclure
Confiner
Chambrer
Claustrer
Séquestrer

Au fig. :
Abstraire
Soustraire
Distinguer
Individualiser

● ANTONYMES : Grouper, Rassembler, Associer, Agglomérer, Joindre, Mêler, Réunir.

ISSUE

Ouverture
Sortie
Dégagement
Porte
Passage
Débouché
Exutoire
Déversoir
Dégorgeoir
Vomitoire *ou* Vomitorium (*antiq.*)

Au fig. :
Solution
Échappatoire
Expédient
Aboutissement
Résultat
Conclusion

« *Sans issue* » :
Impasse
Cul-de-sac

● ANTONYMES : Accès, Entrée, Début.

ITALIEN

Transalpin
Rital (*arg.*, *péj.*)

ITINÉRAIRE

Parcours
Circuit
Cheminement
Voyage
Indicateur (des chemins de fer) [*anc.*]

IVRE

Soûl *ou* Saoul
Pris de boisson
Gris
En ébriété
Éméché
Entre deux vins
En goguette
Parti
En état d'ivresse
Plein (*pop.*)
Aviné
Émoustillé
Pompette (*fam.*)
Bourré (*pop.*)
Beurré (*arg.*)

Mûr (*pop.*)
Noir (*pop.*)
Paf (*pop.*)
Rétamé (*arg.*)
Brindezingue (*arg.*)
Bu (*pop.*)
Schlass (*arg.*)
Dans les vignes du Seigneur (*fam.*)
Poivré (*arg.*)
Qui a son compte (*pop.*)
Qui a sa cocarde (*id.*)
Qui a son pompon (*id.*)
Qui a sa cuite (*id.*)
Rond comme un pois (*id.*)
Qui en tient une bonne *ou* une sévère (*id.*)

● ANTONYMES : À jeun, Sobre, Lucide.

IVRESSE

Ébriété
Enivrement
Soûlerie

Pop. :
Cuite
Biture
Ribote

Au fig. :
Excitation
Enivrement (*anc.*)
Extase
Joie
Griserie
Transport
Étourdissement
Volupté
Exaltation
Enthousiasme
Enchantement

● ANTONYMES : Calme, Froideur, Sobriété, Lucidité.

IVROGNE

Alcoolique
Intempérant
Buveur
Dipsomane
Éthylique
Débauché
Pilier de bistrot (*ou* de cabaret)

Suppôt de Bacchus

Pop. :
Poivrot
Pochard
Soiffard
Sac à vin
Soûlard
Soûlaud *ou* Soûlot
Soulographe

Picoleur
Biberonneur
Licheur
Boit sans soif
Vide-bouteille
Tonneau

● ANTONYMES : Sobre, Tempérant, Abstinent.

JABOTER
V. BAVARDER

JACASSER
V. BAVARDER

JACTANCE

Vantardise
Vanité
Fanfaronnade
Vanterie (*anc.*)
Caquet (*fam.*)

● ANTONYMES : Modestie, Bonhomie.

JADIS

Autrefois
Dans le passé
Antan
Il y a longtemps
Anciennement
Naguère
Hier

● ANTONYMES : Aujourd'hui, Demain, Dans le futur, Dans l'avenir.

JAILLIR

Sourdre
Gicler
Sortir (impétueusement)
Saillir (*anc.*)
Fuser
Surgir
S'élancer (vivement)
Bondir (*id.*)
Sauter (*id.*)
Partir (*id.*)
Se dresser (*id.*)
Se dégager (*id.*)
Apparaître (*id.*)

● ANTONYMES : Rentrer, Tomber.

JALON

Repère
Marque
Borne

JALOUSIE

Envie
Dépit
Émulation

Ombrage

Spécialement :
Contrevent
Persienne
Moucharabieh

● ANTONYMES : Générosité, Désintéressement, Libéralisme.

JALOUX

Envieux
Soupçonneux
Défiant
Exclusif
Tourmenté

« *Jaloux de* » :
Attaché à
Soucieux de

● ANTONYMES : Généreux, Désintéressé, Complaisant, Débonnaire.

JAMAIS

À aucun moment

« *À jamais* »
Pour toujours

Éternellement
Sans retour

● ANTONYMES : Toujours,
Souvent.

JAMBE

Membre inférieur
Patte (*fam.*)

Pop. et arg. :
Guibole *ou* Guibolle
Gambette
Fumeron
Flûte
Pinceau
Gigue *ou* Gigot
Quille
Pince *ou* Pincette
Pilier

JAMBIÈRE

Guêtre
Leggings
Houseau
Cnémide (*antiq.*)

JARDIN

Potager
Verger
Clos *et* Enclos
Fruitier
Pépinière
Jardinet
Parc
Square
Serre

JARDINIER

Horticulteur
Maraîcher

Arboriculteur
Agriculteur
Fleuriste
Pépiniériste
Ouvrier agricole

JARGON

Charabia
Baragouin
Sabir
V. ARGOT

JARRET
Creux poplité (*méd.*)

JASER
V. BAVARDER

JAUGER

Contenir
Tenir
Cuber

Au fig. :
Juger
Apprécier
Mesurer

JAUNE

Ocre
Doré
Blond
Topaze (pierre)
Xanthie (papillon)
Isabelle (cheval)
Jaunâtre
Saure

JAUNISSE

Ictère
Cholémie

JAVELOT

Javeline
Sagaie
Lance
Dard
Hast *ou* Haste
Pilum
Framée

JÉRÉMIADE

Lamentation
Doléance
Plainte
Gémissements
Regrets

JET

Jaillissement
Émission de
Éjaculation
Jeu d'eau
Girandole
Ruissellement

JETÉE

Môle
Digue
Estacade
Embarcadère
Débarcadère
Brise-lames
Musoir

JETER

Lancer
Projeter
Envoyer
Balancer (*fam.*)
Flanquer (*pop.*)

Par extens. :
Se débarrasser de
Se défaire de
Abandonner
Rejeter
Mettre au rebut
Gaspiller
Détruire
Éparpiller
Dilapider
Parsemer
Semer
Répandre
Envoyer
Pousser
Précipiter

« *Jeter bas* ou *à bas* » :
V. ABATTRE

● ANTONYMES : Attraper,
Saisir, Choper, Recevoir.

JEU

Activité ludique
Amusement
Divertissement
Passe-temps
Délassement
Plaisir
Batifolage
Badinage
Manège
Plaisanterie

Spécialement :
Sport
Match
Action
Interprétation théâtrale.

● ANTONYME : Enjeu.

JEUNE

Juvénile
Nouveau
Récent

Jeunot (*fam.*)
Vert
Petit
Fils
Junior
Cadet
Benjamin
Frais
Novice
Inexpérimenté
Naïf

● ANTONYMES : Vieux,
Âgé, Ancien.

JEÛNE

Abstinence
Privation (s)
Diète
Pénitence
Ramadan
Yom Kippour
Carême (*eccl.*)
Quatre-temps (*eccl.*)
Vigile (*eccl.*)
Au pain sec

JEUNESSE

Jeune âge
Enfance
Adolescence
Fraîcheur
Verdeur
Vigueur
Jouvence (*anc.*)

● ANTONYMES : Vieillesse,
Grand âge.

JOBARD

Crédule
Niais
V. NAÏF

● ANTONYME : Malin.

JOIE

Allégresse
Jubilation
Exultation
Ravissement
V. GAIETÉ
V. BONHEUR
Délice
Enchantement
Exaltation
Ivresse
Fierté
Ardeur
Plaisir
Entrain
Liesse
Réjouissance
Félicité
Satisfaction
Jouissance
Volupté

● ANTONYMES : Peine, Af-
fliction, Chagrin, Deuil,
Douleur, Tristesse.

JOINDRE

1. Mettre ensemble
Mettre en contact
Unir *et* Réunir
Accoler
Assembler *et* Rassembler
Ajuster
Agglutiner
Abouter
Ajointer
Raccorder
Lier
Combiner
Souder
Empatter
Enchevaucher
Emboîter
Entrelacer
Relier

Apparier
Appareiller
Conjuguer
Grouper
Embrancher
Serrer (ensemble)
Englober
Adjoindre
Ajouter
Annexer
Marier
Associer
Allier
Attacher
Incorporer
Agréger
Accoupler
Coaliser
Faire adhérer

2. Atteindre
Trouver *et* Retrouver
Toucher (*fig.*)
Attraper
Accoster
Aborder
Rejoindre

● ANTONYMES : Séparer,
Éloigner, Disjoindre.

JOINTURE

Articulation
Joint
Attache
Assemblage
Nœud

● ANTONYMES : Ouverture,
Fissure.

JOLI

V. BEAU
Bellot (*anc.*)
Mignon
V. GRACIEUX

Girond (*pop.*)
Désirable
Délicat
Charmant
Ravissant
Coquet
Harmonieux
Intéressant

● ANTONYME : Laid.

JOLIESSE

Vénusté
Beauté
Gentillesse
Délicatesse

● ANTONYME : Laideur.

JONCTION
V. RÉUNION

JONGLEUR

Ménestrel
Troubadour
Bateleur
Saltimbanque
Acrobate
Escamoteur

JOUER

1. V. S'AMUSER

2. Risquer
Hasarder
Parier
Miser
Spéculer sur
Jongler avec

3. V. AFFECTER

4. Pratiquer (un jeu)

5. V. TROMPER (quelqu'un)
Abuser

Se moquer
Berner
Rouler (*fam.*)

6. « *Jouer de* » :
Se servir de
Toucher (le piano)

Musique :
Exécuter
Interpréter

Théâtre :
Représenter
Donner
Passer (une scène)

Cinéma :
Tourner
Incarner (un rôle)
Faire (un film)

JOUET

Joujou
Jeu
Babiole

Au fig. :
Esclave (*fig.*)

JOUEUR

Sport :
Compétiteur
Équipier
Sportif
Champion

● ANTONYMES : Spectateur,
Supporter, Arbitre.

JOUFFLU

Qui a de grosses joues
Poupard
Face de lune (*fam.*)
Mafflu

Bouffi
Rebondi

● ANTONYMES : Émacié,
Maigre.

JOUG

Attelage

Au fig. :
V. DOMINATION

JOUIR

Goûter
Savourer
Tirer plaisir
Tirer agrément
Tirer profit
Avoir la jouissance de
Avoir l'usufruit
Profiter
Posséder
Avoir
Bénéficier
Disposer de
Être propriétaire de
Être titulaire de

● ANTONYMES : Souffrir,
Pâtir.

JOUISSANCE

1. Usage
Disposition
Usufruit
Bénéfice
Propriété
Possession
Profit

2. Plaisir
Satisfaction
Délectation
Joie

Bien-être
Volupté
Délice (s)

● ANTONYMES : Privation,
Abstinence, Ascétisme, Déplaisir.

JOUR

1. Journée
Temps diurne
Lumière
Clarté
Aurore
Aube

2. V. VIE
V. NAISSANCE

3. V. APPARENCE

4. Date
Quantième (du mois)

● ANTONYMES : Nuit, Obs-
curité.

JOURNAL

Publication (périodique)
Périodique
Gazette
Revue
Bulletin
Feuille (de chou, *fig.*)
Torchon (*péj.*)
Torche-cul (*péj.*)
Canard (*pop.*)
Organe
Quotidien
Hebdomadaire
Bihebdomadaire
Mensuel
Bimensuel
Trimestriel
Bimestriel
Semestriel

Annuel
Triannuel
Brûlot-électoral
Magazine
Illustré
Édition

« *Les journaux* » :
La presse

JOURNALIER
Quotidien

JOURNALISTE

Gazetier (*anc.*)
Rédacteur
Publiciste
Chroniqueur
Critique
Éditorialiste
Reporter
Grand reporter
Envoyé spécial
Correspondant (particu-
lier)
Commentateur
Échotier
Courriériste
Chambrier (chroniqueur
parlementaire)
Préfecturier (journaliste
accrédité à la Préfecture
de police)
Salonnier
Feuilletoniste
Attaché de presse
Publicitaire

Spécialement :
Polémiste
Pamphlétaire
Folliculaire (*péj.*)

JOURNÉE
V. JOUR

JOUTE
V. DUEL et LUTTE

JOUVENCEAU
V. ADOLESCENT

JOVIAL

Enjoué
V. GAI
Joyeux
Bonhomme
Gaillard
Bon vivant

● ANTONYMES : Acariâtre,
Maussade,Chagrin, Bilieux
Triste.

JOYAU
V. BIJOU

JOYEUX

V. GAI
Content
Épanoui
Heureux
Réjoui
Jovial
Radieux
Gaillard
Allègre
Qui respire (*ou* Qui inspire)
le bonheur
Amusant
Agréable
Divertissant
Endiablé

● ANTONYMES : Triste,
Lugubre, Pénible, Sombre,
Morne

JUBILATION
V. JOIE

JUBILER

Pousser des cris de joie
V. EXULTER

Être heureux
Se réjouir

● ANTONYMES : Pleurer,
S'affliger.

JUDAS
V. FOURBE

JUDICIAIRE

De justice
Juridique

JUDICIEUX

Raisonnable
Sage
Sensé
Pertinent
Logique
Rationnel
Intelligent
Bien
Bien vu
Bien dit
Bien pensé
Bien jugé
Bel et bon

● ANTONYME : Absurde.

JUDO

Jiu-jitsu
Karaté
Aïkï-do

JUGE

Magistrat
Curieux (*arg.*)
Fromage (*arg.*)
Héliaste (*Antiq. grecque*)
Prévôt (*anc.*)
Viguier (*anc.*)

Inquisiteur
Alcade (espagnol)
Cadi (arabe)

● ANTONYMES : Prévenu,
Avocat.

JUGEMENT

Procès
Sentence
Verdict
Arrêt
Décision (du juge)

Par extens. :
V. OPINION
Avis
Appréciation
Point de vue
Sentiment
Pensée
Idée (formée *ou* formulée)
Diagnostic (*aussi au fig.*)

Absol. (« *avoir du juge-
ment* ») :
Entendement
Intelligence
Jugeote
Perspicacité
Doigté
Bon sens
Sens commun
Raison
Finesse

JUGER

Trancher
Décider
Se prononcer
Statuer
Conclure
Rendre la justice
Apprécier
Mesurer
Peser
Évaluer

Jauger
Estimer
Connaître
Examiner
Soupeser
Coter
Discerner
Distinguer
Considérer (comme)
Trouver (par ex. bien *ou* mal)
Approuver
Acquitter
Désapprouver
Condamner
Critiquer
Blâmer
Relaxer
Envoyer (en prison, à la mort, au bagne, etc.)

JUGULAIRE

Du cou
De la gorge
Mentonnière
Bride
Attache (de coiffure)
Courroie (de casque)

JUGULER

Saisir (à la gorge)
Étrangler

Au fig. :
Dompter
Enrayer
Stopper (*néol.*)
Arrêter
Empêcher de
Interrompre
Détruire
Asservir

● ANTONYMES : Libérer, Laisser.

JUIF

Israélite
Hébreu
Fils d'Abraham
De tradition judaïque
Youpin (*triv.*)
Youtre (*triv.*)

JUILLET

Septième mois (de l'année)
Messidor (-thermidor)

JUIN

Sixième mois (de l'année)
Prairial (-messidor)

JUMEAU

Gémeau
Besson (*rég.*)

Au fig. :
Pareil
Sosie
Ménechme
Paire

Adj. :
Univitellin

JUMENT

Pouliche
Cavale
Poulinière
Mulassière
Haquenée (*anc.*)

JUNIOR

Cadet
Puîné
Fils

● ANTONYME : Senior.

JUPE et **JUPON**

Cotte (*anc.*)
Cotillon
Balayeuse (*pop. anc.*)
Crinoline
Panier
Amazone
Tutu
Paréo
Basquine

Jupes d'hommes :
Kilt (écossais)
Fustanelle (grecque)
Philibeg *ou* Filibeg (écossais)

JURANDE

Corporation
Maîtrise
Patronat artisanal

JURER

Attester (par serment)
Prêter serment
Promettre
S'engager à
Faire serment de
Témoigner (sous serment)

Absol. :
Sacrer
Blasphémer
Lancer un juron
Jeter *ou* Lancer des imprécations
Pester
Crier

Au fig. :
Dissoner (*litt.*)
Détonner
Être en discordance (*ou*

en disharmonie) avec
Hurler

- ANTONYME : Abjurer.

JURIDICTION

Compétence
Ressort
Siège
Tribunal
Chambre
Conseil
Instance

JURISTE

Jurisconsulte
Homme de loi
Légiste
Arrêtiste

JURON

Jurement
Exclamation
Gros mot (*fam.*)

JUS

Suc
Sauce
Verjus

JUSANT

Marée (descendante)
Reflux
Perdant (*rég.*)

JUSTE

1. Équitable
Impartial

Droit
Intègre
Loyal
2. Légitime
Justifié
Fondé
Exact
Vrai
Véritable
Adéquat
Approprié
Convenable
Réel
Strict
Rigoureux
Propre (*fig.*)
Équilibré
Harmonieux
Rationnel
Correct
Raisonnable
Logique
Pertinent
Authentique

Par extens. :
Ajusté
Collant
Serré
Étroit
Qui suffit à peine
Court
Jeune (*fam.*)

- ANTONYMES : Injuste,
Abusif, Arbitraire.

JUSTEMENT

Légitimement
À juste titre
Avec raison
À bon droit
Tout juste
Pertinemment
Précisément

- ANTONYME : Injuste-
ment.

JUSTICE

Droiture
Équité
Impartialité
Probité (morale)
Intégrité

Spécialement :
Légalité
Juridiction
V. TRIBUNAL
Procédure
Cour (de justice)
Châtiment
Vindicte
Talion

- ANTONYMES : Injustice,
Iniquité.

JUSTIFICATION

Défense
Explication
Argument
Compte
Excuse
Décharge
(Bonne) Raison
Démonstration (d'inno-
cence)
V. APOLOGIE
V. PREUVE

- ANTONYMES : Accusa-
tion, Calomnie.

JUSTIFIER

1. V. INNOCENTER

2. Légitimer
Motiver
Expliquer

Rendre compte de
Autoriser
Confirmer (un sentiment, une hypothèse)
Vérifier

Prouver
Montrer
Démontrer

● ANTONYMES : Accuser, Démentir, Infirmer.

JUXTAPOSER
V. ACCOLER

JUXTAPOSITION
V. RAPPROCHEMENT

KABYLE
Berbère

KERMESSE
V. FÊTE

KIOSQUE

Pavillon
Gloriette
Tonnelle
Belvédère
Mirador
Édicule

Spécialement :
(Chez le) Marchand de journaux

Mar. :
Superstructure (de sous-marin)
Baignoire (*id.*, *fam.*)

KOULAK (*néol.*)

Paysan riche
Propriétaire terrien

KRACH

Banqueroute
Effondrement des cours (de la bourse)
Débâcle (financière)
Catastrophe (boursière)

● ANTONYME : Boom (*fam.*)

KYRIELLE

Suite (de paroles)
Série
Litanie

Par extens. :
Quantité de
Défilé de
Enfilade de (*fam.*)
Chapelet de (*fig.*)
Séquelle

KYSTE

Tumeur (enkystée)
Loupe
Tanne
Stéatome (*anc.*)

LABEUR
V. Travail

LABORIEUX

1. Travailleur
Actif
Diligent
Bosseur (*pop.*)
Boulonneur (*id.*)
Gagneur (*id.*)
Boulot (*id.*)
Chiadeur (*id.*)

2. Pénible
Fatigant
V. Difficile

Spécialement « un style » :
Embarrassé
Lourd
Ennuyeux
Amphigourique

● Antonymes : 1. Paresseux, Oisif.
2. Facile, Aisé, Élégant.

LABOURER

Tracer (*ou* Creuser) des sillons
Retourner la terre
Tenir le soc de la charrue
Gratter la terre (*péj.*)
Sillonner

Au fig. :
Écorcher
Déchirer
Égratigner

LABYRINTHE

Dédale
Lacis
Réseau de
Galerie de

LACER
V. Attacher

LÂCHE

1. Détendu
Flottant

Flou
Vague
Desserré
Peu serré
Relâché (*aussi au fig.*)
Mou (*id.*)
Flasque (*id.*)
Élastique (*id.*)

2. *Au fig.* :

Faible
Pusillanime
Veule
Peureux
Pleutre
Poltron
Couard
Capon
Qui n'a pas de courage
Qui n'a rien dans le ventre
Qui n'a rien dans les tripes
Qui n'a pas de sang dans les veines
Dégonflé (*pop.*)
Foireux (*id.*)
Pétochard (*id.*)
Pas un homme (*id.*)

Lope (*arg.*)
Lopette (*arg.*)

● ANTONYMES : 1. Serré
Tendu, Strict.
2. Courageux, Audacieux,
Ardent.

LÂCHER

Desserrer
Relâcher
Détendre
Laisser (tomber, partir,
échapper, aller)
V. ABANDONNER
Quitter
Délaisser
Larguer (*fam.*)
Ne pas tenir (*ou* Ne pas
retenir)

Au fig. :
V. CÉDER
Donner
Jeter
Lancer

● ANTONYMES : Empoigner,
Prendre, Saisir.

LÂCHETÉ

Pusillanimité
Veulerie
Manque d'énergie
Manque de courage
Manque de vigueur (mo-
rale)
Manque de fermeté
Manque de bravoure
Faiblesse
Mollesse
Poltronnerie
Pleutrerie
Couardise

Mor. :
Absence de franchise (de
loyauté, de dignité, etc.)
Fausseté
Vilenie
Bassesse
Indignité
Trahison

● ANTONYMES : Courage,
Énergie, Vigueur, Ferme-
té, Bravoure ; Noblesse,
Loyauté, Dignité.

LACONIQUE

V. BREF
Lapidaire
Concis
Sec
Succinct
V. COURT

● ANTONYMES : Prolixe,
Diffus, Long, Logorrhéi-
que.

LACUNE

Omission
Insuffisance
Oubli
Hiatus
Interruption
Trou (*par ex.* de mémoire)
Absence de
Ignorance

LADRE
V. AVARE

LAGUNE

Étang littoral
Grau (*rég. Languedoc*)
Moere (*rég. Belgique*)
Liman (*rég. Ukraine, mer
Noire*)

LAID

Inesthétique
Vilain
Hideux
Disgracieux
Déplaisant
Ingrat
Affreux
Repoussant
Moche (*fam.*)
Tarte (*arg.*)
Enlaidi
Défiguré
Répugnant
Mal tourné
Difforme
Monstre et Monstrueux
Laideron
Macaque
Épouvantail
Magot
Sapajou
Guenon (*fém.*)
Horreur
Remède contre l'amour
(*pop.*)

Au fig :
V. ABJECT et HONTEUX

LAIDEUR

Disgrâce
Mocheté (*pop.*)
Difformité
Hideur
Manque de beauté (*ou*
de charme)

● ANTONYMES : Beauté,
Joliesse.

LAISSE
Attache

LAISSER

1. V. ABANDONNER

2. Ne pas intervenir

Permettre
Rester neutre
Consentir
Souffrir (que)
Ne pas s'opposer
Ne pas empêcher
Attendre (que)
Négliger
Omettre
Maintenir (un état de choses)
Lâcher
Confier (quelque chose à quelqu'un)
Remettre (*id.*)
Donner (*id.*)
Léguer
Transmettre
Perdre

● ANTONYMES : Prendre, S'emparer, Garder, Maintenir.

LAISSER-ALLER

Négligence *et* Négligé
Relâchement
Abandon
Désinvolture
Débraillé
Incurie
Désordre

● ANTONYMES : Soin, Zèle, Application, Correction, Tenue, Élégance.

LAISSER-PASSER

Passavant
Coupe-file
Sauf-conduit
Passeport
Permis
Ausweiss (*néol. allem.*)
Carte (spéciale)

LAITEUX

Lactescent *ou* Latescent
Lacté
Opalin
Blanc

LAÏUS

V. ALLOCUTION

LAMBEAU

V. MORCEAU
Loque
Haillon
V. DÉBRIS

LAMBIN

V. LENT

LAME

Lamelle
Plaque
Plaquette
Fer (d'un couteau)
Vague (de la mer)
Paquet (de mer)
Flot
Flux

LAMENTABLE

Déplorable
Désolant
Pitoyable
Pauvre
Navrant
Triste
Douloureux
Misérable
Funeste
Mauvais
Pas brillant
Au-dessous de tout
Nul
Piteux

Piètre
Minable

● ANTONYMES : Réjouissant, Heureux, Joyeux, Fort.

LAMENTER (SE)

Se répandre en lamentations
Se plaindre
Se désoler
Déplorer
Gémir
Pleurer
Regretter
Bramer (*fam.*)

● ANTONYME : Se réjouir.

LAMPE

Lampion
Lumignon
Quinquet
Réverbère
Verre (de lampe)
Flambeau
V. LUMIÈRE
Ampoule
Applique
Candélabre
Tube
Lustre
Lampadaire
Suspension
Lanterne
Falot
Fanal
Éclairage
Luminaire

LANCE

V. JAVELOT
Pique

Pertuisane (*anc.*)
Sarisse (*antiq.*)
Hast *ou* Haste (*anc.*)
Sagaie

LANCER

V. JETER
Projeter
Envoyer
Émettre (un cri)
Pousser (*id.*)
Darder
Bombarder
Larguer (une bombe)
Lâcher (*id.*)
Catapulter
Décocher (un coup)
Porter (*id.*)
Détacher
Décocher
Flanquer (*fam.*)
Allonger (*fam.*)
Foutre (*pop.*)
Appliquer (*fam.*)
Déclencher
Tendre

Spécialement :
Mettre à l'eau (un bateau)
Publier (une nouvelle)
Répandre (dans le public)
Commercialiser (un produit)
Mettre en train (une affaire)
Faire connaître
Faire de la publicité à

« *Se lancer dans* » :
Commencer
S'embarquer
S'engager
Entrer dans
Entamer
S'aventurer
Se hasarder à

Partir pour
Se précipiter dans

● ANTONYMES : Attraper, Accrocher, Saisir, Recevoir.

LANDE

Brande
Garrigue
Maquis
Pâtis
Pinède (en Gascogne)

LANGAGE
V. LANGUE

LANGOUREUX

Alangui
Languide
Languissant
Amoureux
Roucoulant
Mourant (*fig.*)

● ANTONYMES : Vif, Impétueux.

LANGUE

1. *Pop.* :
Menteuse
Bavarde
Tapette
Langouse
Lavette
Lécheuse
Patineuse

2. Langage
Idiome
Expression
V. ARGOT
Baragouin (*péj.*)
Jargon

Parler
Dialecte
Patois

LANGUEUR
V. ABATTEMENT

LANGUIR

Dépérir
Décliner
S'étioler
Stagner
Végéter
Traîner
Manquer d'entrain (d'animation, de vigueur, de courage pour)
Moisir (dans l'inaction) [*pop.*]
Attendre (vainement)
S'ennuyer
Sécher (*fig.*)
Se morfondre
Soupirer (après quelque chose *ou* après quelqu'un)
Désirer
Tirer la langue (*fig.*, *fam.*)

● ANTONYMES : Prospérer, Se complaire à.

LANIÈRE

Courroie
Bricole
Longe
Guide
Rêne
Bride
Bretelle
Lacet
Fouet
Cuir
Lasso

LANTERNE
V. Lampe

LAPIDAIRE
V. Laconique

LAQUAIS
V. Domestique

LARCIN
V. Vol

LARGE

V. Grand
Évasé
Lâche
Ample
Étendu
Vaste
Spacieux
Gros
Copieux
Considérable
Abondant
Important

Au fig. :
Généreux
Fastueux
Riche
Aisé
Libéral
Compréhensif

● antonymes : Étriqué, Étroit, Mesquin, Petit, Maigre, Borné, Serré.

LARGEMENT

Abondamment
Copieusement
Amplement
Suffisamment
Beaucoup
Très
Sans compter

Généreusement
Fastueusement
Avec libéralité
Richement

● antonymes : Étroitement, Strictement.

LARGEUR

Diamètre
Grosseur
Ampleur
Envergure
Carrure
Lé (d'une étoffe)
Laize (d'une étoffe)
Élévation (d'esprit)
Compréhension
Hauteur (de vues, *ou* d'esprit)

● antonymes : Longueur, Hauteur, Étroitesse.

LARME

Pleur

Au fig. :
Goutte *et* Gouttelette
Affliction
Peine
V. Chagrin

LARMOYER

V. Pleurer
Pleurnicher

● antonyme : Rire.

LARRON
V. Voleur et Complice

LAS
V. Fatigué

LASSITUDE
V. Abattement et Fatigue

LATENT

Caché
Qui couve
Menaçant
Secret
Non déclaré
Endémique

● antonymes : Déclaré Patent, Sûr, Manifeste.

LATÉRAL

De (*ou* Par) côté
Bas-côté
Collatéral
(Au) Flanc (de)

● antonymes : Frontal, Arrière.

LATITUDE

Au fig. :
Facilité
Permission (de)
Possibilité (de)
Liberté (de)
Faculté (de)
Carte blanche
Coudées franches

LAUDATIF

Élogieux
Louangeur
Flatteur

● antonyme : Critique.

LAURÉAT
V. Vainqueur

LAVAGE

Lessive
Lavure
Nettoyage
Lavement (*méd.*)
Décantage
Décantation
Dégorgement
Lixiviation

LAVANDIÈRE

Laveuse
Blanchisseuse

Spécialement :
Bergeronnette
Hoche-queue

LAVEMENT

Lavage (médical)
Clystère
Irrigation (*méd.*)

LAVER

Nettoyer (avec un liquide)
Passer à l'eau
Savonner
Décrasser
Décrotter
Blanchir
Baigner
Doucher
Débarbouiller
Frotter
Lessiver
Aiguayer (*anc.*)
Dégraisser
Lotionner
Passer la serpillière
Passer la wassingue (*rég. Nord*)

Échauder
Faire dégorger
Délaver
Déterger (*méd.*)

« *Se laver* » :
Faire sa toilette
Faire ses ablutions
Prendre un bain (*ou* une douche)

Spécialement et au fig. :
Purifier
Disculper
Innocenter
V. ACQUITTER
Venger (un affront)
Effacer (une faute)
Purger (*id.*)

● ANTONYMES : Salir, Souiller, Tacher; Accuser.

LAVOIR

Buanderie

LAXATIF

Purgatif
Cathartique
Drastique

● ANTONYMES : Astrictif, Constrictif.

LEADER

Chef (d'un parti)
Porte-parole
Tête (*fig.*)
Premier
Personnalité la plus en vue

Spécialement (*journalisme*) :
Éditorial
V. ARTICLE (de fond)

● ANTONYMES : Adhérent, Militant, Homme de base, Équipier.

LEÇON

Enseignement
Classe
Cours
Démonstration
Récitation
Répétition
Précepte
Conseil
Instruction
Exhortation
Avertissement
Admonestation
Correction
Punition (exemplaire)

LÉGAL

Juridique
Réglementaire
Conforme à la loi
Constitutionnel
Prescrit
Normal
Juste
Légitime

● ANTONYMES : Arbitraire, Illégal.

LÉGALISER

Mettre en règle (avec la loi)
Authentifier
Certifier (authentique)
Authentiquer
Confirmer
Dresser copie conforme

LÉGAT
V. Ambassadeur

LÉGATAIRE

Héritier
Cohéritier
Bénéficiaire (d'un legs)
Ayant cause
Ayant-droit
Colégataire

LÉGENDAIRE
V. Fabuleux

LÉGENDE
V. Fable

LÉGER

De peu de poids
Qui ne pèse pas lourd
Fin
Mince
Aérien
Arachnéen
Impondérable
Immatériel
Éthéré
Infime
Imperceptible
Petit
Faible
Insensible
Flou
Vaporeux
Délicat
Mousseux
Pétillant
Impalpable
Inconsistant
Ailé
Agile
Vif
Souple
Bondissant

Alerte
Mobile

Au fig. :
Volage
Désinvolte
Badin
Gai
Dégagé
Superficiel
Futile
Frivole
Insouciant
Peu scrupuleux
Je-m'en-fichiste (*pop.*)
Évaporé
Irresponsable
Inconscient
Irréfléchi
Inconséquent
Inconstant
Imprévoyant
Imprudent
Déraisonnable
Écervelé
Dissipé
Capricieux
Sans parole
Versatile
Instable

● Antonymes : Lourd,
Encombrant, De poids,
Massif, Pesant; Sérieux,
Sévère, Fidèle.

LÉGÈREMENT

1. V. Doucement

2. À la légère
Inconsidérément
À tort et à travers
De façon irréfléchie

● Antonymes : 2. Sérieu-
sement, Après réflexion,
En connaissance de cause.

LÉGÈRETÉ

1. Agilité
Souplesse
Grâce
Délicatesse
Finesse
Dextérité
Douceur
Apesanteur
Facilité
Aisance

Au fig. (*péj.*) :
Faute
Bêtise
Imprudence
Désinvolture
Insouciance
Futilité
Enfantillage
Irréflexion
Inconstance
Instabilité
Frivolité

● Antonymes : Lour-
deur, Pesanteur, Gravité,
Sérieux, Prudence.

LÉGISTE
V. Juriste

LÉGITIME

V. Légal
Fondé (en droit)
Équitable
Juste *et* Justifié
Normal
Compréhensible
Raisonnable
Permis
Autorisé
De bon droit
De bon sens
Conforme

● Antonymes : Illégitime,

Illégal, Anormal, Infondé, Criminel, Injuste, Déraisonnable.

LEGS
V. DON et HÉRITAGE

LÉGUER
V. LAISSER et DONNER

LENDEMAIN

Jour suivant
Jour d'après
Au fig. :
Suite
Avenir
Conséquence (s)

● ANTONYME : Veille.

LENT

Sans rapidité
Sans vivacité
Sans promptitude
Traînant
Traînard
Lambin
Pas pressé
Long (à)
Tranquille
Pesant
Tardif
Posé
Lourdaud
Pataud
Apathique
Mou
Flâneur
Endormi
Engourdi
Paresseux
Nonchalant
Alangui
Calme

● ANTONYMES : Accéléré, Rapide, Vif, Brusque, Hâtif, Précipité, Vite.

LENTEUR

Manque de rapidité (de vivacité, de promptitude)
Pesanteur
Lourdeur
Épaisseur (*par ex.* d'esprit)
Longueur (*par ex.* d'un récit)
Retard
Tergiversation
Délais
Atermoiements

● ANTONYMES : Rapidité, Prestesse, Promptitude, Vivacité.

LÉSINER

Liarder (*anc.*)
Être avare (*ou* avaricieux)
Rogner (sur les dépenses)
Épargner
Chicaner
Chipoter (*fam.*)
Ne pas attacher ses chiens avec des saucisses (*pop.*)
Faire des économies de bouts de chandelles (*pop.*)
Être regardant (*pop.*)
Être près de ses sous (*fam.*)

● ANTONYMES : Prodiguer, Dépenser.

LÉSION
V. BLESSURE

LESSIVE
V. LAVAGE

LESSIVER
V. LAVER

LESTE
V. AGILE et GAILLARD

LÉTHARGIE

V. SOMMEIL
Catalepsie
Torpeur
Mort apparente
Au fig. :
V. ABATTEMENT

LETTRE

Épître
Missive *et* Message
Envoi (postal)
Billet
Billet doux
Poulet (*fig. pop.*)
Mot
Bafouille (*pop.*)
Babillarde (*pop.*)
Pli
Courrier
Correspondance
(La) Présente
Dépêche
Pneu *ou* Pneumatique
Recommandée
Petit bleu
(Votre) Honorée (du)
Eccl. :
Rescrit
Bref
Bulle
Encyclique
Décrétale (*anc.*)

LETTRÉ
V. ÉRUDIT

LEURRE
V. Appât

LEURRER
V. Tromper

LEVAIN
V. Ferment

LEVER

V. Élever
Soulever
Hausser
Monter
Hisser
V. Enlever
Porter en l'air
Guinder
Dresser
Redresser
Diriger vers le haut
Relever

● Antonymes : Baisser, Abaisser.

LEVIER

Anspect
Barre
Pied-de-biche
Pince à talon
Appui
Manette
Pédale
Commande (mécanique)

LÈVRE

Bouche
Commissure (s)
Lippe
Babine (lèvre d'animal)
Labre (lèvre d'insecte)
Nymphe (lèvre de la vulve)

LEVURE
V. Ferment

LÉZARDE
V. Fente

LIAISON

Jonction
Union
Enchaînement
Continuité
Suite
Association
Lien
Attache
Attachement
Relation
Fréquentation
Accointance
Engagement
Chaîne
Correspondance
Communication
Contact
Contiguïté
Corrélation
Connexité
Rapport
Dépendance
Filiation

Spécialement :
Intrigue (amoureuse)
Passade
Amour
Relation (amoureuse)
Concubinage

LIANT

Qui se lie facilement
Sociable
Affable
Familier
Souple

● Antonyme : Bourru.

LIBELLE

Pamphlet
Diatribe
Satire
Diffamation
Écrit injurieux
Méchant écrit

LIBÉRAL
V. Large et Généreux

LIBÉRALITÉ

Largesse
Munificence
Magnificence
Générosité
Don
Cadeau
Bienfait
Gratification

Spécialement :
Donation (*jur.*)
Legs (*jur.*)

● Antonyme : Avarice.

LIBÉRATEUR

Émancipateur
Sauveur
Affranchisseur

● Antonymes : Oppresseur, Tyran.

LIBÉRATION

Délivrance
Affranchissement
Dégagement

Spécialement :
Acquittement
Élargissement

Levée d'écrou
Décharge

● ANTONYMES : Asservissement, Assujettissement, Arrestation.
(*Spécialement* : Occupation.)

LIBÉRER

Désenchaîner (*néol.*)
Désentraver
Déchaîner (*peu us.*)
Déferrer
Délier
Délivrer
Dégager
Affranchir
Détacher
Émanciper
Relaxer
Élargir
Ouvrir les portes
Relâcher
Mettre en liberté
Acquitter
Exempter
Tenir quitte
Absoudre
Désengager
Faire grâce
Dispenser
Exonérer
Donner quittance

« *Se libérer* » :
S'émanciper
S'affranchir
S'évader
Se soustraire
Se dérober à
Secouer le joug

● ANTONYMES : Enchaîner, Emprisonner, Arrêter, Capturer, Occuper (un pays), Embastiller.

LIBERTÉ

Indépendance (individuelle *ou* nationale)
Libre disposition (de soi-même)
Indéterminisme
Autonomie
Disponibilité (de soi-même)
Libre arbitre

« *Liberté recouvrée* » :
Délivrance
Affranchissement
Relaxation
Élargissement
Évasion
(La) Belle (*arg.*)
Dégagement (de)

« *Liberté d'esprit* » :
Libre examen
Indépendance (d'esprit)
Disponibilité
Libre jugement
Libre décision

« *Liberté de* » :
V. FACULTÉ (de)
Droit (de)
Permission (de)
Autorisation
Franchise (*jur.*)

Par extens. :
Licence
Familiarité
Aises
Irrévérence
Irrespect

« *Liberté de langage* » :
Franchise
Franc-parler
Audace
Hardiesse

« *Excès de liberté* » :
Laisser-aller
Licence

Sans-gêne
Désinvolture
Débraillé
Immunité

● ANTONYMES : Contrainte, Esclavage, Captivité, Servitude, Arrestation, Emprisonnement ; Préjugé, Détermination ; Impossibilité, Dépendance ; Rigueur, Puritanisme ; Prudence, Rigueur.

LIBERTINAGE

1. Incrédulité
V. ATHÉISME
Indépendance

2. *Péj.* :
Licence
V. DÉBAUCHE
Dévergondage
Dérèglement
Dissolution (des mœurs)
Frasques
Débordements
Liberté (de mœurs)
Galanterie
Dépravation (*par rapport à la morale dite traditionnelle*)
Insubordination

● ANTONYMES : 1. Religiosité.
2. Puritanisme, Ascétisme, Tartufferie, Abstinence, Vertu, Bégueulerie.

LIBIDINEUX

Sans pudeur (sexuelle)
Lascif
Licencieux
Sensuel

Cochon
Érotomane
V. GAILLARD

● ANTONYMES : Chaste, Puritain.

LIBRAIRIE

Commerce des livres
Boutique de libraire
Corporation du livre
Bibliothèque

LIBRE PENSEUR
V. ATHÉE

LIBREMENT

En toute liberté
De plein gré
Sans entrave
Sans restriction
Sans obstacle
Avec franchise
Sans gêne
Sans se gêner
Sans contrainte
Sans limite
Avec fantaisie
V. CARRÉMENT

● ANTONYME : Sous contrainte.

LICENCE

1. Droit de
Liberté de
Permission de
Autorisation
Permis

2. Diplôme (universitaire)
Grade (*id.*)
Degré (*id.*)

3. *Péj.* :
V. DÉBAUCHE et LIBERTINAGE

LICENCIER

V. CONGÉDIER
Renvoyer
Débaucher
Destituer
Virer (*arg.*)
Saquer (*arg.*)
Mettre à pied
Mettre à la porte
Lock-outer

● ANTONYMES : Embaucher, Engager, Recruter.

LICENCIEUX

Libidineux
Libertin
Égrillard
V. GAILLARD
Dévergondé
Impudique
Cru
Inconvenant
Indécent
Salé
Obscène
Gaulois
Léger
Leste
Libre
Hasardé
Audacieux
Croustillant
Scabreux
Polisson
Poivré
Paillard
Gras
Graveleux
Déshonnête

Pimenté
Érotique
Pornographique
Porno (*fam.*) [*néol.*]
Raide *et* Roide
Équivoque

● ANTONYMES : Pudique, Chaste, Collet-monté, Pudibond.

LIE

Dépôt
Écume (*aussi au fig.*)
Boue
Tartre
Résidu
Fèces (chimie ancienne)
Mère (du vinaigre)

Au fig. :
Racaille
Tourbe
Bas-fond
Rebut
Populace
Balayure
Voyoucratie (expression maurrassienne)
Lumpenproletariat (expression marxienne)
Les asociaux

● ANTONYMES : Élite, Gratin, (*pop. fig.*)

LIEN

Attache
Ligature
Corde
Ficelle *et* Fil
Bande
Garrot
Entrave
Nœud

Liant
Ciment
Cordon
Hart (*anc.*)
Rouette (*anc.*)
Bride
Aiguillette (*anc.*)
Lacet
Lie (*rég. Sud-Ouest*)
Ruban
Fermeture Éclair (marque déposée)
Licol, Licou *et* Laisse
Chaîne

Au fig. :
Accointance
Liaison
Attachement
Intermédiaire
Truchement
Contact
Relation (de cause à effet)
Racine
Assujettissement
Servitude
Affinité
Dépendance

● ANTONYMES : Liberté, Séparation.

LIER

V. ATTACHER
V. ACCOLER
Ficeler
Nouer
Ligoter
Botteler
Assembler
Fixer ensemble
Unir *et* Réunir
Cimenter
Couler
Conglomérer
Associer
Relier

Coordonner
Agencer
Rattacher
Rapprocher
Faire dépendre
Établir la relation
Établir le contact
Enchaîner
Assujettir à
River

Spécialement :
Astreindre
Obliger
Engager
Garrotter
Tenir

● ANTONYMES : Délier, Détacher, Libérer.

LIESSE
V. JOIE

LIEU

Endroit
Emplacement
Local
Place
Contrée
Région
Localité
Pays
Climat
Site
Coin
Patelin (*fam.*)
Terre
Alentour
Secteur
Parage (s)
Voisinage
Zone
Environs
Quelque part
Asile (lieu d')

« *Les lieux* » :
V. CABINET

● ANTONYME : Nulle part.

LIEUTENANT
V. OFFICIER et SECOND

LIÈVRE

Hase (femelle)
Levraut

Pop. :
Capucin
Bouquin
Bouquet

LIGATURE

Garrot
Bandage
Attache
Nœud

LIGNAGE

Extraction
Race
Communauté du sang
Famille
Postérité
Ascendance
Descendance
Lignée
Souche (familiale)
Arbre généalogique
Filiation

LIGNE
V. TRAIT et LIMITE

LIGNÉE
V. LIGNAGE

LIGUE
V. ASSOCIATION, FACTION
et CABALE

LIGUEUR

Conjuré
Factieux
Partisan
Affidé
Séditieux

LILLIPUTIEN
V. NAIN

LIMACE

Gastéropode
Loche

LIMAÇON
V. ESCARGOT

LIMER

Frotter (avec une lime)
Dégrossir
Affiner
Polir

Au fig. :
Fignoler
Parfaire
Perfectionner
Retoucher
User
Élimer

LIMITATION

Délimitation
Démarcation
Contingentement
Bornage
Restriction
Fixation de (limites)

« *Limitation de vitesse* » :
Réduction

● ANTONYMES : Extension, Généralisation, Liberté.

LIMITE

Ligne (de partage)
Lisière
Frontière
Démarcation
Séparation
Confins
Cadre
Circonscription
Borne *et* Bornage
Bout
Bord
Extrémité
Fin
Commencement
Périmètre

Au fig. :
Barrière
Seuil
Début
Départ
Plafond
Sphère (*fig.*)
Domaine (*fig.*)
Maximum
Minimum
Frein (*fig.*)

● ANTONYME : Infini.

LIMITER

Borner
Délimiter
Arrêter
Circonscrire
Restreindre
Renfermer
Terminer
Réduire
Localiser
Entourer
Cerner

● ANTONYMES : Élargir, Étendre, Agrandir.

LIMITROPHE

Frontalier
Voisin
Contigu
Proche
Tampon (État)

● ANTONYMES : Éloigné, Sans frontière commune.

LIMOGER

Destituer
Disgracier
Éloigner
Casser
V. CONGÉDIER
Renvoyer
Mettre à la retraite d'office
Mettre à la porte
Exiler en province
Déplacer d'office

● ANTONYMES : Nommer, Promouvoir, Favoriser.

LIMON
V. ALLUVION

LIMPIDE

V. CLAIR
Transparent
Pur
Cristallin
Éclatant
Intelligible
Sans mystère

● ANTONYMES : Opaque, Trouble, Obscur.

LINCEUL
Suaire

LINIMENT

Onguent
Crème

Baume
Topique
Embrocation

LINTEAU

Dessus de porte (*ou* de
fenêtre)
Architrave (*archit.*)
Poitrail (*id.*)
Sommier (*id.*)

LIQUEUR

Boisson
Spiritueux
V. ALCOOL
Apéritif
Digestif
Amer
Bitter
Fine
Eau-de-vie

Principales liqueurs :
Anis
Anisette
Cassis
Crème de (cacao, de bana-
ne, etc.)
Bénédictine
Chartreuse
Citronnelle
Curaçao
Kummel
Marasquin
Menthe
Mirabelle
Persicot (*anc.*)
Poire
Prunelle
Raki
Ratafia

LIQUIDER

En finir avec
Régler (définitivement)

Se débarrasser de
Abandonner
Terminer
Vendre
Payer
Clore (un compte)
Fermer (un compte)
Classer (un dossier)
Solder (des marchandises)
Sacrifier (un stock)
Réaliser (un stock)

Spécialement :
V. TUER

LIRE

Faire une lecture
Suivre un livre
Parcourir (un texte)
Dévorer (un texte)
Relire
Feuilleter
Compulser
Consulter (un auteur)
Fréquenter (*id.*)
Prendre connaissance
Bouquiner (*fam.*)
Déchiffrer
Débrouiller
Se plonger dans un livre

Au fig. :
Discerner (le sens de)
Pénétrer (*id.*)
Découvrir (*id.*)
Reconnaître (*id.*)

● ANTONYMES : Ignorer,
Fermer les yeux.

LISIBLE

Déchiffrable
Facile (à lire)
Visible

● ANTONYME : Illisible.

LISIÈRE
V. BORD

LISSER

Rendre lisse
Aplanir
Aplatir
Égaliser
Unir
Polir
Adoucir

Spécialement :
Repasser (du linge)
Défriser (les cheveux)
Calandrer (du papier)
Lustrer (des peaux, le cuir)
Moirer

● ANTONYMES : Délisser,
Froisser, Onduler, Ébou-
riffer, Cloquer, Craqueler.

LISTE

V. ÉNUMÉRATION
Nomenclature
Tableau
État
Rôle
Index
Inventaire
Catalogue
Bordereau
Nombre
Menu (liste des mets)
Promotion (liste des pro-
mus)
Martyrologe (liste des mar-
tyrs)
Errata (liste des erreurs)

LIT

Couche
Châlit

Litière
Hamac
Natte
Paillasse
Couchette
Canapé-lit
Sofa
Cosy-corner
Triclinium (*antiq.*)
Berceau
Lit à colonnes (*ou* à baldaquin)

Fam. et pop. :
Pageot
Page
Paddock
Pieu
Pagne *et* Pagnot
Dodo
Plumard
Plumes (*au plur.*)
Pucier
Schlof

LITANIE

V. CHANT

Au fig. :
Obsession
Répétition (ennuyeuse)
Dire lancinant
Antienne
Plainte (répétée)
Reproche (incessant)
Sollicitations

LITIGE

Contestation
(En) Contentieux
V. DISPUTE
Procès
Affaire
Cause
Doute sur
Désaccord

« *En litige* » :
Controversé
En suspens
Disputé
Douteux
Interrompu
Contesté *et* Contestable

● ANTONYME : Accord

LITIGIEUX
V. DOUTEUX

LITTÉRAL

Textuel
V. EXACT

● ANTONYMES : Approximatif, Symbolique, Allégorique.

LITÉRATEUR
V. AUTEUR

LITTORAL

Rivage
Côte (littorale)
Cordon (littoral)
Bord de mer

● ANTONYMES : Arrière-pays, Intérieur.

LIVIDE

Pâle
Blême
Exsangue
Terreux
Blafard
Crayeux
Hâve
Terne

● ANTONYMES : Coloré, Sanguin, Congestionné.

LIVRAISON

Remise
Délivrance

Spécialement (*édition*) :
Fascicule
Feuilleton
Numéro
Volume

LIVRE

Écrit (imprimé)
Volume
Bouquin (*fam.*)
Ouvrage
Tome
Exemplaire
Grimoire
Manuscrit
Bible
Coran
Talmud
Veda
Évangile
Incunable
Elzévir
Annales
Catéchisme
Épitomé
Chronique
Recueil
Biographie
Autobiographie
Abrégé (de)
Aide-mémoire
Dictionnaire
Lexique
Encyclopédie
Opuscule
Tirage
Précis (de)
Méthode
Manuel
Mémento
Répertoire

Thèse
Somme
Abécédaire
Géographie
Histoire
Syllabaire
Grammaire
Vocabulaire
Arithmétique
Traité de
Glossaire
Alphabet
Mémoires
Souvenirs
Roman
Récit
Poésies
Nouvelles
Théâtre
Publication
In-dix-huit
In-douze
In-folio
In-octavo
In-plano
In-quarto
In-seize
Exemplaire numéroté
Édition de luxe
Édition originale
Grand papier
Album
Registre
Atlas
Portulan
Cartulaire (*anc.*)
Libelle
Pamphlet
Œuvre
Chef-d'œuvre

LIVRER

Apporter
Fournir
Délivrer

Procurer
Remettre
Confier
Donner
Vendre
Donner (*ou* Faire) livraison
Expédier
Porter (à domicile)
Abandonner
Mettre en place
Mettre à disposition
Mettre en service
Mettre en possession
Céder

Spécialement :
Dénoncer
Donner (*fam.*)
Trahir
Extrader

« *Se livrer* » :
Se confier
Se fier
Se confesser
Se raconter
Se trahir
Se vendre (*fam.*)
S'abandonner
Se découvrir (*fig.*)
Se soumettre (à)
Se rendre
Se mettre entre les mains de
Se (*ou* S'en) remettre
S'adonner (à)
Se laisser aller à
S'appliquer à (quelque chose)
S'atteler
Se consacrer
Entreprendre
Exécuter
V. TRAVAILLER À

● ANTONYMES : Recevoir, Prendre, Défendre, Conserver; Se dérober à, Se garder de, Refuser de.

LOCAL

V. LIEU
V. APPARTEMENT
Endroit
Pièce (s)
V. LOGEMENT
Chambre (s)
Siège (de)

LOCALISER

Circonscrire
Déterminer (la place de)
Cerner (*fig.*)
Repérer
Situer
Délimiter
Limiter

● ANTONYMES : Perdre, Généraliser, Étendre.

LOCALITÉ
V. VILLE et LIEU

LOCATION

Loyer
Bail
Affermage
Louage
Amodiation (*jur.*)
Conduction (*jur.*)
Réservation (*théâtre, transports*)

● ANTONYME : Vente.

LOCK-OUT
Fermeture (arbitraire)

LOCUTION

Expression
Groupe de mots
Formule

Forme (de langage)
Idiotisme

LOGE

Loggia
Compartiment
Stalle
Box

Spécialement :
1. Conciergerie
Appartement du gardien

2. Avant-scène (*théâtr*).
Baignoire (*id.*)

3. Atelier (franc-maçon-
nerie)
Vente (lieu où se réunis-
saient les carbonari)

4. Cassetin (*imprimerie*)

5. Locule (*botanique*)

LOGEMENT
V. Habitation

LOGER

1. *Intr. :*
V. Habiter

2. *Trans. :*
V. Héberger
Accueillir
Établir (dans une maison,
sous un toit)
Installer
Abriter
Caser
Donner (*ou* Offrir) l'hos-
pitalité
Recevoir (chez soi)
Trouver un logement (pour
quelqu'un)
Placer (quelque chose)
Mettre en place

● Antonymes : Déloger,
Jeter dehors (*ou* à la rue, *ou*
à la porte)

LOGIQUE

Conforme à la logique
Cohérent
Juste
Qui s'emboîte logiquement
(*fig.*)
Conséquent
De bon sens
Sans faille
Bien raisonné
Clair
Cartésien
Bien déduit
Correctement enchaîné
(pour un raisonnement)
Bien conçu
Impeccable
Nécessaire
Naturel

● Antonymes : Illogi-
que, Absurde, Incohérent,
Décousu, Déraisonnable,
Fantaisiste, Boiteux.

LOGIS
V. Habitation

LOI

Droit
Code
Législation
Règle
Règlement
Légalité
Édit
Capitulaire (*anc.*)
Ordonnance
Statut
Charte
Disposition (légale)

Prescription (*id.*)
Commandement (légal)
Décret
Convention (légale)
Canon (*eccl. et Bx-arts*)
Ukase

Au fig. et au sens de « loi » :
Pouvoir
Domination
Empire
Autorité
Puissance
Astreinte
Asservissement
Devoir (s)
Contrainte
Principe (autoritaire)
Précepte
Dogme
Principe
Nécessité
Condition (s)

LOIN

Éloigné
Distant
À distance
Lointain
Au diable (*fam.*)
Au bout du monde (*fam.*)
À l'écart
Bien avant
Bien après
À perte de vue
Hors de portée
Hors d'atteinte
Ailleurs
À cent lieues (*fig.*)
Absent (*adj.*)
Éloigné (*adj.*)

Dans le temps :
V. Ancien

● Antonymes : Près, Pro-

che, Voisin, Immédiat,
Tout contre, Aux environs
de.

LOINTAIN

Adj. :
Éloigné
Distant
V. Loin
Reculé
Indirect

Subst. :
Au loin
Au fond
En arrière-plan
À l'horizon

● ANTONYMES : Premier
plan, Accessible, Proche,
Voisin.

LOISIR

Temps libre
Liberté
V. Vacance (s)
Libre disposition (de soi-
même, de son temps) Dé-
lassement
Repos
Libre occupation

● ANTONYMES : Obligation,
Travail, Temps pris, Esclavage.

LONG

Allongé
Étendu
Grand
En longueur
Élancé
Interminable

Longitudinal
Qui se déploie sur une
grande distance

Dans le temps :
Qui s'étend sur une grande
durée
Qui prend du temps
Qui marque une certaine
longévité
Qui dure
Lent
Tardif
Qui tarde (*ou* qui traîne)
Lambin

Spécialement et péj. :
Prolixe
Diffus
Bavard

● ANTONYMES : Court, Lar-
ge, Concis, Bref, Laconi-
que, Instantané.

LONGTEMPS
et **LONGUEMENT**

Interminablement
Amplement
De façon délayée
À perdre haleine
Jusqu'à épuisement
En longueur
Abondamment

● ANTONYMES : Briève-
ment, Laconiquement, En
abrégé.

LOQUACE

V. Bavard
Prolixe
Disert
Éloquent

● ANTONYMES : Laconique,
Muet.

LOQUE

V. Chiffon
Haillon
Guenille
Lambeau
Penaille (*anc.*)

Au fig. moral :
Chiffe
Épave (humaine)

LORETTE
V. Femme

LORGNON
V. Lunette (s)

LORSQUE
V. Quand

LOT

1. Part *et* Partie
Portion
Morceau
Contingent de

2. Groupement de
Assortiment
Ensemble de
Totalité de
Bloc
Stock
(Le) Tout
Un certain nombre

3. Ce qui échoit (à quel-
qu'un)
Gain (à la loterie)
Don du hasard
Sort
Destin
Qui est donné en partage
(*fig.*)
Apanage

● ANTONYME : 1 Tout.

LOTERIE

Jeu de hasard
Tombola
Tirage
Tranche (de la Loterie Nationale)
Loto
Sweepstake

Au fig. :
V. HASARD

LOUABLE

Digne de louange
Bon
Bien
Méritoire
Digne
Juste

● ANTONYMES : Blâmable, Méprisable, Détestable, Critiquable.

LOUAGE
V. LOCATION

LOUANGE
V. ÉLOGE

LOUANGER
V. ADULER et EXALTER

LOUCHE

Douteux
Trouble
Ambigu
Équivoque
Suspect
Inquiétant
Étrange
Pas net
Pas clair
Incertain
Oblique

Torve
Peu sûr

● ANTONYMES : Franc, Net.

LOUCHER

Être atteint de strabisme
Être bigle (*fam.*)
Bigler (*fam.*)
Avoir une coquetterie dans l'œil (*fam.*)
Avoir les yeux qui se croisent les bras (*pop.*)
Avoir un œil qui dit merde à l'autre (*pop.*)
Avoir un œil qui joue au billard pendant que l'autre marque les points (*pop.*)

« *Loucher sur* » ·
Désirer
Jeter un regard d'envie (*ou* concupiscent) sur
Guigner
Lorgner
Avoir *ou* Manifester de la convoitise pour
Convoiter
Être curieux de

LOUER

1. V. EXALTER et APPROUVER

2. Donner à loyer
Donner à bail
Donner à ferme
Affermer
Arrenter (*anc.*)

3. Prendre en location (*ou* à loyer, *ou* à bail)
Affréter (un bateau, un avion « charter », etc.)

Spécialement :
Réserver (une place, un

fauteuil de théâtre)
Retenir (*id.*)

LOUFOQUE
V. BURLESQUE et FOU

LOURD

Pesant (*aussi au fig.*)
De poids
Chargé
Pénible à (porter, soulever, déplacer)
Volumineux
Écrasant
Dense
Compact

Au fig. :
V. BÊTE, GAUCHE, FRUSTE, GROSSIER et MALADROIT

● ANTONYMES : Léger, Adroit, Agile.

LOUVOYER

Remonter au vent (*mar.*)
Naviguer en zigzag

Au fig. :
Manœuvrer (*fig.*)
Biaiser
Prendre des détours
Prendre la tangente (*fam., pop.*)
Ruser

● ANTONYMES : Aller droit au but, Y aller carrément.

LOYAL

V. FIDÈLE
Dévoué
Régulier (*fam.*)
Régul (*arg.*)
Réglo (*arg.*)

Correct
Rond (*fam.*)
Carré (*fam.*)
Probe
Honnête
Qui tient parole
À qui on peut se fier
Droit

● ANTONYMES : Déloyal, Félon, Fourbe.

LOYAUTÉ
V. DROITURE et DÉVOUEMENT

LOYER
V. LOUAGE

LUBIE
V. CAPRICE

LUBRICITÉ
V. DÉBAUCHE et IMPUDICITÉ

LUBRIFIER
V. HUILER

LUCARNE

Œil-de-bœuf
Fenestron (*rég.* Provence)
Faîtière
Vasistas (*par extens.*)

LUCIDE

Clairvoyant
Perspicace
Sans illusion
Conscient
Qui a toute sa tête (*ou* toutes ses idées)
Qui sait voir
Qui ne s'abuse pas
Qui a les yeux en face

des trous (*pop.*)
Qui se connaît bien
Qui ne se raconte pas d'histoires (*fam.*)
Qui a l'esprit clair
Éclairé
Honnête (envers soi-même)
(Esprit) Lumineux (*ou* Pénétrant)
Sans passion

● ANTONYMES : Aveugle, Aveuglé, Mythomane, Illusionné.

LUCIDITÉ
V. CLAIRVOYANCE

LUCIFÉRIEN
V. Diabolique

LUCRATIF

Qui rapporte
Qui paie (bien)
Qui procure des bénéfices
Profitable
V. FRUCTUEUX

● ANTONYMES : Ruineux, Désavantageux.

LUCRE
V. GAIN

LUEUR
V. CLARTÉ

LUGUBRE

Sinistre
Funèbre
Accablant
Macabre
Triste
Chagrin
Mortel (*fig.*)
Qui inspire l'angoisse
Qui fait frissonner

Qui fait froid dans le dos
V. ENNUYEUX

● ANTONYMES : Gai, Souriant, Réjouissant.

LUIRE
V. BRILLER

LUISANT
V. BRILLANT

LUMIÈRE

1. Clarté
Jour
Soleil *et* Ensoleillement
Lueur
Éclat
Brillant *et* Brillance
Éclairage
Éclairement
Illumination
Luminosité
Radiation lumineuse
Flux lumineux
Flot lumineux
Rayonnement lumineux
Réverbération
Luminescence
Phosphorescence
Fluorescence

2. Éclairage
V. LAMPE
Électricité

Au fig. :
V. EXPLICATION, CONNAISSANCE et VÉRITÉ

● ANTONYMES : Obscurité, Nuit, Ombre, Ténèbres.

LUMINEUX
V. BRILLANT, CLAIR et ÉVIDENT

LUNATIQUE
V. BIZARRE, ÉTOURDI et
RÊVEUR

LUNETTE (S)

Verres
Besicles (*fam.*)
Binocle (*anc.*)
Carreaux (*pop.*)
Lorgnon
Face-à-main
Monocle

« *Lunette d'approche* » :
Longue-vue
Lorgnette
Télescope
Héliomètre
Théodolite
Équatorial

LURON
V. GAILLARD

LUSTRER
V. FROTTER

LUTHÉRIEN
V. PROTESTANT

LUTIN
V. ESPRIT

LUTINER
V. TAQUINER

LUTTE

1. V. COMBAT
Corps à corps
Pancrace
Pugilat
Chausson
Gréco-romaine
Judo

Jiu-jitsu
Catch
Karaté

2. *Au fig.* :
Attaque
Bataille
Conflit
Opposition
Guerre
Action
Assaut
Hostilités
Agitation (sociale)
Résistance
Révolte
Défense
Effort
Antagonisme
Controverse
Débat
Joute
Joute (oratoire)
Dispute
Discussion
Querelle
Escrime
Rivalité (d'intérêts)

Spécialement (*sport*) :
Compétition
Match
Concours
Course
Émulation

● ANTONYMES : Paix, En-
tente, Accord.

LUTTER

Se battre
Combattre
S'affronter
Se mesurer
Jouter
Rivaliser
Se bagarrer (*fam.*)
Se colleter (*fam.*)

Se coltiner (*fam.*)
Se taper dessus (*fam.*)
En découdre (*fam.*)

Au fig. :
Agir (pour *ou* contre)
Batailler
Faire effort
Être aux prises avec
Faire la guerre à
Militer pour
S'efforcer de
S'évertuer
Se démener
Résister
Se défendre

● ANTONYMES : Abandon-
ner, Lâcher prise, Se rendre, Se résigner.

LUTTEUR

Athlète
Pugiliste
Judoka
Catcheur
Hercule (de foire)
Jouteur
Tireur (*arg. professionnel*)

Au fig. adj. :
Combatif
Accrocheur (*fam.*)
Attaquant
Battant (*arg.*)
Accroché (*arg.*)
Obstiné
Plein d'allant (*fam.*)
Courageux
Travailleur

● ANTONYME : Apathique.

LUXE
V. FASTE, ABONDANCE et
EXCÈS

LUXUEUX
V. FASTUEUX

LUXURE
V. Plaisir

LUXURIANT

Abondant
Surabondant
Riche
Touffu
Exubérant

● ANTONYMES : Pauvre,
Maigre, Sec.

LYCÉE
V. École

LYMPHATIQUE

Apathique
Indolent
Mou
Sans caractère

● ANTONYME : Vif.

LYNCHER

V. Battre
Écharper

Exécuter sans jugement
(*ou* sommairement)
Livrer à la (furie de la)
foule

LYNX

Loup-cervier
Caracal (en Afrique)

LYRIQUE
V. Poétique *et* Enthou-
siaste

MACABRE

Lugubre
Funèbre
Morbide
Sinistre
V. Horrible

● antonymes : Gai, Léger,
Heureux.

MACADAM

Chaussée (macadamisée)
Revêtement

Spécialement :
Trottoir (*pop.*)

MACCHABÉE (*pop.*)
V. Cadavre

MACÉRATION

V. Infusion

Au fig. :
Mortification
Ascétisme

MÂCHER

Mastiquer
Broyer (entre les dents)
Écraser (*id.*)
Mâchonner
Triturer
Chiquer
Mâchouiller (*fam.*)

Au fig. :
Faciliter
Préparer

« *Ne pas mâcher ses mots* » :
Dire crûment (*ou* tout cru)
S'exprimer sans ménage-
ment (*ou* avec franchise)
Être franc
Être brutal

MACHIAVÉLIQUE
V. Fourbe

MACHIN (*fam.*)

Truc
Chose

Histoire
Bidule
Fourbi

MACHINAL
V. Inconscient

MACHINATION
V. Intrigue

MACHINE
V. Appareil

MACHINISTE

Mécanicien
Conducteur
Ouvrier
Travellingman (*arg. ciné-
ma*)

MÂCHURE

Contusion
Marbrure (de la peau)

MAÇONNERIE

Construction
Gros œuvre (*archit.*)

MACULER
V. Salir et Barbouiller

MADRIER

Planche
Plantard
Plançon
Plat-bord
Basting
Poutre
Chevron

MADRIGAL
V. Compliment

MAGASIN

V. Boutique
Commerce
Échoppe
Dépôt *et* Entrepôt
Réserve
Resserre
Dock
Halle
Abri
Hangar
Chai
Cave
Silo
Grange
Grenier
Soute
Cambuse
Succursale

MAGE et MAGICIEN
V. Devin

MAGIE

Occultisme
Hermétisme
Alchimie
Archimagie
Astrologie
Goétie
Cabale
Théurgie
Sorcellerie
Chiromancie
Nécromancie
Conjuration
Divination
Ensorcellement
Envoûtement
Enchantement
Sortilège
Maléfice
Incantation
Charme (*aussi au fig.*)

Au fig. :
Séduction
Influence
Prestige
Beauté

MAGIQUE

Cabalistique
Merveilleux
Surnaturel
Enchanté
Ésotérique
Occulte
Mystérieux
Surprenant
Étonnant
Extraordinaire

et aussi :
Instantané
Sans effort
Sans y penser
Par miracle
Miraculeux

● Antonymes : Naturel,
Banal, Normal, Terre à
terre, Laborieux, Pénible.

MAGISTRAL

Digne d'un maître
Imposant
Important
Impérieux
Superbe
Beau
Grand
Magnifique
Souverain
Noble
Solennel
Puissant
Sérieux

● Antonymes : Ordinaire,
Quelconque.

MAGISTRAT

Édile
Fonctionnaire
Officier d'état-civil

Antiq. :
Consul (romain)
Tribun
Duumvir
Triumvir
Proconsul
Propréteur
Questeur
Archonte (grec)
Éphore
Prytane
Sophroniste
Thesmothète
Suffète (carthaginois)

Anc. :
Échevin
Prévôt
Jurat
Viguier

Lieutenant (du roi)
Procurateur (Italie)

Actuellement :
Maire
Bourgmestre (Belgique,
Allemagne)
Maïeur *ou* Mayeur (Belgique)
Avoyer (Suisse)
Podestat (Italie)
Alcade (Espagne)

Spécialement (jur.) :
Juge
Procureur
Officier de justice
Représentant du ministère
public
Substitut
Représentant du parquet
Homme de robe (*fam.*)
Chat fourré (*péj.*)
Robin (*anc.*)
Gens de toge (*fam.*)

MAGNANIME
V. Clément et Généreux

MAGNANIMITÉ

Grandeur (*ou* Hauteur)
d'âme
Générosité
Noblesse (d'âme)
Cœur
Mansuétude
Clémence
V. Bonté
Indulgence

● antonymes : Étroitesse
(d'esprit), Rancune, Dureté.

MAGNÉTISER

Hypnotiser
Fasciner
Mettre en état second

MAGNÉTISME

Phénomène magnétique
Aimantation
Attraction
Rémanence (magnétique)
Hystérèse (*ou* Hystérésis)
Champ (magnétique)

Spécialement :
Influx (*et* Influence) magnétique
Puissance (magnétique)
Charme (*id.*)
Pouvoir (*id.*)
Hypnose
Suggestion
Somnambulisme (artificiel)

Au fig. :
Autorité
Fascination
Envoûtement
Charme
Influence

MAGNIFICENCE

1. Générosité
Grandeur d'âme
Munificence
Libéralité
Prodigalité

2. Somptuosité
V. Faste
Apparat
Pompe
Luxe
Splendeur
Éclat
Beauté
Grand appareil
Richesse

● antonymes : Mesquinerie, Avarice, Ladrerie,
Médiocrité.

MAGNIFIER
V. Exalter

MAGNIFIQUE
V. Beau et Noble

MAGOT

1. Trésor (caché)
Économies
Bas de laine (*fig.*)
Épargne
Argent de côté (*fig., fam.*)
Fortune

2. Singe
Macaque
(Homme) Très laid

MAHOMÉTAN

Musulman
Islamite (*anc.*)
Adepte de la religion
musulmane
Croyant (*absol.*)
Qui professe l'islamisme

MAIGRE

Décharné
Squelettique
Hâve
Amaigri
Menu
Grêle
Amenuisé
Sec
Efflanqué
Étique
Qui n'a que la peau sur
les os
Desséché
Émacié
À qui on compterait les
côtes

Dont les os percent la peau
Fluet
Rachitique
Maigrelet
Maigrichon (*fam.*)
Maigriot (*fam.*)
Aztèque (*pop.*)
Haridelle (*pop.*)
Planche à pain (*pop.*)
Carcan (*pop.*, *anc.*)
Qui a la ligne haricot (*pop.*)
Sans une once de graisse

Au fig. :
Médiocre
Pauvre
Mince
Aride (une terre)
Stérile (une terre)

● ANTONYMES : Gras, Grais-seux, Adipeux, Gros, Cor-pulent, Obèse, Bouffi, Rond, Opulent, Riche.

MAIGRIR

Devenir maigre
Perdre du poids
Fondre (*fig.*)
Dégraisser
Se défaire (*fam.*)
Couler (*fig.*, *fam.*)
Décoller (*pop.*)

● ANTONYMES : Engraisser, S'empâter, Faire du lard, Grossir.

MAILLET

Marteau (de bois *ou* d'ivoire)
Masse
Mailloche *et* Maillotin
Hutinet de tonnelier)
[*anc.*]

Batte (de plombier, de zingueur).

MAILLON

Maille (petite) [*rare*]
Chaînon
Anneau

MAILLOT

Tricot
Chandail
Sous-vêtement
Tee-shirt (*néol.*)
Collant
Baby-shirt
Costume de bain
Deux-pièces
Bikini (*Marque déposée*)
Monokini (*Marque dépo-sée*)
Slip (de bain)

MAIN

Menotte
Patte (*fam.*)
La droite
La gauche
Battoir (*fam.*)
Patoche (*fam.*)
Cuiller (*pop.*)
Pince (*pop.*)
Poigne
Pogne (*fam.*)

MAIN-FORTE (PRÊTER)
V. AIDER

MAINMISE
V. SAISIE

MAINTENANT

En ce moment
Au moment présent
Aujourd'hui
Actuellement
Présentement
À présent
Sur-le-champ

● ANTONYMES : Autrefois, Jamais.

MAINTENIR

Conserver
Entretenir
Tenir
Garder
Continuer
Faire durer
Laisser subsister
Soutenir
Fixer
Attacher
Retenir
Épauler
Appuyer

● ANTONYMES : Annuler, Annihiler, Anéantir, Inno-ver.

MAINTIEN

1. Conservation
Confirmation
Contention (*chirurgie*)
Continuité
Durée

2. V. ATTITUDE

● ANTONYMES : Aban-don, Changement.

MAIRIE

Hôtel de ville
Maison commune
Maison de ville
Maison du peuple
Siège de la municipalité

MAISON

Construction
Bâtiment
Édifice
Bâtisse
Abri
Immeuble
Habitation
Logement
Maisonnette
Chaumière
Ferme
Hutte
Baraque
Caserne
Chalet
Pavillon
Hôtel
Gratte-ciel
Building
Château
Bastide
Cabanon
Folie
Gentilhommière
Villa
Mas
Bungalow
Échoppe (*rég. Sud-Ouest*)
Guinguette
Demeure
Domicile
Foyer
Feu (*anc.*)
Logis
Home
Résidence
Masure (*péj.*)

Cabane
Isba (russe)
Datcha (russe)

Spécialement :
V. ÉTABLISSEMENT

MAÎTRE

1. Patron
Seigneur
Chef
Premier
Dirigeant
Gouvernant
Tyran
Dictateur
Souverain
Qui a autorité sur
Bourreau

« *Maître de maison* » :
V. HÔTE

● ANTONYMES : Esclave, Sujet, Vassal.

2. Enseignant
Magister
Instituteur
Éducateur
Professeur
Régent
Pédagogue
Précepteur

Spécialement :
Expert
Savant
Modèle
Initiateur

● ANTONYMES : Élève, Disciple.

MAJESTUEUX

Imposant
Noble

Solennel
Auguste
Olympien
Pompeux
Grandiose
Monumental
Colossal

● ANTONYMES : Vulgaire, Ridicule.

MAJEUR

1. Adulte

2. Important

● ANTONYMES : Mineur, Petit, Insignifiant.

MAJORER

Augmenter
Hausser
Élever
Enfler
Exagérer
Surestimer
Surfaire (*litt.*)

● ANTONYMES : Baisser, Diminuer.

MAJUSCULE

Grande lettre
Capitale
Lettrine

Au fig. :
Important (*iron.*)
Grand (*iron.*)

● ANTONYME : Minuscule.

MAL

1. Mauvais
Funeste

2. Malencontreusement
De manière fâcheuse
Défavorablement
Maladroitement
Sans succès
Sans soin
Anormalement
De façon incorrecte
Désagréablement
Faussement
Difficilement
Péniblement
Malaisément
Passablement

3. *Subst.* :
Douleur
Souffrance
Blessure
Plaie
Maladie
Malaise
Dommage
Préjudice
Tort
Malheur
Peine
Affliction
Calamité
Épreuve
Difficulté
Effort

Moral. :
Défaut
Péché
Faute
Crime
Perversion
Vice
Tare
Contraire à la loi morale
Contraire à la vertu

● ANTONYMES : Bon ;
Bien ; Bonheur ; Vertu.

MALADE

Égrotant
Grabataire
Souffrant
En mauvais état
Mal en point (*ou* Mal
portant)
Mal fichu (*fam.*)
Patient
Client (du médecin)
Dolent
Détraqué (*fam.*)
Patraque (*fam.*)
Abattu
Affecté
Déprimé
Débile
Indisposé
Alité
Atteint
Incommodé
Valétudinaire
Fatigué
Fiévreux
En traitement
Dérangé
Sous contrôle médical
Moribond
Incurable
Condamné
Expirant

● ANTONYMES : Bien por-
tant, Sain, Dispos, En
forme (*fam.*).

MALADIE

Mal
Affection
Mauvaise santé
État pathologique

Altération de la santé
Atteinte
Attaque
Incommodité
Indisposition
Souffrance
Infection
Épidémie
Endémie
Pandémie
Rechute
Récidive
Traumatisme
Blessure
Crise
Épizootie (animaux)
Épiphytie (plantes)
Contagion

Au fig. :
Trouble
Vice
Manie
Folie
Passion de

● ANTONYMES : Santé,
Guérison.

MALADIF

Souffreteux
Égrotant
Rachitique
Cacochyme
Fragile
Délicat
Dolent
Faible
Inquiétant
Languissant
Languide
Malingre
Pâlot
Qui s'étiole
Débile
Chétif

Au fig. :

Morbide
Malsain

● ANTONYMES : Sain, Vif, Fort, Robuste.

MALADRESSE

Inhabileté (*litt.*)
Gaucherie
Manque d'adresse
Lourderie (*anc.*)
Inexpérience
Fausse manœuvre
Manque de tact
Défaut de savoir-faire
Balourdise
V. BÉVUE
Action malencontreuse (*ou mal venue, ou* hors de propos)
Propos maladroit
Pas de clerc
Pavé de l'ours
Imprudence (verbale)
Gaffe (*fam.*)
Faute
Étourderie
Impair

● ANTONYMES : Adresse, Élégance, Chic, Brio, Entregent, Habileté.

MALADROIT

Malhabile
Inhabile (*litt.*)
Gauche
Gourde (*fam.*)
Empoté (*id.*)
Empaillé (*id.*)
Godiche (*id.*)
Godichon (*id.*)

Sabot *et* Saboteur (*id.*)
Pataud
Incapable
Novice
Apprenti
Propre à rien
Massacreur
Casseur (*arg. automobile*)
Malavisé

● ANTONYMES : Adroit, Habile, Capable, Dégourdi.

MALAISE

Mésaise (*peu us.*)
Trouble
Embarras
Sensation pénible
Indisposition
Vertige
Vapeur (*fig.*)
Nausée
Gêne
Incommodité
Dérangement

Au fig. :
Ennui
Souffrance
Tristesse
Étouffement
Tourment
Inquiétude
Crise
Marasme
Situation délicate

● ANTONYMES : Bien-être, Euphorie, Prospérité.

MALAISÉ
V. DIFFICILE

MALAPPRIS
V. GROSSIER

MALAVISÉ
V. IMPRUDENT et MALADROIT

MALCHANCE

Adversité
Mauvaise chance
Mauvaise fortune
Mauvais sort
Mésaventure
Déveine
Malédiction
Hasard malheureux
Malheur
Accident
Poisse (*arg.*)
Guigne *et* Guignon (*pop.*)
Cerise (*arg.*)

● ANTONYMES : Chance, Veine, Aubaine.

MÂLE
V. MASCULIN

● ANTONYME : Femelle.

MALÉDICTION

Anathème
Imprécation
Exécration
Réprobation

● ANTONYME : Bénédiction

MALÉFICE

Sortilège
Envoûtement
Sorcellerie
Diablerie
Ensorcellement
Jettatura (Italie)
Pratiques magiques
Sort malfaisant
Fascination
Philtre

● ANTONYMES : Pratique conjuratoire, Conjuration.

MALÉFIQUE
V. MALFAISANT

MALENTENDU

Équivoque
Méprise
Quiproquo
Divergence (d'interprétation)
Désaccord
Dispute
Erreur
Mésentente
Divorce (*fig.*)

● ANTONYME : Entente.

MALFAÇON
V. DÉFAUT et IMPERFECTION

MALFAISANT

Mauvais
Maléfique
Méchant
Pernicieux
Nuisible
Qui cause du mal (*ou* des dégâts)
Qui veut nuire
Ennemi
Corrosif

● ANTONYME : Bienfaisant.

MALFAITEUR

Bandit
Brigand
Criminel
Scélérat
V. VOLEUR
Assassin

Voyou
Gangster
Truand
Gibier de potence
Maffioso

● ANTONYME : Bienfaiteur.

MALFORMATION
V. DÉFAUT

MALGRÉ

Contre le gré (de quelqu'un)
En dépit de
De mauvais gré
Nonobstant
Au mépris de
À contrecœur
Involontairement
Sans le consentement de
Envers et contre

● ANTONYMES : Grâce à, De bon gré.

MALHABILE
V. MALADROIT

MALHEUR

Malchance
Infortune
Calamité
Épreuve
Fatalité
Mauvaise fortune
Accident
Catastrophe
Perte
Ruine
Fléau
Revers
Traverse (*anc.*)
Misère
Douleur
Peine
Affliction
Détresse

Chagrin
Adversité
Malédiction
Cruauté du sort

● ANTONYME : Bonheur.

MALHEUREUX

Infortuné
Dans le malheur
Éprouvé
Frappé (par le malheur)
Pauvre
Pitoyable
Piteux
Misérable
Affligeant
Malencontreux
Préjudiciable
Déplorable
Désastreux
Désagréable
Fâcheux
Triste
Regrettable
Lamentable
Néfaste
Funeste
Maléfique
Fatal
Maudit

Spécialement :
Pauvre (diable)
Indigent
Miséreux

● ANTONYMES : Heureux, Bienheureux, Fortuné, Chanceux, Veinard, Riche.

MALHONNÊTE

Sans honnêteté
Sans probité

Déshonnête
Déloyal
V. Voleur
Tricheur
Escroc
Fripouille
Canaille
Indélicat
Infidèle
Véreux
Arnaqueur (*arg.*)
Truand (*adj.*)
Incorrect
Incivil
Grossier
Malappris
Indécent
Inconvenant
Injurieux

● Antonymes : Honnête,
Probe, Loyal, Intègre, Poli.

MALICE

Astuce
V. Ruse
Amusement
Malignité
Méchanceté
Malveillance
Raillerie
Esprit
Facétie
Farce
Espièglerie
Taquinerie
Tour
(Petites) Misères
Diablerie

● Antonymes : Niaiserie,
Naïveté, Bêtise, Candeur.

MALICIEUX
V. Espiègle

MALIGNITÉ

V. Malice

Plus :
Perfidie
Perversité
Mauvais vouloir
Causticité
Volonté de nuire
Malfaisance

● Antonymes : Bonté,
Bénignité (*litt.*)

MALIN

Astucieux
Rusé
Roublard
Habile
Fin
Finaud
Dégourdi
Déluré
Débrouillard
Intelligent
Futé
Combinard
Fine mouche (*fam.*)
Mariol *ou* Mariolle (*pop.*)
Marle (*pop.*)
Qui s'y entend (*pop.*)
Qui a le nez fin (*pop.*)

● Antonymes : Nigaud,
Jobard, Dupe.

MALINGRE
V. Maladif et Chétif

MALLE
V. Bagage

MALLÉABLE

Maniable
Souple

Commode
Facile (à manier)
Pliable
Pratique
Flexible
Élastique
Doux
Docile
Plastique
Influençable
Obéissant
Traitable (*litt.*)

● Antonymes : Raide,
Cassant.

MALMENER
V. Maltraiter

MALOTRU
V. Goujat

MALPROPRE
V. Sale

MALSAIN

Insalubre
Contagieux
Nuisible
Impur
Dangereux

Au fig. :
Immoral
Pernicieux
Morbide

● Antonyme : Sain.

MALSÉANT et MAL-SONNANT
V. Grossier

MALTRAITER

Malmener
Traiter mal

Brutaliser
Frapper
V. BATTRE
Faire un mauvais parti
Traiter durement (*ou* avec rigueur)
Rudoyer
Brimer
Bizuter (*ou* Bizuther) [*arg. scol.*]
Secouer
Arranger (*iron.*)
Esquinter

Au fig. :
Éreinter
Critiquer
Houspiller
Lapider

● ANTONYMES : Câliner, Gâter, Caresser.

MALVEILLANCE
V. ANIMOSITÉ

MALVERSATION

V. ESCROQUERIE
Concussion
Détournement
Prévarication
Trafic
Tripotage (*pop.*)
Tripatouillage (*pop.*)
Corruption
Exaction
Forfaiture
Péculat

MAMAN
V. MÈRE

MAMELLE

1. V. SEIN

2. Pis
Trayon

Tétine
Téton

MANAGER

Entraîneur
Imprésario

Spécialement (*néol. angl.*) :
Technicien de gestion
Gestionnaire
Technocrate

MANDANT

Commettant
Délégant

● ANTONYMES : Mandataire, Délégataire.

MANDAT

Pouvoir
Procuration
Délégation
(Ordre de) Mission
Commission
Blanc-seing

MANDATAIRE

Délégué
Fondé de pouvoir (s)
Commis
Commissionnaire
Agent
Intermédiaire
Consignataire
Défenseur des intérêts de (quelqu'un)

Spécialement :
Député

● ANTONYMES : Mandant, Commettant.

MANÈGE
V. AGISSEMENT

MANGEABLE

Comestible
Bon

● ANTONYMES : Immangeable, Mauvais.

MANGEAILLE
V. NOURRITURE

MANGEOIRE

Crèche
Auge
Musette (mangeoire de cheval)
Trémie (pour oiseaux, volaille)
Auget (pour oiseaux)

MANGER

Se nourrir
Avaler (de la nourriture)
Prendre (*id.*)
Prendre un repas
Se sustenter
Bouffer (*fam.*)
Boulotter *fam.*)
Absorber (des aliments)
S'alimenter
Dévorer
Se bourrer de
Ingurgiter
Ingérer
Déguster
Savourer
Croquer
Grignoter
Ronger
Mâcher
Mastiquer
Se régaler

Se goberger
Se goinfrer
S'empiffrer (*pop.*)
Se bourrer (*pop.*)
Brifer (*arg.*)
Boustifailler (*pop.*)
Jaffer (*arg.*)
Becqueter (*pop.*)
Brichetonner (*arg.*)
Casser la croûte (*pop.*)
Casser la graine (*pop.*)
Calmer sa faim
Se repaître
Se restaurer
Se refaire (*fam.*)
Chipoter
S'enfiler (des aliments) [*pop.*]
S'envoyer (des aliments) [*pop.*]
Se taper (des aliments) [*pop.*]
Tortorer (*arg.*)
Se caler les gencives
Se taper la cloche
Se taper la hotte

Prendre un repas :
Déjeuner
Dîner
Collationner
Souper
Être à table

Au fig. :
V. DILAPIDER

● ANTONYMES : Cracher, Vomir, Rendre.

MANIABLE
V. MALLÉABLE

MANIAQUE
V. BIZARRE et FOU

MANIE

Monomanie
Obsession
Hantise
Idée fixe
Habitude
Marotte
Toquade
Dada (*fam.*)
Bizarrerie
Tic
Fantaisie
Rage (de)
Fièvre
Frénésie
Fureur
Démangeaison
Turlutaine (*fam.*)

MANIEMENT

Manipulation
Usage
Emploi
Utilisation
Manutention
Traitement
Opération

Spécialement :
Gestion
Administration
Gouvernement
Direction
Tripotage (*péj.*)

MANIER

Manipuler
Avoir en main
User de *et* Utiliser
Manœuvrer
Diriger
Conduire
Mener
Traiter
Tripoter (*péj.*)
Tripatouiller (*pop. péj.*)

MANIÈRE
V. AGISSEMENT, DISPOSITION et FAÇON

MANIÉRÉ
V. AFFECTÉ

MANIFESTATION

1. Signe
Expression
Marque
Témoignage
Affirmation
Symptôme
Éclosion (de)
Poussée (de)

2. *Spécialement :*
Démonstration (collective)
Réunion
Rassemblement
Cortège
Manif (*pop.*)
Protestation
Explosion (*fig.*)

● ANTONYMES : Calme, Résignation, Répression.

MANIFESTE

1. *Adj. :*
V. CERTAIN

2. *Subst. :*
Profession de foi
Adresse
Proclamation
Déclaration

MANIFESTER

V. EXPRIMER
Extérioriser
Montrer
Révéler
Faire connaître

Proclamer
Publier
Mettre en évidence (*ou* en lumière)
Laisser paraître
Annoncer
Indiquer
Traduire

Spécialement :
Participer à une manifestation
Protester

● ANTONYMES : Dissimuler, Cacher.

MANIGANCE
V. AGISSEMENT

MANIPULATION
V. MANIEMENT

MANŒUVRE
V. AGISSEMENT

MANQUE

Insuffisance
Carence
Absence
Défaut
Déficit
Privation
Disette (de)
Rareté
Besoin
Dénuement
Privation
Indigence
Défaillance
Lacune
Omission

● ANTONYMES : Abondance, Excédent, Affluence, Foison.

MANQUEMENT
V. FAUTE

MANQUER

1. Ne pas avoir
Être dépourvu de
Être sans (quelque chose)
Être dénué de
Être démuni de
Faire défaut (*ou* Faire faute)
Être absent (*ou* Être manquant)
Faillir

2. Rater
Ne pas réussir
Louper
Passer à côté
Miser à côté
Ne pas atteindre (son but)
Laisser échapper
Gâcher
Perdre

● ANTONYMES : 1. Avoir. 2. Réussir.

MANSARDE
V. CHAMBRE

MANSUÉTUDE
V. BIENVEILLANCE

MANTEAU

Pelisse
Mante *et* Mantelet
Patelot
Trois-quarts
Cape *et* Capote
Pèlerine
Rase-pet (*anc.*)
Poncho
Cache-poussière
Cache-misère
Macfarlane
Burnous
Pardessus
Caban
Raglan
Douillette (*eccl.*)
Ulster
Plaid
Gabardine
Waterproof
Imperméable
Mackintosh

MANUFACTURE
V. FABRIQUE

MANUSCRIT
V. Écriture

MANUTENTION

Manipulation
Chargement
Déchargement
Levage
Emmagasinage
Transport
Emballage

MAQUEREAU
V. PROXÉNÈTE

MAQUETTE

V. ÉBAUCHE
Étude
Modèle réduit (*ou* en réduction, *ou* à l'échelle)
Projet
Copie
Canevas
Esquisse

MAQUILLER

Grimer
Farder
Changer l'apparence
Déguiser
Camoufler
Tricher
Falsifier

Dénaturer
Truquer
Fausser (la vérité)

● ANTONYME : DÉMAQUIL-LER.

MARAÎCHER
V. JARDINIER

MARAIS

V. EAU (stagnante)
Marécage
Palus (*ou* Palud *ou* Palude [*rég.*])
Marigot
Gâtine (*rég.*)
Fagne (*rég.*, *Ardennes*)
Tourbière
Polder
Saline (marais salant)
Maremme (italien)

MARASME

Cachexie (*méd.*)

Au fig. :
Crise
Malaise
Mévente
Stagnation
Faillite

MARÂTRE
V. MÈRE

MARAUDER
V. VOLER

MARBRE

Cristaux de Calcite
Carrare
Paros
(Marbre du) Pentélique
Grand antique

Jaspé
Veiné
Cipolin
Brocatelle
Albâtre
Sarrancolin *ou* Sarancolin
Griotte
Turquin
Serpentine
Ophite
Lumachelle
Stuc (marbre artificiel)

MARCHAND

Négociant
Commerçant
Vendeur
Fournisseur
Débitant
Détaillant
Grossiste
Boutiquier
Colporteur
Camelot
Forain
Mercanti (*péj.*)
Trafiquant (*péj.*)
Margoulin (*péj.*)
Spéculateur

● ANTONYMES : Acheteur, Client, Chaland.

MARCHANDISE

Denrée
Produit
Article
Assortiment
Choix
Fourniture
Livraison
Cargaison
Fret
Stock

Arrivage
Solde (s)
Rossignol (*péj.*)
Pacotille (*péj.*)
Camelotte (*péj.*)
Came (*arg.*)
Bric-à-brac (*péj.*)

MARCHE

Locomotion animale
Déambulation
Promenade
Footing
Mouvement
Pas
Allure
Foulée
Cheminement
Randonnée
Progression
Avance (*milit.*)
Course
Défilé
Contremarche (*milit.*)
Retraite (*milit.*)

Au fig. :
Cours
Processus
Courant
Développement
Évolution
Fonctionnement
Progrès
Progression
Propagation

● ANTONYMES : Immobilité, Arrêt.

MARCHÉ

1. V. ACCORD
Contrat
Affaire
Achat

Vente
Échange
Troc
Brocantage (*anc.*)

2. Lieu public
Foirail (*rég.*)
Halle
Souk (*arabe*)
Bazar
Place foraine

Absol. :
Foire
Braderie
Place

Au fig. :
Débouché
Clientèle

MARCHER

Se mouvoir
Se déplacer
Aller (au pas)
Cheminer
Faire des enjambées
Trotter
Trottiner
Clopiner
Faire du chemin
Faire les cent pas
Se donner du mouvement
Faire du footing
Avancer
Suivre
Précéder
Monter
Descendre
Crapahuter (marcher dans un terrain difficile (*arg. milit.*)
Aller de l'avant (*ou* en avant)
Aller à reculons
Rétrograder
Porter ses pas
Se rendre à

Faire route vers
Se diriger vers
Venir
Errer
Vagabonder
Flâner
Trimarder
Passer *et* Dépasser
Défiler
Filer
Aller à pinces (*pop.*)

Au fig. :
V. Fonctionner
Rouler (une voiture)
Tourner (une machine)
Prospérer (une usine, un commerce)

Spécialement fam. et fig. :
Accepter
Acquiescer
Consentir
Vouloir bien
Donner son adhésion

et aussi :
Croire
Se laisser abuser (*ou* Se laisser berner *ou* Se laisser tromper)

« *Ça marche* » (*fam.*) :
D'accord
Ça colle (*fig.*, *fam.*)
Ça gaze (*pop.*)
Ça roule (*id.*)
Ça biche (*id.*)
Ça boume (*id.*)
Ça va (*fam.*)

MARE

V. Eau (stagnante)
Étang
Lagon
Flache
Flaque
Canardière
Barbotière

MARÉCAGE
V. Marais

MARÉCHAUSSÉE

Gendarmerie
V. Police

MARÉE

Mer (montante *ou* descendante)
Flux
Reflux
Haute mer
Pleine mer
Basse mer
Jusant
Vives eaux
Maline
Syzygie
Morte-eau
Mascaret
Barre
Flot (ascendant)
Raz (de marée)

Par extens. :
Poissons (frais)
Pêche (du jour)
Fruits de mer

MARGE

Blanc (marginal)
Bord *et* Bordure
Espace libre

Au fig. :
V. Écart
Volant (de sécurité)
Délai
Temps
Intervalle
Latitude
Facilité

● ANTONYMES : Texte, Limite.

MARI

Époux
Conjoint
Homme
Seigneur et maître (*iron.*)

● ANTONYMES : Épouse, Femme.

MARIAGE

Alliance
Union (légitime)
Hymen (*littér.*)
Contrat conjugal
Conjungo (*fam.*)
Noce (s)
Remariage
Épousailles
Bénédiction nuptiale
Lune de miel
Mise en ménage
Monogamie
Polygamie
Polyandrie
Établissement

Au fig. :
Association
Fusion
Réunion
Mélange

● ANTONYMES : Célibat, Divorce.

MARIER

Unir
Conduire à l'autel
Donner (la main de sa fille)

Donner pour gendre
Établir (son fils, sa fille)

« *Se marier* » :
Épouser
Prendre femme
Prendre époux
Contracter mariage
S'établir
Faire un mariage
Trouver un parti
Se mettre la corde au cou (*fam.*)
Passer la bague au doigt

Au fig. :
Allier
Associer
Combiner
Unir *et* Réunir
Assortir
Apparier
Mélanger
Entrelacer

● ANTONYMES : Séparer. Divorcer.

MARIN

Navigateur
Gens (ou Homme) de mer
Matelot
Pêcheur
Patron pêcheur
Inscrit maritime
Maître
Quartier-maître
Premier-maître
Second-maître
Officier marinier
Homme d'équipage
Mousse
Col bleu
Batelier
Caboteur
Aconier *ou* Acconier
Gabarier
Aspirant de marine

Timonier
Gabier
Soutier
Tribordais
Bâbordais
Canotier
Voilier
Cap-hornier
Corsaire
Mataf (*arg.*)
Nautes (*anc.*)
Nautonier (*anc.*)

ANTONYME : Terrien.

MARIONNETTE

Poupée
Pupazzo
Burattino
Fantoche
Bamboche (*anc.*)
Guignol
Automate
Pantin
Polichinelle

MARITIME

Marin
Naval

● ANTONYMES : Terrien, Aérien.

MARIVAUDAGE et MARIVAUDER
V. BADINAGE et BADINER

MARMONNER

Murmurer
Marmotter
Bredouiller
Mâchonner (*fig.*)
Mâchouiller (les mots)
[*fam.*]

● ANTONYMES : Crier, Hurler.

MARMOT
V. ENFANT

MARMOTTER
V. MARMONNER

MAROCAIN
Chérifien

MAROTTE
V. MANIE

MARQUE

V. EMPREINTE
Signe *et* Insigne
Stigmate
Symbole
Estampille
Poinçon (coup de)
Cachet
Chiffre
Label
Sceau
Timbre
Raison sociale
Trace
Repère
Jalon
Borne
Indication
Preuve (de)
Symptôme
Témoignage
Attestation
Attribut (de)
Critère (de)
Trait (de)

Spécialement :
Cicatrice
Bleu
Ecchymose
Zébrure
Vergeture

MARQUER

1. Poser une marque
Distinguer (au moyen d'un signe)
Cocher
Repérer
Créner
Poinçonner
Signer *et* Contresigner
Émarger
Estampiller
Estamper
Étiqueter
Timbrer
Insculper
Matriculer (*rare*)
Numéroter
Coter
Pointer
Layer (un arbre)
Tatouer
Marbrer
Zébrer
Imprimer
Empreindre

2. Noter
Écrire
Inscrire
Dire
Exprimer
Extérioriser
Faire connaître
Montrer
Manifester
Témoigner
Attester
Dénoter
Caractériser
Signaler
Révéler

Au fig. :
Faire date
Dater
Être marquant (mémorable, remarquable)
Se distinguer

● ANTONYMES : Passer inaperçu, Être omis, Être oublié.

MARRE

Assez
Trop
Ça suffit
Ras-le-bol *ou* Ralbol (*néol.*)

MARRER (SE)
V. RIRE

MARRON

Brun
Châtain (*ou* Châtaigne)
Tabac
Havane

MARS
Ventôse - Germinal

MARSEILLAIS

Massaliote
Phocéen

MARTEAU

V. MAILLET
Masse
Massette
Mailloche
Picot (de carrier)
Châsse (de charron)
Asseau (de cordonnier et de couvreur)
Frappe-devant (de forgeron)
Boucharde (de maçon)
Besaiguë (de vitrier)
Matoir (à river)
Marteline (de sculpteur)
Martelet

Rivoir (à river)
Épinçoir (à épinceter)
Smille (de tailleur de pierre)
Têtu (de tailleur de pierre)
Brochoir (de maréchal-ferrant)
Ferretier, Ferratier *ou* Fertier (de maréchal-ferrant)
Merlin
Marteau-pilon
Marteau-piqueur
Perforatrice

Pop. :
V. Fou

MARTELER

V. Frapper
Pilonner

MARTYR
V. Victime

MARTYRE

Supplice
Torture
Calvaire
Baptême de sang
Souffrance
Persécution
Crucifixion
Tourment

MARXISME

Socialisme (scientifique)
Collectivisme (marxien)
Communisme autoritaire
Bolchevisme
Matérialisme (historique)

● ANTONYME : Capitalisme.

MASCARADE

Déguisement
Carnaval
Masques
Divertissement
Travesti (s)
Chienlit

Au fig., péj. :
Hypocrisie
Momerie
Mise en scène (*péj.*)

MASCARET
V. Eau *et* Marée

MASCOTTE

Fétiche
Porte-bonheur
Porte-chance
Gri-gri *ou* Grigri

MASCULIN

Viril
Mâle

● ANTONYME : Féminin.

MASQUE

1. Déguisement
Loup (d'étoffe, de velours)
V. Mascarade

Au fig. :
Apparence
Dehors (trompeur)
Couvert (sous le) de
Manteau (sous le) de
Paravent (*fig.*)
Précaution
Extérieur

2. V. Visage
Physionomie

Air (*fig.*)
Faciès
Expression (de joie, de tristesse)
Figure

● ANTONYME : Visage nu (*ou* découvert).

MASQUER

Au fig. :
Travestir
Dissimuler
Farder
Voiler
Recouvrir
Enrober
Déguiser
Dérober (à la vue)
Empêcher de voir
Cacher

● ANTONYMES : Dévoiler, Mettre en lumière.

MASSACRE
V. Carnage

MASSACRER

V. Tuer

Fam. et pop. :
Amocher
Esquinter
Démolir
Écharper
Mettre à mal
Lyncher

Au fig. :
Abîmer
Bousiller (*pop.*)
Saccager
Défigurer (une œuvre)
Endommager
Gâter

MASSE

Morceau compact
Agglomérat
Bloc
Amas
Agrégat
Conglomérat
Tas
Magma
Rassemblement
Foule
Quantité
Somme de
Ensemble (de)
Nombre

« *Les masses* » :
(Les) Couches populaires
(Le) Peuple
(La) Foule
(La) Multitude

● ANTONYMES : Parcelle,
Brin; Individu.

MASSER

1 V. ASSEMBLER

2. V. FROTTER

MASSEUR

Soigneur
Masso-Kinésithérapeute

MASSIF

1. *Adj.* :
Lourd
Pesant
Épais
Corpulent
Gros
Grossier
Mastoc (*fam.* et *péj.*)
Plein

Compact
Pur

2. *Subst.* :
Corbeille (de fleurs)
Bosquet
Bois
Ensemble montagneux
Chaîne de montagnes

● ANTONYMES : 1. Fin,
Léger, Creux, Plaqué,
Épars.

MASSUE

Masse
Bâton à nœud
Casse-tête
Arme contondante
Matraque
Trique
Bidule (*néol. pop.*)
Gourdin
Goumi (camps allemands)

MASTIQUER
V. MÂCHER

MASTURBATION
Onanisme

MASURE
V. CABANE

MÂT

Mâture
Artimon
Cacatois
Misaine
Beaupré
Hune
Perroquet

Spécialement :
Poteau (de chapiteau)
Perche (de tente)

MATAMORE

Fier-à-bras
Fanfaron
Capitan (*anc.*)
Rodomont
Bravache
Vantard

MATCH

Épreuve sportive
Compétition
Rencontre (sportive)
Épreuve (*id.*)
Combat (de boxe, de lutte,
de catch, de judo)
Course
Critérium

MATELAS

Couette
Paillasse
Matelassure
Rembourrage

MATELOT
V. MARIN

MATER
V. DOMPTER

MATÉRIALISER

Concrétiser
Représenter matérielle-
ment

● ANTONYME : Symboliser.

MATÉRIEL

1. Tangible
Palpable

Réel
Concret
Physique
Charnel
Corporel

2. Matériau
Outillage
Équipement
Mobilier
Machine (s)
(Le) Nécessaire à

● ANTONYMES : 1. Immatériel, Spirituel, Intellectuel, Idéal, Incorporel.
2. Personnel (*subst.*)

MATÉRIELLEMENT

Physiquement
Effectivement
Réellement
Positivement

MATHÉMATICIEN

Calculateur
Arithméticien
Analyste
Algébriste
Géomètre

MATIÈRE

Substance (matérielle)
Corps
Chose
Matériau

Spécialement :
Sujet
Question
Fond
Terrain
Domaine

Champ
Chapitre
Point
Problème

● ANTONYMES : Esprit, Ame; Forme.

MATIN

Jour
Petit jour
Lever du jour
Matinée
Commencement du jour
Mi-journée
Aube
Aurore
De bonne heure
(À) Potron-minet (*fam.*)

● ANTONYMES : Soir, Crépuscule, Nuit.

MATINAL

Du matin
Matutinal
Matineux
Lève-tôt (*fam.*)

● ANTONYME : Vespéral.

MATOIS

Finaud
Madré
Rusé
Sournois
(Faussement) Bonhomme

● ANTONYME : Franc.

MATRAQUE
V. MASSUE

MATRICE
Utérus

MATRIMONIAL
Conjugal

MATURATION

Mûrissement
Mûrissage
Véraison (maturation du raisin)

MATURITÉ

Âge mûr
Force de l'âge
Plénitude
Expérience (de la vie)
Sûreté de jugement
Sagesse

● ANTONYMES : Enfance, Enfantillage.

MAUDIRE

Anathématiser
Vouer aux gémonies
Vouer au malheur
Appeler la malédiction (sur quelqu'un)
Envoyer au diable
Abominer
Pester contre
Haïr
Exécrer
S'emporter (contre)
S'indigner (contre)
Réprouver
Condamner

● ANTONYMES : Adorer, Bénir.

MAUDIT

V. MALHEUREUX
V. MAUVAIS

633

Frappé d'anathème
Excommunié
Détestable
Haïssable
Exécrable
Damné (*fam.*)
Fichu (*id.*)
Satané (*id.*)
Sacré (*id.*)
Sale (*id.*)

● ANTONYMES : Merveilleux, Heureux, Béni.

MAUGRÉER
V. GROGNER

MAURE, ESQUE

Sarrasin, e
Arabe
Berbère

MAUSOLÉE
V. TOMBEAU

MAUSSADE
V. ACARIÂTRE et BOUDEUR

MAUVAIS

1. Néfaste
Nuisible
Funeste
Dangereux
Pernicieux
Fâcheux
Pénible
Désagréable
Désastreux
Catastrophique
Déplaisant
Lamentable
Déplorable
Défectueux

Détestable
Mal
Imparfait
Abominable
Épouvantable
Exécrable
Horrible
Dégoûtant
Infect
Sale
Immangeable
Imbuvable
Minable (*fam.*)
Saumâtre

2. Méchant
Malfaisant
Malveillant
Odieux
Corrompu
Pervers
Cruel
Dur
Sadique
Qui cherche à nuire
Qui aime faire du (*ou* le) mal
Bandit
Crapuleux
Coupable
Injuste
Rosse (*fam.*)
Chameau (*fam.*)
Vache *et* Vachard (*pop.*)
Carne (*pop.*)
Charogne (*pop.*)
Médisant
Calomnieux
Impur
Déshonnête
Détestable
Misérable

● ANTONYMES: Bon, gentil, Aimable, Excellent, Charmant, Honnête.

MAXIME
V. APHORISME

MAXIMUM

Acmé (*litt.*)
Comble
Plafond
Culminant
Le plus
Le plus (...) possible

● ANTONYME : Minimum.

MAZOUT

Fuel (-oil)
Huile lourde
Dérivé (*ou* Résidu) du pétrole

MÉANDRE

Sinuosité
Détour
Contour
Zigzag
Lacet
Courbure
Courbe
Frette (*archit.*)
Grecque (*id.*)

MÉCANICIEN

Mécano (*fam.*)
Machiniste
Monteur (de machines)
Dépanneur (*id.*)
Garagiste
Conducteur (de train)

MÉCANIQUE

1. *Adj.* :
Automatique
Machinal

Qui marche (*ou* fonctionne)
tout seul
Automoteur

Par extens. :
Réflexe
Instinctif
Irréfléchi
Convulsif

2. *Subst. :*
Machine
V. APPAREIL
Mécanisme

MÉCANISME

V. MÉCANIQUE

Par extens. :
Fonctionnement
Processus

MÉCÈNE

Protecteur
Bienfaiteur
Financier
Bailleur de fonds

MÉCHAMMENT

Avec méchanceté
Durement
Hargneusement
Agressivement
Injustement
Cruellement
Inhumainement
Salement (*fam. fig.*)
De façon méchante (*ou*
venimeuse *ou* vipérine)
Odieusement
Avec malveillance
Fielleusement

Pop. et fam. :
Très

Beaucoup
Vigoureusement
Violemment
Grandement

● ANTONYMES : Gentiment,
Humainement.

MÉCHANCETÉ

V. ANIMOSITÉ
Dureté
Malignité
Malice (*péj.*)
Mauvaiseté (*rare*)
Cruauté
Scélératesse
Désir de nuire
Sadisme
Perversité
Malfaisance

● ANTONYME : Bonté.

MÉCHANT

Malfaisant
Mauvais
Misérable
Malintentionné
Dur
Malveillant
Odieux
Injuste
Sans cœur
Rosse (*fam.*)
Vache (*pop.*)
Pervers
Cruel
Brutal
Teigneux (*pop.*)
Vipérin
Sale bête (*fam.*)
Poison *et* Empoisonnant
Chameau (*pop.*)
Venimeux
Chipie (*fém.*)

Âne rouge (*pop.*)
Diabolique
Hargneux
Satanique
Sadique
Démoniaque
Scélérat
Monstre

● ANTONYMES : Bon, Dé-
bonnaire, Bonhomme, Hu-
main, Excellent.

MÉCOMPTE
V. DÉSILLUSION

MÉCONNAISSABLE

V. DIFFÉRENT
Changé
Transformé
Renouvelé
Modifié

Spécialement :
Vieilli

● ANTONYME : Reconnais-
sable.

MÉCONNAISSANCE

Incompréhension
Ignorance
Volonté de ne pas connaî-
tre
Méprise sur (la réalité de
quelque chose)

● ANTONYME : Reconnais-
sance de.

MÉCONNAÎTRE

Se tromper (sur la valeur
de)
Se méprendre sur
Oublier

Négliger
Méjuger
Mésestimer
Déprécier
Ignorer (la valeur)
Sous-estimer

● ANTONYMES : Connaître, Savoir, Considérer, Apprécier.

MÉCONTENTER

Contrarier
Choquer
V. FÂCHER
Indisposer
Agacer
Contrister
Ennuyer
Vexer
Mettre de mauvaise humeur
Chagriner
Déplaire (à quelqu'un)

● ANTONYMES : Contenter, Faire plaisir.

MÉCRÉANT
V. ATHÉE

MÉDECIN

V. DOCTEUR
Thérapeute
Toubib (*fam.*)
Praticien
Clinicien
Officier de santé
Omnipraticien
Généraliste
Spécialiste
Accoucheur
Anesthésiste
Auriste *ou* Otologiste
Cancérologue

Cardiologue
Chirurgien
Dentiste
Dermatologiste *ou* Dermatologue
Gastro-entérologue
Gynécologue
Légiste
Neurologue
Oto-rhino-laryngologiste *ou* O.R.L.
Radiologue
Rhumatologue
Stomatologiste
Pédiatre
Psychiatre
Psychanalyste
Urologue
Vétérinaire

Péj. :
Médicastre
Empiriste
Charlatan
Guérisseur
Morticole (*iron.*)

Spécialement :
Allopathe (*peu us.*)
Homéopathe

MÉDIATEUR

Intermédiaire
Conciliateur
Arbitre
Négociateur
Entremetteur
Représentant
Ambassadeur
Diplomate
Monsieur Bons Offices (*néol. fam.*)

● ANTONYMES : Partie (en présence), Ennemis, Adversaires.

MÉDICAMENT

Remède
Médication
Produit pharmaceutique
Produit médicamenteux
Drogue
Pharmacie
Pharmacopée
Spécialité (pharmaceutique)

Particulièrement :
Ampoule
Bol (de)
Breuvage
Cachet
Capsule
Collutoire
Collyre
Comprimé
Crème
Élixir
Emplâtre
Émulsion
Gargarisme
Mixture
Onguent
Ovule
Pastille
Pilule
Pommade
Potion
Poudre
Sinapisme
Sirop
Solution
Suppositoire
Vaseline

et aussi (*subst.*) :
Analgésique
Anesthésique
Antibiotique
Antiseptique
Antispasmodique
Antipyrétique
Antithermique
Astringent

Balsamique
Calmant
Cholagogue
Cicatrisant
Dépuratif
Diurétique
Excitant
Fébrifuge
Fortifiant
Hémostatique
Hypnotique
Laxatif
Liniment
Purgatif
Reconstituant
Remontant
Révulsif
Sédatif
Somnifère
Sulfamide
Stomachique *et* Stomatique
Stupéfiant
Tonique
Topique
Vésicatoire
Vulnéraire

MÉDIOCRE

Moyen (en tout)
Ordinaire
Quelconque
Commun
Honnête
Honorable
Correct
Passable
Modéré
Modeste
Modique
Maigre
Minime
Négligeable
Piètre
Petit
Mince
Étriqué
Exigu
Mesquin
Faible
Imparfait
Inférieur
Bas
Subalterne
Insignifiant
Minable
Sans envergure
Plat
Pauvre
Sans intérêt
De faible valeur

● ANTONYMES : Grandiose, Considérable, Excellent, Immense, Supérieur, Parfait, Génial, Éminent.

MÉDIOCRITÉ

V. IMPERFECTION
Modestie
Mesquinerie
Pauvreté
Petitesse
Obscurité
Platitude

● ANTONYMES : Importance, Éclat, Grandeur, Hauteur, Génie, Excellence.

MÉDIRE
V. ATTAQUER et CRITIQUER

MÉDISANCE

Dénigrement
Détraction (*litt.*)
Diffamation
Indiscrétion
Commérage
Persiflage
Clabaudage (*ou* Clabauderie)
Cancan
Racontar
Potin
Méchanceté
Ragot
Bavardage (médisant)
Commentaire déplaisant
Chronique scandaleuse

● ANTONYMES : Éloge, Apologie.

MÉDITATION

Recueillement
Concentration
Réflexion
Contention d'esprit
Pensée
Attention intérieure
Retour sur (soi-même)
Application
Oraison mentale

MÉDITER

Réfléchir
Penser
Soumettre à réflexion
Spéculer (sur quelque chose)
Se recueillir
Songer
Rêver
Échafauder
Projeter
Mûrir (un projet)
Rouler dans sa tête (*id.*)
Conspirer (Méditer à plusieurs)
Combiner
Inventer

● ANTONYME : Improviser.

MÉDUSER
V. SURPRENDRE

MEETING
V. Assemblée

MÉFAIT

Acte pernicieux
Mauvais coup (*ou* Mauvais tour)
Délit
Mauvaise action
Malfaisance
Dégât (s)

● Antonyme : Bienfait.

MÉFIANCE

Défiance
Suspicion
Doute

● Antonymes : Confiance, Crédit, Foi.

MÉFIANT

Défiant
Soupçonneux
Sur ses gardes
Ombrageux
Dissimulé
Précautionneux
Circonspect
Prudent
Timoré
Sceptique
Inquisiteur
Craintif
Prévenu (contre)
Jaloux
Aux aguets

● Antonyme : Confiant.

MÉGARDE (PAR)

Par inadvertance
Sans le vouloir
Faute d'attention
Par erreur
Par inattention
À l'insu (de soi-même)
Par hasard

● Antonymes : Volontairement, Délibérément, Exprès.

MEILLEUR

Supérieur
De qualité supérieure
Mieux
Amélioré
Bonifié
Arrangé
Amendé
Corrigé
Changé (en mieux)
Rectifié
Régénéré
Réorganisé
Restauré
Rétabli
Retapé (*fam.*)
Revu
Retouché
Trié
Rabonni (*anc.*)

● Antonymes : Pire, Plus mal (*ou* Plus mauvais).

MÉLANCOLIE

Hypocondrie
Atrabile
Humeur noire
Idées noires
Spleen
Tristesse
Abattement
Amertume
Vague à l'âme
Cafard
Angoisse
Dépression
Pessimisme
Mal de vivre
Difficulté d'être
Neurasthénie
Lypémanie (*anc.*)
Langueur
Dégoût de la vie
Nostalgie
Désenchantement
Chagrin
Bourdon (*arg.*)
Papillons noirs (*fig.*)
(Le) Noir (*arg.*)

● Antonymes : Joie (de vivre), Alacrité.

MÉLANCOLIQUE
V. Chagrin

MÉLANGER

Associer
Marier (*fig.*)
Combiner
Unir *et* Réunir
Allier
Fondre
Brasser
Composer
Incorporer
Entrelacer
Amalgamer
Mêler
Emmêler
Entremêler
Enchevêtrer
Panacher
Barioler
Étendre (un liquide)
Couper (*id.*)
Confondre
Mettre en désordre
Brouiller

● Antonymes : Dissocier,

Séparer, Trier, Démêler, Passer au crible.

MÊLER

V. Mélanger

plus :
Mixtionner (pharmacie) [*rare*]
Battre (*par ex.* des œufs)
Touiller (*fam.*)
Malaxer
Fouetter
Fatiguer (*rég.*)
Agiter
Entrelarder

« *Se mêler de* » :
S'immiscer
S'ingérer
Entrer
Se fourrer dans
Fourrer son nez dans (*pop.*)
S'entremettre
S'introduire
S'occuper de
Toucher à
Avoir la prétention de

● ANTONYMES : Démêler, Dissocier, Isoler, Trier, Séparer.

MÉLODIE
V. Chant

MÉLODIEUX

Harmonieux
Musical
V. Agréable (à l'oreille)
Chantant
Concertant
Poétique
Bien accordé
V. Doux
Gracieux
Suave

● ANTONYMES : Disharmonieux, Choquant.

MELON

Cantaloup
Cavaillon
Charentais
Sucrin

Spécialement :
Pastèque (melon d'eau)

MÉLOPÉE
V. Chant

MEMBRANE

Anat. et botanique :
Enveloppe
Tunique
Pellicule
Peau
Périoste
Périchondre
Aponévrose
Épendyme
Péritoine
Hymen
Endocarde
Péricarde
Méninges
Diaphragme
Manteau
Opercule
Blastoderme
Amnios
Chorion
Coiffe
Épiderme
Épisperme
Endocarpe

MEMBRE

1. Bras
Jambe

Sexe
Verge

2. *Au fig. :*
V. Adhérent

MÊME
V. Analogue et Semblable

MÉMENTO
V. Agenda et Mémoire

MÉMOIRE

V. Souvenir

« *De mémoire* » :
Par cœur

« *Avoir en mémoire* » :
V. Se Souvenir

Subst. :
Écrit
Note
Mémento
Compte
Facture
Factum
Annale (s)
Commentaire (s)
Chronique (s)
Cahier (s)
Journal (intime)
Souvenir (s)
Autobiographie

● ANTONYME : Oubli.

MÉMORABLE
V. Fameux

MÉMORANDUM
V. Agenda

MENAÇANT

Inquiétant
Dangereux

Imminent
Comminatoire
Fulminant
Agressif
Grondant
Redouté
Dur

● ANTONYME : Rassurant.

MENACE

1. V. AVERTISSEMENT
Parole comminatoire
Intimidation
Chantage
Défi
Ultimatum
Bravade
Fulmination

2. V. DANGER (de)
Péril

● ANTONYMES : 1. Promesse.
2. Espoir (de).

MENACER

Faire peur
Chercher à intimider
Avertir que
Vouloir effrayer
Fulminer (contre quelqu'un *ou* contre quelque chose) [*fig.*]
Tonner (contre quelqu'un *ou* contre quelque chose) [*fig.*]
Mettre en péril (*ou* en danger)

● ANTONYMES : Rassurer, Promettre.

MÉNAGE
V. FAMILLE et FOYER

MÉNAGER

Faire durer
Épargner
Utiliser avec mesure
Économiser
Mesurer (par ex. son effort)
Traiter avec égard
Ne pas déplaire à (quelqu'un)
User le moins possible
Prendre soin de
Conserver (la fraîcheur de)
Arranger
Régler
Faciliter

● ANTONYMES : Gaspiller, Dilapider, Compromettre.

MÉNAGERIE

Zoo
Fauverie
Singerie
Oisellerie
Vivarium

MENDIANT

Mendigot (*pop.*)
Quémandeur
Gueux
Pauvre
Indigent
Chanteur des rues
Clochard
Clodo (*arg.*)
Chemineau
Qui vit à la cloche (*pop.*)
Pilon (*arg.*)
Qui fait la manche (*arg.*)

● ANTONYMES : Riche, Donateur.

MENDIER

Demander l'aumône
Demander la charité
Tendre la main
Mendigoter (*pop.*)
Gueuser (*anc.*)

Par extens. :
Quémander
Solliciter
Quêter
Faire la manche (*arg.*)
Pilonner (*arg.*)

● ANTONYME : Donner.

MENER

Conduire
Emmener
Amener
Marcher (à la tête de)
Pousser (devant soi)
Guider
Entraîner
Diriger
Gouverner
Commander
Animer
Manœuvrer

● ANTONYME : Suivre.

MENEUR

Agitateur
Instigateur
Chef d'orchestre (*néol.*)
Dirigeant
Leader
Entraîneur
Directeur
Chef
Protagoniste

● ANTONYMES : Foule, Masse.

MENSONGE

Assertion fausse
Affirmation mensongère
Tromperie
Menterie
Mystification
Imposture
Inexactitude (volontaire)
Boniment (*fam.*)
Bobard (*fam.*)
Conte
Fable
Craque (*pop.*)
Invention
Artifice
Blague (*fam.*)
Bourrage de crâne
Propagande
Version officielle
Baratin
Bablabla *ou* Blabla
Salade (s)
Duplicité
Dissimulation
Comédie (*péj.*)
Hypocrisie
Calomnie

● ANTONYMES : Vérité, Franchise, Fidélité.

MENSTRUES

Règles
Menstruation
Ménorrhée
Époques
Flux cataménial
Flux menstruel
Indisposition
Jours difficiles
Période difficile
Ours (*arg.*)

MENTAL

Psychique
Psychologique
Intellectuel

MENTEUR

1. Mensonger
Trompeur
Faux

2. Hypocrite
Blagueur
Craqueur (*pop.*)
Raconteur d'histoires
Hâbleur
Vantard
Mythomane
Bourreur de crâne (*fam.*)

● ANTONYMES : Franc, Sincère, Véridique.

MENTIONNER

Nommer
Citer
Faire mention (de)
Signaler
Parler de
Noter
Enregistrer (un acte public)

● ANTONYMES : Taire, Éluder.

MENTIR

Faire *ou* Commettre un mensonge
Affirmer à tort
Inventer
Mystifier
Trahir
Tromper
Broder (*fig.*)
Blaguer
Galéjer
Plaisanter
S'enferrer (dans le mensonge)
Calomnier

● ANTONYME : Dire la vérité.

MENTOR

V. GUIDE

MENU

1. Mince
Petit
Grêle
Frêle
Délié
Amenuisé
Négligeable

2. Carte
Liste des plats

● ANTONYMES : Gros, Énorme, Épais.

MENUISIER

Ouvrier du bois
Ébéniste

MÉPRENDRE (SE)

S'abuser
Se tromper
Faire une méprise
Être victime d'une méprise (*ou* d'un quiproquo)
Faire erreur
Confondre

MÉPRIS

V. DÉDAIN
Indifférence
Ignorance volontaire (de)
Absence de considération
Irrévérence
Morgue
Arrogance
Dérision

« *Au mépris de* » :
Malgré
Sans tenir compte de
En dépit de

● ANTONYME : Admiration.

MÉPRISABLE
V. ABJECT

MÉPRISANT
V. ARROGANT

MÉPRISE
V. ERREUR

MÉPRISER

Dédaigner
Ne faire aucun cas de
Se désintéresser de
Faire fi de
Négliger
Déprécier
Braver
Fouler aux pieds
Faire litière de
Cracher sur
Transgresser
Se jouer de
Accabler de (son) mépris
Tourner le dos à
Considérer comme indigne
Honnir
V. ABHORRER

MER
V. EAU

MERCANTI
V. MARCHAND

MERCENAIRE

Stipendié

Vénal
Intéressé
Cupide
Avide
Vendu
Aventurier
Condottière
Affreux (*néol.*)
Nervi

MERCURE

Vif-argent
Hydrargyre (*anc.*)

MERDE

Excrément
Caca (*fam.*)
Matière fécale
Selle
Fèces
Étron (de chien)
Bran (*rég. Bretagne*) *ou*
Bren

MÈRE

Maman
Fille-mère *ou* Mère céli-
bataire
Belle-mère
Génitrice (*iron.*)
Marâtre
Grand-mère
Mère-grand
Mémère (*fam.*)
Vieille (*arg.*)
Daronne (*arg.*)

MÉRIDIONAL

Au midi (ou du Midi)
Au sud (ou du Sud)
Austral

MÉRITE

Vertu
Qualité
Capacité
Valeur
Gloire
Distinction
Honneur
Éloge
Avantage
Agrément

● ANTONYMES : Démérite,
Faute, Faiblesse.

MÉRITER

Être digne de
Valoir
Gagner
Encourir (un blâme)
Être passible de
Avoir droit à

● ANTONYME : Démériter.

MÉRITOIRE
V. LOUABLE

MERLAN

Gade (de la famille des
gadidés)
Lieu
Colin
Merlu *ou* Merlus
Merluchon

MERVEILLEUX

1. V. ÉTONNANT

2. *Spécialement* :
Féerique
Surnaturel
Miraculeux

Prodigieux
Magique
Fabuleux

● ANTONYMES : 1. Ordinaire, Quelconque.
2. Naturel, Normal, Prosaïque.

MÉSAVENTURE

V. MALCHANCE
Malencontre (*litt.*)
Événement fâcheux
Accident
Incident désagréable

● ANTONYMES : Heureux événement.

MÉSENTENTE

Désaccord
Mésintelligence
Dispute
V. BROUILLE

● ANTONYMES : Entente, Accord, Harmonie.

MÉSESTIMER
V. MÉCONNAÎTRE

MÉSINTELLIGENCE
V. BROUILLE et MÉSENTENTE

MESQUIN
V. ÉTRIQUÉ

MESSAGE

Communication
Annonce
Avertissement
Avis
Missive

Dépêche
Lettre
Billet
Pli
Télégramme
Petit bleu
Mot (écrit)
Pneu (-matique)
Belinogramme
Exprès

Spécialement :
V. DISCOURS

MESSAGER

Porteur (de message)
Envoyé
Exprès
Estafette
Coureur (*anc.*)
Coursier
Courrier
Cycliste (*néol.*)
Héraut (*litt.*)

MESSE

Office divin
Saint sacrifice
Cérémonie (religieuse)
Célébration du culte
Sacrifice de l'autel
Commémoration du sacrifice

MESURE

1. Appréciation
Évaluation
Estimation

2. *Spécialement :*
Retenue
Réserve
Calme

Pondération
Circonspection
Ménagement
Modération
Économie
Équilibre
Sagesse
V. DISPOSITION
Douceur
Frugalité
Sobriété
Tempérance

● ANTONYME : Démesure.

MESURER

Auner (*anc.*)
Toiser (*anc.*)
Métrer
Arpenter
Chaîner
Jauger
Cuber
Passer à la toise
Sonder
Stérer
Corder
Doser
Calculer (la longueur, la largeur, le volume, etc.)
Déterminer (la longueur, la largeur, le volume, etc.)
Évaluer
Apprécier
Estimer
Juger (la valeur de)
Comparer

« *Mesuré* » :
Modéré
Compassé
Modeste
Circonspect
Calculé
Lent
Économe de

● ANTONYME : Démesuré.

MÉTAMORPHOSE

Avatar
Incarnation
Réincarnation
Changement
Transformation
Mutation
Transmutation
Évolution (métamorphique)

MÉTAPHORE

Figure de rhétorique
Image
Allégorie
Comparaison
Catachrèse

MÉTÉORE

Étoile filante
Météorite
Aérolithe
Astéroïde
Bolide

MÉTÈQUE

Étranger
Yavana (*sanskrit*)

MÉTHODE

Procédé
Mode d'emploi
Marche à suivre
Formule
Art (de)
Système
Manière (de *ou* pour)
Recette

MÉTHODIQUE

Systématique
Organisé
Réfléchi
Cartésien
Calculé
Ordonné

● ANTONYMES : Désordonné, Brouillon, Empirique.

MÉTICULEUX

Minutieux
Consciencieux
Pointilleux
Scrupuleux
Maniaque

● ANTONYMES : Désordonné, Brouillon.

MÉTIER

1. Profession
Fonction
Gagne-pain (*fam.*)
Travail (rémunéré)
Moyens d'existence
Boulot (*fam.*)
Job (*fam.*)
État (*anc.*)
Condition
Rôle (social)

2. Maîtrise
Habileté
Art
Tour de main
Expérience

MÉTIS

Sang-mêlé
Mulâtre

Eurasien
Tierceron
Quarteron
Octavon
Hybride
Croisé

MÉTRAGE

Longueur (en mètres, décimètres, centimètres, etc.)

METS

Aliments
Plats
Nourriture
Chère

METTEUR EN SCÈNE

Réalisateur (cinéma et télévision)
Cinéaste
Metteur en film (*peu us.*)

METTRE

Placer
Poser
Fixer
Établir
Installer
Ranger
Déposer
Tenir
Garder
Passer (un vêtement)
Revêtir (*id.*)
Se couvrir (d'un chapeau)

« *Mettre dans* » :
Introduire
Insérer

Glisser
Enfoncer
Engager
Emboîter
Caser
Nicher
Loger

« *Mettre avec* » :
Attacher
Unir
Assembler *et* Rassembler
Joindre

« *Mettre sur* » :
Apposer
Appliquer
Coller
Superposer
Accumuler
Empiler
Charger
Couvrir *et* Recouvrir

● ANTONYMES : Oter, Enlever, Sortir, Extraire.

MEUBLER

Au fig. :
Remplir
Occuper
Enrichir

MEUNIER
Minotier

MEURTRE

Homicide
Assassinat
Crime
Infanticide
Parricide
Matricide
Fratricide
Régicide
Génocide

Euthanasie
Suicide

MEURTRIER

1. V. ASSASSIN

2. *Adj.* :
Mortel
Sanglant
Funeste
Destructeur

● ANTONYMES : 1. Victime.
2. Bénéfique.

MEURTRIR

V. BLESSER (*aussi au fig*).
Coutusionner
Mâchurer
Écraser
Mettre *ou* Réduire en marmelade (*ou* en compote)
[*fam.*]
Froisser (*aussi au fig.*)
Fouler
Faire mal (*aussi au fig.*)
Pocher (un œil)
Cabosser
Endommager (un fruit)
Taler (*id.*)
Cotir (*id.*)

Au fig. :
Endolorir
Peiner
Déchirer
Fatiguer

● ANTONYMES : Protéger, Soigner.

MEURTRISSURE

Contusion
Coup

Blessure
Bleu (*fam.*)
Pinçon
Suçon
Morsure
Mâchure
Écrasement
Ecchymose
V. HÉMATOME
Coquard *et* Coquelicot
(*pop.*)
Gnon (*arg.*)

MEUTE
V. BANDE

MEZZANINE

Entresol
Corbeille (de salle de spectacle)

MI
Chanterelle (du violon)

MI-TEMPS

Pause
Temps de repos

MICROBE

Micro-organisme *ou* Microrganisme
Bactérie
Hématozoaire
Rhizopodes
Sporozoaires
Aspergille
Discomycètes
Sporotrichées
Trichophyton
Actinomycètes
Spirille
Bacille
Flagellés

Spirochète
Infiniment petit (*litt.*)

Au fig. fam. :
Avorton

● ANTONYMES : Géant, Mastodonte, Infiniment grand.

MIDI

1. Mi-journée
Milieu du jour
Douze heures

2. Sud

● ANTONYMES : 1. Minuit.
2. Nord.

MIDINETTE

Cousette
Modiste
Trottin
Couturière
Arpète

MIELLEUX

Au fig et péj. :
Doucereux
Douceâtre
Hypocrite
Sucré
Emmiellé
Onctueux
Patelin

● ANTONYMES : Aigre, Acide, Franc, Brutal.

MIETTE

Fragment
Morceau

Débris
Bribe
Parcelle

MIEUX

V. MEILLEUR
Préférable
En progrès
Amélioré
Amendé

● ANTONYMES : Pire, Pis, Plus mal.

MIÈVRE
V. AFFECTÉ et DOUCEREUX

MIGNARDISE

Gentillesse
Délicatesse
Câlinerie
Caresse
Cajolerie
Afféterie
Minauderie
Chichi
Manière

MIGNON
V. GRACIEUX et JOLI

MIGNOTER
V. CHOYER et DORLOTER

MIGRAINE

Mal de tête
Céphalalgie *ou* Céphalée

MIGRATION

Déplacement en masse
Émigration

Invasion
Incursion
Transhumance
Estivage
Montaison (Migration des saumons)

MILIEU

Cœur
Entourage
Cadre
Ambiance
Environnement
Décor
Climat
Atmosphère
Sphère
Société
Mitan (*arg. péj.*)
Pègre

MILITAIRE

V. SOLDAT
Guerrier
Homme de guerre
Homme de troupe
Sous-officier
Sous-off' (*fam.*)
Officier
Réserviste
Engagé
Rengagé
Rempilé
Baderne (*péj.*)
Traîneur de sabre (*péj.*)
Culotte de peau (*péj.*)

Adj. :
Martial
Guerrier
Stratégique
Armé

● ANTONYME : Civil, Pékin (*arg. milit.*)

MILITARISME

Caporalisme
Bellicisme

● ANTONYME : Antimilitarisme.

MILLE

(Un) Millier
(Un) Millénaire (mille ans)

MILLIONNAIRE
V. RICHE

MIMER

Exprimer par des gestes
Imiter
Contrefaire
Copier
Singer

MINABLE
V. LAMENTABLE

MINAUDER

Faire des mines
Faire des chichis
Grimacer (*fig.*)
Coqueter
Faire des simagrées
Faire des façons (*ou* des manières)
Être poseur
Faire des agaceries
Faire des mignardises
Faire sa chochotte (*pop.*)
Prendre des airs (*ou* des attitudes)
Avoir des manières affectées

MINCE

Fin
Élancé
Émincé
Sans épaisseur
Délié
Ténu
Filiforme
Étroit
Laminé
Comme une lame
Comme un ruban
Fragile
Pelliculaire
Léger
Gracile
Svelte
Aminci
Efflanqué
Amnuisé
Frêle
Grêle
Fluet
Allongé
Effilé

Au fig. :
De peu de valeur
De peu d'importance
Négligeable
Médiocre
Maigre (*fig.*)
Insignifiant

● ANTONYMES : Large, Gras, Épais, Ample, Fort.

MINE
V. APPARENCE

MINER

Creuser
Saper
Ronger (*fig.*)
Affouiller
Caver
Éroder
Fouir

Au fig. :
Affaiblir
Attaquer
User
Abattre
Corroder
Désintégrer (lentement)

● ANTONYMES : Étayer, Fortifier, Boucher, Combler.

MINEUR

1. *Adj.* :
Plus petit
Moindre
Inférieur
Secondaire
D'importance relative (*ou* réduite)

2. Sous tutelle
Non émancipé
Incapable (*jur.*)
Irresponsable (*jur.*)

3. *Subst.* :
Houilleur
Galibot
Haveur
Herscheur
Raucheur
Porion
Sapeur (*milit.*)

● ANTONYMES : 1, 2. Majeur, Important, Primordial.

MINIATURE

Peinture fine
Petit sujet peint
Enluminure

Spécialement :
Modèle réduit
Figurine

MINIME

V. Petit
Infime
Insignifiant
Microscopique
Dérisoire
Médiocre
Piètre

● Antonymes : Immense,
Énorme, Gigantesque.

MINOTERIE

Meunerie
Moulin

MINUSCULE

V. (très) Petit
Microscopique
Corpusculaire (*scient.*)
V. Minime
Infime
Exigu
Nain

● Antonymes : Majuscule,
Gigantesque.

MINUTE
V. Instant

MINUTIEUX

Méticuleux
Scrupuleux
Consciencieux
Tatillon
Maniaque

Formaliste
Exact
Pointilleux
Vétilleux
Précis
Soigneux
Attentif
Appliqué
Soigné

● Antonymes : Grossier,
Désordonné, Négligent.

MIRACLE

Prodige
Mystère
Signe (du ciel)
Phénomène (surnaturel)
Merveille
Fait extraordinaire

MIRACULEUX

Surnaturel
Prodigieux
Merveilleux
Étonnant
Inexplicable
Incompréhensible
Extraordinaire
V. Étonnant
Le résultat d'une chance
inouïe (*fam.*)

● Antonymes : Naturel,
Ordinaire, Normal, Quel-
conque.

MIRAGE

Illusion (d'optique)
Fausse image
Trompe-l'œil
Tromperie
Chimère

Apparence
Rêve
Séduction
Attrait

● Antonyme : Réalité.

MIRIFIQUE et MIRO-BOLANT
V. Étonnant

MIROIR

Glace
Psyché
Réflecteur
Rétroviseur

MIROITER
V. Briller

MISANTHROPE

V. Atrabilaire
Sauvage
Ermite
Ennemi du genre humain
(*litt.*)
Ours (*fam.*)
Solitaire
Bourru
Insociable
Chagrin
Farouche

● Antonymes : Philan-
thrope, Sociable.

MISE

1. Habillement
Tenue
Toilette
Ajustement
Accoutrement
Parure
Apparence
Atour

2. Enjeu
Cave
Masse

Par extens. :
Investissement
Placement
Participation

MISÉRABLE

Dans la misère
Réduit à une extrême pau-
vreté
Indigent
(Très) Pauvre
Dans la mouise (*pop.*)
Dans une situation lamen-
table
Déshérité
Malheureux
Pitoyable
Marmiteux (*anc.*)
Miteux
Minable
En guenilles
Gueux
Hère
Croquant
Pauvre diable
Va-nu-pieds
Paria
Miséreux
Pouilleux
Traîne-misère
Purotin
Dans la (*ou* une) purée
noire (*fam.*)
Dans le dénuement
Dans la mélasse (*ou* la
mouscaille) [*pop.*]
Dans la dèche (*ou* la
débine) [*pop.*]
Fauché (*pop.*)
Fauchman' (*arg.*)
Dans la mistoufle (*pop.*)
Sans un (*pop.*)

● ANTONYMES : Riche,
Opulent, Heureux.

MISÈRE

Pauvreté
Indigence
Dénuement
Besoin
Pénurie
Dèche (*pop.*)
Débine (*pop.*)
Mouise
Gêne
Gueuserie
Mélasse (*pop.*)
Mouscaille (*id.*)
Panade (*id.*)
Purée (*id.*)
Pastis (*id.*)
Crotte (*id.*)
Merde (*id.*)
Mistoufle (*id.*)

Au fig. :
Disgrâce
Chagrin
Malheur
Calamité

« *Faire des misères à
quelqu'un* » :
Ennuis
Tracasseries
Taquineries
Méchancetés
Malices

● ANTONYMES : Opulence,
Richesse, Aisance, Bien-
être.

MISÉRICORDE

Compassion
Pitié
Commisération

Sympathie
Charité

Spécialement :
Pardon
Clémence
Indulgence
Merci
Absolution (religion)

● ANTONYMES : Cruauté,
Dureté.

MISSEL

Paroissien
Livre de messe
Diurnal
Vespéral

Par extens. :
Bréviaire
Psautier

MISSION

Délégation
Mandat
Ambassade
Charge
Députation
Rôle
Fonction
Vocation
But
V. FONCTION
Destination

MISSIVE
V. LETTRE

MITEUX
V. LAMENTABLE

MITIGER
V. ADOUCIR

MITOYEN

Contigu
Commun (aux deux)
Voisin
Qui (se) touche (nt) [par
ex. deux maisons]

Au fig. et litt. :
Moyen
Intermédiaire

● ANTONYME : Éloigné.

MITRAILLER

Tirer (en abondance *ou*
avec une arme automatique)
Tirailler (*péj.*)
Transformer en passoire
(*pop.*)
Bombarder
Arroser (*pop.*)

MIXTE

Composé
Commun
Mélangé
Combiné
Complexe
Hybride
Géminé
Qui tient des deux
Hétérogène

● ANTONYMES : Pur, Simple, Homogène.

MOBILE

1. Mouvant *et* En mouvement
Déplaçable
Détachable
Remplaçable
Coulissant
Ambulant
Qui bouge
Qu'on peut (faire) bouger
Changeant
Échangeable
Animé

Au fig. :
V. VERSATILE et AGILE

2. V. MOTIF

● ANTONYMES : Immobile,
Fixe, Figé.

MOBILIER

Ameublement
Meubles
Intérieur
Ménage

● ANTONYMES : Immobilier,
Foncier.

MOBILISATION

Mise sur le pied de guerre
Appel
Rappel

Au fig. :
Rassemblement

● ANTONYME : Démobilisation.

MOBILISER

Appeler sous les drapeaux
Rappeler (les réservistes)
Enrôler
Lever des troupes
Enrégimenter
Recruter
Embrigader
Au fig. :
Faire appel à
Mettre en jeu
Rassembler
Rameuter

● ANTONYMES : Démobiliser, Immobiliser.

MOCHE (*fam.*)
V. LAID

MODE

Habitude
Mœurs
Coutume
Usage
Pratique

Spécialement :
Vogue
Fashion
Goût (du jour)
(Dans le) vent (*fam.*)
In (*néol. angl.*)
Ton
Snobisme
Style (de l'heure, du jour)
Engouement

« *À la mode* » :
Au goût du jour
En honneur
Chic
Smart
Fashionable
Qui se porte
Qui se fait
(Très) Demandé

« *Un mode de* » :
Moyen
Manière
Façon
Forme (particulière de)
Formule (pour)
Modalité (de)
Système (de)
Genre (de)

MODÈLE

Archétype
Prototype
Étalon
Standard
Exemple
Parangon
Type (exemplaire)
Terme de comparaison
À imiter
Formule
Corrigé
Plan
Règle

Bx-arts :
Sujet
Carton
Esquisse
Maquette
Mannequin

Spécialement :
Échantillon
Spécimen
Miniature
Moule
Patron
Gabarit

● ANTONYMES : Copie,
Imitation, Objet de série,
Œuvre (achevée).

MODELER

V. Façonner
Pétrir
Couler
Mouler
Conformer
Plastifier (*néol.*)

Au fig. :
Régler
Former
Imposer (*par ex.* un juge-
ment, une pensée)

Manipuler
Manier

MODÉRATEUR

Régulateur (mécanique)
Ralentisseur

● ANTONYMES : Accélé-
rateur, Excitateur.

MODÉRATION
V. Mesure

MODÉRÉ

Sage
Modeste
Équilibré
Mesuré
Tempérant
Tempéré
Moyen
Raisonnable
Économe
Frugal
Sobre
Abstinent
Discret
Doux
(De) Faible (puissance)
D'intensité moyenne
Au juste-milieu
Au centre (politique)
Dans le marais (*id.*)
Médiocre (*péj.*)
Ni chèvre ni chou (*fam.*)
Moderato (*mus.*)

● ANTONYMES : Immodéré,
Abusif, Excessif, Extrême,
Violent.

MODÉRER

V. Adoucir
Retenir

Assagir
Diminuer
Attiédir
Mitiger
Apaiser
Calmer
Tenir en bride
Freiner
Ralentir
Contenir
Tempérer
Atténuer
Réprimer
Régler

● ANTONYMES : Exciter,
Fouetter (*fig.*), Accentuer,
Accélérer, Corser, Exas-
pérer, Outrer.

MODERNE

De nos jours
D'aujourd'hui
Actuel
Présent
Contemporain
Neuf *et* Nouveau
Récent
D'avant-garde
Up to date (*néol. angl.*)

● ANTONYMES : Antique,
Ancien, Classique, Archaïque, Passé, Désuet.

MODESTE

Effacé
Réservé
Discret
Humble
Simple
Sans orgueil
Sage
Mesuré

Par extens. :
Modéré
Médiocre
Petit
Sans éclat
Pauvre
Modique

● ANTONYMES : Orgueil-
leux, Ambitieux, Faraud,
Vaniteux, Prétentieux ;
Ample, Énorme, Consi-
dérable.

MODESTIE

Réserve
Simplicité
Effacement
Modération
Humilité
Retenue
Pudeur

● ANTONYMES : Orgueil,
Vanité, Fatuité, Suffisance,
Vanité, Immodestie.

MODIFICATION
V. CHANGEMENT

MODIFIER

Changer
Transformer
Bouleverser
Corriger
Défaire *et* Refaire
Amender
Métamorphoser
Altérer
Rectifier
Réviser
Refondre
Rendre différent
Remanier
Adapter (à)

Truquer (*péj.*)
Traiter

● ANTONYMES : Fixer,
Maintenir, Conserver en
l'état, Laisser.

MOELLEUX
V. DOUX

MŒURS

Coutumes
Usages
Mode de vie
Façon de vivre
Habitudes
Moralité (collective)
Principes
Vie
Mentalité (sociale)
Tradition (s)

MOINE

Religieux
Cénobite
Frère
Monial
Père
Frocard (*péj.*)
Lai
Novice
Moinillon
Supérieur
Provincial
Chanoine
Oblat
Bonze (Moine bouddhiste)
Lama (Moine bouddhiste
tibétain *ou* mongol)

MOISIR

Chancir
Se gâter
Se détériorer

S'altérer
Se perdre

Au fig. :
Croupir
Perdre son temps
Languir
Attendre
S'ennuyer

MOISSON
Récolte

MOISSONNER

Faucher
Saper
Couper
Récolter

Au fig. :
Gagner
Cueillir *et* Recueillir
Ramasser *et* Amasser

● ANTONYMES : Semer,
Cultiver.

MOITE

Halitueux
V. HUMIDE
Fiévreux
En transpiration
Mouillé
En sueur
En nage (*pop.*)
Trempé (*fam.*)

● ANTONYME : Sec.

MOITIÉ

Demi (e)
Mi-
Semi-
Part égale

Milieu (*par ex.* : à moitié chemin)

- ● ANTONYME : Entier.

MÔLE
V. JETÉE

MOLLESTER
V. BATTRE

MOLLESSE
V. APATHIE

MOLLET
Gras de la jambe

MOLLETIÈRE

Jambière
Leggings

MOLLIR

Au fig. :
Flancher
Plier
(Commencer à) Céder
Perdre de sa raideur
Perdre de son courage
(Commencer à) Perdre pied
Faiblir
S'abandonner
Fléchir
Opposer une moindre résistance
Se dégonfler (*fam.*)
Se laisser attendrir
Lâcher prise

- ● ANTONYMES : Se raidir, Se durcir, S'entêter, S'obstiner.

MOLLUSQUE

Céphalopode
Gastéropode

Pélécypodes (famille des) Lamellibranches (*id.*)

MÔME
V. ENFANT

MÔMENT

Instant
(Laps de) Temps
Tierce
Seconde
Minute
Heure
Jour
Saison
Époque
Date
Intervalle (de temps)
Circonstance
Cas
Occasion

« *Au moment où* » :
V. QUAND

« *En ce moment* » :
V. MAINTENANT

MOMENTANÉ

De peu de durée
Passager
Éphémère
Court
Bref
Provisoire
Intermittent
Discontinu

- ● ANTONYMES : Perpétuel, Continuel, Continu, Incessant.

MOMERIE
V. AFFECTATION et COMÉDIE

MONACAL

Monastique
De moine
Claustral
Ascétique
Cénobitique
Conventuel

MONARQUE

Roi
Autocrate
Souverain
Prince
Empereur
Potentat
Brute couronnée (*pop. péj.*)
Maharaja
Raja
Tsar
Chah
Mikado
Kaiser
Sultan

- ● ANTONYME : Sujet.

MONASTÈRE
V. CLOÎTRE

MONASTIQUE
V. MONACAL

MONCEAU
V. AMAS

MONDANITÉ

Frivolité
Futilité

- ● ANTONYME : Sérieux.

MONDE

Univers
Cosmos

Terre
Nature
Globe terrestre
Humanité
Communauté humaine
Genre humain
Société
Bonne société
Siècle (*eccl.*)
Aristocratie
Gentry
V. FOULE
Gens

MONDIAL

Universel
International
Intercontinental
Planétaire (*néol.*)

● ANTONYME : Local.

MONGOL

Tatar
Ouralo-altaïque

MONNAIE
V. ARGENT

MONOGRAPHIE
Étude exhaustive

MONOLOGUE

Soliloque
Discours
Aparté

● ANTONYMES : Dialogue,
Entretien.

MONOPOLE

Régie
Exclusivité

Privilège
Apanage

Par extens. :
Trust (monopole de fait)
V. CARTEL (monopole de
fait)

MONOTONE

Uniforme
Monocorde
Lassant
Ennuyeux
Régulier
Continu

● ANTONYMES : Varié,
Nuancé.

MONSTRE

V. PHÉNOMÈNE
Anormal

Au fig. :
V. MÉCHANT

● ANTONYMES : Merveille,
Normal.

MONSTRUOSITÉ

Malformation
Anomalie (congénitale)
Difformité

Au fig. :
Atrocité
V. HORREUR

MONT
V. MONTAGNE et COLLINE

MONTAGE

Assemblage
Ajustage

Arrangement
Disposition
Installation
Dressage (d'une tente, d'un
chapiteau)

● ANTONYME : Démontage.

MONTAGNE

Mont
Cime
Éperon
Volcan
Pic
Piton
Dent.
Pointe
Aiguille
Puy
Djebel
Sommet
Crête
Faîte
Plissement (tellurique)
Chaîne *et* chaînon
Contrefort
Sierra
Accident de terrain
Éminence
Relief
Escarpement
Élévation de terrain
Ballon
Groupe
Colline
Mamelon

● ANTONYMES: Plaine, Mer,
Campagne.

MONTANT

1. Portant
Pied-droit *ou* Piédroit
(*archit.*)
Pilastre

Chevron
Boisage
Jambage

2. *Au fig.* :
Chiffre (total)
Total
Somme
Coût

● ANTONYMES: 1. Traverse.
2. Détail.

MONTE

Saillie
Accouplement
Saut
Remonte

MONTÉE

Côte
Rampe
Raidillon
Grimpée
Pente
Ascension
Escalade
Crue (des eaux)
Crescendo (d'un son)
Hausse (de prix)
Augmentation (*id.*)
Progression

● ANTONYMES : Descente,
Baisse, Chute, Diminution.

MONTER

V. ÉLEVER *et* S'ÉLEVER
Déplacer vers le haut
Porter vers le haut
Grimper
Gravir
Escalader

Hisser *et* Se hisser
Se dresser
Enfourcher (un cheval, un cycle)
Embarquer (à bord)
Prendre (la voiture, l'avion)

Spécialement :
Assembler
Ajuster
Dresser (une machine)
Enchâsser (un diamant)
Sertir
Organiser (une affaire)
Combiner
Manigancer (un coup)
Ourdir
Tramer

● ANTONYMES : Descendre, Démonter, Baisser, Défaire.

MONTRE

1. V. ÉTALAGE

2. Horlogerie
Chronomètre
Oignon (*anc.*)
Bassinoire (*anc.*)
Tocante (*fam.*)

MONTRER

1. Faire voir
Présenter
Mettre devant (*ou* sous les yeux)
Exposer
Exhiber
Étaler
Arborer
Dégager
Dévoiler
Découvrir
Dénuder

2. Faire connaître
Indiquer
Désigner
Donner (par ex. l'heure)
Représenter
Décrire
Dépeindre
Démontrer
Prouver
Signaler
Enseigner
Instruire de
Dire
Attester
Caractériser
Témoigner
Dénoter
Déceler
Faire entendre (*fig.*)
Marquer
Afficher (*fig.*)
Exprimer
Extérioriser
Manifester
Faire preuve de
Développer
Déployer

● ANTONYMES : Cacher,
Dissimuler, Dérober, Masquer, Couvrir, Taire.

MONUMENT
V. BÂTIMENT

MONUMENTAL
V. GRANDIOSE

MOQUER (SE)

1. Brocarder
Bafouer
Berner
Blaguer (*fam.*)
S'amuser de (*ou* aux dépens de quelqu'un)
Ridiculiser
Rire (de)

Railler
Narguer
Parodier
Persifler
Satiriser
Chiner (*fam.*)
Chansonner
Dauber
Se divertir
Se jouer
Se gausser
Goguenarder (*fam.*)
Contrefaire
Ironiser
Gouailler (*fam.*)
Plaisanter
Mettre en boîte, en caisse (*fam.*)

2. Dédaigner
Mépriser
Ne pas faire cas de
Se désintéresser de
Ne pas se soucier de
Se soucier comme d'une guigne de
Se (*ou* S'en) fiche (*fam.*)
Se (*ou* S'en) balancer (*fam.*)
Se (*ou* S'en) contrefiche (*fam.*)
Se (*ou* S'en) battre l'œil (*fam.*)
Se (*ou* S'en) taper (*fam.*)
Se (*ou* S'en) tamponner le coquillard (*fam.*)

● ANTONYMES : 1. Admirer, Respecter.
2. Se préoccuper, S'intéresser.

MOQUERIE

Raillerie
Ironie
Brocard
Mise en boîte (*fam.*)

Dérision
Persiflage
Satire
Pointe
Ricanement
Quolibet
Nasarde
Risée
Plaisanterie
Attaque
Affront
Impertinence
Lazzi
Facétie
Pied de nez
Fronde
Goguenardise
Gouaille

● ANTONYMES : Respect, Admiration, Flatterie.

MOQUEUR

Railleur
Malicieux
Narquois
Ironique
Piquant
Pince-sans-rire
Sardonique
Caustique
Blagueur
Gouailleur
Persifleur
Mordant
Goguenard
Frondeur
Facétieux
Chineur
Daubeur (*fam.*)
Gausseur
Dédaigneux

● ANTONYMES : Respectueux, Admiratif, Flatteur.

MORAL

1. Juste
Honnête
Édifiant
Vertueux

2. Spirituel

● ANTONYMES : 1. Immoral.
2. Physique, Matériel.

MORALE

Éthique
Déontologie
(Les) Principes
Science du bien et du mal
Philosophie
Casuistique

Spécialement :
V. MORALITÉ

MORALITÉ

Valeur morale
Mentalité
Conduite morale
Attitude morale
Honnêteté
Conscience
Sens moral

Spécialement :
Conclusion
Maxime
Apologue
Enseignement

● ANTONYMES : Immoralité, Amoralité.

MORBIDE

Pathologique
Morbifique (*anc.*)

Maladif
Malsain
Macabre
Dépravé
Déséquilibré
Vicieux

● ANTONYME : Sain.

MORCEAU
V. BOUT

MORCELER

Diviser
Fragmenter
Mettre en morceaux
Partager
Casser
Démembrer
Lotir (un terrain)
Faire des lots
Émietter (*fig.*)
Éparpiller

● ANTONYMES : Regrouper, Remembrer, Bloquer, Grouper.

MORDANT
V. ACERBE

MORDRE

Serrer (entre ses dents)
Croquer
Happer
Déchirer
Mordiller
Déchiqueter

Au fig. :
Attaquer
Ronger
User
Détruire
Marcher sur (une ligne jaune, par exemple)
Empiéter (*id.*)
Chevaucher (*id.*)

● ANTONYMES : Démordre, Lâcher prise.

MORFONDRE (SE)

S'ennuyer
Se ronger
Languir
S'ennuyer
Attendre
Se biler (*pop.*)
Se désespérer
Croquer le marmot (*pop.*)

● ANTONYME : S'amuser.

MORGUE
V. INSOLENCE

MORIBOND

Agonisant
Mourant
Qui va mourir
À ses derniers instants
Qui a un pied dans la tombe (*fam.*)
À la dernière extrémité
Expirant
Près de la fin
Qui va rendre l'âme
Prêt pour le grand voyage
Au bord du trou

● ANTONYME : Naissant.

MORIGÉNER
V. GRONDER

MORNE
V. ABATTU

MOROSE
V. ABATTU et CHAGRIN

MORSURE

Meurtrissure
Plaie

Blessure
Piqûre
Attaque
Entame

MORT

1. Trépas
Décès
Repos éternel
Fin
Anéantissement
Tombe *et* Tombeau
Dernier sommeil
Grand saut
Grand sommeil
Grand voyage
Nuit du tombeau
Néant
Destruction
Instant suprême
Disparition
Deuil
Perte

2. Défunt
Décédé
Corps
Macchabée (*pop.*)
Cadavre
Feu (quelqu'un)
Qui n'est plus
Victime

3. « *La mort* » :
Camarde
Faucheuse
(Les) Parque (s)
Fossoyeuse

4. Meurtre
Assassinat
Exécution
Peine capitale
Euthanasie

5. *Mythologie* :
Ombre
Esprit

Larve (*antiq.*)
Lémures (*antiq. rom.*)
Zombi (Antilles)
Double
Fantôme
Revenant
Mânes

● ANTONYMES : Vie, Existence, Vivant.

MORTEL

1. Appelé à disparaître
Qui doit mourir
Humain *et* Homme
Périssable
Être vivant
Personne humaine

2. Fatal
Funeste
Foudroyant

Spécialement :
Pénible
Lugubre
Sinistre
Ennuyeux

● ANTONYMES : Immortel, Heureux, Vivifiant.

MORTIFIER
V. FROISSER

MORUE

Gade
Cabillaud
Aiglefin (*ou* églefin, *ou* aigrefin) [morue noire]
Stockfish (séchée)
Merluche (*id.*)
Haddock (fumée)
Spécialement :
V. PROSTITUÉE (*pop.*)

MOT

1. Terme
Vocable
Expression
Parole
Adjectif
Adverbe
Article
Conjonction
Exclamation
Interjection
Nom
Onomatopée
Particule
Préposition
Pronom
Substantif
Verbe
Synonyme
Antonyme

2. (Courte) Lettre
Écrit
Billet
Poulet (*fam.*)

3. Sentence
Dit *et* Dicton

« *Bon mot* » :
Boutade
Plaisanterie
Anecdote
Trait
Saillie
Épigramme
Mot d'esprit
Mot d'auteur
Mot pour rire

« *Mot à mot* » :
Textuellement
Littéralement
Fidèlement

« *En un mot* » :
(En) Bref
En résumé
Enfin

Pour tout dire
En définitive

MOTEUR

Machine
Mécanique
Appareil
Propulseur
Réacteur
Diesel
Turbine
Hydromoteur
Électromoteur
Alternomoteur
Moulin (*fam.*)

MOTIF

Mobile
Cause
Raison
Pourquoi
Origine
Prétexte
Occasion
Sujet
Intention
Explication
Excuse
Secret (de)
(Sous) Couleur de
Fin mot (*fam.*)
Motivation

Spécialement :
Attendu (*jur.*)
Considérant (*jur.*)
Dessin (*archit.*)
Ornement (*archit.*)
Canevas (*broderie*)
Modèle (*Bx-arts*)
Phrase (*musicale*)
Leitmotiv (*mus.*)

● ANTONYMES : Effet, Conséquence.

MOTIVER
V. Justifier

MOU, MOLLE

Souple
Tendre
Flexible
Mollet
Moelleux
Doux
Amolli *et* Ramolli
Pâteux
Lâche
Détendu
Flasque
Cotonneux
Désossé
Plastique

Au fig. et mor. :
Amorphe
V. Abattu
Apathique
Atone
Avachi
Indolent
Inerte
Lymphatique
Endormi
Nonchalant
Aveuli
Veule
Faible
Mollasse *et* Mollasson
(*fam.*)
Lent
Lambin
Languissant
Inconsistant
Flemmard (*fam.*)
Feignasse (*pop.*)
Bonasse (*fam.*)
Chiffe
Pâte molle *ou* Bonne pâte
Femmelette
Cagnard (*anc.*)
Efféminé

● ANTONYMES : Dur, Ferme, Raide, Rigide, Coriace ;
Dynamique, Énergique.

MOUCHARD

Espion
Mouche (*pop.*)
Indicateur (de police)
Policier
Flic *et* Flicard (*pop.*)
Délateur
Dénonciateur
Rapporteur
Donneur, euse (*arg.*)
Condé (*arg.*)
Qui en croque (*arg.*)
Sycophante
Cafard (*fam.*)
Mouton (*arg.*)

Spécialement :
Appareil de contrôle
Contrôleur
Boîte noire (sur les camions poids-lourds, *néol.*)
Avion d'observation

MOUCHOIR

Pochette
Linge
Tire-jus (*pop.*)
Kleenex (Mouchoir en papier) [*néol.*]

Par extens. :
Pointe
Coiffure
Fichu
Foulard
Fanchon (*rég.*)
Châle
Soierie
Madras

MOUDRE

Pulvériser
Mettre en poudre
Broyer
Écraser
Passer sous la meule

(*Au fig.*) « *Moulu* » :
V. Fatigué

MOUETTE

Goéland
Hirondelle de mer
Stercoraire

MOUFLE
V. Gant

MOUILLAGE (*mar.*)

Ancrage
Embossage

● ANTONYME : Appareillage.

MOUILLER

Humidifier
Arroser
Imbiber
Tremper
Arroser
Asperger
Baigner
Inonder
Humecter
Éclabousser
Doucher
Saucer (*fam.*)
Transpercer
Embuer

« *Mouillé* » :
Humide

Trempé
Ruisselant
Dégouttant
Moite
Embué

Spécialement, mar. :
Jeter l'ancre
Ancrer
Embosser
Faire escale (dans un port)
Desservir (un port)

● ANTONYMES : Sécher,
Essuyer, Essorer, Épon-
ger, Écoper, Assécher; Sec;
Appareiller.

MOULER

Couler
Fondre
Épouser (*fig.*)
Serrer
Ajuster (étroitement)

● ANTONYME : Démouler.

MOULIN

Meunerie
Minoterie
Oliverie (Moulin à huile)
Pressoir
Moulinette (Moulin à lé-
gumes)

MOULINET

Dévidoir
Tourniquet
Tournette
Tour

MOURANT
V. MORIBOND

MOURIR

Décéder
Expirer
Disparaître
N'être plus
Succomber
Trépasser
S'éteindre
Périr
Passer
Partir (*fig.*)
S'en aller (*fig.*)
Crever (*pop.*)
Claquer (*pop.*)
Calancher (*arg.*)
Clamser (*ou* Clampser)
[*pop.*]
Cronir *ou* Crounir (*arg.*)
Quitter ce bas monde
Avaler son bulletin de
naissance (*pop.*)
Rendre son âme à Dieu
(*pop.*)
Rendre l'âme
Trouver la mort
Perdre la vie
Avaler sa chique (*pop.*)
Rendre le dernier soupir
Passer l'arme à gauche
(*pop.*)
Sortir les pieds devant(*pop.*).
Descendre au tombeau
S'endormir du dernier
sommeil
Boire le bouillon d'onze
heures (*pop.*)
Aller chez les taupes (*pop.*)
Passer de vie à trépas
Faire le grand voyage
Casser sa pipe (*pop.*)
Faire couic (*pop.*)

Spécialement :
Tomber (dans un combat)
Verser son sang
Se sacrifier
Consentir l'ultime sacrifice

● ANTONYMES : Naître,
Vivre.

MOUSSE
V. MARIN

MOUSSELINE

Linon (de coton)
Tarlatane
Singalette
Jabotière

MOUSSEUX

Écumeux
Écumant

Spécialement :
Champagnisé
Spumante (*néol. ital.*)
Asti
Blanquette

Au fig. :
V. LÉGER
Pétillant
Vaporeux

● ANTONYME : Plat.

MOUSTACHE

Poils sous le nez (*fam.*)
Bacchante (s) (*fam.*)
Glorieuse (s) (*arg.*)

MOUSTIQUE

Culex
Anophèle
Cousin
Maringouin (Moustique
des pays chauds)

MOUTARD
V. ENFANT

MOUTON

Bélier
Brebis
Agneau *et* Agnelet
Caracul
Astrakan
Mérinos
Pré-salé

Spécialement :
Haricot (ragoût de mouton)
Navarin (*id.*)
Méchoui (mouton à la broche)

Arg. :
V. DÉLATEUR et MOUCHARD

MOUVANT

V. MOBILE
Animé
Changeant
Instable
Fugitif
En mouvement
Flottant
Fluide
Ondoyant

● ANTONYMES : Fixe, Stable, Immobile, Inanimé.

MOUVEMENT

Déplacement
Mobilité
Remuement
Action
Animation
Translation
Cours *et* Course
Trajectoire
Trajet
Impulsion
Ébranlement
Lancée
Poussée
Traction
Balancement
Ballant
Ballottement
Branle *et* Branlement
Brimbalement (*fam.*)
Cahotement
Flottement
Fluctuation
Frémissement
Frétillement
Danse
Ondoiement
Ondulation
Oscillation
Remous
Roulis
Tangage
Tremblement
Trémulation
Trépidation
Pulsation
Va-et-vient
Vacillation
Vibration
Houle
Navette
Accélération
Saccade
A-coup
Rotation
Amplitude
Convergence
Divergence
Rayonnement
Avance
Recul
Flux, Reflux *et* Afflux
Récession
Ascension
Montée
Élévation
Soulèvement
Descente
Affaissement
Chute
Baisse
Glissement
Activation
Gravitation
Plissement
Propulsion
Manœuvre
Changement

● ANTONYME : Immobilité.
Repos.

MOYEN

1. Intermédiaire
Médian
Entre (les) deux

2. V. MÉDIOCRE

3. Cause médiate
Instrument
Procédé
Méthode
Formule
Truc (*fam.*)
Système (*fam.*)
Biais
Joint (*fam.*)
Recette
Solution pour
Possibilité
Combinaison
Combine (*fam.*)
Façon
Manière
Voie
Chemin
Tactique (en vue de)
Expédient (*péj.*)
Palliatif (*péj.*)
Astuce
Artifice
Subterfuge
Manœuvre
Technique
Truchement

4. Capacité (s)
Faculté
Facilité (s)
Don
Force
Ressource (s)

● ANTONYMES : 1. Extrême.
2. Exceptionnel.
3. Fin.
4. Impuissance.

MOYENNANT

Au moyen de
Grâce à
Au prix de
En échange de
Contre
Avec
À la condition de
Pourvu que

MUCOSITÉ

Mucus
Morve
Glaire
Mouchure
Pituite
Humeur

MUER

Changer (de peau)
Subir une métamorphose
Se dépouiller
Changer de timbre (de voix)

Au fig. :
Devenir adulte

MUET

Privé de l'usage de la parole

Aphasique
Silencieux
Coi
Taciturne

● ANTONYMES : Parlant, Criant.

MUFLE
V. GROSSIER

MUGIR
V. CRIER

MULÂTRE
V. MÉTIS

MULTIPLICATION

Augmentation
Accroissement
Prolifération
Propagation
Pullulation *ou* Pullulement

● ANTONYMES : Division, Raréfaction.

MULTIPLICITÉ

Abondance
Pluralité
Grand nombre
Quantité

● ANTONYMES : Unicité, Unité.

MULTIPLIER

Augmenter en nombre
Accroître
Propager
Peupler
Proliférer
Pulluler

Reproduire
Répéter
Semer
Élever au (carré, cube)
Doubler (tripler, etc.)
Développer

● ANTONYMES : Diviser, réduire.

MULTITUDE
V. FOULE

MUNICIPALITÉ

Corps municipal
Conseil municipal
Mairie
Hôtel de ville
Édiles
Commune
Conseiller (s) municipaux
Topaze (s) [*péj.*]

MUNIR

Pourvoir
Équiper
Nantir
Garnir
Outiller
Procurer
Lester

« *Se munir de* » :
Prendre (avec soi)
Se précautionner
S'armer de
Se prémunir
Se doter de

● ANTONYMES : Démunir, Priver, Dépourvoir.

MUR

Muraille
Maçonnerie

Construction
Muret *et* Murette
Muretin
Garde-fou
Parapet
Fronton
Clos
Brise-vent
Épaulement
Perré
Bajoyer
Rempart
Fortification
Courtine
Cloison

MÛR

À maturité
Blet
Avancé
Précoce

Au fig. :
Prêt à
Préparé à
Adulte
Posé
Réfléchi
Raisonnable

● ANTONYMES : Vert, Immature; Puéril.

MÛRIR

Au fig. :
Mettre au point
Préparer
Approfondir
Méditer
Digérer
Mijoter

● ANTONYME : Avorter.

MURMURE

Chuchotement
Bourdonnement
Marmonnement
Marmottement
Susurrement
Bruit (léger, sourd, continu)
Bruissement

● ANTONYME : Vacarme.

MURMURER
V. MARMONNER et GRONDER

MUSCADIN

Jeune fat
Mirliflore
Merveilleux
Incroyable
Muguet
Dandy
Petit maître
Zazou
Minet (*néol.*)

MUSEAU

Mufle (ruminants)
Truffe (chiens)
Groin (porcins)
Hure (bœuf)

Par extens. et fam. :
V. VISAGE

MUSELER
V. BÂILLONNER

MUSICAL

Harmonieux
V. MÉLODIEUX
Chantant
Accordé

Cadencé
Concertant
Eurythmique
Poétique
Rythmé *et* Rythmique

● ANTONYMES : Désagréable, Désaccordé.

MUSICIEN

Artiste
Compositeur
Interprète
Exécutant
Soliste
Choriste
Instrumentiste
Chanteur
Coryphée
Chef d'orchestre
Maestro
Maître de chapelle
Accompagnateur
Concertiste
Virtuose

MUSIQUE

Art des sons
Mélodie
Harmonie
Plain-chant
Monodie
Homophonie
Polyphonie
Contrepoint
Concert
Récital
Festival
Audition
Aria *et* Ariette
Canon
Ballet
Berceuse
Cantate
Chaconne *ou* Chacone

Chanson
Chant
Chœur
Choral
Concerto
V. Danse
Divertissement
Étude
Fugue
Impromptu
Improvisation
Intermède
Lied
Menuet
Messe
Opéra
Opérette
Oratorio
Poème symphonique
Prélude
Quatuor
Rhaspodie *ou* Rapsodie
Requiem
Romance
Rondo
Scherzo
Sonate
Suite
Symphonie

MUSULMAN

Mahométan
Islamite (*anc.*)
Sarrazin (*anc.*)
Croyant
Sunnite (orthodoxe)
Mudéjar (Musulman d'Es-
pagne)

MUTATION

Changement
Conversion
Permutation
Transmutation

Biol. :
Variation brusque
Rupture génétique

● ANTONYMES : Fixation,
Persistance.

MUTILATION

Amputation
Blessure
Dégradation
Autotomie

Au fig. :
Altération
Amoindrissement

MUTILER

Amputer
Blesser
Estropier
Écharper
Couper
Émasculer
Castrer
Amoindrir
Tronquer
Altérer
Diminuer
Déformer
Détériorer
Endommager
Dégrader
Attenter à l'intégrité de
(quelqu'un *ou* quelque
chose)

● ANTONYMES : Préserver,
Sauver.

MUTIN

1. Révolté
Rebelle

Insurgé
Factieux

2. V. Gai
Taquin
Badin
Gamin
Vif
Piquant
Éveillé

MUTINERIE

Insurrection
Soulèvement
Sédition
Révolte

MUTISME

Aphasie
Mutité
Silence

● ANTONYMES : Loquacité,
Bavardage.

MUTUEL

Réciproque
Partagé
Simultané

● ANTONYMES : Indépen-
dant, Égoïste.

MYSTÈRE

Énigme
Secret
Révélation
Obscurité
Culte
Dogme révélé
Miracle

Fam. :
Cachotterie
Discrétion
Silence
Intrigue
Diablerie
Détour
Problème
Question (difficile)

● ANTONYMES : Évidence,
Clarté, Connaissance.

MYSTÉRIEUX

Ésotérique
Sybillin
Voilé
Occulte
Cabalistique
Impénétrable
Inconnaissable
Énigmatique
Secret
Ténébreux
Obscur
Inexpliqué
Inexplicable
Incompréhensible
Difficile à comprendre

● ANTONYMES : Clair, Sim-
ple, Explicable, Évident,
Connu.

MYSTIFICATEUR

Farceur
Fumiste
Plaisantin
Loustic
Escroc
Faussaire
Illusionniste
Manipulateur

MYSTIFICATION

Attrape
Canular
Farce
Facétie
Galéjade
Blague
Tour
Tromperie
V. MENSONGE
Fumisterie
Charge

Coup monté (*fam.*)

● ANTONYME : Réalité.

MYSTIFIER
V. TROMPER et MENTIR

MYSTIQUE

1. V. ILLUMINÉ
Inspiré
Croyant
Dévot
Religieux

2. (*Subst.*) « *Une mystique* ».
Croyance
Religion
Doctrine
Dévotion
Article de foi
Foi
Expérience spirituelle
Conviction
Certitude (intime)

● ANTONYMES : Rationa-
liste, Rationnel.

MYTHE et MYTHOLO-
GIE
V. FABLE

N

NABOT
V. Nain

NAGER

Flotter
(Se) Baigner
Faire de la natation
Piquer une tête (*pop.*)
Faire la brasse
Crawler (*néol.*)
Papillonner (*néol.*)

Spécialement :
Ramer (*mar.*)

Au fig. :
Patauger (*péj.*)
Se débattre
Ne plus savoir
Perdre pied
Ne pas comprendre
Ne pas s'y retrouver

● ANTONYME : Couler.

NAGUÈRE

Il y a peu (de temps)
Récemment

NAÏADE
V. Nymphe

NAÏF

Candide
Ingénu
Franc
Confiant
Inexpérimenté
Simple *et* Simplet
Jeune
Niais
Innocent
Jobard
Gobeur
Gobe-mouche
Godiche
Tombé de la dernière
pluie (*fam.*)
Crédule
Gogo
Dupe
Poire
Calino

● ANTONYMES : Astu-

cieux, Méfiant, Incrédule
Critique.

NAIN

Gnome
Lilliputien
Myrmidon
Pygmée
Avorton
Nabot
Ragotin (*anc.*)
Tom-pouce
Atteint de nanisme

● ANTONYMES : Géant,
Colosse.

NAISSANCE

V. ENFANTEMENT
Nativité
Accouchement

Au fig. :
Commencement
Début

666

Apparition
Création
Origine
Génération
Genèse
Éclosion
Source (d'un fleuve)

● ANTONYMES : Mort, Fin.

NAÎTRE

Venir au monde
Voir le jour
Entrer dans la vie
Ouvrir les yeux
Commencer sa vie
Éclore
Au fig. :
Apparaître
Paraître
Se lever (par ex. le jour)
Sortir de
Se former
Se développer
Germer

« *Faire naître* » :
Engendrer
Créer
Éveiller
Inspirer
Susciter
Provoquer
Exciter

« *Naître de* » :
Provenir
Résulter
Venir de
Sortir de

● ANTONYMES : Mourir,
Finir, Expirer.

NAÏVETÉ

Candeur
Franchise

Fraîcheur
Grâce (naturelle)
Simplicité
Bonne foi
Sincérité
Confiance
Ingénuité
Crédulité
Innocence
Bonté (excessive)
Niaiserie
Bêtise
Excès de confiance
Inexpérience
Calinotade (*anc.*)
Ignorance

● ANTONYMES : Astuce, Malice, Machiavélisme, Duplicité.

NANTIR

Pourvoir
Octroyer
Gratifier
Donner
Munir
Doter

« *Nanti* » :
Privilégié
V. RICHE

● ANTONYMES : Priver,
Démunir, Dénantir; Dénué, Pauvre, Exploité.

NANTISSEMENT

Gage
Antichrèse

NARCOTIQUE

Anesthésique
Somnifère
Hypnotique

Calmant
Soporifique
Stupéfiant
Barbiturique

● ANTONYME : Excitant.

NARGUER
V. (SE) MOQUER

NARQUOIS
V. MOQUEUR

NARRATION

Récit
Relation
Exposé *et* Exposition
Rédaction
V. DISCOURS

NARRER
V. CONTER

NASARDE
V. AFFRONT

NASSE

Engin de pêche
Casier (à homards)
Ruche (pour pêche en mer)
Filet
Piège

NATIF

1. Originaire (de)
Enfant de
Aborigène
Naturel
Indigène

2. Inné
Originel

● ANTONYMES : Étranger,
Importé.
2. Acquis.

NATION

Peuple
Nationalité
Groupe humain
Gent
Peuplade
Tribu
Race
Communauté (nationale)
Pays
Ethnie
Territoire
Patrie
Cité
Collectivité
Population

● ANTONYME : Individu.

NATIVITÉ
V. NAISSANCE

NATURALISTE

1. Spécialiste d'histoire naturelle .
Botaniste
Zoologiste
Minéralogiste
Entomologiste
Herpétologiste

2. *Adj.* :
Réaliste

● ANTONYMES : 2. Formaliste, Idéaliste.

NATURE et NATUREL
V. CARACTÈRE

NAUFRAGE

Sinistre
Perte de bâtiment
Accident en mer
Fortune de mer
Perdition (corps et biens)

Submersion
Engloutissement

Au fig. :
Ruine
Perte
Échec

● ANTONYME : Sauvetage.

NAUSÉABOND
V. ÉCŒURANT

NAUSÉE

Mal au cœur
Soulèvement de cœur
Haut-le-cœur
Envie de vomir
Écœurement
Le cœur qui chavire

NAVAL

Maritime
Nautique
Marin

NAVIGATEUR
V. MARIN

NAVIGUER

Voguer
Voyager sur l'eau
Sillonner les mers
Nager
Fendre les flots
Être marin (*ou* navigateur)
Bourlinguer (*fam.*)
Accomplir un périple
Caboter
Rallier un port

NAVIRE
V. BATEAU

NAVRANT
V. AFFLIGEANT

NAVRER
V. AFFLIGER

NAZI

National-socialiste
Membre du N.S.D.A.P.
Hitlérien
Chemise brune
S.S. *et* S.A.

NÉANMOINS
V. CEPENDANT

NÉANT

Non-être
Sans existence
Rien
Vide

● ANTONYMES : Être, Existence.

NÉBULEUX

Nuageux
Couvert (de nuages)
Obscur *et* Obscurci
Brumeux
Vaporeux

Au fig. :
Confus
Vague
Flou
Incertain
Fumeux
Indécis
Indistinct
Trouble
Amphigourique
Inintelligible

● ANTONYMES : Clair,

Découvert, Transparent, Net, Précis.

NÉCESSAIRE

V. INDISPENSABLE
Important
(Absolument) Utile
Primordial
Essentiel
Obligé *et* Obligatoire
Inévitable
Inéluctable
Infaillible
Immanquable

● ANTONYMES : Inutile, Superflu.

NÉCESSAIREMENT

Obligatoirement
Forcément
À coup sûr
Fatalement
Inévitablement
Infailliblement
Indispensablement
Certainement
Mathématiquement
Automatiquement

● ANTONYMES : Par hasard, Gratuitement, Inutilement, Fortuitement, Accidentellement.

NÉCESSITÉ
V. BESOIN

NÉCESSITEUX

Indigent
Dans le dénuement
Pauvre
Besogneux

● ANTONYMES : Riche, Aisé.

NÉFASTE
V. FUNESTE

NÉGLIGÉ

Débraillé
Laisser-aller (*subst.*)

Spécialement :
Déshabillé

● ANTONYMES : Apprêté, Habillé.

NÉGLIGEABLE
V. INSIGNIFIANT et MÉDIOCRE.

NÉGLIGENCE

Inattention
Manque d'application (*ou* de soin *ou* de rigueur)
Incurie
Laisser-aller (*subst.*)
Relâchement
Nonchalance
Abandon
Omission
Oubli
Carence
Négligé
Débraillé (*subst.*)
Insouciance

● ANTONYMES : Soin, Application, Rigueur, Zèle, Précision.

NÉGLIGER

Omettre
Manquer
Oublier (volontairement)
Ne pas tenir compte
Ne pas faire cas
Passer outre
Dédaigner
Passer par-dessus
Délaisser
Déserter
Traiter par-dessous la jambe (*fam.*)
Laisser de côté
Traiter comme quantité négligeable
Mépriser
Faire litière de
Se ficher de (*fam.*)
Se désintéresser de
Laisser traîner (*ou* à la traîne)
Laisser dormir
Se relâcher
Se détourner de

● ANTONYMES : S'occuper, Se préoccuper, Prendre soin, Cultiver.

NÉGOCE
V. COMMERCE

NÉGOCIANT
V. COMMERÇANT

NÉGOCIATEUR
V. DIPLOMATE et INTERMÉDIAIRE

NÉGOCIER

Commercer
Échanger
Acheter
Vendre
Discuter (une affaire)
Traiter (*id.*)
Débattre (*id.*)
Agir auprès de (quelqu'un)
Composer
Mener une négociation
Chercher un accord
Rechercher un compromis

NÈGRE
V. Noir

NÉNUPHAR

Nymphéa
Lune d'eau
Lis d'eau
Lis des étangs
Lotus
Jaunet d'eau

NÉOLITHIQUE

Âge de la pierre
Préhistoire

NÉOPHYTE

Novice
Prosélyte
Nouvel adepte (*ou* adhérent, *ou* converti)
(Un) Polyeucte

● ANTONYME : Ancien.

NÉPOTISME
V. Favoritisme

NERFS (Porter sur les)
V. Agacer et Énerver

NERVEUX

Énervé
Fébrile
Impatient
Agité
Irritable
Émotif
Brusque
Névrotique
Névropathe
Excitable *et* Excité
Crispé

Au fig. :
Vigoureux
Qui a du nerf
Vif
V. Alerte
Concis (*par ex.* : le style)
Ramassé (*id.*)
Éloquent (*id.*)

« *Une viande nerveuse* » :
Tendineuse
Coriace
Dure

● ANTONYMES : Mou, Asthénique, Froid, Languissant.

NET

Nettoyé
Propre
Impeccable
Sans tache
Immaculé
Transparent
Blanc
Poli
Uni
Soigné
Pur
Clair
Précis
Distinct
Exact
Régulier
Marqué
Tranché
Sans détours
Catégorique
Formel
Explicite
Sans bavures
Cru
Lumineux
Intelligent
Lucide (un esprit)

Carré
Franc

● ANTONYMES : Terni, Impur, Brut, Brouillé, Ambigu, Confus, Embarrassé, Équivoque.

NETTEMENT

Clairement
Distinctement
Formellement
Fortement
Expressément
Franchement
Carrément
Hautement
À haute voix
Sans ambages
Sans détours
Sans ambiguïté

● ANTONYMES : Confusément, Vaguement, Obscurément, Indistinctement.

NETTOYER

Rendre net (*ou* propre)
Astiquer
Frotter
Détacher
Dégraisser
Décrotter
Brosser
Lessiver
Balayer
Épousseter
Essuyer
Fourbir
Décaper
Torchonner
Récurer
Laver
Rincer
Écouvillonner

Débrouiller
Cirer
Housser (*rare*)
Battre (par ex. un tapis)
Blanchir
Éplucher
Racler
Ratisser
Sarcler
Curer
Écurer (*anc. ou rég.*)
Draguer
Trier
Vanner
Briquer (*mar. et fam.*)
Assainir
Étriller
Décrasser
Torcher
Bouchonner
Toiletter
Débarbouiller
Absterger (une plaie)
Déterger (*id.*)
Purifier
Purger

● ANTONYMES : Souiller, Salir, Ternir, Barbouiller.

NEUF

V. NOUVEAU
Moderne
Frais
Original
Vierge
Récent
À peine né (*ou* À peine fait)
Vert
Jeune
Inédit

« *Mis à neuf* »
Rénové
Restauré

Retapé (*fam.*)
Rafraîchi
Raccommodé
Requinqué (*fam.*)
Replâtré
Ragréé

● ANTONYMES : Vieux, Usé, Fini, D'occasion, Éculé, Antique.

NEUTRE

Ni pour ni contre
Impartial
Indifférent
Impassible
À égale distance
Distant
Prudent
Sans parti
Non engagé
Au-dessus de la mêlée

● ANTONYMES : Adversaire, Belligérant, Partie prenante.

NÉVROSE

Affection nerveuse
Psychose *et* Psychonévrose
Aliénation mentale
Déséquilibre (mental)
Dérèglement (*id.*)
Dérangement (*id.*)

NEZ

Appendice nasal

Fam. et pop. :
Pif
Tarin
Blair

Blase
Nase

Nez d'animaux :
Truffe (chien)
Groin (porc)
Naseaux
Museau
Mufle
Hure
Trompe (éléphant)

NIAISERIE
V. BÊTISE, NAÏVETÉ et SOTTISE

NICHE
V. FARCE

NICHER
V. HABITER

NID
V. HABITATION

NIER

Dire (que) non
Démentir
Disconvenir
Révoquer en doute
S'inscrire en faux
Contredire
Dire le contraire
Rejeter
Contester
Renier
Dénier
Désavouer
Aller à Niort (*arg.*)

● ANTONYMES : Affirmer, Avouer, Attester, Certifier, Reconnaître.

NIGAUD
V. SOT

NIMBE
V. Auréole

NIPPES
V. Hardes

NIVEAU

Degré
Hauteur
Échelon
Ligne de (flottaison)
Étiage
Altitude
Palier
Ligne
Plan
(Au) Diapason
(A) Portée

NIVELER
V. Égaliser

NOBLE

1. Aristocrate
Seigneur
Grand
Homme de qualité
Gentilhomme
Praticien
De haute naissance
Hobereau
Junker (*Allemagne*)
Lord *et* Lady (*Angleterre*)
Hidalgo (*Espagne*)
Boyard (*Russie*)
Anobli
Talon rouge (*fam.*)

2. *Adj.* :
Grand (*fig.*)
Généreux
Courageux
Magnanime
Auguste

Magnifique
Fier
Haut (*fig.*)
Relevé (*fig.*)
Beau
Sublime
Majestueux
Imposant
Mâle
Olympien
Qui a une autorité naturelle
Qui commande le respect
Respectable
Distingué
Héroïque
Éthéré
Exaltant
Digne

● ANTONYMES : 1. Roturier, De basse extraction, Bourgeois, Manant, Croquant.
2. Bas, Commun, Grossier, Vil, Mesquin, Prosaïque.

NOCE

1. V. Mariage

2. V. Fête, Festin et Débauche

NOCIF

Nuisible
Funeste
Pernicieux
Dangereux
Délétère
Préjudiciable
Malin

● ANTONYMES : Anodin, Inoffensif.

NOCTURNE

De la nuit
Noctambule

● ANTONYME : Diurne.

NŒUD

Boucle
Lien (*aussi fig.*)
Collet
Lacs
Aboutage (*mar.*)
Ajut ou Ajust (*mar.*)
Épissure

Au fig. :
Intrigue
Péripétie
Fond (de l'affaire)
(Le) Hic

Spécialement :
Nodosité (*méd.*)
Bouffette (de cheveux)
Rosette (*id.*)
Coque (*id.*)
Chou (*id.*)
Cadogan *ou* Catogan (*id.*)
Choupette (*id.*) [*fam.*]

NOIR

Brun
D'ébène
Ébéné (*peu us.*)
Ébénacés (*n. f. plur.*)
De jais
Fumé *et* Enfumé
Noirci
Obscur
Sombre
Foncé
Ténébreux
Brûlé
Comme de la suie
Fuligineux
Comme du charbon

Charbonné
Moreau (cheval)

Spécialement :

1. Nègre
Homme de couleur
Basané
Bronzé
Hâlé
Noiraud
Bistre
Négro (*péj.*)

2. Sale
Mâchuré

● ANTONYMES : Blanc, Pâle,
Blond.

NOIRCIR

Rendre (*ou* Devenir) noir
Brunir
Bronzer
Enfumer
Charbonner
Teindre
Barbouiller
Culotter
Mâchurer
Assombrir
Obscurcir
Passer au noir
Salir
Maculer

Au fig.. :
Charger
Accuser
Calomnier
Dénigrer
Décrier
Diffamer
Déshonorer
Décréditer
Enfoncer (quelqu'un)
[*pop.*]

● ANTONYMES : Blanchir;
Innocenter, Disculper.

NOM

Patronyme
Pseudonyme
Homonyme
Surnom
Cognomen
Sobriquet
Dénomination
Appellation
Désignation
Marque
Signature
Substantif (grammaire)

NOMADE

Errant
Ambulant
Mobile
Instable
Vagabond
Voyageur
S.D.F. (sans domicile fixe)
Erratique

Subst. :
Bohémien
Gitan
Tsigane ou Tzigane
Bédouin
Targui
Forain
Mendiant
Rouleur (*anc.*)
Chemineau
Tramp (*néol. améric.*)

● ANTONYMES : Fixe, Sé-
dentaire.

NOMBREUX

Abondant
Fréquent
Répété
Varié

Innombrable
Incalculable
Illimité
Dense
Multiple *et* Multiplié
Grouillant
Entassé
Considérable

● ANTONYMES : Rare,
Clairsemé, Peu.

NOMENCLATURE

Liste
Répertoire
Catalogue
Inventaire
Recueil
Ensemble (répertorié)

NOMINAL

Nominatif

● ANTONYME : Collectif.

NOMINATION

Désignation
Affectation
Promotion
Élection
Cooptation
Élévation (à un poste)
Choix
Mutation
Investiture

● ANTONYME : Destitution.

NOMMER

Appeler (par son nom)
Désigner (*id.*)

Distinguer (par un nom)
Donner un nom
Dénommer
Baptiser
Mentionner
Faire mention
Citer
Indiquer

Spécialement :
Choisir (quelqu'un)
Instituer (*id.*)
Commettre (*id.*)
Établir (*id.*)
Bombarder (*id.*) [*fig.*]

● ANTONYME : Destituer.

NONCE

Légat

NONCHALANCE
V. APATHIE

NON CONFORMISTE

Indépendant
Hétérodoxe
Individualiste
Original
Contestataire
Dissident

● ANTONYMES : Conformiste, Orthodoxe, Grégaire.

NONOBSTANT
V. MALGRÉ

NORD

Septentrion (*litt.*)
Boréal
Arctique
Septentrional

● ANTONYMES : Sud, Midi, Méridional.

NORMAL

Naturel
Habituel
Courant
Ordinaire
Régulier
Légitime
Compréhensible
Correct
Honnête

● ANTONYMES : Anormal, Spécial, Monstrueux.

NORMALISER

Rationaliser
Standardiser
Unifier

NOSTALGIE

V. REGRET
Mélancolie

NOTABLE

1. Digne d'être noté
Remarquable
Appréciable
Important
Considérable
Frappant
Influent
Intéressant
Marquant
Mémorable
Prononcé
Sérieux
Souligné
Substantiel

● ANTONYME : Négligeable

2. *Subst.* :
Notabilité
Personnalité
Bourgeois
Personnage influent

NOTAMMENT

Par exemple
Entre autres
Particulièrement
Spécialement
Singulièrement
Pour ne citer que

NOTE

Nota
Notule
Notice
Annotation
Scolie *ou* Scholie
Explication
Renvoi (en bas de page)
Avis
Communiqué *et* Communication
Aide-mémoire
Mémorandum
Observation
Réflexion
Pensée
Compte
Facture
Addition
Douloureuse (*fam.*)

NOTER

Écrire (pour mémoire)
Inscrire
Marquer
Consigner
Enregistrer
Prendre (en) note
Remarquer
Constater
Prêter attention à
Faire attention à
Prendre garde à
Se rendre compte que
Se souvenir de (*ou* que)

● ANTONYME : Oublier.

NOTIFICATION
V. ANNONCE

NOTION

Élément (de connaissance)
Rudiment
Connaissance élémentaire
Clarté (s)
Lumière (s)
Idée
Pensée
Concept

NOTOIRE

Connu
Manifeste
Reconnu
Public
De notoriété publique
Évident
Éclatant
Clair

● ANTONYMES : Faux, Douteux, Inconnu.

NOTORIÉTÉ

Renommée
Célébrité
Renom
Réputation
Vedettariat (*néol.*)

● ANTONYMES : Anonymat, Obscurité.

NOUER

V. ATTACHER
Lier
Serrer (le nœud)
Réunir

Joindre
Fixer
Fermer
Envelopper
Entortiller

Au fig. :
Ourdir
Tramer
Organiser
Former
Intriguer

● ANTONYMES : Dénouer, Défaire.

NOURRICIER

Nutricier
Nutritif

NOURRIR

Alimenter
Donner à manger
Sustenter
Allaiter
Fournir des aliments
Procurer de la nourriture
Faire manger
Ravitailler
Entretenir
Faire vivre
Donner de la subsistance
Donner la becquée
Abecquer

Au fig. :
Espérer
Préparer
Caresser (un projet)

« *Se nourrir* » :
V. MANGER
Consommer
Absorber (des aliments, de la nourriture)
Ingérer (*id.*)

Ingurgiter (*id.*)
Prendre (*id.*)
Bouffer (*fam.*)
Boulotter (*fam.*)
Vivre de
Se repaître

« *Nourri* » (*au fig.*) :
Abondant
Riche
Serré
Dense

● ANTONYMES : Priver, Affamer, Sevrer, Couper les vivres.

NOURRISSON

Bébé
Nouveau-né
(Petit) Enfant
Enfançon (*anc. ou litt.*)

NOURRITURE
V. ALIMENT

NOUVEAU

Neuf
Récent
Nouveauté
Frais
Dernier venu
Original
Renouvelé
Recommencé
(À peine) commencé
Qu'on étrenne
Inédit
Hardi
Inattendu
Inaccoutumé
Inouï
Naissant
Novice
Inexpérimenté
Jeune

675

Insolite
Sans précédent
Vierge
Différent
Moderne
Récemment apparu
Inhabituel
Inusité
Inconnu (auparavant)
Insoupçonné (*id.*)

Spécialement (*arg. scol.*) :
Bleu
Bizuth

● ANTONYMES : Ancien, Connu, Antique, Archaïque, Vieux, Éculé, Usé, Expérimenté, Rebattu; Vétéran.

NOUVELLE

Information
Fait *et* Fait-divers
Renseignement
Événement
Message
Dépêche
Dernière heure
Bruit
Écho
Rumeur
Bobard (*péj. fam.*)
Canard (*péj. fam.*)

« *Donner de ses nouvelles* » :
Faire signe
Donner signe de vie
Rompre le silence
Envoyer un mot

NOVATEUR

Innovateur
Celui qui innove (*ou* qui apporte du neuf

Créateur
Initiateur
Inventeur
Révolutionnaire
Audacieux
Hardi
Rénovateur
Régénérateur

● ANTONYME : Conservateur.

NOVICE
V. APPRENTI

NOYER

Inonder
Submerger
Baigner
Recouvrir d'eau
Engloutir
Faire disparaître sous les flots
Tuer
Asphyxier
Immerger

● ANTONYMES : Assécher, Sécher, Sauver.

NU

Dénudé
Déshabillé
Dépouillé
Sans vêtements
Dévêtu
Dans le plus simple appareil
Dévoilé
En costume d'Adam
Vêtu d'une simple feuille de vigne
In naturalibus
Vêtu de sa seule candeur
À poil (*pop.*)
Désaffublé

Décoiffé
Déchaussé
Découvert
Dégarni
Démuni
Déplumé *et* Plumé
Chauve
Ras *et* Rasé
Tondu
Glabre

et aussi :
V. DÉSERT
Pelé

● ANTONYMES : Couvert, Habillé, Vêtu, Coiffé, Chaussé, Poilu, Chevelu, Barbu, Plein, Habité, Peuplé.

NUAGE

Nue *et* Nuée (*litt.*)
Nébulosité
Cirrus
Cumulus
Nimbus
Stratus
Alto cumulus
Altostratus
Cumulo-nimbus
Cumulo-stratus

Au fig. :
Brouillard
Trouble
Brouille *et* Brouillerie

« *Être dans les nuages* » :
V. DISTRAIT
Dans la lune

NUANCE

Teinte
Ton
Tonalité

Couleur
Degré (de couleur)
Spécialement :
Différence
Variété (d'expression)
Précision
Objection
Rectification (légère)
Correctif

NUBILE

V. ADOLESCENT
Mariable
Pubère
Formé

● ANTONYME : Impubère.

NUIRE

Faire du tort
Causer un dommage
Faire du mal (à quelqu'un)
Porter atteinte
Léser
Préjudicier
Défavoriser
Désavantager
Contrarier
Gêner
Déconsidérer
Discréditer
Endommager
Ruiner
Faire obstacle

« *Volonté de nuire* » :
V. MALVEILLANCE

● ANTONYMES : Aider, Sauver, Assister, Servir, Avantager.

NUISIBLE

Dommageable
Néfaste

Nocif
Dangereux
Contraire
Désastreux
Destructeur
Fâcheux
Fatal
Funeste
Incommodant
Maléfique
Insalubre
Malsain
Empoisonné
Compromettant
Défavorable
Malfaisant
Mortel
Mauvais
Pernicieux
Préjudiciable
Ruineux
Toxique
Délétère
Corrosif
Corrupteur

● ANTONYMES : Bienfaisant, Utile.

NUIT

Ténèbre (s)
Obscurité
Temps nocturne
Soir
Crépuscule
Veille *et* Veillée

● ANTONYMES : Jour, Lumière.

NUL

1. Aucun
Rien
Personne
Zéro

Négatif
Inexistant

2. Annulé
Caduc
Non avenu
Infirmé
Abrogé
Aboli
Effacé
Périmé
Invalidé
Annihilé
Cassé
Détruit
Contremandé
Décommandé
Dissous
Inexistant
Nié
Oblitéré
Rapporté
Rayé
Résilié
Révoqué
Rompu
Vain

NULLITÉ

Caducité (*jur.*)
Vice (de nature *ou* de forme)
Futilité
Ânerie
Défaut de (connaissance, talent, etc.)
Non-valeur
Zéro

● ANTONYMES : Validité, Valeur, Génie.

NUMÉROTER

Donner (*ou* Affecter d') un numéro

Coter
Folioter
Paginer
Matriculer

NURSE

Nourrice
Gouvernante
Bonne d'enfants
Nounou (*fam.*)
Garde d'enfants

NUTRITIF

Nourrissant
Nourricier
Substantiel
Fortifiant
Nutricier (*peu us.*)

NYMPHE

Dryade
Naïade

Napée
Néréïde
Océanide
Oréade
Hyades
Hamadryade
Déesse

Entomologie :
Chrysalide

NYMPHÉA
V. Nénuphar

OASIS

Palmeraie

Au fig. :
Halte
Lieu de repos

OBÉIR

Se soumettre à
Se conformer à
Se mettre aux ordres
Écouter
Faire ce qui est dit
S'incliner
Fléchir
Courber la tête
Obtempérer
Se plier à
Déférer à
Acquiescer à
Satisfaire à (la volonté de
quelqu'un, une obligation,
etc.)
Céder
Suivre

Sacrifier à
Observer (la volonté de)

● ANTONYMES : Désobéir,
Commander.

OBÉISSANCE

Soumission (à)
Observance (de)
Observation (de)
Subordination
Obédience
Discipline
Docilité
Servilité
Esclavage
Reconnaissance (de l'au-
torité de quelqu'un)
Sujétion
Dépendance
Assujettissement
Joug
Mise au pas

● ANTONYMES : Rébel-
lion, Insoumission, Indo-
cilité, Révolte, Insubordination.

OBÉISSANT

Docile
Soumis
Discipliné
Maniable
Malléable
Sage
Doux
Faible
Dompté
Souple
Passif
Subordonné
Gouvernable
Vaincu
Rampant (*péj.*)

● ANTONYMES : Désobéis-
sant, Réfractaire, Rebelle,
Indiscipliné, Indocile, Factieux, Fier, Têtu, Entêté.

OBÈSE

Adipeux
Ventru
Bedonnant
Fort
Gras
Gros
Difforme
Pansu (*fam.*)
Corpulent

● ANTONYMES : Maigre, Sec.

OBÉSITÉ

Adiposité
Polysarcie
Corpulence
Grosseur
Hypertrophie adipeuse

● ANTONYMES : Étisie, Maigreur.

OBJECTER

Opposer (une objection)
Contester
Répondre
Répliquer
Rétorquer
Chicaner
Alléguer
Prétexter

● ANTONYME : Approuver.

OBJECTIF

1. *Adj.* :
Impartial
Désintéressé
Juste
Neutre
Froid
Impassible
Impersonnel
Scientifique
Détaché

2. *Subst.* :
But (à atteindre)
Cible
Visée (s)
Résultat (à atteindre)

● ANTONYMES : 1. Subjectif, Partial, Partisan, Arbitraire.
2. Point de départ.

OBJECTION

Argument opposé
Réplique
Réfutation
Contestation
Réponse
Critique
Contradiction
Opposition
Protestation
Discussion
Obstacle (posé)
Difficulté (soulevée)
Proposition contraire
Reproche
Représentation
Observation
Réprimande

● ANTONYME : Approbation.

OBJECTIVITÉ

Impartialité
Détachement
Impersonnalité
Désintéressement
Esprit scientifique
Justice
Neutralité
Désintéressement

● ANTONYMES : Partialité, Parti pris.

OBJURGATION

Reproche
Réprimande
Remontrance
Représentation
V. BLÂME
Admonestation

● ANTONYMES : Apologie, Encouragement, Félicitation.

OBLIGATION

Dette
Devoir
Engagement
Promesse
Responsabilité
Exigence
Tâche
Serment
Lien (moral)
Nécessité (morale)
Impératif
Charge
Contrat
Convention
Prescription
Commandement

● ANTONYMES : Liberté, Dispense.

OBLIGATOIRE

Obligé
Exigé
Imposé

De rigueur
Nécessaire
Indispensable
Essentiel
De commande
Forcé

● ANTONYMES : Facultatif, Superflu.

OBLIGEANCE

Complaisance
Affabilité
Serviabilité
Amabilité
Bienveillance
Prévenance
Gentillesse
Bonté
Disponibilité
Gracieuseté
Générosité

● ANTONYMES : Désobligeance, Malveillance.

OBLIGER
V. CONTRAINDRE et AIDER

OBLIQUE

Qui s'écarte de la verticale
En biais
Incliné
En pente
De guingois
Gauche
À trente (quarante, cinquante) degrés
De travers
De traviole (*pop.*)
Dévié

Au fig. :
Louche
Louvoyant
Tortueux
Qui manque de franchise

Sans droiture
Indirect

● ANTONYMES : Direct, Vertical, Droit.

OBOLE
V. AUMÔNE

OBSCÈNE
V. GROSSIER

OBSCUR

Sombre
Ténébreux
Noir
Ombreux
Enténébré
Obscurci
Sépulcral
Voilé
Nocturne
Assombri
Couvert
Embrumé
Nuageux
Nébuleux
Aveugle
Opaque
Foncé
Terne
Triste
Trouble

Au fig. :
Abstrait
Abstrus
Ambigu
Amphibologique
Amphigourique
Brouillé
Chaotique
Compliqué
Confus
Désordonné
Embarrassé
Embrouillé
Embroussaillé

Entortillé
Énigmatique
Équivoque
Fumeux
Illisible
Inaccessible
Incompréhensible
Indébrouillable
Indéchiffrable
Indistinct
Inexplicable
Inextricable
Inintelligible
Insaisissable
Insondable
Mystérieux
Louche
Cabalistique
Ésotérique
Hermétique
Sibyllin

● ANTONYMES : Clair, Brillant, Lumineux, Limpide, Évident.

OBSCURCIR
V. ASSOMBRIR

OBSCURÉMENT

De manière vague
Vaguement
Imperceptiblement
De façon incertaine
Souterrainement
Sans le savoir
Inconsciemment
Sans clarté
Incompréhensiblement

● ANTONYMES : Clairement, Nettement, Consciemment.

OBSÉDER

V. TOURMENTER
Hanter

Tracasser
Poursuivre
Travailler (*fig.*)
Devenir une idée fixe
Tourner à l'obsession
Agiter
Accabler
Turlupiner (*fam.*)
Lanciner
Fatiguer
Importuner

● ANTONYMES : Rassurer.
Rasséréner, Tranquilliser,

OBSÈQUES

Funérailles
Cérémonie funèbre
Enterrement

OBSÉQUIEUX

Servile
Plat
Cajoleur
Adulateur
Flatteur
Caudataire
Rampant
Lèche-bottes (*péj.*)

● ANTONYMES : Hautain,
Méprisant.

OBSERVATEUR

Témoin
Spectateur
Assistant
Voyeur
Qui regarde
Envoyé spécial (diploma-
tique)

● ANTONYMES : Partici-
pant, Partie prenante.

OBSERVATION

Étude
Examen
Considération (attentive)
Attention
Constatation
Considération
Remarque

Par extens. :
Spéculation
Annotation
Note
Appréciation
Réflexion
Objection
Critique
Réplique
Reproche
Réprimande
Avertissement

● ANTONYMES : Indiffé-
rence, Dédain, Manque-
ment, Négligence, Oubli,
Compliment, Éloge.

OBSERVER

1. Considérer
Contempler
Regarder
Examiner
Étudier
Flairer (*fig.*)
Dévisager
Fixer
Toiser
Épier
Espionner
Guetter

2. Prendre garde à
Noter
Remarquer *et* Marquer
Constater

3. Suivre (scrupuleuse-
ment)

Se conformer à
Respecter
Faire preuve d'observance
Obéir à
Accomplir
Exécuter
Être fidèle à
Faire exactement

● ANTONYMES : Mécon-
naître, Fermer les yeux sur,
Dédaigner.

OBSESSION

Hantise
Idée fixe
Manie
Monomanie
Angoisse
Tentation
Phobie
Crainte
Souci

OBSOLÈTE

Désuet
Hors d'usage

OBSTACLE

Embarras
Fossé
Mur
Barrage
Barre
Gêne
Écran
Rideau
Haie

Au fig. :
Empêchement
Contrariété
Rémora (*anc.*)

Traverse
Écueil
Entrave
Obstruction
Opposition
Frein
Barrière
Difficulté
Adversité
Achoppement (*anc. ou litt.*)
Grain de sable (*fig.*)
Bec (*pop.*)
Os (*pop.*)
Cheveu (*pop.*)

● ANTONYMES : Facilité, Aide, Appui, Sans encombre.

OBSTINATION

Entêtement
Persévérance
Opiniâtreté
Constance
Acharnement
Ténacité
Résolution
Insistance
Assiduité

● ANTONYMES : Versatilité, Docilité, Inconstance, Caprice.

OBSTINÉ

Têtu
Entêté
Buté
Opiniâtre
Persévérant
Tenace
Acharné
Déterminé
Résolu
Irréductible

Assidu
Constant
Volontaire
Entier

● ANTONYMES : Versatile, Docile, Compréhensif, Inconstant.

OBSTINER (S)

Persévérer
Insister
Persister
S'opiniâtrer
S'acharner
S'entêter
Se buter
S'aheurter (*peu us.*)
Résister

● ANTONYMES : Céder, Capituler, Fléchir, Renoncer.

OBSTRUCTION

Obturation
Occlusion (*méd.*)
Iléus (*méd.*)
Obstacle
Engorgement
Barrage
Engouement (*méd.*)
Embarras
Entrave
Flibustering (*néol. amér.* : obstruction parlementaire)
Encombrement
Bouchon (*fig.*)

OBTEMPÉRER
V. OBÉIR

OBTENIR

Réussir (à avoir)
Parvenir à se faire donner

Recevoir
Acquérir
Décrocher (*fig.*)
Enlever
Conquérir
Arracher (*fig.*)
Extorquer
Accrocher (*fig*).
Acheter
Dérober
Remporter
Prendre (d'assaut)
Emporter (de haute lutte)
Mériter
Capter

● ANTONYMES : Perdre, Rater, Manquer, Se voir refuser, Donner.

OBTURATEUR

Bouchon
Clapet
Soupape

OBTUS
V. BÊTE

OBUS
V. PROJECTILE

OBVIER

Parer à
Pallier
Éviter
Remédier
Prévenir

OCCASION

Circonstance (favorable)
Hasard (heureux)
Opportunité
Possibilité

Chance
Aubaine
À propos
Bonheur
Événement
Conjoncture
Facilité
Occurrence
Rencontre
Cas

OCCASIONNEL

Fortuit
Contingent
Exceptionnel

● ANTONYMES : Essentiel'
Habituel.

OCCASIONNER

Être cause de
Susciter
Provoquer
Causer
Engendrer
Déterminer
Créer
Produire
Procurer
Amener
Attirer

● ANTONYME : Éviter.

OCCIDENT

Ouest
Couchant
Ponant (anc.)

● ANTONYMES : Est,
Orient, Levant.

OCCLUSION
V. OBSTRUCTION

OCCULTE

Mystérieux
Caché
Secret
Inconnu
Clandestin
Ésotérique
Hermétique
Magique

● ANTONYMES : Au grand
jour, Public, Ouvert, Sans
mystère.

OCCULTISME
V. MAGIE

OCCUPANT
V. HABITANT

OCCUPATION

1. Métier
Charge
Travail
Profession
Fonction
Passe-temps
Affaire
Affairement
Emploi
Besogne
Ouvrage
Labeur
Loisir (s)

2. Appropriation
Possession
Habitation

et aussi :
Invasion
Envahissement
Assujettissement

● ANTONYMES : Inaction,
Inactivité, Trêve, Siné-
cure, Désœuvrement ;
Évacuation, Libération.

OCCUPER (S')

Se consacrer
S'appliquer
S'adonner
S'attacher à (fig.)
S'atteler (fig.)
Veiller à
S'employer
Faire
Se mêler de
S'amuser à
Songer à
Se préoccuper de

● ANTONYMES : Être indif-
férent à, Se désintéresser
de, Se moquer de.

OCÉAN
V. EAU

OCTOBRE

Dixième mois
Vendémiaire-brumaire

OCTROI

Don
Concession
Attribution
Cadeau
Distribution
Allocation

ODE
V. POÈME

ODEUR

Odorat
Sens olfactif
Nez
Arôme
Effluve

Parfum
Fumet
Émanation
Empyreume (*chimie anc.*)
Fragrance
Exhalaison
Relent
Remugle
Puanteur
Senteur

ODIEUX

V. ABJECT
Antipathique
Haïssable *et* Haï
Détestable *et* Détesté
Exécrable
Dégoûtant
Ignoble
Indigne
Infâme
Injuste
Atroce
Avilissant
Insupportable
Honni

● ANTONYMES : Adorable, Agréable, Aimable, Charmant.

ODORAT

Flair
(Appareil *ou* Sens) Olfactif
Olfaction

ŒDÈME

Enflure
Gonflement
Tuméfaction
Tumeur

Anasarque
Phlébite

ŒIL

Organe de la vue
Globe oculaire
Yeux
Vue
Vision
V. REGARD
(Les) Châsses (*arg.*)
(Les) Mirettes (*arg.*)

Au fig. :
Attention
Apparence

ŒILLADE

Clin d'œil
Clignement
Coup d'œil
Invite (amoureuse)
Coquetterie
Touche (*pop.*)
Jeu de prunelles (*fam.*)
Œil de biche

ŒILLET

Grenadin
Tricolor
Nonpareille
Tagète *ou* Tagette
Œillet (*ou* Rose) d'Inde

ŒUVRE

Ouvrage
Travail
Entreprise
Écrit
Livre

Tableau
Sculpture
Morceau
Composition
Production (littéraire ou artistique)
Chef-d'œuvre
Grand œuvre

OFFENSE
V. AFFRONT

OFFENSIVE
V. ASSAUT

OFFICE

1. V. EMPLOI
Charge
Fonction
Métier
Usage

2. Messe (office divin)
Salut
Complies

OFFICIANT

Célébrant
Prêtre

OFFICIEL

Donné pour authentique
Authentifié
Certifié
Confirmé
Notoire
Public
Consacré
Autorisé

● ANTONYMES : Officieux, Privé, Faux, Apocryphe.

OFFICIER
V. MILITAIRE

OFFRANDE
V. DON

OFFRE

Proposition
Enchère
Surenchère
Offrande
Sacrifice de
Pollicitation (*jur.*)

● ANTONYMES : Demande, Refus.

OFFRIR

Proposer
Tendre
Présenter
Donner
Procurer
Allouer
Soumettre
Mettre à la portée

● ANTONYMES : Refuser, Demander.

OFFUSQUER
V. CHOQUER

OISEAU

Volatile
Volaille
Gibier à plume

OISIF

Désœuvré
Inactif
Inoccupé
Inemployé
Qui a des loisirs
Paresseux
Fainéant
Cagnard (*anc.*)

Musard (*fam.*)
Indolent
Badaud

● ANTONYMES : Occupé, Actif, Affairé.

OISIVETÉ

Désœuvrement
Loisir
Inaction
Paresse
Farniente
Fainéantise

● ANTONYMES : Travail, Occupation.

OMBILIC
Nombril

OMBRAGE

Feuillage
Abri
Couvert
Protection
Ombre

● ANTONYME : Découvert.

OMBRAGEUX

Inquiet
Défiant
Méfiant
Peureux
Susceptible
Farouche
Difficile
Tôt cabré (*fig.*)
Jaloux
Délicat

● ANTONYMES : Insouciant, Paisible, Tranquille.

OMBRE

1. Demi-jour
Clair-obscur
Pénombre
Contraste
Obscurcissement
Opacité
Nuit

Au fig. :
Obscurité
Secret
Mystère
Doute
Ombrage

2. Silhouette
Image
Zone sombre
Contour

Au fig. :
Apparence
Chimère
Reflet
Soupçon
Trace
Simulacre
Rien
V. FANTÔME

● ANTONYMES : Clarté, Lumière, Réalité.

OMETTRE

Négliger
Laisser de côté
Passer sous silence
Taire
Oublier
Manquer (de)
Ne pas mentionner
S'abstenir (de)

● ANTONYMES : Dire, Consigner, Faire, Exécuter, Ne pas oublier de.

OMISSION

Lacune
Manque
Oubli
Inattention
Erreur
Négligence
Absence
Dissimulation

● ANTONYME : Présence.

OMNIPOTENT

Tout-puissant

● ANTONYME : Impuissant.

ONCTUEUX

Gras
Huileux
Moelleux
Velouté
Doux
Savonneux

Au fig. :
Patelin
Plein d'onction
Dévot (*péj.*)
Mielleux (*péj.*)

● ANTONYMES : Sec, Cassant, Catégorique, Brusque, Net, Franc.

ONDE
V. EAU

ONDÉE

Pluie
Averse
Grain
Giboulée
Bourrasque

ONDOYANT

Mouvant
Onduleux
Sinueux
Souple

Au fig. :
Capricieux
Mobile
Changeant
Versatile
Variable
Inconstant
Flexueux
Divers

● ANTONYMES : Plat, Plane, Fixe, Constant, Stable.

ONDULATION

Ondoiement
Agitation (régulière)
Frisson
Balancement
Flottement

Spécialement :
Plis *et* Replis
Cran (Ondulation de cheveux)
Indéfrisable (*id.*)
Permanente (*id.*)

et aussi :
Méandre
Sinuosité
Contour
Courbure

● ANTONYMES : Raideur, Droite ligne, Platitude, Aplat.

ONÉREUX

Coûteux
Cher

Dispendieux
Lourd

● ANTONYMES : Gratuit, Bon marché.

ONGLE

Corne
Griffe
Ergot
Serre (Ongle de rapace)
Sabot (Ongle de cheval)
Pince (Ongle de cerf)

ONGUENT

Crème
Pommade
Embrocation
Baume
Balsamique
Liniment
Emplâtre
Topique
Cérat (Onguent de cire)
Momie (Onguent de bitume)

OPAQUE
V. OBSCUR

OPÉRA

Drame lyrique
Chant
Bel canto
Opera seria
Opéra bouffe
Opéra-comique

OPÉRATEUR

Mécanicien
Conducteur (de machine)

Manipulateur
Caméraman (*cinéma*)

OPÉRATION

Action
Exécution
Manipulation
Traitement
Travail
Accomplissement
Entreprise
Calcul (*mathématique*)
Intervention chirurgicale
Chirurgie
Ablation
Amputation
Greffe
Bataille (*milit.*)
Campagne (*id.*)
Manœuvre (*id.*)
Mouvements (*id.*)
V. AFFAIRE (commerciale)
Spéculation (commerciale)
Jeu financier

OPÉRER

V. FAIRE
Exécuter
Réaliser
Pratiquer
Agir

Spécialement :
Intervenir (*chirurgie*)
Amputer
Ouvrir (*fam.*)
Couper (*fam.*)

OPÉRETTE

Opéra bouffe
Vaudeville
Comédie musicale
Musical (*néol. amér.*)

OPINIÂTRE
V. OBSTINÉ

OPINIATRETÉ
V. OBSTINATION

OPINION

Avis
Appréciation
Façon de penser
Attitude (intellectuelle)
Conviction
Idée
Certitude
Foi
Croyance
Sentiment
Pensée
Jugement
Impression
Parti pris
Préjugé
Prévention
Doctrine
Théorie
Thèse

OPIUM

Opiat
Stupéfiant
Thébaïne
Drogue

Alcaloïdes de l'opium :
Papavérine
Morphine
Codéine
Narcéine
Narcotine
Opianine
Laudanum

OPPORTUN

Qui vient à propos
Qui tombe bien (*fam.*)

En temps et en lieu
À l'instant propice
En temps utile
Propice
Utile
Favorable
Bon
À pic
Indiqué
Expédient
Comme il faut

● ANTONYMES : Inopportun, Fâcheux, Intempestif, Déplacé, Déplorable.

OPPORTUNITÉ
V. OCCASION

OPPOSANT
V. ADVERSAIRE

OPPOSER

V. OBJECTER
Alléguer
Prétexter
Répondre
Dresser (contre)
Exciter (contre)
Braquer (contre)
Diviser
Faire obstacle
Aller contre
Contrarier
Contrecarrer
Faire opposition
Élever (quelque chose) contre
Soulever (un obstacle, une objection)
Placer en face
Comparer
Balancer
Mettre en balance
Faire contraster
Réfuter

« *Opposé* » :
Contraire
Symétrique
Aux antipodes
Adverse
Antagonique
Antinomique
Antipodal
Antithétique
Contradictoire
Contrevenant
Différent (radicalement)
Divergent
Ennemi
Incompatible
Inverse
Inconciliable
À rebrousse-poil

● ANTONYMES : Accorder, Concilier, Réunir, Conjuguer; Analogue, Semblable, Identique.

OPPOSITION

1. V. CONTRASTE
2. Objection
Désapprobation
Résistance à
Veto
Réaction contre
Désobéissance
Rébellion

Spécialement polit. :
Minorité
Résistance

● ANTONYMES : Conformité, Coopération, Alliance, Conjugaison; Obéissance, Soumission, Passivité ; Majorité.

OPPRESSÉ

Gêné pour respirer
Essoufflé

Qui s'étouffe
Haletant
Asthmatique
Emphysémateux

Au fig. :
Accablé
Chagriné
Tourmenté
Étreint par (le chagrin, l'angoisse, etc.)

● ANTONYME : Soulagé.

OPPRESSEUR

Tyran *et* Tyrannique
Dominateur
Autocrate

● ANTONYMES : Opprimé, Libérateur.

OPPRESSION

Asservissement
Tyrannie
Domination
Joug
Sujétion
Esclavage
Violence
Autorité (abusive)
Contrainte

● ANTONYME : Libération.

OPPRIMER
V. ASSERVIR

OPTER
V. ADOPTER et CHOISIR

OPTION

Choix
Faculté de choisir

● ANTONYME : Obligation.

OPULENCE
V. ABONDANCE

OPULENT
V. RICHE

OR

Métal jaune (*litt.*)
Pépite
Poudre (d'or)
Paillette
Sable aurifère
Plaqué (or)
Jonc (*arg.*)
Joncaille (*arg.*)
Louis (d'or)
Jaunet (pièce d'or)

ORACLE

Prophétie
Divination
Vaticination
Augure

ORAGE

Tourmente
Bourrasque
Tonnerre
Tempête
Ouragan

ORAGEUX

Agité
Houleux
Trouble *et* Troublé
Mouvementé
Tumultueux
Tempêtueux
Chaud (*fig.*)
Violent
Chargé d'électricité

● ANTONYMES : Calme, Tranquille, Pacifique.

ORAISON

Prière
Orémus
Patenôtre
Pater
Collecte
Secrète
Post-communion

ORAL

Verbal
Par la parole
De vive voix
De bouche à oreille

● ANTONYME : Écrit.

ORATEUR

Tribun
Conférencier
Déclamateur
Prédicateur
Rhéteur (*péj.*)
Discoureur (*iron.*)
Speaker

● ANTONYME : Auditeur.

ORCHESTRE

Ensemble (instrumental)
Formation (orchestrale)
Groupe (polyphonique)
Harmonie
Fanfare
Trio
Quatuor
Quintette
Septuor
Octuor

● ANTONYMES : Chef, Maestro, Soliste.

ORCHESTRER

Instrumenter
Adapter pour orchestre
Arranger
Harmoniser
Au fig. :
Organiser
Ordonner
Préparer

● ANTONYMES : 1. Réduire.
2. Désorganiser.

ORDINAIRE

Commun
Médiocre
Quelconque
Banal
Normal
Sans histoire
Habituel
Moyen
Usuel
Courant
Fréquent
Classique
Coutumier
Familier
Simple

● ANTONYMES : Extraordinaire, Exceptionnel, Fabuleux, Fantastique, Merveilleux, Original, Particulier, Rare.

ORDINATEUR

Calculateur électronique
Mémoire électronique

ORDONNANCE

1. Agencement
Arrangement
Rangement
Aménagement
Organisation
Disposition
Mise en ordre
Composition (Ordonnance d'ensemble)
Équilibre
V. ORDRE

2. *Jur.* :
Loi (Ordonnance du roi)
Texte législatif (Ordonnance arbitraire)
Décret
Arrêté (Ordonnance de police)
Règlement (*id.*)
Décision (Ordonnance de juge unique)
Exequatur

3. Prescription (Ordonnance médicale)

4. *Milit.* :
Domestique
Tampon (*pop.*)

ORDONNER
V. ARRANGER et COMMANDER

ORDRE

Organisation
Disposition
Structure
Agencement
Arrangement
Aménagement
Classification
Classement
Combinaison

Coordination
Disposition
Distribution
Hiérarchisation
Ordonnance
Rangement
Règlement *et* Règle
Enchaînement
Succession
Suite
Filiation
Rôle
Alignement (*milit.*)
Stabilité sociale
État de fait (politique)
Institution (*id.*)
Discipline

Spécialement :
V. ASSOCIATION

● ANTONYMES : Désordre,
Confusion, Chaos.

ORDURE

Détritus
Immondice
Excrément
Crasse
Saleté
Merde
Fange
Raclure
Débris
Déchet
Déjection (s)
Balayure
Nettoyure
Salissure
Vidure
Rebut
Vidange
Gadoue
Gadouille (*pop.*)
Souillure
Vomi *et* Vomissure

ORGANISATION
V. ORDRE et ACCOM-
MODEMENT

ORGANISER
V. ARRANGER

ORGIE
V. DÉBAUCHE

ORGUEIL

Arrogance
Insolence
Suffisance
Hauteur
Dédain
Morgue
Superbe
Importance
Gloriole
Vanité
Jactance
Infatuation
Présomption
Prétention
Outrecuidance
Fierté
Amour-propre

● ANTONYMES : Humilité,
Modestie, Simplicité.

ORGUEILLEUX

Fier
Vaniteux
Vain
Infatué (de soi-même)
Prétentieux
Présomptueux
Glorieux
Satisfait (de soi)
Content de soi)
Pénétré de son importance
Hautain
Arrogant

Insolent
Avantageux
Important
Flambard (*fam.*)
Altier
Sourcilleux
Fanfaron

● ANTONYMES : Humble,
Modeste, Simple, Bon-
homme.

ORIENT

Est
Levant

ORIENTATION

Situation
Exposition
Position
Direction
Tropisme

Au fig. :
Tendance

ORIENTER

V. CONDUIRE, DIRIGER et
TOURNER

ORIGINAIRE

1. V. ABORIGÈNE
Autochtone
Indigène
Naturel
Natif
Venu de
Né à

2. Qui date de l'origine de
Originel
Primitif
Premier

● ANTONYMES : 1. Étranger.
2. Postérieur.

ORIGINAL

1. (Document) Authentique
Rédaction primitive
Minute
Manuscrit
Prototype
Modèle

2. V. NEUF
Nouveau
Inédit
Hardi
Unique
Typique
Spécial
Particulier
Singulier
Curieux
Cocasse
V. BIZARRE
Étonnant
Étrange
Drôle
Drolatique
Pittoresque

3. « *Un original* » :
Bohème
Numéro (*fig.*)
Olibrius
Fantaisiste
Phénomène
Type
Chinois (*fig. pop. anc.*)
Non-conformiste
Anti-conformiste

● ANTONYMES : 1. Copie, Duplicata.
2. Éculé, Vieux, Banal, Commun, Conformiste.
3. Quelconque.

ORIGINE

1. Provenance
Source
Cause
Base
Fondement
Principe
Genèse
Début
Création
Étymologie

2. Ascendance
Filiation
Parenté
Extraction
Souche (*fig.*)
Tronc (*fig.*)
Pedigree

● ANTONYMES : But, Destination.
2. Fin.

ORIGINEL

Initial
Primitif
Originaire
Original
Brut
Premier

ORIPEAU
V. HARDE

ORNEMENT

V. DÉCORATION
et aussi :
Détail
Fioriture

ORNER

Ornementer
Mettre en valeur
Embellir
Agrémenter
Parer
Décorer
Fleurir
Illuminer
Pavoiser
Enguirlander
Guillocher
Passementer
Soutacher
Galonner
Tapisser
Peindre
Rudenter (une colonne)
Pomponner
Incruster
Broder
Dorer
Enluminer
Fleuronner
Diamanter
Enrichir
Enjoliver
Illustrer
Égayer
Étoffer
Garnir
Rehausser
Colorer *et* Colorier

● ANTONYMES : Déparer, Enlaidir, Mettre à nu, Dépouiller.

ORPHELIN
Pupille

ORTHODOXE

Traditionnel
Conformiste
● ANTONYME : Hétérodoxe.

OSCILLATION

Mouvement (alternatif)
Balancement

Branle
Va-et-vient
Battement
Ballant
Roulis
Tangage
Tremblement (de terre)

Au fig. :
Variation
Incertitude
Fluctuation
Vacillation
Hésitation

OSER

Entreprendre
Risquer
Tenter
Avoir l'audace de
Ne pas craindre de
Prendre la liberté de
Avoir le courage de
Se permettre de
Avoir le front de
Avoir la hardiesse de
Avoir l'impudence de
Avoir le culot de
En venir à
Prendre le risque

● ANTONYMES : Hésiter,
Craindre.

OSSATURE

Charpente
Carcasse
Armature
Structure
Squelette
Canevas
Schéma

OSSEMENTS

Os
Restes

Débris
Squelette

OSSIFICATION
Ostéogenèse *ou* Ostéogénie

OSTENSIBLE

Apparent
Visible
Patent
Ostentatoire
Public
Ouvert

● ANTONYMES : Caché, Se-
cret, Subreptice.

OSTENTATION

Étalage
Parade de
Apparat
Affectation
Gloriole
Vanité
Bravade
Pharisaïsme

● ANTONYME : Discrétion.

OSTRACISME

Bannissement
Proscription
Pétalisme (*antiq.*)
Exclusion
Quarantaine
Relégation

● ANTONYME : Accueil.

ÔTER

Enlever
Retirer
Déposer

Arracher
Déplacer
Décrocher
Emporter
Escamoter
Extirper
Extraire
Retrancher
Soustraire
Supprimer
Décompter
Excepter
Déduire
Défalquer
Démarquer
Couper
Chasser
Déboulonner
Déraciner
Détacher
Déterrer
Dévisser
Éliminer
Entraîner
Exclure
Rayer
Séparer
Tirer

● ANTONYMES : Mettre,
Placer, Ajouter, Adjoindre,
Donner, Confier.

OUBLI

Défaillance (de mémoire)
Trou de mémoire
Trou (*fam.*)
Absence
Lacune
Amnésie
Distraction
Négligence
Omission
Étourderie
Inadvertance
Inattention

Spécialement :
Amnistie
Pardon
Ingratitude

« *Oubli de soi-même* » :
Abnégation
Détachement
Désintéressement
Générosité
Altruisme

● ANTONYMES : Souvenir, Mémoire.

OUBLIER

Ne pas garder en mémoire
Perdre la mémoire de
Perdre le souvenir de
Omettre
Désapprendre
Effacer (*fig.*)
Étouffer (*fig.*)
Cesser de penser à
Négliger
Délaisser
Se désintéresser
Se détacher
Laisser de côté
Manquer de
Laisser dormir (*fig.*)
Amnistier
Pardonner
Enterrer (*fig.*)
Éponger (*fig. fam.*)
Laisser tomber (*fig. fam.*)

● ANTONYMES : Se rappeler, Se souvenir, Retenir, Penser à, Évoquer.

OUEST

Couchant
V. OCCIDENT
Ponant (*anc.*)

OUÏE

Sens auditif
Perception des sons
Audition
Oreille

● ANTONYME : Surdité.

OUÏR
V. ENTENDRE et ÉCOUTER

OURAGAN

Hurricane (Cyclone des Antilles)
Tornade
Tourbillon
Cyclone
Tempête
Typhon
Orage
Tourmente
Rafale
Bourrasque

● ANTONYMES : Calme, Beau temps, Bonace.

OURDIR

Tramer
Combiner
Conspirer
Préparer
Comploter
Tisser (*fig.*)
Nouer (*fig.*)
Machiner
Intriguer
Brasser (*fig.*)
Monter (une intrigue, une conspiration, une affaire)

● ANTONYMES : Dévoiler, Contrecarrer.

OURLET

V. BORD
Bordure
Pli
Repli
Rempli

OURS

De la famille des ursidés
Plantigrade
Grizzli
Ourson
Nounours (*enfantin*)

Au fig. :
V. MISANTHROPE

OUTIL

Instrument
Appareil
Engin
Accessoire
Machine
Outillage
Ustensile

OUTILLAGE

Outil (s)
Matériel
Équipement
Saint-crépin (outillage du cordonnier)
Saint-jean (outillage du compositeur typographe)

OUTRAGE
V. AFFRONT

OUTRAGER

Offenser
V. BAFOUER

Injurier
Insulter
Faire outrage
Déchirer (*fig.*)
Cracher sur (*fig.*)

Spécialement :
Violer

● ANTONYMES : Respecter,
Prendre soin, Aimer.

OUTRANCE

Excès
Exagération
Démesure

● ANTONYME : Mesure.

OUTRE

En plus de
Indépendamment de
En sus de
En dehors de
Non compris
Non inclus

« *Passer outre* » :
Ne pas tenir compte
Ne pas se soucier de
Braver
Mépriser
Désobéir
N'en faire qu'à sa tête
(*ou* à son idée)

« *En outre* » :
De plus
Par-dessus le marché
De surcroît
D'autre part
En sus
Avec cela (*ou* Avec ça)

OUTRÉ

Démesuré
Exagéré

Excessif
Outrancier
Forcé
Immodéré
Extrême
Trop fort
Emphatique
Redondant
Grotesque
Burlesque

Spécialement :
Indigné
Scandalisé
Révolté
Offensé

● ANTONYMES : Mesuré,
Normal, Discret; Content.

OUTRECUIDANCE

Audace
V. ORGUEIL
Présomption
Fatuité
Fanfaronnade
Désinvolture
Impertinence
Confiance excessive en soi
Effronterie

● ANTONYMES : Modestie,
Réserve, Timidité, Hu-
milité.

OUTREPASSER

Passer la limite
Abuser
Passer les bornes
Empiéter
Excéder

● ANTONYME : Garder la
mesure.

OUTRER

V. EXAGÉRER
Charger
Forcer
Caricaturer
Pousser (*fig.*)

● ANTONYME : Garder la
mesure.

OUVERTEMENT

À découvert
Franchement
Sans se cacher
Hautement
Sans dissimuler
Publiquement
De façon déclarée
Sans déguiser
Manifestement

● ANTONYMES : Secrète-
ment, En cachette.

OUVERTURE

1. V. ACCÈS
Entrée
Passage
Issue
Bouche (*fig.*)
Trou
Ajour *et* Jour
Embrasure
Fenêtre
Porte
Croisée
Guichet
Lucarne
Regard
Judas
Vasistas
Œil-de-bœuf
Créneau
Hublot

Sabord
Lumière
Orifice
Trouée
Vue
Échappée
Percée
Brèche
Cratère
Goulet
Entrebâillement

2. Commencement
Début
Introduction
Inauguration

Spécialement :
Offre
Proposition
Avance

● ANTONYMES : 1. Fer-
meture, Clôture.
2. Fin, Conclusion, Final,
Épilogue.

OUVRAGE

Œuvre
Travail
Besogne
Occupation
Tâche
Boulot (*pop.*)
Production

● ANTONYMES : Repos,
Récréation.

OUVRIER

Travailleur
Salarié
O.S.
Prolétaire
Prolo (*fam.*)
Brassier (*anc.*, Sud-Ouest)
Façonnier

Tâcheron
Journalier
Manœuvre
Manouvrier (*anc. ou rég.*)
Compagnon
Camarade
Syndiqué

● ANTONYME : Patron.

OUVRIR

Défaire
Déverrouiller
Débarrer (*anc.*)
Déboucher
Déclore
Débouchonner
Déboutonner
Décacheter
Débrider
Découvrir
Desserrer
Déclouer
Dépaqueter
Pratiquer une ouverture
Crocheter
Forcer
Entrouvrir
Lâcher
Tirer
Baisser
Déplier
Écarter
Trouer
Creuser
Désoperculer (*apiculture*)
Inciser
Fendre
Percer
Dégager
Frayer (une route, un pas-
sage)

« *S'ouvrir* » et « *S'ouvrir
à* » (*au fig.*)
Éclore
S'épanouir
Comprendre

S'abandonner à
Se confier
Découvrir sa pensée (à
quelqu'un)
S'exprimer
Manifester (son sentiment,
sa pensée, son opinion)
S'épancher
S'éveiller à

« *Ouvert* » :
Communicatif
Expansif
Franc
Confiant
Cordial
Sincère
Démonstratif
Intelligent
Indulgent
Vif
Pénétrant

● ANTONYMES : Fermer,
Clore, Boucher, Obturer,
Finir, Terminer.

OVALE

Ovoïde
Ovoïdal
Ové

OVATION
V. ACCLAMATION

OVULE

Oocyte
Gamète femelle

OXYURE

Ver nématode
Parasite

Pop. :
« Les vers »

P

PACAGE

Pâturage
Pâtis
Pâquis

PACIFIER

Rétablir la paix (*ou* le calme *ou* l'ordre)
Apaiser
Calmer
Faire la paix

● ANTONYMES : Attiser, Ameuter, Agiter, Combattre.

PACIFIQUE

Débonnaire
Paisible
Calme
Pacifiste

● ANTONYMES : Belliqueux, Batailleur, Guerrier, Violent.

PACIFISTE

Partisan de la paix
Défaitiste (*péj.*)
V. PACIFIQUE

● ANTONYMES : Belliciste, Belliqueux.

PACOTILLE

Camelote (*péj.*)
Verroterie

PACTE

Convention
Traité
Alliance
Contrat
Accord
Protocole
Arrangement

PACTISER

Négocier un pacte (*ou* un accord, *ou* la paix)
Fraterniser

Au fig. et péj. :
Composer
Transiger
Agir de connivence
Se vendre

PACTOLE

Source de richesse (*ou* de profit)
Trésor
Magot
Fortune
Écus
Argent
Or
Poule aux œufs d'or

PAGAIE

Rame
Aviron
Godille

PAGAILLE, PAGAIE ou PAGAYE

Désordre
Fouillis
Fatras
Gabegie
Capharnaüm (*fam.*)
Bazar (*pop.*)
Confusion
Chaos
Désorganisation
Brouhaha
À la débandade
Gâchis
En masse (*ou* En quantité)

Pop. :
Foutoir
Bordel
Merdier

● ANTONYMES : Discipline, Ordre, Calme.

PAGE

Feuille
Recto
Verso
Texte
Écrit
Œuvre
Morceau
Événement (page d'histoire)
Fait (page d'histoire)

PAGE
Domestique

PAGNE
Paréo

PAGODE

Temple
Pagodon

PAIEMENT

Acquittement
Déboursement
Rétribution
Récompense

PAÏEN

Idolâtre
Impie (*eccl.*)

● ANTONYMES : Chrétien, Pieux, Religieux (*eccl.*).

PAILLARD

1. *Anc.* :
Gueux (*ou* Vagabond *ou* Fainéant)

2. *Fam.* :
Débauché
Libertin
Polisson
Grivois
Lascif
Luxurieux
Cochon

● ANTONYMES : Bégueule, Chaste, Pur.

PAILLASSON

Tapis-brosse
Carpette

PAILLE

1. Chaume
Fourrage
Fumier

2. Chalumeau

3. Défaut
Impureté
Fissure

PAILLETTE

Parcelle
Lamelle
Étincelle

PAILLOTE

Cabane
Hutte
Case
Cahute

PAIRE

Couple
Deux
Double

PAISIBLE

Pacifique
Calme
Placide
Tranquille
Serein
Apaisé
Doux
Posé

● ANTONYMES : Agressif-Belliqueux, Agité, Bruyant, Troublé, Turbulent, Furieux, Tourmenté.

PAITRE

Pâturer
Brouter
Se repaître
Herbager
Transhumer
Pacager

PAIX

1. Accord
Entente
Concorde
Pacte
Pacification
Réconciliation
Neutralité
Négociation

2. Calme
Silence
Tranquillité
Quiétude
Accalmie

3. Chut!
Silence!
Motus!

● ANTONYMES : 1. Guerre,
Conflit, Agitation, Désordre, Trouble.
2. Bruit, Clameur, Animation.

PAL

Pieu
Poteau

PALABRE

Parole
Discours
Discussion

Pourparlers
Conférence

PALACE

Hôtel de luxe
Pop. :
Trois étoiles *ou* Quatre
étoiles)

PALADIN

Chevalier
Chevalier errant
Palatin
Seigneur
Noble
Preux
Pair

PALAIS

Château
Résidence royale (*ou* ducale, *ou* épiscopale)
Demeure royale (*ou* seigneuriale)
Édifice
Logement vaste (*ou* somptueux)
Tribunal
Grande salle
Hall

PÂLE

Blême
Terne
Éteint
Pâlichon (*ou* Pâlot) [*fam.*]
Blafard
Étiolé
Livide

Décoloré
Flétri
Délavé
Affadi
Blanc
Mat

● ANTONYMES : Coloré,
Brillant, Éclatant, Vif,
Foncé, Sanguin.

PALIER

1. Étage
Espace plan
Plate-forme

2. Phase
Échelon
Degré
Étape
Période
Stade
Gradation

● ANTONYMES : Descente,
Montée.

PALINODIE

Revirement
Retournement de veste
(*fam.*)
Volte-face
Changement d'opinion
Désaveu
Rétractation

PÂLIR

Blêmir
Changer de couleur (*ou*
de visage)
Perdre son éclat
Jaunir
Passer

S'affaiblir *et* Faiblir
S'estomper
Diminuer

● ANTONYMES : Briller,
Luire, Rougir, Brunir.

PALISSADE

Barrière
Clôture
Planches
Pieux
Treillage
Treillis
Palis (*anc*)
Fermeture
Palanque
Enclos
Enceinte

PALLADIUM

Salut
Sauvegarde
Garantie
Bouclier

PALLIATIF

Expédient
Remède provisoire
Mesure insuffisante
Moyen passager

● ANTONYMES : Efficace,
Radical.

PALLIER

Couvrir
Dissimuler
Cacher
Déguiser
Voiler

Chercher à atténuer
Modérer
Guérir en apparence
Atténuer
Diminuer

PALMARÈS

Liste des lauréats
Liste des récompenses
Récompenses (*abusivt.*)

PALME

1. Feuille
Rameaux

2. Décoration

PALOMBE

Pigeon (ramier *ou* sauvage)
Biset
Colombe

PALPABLE

1. Matériel
Tangible
Concret
Sensible

2. Clair
Évident
Vérifiable

● ANTONYMES : Impalpa-
ble, Immatériel, Douteux,
Incertain, Aléatoire.

PALPER

Toucher
Manier

Manipuler
Tâter
Masser
Examiner

PALPITANT

1. Émotionné (*fam.*)
Ému
Tremblant
Agité
Frémissant
Pantelant

2. Émouvant
Saisissant
Angoissant

PALPITATION

Battement de cœur
Excitation
Contraction
Frémissement
Vive émotion
Convulsion

PÂMER ou SE PÂMER

S'évanouir
Défaillir
Tomber en pâmoison
Tomber inanimé
S'abandonner
Admirer

PAMPHLET

Livre (*ou* Brochure, *ou*
Article) polémique (*ou*
satirique, *ou* violent)
Diatribe
Satire
Épigramme

Libelle (*anc.*)
Philippique (*anc.*)
Méchant écrit
Mazarinade
Factum

PAMPHLÉTAIRE

Polémiste
Libelliste (*anc.*)

PAMPRE

Vigne
Branches de vigne
Grappes et feuilles
Tonnelle

PAN

Basque
Morceau
Partie
Côté

PANACÉE

Remède
Médicament
Antidote
Formule universelle (*iron.*)
Solution miracle (*iron.*)

PANACHE

1. Plumet
Faisceau de plumes
Aigrette
Bouquet
Touffe

2. Allure
Brio
Éclat

PANCARTE

Écriteau
Placard
Panneau (informatif
d'avertissement)
Panonceau
Affiche
Enseigne
Carton

PANÉGYRIQUE

Éloge
Louange
Apologie
Dithyrambe (*péj.*)

● ANTONYMES : Blâme,
Calomnie.

PANIER

Cabas
Corbeille
Couffin
Hotte

PANIQUE

Peur
Terreur
Affolement
Effroi
Épouvante
Frayeur
Angoisse
Déroute
Désordre
Fuite

PANNEAU

Pan
Morceau

Filet
Surface
Piège (*fig.*)
Planche
v. PANCARTE

PANONCEAU

Blason
Écu
Armoiries
Enseigne
Plaque
Écusson

PANOPLIE

Armure
Collection d'armes
Équipement
Fourniment
Armement
Arsenal

PANORAMA

Vue
Point de vue
Paysage
Site
Tableau
Spectacle
Étude
Rétrospective
Anthologie

PANSE

Ventre
Estomac
Abdomen
Intestins
Entrailles
Bedaine (*fam.*)

Bide (*ou* Bedon, *ou* Bidon, *ou* Buffet) [*arg.*]

PANSEMENT

Bandages (*ou* Bandes, *ou* Bandelettes)
Compresse
Gaze
Linge antiseptique
Coton
Ouate

PANSER

1. Bouchonner
Brosser
Étriller

2. Soigner
Traiter
Appliquer des remèdes
Bander

3. Prendre soin de
Adoucir
Calmer
Soulager

● ANTONYMES : Blesser, Endolorir.

PANTALON

Culotte
Braies (*anc.*)
Chausses (*anc.*)
Froc (*pop.*)
Falzar (*arg.*)
Grimpant (*arg.*)
Futal (*arg.*)

PANTALONNADE

Farce (burlesque)
Hypocrisie

PANTELANT

Haletant
Respirant avec peine
Ému
Suffoqué
Palpitant

PANTHÈRE

Léopard
Jaguar
Once

PAPE

Pontife
Souverain pontife
Saint-Père
Vicaire de Jésus-Christ
Successeur de Saint Pierre
Évêque universel
Pasteur suprême
Sa Sainteté
Serviteur des serviteurs du Christ
Évêque de Rome
Chef de l'Église catholique romaine

PAPIER

1. Feuille
Ramette

2. Écrit
Imprimé
Papelard (*arg.*)
Document
Note
Paperasse
Pièce
Carte d'identité (*ou* Passeport, *ou* Permis de conduire)
Identité (*ou* État civil)

3. Effet
Titre
Valeur

Fam :
Article de journal

PAPIER-MONNAIE
Billets de banque

PAPILLONNER

Voltiger
Folâtrer
S'éparpiller
Changer
Batifoler
S'ébattre
Marivauder
Folichonner (*anc.*)

PAPOTER

Dire des choses insignifiantes
Bavarder
Babiller
Caqueter
Bavasser
Jacter (*arg.*)
Cailleter (*anc.*)

PÂQUERETTE
Marguerite

PAQUET

Ballot
Colis
Bagage
Balluchon
Barda (*pop.*)
Sachet
Boîte
Pacsif *ou* Pacson (*arg.*)

PARABOLE

1. Apologue
Fable
Allégorie
Métaphore
Image

2. Section conique
Trajectoire
Courbe

PARACHEVER

Parfaire
Achever
Terminer
Mettre la dernière main
Couronner
Fignoler (*fam.*)
Finir
En finir avec
Compléter
Mettre fin
Conclure
Limer
Ciseler
Polir
Raboter
Lécher (Bx.-A.) [*fam.*]

PARADE

1. Parement
Ornement
Ostentation
Exhibition
Affectation
Esbroufe (*pop.*)
Étalage
Montre
Vantardise

2. Défense
Riposte
Protection
Remède

3. Cérémonie
Défilé
Revue
Carrousel

● ANTONYME : 2. Attaque.

PARADER (*Péj.*)

Se montrer
Se pavaner
Manœuvrer
S'étaler
Faire le beau
Aller et venir

PARADIS

1. Éden
Ciel (*ou* Cieux)
Élysée
Jérusalem céleste
Champs Élysées
Val-Hall *ou* Walhalla
Lieu de délices
Cité céleste
Pays merveilleux
Euphorie
Bien-être

2. Poulailler (*théâtr.*)

● ANTONYMES : Enfer, Géhenne, Royaume des damnés, Flammes éternelles, Empire de Pluton.

PARADOXAL

Bizarre
Inconcevable
Extraordinaire
Invraisemblable
Étonnant
Incompréhensible
Singulier

Contradictoire
Original

● ANTONYMES : Commun, Normal, Courant, Usuel, Ordinaire, Répandu, Habituel, Universel, Banal.

PARADOXE

Invraisemblance
Idée contradictoire
Opinion fausse
Singularité

Abusivement
Contresens

PARAGE

Environ
Lieu (*ou* Contrée, *ou* Pays) proche (*ou* voisin)
Mar. :
Approche
Atterrage

PARAGRAPHE

Alinéa
Séparation
Section
Division
Verset (*eccl.*)

PARAÎTRE

1. Devenir visible
Se montrer
Apparaître
Se faire voir
Se présenter
Être présent
Surgir

Survenir
Se produire
Être en vue
Émerger
Poindre
Pointer
Se répandre
Se dessiner
Se dévoiler
Devenir manifeste
Se mettre en évidence
Éclater
Ressortir
Éclore
Naître
Assister
Figurer
Faire acte de présence
Sortir de l'ombre
Se lever
Percer
Se manifester
Comparaître (*ou* Témoigner)
Se produire
Jouer un rôle dans
Se faire remarquer (*ou* Briller, *ou* Se donner en spectacle)

2. Sembler
Avoir l'air
Avoir l'apparence
S'avérer
Donner l'impression d'être
Passer pour
On dirait
On croirait
Faire semblant de
Faire le simulacre
Donner l'illusion
Avoir de faux airs
Évoquer l'idée de
Simuler
Faire figure de
Donner l'air
Faire
Feindre

Avoir la mine
Passer pour

● ANTONYMES : Disparaître, Se cacher.

PARALLÈLE

Concomitant
Proche
Dans la même direction
Équidistant
Comparable
Semblable

« *Mettre en parallèle* »
Mettre en balance
Comparer
Rapprocher
Opposer

● ANTONYMES : Convergent, Divergent, Confluent, (adjectif seulement comme terme d'histoire naturelle ou de pathologie), Sécant.

PARALYSER

Frapper de paralysie
Immobiliser
Entraver
Bloquer
Figer
Engourdir
Ankyloser
Frapper d'inertie
Frapper d'impuissance
Endiguer
Empêtrer
Faire un tas d'histoires (*fam.*)
Étouffer
Neutraliser
Annihiler
Gêner
Intimider
Arrêter

● ANTONYMES : Animer, Développer, Aider, Éveiller.

PARALYSIE

Parésie
Hémiplégie
Paraplégie
Catalepsie
Anesthésie
Insensibilité
Poliomyélite
Engourdissement
Ankylose
Avoir une crampe
Avoir des fourmis (*pop.*)
Immobilité
Inhibition
Impossibilité d'agir (*ou* de bouger, *ou* de s'extérioriser, *ou* de fonctionner)
Impuissance
Asphyxie
Assoupissement
Inaction
Inertie

● ANTONYMES : Mouvement, Animation.

PARALYTIQUE

Paralysé
Impotent
Perclus
Ankylosé

PARAPET

Mur
Mur d'appui
Garde-fou
Garde-corps
Balustrade

Rambarde (*mar.*)
Talus
Banquette
Crête
Barrière

PARAPHE

Signature
Marque
Signe
Visa
Griffe
Seing
Sceau
Contreseing
Émargement

PARAPHRASE

Commentaire
Développement
Traduction commentée
Glose
Explication
Interprétation
Amplification

● ANTONYME : Résumé.

PARAPLÉGIE
V. PARALYSIE

PARAPLUIE

Pépin (*pop.*)
Riflard (*id.*)
Pébroque (*id.*)
Tom-pouce (*id.*)
En-cas
V. PARASOL

PARASITE

Pique-assiette
Écornifleur
Écumeur de table

Inutile
Nuisible
Encombrant
Importun
Collant (*fam.*)
Vivant aux dépens de
Perturbations
Crépitements
Bruits divers
Friture

PARASOL

Ombrelle
A l'ombre
Ombelle
V. PARAPLUIE

PARC

1. Jardin
Jardin d'agrément
Réserve
Propriété
Zoo

2. Enclos
Pâtis
Bergerie
Enceinte
Clôture
V. PACAGE
Huîtrière
Clayère
Moulière
Bouchot
Entrepôt
Parking
Garage ·
Ensemble (*ou* Nombre total) des véhicules (*ou* des machines)

PARCELLE

Fragment
Morceau

Fraction
Petite partie
Lamelle
Portion
Part
Pièce
Éclat

Paillette
Copeau
Bride
Lambeau
Miette
Lichette (*pop.*)
Loquette (*pop.*)
Déchet
Lopin
Lot
Atome
Élément
Division
Subdivision

● ANTONYMES : Tout, Bloc, Masse.

PARCE QUE

Car
À cause que (*fam.*)
Puisque
Vu que
Attendu que
En effet
Pour ce que
C'est que
Pour la raison que
Par ce que
Du fait de
Dans la mesure où
Étant donné que
Du moment que

PARCHEMIN

Manuscrit
Document

Écrit
Brevet
Diplôme

PARCIMONIE

Économie
Épargne
Mesquinerie
Lésinerie
Avarice
Pingrerie
Mesure

● ANTONYMES : Prodigalité, Abondance, Profusion, Luxe, Gaspillage, Générosité.

PARCIMONIEUSE-MENT

Peu
En petite quantité
Médiocrement
Guère
Goutte à goutte
Autant dire rien
Exceptionnellement
Pas souvent
Peu fréquemment
Rarement
Avec ménagement
Chichement

● ANTONYMES : Profusément (litt.), Abondamment.

PARCIMONIEUX

Économe
Lésineur (anc.)
Regardant
Serré (fam.)

Chiche
Mesquin
Ladre
Qui marchande
Qui compte
Qui ménage
Qui mesure
Avare
Avaricieux

Pop. :
Pignouf
Radin
Grigou
Rapiat
Rat

● ANTONYMES : Prodigue, Abondant, Large, Dépensier.

PARCOURIR

1. Traverser
Franchir
Aller (ou Courir) d'un bout à l'autre
Battre
Suivre
Sillonner
Patrouiller
Faire le tour de
Visiter
Accomplir un trajet
Se déplacer
Explorer
Naviguer
Rouler
Voyager

2. Examiner
Lire rapidement
Feuilleter
Bouquiner
Compulser
Regarder
Jeter un œil sur
Passer en revue

PARCOURS

1. Pâture (anc.)

2. Chemin
Trajet
Itinéraire
Circuit
Course
Traite
Trotte (fam.)
Passage
Traversée
Étape
Voie
Direction
Cours
Tracé
Distance

PARDESSUS

Manteau
Pelisse
Caban
Duffel-coat
Raglan
Imperméable
Trois-quarts
Paletot
Cape
Capote
Lardosse ou Pardosse (arg.)
Trench-coat
Plaid
Tartan

PARDON

1. Indulgence
Grâce
Absolution
Amnistie
Miséricorde
Rédemption
Rémission

Amende honorable
Excuse
Salut
Remise
Pourvoi
Clémence
Commutation
Libération
Quartier
Oubli
Fête *ou* Pèlerinage, *ou*
Angélus (*eccl.*)

2. Excusez-moi
S'il vous plaît
Comment?
Plaît-il?
Vous permettez?

● ANTONYMES : Condamnation, Rancune, Rancœur, Ressentiment, Haine, Animosité, Représaille, Vengeance, Aigreur, Revanche.

PARDONNER

Ne pas tenir rigueur
Excuser
Oublier
Passer
Remettre
Faire grâce
Absoudre
Accorder le pardon
Innocenter
Amnistier
Gracier
Réhabiliter
Faire crédit à
Acquitter
Passer l'éponge
Faire quartier
Remettre
Effacer
Annuler
Faire acte de clémence

Être clément
Fermer les yeux
Commuer
Admettre
Supporter
Tolérer
Épargner
Excepter
Se réconcilier avec

● ANTONYMES : Condamner, Haïr, Punir, Accuser.

PAREIL

1. Semblable
Identique
Même
Conforme
Similaire
Analogue
Uniforme
Égal
Tel
Ressemblant
Équivalent
Concordant
Réciproque
Textuel
Littéral
Comme deux gouttes d'eau
Homologue
Dans le même genre
Calqué
Kif-kif (*pop.*)
Homogène

2. Jumeau
Pair
Semblable
Congénère
Sosie
Alter ego

« *Rendre la pareille* » :
Payer de retour
Répondre du tac au tac
Faire subir la loi du talion·

Rendre œil pour œil et
dent pour dent
Riposter
Renvoyer la balle

● ANTONYMES : Différent, Dissemblable, Autre, Opposé, Contraire, Contradictoire, Inégal.

PAREMENT

Parure
De parade
Ornement
Ajustement
Atours (*iron.*)
Revers
Retroussis
Rebras (*anc.*)

PARENTÉ

1. Famille
Lignage
Consanguinité
Parentage (*anc.*)
Parentèle (*anc.*)
Ascendance
Descendance
Filiation
Origine
Lien
Sang
Union
Ligne *et* Lignée
et Lignage
Hérédité
Extraction
Cousinage

2. Origine commune
Analogie
Affinité
Ressemblance
Similitude
Conformité
Proximité

PARENTS

Père et mère
Géniteurs
Procréateurs (*iron.*)
Auteurs des jours
Vieux (*pop.*)
Collatéraux
Proches
Ascendants
Ancêtres
Famille
Aïeuls *et* Aïeux
Parentèle (*anc.*)
Parenté
Analogues
Semblables
Siens

● ANTONYME : Enfants.

PARENTHÈSE

Digression
Insertion
Diversion
A-côté (*fam.*)

PARER (1)

Orner
Décorer
Embellir
Agrémenter
Arranger
Enjoliver
Garnir
Adorner (*anc.*)
Ourler (*anc.*)
Ouvrer
Faire valoir
Ouvrager
Enguirlander
Broder
Diaprer
Fleurir

Chamarrer
Émailler
Apprêter
Habiller
Attifer (*péj.*)
Accoutrer (*péj.*)
Bichonner
Pomponner
Auréoler
Farder
Perfectionner
Affistoler (*anc.*)
Endimancher
Vêtir
Préparer

● ANTONYMES : Déparer,
Enlaidir.

PARER (2)

Éviter
Détourner
Éluder
Esquiver
Prévenir
Obvier
Fuir
Devancer
Anticiper
Se défendre
Se justifier
Se garantir de
Empêcher
Se protéger de
Doubler (*mar.*)
Se préserver de
Faire face à
Remédier
Prendre ses dispositions
Aviser à
Veiller à
Précéder
Évacuer

● ANTONYMES : Attaquer,
Se découvrir.

PARESSE

Oisiveté
Inaction
Répugnance au travail
Fainéantise
Flemme
Apathie
Langueur
Nonchalance
Désœuvrement
Atonie
Inertie
Farniente
Flânerie
Prostration
Torpeur
Paralysie
Cosse (*pop.*)
Cagnardise (*pop.*)
Lâcheté devant l'effort
Négligence
Nonchaloir (*anc.*)
Assoupissement
Engourdissement
Lenteur

● ANTONYMES : Travail,
Activité, Énergie, Effort,

PARESSEUX

V. PARESSE
Oisif
Inactif
Fainéant,
Flemmard,
Apathique
Nonchalant
Désœuvré
Atone
Inerte
Cossard
Cagnard
Feignant
Lent
Mou

Rossard (*fam.*)
Clampin (*fam.*)
Endormi
Tire-au-flanc (*pop.*)
Tire-au-cul (*pop.*)
Cancre
Feignasse *ou* Feignasson
(*pop.*)
Gouapeur (*pop.*)
Lézard (*fam.*)
Qui a un poil, dans la main
ou les bras retournés (*pop.*)

● ANTONYMES : Travail-
leur, Bûcheur, Actif.

PARFAIRE

Achever
Parachever
Fignoler
Peaufiner (fam. iron.)
Couronner
Lécher
Châtier
Polir
Perfectionner
Mener jusqu'à son terme
Remanier
Compléter
Conduire à la perfection
Pourlécher

PARFAIT

Impeccable
Exemplaire
Incomparable
Sublime
Achevé *et* Fini
Idéal
Consommé
Admirable
Bon
Beau
Bien

Adorable
Exquis
Chef-d'œuvre
Irréprochable
Infaillible
Divin
Magnifique
Merveilleux
Splendide
Absolu
Complet
Total
Exact
Adéquat
Pur
Entier
Désintéressé
Strict
Modèle
Ficffé

● ANTONYMES : Imparfait,
Mauvais, Médiocre, Dé-
fectueux, Difforme, In-
correct, Exécrable, Approximatif.

PARFAITEMENT

Absolument
Totalement
Complètement
Entièrement
Exactement
À fond
Radicalement
Pleinement
Tout à fait
Souverainement
Certainement
Admirablement
Divinement
Merveilleusement
Prodigieusement
Extraordinairement
Magnifiquement
Excellemment
Supérieurement

● ANTONYMES : Imparfaite-
ment, Mal.

PARFOIS

Quelquefois
De temps à autre
De temps en temps
Certaines fois
En certaines occasions
Des fois (*pop.*)
Dans certains cas
Tantôt, *ou* (Tantôt) ...,
Par moments
A certains moments

● ANTONYMES : Jamais,
Toujours.

PARFUM

Arôme
Senteur
Fragrance (*anc.*)
Odeur
Effluve
Émanation
Fumet
Exhalaison
Bouquet
Essence
Relent

● ANTONYMES : Déodorant
ou Désodorisant (*néol.*)

PARFUMER

Aromatiser
Embaumer
Imprégner de parfum
Mettre de l'odeur (*fam.*)
Pulvériser du parfum
Imprégner du parfum
Vaporiser du parfum
Répandre du parfum

● ANTONYME : Empuantir.

PARI

Gageure
Enjeu
Mise
Défi

PARIA

Intouchable
Homme dédaigné (*ou* relégué, *ou* repoussé par tous, *ou* mis au ban)
Hors caste
Exclu

PARIER

Gager
Jouer
Engager
Risquer
Miser sur
Donner sa préférence (*ou* sa confiance) à

PARITÉ

Égalité
Concordance
Communauté
Similitude
Ressemblance
Comparaison
Réciprocité

● ANTONYMES : Disparité, Différence, Opposition, Contraste.

PARJURE

1. Faux serment
Violation de serment
Infidélité

2. Infidèle
Traître
Lâcheur (*fam.*)
Renégat

PARKING (*néol. angl*)

Garage
Stationnement
Parc à voitures (*ou* à stationnement)
Box

PARLANT

Bavard
Sonore
Vivant
Éloquent
Loquace
Verbal *et* Verbeux
Oral

● ANTONYMES : Muet, Silencieux.

PARLEMENT

Assemblée
Chambre
Représentation
Corps législatif
Cour de justice
Conférence
Congrès
Convention
Constituante
L'Assemblée nationale et le sénat
Députés et sénateurs
La Chambre des lords et la Chambre des communes
Reichstag
Rigsdag *ou* Riksdag (*ou* depuis 1953, Folketing)
Diète

Hanse
Landtag
Comices
Concile
Conciliabule
Consistoire
Synode
Conclave
Soviet de l'Union et des Nationalités
Junte

PARLEMENTAIRE

1. *Adj.* Constitutionnel
Représentatif

2. *Subst.* Député
Sénateur
Envoyé
Délégué
Représentant
Commissaire
Mandataire
Ambassadeur
Diplomate

PARLEMENTER

1. Débattre
Négocier
Discuter
Avoir un entretien
Entrer en pourparlers
Traiter

2. Tergiverser
Peser le pour et le contre
Ne pas se décider
Ne pas se prononcer
Hésiter
S'entretenir longuement
Parler interminablement
Rester en suspens
Louvoyer

710

PARLER (1)

S'exprimer
Prendre la parole
Ouvrir la bouche
Rompre le silence
Jacter (*arg.*)
Discourir
Causer (*fam.*)
S'adresser à
Adresser la parole
Desserrer les dents
Articuler
Bafouiller
Balbutier
Bégayer
Bredouiller
Zézayer
Marmonner
Marmotter
Murmurer
Crier
Gueuler
Avoir du verbe
Élever la voix
Nasiller
Grommeler
Débiter
Pérorer
Proférer
Haranguer
Vibrer
Psalmodier
Ânonner
Vociférer
S'égosiller
Patauger
Porter la contradiction
Prononcer
Interrompre
Répliquer
Bavarder
Jaser
Pérorer
Tailler des bavettes (*pop.*)
Dialoguer
Soliloquer
Vaticiner

Badiner
Blaguer
Se répéter
Rabâcher
Radoter
Intercéder
Plaider
Attaquer
Invectiver
Improviser
Tonner
Accoucher (*pop.*)
Vider son sac (*id.*)
Se mettre à table (*id.*)
Manger le morceau (*id.*)
Faire jaser (*id.*)
Se confesser (*eccl.*)
Accuser
Avouer
Dénoncer
Dire
Énoncer
Prononcer
Mentionner
Nommer
Tenir des propos
Dégoiser
Blâmer
Calomnier
Critiquer
Déblatérer
Louer
Vanter
Médire
Défrayer
Converser
Deviser
Discuter
S'entretenir
Conférer
Proférer
Souffler
Rudoyer
Émouvoir
Toucher
S'abandonner
Se confier
Se déboutonner (*fam.*)

Charmer
Plaire à
Baragouiner
Jargonner
Écorcher
Aborder un sujet
Traiter un sujet

« *Faire parler* » :
Délier la langue (*pop.*)
Tirer quelque chose de (*pop.*)
Tirer quelque chose de quelqu'un (*pop.*)
Tirer les vers du nez (*pop.*)

● ANTONYMES : Se taire, Être muet.

PARLER (2)

1. Prononciation
Énonciation
Expression
Style

2. Dialecte
Patois
Accent
Idiome
Langue
Langage

PARLEUR

Bavard
Discoureur
Phraseur
Orateur

● ANTONYMES : Taciturne, Muet.

PARLOTE
ou PARLOTTE

Conférence (*fam.*)
Conversation oiseuse
Paroles insignifiantes

PARODIER

Imiter
Caricaturer
Pasticher
Singer
Contrefaire

PAROI

Cloison
Séparation
Mur
Muraille

PAROISSE

Circonscription (*eccl.*)
Clocher
Église

PAROLE

Mot
Expression
Discours
Propos
Syllabe
Déclaration
Dire
Conseil
Dispute
Incantation
Apophtegme
Devise
Sentence
Cancan
Commérage
Maxime
Proverbe
Babil
Serment
Engagement
Assurance
Foi
Promesse
Langage
Verbe
Voix
Éloquence
Diction
Élocution
Ton

PAROLIER

Auteur
Librettiste
Chansonnier

PAROXYSME

Crise
Extrême intensité
Sommet
Accès
Exacerbation
Redoublement
Recrudescence
Surexcitation
État morbide

PARPAILLOT

Protestant
Calviniste

Par extens. :
Hérétique
Impie
Mécréant
Irréligieux

PARQUER

Mettre dans un parc
Enfermer
Claquemurer

Spécialement (une voiture) :
Garer
Arrêter
Ranger
Stationner

PARQUET

1. V. TRIBUNAL et MAGISTRATURE

2. Plancher
Boiserie

PARSEMER

Semer de
Répandre
Saupoudrer
Persiller
Recouvrir
Disperser
Joncher
Couvrir
Consteller
Émailler
Cribler
Entremêler
Bigarrer
Disposer

● ANTONYMES : Amasser, Accumuler.

PART

Lot
Portion
Partition
Morceau
Contingent
Tranche
Ration
Partie
Subdivision
Section

Fraction
Fragment
La plupart (la plus grande part)

« *Prendre part à* » :
Participer
Être mêlé à
Intervenir
Aider
Contribuer
Apporter sa contribution
Se mêler à *ou* de
Entrer dans le jeu
Être (dans le jeu)
Se mettre de la partie
Partager
Compatir

« *Faire part de quelque chose à quelqu'un* » :
Informer
Communiquer
Manifester
Instruire

« *Pour ma part* » :
Quant à moi

« *Faire la part* » :
Tenir compte de
Prévoir
Attribuer en partage
Reconnaître
Discerner

« *De toute part* » (*ou* « *De toutes parts* ») :
De tous les côtés

« *D'autre part* »
D'ailleurs
En outre

« *De part en part* »
À travers
D'un côté à l'autre

« *Prendre en bonne part, en mauvaise part* » :
Trouver (bon, mauvais)

Interpréter (en bien, en mal)
Donner un sens (favorable, péjoratif)

« *Nulle part, autre part, quelque part* » :
Lieu (en aucun lieu, dans un autre lieu, en un lieu déterminé)

« *À part* » :
À l'écart
En particulier
Excepté
Séparément
En aparté
Dans mon for intérieur (en moi-même)

● ANTONYMES : 1. S'abstenir (antonyme de « Prendre part »).
2. Partout (antonyme de « nulle part »).
3. Conjointement (antonyme de « à part »).

PARTAGE

Partition
Distribution
Division
Fragmentation
Répartition
Morcellement
Démembrement

« *Sans partage* » :
Entièrement
Sans réserve
Sans restriction

« *Faire le partage entre deux choses* » :
Faire la différence

● ANTONYMES : Indivision, Mise en commun.

PARTAGER

Distribuer
Répartir
Attribuer
Découper
Démembrer
Morceler
Dispenser
Départir (*anc.*)
Fragmenter
Diviser
Fractionner
Coupler
Séparer
Dissocier
Disjoindre

● ANTONYME : Réunir.

PARTENAIRE

Compagnon (de jeu)
Associé
Coéquipier
Allié (politique)

● ANTONYMES : Adversaire, Rival.

PARTERRE

Carré (Parterre de fleurs)
Plate-bande
Pelouse (Parterre d'herbe)
Corbeille (Parterre de fleurs)
Massif (Parterre de buis)

Fam. :
Plancher
Carrelage

PARTI

1. Groupe
Organisation

Mouvement
Formation
Union
Ligue
Rassemblement
Association
Faction
Camp
Cause
Clan
Chapelle
Coterie
Secte
Clique
Camarilla

2. Profit
Avantage
Bénéfice

3. Résolution
Décision
Position

PARTIAL

Partisan
Intolérant
Injuste

● ANTONYMES : Impartial,
Juste, Objectif, Équitable.

PARTIALITÉ

Préférence
Chouchoutage (*fam.*)
Prévention
Favoritisme
Injustice
Aveuglement
Faiblesse

● ANTONYMES : Impartia-
lité, Justice, Objectivité,
Équité.

PARTICIPATION

Collaboration
Aide
Adhésion
Engagement
Concours
Complicité
Connivence
Contribution
Souscription
Apport
Mise (de fonds)

Économique politique :
Actionnariat ouvrier
Cogestion
Collaboration de classes
Intéressement

● ANTONYME : Abstention.

PARTICIPER

Prendre part
Avoir part
Partager
Se mêler
Se joindre
Aider
Concourir
Collaborer
Coopérer
Assister à
Être de *ou* En être
Figurer
Contribuer
Fournir
Apporter (son écot)

« *Participer de* » :
Tenir (de la nature de)

● ANTONYME : S'abstenir.

PARTICULARISER

Distinguer
Différencier

Individualiser
Rendre particulier
Singulariser
Préciser

● ANTONYMES : Générali-
ser, Confondre.

PARTICULARITÉ

1. Caractéristique
Attribut
Modalité
Différence
Individualité
Exception
Anomalie

2. Détail
Point
Circonstance
Anecdote

PARTICULE

Corpuscule
Très petite partie
Atome
Neutron
Noyau
Molécule
Éclat
Petit fragment
Parcelle
Bribe

PARTICULIER

Singulier
Spécial
Pas ordinaire
Hors du commun
Original
Extraordinaire
Remarquable
Pas courant

Caractéristique
Distinctif *et* Distinct
Propre
Personnel
Individuel
Privé
Intime

Subst. :
Personne privée
Simple citoyen

Subst. et péj. :
Individu
Créature
Bonhomme
Quidam

Subst., péj., pop., :
Coco
Mec
Bipède
Zèbre
Oiseau
Type
Zigue *ou* Zig
Gus
Zigoto
Zigomard
Pierrot
Gazier
Piaf
Moineau
Paroissien
Bougre
Gonze
Pèlerin
Pékin

● ANTONYMES : Commun,
Général, Normal, Ordi-
naire, Courant, Collectif.

PARTICULIÈREMENT

En particulier
Notamment
Principalement
Spécialement

Singulièrement
Éminemment
Surtout

● ANTONYME : Générale-
ment.

PARTIE

1. Part
Pièce
Morceau
Fragment
Portion
Fraction
Bout
Détail
Division
Élément
Membre
Parcelle
Particule
Section
Organe
Rouage
Phase
Lambeau
Bribe
Quartier
Tranche
Miette
Molécule
Atome
Chapitre
Livre
Acte
Scène
Mouvement
Passage
Branche

2. « *Connaître sa partie* » :
(Son) Métier
(Sa) Profession
(Sa) Spécialité

3. *Fam.* « *Parties* » :
Sexe
Testicules

4. Jeu
Amusement
Divertissement
Fête
Plaisir
Réception
Soirée
Réjouissance
Partouse *ou* Partouze (*pop.*)
Surboum *ou* Boum (*pop.*)

PARTIEL

Fragmentaire
Incomplet
Relatif

● ANTONYMES : Intégral,
Complet, Entier, Global.

PARTIELLEMENT

À demi
En partie

● ANTONYME : Entièrement.

PARTI PRIS

Choix fait
Idée arrêtée
Idée préconçue
Système
Préjugé
Prévention
A priori

PARTIR

1. S'en aller
S'éloigner
Changer (de lieu)
Se retirer
S'en retourner
Quitter

Abandonner
Se Séparer
Sortir
Filer
Décamper
Déguerpir
Détaler
S'échapper
S'enfuir
Fuir
Se sauver
S'éclipser
Disparaître
Se disperser
S'embarquer
Gagner la porte (*ou* la sortie)
Prendre la porte
Gagner le large
Se mettre en chemin (*ou* en route)

Pop. :
Se barrer
Se débiner
Ficher le champ
Foutre le camp
Mettre les voiles
Se tailler
Se casser
Prendre la clé des champs
Prendre le large (*fam.*)
Se calter
Se carapater
Se carrer
Se cavaler
Décaniller
Décarrer
Mettre les bouts
Prendre ses cliques et ses claques
Riper
Se trisser
Se trotter
Les mettre
Mettre les adjas
Jouer rip
Se tirer

Se tirer des flûtes
Tirer sa révérence

2. Démarrer
S'ébranler
Appareiller
Lever l'ancre
S'élancer
Commencer
Jaillir
Sauter
Exploser
Mourir
Émaner
Provenir
Sortir
Diverger
Procéder
Se mettre
Se lancer
S'évanouir
Disparaître
Déloger

À partir de :
À compter de
À dater de
En commençant à
Depuis
Dès
De
Désormais
À l'avenir
Dorénavant

● ANTONYMES : Arriver, Rester, S'installer, Attendre, Demeurer.

PARTISAN

1. Adepte
Disciple
Adhérent
Militant
Affilié *et* Affidié (*anc.*)
Associé
Recrue
Propagandiste

Prosélyte
Supporter
Allié
Sectateur
Membre

2. Résistant
Guérillero
Franc-tireur
Soldat de l'Armée populaire *ou* de l'armée de l'ombre
Gars du maquis
Maquisard

PARTITION

Division
Partage
Démembrement
Bipartition
Tripartition

PARTOUT

De tous côtés
De toutes parts
En tous lieux
Universellement

● ANTONYME : Nulle part.

PARTURITION

1. Accouchement

2. Mise bas (des animaux)
Délivrance
Ponte
Agnelage
Vêlage *ou* Vêlement
Poulinement

PARURE

Ornement
Décoration

Ajustement
Parement
Atour
Toilette
Mise

PARUTION

Publication
Sortie
Mise en vente
Apparition
Édition
Lancement

PARVENIR

V. ARRIVER
V. RÉUSSIR

« *Faire parvenir une lettre* » :
Acheminer
Adresser
Expédier

« *Faire parvenir un ordre* » :
Transmettre

PARVENU

Nouveau riche
Arrivé

PAS

Démarche
Allure
Marche
Enjambée

PASQUIN (*anc*)

1. Bouffon
Pitre

2. Satire
Épigramme

PASSABLE

Médiocre
Moyen
Acceptable
Satisfaisant
Suffisant
Assez bon
Correct
Admissible
Possible
Supportable
Mettable
Potable (*fam.*)

● ANTONYMES : Excellent, Impossible.

PASSADE

Caprice
Amourette
Toquade (*fam.*)
Béguin (*fam.*)
Flirt
Aventure
Liaison
Fantaisie

PASSAGE

1. Boyau
Chenal
Allée
Col
Couloir
Corridor
Dégagement
Galerie
Gorge
Défilé
Détroit

Goulet
Ouverture
Pas
Passe
Seuil
Trouée
Voie
Chemin
Traboule (*région.*)

Au fig. :
Endroit
Extrait
Morceau

2. Franchissement
Traversée
Écoulement
Voyage
Changement
Transition

● ANTONYME : Digue.

PASSAGER

1. Voyageur

2. Provisoire
Momentané
Éphémère
Court
Temporaire
De fortune
Transitoire
Fugace
Fugitif
Précaire
Intérimaire
Fragile
Frêle
Passant (*fam. et abusivt.*)
Épisodique

PASSANT

1. Fréquenté
Passager (*fam et abusivt.*)

2. Promeneur
Baladeur (*pop.*)
Flâneur
Badaud

● ANTONYME : Désert.

PASSAVANT

Acquit-à-caution
Laissez-passer
Passe
Coupe-file
Permis de circulation

PASSE

V. CANAL OU PASSAGE
V. PASSAVANT
Sauf-conduit
Passe-partout
Passeport

Au fig. (« *Être en passe de* ») :
(Être) En position de
(Être) En état de
(Être) En situation de
(Être) En période de
(Être) Sur le point de

PASSÉ

1. Fané
Flétri
Décati
Pâli
Éclairci
Terni
Éteint *et* Déteint
Décoloré
Pisseux (*pop.*)

2. Histoire
Tradition
Bon vieux temps

Mémoire
Souvenir
En arrière
Temps anciens
Autrefois
Hier
Jadis
Naguère
Antan
Antiquité
La nuit des temps
Temps révolus (*ou* anté-
diluviens, *ou* préhistori-
ques, *ou* primitifs)
Histoire ancienne
Dans le temps
Antériorité
Les antécédents (de qqn.)

Spécialement (*grammaire*) :
Imparfait
Parfait
Plus-que-parfait
Prétérit

● ANTONYMES : 1. Neuf,
Éclatant, Frais.
2. Avenir, Futur, Présent,
Aujourd'hui, Actualité.

PASSE-DROIT

Privilège
Prérogative
Faveur
Irrégularité

PASSEMENTERIE

Rubanerie
Tresses
Lacets
Garniture
Chamarrure
Agrément
Dentelle

Aiguillette
Brandebourg
Chenille
Cordon
Dragonne
Frange
Galon
Gland
Passepoil
Torsade
Gouttière

PASSER

Circuler
Poursuivre (sa route)
Traverser
Desservir
Se rendre
Changer
Se couler
Se glisser
Transférer
Venir
Se présenter
Attendre
S'écouler
Finir
Terminer
Cesser
Franchir
Transporter
Dépasser
Surpasser
Outrepasser
Excéder
Devancer
Transiter
Transmettre
V. TAMISER
V. MOURIR
S'infiltrer
Glisser
Errer
Croiser
Enjamber
Marcher

Précéder
Suivre
Se faufiler
Céder le pas
Faire place
Filtrer (le café)
Digérer
Recourir à
Subir (qq. ch.)
Se résigner
Se soumettre
Devancer
Communiquer
Advenir
Arriver
Avoir lieu
Se produire
Se priver
Renoncer à
S'abstenir
N'avoir que faire de
Se dispenser

« *En passant* » :
Incidemment

« *Passer sur quelqu'un,
sur un fait, sur un détail,
sur une obligation* » :
Nuire
Couler sur
Glisser sur
Écarter
Négliger
Ne pas tenir compte
Prendre son parti de
Éluder
Éviter
Enfeindre
Oublier
Pardonner
Supporter
Se dispenser de
Omettre
Sauter
Concéder
Excuser
Permettre
Être indulgent

« *Laisser passer* » :
Admettre
Tolérer
Excuser
Laisser aller
Accepter
Supporter

« *Passer le temps* » :
Tuer (le temps)
Employer (*id.*)
Occuper (*id.*)
Gaspiller (*id.*)
Perdre (*id.*)
Rester
Consumer
Vivre
Traîner
S'amuser
Se divertir

« *Passer un besoin* » :
Satisfaire
Assouvir

« *Passer un savon* » :
Réprimander
Admonester
Engueuler (*fam.*)

« *Passer au bleu* » :
Escamoter

« *Passer un film* » :
Projeter
Jouer
Programmer

« *Passer par les armes* » :
V. TUER

● ANTONYMES : Rester,
S'arrêter, S'éterniser, Durer.

PASSERELLE

Pont
Ponceau
Passage
Escalier

PASSE-TEMPS

Amusement
Divertissement
Distraction
Jeu
Amusette
Récréation
Délassement

● ANTONYMES : Obligation,
Travail.

PASSIF

Inerte
Inactif
Atone
Indifférent
Soumis
Obéissant

● ANTONYME : Actif.

PASSION

Amour fou
Coup de foudre
Exaltation
Excitation
Exacerbation
Fureur
Frénésie
Rage
Sensibilité
Chaleur
Émotion
Feu
Flamme
Lyrisme
Pathétisme
Fanatisme (*péj.*)
Chemin de croix
Martyre
Ardeur
Élan
Emportement

Ivresse
Ambition
Fièvre
Folie
Paroxysme

● ANTONYMES : Calme,
Détachement, Lucidité.

PASSIONNANT

Intéressant
Captivant
Empoignant
Excitant
Beau
Attachant
Dramatique

● ANTONYMES : Ennuyant,
Ennuyeux, Fastidieux,
Morne.

PASSIONNÉ

Enthousiaste
Fervent
Exalté
Romanesque
Fanatique
Chaud
Aimant
Épris
Enflammé
Zélé
Avide
Violent

● ANTONYMES : Calme,
Froid, Lucide, Raison-
nable, Détaché, Objectif.

PASSIONNÉMENT

Follement
Beaucoup
À la folie

PASSIONNER

Enflammer
Enthousiasmer
Électriser
Enfiévrer
Intéresser
Attacher
Animer
Exciter

« *Se passionner* » :
S'éprendre
S'enticher
S'emballer
Aimer à la folie
S'engager
Raffoler
S'enflammer

● ANTONYME : Ennuyer.

PASSIVITÉ

Inertie

● ANTONYMES : Activité,
Dynamisme.

PASSOIRE

Filtre
Couloire (*peu us.*)
Passe-thé
Crible
Passette
Écumoire
Tamis
Égouttoir

PASTÈQUE
Melon d'eau

PASTEUR

1. Berger
Pâtre

Pastoureau
Gardien
Gardeur
Bouvier
Chevrier
Vacher
Pâtureur
Porcher

2. Chef
Conducteur

3. Prêtre
Ecclésiastique
Révérend
Prédicant
Ministre protestant

PASTEURISER

Stériliser
Aseptiser

PASTICHE

Imitation
À la manière de
Plagiat
Copie

PASTICHER

Copier
Imiter
Contrefaire
Parodier
Mimer
Singer

PASTILLE

Bonbon
Pâte
Comprimé
Tablette

Médicament
Cachet

PASTIS

1. Anisette

2. (*pop.*) Désordre
Gâchis
Pagaille
Imbroglio

PASTORAL

Champêtre
Bucolique

PASTORALE

Bergerie
Églogue
Idylle
Bucolique
Bergerette

PASTOUREAU
V. PASTEUR et BERGER

PATAQUÈS

Maladresse (*ou* Faute) de
de langage
Mauvaise liaison
Cuir
Galimatias
Charabia
Baragouin
Mastic (imprimerie)

PATAUD

Maladroit
Gauche

PATAUGER

Barboter
Piétiner
S'enliser
Patouiller (*fam.*)

Au fig. et fam. :
S'empêtrer
S'embrouiller
Se perdre
Nager
S'embarrasser

PÂTÉE
Pitance

PATELIN

1. Pays
Parages
Village
Localité

2. Bonhomme
Doucereux
Faux
Flatteur
Peloteur (*fam.*)
Hypocrite
Onctueux
Mielleux
Insinuant
Archipatelin
Patelineur
Papelard
Chattemite (*fam.*)
Benoît
Douceâtre
Sucré (*péj.*)
Paterne
Sournois

● ANTONYMES : Cassant,
Sec, Hautain, Bourru.

PATELINAGE

Hypocrisie
Fausseté

PATENÔTRE

Pater
Oraison
Prière

PATENT

Évident
Manifeste
Flagrant
Ouvert

● ANTONYME : Douteux.

PATÈRE
Portemanteau

PATERNE

Doucereux
Doux
Bienveillant
Bon

PÂTEUX

Empâté
Épais
Mou
Lourd *et* Filandreux (un
style)

PATHÉTIQUE

Émouvant
Tragique
Dramatique
Touchant
Éloquent

● ANTONYMES : Gai, Froid.

PATHOS

Emphase
Phébus (*anc.*)

Amphigouri
Galimatias
Émotion affectée (*ou* déplacée, *ou* exagérée).

PATIBULAIRE

Sinistre
Inquiétant

PATIENCE

Persévérance
Constance
Courage
Endurance
Calme
Douceur
Flegme
Sang-froid
Lenteur
Pas à pas
Tranquillité
Longs efforts
Longanimité
Résignation

« *Jeu de patience* » :
Réussite
Puzzle
Casse-tête chinois

● ANTONYMES : Impatience, Exaspération, Brusquerie.

PATIENT

Endurant
Indulgent
Doux
Longanime
Calme
Débonnaire
Inlassable
Persévérant
Constant

Subst. :
Malade
Client

● ANTONYMES : Impatient, Fougueux, Violent, Vif.

PÂTIR

V. SOUFFRIR
Endurer
Subir
Péricliter

● ANTONYMES : Profiter, Jouir, Bénéficier.

PÂTIS

V. PACAGE et PÂTURAGE
Friche
Lande

PÂTISSERIE
V. GÂTEAU

PÂTISSIER

Par extens :
Confiseur
Boulanger
Mitron

PATOIS

Parler
Dialecte
Langue
Idiome
Jargon
Argot
Baragouin (*péj.*)
Charabia (*péj.*)

PATOUILLER

V. PATAUGER
Piétiner (dans la boue)

Tripatouiller
Tripoter (brutalement)
Manier (indiscrètement)

PATRAQUE

Malade
Faible
Fatigué

PÂTRE
V. PASTEUR et BERGER

PATRIARCHE

Chef de famille
Noble vieillard
Vieillard vénérable

PATRICIEN

Aristocrate
Noble

● ANTONYME : Plébéien

PATRIE

Pays (*ou* Terre, *ou* Cité) natal (*ou* d'adoption)
Nation (*abusivt.*)
Foyer
Berceau
Métropole

PATRIMOINE

Bien propre
Héritage
Succession
Fortune
Propriété
Domaine familial
Apanage

PATRIOTE

Chauvin
Patriotard (*péj.*)
Cocardier
Nationaliste
Qui manifeste un
esprit de clocher

● ANTONYMES : Antipatriote, Cosmopolite, Internationaliste.

PATRIOTIQUE

Civique
Belliqueux (*péj.*)

● ANTONYME : Antipatriotique.

PATRIOTISME

Amour de la patrie
Civisme
Chauvinisme
Esprit de clocher
Nationalisme

● ANTONYMES : Antipatriotisme, Cosmopolitisme, Internationalisme, Défaitisme.

PATRON

Maître
Propriétaire
Bourgeois
Capitaliste
Directeur
P.D.G.
Chef d'entreprise
Employeur
Singe (*arg.*)
Manitou (*fam.*)

Chef
Capitaine
Tenancier
Modèle (en couture)

● ANTONYMES : Ouvrier, Employé, Apprenti, Domestique.

PATRONAGE

Appui
Soutien
Aide
Recommandation
Protection
Égide
Auspices
Parrainage
Sauvegarde

PATRONYME
Nom de famille

PATROUILLE

Ronde
Garde
Guet
Reconnaissance
Surveillance
Éclaireurs
Détachement

PATTE

Jambe
Pied
Pince
Membre
Serre

« *Patte d'oie* » :
Croisement
Carrefour
Étoile

« *Patte-pelu* » :
Doucereux
Hypocrite
Sournois

« *Pattes de mouche* » :
Barbouillage
Gribouillage
Gribouillis

PÂTURAGE

Pâture
Champ
Prairie
Pacage
Alpage
Pâtis
Pré
Herbage
Embouche
Parc

PÂTURE

Nourriture
Aliment
Herbe
Foin
Becquée
Manne
V. PÂTURAGE
Proie

PÂTURER
V. PAÎTRE

PAUME

Palme
Creux de la main

« *Jeu de paume* » :
(Jeu de) Pelote
(Jeu de) Batte (*par extens.*)
(Jeu de) Raquette (*id.*)

PAUPÉRISME

Pauvreté
Indigence

PAUSE

Interruption
Arrêt
Suspension
Halte
Station
Délassement
Temps de repos
Intervalle
Mi-temps
Silence

● ANTONYMES : Mouvement, Travail, Marche.

PAUVRE

Indigent
Nécessiteux
Dans le besoin
Gêné
Sans ressources
Sans le sou
Fauché (*fam.*)
Impécunieux
Besogneux
Paumé (*fam.*)
Appauvri
Ruiné
Miséreux
Misérable
Famélique
Pouilleux (*péj.*)
Malheureux
Piètre
Minable
Miteux
Chétif
Mendiant
Gueux

Pauvre diable (*ou* Pauvre drille)
Dénué
Meurt-la-faim (*ou* Crève-la-faim)
Clochard
Vagabond
Mendigot
Chemineau
Va-nu-pieds
Claquedent
Pauvret
Commun
Minable
Miteux
Dépourvu
Privé de
Maigre
Stérile
Aride
Modeste
Pitoyable
A plaindre
Déplorable
Médiocre
Faible
Insignifiant
Mauvais
Mesquin
Plat

● ANTONYMES : Riche, Aisé, Fortuné, Opulent, Abondant, Luxueux, Copieux.

PAUVRE D'ESPRIT
V. IMBÉCILE et SOT

PAUVRETÉ

1. Indigence
Besoin
Gêne
Dénuement
Impécuniosité
Paupérisme
Nécessité
Pénurie

Misère
Embarras
Privation
Pouillerie
Gueuserie

Fam. et pop. :
Dèche
Panade
Pétrin
Débine
Purée
Mistoufle
Mouise
Mouscaille
Panne

2. Stérilité
Maigreur
Disette
Médiocrité
Manque
Faiblesse
Défaut
Banalité
Vide

● ANTONYMES : Richesse, Fortune, Aisance, Luxe, Abondance, Faste, Fertilité.

PAVAGE

Pavement
Revêtement
Dallage
Cailloutage
Macadam
Asphalte
Bitume

● ANTONYME : Dépavage.

PAVANER (SE)

Faire le beau
Poser
Parader

Plastronner
Se rengorger
Paonner
Faire la roue
Crâner
S'afficher

PAVILLON

1. Tente
Tabernacle
Dais
Couronne

2. Belvédère
Kiosque
Rotonde
Abri
Maisonnette
Échoppe (*rég.*)
Villa
Cottage
Bungalow
Rendez-vous de chasse
Pied-à-terre
Muette (*anc.*)

3. Drapeau
Étendard
Couleurs
Bannière
Enseigne (*litt.*)
Guidon (*anc.*)
Cornette (*anc.*)
Pavois

PAVOT

Coquelicot
Ponceau
Œillette

PAYE ou PAIE

Salaire
Rétribution
Solde

Appointement
Rémunération
Traitement
Cachet
Pige
Banque (*arg. d'imprimerie*)

PAYER

Acquitter
Régler
Verser
Rémunérer
Contenter
Désintéresser
Rembourser
Satisfaire
Solder
S'acquitter de
Débourser
Aligner
Être en règle
Dédommager
Indemniser
Revaloir
Rétribuer
Appointer
Subventionner
Financer
Soudoyer
Entretenir
Pensionner
Stipendier
Salarier
Couvrir (d'or)
Arroser
Acheter
Corrompre
Liquider (*ou* Se libérer d')
une dette
Contribuer
Souscrire
Défrayer
Donner
Remettre
Offrir (*fam.*)
Régaler (*fam.*)

Expier (*fig.*)
Avancer
Dépenser
Décaisser
Mettre la main à la poche
Délier les cordons de sa
bourse
Faire les frais de
Y mettre le prix
Y être de sa poche
Verser un acompte
Graisser la patte
Gagner à prix d'argent
Payer à boire (*fam.*)

Arg. :
Casquer
Cracher
Raquer
Se fendre
Les lâcher
Éclairer
Douiller

● ANTONYMES : Devoir,
Emprunter, Vendre, Don-
ner, Recevoir, Encaisser.

PAYS

1. État
Nation
Empire
Sol
Peuple
V. PATRIE
Contrée
Endroit
Région
Climat
Terroir
Province
Parages
Patelin
Campagne
Clocher
Bled
Coin

Trou
Foyer
Terre d'élection
Terrain
Domaine
Royaume

2. Compatriote

● ANTONYME : Étranger.

PAYSAGE

Site
Vue
Point de vue
Panorama
Perspective
Nature (litt.)
Fond
Décor

PAYSAN

Agriculteur
Campagnard
Cultivateur
Contadin
Homme des champs
Fermier
Jacques (anc.)
Laboureur
Manant (anc.)
Vilain (anc.)
Rural
Terrien
Rustique
Rustre (péj.)
Serf (anc.)
Roturier (anc.)
Koulak (Russie)
Moujik (Russie)
Fellah (Égypte, Afrique du Nord)

Pop., arg. et péj. :
Bouseux
Croquant
Cul-terreux

Cambrousard
Cambroussien
Pedzouille
Péquenaud ou Péquenot, ou Pecnot
Plouc
Pécore
Pétrousquin
Rustre
Rustaud

● ANTONYMES : Citadin, Bourgeois.

PÉAN

Hymne
Chant

PEAU

Épiderme
Derme
Tégument
Couenne
Cuir
Membrane
Tissu
Teint
Pellicule
Pelage
Robe
Pelure
Baudruche
Vélin

PEAU D'ÂNE

Spécialement (péj.) :
Diplôme
Parchemin

PECCADILLE

Faute légère
Légèreté
V. PÉCHÉ

PÊCHE

Brugnon
Pavie
Alberge
Sanguinole

PÉCHÉ

Faute
Action mauvaise
Manquement
Offense à Dieu
Sacrilège
Peccadille
Faiblesse
Tache
Mal
Chute

PÉCHER

Faillir
Offenser Dieu
Manquer à
Commettre une faute (ou une erreur)

PÊCHER

Prendre du poisson
Attraper
Amorcer
Appâter
Ferrer
S'adonner à la pêche
Foéner ou Foëner
Repêcher
Retirer de l'eau

Au fig. et fam. :
Chercher
Trouver
Prendre
Imaginer

Découvrir
Dénicher (*fam.*)
Dégoter (*pop.*)
Inventer

PÊCHEUR

Marin
Morutier
Terre-neuvas, Terre-neuvien *ou* Terre-neuvier
Chalutier
Écumeur

PÉCORE

Péronnelle
Pecque (*anc.*)
Pimbêche
Stupide
V. ANIMAL
V. SOT
Mijaurée
Chipie
Chichiteuse (*pop.*)

PÉCULE

Économie
Épargne
Rente

PÉDAGOGIE

Art d'instruire
Science de l'éducation
Méthode d'enseignement

PÉDAGOGUE

Maître
Précepteur
Répétiteur

Professeur
Gouverneur
Enseignant
Éducateur

Péj. :
V. PÉDANT

● ANTONYMES : Élève, disciple.

PÉDALE

Levier à pied
Manivelle
Pédalier

PÉDANT

Magister
Pédagogue
Grammatiste (*antiq.*)
Censeur
Cuistre
Bel esprit
Bonze
Pontife
Poseur
Bas-bleu

Adj. :
Pédantesque
Magistral
Dogmatique
Suffisant
Vaniteux
Solennel
Affecté
Emphatique
Doctoral

PÉDÉRASTE

Homosexuel
Inverti
Sodomite

Pop. et arg. :
Pédé
Pédale
Tante
Tantouse
Tapette
Tata
Lope *et* Lopette
Jésus
Mignon
Chevalier de la manchette
Chochotte

PÉDICULE

Tige
Queue
Pédoncule
Pétiole
Stipe
Pied (Pédicule d'un champignon)

PEDIGREE

Généalogie
Origine

PÈGRE

Canaille
Milieu
Vermine
Misérables
Gueux
Voleurs et escrocs

PEIGNE

Démêloir

Pop. et arg. :
Crasseux
Râteau

727

PEIGNER

Coiffer
Démêler
Lisser
Ordonner

● ANTONYMES : Dépeigner, Écheveler, Ébouriffer, Déranger.

PEIGNOIR

Sortie de bain
Kimono
Robe de chambre
Déshabillé
Saut-de-lit

PEINARD

Tranquille
Paisible
À l'écart

PEINDRE

1. Enduire
Colorer
Badigeonner
Brosser
Peinturlurer (*fam.*)
Barioler
Barbouiller (*fam.*)
Portraicturer (*ou* Portraire)
Représenter
Reproduire
Figurer
Croquer (sur le vif)
Exécuter
Pignocher (*pop.*)

2. Dépeindre
Décrire
Représenter

Montrer
Raconter
Conter
Exprimer
Traduire
Dessiner

PEINE

1. Chagrin
Mal
Douleur
Tristesse
Amertume
Détresse
Déplaisir
Épreuve
Souci
Tourment
Tracas
Malheur
Crève-cœur
Souffrance
Abattement
Affliction
Désolation
Dépression
Inquiétude
Désagrément
Contrariété
Préoccupation
Martel en tête (*fam.*)
Ennui
Meurtrissure
Plaie
Collier de misère
Croix

2. Fatigue
Effort
Difficulté
Mal
Gêne
Embarras
Tâche
Travail
Tribulation

Labeur
Exténuation
Fourbure
Étreintement

3. Punition
Châtiment
Condamnation
Correction
Pénitence (*eccl.*)
Sanction
Pénalité
Pénalisation
Pensum

● ANTONYMES : 1. Joie, Plaisir, Bonheur.
2. Facilité.
3. Récompense, Consolation, Compensation.

PEINER

1. Faire de la peine
Attrister
Affliger
Navrer
Désoler
Affecter
Consterner
Chagriner
Déplaire
Désobliger
Fâcher
Meurtrir
Contrister
Rembrunir
Vexer
Tuer (*fig.*)
Peser
Coûter
Tracasser
Tourmenter
Tarabuster
Assiéger de soucis
Accabler
Chiffonner
Ennuyer

2. Fatiguer *et* Se fatiguer
Se donner de la peine (*ou*
du mal)
Trimer
S'appliquer
S'efforcer
S'épuiser
S'échiner
S'éreinter
S'esquinter (*fam.*)
Suer (*fam.*)
Se crever (*pop.*)
Ahaner (*anc.*)
Tirer la langue
Être sur les dents

● ANTONYMES : 1. Consoler.
2. Se reposer.

PEINTRE

Artiste
Enlumineur
Miniaturiste
Aquarelliste
Portraitiste
Paysagiste
Pastelliste
Coloriste
Fresquiste
Animalier
Orientaliste
Décorateur
Badigeonneur
Rapin (*fam.*)
Maître
Barbouilleur (*péj.*)
Peintureur (*péj.*)

Spécialement (*par école*) :
Préraphaélite
Romantique
Réaliste
Naturaliste
Symboliste
Surréaliste
Impressionniste

Fauve
Cubiste
Expressionniste
Futuriste
Intimiste
Naïf
Nabi
Figuratif
Abstrait
Primitif

PEINTURE

1. Tableau
Toile
Croûte (*fam.*)
Navet (*fam. et péj.*)
Fresque
Plafond
Retable
Diptyque (*ou* Triptyque,
ou Polyptyque)
Portrait
Représentation
Miniature
Enluminure
Aquarelle
Gouache
Pastel
Lavis
Détrempe
Sgraffite
Camaïeu
Barbouillage
Gribouillage
Ébauche
Esquisse
Étude
Motif
Allégorie
Nu
Marine
Nature morte
Panorama
Paysage
Sous-bois
Vue

Caricature
Intérieur
Maternité
Annonciation
Crucifixion
Nativité
Madone (*ou* Vierge à
l'Enfant)
Pietà
Huile
Figure
Fleurs
Panneau
Copie
Pastiche
Original

2. Recouvrement (*rare*)
Revêtement

3. Image
Description
Tableau
Portrait
Fresque
Aperçu
Ébauche
Signalement

PEINTURLURER
V. PEINDRE

PÉJORATIF

Défavorable
Dépréciatif

PELAGE

Poil
Toison
Fourrure
Mantelure
Manteau
Robe
Laine

PÊLE - MÊLE

1. En désordre
Çà et là
En vrac
En fouillis
En pagaille
En confusion

2. Fatras
Fouillis
Magma
Capharnaüm
Gâchis

● ANTONYME : Ordre.

PELER

Éplucher
Enlever (*ou* Ôter, *ou* Dépouiller) [une peau]
Écorcer
Écosser
Décortiquer

« *Pelé* » :
Chauve, Nu

PÈLERINAGE

Pardon
Voyage

PELISSE

Fourrure
Houppelande
V. MANTEAU

PELLE

Bêche
Sape
Palot

Écope
Palette
Écobue
Sasse
Louvet
Pelleteuse
Excavateur

« *Ramasser une pelle* » :
Tomber, Chuter, Échouer.

PELLICULE

Écaille
Couche
Feuille
Membrane
Film
Bande
Cliché
Négatif

PELOTE

Balle
Boule
Sphère
Peloton
Manoque
Coussinet

PELOTER

1. Enrouler (*anc.*)

2. Tripatouiller (*fam.*)
Caresser
Effleurer
Palper
Attoucher

PELOUSE

Gazon
Herbe

PENAILLE

Guenille
Guenaille
Haillon
Loque

PÉNALISATION

Pénalité
V. PUNITION
V. PEINE

PÉNATES

Lares (*anc.*)
Maison
Foyer
Demeure
Home
Habitation
Chez - soi

PENAUD

Déconcerté
Honteux
Pantois
Embarrassé
Déconfit
Confus
Désemparé
Décontenancé
Contrit

● ANTONYMES : Fringant, Fier.

PENCHANT

1. Pente
Versant
Déclivité
Inclinaison

Obliquité

2. Inclination
Impulsion
Propension
Goût
Disposition
Prédisposition
Tendance
Faible pour
Aptitude
Vocation
Faiblesse
Désir
Amour
Habitude
Facilité
Génie
Passion
Affection
Sympathie
Vice

● ANTONYMES : Aversion, Répugnance.

PENCHER

Incliner
Devenir oblique
Obliquer
Déverser
Taluter
Coucher
Infléchir
Être en surplomb
Chanceler
Courber
Renverser
Perdre son équilibre
Abaisser
Baisser

Au fig. :
Préférer
Être porté à,
Prendre parti

● ANTONYME : Lever.

PENDANT

1. Double
Semblable
Contrepartie
Symétrique

2. Boucle d'oreille

PENDARD
V. COQUIN

PENDFLOQUE

Pendant
Pendentif
Boucle
Girandole

PENDENTIF

Sautoir
Pendants (d'oreille) (*abusivt.*)

PENDERIE

Placard
Armoire
Petite pièce
Cabinet
Garde-robe

PENDRE

1. Suspendre
Accrocher
Fixer
Attacher
Retomber
Tomber
Pendouiller (*fam.*)
Traîner
S'avachir

2. Mettre la corde au cou

Brancher
Tuer par pendaison
Étrangler
Stranguler
Lyncher
Supplicier
Exécuter

● ANTONYMES : Dépendre, Décrocher.

PENDULE

Pendulette
Horloge
Régulateur
Cadran

PÉNÉTRABLE

Perméable
Sensible

● ANTONYMES : Impénétrable, Insondable.

PÉNÉTRANT

Perçant
Mordant
Vif
Cuisant
Piquant
Aigu
Clair
Clairvoyant
Perspicace
Profond
Lucide
Divinateur
Subtil

● ANTONYMES : Borné, Obtus.

PÉNÉTRATION

Fig. :
Clairvoyance
Acuité
Perspicacité
Lucidité
Finesse
Sagacité
Vivacité
Compréhension
Connaissance
Flair (*fam.*)
Nez (*fam.*)
Intelligence

PÉNÉTRER

1. Entrer
Enfoncer
S'insinuer
Introduire
Infiltrer
Filtrer
Glisser
Mordre
Percer
Transpercer
Traverser
Rentrer
S'engager dans
Fouiller
Se couler
Mettre les pieds
S'enfourner
S'incorporer
S'engouffrer
Envahir
Faire irruption
Forcer l'entrée
S'ouvrir un passage
Se frayer un passage
Se précipiter
Injecter
Insuffler
Remplir
Absorber
Parvenir

Passer
Plonger
Accéder
Arriver
Forcer la porte
Violer (le domicile)
S'aventurer
Fendre
Imbiber
Imprégner
Tremper
Abreuver
Baigner
S'insérer

2. Inculquer
Toucher
Approfondir
Comprendre
Percevoir
Saisir
Apercevoir
Connaître
Deviner
Pressentir
Réfléchir
Mettre à jour
Découvrir
Démêler
Sonder
Sentir

● ANTONYMES : Sortir,
Partir, Se retirer; Affleurer.

PÉNÉTRER (SE)

Se combiner
S'absorber
Se mêler
Se convaincre de
S'imprégner de

PÉNIBLE

1. V. DIFFICILE
V. PEINE (« avec peine »)

Ardu
Rude
Fatigant
Astreignant
Assujetissant
Contraignant
Ereintant
Ingrat
Laborieux
Tuant
Harassant
Malaisé

2. Ennuyeux
Douloureux
Déplaisant
Désagréable
Dur
Pesant
Rude
Triste
Insupportable
Gênant
Épineux
Affligeant
Amer
Angoissant
Âpre
Atroce
Attristant
Cruel
Grave
Déplorable
Embarrassant
Lourd
Mauvais
Mortel
Pesant
Navrant

● ANTONYMES : Facile,
Aisé ; Agréable, Joyeux,
Doux.

PÉNICHE

Chaland
Coche (*anc.*)
V. EMBARCATION

PÉNIS

Phallus
Ithyphalle
Verge
Priape
Organe génital
Sexe

PÉNITENCE

Punition
Châtiment
V. PEINE
Sanction
Contrition
Repentir
Confession
Résipiscence
Mea-culpa
Regret
Remords
Régénération
Réparation
Humilité
Macération
Flagellation
Privation

PÉNITENCIER

Prison
Bagne
Colonie pénitentiaire
Maison de correction

PÉNOMBRE

V. OMBRE
Demi-jour
Clair-obscur

PENSANT

Intelligent

PENSÉE

1. Esprit
Intelligence
Raison
Âme
Cœur
Moi
Entendement
Concept
Notion
Souvenir
Idée
Intention
Dessein
Projet
Imagination
Raisonnement
Compréhension
Jugement
Réflexion
Image
Préoccupation
Méditation
Rêverie
Sentiment
Opinion
Façon de voir
Point de vue
Philosophie
Spéculation
Considération
Conception
Impression

2. Maxime
Sentence
Aphorisme
Apophtegme
Axiome
Devise
Dicton
Proverbe
Dit (*anc.*)
Trait
Remarque
Adage
Observation

3. *Au plur. et litt.* :
Considérations
Réflexions
Observations
Notes

PENSER

Raisonner
Réfléchir
Juger
Spéculer
Cogiter
Méditer
Se recueillir
Ruminer
Voir
Examiner
Envisager
Peser
Considérer
Concevoir
Délibérer
Évoquer
Rappeler
Se souvenir
Imaginer
Préoccuper
S'occuper de
Prévoir
Prendre garde
Faire attention
S'aviser
Songer
Rêver
Rêvasser
S'absorber dans ses pensées
Se perdre dans ses réflexions
S'abîmer dans ses réflexions
Se perdre dans les nuages
Se représenter
Avoir pour opinion
Estimer
Croire

Supposer
Admettre
Présumer
Soupçonner
Se douter
Espérer
Compter
Projeter

● ANTONYMES : Se désin-
téresser de, Oublier.

PENSEUR

Philosophe
Sage
V. PENSIF

PENSIF

Méditatif
Penseur
Songeur
Rêveur
Soucieux
Absent
Préoccupé
Occupé

PENSION

1. Allocation
Dotation
Retraite
Bourse
Revenu
Rente
Prébende
Annuité
Subvention

2. Pensionnat
Internat
Institution
Maison d'éducation
École

Collège
Séminaire
Prytanée
Gymnase
Conservatoire

PENSION DE FAMILLE
V. HOTEL

PENSIONNAIRE

Interne

● ANTONYMES : Externe,
Demi - pensionnaire.

PENSIONNAT
V. PENSION

PENSUM

Travail ennuyeux
V. PUNITION

PENTE

1. Déclivité
Inclinaison
Obliquité
Dévers
Oblique
Penchant
Versant
Escarpement
Côté
Calade
Côte
Descente
Montée
Glacis
Talus
Remblai
Raidillon

2. Inclination
Propension

Tendance
V. PENCHANT 2.

PÉNULTIÈME
Avant-dernier

PÉNURIE

Manque
Défaut
Absence
Privation
Faute
Carence
Déficience
Rareté
Dénuement
Besoin
Disette
Famine
Indigence
Crise
Pauvreté
Gêne
Misère

● ANTONYMES : Abondan-
ce, Surabondance.

PÉPIN

1. Graine
Grains (Café, Poivre)

2. *Fam.* :
Ennui
Difficulté
Complication

PÉPINIÉRISTE

Arboriculteur
Arboriste
Horticulteur
Sylviculteur
Jardinier

PERÇANT

Pénétrant
Vif
Aigre
Brillant (regard)
Criard
Strident
Déchirant
Éclatant
Aigu
Pointu

● ANTONYMES : Contondant, Émoussé, Doux.

PERCÉE

Trouée
Ouverture
Brèche
Chemin
Orne
Déchirure

● ANTONYMES : Clôture, Fermeture.

PERCEPTEUR

Collecteur
Inspecteur (des contributions)

PERCEPTIBLE

Sensible
Appréciable
Audible
Visible
Apparent
Percevable *et* Apercevable
Palpable
Compréhensible
Discernable

● ANTONYMES : Imperceptible, Insensible.

PERCEPTION

1. Recouvrement
Collecte
Levée
Rentrée
Bureau (du percepteur)

2. Idée
Image
Sens
Sensation
Sentiment
Affection
Intuition
Impression

PERCER

Transpercer
Perforer
Trouer
Forer
Tarauder
Fileter
Enfoncer
Poinçonner
Vriller
Crever
Sonder
Pénétrer
Cribler
Ouvrir
Creuser
Darder (de coups)
Blesser
Larder
Embrocher
Empaler
Enferrer
Enfourcher
Enfiler
Éventrer

Forcer
Crocheter
Traverser
Passer au travers de
Sortir de
Déchirer

Au fig. :
Déceler
Prévoir
Découvrir
Transpirer
Réussir

● ANTONYMES : Fermer, Obstruer, Boucher, Clore.

PERCEVABLE
V. PERCEPTIBLE

PERCEVOIR

1. Apercevoir
Distinguer
Discerner
Saisir
Remarquer
Voir
Sentir
Flairer
Écouter
Concevoir
Entendre
Éprouver
Comprendre
Parvenir à connaître

2. Toucher
Recevoir
Recouvrer
Encaisser
Empocher (*fam.*)
Retirer
Tirer
Recueillir
Émarger
Palper (*pop.*)
Lever (des impôts)

● ANTONYMES : 2. Payer, Verser.

PERCHE

Gaule
Gaffe
Croc
Rouable (de boulanger)
Tuteur
Rame
Écoperche
Balise
Girafe
Bâton
Échalas
Perchoir

PERCHER

Jucher
Brancher

PERCLUS

Paralytique *et* Paralysé
Impotant
Infirme

PERCUSSION

Choc
Heurt
Coup
Impact
Rencontre
Collision

Spécialement :
Impulsion (*mécanique*)
Percuteur (d'une arme)
Auscultation (*méd.*)
Exploration (*méd.*)

PERCUTER

Heurter
Frapper
Buter
Donner contre
Taper
Tamponner
Télescoper
Emboutir
Toquer (*anc.*)
Cogner
Accrocher
Entrer dans (*fam.*)

PERDITION

Au fig. :
Débauche
Perte
Danger
Détresse
Dissipation

● ANTONYME : Salut.

PERDRE

1. Égarer
Éprouver une perte
Subir une perte
Se voir enlever
Paumer (*pop.*)
Adirer (*dr.*)
Fuir (un récipient)
Être dépossédé de
Ne plus avoir
Se dessaisir
Se démunir
S'appauvrir
User
Démériter
Être en deuil de (qqn)
Se dépouiller de
Devenir muet
Maigrir

Mourir
Faiblir
S'amortir
S'atrophier
Ôter
Manquer de
Déposer
Quitter
Renoncer
S'évanouir
Dissiper
Gâcher
Galvauder
Gaspiller
Se faire battre

« *Perdre l'esprit, la tête* » :
Déraisonner
S'affoler
Devenir fou

2. Déshonorer
Déconsidérer
Démolir (*fam.*)
Corrompre
Désorienter
Gâcher
Endommager
Détruire
Compromettre
Faire échouer

3. « *Se perdre* »...
S'égarer
Se fourvoyer
Se noyer
S'embrouiller
S'embarrasser
S'abîmer
Se plonger
S'absorber
Causer sa propre ruine
Se sacrifier
Se corrompre
Se dévoyer
Se débaucher
Se relâcher
S'altérer
Décroître
Diminuer

Faiblir
Sombrer
S'enfoncer
S'engloutir
S'engouffrer
Se jeter

● ANTONYMES : Trouver, Retrouver, Récupérer, Conserver, Gagner, Acquérir, Conquérir, Avoir, Détenir, Garder, Posséder, Sauver.

PERDU

1. Égaré
Paumé (*fam.*)
Disparu
Introuvable
Manqué
Oublié
Écarté
Errant
Éloigné
Isolé
Détourné
Désert
Abandonné
Mal contrôlé
Mal employé
Inutilisé

2. Abîmé
Gâté
Endommagé
Inutile *et* Inutilisable
Atteint sans remède
Incurable
Condamné
Désespéré
Frappé à mort
Fichu (*pop.*)
Foutu (*pop.*)
Flambé (*pop.*)
Cuit (*fam.*)
Fini (*fam.*)
Frit (*pop.*)

Mort
Corrompu
Débauché
Fourvoyé
Désaxé

3. Estompé
Confondu
Noyé

PÈRE

Papa
Géniteur
Auteur (des jours)
Chef de famille
Créateur (*fig.*)
Fondateur (*fig.*)
Inventeur
Paternel (*pop.*)
Vieux (*id.*)
Ancêtre (*id.*)
Dab, Daron (*arg.*)

PÉRÉGRINATIONS
V. VOYAGE

PÉREMPTOIRE

Décisif
Tranchant
Sans appel
Sans réplique
Probant
Magistral (*péj.*)
Dogmatique (*péj.*)

● ANTONYMES : Discutable, Incertain, Hésitant.

PÉRENNE (*anc.*)

Perpétuel
Durable
Éternel
Continuel
Perdurable (*anc.*)
Stable

Qui dure longtemps (*ou* Depuis longtemps, *ou* Toute l'année)
Permanent

PÉRÉQUATION

Rajustement
Répartition
Distribution
Égalisation

PERFECTION

1. Excellence
Idéal
Absolu
Fini

2. Parachèvement
Achèvement
Fin
Couronnement

● ANTONYMES : Imperfection, Défaut, Faute, Défectuosité, Difformité, Inachèvement, Approximation.

PERFECTIONNER

V. AMÉLIORER
V. PARFAIRE

PERFIDE

Déloyal
Infidèle
Traître
Scélérat
Fourbe
Félon
Fallacieux
Sournois
Venimeux

Envenimé
Empoisonné
Fielleux
Méchant
Trompeur
Hypocrite

● ANTONYME : Loyal.

PERFIDIE

Déloyauté
Traîtrise
Fourberie
Trahison
Scélératesse
Abus de confiance
Machiavélisme
Noirceur
Malignité
Ruse
Astuce
Infidélité
Hypocrisie
Coup de Jarnac
Tromperie

PERFORER
V. PERCER

PERFORMANCE

Record
Exploit
Succès
Prouesse

PÉRICLITER

Décliner
Dépérir
Décroître
Dégénérer
S'aggraver
Prendre une mauvaise
tournure

Empirer
Faire naufrage
Être en danger
Aller à sa fin
Aller à sa ruine

● ANTONYMES : Réussir,
Prospérer.

PÉRIL
V. DANGER

PÉRIMÉ

Dépassé
Ancien
Qui a fait son temps
Qui est en retard
Désuet
Conservateur
Démodé
Attardé
Caduc
Nul

● ANTONYMES : Actuel,
Valide.

PÉRIMÈTRE

Contour
Circonférence
Tour
Périphérie
Enceinte
Pourtour

PÉRIODE

Espace de temps
Temps
Durée
Ère
Cycle
Époque
Intervalle
Étape

Âge
Phase
Stade

PÉRIODICITÉ

Fréquence
Rythme de parution
Répétition

PÉRIODIQUE

1. Fréquent
Alternatif
Rythmé
Intermittent
À intervalles réguliers
Cyclique

2. Journal
Publication
Revue
Magazine
Bulletin
Organe de presse
Écrit
Mensuel
Hebdomadaire
Quoditien

● ANTONYMES : Sporadi-
que, Irrégulier.

PÉRIPATÉTICIENNE
V. PROSTITUÉE

PÉRIPÉTIE

Rebondissement
Événement
Coup de théâtre
Incident
Épisode
Aventure
Hasard
Aléa
Mésaventure

PÉRIPHÉRIE

Contour
Pourtour
Périmètre
Bord
Banlieue
Circonférence
Tour
Alentour
Ceinture
Environs
Abords
Bordure

● ANTONYME : Centre.

PÉRIPHRASE

Circonlocution
Discours par images
Euphémisme
Détour

PÉRIPLE

Circumnavigation
Navigation autour des côtes
Voyage d'exploration maritime
Expédition maritime
Cabotage

Abusivt. :
V. VOYAGE, TOUR.

PÉRIR
V. MOURIR

PÉRISSABLE

Fragile
Éphémère
Qui ne se conserve pas
Court
Fugace

● ANTONYMES : Impérissable, Durable, Immortel.

PÉRISTYLE

Colonnade
Galerie
Portique
Cour
Jardin
Vestibule

PERMANENCE

Continuité
Constance
Identité
Stabilité
Longue durée
Fixité
Persistance
Continuation
Pérennité
Perpétuation
Persévérance
Assiduité
Opiniâtreté
Ténacité
Fidélité
Conservation
Maintien
Entretien
Prolongation
Prolongement
Régularité

● ANTONYMES : Altération Interruption, Intermittence, Modification, Évolution, Instabilité.

PERMANENT

Stable
Constant

Fixe
Inaltérable
Pérenne (anc.)
Sans discontinuer
Sans interruption
Persistant
Continu
Continuel
Ininterrompu
Incessant
Sans cesse
Sans répit
Sempiternel
V. DURABLE
Perpétuel

● ANTONYMES : Éphémère, Fugace, Passager, Transitoire, Intermittent.

PERMÉABLE

Pénétrable
Sensible
Transparent

● ANTONYMES : Imperméable, Étanche.

PERMETTRE

Autoriser
Tolérer
Consentir
Admettre
Accorder
Laisser
Accepter
Agréer
Passer
Fermer les yeux
Acquiescer
Concéder
Souffrir
Laisser la liberté
Habiliter
Souscrire

Supporter
Souffrir
Endurer
Approuver
Trouver bon
Vouloir
Donner lieu
Aider à
Comporter
Laisser place à

« *Se permettre.*
Se laisser aller à
Prendre la liberté de
S'aviser de
S'enhardir jusqu'à
Avoir la hardiesse *ou* l'impudence de

● ANTONYMES : Interdire, Prohiber, Défendre, Contraindre, Empêcher.

PERMIS

1. V. PERMISSION

2. *Adj.* : Licite
Loisible
Légitime
Légal
Libre
Autorisé
Admis
Moral
Toléré

● ANTONYMES : Interdit, Défendu, Illicite, Illégitime, Illégal.

PERMISSION

Autorisation
Tolérance
Consentement
Acquiescement
Approbation

Liberté
Droit
Licence
Congé
Concession

● ANTONYMES : Interdiction, Défense.

PERMUTATION

Échange *et* Change
Changement réciproque
Troc
Interversion
Remplacement à équivalence.

PERMUTER

Faire une permutation
Échanger
Changer de place
Intervertir
Troquer (une situation pour une autre)

PERNICIEUX

Nuisible
Nocif
Dangereux
Malfaisant
Délétère
Mauvais
Malin
Empoisonné
Funeste
Diabolique
Sinistre

● ANTONYMES : Salutaire, Bienfaisant, Bon, Avantageux.

PÉRORAISON

Conclusion
Fin
Dénouement
Épilogue
Dernière partie

● ANTONYMES : Début, Commencement, Exorde.

PÉRORER

Discourir avec emphase
Pontifier
Débiter (*fam.*)

PERPENDICULAIRE

Orthogonal
À angle droit
Vertical

Subst.
Normale,
Apothème
Médiatrice,

PERPÉTRER

Commettre
Accomplir
Consommer
Exécuter

PERPÉTUEL

Continuel
Incessant
Constant
Durable
Ininterrompu
Éternel
Continu
Indéfini

Infini
Fréquent
Habituel
Impérissable
Inaltérable
Indélébile
Indissoluble
Indestructible
Sans fin

● ANTONYMES : Tempo-
raire, Passager, Momen-
tané, Éphémère, Court,
Changeant.

PERPÉTUER

Faire durer
Continuer
Éterniser
Transmettre
Reproduire
Immortaliser
Maintenir

● ANTONYMES : Cesser,
Finir, Changer.

PERPÉTUER (SE)
V. DURER.

PERPLEXE

Indécis
Hésitant
Embarrassé
Inquiet

● ANTONYMES : Décidé,
Résolu.

PERPLEXITÉ
V. INDÉCISION

PERQUISITION

Visite domiciliaire
Recherche

Investigation
Inquisition
Fouille

PERQUISITIONNER
V. RECHERCHER

PERRUQUE

Postiche
Moumoute (*pop.*)
Réchauffante (*arg.*)
V. CHEVELURE

PERRUQUIER
V. COIFFEUR

PERSÉCUTER

Martyriser
V. TOURMENTER

PERSÉVÉRANCE

Constance
Patience
Ténacité
Fermeté
Fidélité
Obstination
Insistance
Opiniâtreté
Acharnement
Esprit de suite
Suite dans les idées
Volonté
Courage
Entêtement
Continuité

● ANTONYMES : Incons-
tance, Versatilité.

PERSÉVÉRER
V. CONTINUER

PERSIENNE
V. VOLET

PERSIFLER
V. RAILLER

PERSISTER
V. DEMEURER
V. CONTINUER

PERSONNAGE

V. PERSONNE
V. PERSONNALITÉ
Rôle
Héros
Protagoniste
Comparse

PERSONNALITÉ

1. Personnage
Notabilité
Notable
Grand
Dignitaire
Sommité
Vedette
Figure
Célébrité
Gloire
Autorité
Quelqu'un (*fam.*)
Ponte,
Bonze,
Huile,
Gros bonnet, ou Grosse
légume,
Manitou

2. Caractère
Tempérament
Moi
Nature
Être
Soi
Originalité
Individualité

● ANTONYME : Imperson-
nalité.

PERSONNE

Personnage
Individu
Homme (*ou* Femme)
Être
Mortel
Créature (*fam.*)
Quidam
Particulier
Gens
Quelqu'un
Visage
Citoyen

Pop. : Coco, Paroissien, Bougre, Mec, Type, Zèbre, Oiseau, Moineau, Bipède, Zigoto, Pierrot, Gonze

PERSONNEL

1. Particulier
Individuel
Propre
Intime
Original

2. Égoïste
Égotiste
Égocentrique
Exclusif

3. Domesticité
Domestiques
Employés
Ouvriers
Main-d'œuvre
Salariés

● ANTONYMES : Impersonnel, Commun.

PERSONNIFIER

Évoquer
Représenter
Incarner

PERSPECTIVE
V. VUE

PERSPICACE
V. CLAIRVOYANT

PERSUADER
V. CONVAINCRE

PERSUASION
V. CONVICTION

PERTE

Privation
Préjudice
Dommage
Déperdition
Déficit
Dégât
Mévente
Hémorragie
Gâchage
Gaspillage
Déchet
Fuite (d'eau)
Appauvrissement
Sinistre
Mutilation
Malheur (*fig.*)
Mort
Ruine
Naufrage
Extinction
Anéantissement
Dépérissement
Décadence
Dégénérescence
Dégradation
Perdition

● ANTONYMES : Gain, Profit, Excédent, Acquis, Bénéfice, Avantage, Accroissement.

PERTURBATION
V. DÉRANGEMENT

PERTURBER
V. DÉRANGER

PERVERS
V. VICIEUX
Inverti.

PERVERSION

Altération
Dépravation
Corruption
Dérèglement
Dérangement
Égarement
Détraquement
Anomalie
Déviation
Vice

● ANTONYME : Amélioration.

PERVERTIR
V. CORROMPRE

PESAGE
V. PESÉE

PESANT

Lourd
Massif
Pondéreux
Épais

● ANTONYME : Léger.

PESANTEUR

Lourdeur
Poids
Gravité
Gravitation
Attraction
Lenteur (d'esprit)

● ANTONYME : Légèreté.

PESÉE

Pesage
Poids
Effort
Poussée

PESER

1. Déterminer le poids
Soupeser
Jauger
Calculer
Juger
Estimer
Apprécier
Examiner
Comparer
Étudier
Approfondir
Considérer
Balancer

2. Appuyer
Pousser
Presser
Charger

3. *Au Fig.* :
Accabler
Être pénible
Opprimer
Appesantir
Grever
Coûter
Dégoûter
Importuner
Fatiguer
Ennuyer
Faire peine
Étouffer
Incomber
Retomber

4. Influencer
Intimider

PESSIMISTE

Alarmiste
Défaitiste
Paniquard (*fam.*)
Sombre
Maussade
Mélancolique
Bilieux

● ANTONYME : Optimiste.

PESTER

Invectiver
Jurer
Maudire
Fulminer
Jurer
Fumer (*pop.*)
Grogner
Maugréer

PESTILENCE
V. INFECTION

PÉTANQUE
Boules

PÉTARD

V. SCANDALE (*fig. et fam.*)
TAPAGE, BRUIT (*pop.*)
V. REVOLVER (*arg.*)

PÉTER (*fam.*)

1. V. PÉTILLER

2. Exploser
Crever
Se rompre
Éclater
Sauter
Échouer
Rater

PÉTILLER

Crépiter
Fourmiller
Étinceler
Scintiller
Chatoyer

PETIT

1. Court
Bref
Sommaire
Succinct
Exigu
Menu
Fin
Mince
Minuscule
Infime
Faible
Infinitésimal
Minime
Ténu
Modique
Modeste
Dérisoire
Maigre
Maigrelet
Fétu
Ratatiné
Rabougri
Courtaud
Mignon
Rikiki
Imperceptible
Invisible
Microscopique
Atomique
Moléculaire
Embryonnaire
Lilliputien
Impalpable
Impondérable
Infinitésimal
Corpusculaire

Mesquin
Étriqué
Étroit
Étranglé
Étréci
Rétréci
Serré
Resserré
Fluet
Élancé
Filiforme
Raccourci
Fragmentaire
Résumé
Abrégé
Sommaire
Concis
Succinct
Éphémère
Fugace
Passager
Momentané
Transitoire
Temporaire
Moindre
Nain
Avorton
Bout d'homme
Gringalet
Marmouset
Nabot
Puce
Pygmée
Miniature
Extrait
Moucheron
Délicat
Insignifiant
Médiocre
Piètre
Vil
Bas
Réduit
Jeune

2. V. ENFANT

● ANTONYME : Grand.

PETITE MAIN
V. COUTURIÈRE

PETITESSE

Exiguïté
Modicité
Étroitesse
Médiocrité
Mesquinerie
Bassesse
Faiblesse
Défaut
Nanisme

● ANTONYME : Grandeur.

PÉTITION

Requête
Réclamation
Protestation
Demande collective
Lettre collective
Supplique
Adresse
Placet
Signatures
Prière

PÉTRIR

Malaxer
Brasser
Écraser
Manier
Presser
Remuer
Façonner
Manipuler
Palper
Modeler

PÉTROLE

Or noir
Essence

Carburant
Carbure
Naphte
Gazoline
Kérosène
Huile (lourde)
Fuel
Mazout

PÉTROLIER

Navire citerne
Tanker

PÉTULANT
V. TURBULENT

PEU

Guère
Modérément
À peine
Médiocrement
Pas beaucoup
Rarement
Pas longtemps
Bon marché
Prou
Vaguement
Légèrement

● ANTONYME : Beaucoup.

PEU À PEU
V. PROGRESSIVEMENT

PEUPLADE

V. PEUPLE
Horde
Tribu

PEUPLE

1. Population
Habitants

Peuplade (*anc.*)
Ethnie
Gent
Société
Association
Nation
Pays

2. Plèbe
Multitude
Masse
Foule
Populace (*péj.*)
Populo (*fam.*)
Public (*ou* Grand public)
Monde
Gens
Canaille (*péj.*)
Prolétariat (*abusivt.*)
Travailleurs (*id.*)
Ouvriers (*id.*)
Paysans (*id.*)
Le commun
Tiers-État
Troupeau (*péj.*)
Roturiers
Tourbe (*péj.*)
Vulgaire (*péj.*)
Populaire (*fam.*)
Sujets
Citoyens

● ANTONYMES : Individu, Patriciat. Noblesse.

PEUPLÉ

Populeux
Populaire
Surpeuplé
Habité
Vivant

● ANTONYMES : Dépeuplé, Désert.

PEUR
V. CRAINTE

PEUREUX
V. PUSILLANIME

PHALANSTÈRE

Commune
Communauté
Phalange
Groupe

PHALLUS
V. PÉNIS

PHANTASME ou FANTASME
V. ILLUSION

PHARAMINEUX ou FARAMINEUX
V. ÉTONNANT

PHARE
V. LANTERNE

PHARMACIEN

Apothicaire
Potard (*arg. et péj.*)

PHARYNX

Gorge
Gosier
Arrière-bouche

PHASE
V. PÉRIODE

PHÉBUS
V. SOLEIL

PHÉNOMÉNAL
V. ANORMAL

PHÉNOMÈNE

1. Fait
Apparence
Épiphénomène
Manifestation
Objet d'expérience
Donnée

2. Merveille
Rareté
Prodige
Miracle
Monstre

PHILANTHROPE

Humanitariste
Désintéressé

● ANTONYME : Misanthrope.

PHILANTHROPIE
V. CHARITÉ

PHILISTIN

Béotien
Grossier

PHILOSOPHE

Savant
Sage
Penseur
Bel esprit
Écrivain moraliste
Encyclopédiste
Logicien
Dialecticien
Métaphysicien
Idéaliste
Matérialiste
Mystique
Spiritualiste
Déiste

Cartésien
Idéologue
Théoricien
Théologien
Humaniste
Maître
Doctrinaire

Adj. :
Sage
Calme
Résigné
Maître de soi
Placide
Patient
Désabusé

PHILOSOPHIE

1. Sagesse
Sapience (*anc.*)
Conception du Monde
Spéculation
Théorie
Dogme
Doctrine
Système
École
Enseignement

2. Logique
Morale
Métaphysique
Esthétique
Éthique
Ontologie
Téléologie
Théologie
Psychologie
Dialectique
Épistémologie
Méthodologie

PHLEGMON
V. Abcès

PHOBIE

Névrose
Crainte
Peur
Aversion
Dégoût
Horreur
Haine

PHOSPHORESCENT

Fluorescent
Luminescent
Photogène
Brillant
Étincelant

PHOTOGRAPHIE

Cliché
Épreuve
Image
Prototype
Négatif
Positif
Photogramme
Instantané
Illustration
Flash
Portrait
Diapositive

PHRASEUR
V. Bavard

PHRASÉOLOGIE

Style
Terminologie
Bavardage

PHTISIE
Tuberculose

PHYSIONOMIE

V. Figure *et* Visage

PIAFFER
V. Piétiner

PIANO, PIANISSSIMO

Doucement
Tout doux !
Lentement

● ANTONYMES : Forte, Fortissimo.

PIC

1. Pivert
Becquebois
Danette

2. Pioche
Picot
Rivelaine

3. V. Mont

PIC (À)

1. Escarpé
Verticalement
Droit au fond

2. À point
À propos
Pile (*fam.*)

PICHENETTE

Chiquenaude
Nasarde
Croquignole
Tapette

PICKPOCKET
V. Voleur

PICK-UP

Électrophone
Tourne-disques
Phonographe

PICOTER
V. Piquer

PIÈCE

1. V. Morceau et Partie

2. V. Tonneau

3. Comédie
Drame
Tragédie
Revue
Vaudeville
Monologue
Saynète

4. Salle
Chambre
Studio
Salon
Living-room
Vestibule
Cuisine
Salle de bain
Salle à manger
Hall
Antichambre
Cabinet
Cellule
Endroit

Arg. ou pop. :
Piaule, Turne, Crèche

PIED

Patte
Peton (*fam.*)

Arg. :
Panard

Pinceau ou Pince
Ripaton
Arpion

PIED-À-TERRE
V. Appartement

PIÉDESTAL

Socle
Piédouche (*Bx. A.*)
Scabellon (*dés.*)
Gaine
Support
Soubassement

PIÈGE

Attrape (et Attrapoire)
Chausse-Trappe
Collet
Dardière
Gluau
Hausse-pied
Lacet
Miroir aux alouettes
Mésangette
Panneau
Ratière
Reginglette
Souricière
Taupière
Trappe
Traquenard
Traquet
Trébuchet
Nasse
Filet
Guêpier
Rets
Réseau
Pan
Lacs
Cordeau
Amorce
V. Appât
Machine

Artifice
Embûche
Embuscade
Leurre
Feinte
Ruse
Stratagème
Guet-apens
Attrape-nigaud
Tentation
Écueil

PIERRE
V. Caillou

PIÉTINER

Trépigner
Piaffer
Patauger
Aller et Venir
Ne pas avancer
Fouler
Froisser

Par extens. :
Écraser
Mépriser
Passer outre à

PIÈTRE
V. Petit

PIEU

Poteau
Piquet
Pilier
Pal
Palis
Épieu
Échalas
Bâton
Mât
Pylône
Pilot
Support
Sapine

V. COLONNE

Au plur. :
Claie
Clayonnage
Pilotis
Palée
Palifier
Palanque
Estacade

PIEUVRE
Poulpe

PIEUX
V. CROYANT

PIGEON

1. Ramier
Colombe
Palombe
Palonne
Tourterelle
Tourte (*anc.*)
Goura
Biset

2. *Fig.* : Dupe
Gogo (*pop.*)
Sot

PIGEONNIER

Colombier
Fuie

PIGNOUF (*fam.*)

Avare
Rustre
Grossier
Minable
Goujat

PILASTRE
V. COLONNE

PILE

1. V. AMAS

2. À point
À propos
À pic
Précis
Net
Brusquement

3. Envers

● ANTONYME : Face.

PILER

Broyer
Pulvériser
Moudre
Écraser
Désagréger
Égruger
Réduire en miettes
Porphyriser
Triturer
Battre (*fig.*)

PILIER
V. COLONNE

PILLAGE

Vol
Déprédation
Mise à sac
Rapine
Razzia
Saccage
Saccagement
Sac
Brigandage
Maraudage
Piraterie
Volerie
Dégât
Concussion

Exaction
Détournement
Plagiat (*fig.*)

PILLARD

Brigand
Maraudeur
Pirate
Voleur
Écumeur
Pandour
Routier (*anc.*)
Plagiaire (*fig.*)

PILLER

Mettre à sac
Voler
Dévaster
Ravager
Saccager
Marauder
Butiner (*anc.*)
Dévaliser
Dérober
Plagier (*fig.*)

PILON
Broyeur

PILONNER

Écraser
Frapper
Marteler

PILOTAGE

Conduite
Direction
Navigation
Guidage
Téléguidage

PILOTE

Nautonier
Nocher
Lamaneur
Locman
Timonier
Guide
Homme de barre
Conducteur
Aviateur

PILOTER
V. Guider

PILOTIS
V. Pieu

PIMBÊCHE

Mijaurée
Chipie
Chichiteuse
Pécore

PIMENT

Poivre de Guinée (*ou* d'Espagne)
Poivre long
Poivron
Paprika
Assaisonnement,
Saveur
Sel (*fig.*)

PIMENTER

Épicer
Relever
Assaisonner

● ANTONYME : Affadir.

PINACLE
V. Sommet

PINACOTHÈQUE
V. Musée

PINCER

Serrer
Piquer
Prendre
Arrêter
Cueillir
Surprendre
Attraper

PINDARIQUE
Ampoulé

PING-PONG
Tennis de table

PINGRE
V. Avare

PINTE
Chopine

PIOCHE (*fig.*)

Pic
Houe
Piochon
Bigot

PIOCHER
V. Étudier

PION (*fam*).

Surveillant
Maître d'étude
Maître d'internat

PIONNIER

1. Défricheur
Bâtisseur
Promoteur
Protagoniste

Créateur
Innovateur

2. Boy-scout
Éclaireur
Faucon

PIPE

Bouffarde (*pop.*)
Brûle-gueule
Calumet
Chibouque
Houka
Narguilé
Kalioun
Cigarette (*pop.*)

PIPELET
Concierge

PIPE-LINE
Oléoduc

PIQUANT

1. Pointu
Perforant
Aigre
Cuisant
Aigu

2. Plaisant
Curieux
Agréable
Caustique
Malicieux
Mordant
Satirique
Vexant
Acide
Acerbe
Fin
Amusant
Pittoresque

3. Assaisonnement
Piment
Condiment

4. Épine
Aiguillon

● ANTONYMES : 1. Doux, Arrondi, Contondant.
2. Fadeur.

PIQUE

Lance
Hallebarde
Dard

PIQUER

Faire une piqûre
Percer
Entamer (légèrement)
Pincer
Larder
Aiguillonner
Éperonner
Picoter
Mordre
Vacciner
Trouer
Ronger
Attaquer
Moucheter
Tacheter
Parsemer
Enfoncer

2. Démanger
Gratter
Fourmiller
Cuire
Brûler

Au fig. :
Agacer
Irriter
Offenser
Vexer
Atteindre
Égratigner
Fâcher
Froisser

Intriguer
Exciter
Éveiller
Chatouiller

3. Voler
Dérober
Barboter (*pop.*)
Chiper (*pop.*)
Faucher (*pop.*)
Arrêter
Cueillir
Pincer
Prendre
Se saisir (de quelqu'un)

PIQUET
V. PIEU

PIRATE

Corsaire
Forban
Écumeur (*ou* Écumeur de mer)
Flibustier
Boucanier
Frère de la côte
V. BANDIT *et* VOLEUR (*fig.*)

PIRATER

Plagier
Imiter

PIROUETTE

1. V. CABRIOLE

2. *Fig.* :
Revirement
Volte-face
Plaisanterie
Fuite

PIS

Tétine
Mamelle
V. SEIN

PISCINE

Bain
Bassin
Baignade

PISSENLIT

Dent-de-lion

PISSER
V. URINER

PISSOTIÈRE
V. URINOIR

PISTE
V. TRACE et CHEMIN

PISTER
V. SUIVRE

PISTOLET

Revolver
Browning
Parabellum
Luger (*et autres noms de marque*)
Six trente-cinq
Sept soixante-quinze (*et autres calibres utilisés comme subst.*)
Feu (*pop.*)
Pétard (*pop.*)
Rigolo (*arg.*)
Calibre (*arg.*)
Artillerie (*id.*)
V. FUSIL

PISTON (*fig.*, *pop.*)

Appui
Protection
Recommandation

PITANCE
V. Aliment

PITEUX
V. Pitoyable

PITIÉ

1. Apitoiement
Compassion
Commisération
Miséricorde
Charité
Attendrissement
Compréhension
Sympathie
Humanité
Mansuétude
Bienfaisance
Générosité
Philanthropie
Altruisme
Solidarité
Douceur
Bénignité
Bienveillance
Bonté
Cœur
Sensibilité
Grâce
Merci

2. Dédain
Mépris
Misère

● ANTONYMES : Inhumanité, Cruauté.

PITON

1. V. Clou
2. V. Mont *et* Sommet

PITOYABLE

1. Généreux
Humain

2. Piteux
Malheureux
Déplorable
Navrant
Triste
Misérable
Pauvre
Douloureux
Funeste
Lamentable
Minable
Touchant
Émouvant
Méprisable
Moche (*pop.*)
Médiocre
Mauvais
Regrettable

● ANTONYMES : Impitoyable, Inhumain, Cruel; Enviable, Heureux, Bon, Excellent.

PITTORESQUE

1. V. Couleur

2. V. Original

PIVERT
V. Pic

PIVOT
V. Axe

PIVOTER
V. Tourner

PLACARD

1. V. Armoire

2. V. Affiche

PLACE

1. V. Lieu *et* Forteresse

2. V. Emploi

PLACER

1. Installer
Conduire
Caser (*fam.*)
Asseoir
Nicher (*fam.*)
Loger
Poster
Aposter
Poser
Mettre à (sa *ou* une) place
Mettre en place
Replacer
Déplacer
Transporter
Transférer
Transplanter
Transvaser
Transborder
Ranger
Déposer
Remiser
Fourrer (*fam.*)
Agencer
Disposer
Arranger
Ordonner
Ordonnancer
Ajuster
Classer
Serrer
Échelonner
Dresser
Ériger
Planter
Camper
Élever
Monter
Exposer
Établir

Mettre
Approcher
Rapprocher
Éloigner
Coucher
Étendre
Flanquer
Charger
Adosser
Appliquer
Coller
Coiffer
Couvrir
Baisser
Séparer
Échelonner
Entourer
Opposer
Enligner
Aligner
Étager
Joncher

2. Fonder
Accorder
Attacher
Assigner
Faire entrer
Localiser
Situer
Vendre
Investir
Asseoir
Écouler

● ANTONYMES : Déplacer, Déranger.

PLACET
V. PÉTITION

PLACEUR

Placier
Ouvreuse *et* Ouvreur (*néol.*)

PLACIDE
V. CALME

PLACIER

1. V. REPRÉSENTANT

2. V. PLACEUR

PLAFOND

Soffite
Plancher (*anc.*)
Caisson
Solives
Voûte
Coupole
Dôme

PLAGE

Bord de mer
Grève
Sable (*ou* Galets)
Rive
Rivage
Dunes

PLAGIER

Imiter
Contrefaire
Piller
Copier
Pasticher
Parodier
Pirater (*fam.*)
Picorer (*fig.*)
Mimer
Singer
Compiler
Écumer
Calquer
Emprunter
Démarquer
Dérober
Voler
Piquer (*pop*).

Fourrager
Braconner
Prendre dans
Faire un livre à coups de ciseaux
Se parer des dépouilles d'autrui
Digérer
Ressembler
Tenir de
Reproduire
Avoir un air de
Simuler
Rappeler
Rendre
Marcher sur les traces
Tirer de

● ANTONYME : Créer.

PLAID
V. Pardessus

PLAIDER

Intenter
Contester
Soutenir
Défendre (une cause)
Faire valoir

PLAIDEUR

Partie
Contestant
Plaidant
Défendeur
Demandeur
Chicaneur

PLAIDOYER
V. APOLOGIE

PLAIE
V. BLESSURE

PLAIGNANT

Demandeur
V. ACCUSATEUR

PLAINDRE

1. S'apitoyer
Compatir
S'attendrir
Prendre en pitié
Déplorer

2. « *Se plaindre* » :
Se lamenter
Geindre
Pleurer
Crier
Gémir
Soupirer
Maugréer
Grommeler
Protester
Avoir des griefs
En vouloir à (quelqu'un)
Attaquer
Reprocher
Réclamer
Protester
Récriminer
Râler
Rouspéter (*fam.*)
Criailler
Exprimer un désagrément
(*ou* un mécontentement)
Déposer une plainte

● ANTONYMES : 1. Envier.
2. Se satisfaire, Être
content, Se contenter, Se
féliciter.

PLAINE

1. Plat-pays
Bassin

Pénéplaine
Piémont
Campagne
Champ
Toundra
Steppe
Pampa
Dépression

2. Marais (*polit.*)
Centre (*id.*)
Modérés (*id.*)
Girondins (*id.*)

● ANTONYMES : Mont,
Montagne, Plateau, Butte,
Colline.

PLAINTE

1. Gémissement
Pleur
Soupir
Lamentation
Geignement
Cri de douleur
Hurlement
Quérimonie (*anc.*)
Éjaculation (*peu us.*)
Girie (*pop.*)
Jérémiade
Complainte

2. Mécontentement
Doléance
Grief
Reproche
Réclamation
Revendication
Blâme
Clameur
Criaillerie
Récrimination
Accusation
Dénonciation

PLAINTIF
V. GÉMISSANT

PLAIRE

Satisfaire
Contenter
Charmer
Séduire
Attirer
Captiver
Botter (*pop.*)
Revenir (*pop.*)
Faire plaisir
Intéresser
Amuser
Fasciner
Gagner (l'intérêt, la sym-
pathie, les faveurs).
Complaire
Flatter
Faire la cour
Cajoler
Cultiver
Sourire
Agréer
Convenir
Conquérir
Capter
Subjuguer
Empaumer (*fam.*)
Entortiller (*fam.*)
Envoûter
Enchanter
Ravir
Réjouir
Être agréable à
Parler au cœur (*ou* à
l'âme)
Exciter
Chanter
Dire
Sembler bon
Juger bon

« *S'il vous plaît* » :
Je vous prie
Si vous permettez
Je vous demande
Vous devriez
Veuillez

« *Plaît-il ?* » :
Comment?
Pardon?
Quoi? (*fam.*)
Que dis-tu?

« *Se plaire à* » :
V. GOÛTER

PLAISANCE

Plaisir
Agrément

PLAISANT

1. Attrayant
Agréable
Gracieux
Attirant
Attachant
Séduisant
Aimable
Gai
Engageant
Excitant
Avenant
Amène
Gentil
Riant
Joli
Affable
Accort (*anc.*)
Sympa (*pop.*)

2. Amusant
Divertissant
Rigolo (*fam.*)
Comique
Drôle
Spirituel
Drolatique
Bon
Facétieux
Folâtre
Goguenard
Marrant (*pop.*)

3. Curieux
Bizarre
Ridicule
Joli
Beau

4. *Subst.* : Piquant,
Curieux,
Ce qui amuse
Ce qui plaît
Le côté plaisant

« *Mauvais plaisant* » :
Plaisantin
Fumiste
Impertinent
Maladroit
Loustic

PLAISANTER
V. RAILLER

PLAISANTERIE

Blague
Bon mot
Facétie
Joyeuseté
Gaudriole
Bouffonnerie
Canular
Mot d'esprit
Boutade
Bourde
Calembredaine
Goguenardise
Badinage
Badinerie
Gauloiserie
Gaillardise
Histoire drôle
Hâblerie
Galéjade
Quolibet
Lazzi
Couillonnade (*pop. et triv.*)
Gausse (*ou* Gausserie)
Gouaillerie
Moquerie

Raillerie
Satire
Taquinerie
Attrape
Mystification
Tour
Farce
Niche
Fumisterie
Bateau (*fam.*)
Poisson d'avril
Charge
Comédie
Amusoire
Pasquinade
Lardon (*fam. et arg.*)
Brocard
Sarcasme
Risée
Ironie
Persiflage
Dérision
Pointe
Trait
Saillie
Mot
Mot pour rire
Pirouette
Jeu d'enfant
Bagatelle
Bêtise
Pitrerie
Clownerie
Turlupinade
Impertinence

PLAISANTIN
V. BOUFFON

PLAISIR

1. Bonheur
Joie
Bien-être
Satisfaction
Contentement
Délectation
Plaisance

Euphorie
Agrément
Jouissance
Régal
Volupté
Sensualité
Délices
Allégresse
Liesse
Jubilation
Félicité
Béatitude
Heur (*anc.*)
Aise
Libido
Épicurisme
Hédonisme
Ravissement
Appétit
Gourmandise
Complaisance
Avantage

2. Amusement
Récréation
Réjouissances
Divertissement
Jeu
Distraction
Fête
Ébats
Noce
Passe-temps
Partie
Déduit (*anc.*)
Partouse (*arg.*)

3. Sensualité
Lasciveté *ou* Lascivité
Luxure
Concupiscence

4. Service
Faveur
Grâce
Amitié
Bienfait
Bon office

● ANTONYMES : 1. Dou-

leur, Déplaisir, Chagrin, Peine.

2. Ennui, Désagrément, Corvée.

3. Chasteté, Continence, Austérité.

4. Préjudice.

PLAN

1. V. ÉGAL et PLAT

2. Diagramme
Épure
Schéma
Coupe
Élévation
Carton
Dessin
Esquisse
Levé
Ébauche
Maquette
Crayon
Canevas
Squelette
Charpente
Carcasse
Cadre
Corrigé (*scol.*)
Ordre des matières
Économie
Organisation
Planning
Planification
Stratégie
Tactique
Disposition
Projet
Dessein
Programme
Idée
Entreprise
Calcul
Combinaison
Batterie

Utopie

« *En plan* »
En suspens
À l'abandon

PLANCHE

1. Morceau de bois
Pièce de bois
Latte
Ais (*anc.*)
Panneau
Chanlatte
Planchette
Palplanche
Sapine
Dosse
Madrier
Feuillet
Charpente
Bardeau
Volige
Douve
Tablette
Poutre
Solive

2. *Plur.* : V. THÉÂTRE

PLANCHER

1. V. PLAFOND

2. Parquet
Boiserie
Sol
Moquette
Tapis
Par terre

PLANCHETTE
V. TABLETTE

PLANER
V. VOLER

PLANÈTE

Étoile
Astre
Astéroïde
Terre
Monde

PLANEUR
Vol à voile

PLANIFIER

Programmer
Organiser

PLANISPHÈRE

Mappemonde
Carte (en projection plane)

PLANNING

Organisation
Planification
V. Plan

PLANQUER (*fam.*)
V. Cacher

PLANQUE (*fam.*)

V. Cachette
Combine
Filon

PLANT

Pépinière
Plantation
Semis
Plançon
Pied
Cépage

PLANTATION

Exploitation
Champ
Plant
Potager
Verger
Bananeraie
Charmille
Cerisaie
Châtaigneraie
Cotonnerie
Oliveraie
Orangeraie
Palmeraie
Pinède
Roseraie
Vigne
Vignoble

PLANTE
Végétal

PLANTER

V. Élever et Ficher
V. Abandonner

PLANTUREUX
V. Gras et Fertile

PLAQUE
V. Lame et Écriteau

PLAQUER

1. V. Appliquer
2. (*Fam.*) V. Abandonner

PLASMA

Sang
Sérum

PLASTIQUE

Malléable
Flexible
Mou

● Antonyme : Rigide.

PLASTRONNER
V. Poser

PLAT

1. Plan
Aplati
Mince
V. Égal

2. V. Fade *et* Banal

3. V. Rampant

4. Vaisselle
Ustensile de cuisine
V. Mets

PLATEAU

1. V. Théâtre
2. Escarpement
Talus
Gradins
Haute plaine
Causse
Karst
Haut-fond
Terrasse
Plate-forme

PLATE-BANDE
V. Parterre

PLATE-FORME

1. Terrasse
Palier
Plateau
Balcon
Belvédère
Étage
Plancher
Estrade
Échafaud

2. Programme
Positions
Principes

PLATITUDE

1. Médiocrité
Banalité
Fadaise

2. V. BASSESSE

● ANTONYMES : Hardiesse,
Fraîcheur, Fantaisie.

PLATONIQUE

Spiritualisé
Non charnel
Théorique
Formel

● ANTONYMES : Charnel,
Matériel, Concret.

PLATRAS
V. RUINES

PLÂTRE
Gypse

PLAUSIBLE

Vraisemblable
Possible
Probable
Non exclu
Admissible
Crédible (*néol. abusivt.*)

● ANTONYMES : Invraisem-
blable, Certain.

PLÈBE
V. PEUPLE

PLÉBÉIENS

1. Plèbe (romaine)
Peuple
Bras nus
Petite bourgeoisie

2. V. POPULAIRE

● ANTONYMES : Patriciens,
Aristocrates, Noblesse,
Bourgeoisie.

PLÉBISCITE
V. VOTE

PLECTRE
Médiator

PLEIN

1. Rempli
Comble
Bondé
Ras
Débordant
Complet
Saturé
Beaucoup
Très
Peuplé
Occupé
Rassasié
Repu
Ivre
Soûl
Gros
Total
Imprégné
En quantité

2. Imbu
Bouffi
Enflé
Enivré
Infatué
Orgueilleux
Égoïste
Occupé de
Pénétré de

● ANTONYME : Vide.

PLEINEMENT
V. ABSOLUMENT

PLÉNIER
V. ENTIER

PLÉNIPOTENTIAIRE

Ambassadeur
Envoyé

PLÉNITUDE

1. Ampleur
Épanouissement

2. Maturité
Force de l'âge

3. V. ABONDANCE

PLÉONASME

Redondance
Répétition (de mots)
Battologie
Périssologie
Datisme
Tautologie

PLÉTHORE
V. ABONDANCE

PLEURER

Verser des larmes
Larmoyer
Sangloter
Pleurnicher
Chigner (*pop.*)
Chialer (*pop.*)
Braire (*pop.*)
Se plaindre
Laisser couler ses larmes

Être baigné (*ou* inondé) de
pleurs
Couiner
Fondre en larmes
S'apitoyer sur
Gémir sur
Se lamenter sur
Implorer

● ANTONYME : Rire.

PLEUR
V. LARME

PLEUTRE
V. LÂCHE

PLEUVOIR

Tomber l'eau (de pluie)
Flotter (*pop.*)
Pleuvasser
Pleuviner
Bruiner
Faire du crachin
Le temps est à la pluie
Il y a de l'eau dans l'air
S'abattre
Couler
Affluer

PLI

1. V. LETTRE

2. (*aux cartes*)
Levée

3. Ourlet
Rabat
Relevé
Rempli
Repli
Retroussis
Troussis
Froncis
Double
Fronce

Pince
Nervure

4. Ondulation
Sinuosité
Plissement
Éminence
Dôme
Bourrelet
Accident
Cuvette
Dépression
Anticlinal
Synclinal

5. Frisure
Boucle
Angle
Flexion
Inflexion
Courbe
Froissement
Corne
Oreille
Arête
Pliure
Froissure
Sillon
Pliage
Pliement
Plissage
Plissure
Charnière

6. Ride
Fronce
Pattes-d'oie

PLIABLE

Flexible
Souple

PLIANT

1. V. PLIABLE

2. Accommodant

Complaisant
Docile

● ANTONYME : Rigide.

PLIER

1. Rabattre
Plisser
Froncer
Enrouler
Rouler
Fermer
Courber
Incliner
Abaisser
Tordre
Ployer
Arquer
Couder
Fléchir
Infléchir
Replier
V. CÉDER

2. Discipliner
Assujettir
Dompter
Façonner
Assouplir
Accoutumer
Opprimer

3. « *Se plier* »
V. CÉDER

● ANTONYMES : 1. Dé-
ployer, Détirer, Développer, Étaler, Étendre.
2. Désobéir, Se rebiffer.

PLISSER

Mettre en plis
V. PLIER
Froncer
Chiffonner
Froisser

PLONGER

Immerger
Baigner
Tremper
Noyer
Enfoncer
Précipiter
Jeter
Piquer
Submerger

PLOUTOCRATE
V. Riche

PLOUTOCRATIE

Timocratie
Argyrocratie

PLOYER
V. Plier et Céder

PLUIE

1. Eau
Flotte (*pop.*)
Ondée
Grain
Gouttes
Bruine
Giboulée
Averse
Déluge
Hallebardes
Abat
Saucée (*fam.*)
Brouillasse
Crachin
Cataracte
Orage
Mielle (*anc.*)
Chute d'eau

2. V. Abondance

PLUME
1. Phanère
Tégument
Plumade
Penne
Aigrette
Plumet
Panache
Duvet
Casoar

2. V. Auteur
V. Écriture
V. Style

PLUMER
V. Déposséder

PLUMET
V. Plume

PLUMITIF (*Péj.*)

Greffier
Commis aux écritures
Mauvais auteur
Littérateur
Écrivailleur
Écrivassier
Gratte-papier
Bureaucrate
Scribouillard
Rond-de-cuir

PLUPART (LA)

Le plus grand nombre
La majorité
La plus grande partie
Beaucoup

● Antonymes : Aucun, Peu.

PLURALITÉ

Diversité
Multiplicité

● Antonymes : Unicité, Singularité.

PLUS

Davantage
Mieux

● Antonyme : Moins.

PLUSIEURS

Quelques
Plus d'un
Un certain nombre
Maint
Un groupe
Beaucoup
Certains
Divers
D'aucuns
Un collectif
Force
Pas mal
Moult (*anc.*)

● Antonyme : Un.

PLUS MAL
V. Pire

PLUS-VALUE

Augmentation de la valeur
Amélioration
Excédent
Valeur ajoutée
Surtravail

PNEU, PNEUMATIQUE
V. Dépêche

POCHADE
V. Tableau

POCHARD
V. Ivrogne

POCHE
Pochette
Gousset

POÊLE

1. Fourneau
Salamandre
Foyer
Radiateur (*abusivt.*)
Chauffage

2. Poêlon

POÈME

Poésie
Pièce de vers
Cycle
Cantique
Chanson
Chant
Complainte
Élégie
Épigramme
Épître
Épopée
Fable
Hymne
Impromptu
Madrigal
Ode
Romance
Rondeau
Satire
Sonnet
Stances
Stropes
Lied
Psaume

POÉSIE

V. Poème
Rimes

Vers
Beauté

● ANTONYMES : Prose, Prosaïsme.

POÈTE

Auteur
Écrivain
Versificateur
Chantre
Voyant
Visionneur
Faiseur de vers (*péj.*)
Métromane (*id.*)
Poétereau (*id.*)
Rimailleur (*id.*)
Rimeur (*id.*)
Cigale (*fam. et péj.*)
Fabuliste
Bucoliaste
Félibre
Chanteur
Aède
Rhapsode
Barde
Minnesinger
Scalde
Troubadour
Trouvère
Jongleur
Ménestrel (*ou* Ménestrier *ou* Ménétrier)
Fils (*ou* Enfant, *ou* Favori) d'Apollon
Amant (*ou* Nourrisson) des Muses
Nourrisson du Parnasse

● ANTONYME : Prosateur.

POÉTIQUE

Lyrique
Beau

Idéal
Touchant

● ANTONYME : Prosaïque.

POGNON (*pop.*)
V. Argent

POIDS

Masse (*abusivt.*)
Pesanteur
Lourdeur
Oppression
Fardeau
Charge
Faix
Souci
Autorité
Valeur
Influence
Importance
Considération

● ANTONYMES : Légèreté, Futilité.

POIGNANT

Navrant
Émouvant
Dramatique

POIGNARD

Couteau
Lame
Dague
Stylet
Arme blanche
Baïonnette
Navaja
Dirk (poignard écossais)
Kriss
Kandjar
Coutille (*anc.*)

Miséricorde (*anc.*)
Coutelas
Canif
Eustache (*arg.*)
Surin (*arg.*)
Arme de poing
Arme d'estoc
Fer
Coupe-choux
V. Épée

POIGNARDER
V. Tuer

POIGNE

1. Main
Poing

2. V. Énergie

POIGNÉE

Une pleine main
Un petit nombre

2. Manette
Pommeau
Garde
Bouton

3. Serrement (de main)
Shake-hand

POIL

Pelage
Duvet
Robe
Toison
Fourrure
Laine
Tonte
V. Cheveu
Barbe
Moustache
Cil

Sourcil
Vibrisse
Épi
Fibre
Filament
Filet

POILU

Velu
Pubescent
Villeux
Chevelu
Barbu
Moustachu

● ANTONYMES : Imberbe,
Glabre.

POINÇON
V. Marque

POINDRE

1. V. Piquer et Froisser

2. V. Paraître

POINT (1)

Pas
Nullement

POINT (2)

1. V. Lieu
Endroit
Côté
Aspect
Moment
État
Situation
Degré

2. Marque
Signe

Unité
Note

3. Partie
Article
Sujet
Question
Chef
V. Matière

POINT DE VUE
V. Vue

POINT DU JOUR
V. Aube

POINTE

1. Aiguille
Pique
Estoc
Bec
Bout
Extrémité
V. Cap *et* Sommet
Flèche
Aiguillon
Épine
Piquant
Poinçon
Pointeau
Burin
Ciseau
Diamant
Dard
Harpon
Gaffe
Broche
Alène
Clou
Épée
Saillie
Avance
Avant-garde

2. V. Fichu

3. V. Mot d'esprit

4. Petite quantité

Soupçon
Une petite dose
Grain
Once
Pincée

5. Maximum
Finish
Sprint

POINTU

1. Aigu
Piquant
Acéré
Acuminé
Subulé
Affiné
Affûté
Lancéolé
Aiguisé
Affilé
Fourchu
Perçant
Saillant
Proéminent
Épointé
Émoussé

2. Pointilleux
V. Exigeant

● ANTONYMES : Arrondi,
Camus.

POISON

Toxique
Toxine
Venin
Virus
Microbe
Drogue
Aqua-toffana (anc.)

● ANTONYME : Contre-
poison.

POISSEUX
V. Gluant

POISSON

Fretin
Friture
Poissonnaille (fam.)
Alevin

POITRINE

Poitrail
Coffre
Pectoraux
Poumon
Buste
Torse
Carrure
Thorax
Corsage
V. Sein
Mamelle
Pis
Gorge
Balcon (pop.)

POIVRON
V. Piment

POLÉMIQUE
V. Discussion

POLI (1)
V. Lisse

POLI (2)

1. V. Civilisé (anc.)

2. Courtois
Civil
Bien élevé
Bienséant
Affable
Galant
Gracieux

Honnête (dés.)
Obséquieux (péj.)
V. Complaisant
V. Aimable
Distingué
Réservé
Discret
Façonnier
Respectueux
Décent
Cérémonieux
Comme il faut
Galant homme
Gentleman
Gentilhomme (dés.)
Homme du monde
Convenable
Séant

● ANTONYMES : Impoli,
Malappris, Malotru, Mal-
séant, Discourtois, Sans
gêne, Grossier, Imperti-
nent, Rustre.

POLICE
V. Ordre

POLICÉ
V. Civilisé

POLICHINELLE
V. Pantin et Bouffon

POLICIER

V. Agent
Gardien de la paix (ou de
l'ordre)
Policeman
Détective
Espion
Limier
Indicateur
Mouchard ou Mouche
(anc.)
Argousin (pop.)
Sbire

Inspecteur
Commissaire
Bourre (*arg.*)
Bourrique (*arg.*)
Flic (*pop.*)
Flicard (*arg.*)
Poulet (*pop.*)
Roussin (*arg.*)
Vache (*fam.*)
Exempt
Gendarme
Shérif (*amér.*)
De la Secrète
Des Mœurs
Hirondelle
Motard
Garde (police privée)
Homme de main
Affidé
Condé (*arg.*)
Sycophante
Mouton (*pop.*)
Provocateur

POLIR

V. LISSER et FROTTER
V. PARFAIRE

POLISSON

V. GALOPIN
V. OBSCÈNE et ESPIÈGLE

POLITESSE
V. AFFABILITÉ et SAVOIR-VIVRE

POLITICIEN

Homme d'État
Politique
Politicard (*péj.*)
Professionnel de la politique

POLITIQUE

Affaires publiques
Gouvernement
Diplomatie
Économie
Tactique
Calcul

POLLUER
V. SALIR et SOUILLER

POLTRON

Peureux
Couard
Lâche
Pusillanime
Froussard (*pop.*)
Trouillard (*pop.*)
Foireux (*arg.*)
Péteux (*pop. et fam.*)
Taffeur (*arg.*)
Poule mouillée (*fam.*)
Capon (*fam.*)
Pleutre
Craintif
Trembleur
Timoré
Timide
Dégonflé (*pop.*)
Inquiet
Angoissé
Anxieux
Effrayé
Alarmé
Apeuré
Effaré
Terrifié
Terrorisé
Pétrifié

● ANTONYMES : Audacieux, Courageux, Crâne, Vaillant, Brave.

POLYCOPIER

Reproduire
Ronéoter
Photocopier
Reprocopier (*néol.*)

POLYGAME

Bigame
Polyandre
● ANTONYME : Monogame.

POLYPHONIE

À plusieurs voix
● ANTONYME : Unisson.

POLYTECHNIQUE

L'X (*fam.*)
Taupe (*fam.*)

POLYVALENT
Multivalent

POMMADE

Onguent
Crème
Cold-cream
Pâte
Cosmétique
Vaseline
Brillantine
Glycérine

POMPE (1)
V. APPARAT

POMPE (2)
Compresseur
Soufflerie
Siphon
Seringue
Machine hydraulique

Poste d'essence
Gonfleur

POMPER

1. V. ABSORBER et PUISER
2. V. BOIRE (*pop.*)

POMPEUX
V. AMPOULÉ

POMPIER
Sapeur-Pompier

POMPON
Houppe

POMPONNER
V. PARER

PONCEAU

1. V. PAVOT
2. V. PONT

PONCIF

Lieu commun
Banalité
Cliché
Poncis (*dés.*)

● ANTONYME : Originalité.

PONCTION

Piqûre
Paracentèse
Prélèvement

PONCTUALITÉ
V. EXACTITUDE

PONDÉRATION
V. RETENUE

PONDÉRER
V. ÉQUILIBRER

PONDÉREUX
V. PESANT

PONEY

Poulain
V. CHEVAL

PONT

Ponceau
Appontement
Wharf
Passerelle
Viaduc
Aqueduc
Tablier
Arche
Arcade
Pont-levis
Bordages (*ou* Bordé)
Passavant
Gaillard

PONTE

Ovulation
Génération

PONTIFE

V. PAPE et PRÊTRE
Prélat
V. PÉDANT

PONTIFIANT
V. DOCTORAL

POPOTE

1. V. CUISINE
2. V. RÉFECTOIRE

POPULACE
V. PEUPLE

POPULAIRE

V. PEUPLE et PEUPLÉ

POPULARISER
V. PROPAGER

POPULARITÉ
V. RÉPUTATION

POPULATION
V. PEUPLE

POPULEUX
V. PEUPLÉ

PORC

Cochon
Pourceau
Truie
Verrat
Goret
Porcelet
Cochonnet
Charcuterie
Lard
Saindoux
Couenne
Porcin

PORCHE
V. PORTIQUE

PORCHERIE
V. ÉTABLE

PORNOGRAPHIQUE
V. OBSCÈNE

PORT (1)
V. MAINTIEN

PORT (2)

Havre
Rade
Bassin
Escale
Digue
Jetée
Quai
Appontement
Débarcadère
Refuge (*fig.*)
But (*fig.*)

PORTAIL
V. PORTE

PORTATIF

Transportable
Portable

PORTE

Ouverture
Entrée
Sortie
Issue
Accès
Huis (*anc.*)
Dégagement
Portail
V. PORTIQUE
Seuil
Portillon
Portière
Trappe
Poterne
Lourde (*pop.*)

Pop. : « *Mettre, Ficher, Foutre, Flanquer à la porte* »
V. CONGÉDIER

PORTE-BONHEUR
V. FÉTICHE

PORTE-DOCUMENTS

Serviette
Cartable
Dossier
Classeur
Attaché-case (*néol.*)

PORTEFAIX
V. PORTEUR

PORTE-MONNAIE

Bourse
Portefeuille

PORTE-PAROLE

Interprète
Représentant
Organe
Truchement

PORTE-PLUME
Stylo

PORTER

Soutenir
Tenir
Transporter
Trimbaler (*pop.*)
Coltiner (*pop.*)
Reporter
Supporter
Arborer
Produire
Engendrer
V. APPORTER
V. CHARRIER
V. PLACER

Fig. :
V. AIMER, INSCRIRE, DÉ-
CLARER, PRÉSENTER et
CONDUIRE

Intr. :
Appuyer
Reposer sur
Poser
Frapper
Heurter
S'étendre

« *Se porter* » :
Aller
S'élancer
Courir
Se lancer
Se précipiter
Chercher
S'orienter

« *Porter (quelqu'un) à (quelque chose)* »
V. ENCOURAGER

PORTEUR

Facteur
Courrier
Messager
Commissionnaire
Télégraphiste
Livreur
Cycliste
Portefaix
Garçon de courses
Fort (des halles)
Débardeur
Coolie
Docker
Coltineur
Crocheteur (*anc.*)
Nervi (*arg.*)
Bagagiste

PORTE-VOIX
Mégaphone

PORTIER
V. CONCIERGE

PORTIÈRE,
PORTILLON
V. PORTE

PORTION

Part
Ration
Tranche
V. PARTIE

PORTIQUE

Galerie
Colonnes
Arcades
Porche
Péristyle
Pœcile
Narthex
Portail
Arc de Triomphe
Loggia
V. PORTE

PORTRAIT

V. PEINTURE et CARICATURE
Effigie
Image
Figure
Tableau
Silhouette
Portraiture (anc.)
Photo
Représentation
Buste
Gros plan (cinéma)

POSE
V. ATTITUDE

POSÉ

V. CALME
Réfléchi

POSÉMENT

Doucement
Calmement
Lentement
Sans se presser
Gravement

● ANTONYME : Précipitamment.

POSER

1. V. PLACER et PORTER

2. V. SUPPOSER

3. Faire le beau
Se pavaner
Crâner
Plastronner
Se rengorger
Pouffer (dés.)
Coqueter
Se mettre en valeur, en évidence
Se draper
Prendre des airs

POSEUR
V. VANITEUX

POSITIF

1. V. ÉVIDENT et RÉEL

2. V. UTILE et RATIONNEL

3. V. PHOTO

POSITION

Situation
Disposition
V. EMPLOI
V. LIEU
V. ATTITUDE
V. ÉTAT

POSITIVISME

Agnosticisme
Relativisme

● ANTONYME : Mysticisme.

POSSÉDANTS

Nantis
Capitalistes
Bourgeoisie
Riches
Classe dominante

POSSÉDER

Avoir
Détenir
Disposer
Jouir de
Tenir
Être pourvu de
Être nanti
Garder
Être maître de
Être en possession
Être à la tête de
Compter
Renfermer
Abonder en
V. PRENDRE
V. CONNAÎTRE
V. TROMPER

POSSESSEUR
V. PROPRIÉTAIRE

POSSESSION
V. JOUISSANCE

POSSIBILITÉ

1. Éventualité
Chance
Virtualité

Potentialité
Alternative
Cas

2. Capacité
Permission
Droit
Faculté
Loisir
Occasion
Moyen

● ANTONYME : Impossibilité.

POSSIBLE

Faisable
Réalisable
Virtuel
Probable
Éventuel
Contingent
Futur
Permis
Admissible
Praticable
Facile

● ANTONYMES : Impossible, Invraisemblable, Infaisable.

POSTE

1. V. LIEU

2. V. EMPLOI

POSTER

V. PLACER et METTRE
Aposter
Planter
Embusquer
Mettre à l'affût

POSTÉRIEUR

1. V. SUIVANT

2. V. DERRIÈRE

POSTÉRITÉ

1. Descendance
Descendants
Enfants
Fils (et filles)
Lignée
Filiation
Neveux (et nièces)
Progéniture
Race

2. Générations à venir (ou futures)
V. AVENIR

● ANTONYME : Ancêtres.

POSTICHE

1. V. FACTICE

2. V. PERRUQUE

POSTILLON
Cocher

POST-SCRIPTUM

Apostille
Complément
Additif
Note et Nota bene

POSTULANT

Candidat
Prétendant
Impétrant
Poursuivant (dés.)
Outsider

POSTULAT

Convention
Hypothèse

POSTULER
V. SOLLICITER

POSTURE
V. ATTITUDE

POT

1. V. RÉCIPIENT

2. (fam.) Fortune
Chance
Veine

● ANTONYMES : 2. Malchance, Cerise (arg.) Déveine, Guigne.

POTABLE

1. Buvable

2. V. PASSABLE

POTAGE
V. BOUILLON

POT-DE-VIN

Don
Bakchich
Cadeau
Dessous de table
Rallonge (pop.)
Gratification
Pourboire

POTEAU
V. PIEU

POTENCE
V. GIBET

POTENTAT
V. Monarque

POTENTIEL

1. Conditionnel
Virtuel

2. Puissance
Capacité
Force de travail

3. Voltage

POTENTIALITÉ
V. Possibilité

POTERIE

1. Terre cuite
Vaisselle
Céramique
Faïence
Porcelaine
Grès
Biscuit

2. Atelier
Fabrique

POTERNE
V. Porte

POTINER
V. Médire

POTION
V. Médicament

POTIRON

Courge
Citrouille

POU

Lente
Vermine

Morpion (*fam.*)
Toto (*arg.*)
Parasite

POUBELLE
Boîte à ordures

POUDRE

1. V. Poussière

2. Explosif
Nitre
Pulvérin (*anc.*)
Dynamite
Charge

POUFFER
V. Rire

POUILLEUX

Gueux
Misérable
Pauvre
Mendiant

POULAILLE, POULAIL-LER

1. Volaille
Poules
Cages à poule
Basse-cour

2. Paradis (théâtre)

POULAIN
V. Cheval

POULE

1. Poularde
Poulet
Chapon
Géline (*anc.*)
Volaille
Poussin

2. V. Prostituée

POULICHE
V. Jument

POULINEMENT
V. Mise bas

POUMON
V. Poitrine

POUPARD
V. Bébé

POUPE

Arrière (du navire)
Château (*mar.*)

POUPÉE

Figurine
Jouet
Baigneur
Poupard
Marionnette

POUPON
V. Bébé

POUR

1. En échange de
À la place de
Contre
En guise de
En fait de
En tant que
Comme
En ce qui concerne
Quant à

2. Afin de (*ou* afin que)
À l'effet de
Dans le but de
De manière à
En vue de
Vers
De
Dans la direction de

3. À cause de
Parce que
Par

4. Quelque
Aussi

« *Le pour* » :
Le bon côté
Les éléments favorables

POURBOIRE

V. Gratification
et Pot-de-vin

POURCEAU
V. Porc

POURCENTAGE

Taux
Rapport
Tantième
Proportion

POURCHASSER
V. Poursuivre

POURFENDRE
V. Tuer

POURPARLERS
V. Conversation

POURPOINT
Justaucorps

POURPRE
V. Rouge

POURQUOI
V. Cause

POURQUOI (C'EST)
V. Ainsi

POURRIR

Se décomposer
Se putréfier
S'altérer
Se gâter
Se faisander
Se corrompre
Se détériorer
Tomber en pourriture
Tomber en putréfaction
Chancir (*dés.*)
Moisir
Croupir
S'abâtardir
Se dénaturer
Se vicier
Se tarer
Fermenter
Se carier
Rancir
S'éventer
Passer
Blettir
Aigrir
Surir
Tourner
Se gangrener
Se nécroser
S'avarier
S'infecter
Se ronger

POURSUITE

Chasse
Recherche
Démarches
Procès
Accusations
Continuation

● Antonymes : Arrêt,
Cessation.

POURSUIVRE

1. Pourchasser

Courir après
Talonner
Serrer de près
Donner la chasse
Traquer
Foncer sur
Chasser
Chercher
Rechercher
Briguer
Harceler
S'acharner contre
Tourmenter
Persécuter
Hanter
Obséder
Accuser
Agir en justice
Ester en justice
Acculer

2. Continuer
Persévérer
Soutenir
Aller
Passer
Conduire
Mener
Pousser

● Antonymes : Précéder,
Éviter, Fuir, Abandonner,
Commencer.

POURTANT
V. Cependant

POURVOI
V. Appel

POURVOIR

1. V. Veiller (à quelque
chose)

2. Procurer
Donner (à)
Munir

Nantir
Gratifier
Nommer à
Mettre en possession
Investir
Fournir
Assurer
Doter
Envoyer
Douer
Approvisionner
Alimenter
Livrer
Garnir
Équiper
Assortir
Orner
Trouver

● ANTONYMES : Démunir, Déposséder.

POUSSAH
V. GROS

POUSSE
V. BOURGEON

POUSSÉE

1. Pression
Bourrade
Épaulée
Coup
Impression
Bousculade
Impulsion
Propulsion
Percussion
Charge
Poids
Pesée

2. Fièvre
Crise
Accès
Croissance
Augmentation

POUSSER

1. Repousser
Rejeter
Chasser
Refouler
Bouter (*anc.*)
Bousculer
Culbuter
Balayer
Baisser
Hausser
Monter

2. V. ENCOURAGER

3. Poursuivre
Approfondir
Prolonger
Développer
Avancer
Accentuer
Attiser
Forcer

4. Produire
Croître
Grandir
Se développer
Cultiver
Sortir
Pointer
Venir

● ANTONYMES : 1. Tirer, Haler, Immobiliser.
2. Dissuader, Empêcher, Détourner.

POUSSIÈRE

Poudre
Poussier
Moutons
Ordure
Cendre
Débris
Restes
Dépouille

Atome
Pollen
Particules
Pruine

POUSSIÉREUX
Poudreux

POUSSIN
V. POULE

POUTRE

Pièce de bois
Charpente
Travée
Architrave
Profilé
Lattis
Longeron
Poutrelle
Madrier
Solive
Soliveau
Potence

POUVOIR

1. Avoir les moyens de
Avoir la possibilité de
Être capable de
Être susceptible de
Être en mesure de
Être à même de
Être à portée de
Être en situation de
Avoir l'art
Avoir le choix
N'être pas en peine
Avoir le courage de
Avoir la force de
Avoir le droit de
Avoir la permission de

2. *Subst.*
V. FACULTÉ
V. AUTORITÉ et INFLUENCE

Mandat
Commission
Délégation
Mission
Carte blanche
Procuration
Gouvernement
État
Puissance
Toute-puissance
Omnipotence
Souveraineté
Commandement
En haut lieu
Régime

● ANTONYMES : Impuissance, Impossibilité.

PRAGMATIQUE
V. PRATIQUE

PRAIRIE

Pré
Herbage
Pâturage
Noue
Herbe
Vert (mettre au)
Mouillère (prairie noyée)

● ANTONYMES : Champ, Terre cultivée.

PRATICABLE

Utilisable
Carrossable (une route)
Possible
Commode

Spécialement (*théâtre*) *Subst.* :
Estrade
Tréteaux

● ANTONYME : Impraticable.

PRATICIEN
V. MÉDECIN

PRATIQUE

1. *Subst.* « *la pratique* » :

Expérience
Action
Routine
Conduite
Agissements
Façon d'agir
Procédé
Habitude
Usage
Mode
Coutume
Fréquentation de

« *En pratique* », « *dans la pratique* » :
Exécution (à l')
Œuvre (en)
Application (dans l')

2. *Adj.* Commode
Aisé
Efficace *et* Ingénieux
Utile
Pragmatique
Positif
Maniable
Réalisable
Exécutable

● ANTONYMES : 1. Théorique, Spéculatif, Abstrait. 2. Incommode, Embarrassant.

PRATIQUER

Exécuter
Mettre en application
Accomplir
V. FAIRE
Exercer (par exemple, un métier)

Utiliser
Expérimenter
Opérer
Ménager (une ouverture)
Ouvrir (un passage)
Frayer (*id.*)

● ANTONYMES : S'abstenir, Refuser.

PRÉ ˙
V. PRAIRIE

PRÉALABLE (AU)

Auparavant
Avant
Préalablement
D'abord

● ANTONYME : Après.

PRÉAMBULE

Texte préliminaire (*ou* liminaire)
Exorde
Préface
Commencement
Prélude

● ANTONYMES : Péroraison, Conclusion, Postface.

PRÉCAIRE

Menacé
Peu solide (*ou* sûr)
Incertain
Instable
Fragile
Éphémère
Passager
Court

● ANTONYMES : Stable, Assuré, Sûr, Durable, Solide.

PRÉCAUTION

Garantie
Mesure
Disposition préventive
Préparation à
Méfiance
Défiance
Attention
Circonspection
Prévoyance
Conservation
Prudence
Ménagement
Diplomatie
Tâtonnement

Spécialement (*méd.*) :
Prophylaxie

● ANTONYMES : Imprévoyance, Imprudence, Insouciance, Égarement, Témérité.

PRÉCÉDENT

Antérieur
Antécédent

« *Le jour précédent* » :
Veille (la)
D'avant

« *L'année précédente* » :
Dernière

« *Sans précédent* » :
Sans exemple
Unique

● ANTONYMES : Suivant, Subséquent.

PRÉCÉDER

Venir avant
Exister avant
Se produire avant

Être antérieur
Être prioritaire
Venir en priorité
Être préalable
Venir en préliminaire
Venir en prologue (*ou* en préface, *ou* en préambule)
Annoncer (*fig.*)
Être avant-coureur
Être avant-courrier
Être précurseur
Marcher devant
Prendre le pas
Passer avant (*ou* devant)
Être le premier
Avoir préséance (sur)
Devancer
Être prééminent

● ANTONYMES : Suivre, Accompagner.

PRÉCEPTE

Enseignement
Leçon
Maxime
Aphorisme
Prescription
Règle
Loi
Principe
Proposition
Formule
Conseil

PRÉCEPTEUR
V. INSTITUTEUR

PRÊCHE

Sermon
Homélie
Prône
Discours (moralisateur)

PRÊCHER

Recommander
Prôner
Exhorter à
Préconiser
Conseiller
Moraliser
Remontrer
Sermonner
Catéchiser (*fig.*)
Évangéliser

PRÉCIEUX

1. De valeur
De prix
V. CHER
Inestimable
Inappréciable
Avantageux
Recherché
V. UTILE
Introuvable

2. Maniéré
Choisi
Affété
V. AFFECTÉ

● ANTONYMES : 1. Vil, Commun, Quelconque, Ordinaire.
2. Simple.

PRÉCIOSITÉ

V. AFFECTATION
Recherche
Subtilité
Manière (s)
Entortillage (*fam.*)
Concetti

Spécialement : « *préciosité du style* »
Gongorisme

Cultisme
Euphuisme
Marinisme
Snobisme
Parisianisme (*néol.*)
Raffinement (d'écriture)
Formalisme

● ANTONYME : Simplicité.

PRÉCIPICE
V. GOUFFRE

PRÉCIPITAMMENT

Avec précipitation
En courant
À toute allure
À la va-vite
Dare-dare
Brusquement
En catastrophe
Quatre-à-quatre
Fissa (*arg.*)

● ANTONYMES : Posément,
Sans se presser, Lentement,
Doucement.

PRÉCIPITATION

V. HÂTE
Vitesse
Impétuosité
Brusquerie
Frénésie
Impatience

● ANTONYME : Lenteur.

PRÉCIPITER
V. POUSSER, JETER et
PRESSER

PRÉCIS

Défini
Distinct

Détaillé
Développé
Clair
Explicite
Concis
Serré
Formel
Exprès
Catégorique
Congru
Net
Rigoureux
Mathématique
Exact
Géométrique
Juste
Pile
Tapant (*fam*)
Sonnant (*fam*)

● ANTONYMES : Imprécis,
Vague, Indécis, Indéter-
miné, Approximatif.

PRÉCISER

Définir
Éclairer
Clarifier
Détailler
Éclaircir
Fixer
Souligner
Caractériser
Spécifier
Énoncer (clairement)
Donner corps
Établir (nettement)

● ANTONYMES : Escamo-
ter, Estomper.

PRÉCOCE

Hâtif
Prématuré
Avant terme

Avancé
Prodige

● ANTONYMES : Tardif,
Attardé, Arriéré.

PRÉCONISER

Prôner
V. RECOMMANDER
Prêcher
Attirer l'attention sur
Insister sur
Commander
Conseiller
Dire
Parler en faveur de

● ANTONYMES : Détourner
de, Dénigrer.

PRÉDÉCESSEUR
Devancier

● ANTONYME : Successeur.

PRÉDESTINER
Prédéterminer

PRÉDICTION

V. PROPHÉTIE
Divination
Vaticination
Augure
Prévision
Annonce

PRÉDILECTION
V. FAVEUR et GOÛT

PRÉDIRE

Dire l'avenir
Vaticiner
Dévoiler (l'avenir)
Prophétiser
Annoncer

Lire dans (les astres, les tarots, les lignes de la main, etc.)
Pronostiquer
Augurer
Interpréter les signes
Faire (l'aruspice, l'astrologue, le devin, la sibylle, etc.)
Tirer les cartes
Dire la bonne aventure

PRÉDISPOSER
V. PRÉPARER et INCLINER

PRÉDOMINANCE

Prépondérance
Règne (*fig.*)
Supériorité
Primauté
Prééminence
Préséance

● ANTONYME : Sujétion.

PRÉDOMINER

Avoir l'avantage
Dominer
Prévaloir
L'emporter
Régner (*fig.*)
Avoir la préséance

● ANTONYMES : Subir, Être au dernier rang.

PRÉÉMINENCE

Supériorité (absolue)
Prédominance
Suprématie
Primauté
Première place
Premier rang
Privilège du rang

● ANTONYME : Infériorité.

PRÉFACE

Avant-propos
Préambule
Introduction
Avis (au lecteur)
Note (préliminaire)
Notice
Avertissement
Prolégomènes
Prélude
V. PRÉLIMINAIRE
Prodrome

● ANTONYMES : Postface, Conclusion, Épilogue.

PRÉFÉRABLE

Davantage acceptable
Mieux
Meilleur
Qui mérite d'être choisi

PRÉFÉRENCE
V. FAVEUR, FAVORITISME et OPTION

PRÉFÉRER

Aimer mieux
V. CHOISIR
Élire
Adopter
Pencher pour
Incliner pour
Estimer le plus
Avoir une prédilection pour
Chérir (davantage)

● ANTONYME : Haïr.

PRÉJUDICE

Dommage
Perte

Tort
Mal
Atteinte
Désavantage
Dam (*anc.*)
Détriment
Qui nuit
Qui lèse

« *Sans préjuger de* » :
Sauf
Réserve faite de
Sans tenir compte de
Sans parler de

● ANTONYMES : Faveur, Bienfait, Avantage.

PRÉJUGÉ

Idée préconçue
Idée toute faite
Idée reçue
Parti pris
A priori
Option (déjà) faite
Croyance
Prévention
Préoccupation
Préconception
Opinion enracinée

PRÉLAT

Haut dignitaire ecclésiastique
Pontife
Vicaire général
Cardinal
Archevêque
Évêque
Légat
Monsignor

PRÉLEVER

V. ENLEVER
Détacher

Prendre (sur)
Séparer
Retrancher
Rogner
Amputer (de)
Extraire
Retenir
Imposer
Exiger

● ANTONYMES : Ajouter,
Compléter.

PRÉLIMINAIRE
et PRÉLUDE

Commencement
Avant-goût
Lever de rideau
Prologue
Annonce
Exposé (préalable)
Préambule
Introduction
V. PRÉFACE
Préparation à
Prodrome

● ANTONYME : Conclusion.

PRÉMATURÉ

Trop tôt
V. PRÉCOCE
Anticipé
Avant terme
Pas mûr
Hâtif

● ANTONYMES : À point,
À temps, Mûr.

PRÉMONITION

Pressentiment
Signe prémonitoire

Avertissement
Monition
Intuition

PRÉMUNIR (SE)

Prendre des précautions
S'armer
Se garantir
Se précautionner
S'assurer (contre)
Se garder
Se mettre en garde
Se mettre en mesure de
Prévoir sa défense contre

● ANTONYME : Être pris au
dépourvu.

PRENDRE

1. Saisir
Attraper
Agripper
Empoigner
Étreindre
Tenir
Ramasser
Enlever
Tirer
Sortir
Intercepter
Atteindre
Arracher
Toucher à
Puiser
Emporter
Recevoir
Accueillir
Recueillir (chez soi)
Emmener
Adopter (*fig.*)

« *Prendre sur soi* » :
V. ENDOSSER

2. S'approprier

Accaparer
Disposer de
S'attribuer
S'emparer
Conquérir
Capturer
Envahir
Faire tomber (une ville,
une place forte) [*mil.*]
Enlever (*id.*)
Forcer (*id.*)
Occuper (*id.*)
Dérober
V. VOLER
Cueillir
Se saisir de (quelque chose)
Arrêter (quelqu'un)
V. APPRÉHENDER
Capturer

« *S'en prendre à* » :
V. ATTAQUER

● ANTONYMES : Donner,
Laisser.

PRÉNOM

Petit nom
Nom de baptême

● ANTONYME : Patronyme.

PRÉOCCUPATION

V. SOUCI
Inquiétude
Tourment
Pensée
Sollicitude
Agitation (de l'esprit)
Ennui
Cassement de tête
Obsession
Tracas

● ANTONYMES : Indiffé-
rence, Oubli.

PRÉPARATIF

Disposition
Apprêt
Arrangement
Branle-bas

PRÉPARER

Apprêter
Disposer
Organiser
Arranger
Prévoir
Concevoir
Étudier
Méditer
Mûrir
Concerter
Combiner
Échafauder
Ébaucher
Goupiller (*fam.*)
Ourdir
Faciliter
Frayer
Aplanir
Travailler à
Ménager
Mettre en état de
Prédisposer à
Entraîner à
Mener à
Destiner à
Mijoter (*fam.*)
Mitonner (*fam.*)
Bûcher (un examen) [*fam.*]
Potasser (*fam.*)

● ANTONYMES : Réaliser,
Terminer.

PRÉPOSER

Charger (quelqu'un de)
Commettre

Constituer

« *Préposé* » :
Employé
Commis
Agent

PRÉROGATIVE
V. PRIVILÈGE

PRÈS

Proche
À proximité
A peu de distance
A quelques pas
Dans le voisinage
Voisin
Auprès
À côté de
À toucher
Aux abords de
À la porte de
Dans les environs
Jouxte (*anc.*)
Non loin de
À deux doigts
Au bord de
Dans l'entourage de
(quelque chose)
Presque à

« *Près de...* »
Sur le point de
Au moment où (*ou* de)
Imminent
Prochain
Prêt à

« *À peu près* » :
Approximativement
Approchant
Pas loin de
Assez
Presque

● ANTONYME : Loin.

PRÉSAGE

Signe (avant-coureur)
Avertissement (du ciel)
Augure
Auspice
Annonce
Symptôme
Conjecture
V. PRÉVISION

PRÉSAGER

Annoncer
Prévoir
Augurer
Indiquer
Menacer
Avertir de
Prédire

PRÉSÉANCE

Droit de précéder
Prérogative
Rang protocolaire
Pas (avoir le... sur)

PRÉSENT
V. ACTUEL et CADEAU

PRÉSENTER

Montrer
Exhiber
Produire
Offrir
Proposer
Mettre sous les yeux
Faire voir
Faire faire connaissance
Exposer
Faire connaître
Tourner (quelque chose)
vers (quelqu'un)

V. Exprimer (quelque chose)
Fournir
Amener
Aligner

● antonyme : Conclure.

PRÉSERVER

Protéger
Défendre
Prémunir
Garantir
Sauver
Soustraire à
Assurer
Garer
Épargner
Exempter
Éviter (quelque chose à quelqu'un)
Abriter (quelqu'un de quelque chose)
Garder (*id.*)
Parer à
Empêcher que
Veiller à
Couvrir de son aide

● antonymes : Découvrir, Trahir, Attaquer.

PRÉSIDER

Diriger (des débats)
Régler
Siéger
Veiller (à la bonne marche de)
Occuper la place d'honneur
Être au haut bout de la table

PRÉSOMPTION

1 Soupçon
Hypothèse
Supposition
Conjecture
Vraisemblance
Apparence
Indice
Commencement de preuve

2 Opinion avantageuse de soi
Confiance en soi
Prétention
Suffisance
Outrecuidance
Superbe
Arrogance
Orgueil
Fierté
Témérité
Audace
Vanité

● antonymes : 1. Preuve.
2. Modestie.

PRÉSOMPTUEUX

Content de soi
Audacieux
Arrogant
Vain
Vaniteux
Glorieux
Avantageux
Prétendu (*pop.*)
Hardi
Orgueilleux
Confiant en soi
Plein de présomption
Qui présume trop de soi
D'esprit conquérant
Imprudent

● antonymes : Modeste, Prudent.

PRESQUE

À peu près
Peu s'en faut
Quasi *et* quasiment
Comme
Pas loin (de)
Demi (-)

● antonymes : Tout à fait, Entièrement.

PRESSANT

Impérieux
Instant
Impératif
Insistant
Ardent
Urgent
Contraignant
Astreignant
Chaleureux

PRESSENTIMENT

Prémonition
Intuition
Appréhension
Crainte
Espoir
Espérance
Idée
Sentiment
Avant-goût
Méfiance

PRESSENTIR

Deviner
Se douter de
Prévoir (vaguement)
Flairer
Subodorer
Entrevoir

Avoir conscience de
S'attendre à
Annoncer
Augurer
Présager
Avoir le pressentiment que

● ANTONYME : Savoir.

PRESSER

1. Appuyer
Serrer
Exercer une pression
Pousser
Comprimer
Fouler
Tasser
Écraser
Esquicher (*rég. Provence*)
Exprimer (un liquide)
Masser
Étreindre
Embrasser

2. *Fig :*
Insister
Engager à
Exciter à
Pousser à
Assaillir
Poursuivre
Contraindre
Faire violence
Brusquer
Inciter
Obliger
Bousculer
Talonner

« *Pressé* » :
Urgent
Pressant
Important
Hâtif

● ANTONYMES : Dilater,
Écarter, Libérer.

PRESSURER

Épuiser

Fig. :
Exploiter
Tirer le maximum (de
quelqu'un)
Saigner
Faire suer le burnous (*pop*)

● ANTONYMES : Donner,
Aider.

PRESTANCE

Allure (belle)
Physique avantageux
Aspect imposant
Allure décorative
Maintien noble

PRESTE
V. ADROIT et HABILE

PRESTIDIGITATEUR

Manipulateur
Illusionniste
Escamoteur

PRESTIGE

Séduction
Ascendant
Autorité
Auréole
Empire
Attrait
Éclat
Rayonnement
Éblouissement

PRÉSUMER
V. SUPPOSER et CROIRE

PRÊT

1. Préparé
Disposé à
Décidé à
Mûr pour
Paré
Sur le point de
À point (pour)

2. Avance
Crédit
Commodat (juridique)
Warrant
Subvention (remboursable)
Prime

● ANTONYMES : 1. Loin de.
2. Emprunt.

PRÉTENDANT

Candidat
Postulant
Amoureux
V. FIANCÉ

PRÉTENDRE

1. Ambitionner
Aspirer
Tendre à
Lorgner
Briguer
Postuler
Vouloir
Désirer
Revendiquer
Exiger
Avoir l'intention de
Se flatter de
Avoir l'ambition de
Entendre (+ infinitif)

2. Affirmer
Soutenir (*fig.*)
Alléguer

Avancer
Déclarer
Dire
Promettre
Garantir
Présumer

« *Prétendu* »
Supposé
Soi-disant
Dit
Qui passe pour
Apparent

● ANTONYMES : 1. Refuser.
2. Sûr, Nier

PRÉTENTIEUX

V. FAT
V. AFFECTÉ
V. ORGUEILLEUX
Crâneur (*fam.*)
Faraud
Ampoulé (style)
Emphatique (*id.*)
Ronflant (*id.*)
Gourmé (*id.*)
Maniéré (*id.*)
Alambiqué (*id.*)
Poseur (*fam.*)
M'as-tu-vu (*fam.*)

● ANTONYMES : Modeste,
Simple, Naturel.

PRÉTENTION

1. Exigence
Revendication
Ambition
Visée

2. Arrogance
Affectation
Fatuité
Orgueil
Pose

Présomption
Vanité
Vanterie (*peu us.*)
Crânerie
Bouffissure (*fam.*)
Emphase

● ANTONYMES : 1. Renon-
cement.
2 Modestie, Simplicité.

PRÊTER

1. Mettre à la disposition
Donner (temporairement)
Fournir (*id.*)
Confier (*id.*)
Accorder un prêt
Aider
Secourir
Avancer
Commanditer
Faire un nantissement

2. Attribuer
Imputer
Donner matière à
Fournir l'occasion de
Supposer (par ex. telle si-
gnification à tel acte)
« Se prêter à »
V. CONSENTIR

● ANTONYMES : Emprun-
ter, Rendre.

PRÉTEXTE

Raison (alléguée)
Allégation
Argument
Apparence
Motif (faux)
Faux-fuyant
Excuse
Échappatoire
Faux-semblant
Subterfuge

Couverture
(Sous) couleur (de)
Argument spécieux

● ANTONYMES : Raison
véritable, Fond de l'affaire.

PRÊTRE

Antiq. :

Hiérophante (*Grèce*)
Corybante (*id.*)
Mystagogue (*id.*)
Sacrificateur (*id.*)
Victimaire (*id.*)
Aruspice (*Latin*)
Pontife (*id.*)
Augure (*id.*)
Épulon (*id.*)
Flamine (*id.*)
Quindécemvir (*id.*)
Septemvir (*id.*)
Salien (*id.*)
Mage (*Égypte*)
Druide (*Gaule*)
Ovate (*id.*)
Saronide (*id.*)
Eubage (*id.*)

Extrême-Orient :
Bonze
Lama
Talapoin
Brahmane

Chrétienté :
Ecclésiastique
Membre du clergé
Homme d'Église
Pasteur
V. ABBÉ
Curé
V. PRÉLAT
Directeur de conscience
Confesseur
Exorciste
Père (spirituel)
Médecin des âmes (*littér.*)

Prédicateur
Sermonnaire
Pope
Papas

PREUVE

Confirmation
Témoignage
Démonstration
Justification
Caution (matérielle)
Gage
Signe
Attestation
Marque
Charge
Document
Pièce à conviction
Corps du délit

PRÉVALOIR

L'emporter
Avoir le dessus
Prendre l'avantage
Prédominer
Dominer

« *Se prévaloir* » :
Se flatter
Se recommander
Tirer avantage (ou vanité)
S'enorgueillir
Se glorifier
Triompher

PRÉVARICATION

Manquement
Malversation
Forfaiture
Malhonnêteté
V TRAHISON

● ANTONYMES : Intégrité,
Fidélité.

PRÉVENANT
V. COMPLAISANT

PRÉVENIR

1. V. DEVANCER

2. V. ÉVITER

3. V. AVERTIR

PRÉVENTION
V. PRÉJUGÉ

PRÉVENTORIUM
V. SANATORIUM

PRÉVENU
V. INCULPÉ

PRÉVISION

Divination
Prescience
Pressentiment
Prédiction
Intuition
Raisonnement
Calcul
Probabilité
Pronostic
Prévoyance
Clairvoyance
Présage
Espérance
Attente
Annonce
Expectative
Augure
Auspice
Sondage
Statistiques
Extrapolation
Conjecture
Anticipation
Prophétie

● ANTONYMES : Imprévi-
sion, Mécompte.

PRÉVOIR

V. PRESSENTIR
V. PRÉDIRE
Anticiper
Imaginer
Calculer
Préjuger
Entrevoir
Attendre (et s'attendre à)
Pronostiquer
Faire la part de
Préparer

PRÉVOYANCE

V. PRÉVISION
Prudence
Épargne

● ANTONYMES : Impré-
voyance, Insouciance.

PRÉVOYANT
V. PRUDENT

PRIER

Adorer
Demander des grâces (à
Dieu)
S'agenouiller
S'adresser à Dieu
Crier vers Dieu
Invoquer
Implorer
Conjurer
Adjurer
Supplier
Solliciter
Appeler
Réclamer
Requérir

Marmotter (une prière)
Marmonner (*id.*)
Dire son chapelet
Insister
Presser
Recommander
V. Inviter

PRIÈRE

1. Oraison
Litanies
Patenôtre
Imploration
Invocation
Ablution
Génuflexion
Adoration
Action de grâces
Pater
Ave
Miserere
Confiteor
Credo
Bénédicité
Salutation angélique
Angélus
Chapelet
Bréviaire

2. Requête
Instance
Supplique
Adjuration
Supplication
Imploration
Demande
Invitation

PRIEURÉ
V. Église et Cloître

PRIMA DONNA
Cantatrice

PRIMAIRE

Premier
Primitif

PRIMATES

Simiens
Hominiens
Lémuriens
Singes

PRIMAUTÉ
V. Supériorité

PRIME
V. Récompense

PRIMER
V. Surpasser

PRIMEROSE
Rose trémière

PRIMESAUTIER
V. Spontané

PRIMEUR

Précoce
Hâtif
Étrenne
Priorité
Chose nouvelle
Nouveauté
Premier
Commencement

PRIMITIF
V. Premier et Simple

PRIMORDIAL
V. Premier et Principal

PRINCE
V. Monarque

PRINCEPS

Première (édition)
Original

PRINCIER

Luxueux
Somptueux

PRINCIPAL

1. Capital
Essentiel
Fondamental
Décisif
Dominant
Cardinal
Primordial
Prédominant
Central
Crucial
V. Important
Meilleur (*ou* pire)
Vrai

2. *Subst.* :
Clé de voûte
Nœud
Point nodal
Centre
Corps
Base
Cou
Cheville ouvrière
Essentiel (*subst.*)
Substance
Quintessence
Le plus gros
Tout

3. Directeur
Proviseur

● Antonymes : Secondaire, Accessoire, Annexe, Complémentaire, Détail.

PRINCIPALEMENT
V. Surtout

PRINCIPE

1. V. Origine

2. V. Règle

PRIORITÉ

Antériorité
Préemption
Primauté

PRISE
V. Capture et Dispute

PRISER
V. Estimer

PRISON

Maison d'arrêt
Pénitencier
Maison centrale
Centrale
Maison de force
Maison de correction
Centre pénitentiaire
Établissement pénitentiaire
Maison de justice
Forteresse
Geôle
Dans les fers
Sous clef
Derrière les grilles
Sous les verrous
Sous les plombs (Venise)
Sur la paille humide des cachots
Écrou
Cachot
Dépôt
Chambre de sûreté
Bagne
Prévention

Taule (*ou* tôle) [*pop.*]
Violon (*pop.*)
A l'ombre (*fam.*)
Bloc (*fam.*)
Ballon (*arg.*)
Boîte (*arg.*)
Cabane (*arg.*)
Salle de police
Poste
Oubliettes
Cellule
Casemate
Ergastule (*à Rome*)
Latomies (*à Syracuse*)
Bastille
Châtelet
Camp
Isoloir
Déportation
Oflag
Stalag

● ANTONYME : Liberté.

PRISONNIER

Captif
Otage
Détenu
Interné
Codétenu
Embastillé
Enfermé
Pris
Arrêté
Livré
Séquestré

● ANTONYMES : Libre, Libéré, Évadé.

PRIVATION
V. Défaut

PRIVAUTÉ
V. Familiarité

PRIVÉ

Particulier
Individuel
Réservé
Intime

● ANTONYME : Public.

PRIVER

V. Déposséder et Déshériter
Dépouiller
Destituer
Frustrer
Sevrer
Frauder
Appauvrir
Enlever

● ANTONYMES : Donner, Munir, Fournir.

PRIVILÈGE

Prérogative
Passe-droit
Attribution
Honneur
Franchise
Immunité
Préférence
Exemption
Monopole
Droit
Avantage
Bénéfice
Don

PRIVILÉGIÉ

Favorisé
Élu
Plur. :

Dominants
Nantis
Riches
Bourgeois
Capitalistes
Aristocrates
Patriciens
Féodaux
Patrons (*et* Patronat)
Notables
Exploiteurs
Possédants
Ploutocrates
Profiteurs

PRIX

1. Argent
Valeur (vénale)
Coût
Montant
Total
Value (*anc.*)
Cote
Évaluation
Estimation
Enchère
Somme
Tarif
Taxation
Taxe
Taux
Cours
Rabais
Diminution
Réduction
Baisse
Remise
Solde
Offre
Rémunération
Salaire
Loyer
Port
Factage
Fret
Cotation

Change
Commission
Courtage
Combien
Majoration
Devis
Facture
Compte

2 V. RÉCOMPENSE

PROBABILITÉ

Vraisemblance
Chance
Conjecture
V. APPARENCE

● ANTONYMES : Improbabilité, Impossibilité, Certitude.

PROBABLE
V. PLAUSIBLE

PROBANT

V. DÉCISIF
Convaincant
Concluant

PROBATION

Épreuve (probatoire)
Examen (*id.*)
Stage ([*id.*] *Eccl.*)

PROBE
V. HONNÊTE

PROBLÈME

Question
Énigme
Colle (*arg.*)
Interrogation
Questionnaire

Controverse
Sujet
Données
Calcul
Difficulté
Danger
Ennui
Conflit

● ANTONYME : Certitude.

PROBLÉMATIQUE
V. DOUTEUX

PROCÉDÉ

1. Façon d'agir
Manière d'agir
Conduite
Comportement
Errements
Pratique
Procédure
V. AGISSEMENTS
Menées
Manœuvres
Manèges
Manigances

2. V. MÉTHODE

PROCÉDER

1. V. DÉCOULER
2. V. ACCOMPLIR

PROCÈS

Procédure
Instance
Affaire
Plaid (*anc.*)
Action
Poursuite
Plainte
Adjacent

Contigu
Environnant
Limitrophe
Rapproché
Accessible
Attenant
Joignant (*anc.*)
Jouxte (*anc.*)
Circonvoisin
Ambiant
Envoisiné
Touchant
Côte à côte
Adossé
Apposé
Juxtaposé
Tangent
Mitoyen
Imminent
À deux doigts
Arrivé
Approximatif
Approchant

3. V. PARENT

● ANTONYMES : Lointain,
Ancien.

PROCLAMATION

Déclaration
Annonce
Publication
Promulgation
Divulgation
Dénonciation
Discours
Manifeste
Appel
Pronunciamento
Profession de foi
Credo
Information
Demande
Chicane
Différend
Conflit

Instruction
Débat
Critique
Attaque
Blâme
Mise en cause

PROCESSION
V. DÉFILÉ

PROCÈS-VERBAL

1. V. CONTRAVENTION

2. V. RELATION

PROCHAIN

1. V. PROCHE

2. V. IMMINENT

3. Les autres
Autrui

PROCHE

1. Près
Auprès
À côté
À proximité
À courte distance
Dans le voisinage
Contre
Le long de
2. *Adj.* :
Prochain
Voisin
Avoisinant

PROCLAMER
V. ANNONCER et DIVUL-
GUER

PROCRÉER
V. ENGENDRER

PROCURER

1. V. POURVOIR

2. Causer
Occasionner
Offrir
Valoir
Produire
Attirer
Mériter

3. « *Se Procurer* » :
Acquérir
Trouver
Se concilier
Se ménager
Prendre

PROCUREUR

Avocat général
Officier
Ministère public
Chef du Parquet

PRODIGALITÉ
V. LIBÉRALITÉ

PRODIGE
V. MERVEILLE et PHÉNO-
MÈNE

PRODIGIEUX
V. ÉTONNANT et ADMI-
RABLE

PRODIGUER

1. V. DÉPENSER

2. V. MONTRER

PRODROME

V. PRÉFACE et PRÉLIMI-
NAIRE
V. SYMPTÔME (*méd.*)

PRODUCTEUR

Créateur
Ouvrier
Travailleur
Agriculteur
Prolétaire

● ANTONYMES : Possesseur, Intermédiaire, Consommateur.

PRODUCTIF

Fécond
Fertile
Généreux
Socialement utile

● ANTONYME : Improductif.

PRODUCTION

Œuvre
Ouvrage
Produit
Écrit
Fruit
Marchandises
Produit du travail
Fabrication
Se montrer
Apparaître
Paraître
Monter sur la scène
Jouer (*Théâtr.*)
Survenir
Se passer
Avoir lieu
Advenir
Arriver
S'accomplir
Se dérouler
Se présenter
S'offrir

● ANTONYMES : Posséder; Détruire, Consommer, Cacher, Taire.

PRODUIT

1. Multiplication
Carré
Résultat
Résultante

2. V. MARCHANDISE
Production *et* Résultat

3. V. RECETTE

PROÉMINENT

Saillant

● ANTONYMES : Rentrant, Creux.

PROFANATION

Violation
Sacrilège
Pollution
Irrévérence
Iconoclastie
Dégradation
Création
Financement (*cinéma*)
Film (*abusivt.*)
Spectacle (*id.*)
Émission de radio (*id.*)
V. RENDEMENT

● ANTONYMES : Destruction, Propriété, Distribution, Consommation.

PRODUIRE

1. Créer
Faire

Fabriquer
Composer
Façonner
Constituer
Former
Élaborer
Forger
Donner
V. ÉCRIRE
V. TRAVAILLER
Engendrer
V. OCCASIONNER
Fournir
Fructifier
Proliférer
Cultiver
Procréer
Donner naissance
Enfanter
Abonder en
Tirer de
Obtenir de
Rapporter

2. Présenter
Fournir
Exhiber
Déposer
Invoquer
V. CITER
Exhumer

« *Se produire* » :

Avilissement

● ANTONYMES : Respect, Adoration

PROFANE

Laïque
Mondain
Ignorant
Novice

● ANTONYMES : Sacré, Initié, Connaisseur.

PROFANER
V. Souiller et Violer

PROFÉRER
V. dire

PROFESSER
1. V. Pratiquer

2. V. Apprendre

PROFESSEUR
V. Maître

PROFESSION
1. V. Emploi et État
Métier
Art
Carrière
Parti
Partie
Spécialité

2. V. Proclamation

PROFESSIONNEL
V. Spécialiste

PROFIL

Côté
Visage (vu de côté)
Contour
Ligne
Silhouette
Linéament
Galbe
Coupe
Section

PROFIT

V. Produit
Avantage
Utilité
Bénéfice
V. Gain

Fruit
Parti
Aubaine
Acquêt
Récolte (*fig.*)
Butin
Enrichissement
Lucre
Rapport
Rendement
Courtage
Commission
Pécule
Boni
Salaire
Intérêt
V. Gratification
V. Plus-value

● Antonymes : Dommage,
Préjudice, Perte, Désavantage, Déficit.

PROFITER

Bénéficier
Jouir de
Saisir l'occasion
Tirer un profit

● Antonymes : Pâtir de,
Négliger, Perdre.

PROFITEUR

Prébendier
V. Privilégié
Fricoteur (*pop.*)

PROFOND

Creux
Enfoncé
Grand
Inférieur
Bas

Épais
V. Obscur
Abstrait
Abstrus
Pénétrant
Fort
Élevé
Grave
Caverneux (voix)

● Antonymes : Petit, Su-
perficiel, Apparent, Léger.

PROFONDÉMENT

Profond (*adv.*)
Bien (*ou* Loin) au fond.
Intimement
Vivement
Fortement
Extrêmement
Foncièrement
Bien

● Antonymes : Superficiellement, Légèrement, Peu,
A peine.

PROFONDEUR

Hauteur
Épaisseur
Enfoncement
Abysse
Fosse
Fond
Lointain
Creux
Perspective (*Bx-A*)
Impénétrabilité
Pénétration
Force

● Antonymes : Surface,
Superficie, Superficialité,
Légèreté.

PROFUSION
V. ABONDANCE

PROGÉNITURE
V. POSTÉRITÉ et ENFANT

PROGRAMME
V. PROSPECTUS
V. PLAN et PROJET

PROGRÈS, PROGRES-SION
V. AVANCEMENT et PRO-PAGATION

PROGRESSIVEMENT

Graduellement
Par degrés
Peu à peu
Petit à petit
De plus en plus
Pierre à pierre
Pas à pas
V. LENTEMENT

● ANTONYMES: Immédiate-ment, Brusquement.

PROHIBÉ
V. INTERDIT

PROHIBER

Interdire
Défendre
Empêcher
Condamner
Exclure

● ANTONYMES : Autoriser, Permettre.

PROIE
V. VICTIME et BUTIN

PROJECTEUR

Lumière
Source lumineuse
Arc (électrique)
Phare
Sunlight
Spot
Gamelle (*arg. cinéma*)
Appareil de projection

PROJECTILE

Obus
Bombe
Grenade
Torpille
Fusée
Balle
Pruneau (*pop.*)
Dragée (*pop.*)
Munition
Caillou
Dard
Flèche
Plomb
Chevrotine
Boulet

PROJECTION

Jet
Lancement
Vaporisation
Pulvérisation
Pluie
Éjaculation
Décochement
Jaillissement
Déjection
Éjection
Perspective
Élévation
Développement
Carte
Mappemonde

Planisphère
Séance de cinéma
Diapositive
Identification (*psych.*)

PROJET

V. PLAN
Dessein
Entreprise
Programme
Idée
Intention
Vue (*et* Vues)
Quelque chose en vue
Calcul
Résolution
Espoir
Complot
Utopie
Spéculation
Fin
Objectif
Objet
But
Visée
Volonté
Vouloir
Velléité
Conception
Combinaison

● ANTONYMES : Exécution, Réalisation, Pratique.

PROJETER

1. V. JETER
2. Former un projet
Préparer
Méditer
Préméditer
Prévoir
Penser
Ébaucher
Avoir le dessein de
Concevoir

Nourrir
Tramer
Programmer
Planifier
Orienter
Adopter un plan
Arrêter de
Combiner
Machiner
Conspirer
Comploter
Manœuvrer
Intriguer
Manigancer
Se déterminer à
Prendre le parti de
Rouler dans sa tête (*fam.*)
Se proposer de
Mûrir

● ANTONYMES : 2. Agir, Réaliser, Improviser, Se souvenir, Se remémorer, Tirer un bilan.

PROLÉTAIRE

Ouvrier (*restrictivt.*)
Paysan (*agricole, industriel ou intellectuel*) exploité (non propriétaire)
Salarié (agricole)
Travailleur manuel (*restrictivt.*)
Manouvrier (*anc.*)
Prolo (*arg.*)
Exploité
Producteur

● ANTONYMES : Bourgeois, Capitaliste, Patron, Colon Exploiteur.

PROLÉTARIAT

V. PROLÉTAIRE
Classe ouvrière
Classe dominée

Bras nus
Salariés (*abusivt.*)
Peuple (*id.*)
Plébéiens (*id.*)

● ANTONYMES : Bourgeoisie, Classe dominante, Possédants, Paysans riches, Féodaux.

PROFILÉRATION

Multiplication

PROLIFÉRER

V. MULTIPLIER

PROLIFIQUE

Fécond

● ANTONYME : Stérile.

PROLIXE

V. BAVARD et DIFFUS
Abondant
Copieux
Logorrhéique
Trop long,

● ANTONYMES : Concis, Sobre, Laconique.

PROLIXITÉ

V. ÉLOQUENCE
Loquacité
Exubérance
Faconde

● ANTONYMES : Concision, Sobriété, Laconisme.

PROLOGUE

V. PRÉFACE et PRÉLIMINAIRE

PROLONGATION, PROLONGEMENT

V. CONTINUATION

PROLONGER

V. ALLONGER
Proroger
Faire durer
Entretenir
Continuer
S'éterniser
Poursuivre
S'étendre

● ANTONYMES : Abréger, Cesser, Couper, Diminuer.

PROMENADE

1. Balade (*pop.*)
Excursion
Flânerie
Tour
Randonnée
Course
Circuit
Errance
Vadrouille (*pop.*)
Virée (*pop.*)
Marche
Cheminement
Itinéraire
Voyage
Aller et retour
Déplacement
Trotte (*fam.*)
Canotage
Cavalcade

2. Avenue
Cours
Mail
Boulevard
Parc
Galerie
Perspective

PROMENER

Balader (*pop.*)
Transporter
Fig. péj.
Mener en bateau
Lanterner

« *Se promener* » :
V. MARCHER

PROMENEUR

Flâneur
Passant
Badaud
Piéton
Noctambule
Touriste

PROMESSE

Serment
Déclaration
Assurance
Protestation
Engagement
Parole (d'honneur)
Monnaie de singe (*péj.*)
Serment d'ivrogne (*péj.*)
Pollicitation (*jur.*)
Convention
Mariage
Signe
Espérance
Annonce

PROMETTRE

S'engager
Donner sa parole
S'obliger
Jurer
Assurer
Accepter

Certifier
Affirmer
Dire
Se faire fort de
Jurer ses grands dieux
Protester
Faire vœu de
Vouer
Faire briller
Faire miroiter
Laisser prévoir
Prédire
Annoncer

« *Se promettre* » :
V. ESPÉRER
Compter

PROMIS
V. FIANCÉ

PROMISCUITÉ

V. MÉLANGE
Familiarité
Voisinage vulgaire
Proximité désagréable
Assemblage disparate

PROMONTOIRE
V. CAP

PROMOUVOIR

Encourager
Favoriser
Soutenir
Animer la création de
Provoquer le succès de

PROMPT
V. DILIGENT

PROMPTITUDE
V. VITESSE

PROMULGUER

Édicter
Publier
Proclamer
● ANTONYME : Abroger.

PRÔNER
V. VANTER et PRÉCONISER

PRONONCER

1. V. JUGER et ANNONCER

2. Dire
Articuler
Proférer
Murmurer
Énoncer
Formuler
Émettre
Exprimer
Chuchoter
Psalmodier
Déclamer
Réciter
Faire entendre
Bafouiller
Balbutier
Bredouiller
Bégayer

PRONONCIATION

1. V. JUGEMENT

2. Articulation

PRONOSTIQUER
V. PRÉDIRE

PRONUNCIAMIENTO
V. COUP D'ÉTAT et PROCLAMATION

PROPAGANDE
V. PUBLICITÉ

PROPAGANDISTE

Agitateur
Militant
V. Partisan

PROPAGATION

1. Multiplication
Reproduction

2. Expansion
Diffusion
Progression
Progrès
Développement
Marche
Irradiation
Vulgarisation
Propagande
Rayonnement
Extension
Étalage
Épanchement
Inondation
Déploiement
Généralisation
Élargissement
Dispersion
Inoculation
Transmission
Publication
Publicité
Popularisation
Élargissement
Contagion
Dissémination
Invasion

PROPAGER

Répandre
Communiquer
Faire connaître
Colporter
Faire courir (un bruit)

Semer
Diffuser
Vulgariser
Enseigner
Populariser
Divulguer
Disséminer
Tambouriner (*fam.*)

« *Se propager* » :
Se répandre
Circuler
Gagner
S'étendre
Augmenter
Se développer
S'accréditer

● Antonymes : Limiter, Restreindre, Borner, Taire, Faire silence sur, Garder le secret.

PROPENSION
V. Penchant

PROPHÈTE
V. Devin

PROPHÉTIE
V. Prédiction

PROPHÉTISER
V. Prédire

PROPHYLAXIE

Précaution
Médecine préventive
Vaccination
Hygiène
Antisepsie
Asepsie
Immunité
Protection
Conservation

PROPICE
V. Favorable

PROPORTION

Rapport
Combinaison
V. Dimension
Harmonie
Équilibre
Balancement
Ordre
Échelle
Quote-part
Prorata
Pourcentage
Mesure
Dose
Correspondance

Au pluriel :
Dimensions
Intensité
Étendue
Importance
Gravité

« *En proportion de* »
À proportion de
À raison de
Au prorata
En comparaison
Relativement
Par rapport à
Proportionnellement
Proportionnément (*rare*)
Comparativement
Eu égard à
Selon
Suivant
À l'avenant

● Antonyme : Dispro-portion.

PROPORTIONNEL

Relatif

PROPOS

1. V. Résolution et Plan

2. V. Matière

3. V. Parole

Discours
Phrase
Entretien
Conversation
Boniment (*péj.*)
Baratin (*péj. et fam.*)
Causerie
Interview
Abouchement
Palabre
Bavardage
Babillage
Commérage
Potin
Cancan
On-dit
Répartie
Réplique
Saillie
Trait
Pointe
Sujet de conversation
Boutade
Bruit
Insinuation
Médisance
Calomnie
Vilenie
Galanterie
Cajolerie
Amabilité
Baliverne
Badinage
Papotage
Banalité
Sottise
Bêtise
Connerie (*pop.*)
Insanité
Cochonnerie
Saleté

Obscénité
Gauloiserie
Gaudriole
Grivoiserie
Blasphème
Vantardise
Commentaire

« *À propos de* »
À l'occasion de
Au sujet de
Relatif à
Concernant

« *À tout propos* » :
À chaque instant
À tous les coups
À tout moment
Sans arrêt
A tout bout de champ

« *Bien à propos* » :
À temps
À point
Au bon moment
Opportunément
Avec discernement
À point nommé

« *Hors de propos* » et « *Mal à propos* » :
Inopportunément
Intempestivement
À contretemps
Hors de saison

PROPOSER
V. Offrir

PROPOSITION

Offre
Avances
Motion
Ouverture
Choix
Ultimatum
Parole
Conseil

Initiative
Suggestion

PROPRE
V. Personnel et Net

PROPRIÉTAIRE

Possesseur *et* Possédant
Acquéreur
Capitaliste
V. Privilégié
Actionnaire
Locateur
Copropriétaire
Héritier
Hôte
Maître (Propriétaire d'un chien)
Probloque (*arg.*)
Proprio (*arg.*)
Vautour (*fam.*)

● antonymes : Prolétaire, Locataire.

PROPRIÉTÉ

1. V. Bien et Jouissance

2. V. Qualité

PRORATA
V. Proportion et Quote-part

PROROGATION

Renouvellement

● antonyme : Dissolution.

PROROGER
V. Allonger et Prolonger

PROSAÏQUE

Matériel
V. Vulgaire
Commun

● antonymes : Poétique, Noble.

PROSATEUR
V. Auteur

PROSCRIRE

1. V. Bannir et Repousser
2. V. Condamner

PROSE

1. *Fam.* :
Écrit
Texte
Article
Style
2. V. Cantique

PROSÉLYTE

Nouveau converti
Catéchumène
Néophyte
Propagandiste

PROSÉLYTISME

Propagande
Militantisme
Zèle
Apostolat

PROSPECTER

Explorer
Examiner
Étudier
Parcourir
Sonder

PROSPECTUS

Tract
Dépliant
Brochure
Opuscule
Imprimé
Réclame
Annonce
Programme
Publicité

PROSPÈRE

1. V. Favorable

2. Florissant
Riche
Heureux

● antonymes : 1. Défavorable.
2. Pauvre.

PROSPÉRER
V. Réussir

PROSPÉRITÉ
V. Richesse et Bonheur

PROSTERNER (SE)

S'agenouiller
Se mettre à genoux
S'incliner
Fléchir le genou
Se courber
Se mettre à plat ventre
S'humilier
S'abaisser
Lécher la poussière

PROSTITUÉE

Courtisane
Hétaïre
Belle-de-nuit
Péripatéticienne
Fille
Fille de joie
Fille publique
Femme galante
Femme de mauvaise vie
Poule (*pop.*)
Poule de luxe
Demi-mondaine
Entremetteuse
Entraîneuse
Racoleuse
Raccrocheuse
Fille soumise
Grue
Catin
Fille légère
Femme légère
Lorette
Gigolette
Marie-couche-toi-là (*fam.*)
Horizontale (*arg.*)
Pute (*arg.*)
Putain (*arg.*)
Pétasse (*arg.*)
Cocotte
Fille des rues
Fille perdue
Fleur d'amour (*iron.*)
Fleur de macadam
Marchande d'amour
Professionnelle
Gourgandine
Traînée
Traînée des rues
Tapineuse
Trimardeuse
Ribaude
Roulure
Morue
Garce
Pouffiasse *ou* Poufiasse
Bagasse

Gaupe
Goton
Paillasse
Gagneuse
Moukère
Nénesse
Créature (*péj.*)
Call-girl

PROSTRATION
V. Dépression

PROTAGONISTE

V. Acteur, Moteur et
Instigateur
Animateur
Meneur (de jeu)

PROTECTEUR

Défenseur
Bienfaiteur
Gardien
Providence
Mécène
Patron
Tuteur
Champion
Chevalier
Puissance tutélaire
Appui
Soutien
Proxénète (*péj.*)

Adj. et péj. :
Condescendant
Dédaigneux

● ANTONYMES : Persécuteur, Oppresseur, Protégé.

PROTECTION

1. V. Appui et Auspices
Protectorat

V. Prophylaxie
2. Abri
Asile
Paravent
Armure
Bouclier
Cuirasse

PROTÉGÉ

V. Favori
Créature

PROTÉGER

1. Défendre
Soutenir
Secourir
Aider
Préserver
Abriter
Garantir
Immuniser
Prémunir
Couvrir
Appuyer
Épauler
Sauvegarder
Garder
Sauver
Assister
Bénir
Escorter
Accompagner
Veiller aux jours de
Conserver
Assurer
Fortifier
Cuirasser
Blinder
Caparaçonner
Ombrager
Masquer
Faire écran
Envelopper
Entourer
Parer

2. Patronner
Encourager
Favoriser
Recommander
Pistonner (*fam.*)
Chaperonner

● ANTONYMES : Persécuter, Menacer, Assaillir, Découvrir.

PROTESTANT

Calviniste
Luthérien
Huguenot
Parpaillot (*péj.*)
Réformé
Religionnaire
Barbet
Anglican
Conformiste
Baptiste
Évangéliste
Évangélique
Méthodiste
Piétiste
Puritain
Presbytérien
Congréganiste
Frère morave
Quaker
Antipapiste
V. Hérétique

PROTESTATAIRE

Contestataire
Réfractaire
Rebelle
Opposant
Manifestant

PROTESTER

1. Affirmer
Assurer

Arguer

2. S'opposer
S'élever contre
Crier contre
Se récrier
Réclamer
Désapprouver
S'indigner
Se rebeller
Résister
Râler (*pop.*)
Gueuler (*pop.*)
Objecter
Nier
Dire non
Tenir tête
Regimber
Se rebiffer
S'insurger
Renâcler
Tenir bon
Se dresser en face
Opposer de la résistance
Contredire
Manifester
Ruer dans les brancards
Rouspéter (*pop.*)
Grogner
Murmurer
Se plaindre
Ronchonner (*pop.*)
Rouscailler (*pop.*)
Clabauder
Ramener sa fraise (*pop.*)
Renauder

● ANTONYMES : Accepter, Consentir, Se résigner, Soutenir, Approuver.

PROTOCOLE

1. Cérémonial
Étiquette
Usages
Formes
Bienséance

Décorum
Règles
Préséance
Convenances
Façons
Hiérarchie
Civilité

2. V. CONVENTION

PROTOTYPE
V. MODÈLE

PROTUBÉRANCE

Bosse
Excroissance
Saillie
Mamelon

● ANTONYME : Cavité.

PROUE
Avant

PROUESSE
V. EXPLOIT

PROUVER

Démontrer
Établir
Montrer
Justifier
Confirmer
Mettre en évidence
Faire comprendre
Constater (*et* Faire constater)
Faire apparaître
Faire voir
Affirmer
Attester
Faire foi de
Faire la lumière (sur quelque chose.)

Entraîner la conviction
Convaincre
Montrer par A + B
Faire la preuve
Administrer
Réfuter
Militer en faveur de
Vérifier
Corroborer
Motiver
Se fonder sur
Étayer
Certifier
Tirer au clair
Élucider
Faire voir clairement
Révéler
Déceler
Témoigner
Indiquer
Marquer
Annoncer

● ANTONYME : Infirmer.

PROVENANCE
V. ORIGINE

PROVERBE
V. PENSÉE

PROVIDENCE
V. DIEU et PROTECTEUR

PROVINCE

Marche (*anc.*)
Gouvernement
Généralité
V. PAYS
Région
Territoire
Division
Circonscription

● ANTONYME : Capitale

PROVISION (S)

1. Réserve
Stock
Amas
Approvisionnement
Fourniture
Munitions
Viatique
Provende
V. ALIMENT
Victuailles
Denrées alimentaires
Ravitaillement
Vivres
Commissions
Courses
Cargaison (*fig.*)

2. V. ACOMPTE

PROVISOIRE
V. PASSAGER

PROVOCANT

Agressif
Irritant
Excitant
Aguichant

● ANTONYMES : Calmant,
Apaisant, Réservé.

PROVOCATEUR

Fauteur
Incitateur
Excitateur
Flic (*fam.*)

PROVOCATION

Incitation
Excitation
Appel
Défi

Cartel
Menace
Attaque
Machination

● ANTONYME : Apaisement.

PROVOQUER

1. V. EXCITER, ATTAQUER
et BRAVER

2. V. OCCASIONNER

PROXÉNÈTE
V. ENTREMETTEUR

PROXIMITÉ

Voisinage
Contiguïté
Contact
Rapprochement
Parenté
Imminence
Approche

● ANTONYMES : Éloigne-
ment, Distance.

PRUDE

Pudibond
Puritain
Pudique
Bégueule (*pop.*)
Collet monté
Chaste
Timide

● ANTONYMES : Grivois,
Dévergondé, Léger, Obscè-
ne, Licencieux.

PRUDENCE

V. PRÉCAUTION
Réflexion

Sagesse

● ANTONYME : Imprudence.

PRUDENT

Sage
Raisonnable
Avisé
Averti
Précautionneux
Attentif
Circonspect
Prévoyant
Réfléchi
Pusillanime
Précautionné (*dés.*)
Défiant
Posé
Réservé
Timoré

● ANTONYMES : Imprudent,
Insouciant, Imprévoyant,
Téméraire, Aventureux.

PRUNE

Reine-claude
Mirabelle
Prunelle
Pruneau
Quetsche
Brignole
Perdrigon

PRUNELLE
Pupille

PRYTANÉE

Lycée militaire
École militaire

PSALMODIER
V. CHANTER et RÉCITER

795

PSAUME
V. CANTIQUE

PSEUDONYME

Nom de plume
Nom de guerre
Faux nom
Surnom
Cryptonyme
Hétéronyme
Sobriquet

PSYCHIÂTRE

Aliéniste
Psychanalyste

PSYCHOLOGIE

Connaissance (*et* Étude) de
l'âme (*et* de l'esprit)
Caractérologie
Éthologie
Introspection
Pneumatologie
Métaphysique
Empirisme (de Locke)
Sensualisme (de Condillac)
Associationnisme (de Mai-
ne de Biran)

PSYCHOPATHE
Malade mental

PSYCHOSE
V. OBSESSION

PUANT

Fétide
Nauséabond
Pestilentiel
Malodorant
Méphitique

Infect
Dégoûtant
Rance
Mauvais
Suffocant
Désagréable
Miasmatique
Empesté
Alliacé
Enviné

Au fig. :
Impudent
Répugnant

● ANTONYMES : Parfumé,
Odoriférant, Aromatique.

PUBERTÉ

Nubilité
Aphrodisie (*dés.*)
V. ADOLESCENCE
V. JEUNESSE
Âge ingrat
Mue
Formation

PUBIS

Pénil
Mont de Vénus

PUBLIC
Auditoire
Assistance
Audience
V. MANIFESTE

PUBLICATION

1. V. PROCLAMATION

2. V. PARUTION

3. V. JOURNAL

PUBLICISTE

1. *Anc.* :
V. JOURNALISTE

2. *Abusivt.* :
Agent de publicité
Entrepreneur de publicité
Courtier (en publicité)

PUBLICITÉ

Réclame
Annonce
Lancement
Propagande
Battage (*fam.*)
Bourrage de crâne
Tam-tam (*fam.*)
Affichage
Retentissement
Renommée

PUBLIER

1. V. DIVULGUER et AN-
NONCER

2. Éditer
Imprimer
Écrire
Sortir (*fam.*)

PUCEAU, PUCELLE
V. VIERGE

PUDEUR

Pudicité (*litt.*)
Chasteté
Décence
Honnêteté (*dés.*)
Modestie
Honte
Fausse honte
Sagesse
Innocence

Pruderie
Bégueulerie
Réserve
Discrétion
Délicatesse
Bienséance
Respect
Embarras
Contrainte
Confusion
Vergogne *(anc.)*
V. Retenue

● Antonymes : Impudeur,
Indécence, Dévergondage,
Audace, Obscénité.

PUDIBOND, PUDIQUE
V. Prude

PUER

Empester
Empuantir
Empoisonner
Sentir
Dégager *(pop.)*
Rancir
Imprégner
Prendre à la gorge
Tuer une mouche à quinze
pas *(pop.)*
Schlinger *(triv.)*
Cogner *(id.)*
Cocoter *(arg.)*
Fouetter *(id.)*
Gazouiller *(id.)*
Taper *(id.)*

● Antonyme : Embaumer.

PUÉRILITÉ
V. Enfantillage

PUGILAT
V. Lutte

PUGNACE
V. Combatif

PUINÉ
V. Cadet

PUIS

Après
Ensuite

PUISER

V. Prendre
Pomper
Baqueter
Tirer de l'eau

PUISQUE

V. Parce que
Du moment que *(ou* où)

PUISSANCE
V. Pouvoir, Aurorité
Faculté, Force et Pays

PUISSANT
V. Fort

PUITS

Citerne
Cavité
Excavation
Source
Entrée d'air
Mine
Aven
« *Puits de science* » :
V. Savant

PULL-OVER

Pull
Chandail
Tricot

Col roulé
Veste (de laine)
Gilet
Paletot

PULLULER
V. Abonder

PULPE

Chair

PULSATION

Battement
Pouls

PULVÉRISATEUR

Atomiseur
Vaporisateur
Poudreuse
Pistolet
Sulfateuse

PULVÉRISATION

Poudrage
Vaporisation
Épandage
Désagrégation
Anéantissement
Trituration
Réduction en poudre (*ou*
en poussière)

● Antonyme : Agglomé-
ration.

PULVÉRISER

1. V. Piler
2. V. Détruire

PUNIR

Châtier
Sévir

Frapper
Corriger
Condamner
Faire payer
Sanctionner
Frapper d'une peine
Faire un exemple
Infliger une peine
Verbaliser
Venger
Tirer vengeance
Priver
Battre
Consigner
Coller *(arg. scolaire)*
Réprimer
Faire justice
Foudroyer
Priver de dessert, de sortie

● ANTONYMES : Pardonner, Épargner, Gracier, Récompenser.

PUNITION

Peine
Châtiment
Pénitence
Sanction
Pensum
Pénalisation
Correction
Leçon *(fig.)*
Condamnation
Répression
Vindicte
Jugement
Verdict
Maximum (de la peine)
Dédommagement
Indemnité
Flétrissure
Marque
Rigueur
Sévérité
Commutation (de la peine)

Index
Ostracisme
Proscription
Bannissement
Exil
Relégation
Expulsion
Arrêt
Internement
Prison
Emprisonnement
Vengeance
Talion
Prix *(iron.)*
Récompense *(iron.)*
Gage
Penalty
Perte des droits
Réclusion
Bonnet d'âne
Mauvais point
Coin
Consigne
Colle
Piquet
Retenue
Martinet
Fessée
V. GIFLE
Coup
Fouet
Fustigation
Knout
Schlague
Bâton
Bastonnade
Flagellation
Râclée
Garcette
Claie
Estrapade
Roue
Écartèlement
Boulet
Fers
Pilori
Garrot
Carcan

Stigmate
Supplice
Torture
Indignité nationale
Torture
Confiscation des biens
Déchéance
Bagne
Galères
Travaux forcés
Pénitencier
Échafaud
Peine capitale
Décapitation
Décollation
Guillotine
Exécution
Pendaison
Gibet
Potence
Exposition
Dégradation
Damnation
Excommunication
Déportation

● ANTONYMES : Récompense, Prime, Compensation, Amnistie, Prescription.

PUPILLE (1)
Prunelle

PUPILLE (2)
V. ORPHELIN

PUPITRE

Lutrin
Bureau

PUR

1. Immatériel
Naturel

Simple
V. Parfait

2. Candide
Innocent
Sans défaut
Intègre
Délicat
Frais
Aérien
Ailé
De cristal
Cristallin
Éthéré
Angélique
Archangélique
Saint
Assaini
Désintéressé
V. Chaste
V. Vierge
Continent
Honnête
Sage
Naïf *(iron.)*
Nigaud *(iron.)*

3. Net
Nature *(fam.)*
Affiné
Épuré
Purifié
Décanté
Fin
Franc
Blanc
Propre
Limpide
Clair
Serein (temps)
Bleu (ciel)
Cristallin
Argentin (son)

● Antonymes : Impur,
Altéré, Composite, Fre-
laté, Souillé, Vicié, Dépravé.

PURÉE

1. V. Bouillie

2. *Pop. :* V. Pauvreté

PUREMENT
V. Uniquement

PURETÉ

Candeur
Innocence
Vertu
Droiture
Honnêteté
Intégrité
Probité
Grâce
Fraîcheur
Ingénuité
V. Pudeur
Chasteté
Continence
Virginité
Perfection
Correction
Délicatesse
Netteté
Limpidité

● Antonymes : Impureté,
Mélange, Imperfection, Saleté, Bassesse, Concupis-
cence.

PURGATIF

Drogue
Médecine *(anc.)*
Laxatif
Purge
Évacuant *(ou* Évacuatif)
Dépuratif
Drastique

PURGATOIRE

Purification
Expiation

PURGE

1. V. Purgatif

2. Élimination
Épuration

PURGER

1. V. Purifier

2. Expurger
Retrancher
Censurer
Éliminer

PURIFICATION

1. Ablution
Baptême
Cérémonie
Rite
Chandeleur

2. V. Assainissement

PURIFIER

Laver
Nettoyer
Épurer *et* dépurer
Assainir
Purger
Absterger *(méd.)*
Déterger
Filtrer
Clarifier
Dégorger
Désinfecter
Fumiger

Débarrasser
Curer

● ANTONYMES : Salir, Souiller, Contaminer, Vicier.

PURIN

Fumier
Engrais

PURITAIN

V. PRUDE
Austère
Rigide
Rigoriste

● ANTONYME : Libertin.

PUSILLANIME
Craintif
Faible
Timoré
V. POLTRON

● ANTONYMES : Courageux, Entreprenant, Téméraire.

PUSTULE
V. ABCÈS

PUTAIN, PUTE
V. PROSTITUÉE

PUTRÉFIER (SE)
V. POURRIR

PUTSCH
V. COUP D'ÉTAT

PUY
V. MONT

PUZZLE

Jeu de patience
Casse-tête chinois

PYGMÉE

1. Négrille
2. V. NAIN

PYTHIE, PYTHONISSE
V. DEVIN

QUAI

Débarcadère
Embarcadère
V. Jetée
Accostage
Cale
Trottoir (de chemin de fer)
Plate-forme

QUALIFICATION

Appellation
Qualité
Épithète
Titre
Dénomination
Désignation
Appréciation

QUALIFIÉ

Compétent
Capable
Autorisé

Qui s'y connaît
● ANTONYME : Disqualifié.

QUALITÉ

Manière d'être
Caractère
Propriété
Attribut
Disposition
Capacité
Don
Aptitude
Valeur
Vertu
Mérite
V. Qualification
Compétence
Trempe
● ANTONYME : Défaut.

QUAND

Lorsque
En même temps que

Au moment où
Comme
Alors que
Une fois que
Simultanément

QUANTIÈME

Date
Jour (du mois)

QUANTITÉ DE
V. Beaucoup

QUARANTAINE

Mise à l'index (*ou* à l'écart)
Boycottage
Ostracisme
Proscription

QUART

Mar. :
Garde

Service
Veille

Milit. :
Gobelet

QUARTIER

1. Tranche
Morceau
Pièce

2. Secteur (d'une ville)
Faubourg
Voisinage
Arrondissement
Mellah (Quartier marocain)
Souk (Quartier arabe)
Medina (Quartier arabe)
Ghetto (Quartier juif)
Juiverie (*id.*)

3. *Milit.* :
Cantonnement
Campement
Caserne

QUARTZ

Cristal (de roche *ou* hyalin)
Silice
Améthyste
Aventurine
Jaspe
Œil-de-chat

QUELCONQUE

Ordinaire
Médiocre
Sans qualité
Sans valeur

● ANTONYMES : Important,
Fameux, Précieux.

QUELQUEFOIS

Parfois
Des fois *(pop.)*
Un certain nombre de fois
Rarement

● ANTONYMES : Toujours,
Souvent, Constamment.

QUÉMANDER

Mendier
Solliciter
Quêter

QUERELLE

Dispute
Désaccord
Dissension
Différend
Opposition
Bataille
Bagarre
Algarade
Brouille
Chamaillerie
Altercation
Grabuge
Bisbille (*fam.*)
Lutte
Division
Contestation
Démêlé
Prise de bec (*fam.*)
Attaque
Tracasserie
Esclandre
Provocation
Conflit

● ANTONYMES : Accord,
Conciliation, Réconciliation.

QUERELLER

Chercher querelle
Attaquer (quelqu'un)
Chercher noise (*ou* chicane)
Chicaner (quelqu'un)
Disputer (quelqu'un)
Houspiller
Engueuler (*pop.*)
Enguirlander (*fam.*)
Gronder
Chanter pouilles
S'en prendre à
S'emporter contre

« *Se quereller* » :
Se disputer
Se chamailler
Discuter (vivement)
Débattre
Se battre
Se prendre aux cheveux
Se crêper le chignon (*pop.*)

● ANTONYMES : Flatter,
Réconcilier.

QUESTION

1. Interrogation
Demande
Interrogatoire
Colle (*arg. scol.*)

2. Problème
Affaire
Sujet
Matière

● ANTONYME : Réponse.

QUESTIONNAIRE

Formulaire
Série de questions

QUESTIONNER

Interroger
Poser des questions
S'enquérir
Consulter
Demander
Sonder
Tâter
Cuisiner (*fam.*)
Tenir sur la sellette (*fam.*)

● ANTONYME : Répondre.

QUÊTER

Faire la quête
Mendier
Quémander
Solliciter
Chercher
Quérir (*peu us.*)
Rechercher

● ANTONYME : Donner.

QUIDAM
V. INDIVIDU

QUIET

Tranquille
V. CALME
Paisible

● ANTONYME : Inquiet.

QUIÉTUDE
V. CALME

QUINQUAGÉNAIRE
Cinquantenaire

QUINTESSENCE

Condensé
(L') Essentiel
(Le) Principal
(Le) Meilleur
Moelle (*fig.*)
Suc (*fig.*)

QUIPROQUO

Méprise
Malentendu
Erreur
Coq-à-l'âne

QUITTANCE

Décharge
Récépissé
Acquit
Facture
Quitus

QUITTER

1. V. ABANDONNER
2. Ôter (un vêtement)

Enlever
Se défaire de
Se débarrasser de
Se dépouiller de
Laisser

● ANTONYME : Prendre.

QUITUS
V. QUITTANCE

QUOIQUE

Bien que
Malgré que (*néol.*)
Encore que

QUOLIBET
V. PLAISANTERIE

QUOTE-PART

Cotisation
Écot
Contribution
Part
Quotité (*jur.*)
Prorata

● ANTONYME : Totalité.

QUOTIDIEN

De chaque jour
Journalier
Habituel
Spécialement :
V. JOURNAL

R

RABÂCHAGE

Radotage
Prêchi-prêcha
Rengaine
Refrain
Ritournelle
V. Répétition

RABÂCHER
V. Répéter

RABAIS
V. Diminution

RABAISSER
V. Abaisser et Baisser

RABATTRE
V. Abaisser

RABELAISIEN
V. Gaillard

RABIBOCHER
V. Réparer

RABIOT
V. Supplément

RÂBLE
V. Dos et Rein

RÂBLÉ
V. Trapu

RABOT

Varlope
Bouvet
Guillaume

RABOTER
V. Aplanir et Para-
chever

RABOTEUX
V. Rude

RABOUGRI
1. V. Menu, Faible
Difforme
2. Rachitique
Racorni

Ratatiné
Recroquevillé
Rétréci
Flétri
Ridé
Ramassé
Replié
Pelotonné
Rapetissé

3. *Au fig.* :
Petit
Mesquin
Desséché

RABROUER

Tancer
Gronder
Envoyer promener
Envoyer au diable
Rembarrer (*fam.*)
Envoyer bouler (*pop.*)
Moucher (*pop.*)
Remiser (*pop.*)
Rebuffer
Rebuter

Engueuler (*pop.*)
V. Repousser
V. Réprimander

RACAILLE

V. Populace
Canaille
Fripouille
Plèbe
Lie
Meute

RACCOMMODER

1. V. Réparer
Repriser
Rapiécer *et* Rapiéceter
Rapetasser
Raccoutrer
Passefiler
Ravauder
Stopper
Remmailler
Renforcer
Recoudre
Rentraire
Retaper
Rafistoler

2. V. Réconcilier

● Antonymes : Détériorer,
Briser, Jeter.

RACCORDER
V. Joindre

RACCOURCI
V. Abrégé

RACCOURCIR
V. Diminuer et Recro-
queviller (se)

RACCROCHER

Rattraper
Arrêter *(fig.)*
Accoster
Racoler

« *Se raccrocher* » :
Se rattacher
Se rapporter
Se raccorder

● Antonyme : Décrocher.

RACE

1. Famille
Souche
Généalogie
Ascendance
Descendance
Sang
Ancêtres
Extraction
Lignée
Lignage
Filiation
Origine
Maison (*fig.*)
Enfants
Fils
Postérité
Espèce
Engeance (*péj.*)
Sorte
Origine

2. Gent
Ethnie
V. Peuple
Allogène
Croisement
Métissage

RACHAT

1. Réméré *(jur.)*
Réamption (d'un droit,

d'une suite)
Remboursement

2. Délivrance
Rédemption (*eccl.*)
Expiration (*eccl.*)
Salut (*eccl.*)
Réhabilitation

● Antonyme : Revente.

RACHETER

1. V. Affranchir

2. Expier
Se réhabiliter
Effacer
Sauver
Réparer
Retrouver l'estime

● Antonyme : Revendre.

RACHITIQUE
V. Rabougri

RACINE

1. *Techn.* : Radicelle
Souche
Collet
Pivot
Fibrille
Bulbe
Oignon
Bouture
Radicule
Crampon
Griffe
Suçoir
Chevelu (*n. m.*)
Queue-de-renard *(outil)*

2. *Par analogie :*
Racine (d'une dent, du nez)
Base
Naissance

3. V. Origine
Monème *(linguistique)*
Radical (d'un nombre)

RACISME

Ségrégation
Apartheid
Discrimination
Xénophobie

● antonymes : Fraternité, Cosmopolitisme, Internationalisme, Antiracisme.

RACLER
V. Gratter

RACOLER

1. V. Engager

2. V. Aborder

RACONTAR
V. Conte

RACONTER

1. V. Conter et Dire
Rapporter
Réciter
Relater
Rendre compte
Retracer
Détailler
Narrer

2. V. Peindre, Expliquer
et Énoncer

3. *Péj.* :
Débiter
Chanter
Ragoter
Déblatérer

RACORNIR

V. Sécher
V. Recroqueviller (se)

RADAR

Détecteur

Fig., pop. :
Flair
Intuition

RADE
V. Port

RADICAL

Foncier
Fondamental
Absolu
Total
Complet
Extrême

RADICALEMENT
V. Absolument

RADICELLE, RADICULE
V. Racine

RADIEUX

Radiant
Brillant
Ensoleillé
Lumineux
Beau
Rayonnant
Éclatant
Étincelant
Joyeux
Heureux
Content
Satisfait
Ravi
Épanoui

● antonymes : Assombri, Sombre, Terne, Couvert, Triste, Chagrin, Éteint Obscur.

RADIN
V. Chiche et Avare

RADIO

T.S.F.
Ondes
Poste
Récepteur
Transistor
Émission

RADOTAGE

Rabâchage
Répétition
Prêchi-prêcha

RADOTER

1. V. Déraisonner

2. V. Répéter

RAFALE
V. Bourrasque

RAFFERMIR
V. Affermir

RAFFINAGE
V. Épuration

RAFFINEMENT
V. Finesse

RAFFOLER

Aimer follement
Être fou de
Adorer

Se passionner
Être épris de
Avoir un goût très vif pour
Goûter
Se plaire à

RAFFUT
V. Tapage

RAFIOT ou RAFIAU
V. Embarcation

RAFISTOLER
V. Réparer

RAFLE

Opération de police
Descente de police
Arrestations
Coup de filet
Souricière (*fig.*)
Razzia

RAFLER

Accaparer
Monopoliser
Truster
Emporter
Acheter
Gagner
S'emparer
V. Approprier (s'), Prendre et Enlever

RAFRAÎCHIR

1. V. Refroidir

2. Raviver
Revivifier
Rajeunir
Rénover
Retaper (*fam.*)
Revigorer

RAFRAÎCHISSANT

Réfrigérant
Désaltérant

● Antonymes : Échauffant, Chaud, Brûlant.

RAFRAÎCHISSEMENTS

Boissons fraîches
Glaces
Fruits rafraîchis
Consommations

RAGAILLARDIR
V. Remonter

RAGE
V. Fureur

RAGER

Enrager
Écumer
Fumer (*fam.*)
Endêver (*fam.*)
Rogner (*pop.*)
Bisquer (*pop.*)
Pester (*fam.*)

RAGEUR
V. Coléreux

RAGLAN
V. Pardessus

RAGOÛTANT
V. Appétissant

RAID
V. Incursion

RAIDE

1. Roide
Rigide

Engourdi
Ankylosé
Hérissé
Droit
Ferme
Dur
Tendu

2. V. Escarpé

3. V. Austère

● Antonymes : Flexible, Souple, Élastique, Mou.

RAIDILLON
V. Montée et Côte

RAIDIR

Roidir
Tendre
Figer
Bander
Tirer
Contracter
Souquer (*mar.*)

Au fig. :
Affermir

« *Se raidir* » :
Se bander
S'ankyloser
Se hérisser

● Antonymes : Déraidir, Décontracter, Assouplir, Détendre.

RAIE

Rayure
Entaille
Ligne
Trait
Rainure
Barre
Bande
Hachure

Griffure
Strie
Zébrure
Vergeture
Ride
Liseré
Liteau
Striure
Marbrure
Sillon

RAIL

Voie ferrée
Chemin de fer
Train

RAILLER

Moquer *et* se moquer
Plaisanter
Brocarder
Blaguer
Charrier (*pop.*)
Se ficher (*pop.*)
Se foutre (*pop.*)
Se gausser
Ridiculiser
Satiriser
Bafouer
Persifler
Chiner (*fam.*)
Gouailler (*fam.*)
Goguenarder
Mettre en boîte (*fam.*)
Se payer la tête (*pop.*)
Se gaudir (*anc.*)
Dauber (*anc.*)
Berner
Montrer du doigt
Faire la figue (*arg.*)
Caricaturer
Chansonner
Parodier

● ANTONYME : Louer,
Admirer.

RAILLERIE

Moquerie
V. PLAISANTERIE
V. SATIRE
Persiflage
Mot d'esprit
Trait
Saillie
Pointe
Sarcasme
Brocard
Gouaille (*fam.*)
Gausserie
Gouaillerie
Goguenarderie
Goguenardise
Dérision
Ironie
Malice
Risée
Critique
Flèche
Lazzi
Quolibet
Nasarde
Pasquinade
Lardon (*fam.*)
Égratignure
Affront
Épigramme

● ANTONYMES : Admira-
tion, Louange, Hommage.

RAINETTE

Grenouille verte
Grenouillette
Graisset

RAINURE
V. ENTAILLE et RAIE

RAISIN

Vigne
Grappes
Muscat
Malaga
Chasselas
Treille
Pampre

RAISON

1. Intelligence
Compréhension
Entendement
Pensée
Connaissance
Esprit
Cerveau
Cervelle
Déduction
Démonstration
Jugement
Logique
Sagesse
Bon sens
Discernement
Jugeote (*fam.*)
Sens commun
Conscience
Intuition
Entendement
Tête

2. V. CAUSE
Argument
Allégation
Réfutation
Preuve
Réparation
Satisfaction

● ANTONYMES : Déraison,
Aveuglement, Égarement,
Délire, Démence, Bêtise,
Instinct, Impulsion, Ca-
price, Coup de tête, Sen-
timent, Cœur.

RAISONNABLE
V. PRUDENT et RATIONNEL

RAISONNEMENT

Raison
Argument
Argumentation
Explication
Discussion
Induction
Déduction
Démonstration
Réfutation
Méthode
Logique
Inférence
Synthèse
Syllogisme et Polysyllogisme
Sorite
Preuve
Argutie
Chicane
Spéculation
Illogisme
Sophisme
Dialectique
Ratiocination
Dilemme

● ANTONYMES : Intuition, Instinct, Sentiment.

RAISONNER

V. PENSER et RÉPONDRE
Philosopher
Calculer
Ratiociner (*péj.*)
Discuter
Disputer
Déduire
Induire
Inférer
Arguer
Argumenter
Débattre
Expliquer
Démontrer

Prouver
Partir d'un principe
Réfuter
Militer en faveur
Ruiner
Retourner
Objecter
Ergoter
Épiloguer
Admonester

● ANTONYME : Déraisonner.

RAJEUNIR

Rendre jeune
Raviver
Revigorer
Rafraîchir
Rénover
Ranimer
Renouveler
Reverdir

● ANTONYME : Vieillir.

RAJOUTER

V. AJOUTER
Remettre

RAJUSTER

V. RÉPARER et PARFAIRE

RALENTIR

Freiner
Diminuer
Modérer
Retarder
Embarrasser
Réduire

● ANTONYMES : Accélérer, Activer, Hâter, Courir.

RALENTISSEMENT

Retard
Diminution
Relâchement
Affaiblissement

● ANTONYMES : Accélération, Développement, Augmentation.

RALLUMER

V. ALLUMER
Ranimer

RALLYE

Course
Circuit
Compétition
Épreuve automobile

RAMAGE

Chant
Babil

RAMASSER

1. V. AMASSER, ASSEMBLER

2. V. RÉCOLTER et RELEVER

« *Se ramasser* » :
Se replier
Se concentrer
Se blottir
Se pelotonner
Se recroqueviller
Se resserrer

● ANTONYMES : 2. S'étendre, S'étirer, S'étaler.

RAMASSIS

Ramas (*anc.*)
Bande

Meute
Attirail
V. Amas

RAMBARDE
V. Balustrade

RAME
V. Pagaie

RAMEAU
V. Branche

RAMENER

1. V. Amener
2. Raccompagner
Reconduire
Faire revenir
Ranimer
Ressusciter
Rappeler
Diminuer
Concentrer
V. Rendre et Rétablir

RAMER

Pagayer
Godiller
Canoter
Nager *(mar.)*
Voler

RAMEUTER
V. Ameuter

RAMIER
V. Pigeon

RAMIFICATION
V. Subdivision

RAMIFIER (SE)

Se diviser
Se subdiviser

Se partager
V. S'étendre

RAMILLE
V. Branche

RAMOLLIR

V. Amollir
Avachir
Mollifier

● antonymes : Raffermir,
Endurcir.

RAMONER

Nettoyer
Écurer
Purger

RAMPE

1. V. Montée

2. Main courante
V. Balustrade

RAMPER

1. Se traîner
Se glisser
Raser la terre
2. *Fig.* Faire des courbettes
Se mettre à plat ventre,
Flatter.

RAMURE
V. Branche

RANCART

1. Rebut
Abandon

2. Rancart, Rancard, Rencart, *ou* Rencard.
V. Rendez-vous

RANCE

Gâté
Fort *(péj.)*
Âcre
Fétide
Moisi
Vieux

● antonyme : Frais.

RANCŒUR, RANCUNE

Ressentiment
Aigreur
Amertume
Dépit
Animosité
Malveillance
Hostilité
Haine
Mauvaise humeur
Inimitié
Aversion
Animadversion
Exécration
Grief
Dent
Bouderie
Désaffection
Brouille
Froid

● antonymes : Pardon,
Oubli, Amitié.

RANCUNIER

Vindicatif
Irréconciliable
Haineux
Prévenu

Mal disposé
Hostile

RANDONNÉE
V. Course et Promenade

RANG

Place
Hiérarchie
Ordre
File
Haie
Queue
Ligne
Alignement
Cordon
Série
Suite
Liste
Nombre
Grade
Classe
Échelon
Étage
Condition
Degré
État
Lieu
Position
Catégorie
Caste
Race
Pair
Dignité
Titre
« *Être sur les rangs* » :
Être candidat
Postuler
Prétendre à
Se présenter

RANGÉE
V. Rang

RANGEMENT

Arrangement
Disposition

Mise en ordre
Classement
● Antonymes : Désordre,
Dérangement.

RANGER

Aligner
Disposer
Mettre en ordre
V. Remiser
Placer
Classer
Ordonner
Classifier
Caser
Serrer
Distribuer
Grouper
Débrouiller
Séparer
Trier
Mettre de l'ordre
Arranger
Aménager
Agencer
Organiser
Réorganiser
Mettre en place
Répartir
Démêler
Débrouiller
Mettre en file
Mettre en rangs
V. Enfermer
● Antonymes : Déranger,
Mélanger, Entasser.

RANIMER

Revivifier
Ressusciter
Raviver
Réveiller
Faire revenir à soi (*méd.*)
Réanimer

Ravigoter
Revigorer
Vivifier
Remonter
Enflammer
Ragaillardir
Réconforter
Rétablir
Raffermir
Rehausser
Relever
Réchauffer
Exalter
Exciter
Augmenter
Rallumer
Attiser
Rendre l'esprit (à quel-
qu'un)

● Antonymes : Assoupir
Étouffer, Consoler, Dé-
courager.

RAPACE

1. Oiseau de proie

2. V. Avare

RAPACITÉ
V. Convoitise

RÂPÉ
V. Usé

RAPETISSER

V. Diminuer et Recro-
queviller (Se)

RÂPEUX

Rugueux
Âpre

RAPIAT
V. Avare et Chiche

RAPIDE

Véloce
Vite (*adj.*)
Léger
Prompt
Diligent
Empressé
Expéditif
Fulgurant
Allegro
Presto
Alerte
Cursif
Bref
Brusque
Hâtif
Court
Soudain
Furtif
Sommaire
Compendieux (*anc.*)
Leste
Preste
Fougueux
Impétueux
Torrentueux
Vertigineux
Abrupt
Accentué
Incliné
Pressé
Envoyé
Acheminé
Vif
Accéléré
Activé
Hâté
Précoce
Prématuré
Improvisé
Immédiat
Imminent
Urgent
Précipité
Instantané
Fugitif
Fugace

Subit
Bâclé
Éphémère
Agile
Fréquent
Rapproché
Élevé

● ANTONYME : Lent.

RAPIDEMENT
V. TÔT

RAPIDITÉ
V. VITESSE, HÂTE

RAPIÉCER
V. RACCOMMODER

RAPIÈRE
V. ÉPÉE

RAPINE

V. CAPTURE, VOL et BUTIN
Pillage
Brigandage
Exaction
Déprédation
Concussion

RAPPEL

1. Avertissement
Appel
Évocation
Souvenance
Mémoire

2. Mobilisation

3. Arriéré
Paiement

● ANTONYMES : 1. Oubli.
2. Démobilisation.

RAPPELER

1. V. APPELER

2. Retracer
Évoquer
Redire
Remémorer
Faire allusion
Citer
Commémorer
Rafraîchir la mémoire
Raviver le souvenir
Évoquer
V. CONTER

« *Se rappeler* » :
Se souvenir (de)
Se remémorer
Se ressouvenir
Reconnaître
Garder en mémoire
Conserver en mémoire
Retenir
Avoir encore présent
Remettre (*pop.*)

● ANTONYMES : 1. Chasser.
2. Oublier.

RAPPORT

1. Relation
Récit
Compte rendu
Exposé
Témoignage
Procès-verbal
Dire
Dénonciation
Description
Analyse
Bulletin
Fait
Narration
Histoire
Tableau

Expertise
Compte

2. Gain
Bénéfice
Fruit
Intérêt
Rendement
Revenu
Profit
Revenant-bon
Gratte (*fam.*)
Dividende
Annuité
Apport
Restitution
Succession

3. Liaison
Lien
Relation
Connexion
Correspondance
Connexité
Convenance
Corrélation
Analogie
Affinité
Ressemblance
Similitude
Parenté
Conformité
V. UNION
Concordance
Filiation
Accord
Cohérence
Harmonie
Ajustement
Communion
Causalité
Cause
Dépendance
V. RAPPROCHEMENT
Enchaînement
Conséquence
Effet
Proportion (*scient.*)
Raison (*id.*)

Prix (*id.*)
Échelle (*id.*)
Balance *(id.)*
Harmonie (*Bx-arts*

« *Par rapport à* » :
V. EN COMPARAISON

« *Sous le rapport de* » :
Angle
Aspect
Par tel ou tel côté
A tel ou tel égard

Spécialement « *Rapports sexuels* » :
Accouplement
Approche
Rapprochement
Union
Relations (amoureuses)
Liaison

« *Entrer en rapport, Être en rapport avec* » :
Accointance
Contact
Relation
Correspondance
Connaissance
Commerce
Communication

RAPPORTER

1. V. APPORTER
Redonner
Rendre
Restituer
Ramener
Remettre
Replacer
Ajouter

2. Donner
Produire
Gagner
Fructifier
Payer
Valoir

3. V. RACONTER, CITER et RÉPÉTER

4. V. ANNULER

5. Rattacher
Raccrocher
Rapprocher
Attribuer
Imputer
Reporter sur
Concentrer
Ramener
Diriger vers
Situer
Appliquer
Annexer
Lier
Relier

6. « *Se rapporter* » (1) :
Correspondre
S'appliquer
Cadrer avec
Remonter à
Concerner
Appartenir

7. « *Se rapporter* » (2) :
S'en remettre
Se reposer sur

● ANTONYMES : Emporter, Renvoyer, Enlever, Envoyer, Conserver, Garder, Coûter, Opposer.

RAPPROCHEMENT

1. Approche
Approchement (*anc.*)
Assemblage
Réunion
Proximité
2. Accommodement
Accord
Réconciliation
Association

Alliance
V. Union
V. Rapport
Comparaison
Parallèle
Amalgame

● Antonymes : 1. Éloignement.
2. Différenciation, Division, Rupture.

RAPPROCHER
V. Approcher et Joindre

RAPT
V. Enlèvement

RARE

Exceptionnel
Inhabituel
Inaccoutumé
Extraordinaire
Unique
Curieux
Clairsemé
Rarissime
Singulier
Introuvable
Maigre
Accidentel
Difficile
Insolite
Précieux
Inconnu
Remarquable
Exquis
Épique
V. Bizarre

● Antonymes : Commun, Fréquent, Banal, Ordinaire, Habituel, Général, Abondant, Nombreux, Pléthorique, Dense.

RARÉFACTION

Diminution
Épuisement

● Antonymes : Abondance, Condensation.

RARÉFIER

V. Réduire
Diminuer
S'éclaircir

RAREMENT

Quelquefois
Peu
Guère
Exceptionnellement

● Antonymes : Fréquemment, Souvent, Habituellement.

RARETÉ
V. Pénurie

RAS

1. Tondu
Rasé
Très court

2. V. Égal

3. V. Plein

4. V. Niveau

RASCASSE
Scorpène

RASER

1. V. Tondre

2. V. Ennuyer

3. V. Démanteler

4. V. Frôler

RASSASIER
V. Assouvir

RASSEMBLEMENT

V. Réunion
Agglomération
Groupe
Masse
Multitude
Troupe
Affluence
Concours
Queue
Attroupement
Manifestation
Meeting
Sit-in
Assemblée (*et* Assemblée générale)
Comice
Concentration
Regroupement
Forum
Ralliement
Rendez-vous
Jonction
Convergence
Rencontre
Fusion

● Antonymes : Dispersion, Éparpillement, Division, Dissémination, Distribution, Répartition.

RASSEMBLER

V. Assembler
Réunir
Unir
Grouper
Rallier

Concentrer
Masser
Ameuter
Attrouper
Amasser
Accumuler
Recueillir
V. JOINDRE
Codifier
Faire la synthèse de
Agglomérer
Combiner
Mélanger
Mêler
Entasser
Additionner
Conglutiner (*litt.*)
Amalgamer
Conglomérer
Consolider
Intégrer
Fondre
Apparier
Accoupler
Adjoindre
Ajouter
Incorporer
Attacher
Lier
Faire adhérer
Agencer
Epingler
Centraliser
Classer
Recueillir
Collectionner
Collecter
Capter
Cumuler
Concilier
Synthétiser
Associer
Aboucher
Asseoir (autour d'une table)
Coaliser
Fusionner
Rapprocher

● ANTONYMES : Disperser, Diviser, Désunir, Éparpiller, Parsemer, Couper, Disloquer, Fragmenter, Fractionner, Distribuer, Répartir, Dissoudre.

RASSÉRÉNER
V. APAISER

RASSIS

1. Dur
Vieux
Durci

2. *Au fig.* :
V. POSÉ

● ANTONYMES : Frais, Tendre, Chaud, Croquant.

RASSURER

V. CONSOLER
Tranquilliser
V. APAISER
Remettre en confiance

● ANTONYMES : Effrayer, Inquiéter, Menacer.

RATATINÉ

V. RABOUGRI
Démoli
Battu
Fichu (*fam.*)

RATATINER (SE)
V. RECROQUEVILLER (SE)

RÂTELIER

Bétail (râtelier à foin)
Armes (râtelier d')
Pipes (râtelier à)

Par extens. :
Dentier (*fam.*)

Au Fig. :
Manger (à tous les râteliers)

RATER
V. ÉCHOUER et MANQUER

RATIBOISER

S'approprier
Rafler
Voler
Prendre
Ruiner
Perdre
Étendre (*fam.*)
Ratisser (*fam.*)

RATIFICATION

V. APPROBATION
Autorisation
Homologation
Conclusion
Signature
Sanction

● ANTONYMES : Annulation, Dénonciation.

RATIFIER

V. APPROUVER et SANCTIONNER
Confirmer
Entériner
Signer
Parapher

RATIOCINER
V. RAISONNER

RATION
V. PORTION

RATIONNEL

Raisonnable
Sensé
Cohérent
Logique
Judicieux
Juste
Cartésien
Déductif

● ANTONYMES : Irration-
nel, Déraisonnable, Fou,
Mystique, Passionné, Em-
pirique.

RATIONNER

Mesurer
Répartir
Restreindre

RATISSER

1. V. GRATTER

2. *Fam.* :
V. RATIBOISER et RUINER

RATTACHER
V. RAPPORTER et ATTA-
CHER

RATTRAPER
V. REJOINDRE et REPREN-
DRE

RATURE

Correction
Rectification
Surcharge
Trait de plume
Biffure
Correction
Remords

RATURER
V. EFFACER

RAUQUE

Éraillé
Rude
Âpre
Enroué
Sourd
Guttural
Sauvage

● ANTONYME : Clair.

RAVAGE

V. PILLAGE
Dévastation
Dégât
Ruine
Destruction
Dommage
Bouleversement
Désolation
Désordre

RAVAGER

Dévaster
Saccager
Ruiner
Détruire
Anéantir
Annihiler
Pulvériser
Consumer
Défaire
Dévorer (*fig.*)
Désoler
Piller
Raviner
Bouleverser
Labourer
Gâter
Infester

Endommager
Abîmer gravement
Mettre à sac

RAVALEMENT

1. *Anc.* :
Avilissement
Bassesse
Dégradation
Dépréciation

2. Nettoyage
Ragrément *ou* Ragréeme.
Remise à neuf
Grattage
Crépi

RAVALER
V. ABAISSER

RAVAUDER
V. RACCOMMODER

RAVI
V. CONTENT

RAVIGOTER
V. RANIMER

RAVILIR
V. ABAISSER

RAVIN

Ravine
Val
Lit de rivière
Précipice
Vallon
Vallée
Accident de terrain
Entaille
Rigole
Cavité
Calanque
Fjord

Trouée
Passage
Renfoncement
Sillon
Crevasse
Combe

RAVINER

1. Creuser
Affouiller
2. V. RAVAGER

RAVIR

1. V. ENLEVER et APPRO-
PRIER (s')
2. V. CHARMER

RAVISSANT
V. CHARMANT

RAVISSEMENT

1. V. ENLÈVEMENT
2. Extase
Délectation
Transport
Enchantement
Charme
Admiration
Contentement
Bonheur
Joie
Exaltation
Excitation
● ANTONYME : 2. Déplaisir.

RAVITAILLEMENT
V. APPROVISIONNEMENT

RAVITAILLER

Approvisionner
Réapprovisionner

Nourrir
Fournir
Munir
Pourvoir
Assurer la subsistance de
Réassortir

RAVIVER
V. RANIMER

RAVOIR

Recouvrer
Récupérer (*fam.*)
Reprendre

RAYER

1. Érafler
Strier
Hachurer
Entamer
Couper
2. Barrer
Biffer
Raturer
Bâtonner
Zébrer
Radier
V. EFFACER

● ANTONYMES : 2. Écrire,
Inscrire.

RAYON (1)

1. Rai
Trait
Jet
Soleil
Reflet
Faisceau
Réfraction
Lumière
Éclat
Rayonnement

Radiation
Ultraviolet
Infrarouge
2. Lueur
Apparence

RAYON (2)

1. Rayonnage
Étagère
Tablette
Planche
Degré
Tasseau
2. Domaine
Partie
District
Ressort
Portée
Compétence

RAYONNANT

1. Radiant
En étoile
2. V. RADIEUX

RAYONNEMENT

1. Irradiation
Propagation
Diffusion
Émission
Radiation
Rayons
Lumière
Clarté
2. Influence
Gloire
Bonheur
Joie
Satisfaction
Prestige

RAYONNER

Irradier
Répandre
Éclairer
Briller
Se propager
Émaner
Radier
Éclater
Développer
Se disperser
Se manifester

RAYURE
V. Raie

RAZ DE MARÉE
V. Tempête

RAZZIA
V. Incursion, Pillage, Rafle

RÉACCOUTUMER

Réhabituer
Réadapter
Refamiliariser (se)

RÉACTION

1. Opposition
Résistance
Défense
Répercussion
Réplique
Retour
Écho
Effet
Conséquence
Contrecoup
Réponse
Réflexe
Comportement
Attitude
2. Contre-révolution
Droite réactionnaire

RÉACTIONNAIRE

Conservateur
Ultra
Clérical
Intégriste
Rétrograde
Fasciste
Réac (*fam.*)
Réacteur (*anc.*)
De droite

● ANTONYMES : Progressiste, Novateur.

RÉACTIVER
V. Ranimer

RÉADAPTER
V. Réaccoutumer

RÉAGIR

1. V. Résister

2. Répondre
Se comporter
Sursauter

● ANTONYMES : Se laisser aller, Rester impassible.

RÉALISABLE
V. Faisable

RÉALISATEUR

Exécuteur
Metteur en scène
Metteur en ondes

RÉALISATION

Exécution
Acte
Effectuation
Création
Application
Production
Œuvre
Achèvement
Aboutissement
Mise en œuvre

Spécialement (dr.) :
Liquidation

Spécialement (Radio, télévision, cinéma) :
Mise en ondes
Mise en images
Mise en scène

RÉALISER

1. V. Accomplir

2. V. Comprendre

RÉALISME

Naturalisme
Crudité
Pragmatisme
Opportunisme
Bon sens
Cynisme
Matérialisme

● ANTONYMES : Irréalisme, Idéalisme.

RÉALITÉ

Existence
Évidence
Être
Réel (*subst.*)
Fait
Matérialité
Nature
Vérité
Exactitude

« *En réalité* » :
Au fond

En fait
En effet
Réellement

● ANTONYMES : Apparence, Illusion, Fausseté, Duperie, Rêve, Vision, Ombre, Possible, Chimère, Fiction, Image, Conte.

RÉANIMER
V. RANIMER

RÉAPPARAÎTRE

Reparaître
Récidiver
Renaître
Revenir
Affleurer
Faire surface
V. APPARAÎTRE et PARAÎTRE

● ANTONYME : Disparaître.

RÉAPPARITION
V. RETOUR

RÉAPPROVISIONNER
V. RAVITAILLER

RÉASSORTIR, RASSORTIR
V. RAVITAILLER

RÉBARBATIF

Rebutant
Repoussant
Revêche
Hargneux
Dur
Brusque
Disgracieux
Farouche
Rude

V. ACARIÂTRE
Aride
Ennuyeux
Ingrat

● ANTONYMES : Engageant, Aimable, Séduisant.

REBÂTIR

Reconstruire
Relever
Réédifier

● ANTONYME : Abattre.

REBATTU

Usé
Trivial
Commun
Banal
Ordinaire
Connu
Vulgaire

REBELLE

Dissident
Révolté
Insurgé
Insubordonné
Insoumis
Séditieux
Factieux
Mutin
Révolutionnaire
Réfractaire
Indomptable
Rétif
Regimbeur (*fam.*)
Récalcitrant
Indisciplinable
Indocile
Désobéissant

Résistant
Indiscipliné

2. Opposé
Fermé
Récalcitrant

● ANTONYMES : Docile, Soumis, Discipliné, Obéissant.

REBELLER (SE)
V. RÉVOLTER (SE)

RÉBELLION
V. RÉVOLTE

REBIFFER (SE)
V. RÉVOLTER (SE)

REBONDIR

Rejaillir
V. BONDIR et SAUTER

REBORD
V. BORDURE

REBOURS (A)

À contresens
À contre-courant
À contre-poil
À rebrousse-poil
À contre-pied
À l'envers
En arrière
À l'encontre de
À l'inverse de
À l'opposé de
Au contraire de

REBOUTEUX

Rebouteur
V. GUÉRISSEUR

REBROUSSE-POIL (À)
V. À REBOURS

REBUFFADE

V. REFUS
Vexation
Mépris

RÉBUS

Énigme
Devinette
Charade

REBUT

1. V. DÉCHET

2. *Au fig.* :
Lie
Écume
Le fond du panier
Racaille

« *Mettre au rebut* » :
Mettre au rancart
Écarter
Dédaigner
Jeter

REBUTER

V. REPOUSSER

« *Se rebuter* » :
V. SE DÉCOURAGER

RÉCALCITRANT
V. INDOCILE

RECALER

Refuser
Coller *(arg. scolaire)*
Ajourner

● ANTONYMES : Recevoir,
Admettre.

RÉCAPITULATION

Inventaire
Sommaire
Abrégé
Rappel
Répétition
Reprise
Mise en ordre

RÉCAPITULER
V. RÉSUMER

RECELER
V. CACHER et CONTENIR

RÉCEMMENT

Dernièrement
Naguère
Depuis peu
Nouvellement
Fraîchement

● ANTONYME : Anciennement.

RECENSEMENT

V. DÉNOMBREMENT
Conscription
Appel

RÉCENT

Nouveau
Neuf
Frais
Jeune
Dernier
Tout chaud
Moderne
Inédit

● ANTONYMES : Ancien,
Vieux.

RÉCÉPISSÉ
V. REÇU

RÉCEPTACLE

Récipient *(fig.)*
Réservoir

RÉCEPTION

1. V. ACCUEIL

2. Cérémonie
Gala
Fête
Soirée
Garden-party
Collation
Dîner
Buffet froid
Cocktail
Bal
V. REPAS

RÉCESSION

Crise
Dépression
Reflux

● ANTONYMES : Boum,
Prospérité.

RECETTE

1. V. PRODUIT
V. RENDEMENT
Revenu
Rentrée
Bénéfice
Gain
Boni

2. Formule
Procédé
Secret
Truc (*fam.*)
Moyen

● ANTONYMES : Perte, Dépense, Débours, Sortie d'argent.

RECEVABLE

Valable
Admissible
Acceptable

● ANTONYMES : Inadmissible, Irrecevable, Inacceptable.

RECEVEUR

Préposé à la recette (transports

Spécialement (méd.) : Universel (receveur de sang)

● ANTONYME : Donneur (*spéc. méd.*)

RECEVOIR

1. Acquérir
Encaisser
Percevoir
V. TOUCHER
Réceptionner
Obtenir
Avoir
Être mis en possession
Tirer
Emprunter
Hériter
Tenir
Contenir

Empocher
Recueillir

2. Attraper
Prendre
Subir
Éprouver
Souffrir
Essuyer
Être atteint par
Être l'objet de
Trinquer
Écoper
Récolter (*fam.*)

3. Laisser entrer
Faire entrer
Accueillir
Introduire
Traiter
Héberger
Donner une réception
Réserver un accueil
Inviter
Convier
Admettre à sa table
Régaler (*fam.*)
Tenir table ouverte
Faire les honneurs
Festoyer
Restaurer
Pendre la crémaillère

4. Agréer
Accepter
Admettre
Reconnaître
Croire

● ANTONYMES : Envoyer, Donner, Adresser, Offrir, Transmettre, Payer, Débourser, Léguer, Frapper, Esquiver, Refuser, Exclure.

RECHANGE
Remplacement

RÉCHAPPER
V. ÉCHAPPER

RECHARGE
Cartouche
(d'encre, d'un produit, etc.)

RÉCHAUD

Brasero
Brûleur
Fourneau
Feu
Chaufferette
Bassinoire
Chauffe-plats

RÉCHAUFFER

Tiédir
Attiédir
Échauffer
Chauffer
Dégeler
Déglacer

Au fig. :
V. RANIMER

● ANTONYME : Refroidir.

RÊCHE
V. RUDE et RUGUEUX

RECHERCHE

1. Enquête
Quête
Prospection
Fouille
Instruction
Information
Inquisition (*anc.*)
Perquisition
Visite domiciliaire
Étude
Examen
Investigation
Approfondissement

Spéculation
Tentative
Effort
Travail
Observation
Expérience
Dissection (*fig.*)
Revue
Tâtonnement
Poursuite
Exploration

2. V. FINESSE
V. AFFECTATION

RECHERCHÉ

Rare
À la mode
Adulé
Couru
Entouré

Péj. :
Affecté
Étudié
Raffiné
Soigné
Travaillé

RECHERCHER

1. V. CHERCHER
Prospecter
Compulser
Analyser
Examiner
Déterminer
Étudier
Approfondir
Vérifier

2. Poursuivre
Viser
Briguer
Courir après
Ambitionner

Solliciter
Aimer
Quêter

3. Perquisitionner
Enquêter
Pourchasser

● ANTONYMES : 2. Éviter,
Fuir.

RECHIGNER

Renâcler
Tiquer
Résister
Rouspéter
Bouder
Grogner
Chigner (*fam.*)
Renifler sur (*fam.*)
Répugner à
S'exécuter de mauvais gré,
Faire des (façons, manières
histoires) pour

RECHUTE

Nouvel accès
Récidive
Aggravation

RÉCIDIVE
V. RECHUTE

RÉCIDIVER
V. REFAIRE

RÉCIDIVISTE

Repris de justice
Cheval de retour

RÉCIF
V. ÉCUEIL

RÉCIPIENDAIRE

Impétrant
Promu

RÉCIPIENT

Vase
Pot
Auge
Bac
Bocal
Boîte
Plat
Réservoir
Seau
Cuve
Tonneau
Cendrier
Réceptacle
Pièce de vaisselle

RÉCIPROQUE

Mutuel
Partagé
Bilatéral (*dr.*)
Synallagmatique (*dr.*)
Inverse (*math.*)

Subst. :
Pareil (*subst.*)
Revanche
Échange
Représailles
Réciprocité
Correspondance
Identique (*subst.*)
Solidarité
Réponse

RÉCIPROQUEMENT

L'un... l'autre
Mutuellement

Entre
En retour
En revanche
Par compensation
À charge de revanche
Un prêté pour un rendu
Vice versa

RÉCIT

V. RAPPORT
Conte
Fable
Historique
Légende
Odyssée
Mythe
Chronique
Annales
Mémoire
Nouvelle
Anecdote
Épisode
Racontar
On-dit

RÉCITAL
V. CONCERT

RÉCITATIF

Déclamation
Chant
Mélopée
Solo
Mélodie parlée

RÉCITER

Déclamer
Lire
Prononcer
Débiter
Psalmodier

RÉCLAMATION
V. PÉTITION et PROTES-
TATION

RÉCLAME
V. PUBLICITÉ

RÉCLAMER

1. Demander
Redemander
Solliciter
Exiger
Revendiquer
Requérir
Vouloir
Appeler
Commander
Crier
Prétendre
Contester
Prescrire
Avoir besoin
Supposer
Nécessiter

2. Récriminer
Se plaindre
Protester
Se récrier

« *Se réclamer* » :
Se recommander (de)
Invoquer la caution de

● ANTONYME : Donner.

RECLURE
V. ENFERMER

RÉCLUSION
V. EMPRISONNEMENT

RECOIN

V. COIN
Compartiment
Repli
Partie cachée

RECOLLER

Raccommoder (*ou* Répa-
rer) en collant

« *Se recoller* » :
Se cicatriser
Se refermer

● ANTONYME : Décoller.

RÉCOLTE

1. Moisson
Ramassage
Levée
Vendange
Fenaison
Cueillette
Arrachage
Glandée
Olivaison
Coupe
Cueillage
Cueillaison
Fauche
Glane
Glanage
Rentrée

2. *Au fig.* :
V. RENDEMENT
Butin
Gain

RÉCOLTER

1. Moissonner
Vendanger
Cueillir
Faucher
Couper
Glaner
Rentrer
Grappiller
Recueillir
Ramasser
Butiner

2. *Au fig.* :
V. GAGNER

● ANTONYME : Semer.

RECOMMANDABLE
V. ESTIMABLE et HONNÊTE

RECOMMANDATION

1. V. APPUI et PROTECTION

2. Conseil
Avis
Avertissement
Exhortation
Commandement
Ordre

RECOMMANDER

1. V. PATRONNER

2. V. PRÉCONISER

3. Conseiller
Commander
Exhorter
Avertir

« *Se recommander* » :
Se réclamer (de)
Invoquer la caution de
Solliciter la protection de

● ANTONYMES : Condamner, Déconseiller.

RECOMMENCEMENT

Reprise
Retour
V. RENAISSANCE, RECRUDESCENCE et RÉPÉTITION

RECOMMENCER
V. REFAIRE

RÉCOMPENSE

1. Prix
Paiement
Prime
Bénéfice
Gratification
V. RÉTRIBUTION
Rémunération
Pourboire
Médaille
Décoration
Diplôme
Accessit
Couronne
Bon point
Citation
Mention
Satisfecit

2. *Anc.* :
V. COMPENSATION

● ANTONYMES : Punition, Châtiment, Peine.

RÉCOMPENSER

Rémunérer
Primer
Couronner
Gratifier
V. PAYER
Décorer
Rétribuer

RÉCONCILIER

Rapprocher
Réunir
Raccommoder
Accorder
Concilier
Rabibocher (*fam.*)
Replâtrer

« *Se réconcilier* » :
Renouer

Se rajuster
Se pardonner
Signer, Faire la paix
Reprendre des relations

● ANTONYMES : Diviser, Désunir, Brouiller; Se fâcher.

RECONDUCTION

Renouvellement
Confirmation
Prorogation

RÉCONFORT

Aide
Soutien
Appui
Consolation
Fortifiant
Secours

● ANTONYME : Découragement.

RÉCONFORTER
V. CONSOLER

RECONNAISSANCE

1. Aveu
Confession
Acception

2. Examen
Investigation
Recherche
Inspection
Exploration
Découverte
Observation

3. V. REÇU
Légitimation

4. V. GRATITUDE

● ANTONYMES : Désaveu, Négation, Refus.

RECONNAÎTRE

1. Identifier
Se rappeler
Se souvenir
Remettre
Distinguer

2. V. AVOUER
Admettre
Convenir
Tomber d'accord
Accorder
Entendre bien
Se rendre à l'évidence
Concéder
Constater
Confesser
Tenir pour vrai
Découvrir
Discerner
Distinguer

3. Explorer
Tâter le terrain
Battre la campagne
Sonder
Examiner

4. V. RÉCOMPENSER

● ANTONYMES : 1. Oublier, Confondre.
2. Nier, Contester, Refuser, Douter.

RECONNU

Notoire
Public
Indiscuté
Avéré

● ANTONYMES : Caché, Clandestin, Secret.

RECONSTITUANT
V. FORTIFIANT

RECORD
V. PERFORMANCE

RECOURBÉ

V. COURBE
Aquilin
Crochu

● ANTONYME : Droit.

RECOURIR

Faire appel
Avoir recours à
Demander aide
S'adresser
Passer par
Se pourvoir
Appeler

RECOURS

1. V. APPEL

2. V. RESSOURCE

RECOUVREMENT

Récupération
Encaissement
Perception
Contribution
Recette

RECOUVRER

Ravoir
Récupérer

Reprendre
Retrouver
Rattraper
V. TOUCHER
Regagner
Reconquérir
Ressaisir

RECOUVRIR

1. V. COUVRIR
2. Cacher
Masquer

RÉCRÉATIF

Divertissant
Amusant
Délassant

● ANTONYME : Fastidieux.

RÉCRÉATION

Délassement
Détente
Pause
Repos
Divertissement
Temps libre
Temps de repos
Jeu
Amusement
V. RÉJOUISSANCE

● ANTONYME : Travail.

RÉCRIER (SE)
V. PROTESTER

RÉCRIMINATION
V. REPROCHE

RÉCRIRE

V. COPIER
Recomposer

RECROQUEVILLÉ
V. Rabougri et Petit

RECROQUEVILLER (SE)

Se replier
Se rétracter
Se ratatiner
Se racornir
Se resserrer
Se contracter
Se rétrécir
Se ramasser
Se tasser
S'étrangler
Se rabougrir
Se vriller
Rapetisser
V. Diminuer
S'amenuiser
Raccourcir
Se condenser

● Antonymes : S'étirer, S'épanouir.

RECRU
V. Las

RECRUDESCENCE

Regain
Reprise
Retour
Renforcement
Renouvellement
Progression
Augmentation
Accroissement
Redoublement
Exacerbation
Aggravation

● Antonymes : Accalmie, Affaiblissement.

RECRUE

1. V. Soldat

2. V. Membre et Partisan

RECRUTER
V. Engager

RECTIFICATION

Correction
Modification
Rectificatif (subst.)
Amélioration
Réserve
Mise au point
Note
Alésage (techn.)

RECTIFIER

Rendre droit
Aligner
V. Corriger
Mettre au point
Terminer
Rétablir
Modifier
Rendre exact
Remanier
Retoucher
Réviser
Raboter
Distiller (chimie)
Épurer ((chimie)
Purifier
V. Parfaire et Raccommoder

● Antonymes : Altérer, Déformer.

RECTILIGNE

Direct
Droit

● Antonymes : Courbe, Curviligne.

RECTITUDE

Droiture
Rigueur
Fermeté

● Antonyme : Duplicité.

RECTO

Endroit
Première page
Premier côté
Bon côté

● Antonymes : Verso, Envers.

REÇU

Récépissé
Acquit
Quittance
Quitus
Reconnaissance
Décharge

RECUEIL
V. Collection

RECUEILLEMENT

Méditation
Contemplation
Concentration
Réflexion

● Antonymes : Dissipation, Agitation.

RECUEILLIR

1. V. Récolter
2. V. Recevoir
3. V. Assembler

RECUL

Reculade
Reflux
Repli
Rétrogradation
Rétrogression
Régression
Retraite
Reculement (*anc.*)
Éloignement
Dérive
Retour
Dégringolade
Reculée

● ANTONYMES : Avance, Approche, Progression, Percée.

RECULADE

V. RECUL
Dérobade
Abandon
Lâchage

RECULER

1. V. ALLER (EN ARRIÈRE)
Rétrograder
Refluer
Se replier
Battre en retraite
Perdre du terrain
Décrocher
Fléchir
Céder
Flancher
Foirer (*pop.*)
Caler (*pop.*)
Caner (*pop.*)
Abandonner
Se dérober
Tergiverser

Faire machine arrière
Hésiter
Temporiser
2. V. RETARDER et REPOUSSER
Reporter plus loin
Éloigner
Différer
Ajourner

● ANTONYMES : 1. Avancer, Progresser, Approcher, Tenir, Résister, Rester.
2. Se déterminer, Se décider.

RECULONS (À)
À l'envers

RÉCUPÉRER

V. RECOUVRER
Capter
Tirer profit

RÉCURER
Nettoyer

RÉCUSER
V. REPOUSSER
« *Se récuser* » :
Fuir ses responsabilités
Refuser d'assumer
Affirmer son incompétence

RÉDACTEUR
V. JOURNALISTE

RÉDACTION

V. TEXTE
Composition
Formulation
Établissement
Libellé
Narration
Dissertation

Rédigé
Devoir sur table
Commentaire de texte

REDDITION
V. CAPITULATION

RÉDEMPTEUR
Sauveur

RÉDEMPTION
V. RACHAT

REDEVANCE

1. Dette
Charge
Rente
Affranchissement
2. Impôt
Contribution
Taxe
Droit

RÉDIGÉ
V. RÉDACTION

RÉDIGER
V. ÉCRIRE

REDINGOTE

Tunique
Jaquette
Habit
Lévite

REDIRE

1. V. DIRE et RÉPÉTER
2. V. CRITIQUER et RÉPRIMANDER

REDITE

V. RÉPÉTITION et RABÂCHAGE

827

Lieu commun
Cliché
V. PLÉONASME

REDONDANCE

Verbiage
Enflure
V. RÉPÉTITION
Surabondance
Superfluité
Amplification
Excès

REDONDANT

Ampoulé
Bavard
Verbeux
Enflé
Abondant
Surabondant
Excessif
Superflu
Diffus

● ANTONYMES : Concis,
Sobre.

REDONNER

V. DONNER
Rendre
Restituer
Remettre
Rétrocéder
Refiler (*pop.*)
Repasser (*fam.*)
Renvoyer
Ramener
Retourner
Rembourser
S'acquitter
Rapporter
Revaloir

● ANTONYMES : Reprendre, Garder, Conserver.

REDOUBLEMENT
V. RECRUDESCENCE et RÉPÉTITION

REDOUBLER

V. AUGMENTER
Doubler

REDOUTABLE
V. TERRIBLE

REDOUTER
V. CRAINDRE

REDRESSER
V. RECTIFIER

RÉDUCTIBLE
Simplifiable

RÉDUCTION

1. Soumission

2. Modèle réduit
Copie réduite
Maquette
Miniature

3. V. DIMINUTION

● ANTONYME : Agrandissement.

RÉDUIRE

1. V. OBLIGER, BRISER,
DÉTRUIRE et SOUMETTRE

2. V. DIMINUER

RÉDUIT   (1)

Minime
Maigre

Limité
Restreint
Ralenti
V. PETIT

RÉDUIT   (2)

V. PAVILLON
Cagibi (*fam.*)
Soupente
Cabinet
Cabine
Mansarde
Chambrette
Local exigu
Niche
Recoin
Alcôve
V. REMISE

RÉEL

1. V. RÉALITÉ

2. Existant
Effectif
Palpable
Tangible
Concret
Positif
Patent
Visible
Physique
Matériel
Solide
Sérieux
Certain
Authentique
Historique
Exact
Véritable
Juste
Vrai

● ANTONYMES : 2. Irréel,
Inexistant, Imaginaire, Inventé, Idéal, Fictif, Faux,
Virtuel, Illusoire.

RÉEXPÉDIER

Retourner
Renvoyer
Faire suivre

REFAIRE

1. Recommencer
Répéter
Renouveler
Refondre
Transformer
Modifier
Changer
Corriger
Réitérer
Se remettre à
Revenir
2. V. RÉPARER
3. V. TROMPER

RÉFECTOIRE

Cantine
Salle à manger
Demi-pension
Mess
Popote (*pop.*)

RÉFÉRÉ

Recours

RÉFÉRENCE

Renvoi
Note
Report
Indication
Certificat
Recommandation
Source

RÉFÉRENDUM ou RE-
FERENDUM
V. VOTE

RÉFÉRER

« *Se référer* » :
Se rapporter
Se fonder
Se baser
Faire porter sur
S'appuyer sur
Renvoyer à
Revenir
Invoquer
Prendre comme référence
Se reporter
Rappeler à la mémoire
« *En référer* » :
Rapporter
Informer
Transmettre
Soumettre

RÉFLÉCHI
V. POSÉ et PRUDENT

RÉFLÉCHIR

1. Renvoyer
Refléter
Répercuter
Réverbérer
Briller
Luire
Répéter
Reproduire
2. V. PENSER

REFLET

1. V. RÉFLEXION
Éclat
Miroitement
Rayon
Irisation
Chatoiement
Moirure
V. LUMIÈRE

2. Image
Reproduction
Pendant
Écho
Imitation

REFLÉTER

1. V. RÉFLÉCHIR
Se mirer
Briller
2. Reproduire
Représenter
Indiquer

RÉFLEXE

Automatisme
Réaction immédiate

RÉFLEXION

1. Réfraction
Réverbération
Écho
V. RAYONNEMENT
2. V. PENSÉE et ATTENTION

REFLUER
V. REVENIR

REFLUX

1. Baisse des eaux
Marée basse
Jusant
Perdant
Èbe *ou* Ebbe
Mascaret

2. V. RECUL

REFONDRE

1. V. FONDRE
2. V. REFAIRE

RÉFORMER
V. CORRIGER

REFOULER

1. V. CHASSER, POUSSER et REPOUSSER
2. *Au fig.* :
Rentrer
Réprimer
Comprimer
Contenir
Étouffer
Brider
Retenir
Refréner *ou* Réfréner
Dissimuler
Contraindre
Modérer
Rejeter
Éliminer
Enrayer
● ANTONYMES : 2. Défouler, Exprimer, Extérioriser, Assouvir, Exciter.

RÉFRACTAIRE
V. REBELLE

REFRAIN

V. CHANSON
Rengaine
Leitmotiv
V. RÉPÉTITION

REFRÉNER ou RÉFRÉNER

V. DIMINUER et CONTRAINDRE

RÉFRIGÉRATEUR

Frigidaire *(marque déposée)*
Frigorifique
Frigorigène (adj.)
Frigorifère (id.)
Chambre froide
Glacière
Congélateur
Chambre froide
Glacière
Freezer

RÉFRIGÉRER
V. FRIGORIFIER et REFROIDIR

REFROIDIR

1. V. FRIGORIFIER
Attiédir
Tiédir
Rafraîchir
Froidir

2. Décourager
Diminuer
Fâcher

● ANTONYMES : Chauffer, Enflammer.

REFROIDISSEMENT

1. Attiédissement *(litt.)*
Réfrigération
Congélation
Abaissement (*ou* Chute) de la température

2. Grippe
Rhume
Coup de froid
Indisposition

● ANTONYMES : Réchauffement, Adoucissement.

REFUGE

1. V. ABRI

2. *Au fig.* :
V. RESSOURCE et APPUI

REFUS

Fin de non-recevoir
Rejet
Abandon
Récusation
Inacceptation
Protestation
Veto
Résistance
Dénégation
Rebuffade
Dédit
Désaveu
Démenti
Contestation
V. EXCLUSION

● ANTONYMES : Acquiescement, Acceptation, Accord, Agrément, Autorisation, Consentement.

REFUSER

Dire non
Opposer son refus
Contester
Nier
Dénier
Récuser
V. REPOUSSER
V. RÉVOLTER (SE)
Décliner
Mettre en doute
Éconduire
Défendre
Interdire
Consigner
S'opposer

Écarter
V. RECALER
Rétracter
Désavouer
Aller à l'encontre
Se dédire
Abandonner
« *Se refuser* » :
S'interdire
S'abstenir
Se priver

● ANTONYMES : Acquiescer, Accorder, Autoriser, Offrir.

RÉFUTER

Détruire
Objecter
Combattre
Répondre à
Repousser
S'opposer
Se défendre
V. CONTREDIRE

● ANTONYMES : Confirmer, Soutenir.

REGAGNER

1. V. RECOUVRER

2. Retourner
Revenir

REGAIN
V. RECRUDESCENCE

RÉGAL

1. V. FESTIN
2. V. PLAISIR

RÉGALER
Offrir
« *Se régaler* » :
Déguster

Festoyer
V. SE DÉLECTER

REGARD

1. Œil
Coup d'œil
Œillade
Vue
Clin d'œil
Prunelle
Vision
2. V. ATTENTION
« *Au regard de* » :
En ce qui concerne
Par rapport à
« *En regard* » :
Vis-à-vis
En face
Ci-contre
À côté

REGARDANT
V. AVARE

REGARDER

1. V. VOIR
Considérer
Examiner
Contempler
Inspecter
Observer
Scruter
Mirer (*anc.*)
Aviser
S'appliquer à voir
Attacher son regard
Poser son regard
Coller son regard
Coller ses yeux
Fixer ses yeux
Jeter un coup d'œil
Parcourir
Promener son regard
Appuyer son regard

Ne pas quitter des yeux
Reposer ses yeux sur
Couver des yeux
Diriger son regard vers
Lever les yeux
Reluquer (*pop.*)
Viser (*fam.*)
Zieuter *ou* Zyeuter (*pop.*)
Ribouler (*arg.*)
Aviser
Consulter
Dévisager
Lorgner
Narguer
Braver
Dévorer des yeux
Convoiter
Toiser
Épier
Guetter
Laisser planer son regard
2. *Au fig.* :
Considérer
Examiner
Envisager
Rechercher
Avoir en vue
Prendre pour point de mire.
Estimer
Juger
Réputer (tenir pour)
Passer pour
Trouver
Croire
3. V. CONCERNER
4. *Au fig.* :
Faire attention
Considérer attentivement
Tenir compte de
Hésiter
Réfléchir longuement
Tenir ses sous
Compter
Faire des économies
Se méfier
Se garder

● ANTONYMES : Fermer les yeux, Être indifférent, Détourner les yeux, Baisser les yeux.

RÉGATE

Course
Yachting

RÉGÉNÉRATION

1. V. RENAISSANCE
2. Reconstitution

RÉGÉNÉRER
V. CORRIGER

RÉGENTER
V. DIRIGER et COMMANDER

RÉGIE

Administration
Économat

REGIMBER

1. V. RUER
2. V. RÉSISTER

RÉGIME
V. GOUVERNEMENT

RÉGIMENT

1. V. TROUPE
2. V. MULTITUDE

RÉGION
V. PAYS

RÉGIR
V. DIRIGER

RÉGISSEUR

Administrateur
Gestionnaire
Gérant
Intendant
Agent d'affaires
Homme d'affaires
Directeur

REGISTRE

Cahier
Répertoire
Agenda
Livre (de comptes)
Grand livre
Calepin
Carnet
Journal
Album
Protocole
Procès-verbaux
Cadastre
État
Écrou
Échéancier
Minutier
Bloc-notes
Rôle
Livret

RÈGLE

1. Réglette
Réglet
Té
Vernier
Décimètre
Carrelet
Lignomètre
Typomètre
Composteur

Comparateur
Équerre

2. V. RÈGLEMENT
Coutume
Habitude
Usage
Ordre
Norme
V. LOI
Convention
Formule
Principe
Morale
Ligne
Bienséance
Système
Commandement
Maxime
Précepte
Discipline
Méthode
Base

3. V. MENSTRUES

RÉGLÉ

1. V. RÉGULIER

Ordonné
Mesuré
Organisé
Uniforme
Fixe (*ou* fixé)
Systématique
Méthodique
Exact
Rangé
Sage
Calculé
Déterminé
Décidé

2. Terminé
Résolu
Tranché
Dit

● ANTONYME : Déréglé.

RÈGLEMENT

1. V. RÈGLE et LOI

Décret
Arrêté
Ordonnance
Code
Statut
Réglementation
Prescription
Charte
Constitution
Canon
Dogme
Évangile
Grammaire
Orthographe
Protocole
Étiquette
Cérémonial
Décorum
Convention
Définition
Consigne

2. V. DÉCISION

3. Accord
Arrangement
Arbitrage
Conclusion

4. Solde
Acquittement
Arrêté
V. PAIEMENT et REMBOUR-
SEMENT

● ANTONYME : Dérègle-
ment.

RÉGLEMENTAIRE

Conforme
Valable
Valide
V. RÉGULIER

RÉGLEMENTATION

Aménagement
Fixation
Taxation
Codification

RÉGLEMENTER
V. RÉGLER

RÉGLER

1. V. RÉGLEMENTER
Modérer
Mesurer
Harmoniser avec
Modeler sur
Conformer à
Accorder avec
Gouverner
Dicter
Présider à
Assujettir

2. Décider
Déterminer
Fixer
Organiser
Aménager
Doser
Convenir de
Arrêter
Hiérarchiser

3. V. RÉSOUDRE et FINIR

4. V. PAYER et REMBOUR-
SER

● ANTONYMES : Dérégler,
Déranger.

RÉGNER

1. V. GOUVERNER

2. V. DOMINER

REGORGER
V. ABONDER

RÉGRESSION
V. RECUL

REGRET

1. V. CHAGRIN
Nostalgie
Soupir
Doléance
Lamentation
Plainte

2. V. REPENTIR

3. Déplaisir
Déception
Contrariété
Peine
Répugnance
Excuse

● ANTONYMES : Satisfac-
tion, Consolation.

REGRETTABLE
V. DÉSAGRÉABLE et PITO-
YABLE

REGRETTER

1. V. PLEURER

2. Se Repentir
Avoir des remords
Se reprocher
Déplorer
S'en vouloir
Désapprouver
Être mécontent
Être désolé
Être navré
Être peiné
Être au regret de
Demander pardon
S'excuser (*ou* Prier d'ex-
cuser)

● ANTONYMES : 1. Se ré-
jouir.
2. Se féliciter, S'obstiner.

RÉGULARISER

Mettre en règle
Organiser

RÉGULARITÉ

Conformité
Proportion
Symétrie
Harmonie
Unité
Égalité
Homogénéité
V. Règle
V. Exactitude
Constance
Assiduité

● antonymes : Irrégularité, Inégalité.

RÉGULIER

1. Normal
V. Réglementaire
En règle
Permis

2. Uniforme
Mesuré
Égal
Homogène
Harmonieux
Ordonné
Géométrique
Symétrique
Cadencé
Monotone
Suivi

3. Correct (*fam.*)
Fair-play
De parole
Réglo (*pop.*)
Régul (*arg.*)
Scrupuleux

4. Constant
Habituel
Périodique
Fréquent
Fixe
Exact
Assidu
Ponctuel
V. Réglé

● antonymes : 1. Irrégulier, Illégal, Interdit.
2. Inégal, Difforme, Asymétrique.
4. Exceptionnel, Rare, Intermittent.

RÉHABILITER

Rétablir dans ses droits
Rendre l'estime
Innocenter
Laver
Blanchir
Absoudre
Pardonner
Excuser

« *Se réhabiliter* » :
V. Racheter (se)

● antonymes : Diffamer, Salir, Flétrir; Déchoir.

REHAUSSER

1. V. Hausser

2. Faire valoir
Faire ressortir
Embellir
Ennoblir
Revaloriser
Relever
Illustrer
Agrémenter
Assaisonner

Épicer
V. Vanter

● antonymes : Rabaisser, Déprécier, Ternir.

REIN (S)

V. Dos
Lombes
Ensellure
Râble
Rognons

Au fig :
Coup de reins
Avoir les reins solides
Casser les reins.

RÉINCARNATION

Incarnation
Renaissance
Métempsycose
Palingénésie

REINE

Souveraine
Impératrice
Dame
Douairière
Déesse
Miss (*néol. : fam.*)
Maîtresse

RÉINTÉGRER

V. Rétablir et Réhabiliter

RÉITÉRER
V. Refaire et Répéter

REJAILLIR

1. V. JAILLIR

2. Retomber sur

REJET

1. V. REJETON

2. Éjection
Évacuation
Excrétion
Renvoi

3. V. REFUS

● ANTONYME : Assimilation.

REJETER

1. V. JETER et POUSSER

2. V. REPOUSSER et REFU-SER

3. V. VOMIR

REJETON

1. Rejet
Bourgeon
Jet
Pousse
Bouture
Cépée
Drageon
Branche
Coulant
Œilleton
Scion
Talle
Tendron
Brocoli

2. Enfant

V. FILS
Descendant

REJOINDRE

V. JOINDRE
Rattraper
Atteindre
Gagner
Regagner
Rallier

● ANTONYMES : Disjoindre, Séparer, Distancer, Déserter.

RÉJOUI
V. GAI

RÉJOUIR

V. AMUSER

« Se rejouir » :
Se délecter
S'amuser
Jubiler
Être gai (ou joyeux, ou heureux)
Applaudir
Se féliciter
Avoir la fierté

● ANTONYMES : Se lamenter, Déplorer.

RÉJOUISSANCE

V. RÉCRÉATION
Liesse
Plaisir
Fête
Agape
Noce
V. FESTIN
Jubilation
Joie

● ANTONYMES : Travail, Tristesse, Deuil.

RELÂCHE

1. Relâchement

V. REPOS
Diminution
Ralentissement
Cessation
Intermittence
Suspension
Fermeture
Interruption

2. V. ÉTAPE et PORT

● ANTONYMES : Continuité, Assiduité, Reprise.

RELÂCHEMENT

V. RELÂCHE
Relaxation
Décontraction
Prolapsus
Affaiblissement
Abandon
Alanguissement
Laisser-aller
Délassement
Négligence
Écart de conduite
Débauche
Dévergondage
V. RELAXE

● ANTONYMES : Tension, Ardeur, Effort, Attention.

RELAIS

Halte
Poste
Arrêt
V. ÉTAPE

RELANCER

1. V. LANCER

2. Poursuivre
Rechercher
Importuner
Aller voir (quelqu'un)

RELAPS
V. APOSTAT

RELATER
V. RACONTER

RELATIF

1. Corrélatif
Proportionnel
Incomplet
Imparfait
Partiel

2. Concernant
Qui a rapport à
Qui s'applique à

● ANTONYMES : Absolu,
Parfait, Idéal.

RELATION
V. RAPPORT et RÉCIT

RELAXE

Mise en liberté
Élargissement
Relâchement

RELAXER

1. Relâcher
Élargir
Libérer

2. *Abusivt :*
Reposer

Détendre
Décontracter

● ANTONYMES : 1. Arrê-
ter. 2. Contracter.

RELAYER
V. REMPLACER

RELENT
V. ODEUR

RELÈVE
V. REMPLACEMENT

RELÈVEMENT

1. Redressement
Rétablissement

2. Hausse
Majoration

3. V. RELEVÉ

RELEVÉ

1. Troussé
Retroussé

2. V. ÉLEVÉ

3. V. PIQUANT et ÉPICÉ

4. Relèvement
V. COMPTE

RELEVER

1. V. GUÉRIR
Se remettre sur pieds
Reprendre le dessus
S'en sortir

2. V. DÉPENDRE

3. V. REMPLACER

4. V. LEVER
V. RÉHAUSSER
V. AUGMENTER

Souligner
Exalter
Remonter
Trousser
Soulever

5. V. REFAIRE
Redresser
Rebâtir
Reconstruire
Rétablir
V. RANIMER
Ramasser

● ANTONYMES : Baisser,
Diminuer, Affaiblir, Abattre, Tomber.

RELIEF (S)

1. V. RESTES

2. V. BRILLANT

3. Saillie
Proéminence
Bosse
Enlevure
Modelé
Sculpture (*Bx. arts*)

● ANTONYME : Creux.

RELIGIEUX

1. V. CROYANT

2. V. PRÊTRE

RELIGION

Culte
Dogme
Gnose
Credo
Foi
Croyance
Catéchisme

Écriture
Testament
Bible
Coran
Talmud
Église
Liturgie
Rite
Rituel
Ritualisme
Sacerdoce
Piété
Ferveur
Dévotion
Religiosité
Spirituel (*subst.*)
Dieu
Divinité
Magie
Spiritisme
Sacré *(subst.)*
Déisme
Théisme
Panthéisme
Mysticisme
Hérésie
Schisme
Secte
Sorcellerie

● ANTONYMES : Athéisme, Irréligion, Agnosticisme.

RELIQUAIRE

Châsse
Fierte
Monstrance
Ostensoir

RELIQUE

Ossement
Trésor
V. RELIQUAIRE

Amulette
Cendres
Restes
Objet de culte
Souvenir
Débris
Morceau de (la Vraie Croix)
Vieillerie (*péj.*)

RELUIRE
V. BRILLER

REMÂCHER

1. Mâcher
Ruminer

2. Réfléchir sans cesse
Ressasser
Ruminer
Repasser

REMANIER
V. CORRIGER et PARFAIRE

REMARQUABLE

Marquant
Notable
Particulier
Saillant
Insigne
Signalé
Considérable
Brillant
Distingué
Rare
Formidable (*fam.*)
Épatant (*fam.*)
Émérite
Excellent
Doué

● ANTONYMES : Insignifiant, Banal, Inférieur, Déplorable.

REMARQUE

1. Critique
Objection
Observation
Réflexion

2. V. PENSÉE

REMARQUER

V. VOIR et PERCEVOIR
Distinguer
Observer
Constater
Découvrir
Aviser
Apercevoir
Relever
Trouver
Avertir
Signaler
Noter
Prendre garde
Se rendre compte

« *Se faire remarquer* » :
Attirer l'attention
Se faire connaître
Se signaler
Se singulariser
Manquer de tenue

REMBARRER

V. REPOUSSER, RABROUER et RÉPRIMANDER

REMBLAI
V. TALUS

REMBOURSEMENT
V. PAIEMENT
Acquittement
Rachat
Amortissement

● ANTONYMES : Déboursement, Débours.

REMBOURSER

V. PAYER et REDONNER
Rendre
Acquitter
Indemniser
Couvrir ses frais

● ANTONYMES : Débourser, Avancer, Prêter, Emprunter, Encaisser.

REMBRUNIR

Assombrir
Faire de la peine
Contrarier
Attrister

● ANTONYME : Égayer.

REMÈDE

V. MÉDICAMENT
Drogue
Contrepoison
Préparation
Antidote
Panacée
Palliatif
Expédient
Solution
Ressource
V. MOYEN
Préservatif (vieilli)

● ANTONYMES : Mal, Maladie.

REMÉDIER

Guérir
Apporter un remède

Pallier
Corriger
Parer
Obvier
Suppléer
Réparer
Arranger
V. RACCOMMODER

REMEMBREMENT

Regroupement
Reconstitution
Rassemblement

● ANTONYMES : Démembrement, Morcellement.

REMÉMORER

V. RAPPELER
Évoquer
Repasser
Se remettre en mémoire
Se retracer

REMERCIER

1. Dire merci
Rendre grâce
Être reconnaissant
Témoigner sa reconnaissance
Payer de retour
Revaloir
Savoir gré
Dédommager
Gratifier
2. V. CONGÉDIER

REMETTRE

1. V. METTRE et RAPPORTER

2. V. RECONNAÎTRE

3. V. RETARDER

« Se remettre » :
V. GUÉRIR
V. RÉCONCILIER
V. SE CONFIER

RÉMINISCENCE
Souvenir

REMISE

1. Don
Livraison
Délivrance
Attribution
Dépôt

2. V. DIMINUTION

3. V. PARDON

4. V. DÉLAI

5. Hangar
Garage
Chartil
Abri
Resserre
Débarras
V. RÉDUIT
Local

REMISER

Garer
V. RANGER et ENFERMER

RÉMISSION

1. V. PARDON

2. V. DIMINUTION
Répit
Affaiblissement
Apaisement

REMONTANT
V. Fortifiant

REMONTER

1. V. Affermir et Consoler
Réconforter
Revigorer
Ragaillardir
Requinquer
Ravigoter (*fam.*)
Raffermir
V. Ranimer
Regonfler (*fam.*)

2. V. Monter

3. V. Lever et Hausser

● Antonymes : Redescendre, Démonter, Enfoncer, Rabattre, Décourager, Dégonfler.

REMONTRANCE
V. Reproche

REMORDS
V. Repentir

REMORQUE

1. Traction

2. Roulotte
Baladeuse

REMORQUER

Haler
Tirer
Traîner

REMOUS

Mouvement
Agitation
Tourbillon

Tournoiement
Bouillonnement

REMPART

1. Fortification
Enceinte
Muraille
Avant-mur
Épaulement
Boulevard (*anc.*)

2. Bouclier
Cuirasse
Bastion

REMPLAÇANT

Successeur
Représentant
Doublure
Intérimaire
Suppléant
Substitut
Adjoint

● Antonyme : Titulaire.

REMPLACEMENT

Changement
Succession
Substitution
Commutation
Relève
Échange
Intérim
Suppléance
Remploi
Succédané
Ersatz
Subrogation

REMPLACER

1. Substituer
Changer

Renouveler

2. Succéder
Relever
Suppléer
Tenir lieu
Faire fonction de
Représenter
Doubler
Supplanter

« *Se remplacer* » :
Se relayer
Alterner

REMPLI
V. Plein

REMPLIR

1. V. Emplir et Occuper

2. Exercer
Accomplir
Tenir
Réaliser
Satisfaire
Exécuter
Fonctionner
S'acquitter
Répondre à
Faire honneur à

● Antonyme : 2. Faillir.

REMUE-MÉNAGE
V. Confusion et Pagaille

REMUER

1. Déplacer
Pousser
Soulever
Tirer
Retourner
Secouer
V. Balancer
V. Agiter
V. Mouvoir
Fouiller

V. Pétrir
2. V. Émouvoir
3. Bouger
S'agiter
Agir
V. Gesticuler
Se dandiner
Se balancer
Flotter
Onduler
Tanguer
V. Frétiller
Trembler
Frissonner
Frémir
Trépider
V. Branler

● antonymes : 1. Immobiliser.
3. Rester immobile.

RÉMUNÉRATEUR
Lucratif

RÉMUNÉRATION
V. Paye et Récompense

RÉMUNÉRER
V. Payer et Récompenser

RENÂCLER

Renifler
Grogner
V. Rechigner

RENAISSANCE

Régénération
Résurrection
Métem psychose
Avatar
Palingénésie

2. Renouveau
Renouvellement

Retour
Reprise
Progrès
Réapparition
V. Recrudescence

● antonymes : 1. Mort, Agonie,
2. Affaiblissement.

RENAITRE
V. Revivre et Guérir

RENARD
Goupil (anc.)

RENCHÉRIR

Enchérir
Amplifier
En rajouter

● antonymes : Baisser, Diminuer.

RENCONTRE

1. V. Coïncidence et Occasion

2. Rendez-vous
Entrevue
Réunion

3. Concours
Épreuve
Match

4. Jonction
V. Réunion
Choc
Collision
Contact
Interférence

5. V. Échauffourée et Duel

RENCONTRER

V. Apercevoir, Voir, Trouver et Heurter

RENDEMENT
V. Productivité et Rapport

RENDEZ-VOUS

V. Rencontre
Rencard ou Rancard (pop.)

RENDRE

1. V. Redonner et Rembourser
2. V. Vomir
Rejeter
Exhaler
Émettre
3. Exprimer
Représenter
Reproduire
« Se rendre » :
V. Céder
V. Aller

RÊNE

Bride
Licou
Guide
Mors
Courroies
Lanières

RENÉGAT

Traître
Déserteur
V. Apostat et Déloyal,

RENFERMER

1. V. Enfermer
2. V. Entourer
3. V. Contenir

RENFORCER
V. Affermir

RENFORT

Rescousse
Aide
Consolidation

RENFROGNÉ
V. Maussade

RENGAINE
V. Rabâchage et Refrain

RENGAINER

Rentrer
Remettre au fourreau
Refouler (*au fig.*)
● Antonymes : Tirer
(son arme), Sortir, Défou-
railler (*arg.*)

RENGORGER (SE)
V. Poser

RENIER

V. Renoncer
V. Abandonner
Abjurer
Apostasier
Rétracter
Déserter
Désavouer
Répudier
Se délier
Se détourner

● Antonymes : Recon-
naître, Professer.

RENIFLER

1. V. Aspirer
2. V. Flairer
3. V. Rechigner

RENNE
Caribou

RENOM
V. Réputation et Gloire

RENOMMÉ
V. Illustre

RENOMMÉE
V. Réputation et Gloire

RENONCEMENT

V. Abandon
Renonciation
Désistement
Abstention
Oubli
V. Sacrifice
Résignation
Concession
Détachement
Abnégation

● Antonyme : Attache-
ment.

RENONCER

V. Abandonner et Quit-
ter
Délaisser
S'abstenir
Dépouiller
Se désister

V. Renier
Laisser
Se brosser (*pop.*)
V. Cesser
Se passer
Se départir

● Antonymes : Persévé-
rer, Persister, Conserver,
Vouloir, Accepter.

RENONCIATION
V. Renoncement

RENOUVEAU

1. V. Renaissance et Re-
crudescence
2. V. Printemps

RENOUVELER
V. Ranimer, Refaire et
Répéter

RENOUVELLEMENT

V. Renaissance
V. Reconduction
V. Recrudescence

RENSEIGNEMENT

Information
Indication
Tuyau (*fam.*)
Éclaircissement
Donnée
Précision
Documentation
Indice
Lumière
Avis

RENSEIGNER

Informer
Avertir

Instruire
Dire
Fixer
Édifier
Initier
Rencarder (*pop.*)
Tuyauter (*fam.*)
Éclairer
Instruire
V. Apprendre
Porter à la connaissance
Faire connaître
Mettre au courant

« *Se renseigner* » :
S'enquérir
Demander
Interroger
Enquêter

RENTE
V. Revenu, Rétribution
et Rapport

RENTRÉE

1. Retour
Réapparition

2. V. Perception

RENTRER
V. Revenir

RENVERSANT
V. Étonnant

RENVERSÉ

1. V. Surpris

2. Chaviré
Capoté
En arrière
Sur le dos
Cul par-dessus tête (*fam*)
V. À Rebours

● Antonymes : 2. Debout,
Droit.

RENVERSEMENT

Retournement
Changement
Révolution
V. Chute

RENVERSER

1. Retourner
Mettre à l'envers
Inverser
Intervertir
Transposer
Bouleverser
Mettre sens dessus dessous

2. Déconcerter
Troubler

3. Abattre
Faucher
Jeter à bas
Mettre à bas
Étendre
Terrasser
Envoyer au tapis
Écraser
Bousculer
Colleter
Démonter
Désarçonner
Verser
Enfoncer
Tomber
Culbuter
Basculer
Démolir
Répandre
Briser
Broyer
Détruire
Saper
Vaincre
Défaire
Ruiner
Détrôner

4. Pencher
Coucher
V. Verser

● Antonymes : Redresser,
Remettre, Rétablir, Éle-
ver, Édifier, Construire,
Instaurer, Relever.

RENVOI

1. Astérisque
Lettrine
Addition
Annotation
V. Référence

2. Ajournement

3. Retour
Réexpédition

4. Licenciement
Révocation
Congédiement
Congé
Expulsion
Mise à pied
Exclusion
Destitution

5. V. Rot (*triv.*)

RENVOYER

1. Répercuter
Faire écho
V. Répéter
V. Réfléchir
Relancer

2. V. Retarder

3. Retourner
Réexpédier

4. V. Congédier

REPAIRE

1. V. Gîte

2. V. Abri

REPAÎTRE
V. MANGER et SE NOURRIR

RÉPANDRE
V. VERSER, PARSEMER, PROPAGER et DISPERSER

REPARAÎTRE
V. RÉAPPARAÎTRE

RÉPARER

V. RACCOMMODER, PARFAIRE et RECTIFIER
Restaurer
Rétablir
Arranger
Refaire
Réviser
Reprendre
Rhabiller
Rajuster
Rabibocher (*pop.*)
Relever
Dépanner
Réfectionner
Ressemeler
V. REMÉDIER
V. RACHETER
Dédommager
Faire justice

● ANTONYMES : Briser, Détériorer, Détruire.

REPARTIE

Réplique
Riposte
Réponse

REPARTIR

1. Partir
S'en aller
S'en retourner
2. Reprendre
Recommencer

RÉPARTIR
V. DISTRIBUER et RÉPONDRE

RÉPARTITION

Distribution
Partage
Contribution
Disposition
Classement
Contigent
Ration
Rationnement
Contingentement
Compensation
Péréquation
Quote-part

REPAS

Nourriture
V. ALIMENT
Mangeaille
Mangerie
Dînette
Pitance
Croustille (*fam. anç.*)
V. FESTIN
Menu
Buffet
En-cas
Casse-croûte
Sandwich
Panier
Soupe populaire
Pique-nique
Petit déjeuner
Déjeuner
Dîner
Lunch
Goûter
Collation
Thé
Souper
Réveillon
Médianoche
Crémaillère
Cène
Banquet
Agapes
Réfection

REPASSER

1. V. PASSER et REVENIR

2. V. AFFILER

3. Défriper
Rendre lisse
Lisser

4. Remettre
Refiler (*fam.*)

5. V. REMÉMORER et RAPPELER (SE)

6. V. APPRENDRE et RÉPÉTER

REPENTIR

Regret
Remords
Reproche
Attrition (*eccl.*)
Contrition (*eccl.*)
Repentance (*anc.*)
Mea-culpa
V. CONFESSION

REPENTIR (SE)
V. REGRETTER

RÉPERCUTER
V. RENVOYER et TRANSMETTRE

REPÈRE

V. MARQUE
Jalon
Taquet
Échelle
Index
Piquet

REPÉRER

1. Marquer
Signaler
Borner
Jalonner

2. Situer
Découvrir
Reconnaître
Trouver
Apercevoir
V. VOIR
Flairer (*fam.*)
Surveiller

RÉPERTOIRE

V. REGISTRE et CATALO-
GUE

RÉPÉTER

V. REFAIRE
Rabâcher
Redire
Réitérer
Seriner
Ressasser
Radoter
Bisser
Reprendre
Itérer (*anc.*)
Recorder (*anc.*)
Inculquer
Rebattre les oreilles
Prêcher
Bourdonner

Dire deux fois
V. DIRE
Exprimer
V. RACONTER
Rapporter
Renvoyer
Se faire l'écho
Répercuter
Faire chorus
Récapituler
V. APPRENDRE
V. REMÉMORER

RÉPÉTITEUR

V. SURVEILLANT et PRO-
FESSEUR

RÉPÉTITION

1. V. RABÂCHAGE
Redite
Rengaine
Refrain
Ritournelle
Antienne (*eccl.*)
Scie
Allitération
Assonance
Réduplication
Paronomase
Homéotéleute
Accumulation
Anaphore
Cadence
Métabole
Redoublement
Battologie
Doublon
Périssologie
Pléonasme
Tautologie
Récapitulation
Écho
Leitmotiv
Imitation
Variation

2. V. RENAISSANCE

V. RECRUDESCENCE
Recommencement
Reprise
Retour
Réitération
Rechute
Récidive
Routine
Fréquence
Période
Cycle
Palingénésie

3. V. REPRODUCTION

4. Étude
Séance de travail
Générale (*Spectacles.*)
Leçon (*et* Leçon parti-
culière)

REPEUPLER

V. PEUPLER
Aleviner
Empoissonner

REPIQUER

V. PIQUER
Transplanter
Replanter

RÉPIT
V. DÉLAI, RÉCRÉATION et
REPOS

REPLACER
V. PLACER et RÉTABLIR

REPLET
V. GRAS

REPLI

1. V. PLI et NŒUD

2. V. Recoin
3. V. Recul

REPLIER (SE)
V. Recroqueviller (se)

RÉPLIQUE
V. Repartie

RÉPLIQUER
V. Répondre

RÉPONDRE

1. V. Écrire et Dire
Riposter
Répliquer
Objecter
Raisonner
Réfuter
Renvoyer la balle
River son clou
Polémiquer
Rembarrer
Récriminer
Cartonner *(pop.)*
Faire un carton *(pop.)*
Repartir
Rétorquer
Se disculper
Avoir réponse à tout
Relever
Confondre
Détruire

2. Être en accord
Être conforme
Concorder
S'accorder

3. Opposer
Faire face
Payer de retour
Rendre
Réagir
Obéir

4. Garantir
Rendre compte
Assurer

● ANTONYMES : Questionner, Interroger, Demander, Décevoir, Rester passif, Rester impassible, Désavouer, Se désolidariser.

RÉPONSE

Réplique
Répartie
Riposte
Verdict
Contrepartie
Objection
Réfutation
Récrimination
Rétorsion
Solution
Explication
Justification
V. Réaction

REPORTER

1. V. Porter
2. V. Transcrire
3. V. Retarder
4. V. Référer

REPORTER
V. Journaliste

REPOS

1. V. Congé, Relâche, Tranquillité et Récréation
Détente
Répit
Trêve
Cesse
Pause
Cessation
Arrêt

Interruption
Relaxation
Décontraction
Délassement
Halte
Étape
Kief
Férié *(jour.)*
Loisir (s)
Vacance (s)
Week-end
Dimanche
Semaine anglaise
Retraite
V. Lit
Sommeil
Sieste
Méridienne

2. Friche
Jachère

3. Immobilité
Inaction
Inertie
Tranquillité
Quiétude
Paix
Calme
Accalmie

● ANTONYMES : Travail, Effort, Activité, Agitation, Animation, Fatigue, Lassitude.

REPOSER

1. V. Dormir
2. V. S'appuyer
3. V. Déposer

« *Se reposer* » :

1. Se délasser
Se détendre

2. V. Confier (se)

REPOUSSANT

Répugnant
Affreux
Hideux
Horrible
Répulsif (*litt.*)
Effrayant
Abject
Ignoble
Exécrable
Dégoûtant
Infect
Antipathique
Désagréable
V. DIFFORME
V. LAID
Effroyable
Monstrueux
Atroce
Fétide

● ANTONYMES : Attirant, Attachant, Attrayant, Engageant, Charmant, Appétissant.

REPOUSSER

1, Pousser
Faire reculer
V. CHASSER
Éloigner
Refouler
Rejeter
Déplacer
Décaler
Culbuter
Expulser
Évacuer
Cracher
Jeter
Mettre à l'écart
Se défaire
Éjecter
Évincer
Éconduire

Dédaigner
Bannir
Envoyer bouler (*fam.*)
Envoyer paître (*fam.*)
Envoyer se faire voir (*fam.*)
Blackbouler
Dégoûter
V. DÉPLAIRE
Rabrouer
Riposter
Résister
Recaler

2. V. RETARDER

3. V. REFUSER
Rejeter
Exclure
Éliminer
Mépriser
Écarter
Récuser
Répudier
Balayer
Contester
Nier
S'abstenir
Débouter (*jur.*)
V. RÉPONDRE

● ANTONYMES : 1. Attaquer, Céder, Accueillir, Attirer, Approcher.

3. Approuver, Accepter, Admettre, Agréer, Concéder, Envier, Rechercher, Implorer.

RÉPRÉHENSIBLE

Coupable
V. BLÂMABLE

REPRENDRE

V. RECOUVRER
Retirer

Annuler
Rattraper
V. PRENDRE
Ravoir
Récupérer (*fam.*)

2. V. REFAIRE
Rentrer en (possession)
Renouer

3. V. RÉPARER et RACCOMMODER
Continuer
V. RÉPÉTER

4. V. RABROUER et RÉPRIMANDER

« *Reprendre vie* » :
Revivre
Se remonter
Se rétablir
Se refaire
Revenir à soi
Repousser

« *Se reprendre* » :
Se corriger
Se rétracter
Se remettre
Recommencer
Se ressaisir
Réagir

● ANTONYMES : Donner, Laisser, Cesser, Interrompre, Mourir, Continuer.

REPRÉSAILLES
V. VENGEANCE

REPRÉSENTANT

1. Envoyé
Délégué
Mandataire
Missionnaire (*anc.*)
Porte-parole
Agent
Prête-nom
Correspondant

Courtier
Placier
Intermédiaire
Commis
Voyageur de commerce
Commis voyageur
Prêtre
Député
Élu
Avoué
Avocat
Parlementaire
Ministre
Commissaire
Diplomate
Ambassadeur
Chargé d'affaires
Chargé de pouvoir
Plénipotentiaire
Consul
Résident
Nonce
Légat
Persona grata

2. Échantillon
Type
Modèle
Individu

● ANTONYMES : Patron,
Client, Électeur, Mandant.

REPRÉSENTATIF

1. Représentant

2. Typique
Symbolique
Évocateur
Remarquable

REPRÉSENTATION

1. Image
Tableau
Symbole

Allégorie
Emblème
Schéma
Graphique
Dessin
Diagramme
Notation
Carte
Plan
Coupe
Modèle réduit
Maquette
Figuration
V. REPRODUCTION
Caricature
Parodie
Portrait
Traduction
Transcription
Évocation
Miroir
Reflet
Description

2. V. SPECTACLE

3. Perception
Vision
Imagination
Évocation

4. Délégation

REPRÉSENTER

1. V. PEINDRE

2. Désigner
Évoquer
Exprimer
Symboliser
V. RAPPELER

3. Interpréter
Jouer
Mimer
Incarner

4. V. REMPLACER

« *Se représenter* » :
V. IMAGINER, PENSER et
SOUVENIR (SE)

RÉPRESSION

Action policière
Intervention policière
Mesures disciplinaires
Violence policière
Sévices
Châtiment
V. PUNITION
Étouffement
Licenciement
Lock-out
Sanction
Expulsion
Exclusion
Pacification

● ANTONYMES : Tolérance,
Autorisation, Félicitation.

RÉPRIMANDE
V. REPROCHE

RÉPRIMANDER

V. CHICANER, CONDAMNER,
CRITIQUER, DÉSAPPROU-
VER, RABROUER et RE-
PROCHER
Faire une observation
Admonester
Chapitrer
Sermonner
Tancer
Attraper
Houspiller
Morigéner
Faire une remontrance
Faire une remarque
Redire
Fustiger
Gourmander
Quereller

Disputer
Secouer (*fam.*)
Secouer les puces (*fam.*)
Savonner la tête (*fam.*)
Passer un savon
Moucher (*pop.*)
Remettre à sa place
Semoncer
Engueuler (*pop.*)
Enguirlander (*pop.*)
Emballer (*arg.*)
Moraliser
Rembarrer
Corriger
Faire honte

● ANTONYMES : Féliciter, Louer, Complimenter, Encourager, Désobéir.

RÉPRIMER

1. V. REFOULER

2. V. PUNIR
Étouffer
Écraser
Liquider
Pacifier

● ANTONYMES : Tolérer, Encourager, Résister, Lutter.

REPRIS DE JUSTICE

Récidiviste
Condamné
Cheval de retour (*fam.*)

REPRISE

1. Raccommodage
Stoppage
Réparation
Correction

2. Continuation
Recommencement
Répétition

3. Coup
Fois
Round

● ANTONYMES : 2. Arrêt, Cessation, Interruption.

REPRISER
V. RACCOMMODER

RÉPROBATEUR

Désapprobateur
Sévère
Critique

● ANTONYMES : Approbateur, Élogieux.

REPROCHE

Blâme
Réprimande
Observation
Remarque
Récrimination
Critique
Remontrance
Plainte
Grief
Savon (*fam.*)
Accusation
Semonce
Gronderie
Admonestation
Objurgation
Réquisitoire
Engueulade (*pop.*)
Objection
Foudres
Imputation
Mercuriale (*anc.*)
Philippique
Algarade

Représentation (*anc.*)
V. REPENTIR

« Sans reproche (*s*)
Irréprochable
V. PARFAIT

● ANTONYMES : Félicitation, Compliment, Louange, Excuse, Tort, Crime, Défaut, Vice.

REPROCHER

Faire grief
Accuser
Blâmer
Taxer
Reprendre
Imputer
V. CHICANER, CONDAMNER, CRITIQUER, DÉSAPPROUVER, RABROUER et RÉPRIMANDER

REPRODUCTION

1. Copie
Fac-similé
Réplique
Photocopie
Double
Duplicata
Calque
Épreuve
Gravure
Impression
Édition
Imprimerie
Ronéotype
Photographie
Sérigraphie
Linogravure
Lithographie
Héliochromie
Phototypie

Photochromie
Galvanotypie
Chromolithographie
Autocopie
Moulage
Réplique
Répétition
Imitation
V. REPRÉSENTATION

2. Génération
Propagation
Ovulation
Ponte
Parthénogenèse
Scissiparité
Bipartition
Sporulation
Gemmation
Fissiparité
Bourgeonnement
Multiplication
Semence
Création
Formation
Genèse
Maternité
Conception
Fécondation
Enfantement
Mise au monde

RÉPROUVÉ

Maudit
Damné
Hors-la-loi
Outlaw
V. DÉCHU

RÉPROUVER
V. CONDAMNER et DÉSAP-
PROUVER

REPU
V. RASSASIÉ

RÉPUDIATION
V. DIVORCE

RÉPUDIER
V. REPOUSSER

RÉPUGNANCE

Dégoût
Répulsion
Aversion
Antipathie
Nausée

● ANTONYMES : Attirance,
Désir.

RÉPULSION
V. RÉPUGNANCE

RÉPUTATION

Renom
Renommée
Notoriété
Considération
Célébrité
Popularité
Nom
V. GLOIRE

● ANTONYME : Obscurité.

REQUÉRIR
V. RÉCLAMER

REQUÊTE
V. PÉTITION

RÉQUISITOIRE
V. REPROCHE

RESCAPÉ
V. SAUF

RESCOUSSE
V. APPUI

RÉSEAU
V. FILET

RÉSECTION

V. AMPUTATION
Rescision (dr.)

RÉSERVE

1. V. PROVISION

2. V. RÉSERVOIR

3. V. CIRCONSPECTION et
RETENUE

RÉSERVÉ
V. MODESTE

RÉSERVER
V. CONSERVER, RETENIR
et DESTINER

RÉSERVOIR

Citerne
Réserve
Château d'eau
Bassin
Cuve
Silo
Gazomètre
Barrage
Retenue
Lac artificiel
Accumulateur
Vivier
Récipient
Réceptacle

RÉSIDENCE
V. DEMEURE

RÉSIDER
V. HABITER

RÉSIDU
V. Déchet et Lie

RÉSIGNÉ
V. Soumis

RÉSIGNER

Abandonner (une fonction, etc.)
Quitter
« *Se résigner* » :
Consentir
Se résoudre
Se plier
Se soumettre
V. Abdiquer

● antonymes : Lutter, Protester, Se révolter.

RÉSILIER
V. Annuler

RÉSINE

Gemme
Laque
Baume

RÉSIPISCENCE
V. Repentir

RÉSISTANCE

1. Endurance

2. Opposition
V. Empêchement, Difficulté, Complication, Révolte

RÉSISTANT

1. Solide
Tenace

Dur à cuire *(pop.)*
V. Fort

2. V. Rebelle, Révolutionnaire et Partisan

RÉSISTER

1. V. Se défendre

2. Réagir
Se rebiffer (*fam.*)
Regimber (*anc.*)

3. V. Repousser et Retarder

RÉSOLU
V. Hardi

RÉSOLUTION

V. Énergie et Volonté
Décision
V. Parti

RÉSONNANT
V. Sonore

RÉSONNER

Retentir
Tinter
Faire écho

RÉSOUDRE

Régler
Solutionner (*abusivt.*)
V. Annuler, Décider, Dissoudre, Finir, Terminer et Juger

RESPECT

V. Égard et Hommage
Vénération

Révérence
V. Circonspection

● antonymes : Irrévérence, Profanation, Désinvolture.

RESPECTER
V. Honorer

RESPIRER

V. Aspirer, Expirer et Souffler
Panteler (*anc.*)
Haleter
Soupirer
S'ébrouer

● antonyme : Étouffer.

RESPLENDIR
V. Briller

RESPONSABLE

V. Comptable
Chef
Dirigeant
Auteur
Coupable

● antonyme : Irresponsable.

RESQUILLEUR *(fam.)*

Fraudeur
Écornifleur
Combinard *(fam.)*
Tricheur
Débrouillard *(fam.)*

RESSAISIR
V. Retrouver

RESSASSER
V. Répéter

RESSEMBLANCE
V. Rapport

RESSEMBLANT
V. Semblable

RESSENTIMENT
V. Rancune

RESSENTIR
V. Sentir

RESSERRE
V. Remise

RESSERRER

1. V. Diminuer
2. V. Enfermer

RESSORT

V. Force
Déclic
Suspension

RESSORTIR
V. Dépendre et Résulter

RESSOURCE

1. V. Expédient et Appui
Refuge
Recours
Remède
Excuse
Arme
Moyen
Planche de salut
Ressort
2. V. Argent
Richesse
Fortune

**RESSOUVENANCE,
RESSOUVENIR**
V. Mémoire

RESSUSCITER

Revivre *ou* Faire revivre
Renaître *ou* Faire renaître

RESTANT
V. Reste

RESTAURANT

Brasserie
Buffet
Café
Self-service
Grill-room
Buvette
Gargote (*péj.*)
Guinguette
Taverne
Cabaret
Hostellerie
Auberge
Rôtisserie
Estaminet (*anc.*)
V. Réfectoire

RESTAURATEUR

Traiteur
Rôtisseur
Aubergiste
Hôtelier
Patron
Chef
Gargotier (*péj.*)
Marchand de soupe (*péj.*)

RESTAURER

1. V. Nourrir
2. V. Réparer et Rétablir

RESTE (S)

1. Restant
Différence

Solde
Reliquat
Excédent
Complément
Surplus
2. V. Ruine et Mort
Spécialement : « *Les restes
d'un repas* » :
Débris
Bribes
Reliefs
Rogatons (*péj.*)
Arlequins
Reliquats
Détritus
Ordures
« *Au reste* » et « *Du reste* » :
V. D'ailleurs

RESTER
V. Demeurer et Subsister

RESTITUER
V. Redonner et Rétablir

RESTREINDRE
V. Diminuer et Limiter

RÉSULTANTE, RÉSULTAT

Aboutissement
Issue
Conclusion
Solution
Fin
Dénouement
Terminaison
V. Produit
V. Suite

RÉSULTER

V. Découler, Venir et Tenir

S'ensuivre
Suivre
Ressortir

RÉSUMÉ
V. ABRÉGÉ

RÉSUMER

Récapituler
Abréger

RÉSURRECTION
V. RENAISSANCE et RECRUDESCENCE

RÉTABLIR

1. V. RÉPARER et RACCOMMODER

2. Remettre
Replacer
Restaurer
Ramener
Réintégrer
Restituer
V. RÉHABILITER

« *Se rétablir* » :
V. GUÉRIR

RÉTABLISSEMENT
V. CONVALESCENCE

RETAPER
V. RÉPARER et RACCOMMODER

RETARDER

1. Tarder
Reculer
Remettre
Surseoir
Renvoyer
Reporter
Repousser
Ajourner

Temporiser
Attendre
Atermoyer
Lanterner (*fam.*)

2. Attarder
Ralentir

● ANTONYMES : 1. Hâter, Activer, Accélérer, Anticiper.
2. Avancer.

RETENIR

1. Tenir
Maintenir
Contenir
V. GARDER

2. Réserver
Arrêter

● ANTONYMES : Abandonner, Lâcher.

RETENTIR

Résonner
Tinter

RETENTISSANT

1. Sonore
Bruyant

2. Éclatant

● ANTONYMES : 1. Sourd, Étouffé.
2. Minime, Discret.

RETENTISSEMENT

1. Répercussion
Contrecoup
Effet

2. Bruit
Éclat
Publicité
Audience
Renommée
Gloire

RETENUE

Mesure
Modération
Pondération
Tempérance
Réserve
V. CIRCONSPECTION
Sobriété
V. DÉCENCE

RÉTICENCE
V. CIRCONSPECTION

RÉTICULE

Filet
Résille
V. SAC

RÉTIF
V. REBELLE

RETIRÉ
V. ISOLÉ

RETIRER

V. ÔTER, REPRENDRE et TOUCHER

« *Se retirer* » :
V. ABANDONNER, PARTIR, QUITTER et RENONCER

RÉTORQUER
V. RÉPONDRE

RETORS
V. MALIN

RETOUCHER
V. Rectifier et Parfaire

RETOUR

Rentrée
Réapparition

RETOURNER

1. Renvoyer
Réexpédier
2. V. Partir
Repartir
S'en aller
V. Revenir
3. V. Émouvoir

RETRACER
V. Rappeler et Conter

RÉTRACTATION

Désaveu
Palinodie
Reniement
Annulation
Abjuration
Abandon
Changement
● antonymes : Confirmation, Aveu.

RÉTRACTER (SE)
V. Dédire (se), Abandonner, Renier et Renoncer

RETRAITE

1. Thébaïde (litt.)
Solitude
V. Repos et Abri
2. V. Revenu
3. V. Recul

RETRANCHER

V. Ôter
Soustraire
Défalquer
Déduire
Rogner
● antonyme : Ajouter.

RÉTRÉCI
V. Borné

RÉTRÉCIR (SE)
V. Diminuer et Recroqueviller (se)

RÉTRIBUTION

V. Paye
V. Rapport, Revenu, Récompense et Commission

RÉTROCÉDER
V. Redonner et Donner

RÉTROGRADATION
V. Recul

RETROUSSER
V. Relever

RETROUVER
V. Recouvrer

RETS
V. Filets

RÉUNION

1. Adjonction
Rattachement
Annexion
Assemblage
Rassemblement
Jonction
Rapprochement
Agglomération

Agrégation
Accumulation
Entassement
Union
Synthèse
Conjonction
Concentration
Combinaison
Confusion
Amalgame
Enchaînement
Rencontre
Adhérence
Liaison
Fusion
Alliance
Mariage
Accord

2. V. Rassemblement
Soirée
Veillée
Assemblée
Congrès
Concile
Consistoire
Session
Séance
Assise
Cénacle

● antonymes : 1. Élément
Désunion, Dispersion,
Fractionnement, Séparation.

RÉUNIR
V. Assembler

RÉUSSIR
V. Parvenir et Prospérer

RÉUSSITE
V. Succès

REVALORISER
V. Majorer

RÊVASSER
V. Penser

RÊVE

Rêverie
Rêvasserie
Songe
Cauchemar
V. Illusion
● antonymes : Réel,
Réalité.

REVÊCHE
V. Acariâtre et Rude

RÉVEILLER
V. Éveiller et Ranimer

RÉVÉLER
V. Divulguer et Prouver

REVENANT
V. Fantôme

REVENDIQUER
V. Réclamer

REVENIR

1. Rentrer
Retourner
Refluer
Repasser (*fam.*)
2. V. Plaire

● antonyme : Repartir.

REVENU

V. Rapport et Rétribu-
tion
Retraite
Pension
Prébende

RÊVER
V. Penser et Brûler de

RÉVERBÉRATION
V. Réflexion

RÉVÉRENCE

V. Salut
Respect
Vénération

RÉVÉRER
V. Honorer

RÊVERIE
V. Rêve et Illusion

REVERS

1. V. Parement

2. Envers
Verso

3. V. Aventure et Échec

● antonyme : 2. Recto.

REVÊTIR
V. Vêtir

RÊVEUR

Songeur
Rêvasseur
Pensif
Penseur
Méditatif

REVIGORER
V. Remonter et Ranimer

REVIREMENT
V. Changement

RÉVISER
V. Réparer, Rectifier et
Parfaire

REVIVIFIER
V. Remonter et Ranimer

REVIVRE

Renaître
Ressusciter

REVOIR

V. Rectifier, Refaire
et Parfaire
Reconsidérer
« *Au revoir* » :
V. Adieu
Ciao (*néol. ital.*)

RÉVOLTE

Rébellion
Sédition
Agitation
Fermentation
Mutinerie
Fronde
Désobéissance
Indiscipline
Indocilité
Insoumission
Insubordination
V. Émeute
V. Coup d'état
V. Dissidence
V. Désordre
V. Révolution

● antonymes : Passivité,
Calme, Soumission.

RÉVOLTÉ
V. Rebelle et Outré

RÉVOLTER (SE)

S'insurger
Se lever
Se dresser
Se rebeller
Prendre les armes

Se soulever
Descendre dans la rue
Se mutiner
Se cabrer
Tenir tête
Résister
Protester
S'indigner
Se scandaliser
● ANTONYMES : Laisser faire, Se soumettre.

RÉVOLU

Accompli
Sonné
V. ANCIEN

RÉVOLUTION

1. Insurrection
Soulèvement
Sociale (subst.)
Grand soir (fam.)
Prise du pouvoir
Changement de pouvoir
Accoucheuse de l'histoire
Crise révolutionnaire
Journées (historiques)
Commune (subst.)
2. V. CHANGEMENT
● ANTONYMES : Réformisme, Coup d'État, Contre-révolution.

RÉVOLUTIONNAIRE

Partisan
V. REBELLE
Insurgé
Agitateur
Meneur
Bolcheviste ou Bolchevique ou Bolchevik

Anarcho-syndicaliste
Anarchiste
Communard
Internationaliste
Rouge
D'avant-garde
Libertaire
et selon le contexte :
Socialiste
Communiste
Castriste (néol)
Maoïste (id.)
Guévariste (id.)
Gauchiste
Marxiste
Spartakiste
Léniniste
Trotskiste
Syndicaliste-révolutionnaire
● ANTONYMES : Contre-révolutionnaire, Conservateur, Réactionnaire, Réformiste.

RÉVOLUTIONNER
V. ÉMOUVOIR

REVOLVER
V. PISTOLET

RÉVOQUER
V. ABOLIR et DESTITUER

REVUE

1. Inspection
2. V. PARADE
3. Magazine
Organe (de presse)
Cahiers
Mensuel
Publication

RHABILLER
V. HABILLER et RÉPARER

RHUM
Tafia

RIANT
V. AIMABLE

RIBAMBELLE
V. SÉRIE

RIBAUDE
V. PROSTITUÉE

RICANER
V. RIRE

RICHE

1. Fortuné
Richard (fam.)
Rupin (pop.)
Richissime
Argenteux (anc.)
Opulent
Cossu
Luxueux
Aisé
Somptueux
Huppé (fam.)
Nouveau riche
Parvenu
Pécunieux (langue class.)
2. Crésus
Nabab
V. POSSÉDANTS
3. V. FERTILE
● ANTONYME : Pauvre.

RICHESSE

Fortune
V. ARGENT
Prospérité
Aisance
Abondance
Opulence
Moyens

Or
Écus
Ressource (s)
De quoi vivre
Biens
Luxe
Faste
Apparat
Somptuosité
Magnificence
Magot
Trésor
Pécule
Poule aux œufs d'or
Pactole
Veau d'or

● ANTONYME : Pauvreté.

RICOCHET

V. SAUT
Retour

RICTUS
V. RIRE et GRIMACE

RIDEAU

Store
Banne

RIDICULE

V. COMIQUE
Risible
Burlesque
V. ABSURDE
Grotesque

RIEN

Néant
Zéro
Absence
Manque

Pas ça! (*pop*.)
Buisson creux
Bagatelle
Babiole
Trois fois rien
Vétille
Broutille
Misère
Foutaise (*pop*.)
Nib (*arg*.)
Que dalle (*arg*.)
Que tchi (*arg*.)

● ANTONYMES : Tout, Beaucoup.

RIFLE
V. FUSIL

RIGIDE
V. DROIT et AUSTÈRE

RIGOLE

Caniveau
Fossé
Cassis
Ruisseau
V. COURS D'EAU

RIGORISTE
V. AUSTÈRE

RIGOUREUX

V. AUSTÈRE, PRÉCIS et
SÉVÈRE
Inclément
Rude
Âpre

● ANTONYME : Doux.

RIMAILLEUR, RIMEUR
V. POÈTE

RINCER
V. LAVER et TREMPER

RIPAILLE
V. FESTIN

RIPOSTER
V. RÉPONDRE

RIRE (1)

Sourire
Risette
Gaieté
Hilarité
Risée
Éclat de rire
Ricanement
Rictus
Rire jaune
Rire homérique

● ANTONYME : Pleur.

RIRE (2)

Sourire
Faire risette
S'esclaffer
Pouffer
Rigoler (*pop*.)
Se tordre (*id*)
Se bidonner (*id*.)
Se gondoler (*id*.)
Se fendre la pipe (*id*).
Se marrer (*id*.)
Se poiler (*id*.)
Se tenir les côtes
Faire des gorges chaudes
Mourir de rire
Éclater de rire
Rire aux larmes
Rire à gorge déployée
Rire à en avoir mal au
ventre (*pop*.)
Se désopiler
Se dilater la rate (*fam*.)
Glousser

● ANTONYME : Pleurer,
Rire jaune, Ricaner.

RISÉE
V. RIRE (1) et RAILLERIE

RISETTE
V. RIRE (1)

RISIBLE
V. RIDICULE et COMIQUE

RISQUE
V. DANGER

RISTOURNE
V. DIMINUTION

RITE
V. HABITUDE

RITOURNELLE
V. CHANSON et RÉPÉTITION

RIVAGE
V. BORD et PLAGE

RIVAL

Concurrent
Adversaire
Antagoniste
Compétiteur
Lutteur
Champion
Jouteur
V. ENNEMI

RIVALISER
V. CONCOURIR et LUTTER

RIVE
V. BORD et PLAGE

RIVIÈRE
V. COURS D'EAU

RIXE
V. BAGARRE

ROBE
V. VÊTEMENT et MAGISTRAT

ROBOT
V. AUTOMATE

ROBUSTE
V. FORT

ROC

Roche
Rocher
Récif
Écueil
Brisant

ROCAMBOLESQUE
V. INVRAISEMBLABLE

ROCHE, ROCHER
V. ROC

ROCOCO
V. DÉSUET

RÔDER
V. ERRER

RÔDEUR
V. MALFAITEUR

RODOMONTADE
V. FANFARONNADE

ROGNER
V. RETRANCHER

ROGNON
V. REIN

ROI

Monarque
Souverain
Autocrate
Majesté
Sire
Roitelet
Trône
Prince
Altesse
Empereur
César
Tyran
Reine

RÔLE

V. PERSONNAGE
Responsabilité
V. LISTE

ROMAN

Intrigue
Histoire
Nouvelle
Conte
Roman-feuilleton
Cinéroman
Roman-fleuve

ROMANCE
V. CHANSON et MÉLODIE

ROMANESQUE

Fantastique
Imaginaire
Fictif
Fantaisiste
Inventif
Chimérique
Rêvasseur
Exalté
Sentimental
Mythomane (*psych.*)

● ANTONYMES : Réaliste,
Prosaïque.

ROMANICHEL
V. BOHÉMIEN

ROMPRE

V. Briser et Casser

« *Se rompre* » :
Claquer
Éclater
Crever
Péter (*fam.*)
Se fendre
Se fêler
Se démembrer
Se déchirer
Se disloquer
Se morceler

ROMPU

V. Las
V. Expérimenté

RONCHONNER

V. Murmurer

RONCHONNEUR

Bougon

ROND

V. Cercle

ROND-DE-CUIR

V. Bureaucrate

RONDELET

V. Gras

RONDELLE

V. Tranche

RONDEUR

Rotondité
Épaisseur
Arrondi

RONDOUILLARD

V. Gras

ROND-POINT

V. Carrefour

RONFLANT

V. Sonore et Ampoulé

RONFLER

V. Bourdonner

RONGER

V. User
Grignoter
Corroder

ROQUET

V. Chien

ROSAIRE

V. Chapelet

ROSEAU

Bambou
Chalumeau

ROSSE

V. Cheval et Méchant

ROSSÉE

V. Volée

ROSSERIE

Méchanceté
Saloperie (*pop.*)
Vacherie (*pop.*)

ROT (*triv.*)

Renvoi
Éructation
Vapeur
Gaz (*fam.*)

RÔT

V. Rôti

ROTATION

Révolution
Mouvement circulaire
Mouvement giratoire
Circonvolution
Tournoiement
Pirouette
Tour
Demi-tour
Roulement
Virevolte
Orbite
Orbe
Conversion

RÔTI

Au four
À la broche
Cramé (*pop.*)
Au gril
Grillade
Rosbif
Carré
Noix
Pièce de résistance
Rôt (*litt.*)

● Antonymes : En sauce,
Cru.

RÔTIR

Cuire à feu vif
V. Cuire
Griller
Brasiller
Saisir
Brûler

ROTONDITÉ

V. Rondeur

ROTURE

Tiers-état
V. POPULACE et PLÈBE
● ANTONYMES : Noblesse, Clergé.

ROTURIER

Plébéien
V. PAYSAN
● ANTONYMES : Noble, Ecclésiastique.

ROUBLARD
V. MALIN

ROUCOULER
V. CHANTER

ROUÉ
V. MALIN

ROUER
V. BATTRE

ROUERIE
V. RUSE

ROUGE

1. Vermeil
Écarlate
Incarnat
Vermillon
Pourpre
Cramoisi
Rougissant
Rubicond
Rougeaud
Vultueux
Injecté
En feu
Coloré
2. V. RÉVOLUTIONNAIRE

● ANTONYMES : Blafard, Blanc, Pâle.

ROUGEUR

Rubéfaction
Couleur
V. ROUGE

ROUGIR

Devenir rouge
Devenir cramoisi
Vermillonner
Se congestionner
S'empourprer
Monter (le sang) au visage
Rubéfier
● ANTONYME : Pâlir.

ROULEMENT
V. ROTATION

ROULER

1. V. GLISSER, TOURNER, BALANCER et TOMBER
2. V. TROMPER et VAINCRE

ROUSSIN
V. CHEVAL

ROUTE
V. CHEMIN et VOIE

ROUTIER
V. HABILE et BANDIT

ROUTINE
V. HABITUDE

ROYALISTE

Monarchiste
Ultra

Légitimiste
Orléaniste
V. RÉACTIONNAIRE
Camelot du roi
Chouan

● ANTONYMES : Républicain, Bourgeois, Ouvrier.

ROYAUTÉ

Monarchie
Trône
Pouvoir
Couronne
Sceptre

● ANTONYMES : République, Démocratie.

RU
V. COURS D'EAU

RUADE
V. SAUT

RUBAN

Galon
Bride
Chevron
Jarretière
Signet
Tirant
Passement

RUBICOND
V. ROUGE

RUDE

1. Revêche
Rêche
Âpre
Rugueux
Dur
Raboteux

2. Rigoureux
Inclément
V. Austère et Sévère
V. Précis et Difficile

● antonymes : 1. Doux,
Lisse, Velouté.
2. Clément.

RUDIMENT
V. Commencement et
Principe

RUDIMENTAIRE
V. Simple

RUDOYER
V. Malmener

RUE

Ruelle
Passage
Venelle
Galerie
Avenue
Boulevard
V. Promenade
Impasse
Cul-de-sac
Artère
V. Chemin et Voie

RUELLE
V. Rue et Chemin

RUGIR
V. Crier

RUGUEUX
V. Rude

RUINE

1. Décombres
Débris
Plâtras

Gravois
Gravats
Vestiges
V. Restes
Démolition
Carcasse
Squelette
2. Délabrement
Éboulement
Effondrement
Affaissement
Dégradation
Mauvais état
Déconfiture
Détérioration
Dislocation
V. Chute et Faillite
● antonymes : Mise à
neuf.
2. Prospérité.

RUINER

V. Ravager et Abattre
V. Perdre

RUINEUX
V. Coûteux

RUISSEAU
V. Rigole et Cours d'eau

RUISSELER
V. Couler

RUMEUR
V. Bruit et Tapage

RUMINER
V. Digérer, Penser et
Remâcher

RUPTURE

Séparation
Désunion

Zizanie
Dissentiment
Dissension
Division
Divorce
Brouille
Brouillerie
Froid
Disjonction
Dislocation
Démembrement
Scission
Schisme
Dédoublement
Sécession
Incompatibilité

● antonymes : Union,
Accord, Jonction, Mariage,
Amitié.

RURAL
V. Champêtre et Paysan

RUSE

Astuce
Finesse
Artifice
Stratagème
Perfidie
Malice
Malignité
Machiavélisme
Finasserie
Matoiserie
Rouerie
Roublardise
Dissimulation
Fourberie
Fausseté
Simulation
Art de feindre
Feinte
Supercherie
Déloyauté
Trahison

Traîtrise
Prévarication
Coup de Jarnac
Tromperie
Mensonge
Comédie
Arrière-pensée
Tartuferie
Hypocrisie
Jésuitisme
V. HABILETÉ et PIÈGE

● ANTONYMES : Franchise, Droiture, Bêtise.

RUSÉ
V. HABILE et MALIN

RUSTAUD
V. GROSSIER et LOURD

RUSTICITÉ
V. SIMPLICITÉ

RUSTIQUE
V. CHAMPÊTRE et PAYSAN

RUTILER
V. FLAMBOYER

RYTHME

Mesure
Cadence
Mouvement

SABBAT
V. CHAHUT

SABIR
V. JARGON

SABLE

Gravier
Sablon
Arène
Limon
Grève
Plage
Dune
Erg
Désert
Caillasse
Gravillon
Ballast
Jard
Javeau

SABLER
V. BOIRE

SABOT

Galoche
Socque
Chaussure (en bois)
(*Spécialement : sabot du cheval, du bœuf, etc.*
Pied
Botte
Ongle

SABOTER

Détériorer
Gâcher
Dégrader
Abîmer
Endommager
Esquinter (*fam.*)
Gâter
Altérer
Bâcler
Détraquer
Ébrécher
Déglinguer (*arg.*)
Amocher
Avarier
Tarer

SABOULER (*peu us.*)

Réprimander
Secouer
Reprendre
Gronder
Attraper (*fam.*)
Houspiller
Morigéner
Secouer les puces (*fam.*)
Sonner les cloches (*fam.*)
Tancer
Fustiger
Admonester
Chapitrer
Sermonner
Gourmander
Quereller
Disputer (*fam.*)
Bousculer
Malmener
Savonner la tête (*fam.*)
Donner *ou* Passer un savon (*fam.*)
Moucher (*fam.*)
Remettre à sa place
Semoncer (*anc.*)

Engueuler
Enguirlander (*arg.*)
Emballer
Chicaner
Critiquer
Trouver à redire
Blâmer
Désapprouver
Condamner

Pop. :
Esquinter
Éreinter
Bêcher
Chiner

SABRE

Épée
Fleuret
Glaive
Rapière
Coupe-choux (*fam.*)
Flambe
Flamberge
Cimeterre
Alfange
Bancal (*pop. et ancien*)
Damas (*par extens.*)
Latte
Yatagan
Briquet
Branc
Braquemart
Brette
Carrelet
Claymore (Écosse)
Espadon (*anc.*)
Estoc
Estocade
Estramaçon
Colichemarde
Poignard
Dague
Stylet
Baïonnette
Dirk (Écosse)
Kriss

Navaja
Kandjar
Couteau

SAC

1. Bissac
Besace
Havresac
Rucksac
Musette
Gibecière
Sacoche
Carnassière
Carnier
Cartouchière
Fonte
Enveloppe
Poche
Sachet
Récipient
Sac à main
Réticule
Bourse
Escarcelle
Blague (à tabac)
Serviette
Cartable
Attaché-case (*néol.*)
Beauty-case (*néol.*)
2. Pillage
Ravage
Saccage
Saccagement

SACCADE

Secousse
À-coup
Heurt
Soubresaut

SACCADÉ

Discontinu
Haché

Heurté
Irrégulier

SACCAGER

Piller
Ravager
Détruire
Dévaster
Désoler
Infester
Ruiner
Dévorer
Bouleverser
Gâter
Chambarder
Fourrager
Massacrer
Abîmer

SACERDOCE

Prêtrise
Ministère

SACRÉ

Saint
Inviolable
Intangible
Liturgique
Tabou
Sacrosaint
Vénérable
Auguste
Respectable
Consacré

● ANTONYME : Profane.

SACRIFICE

Dévouement
Abnégation

Holocauste
Abandon
Privation
Renoncement
Désintéressement
Offrande
Immolation
Oblation
Propitiation

SACRIFIER

Immoler
Abandonner
Négliger
Donner
Offrir
Se conformer
Obéir
Suivre
(Se) dévouer
(Se) donner
Mourir
Laisser
Lâcher
Renoncer à
Subordonner
Faire passer après
Abdiquer
Délaisser
Rejeter
Résigner
Se démettre

SACRILÈGE (*subst.*)

Profanation
Impiété
Blasphème
Irrévérence
Attentat
Crime
Outrage
Violation
● ANTONYME : Dévotion.

SACRILÈGE (*adj.*)

Impie
Mécréant
Iconoclaste

SACRIPANT

Mauvais sujet
Bandit
Faquin
Vaurien
Voyou
Garnement
Gredin
Canaille
Crapule
Dévoyé
Arsouille (*pop.*)
Chenapan (*fam.*)
Galapiat (*pop.*)
Vermine
Fripouille (*pop.*)
Frappe (*arg.*)
Poisse (*arg.*)
Nervi
Brigand
Fripon
Pendard
Gueux
Filou
Escroc
Larron
Aigrefin
Apache
Gangster
Coquin *et* Fieffé coquin
Triste sire
Vilain monsieur

SADIQUE

Vicieux
Obscène
Satyre
Dépravé

Pervers
Dissolu
Méchant
Cruel
Mutilateur
Tyran
Tyrannique
Tortionnaire

SADISME

Brutalité
Cruauté
Férocité
Sauvagerie
Atrocité
Inhumanité
Barbarie
Lubricité
Luxure
Perversion
Bestialité

● ANTONYMES : Masochisme, Tendresse, Dévouement, Bonté, Altruisme.

SAGACITÉ

Pénétration
Clairvoyance
Finesse
Perspicacité
Lucidité
Acuité
Flair
Divination
Discernement
Entendement
Raison
Bon sens
Jugement
V. SAGESSE

● ANTONYME : Aveuglement.

SAGAIE

Lance
Javelot
Flèche
Javeline
Dard
Trait
Sagette (*anc.*)

SAGE

Éclairé
Judicieux
Savant
Avisé
Raisonnable
Prudent
Circonspect
Prévoyant
Précautionneux (*fam.*)
Réfléchi
Averti
Habile
Sensé
Intelligent
Bon
Coi
Paisible
Calme
Docile
Doux
Gentil
Obéissant
Tranquille
Philosophe
Mûr
Expérimenté
Droit
De bon conseil
Équilibré
Modéré
Mesuré
Posé
Réglé
Modeste
Chaste

Continent
Pur
Vertueux
Tempérant

● ANTONYMES : Fou,
Imbécile, Étourdi, In-
sensé, Malavisé, Absurde,
Aventureux, Extravagant,
Impertinent, Déraisonna-
ble, Déréglé, Hurluberlu,
Imprudent, Débauché,
Désordonné, Dévergondé,
Dissipé, Désobéissant,
Insupportable, Turbulent,
Échevelé, Forcené, Hardi,
Excentrique, Original, Dé-
ment, Toqué, Détraqué,
Timbré, Braque, Dérangé,
Inconscient, Irresponsa-
ble, Simple, Crétin, Idiot.

SAGE-FEMME

Accoucheuse
Matrone (*anc.*)
Ventrière (*anc.*)

SAGESSE

Sens
Raison
Raisonnement
Bon sens
Sens commun
Gros bon sens
Bon goût
Sapience (*anc.*)
Philosophie
Jugement
Discernement
Jugeote (*fam.*)
Prudence
Maturité
Circonspection
Modération

Mesure
Calme
Docilité
Obéissance
Expérience
Prud'homie
Prévoyance
Réflexion
Intelligence
Chasteté
Honnêteté
Continence
Pudeur
Retenue

● ANTONYMES : Ignorance,
Impiété, Folie, Absurdité,
Bêtise, Déraison, Extra-
vagance, Imprudence, In-
conséquence, Débauche,
Désordre, Dévergondage,
Dissipation, Turbulence,
Démence, Égarement,
Aberration, Manque de
savoir, Nullité, Incompé-
tence, Incapacité, Sottise,
Balourdise, Insanité, Inep-
tie, Niaiserie.

SAGETTE
V. Sagaie

SAIGNANT
V. Ensanglanté

SAILLIE
V. Mot d'esprit

SAILLIR
V. Accoupler (s'), Dépas-
ser, Jaillir

SAIN

Salubre
Salutaire
Bien portant
Valide

Tonique
Droit
Orthodoxe
Hygiénique
Ingambe

● ANTONYMES : Malade, Malsain, Gâté, Vicié, Contaminé, Aliéné, Fou, Fiévreux, Forcené, Dépravé, Détraqué, Dangereux, Nuisible, Insalubre, Morbide, Corrompu, Pestilentiel, Méphitique, Miasmatique, Délétère.

SAIN ET SAUF
V. SAUF

SAINDOUX
V. GRAISSE

SAINT

Bienheureux
Élu
Célicole (*peu us.*)
V. SACRÉ
Auguste
Vénérable
Glorieux
Confesseur
Martyr
Juste

● ANTONYMES : Damné, Bandit.

SAINT-PÈRE
V. PAPE

SAISI
V. SURPRIS

SAISIE

Mainmise
Confiscation
Séquestre

Appropriation
Expropriation
Capture
Prise
Réquisition

SAISIR

Attraper
Happer
Gripper
Agripper
Se saisir de
S'emparer
Aveindre (*anc. dial.*)
Arrêter
Appréhender
Colleter
Agrafer (*fam.*)
Intercepter
Atteindre
Surprendre
S'approprier
Pincer (*fam.*)

Pop. :
Empoigner
Harponner
Piger,
Piper
Choper
Paumer,
Rafler,
Ratiboiser
Ratisser
Comprendre
Concevoir
Entendre
Réaliser
Percevoir
Distinguer
Remarquer
Discerner
Apprécier
Découvrir
Embrasser
Voir

Pénétrer
Surprendre
Étonner
Impressionner
Frapper
Prendre
Agglutiner
Solidifier
Confisquer
Réquisitionner

● ANTONYMES : Lâcher, Laisser, Dessaisir.

SAISISSANT

Captivant
Étonnant
Frappant
Surprenant
Émouvant
Palpitant

SAISISSEMENT

Émoi
Émotion
Trouble
Désarroi
Agitation
Bouleversement
Affolement

SAISON

Moment
Époque
Ère
Période
Cycle
Temps
Âge
Occasion
Cure

« *De saison* » :
Convenable

Opportun
De circonstance
À propos
« *Hors de saison* » :
Hors de propos
À contretemps
Déplacé
Inopportun

SALAIRE

Rémunération
Appointements
Paye et Paic
Gages
Honoraires
Émoluments
Indemnité
Loyer (*anc.*)
Mensualité
Solde
Traitement
Vacation
Rétribution
Gain
Profit
Guelte
Commission
Jeton (de présence)
Pourboire
Prime
Récompense
Tribut
Cachet
Pige
Courtage
Prix

SALAMALEC
V. Salut

SALARIÉ

Travailleur
Ouvrier

Prolétaire
Employé
Journalier
Tâcheron
Manœuvre
Manouvrier (*anc.*)
Chambrelan (*anc.*)
Prolo (*pop.*)
Gagiste
Compagnon

SALE

Malpropre
Dégoûtant
Répugnant
Sordide
Immonde
Souillé
Souillon
Crasseux
Pouacre (*anc.*)
Cochon (*pop*).
Sagouin (*pop.*)
Crapoteux (*arg.*)
Craspeck (*arg.*)
Dégueulasse (*triv.*)
Salaud (*fam.*)
Salopiaud (*fam.*)
Saligaud (*fam.*)
Crotté
Boueux,
Fangeux
Brenneux
Graisseux
Crado (*pop.*)
Cracra (*pop.*)
Salingue (*arg.*)
Taché
Maculé
Encrassé
Terne
Terni
Pisseux
Terreux
Au fig. et moral :
Infect

Abject
Méprisable
Bas
Vil
Misérable
Ignoble
Infâme
Obscène
Indécent
Impudique
Impur
Pornographique
Laid
Odieux
Mauvais
Méchant
Vilain
Antipathique
Désagréable
Damné
Maudit
Trouble
Ordurier
Polisson
Licencieux
Graveleux

● ANTONYMES : Blanc, Net,
Propre.

SALETÉ

Malpropreté
Saloperie (*pop.*)
Canaillerie
Vilenie
Grossièreté
Impureté
Obscénité
Laideur
Sordidité
Cochonnerie (*pop.*)
Boue
Crasse
Crotte
Gâchis

Gadoue
Merde
Ordure
Méchanceté
Vacherie
Bassesse
Encrassement
Ternissure
Salissure
Vermine
Souillure
Immondice

● ANTONYMES : Netteté, Propreté, Pureté, Désinfection.

SALIR

Souiller
Tacher
Encrasser
Graisser
Maculer
Barbouiller
Polluer
Souillonner (*fam.*)
Margouiller (*anc.*)
Culotter
Crotter
Poisser
Mâchurer
Contaminer
Abîmer
Éclabousser
Troubler
Ternir
Croupir
Infecter
Abaisser
Avilir
Déshonorer
Diffamer
Flétrir
Calomnier
Baver (sur)
Profaner

● ANTONYMES : Astiquer, Blanchir, Cirer, Curer, Désinfecter, Essuyer, Laver, Nettoyer, Purifier, Détacher.

SALIVE

Eau (à la bouche)
Bave
Écume
Crachat
Postillon

SALLE

Pièce
Chambre
Salon
Carrée (*arg.*)
Crèche
Hall
Auditoire
Assistance
Public
Spectateurs
Galerie (*fam.* et *péj.*)

SALMIGONDIS

V. MÉLANGE
Confusion

SALON

V. PIÈCE
Foire

SALTIMBANQUE

Bateleur
Baladin
Banquiste
Acrobate

Équilibriste
Funambule
Jongleur
Bouffon
Clown
Pitre
Charlatan
Farceur
Opérateur
Forain
Nomade
Ambulant
Comédien
Cabotin
Faiseur de tours
Escamoteur
Avaleur de sabres
Montreur d'ours

SALUBRE
V. SAIN

SALUBRITÉ
V. HYGIÈNE

SALUT

Salutation
Révérence
Courbette
Salamalec
Coup de chapeau
Inclination de tête
Poignée de main
Shake-hand
Bonjour
Bonsoir
Au revoir
Compliment
Sauvegarde
Libération
Cérémonie

● ANTONYMES : Damnation, Perdition.

SALUTAIRE
V. PROFIT et SAIN

SALUTATION
V. Salut

SANATORIUM

Préventorium
Solarium
Hôpital
Maison de santé

SANCTIFIER

Consacrer
Diviniser
Ennoblir
Célébrer
Béatifier
Canoniser
V. Fêter

● antonyme : Souiller.

SANCTION

V. Approbation
Confirmation
Consécration
Ratification
Agrément
Punition
Peine
Pénalité
Tarif (fam.)
Pénalisation
Pénitence
Pensum
Répression
Condamnation

● antonymes : Démenti,
Refus, Désapprobation.

SANCTIONNER

Approuver
Confirmer

Ratifier
Entériner
Homologuer
Consacrer
Punir
Condamner
Châtier
Corriger
Frapper
Sévir

● antonymes : Se dédire,
Démentir, Refuser.

SANCTUAIRE

Église
Temple
Lieu Saint
Asile

SANDALE
V. Chaussure

SANG
V. Race

SANG-FROID

Assurance
Hardiesse
Aplomb
Confiance
Fermeté
Sûreté
Caractère
Cran (fam.)
Toupet (fam.)
Culot (fam.)
Calme
Froideur
Impassibilité
Patience
Tranquillité
Bonne contenance
Tête froide
Flegme
Stoïcisme

SANGLANT

Ensanglanté
Saignant
Sanguinolent
Cruel
Meurtrier

SANGLE

Bande
Bandage
Bandeau
Attache
Culière
Porte-étriers
Surfaix
Ventrière
Courroie
Lanière
Bandoulière

SANGLOT

Soupir
Pleurs
Larmes
Spasme
Gémissement
Plainte

SANGLOTER

Pleurer
Pleurnicher
Fondre en larmes
Larmoyer
Être en larmes

SANG-MÊLÉ
V. Métis

SANGUINOLENT
V. Sanglant

SANIE
V. Pus

SANS-CŒUR

V. Méchant
Insensible

SANS-PATRIE

Apatride
Heimatlos

SAPE
V. Tranchée

SAPER
V. Miner

SAPIDITÉ
V. Saveur

SAPIENCE

V. Sagesse
Sens

SARCASME

Raillerie
Moquerie
Dérision
Persiflage
Ironie
Risée
Brocard
Lardon (fam.)
Pasquinade
Gouaille (fam.)
Gausserie
Goguenarderie (peu us.)
Goguenardise
Facétie
Charge
Caricature
Parodie
Ricanement

Nasarde
Lazzi
Quolibet
V. Esprit, Plaisanterie, Satire

● antonymes : Compliment, Flatterie.

SARCASTIQUE

Sardonique
Sardonien (méd.)
Moqueur
Acerbe
Ironique
Persifleur
Goguenard
Gouailleur
Brocardeur
Amer
Caustique
Mordant
Railleur

● antonymes : Bienveillant, Élogieux.

SARCOPHAGE

Cercueil
Bière
Capule (antiq. rom.)
Coffin (fam., peu us.)
Tombe
Tombeau
Caveau
Sépulcre
Sépulture
Mausolée
Cénotaphe
Hypogée (archéologie)

SARDONIQUE
V. Sarcastique

SATANIQUE

Démoniaque
Diabolique
Infernal
Méphistophélique
Pervers

● antonyme : Divin.

SATIRE

Épigramme
Diatribe
Pamphlet
Libelle
Factum
Philippique
Pasquin
Raillerie
Plaisanterie
Caricature
Dérision
Moquerie
Critique
Catilinaire
Épode

● antonymes : Apologie, Éloge.

SATIRIQUE

Mordant
Piquant
Moqueur
Railleur
Caustique
Piquant
Cuisant
Incisif
Acéré
Perçant
Aigre

SATISFACTION

Plaisir
Joie
Bien-être
Contentement
Jouissance
Bonheur
Euphorie
Béatitude
Volupté
Triomphe
Aise
Réparation
Pénitence
Gain de cause
Raison
Complaisance
Fierté
Suffisance
Consolation
Avantage
Allégresse
Liesse
Jubilation
Agrément
Assouvissement

● ANTONYMES : Refus, Affliction, Chagrin, Contrariété, Dépit, Désolation, Désappointement, Déplaisir, Épreuve, Fâcherie, Froissement, Frustration, Mécontentement, Mortification, Peine, Tristesse, Avidité, Inassouvissement, Désir, Insatisfaction.

SATISFAIRE

Faire plaisir
Contenter
Exaucer
Combler
Payer

S'acquitter
Remplir
Accomplir
Exécuter
Accorder
Répondre à
Désaltérer
Apaiser
Rassasier
Assouvir
Soûler
Plaire
Complaire à
Convenir à
Étancher
Suffire
Fournir
Pourvoir
Obéir
Correspondre à
S'arranger
Se contenter

● ANTONYMES : Affamer, Frustrer, Priver, Chagriner, Contrarier, Dépiter, Désappointer, Froisser, Mécontenter, Refouler, Repousser, Manquer à, Se soustraire à.

SATISFAIT

Content
Aisé
Ravi
Heureux
Béat
Comblé
Flatté
Fier
Suffisant
Assouvi
Réalisé
Rassasié

● ANTONYMES : Affamé, Avide, Insatiable, Reven-

dicateur, Chagrin, Désolé, Douloureux, Fâché, Froissé, Inassouvi, Mécontent, Insatisfait.

SATURÉ

Empli
Rempli
Plein
Encombré
Saoûl
Rassasié
Repu
Gorgé

SAUF

Adj :
Indemne
Intact
Sain et sauf
Rescapé
Sauvé
Échappé
Réchappé

Prép. :
Excepté
À l'exception de
Hors
Hormis
À telle chose près
À cela près
Fors *(anc.)*
Moins
Sous réserve de
Sans préjudice de
Quitte à
Sinon que

SAUF-CONDUIT

Laissez passer
Passeport

Passe
Passavant
Permis (de circuler)
Coupe-file
Ausweiss (*néol. allemand*)

SAUGRENU

Burlesque
Ridicule
Absurde
Bizarre
Déraisonnable
Aberrant
Extravagant
Fou
Insensé
Inattendu
Incohérent
Irrationnel

● ANTONYMES : Convenable, Bienséant.

SAUMÂTRE
V. DÉSAGRÉABLE

SAUT

Bond
Sautillement
Soubresaut
Sursaut
Tressaut
Tressaillement
Élancement
Enjambée
Cahot
Bondissement
Cabriole
Voltige
Culbute
Cascade
Chute
Rapide

SAUTILLEMENT
V. SAUT

SAUVAGE

Farouche
Truculent
Insociable
Misanthrope
Fier
Fauve
Inapprivoisé
Indompté
Craintif
Abrupt
Âpre
Brut
Mal dégrossi
Rude
Abandonné
Inhabité
Désert
Solitaire
Barbare
Primitif
Bestial
Cruel
Féroce
Brute
Brutal
Grossier
Inculte
Fruste

● ANTONYMES : Domestique, Familier, Civilisé, Évolué, Policé, Civil, Coquet, Poli, Sociable.

SAUVAGERIE
V. BRUTALITÉ

SAUVEGARDE
V. AUSPICES et GARANTIE

SAUVE-QUI-PEUT

Fuite
Débandade

Déroute
Désarroi
Panique

SAUVER

Faire échapper à
Protéger
Défendre
Soutenir
Garantir
Préserver
Immuniser
Prémunir
Conserver
Garder
Sauvegarder
Mettre en sûreté
Guérir
Racheter
Arracher
Soustraire
Tirer
Repêcher
Libérer
Délivrer
Affranchir
Rétablir

● ANTONYMES : Perdre, Livrer.

SAUVER (SE)

Échapper
Se tirer d'affaire
Fuir
S'enfuir
S'évader
S'échapper
S'esquiver
Lever le pied (*fam.*)
Lever le camp (*fam.*)
Lever le siège (*fam.*)
Détaler (*fam.*)
Prendre ses jambes à son cou (*fam.*)

Prendre la poudre d'es-
campette (*fam.*)
Se carapater (*pop.*)
S'esbigner (*id.*)
Jouer la fille de l'air (*id.*)
Jouer des flûtes (*id.*)
Jouer des quilles (*id.*)
Jouer des ripatons *id.*)
V. DISPARAÎTRE et PARTIR
S'éclipser
Gagner le large
Fausser compagnie
Filer
Décamper
Déguerpir
Prendre la clé des champs
Déserter
Tirer sa révérence
S'envoler
Plier bagage
Ne pas demander son reste

SAUVEUR

Messie
Rédempteur
Bienfaiteur
Libérateur
Sauveteur

● ANTONYME : Fossoyeur.

SAVANT

Érudit
Docte
Lettré
Puits de science
Puits d'érudition
Omniscient
Cultivé
Instruit
Calé (*fam.*)
Compétent
Expert
Fort

Maître (dans)
Versé
Clerc
Humaniste
Sage
Philosophe
Chercheur
Ardu
Compliqué
Difficile
Recherché
Habile
Informé
Au courant
Entendu
Ferré (*fam.*)
Avancé
Éclairé
Découvreur
Homme de science
Docteur
Mandarin
Science infuse (avoir la)

● ANTONYMES : Ignare,
Ignorant, Illettré, Nul,
Inculte, Superficiel, Popu-
laire, Simple, Vulgaire,
Facile; Amateur, Appren-
ti, Malhabile, Maladroit;
Âne, Bourrique, Écolier.

SAVATE
V. CHAUSSURE

SAVETIER
V. CORDONNIER

SAVEUR

Sapidité
Goût
Piment
Sel
Bouquet
Charme
Fumet

● ANTONYME : Fadeur.

SAVOIR (*subst.*)

Science
Érudition
Connaissance
Instruction
Culture
Culture générale
Doctrine
Cognition
Omniscience
Notion
Idée
V. CONCEPTION, IMAGI-
NATION
Acquis
Lumière (s)

● ANTONYME : Ignorance.

SAVOIR (*verbe*)

Être au courant de
Posséder
Être instruit de
Pouvoir
Connaître
Être conscient de
Avoir des connaissances
Être en mesure de

● ANTONYMES : Douter,
Ignorer.

(FAIRE) SAVOIR

Faire connaître
Informer
Mander
Apprendre
Enseigner
Aviser
Donner avis
Avertir
Prévenir

SAVOIR-FAIRE
V. Adresse, Habileté, Doigté

SAVOIR-VIVRE

Politesse
Éducation
Correction
Tact
Convenance
Bienséance
Honnêteté
Décorum

SAVOURER

Goûter
Déguster
Tâter (*anc.*)
Se délecter (de *ou* à)
Apprécier
S'en lécher les doigts (*fam.*)
Se gargariser de (*fam.*)

SAVOUREUX

Délectable
Succulent
Appétissant
Délicat
Délicieux
Doux
Moelleux
Exquis
Excellent
V. Agréable
Friand
● antonymes : Fade, Insipide, Médiocre.

SAYNÈTE

Sketch
Intermède

Bluette
V. Comédie et Pièce

SCABREUX
V. Difficile

SCANDALE

Éclat
Esclandre
Pétard (*fam.*)
V. Tapage
Désordre
Honte
Indignation
● antonyme : Édification.

SCANDALISÉ

Indigné
Révolté
Blessé
Choqué
Offensé
V. Outré
Estomaqué
Horrifié
Froissé
Offusqué
● antonyme : Édifié.

SCANDALISER (SE)

S'offenser
Se froisser
Se piquer
Se blesser
Se vexer
Se choquer
Se formaliser

SCARIFICATION

Incision
Coupure

Entaille
Encoche,
Coche
Cran
Rainure
Estafilade
Taillade
Boutonnière

SCEAU

Marque
Cachet
Timbre
Estampille
Poinçon
Griffe
Label
Empreinte
Coin
Signature

SCÉLÉRAT

Déloyal
Infidèle
Perfide
Traître
Félon
Renégat
Judas
Faux frère (*fam.*)
Coquin
Méchant
Bandit
Fripon
Infâme

SCELLER

1. Cacheter
Plomber
Cimenter
2. Affermir (*fig.*)
Sanctionner (*fig.*)

Fermer
Enfermer
Murer
Fixer
Assembler
● ANTONYMES : Ouvrir,
Annihiler (*fig.*)

SCÉNARIO

Argument
Canevas
Intrigue
Anecdote
Découpage
Synopsis
Livret
Mise au point
Déroulement
Séquence
Trame
Pièce
Schéma

SCÈNE

1. Planches
Plateau
Tréteaux
Décor
Théâtre
Boui-Boui (*fam. péj.*)
V. SPECTACLE
V. SAYNÈTE
Séquence
2. Colère
Algarade
Dispute
Discussion
Esclandre

SCEPTIQUE

Incrédule
V. ATHÉE, IRRÉLIGIEUX

● ANTONYMES : Certain,
Convaincu, Crédule, Sûr,
Croyant, Dogmatique, En-
thousiaste.

SCHÉMA

Schème (*peu us.*)
Représentation
Figure
Diagramme
Plan
Dessin
Abrégé
Canevas
Ébauche
Esquisse
Carcasse (*fig.*)
Squelette (*fig.*)
Structure

SCHISMATIQUE

Apostat
Renégat
Hérétique
Hérésiarque
Hétérodoxe
Laps
Relaps
Dissident
Séparatiste

SCHISME

Séparation
Scission
Dissidence
Division
Sécession
Séparatisme
● ANTONYMES : Unifica-
tion, Accord.

SCIENCE

V. SAVOIR
Érudition
Connaissance
Instruction
V. SAGESSE
Doctrine
Cognition
Omniscience
Technique
Discipline
Art
Adresse
Capacité
Compétence
Expérience
● ANTONYMES : Ignorance,
Impéritie, Nullité, Mala-
dresse.

SCINDER

Sectionner
Diviser
Fractionner
Fragmenter
Segmenter
V. COUPER
Décomposer
Disjoindre
Déchirer
Séparer
● ANTONYMES : Associer
Unir.

SCINTILLER

Étinceler
V. BRILLER
Flamboyer
Miroiter
Clignoter
Pétiller
Chatoyer

SCISSION

Division
Partage
Schisme
Séparation
Dissidence
Sécession

SCORIE
V. Déchet, Résidu

SCRIBE

Copiste
Écrivain (public)
Greffier
Bureaucrate
Employé de bureau
Employé aux écritures
Scribouillard (*péj.*)
Gratte-papier (*péj.*)
Gratteur de papier (*péj.*)
Rond-de-cuir (*fam. péj.*)
Plumitif (*id.*)

SCRUPULE

Incertitude
V. Indécision
Inquiétude
Doute
Hésitation
Honte
Pudeur
Appréhension
Léger remords
Exigence
Minutie
Délicatesse
Égard
Perplexité
Considération

● ANTONYMES : Cynisme, Fraude.

SCRUPULEUX

Consciencieux
Honnête
Intègre
Délicat
Inquiet
Exigeant
Probe
Minutieux
Méticuleux
Tatillon (*péj.*)
Ponctuel
Pointilleux
Vétilleux
Vertueux
Correct
Strict
Attentif
Exact
Fidèle

● ANTONYMES : Cynique, Indélicat, Large; Approximatif.

SCRUTER

Examiner
Approfondir
Chercher
Fouiller
Pénétrer
Sonder
Explorer
Inspecter
Observer
Visiter

SCRUTIN
V. Vote

SCULPTEUR

Statuaire
Modeleur
Bustier (*abusivt*)
Ornemaniste

Imagier (*anc.*)
Imagiste (*anc.*)
Imager (*anc.*)

SÉANCE

Session
Vacation
Débat
V. Réunion
V. Spectacle
Audience

SÉANT
V. Décent et Derrière

SEC

Anhydre
Tari
Aride
Desséché
Stérile
Dur
Bref
Froid
Indifférent
Insensible
Pincé
Aigre
Désobligeant
Glacial
Autoritaire
Brusque
Cassant
Austère
Étriqué
Maigre
Sécot (*fam.*)
Décharné
Étique
Maigrelet (*fam.*)
Maigrichon (*fam.*)
Maigriot (*fam.*)
Grande bringue (*péj.*)

● ANTONYMES : Aqueux, Humide, Mouillé, Collant, Moite, Frais, Vert, Gras Gros, Moelleux, Onctueux; Amoureux, Attendri, Généreux; Agréable, Aimable, Attendrissant, Caressant, Patelin; Abondant, Luxuriant, Nourri.

SÉCESSION
V. DISSIDENCE, SCISSION

SÉCHER

Dessécher
Racornir
Tarir
Déshydrater
Assécher
Mettre à sec
Étancher
Dépérir
Languir
Manquer (*arg.*)
Échouer (*scol.*)
Flétrir
Faner
Boire
Éponger

● ANTONYMES : Arroser, Détremper, Humecter, Humidifier, Imbiber, Inonder, Mouiller.

SECOND

Deuxième
Mineur
Inférieur
Médiocre
Moindre
Autre
Adjoint
V. AIDE
V. ALLIÉ

Appui
Assesseur
Assistant
Auxiliaire
Bras droit
Collaborateur
Lieutenant

● ANTONYMES : Premier, Primitif; Adversaire, Compétiteur.

SECONDER

Aider
Assister
Servir
Soutenir
Collaborer
Contribuer à
Coopérer
Concourir à
Participer à
Favoriser
Secourir
Faciliter
Prêter main forte
Venir en aide
Porter secours
Venir à la rescousse
Appuyer
Renforcer

● ANTONYMES : Contrarier, Desservir, Empêcher, Entraver, Gêner.

SECOUER

Ballotter
Sabouler (*anc.*)
Ébranler
Brimbaler
Cahoter
Bousculer
Harceler
S'affranchir

Se libérer
Remuer
V. AGITER
Hocher
V. RÉPRIMANDER
V. BALANCER

SECOURIR

V. AIDER
Assister
Obliger
Porter secours
Défendre
Intervenir en faveur de
Protéger
Subvenir aux besoins
Soutenir
Soulager
Favoriser
Épauler
Appuyer

SECOURS

Aide
V. APPUI
Assistance
Soutien
Protection
Rescousse
Réconfort
Concours
Renfort
Aumône
Obole
Charité
V. SUBSIDE
Don
Subvention
Bienfaisance
Entraide
Allocation

● ANTONYMES : Abandon, Déréliction.

SECOUSSE

Saccade
Mouvement brusque
Ébranlement
Agitation
Soubresaut
Tressaut
À-coup
Cahot
Trépidation
Choc
Commotion

● ANTONYME : Calme.

SECRET

1. Mystère
Arcane
V. ÉNIGME
Coulisse (*fig.*)
Dessous (*fig.*)
Clef
Motif
Art
Truc
Recette
Procédé
Confidence
Cachotterie

2. Dérobé
V. DISCRET
Impénétrable
Clandestin
Furtif
Ténébreux
Confidentiel
Ésotérique
Hermétique
Occulte
Retiré
Renfermé
V. CACHÉ
Énigmatique
Ignoré
Inconnu
Mystérieux
Sybillin
Sourd
Sournois
Souterrain
Dissimulé
Réservé

● ANTONYMES : Accessible, Apparent, Ostensible, Ouvert, Public, Visible, Patent; Bavard, Communicatif, Indiscret.

SECRÈTEMENT, EN SECRET

En cachette
À la dérobée
Furtivement
Sourdement
En sous-main
En tapinois
En sourdine (*fam.*)
En catimini (*fam.*)
Sous le manteau
Clandestinement
Dans l'ombre
Confidentiellement

● ANTONYME : Ouvertement.

SECTAIRE

V. FANATIQUE
Adepte
Intolérant
Intransigeant
Séide

● ANTONYMES : Éclectique, Libéral.

SECTATEUR

V. PARTISAN
Adepte
Séide (*péj.*)
Prosélyte
Militant
Adhérent
Affidé
Féal
Recrue
Homme lige
Suppôt
V. MEMBRE

SECTE

Parti
Faction
Clan
Coterie
Chapelle

SECTIONNER

Diviser
Fractionner
Segmenter
Fragmenter
Scinder
V. COUPER
Découper
Tronçonner
V. SÉPARER

SÉCULAIRE

Très âgé
De plusieurs siècles
V. ANCIEN
Centenaire
Bi (ou Tri) centenaire
Vétuste
Antédiluvien
Antique

SÉCURITÉ

Sûreté
Assurance

Calme
Confiance
Tranquillité
Quiétude
Abri
Ordre

● ANTONYMES : Anxiété, Défiance, Détresse, Insécurité; Danger.

SÉDATIF
V. CALMANT

SÉDENTAIRE

Casanier
Pantouflard (*fam.*, *péj.*)
Permanent

● ANTONYMES : Actif, Bohème; Ambulant, Errant, Mobile, Nomade.

SÉDIMENT

Dépôt
V. LIE
Précipité
Résidu

SÉDITION

Émeute
Mutinerie
Agitation
Troubles
Révolte
Coup de chien (*fam.*)
Pogrom
Émotion (*anc.*)
Insurrection
Pronunciamiento
Putsch

SÉDUCTEUR

Enjôleur
Suborneur
Corrupteur
Apprivoiseur
Casse-cœur (*fam.*)
Don Juan
Lovelace
Casanova
Tombeur
Tombeur de femmes
Galant
Homme à femmes
Homme à bonnes fortunes
Larron d'honneur
Charmeur
Ensorceleur
Fascinateur
Magicien
Séduisant
V. ATTRAYANT et ENGAGEANT

SÉDUIRE

Détourner
V. CORROMPRE
Acheter
Suborner
Abuser
Apprivoiser (*anc.*)
Circonvenir
Soudoyer
Emmitonner (*fam.*)
Débaucher
Déshonorer
Mettre à mal
Tomber (*pop.*)
Décevoir
Éblouir
Égarer
Tromper
Piper
Leurrer
V. CONQUÉRIR
Attirer dans ses filets

Gagner
Affriander
Allécher
Amorcer
Appâter
Cajoler
Embobeliner (*fam.*)
Enjôler
Entortiller (*fam.*)
Jeter de la poudre aux yeux
Flatter
Faire briller
Faire miroiter
Chatoyer
Emberloquer (*peu us.*)
Ensorceler
Capter
Captiver
Subjuguer
Envoûter
Enivrer
Empaumer (*fam.*)
V. TENTER
Attirer
Attacher
V. CHARMER
Enchanter
Ravir
Entraîner
Fasciner
Plaire
Complaire

● ANTONYMES : Choquer, Déplaire.

SÉDUISANT

V. ATTRAYANT
Attirant
Plaisant
Attachant
V. CHARMANT
Ravissant
Enchanteur
Ensorcelant

Captivant
Fascinant
V. SÉDUCTEUR
Flatteur
Affriolant
Aguichant
Beau
Désirable
Tentant
Agréable
Aimable
Avenant
Attractif
Enivrant
Adorable
Engageant

● ANTONYMES : Abject,
Choquant, Effrayant, Ré-
pugnant.

SEGMENTER
V. SECTIONNER

SEIGNEUR

Sieur
Sire
Suzerain
Hobereau
Prince
Souverain
Maître
Gentilhomme
Roi
Châtelain
Paladin
V. ARISTOCRATE

SEIN

Gorge
Poitrine
Mamelle
Mamelon
Buste
Tétin (*fam.*)

Nichon (*pop.*)
Téton (*fam.*)
Néné (*pop.*)

(*Ne s'emploient qu'au plu-*
riel) :
Avantages
Bossoirs (*fam.*)
Lolos (*pop.*)
Mandarines (*pop.*)
Pare-chocs (*pop.*)
Roberts (*pop.*)
V. APPAS et PIS

Au fig :
Giron
Cœur
Entrailles

« *Au sein de* » :
Au milieu
Parmi

SEING
V. SIGNATURE

SÉISME

Secousse
Tremblement de terre
Phénomène sismique
Cataclysme
Bouleversement

SÉJOUR

Habitation
Résidence
V. DEMEURE
Arrêt
Pause
Villégiature
Stage

SÉJOURNER

Demeurer
Habiter
S'arrêter

Camper
Stagner (liquides)
Croupir (liquides)

SÉLECTION

Choix
V. ÉLECTION

SÉLECTIONNER

V. CHOISIR
V. TRIER

SELON

Suivant
D'après
Conformément à
Jouxte (*anc.*)

● ANTONYMES : Contre, En
dépit de.

SEMAILLES

Ensemencement
Semis
Emblavure

SEMBLABLE

Ressemblant
Analogue
Équivalent
Adéquat
Similaire
Conforme
Pareil
Tel
Identique
Comparable
Congénère
Prochain
Pendant

V. Homogène
Homologue
Affin (*peu us.*)
Kif-kif (*fam.*)

● ANTONYMES : Autre, Contraire, Différent, Distinct; Antagonique, Contradictoire, Disparate, Dissemblable, Dissimilaire, Divergent, Divers, Incomparable, Opposé.

SEMBLANT

V. Aspect, Apparence
Manière
Simulacre

SEMBLANT (FAIRE)

Affecter
Feindre
Simuler
Pour la frime (*fam.*)

SEMBLER

Avoir l'air
Donner l'impression
Paraître
Dire
Croire
Juger
Penser
Agréer
Plaire
Respirer (la bonté, etc.)
Présenter l'aspect
Passer pour

SEMENCE

V. Germe
Grain

Graine
Cause
Semis

SEMER

Ensemencer
Planter
Jeter
Répandre
Disperser
Disséminer
Joncher
Couvrir
Cultiver
V. Propager
Diffuser
Parsemer
Distancer
Quitter
Planter là
Fausser compagnie

● ANTONYMES : Récolter; Accumuler, Amasser, Entasser.

SÉMILLANT

V. Agile
Vif
Fringant
Frétillant
Gai
Leste
Alerte

SEMIS
V. Ensemencement, Semailles, Plant

SÉMITE
V. Israélite

SEMONCE

Convocation (*anc.*)
Sommation
V. Reproche
Admonestation
Réprimande
Remontrance

SEMONCER
V. Réprimander

SEMPITERNEL

V. Éternel
Continuel
Perpétuel

SÉNESTRE
V. Gauche

SÉNILE
V. Âgé

SENS

Sensation
Instinct
Notion
Conscience
Raison
Raisonnement
Sens commun
Bon sens
Gros bon sens
Bon goût
Sagesse
Philosophie
Sapience
Jugement
Discernement
Jugeote (*fam.*)
Entendement
Intelligence
Intellect
Intuition
V. Esprit

« *À mon sens* » :
Avis
Gré
Point de vue
Sentiment
Valeur
Acception
V. SIGNIFICATION
V. CONCEPTION
Direction

● ANTONYMES : Absurdité,
Aliénation, Déraison, Folie.

SENSATION

V. PERCEPTION
Impression
Sentiment
Émotion
Intuition
Connaissance
Effet
Étonnement
Surprise
Admiration

SENSATIONNEL

Extraordinaire
V. ÉTONNANT
Remarquable
Excellent
Prodigieux
Stupéfiant
Surprenant
Pyramidal (*fig. anc.*)
Ahurissant
Ébouriffant (*fam.*)
Renversant (*id.*)
Formidable (*id.*)
Énorme (*id.*)
Mirobolant (*id.*)
Phénoménal (*id.*)
Pharmineux (*id.*)

Époustouflant (*fam.*)
Esbroufant (*pop.*)
Épatant (*pop.*)
Époilant (*arg.*)
V. MERVEILLEUX
V. IMPRÉVU
V. INVRAISEMBLABLE

SENSIBILITÉ

Sensiblerie
Émotivité
Excitabilité
Réceptivité
Affectivité
Cœur
Entrailles
Fibre
Émotion
Sentiment
Tendresse
Compassion
Humanité
Pitié
Délicatesse
Finesse

● ANTONYMES : Insensibilité; Apathie, Froideur,
Glace; Aridité, Cruauté,
Dessèchement, Dureté,
Endurcissement.

SENSIBLE

Fin
Émotif
Impressionnable
Délicat
Douillet
Vulnérable
Susceptible
Sensitif
V. TENDRE
Chatouilleux
Sensoriel

Aimant
Bon
Compatissant
Généreux
Humain
Accessible
Réceptif
Palpable
Visible
Tangible
Perceptible
Charnel
Matériel
Phénoménal
Apparent
Clair
Évident
Appréciable
Important
Notable
Pénible

● ANTONYMES : Insensible, Inanimé, Aride, De
bronze, Cruel, Desséché,
Dur, Étroit, Froid, Glacial, Imperméable, Réfractaire, Intelligible, Caché,
Insaisissable.

SENSIBLERIE
V. SENSIBILITÉ

SENSUALITÉ
V. PLAISIR

SENSUEL

Charnel
Luxurieux
Épicurien
Sybarite
Voluptueux

● ANTONYMES : Cérébral,
Spirituel; Ascète, Ascétique, Austère, Frigide.

SENTE

V. Chemin
Sentier
Layon
Laie
Raidillon
Venelle
Allée
Ravin
Cavée (*peu us.*)
Piste

SENTENCE

Jugement
Arrêt
Verdict
Ordonnance
Décret
Arbitrage
Pensée
Adage
Aphorisme
Maxime
Axiome
Apophtegme
Devise
Proverbe
Dicton
Dit
Opinion

SENTEUR

V. Odeur
Émanation
V. Parfum
Arôme
Aromate
Bouquet
Fumet
Exhalaison
Suavité
Effluve

SENTIER

V. Chemin
Sente
Laie
Layon
Voie
Raccourci
Allée
Ravin
Cavée (*peu us.*)
Piste
Raidillon
Venelle

SENTIMENT

Perception
Sensation
Connaissance
Impression
Pressentiment
Conscience
Instinct
Sens
Fibre
Émotion
Opinion
Pensée
Avis
Jugement
Idée
Point de vue
Gré

● ANTONYMES : Froideur,
Indifférence, Inconscience,
Insensibilité, Logique,
Raisonnement, Action.

SENTIMENTAL

Tendre
Sensible
Romanesque
Affectif

Amoureux
Affectueux
Aimant

● ANTONYMES : Actif,
Pratique.

SENTINE
V. Cloaque

SENTINELLE

Factionnaire
Guetteur
Garde
Vedette
Vigie
Guet
Gardien
Surveillant

SENTIR

Percevoir
Palper
Flairer
Renifler
Humer
Respirer
Fleurer (*anc.*)
Souffrir (ne pouvoir)
Détester
Haïr

Par extens. :
Deviner
Discerner
Pénétrer
Découvrir
Pressentir
Prévoir
Comprendre
Apprécier
Goûter
Éprouver
Ressentir
Constater
Savoir

Fleurer
Odorer
Embaumer
Puer
Exhaler
Indiquer
Révéler
Se sentir
Se trouver
Se ressentir

SÉPARATION

Distinction
Décollement
Démembrement
Désagrégation
Désunion
Disjonction
Dislocation
Dispersion
Rupture
Scission
Sécession
Dissidence
Différence
Éloignement
Exil
Barrière
Borne
Démarcation
Frontière
Cloison
Coupure
Fossé
Limite
Mur
Division
Répartition
Morcellement
Lotissement
Ségrégation
V. Différence
Diversité
Variété
Schisme
V. Inégalité

Disparité
Disproportion
Solution de continuité
Différenciation
Discrimination

● ANTONYMES : Addition, Agglomération, Agglutination, Assemblage, Conjonction, Connexion, Fusion, Incorporation, Jonction, Mélange, Raccordement, Réunion, Union ; Contact, Contiguité ; Adhésion, Alliance, Annexion, Association, Assimilation, Hymen, Mariage, Cumul ; Approche, Retrouvailles ; Conciliation, Confrontation, Joint, Lien, Raccord ; Continuité, Correspondance, Identité, Ressemblance, Similitude.

SÉPARER

Diviser
Partager
Dissocier
Désunir
Disjoindre
Détacher
Décoller
Démembrer
Casser
Couper
Dénouer
Écarter
Espacer
Fendre
Fragmenter
Rompre
Morceler
Scier
V. Sectionner
Trancher

Fractionner
Isoler
Distraire
Enlever
Ôter
Dépareiller
Disperser
Éloigner
V. Disloquer
Segmenter
Démantibuler
Désemparer (*peu us.*)
Analyser
Cribler
Débrouiller
Démêler
Dissocier
Trier
Classer
Ranger
Extraire
Épurer
Monder
Arracher
Déparier
Désaccoupler
Démarier
Brouiller
Creuser un abîme entre
Décomposer
Désagréger
Cloisonner
S'interposer entre
Former obstacle
Dégager
Départager
Départir
Différencier
Discerner
Discriminer
Distinguer
Scinder

● ANTONYMES : Adapter, Agglomérer, Agglutiner, Appliquer, Assembler, Attacher, Coller, Conglutiner, Connecter, Cramponner, Entrelacer, Grouper, Incorporer, Lier; Approcher, Raccorder, Rapprocher, Rejoindre, Réunir; Annexer, Mélanger, Mêler; Allier, Assembler, Associer, Attacher, Coaliser, Réunir, Unir; Assimiler, Combiner, Concilier, Confondre, Consolider, Constituer, Cumuler, Englober, Mêler.

SÉPARER (SE)

Partir
Se quitter
Chasser (quelqu'un)
Remercier *(id.)*
Congédier *(id.)*
Divorcer
Casser
Rompre
Se désolidariser
Se distinguer
Se dédoubler
Fourcher
Se disloquer

● ANTONYMES : S'accointer, Se rencontrer, Adhérer, Fusionner.

SEPTENTRION
V. NORD

SÉPULTURE, SÉPULCRE
V. TOMBE

SÉQUESTRER
V. ENFERMER

SÉRAIL
V. HAREM

SÉRAPHIN
V. ANGE

SEREIN
V. CALME

SÉRÉNADE
V. CONCERT et TAPAGE

SÉRÉNITÉ
V. TRANQUILLITÉ

SÉRIE

Suite
Séquelle
Kyrielle
Ribambelle
V. MULTITUDE
Brochette
Chapelet
Rang
Jeu
Clavier
Gamme
Échelle
Tranche
Légion
Fourmilière
Essaim
Foultitude *(pop.)*
Flopée *(id.)*
Tapée *(id.)*
Tripotée *(id.)*
Foule
Nuée
Masse
Régiment *(fam.)*
Armée
Cycle
Cortège
Procession
Catégorie
Classe
V. LISTE

SÉRIER

Classer
Échelonner
V. DIVISER
V. RANGER
Arranger
Ordonner

SÉRIEUX

1. Gravité
Componction
Dignité
Majesté
Application
Conviction
Poids
Pesanteur
Flegme
Froideur
Austérité

2. Posé
Raisonnable
Rassis
Réfléchi
Sage
Important
Grave
Conséquent
Rangé
Appliqué
Bon
Soigneux
Froid
Morne
Sûr
Réel
Sincère
Solide
Austère
Valable
Dangereux
Dramatique
Inquiétant
Convenable

● ANTONYMES : Bad/n, Désinvolte, Distrait, Étourdi, Évaporé, Facétieux, Folâtre, Frivole, Futile, Gamin, Inconséquent, Léger, Puéril; Bouffon, Clown, Fantaisiste, Guignol, Hurluberlu; Blagueur, Enjoué, Gai, Ironique, Rieur; Crapuleux, Faux, Simulé, Crapule, Coquin, Fumiste, Sauteur, Coureur, Débauché, Dissipé; Bouffe, Burlesque, Cocasse, Comique, Folichon, Gratuit, Plaisant; Badinage, Bagatelle, Bêtise, Billevesée, Blague, Chanson, Comédie, Enfantillage, Folie, Futilité, Dérisoire; Bénin, Amusant, Croustilleux, Égrillard, Graveleux, Grivois, Leste, Libertin; Hilarité, Enjouement, Gaieté, Ironie, Rire; Désinvolture, Frivolité, Imprudence, Légèreté, Négligence.

SERINER
V. ENNUYER et RÉPÉTER

SERMENT

Vœu
Jurement (anc.)
Parole
Promesse
Protestations (par ex. d'amitié)
Foi jurée
Parole d'honneur

SERMON

Prédication
Prêche

Exhortation
Homélie
Prône
Catéchisme
Harangue
Remontrance
Mercuriale
V. DISCOURS

SERRE
V. ONGLE

SERRÉ

Étroit
Resserré
Enserré
Collant
Ajusté
Concis
Précis
Rigoureux
Gêné et Gênant
Pressé
Entassé
Tassé
Compact
Dense
Dru

2. Avare
V. CHICHE
Économe
Parcimonieux
Regardant

● ANTONYMES : Large, Ample, Clairsemé, Écarté, Lâche ; Dépensier.

SERRER

Bloquer
Brider
V. RESSERRER
Cacher
Enfermer
Mettre en lieu sûr

Enserrer
Ranger
Placer
Renfermer
Empoigner
V. PRESSER
Pincer
Étrangler
Lier
Attacher
Entourer
Caresser
Embrasser
Enlacer
Étreindre
Lacer
Boucler
Bander
Priver
Caler
Coincer
Rapprocher
Comprimer
Tasser
Fouler
Pressurer
V. ENFERMER
Rencogner
Poursuivre
Condenser
Contracter
Mouler
Boudiner
Brider
Sangler
Comprimer
Gêner
S'approcher
Frôler

● ANTONYMES : Relâcher, Écarter, Éclaircir, Espacer, Desserrer, Ouvrir.

SERRER (SE)

Se rapprocher
Se coller

Se blottir
Se pelotonner

SERVAGE
V. SERVITUDE

SERVANTE

Domestique
Fille de service
Femme de chambre
Femme de ménage
Soubrette
Chambrière (*anc.*)
Camériste (*anc.*)
Camérière (*anc.*)
Bonne
Bonne à tout faire
Employée de maison
Souillon (*péj.*)
Bonniche (*pop. péj.*)
V. SERVEUSE
Gouvernante

SERVEUSE

V. SERVANTE
Maritorne (*péj. litt.*)
Barmaid (*néol. anglais*)

SERVIABLE

Bon
Brave
Obligeant
Officieux
V. COMPLAISANT
Prévenant
Attentionné
Empressé
Déférent
Condescendant
Ardélion (*anc. péj.*)
Accommodant
V. CONCILIANT
Secourable

SERVICE

Bienfait
Bon office
Grâce
Faveur
Plaisir
Amitié
Aide
Appui
Charge
Fonction
Garde
Activité
Travail
Prestation
Servitude

2. Culte
Liturgie
Cérémonie
Messe
Office

SERVILE

Bas
Complaisant
Rampant
Plat
Obséquieux
Pied-plat
Lèche-cul (*pop. triv.*)
Humble
Lèche-bottes
V. ABJECT
V. SOUMIS
V. SOUPLE
Vil
Chien couchant

● ANTONYMES : Libre,
Conquérant.

SERVILITÉ

Bassesse
Complaisance

Courbette
V. OBÉISSANCE
Humilité
Obséquiosité
Prosternation
Soumission

● ANTONYME : Liberté.

SERVIR

Aider
Appuyer
V. SECONDER
Rendre service
Se dévouer
V. FAVORISER
Avantager
Assister
Donner
Débiter
Présenter

● ANTONYMES : Comman-
der, Dominer, Desservir,
Désobliger, Gêner, Nuire,
Perdre.

SERVIR (SE)

V. USER
Utiliser
Employer
Faire usage
Exploiter

SERVITEUR

Domestique
Employé de maison
Valet
Laquais (*anc.*)
Valet de pied
Officieux (pendant la Ré-
volution)

Larbin (*pop.*)
Ordonnance
V. CHASSEUR
Groom
Valet de chambre
● ANTONYMES : Dominateur; Maître.

SERVITUDE

Esclavage
Servage
Dépendance
V. SUBORDINATION
Sujétion
Assujettissement
Joug
Vassalité
Abaissement
Asservissement
Soumission
● ANTONYMES : Affranchissement, Émancipation, Franchise, Liberté, Domination, Maîtrise, Omnipotence.

SESSION
V. SÉANCE

SEUL

Unique
Isolé
Solitaire
Esseulé
Abandonné
Délaissé
Sans égal
Singulier
Simple
Sans aide

SEULEMENT

V. UNIQUEMENT
Exclusivement

Simplement
Mais
Cependant
Néanmoins
Toutefois
Malheureusement
Purement

SÉVÈRE

Strict
Rigoureux
Dur
V. AUSTÈRE
Rigide
Rigoriste
Rébarbatif
Intraitable
Pas commode
Rabat-joie
Qui ne badine pas
Rogue
Qui ne plaisante pas
Raide
Roide
Spartiate
Autoritaire
Rude
Vache (*fam.*)
Grave
Intransigeant
Difficile
Exigeant
Froid
Triste
Dépouillé
Aride
Exact
Draconien
Salé (*fig.*)
Aigre
Âpre
Amer
Cinglant
Chaud
● ANTONYMES : Accommodant, Bonasse, Clément,

Complaisant, Compréhensif, Coulant, Doux, Indulgent, Large; Affectueux, Enjoué, Facétieux, Tendre; Agréable, Attendrissant, Badin, Charmant, Gracieux, Plaisant, Orné, Relâché, Indulgent, Léger.

SÉVIR
V. PUNIR

SEVRER
V. PRIVER

SIBYLLE
V. DEVIN

SIBYLLIN
V. CACHÉ
Obscur
Énigmatique
Ésotérique
Mystérieux

SIDÉRÉ

V. ÉBAHI
Abasourdi
Anéanti
Coi
Hébété
Foudroyé
Immobile
Stupéfait
Éberlué
Étourdi
Médusé
Interloqué
Pétrifié
Ahuri
Estomaqué (*fam.*)
Épaté (*pop.*)
Baba (*pop.*)

SIESTE
V. SOMMEIL

SIFFLEMENT

Sibilation
Chuintement
Cornement
Bruissement

SIGNAL

V. SIGNE
Annonce
Appel
Avertisseur
Balise

SIGNALÉ

V. REMARQUABLE
Notable
Insigne
Marquant

SIGNALER

Appeler l'attention
V. INDIQUER
Annoncer
Avertir
Désigner
Montrer
Marquer
Déclarer
Souligner
Dénoncer
Mentionner
Déceler
Citer

SIGNATURE

Paraphe
Griffe
Émargement
Seing

Contreseing
Endos
Blanc-seing
Monogramme
Sceau
Engagement
Garantie

SIGNE

Signal
Annonce
V. INDICE
V. SYMPTÔME
Indication
Expression
Manifestation
Marque
Preuve
Auspice
Présage
Avertissement
Augure
Pronostic
Appel
Geste
Attribut
Caractère
Symbole
Figure
Image
Représentation
Idéogramme
Lettre
Sigle
Abréviation
Chiffre
Emblème
Insigne

SIGNIFICATION

Sens
Acception
Clef
Contenu

Définition
Valeur
Portée
Force

SIGNIFIER
1. Notifier
2. Vouloir dire

SILENCE

Calme
V. PAIX
Chut
Motus (*fam.*)
V. TRANQUILLITÉ
Mutisme
Discrétion
Réticence
Arrêt
Interruption
Pause

● ANTONYMES : Parole, Bavardage, Cailletage, Faconde ; Aveu, Confession, Correspondance, Bruit ; Agitation, Animation, Bruissement, Clameur, Cohue, Cri, Fracas, Hourvari, Tapage ; Vacarme.

SILENCIEUX

Muet
Taciturne
Réticent
Réservé
Calme
Discret
Secret
Morne
Aphone
Sobre (de paroles)
Avare (de paroles)
Bouche cousue
Feutré

Ouaté
Endormi

● ANTONYMES : Babillard, Bavard, Causeur, Criard, Crieur, Hurleur, Tapageur; Bruyant, Sonore.

SILLON

V. TRACE
Tranchée
Billon
Raie
Rayon
Rigole
Sillage
Pli
Ride
Fissure
Rainure
Scissure
Strie
Fente

SILLONNER

V. PARCOURIR
Creuser

SIMAGRÉES

Minauderies
Mines
Chichi (*pop.*)
Façon
Grimace
Manières
Singerie
V. HYPOCRISIE
Momerie
Comédie

SIMILAIRE

V. HOMOGÈNE et SEMBLABLE

● ANTONYMES : Différent, Dissimilaire.

SIMILITUDE

V. ANALOGIE
Harmonie
Ressemblance
Conformité
Affinité
Parenté
Identité
Parité
Communauté
Concordance
V. COMPARAISON
Parallèle

● ANTONYMES : Contraste, Différence, Disconvenance, Disparité, Dissimilitude, Distance; Écart, Distinction, Séparation.

SIMPLE

Élémentaire
Sommaire
Rudimentaire
Primitif
Commode
Facile
Compréhensible
Clair
Limpide
Seul
Pur
Ordinaire
Indivisible
Indécomposable
Un
Incomplexe

Irréductible
V. MODESTE
Humble
Effacé
Réservé
Bon
Bonasse
Bonhomme
Brave
Candide
Droit
Franc
Patriarcal (*litt.*)
Sans apprêt
Sans prétention
Enfantin
Ingénu
Innocent
Naïf
Naturel

« *Simple d'esprit* » :
Niais
Nicaise (*anc.*)
Nice (*anc.*)
Simplet
Demeuré
Faible
Brut
Idiot

● ANTONYMES : Astucieux, Dissimulé, Fin, Hypocrite, Retors, Rusé, Trompeur; Affecté, Affété, Apprêté, Cérémonieux, Compassé, Contraint, Digne, Empesé, Façonnier, Formaliste; Crâneur, Fier, Orgueilleux, Poseur; Déluré, Intelligent, Malin; Combiné, Complexe, Composé, Composite, Divers, Double, Multiple; Bizarre, Compliqué, Difficile, Ésotérique, Romanesque; Ampoulé, Apprêté, Bouffi, Boursouflé, Brillanté, Chamarré, Chargé; Académique, Empha-

tique, Étudié, Fardé,
Fastueux, Hyperbolique,
Luxueux, Maniéré, Ma-
gnifique, Recherché, Tourmenté; Ambitieux.

SIMPLEMENT

Uniment
Bonnement
Clairement
Carrément
Franchement
Aisément
Naturellement
Sans affectation
À la bonne franquette
Sans façon
Sans cérémonie
V. UNIQUEMENT

SIMPLET
V. NIAIS et SIMPLE

SIMPLICITÉ

Naturel
Aisance
Naïveté
Rusticité
Abandon
Modestie
V. CANDEUR
Ingénuité
Innocence
Crédulité
Austérité
Facilité
Familiarité
Rondeur
Honnêteté
Sincérité
Droiture
Franchise
Bonhomie
Cordialité

Bêtise
Niaiserie
Frugalité
● ANTONYMES : Détour,
Dissimulation, Duplicité,
Hypocrisie, Rouerie, Ruse;
Affectation, Afféterie,
Apparat, Cabotinage, Cé-
rémonie, Chichi, Chi-
qué, Crânerie, Embarras,
Esbroufe, Façons, Fatuité,
Forfanterie, Gloriole, Hau-
teur, Orgueil, Pose, Pré-
tention; Astuce, Finesse,
Habileté, Malice, Faste,
Luxe, Raffinement; Com-
plexité, Complication,
Détour, Difficulté; Bouf-
fissure, Boursouflure,
Emphase, Enflure, Fard
(*fig*), Recherche (*style*).

SIMULACRE

V. FANTÔME
Fausse apparence
Illusion
Mensonge
Ombre
Semblant
Imitation
Frime
Simulation

SIMULATION

V. DISSIMULATION
Imitation
Fiction
Artifice
Déguisement
Affectation
Feinte
Comédie
Frime

SIMULER

Affecter
Faire semblant
Feindre
Contrefaire
Jouer
Prétexter
Imiter
Paraître

SIMULTANÉ

Synchronique
Concomitant

SIMULTANÉITÉ
V. COÏNCIDENCE

SINCÈRE

Franc
Vrai
Ouvert
Authentique
Véritable
Carré (*fam.*)
Cordial
Familier
Rond (*fam.*)
Sans façon (*fam.*)
Loyal
Droit
Fidèle
Féal (*hist.*)
Avéré
Exact
Juste
Véridique
Sérieux

● ANTONYMES : Artifi-
cieux, Astucieux, Comé-
dien, Dissimulé, Dou-
ble, Faux, Fourbe, Hy-
pocrite, Imposteur, Men-
teur, Trompeur; Affecté,

Compassé, Équivoque, Étudié, Factice, Fallacieux, Feint, Mensonger, Truqué.

SINCÉRITÉ

Franchise
Loyauté
Véracité
Droiture
Ouverture
Authenticité
Exactitude
Vérité

● ANTONYMES : Artifice, Astuce, Bluff, Cachotterie, Cabotinage, Comédie, Dissimulation, Esbroufe, Fausseté, Hypocrisie, Imposture, Insincérité; Affectation, Déguisement.

SINÉCURE
V. EMPLOI, CHARGE, SITUATION

SINGER
V. IMITER

SINGULARISER (SE)

Se distinguer
Se faire remarquer
Se particulariser

SINGULARITÉ

Bizarrerie
Anomalie
Étrangeté
Excentricité
Extravagance
Originalité
Spécificité

Exception
V. AFFECTATION

● ANTONYMES : Pluralité, Banalité.

SINGULIER

Bizarre
Étrange
Insolite
Extraordinaire
Extravagant
Fantasque
Particulier
Spécial
Farfelu
Baroque
Biscornu
Abracadabrant
Unique
Fantastique
Fantasmagorique
Original
Excentrique
Inédit
Curieux
Anormal
Inexplicable
Phénoménal
Surprenant
Prodigieux
Exceptionnel
Rare
Inusité
Inouï
Drôle

● ANTONYMES : Collectif; Banal, Commun, Général, Ordinaire, Pluriel.

SINISTRE

1. V. INCENDIE, DESTRUCTION, PERTE.

2. Inquiétant
Funeste
Mauvais
Menaçant
Effrayant
Funèbre
Lugubre
Macabre
Morne
Triste
Sombre
Méchant
Patibulaire
Dangereux
Pernicieux

SINUEUX

Tortueux
Méandrique
Courbe
Flexueux
Ondoyant
Onduleux
Ondulé
Serpentin
Coudé
Dévié
Détourné
Tortu

● ANTONYMES : Direct, Droit.

SIRE
V. SEIGNEUR
Individu

SIROCCO
V. VENT

SITE

Paysage
Situation

Configuration
Vue
Point de vue
Panorama
Perspective

SITUATION

État
Condition
Sort
Position
Emploi
Profession
Rang
Disposition
Emplacement
Endroit
Lieu
Assiette
Exposition
Orientation
Fonction
Place
Poste
Conjoncture
État (de choses)
Circonstances
Point
Site

SITUER
V. Placer

SKETCH
V. Saynète

SLEEPING-CAR
V. Wagon-lit

SNOB
V. Vaniteux, Poseur

SOBRE

Modéré
Tempérant

Économe
Frugal
Abstinent
Austère
Concis
Mesuré
Continent
Réservé
Simple
Discret
Classique
Dépouillé

● ANTONYMES : Buvant
(*anc.*), Glouton, Goinfre,
Goulu, Gourmand, In-
tempérant, Ivre, Ivrogne;
Copieux, Dispendieux,
Brillant, Chamarré, Cri-
ard, Compliqué, Dévelop-
pé, Éclatant, Emphatique,
Orné, Prolixe.

SOBRIÉTÉ

Frugalité
Tempérance
Austérité
Économie
Abstinence
Pondération
Mesure
Discrétion
Concision
Retenue
Continence
Réserve
Circonspection
Modération

● ANTONYMES : Voracité,
Gloutonnerie, Goinfre-
rie, Gourmandise, Intem-
pérance, Ivresse, Ivro-
gnerie, Excès, Prolixité,
Recherche, Complication;
Éclat.

SOBRIQUET
V. Surnom

SOCIABLE

Social
Accommodant
Agréable
Affable
Aimable
Engageant
Liant
V. Courtois, Poli,
Complaisant
Bon
Facile
Accessible
Abordable
Avenant
Traitable

● ANTONYMES : Sauvage,
Solitaire; Abrupt, Aca-
riâtre, Bourru, Farouche,
Incommode, Individua-
liste, Misanthrope.

SOCIALISME

Collectivisme
Communisme
Progressisme
Coopératisme
Mutuellisme
Égalitarisme
Travaillisme
Fouriérisme
Saint-simonisme
Marxisme
Bolchevisme

SOCIÉTÉ

Compagnie
Cartel
Consortium

Trust
Holding
Corner
Pool
Hanse (*histoire*)
Système (social)
Communauté
Union
Communion
Relation
Corps social
Humanité
Ordre
Civilisation
Association
Collectivité
Réunion
Entourage
Assemblée
Groupement
Monde
Aristocratie
Gentry
Gratin (*fam.*)
Coopérative
Mutualité
Fréquentation
Contact
Affaire
Entreprise
Établissement
Club
Milieu
V. COALITION
V. CORPORATION
V. FÉDÉRATION
V. SYNDICAT

SOCLE

Piédestal
Piédouche
Acrotére
Plateau
Plate-forme
Soubassement
Base

Support

SOCQUE
V. SABOT

SOFA

Canapé
Divan
Lit de repos
Ottomane
Causeuse
Banquette
Récamier
Chaise longue
Méridienne
Cosy-corner

SOI-DISANT

Prétendu
Censé
Présumé
Pseudo-

SOIF

Altération
Anadipsie (*méd*, *peu us.*)
Dipsomanie
V. DÉSIR
Envie
Tentation
Démangeaison
Faim
Curiosité

SOIGNÉ

Ordonné
Propre
Avenant
Net
Élégant
Coquet

Consciencieux
Minutieux
Délicat
Fini
Étudié
Poli
Recherché
Rangé
Tiré à quatre épingles
Méticuleux

● ANTONYMES : Embroussaillé, Inculte, Malpropre, Négligé, Sale, Bâclé, Salopé (*pop.*)

SOIGNER

Choyer
Dorloter
Gâter
Chouchouter (*pop.*)
Mignoter (*anc.*)
Mitonner (*peu us.*)
Bichonner
Cultiver
Élever
Conserver
Entretenir
Fignoler
Lécher
Traiter (*méd.*)
Mettre tous ses soins
S'appliquer

● ANTONYMES : Blesser, Envenimer, Maltraiter.

SOIN

Attention
Application
Dilligence
Exactitude
Minutie
Vigilance
Sollicitude

V. Souci
Inquiétude
Précaution
Empressement
Ménagement
Prévenance
Délicatesse
Recherche
Cajolerie
Égards
Gâterie
Petits soins
Charge
Devoir
Mission
Responsabilité
Sérieux
V. Traitement
Secours
Médication
Thérapeutique

● ANTONYMES : Abandon, Mépris, Mauvais traitement, Incurie, Négligence, Nonchalance.

SOIR

Soirée
Après dîner (*peu us.*)
Après souper (*peu us.*)
Tombée de la nuit
Entrée de la nuit
Tombée du jour
Déclin du jour
Coucher du soleil
Crépuscule
Veillée
Vêpre (*anc.*)
Vêprée (*anc.*)
Vesprée (*anc.*)
Fin

● ANTONYMES : Aurore, Jour, Matin, Aube, Matinée, Après-midi.

SOIRÉE

V. Soir
Fête
Réception
Réunion

SOL

V. Terre
Plancher
Pays

SOLARIUM

V. Sanatorium
Terrasse

SOLDAT

Militaire
Recrue
Conscrit
Bleu
Combattant
Guerrier
Partisan
Franc-tireur
Engagé
Réserviste
Volontaire
Briscard
Vétéran
Grognard
Poilu (*pop.*)
Mercenaire (*péj.*)
Soudard (*id.*)
Traîneur de sabre (*id.*)
Reître (*id.*)
Troupier
Fantassin
Pioupiou (*pop.*)
Troufion (*id.*)
Tourlourou (*id.*)
Bidasse (*id.*)

Biffin
Griveton (*arg.*)
Griffeton (*arg.*)
Tringlot (*fam.*)
Trainglot (*fam.*)
Drille *et* Soudrille (*anc.*)
Champion
Défenseur
Serviteur
Homme de guerre
Gendarme (*anc.*)
Homme de troupe
Enfant de troupe

SOLDE
V. Reste et Rétribution

SOLDER
V. Payer

SOLEIL

Astre
Jour
Phébus (*poét.*)
Bourguignon (*arg.*)
Bouquet
Girandole
Hélianthe
Tournesol

● ANTONYMES : Brouillard, Brume, Pluie, Ombre, Obscurité.

SOLENNEL

Imposant
Auguste
Majestueux
Grandiose
Pompeux
Sentencieux
Pontifiant
Affecté
Grave
Cérémonieux

Emphatique
Magistral
Pédant
Guindé
Compassé
Empesé
Officiel
Public
Authentique
Formel
Manifeste

● ANTONYMES : Intime, Privé, Familier.

SOLENNISER

V. FÊTER
Commémorer
Célébrer

SOLIDE

Consistant
Dur
Résistant
Incassable
Inusable
Inébranlable
Ferme
Stable
Assuré
Fixe
Sûr
Fidèle
Indéfectible
Indestructible
Équilibré
Fort
Robuste
Râblé
Massif
Vigoureux
Puissant
Dru
Increvable (*fam.*)

De fer
Bâti à chaux et à sable
Costaud (*pop.*)
Fortiche (*id.*)
Malabar (*id.*)
Maous (*id.*)
Infrangible
Positif
Réel
Sérieux
Exact
Immuable
Enraciné
Ancré
Planté
Inamovible

● ANTONYMES : Diffluent, Fluide, Gazeux, Inconsistant; Liquide, Gaz; Boîteux, Branlant, Chancelant, Cassant, Ébranlé, Fragile;Chimérique,Creux, Évanescent, Frivole, Fugitif, Gratuit, Incertain, Instable, Précaire, Faible, Malingre.

SOLILOQUE

Monologue
Aparté

● ANTONYME : Dialogue.

SOLITAIRE

Seul
Esseulé
Retiré
Isolé
Ermite
Reclus
Sauvage
Désert
Inhabité
Abandonné

Dépcuplé
Écarté
Anachorète
Moine
Ours (*fig*)

Spécialement :
Sanglier

● ANTONYMES : Sociable, Fréquenté.

SOLITUDE

Isolement
Déréliction
Retraite
Tanière
Cocon
Désert
Thébaïde

● ANTONYMES : Compagnie, Société.

SOLIVEAU
V. MOU, FAIBLE

SOLLICITER

Postuler
Mendier
Quêter
Quémander
Mendigoter (*péj.*)
Implorer
V. RÉCLAMER
Briguer
Assaillir
Assiéger
Importuner
Requérir
Frapper à la porte
Tirer la manche
Poursuivre
Rechercher
Harceler
Demander

Exiger
Revendiquer
Inciter
Appeler
Convier
Inviter
Pousser
Porter
Provoquer
Attirer
Tenter
Exciter
Forcer
Pétitionner
Supplier
Avoir recours à
Faire appel à
V. ENCOURAGER

● ANTONYME : Obtenir.

SOLLICITUDE

Soin
Attention
Application
Diligence
Exactitude
Minutie
Vigilance
Intérêt
Affection
Scrupule
V. SOUCI
Inquiétude
Préoccupation
Alarme
Appréhension

● ANTONYME : Indifférence.

SOLUTION

Résultat
Achèvement
Dénouement

Conclusion
Fin
Issue
Aboutissement
Terminaison
Réussite
Clef
Défaut
Division
Séparation
Dissolution
Soluté *(pharmacie)*

SOMBRE

Obscur
Ténébreux
Foncé
Noir
Noirâtre
Brumeux
V. TRISTE
Maussade
Mélancolique
Morne
Morose
Taciturne
Amer
Assombri
Atrabilaire
Bilieux
Pessimiste
V. INQUIÉTANT
Menaçant
Sinistre
Funèbre
Funeste
Tragique
Dantesque

● ANTONYMES : Éclairé, Éblouissant, Éclatant, Enflammé, Illuminé, Luisant, Rayonnant; Diaphane; Blanc, Clair, Criard, Frais, Vif; Gai, Enjoué, Jovial, Joyeux, Radieux, Satisfait, Optimiste.

SOMBRER

S'abîmer
S'engloutir
Couler
S'enfoncer
Se plonger
S'absorber
Se vautrer *(péj.)*
S'enliser
Glisser
Se perdre
Se noyer
Chavirer
Cabaner *(mar.)*
Perdre pied
Disparaître
Faire naufrage
Périr

● ANTONYMES : Flotter, Surnager.

SOMMAIRE

Abrégé
Analyse
Extrait
Précis
Résumé
Table des matières
Raccourci
Notice
Condensé
Digest
Compendium *(érud.)*
Épitomé *(érud.)*
Somme *(érud.)*
Court
Bref
Concis
Laconique
Cursif
Lapidaire
Succinct
Insuffisant
Élémentaire

Rudimentaire
Rapide
Superficiel
Expéditif
V. SIMPLE
Primitif
Aperçu
Petit
Fragmentaire

● ANTONYMES : Détaillé, Long; Complexe, Minutieux.

SOMMATION

V. COMMANDEMENT
Injonction
Ordre
Ultimatum
Mise en demeure
Assignation
Citation
Intimation

SOMME (1)

Total
Montant
Masse
Quantité
Chiffre
Fonds
V. ABRÉGÉ et CHARGE

SOMME (2)
V. SOMMEIL

SOMMEIL

Somme
Dormir (peu us.)
Sieste
Roupillon (pop.)
Méridienne

Dormition (théol.)
Repos
Endormissement
Somnolence
Torpeur
V. ASSOUPISSEMENT
Dodo (fam.)
Engourdissement
Léthargie
Narcose
Coma (méd.)
Sopor (id.)
Narcolepsie (id.)
Cataplexie (id.)
Somnambulisme
Hypnose
Hibernation
Mort
Calme
Inactivité
Inertie

● ANTONYMES : Éveil, Réveil, Veille, Vigilance; Activité.

SOMMEILLER

V. DORMIR
Somnoler
S'assoupir
S'endormir
Faire un somme
Reposer
Pioncer (pop.)
Roupiller (pop.)
En écraser (arg.)

● ANTONYME : Se réveiller.

SOMMET

Sommité (anc.)
Cime
Haut
V. COMBLE
Pinacle

Faîte
Crête
Tête
Mamelon
Pointe
Aiguille
Table
Piton
Culmen (lat.)
Croupe
Dent
Pic
Ballon
Calotte
Dôme
Front
Apogée
Zénith
Summum
Perfection
Point culminant
Couronnement
Flèche
Éminence

● ANTONYMES : Bas, Base, Col. Pied

SOMMITÉ
V. PERSONNALITÉ et SOMMET

SOMNIFÈRE

Narcotique
Soporifique
Anesthésique
Dormitif (anc.)
Hypnotique
Soporifère (peu us.)
Soporatif
Soporeux (peu us.)
Ennuyeux
Endormant

● ANTONYMES : Amusant Distrayant.

SONMOLENCE

Assoupissement
Torpeur
Demi-sommeil
Atonie
Engourdissement
Léthargie
Narcose
Coma (*méd.*)
Sopor (*méd.*)
Mollesse

SOMNOLER

V. Dormir et Sommeil-
ler

SOMPTUOSITÉ

V. Luxe
Faste
Magnificence
Splendeur
Pompe
Richesse
Apparat
Opulence

● Antonymes : Pauvreté,
Frugalité; Simplicité, Mesquinerie.

SON

Ton
Tonalité
Timbre
Bruit
Éclat
Phonème
Sonorité
Résonance
Répercussion

SONDER

Tâter
V. Examiner

Inspecter
Scruter
Visiter
Approfondir
Consulter
Mesurer
Fouiller
Creuser
Explorer
Reconnaître
Pénétrer
Fureter

SONNÉ

Assommé
Étourdi
Groggy
Fou
Cinglé (*fam.*)
V. Révolu
Passé
Accompli

SONNER

Tinter
Bourdonner
Carillonner
Tintinnabuler
Copter (*peu us.*)
Corner
Frapper
Jouer
Sonnailler
Résonner

SONNETTE

Clochette
Timbre
Sonnaille
Clarine
Campane

Carillon
Grelot
Sonnerie
Appel
Avertisseur

SONGE

Rêve
Cauchemar
Rêverie
Rêvasserie (*fam.*)
Songerie
Méditation
Illusion
Chimère
Utopie
Imagination
Prestige
Fiction

● Antonyme : Réalité.

SONGE-CREUX

Visionnaire
Illuminé
Rêveur

SONGER

Rêver
Méditer
V. Penser
Réfléchir
Considérer
Envisager
Se préoccuper
S'occuper
Prendre soin
Veiller
S'aviser
Imaginer
Rêvasser (*fam.*)
Spéculer

Se recueillir
Ruminer (*péj.*)
Cogiter (*anc.*)

● ANTONYMES : Omettre, Oublier.

SONORE

Ronflant
Retentissant
Résonnant
Vibrant
Tonnant
Tonitruant
Éclatant
Bruyant
Carillonnant
Ample
Fort
Plein
Criard
Tapageur
Abasourdissant
Perçant
Strident
Assourdissant
V. AMPOULÉ
Emphatique
Enflé
Pompeux
Grandiloquent
Déclamatoire

● ANTONYMES : Muet, Silencieux, Mat, Sec, Sourd.

SOPHISME

Paralogisme
Erreur
Illusion
Abus de l'équivoque
Induction défectueuse

SOPHISTIQUÉ

Alambiqué
Affecté
Compliqué
Embarrassé
Artificiel

SOPHISTIQUER

V. FALSIFIER
Altérer
Dénaturer
Gâter
Frelater
Défigurer
Déformer
Corrompre

**SOPOREUX, SOPORI-
FÈRE, SOPORIFIQUE**

V. SOMNIFÈRE

SORCIER

Magicien
Thaumaturge
Mage
Nécromancien
Nécromant
V. DEVIN
Prophète
Visionnaire
Voyant
Alchimiste
Charmeur
Enchanteur
Vaticinateur (*peu us.*)
Astrologue
Cartomancien
Augure
Invocateur
Griot
Adroit

Habile
Captivant
Malin

SORCIÈRE

Pythie
Pythonisse
Magicienne
Mégère
Furie
Harpie
Chipie (*pop.*)
Poison (*pop.*)
Virago

SORDIDE

Sale
V. MALPROPRE
Dégoûtant
Guenilleux
Répugnant
Immonde
Crasseux
V. CHICHE
Mesquin
Ladre
V. ABJECT
Misérable
Méprisable
Bas
Vil
Ignoble
Infâme

● ANTONYMES : Désintéressé, Généreux.

SORNETTE

Calembredaine
Baliverne
Faribole

Billevesée
Chanson
Balançoire
Conte à dormir debout
Coquecigrue (*peu us.*)
Fadaise
Bêtise
Anerie
Sottise
Stupidité
Niaiserie
Bourde (*fam.*)
Bagatelle
Arlequinade
Lantiponnage (*anc.*)
Turlupinade
Trivelinade (*anc.*)
Pantalonnade

SORT

Destin
Destinée
Fortune
Hasard
Chance
Adversité
Fatalité
Étoile
Fatum
Avenir
Aventure
État
Situation
Condition
Position
Lot
Apanage
Charme
Sortilège
Enchantement
Ensorcellement
Incantation
Maléfice
Prestige
Envoûtement

SORTE

Espèce
Genre
Type
Manière
Acabit
Forme
Catégorie
Classe
Groupe
Trempe
Ordre
Nature
Façon
Qualité
Variété

SORTIE

1. Issue
Débouché

Écoulement
2. Balade (*fam.*)
Échappée
Promenade

3. Publication
Parution
Lancement

4. V. INCARTADE
Algarade
Invective
Scène
Explosion

SORTILÈGE
V. CHARME, SORT

SORTIR

Sourdre
Surgir
Émerger
Affleurer
V. JAILLIR

S'absenter
Partir
Se retirer
Prendre la porte
S'éclipser
S'esquiver
S'écouler (foule)
Évacuer
Décamper
Déguerpir
Déloger
Débarrasser le plancher
Quitter
Abandonner
Éclore
S'enfuir
S'évader
S'échapper
S'en aller
Aller dehors
Aller en visite, au spectacle
Se dégager
S'exhaler
Déborder
Se répandre
Percer
Poindre
Se manifester
Se faire jour
Paraître
Être publié, édité
Être livré au public, mis dans le commerce
Ressortir
Se détacher
Dépasser
Saillir
Passer
Venir à bout
Se tirer
Se dépêtrer
Se dégager
Se départir de
Dévier
S'écarter
S'éloigner
Démordre

Persister (ne pas)
Transgresser
Déborder
Outrepasser
Échapper à
Résulter
Naître
Venir
Provenir
Émaner
Tirer
Enlever
Oter
Dégager
Extraire
Expulser (*pop.*)
Dire
Débiter
Proférer
Produire
Éditer
Publier

● ANTONVMES : Entrer, Accéder, Rentrer, Croupir, S'ensevelir, Abîmer, Enfoncer, Enchâsser, Enfouir, Engager, Enfermer, Introduire.

SORTIR (SE)

Se tirer
Se dépêtrer
Réchapper
Se relever
Reprendre le dessus
Y arriver
Se débrouiller

SOSIE
Ménechme (*litt.*)

SOT

Imbécile
Pauvre d'esprit

Bête (*fam.*)
Bêbête (*fam.*)
Bêta *et* Bêtasse
Buse (*fam.*)
Borné
Idiot
Inintelligent
Stupide
Âne
Crétin (*fam.*)
Niais
Benêt
Béjaune (*fam.*)
Dadais
Pécore
Péronnelle
Baudet (*pop.*)
Bourrique (*id.*)
Andouille (*.id*)
Moule (*id.*)
Fourneau (*id.*)
Souche (*fam.*)
Fada
Jocrisse
Nigaud
Naïf
Simpliste
Simplet
Simple d'esprit
Innocent
Dandin
Ganache (*pop.*)
Pochetée (*id.*)
Tourte (*id.*)
Ballot (*id.*)
Baluche *et* Baluchon (*id.*)
Cruche *et* Cruchon (*id.*)
Gourde (*id.*)
Gourdiflot (*id.*)
Couenne (*id.*)
Godiche (*id.*)
Godichon (*id.*)
Niguedouille (*id.*)
Nouille (*id.*)
Couillon (*triv.*)
Trou-du-cul (*id.*)
Cornichon
Corniaud

Claude (*anc.*)
Con (*arg., triv.*)
Du schnoque (*arg. triv.*)
Balourd
Lourd
Lourdaud
Obtus
Fruste
Bouché (*fam.*)
Jobard
Gogo
Gobe-mouches
Cantaloup (*peu us.*)
Colas (*pop.*)
Coquebin (*id.*)
Daim (*id.*)
Dindon (*id.*)
Poire (*id.*)
Abruti
Inepte
Oie
Serin
Bécasse
Butor
Absurde
Ridicule

SOTTISE

1. Bêtise
Idiotie
Imbécillité
Stupidité
Niaiserie
Nigauderie
Ânerie
Bourde
Absurdité
Baliverne
V. FADAISE
V. SORNETTE
Bévue
Faute
Maladresse
Balourdise
Inanité
Inintelligence

Pauvreté d'esprit

2. V. INJURE
Invective
Insulte
Vilenie
Pouille (*fam.*)

● ANTONYMES :
Finesse, Intelligence.

SOUBASSEMENT

Assise
Base
V. FONDEMENT
Embasement
Assiette
Podium
Socle
Piédestal
Stylobate
Fondation
Stéréobate

SOUBRESAUT
V. SAUT

SOUBRETTE
V. SERVANTE

SOUCHE

Racine
Estoc
Tronc
Tige
Race
Descendance
Sang
Famille
Lignée
Lignage
Maison
Dynastie
Branche

Talon
V. STUPIDE

SOUCI

Contrariété
Ennui
Désagrément
Préoccupation
Sollicitude
Tracas
Tracasserie
Tourment
Alarme
Anxiété
Émoi
Obsession
Tintouin (*fam.*)
Inquiétude
Angoisse
Peine
Chagrin
Embêtement (*fam.*)
Empoisonnement (*pop.*)
Emmerdement (*triv.*)
Aria (*pop.*)
Embarras
Difficulté
Soin
Cure
V. CRAINTE
Appréhension
V. SUPPLICE

● ANTONYMES : Joie, Agrément, Plaisir, Indifférence.

SOUDAIN

1. Subit
Foudroyant
Brusque
Instantané
Prompt
Rapide
V. IMPRÉVU

Inattendu
Inopiné
Inespéré

2. Brusquement
Tout-à-coup
A brûle-pourpoint
Sans préavis

● ANTONYMES : Lent, Prévu, Graduel, Progressif.

SOUDARD
V. SOLDAT

SOUDOYER

V. CORROMPRE
Acheter
Stipendier
Backchicher (*pop.*)
Graisser la patte (*fam.*)
Gagner à prix d'argent

SOUFFLE

Bouffée
Courant
Rafale
Vent
Soupir
Haleine
Expiration
Respiration
Halètement
Endurance
Aura
Esprit
Vapeur
Effluve
Émanation
Exhalaison
Âme
Inspiration

SOUFFLÉ
V. GONFLÉ

SOUFFLER

Respirer
Expirer
Exhaler
Soupirer
S'ébrouer
Haleter
Panteler
Activer
Attiser
Éteindre
Balayer
Aspirer
Insuffler
Inspirer
Chuchoter
Glisser
Insinuer
Dire à l'oreille
Suggérer
Se reposer
V. S'APPROPRIER
S'attribuer
Usurper
S'emparer
Accaparer
Ravir
Emprunter (*fam.*)
S'adjuger
Prendre
Enlever
Ôter
Dérober
Rafler
Ratiboiser
Ratisser (*fam.*)

● ANTONYME : Aspirer.

SOUFFLET

Gifle
Claque (*fam.*)
Calotte (*fam.*)
Tape
Taloche (*fam.*)

Giroflée à cinq feuilles (*pop.*)
Baffe (*id.*)
Mandale (*id.*)
Talmouse (*id.*)
Tarte (*id.*)
Mornifle (*id.*)
Emplâtre (*dial.*)
Aller - Retour (*pop.*)
Affront
Outrage
Mortification
Camouflet

SOUFFRANCE

Peine
Mal
Douleur
Crève-cœur
Amertume
Tourment
Affliction
Désolation
Malaise
Supplice
Lancinement
Élancement
Tiraillement
Torture
Enfer
Calvaire
V. CHAGRIN
V. MALHEUR
V. DIFFICULTÉ
V. PUNITION

● ANTONYMES : Joie, Bonheur, Indolence, Plaisir.

SOUFFRANT

Fatigué
Indisposé
Malade
Dolent

V. MALADIF
Mal fichu (*fam.*)
Patraque (*fam.*)
Mal foutu (*pop.*)
Pâle (*arg. milit.*)
Incommodé
V. ATTEINT, AFFLIGÉ, DÉFAIT

SOUFFRE-DOULEUR

Victime
Proie
Martyr
Patient
Tête de turc
Cible
Plastron (*auc.*)

SOUFFRETEUX

V. MALADIF
Égrotant
Malingre
Faible
Infirme
Cacochyme
Valétudinaire

● ANTONYME :
Florissant.

SOUFFRIR

Endurer
Supporter
Porter
Subir
Pâtir
Éprouver
Languir
Avoir mal
Tolérer
Permettre
Admettre

Sentir
V. ACCEPTER
Être torturé
Porter sa croix
Peiner
Essuyer

● ANTONYMES : Jouir,
Bénéficier.

SOUHAIT

Vœu
Désir
Aspiration
Envie
Désidérata
V. CONVOITISE
Volonté

● ANTONYME : Crainte.

SOUHAITER

Convoiter
Désirer
Aspirer à
Appeler
Avoir envie
Soupirer après
Demander
Rechercher
Rêver de
Vouloir
Ambitionner
Brûler de
Griller de
Appeler de ses vœux
Guigner (fam.)
Lorgner (fam.)

● ANTONYMES : Craindre,
Regretter.

SOUILLER

V. SALIR
Tacher

Corrompre
Infecter
Profaner
Violer
Polluer
Contaminer
Avilir
Entacher
Gâter
Gangréner
Déshonorer
Éclabousser

● ANTONYMES : Blanchir,
Essuyer, Laver, Désinfec-
ter, Purifier, Régénérer,
Sanctifier.

SOUILLON

V. MALPROPRE
V. SERVANTE

SOUILLURE

V. TACHE
Impureté
Contamination
Pollution
Avilissement
Corruption
Flétrissure
Ordure
Péché
Tare

● ANTONYMES : Propreté,
Pureté; Désinfection.

SOUK
V. MARCHÉ

SOÛL et SAOUL

V. IVRE, RASSASIÉ
Enivré
Grisé

Repu
Plein

SOULAGER

Alléger
Décharger
Débarrasser
Adoucir
Calmer
Apaiser
Consoler
Délivrer
Aider
Secourir

● ANTONYMES : Accabler,
Affliger, Endolorir, Gêner,
Oppresser, Opprimer; Ac-
croître, Aggraver, Alour-
dir.

SOULÈVEMENT

V. RÉVOLTE
Mutinerie
Déchaînement
Insurrection
Rébellion
V. ÉMEUTE
Révolution
Guerre civile ou intestine
Agitation
Sédition

SOULEVER

Hisser
V. LEVER
Ébranler
Remuer
Relever
Exciter
Ameuter
Agiter

Déchaîner
Entraîner
Exalter
Transporter
Provoquer
Poser
Dégoûter
Écarter
S'emparer de (*fam.*)
Choquer

● ANTONYMES : Abaisser, Affaisser, Aplanir, Déprimer; Calmer, Apaiser.

SOULIER

V. CHAUSSURE
Brodequin
Escarpin

SOULIGNER

Accentuer
Faire ressortir
Signaler
Appuyer
Faire remarquer
Mettre en évidence
Insister sur
Relever
Noter
Préciser

SOUMETTRE

Imposer
Contraindre
Attacher
Conquérir
Captiver
Subjuguer
Apprivoiser
Proposer
En appeler à

Éprouver
Exposer
Dompter
Assujettir
Dominer
Maîtriser
Asservir
Enchaîner
Opprimer
Tenir en respect
Pacifier
Réduire
Astreindre
Courber

● ANTONYMES : Affranchir, Délivrer, Émanciper, Révolter, Exempter.

SOUMETTRE (SE)

Se conformer
Suivre
Déférer
Obtempérer
Céder
Courber la tête
Fléchir
S'incliner
Obéir
Se plier
Reconnaître l'autorité de
Accepter
Acquiescer
Consentir
Capituler
Se rendre
Caler (*pop.*)
Caner (*pop.*)
S'abaisser
Se résigner
S'humilier
Se livrer
Abandonner

● ANTONYMES : Commander, Maîtriser; Contrevenir, Désobéir, Se dresser

contre, S'insurger, Résister, Se révolter; Braver.

SOUMIS

Discipliné
Gouvernable
Souple
Conquis
Déférent
Docile
Obéissant
Résigné
Maniable

● ANTONYMES : Dominateur, Impératif, Impérieux, Autonome, Désobéissant, Farouche, Indiscipliné, Indocile, Indompté, Insoumis, Rebelle, Récalcitrant, Résistant.

SOUMISSION

V. OBÉISSANCE
Obédience
Docilité
Humilité
Asservissement
Esclavage
Servitude
Sujétion
Vassalité
Abaissement
Servilité
Dépendance
Inféodation
Acquiescement
Assujettissement
Résignation

● ANTONYMES : Commandement, Autonomie, Émancipation, Arrogance, Désobéissance, Indocilité, Insoumission, Insubordination, Insurrection, Opposition, Résistance, Révolte.

SOUPÇON

Suspicion
Doute
Défiance
Méfiance
Ombrage
Ombre
Peu (un)
Pointe (une)

● ANTONYME : Certitude.

SOUPÇONNER

Suspecter
Se méfier
Se défier
V. PRESSENTIR
Se douter
Deviner
Subodorer
Flairer (*fam.*)
Entrevoir
Avoir la puce à l'oreille
Avoir vent
Concevoir des doutes
Croire
Conjecturer
Penser
Incriminer
Mettre en cause

SOUPÇONNEUX

Méfiant
Défiant
Ombrageux
Suspicieux
Cauteleux
Craintif

Inquiet
Timide
V. JALOUX

● ANTONYMES : Crédule, Confiant

SOUPE

Potage
Garbure
Minestrone
Panade
Chaudrée
Bouillon
Consommé

SOUPER

Repas
Dîner
Réveillon
Banquet
Agapes
Festin
Médianoche

SOUPIR

Sanglot
Plainte
Gémissement
Souffle

SOUPIRANT

Amant
Amoureux
Galant
Ami
Bien-aimé
Berger
Céladon
Tourtereau (*fam.*)

Greluchon
Gigolo (*pop.*)
Copain (*pop.*)
Béguin
Godelureau
Sigisbée
Galantin

SOUPIRER

V. RESPIRER
Souffler
Aspirer
V. CONVOITER
Gémir

SOUPLE

Flexible
Maniable
Élastique
Mou
Agile
Léger
Ailé
Aisé
Dégagé
Décontracté
Félin
Vif
Preste
Sémillant
Alerte
Leste
Docile
Obéissant
Compréhensif
Ductile
Adroit
Ondoyant
V. SOUMIS
V. COMPLAISANT
V. CONCILIANT
Diplomate

● ANTONYMES : Coriace, Dur, Ferme, Rigide,

Raide; Buté, Entier, Étroit, Indocile, Inflexible, Monolithique, Récalcitrant.

SOUQUENILLE
V. VÊTEMENT

SOURCE

1. Fontaine
Puits
Point d'eau
Résurgence
Filet
Geyser
2. *Fig.*
Origine
Principe
Germe
V. COMMENCEMENT
Ferment
Générateur
Cause
Base
Fondement
Point de départ

SOURD

Dur d'oreille
Indifférent
Insensible
Inexorable
Impitoyable
Caverneux
Sépulcral
Creux
Enroué
Voilé
Indistinct
Étouffé
Mou
Cotonneux
Doux (*teinte*)
Mat
Vague
Caché

Secret
Latent
Clandestin
Hypocrite
Souterrain
Ténébreux
Occulte

● ANTONYMES : Aigu, Éclatant, Retentissant, Sonore.

SOURDEMENT

V. SECRÈTEMENT
En sourdine

SOURDRE

V. SORTIR
Jaillir
Couler
Filtrer
Naître
Surgir

SOURIRE

V. RIRE
S'amuser
Plaisanter
Se moquer
Ne pas se prendre au sérieux
V. PLAIRE
Convenir
Chanter (*fig.*)
Agréer
Favoriser

SOURNOIS

Dissimulé
V. FAUX

V. DOUCEREUX
Fourbe
Chafouin
Archipatelin
Sycophante
Hypocrite
Insidieux
Perfide
Rusé
Matois
V. MÉFIANT
Retors
V. MALIN
Patelin
Papelard
Cauteleux
Déloyal
Chattemite
Insinuant

● ANTONYMES : Candide, Expansif, Franc.

SOUSCRIRE

Approuver
Signer
S'engager
Prendre une part
Cotiser
Donner son adhésion
Consentir
Acquiescer
Adhérer
Accepter
Admettre
Accéder
Se prêter à
Toper (*fam.*)
Permettre

● ANTONYME : Émettre.

SOUS-ENTENDU

Tacite
Implicite

Inexprimé
Allusion
Restriction
Réticence
Suggéré
Équivoque

SOUS-FIFRE

V. Inférieur
Subalterne

SOUS-MAIN (EN)
V. Secrètement

SOUS-ORDRE
V. Inférieur, Subordonné

SOUS-SOL
V. Cave

SOUSTRAIRE

Dérober
Enlever
Retirer
S'approprier
Détourner
Distraire
Ôter
Prendre
Ravir
Voler
Subtiliser
Escamoter
Chaparder
Barboter (*pop., arg.*)
Chauffer (*id.*)
Chiper (*id.*)
Choper (*id.*)
Faucher (*id.*)
Piquer (*id.*)
Cacher
Dissimuler
Préserver

Protéger
Arracher
Dégager
Dispenser (de)
Exempter
Retrancher
Déduire
Décompter
Défalquer
Rogner
Prélever

● ANTONYMES : Donner, Fournir, Mettre, Additionner, Ajouter.

SOUSTRAIRE (SE)

S'écarter
S'évader
Fuir
Échapper à
Éluder
Esquiver
Manquer à

● ANTONYMES : Accepter, Se soumettre.

SOUTENEUR

Entremetteur
Proxénète
Protecteur
Maquereau (*pop.*)
Marlou (*pop.*)
Mec (*arg.*)
Barbeau (*pop.*)
Barbillon (*pop.*)
Poisson (*pop.*)
Estafier (*anc.*)
Mac (*arg*)
Dos-vert (*pop.*)
Marle (*id.*)
Marloupiat (*id.*)
Marloupin (*id.*)

SOUTENIR

Supporter
Maintenir
Étayer
Étançonner
Accorer (*mar.*)
Épauler
Porter
Tenir
Appuyer
Consolider
Aider
Encourager
Favoriser
Protéger
Assister
Résister à
Réconforter
Remonter
Secourir
Seconder
Défendre
Prendre le parti de
Épouser le parti de
Fortifier
Réparer
Stimuler
Sustenter
Conforter
Affirmer
Assurer
Attester
Certifier
Prétendre
Avancer
Garantir
Répondre
Professer
Alléguer
Déclarer
Proclamer
Jurer
Écrire
Enseigner
Plaider
Continuer
Persister

Persévérer
Poursuivre

● ANTONYMES : Abandonner, Assaillir, Attaquer, Contester, Démentir, Protester; Détruire, Lâcher, Relâcher, Tempérer, Succomber, Tomber, S'entre-dévorer.

SOUTENU

Appuyé
Secondé
Accentué
Assidu
Constant
Persévérant
Persistant
Élevé
Noble

SOUTERRAIN

Tunnel
Galerie
Excavation
Grotte
Caverne
Terrier
Cave
Catacombe
Crypte
Adj. :
Caché
Secret
Ténébreux
Subreptice

● ANTONYMES : Aérien, En surface, Superficiel.

SOUTIEN

Support
Soutènement

V. ÉTAI
Adossement
Appui
Aide
Protection
Assistance
Secours
Défense
Rescousse
Patronage
Auxiliaire
Champion
Défenseur
Pilier
Pivot
Protecteur
Partisan
Adepte

● ANTONYMES : Abandon, Adversaire, Opposant.

SOUTIRER

V. OBTENIR
Arracher
Escroquer
Extorquer

SOUVENANCE
V. MÉMOIRE, SOUVENIR

SOUVENIR

Mémoire
Pensée
Souvenance
Ressouvenance
Réminiscence
Ressouvenir
Commémoration
Rappel

SOUVENIRS

Mémoires
Commentaires
Autobiographie

SOUVENIR (SE)

Se rappeler
Se remémorer
Se remembrer (*anc.*)
Se ressouvenir
Se représenter
Garder la mémoire
Retenir
Évoquer

● ANTONYME : Oublier.

SOUVENT

Fréquemment
Souvente fois ou Souventes fois (*anc.*)
Généralement
Habituellement
Continuellement
Sans cesse
À maintes reprises
Mainte fois

● ANTONYMES : Jamais, Rarement.

SOUVERAIN

Suprême
Absolu
Supérieur
Magistral
Sûr
Infaillible
Puissant
Tout-puissant
Omnipotent
Indépendant
Libre
Divin
Monarque
Roi
Prince
Potentat
Empereur

César
Autocrate
Dynaste (*hist.*)
Chef
Maître
Seigneur
Suzerain

SOUVERAIN PONTIFE
V. PAPE

SPACIEUX

Grand
Vaste
Ample
Étendu
Large
● ANTONYMES : Étroit,
Petit, Resserré.

SPADASSIN

Bretteur
Ferrailleur
Estafier
Duelliste
Bravo
V. MEURTRIER

SPASME

Convulsion
Contraction
Crispation
Serrement

SPÉCIAL

V. PARTICULIER
Singulier
Propre (à)
Adéquat
Extraordinaire
À part

Exclusif
Spécifique
Distinctif *et* Distinct

● ANTONYMES : Général,
Générique, Quelconque,
Normal, Ordinaire, Régulier, Commun.

SPÉCIALISTE

Technicien
Professionnel

● ANTONYMES : Amateur,
Dilettante.

SPÉCIALITÉ

Branche
Division
Domaine
Partie

SPÉCIEUX

Fallacieux
Faux
Sans réalité
Sans valeur
Captieux
V. APPARENT

● ANTONYMES : Sérieux,
Vrai, Honnête, Sincère.

SPÉCIFIER

V. PRÉCISER
Indiquer
Désigner
Mentionner
Particulariser
Caractériser
Déterminer

Définir
Mettre les points sur les i
● ANTONYME : Généraliser.

SPÉCIMEN

Exemple
Modèle
Représentant
Prototype
Échantillon
Exemplaire

SPECTACLE

Scène
Vue
Aspect
Tableau
Vision
Apparition
Représentation
Séance
Exhibition
Divertissement

SPECTATEUR

Témoin
Observateur

Au plur.:
Assistance
Auditoire
Galerie
Parterre
Public
Salle
● ANTONYME : Acteur.

SPECTRE

Apparition
V. FANTÔME

Revenant
Ombre
Esprit
Épouvantail
Menace

SPÉCULATION

Agiotage
Boursicotage (*fam.*)
Calcul
Projet
Raisonnement
Théorie
Affaires
Opération
● ANTONYME : Pratique.

SPÉCULER

Méditer
V. PENSER
Raisonner
Réfléchir
Délibérer
Ruminer (*fam.*)
Cogiter (*anc.*)
Compter (sur)
Jouer (sur)
Trafiquer
Fricoter (*fam.*)
Tripoter (*fam.*)
Agioter
Boursicoter (*fam.*)

SPEECH
V. DISCOURS, ALLOCUTION

SPHÈRE

V. BOULE
Globe
Domaine
Milieu
Région

Champ
Zone

SPIRITUEL

Ingénieux
Fin
Humoriste
Humoristique
Brillant
V. AMUSANT
Satirique
Malicieux
Vif
Piquant
Délié
Subtil
Pétillant d'esprit

● ANTONYMES : Balourd, Béotien, Bête, Imbécile, Lourd, Niais, Nigaud, Plat, Sot, Stupide.

SPLEEN

V. CHAGRIN
Nostalgie
Cafard

SPLENDEUR

Brillant
Éclat
Gloire
Lustre
Relief
Clinquant
Lumière
Illumination
Resplendissement
Magnificence
Pompe
Somptuosité
Luxe

Faste
Apparat

SPLENDIDE

Brillant
Éblouissant
Resplendissant
Étincelant
Glorieux
Somptueux
V. ADMIRABLE
Beau
Magnifique
Merveilleux
Mirifique
Superbe
Extraordinaire
Prodigieux
Fabuleux
Sublime
● ANTONYMES : Modeste, Affreux.

SPOLIER

V. DÉPOSSÉDER
Dépouiller
Frustrer
Gruger

SPONGIEUX

V. FLASQUE
Cotonné
Cotonneux
Mou

SPONTANÉ

Libre
Naturel
Primesautier

Impulsif
Instinctif
Franc
Cordial
Sincère
Direct
Automatique
Inconscient
Involontaire

● ANTONYMES : Dicté,
Forcé, Imposé, Provoqué,
Volontaire; Apprêté, Compassé, Composé, Étudié,
Médité, Prémédité; Calculateur.

SQUARE

Jardin
Parc

SQUELETTE

Ossature
Os
Ossements
Carcasse
Charpente
V. Canevas
Plan

STABLE

Fixe
Assis
Constant
Continu
Durable
Permanent
Ferme
Inaltérable
Solide
Équilibré
Immuable

Inébranlable
Assuré
Invariable

● ANTONYMES : Instable;
Altérable, Changeant, Divers, Éphémère, Fluctuant,
Fragile, Fugace, Fugitif,
Fuyant, Incertain, Inconsistant, Mouvant, Ondoyant, Précaire; Branlant, Déséquilibré; Errant,
Ambulant, Ambulatoire,
Déporté.

STADE

Étape
Phase
Période
Degré
Échelon
Palier
Niveau

STAFF

Aggloméré
Stuc

STAGE

V. Séjour
Apprentissage
Formation
Préparation

STAGNATION

Arrêt
Stase
Marasme
Immobilisme
Inertie

Engourdissement
Atrophie
Langueur
Piétinement

● ANTONYMES : Avancement, Développement,
Essor.

STAGNER

Séjourner
Croupir
Languir

STANCE

Strophe
Couplet

STANDARDISATION
Normalisation

STAR
V. Acteur

STASE
V. Stagnation

STATION

Pause
Arrêt
Halte
Attitude
Position
Posture

STATIONNER

S'arrêter
Séjourner
Demeurer
Stopper
● ANTONYMES : Circuler,
Courir, S'écouler, Marcher, Partir, Rouler.

STATISTIQUE

V. Dénombrement
État
Relevé
Compte

STATUAIRE
V. Sculpteur

STATUER

V. Décider
V. Juger
Prononcer
Arbitrer
Régler
Résoudre
Trancher
Arrêter
Établir
Ordonner
Déterminer

STATURE

Taille
Grandeur
Hauteur
Dimension

STATUT

V. Règlement
État
Situation

STEAMBOAT, STEA-MER
V. Bateau

STÉRILE

Infécond
Infertile
Infructueux

Ingrat
Pauvre
Bréhaigne
Improductif
Inefficace
Vain
Oiseux
V. Aride
Sec

● ANTONYMES : Fécond,
Fertile, Généreux, Pro-
lifique; Efficace, Utile.

STÉRILITÉ

Agénésie
Infécondité
V. Impuissance
Aridité
Pauvreté
Inefficacité
Inutilité
Infertilité

● ANTONYMES : Concep-
tion, Fécondité, Fertilité;
Abondance, Efficacité.

STICK

V. Baguette
Badine
Cravache
V. Bâton

STIGMATE

V. Cicatrice
Balafre
V. Trace
Marque
Signe
Empreinte
Flétrissure

STIGMATISER

V. Condamner
Blâmer
Flétrir
Foudroyer
Fustiger

STIMULER

V. Encourager
Aiguillonner
Éperonner
Exciter
Animer
Enflammer
Activer
Éveiller
Fouetter
Talonner
Doper
Réconforter
Remonter

● ANTONYMES : Amortir,
Apaiser, Gêner, Lasser,
Calmer, Endormir, Étour-
dir.

STIPULER

V. Énoncer
Dire
Préciser
Spécifier

STOCK

Réserve
Provision
Assortiment

STOÏCIEN, STOÏQUE

V. Austère
Courageux

Dur
Ferme
Héroïque
Impassible
Inébranlable
Résigné

STOPPER

1. V. S'ARRÊTER

2. V. RACCOMMODER

STORE
V. RIDEAU

STRANGULER
V. ÉTRANGLER

STRATAGÈME
V. RUSE

STRATÉGIE

Tactique
Plan de bataille
Art militaire

STRICT

V. ÉTROIT
V. SÉVÈRE

● ANTONYMES : Élastique, Lâche, Large; Approximatif.

STRIDENT

Criard
Aigu
Perçant
Sifflant
Éclatant
Fort

Aigre
Dur
Stridulant

STROPHE

Stance
Couplet
Quatrain

STRUCTURE

Composition
Constitution
Agencement
Construction
Armature
Ossature (*fig.*)
Régime
Ordre
Contexture
Disposition
Forme
Organisation

STUC

Staff
Aggloméré

STUDIO

V. APPARTEMENT
Atelier

STUPÉFAIT

Surpris
Étonné
Stupéfié
Frappé
Saisi
Renversé (*fam.*)
Interdit

Anéanti
Bleu
Coi
Ébouriffé
Pétrifié
V. ÉBAHI et DÉCONCERTÉ

STUPÉFIANT

V. ÉTONNANT
Surprenant

STUPÉFIÉ

V. SURPRIS
Saisi
Médusé
Confondu
Pétrifié
Bouche bée
Ahuri

STUPEUR

Engourdissement
Abattement
Abrutissement
Accablement
Anéantissement
Hébétude
V. ÉTONNEMENT

STUPIDE

Étonné
Hébété
Interdit
Ahuri
Ébaudi
Abruti
Idiot
Inepte
Crétin (*fam.*)
Souche (*fam.*)

Ganache (*pop.*)
Imbécile
V. ABSURDE
V. BALOURD
V. BORNÉ
V. NIAIS
V. SOT

● ANTONYMES : Animé, Fin, Intelligent, Judicieux.

STUPIDITÉ

V. BÊTISE
Crétinerie
Crétinisme
Idiotie
Absurdité
Ineptie
Ânerie
Balourdise
Sottise
Niaiserie
Bourde (*fam.*)
Imbécillité

● ANTONYMES : Intelligence, Finesse.

STUPRE
V. DÉBAUCHE

STYLE

Forme
Écriture
Plume
V. ÉLOCUTION
Expression
Langage
Ton
Tour
Langue
Tournure
Design (*néol.*)
Facture
Genre
Goût

Manière
Touche

STYLET
V. POIGNARD

SUAIRE
Linceul

SUAVE

V. AGRÉABLE
Bon
Doux
Délicieux
Délectable
Exquis
Délicat
Gracieux
Harmonieux

● ANTONYMES : Acide, Aigre, Amer, Déplaisant, Âcre, Désagréable, Écœurant, Fétide, Rude.

SUBALTERNE

V. INFÉRIEUR
Médiocre

● ANTONYMES : Chef, Maître, Supérieur.

SUBDIVISION

Ramification
Embranchement
Case
Compartiment
Fraction
Section

SUBIR

Supporter
Accepter

Se résigner
Recevoir
Purger (une peine)
Endurer
Éprouver
Essuyer
V. SOUFFRIR
Tolérer
Passer (un examen)

SUBIT
V. SOUDAIN

SUBITEMENT

Brusquement
À l'improviste
Subito (*fam.*)
Tout à coup
Soudain
Soudainement
Inopinément
Tout d'un coup
Sans crier gare

● ANTONYMES : Graduellement, Peu à peu.

SUBJUGUER

V. CONQUÉRIR
Asservir
Assujettir
Dominer
Dompter
Réduire
Soumettre
Opprimer
Accabler
Courber
Fouler
Oppresser
Tyranniser
Ranger sous sa loi
Charmer
Enchanter
Envoûter

Gagner
Séduire
Capter
Captiver
Entortiller (*fam.*)
Empaumer (*fam.*)

● ANTONYMES : Affranchir, Délivrer, Émanciper.

SUBLIME

Éminent
V. ADMIRABLE
V. ÉLEVÉ

SUBLIMER

Épurer
Raffiner

SUBMERGER

V. INONDER
Couvrir
Recouvrir
Envahir

SUBODORER

V. SENTIR
Flairer
Humer
Pressentir
Deviner
Soupçonner
Se douter

SUBORDINATION

Dépendance
Sujétion
Assujettissement

Servitude
Esclavage
Joug
Vassalité
Infériorité
Obédience
Tutelle
V. ORDRE
Emprise

● ANTONYMES : Autorité, Autonomie, Insubordination.

SUBORDONNÉ
V. INFÉRIEUR

SUBORDONNER

V. SOUMETTRE
Faire dépendre de

SUBORNEUR
V. SÉDUCTEUR

SUBREPTICE

Caché
Clandestin
Frauduleux
Furtif
Sournois
Souterrain
Obreptice

● ANTONYME : Ostensible.

SUBROGATION
V. REMPLACEMENT, SUBSTITUTION

SUBSÉQUEMMENT
V. APRÈS, ENSUITE, PUIS

SUBSÉQUENT
V. SUIVANT

● ANTONYMES : Antécédent, Précédent.

SUBSIDE

Secours
Subvention
Allocation
Aide
Don

SUBSISTANCE

V. ALIMENT
Nourriture
Pâture
Pitance (*fam.*)
Avoine (*arg.*)
Bectance (*arg.*)
Approvisionnement
Ravitaillement
Entretien
Vie

SUBSISTANCES

Denrées
Vivres
Réserves
Comestibles

SUBSISTER

Durer
Demeurer
Se conserver
Rester
Surnager
Se maintenir
Persister
Survivre
Tenir
Vivre
Vivoter

● ANTONYMES : Changer, Devenir, Disparaître, Périr.

SUBSTANCE

Matière
Corps
Élément
Fond
Principal
Essentiel
Objet
Sujet
Contenu
Essence
Nature
Substrat
Suc
V. QUINTESSENCE
Moelle

● ANTONYMES : Accident, Apparence, Attribut, Forme.

SUBSTANCE (EN)

En gros
En résumé
Sommairement

SUBSTANTIEL
V. NOURRISSANT

SUBSTANTIF
V. NOM

SUBSTITUTION

Remplacement
Subrogation
Commutation
Compensation

SUBTERFUGE

Détour
Échappatoire
Faux-fuyant
Artifice
Ruse
V. FUITE

SUBTIL

Délicat
Délié
Fin
Aiguisé
Pénétrant
Raffiné
Alambiqué
Quintessencié
Affiné
Adroit
Habile
Perspicace
Sagace
Inventif
Ingénieux
Impondérable
Éthéré
Ténu

● ANTONYMES : Balourd, Bête, Borné, Grossier, Lourd; Épais, Compréhensible, Évident, Facile.

SUBTILISER

V. DÉROBER
Escamoter
V. VOLER

SUBTILITÉ

Finesse
Adresse
Délicatesse
Raffinement
Préciosité
Recherche
Complication
Difficulté
Quintessence
Argutie (s)
Abstraction
Artifice
Chicane
Entortillage
Équivoque
Chinoiseries
Distinguo

● ANTONYMES : Bêtise, Balourdise, Épaisseur, Lourdeur.

SUBVENTION

Contribution
Don
Aide
Subside
Encouragement
Secours

SUBVERSIF

Démoralisateur
Destructeur
Dissolvant
V. RÉVOLUTIONNAIRE

SUBVERSION

Bouleversement
Renversement
V. RÉVOLUTION

● ANTONYMES : Appui, Construction, Établissement.

SUC

Jus
Sève

Nourriture (*fig.*)
V. QUINTESSENCE

SUCCÉDANÉ

Produit de remplacement
Produit de substitution
Ersatz

SUCCÉDER (à)

V. REMPLACER
Hériter
Suivre
Faire suite
Continuer
Se dérouler
S'enchaîner

● ANTONYMES : Accompagner, Coexister, Devancer.

SUCCÈS

Réussite
Avantage
Couronnement
Gain
Victoire
Triomphe
Bonheur
Prospérité
Fortune
Heureuse tournure
Issue (heureuse)
Événement
Exploit
Performance
Tour de force
Prouesse
Mode
Vogue

● ANTONYMES : Insuccès ; Avortement (*fig.*)

Catastrophe, Contretemps, Désastre, Échec, Déroute, Épreuve, Fiasco, Ratage ; Four, Déconfiture, Revers.

SUCCESSION

Héritage
Hoirie (*anc.*)
Hérédité
Patrimoine
Legs
Série
Suite
Enchaînement
Filiation
Défilé
Procession
Cascade
Chapelet
Kyrielle

● ANTONYMES :
Coexistence, Immobilité, Simultanéité.

SUCCINCT
V. COURT, CONCIS

SUCCOMBER

S'affaisser
V. FLÉCHIR
V. PLIER
Céder
Ployer
Courber
V. MOURIR

« *Succomber à* » :
Se laisser aller
S'abandonner
S'éteindre
Expirer
Périr

● ANTONYMES : Soutenir, Résister, Dominer.

SUCCULENT
V. AGRÉABLE

SUCCURSALE

Filiale
Annexe
Agence
Dépôt
Comptoir
Dépendance

SUCER

Tirer (*peu us.*)
Téter
Suçoter
Aspirer
Lécher

SUCRÉ

V. DOUX
Doucereux
Hypocrite

● ANTONYMES :
Aigre, Amer, Sec (vin).

SUCRER
V. ADOUCIR

SUCRERIES
V. FRIANDISES

SUD

Midi
Méridional
Antarctique
Autan
Austral

● ANTONYME : Nord.

SUER

Transpirer
Être en nage

V. Fatiguer (se)
Peiner
Travailler
Suinter
Dégoutter
Exsuder
Exhaler

SUER (FAIRE)
V. Ennuyer

SUFFISAMMENT
V. Assez

SUFFISANCE

Orgueil
Morgue
Superbe
Vanité
Gloriole
Présomption
Satisfaction
Prétention
Fatuité
Outrecuidance
Ostentation
Infatuation

● antonymes : Bonhomie,
Familiarité, Modestie.

SUFFISANT

Arrogant
Fat
Glorieux
Prétentieux
Vaniteux
Avantageux
Fier
Pédant
Satisfait
Outrecuidant
Fanfaron
Plein de soi-même

Présomptueux
Infatué
● antonymes : Modeste,
Bonhomme.

SUFFOQUER

Étouffer
Asphyxier
S'étrangler
S'essouffler
Oppresser
Estomaquer
Étonner
Irriter
Indigner

SUFFRAGE

V. Approbation
V. Vote

SUGGÉRER

Inspirer
Faire naître l'idée
Insinuer
Souffler
Instiguer (*anc.*)
Instiller (*peu us.*)
Persuader
Sous-entendre
Conseiller
Proposer
Dicter
Donner l'idée
Évoquer
Susciter

SUICIDER (SE)
V. Tuer (se)

SUINTER

Suer
Exsuder

Transsuder
Dégoutter
V. Couler

SUITE

Conséquence
Effet
V. Résultat
Cours
Déroulement
Développement
Enchaînement
Fil
Lien
Liaison
Aboutissement
Prolongement
Contrecoup
Lendemain
Séquelle
V. Continuation
Succession
Énumération
Liste
V. Série
Kyrielle
Cortège
Escorte
Équipage
Train
Cour

Spécialement :
Appartement (d'hôtel)

● antonymes : Début,
Cause, Source, Incohé-
rence, Inconséquence.

**SUITE (DANS LA, ou
PAR LA)**

V. Depuis, À l'avenir,
Plus tard, Ensuite

SUITE (TOUT DE)

V. IMMÉDIATEMENT
Aussitôt
Illico
Juste
Incessamment
À l'instant
Sur-le-champ

SUIVANT

Subséquent
Postérieur
Ultérieur
V. SELON

SUIVRE

Accompagner
Escorter
Convoyer
Être à la remorque
Être aux trousses
Être dans le sillage
Poursuivre
Pourchasser
Talonner
Traquer
Emboîter (le pas)
Chaperonner
Filer
Pister
Parcourir (un itinéraire)
Emprunter
Prendre
Descendre
Remonter
Longer
Côtoyer
Épouser
Résulter
Ressortir
Se conformer à
S'abandonner à
Se laisser aller à

Obéir à
Imiter
Adopter
Embrasser
Sacrifier à
Être d'accord
Se joindre à
Marcher avec
Soutenir
Respecter
Écouter
Observer
Accomplir
Être attentif à
Se tenir au courant
Comprendre

● ANTONYMES : Devancer, Diriger, Précéder, Fuir, Laisser, Quitter, Se dérouter, S'écarter, S'opposer; Contrevenir, Enfreindre; Dicter, Perdre de vue.

SUJET

V. OBJET
Matière
Point
Fond
Propos
Thème
Article
Question
Chapitre
Chef
Idée
Étoffe
Trame
Problème
Motif
Champ
Occasion
Raison
Lieu
V. CAUSE

SUJÉTION

V. SUBORDINATION
Gêne
Incommodité

SUMMUM

V. APOGÉE
Comble
Faîte
Sommet
Zénith
Pinacle

SUPERBE

V. ADMIRABLE
V. FIER
V. ORGUEIL
V. VANITEUX

SUPERCHERIE

Tromperie
Fourberie
Tour de passe-passe
Fraude
V. ATTRAPE
Falsification
Imposture

SUPERFÉTATION
V. ABUS

SUPERFICIE
V. SURFACE

SUPERFICIEL

Léger
Frivole
Futile
V. ÉTOURDI
Apparent

● ANTONYMES : Profond, Complet, Concentré, Foncier, Intime, Approfondi, Savant.

SUPERFLU

Inutile
Vain
Oiseux
Superfétatoire
Surabondant

● ANTONYMES : Essentiel, Indispensable, Nécessaire, Obligatoire, Utile.

SUPÉRIEUR

Magistral
Excellent
Incomparable
Sans pareil
Extra
Fameux (*fam.*)
Hors ligne
Hors pair
Distingué
Émérite
Éminent
Transcendant
Unique
Dominant
Prééminent
Prépondérant
Arrogant
Condescendant
Dédaigneux
Fier
Premier
Suprême

● ANTONYMES : Bas, Audessous, Inférieur, Profond, Moindre, Élémentaire, Honnête, Médiocre, Mineur, Employé, Subalterne, Subordonné.

SUPÉRIORITÉ

Préexcellence
Prééminence
Primauté
Prépotence
Prépondérance
Suprématie
Hégémonie
Royauté
Précellence (*anc.*)
Éminence (*anc.*)
Distinction
Excellence
Transcendance
Condescendance
Orgueil
Avantage
Dessus (avoir le ...)
Premier rang
Maîtrise
Ascendant
Domination
Omnipotence

● ANTONYMES : Dessous, Infériorité.

SUPPLANTER

Se substituer à
V. REMPLACER, ÉVINCER

SUPPLÉER
V. COMPLÉTER, REMÉDIER, REMPLACER

SUPPLÉMENT

Complément
Surcroît
Rabiot (*fam.*)
Addition
Surplus
Rallonge (*fam.*)
Appendice
Addenda
Augmentation
Surcharge
Excédent

● ANTONYMES :
Remise, Réduction.

SUPPLICATION
V. PRIÈRE

SUPPLICE

Tourment
Torture
Question
Martyre
Géhenne -
Calvaire
V. PEINE

SUPPLICIER

V. TUER
Mettre à mort
Infliger un supplice
Torturer

SUPPLIER

V. PRIER
Adjurer
Conjurer
Implorer

SUPPLIQUE

Prière
Requête
Supplication

SUPPORT

V. SOUTIEN
Colonne
Pylône
Base
Socle
Piédestal
Chevalet
Monture
Trépied
Armature
Point d'appui

SUPPORTER

V. SOUTENIR
V. SOUFFRIR

SUPPOSÉ

Apocryphe
Prétendu
Putatif
Présumé
V. FAUX

SUPPOSER

Présupposer
Poser
Présumer
Augurer
Conjecturer
Présager
Annoncer
V. CROIRE
Concevoir
Impliquer
Bâtir des hypothèses
Échafauder
S'imaginer
Attribuer
Prêter

« *Laisser supposer* » :
Dénoter
Indiquer

SUPPOSITION

Hypothèse
Conjecture
Présomption
Présupposition

SUPPÔT
V. PARTISAN

SUPPRIMER

Annuler
Abroger
Abolir
Révoquer
Infirmer
Casser (*jur.*)
Invalider (*jur.*)
Résilier (*jur.*)
Résoudre (*jur.*)
Rescinder (*jur.*)
Rapporter (*adminis.*)
Bannir
Détruire
Anéantir
Annihiler
Balayer
Écarter
Désagréger
Épargner
Éviter
Arrêter
Empêcher
Inhiber
Faire cesser
Mettre fin
Gâcher
Abattre
Briser
Démolir (*fig.*)
Évincer

Faire disparaître
Assassiner
V. TUER
Radier
Amputer
Éliminer
Ôter
Rayer
Retirer
Retrancher
Barrer
Biffer
Effacer
Enlever
Priver (de)
Élaguer
Expurger

● ANTONYMES : Montrer,
Produire, Publier; Insti-
tuer, Maintenir, Proroger;
Additionner, Adjoindre,
Introduire; Faire, Former,
Accroître.

SUPPRIMER (SE)
V. TUER (SE)

SUPPUTER

Évaluer
Calculer
Examiner
Apprécier
V. ESTIMER

SUPRÉMATIE
V. SUPÉRIORITÉ

SUPRÊME

V. SOUVERAIN
V. DERNIER
Extrême

● ANTONYMES : Infime, Inférieur.

SUR
V. AIGRE

SÛR

Assuré
Certain
Convaincu
Confiant
Éprouvé
De confiance
Fidèle
Véritable
Solide
Formel
Immanquable
Infaillible
Inéluctable
Inévitable
Ferme
Franc
Authentique
Avéré
Établi
Évident
Exact
Indubitable
Positif
Vrai
Indéfectible

● ANTONYMES : Méfiant, Sceptique, Défiant, Ébranlé, Incertain; Dangereux, Exposé, Périlleux, Infidèle; Cafard, Hypocrite; Aventuré, Aventureux, Chanceux, Contestable, Flottant, Fuyant, Gratuit, Illusoire, Incertain, Mensonger, Problématique; Boîteux, Branlant, Vacillant; Faillible, Maladroit, Trompeur; Douteux, Faux, Inexact, Supposé.

SURABONDANCE

V. ABONDANCE
V. ABUS

SURANNÉ

Fané
Désuet
Démodé
Vieilli
Vieillot
Archaïque
Ancien
Antédiluvien
Obsolète
Antique
Fossile
Gothique
Vieux
Arriéré
Attardé
Passé
Révolu
Vieux jeu
Rococo
Préhistorique

● ANTONYMES : Actuel; Neuf, Nouveau.

SURBAISSER
V. BAISSER

SURCHARGER

Alourdir
Encombrer
Accabler
Écraser

● ANTONYMES : Alléger, Décharger.

SURCROÎT
V. SUPPLÉMENT

SÛREMENT

Assurément
À coup sûr
Infailliblement
Immanquablement
Certainement
Certes
Évidemment
Sans doute
Sans aucun doute
Indubitablement
Incontestablement
Sans conteste
Manifestement
Sans contredit
De certitude (anc.)

SURENCHÈRE
V. ENCHÈRE

SÛRETÉ

V. ASSURANCE
V. GARANTIE
V. SÉCURITÉ

SUREXCITÉ

Excité
Agité
Exalté
Enfiévré
Stimulé
Fanatisé
Échauffé
V. FANATIQUE
V. FURIEUX
Déchaîné

● ANTONYMES : Adouci, Amorti, Calmé; Apaisé, Anesthésié.

SURFACE

Étendue
Aire

Superficie
Contenance
Espace
● ANTONYMES : Fond,
Profondeur.

SURGIR

Apparaître
Jaillir
Se montrer
Paraître
V. SORTIR
V. VENIR
Naître
Se présenter
Se manifester
Faire irruption

SUR-LE-CHAMP
V. IMMÉDIATEMENT

SURMENER (SE)

Fatiguer (se)
Forcer

SURMONTER

Dominer
Surplomber
Coiffer
V. VAINCRE
Franchir
Forcer
Traverser
Triompher de
Venir à bout de
Dompter
L'emporter sur
Maîtriser
Réduire
Mater
Avoir raison de

● ANTONYMES : Achopper, Échouer, Heurter.

SURNAGER
V. SUBSISTER

● ANTONYMES : Enfoncer,
Noyer, Plonger.

SURNOM

Sobriquet
Pseudonyme

SURNOMMER
V. APPELER

SURPASSER

Dépasser
Devancer
Primer
Enfoncer (*fam.*)
Dégoter (*pop.*)
Outrepasser
Excéder
Gratter (*fam.*)
L'emporter sur
Dominer
Battre
V. PRÉVALOIR
Prédominer
Distancer
Surclasser
Éclipser
Effacer
Faire mieux

● ANTONYMES : Atteindre, Égaler, Être inférieur.

SURPLOMBER

V. DÉPASSER
Avancer
Dominer
Faire saillie au-dessus de

SURPLUS

Excès
Excédent
Reste
Supplément

SURPLUS (AU)
V. AILLEURS (D')

SURPRENANT

V. ÉTONNANT
Inattendu
Inopiné
Déconcertant
Saisissant
Abracadabrant
Bizarre
Curieux
Drôle
Étrange
Magique
Merveilleux
Grand
Épatant
Étourdissant
Inconvenant
Incroyable
Invraisemblable
Mirifique
Phénomènal
Prodigieux

SURPRENDRE

Découvrir
Prendre sur le fait
Prendre par surprise
Arriver à l'improviste
Intercepter
Apercevoir
Déceler
Remarquer
V. VOIR et DÉCONCERTER
TROMPER et CIRCONVENIR
ÉTONNER et DUPER

SURPRIS

Étonné
Stupéfait
Stupéfié
Saisi
Frappé
Renversé (*fam.*)
Médusé
Confondu
Pétrifié
Bouche bée
V. ÉBAHI
V. DÉCONCERTÉ et DÉSO-
RIENTÉ
Ébaubi
Abasourdi
Éberlué
Étourdi
Sidéré
Interloqué
Interdit
Ahuri
Estomaqué (*fam.*)
Épaté (*pop.*)
Baba (*pop.*)
Ébouriffé
Tombé des nues

SURSAUT
V. SAUT

SURSAUTER

Sauter
Tressaillir
Soubresauter
Tiquer
V. TREMBLER et VIBRER

SURSEOIR
V. RETARDER

SURSIS
V. DÉLAI

SURTOUT

Principalement
Particulièrement
Spécialement
En première ligne
Avant tout
D'abord
Essentiellement

SURVEILLANCE

Garde
Inspection
Vigilance
Aguets
Attention
Conduite
Contrôle
Direction

SURVEILLANT

Maître d'étude
Répétiteur
Préfet des études
Pion (*arg. péj.*)
Sous-maître
Argus
Commissaire
V. GARDIEN
Contrôleur
Vigie *et* Vigile
Maton (*arg.*)

SURVEILLER

Observer
Examiner
Contrôler
Suivre
Garder
Veiller (sur)
Présider
Conduire

Inspecter
Guetter
V. ÉPIER
Tenir à l'œil
Avoir l'œil à
Lorgner

SURVENIR

V. VENIR
Apparaître
Se manifester
Se produire
Advenir
Arriver
Échoir
Intervenir
Se présenter

● ANTONYME : Partir.

SUSCEPTIBLE

Ombrageux
Irritable
Chatouilleux (*fam.*)
Pointilleux
V. COLÉREUX et SENSIBLE
Apte
Capable

● ANTONYME : Débonnaire.

SUSCITER

Faire naître
Éveiller
Fomenter
V. OCCASIONNER
Provoquer
Soulever
Causer
Allumer
Exciter
Attirer

Déterminer
Amener
Entraîner

● ANTONYME : Détruire.

SUSPECT

Douteux
Sujet à caution
Louche
Équivoque
Interlope
Problématique
Véreux

● ANTONYMES : Certain,
Sûr.

SUSPECTER
V. SOUPÇONNER

SUSPENDRE
V. ACCROCHER et INTER-
ROMPRE

● ANTONYMES : Décrocher,
Dépendre ; Continuer, Prolonger, Reconduire, Main-
tenir (dans ses fonctions).

**SUSPENSION D'AR-
MES**
V. TRÊVE

SUSPICION
V. SOUPÇON

SUSTENTER
V. NOURRIR

SUSURRER
V. MURMURER

SUZERAIN
V. SEIGNEUR

SVELTE

Délié
Élancé
Dégagé
Fin
Léger
Effilé
Mince

● ANTONYMES : Épais,
Lourd, Massif.

SYCOPHANTE

Délateur
Dénonciateur
Mouchard
Accusateur
V. ESPION
Fourbe
V. SOURNOIS

SYLVE
V. BOIS

SYLVICULTEUR

Pépiniériste
Arboriculteur

SYMBOLE

Attribut
Emblème
Insigne
Représentation
Allégorie
Comparaison
Image
Figure
Métaphore
Personnification
Incarnation

SYMPATHIE

Estime
Intérêt
Attirance
Attraction
Inclination
Penchant
Pitié
Amitié
Sensibilité
Bienveillance
Cordialité
Accord (anc.)
Convenance
Conformité (anc.)
Harmonie
Unisson (anc.)
Fraternité

● ANTONYMES : Disparité,
Opposition, Discorde, Animosité, Antipathie, Aver-
sion, Prévention, Indifférence.

SYMPATHISER

S'entendre
Être en affinité
Avoir des affinités
S'accorder
Fraterniser

● ANTONYME : Se heurter.

SYMPTÔME

Signe
Syndrome
Prorome
Indice
Marque
Présage

SYNALLAGMATIQUE

Réciproque
Mutuel
Bilatéral

SYNCOPE

Évanouissement
Défaillance
Faiblesse
Pamoison
Étourdissement
Éblouissement
Lipothymie
Perte de connaissance

SYNDICAT

Union
Mutuelle
Compagnonnage
Trade Union
V. Corporation
V. Fédération
V. Société

SYNDROME
V. Symptôme

SYNODE

V. Concile
Assemblée
Consistoire
Conciliabule

SYNONYME

Équivalent
Approchant
Adéquat
Doublet

● antonymes : Antonyme, Contraire.

SYNOPSIS
V. Scénario

SYNTAXE

Construction
Grammaire
Stylistique

SYSTÉMATIQUE

Réglé
Rangé
Méthodique
Ordonné

Organisé
Logique
Déductif
Soutenu
Absolu
Entêté

● antonyme : Empirique.

SYSTÈME

V. Enseignement
Doctrine
Discipline
V. Règle
Ordre
Principe
Théorie
Dogme
Idéologie
École
Régime
Ensemble
Méthode
Manière
Moyen
Plan
Procédé
Technique
Combinaison (*fam.*)
Combine (*fam.*)

TABAC

1. Gris
Havane
Virginie
Scaferlati
Caporal
Gros cul *(pop.)*
Schnouff *(id.)*
Chique
Prise
Cigare
Cigarette
Pipe
Blague
Pot à tabac
Perlot *(arg.)*

Anciennement :
Herbe à Nicot
Nicotiane
Pétun
Herbe Sainte
Herbe à tous les maux
Herbe à la reine
Médicée
Herbe à l'ambassadeur

Herbe catherinaire

2. Bureau de tabac
Débit de tabac

TABATIÈRE

1. Blague
Pot à tabac

2. V. LUCARNE

TABLE

1. V. REPAS
Nourriture
Chère
Gastronomie

2. Meuble
Desserte
Guéridon
Servante
Établi
Pupitre
Crédence

Dressoir
Console
Bureau
Buffet
Étal
Billard

3. V. PLANCHE

4. Tableau
Tabulaire
V. RÉPERTOIRE

TABLEAU

1. V. PEINTURE et REPRÉSENTATION

2. V. LISTE et RÉPERTOIRE

TABLÉE

Commensaux
Convives
Invités
Hôtes

Dîneurs
Compagnie
Compagnons

TABLER

Compter sur
Se fier à
Baser
V. Espérer

TABLETTE
V. Planche et Plaque

TABLIER

1. Blouse
Plastron
Devantier (*anc.*)
Rideau
Protection

« *Rendre son tablier* »
Démissionner
Quitter son poste
Se démettre

2. Damier
Échiquier

TABOU

V. Sacré
Sacro-saint
Interdit

TABOURET

Siège
Escabeau
Escabelle
Sellette
Pliant

TACHE

1. Marque
Signe
Veine
Bigarrure
Marbrure
Tacheture
Tiqueture
Maillure
Panachure
Lenticelle
Lentille
Éphélide
Rougeur
Ecchymose
Meurtrissure
Bleu
Albugo
Élément
Touche
Défaut

2. Macule (*anc.*)
Salissure
Souillure
Éclaboussure
Bavure
Pâté

3. « *Fig.* »
Déshonneur
Impureté
Faute
Tare
Souillure (morale)
Chose infamante
Action honteuse
Flétrissure
Accroc
Péché

TÂCHE

1. V. Travail

2. V. Devoir

TACHÉ

1. Marqué
Marqueté
Tacheté
Tavelé
Madré
Marbré
Piqué
Piqueté
Bigarré
Tatoué
Ocellé
Persillé
Moucheté
Chiné
Tisonné
Jaspé
Ponctué
Tigré
Zébré
Pailleté
Vergeté
Granité
Truité
Tiqueté
Grivelé

2. Sali
Maculé
Ensanglanté
Graisseux
Flétri

● Antonymes : Immaculé, Pur, Propre.

TACHER

1. V. Salir et Souiller

2. Marquer
Marqueter
Colorer
Tacheter
Taveler
Tatouer
Veiner

Marbrer
Jasper
Panacher
Moirer
Moucheter
Truiter

TÂCHER

V. Essayer
« *Tâcher que* » :
Faire en sorte que
Veiller à ce que

TÂCHERON
V. Travailleur

TACHETÉ
V. Taché

TACHETER
V. Tacher

TACITE
V. Sous-entendu

TACITURNE

V. Silencieux
Peu bavard
Muet *(fig.)*
Triste
Morose
Sombre
Ténébreux
Concentré
Renfermé

● Antonymes : Volubile, Communicatif, Gai.

TACOT

Bagnole *(fam.)*
Guimbarde
Coucou *(anc.)*

Vieille voiture
Vieille automobile
Ferraille *(fam.)*
Teuf-teuf *(fam.)*

TACT

1. Toucher

2. Délicatesse
Doigté
Jugement
Habileté
Finesse
Savoir-faire
Discrétion
Considération
Pudeur
Décence
Savoir-vivre
V. Politesse

TACTIQUE

V. Stratégie
Moyen
Médiation
Manière d'agir
Art d'exécuter
Marche à suivre
Plan
Politique
Méthode
Application
Arrangement
Disposition
Programme
Procédé
Recette
Secret
Stratagème
Tour
Manœuvre
Manigance
Ordre

Suite
Ressource

● Antonymes : Stratégie, Système.

TAILLADE
V. Entaille

TAILLADER
V. Couper

TAILLE

1. Coupe
Incision
Dépeçage
Découpage
Gravure
Élagage
Émondement
Étêtage

2. Grandeur
Hauteur
Stature
Mensuration
Grosseur
Envergure
Importance
Échelle *(fig.)*

3. Ceinture
Buste
Hanche

4. V. Tranchant

5. Mine
Galerie

TAILLER

1. V. Couper

2. V. Élaguer

3. Écharper
Frapper
Battre

Défaire
Hacher
Exterminer
Sabrer
Décimer
V. VAINCRE

TAILLIS

Brout
Cépée
Gaulis
Maquis
Taille
Futaie
Breuil
Remise
Hardées
V. BUISSON

TAIRE

1. Cacher
Céler *et* Celer
Dissimuler
Garder secret
Voiler
Enfouir
Garder pour soi
Passer sous silence
Déguiser
Mentir
Omettre
Négliger

2. Interrompre
Cesser
Arrêter
Supprimer
Calmer
Disparaître

3. « *Se taire* » :
Ne dire mot
Ne pas souffler mot
Ne pas faire de bruit
Faire silence

Fermer la bouche
Tenir sa langue
Avaler sa langue
Avaler sa salive
Ne pas ouvrir la bouche
Ne pas desserrer les dents
La boucler (*fam.*)
Rentrer dans sa coquille
Fermer sa boîte (*pop.*)
Fermer sa gueule (*pop.*)
Mettre une sourdine

4. « *Faire taire* » :
Empêcher de parler (*ou*
de crier, *ou* de pleurer)
Forcer à se taire
Clouer le bec (*fam.*)
Rabattre le caquet (*fam.*)
Fermer la gueule (*triv.*)
Réduire au silence
Imposer silence
Ôter la parole
Bâillonner

● ANTONYMES : Exprimer,
Révéler, Laisser paraître,
Faire entendre, Écrire,
Publier, Dire, Parler,
Chuchotter, Bavarder.

TALENT

V. CAPACITÉ

TALION

Peine
Châtiment
Punition
Justice

Spécialement : « *La loi
du talion* » :
Œil pour œil
Dent pour dent
Réciprocité
Vengeance

TALISMAN

V. AMULETTE
Charme (*fig.*)

TALOCHE

V. COUP et GIFLE
Tape

TALONNER

1. V. POURSUIVRE
Serrer de près

2. Harceler
Presser
Importuner
V. TOURMENTER

TALUS

1. V. BUTTE et PARAPET

2. V. PENTE

TAMARIS

Tamarin
Tamarix

TAMBOUR

1. Percussion
Caisse
Peau de batterie
Tambourin
Membrane tendue
Membranophone
Timbale
Tam-Tam
Bamboula
Peau d'âne

2. Timbalier
Tambourineur
Tambour-major
Tapin (*arg. milit.*)
Tambourinaire
Garde champêtre

TAMBOURINER

V. BATTRE et FRAPPER
Faire un bruit de roulement
Faire un bruit de batterie
Annoncer bruyamment
(*fig.*)

TAMIS

Crible
Sas
Blutoir
V. PASSOIRE
« *Passer au tamis* » :
V. ANALYSER

TAMISÉ

Adouci
Voilé
Filtré
Atténué (un son, une lumière)
Doux
● ANTONYMES : Vif, Cru.

TAMPON

1. Bouchon
Cheville
Couvercle
Bâillon
Morceau de coton (*ou* d'ouate, *ou* de gaze, *ou* de charpie)

2. Amortisseur
3. Timbre
Cachet
Oblitération

TAMPONNER

1. Frotter
Essuyer
Étancher
Nettoyer
2. V. HEURTER
3. Timbrer (*néol.*)
Oblitérer
4. « *S'en tamponner* » :
V. S'EN MOQUER

TAM-TAM

1. V. TAMBOUR
2. Gong
Lo
3. V. TAPAGE

TANCER
V. RÉPRIMANDER

TANCHE
Capre

TANDEM

1. V. BICYCLETTE
2. Couple
Équipe (de deux)
Deux associés

TANDIS QUE

1. V. PENDANT QUE
2. V. AU LIEU DE et ALORS QUE

TANGAGE

Balancement
Oscillation
Houle
● ANTONYME : Roulis.

TANGENT

Approchant
Qui touche
« *Prendre la tangente* » :
Se sauver
Se tirer d'affaire
● ANTONYMES : Distant, Éloigné, Sécant.

TANGIBLE

Sensible
Palpable
Charnel
Matériel
V. RÉEL

TANGUER

V. BALANCER
Rouler
Remuer
Chavirer

TANIÈRE

1. V. GÎTE
2. Chambre (*fam.*)
Habitation
Maison
Demeure

TANK

1. Char (d'assaut)
Automobile (*fam.*)

2. Citerne
Réservoir

TANNER

1. V. Battre
2. V. Ennuyer et Tour-
menter
3. Brunir
Hâler

TANTÔT

1. Bientôt
Dans un temps prochain
Dans un proche avenir
Tout à l'heure
Dans peu de temps
2. Après-midi
3. Parfois

TAPAGE

1. Tintamarre
Bruit
Fracas
Vacarme
Boucan
Foin (*arg.*)
Chahut
Charivari
Cri
Carillon
Sérénade
Hourvari
Rumeur
Brouhaha
Bacchanal (*anc.*)
Baroufe ou
Baroufle (*pop.*)
Bastringue (*pop.*)
Bousin (*pop.*)
Chabanais (*arg.*)
Pétard (*pop.*)

Potin (*fam.*)
Ramdam (*arg.*)
Sabbat
Raffut (*pop.*)
Train
Tam-tam (*pop.*)
Tumulte
Cacophonie
Chambard
Clameur
Abasourdissement
Fracas
Éclat
Pétarade
Tohu-bohu
Assourdissement
Confusion
Tintouin (*pop.*)
Bruit d'enfer
Tonnerre
Hurlement
Explosion
Tempête
2. Scandale
Esclandre
Bruit (*fig.*)
Éclat
Désordre

● antonymes : Silence,
Calme, Sérénité.

TAPAGEUR

Bruyant
Criard
Voyant
Outrancier
Provocateur
Prétentieux

● antonymes : Discret,
Silencieux.

TAPE
V. Coup et Gifle

TAPER

V. Battre et Frapper
« *Se taper* » :
1. V. Battre (se)
2. V. Manger (*pop.*)
V. Boire
S'enfiler (*triv.*)
S'envoyer (*fam.*)
S'offrir
3. V. Faire (*fam.*)

TAPETTE

1. V. Coup
2. V. Pédéraste

TAPIN

Racolage
Trottoir

TAPINEUSE
V. Prostituée

TAPINOIS (EN)
V. Secrètement

TAPIR (SE)

V. Blottir (se)
Se cacher
Se dissimuler
Se clapir
S'embusquer

TAPIS

Tapisserie
Tenture
Carpette
Descente de lit
Moquette

Natte
Linoléum

« *Tapis roulant* : »
Convoyeur
Élévateur

« *Tapis-brosse* » :
V. PAILLASSON

TAPISSER

Couvrir
Revêtir
Tendre
Orner
Coller
Enduire
Recouvrir
Revêtir

TAPISSERIE
V. TAPIS

TAPOTER

1. V. FRAPPER
Caresser

2. Mal jouer (du piano)
Jouer négligemment

TAQUET

Cheville
Piquet
Pièce de bois
Témoin
Loquet

TAQUIN

Malicieux
Chineur

TAQUINER

Agacer
Asticoter
Picoter (*fig.*)
Harceler
Chiner
Faire enrager
Exciter
Lutiner (*anc.*)
Mécaniser (*anc.*)
Plaisanter
Charrier (*pop.*)
V. TOURMENTER
Ennuyer
Contrarier
Inquiéter
Faire des misères (*fam.*)
Faire tourner en bourrique (*fam.*)
Chatouiller

TARABISCOTÉ
V. AFFECTÉ

TARABUSTER

V. MALMENER
V. TAQUINER et TOURMENTER

TARAUDER
V. PERCER et TOURMENTER

TARD

En retard
Tardivement
A la fin

● ANTONYME : Tôt.

TARDER

Traîner
Se faire attendre
Être lent

S'attarder
V. RETARDER

● ANTONYMES : Se hâter, Accourir.

TARDIF

Avancé (*trop mûr*)
Long à venir
Retardataire
Traînard
Hors de saison
V. LENT

● ANTONYMES : Hâtif, Anticipé, Précoce.

TARE

V. DÉFAUT
V. POIDS

TARÉ

1. Avarié
Gâté
Altéré
Dénaturé
Vicié
Pourri
Corrompu
Vicieux
Dépravé
Perverti
Gangréné

2. Idiot (*pop.*)
Stupide
Débile
Dingue
Minus *ou* Minable
Con (*vulg.*)

TARGUER (SE)

Se prévaloir
Se faire fort
V. FLATTER (SE)

TARIF

1. Tableau des prix
Taxe
V. PRIX
2. V. SANCTION (*fam.*)

TARIR

1. Mettre à sec
Épuiser
Assécher
Sécher
Dessécher
Consoler (*fig.*)
2. Cesser (*intr.*)
S'arrêter
Disparaître
S'épuiser
Être mis à sec

● ANTONYME : Approvisionner.

TARTAN
Plaid

TARTE

1. V. GÂTEAU
2. V. COUP et GIFLE (*fam.*)
3. Laid (*adj. et fam.*)
Minable
Ridicule
Sot
Idiot
Bête

TARTINE

1. Tranche de pain
Beurrée
Rôtie
Biscotte
Toast

Pain grillé
Mouillette
Canapé
2. V. TIRADE, DISCOURS, et ARTICLE (*fam.*)

TARTINER

1. Beurrer
Étaler
2. Rebattre
Faire de longues tirades
Faire un long développement

TARTUFE
V. DÉVOT et HYPOCRITE

TAS

1. V. AMAS
2. Multitude
Masse
Grand nombre
Beaucoup

TASSE

Bol
Gobelet

TASSEAU

Support
Tringle
Crémaillère

TASSER

Comprimer
V. PRESSER
« Se tasser » :
1. V. RECROQUEVILLER (SE)

2. Se calmer (*fig. et fam.*)
S'arranger

TÂTER

1. V. TOUCHER
2. V. OBSERVER (S')
S'étudier

TÂTE-VIN ou **TASTE-VIN**

Dégustateur
Connaisseur en vin
Œnologue
Gastronome

TATILLON

Minutieux
Exigeant
Maniaque
V. CONSCIENCIEUX

TATILLONNER

Chicaner
Chipoter

TÂTONNER
V. TOUCHER, HÉSITER et ESSAYER

TÂTONNEMENT

Hésitation
Essai
Recherche
Approche (hésitante)

TÂTONS (À)

En tâtonnant
À l'aveuglette
En hésitant

TAUDIS

Galetas
Bouge
Turne
V. Logement et Maison

TAULE (ou TÔLE)

1. V. Prison (*arg.*)

2. V. Usine (*pop.*)

3. Piaule (*pop.*)
Turne
V. Chambre, Maison et
Logement

TAUPE

1. Myope

2. Casanier

3. Mathématiques spéciales

« *Vieille taupe* » :
Vieille femme désagréable
Vieille peste
Vieille chipie

TAUTOLOGIE

V. Pléonasme et Truisme
Fausse démonstration

TAUX

Taxe
Montant
Cours
V. Prix
Pourcentage

Intérêt
Proportion
Rapport

TAVELÉ
V. Taché

TAVERNE
V. Café, Restaurant et
Cabaret

TAXATION

Imposition
Fixation du prix
Prix
Réglementation

TAXE

V. Prix
Taux
V. Impôt

TAXER

1. Fixer le prix
Régler les prix

2. Soumettre à une taxe
Imposer
Frapper d'un impôt

2. Accuser
Charger
Reprocher
Qualifier

TAXIDERMISTE
Empailleur

TAXIPHONE

Téléphone public
Cabine téléphonique

TECHNICIEN
V. Spécialiste

TECHNIQUE

V. Méthode
Procédés
Manière
Métier
Art
Facture
Savoir-faire

TEIGNE

Méchant
Hargneux
Gale
Peste

TEINDRE

Colorer (*ou* Décolorer)
Passer en couleur
Apprêter
Brésiller
Garancer
Rocouer (*anc.*)
Noircir
Safraner
Décruer
Biser
Déteindre
Cocheniller
Raciner
Peindre

TEINT

Couleur du visage
Carnation
Coloris
Pigmentation
V. Couleur

TEINTE
V. Couleur

TEINTURE

1. Action de teindre
Apprêt
Bain
Coloration
Teinturerie
Alunage
Impression
Enlevage
Mordançage
Garançage
2. Colorant
Brou
Safran
Indigo
Guède
Kamala
Kermès
Racinage
Sandix
Rocou
Orseille
Orcanète
Garance
Aniline
Sapan
Genestrolle
Fuchsine
3. Vernis (*fig.*)

TEL
V. Semblable

TÉLÉCOMMANDE

Téléguidage
Télémécanique
Transmission à distance

TÉLÉGRAMME

Câble
Dépêche

Bleu
Télex
Bélinographe
V. Télégraphe

TÉLÉGRAPHE

Téléscripteur
Télégramme
Radio sans-fil
Télétype
Émetteur
Transmetteur
Relais
Récepteur
Manipulateur

TÉLÉGUIDAGE

Télécommande
Pilotage

TÉLÉPATHIE
Transmission de pensée

TÉLÉPHONE

Coup de fil (*fam.*)
Bigophone (*pop.*)
Appareil
Ligne
Standard
Central
Récepteur
V. Taxiphone

TÉLÉPHONER

Appeler
Passer (*ou* donner) un coup de fil
Communiquer (*ou* transmettre) par téléphone

TÉLESCOPE
Lunette astronomique

TÉLESCOPER
V. Heurter

TÉLÉSCRIPTEUR
Télétype

TÉLÉSIÈGE

Téléski
Remonte-pente
Remontée
Tire-fesse (*pop.*)
Téléphérique

TÉLÉVISION

T.V.
Tévé (*fam.*)
Télé (*fam.*)
Étranges lucarnes (*iron.*)
Poste récepteur
Tube (cathodique)

TÉMÉRAIRE

1. Aventureux
Présomptueux
Audacieux
Très hardi
Casse-cou
Déterminé
Confiant
Hasardeux
Imprudent
Écervelé
Entreprenant
Résolu
Crâne
Intrépide
Irréfléchi
Bravache
Cerveau brûlé
Risque-tout

2. Aventuré
Dangereux

Hasardé
Risqué
Inconsidéré
Osé
Porté à la légère

● ANTONYMES : Circonspect, Réfléchi, Prudent, Sage, Craintif, Timoré, Lâche.

TÉMÉRITÉ
V. HARDIESSE

TÉMOIGNAGE

1. Déclaration
Relation
Attestation
V. RAPPORT
Affirmation
Déposition (droit)
De l'aveu
Sur la foi de

2. Preuve
Témoin
Marque
Manifestation
Signe
Gage
Démonstration

TÉMOIGNER

1. Certifier
Attester
Affirmer
Comparaître (dr.)
Déposer (dr.)
Porter témoignage
Rendre témoignage
Récuser
Assurer

2. Prouver
Marquer
Manifester

Montrer
Exprimer
Faire connaître
Laisser paraître
Démontrer
Révéler
Indiquer
Être le témoignage de
Attester
Assurer
Faire foi de

TÉMOIN

1. Spectateur
Assistant
Auditeur
Tiers
Galerie

« Être témoin » :
Assister
Voir

2. V. TÉMOIGNAGE
Repère
Point de comparaison
Marque
Survivant

TEMPÉRAMENT

Caractère
Naturel (subst.)
Nature
Personnalité
Inclination
Penchant
Complexion
Constitution
Santé (fam.)

Spécialement :
Appétit sexuel
Sensualité
Salacité

TEMPÉRANCE
V. SOBRIÉTÉ

TEMPÉRATURE

1. Quantité de chaleur
Point

2. V. TEMPS

TEMPÉRER

1. Attiédir
Réchauffer
Rafraîchir
Adoucir

2. Modérer (fig.)
Adoucir
Affaiblir
Atténuer
Calmer
Apaiser
Lénifier
Diminuer
Mitiger
Corriger
Réduire
Amoindrir
Mettre une sourdine
Rabaisser
Ravaler

● ANTONYMES : Échauffer, Soutenir, Exciter, Renforcer.

TEMPÊTE

1. Cyclone
Rafales
Orage
Bourrasque
Tourmente
Ouragan
Gros temps
Houle

Coup de chien
Raz de marée
Intempéries
Grain
Trombe
Tornade
Typhon
Simoun
Risée
Mer démontée
Tonnerre
V. VENT
2. Trouble
Agitation
Colère
Révolte
Sédition
Déchaînement
Discussion
Querelle
3. Explosion
V. TAPAGE

TEMPLE
V. ÉGLISE

TEMPO

Allure
Rythme
Vitesse

TEMPORAIRE
V. PASSAGER

TEMPOREL

Séculier
Terrestre
Charnel
Matériel

● ANTONYMES : Éternel,
Spirituel, Religieux

TEMPORISER
V. RETARDER

TEMPS

1. Durée
Siècle
Année
Mois
Semaine
Journée
Jour
Soirée
Après-midi
Matinée
Demi-journée
Heure
Minute
Seconde
Moment
Période
Instant
Place
Cycle
Chronologie
Époque
Date
Ère
Âge
Génération
Saison
Passé
Présent
Futur
Avenir

« *En même temps* » :
Simultanément
Du même coup
À la fois
Aussi bien
Ensemble

« *De temps en temps* » :
De temps à autre
Parfois
Par moment
Quelquefois
Par intervalle

« *De tout temps* » :
De toute éternité
Depuis toujours

« *En tout temps* » :
Toujours

« *Dans le temps* » :
Autrefois
Jadis
Anciennement

« *De notre temps* » :
V. ACTUELLEMENT

« *Les premiers temps* » :
Au début
D'abord

« *Les derniers temps* » :
Dernièrement
Récemment
Ces jours-ci

« *Temps libres* » :
Loisirs

2. Ciel
Climat
Température
Pression
Air
Vent

TENABLE
Supportable

● ANTONYME : Intenable.

TENACE

1. Adhérent
Visqueux
Compact
V. RÉSISTANT
2. Durable
3. V. TÊTU

TÉNACITÉ

Acharnement
Entêtement
Persévérance
Fermeté

Obstination
Opiniâtreté
Assiduité
Constance
Fidélité
Volonté
Insistance

TENAILLE (S)

Pince
Croches
Morailles
Tricoises
Happe
Griffe

TENAILLER
V. TOURMENTER

TENANCIER

1. V. FERMIER
2. Directeur *ou*
Gérant (*péj.*)
Taulier (*fam.*)
Patron

TENDANCE

1. Force
Dynamisme
Effort
Volonté
Impulsion

2. Penchant
Prédisposition
Disposition
Propension
Pulsion
Tension
Impulsion
Inclination
Aptitude
Facilité

Pente
Appétence
Appétit
Complexion
Mouvement
3. Orientation
Mouvement
École
4. Évolution
Tournure
Direction
Sens
Orientation
Intention (cachée)

TENDON

Nerf
Ligament

TENDRE (1)

1. Tirer
Rendre droit
Raidir
Bander
Distendre
Contracter
Déployer
Disposer
Dresser
Tapisser
Déplier
Étaler
Allonger
Étendre
Développer
Lancer
Présenter
Donner
2. Avoir tel but (*ou* telle fin)
S'efforcer de
Viser à
Travailler à

S'attacher à
Aspirer
Chercher
Désirer
Prétendre
V. ESSAYER
S'orienter vers
Converger
Concourir
Confluer
Contribuer
Marcher (*fig.*)
Courir
Conduire à
Mener à

● ANTONYMES : Détendre, Relâcher, Assouplir,

TENDRE (2)

1. Mou
Frais
Délicat
Fragile
Douillet

2. Sensible
Affectueux
Aimant
Sentimental
Doux
Amoureux
Caressant
Langoureux
Gentil
Câlin
Cajoleur

3. Attendrissant
Touchant
Gracieux
Élégiaque
Pastel
Doux
Atténué

● ANTONYMES : Dur, Coriace, Haineux, Sévère, Sec, Froid.

TENDRESSE
V. Affection

TÉNÈBRES
V. Obscurité

TÉNÉBREUX

1. Obscur
Noir
Ombreux
Sombre
Opaque
2. Impénétrable
Incompréhensible
Incertain
Difficile
Secret
Mystérieux
Obscur
3. Perfide
4. Taciturne
Mélancolique
Sombre
Profond

● Antonymes : Lumineux, Éclairé, Clair, Brillant.

TENEUR

1. Contenu exact
Texte littéral
2. Proportion
Composition
Pourcentage
Quantité

TÉNIA
Ver solitaire

TENIR

1. Avoir
Porter
Manier

Retenir
Soutenir
Maintenir
Prendre
Garder
Conserver
Immobiliser

2. Être attaché
Être fixé
Être maintenu
Appartenir
Vouloir
Désirer
S'attacher
Accrocher
Coller
Adhérer
Persister
Continuer
Subsister
Durer

« Tenir pour » :
V. Croire et Estimer

« Tenir de » :
Ressembler
Approcher de
Avoir un rapport
Provenir

« Tenir à » :
Venir de
Provenir
Résulter
Dépendre

3. Être contenu
Entrer
Loger

« Se tenir » :
1. Se retenir
S'accrocher
Se cramponner
S'agripper

2. Être
Demeurer

Se camper
Se dresser
Se trouver
Avoir lieu
Habiter
Assister (quelqu'un)
Rester
Se conduire
3. Se contenter
Se borner
S'arrêter
4 Se considérer

« Savoir à quoi s'en tenir » :
Être fixé
Être informé
En avoir le cœur net
Savoir sur quel pied danser

● Antonymes : Lâcher, Céder, Flancher, Abandonner, Branler, Chanceler.

TENSION

1. Distension
Contraction
Raideur
Ballonnement
Résistance
Allongement
Effort
Force
Pression

2. V. Attention et Tendance

● Antonymes : Détente, Relâchement, Assouplissement, Distraction.

TENTATION

Sollicitation
Appel

Impulsion
Aiguillon
Séduction
Obsession
Fascination
Attrait
Charme
Envie
Désir

TENTATIVE

Effort
Essai
Démarche
Avance
Recherche
Épreuve
Expérience
Commencement
Balbutiement
Bégaiement
Ébauche
Esquisse
Éléments
Initiative
Avant-goût
Premiers pas
Entrée en matière
Prémices
Prologue

TENTE

Pavillon
Guitoune (*arg.*)
Gourbi
Campement
Douar
Chapiteau
Tabernacle
Tendelet
Velum
Velarium
Taud ou Taude (*Nord*)
Abri

TENTER

1. Éprouver (*anc.*)
Mettre à l'épreuve
Défier

2. Induire en tentation
Solliciter
Inciter
Pousser
Entraîner au mal

3. Séduire
Faire envie
Éveiller le désir
Attirer
Solliciter
Allécher
Inviter au plaisir
Plaire
Sourire
Convenir
Aller
Faire l'affaire
Charmer
Réjouir
Ravir
Entraîner
Intéresser
Agréer

4. V. ESSAYER

● ANTONYMES : Répugner, Repousser, Déplaire.

TENTURE

V. TAPIS
Draperie
Rideau

TÉNU
V. MENU

TENUE

1. Discipline
Ordre

2. V. MAINTIEN
Correction
Décence
Distinction
Manière
Qualité

3. Habillement
Mine
Allure
Mise
Extérieur
Équipage
V. VÊTEMENT

TENURE (*anc.*)

Possession
Terre
Fief
Mouvance

TÉPIDE (*peu us.*)
Tiède

TERGIVERSATION

Hésitation
Atermoiement
Faux-fuyant
Détour
Incertitude
Lenteur
Indécision
Irrésolution
Fluctuation
Indétermination

TERGIVERSER
V. HÉSITER

TERME

1. Borne
Limite
Date limite
Expiration d'un délai

Crédit
V. Bout
Mort

2. Disposition
Relation
Rapport

3. V. Mot
Formule
V. Terminologie

● antonymes : Commencement, Début, Comptant.

TERMINAISON

V. Résultat et Bout

Spécialement (grammaire) :
Désinence
Finale
Assonance
Consonance
Rime
Suffixe

● antonyme : Préfixe.

TERMINER

V. Finir

« *Se terminer* » :
Prendre fin
Aboutir
S'arrêter
Cesser
Décliner
V. Finir

TERMINOLOGIE

Terme
Phraséologie
Nomenclature
Vocabulaire

Jargon (*péj.*)
Langue
Style

TERNE

V. Pâle et Usé
Mat
Délavé
Effacé
Enfumé
Flétri
Passé
Éteint
Fade
Sale
Inexpressif
Embu
Décoloré
Froid
Incolore
Morne
Morose
Maussade
Sombre
Ocreux
Plombé
Terreux
Trouble
Sourd
Amorti
Mourant
Insignifiant
Falot

● antonymes : Éclatant, Étincelant, Ardent, Brillant, Éblouissant, Ensoleillé, Radieux, Expressif, Intéressant.

TERNIR

V. Altérer, Obscurcir, Salir et Discréditer

TERRAIN

Sol
Étendue de terre
Terrasse
Terre-plein
Esplanade
Hauteur
Montagne
Vallon
Espace
Surface
Emplacement
Camp
Chasse
Parc
Piste (*aviation*)
Calade (*équitation*)
Terroir
Enclave
Enclos
Lande
Garrigue
Savane
Maquis
Steppe
Pampa
Llanos
Polder
V. Terre et Pays

TERRASSE

Plate-forme
Levée de terre
Balcon en saillie
Terre-plein

TERRASSER

V. Renverser
Dompter
Vaincre
Foudroyer

TERRE

1. Sol
Parterre
V. TERRAIN
Glèbe
Humus
Boue
Déblai
Jectisses
Limon
Terreau
Glaise
Marne
Argile
Lœss
Tchernoziom
Labour
Noue
Ouche
Baissière
Alluvion

2. Propriété (foncière)
Bien
Domaine
Fonds
Ferme
Seigneurie
Concession
Parcelle
Clos
Champ
Campagne
Culture

3. V. LIEU et PAYS

4. Univers
Monde
Humanité
Vie
Planète
Globe
Boule (*fam.*)

TERREAU

Humus

Engrais naturel
Sol fertile (*fig.*)

TERRER (SE)

V. CACHER (SE)
Se blottir
S'isoler
Se mettre à l'abri

● ANTONYME : Se montrer.

TERRESTRE

Matériel
Physique
Terre à terre
Laïc
Profane

● ANTONYMES : Religieux, Spirituel, Céleste.

TERREUR

1. V. ÉPOUVANTE et PEUR
Alarmes
2. Répression
Exception
Violence
Terrorisme
3. *Subst* : Bandit (*pop.*)
Voyou
Affreux (*fam.*)
Individu dangereux
Gibier de potence
Vaurien
Forban
Repris de justice

TERREUX

Brun
Blafard
V. PÂLE

TERRIBLE

V. EFFROYABLE
Dangereux
Violent
Foudroyant
Excessif
Extraordinaire
Formidable
Sensationnel
Infernal
Féroce

Ironiquement :
Très fort
Fabuleux
Colossal
Prodigieux
Superbe
Divin
Magnifique
Sublime
Idéal
Éblouissant
Sans égal
Brillant
Unique
Incomparable
Magistral

● ANTONYMES : Débonnaire, Faible.

TERRIBLEMENT

Extrêmement
Excessivement
Formidablement
Très fortement
Intensément
Très vivement
Très durement
Énormément
Diablement
Étrangement

● ANTONYME : Faiblement.

TERRIEN

Terrestre
Humain
Continental
Foncier
Agrarien
Paysan
● ANTONYMES : Céleste,
Extra-terrestre, Marin, In-
dustriel, Citadin.

TERRIER

V. GÎTE
Retraite
Abri

TERRIFIER
V. EFFRAYER

TERRIL ou TERRI
Crassier

TERRITOIRE
V. PAYS

TERROIR

1. V. TERRE et TERRAIN

2. Origine
V. PAYS

TERRORISER
V. EFFRAYER

TERRORISME

Politique de terreur
Système d'exception
Violence politique
Régime de terreur
Attentats (individuels *ou*
collectifs)

TERRORISTE

Spécialement (*péj.*) :
V. PARTISAN et REBELLE

TERTRE
V. BUTTE et TUMULUS

TESSITURE
Registre

TESSON
V. MORCEAU

TEST
V. ÉPREUVE

TESTAMENT

Legs
Dernière volonté
Dernière œuvre (*fig.*)

TESTICULE

Gonade
Génitoire
Couille
Daintiers (cerf)
Luites (sanglier)

Arg. :
Balloches
Burettes
Burnes
Joyeuses
Roupettes
Noix
Rognons
Valseuses

TÊTE

1. V. CRÂNE et FIGURE
Chef
Hure (sanglier)
Mufle

Pop. :
Cabêche
Caboche
Ciboulot
Cafetière
Citron
Coloquinte
Calebasse
Carafe
Carafon
Citrouille
Tirelire
Margoulette
Bobèche
Bourrichon
Plafond
Coco
Timbre
Boule
Boussole

2. Soi
Personne
Individu
Tête de pipe (*fam.*)
Pièce

3. Vie
Mort
Échafaud

4. Cerveau
Cervelle
Idées
Mémoire
Jugement
Réflexion
Raison
Esprit
Flegme
Sang-froid
Lucidité
Bon sens

5. V. CHEF
Cerveau
V. SOMMET
Cime
Partie supérieure (*ou*

antérieure, *ou* terminale)
Ogive
Départ (*ou* point de départ)
Avant
Devant
Premier
Peloton
Avant-garde
« *De tête* » :
Mentalement
« *Avoir une mauvaise tête, une forte tête* » :
Être obstiné
Être querelleur
Être boudeur
Être frondeur
« *Tourner la tête* » :
Rendre fou
Inspirer une passion
Griser
Séduire
Égarer
Déboussoler (*pop.*)
« *En faire à sa tête* » :
Selon sa volonté
Selon (*ou* à) son idée
Selon sa fantaisie
Selon l'humeur du moment
Comme il lui chante
A sa guise
Capricieusement
« *Agir sur un coup de tête* » :
De manière irréfléchie
De manière inconsidérée
Hâtivement
Précipitamment
Au pied levé

● ANTONYMES : Pied, Queue, Fin, Arrière.

TÊTE-À-QUEUE

Volte-face
Retournement
Conversion (*ski*)

TÊTE À TÊTE

1. Face à face
Nez à nez
Vis-à-vis
Ensemble
Seuls
Seul à seul
En face
À l'opposite
Juste en face
2. Entrevue
V. CONVERSATION

TÊTE-BÊCHE

En sens inverse
Opposé

TÉTÉE

Allaitement
Succion
Déglutition

TÉTER
V. SUCER

TÉTINE

Mamelle
Pis

TÉTON
V. SEIN (*fam.*)

TÊTU

Entêté
Récalcitrant
Indocile
Obstiné
Tenace
Buté (*fam.*)
Opiniâtre
Entier

Acharné
Coriace
Ferme
Crampon (*fam.*)
Persévérant
Constant
Patient
Résolu
Systématique
Arrêté
V. DURABLE et RÉSISTANT

● ANTONYMES : Obéissant, Changeant, Versatile, Capricieux.

TEXTE

1. V. PAGE
Œuvre
Morceau
Écrit
Fragment
Citation
Passage
2. Original
Termes
Contexte
Manuscrit
Copie
Teneur
Libellé
Formule
V. RÉDACTION
Livret
Parole
Composition
Page imprimée
Variante
Sujet
Énoncé
Leçon

TEXTILE

Industries textiles
Filature
Tissage

TEXTUEL

Conforme (au texte)
Littéral
Texto (*pop.*)
Authentique
Exact
Mot à mot
De point en point

THALWEG

Ligne de plus grande
pente

THAUMATURGE

Faiseur de miracles
V. MAGICIEN

THÉ
Infusion

THÉÂTRAL

1. Dramatique
Scénique
Spectaculaire
2. Outré
Artificiel
Emphatique

THÉÂTRE

1. Scène
Planches
Plateau
Tréteaux
Comédie (*anc.*)
Spectacle
Café-concert
Boui-boui (*péj.*)
2. Troupe

3. Spectateurs
Galerie
Parterre
Loge
4. Art dramatique
Œuvre
Répertoire
Miracle (*litt. et anc.*)
Mystère (*id.*)
Nô (Japon)
Adaptation
Farce
Comédie
Drame
Mélodrame
Tragédie
Vaudeville
Lever de rideau
« *Coup de théâtre* » :
Rebondissement
Retournement
Changement imprévu
Péripétie
« *Faire du théâtre* » :
Jouer
Déclamer
Donner la réplique
Représenter
Mettre en scène
Répéter

THÉBAÏDE

Refuge
Désert
Solitude
Lieu isolé
Endroit retiré
V. RETRAITE

THÉISME
V. DÉISME

THÈME

1. Sujet
Fond

Idée
Pensée
Objet
V. MATIÈRE

2. V. TRADUCTION

3. Dessin mélodique
Motif
Sujet
Leitmotiv
4. Radical (*linguistique*)

THÉOCRATIE
Gouvernement des
prêtres

THÉOLOGIE

Scolastique
Casuistique
Apologétique
Christianisme
Religion
Église
Révélation
Dogme

THÉORIE

1. Ensemble d'idées
Ensemble de concepts
Doctrine
Système
V. MÉTHODE
Conception
Spéculation
V. OPINION
Hypothèse
Philosophie
Règle (s)
Technique
Science
Thèse
2. V. DÉFILÉ

THÉRAPEUTE

Médecin
Guérisseur
Psychothérapeute

THÉRAPEUTIQUE

1. *adj.* : Curatif
Médical
Médicinal
2. *Subst.* : Médicament
Remède
Médecine
Médication
Soin
Traitement
Cure
Chirurgie
Homéopathie
Allopathie
Intervention
Opération

THERMES

Eaux
Bains
Établissement thermal

THÉSAURISER
V. Amasser

THÉSAURISEUR
V. Avare

THÈSE

1 V. Opinion et Théorie
2. Mémoire
Diplôme

THORAX
V. Poitrine

THURIFÉRAIRE

Flatteur
Flagorneur
Laudateur
Encenseur

THURNE
Chambre (*arg. scol.*)

THYM

Farigoule
Serpolet

TIARE
V. Couronne

TIC

Grimace
Mouvement convulsif
V. Manie

TICKET
V. Billet

TIÈDE

1. Légèrement chaud
Moins chaud
Moins froid
Refroidi
Chauffé
Doux
Adouci
Tépide (*litt.*)
Fig. :
2 Faible

Peu zélé *ou* empressé.
Indifférent
Sans ardeur
Sans ferveur
Nonchalant
Mitigé
Modéré
Indigent
Refroidi
Poli

● ANTONYMES : Brûlant,
Chaud, Froid, Frais ; Cha-
leureux, Ardent, Fervent,
Hostile.

TIERS, TIERCE

Troisième (personne)
Étranger
Inconnu
V. Personne

TIGE

1. Tronc
Souche
Stipe
Pédicelle
Pédicule
Hampe
Pédoncule
Queue
V. Branche
V. Paille
Collet
Gemmule
Tigelle
Rejet
Rhizome
Baguette
Bâton
Verge
Plant
Brin

2. Barre
Fût
Baguette
Tringle
Aiguille
Bielle
Broche
Bras
Cheville
Cylindre
Liteau
Tasseau

TIGRÉ
V. TACHÉ

TIMBALE
V. TAMBOUR et GOBELET

TIMBRE

1. V. CLOCHETTE et SON

2. V. MARQUE
Vignette
Cachet
Tampon

TIMBRER

1. Tamponner
Oblitérer
Estampiller
Poinçonner
Marquer

2. Mettre un timbre
Affranchir

TIMIDE

1. V. CRAINTIF

2. Gauche
Embarrassé
Humble
Maladroit

Honteux
Transi
V. VAGUE

● ANTONYMES : Effronté, Cynique, Assuré.

TIMIDITÉ

1. Manque de courage
Crainte
Appréhension

2. Pusillanimité
Gaucherie
Gêne
Embarras
Humilité
Honte
Confusion
Rouge (au front)
Rougeur
Vergogne
Hésitation
Tergiversation
Indécision
Indétermination
Irrésolution
Perplexité
Défiance

● ANTONYMES : Courage; Bravoure, Hardiesse, Audace; Cynisme, Outrecuidance, Culot (*fam.*).

TIMON

Flèche
Palonnier
Barre
V. GOUVERNAIL

TIMONIER

Homme de barre
V. PILOTE

TIMORÉ
V. PUSILLANIME

TINETTE

Fosse d'aisances
V. LIEUX D'AISANCES

TINTAMARRE
V. TAPAGE

TINTER
V. SONNER

TIQUER (*fam.*)

Manifester son dépit (*ou* sa désapprobation)
Sursauter
Se crisper
V. RECHIGNER
V. TRESSAILLIR

TIR

Coup
Feu
Salve
Objectif
Trajectoire
Stand
Shoot (football)

TIRADE

Développement littéraire
Période
Couplet
Tartine (*péj.*)
V. DISCOURS

TIRAGE

1. Étirage
Tréfilage

Traction
Halage
Résistance

2. Impression
Édition
Nombre d'exemplaires tirés
Sortie (de presse)
Reproduction *(photo.)*
3. Difficultés *(fig. et fam.)*
Frottements *(fig. et fam.).*

TIRAILLEMENT

1. Écartèlement
Tirage
Dispute
Conflit
Désaccord
Discorde
Difficulté
Opposition
Antagonisme
Achoppement
Anicroche
Accroc
Lutte
Contradiction
Chicane
Contestation
Discordance
Incompatibilité

2. Sensation douloureuse
Crampe
Spasme

TIRAILLER

V. TIRER
Harceler
Houspiller
Importuner
Solliciter
Se disputer

Balloter
Écarteler

TIRANT

1. Cordon
Languette
Anse

2. Entrait *(archit.)*

3. Calaison *(mar.)*

TIRELIRE

Cagnotte
Tronc
Caisse
Esquipot

TIRER

1. V. TENDRE
Amener (vers soi)
Allonger
Étirer
Attirer
Traîner
Entraîner
Ramener
Haler
Remorquer
Trimbaler

2. Sortir
Retirer
Extraire
Prendre
Puiser
Arracher
Déraciner
Exprimer
Ôter
Enlever
Dégager
Dépêtrer

Délivrer
Sauver
Obtenir
Recevoir
Gagner
Recueillir
Extorquer
Soutirer
Percevoir
Faire parler
Déduire
Inférer
Provenir
Recevoir
Dériver
Interpréter
Détromper (erreur)
Désabuser (doute)
Guérir (peur)
Éveiller (sommeil)
Réveiller (sommeil)
Profiter (avantage)
Désigner (au sort)
Dire la bonne aventure (cartes)
Prédire l'avenir (cartes)
Téter (lait)
Dégainer (épée)

3. Envoyer (au loin)
Canarder *(fam.)*
Mitrailler
Trouer
Tirailler
Viser
Pointer

4. Tracer
Abaisser
Élaborer

5. Reproduire
Représenter
Imprimer
Éditer

6. V. TIRAILLER

« *Se tirer* » :

1. Sortir
S'en sortir

Échapper
S'évader
2. Se sortir
Se débrouiller
Se dépêtrer
Se démêler
3. En sortir idemme
En réchapper
Réussir
4. Partir *(pop.)*
S'en aller
S'esquiver
Filer (à l'anglaise)
Foutre le camp *(arg.)*
Se tailler *(pop.)*
● ANTONYMES : Repousser, Éloigner, Relâcher, Froisser, Détendre; Enfoncer, Cacher.

TIRET
V. TRAIT

TISANE

Infusion
Décoction
Macération

TISON

Braise

TISONNIER

Fourgon
Ringard

TISSAGE

Agencement
Brochage
Lice

TISSER

Brocher
Broder
Ourdir *(fig.)*
V. TRESSER

TISSU

1. Étoffe
Drap
Lainage
Soierie
Toile
Cotonnade
Textile
Tissu synthétique
Nylon
Dralon
Polyester
Acétate
2. Enchevêtrement *(fig.)*
Mélange
Suite
Enchaînement

TITANESQUE

Titanique *(anc.)*
V. COLOSSAL

TITI

Gavroche
Gamin de Paris

TITILLER
V. CHATOUILLER

TITRE

1. Qualité
Charge
Fonction
Grade
Banc
Distinction
Dignité
Honneur
Dénomination
Nom
Qualification
Caractère

« *En titre* » :
Titulaire
Attitré

« *À titre de* » :
En tant que
Comme

« *À ce titre* » :
Pour cette raison

« *Au même titre* » :
De la même manière
De même que

2. Diplôme
Parchemin
Brevet
Patente
Commission
Acte
Certificat
Document
Papier
Pièce
Instrument
Billet
Ticket
Carte
Effet
Récépissé
Action
Obligation
Valeur
Charte

« *À juste titre* » :
Avec raison
Avec fondement
À bon droit

3. Titrage
Degré
V. RAPPORT et PROPORTION

4. Appellation
Désignation
Frontispice
Nom
Manchette

TITUBER
V. CHANCELER

TOAST
V. TARTINE et DISCOURS

TOC *(fam.)*

Camelote
Faux

TOCSIN

Alarme
Signal

TOHU-BOHU
V. TAPAGE

TOILE

1. Tissu
Coutil
Indienne
Mousseline
Vichy
Velours
Molleton
Perse
Rouennerie
Shirting
Zéphir
Batiste
Serpillière
Moleskine
Linoléum

2. V. PEINTURE
Décor
Fond

3. Réseau

TOILETTE
1. V. VÊTEMENT et HABIL-
LEMENT

2. Ablutions
Bain

3. V. CABINET

4. Nettoyage
Apprêt

TOISER

Mesurer
Estimer
Évaluer
Considérer
Jauger
Apprécier
Examiner
Observer
V. REGARDER

TOISON

Pelage
Lainage
Fourrure
Chevelure
V. CHEVEU et POIL

TOIT

1. Toiture
Couverture
Terrasse
Comble
Verrière
Auvent
Appentis
Chaperon
Faîtage
Faîte

2. V. ABRI, HABITATION
et DEMEURE

TÔLE

Fer blanc

TOLÉRABLE

1. Excusable
Admissible
Pardonnable

2. Supportable

● ANTONYMES : Intoléra-
rable, Impossible.

TOLÉRANCE

Liberté
Respect de la liberté
Compréhension
Indulgence
Aquiescement
Largesse d'esprit

● ANTONYMES : Interdic-
tion, Intolérance.

TOLÉRANT
V. INDULGENT

TOLÉRER
V. SOUFFRIR, ACCEPTER et
ADMETTRE

TOMBE

Fosse
Sépulture
Tertre
Tumulus
Dernière demeure
Dernier asile
V. TOMBEAU et CERCUEIL

TOMBEAU

V. TOMBE
Caveau
Pierre tombale
Sépulcre

Stèle
Mausolée
Cénotaphe
Hypogée
Sarcophage
Koubba (arabe)
Mastaba (Égypte)
Colombarium
Catacombes
Charnier
Concession
Urne
Croix
Monument (funéraire)
Chapelle
Dalle tumulaire

TOMBER

1. S'affaisser
S'écrouler
S'effondrer
S'abattre
Choir
Crouler
Basculer
Culbuter
Chuter (*fam.*)
Perdre l'équilibre
Faire une chute
Mordre la poussière
Mesurer la terre

Pop. :
Dinguer
Valdinguer
Se casser la gueule
Se foutre par terre
Ramasser une bûche (*ou*
une pelle, *ou* une gamelle,
ou un gadin)
S'allonger
S'étaler
S'aplatir
S'affaler
Buter
Chopper

Trébucher
Tituber
Chanceler
Se renverser
Se rompre le cou
Se casser le nez
Dégringoler
Rouler
Descendre
Perdre pied
Glisser
Locher
S'abîmer
Être précipité
Piquer
Se déposer
Pleuvoir

2. Se jeter
Se terminer
Aboutir
Joindre
Rejoindre

3. Arriver
Parvenir
Frapper
Dire

4. Déchoir
Dégénérer

5. S'anéantir
Disparaître
Être renversé
Succomber
Décliner
Baisser
Diminuer
Se réduire
S'affaiblir
S'apaiser
Se calmer

6. Attaquer
Foncer
Se jeter
Se précipiter
Charger
Fondre

7. Vaincre (*triv.*)
Renverser
Plaquer
Conquérir *(pop.)*
Séduire (*pop.*)
8. Ôter (*triv. et fam.*)
Enlever

« *Laisser tomber* » :
Abandonner
Négliger
Oublier

TOMBEREAU

Banne
Galère
Voiture de charge

TOMBOLA
Loterie

TOME

Volume
Livre
Chapitre
Époque
Portion
Division

TOM-POUCE
V. NAIN et PARAPLUIE

TON

Hauteur de la voix
Tonalité
Note
Intonation
Accent
Manière de parler
Expression
Langage
Timbre
Intensité

Forme
Style
Air
Forme
V. Son

« *De bon ton* » :
De bel air
De bonnes manières
Honnête
Comme il faut
De bon goût
À la mode

« *Être dans le ton* » :
Au diapason
Dans la note
Être dans le coup
Avoir raison

2. V. Couleur

TONDRE

Raser
Couper ras
Tailler
Ébarber
Brouter
Bretauder *(péj.)*
V. Dépouiller et Déposséder

TONIFIER
Fortifier

TONIQUE
V. Fortifiant

TONITRUANT
V. Sonore

TONNAGE

Capacité de transport
Contenance
Jauge

TONNE
V. Tonneau

TONNEAU

Tonne
Tonnelet
Tine
Tinette
Barrique
Fût
Fûtaille
Pièce
Poinçon
Poudre
Baril
Quartaut
Feuillette
Boucaut
Caque
Muid
Demi-muid
Chape
Cercles

TONNELLE

Pergola
Pavillon de verdure
Berceau
Gloriette

TONNER

Éclater
V. Crier *et* Invectiver

TONNERRE

Bruit de la foudre
Tempête
Bruit assourdissant (*ou* tonitruant)

TONTE

Tondage
Taille
Tonture
Tontisse

TONUS

Tonicité
Énergie
Dynamisme

TOPO *Fam.)*

1. Croquis
Plan

2. Laïus
Abrégé
Exposé
Développement
Notice
Expal (*pop.*)
V. Discours

TOCADE, TOQUADE

Engouement
Inclination
V. Caprice, Fantaisie et Manie

TOQUE
V. Coiffure et Bonnet

TORCHE

Flambeau
Torchère
Luminaire
Brandon
Lampe électrique
V. Chandelier

TORCHER

1. Nettoyer
2. Bâcler
V. GÂCHER

TORCHÈRE
V. TORCHE et CHANDELIER

TORCHON

Linge de cuisine
Toile
Serviette (de cuisine)
Torchette
Essuie-meuble
Chiffon

TORD-BOYAUX (*fam.*)
Eau-de-vie

TORDRE

Enrouler
Déformer
Distordre
Entortiller
Tortiller
Tortillonner
Tourner
Tourniller
Cordeler
Boudiner
Mouliner
Contourner
Plier
Courber
Fausser
Forcer
Gauchir

« *Se tordre* » :

1. Se plier en deux
V. RIRE

2. Se replier
Se tortiller
Serpenter

TORDU

Dévié
Mal tourné
V. SINUEUX
Oblique
Courbe
Gauche
Contourné
Tors
Cagneux
Retourné
Difforme
V. RECROQUEVILLÉ
Tortueux
Tortu
Arqué
Croche
Circonflexe
Vrillé
Bancal
Bancroche
Tourmenté
Mal bâti
Bizarre
Faux
Fou

● ANTONYMES : Droit,
Direct.

TORÉADOR

Torero
Matador
Banderillero
Picador

TORNADE
V. BOURRASQUE

TORPEUR
V. ASSOUPISSEMENT

TORRÉFIER

Griller
Brûler
Dessécher
Calciner
V. CHAUFFER et SÉCHER

TORRENT

1. V. EAU

2. (*fig.*) Cataracte
Déluge
Flot
Débordement
Grande abondance
Mouvement irrésistible

TORRENTIEL, *ou* **TOR-RENTUEUX**

Diluvien
Irrésistible
Impétueux
Inégal
Rapide
Brutal
Abondant
Précipité
À verse
Violent

TORRIDE
V. CHAUD

TORS
V. TORDU

TORSE

Poitrine
Buste

Tronc
Thorax

TORSION

Courbure
Distorsion
Contorsion
Contraction
Tortillement
Déformation

TORT

V. Défaut, Faute et Pré-
judice

« *Avoir tort* » :
V. Tromper (se)

« *Donner tort* » :
V. Accuser et Désap-
prouver

« *Dans son tort* » :
V. Coupable

« *À tort* » :
Faussement
Indûment
Injustement
Sans droit
Sans motif
En se trompant
Contre le droit
Hors de saison
Sans rime ni raison
Indignement
Illicitement
Illégitimement
Illégalement
Iniquement
Partialement

« *À tort et à travers* » :
À la légère
Sans discernement
Inconsidérément
Légèrement

Étourdiment
Sans raison ni justesse
Sans jugement
Hors de propos

TORTILLÉ

Frisé
V. Tordu

TORTILLEMENT

Balancement
V. Torsion

TORTILLER

1. V. Tordre

2. Tourner
Onduler
Se balancer
Se déhancher
Remuer
V. Hésiter (*fig.*)

TORTIONNAIRE
V. Bourreau

TORTU, TORTUEUX
V. Tordu et Sinueux

TORTURE
V. Supplice et Peine

TORTURER

1. Supplicier
Faire souffrir

2. V. Tourmenter

3. Défigurer
Dénaturer
Violenter
Altérer
Alambiquer
Déformer

Interpréter
Forcer

TORVE

Menaçant
Farouche
Oblique
De travers
Louche

TORY
Conservateur

TÔT

1. V. Vite
Promptement
Rapidement

2. De bonne heure
À la première heure
Au matin
De bon matin
Prématurément

« *Plus tôt* » :
Avant
Auparavant

« *Le plus tôt* » :
Tout de suite
Incessamment

● antonyme : Tard.

TOTAL

1. V. Entier
2. V. Somme

TOTALEMENT
V. Absolument et En
totalité

TOTALISER

Additionner
Compter

Rassembler
Réunir

TOTALITAIRE
V. ABSOLU

TOTALITÉ

V. RÉUNION et SOMME

« *En totalité* » :
En bloc
Au complet
Totalement
Intégralement
En entier
V. ABSOLUMENT

TOTON
V. TOUPIE

TOUBIB (*péj.*)
V. MÉDECIN

TOUCHANT (1)

Concernant
Au sujet de
Sur
En ce qui concerne
Quant à

TOUCHANT (2)

V. ÉMOUVANT
Poétique
Tendre

TOUCHE

1. Contact
Coup léger

Spécialement peinture :
Style

Main
Pinceau
Couleur
Ton

2. Note

3. V. MAINTIEN (*pop.*)
Allure
Dégaine
Tournure

TOUCHER (*subst.*)

Tact
Palpation
Contact
Attouchement
Investigation
Frôlement
Effleurement
Maniement
Manipulation

TOUCHER (*verbe*)

1. Palper
Tâter
Caresser
Manier
Chatouiller
Effleurer
Mettre la main à (*ou* sur)
Porter la main
Frôler
Titiller
Tâtonner
Tripoter
Pétrir
Manipuler
Masser
Malaxer
Tapoter
Passer la main sur
Flatter
Frotter
Gratter

Heurter
Achopper
Cogner
Frapper
Battre
Choquer
Entre-choquer
Tamponner
Trinquer
Toquer
Coudoyer
Atteindre
Aveindre (*anc.*)
Attraper
Fouetter
Blesser
Faire mouche
Porter
Joindre
Rencontrer
Gagner
Aborder
Recevoir
Encaisser
Émarger
Être en contact
Entrer en contact
Avoir des contacts

2. Émouvoir
Intéresser
Persuader
Sensibiliser
Parler
Flatter
Accrocher
Attirer
S'adresser
Attendrir
Affecter
Impressionner
Frapper
Saisir
Remuer
Empoigner
Captiver
Agir sur
Attacher

Trouver ou Faire vibrer la corde sensible
Aller (au cœur)
Enflammer
Entraîner
Persuader
Préoccuper
Désarmer

3. Concerner
Regarder

4. Manger *(pop.)*
Prendre
Déranger
Changer
Aborder

● ANTONYMES : 1. S'éloigner, Reculer, Manquer, Endurcir.

2. Indifférer.

TOUFFE

Toupet
Houppe
Épi
Bouquet
Mèche
Crêpe
Taroupe
Crinière
Fanon
Toupillon
Flocon
Huppe
Bosquet
Buisson
Torchée *(ou* trochet)
Aigrette

TOUFFU

1. Épais
Dru
Fourni
Fourré
Luxuriant
Feuillé
Feuillu
Dense
Hirsute

2. V. OBSCUR
Compliqué
Exubérant
Encombré
Chargé

● ANTONYMES : 1. Clairsemé, Maigre.

2. Concis, Simple.

TOUJOURS

1. Éternellement
Perpétuellement
Infiniment
Continuellement
Constamment
Continûment
Assidûment
Sans arrêt
Sans cesse
Sans interruption
À toute heure
Tous les jours
À la vie, à la mort
En permanence
En tout temps
Indéfiniment
Sans discontinuer
Sans répit
Indéfectiblement
Invariablement
Fidèlement
Généralement
De coutume
Habituellement
Ordinairement

« *Toujours plus* » :
De plus en plus

« *Pour toujours* » :
À jamais
À perpétuité
Définitivement
Sans retour

2. Encore *(ou* encore maintenant)

3. En tout cas
Cependant
De toute façon
Du moins
Quoi qu'il advienne

« *Toujours est-il que* » :
Néanmoins
Reste que

● ANTONYMES : Jamais, Parfois, Exceptionnellement, Peu.

TOUPET

1. V. TOUFFE et PERRUQUE

2. V. HARDIESSE

TOUPIE

Toton
Sabot
Moine
Pirouette

TOUR (1)

Donjon
Beffroi
Clocher
Campanile
Tourelle
Tournelle
Minaret
Phare

« *Tour d'ivoire* » :
Retraite

Solitude
Coque

TOUR (2)

1. Circonférence
V. PÉRIPHÉRIE
V. CERCLE
Mesure
Spire
Courbe
Sinuosité
Méandre

2. V. PROMENADE

3. V. VOYAGE

4. Mouvement giratoire
Rotation
Révolution
Course
Virevolte
Volte
Pirouette
Roue
Saut

5. Acrobatie
Jonglerie
Clownerie
Prestidigitation
Manipulation
Ruse
Escamotage
Procédé
Stratagème
Coup
Astuce
Combine
Combinaison
Truc
Ficelle
Artifice
Moyen
Malice
Supercherie
Plaisanterie
Niche

Taquinerie
Facétie
Frasque
Tracasserie
Secret
« Tour de main » :
Habileté
Adresse
Manière
Métier
Aptitude
« Tour de force » :
Exploit
Succès
Coup de maître
« Mauvais tour » :
Méfait
Vacherie
Crasse
Préjudice

6. V. TOURNURE
Physionomie

7. « À son tour » :
Alternativement
Après
Ensuite
« Tour à tour » :
Alternativement
L'un après l'autre
L'un puis l'autre
Successivement
Avec alternance
« Tour de chant » :
Récital
Répertoire
Série de morceaux
« Tour de faveur » :
V. PRIORITÉ
« Tour de passe-passe » :
V. TROMPERIE

TOURBE

V. POPULACE et FOULE
Limon
Lie

TOURBILLON

1. V. BOURRASQUE et TEMPÊTE
2. Mouvement tournant
Mouvement hélicoïdal
Tournoiement
Maelström
Vortex
Trombe
Remous
Gouffre
3. (fig.) Agitation
Activité
Remue-ménage

TOURBILLONNER
V. TOURNER

TOURELLE

1. V. TOUR
Lanterne
2. Casemate
Coupole
Chambre de tir

TOURISME

Voyage de plaisance
Vacances
Camping
Voyage d'agrément

TOURISTE
V. VOYAGEUR

TOURMENT
V. PEINE, SOUCI et SUPPLICE

TOURMENTE

V. BOURRASQUE et TEMPÊTE
V. ÉMEUTE et RÉVOLUTION

TOURMENTÉ

1. Inquiet
Anxieux
V. ALARMÉ
2. Agité
Troublé
Fiévreux
3. V. TORDU
Irrégulier
Accidenté
Déchiqueté
Montueux
4. Tarabiscoté
Compliqué
Recherché
Contourné
Rococo
Torturé
V. AFFECTÉ

● ANTONYMES : Calme;
Égal, Simple.

TOURMENTER

1. V. TAQUINER
Ennuyer
Houspiller
Talonner
Tanner (*fam.*)
Tarabuster (*id.*)
Asticoter (*id.*)
Chicaner (*id.*)
Chiffonner (*id.*)
Turlupiner (*id.*)
Tracasser
Troubler
Obséder
Assiéger
Préoccuper
Énerver
Impatienter
Irriter
Excéder
Enrager (*fam.*)

Gêner
Assiéger
Angoisser
Effrayer
Désespérer
Ronger
Assaillir
Bourreler
Corriger
Harceler
Importuner
Poursuivre
Oppresser
Tenailler
Torturer
Molester
Faire souffrir
Brutaliser
Maltraiter
Persécuter
Martyriser

2. Agiter
Exciter
Aiguillonner
Travailler
Presser
Dévorer

« *Se tourmenter* » :

1. Se faire du souci (*ou*
des soucis)
S'inquiéter
Se soucier
Se tracasser
Se chagriner
Se désespérer
Se biler (*fam.*)
Se faire de la bile (*fam.*)
S'en faire (*fam.*)
Se faire des cheveux blancs
(*fam.*)
S'alarmer

2. S'agiter vivement
Remuer en tous sens

● ANTONYMES : 1. Conso-
ler. 2. Apaiser.

TOURNAGE

Réalisation
Mise en images
Prise de vue
Filmage
Mise en scène

TOURNAILLER

Tournicoter
Rôder
V. ERRER
V. TOURNER et TORDRE

TOURNANT

1. Pivotant
2. Sinueux
3. (*subst.*)
Coude
Angle
Croisement
Courbure
Détour
Virage
Changement de direction
Embranchement
Lacet
Zig-zag

TOURNEBROCHE
Rôtissoire

TOURNÉE

1. V. VOYAGE
2. V. COUP, GIFLE et
VOLÉE

TOURNER

1. Orienter
Exposer

Diriger
Disposer
Présenter
Braquer
V. TORDRE

2. *Fig.*
Ruminer
Rouler
Considérer
Examiner
Chavirer
Bouleverser
Retourner

3. Contourner
Suivre
Longer
Prendre à revers
Éviter
Éluder
Déborder
Passer outre

4. Filmer
Réaliser
Jouer

5. Interpréter
Transformer
Prendre
Changer
V. RAILLER

6. Tournoyer
Virer
Virevolter
Pivoter
Tournailler
Tournicoter
Girer (*anc.*)
Rouler
Tourniquer
Se mouvoir autour
Graviter
Toupiller
Pirouetter
Évoluer
V. ERRER
V. BIAISER
V. MARCHER

Se dérouter (*fig.*)

7. Se retourner
Changer de direction
Aller en sens inverse
Changer (de sens)
Virer
Obliquer
Braquer
Se transformer
Devenir
Tendre
Incliner

« *Tourner en bien, en mal, Tourner bien, mal* »
Marcher
Échouer
Réussir
Se gâter
S'altérer
Aigrir
Se corrompre
Dégénérer

TOURNESOL

Hélianthe
Soleil
Grand soleil

TOURNIOLE

Panaris
Abcès (au doigt)
Phlegmon (du doigt)

TOURNIQUET

Moulinet
Compteur d'entrée
Porte tournante
Porte à tambour

TOURNIS
V. VERTIGE

TOURNOI

1. Combat courtois
Carrousel

Fantasia
Passe d'armes
Combat à la barrière
Défi
Cartel
Assaut (aussi au *fig.*)

2. Concours
Championnat
Compétition
Match
Épreuve
Partie
Challenge
Critérium

TOURNOIEMENT
V. TOURBILLON

TOURNOYER

1. Tournailler
Décrire des courbes
V. ERRER
V. TOURNER
Pivoter
Tourbillonner

2. Combattre

3. V. BIAISER (*fig. et anc.*)

TOURNURE

1. Forme
Port
Maintien
Allure
Tour
Aspect
Façon
Galbe
Manière
Agencement
Air
Encolure
Extérieur
Taille

Touche (*fam.*)
Chic
Apparence
Qualité
Caractère
Genre
Sorte
Acabit
Trempe
Aloi
Figure
Configuration
Prestance
Contenance
Tenue
Ligne
Port (de tête)
Représentation
Figure
Couleur
Cours
Direction
Évolution
Tendance
Face
Formule
Expression
Style
Construction
Phraséologie

2. Rognure
Déchet
Lamelle

TOURTEREAU

Tourterelle
Amoureux (*fig.*)

TOURTERELLE
Streptopelia (*scient.*)

TOUSSAINT
Fête des morts

TOUSSER

Se racler la gorge
Avoir un accès de toux
Toussailler
Toussoter

TOUSSOTER
V. TOUSSER

TOUT

1. Chaque
Complet
Entier
Intégral
Plein
Autant de
Chacun
Quiconque

2. V. SOMME et RÉUNION

3. V. ABSOLUMENT

● ANTONYMES : Aucun,
Nul, Rien.

TOUTEFOIS
V. CEPENDANT

TOUT-PETIT

Bébé
Enfant
Enfançon (*anc.*)
Nouveau-né

TOXICOMANE

Intoxiqué
Drogué
Alcoolique
Opiomane
Morphinomane
Cocaïnomane

Héroïnomane
Éthéromane

TOXINE, TOXIQUE
V. POISON

TRAC
V. PEUR

TRACAS

V. DÉRANGEMENT
Agitation
Embarras
Difficulté
Fatigue
V. SOUCI

TRACASSER
V. TOURMENTER

TRACASSERIE

Querelle
V. CHICANE et SOUCI

TRACE

Marque
Empreinte
Piste
Voie
Sillage
Sillon
Ornière
Stigmate
Trainée
Vestige
Indice
Tache
Reste
Apparence
Lueur
Ombre
Indication
Pas
Brisées
Foulées

Boutis (du sanglier)
Abatture (du cerf)
Repère

TRACE
V. Plan et Forme

TRACER

Frayer
Ouvrir
Indiquer
Bornoyer *(anc.)*
Montrer
Amorcer
Former
Présenter
Marquer
Dessiner
Esquisser
Décrire
Circonscrire
Tirer
Inscrire
Construire
Ébaucher
Écrire
Crayonner
Délinéer
Retracer

TRACT
V. Prospectus

TRACTATION
V. Pourparlers

TRACTION

Halage
Remorquage
Locomotion

TRADE-UNION
V. Syndicat

TRADITION

1. Mythe
Folklore
Légende
V. Conte et Fable

2. V. Habitude et Routine

TRADITIONNEL

Héréditaire
Orthodoxe
Classique
Folklorique
Coutumier
Habituel
Courant
Ordinaire
Familier
Usité
Rebattu
Usé

TRADITIONALISME

Conformisme
Routine

● antonyme : Modernisme.

TRADITIONALISTE

Conformiste
Démodé
Conservateur
V. Réactionnaire

● antonymes : Moderniste, Progressiste.

TRADITIONNELLE-MENT

Habituellement
Usuellement
Couramment

TRADUCTEUR

Interprète
Truchement
Drogman *(anc.)*
Translateur *(anc.)*

TRADUCTION

Interprétation *(anc.)*
Translation *(anc.)*
Adaptation
Transposition
Transcription
Translittération
Métaphrase
Paraphrase
Explication
Version
Thème
Herméneutique
Métonomasie
Vulgate
V. Représentation *(fig.)*

TRADUIRE

1. Interpréter
Transcrire
Mettre
Transposer
Déchiffrer
V. Expliquer
2. V. Exprimer
Peindre
Manifester
Trahir

3. Transférer
Citer
Déférer
Faire passer
Porter

TRAFIC

1. V. COMMERCE

Péj. :
Maquignonnage
Agiotage
Traite
Simonie
Malversation
Escroquerie
Spéculation
V. TRIPOTAGE
2. Circulation
Mouvement général
Fréquence (des convois)

TRAFIQUANT

V. COMMERÇANT
Agioteur
Spéculateur
Truand

TRAFIQUER

1. Négocier
Spéculer
Maquignonner
Fricoter (*fam.*)
Tripoter (*fam.*)
2. Frelater (*pop.*)
Manipuler
Camoufler
Falsifier
Fausser
Truquer
Enjoliver
Remanier
Altérer

Fricoter (*pop.*)
Tripoter
Tripatouiller (*fam.*)
Truander (*pop.*)
Arranger
Fabriquer
Inventer
Imaginer
Controuver
Farder
Maquiller
Adultérer

TRAGÉDIE
V. DRAME

TRAGIQUE

V. EFFROYABLE et ÉMOU-
VANT
Alarmant
Grave
Sérieux
Important
● ANTONYME : Léger.

TRAHIR

1. Livrer
Abandonner
Donner (*fam.*)
Dénoncer
V. DIVULGUER
Déserter
Manquer à sa foi
Mentir
Vendre (*et* Se vendre)
Décevoir
Desservir
V. TROMPER
Rompre
Violer
Faire défection
Lâcher
Faire défaut

2. Indiquer
Révéler
Démontrer
Manifester
Déceler
Expliquer
Dénoncer

● ANTONYMES : 1. Soute-
nir, Être fidèle, Seconder;
Aider, Servir, Respecter.
2. Cacher, Dissimuler.

TRAHISON

Infidélité
Dénonciation
Désertion
Délation
Traîtrise
Félonie
Perfidie
Déloyauté
Forfaiture
Défection
Prévarication
Duperie
Bassesse
Fourberie
Lâcheté
Inconstance
Adultère
V. CONCUSSION
● ANTONYMES : Soutien,
Aide, Constance, Fidé-
lité.

TRAILLE
V. BAC

TRAIN

1. Convoi
Omnibus
Direct
Express
Rapide

Tortillard
Ferry-boat
Fourgon
Chemin de fer
Rail
Autorail
Micheline
Rame
Métro
Charroi
Batterie
Suite
Ensemble
File
Radeau

2. V. BAGAGE

3. V. ALLURE

« En train » :
En branle
En marche
En chantier
En action
En mouvement
Disposé
V. GAI

« Être en train de » :
En ce moment
À présent
Actuellement

« Train de vie » :
Manière de vivre
Niveau de vie

TRAÎNAILLER
V. TRAÎNER

TRAÎNANT

1. Pendant

2. V. LENT

3. Monotone
Languissant

TRAÎNARD

V. LENT
Retardataire
Dernier
Clampin
Lambin
Négligent

● ANTONYMES : Rapide,
Expéditif.

TRAÎNASSER
V. TRAÎNER

TRAÎNE

Queue

« À la traîne » :
À l'abandon
En désordre
En arrière
Le dernier

TRAÎNEAU

Voiture à patins
Briska (Russie, [anc.])
Troïka
Schlitte
Chariot à patins
Toboggan
Luge

TRAÎNER

1. V. TIRER
Trimbaler (péj.)
Supporter
Faire durer
Éterniser

2. Prendre (abusivt.)
Toucher le sol
Balayer le sol

S'étendre
Subsister
Être dispersé
Durer trop longtemps
Ne pas finir
S'éterniser
Se prolonger
Tarder
Languir
Rester en arrière
Flâner
S'attarder
Traînasser (péj.)
Traînailler (id.)
Lanterner
Lambiner
Muser
Vagabonder
V. ERRER
Rouler

« Se traîner » :
Se vautrer
Ramper
Avancer à plat ventre
Avancer à genoux
Avancer (ou marcher, ou
aller) avec peine (ou à
contrecœur)
S'étirer en longueur

● ANTONYMES : Pousser,
Soulever, Suivre, Galoper,
Activer.

TRAÎNEUR DE SABRE

Soudard
Matamore
Culotte de peau
Bravache
Officier
V. SOLDAT

TRAIRE

1. Tirer (le lait)

2. Soutirer (de l'argent)

TRAIT

1. Harnais
Attelle

2. Portée
Jet
Javelot
Lance
Flèche
Carreau
Éclair
Coup
Rayon

3. Ligne
Linéament
Coup (de crayon ou de plume)
Marque
Barre
Rature
Rayure
Bâton
Jambage
Hampe
Queue
Filet
Tiret
Hachure
Pointillé
Élément

4. Dessin
Contour
Figure
Visage
Tracé
Physionomie

5. Attribut
Caractère
Caractéristique

« *Avoir trait* » :
Avoir rapport
Concerner
Intéresser

6. Action
Fait

Acte
Marque
Symbole
Signe

7. V. MOT D'ESPRIT et PENSÉE

TRAITABLE

Maniable
Accommodant
Sociable

● ANTONYMES : Intraitable, Inflexible.

TRAITE

1. V. COMMERCE et TRAFIC
Esclavage
Transport

2. Lettre de change
Effet de commerce
Billet

3. Mulsion
Trayeuse

4. Parcours
Trajet
Chemin
Distance
Traversée
Trotte (*fam.*)

« *D'une seule traite* » :
Sans interruption
Sans s'arrêter
En une seule fois

TRAITÉ

1. V. PACTE et CONVENTION

2. Ouvrage didactique
Discours

Dissertation (*anc.*)
Livre
Cours
Disputation (*anc.*)
Mémoire (*n.m.*)
Étude
Essai

TRAITEMENT

1. Accueil
Manière d'agir
Comportement
Acte
Parti
Réception
Étiquette
Honneur

2. V. RÉTRIBUTION

3. V. THÉRAPEUTIQUE

4. Conditionnement
Opération
Maniement
Procédé

TRAITER

1. Agir
Se conduire
En user avec
Mener
Accueillir
Considérer
Se comporter
Soumettre

2. Qualifier
V. APPELER
Injurier

3. V. SOIGNER
S'occuper de
Loger
V. RECEVOIR
Convier

4. V. COMPOSER et NÉGO-CIER

5. Manipuler
Conditionner
Modifier
Transformer
Travailler

6. V. DÉBATTRE
Examiner
Aborder
Discuter
Exposer
Développer
Effleurer
Épuiser
Manier
Disserter
Parler

TRAÎTRE

1. *Adj.* :
V. DÉLOYAL
2. *Subst.* :
Renégat
Transfuge
Délateur
Félon
Judas
Parjure
Espion
Vendu
Déserteur

TRAÎTRISE
V. TRAHISON

TRAJECTOIRE

V. TRAJET
Orbite
Courbe
Parabole
Ligne
Chemin (*ou* espace) parcouru
Évolution

TRAJET
V. VOYAGE et TRAITE

TRALALA

Grand appareil
Affectation

TRAME

1. Chaîne
Croisement
Corde
Fil
Structure

2. Tissu
Squelette
Fond
Affabulation
Fabulation
Scénario
Synopsis
Intrigue

3. Complot
Manigance
Cabale
Brigue
Conspiration
Conjuration
Ruse
Manœuvre cachée

TRAMER
V. OURDIR

TRAMONTANE
V. VENT

TRANCHANT

1. Acéré
Aiguisé
Affilé

Aigu
Coupant

2. Décidé
Affirmatif
Cassant
Incisif
Péremptoire
Décidé
Dogmatique
Dictatorial
Impérieux
Audacieux
Probant
Décisif
V. TRANCHÉ

3. *Subst.* :
Coupant
Taillant (*anc.*)
Taille
Fil
V. TRANCHE

● ANTONYMES : Contondant, Émoussé; Nuancé.

TRANCHE

1. Rondelle
Rouelle
Darne
Tronçon
Rond
Tailladin
Côte
Lèche
V. PARTIE et PORTION
Part
Quartier
V. TARTINE
Bifteck
Escalope
Barde

2. Tranchant
Côté
Bord

968

TRANCHÉ

1. Net
Remarquable
Séparé
Apparent
Distinct
Différent
V. TRANCHANT
Carré
Franc
2. Coupé
Divisé
Sectionné
● ANTONYMES : Confus,
Indistinct.

TRANCHÉE

1. Cavité
Excavation
Fossé
Sillon
Canal
V. TROU
Parallèle
Boyau
Cagna
Circonvallation
Sape
Retranchement
Fortification
Approche
Cheminement
2. V. CHEMIN
3. V. COLIQUE (*plur.*)

TRANCHE-MONTAGNE
V. BRAVACHE

TRANCHER

1. V. COUPER
2. V. TUER

3. V. FINIR
Résoudre
Choisir
Arbitrer
Juger
S'exprimer
V. DÉCIDER

4. V. CONTRASTER

● ANTONYMES : Hésiter
Nuancer.

TRANQUILLE

V. CALME
V. IMPASSIBLE
Immobile
V. SILENCIEUX
Coi
Sage
Gentil
V. POSÉ
Confiant

TRANQUILLITÉ

Calme
Quiétude
Accalmie
Paix
Repos
Stabilité (morale)
Confiance
Sécurité
Sérénité
Ordre
Apaisement
Sûreté
Bonace
Éclaircie
Embellie
Placidité
Patience
Sang-froid
Froideur
Flegme

Égalité
Imperturbabilité
Désinvolture
Insouciance
Indifférence
Assurance
Recueillement

● ANTONYMES : Agitation,
Bruit, Désordre, Trouble,
Effervescence; Inquiétude,
Effroi, Anxiété, Affole-
ment.

TRANSACTION

1. V. CONVENTION et
PACTE
Accommodement
Compromis
Cote mal taillée
Milieu
Arrangement
Accord

2. Opération commerciale
Opération boursière
Affaire (s)
Négoce (*anc.*)
Marché
Échange
Commerce
Circulation
V. TRANSFERT

TRANSALPIN
Italien

TRANSATLANTIQUE
V. BATEAU

TRANSBAHUTER
V. TRANSPORTER

TRANSBORDER
V. TRANSPORTER

TRANSCENDANCE

1. Excellence
Supériorité
2. Dépassement
● ANTONYME : Immanence.

TRANSCENDANT
V. ÉLEVÉ

TRANSCENDER

Dépasser
Se situer au-delà de
Aller au-delà

TRANSCRIRE
V. COPIER

TRANSE

1. V. ANGOISSE et PEUR
2. Exaltation
Transport
Inspiration
Enthousiasme
Hypnose

« *Être en transe* » :
S'exciter
Être hors de soi
S'énerver

TRANSFÉRER

V. TRANSPORTER
Transvaser
Faire passer
Effectuer le transfert de
Aliéner (*dr.*)
Reporter
Déplacer
Projeter
● ANTONYME : Fixer.

TRANSFERT

1. V. TRANSPORT
Report
2. Translation (*dr.*)
Transmission (*dr.*)
Aliénation (*dr.*)
Opération de bourse
V. TRANSACTION
Répercussion
2. *Psych.* :
Projection
Identification

TRANSFIGURER

V. TRANSFORMER
Métamorphoser
Embellir

TRANSFORMABLE

Métamorphosable
Convertible

TRANSFORMATEUR

Convertisseur
Élévateur de tension (ou abaisseur)

TRANSFORMATION

1. Conversion
Rénovation
Amélioration
2. V. CHANGEMENT et MÉTAMORPHOSE

TRANSFORMER

Changer
Modifier

Renouveler
Aménager
Rénover
Moderniser
Arranger
Adapter
Élaborer
Traiter
Muer
Convertir
Transmuer
Transmuter
Métamorphoser
Transsubstantier (*eccl.*)
Transfigurer
Travestir
Altérer
Défigurer
Déformer
Dénaturer
Trahir
Embellir
Changer la face de
Déranger
Convertir en
Transposer
Bouleverser
Révolutionner
Rectifier
Corriger
Amender
Accommoder
Réformer
Remanier
Faire peau neuve
Faire table rase

« *Se transformer* » :
Prendre une autre forme
Changer
Se moderniser
Embellir
Dégénérer
Devenir différent

● ANTONYMES : Maintenir,
Rester le même.

TRANSFORMISME

Évolutionnisme
Darwinisme
Lamarkisme
Mutationnisme

● ANTONYME : Fixisme.

TRANSFUGE

V. TRAÎTRE
Dissident

● ANTONYME : Fidèle.

TRANSFUSER

Faire passer
Transvaser

TRANSFUSION

1. Injection
Perfusion
2. Transvasement
Assimilation
Fusion

TRANSGRESSER
V. DÉSOBÉIR

TRANSGRESSION

Désobéissance
Violation
V. PÉCHÉ (eccl.)
Infraction
Dérogation

TRANSHUMANCE

Remue
Migration

TRANSI

Glacé
Gelé
V. ENGOURDI
V. FROID
Grelottant
Frissonnant
Figé (fam.)
Morfondu
Languissant
Timide

● ANTONYMES : Échauffé, Chaud, Hardi.

TRANSIGER
V. COMPOSER

TRANSIR

Glacer
Pénétrer
Transpercer
Traverser
Saisir
Engourdir
Geler
Paralyser

TRANSISTOR
V. RADIO

TRANSIT

Passage
Transport

TRANSITAIRE

Courtier
Commissionnaire
Consignataire

TRANSITER

V. TRANSPORTER
Passer
Faire passer

TRANSITION

Passage
Liaison
Pont
Changement
Évolution
Degré
Intermède

TRANSITOIRE
V. PASSAGER

TRANSLATER (anc.)
V. TRADUIRE

TRANSLATEUR (anc.)
V. TRADUCTEUR

TRANSLATION

1. V. TRADUCTION
2. V. TRANSFERT et TRANSPORT
3. Mouvement
Déplacement
Révolution sidérale
Transformation ponctuelle

TRANSLUCIDE
V. TRANSPARENT

TRANSMETTRE

V. DONNER
Céder
Faire passer
Transférer
Léguer
Déléguer
Négocier
Passer
Laisser
Recueillir
Perpétuer
Faire parvenir
Faire tenir

Diffuser
Communiquer
Faire connaître
Enseigner
Inoculer
Initier
Révéler
Propager
Conduire
Véhiculer
Contaminer

● ANTONYMES : Recevoir, Hériter, Acquérir, Garder.

TRANSMISSIBLE

Héréditaire
Contagieux

● ANTONYMES : Intransmissible, Incommunicable.

TRANSMISSION

Cession
Succession
Dévolution
Hérédité
Passation
Tradition
Communication
Propagation
Télécommande
Télécommunication
Télégraphe
Téléphone
T.S.F
Diffusion
Émission
Téléphotographie
Contagion

TRANSMUER, TRANS-MUTER
V. TRANSFORMER

TRANSMUTATION

V. MÉTAMORPHOSE et CHANGEMENT

TRANSPARENCE

Translucidité
Limpidité
Clarté
Netteté
Lithophanie
Diaphanéité

● ANTONYME : Opacité.

TRANSPARENT

Vitré
Hyaloïde
Pellucide
Diaphane
Translucide
Limpide
Cristallin
Clair
Fin
Vaporeux
Calque
Cristal
De soie
Pur
Évident (*fig.*)

● ANTONYMES : Opaque, Trouble, Épais, Brumeux; Obscur, Caché.

TRANSPERCER

1. V. PERCER

Cribler
V. PASSER et PÉNÉTRER
2. *Figuré :*
Atteindre profondément

Faire souffrir
V. TRANSIR

TRANSPIRATION

Sudation
Suée
Sueur
Moiteur
Diaphorèse
Nage (*fig.*)
Effluve
Exhalation
Perspiration
Exsudation
Transsudation
Suintement
Exosmose
Suette (*fam. anc.*)
Ressuage

TRANSPIRER

1. V. PERCER

2. V. SUER

TRANSPLANTER

V. TRANSPORTER
Replanter
Repiquer
Dépoter
Égravillonner
Greffer
Changer

TRANSPORT

1. Portage
Coltinage
Transfert
Translation
Transit

Enlèvement
Colportage
Chargement
Rechargement
Transbordement
Hottage
Déplacement
Bât
Roulage
Remorquage
Camionnage
Charroi
Brouettage
Schlitte
Flottage
Traînage
Déménagement
Téléphérage
Voyage
Convoyage
Transportation
Déportation
Remuage
Manutention
Expédition
Factage
Messagerie
Exportation
Importation
Circulation
Trafic
Commerce
Échange
Traite
Poste
Communication (s)

2. Par extens. :
Voies
Aérodromes
Ports
Gares
Véhicules
Parc
Aviation
Navire
Train
Route

Camion
Camionnette
Poids lourd
Remorque
Autobus
Bus
Métro
Car
Navigation
Batellerie
Bateau
Péniche
Cargo
Paquebot
Pétrolier

3. Spécialement en droit :
Délégation
Cession

4. V. ENTHOUSIASME, DÉLI-RE, ARDEUR, ÉLAN, FOU-GUE, ÉPANCHEMENT et FU-REUR
Ravissement
Extase
Exclamations
Cris
Manifestation passionnée

TRANSPORTER

1. V. PORTER et CHARRIER
Déplacer
Apporter
Mener
Conduire
Promener
Manipuler
Voiturer
Véhiculer
Trimbaler (*fam.*)
Trimarder (*fam.*)
Transbahuter (*fam.*)
Camionner
Carrosser
Bateler
Débarder

Déménager
Livrer
Exporter
Importer
Transiter
Transborder
Emporter
Colporter
Monter
Passer

2. V. DÉPORTER

3. V. TRANSFÉRER
Transmettre
Faire passer
Céder

4. Emprunter
Introduire
Transposer
Adapter
Traduire

5. V. ENTHOUSIASMER

« *Se transporter* »:
Se rendre
Se déplacer
Aller
Voyager

● ANTONYME : Fixer.

TRANSPOSER
V. TRANSPORTER, DÉPLA-CER et TRADUIRE

TRANSPOSITION

1. Changement de place
Intervention
Déplacement
Inversion
Renversement
Permutation
Métathèse
Anagramme

2. V. TRADUCTION

TRANSSUBSTANTIER
V. Transformer

TRANSSUDER
V. Suinter

TRANSVASER

Transvider
Transfuser (*anc.*)
V. Transférer et Transporter

TRANSVERSAL

Latitudinal
Horizontal
Latéral
En (*ou* à) travers.

TRAN-TRAN
V. Routine

TRAPÈZE

Agrès
Barre

TRAPÉZISTE

Gymnaste
Acrobate

TRAPPE

1. V. Piège

2. Ouverture
Écoutille
V. Porte

TRAPPEUR
Chasseur

TRAPU

1. Costaud
Râblé
Râblu (*anc.*)
Courtaud
Court
Large
Ramassé
Robuste
Tassé
Boulot (*fam.*)
Massif
Épais
Lourd
Nabot (*péj.*)

2. *Spécialement arg.*
scolaire :
Fort
Difficile

● Antonymes : 1. Fluet,
Élancé.

TRAQUENARD
V. Piège

TRAQUER
V. Poursuivre

TRAUMA

1. V. Blessure

2. Émotion violente
Traumatisme (*abusivt.*)

TRAUMATISME

Choc traumatique
Choc violent
Choc émotionnel

TRAVAIL

1. Labeur
Ouvrage

Œuvre
Activité
Action
Tâche
Besogne
Corvée
Business *ou* Bizness. (*pop.*)
Entreprise
Affaire
Opération
Bricolage
Casse-tête
Exercice
Étude
Devoir
Recherche
Pratique
Réparation
Culture
Agriculture

V. Profession
Emploi
Métier
Gagne-pain
Fonction
Boulot (*fam.*)
Turbin (*fam.*)
Job (*fam.*)
Occupation
Service
Spécialité
Industrie
État
Sinécure
Filon (*pop.*)
Planque (*pop.*)

2. Action
Évolution
Élaboration
Gestation
Fonctionnement
Force
Énergie

3. Douleur de l'enfantement
Souffrances
Accouchement

Gésine
Enfantement

4. Hauts faits

● ANTONYMES : Repos, Oisiveté, Inaction, Désœuvrement, Loisir, Divertissement, Paresse, Vacances, Chômage.

TRAVAILLER

1. Besogner (*anc.*)
Ouvrer (*anc.*)
Labourer (*anc.*)
Boulonner (*fam.*)
Bosser (*fam.*)
V. FAIRE
Exécuter
Œuvrer
Préparer
Apprendre
V. ÉTUDIER
S'occuper de
Vaquer
S'appliquer
Collaborer
Composer
Écrire
Bricoler

Pop :
Trimer
Turbiner
Chiader
Gratter
Marner
Chiner
Pilonner
Abattre
Se fatiguer
Se crever
Suer

2. Façonner
Ouvrer
Ouvrager

Soumettre à une action
Élaborer
Ciseler
Cultiver
Remuer
Manier
Piocher
Potasser
Bûcher
Fouiller
Améliorer
Aiguiser

3. *Intr.* :
Se déformer
Fatiguer
Gondoler
Gonfler
Fermenter
Lever
Enfler
Bomber

● ANTONYMES : Se reposer, Chômer, Se détendre, S'amuser, Flemmarder.

TRAVAILLEUR

1. V. PROLÉTAIRE
Ouvrier
Salarié
Manœuvre
Journalier
Manouvrier
Paysan
Marin
Artisan
Producteur
Bras-nu
Compagnon
Aide
Apprenti
Équipe
Tâcheron

2. Laborieux
Actif
Appliqué
Studieux
Acharné
Bûcheur
Consciencieux
Courageux

TRAVERS

1. Largeur
Étendue transversale

Spécialement mar. :
Côté
Flanc

2. Direction oblique
Position oblique
V. DÉFAUT (*fig.*)

« *Se mettre en travers* » :
Se mettre transversalement
Faire obstacle
S'opposer

« *À travers* » :
Au milieu de
Entre
Parmi
Par

« *Au travers* » :
De part en part
D'un bout à l'autre

« *À tort et à travers* » :
Dans tous les sens
De droite à gauche
En long et en large
N'importe comment
Inconsidérément
Sans réflexion

« *De travers* » :
Obliquement
De traviole (*pop.*)
De guingois (*fam.*)

De côté
De biais
En désordre
À l'envers
Dévié
Tordu
Mal
À contresens
Dans un mauvais sens
Avec animosité
Avec suspicion
D'un œil torve

TRAVERSE

1. « *À la traverse* » :
En travers

2. Passage
Ruelle
Raccourci
Chemin direct

3. Barre de bois
Pièce de bois
Traversine
Arasement
Barlotière
Croisillon

4. V. EMPÊCHEMENT (*fig.*)

TRAVERSÉE

Trajet
V. VOYAGE
Passage

TRAVERSER

1. Franchir
Sillonner
Barrer
V. PASSER, PARCOURIR,
PERCER et PÉNÉTRER

2. Être en travers de
Se mettre en travers de
Faire obstacle
S'opposer
Empêcher
Interrompre

TRAVESTIR

1. V. DÉGUISER

2. Fausser
Déformer
Défigurer
Dénaturer
Transformer
Falsifier

TRÉBUCHER

1. Tomber
S'écrouler
S'affaisser
Choir

2. Perdre l'équilibre
Faire un faux pas
Chanceler
Broncher
Chavirer
Achopper
V. BUTER

TRÉBUCHET
V. BALANCE

TRÈFLE

Triolet
Farouch ou farouche
Anthyllis
Lotier
Ményanthe
Trilobe (*Bx - arts*)

TRÉFONDS

1. Le plus profond
Le plus secret

Le plus intime

2. Sous-sol

TREILLAGE

1. Treille
Berceau
Tonnelle

2. Claie
Maille (s)
Réseau
V. CLÔTURE

TREILLE
V. RAISIN, VIGNE et TREIL-
LAGE

TREILLIS

1. Tenue militaire d'exercice (*ou* de combat)

2. V. CLÔTURE

TREMBLAIE
Peupleraie

TREMBLANT

Palpitant
Chancelant
Fragile
Tremblotant
Vacillant
Flou
Chevrotant
V. CRAINTIF
Peureux
Humble

● ANTONYMES : Ferme,
Stable, Effronté, Hardi,
Courageux.

TREMBLE
Peuplier

TREMBLEMENT

Agitation
Oscillation
Trémulation
Frémissement
Convulsion
Saccade
Spasme
Frisson
Vibration
Frissonnement
Soubresaut
Tressaillement
Trépidation
Trémolo (dans la voix)
Secousse
Sursaut
Mouvement
Vacillation
Chevrotement
Ébranlement
V. Séisme

● ANTONYMES : Immobilité, Fermeté.

TREMBLER

1. Frémir
Frissonner
Trembloter
Trépider
Trémuler
Vibrer
Remuer
S'agiter
Branler
V. Frétiller
Chevroter
Osciller
Chanceler
Papilloter
Ébranler
Palpiter
Flageoler
Grelotter

Claquer des dents
Sucrer les fraises (*pop.*)
Avoir les grelots (*pop.*)

2. Craindre
Appréhender
Avoir peur
S'alarmer
S'inquiéter
S'effrayer
S'épouvanter
Se soumettre
Être vivement ému

TREMBLEUR

1. Vibreur

2. V. Craintif

TREMBLOTER
V. Trembler

TRÉMIE

Entonnoir
Auge
Mangeoire
Crible

TRÉMOLO
V. Tremblement

TRÉMOUSSER (SE)
V. Trembler et Frétiller

TREMPE

1. Trempage
Reverdissage
Immersion

2. (*Fig.*) Qualité
Sorte
Caractère
Énergie
Endurance
Force d'âme

Courage
V. Nature

3. (*Fam.*) V. Volée

TREMPÉ

1. Imbibé
Très mouillé
Inondé
Ruisselant
Dégouttant
Percé
Transpercé

2. (*Fig.*) Énergique
Aguerri
Fort
Durci *et* Endurci
Courageux

TREMPER

1. Imbiber
Mouiller
Imprégner
Détremper
Arroser
Doucher
Inonder
Baigner
Pénétrer
Humecter
Immerger
Plonger
Ébouillanter
Échauder
Rincer
Saucer
Asperger
Bassiner
Irriguer
Laver
Délaver
Éclabousser
Infuser
Macérer

Mariner
Couper (son vin)

2. V. AFFERMIR

3. (*Fig.*) Participer
Se mouiller
Fricoter
Être complice

TRÉMULATION
V. TREMBLEMENT

TRENCH-COAT
V. IMPERMÉABLE

TRÉPAN

Vilebrequin
Drille
Foreuse

TRÉPAS
V. DÉCÈS

TRÉPASSER
V. MOURIR

TRÉPIDANT
V. TUMULTUEUX et TUR-
BULENT

TRÉPIDATION
V. TREMBLEMENT

TRÉPIDER
V. TREMBLER

TRÉPIGNER

Sauter
V. PIÉTINER
Piaffer
S'impatienter

TRÈS

Bien
Fort
Tout
Rien (*pop.*)
Trop
Beaucoup
Excessivement
Extrêmement
Parfaitement
Rudement
Fortement
Hautement
Infimement
Infiniment
Bigrement (*pop.*)

● ANTONYMES : Pas, Peu,
Guère, Légèrement, Fai-
blement.

TRÉSOR

1. Magot
Fortune
Argent
Cassette
Collection
Richesse
Chose précieuse
Or

2. Finances
Épargne
Caisses de l'État
Fisc

3. (*Fig.*) Source
Réserve
Accumulation
Filon

4. Attraits (*anc.*)
Appas (*anc.*)

5. Amour
Ressource
Quelqu'un de précieux

TRÉSORIER

Financier
Comptable
Caissier
Argentier
Factotum
Econome

TRESSAILLEMENT
V. TREMBLEMENT

TRESSAILLIR

Sursauter
Sauter
Tressauter
Tiquer
Bondir
V. TREMBLER

TRESSAUTER
V. TRESSAILLIR et TREM-
BLER

TRESSE

1. Natte
Cadenette

2. Galon
Cordon
Soutache
Bourdaloue
Baderne
Garcette

TRESSER

Natter
Cordonner
Ourdir
Entrelacer

TRÉTEAU

Chevalet
V. THÉÂTRE

TREUIL

Cabestan
Cric
Élévateur
Appareil de levage
Pouliot (agric., anc.)
Singe (fig.)
V. GRUE

TRÊVE

1. Suspension d'armes
Suspension des hostilités
Cessez-le-feu
Armistice
Cessation des combats
Interruption
V. PAUSE et REPOS
Entracte

TRI

Triage
Criblage
Choix
Sélection
Séparation
Regroupement
Répartition
Calibrage
● ANTONYME : Mélange.

TRIANGLE

Delta
Tiers-point
Trilatère
Trigone

TRIBORD

Côté droit
● ANTONYME : Bâbord.

TRIBU

1. V. PEUPLADE
2. V. FAMILLE (fig.)

TRIBUN
V. ORATEUR

TRIBUNAL

Cour
Conseil
Parquet
Justice
Chambre
Assises
Cassation
Cour martiale
Conseil des prud'hommes
Aréopage
Sanhédrin
Saint Office
Palais de justice
Prétoire

TRIBUNE
V. ESTRADE

TRIBUT

1. Contribution
Réparation
V. IMPÔT

2. V. RÉCOMPENSE (fig.)
Hommage

TRIBUTAIRE

1. Assujetti
Soumis
Dépendant
Imposé

2. Spécialement géographie :
Affluent

3. Fig. : Sujet
Sectateur
Adorateur
Fervent
Fidèle
Adepte

TRICHER

Enfreindre les règles
Maquiller les cartes
Piper les dés
Truquer
Dissimuler
Frauder
Mentir
V. TROMPER

TRICHERIE
V. TROMPERIE

TRICHEUR

Filou
Fraudeur
Fripon
Trompeur (anc.)
Menteur
Faussaire

TRICOT

Pull-over
Chandail
Une laine (fam.)
Ouvrage d'aiguilles ou au crochet
Lainage
Sweater
Gilet
Maillot

TRIER

V. Choisir
Sélectionner
Séparer
Regrouper
Répartir
Arranger
Classer
Calibrer
Débrouiller
Grabeler
Démêler
Cribler
Éliminer
Débrancher (des wagons)
Émonder
Monder

● Antonymes : Mélanger, Mêler.

TRIGLE

Rouget
Grondin
Cardinal
Milan
Hirondelle de mer

TRIGONE

1. V. Triangle

2. (Adj.) Triangulaire
Deltoïde
Trilatéral

TRILOBÉ
Tréflé

TRIMARDER

1. Errer
Vagabonder
V. Trimer et Marcher

2. V. Transporter et Trimbaler

TRIMARDEUR
V. Vagabond

TRIMBALLER ou TRIMBALER

V. Transporter
Transbahuter
Trimarder
Traîner
V. Tirer

TRIMER

1. V. Marcher
Trimarder
Cheminer
Errer
Vagabonder

2. V. Travailler
Peiner
Besogner

TRINGLE
V. Tige

TRINQUER

1. V. Boire
Choquer les verres
Porter un toast

2. Se heurter
Se choquer

3. (Pop.) Écoper
Recevoir
Éprouver
Subir
Être frappé

TRIOMPHAL

Solennel
Joyeux
Retentissant
Éclatant
V. Triomphant (abusivt.)

TRIOMPHANT

1. Victorieux

2. V. Triomphal (abusivt.)

3. Radieux
Jubilant
Assuré
Heureux
Content

● antonymes : Abattu, Penaud.

TRIOMPHATEUR
V. Vainqueur

TRIOMPHE

1. Apothéose
Honneur (s)
Acclamation
Ovation

2. V. Joie

3. V. Succès

4. V. Victoire

TRIOMPHER

1. Remporter une victoire
Emporter
S'imposer
Dominer
S'établir

2. V. Vaincre

3. V. Surmonter

4. V. Réussir

5. Jubiler
Chanter
Crier victoire
Ne plus se sentir de joie
Se prévaloir
Se glorifier
Se vanter
S'applaudir

TRIPATOUILLAGE
V. Tripotage

TRIPATOUILLER
V. Trafiquer

TRIPE

Gras double
V. Intestin
Ventre (*pop.*)

TRIPOT
V. Cabaret

TRIPOTAGE

Tripatouillage
Fricotage
Malversation
Agiotage
Combine
V. Trafic
Manigance
Manipulation
Cuisine (*fam.*)
Escroquerie
Spéculation
V. Agissement

TRIPOTÉE (*fam.*)

1. V. Multitude
2. V. Volée, Coup et
Gifle

TRIPOTER

1. Manier
Tâter
Peloter (*pop.*)
V. Toucher

2. Trifouiller
Remuer

3. V. Trafiquer (*fig.* et *péj.*)

TRIQUE
V. Bâton

TRISSER (*arg.*)

V. Partir (*pop.*)

« *Se trisser* » :
S'en aller
S'enfuir
Filer à l'anglaise
Filer en douce
Se débiner (*fam.*)
Foutre le camp (*pop.*)

TRISTE

Chagrin
Affligé
Sombre
Découragé
Abattu
Morose
Tout chose
Malheureux
Désespéré
Cafardeux (*pop.*)
Désolé
Éploré
Accablé
Attristé
Contristé
Navré
Consterné

Funèbre
Maussade
Rembruni
Désabusé
Peiné
Morne
Inconsolable
Mécontent
Affecté
Marri
Dolent
Soucieux
Préoccupé
Taciturne
Morose
Ténébreux
Aigri
Mélancolique
Atrabilaire
Pessimiste
Bilieux
Hypocondre
Hypocondriaque
Trouble-fête
Éteignoir
Rabat-joie
Figure de carême
Désappointé
Désillusionné
Déçu
Désenchanté
Empreint de tristesse
Sinistre
Ennuyeux
Lugubre
Terne
Obscur
Gris
Élégiaque
Sévère
Austère
Funèbre

2. Attristant
Navrant
Pénible
Affligeant
Funeste

Douloureux
Rude
Grave
Pénible
Difficile
Calamiteux
Cruel
Accablant
Affreux
Déchirant
Tragique
Poignant
Lamentable
Déplorable
Pitoyable
Fâcheux
Mauvais
Malheureux
Pauvre
Piètre
Misérable
Médiocre
Sinistre

● ANTONYMES : Gai, Joyeux, Jovial, Allègre, Rieur, Amusant, Heureux, Réjouissant, Bon.

TRISTESSE

1. V. CHAGRIN et PEINE
2. Grisaille

TRITURER
V. BROYER et MANIER

TRIVIAL

1. V. COMMUN et REBATTU
2. V. VULGAIRE et OBSCÈNE

TRIVIALITÉ

1. Banalité
Platitude

Lieu commun
Chose connue
V. TRUISME

2. Vulgarité
Grossièreté
Bassesse
Canaillerie
Obscénité

● ANTONYMES : Noblesse, Dignité.

TROC
V. ÉCHANGE

TROGNE
V. FIGURE

TROGNON

Cœur (d'un légume, d'un fruit)

« Jusqu'au trognon » :
Jusqu'au bout
Jusqu'à l'os
A fond
V. ABSOLUMENT

TROMBE

Cataracte
Déluge
Torrent
Cyclone
V. BOURRASQUE

TROMBLON
Espingole

TROMBONE

Papeterie :
Attache
Agrafe

TROMPE

1. V. TROMPETTE

2. *(Zool.)* Stylet
Suçoir
V. NEZ

TROMPER

1. Induire en erreur
Donner le change
Duper
Abuser
Berner
Jouer
Leurrer
Mystifier
Prendre au piège
Filouter
Attraper
Donner le change
Endormir
Déjouer
Échapper
Soustraire
Enjôler
Décevoir
Surprendre
Frauder
Trahir
En faire accroire
Circonvenir
En conter
Se moquer
Séduire
Escroquer
Flouer
Voler
Éblouir
Suborner
Tendre un panneau
Jouer un tour
Faire une niche
Tricher
Truquer
Dissimuler

Déguiser
Bluffer
Feindre
Mentir
Dissimuler
Jouer la comédie

Fam. :
Avoir
Faire marcher
Posséder
Empaumer
Rouler
Pigeonner
Estamper
Entôler
Embobiner
Embobeliner
Bourrer le crâne
Monter le cou
Monter un bateau
Blouser
Piper
Carotter
Refaire
Entortiller
Mettre dedans

Pop. et Arg. :
Ficher dedans
Fourrer dedans
Foutre dedans
Couillonner
Jobarder
Embabouiner
Bourrer le mou
Dorer la pilule
Enfiler
Empiler

2. Décevoir
Ne pas répondre à
Désappointer
Contredire
Frustrer

3. Faire diversion à
Consoler
Faire oublier

Se tromper :
1. Avoir tort
Se méprendre
S'égarer
S'illusionner
Être en défaut
Commettre une erreur
Se gourer (*fam.*)
Se ficher dedans (*pop.*)
Se mettre le doigt dans l'œil
Faire fausse route
Se fourvoyer
Faire une confusion de
Prendre pour
Confondre
Se laisser prendre
Se méjuger
Errer
Faillir
2. Se mentir
Se raconter des histoires (*fam.*)

● ANTONYMES : Détromper, Avertir, Dire vrai, Avoir raison.

TROMPERIE

V. ATTRAPE, FAUSSETÉ, FALSIFICATION et MENSONGE
Bluff
Duperie
Artifice
Mauvaise foi
Blague
Mystification
Tour de passe-passe
Fable
Farce
Feinte
Fourberie
Hypocrisie
Imposture
Invention

Matoiserie
Piperie
Tricherie
Supercherie
Leurre
Embûche
Attrape-nigaud
Attrape-con (*vulg.*)
Niche
Fumisterie
Carotte (*pop.*)
Escroquerie
Dol (*anc.*)
Fraude
Gabegie
Illusion
Truquage

TROMPETTE

1. Trompe
Corne
Cornet
Bugle
Clairon
2. Trompettiste

TROMPEUR

Fourbe
Déloyal
Perfide
Menteur
Captatoire
Captieux
Collusoire
Insidieux
Artificieux
Double
Hypocrite
Patelin
Serpent (*fig.*)
Menteur
Tricheur
Fraudeur

Fripon
Faussaire
Mensonger
Fallacieux
V. APPARENT
V. FANFARON
Faux
Illusoire

● ANTONYMES : Sincère, Vrai, Dupe.

TRONC

1. V. TIGE
Bois
Duramen
Enfourchure
Souche
Rondin
Poutre
Madrier
Plançon
Billot

2. Origine
Tronçon
Unification
Fût
Partie

3. V. TORSE

4. Tronconique

5. V. TIRELIRE

● ANTONYME : Branche.

TRONCHE (*pop.*)
V. TÊTE

TRONÇON

V. PARTIE, PORTION, TRANCHE et TRONC

TRONÇONNER
V. COUPER

TRÔNE

Souveraineté
Dynastie
Royauté
Empire

TRONQUÉ

Coupé
Mutilé
Dénaturé
Écourté

● ANTONYME : Entier.

TRONQUER

1. V. AMPUTER
V. COUPER

2. V. MUTILER

● ANTONYME : Reconstituer.

TROP

À l'excès
Excessivement
Abusivement
Surabondamment
Plus qu'il n'en faut
Beaucoup
Bien
Fort
Très

TROQUER
V. ÉCHANGER

TROTTER
V. MARCHER

TROTTIN
V. MIDINETTE

TROTTINER
V. MARCHER

TROTTINETTE
Patinette

TROTTOIR

Bitume
Asphalte
Accotement
Banquette

TROU

V. CAVITÉ
Creux
Excavation
Ouverture
Vide
Orifice
Trouée
Crevasse
V. FENTE
Percée
Brèche
Pertuis
Enfoncement
Enfonçure
Approfondissement
Passage
Pore
Alvéole
Citerne
Puits
Puisard
Renfoncement
Profondeur
Éventrement
Fosse
Poquet (*agric.*)
Ope (*archit.*)
Dalot (*mar.*)
Bonde
Boulin
Trouée
Chatière

Souillard
Perforation
Forure
Chas
Œillet
Étampure
Perce
Narine
Orbite
Déficit

2. Bled
Coin
Village
Pays

TROUBADOUR

Trouvère
Ménestrel
Musicien
Chansonnier
Trouveur
Jongleur
Ménestrier
Félibre
V. Poète

TROUBLANT

Inquiétant
Bouleversant
Embarrassant
Déconcertant
Surprenant
Excitant
Ensorcelant
Galant

● ANTONYMES : Apaisant,
Calmant,   Rassurant,
Chaste.

TROUBLE   (1)

1. Boueux
Fangeux

Bourbeux
Vaseux
Altéré
Sale
V. Terne

2. Obscur
Confus
Nébuleux
Nuageux
Compliqué
Complexe
Louche
Inavouable
Menaçant
Malsain
Morbide
Inquiétant

● ANTONYMES : Limpide,
Clair, Transparent, Pur,
Net.

TROUBLE   (2)

V. Émotion, Confusion,
Nervosité, Dérangement,
Désordre,   Malheur,
Émeute.

TROUBLER

Brouiller
Obscurcir
Perturber
Déranger
Bouleverser
Corrompre
Gâter
Gâcher
Empoisonner
Désorganiser
Dérégler
Embrouiller
Interrompre
Égarer

Détraquer
Aliéner
Affoler
Enfiévrer
V. Intimider
Éblouir
Effaroucher
Émouvoir
Étonner
Inquiéter
Désorienter
Remuer
Toucher
Atteindre
Contrarier
Impressionner
Alarmer
Affliger
Déconcerter
Embarrasser
Incommoder
Gêner
Désarçonner
Démonter
Bousculer
Confondre
Effarer
Fasciner
Séduire
Enivrer
Ensorceler
Susciter le désir
Exciter

« *Se troubler* » :
S'égarer
Perdre sa lucidité
Tourner (la tête)
Perdre contenance
Perdre son sang-froid
S'émouvoir
Rougir
Perdre la tête

● ANTONYMES : Purifier,
Clarifier, Éclaircir, Arranger, Ranger, Calmer, Met-
tre à l'aise, Rassurer, Apaiser.

TROUÉE

V. Trou
Percée
Clairière
Déchirure
Échappée

TROUFION (*pop.*)
V. Soldat

TROUILLARD (*pop.*)
V. Peureux

TROUILLE (*pop.*)
V. Peur

TROUPE

1. Groupe, Réunion,
Foule et Multitude

2. Armée
Forces armées
Soldats
Groupe d'hommes armés
Régiment
Bataillon
Compagnie
Colonne
Brigade
Bande
Caravane
Légion
Cohorte
Horde
Phalange
Section
Unité
Escadron
Escouade
Goum
Parti (*anc.*)
Milice
V. Partisan
Escorte
Garde

Patrouille
Gang
Commando
Détachement
Piquet
Peloton
Infanterie
Cavalerie
Défilé
La force armée
La force publique
La soldatesque
Masses armées
Garde nationale
Garde mobile
Forces (de terre *ou* de mer)
Ban
Arrière-ban
Corps franc
Territoriale
Mercenaires
Contingent

TROUPEAU

V. Groupe, Réunion,
Foule, Multitude et
Peuple

TROUPIER
V. Soldat

TROUSSE

1. V. Botte (*anc.*).

2. Haut-de-chausses
Vêtements (*fig.*)

« *Aux trousses* » :
Au derrière
Au cul (*pop.*)
Sur les talons
En poursuivant

3. V. Poche et Enveloppe
Nécessaire

Plumier
Étui
Carquois
Outillage

TROUSSEAU

1. Clefs (trousseau de clefs)
Porte-clefs

2. Dot
Vêtements
Linge
Effets
Habits
Parures

TROUSSER

1. V. Relever

2. (*fig. et fam.*) Expédier
Précipiter
Hâter
Enlever rapidement
Improviser
Mener à la hâte
Tourner
Torcher
Bâcler

TROUVAILLE
V. Découverte

TROUVER

1. Découvrir
Mettre la main sur
Dégoter (*fam.*)
Dénicher (*fam.*)
Déterrer (*fam.*)
Déceler
Détecter
Rencontrer
Apercevoir
Obtenir

Avoir
Toucher
Procurer (*et* Se procurer)
Parvenir
Recueillir
Tirer profit de
Surprendre
Atteindre
Joindre
Rejoindre
Pêcher (*fam.*)
Tomber sur
Buter
Constater
Prendre
2. V. CROIRE et ESTIMER

« *Trouver bon* » :
Approuver

« *Trouver mauvais,
Trouver à redire* » :
Désapprouver
Déplorer
Critiquer
Reprocher

« *Se trouver* » :
1. Être en présence
Se rencontrer
Se voir

2. Être
Assister
Siéger
Exister
Habiter
Demeurer
S'avérer
Se révéler
Arriver
Advenir

3. Se sentir
Éprouver

● ANTONYME : Chercher.

TROUVÈRE
TROUVEUR
V. TROUBADOUR

TRUAND

V. MENDIANT, MISÉRABLE,
VAGABOND, BANDIT, MAL-
FAITEUR et TRAFIQUANT

TRUANDER

1. Mendier
2. Voler
Escroquer
V. TRAFIQUER

TRUBLION

Agitateur
Fauteur de troubles
Comploteur

TRUC

1. V. TOUR
2. Truquage
Disposition
Machine
Procédé
Moyen
Artifice
Machinerie
3. Chose
Machin
Engin
Histoire
Fourbi
Trucmuche

TRUCAGE
V. TRUQUAGE

TRUCHEMENT

1. V. TRADUCTEUR
Porte-parole
Représentant

2. Intermédiaire
Entremise
Interprète (*fig.*)
Médiation
Moyen

TRUCIDER
V. TUER

TRUCULENT

1. V. Farouche (*anc.*)
2. Haut en couleur
Comique
Pittoresque
Excessif
Violent

TRUELLE

V. PELLE
Spatule
Cuiller

TRUFFER
V. EMPLIR

TRUIE
V. PORC

TRUISME

Banalité
Évidence
Lapalissade
Tautologie
Platitude
Lieu commun
Trivialité
V. VÉRITÉ (VÉRITÉ D'ÉVI-
DENCE)

TRUITÉ

1. V. TACHÉ
2. Craquelé
Fendillé

TRUQUAGE

1. V. TRUC

2. Altération
Contrefaçon
V. TROMPERIE

TRUQUER
V. TRICHER, TROMPER et
FALSIFIER

TRUST
V. SOCIÉTÉ

TSAR
V. MONARQUE

TSIGANE ou **TZIGANE**
V. BOHÉMIEN

TUANT (*fig. fam.*)

Épuisant
Fatigant
Crevant
Assommant
Énervant
Importun
Ennuyeux

TUBE

1. Éprouvette
Pipette
Siphon
Colonne
Ménisque
Canule
Drain
Cuissard
Tubulure
Cylindre
Sarbacane
Chalumeau

Arrugie (*techn.*)
Ajutage
Tuyau
Collecteur
Tuyère
Canal
Canalisation
Tuyautage
Tuyauterie
Oléoduc
Pipe-line
Conduite
Aludel (*Chimie*)
Boisseau
Manche
Branchement
Embranchement
Descente
Dévoiement
Sonde
Serpentin
Diable (*poêle*)
Porte-vent (*orgue*)
Canon
Canonnière
Vaisseau (*bot.*)
V. TIGE

2. Haut-de-forme

TUBERGULE

1. Pomme de terre
Patate
Topinambour
Igname
Crosne
2. Abcès (au poumon)
Tumeur (blanche)
Caverne
Granulation

TUBERCULEUX

Phtisique
Poitrinaire

Malade de la poitrine
Tubard (*pop.*)

TUBERCULOSE

Phtisie
Maladie du poumon
Maladie de la poitrine
Maladie de langueur (*anc.*)
Mal de Pott
Primo-infection
Bacillose
Granulie
Granulation
Typho-bacillose
Coxalgie
Spina-ventosa
Lupus
Carreau

TUBULAIRE
Cylindrique

TUBULURE
V. TUBE

TUDESQUE
V. ALLEMAND

TUER

1. Donner la mort
Assassiner
Ôter la vie
Occire (*anc.*)
Expédier (*anc.*)
Abattre
Descendre (*fam.*)
Assommer
Supprimer
Massacrer
Exterminer
Décimer
Trucider
Zigouiller (*fam.*)
Nettoyer (*fam.*)

Liquider (*fam.*)
Buter (*pop.*)
Ratiboiser (*fam.*)
Démolir (*fam.*)
Étendre (*pop.*)
Refroidir (*arg.*)
Dégringoler (*id.*)
Estourbir (*id.*)
Suriner (*id.*)
Chouriner (*id.*)
Bousiller (*id.*)
Crever (la peau *ou* la paillasse) (*fam.*)
Envoyer ad patres
Envoyer dans l'autre monde
Avoir la peau (*fam.*)
Faire la peau (*fam.*)
Pourfendre
Percer
Poignarder
Brûler la cervelle
Lapider
Empoisonner
Exécuter
Faire justice
Anéantir
Faucher
Achever
Saigner
Sacrifier
Immoler
Emporter
Foudroyer
Détruire
Faire périr
Écraser
Ruiner
Supprimer
Décapiter
Meurtrir
Étrangler
Juguler
Égorger
Couper le cou (*ou* la tête)
Trancher le cou (*ou* la tête)

Guillotiner
Décoller
Pendre
Fusiller
Passer par les armes
Lyncher
Verser le sang
Détruire
Tordre le cou
Étouffer
Asphyxier
Noyer
Éventrer
Passer au fil de l'épée
Sabrer
Ensanglanter

2. Exténuer
Éreinter
Abattre
Démolir
User
Épuiser
Lasser
Peiner
Chagriner
Désespérer
Déshonorer

« *Se tuer* » :

1. Se suicider
Se faire hara-kiri
Mettre fin à ses jours
Se supprimer
Se faire sauter *ou* se brûler la cervelle
Se donner la mort
Se tirer une balle dans la tête
Se poignarder
Se pendre
Se noyer
Se fiche en l'air (*pop.*)

2. Trouver la mort
Se casser le cou
Se rompre le cou
Mourir accidentellement

3. (*Fig.*) Se fatiguer

Se donner beaucoup de mal
S'évertuer
User ses forces

4. S'entre-tuer
S'entre-détruire
S'entr'égorger

● ANTONYMES : Sauver, Épargner.

TUERIE
V. CARNAGE

TUEUR
V. MEURTRIER

TUILE (*pop.*)
V. MÉSAVENTURE

TUMÉFACTION

Enflure
Gonflement
Tumescence
Intumescence
Turgescence
Œdème
V. TUMEUR

TUMÉFIÉ
V. GONFLÉ

TUMESCENCE

V. TUMÉFACTION
Érection
État d'excitation érotique
V. TURGESCENCE

TUMESCENT

Érectile
Qui enfle
Qui se gonfle

Qui grossit
Turgescent

TUMEUR

V. TUMÉFACTION
Enflure
Ampoule
Bouton
Excroissance
Grosseur
Granulation
Tubercule
Tubérosité
Kyste
Athérome
Loupe
Tanne
V. ABCÈS
V. FURONCLE
V. ORGELET
Anévrisme
Hématome
Hématocèle
Œdème
Fibrome
Cancer
V. TUBERCULOSE
Apostème *ou* Apostume
Goître
Épulide *ou* Épulie
Fongus
Grenouillette

TUMULAIRE
Tombal

TUMULTE

V. TAPAGE, CONFUSION et
DÉSORDRE

TUMULTUEUX

Agité
Bruyant

Orageux
Violent
Furieux
Bouillonnant
Désordonné
Chaotique
Troublé
Trépidant

● ANTONYMES : Calme,
Tranquille, Silencieux.

TUMULUS

Cairn *(irlandais)*
Galgal *(celte)*
Mound *(archéologie)*
Tertre
V. BUTTE et TOMBE

TUNIQUE

Tunicelle *(liturgie cathol.)*
Redingote
Robe
Dolman
Veste
Kimono
Dalmatique
Laticlave
Éphod *(hébreu)*
Angusticlave *(romain)*
Chiton *(grec)*

TUNNEL

Souterrain
Galerie
Corridor

TURBAN

Bandeau
Bande d'étoffe

TURBIN *(pop.)*
V. TRAVAIL

TURBINER *(pop.)*
V. TRAVAILLER

TURBULENCE

1. Agitation bruyante
Mouvements désordonnés

2. Vivacité
Dissipation
Pétulance
Impétuosité
Fougue

3. *Spécialement physique* :
Formation de tourbillons

● ANTONYMES : Tranquillité, Calme, Sagesse.

TURBULENT

Agité
Pétulant
Impétueux
Vif
Remuant
Bruyant
Excité
Fougueux
Impatient
Emporté
Dissipé
Espiègle
Chahuteur
Troublé
V. TUMULTUEUX

● ANTONYMES : Tranquille, Calme, Paisible,
Sage.

TURC
Ottoman

TURF

Hippodrome
Hippisme
Course
Cheval

« *Faire le turf* » :
Faire le trottoir (*arg.*)
Se prostituer

TURFISTE

Parieur
Homme de turf

TURGESCENCE

V. Tumescence
Gonflement
Congestion
Érection

TURGESCENT

V. Tumescent
V. Gonflé

TURGIDE *(litt.)*
V. Gonflé

TURLUPIN
V. Bouffon

TURLUTAINE
V. Manie

TURNIP *(néol. anglais)*

Chou-rave
Navet fourrager

TURPITUDE

V. Honte
Débauche

Ordure
Bassesse
Indignité

TUTÉLAIRE
V. Protecteur

TUTELLE

1. Garde
Administration
Autorité
Contrôle
Mandat
2. Dépendance
Surveillance
Direction
Lisière
Protection
Sauvegarde
V. Auspices
Contrainte
Gêne

● Antonymes : Indépendance, Autonomie.

TUTEUR

1. Curateur
Gérant
Adjudicataire
Comptable
Oyant (*jur.*)
2. Armature
Tige
Soutien
Appui
Perche
Rame
Échalas

● Antonyme : 1. Pupille.

TUYAU

1. V. Tube
2. (*Fig. fam.*) Renseignement

Indication
Information
Confidence
Combine

TUYAUTAGE

Tuyauterie
V. Tube et Conduite

TUYAUTER

1. Cylindrer

2. (*fam.*) V. Renseigner

TUYAUTERIE
V. Tube et Conduite

TUYÈRE
V. Tube

TYMPAN
Tambour (*anc.*)

TYPE

1. V. Caractère (*d'imprimerie*)
Fonte

2. V. Modèle et Original

3. V. Espèce

4. V. Personne

TYPÉ

Marqué
Caractéristique
V. Typique

TYPHON
V. Tempête

TYPIQUE

1. Symbolique (*eccl.*)
Allégorique
2. Caractéristique
Distinctif
De convention
Original
Remarquable
Spécifique et Spécial
Singulier
Particulier
Attributif
À part

TYPIQUEMENT
Spécifiquement

TYPOGRAPHE

Ouvrier du livre
Imprimeur
Metteur en pages

Imposeur
Minerviste
Typo (*fam.*)
Paquetier

TYPOGRAPHIE

Composition
Linotypie
Monotypie
Électrotypie

TYRAN

V. MONARQUE
Oppresseur
Dominateur

TYRANNIE

1. Absolutisme
Autocratie

Dictature
Despotisme
Arbitraire
Domination
Asservissement

2. Autorité
Empire
V. INFLUENCE

● ANTONYMES : Liberté,
Libéralisme.

TYRANNIQUE
V. DESPOTIQUE

TYRANNISER
V. OPPRIMER

TZIGANE ou **TSIGANE**
V. BOHÉMIEN

U

UBIQUITÉ

Dédoublement
Omniprésence

UBUESQUE
Grotesque

UKASE ou OUKASE
V. Commandement

ULCÉRATION

Exulcération
Ulcère
Chancre
Exutoire
Cautère
Brûlure
Ozène
Abrasion
Aphte
Crapaudine
Corbuche (*arg.*)

ULCÈRE

1. V. Ulcération
2. Plaie (*fig.*)
Lèpre
Cancer

ULCÉRER
V. Blesser

ULTÉRIEUR
V. Suivant

ULTIMATUM

V. Commandement
Sommation
Mise en demeure

ULTIME
V. Dernier

ULTRA

Royaliste
Conservateur
V. Réactionnaire

ULTRAMONTAIN

1. Italien (*anc.*)
2. Papiste (*péjor.*)

● Antonyme : Gallican.

ULULER ou HULULER
V. Crier

ULULEMENT ou HULU-LEMENT

Glapissement
V. Cri

UN

Unique
Union
Une seule et même chose
(*ou* personne)
Une réalité unique
Premier
As
Simple

Indivisible
Consubstantiel
● ANTONYMES : Multiple, Divers.

UNANIME

D'accord
En accord complet
Commun
Général
Universel
● ANTONYMES : Divisé, Contradictoire.

UNANIMITÉ

Accord
Consentement (de tous)
Conformité
Communauté de vues
Harmonie
Totalité des suffrages
Unité
Uniformité
● ANTONYMES : Discorde, Partage.

UNI

1. Réuni
Associé
Confondu
Fusionné
Joint
Marié
En accord
En harmonie
2. Cohérent
Homogène
V. PLAT
V. ÉGAL
V. LISSE
Glabre

Régulier
Uniforme
Constant
Simple
Sans ornement
Monotone
Tranquille
Calme
Réglé
Monocorde
● ANTONYMES : Désuni, Divisé, Opposé, Inégal,

UNIFIER

V. UNIR
Fusionner
Mêler
Niveler
Uniformiser
Réunir
Harmoniser
Intégrer
● ANTONYMES : Désunir, Différencier, Opposer, Fractionner, Séparer.

UNIFORME

1. V. UNI
2. Semblable
Pareil
Identique
Même
3. V. VÊTEMENT
Accoutrement
Habit
● ANTONYMES : Inégal, Changeant, Saccadé, Accidenté.

UNIFORMÉMENT

Régulièrement
Proportionnellement

UNIFORMISER

Standardiser
Simplifier
● ANTONYME : Diversifier.

UNIFORMITÉ

Égalité
Régularité
Ressemblance
Monotonie
V. UNANIMITÉ
● ANTONYMES : Diversité, Variété.

UNILATÉRAL

À sens unique
● ANTONYME : Synallagmatique.

UNILATÉRALEMENT

Sans réciprocité
Sans consulter
De sa propre autorité (ou volonté)
Seul

UNIMENT

1. Semblablement
Avec régularité
Régulièrement
Également

2. Avec simplicité
Simplement
Franchement
Sans ambages
Sans détour

UNION

Assemblage
Association
V. Réunion
Fusion
Unité
Communion
Alliance
Accord
Concert
Entente
Abouchement
Adhérence
Cohérence
Intelligence
Collusion
V. Liaison
V. Rapport
V. Complicité
Ensemble
Contexture
Mélange
Connexion
Correspondance
Cohésion
V. Jonction
Attachement
Amitié
Mariage
Hymen
Concubinage
Chaîne
Étreinte
Camaraderie
Intimité
Fraternité
Harmonie
Concorde
Conformité de vue
Communauté de vue
Assemblage
V. Fédération
V. Parti
V. Syndicat
Groupement
V. Rassemblement
Combinaison

● Antonymes : Désunion Division, Discorde, Séparation, Rupture, Dissension, Scission, Divorce, Opposition.

UNIQUE

1. V. Un, Seul et Uni

2. V. Rare et Bizarre

UNIQUEMENT

Seul
Seulement
Exclusivement
Purement
Strictement
Rien que

UNIR

V. Assembler et Réunir
Associer
Allier
Coaliser
Fédérer
Confédérer
Fusionner
Marier
Annexer
Apparier
Coupler
Souder
Enchaîner

● Antonymes : Désunir, Diviser, Séparer, Opposer.

UNISSON

1. Consonance
Son unique

2. Accord
Harmonie
Conformité
Sympathie

● Antonymes : Polyphonie, Désaccord.

UNITÉ

1. V. Uniformité, Unanimité et Union

2. V. Troupe

UNIVERS

1. Monde
Cosmos
Nature
Tout
Macrocosme
Création
Ciel
Espace
Galaxie
V. Terre

2. (fig.) Domaine
Monde
Milieu
Système
Ensemble

UNIVERSALISER

Diffuser
Généraliser
Répandre

UNIVERSEL

1. Mondial
Global
Total

Général
Commun

2. Complet
Omniscient

3. Cosmique
Astral
Céleste

UNIVERSELLEMENT
Mondialement

UNIVERSITAIRE
V. Professeur

UNIVERSITÉ

Alma mater (*litt.*)
Faculté
Académie
Collège
Institut
Enseignement supérieur

UPPERCUT
Crochet (*boxe*)

URBAIN
Citadin

● Antonyme : Rural.

URBANITÉ
V. Affabilité

URGENT

V. Pressant, Pressé

URINE

Urée
Excrément
Pisse (*triv.*)
Pipi (*fam.*)

URINER

Pisser (*fam.*)
Lâcher de l'eau
Pissoter
Faire pipi (*fam.*)

URINOIR

Vespasienne
Pissotière (*fam.*)
Pissoir (*pop.*)
Édicule (municipal)
Toilettes
V. Lieux d'aisance

URNE

Vase
Boîte

URTICAIRE

Éruption
Exanthème

US
V. Habitude

USAGE

1. V. Jouissance, Utilisation et Utilité

2. V. Habitude et Politesse

USAGER
Utilisateur

USÉ

Usagé
Vieux

Avachi
Défraîchi
Fatigué
Râpé
Élimé
Détérioré
Antique
Déchiré
Fripé
Mûr (*fam.*)
Délabré
Miteux
Culotté
Éculé
Fruste
Démodé
Altéré
Éteint
En loques
En ruine
Hors d'usage
Émoussé
V. Fané
Décrépit
Épuisé
Blasé
V. Rebattu et Commun

● Antonymes : Neuf,
Inusable.

USER

1. Épuiser
Consommer
Employer
Utiliser
Se servir
Prendre
Porter
Jouir de
Boire
Absorber
Dévorer
Détruire
Avoir recours à
Mettre en œuvre

Essayer
Déployer
Manier

2. Agir
Se conduire
Se comporter
Traiter

3. Abîmer
Râper
Corroder
Fatiguer
Miner
Amoindrir
Diminuer
Affaiblir
Entamer
Élimer
Roder
Mordre
Rogner
Émousser
Épointer
Oblitérer
Raguer (un câble)
Effriter
Gâter
Épuiser
Consumer
Éculer
Érailler
Mettre en morceaux

« *S'user* » :
Se détériorer
Brûler
Diminuer
S'altérer
Perdre
S'épuiser
Se fatiguer
Vieillir
S'en aller
Se vermouler
Devenir stérile

● ANTONYMES : Laisser,
S'abstenir, Rénover.

USINE

Industrie
Fabrique
Manufacture
Boîte (*fam.*)
Tôle (*et* Taule) (*pop.*)
V. ATELIER et ÉTABLIS-
SEMENT
Aciérie
Forge
Fonderie
Haut fourneau
Cockerie
Laverie
Distillerie
Raffinerie
Centrale
Station d'électricité

USITÉ

Employé
Usuel
Courant

USTENSILE

Appareil
Instrument
Accessoire
Objet
Gadget (*néol.*)
Engin
Outil

USUEL

V. USITÉ
Commun
Familier
Ordinaire
Courant
Fréquent
Habituel

● ANTONYMES : Désuet,
Rare.

USUELLEMENT

D'usage quotidien (*ou* nor-
mal)
D'ordinaire
Communément
Habituellement

USUFRUIT
V. JOUISSANCE

1. USURE
V. INTÉRÊT et PROFIT

2. USURE

Corrosion
Érosion
Dégradation
Éraillement
Amoindrissement
Affouillement
Vermoulure
Vétusté
Ravage
Détérioration
Avarie
Dommage
Méfait

USURIER

Prêteur
Fesse-Mathieu (*anc.*)
Tire-sous
Vautour

USURPATION

Appropriation
Imposture
Illégalité

997

USURPER

S'approprier
S'emparer
S'arroger
S'attribuer
Empiéter
Envahir
Étendre son pouvoir sur
Ravir
Anticiper

UTÉRUS

Matrice
Sein (*fig.*)

UTILE

Nécessaire
Salutaire

Profitable
Indispensable
Bon
Avantageux
Important
Fructueux
Précieux
Commode
Pratique
Efficace
Essentiel
Capital
Valable
Souverain
Utilisable

● ANTONYMES : Inutile, Superflu, Nuisible, Stérile.

UTILISATION

Emploi
Destination

Usage
Maniement
Application

UTILISER
V. SE SERVIR et USER

UTILITÉ

V. PROFIT
Fonction
Intérêt
Avantage

UTOPIE

Plan imaginaire
Système imaginaire
Mythe
V. ILLUSION

UTOPIQUE
V. IMAGINAIRE

VW

VACANCE

1. Disponibilité

2. (*Plur.*) Vacation
Vacuité
Suspension des travaux
Interruption

3. V. REPOS
Congé
Villégiature

● ANTONYMES : Travail,
Rentrée.

VACANCIER
V. VOYAGEUR

VACANT

1. Sans titulaire

2. Abandonné (*jur.*)
Jacent (*id.*)
Sans propriétaire

3. Inoccupé
Libre

Disponible
V. VIDE
Vague (un terrain)

● ANTONYMES : Occupé,
Pris.

VACARME
V. BRUIT

VACATION
V. VACANCES, RÉTRIBU-
TION

VACHE

Génisse
Taure
Vachette

VACHER

Gardien de troupeaux
Berger

VACHERIE

1. V. ÉTABLE

2. (*fam.*) Méchanceté

● ANTONYME : 2. Gentil-
lesse.

VACILLANT

V. TREMBLANT
Titubant

VACILLATION

1. V. TREMBLEMENT

2. Hésitation
Incertitude
Doute
Indécision
Irrésolution
Variabilité

● ANTONYMES : Aplomb,
Certitude, Décision.

VACILLEMENT
Clignotement

VACILLER

Se balancer
V. CHANCELER
Chavirer
V. TREMBLER

VACUITÉ

1. Vide
V. VACANCE

2. Absence de valeur
Vide moral
Vide intellectuel

VACUOLE
Cavité

VADE-MECUM
V. RÉPERTOIRE

VADROUILLE (*fam.*)
Balade

VADROUILLER (*fam.*)

Traînasser
Se promener
Traîner

VA-ET-VIENT

1. Allées et venues
Passage
Déplacements

2. Course
Mouvement alternatif
Balancement
Branle

VAGABOND

Chemineau
Nomade
Migrateur
Errant
Coureur de route
Va-nu-pieds (*fam.*)
Galvaudeux
Clochard
Clodo (*fam.*)
Trimardeur (*arg.*)
Comète (*arg.*)
Chiffonnier
Mendiant
Gueux (*anc.*)

2. (*Adj.*) Déréglé
Fugitif
Flottant
Errant
Désordonné
Baladeur (*fam.*)

VAGABONDER
V. ERRER

VAGIR
V. CRIER

VAGISSEMENT
V. CRI

VAGUE (1)
V. FLOT
Lame
Onde
Houle
Vaguelette
Mouton
Barre
Ressac
Rouleau
Mascaret

VAGUE (2)

V. VACANT
Inculte

VAGUE (3)

1. Indéfini
Indéterminé
Indécis
Flou
Confus
Imprécis
Incertain
Approximatif
Nébuleux
Obscur
Douteux
Fumeux
Imparfait
Grossier
Nuageux
Abstrait
Général
Changeant
Vaporeux
Imperceptible
Faible
Distrait
Lâche
V. TIMIDE, INCOMPRÉHEN-
SIBLE et OBSCUR

2. *Subst.* :
Imprécision
Indétermination
Imprécis
Indéterminé
Clair-obscur (*fig.*)
Confusion

● ANTONYMES : Défini,
Déterminé, Décidé, Pré-
cis, Évident, Évidence,
Précision.

VAGUEMENT

Faiblement
Confusément
Un peu

● ANTONYME : Nettement.

VAILLANCE
V. Courage

VAILLANT

1. Courageux
Brave
Preux

2. Travailleur
Vigoureux
Vif
Vert

● ANTONYMES : Couard,
Poltron, Paresseux, Faible.

VAIN

1. Inculte (anc.)

2. Irréel

3. Dérisoire
Frivole
Creux
Puéril
Futile
Insignifiant
Chimérique
Illusoire
Faux
Léger
Impossible

4. Inutile
Inefficace
Infructueux
Stérile
Superflu
Oiseux

5. V. Vaniteux

« En vain » :
Inutilement
Vainement
Peine perdue

● ANTONYMES : Agissant,
Efficace, Utile.

VAINCRE

Battre
Défaire
Abattre
Écraser
Anéantir
Accabler
Culbuter
Déconfire
Tailler en pièces
Rouler
Rosser
Brasser
Avoir le dessus
Damer le pion
Ne faire qu'une bouchée
Avoir (pop.)
Dominer
Battre
Gagner
Triompher
Conquérir
Convaincre
Fléchir
Persuader
Surmonter
Renverser
Franchir
Forcer
Maîtriser
Dompter
Étouffer
Endormir

● ANTONYME : Céder.

VAINEMENT
V. En vain

VAINQUEUR

1. Victorieux
Gagnant
Triomphateur
Conquérant
Dominateur

Gagnant
Champion
Lauréat

2. Triomphant
Orgueilleux
Satisfait

● ANTONYME : Vaincu.

VAISSEAU

1. V. Récipient

2. V. Veine

3. V. Bateau

VAL
V. Vallée

VALABLE

1. Valide
Réglementaire

2. Sérieux
Acceptable
Admissible
Recevable
Bon

● ANTONYMES : Faux,
Périmé.

VALET
V. Serviteur

VALEUR

1. V. Qualité et Courage

2. V. Prix

VALIDE

1. V. Fort
Sain

Bien portant
Ingambe

2. V. VALABLE

● ANTONYMES : Infirme, Impotent, Malade.

VALISE
V. MALLE

VALLÉE

Vallon
Val
Bassin
Combe
Cluse
Cavée (*anc.*)
Ravin
Ravine
Cañon
Gorge
Défilé
Goulet
Porte
Fjord
Synclinal

● ANTONYME : Sommet, Cime, Mont.

VALLONNEMENT

Mouvement de terrain
Courbe

VALOIR

Coûter
Être estimé à
Se vendre

« *À valoir* » :
Acompte
Avance

VAMPIRE

Goule
Strige
Suceur de sang

VANDALE

Destructeur
Iconoclaste
Dévastateur
Barbare

VANDALISME

Déprédation
V. BARBARIE

VANITÉ

1. V. ORGUEIL

2. Futilité
Frivolité
Inconsistance
Fragilité
Vide
Néant
Illusion
Chimère
Fumée
Erreur
Mensonge
Inanité
Inefficacité
Inutilité

● ANTONYMES : Valeur, Efficacité, Utilité.

VANITEUX

Orgueilleux
Prétentieux
Présomptueux

Imbu de soi
Satisfait de soi
Suffisant
Vain
Arrogant
Avantageux
Glorieux
Faraud
Infatué
Fat
Outrecuidant
Superbe
M'as-tu-vu (*fam.*)
Gobeur (*pop.*)
Paon
Crâneur
Plastronneur
Poseur
Important
Pénétré (de son importance)
V. FIER, PÉDANT et FANFARON

● ANTONYMES : Modeste, Humble.

VANNE (1)

Barrage
Déversoir
Bonde
Pale (d'un étang)
Cataracte (*fig.*)

VANNE (2) [*pop.*]

Plaisanterie
Blague
Lazzi
V. RAILLERIE

VANNERIE

Rotin
Osier
Paille

Roseau
Sorgho
Bambou
Jonc
Raphia
Lacerie (*ou* lasserie)

VANTAIL
Battant

VANTARD
V. Fanfaron

VANTARDISE

Bluff
Fanfaronnade
Forfanterie
Jactance
Exagération

VANTER

Louer
Célébrer
Exalter
Rehausser
Porter au pinacle
Élever
Faire l'éloge
Flatter
Faire le panégyrique
Faire mousser
Préconiser
Prôner
Prêcher
V. Féliciter et Glorifier

« *Se vanter* » :
V. Flatter (se)
Mentir
Exagérer

● Antonymes : Décrier, Dénigrer, Diffamer, Discréditer, Éreinter, Médire.

VAPEUR

1. Humidité (atmosphérique)
Brouillard
Brume
2. Exhalaison
Gaz
Émanation
Mofette
Fumigation
V. Fumée

VAPOREUX

1. V. Flou et Vague
2. Aérien
Éthéré
Immatériel
Transparent
Léger
Fin
Sfumato (*Bx-arts*)

VAPORISATEUR

Inhalateur
Fixateur
Pulvérisateur (*abusivt.*)

VAPORISATION

Évaporation
Sublimation
Volatilisation
Pulvérisation

VAPORISER

Gazéifier
Évaporer
Pulvériser
● Antonyme : Solidifier.

VAQUER

1. Être en vacances
Cesser
2. V. Occuper de (s')

VARECH
V. Algue

VAREUSE
V. Veste

VARIABLE, VARIANT
V. Changeant

VARIANTE
V. Variété

VARIATION
V. Changement

VARIER

1. (*trans.*) : Diversifier
Rendre divers
Bigarrer
Changer

2. (*intr.*) : Se modifier
Osciller
Changer
Moduler
Différer

VARIÉTÉ

1. Diversité
Collection
Bigarrure
Quantité
Grand nombre
Mélange

2. Subdivision
Type
Variante

Version
Forme
Sorte
Manière
3. (*Plur*.) Music-hall
Chansons
● ANTONYME : Uniformité.

VARIOLE

Petite vérole
Vaccine
Clavelée
Picote (*anc*.)

VASE (1)
V Récipient

VASE (2)
V. Limon

VASEUX

1. Boueux
Fangeux

2. (*fam*.) Obscur
Embarrassé
Vasouillard
Confus
Abruti
Fatigué

VASISTAS

Ouverture
Lucarne

VASQUE

Bassin
Coupe

VASSAL

Sujet
Homme-lige
Feudataire
● ANTONYMES : Alleu,
Autonome; Seigneur, Suzerain.

VASSALITÉ
V. Subordination

VASTE
V. Ample

VATICAN
Saint-Siège

VATICINATION

Oracle
Prophétie

VATICINATEUR
V. Devin

VATICINER
V. Prédire

VAUDEVILLE
V. Comédie

VAURIEN

Voyou
Garnement
Gredin
Sacripant
Dévoyé
Arsouille
Chenapan
Apache
Galapiat
Vermine
Canaille
Fripouille

Gouape
Frappe (*arg*.)
Poisse (*arg*.)
Crapule
Nervi
Coquin
Drôle d'individu (*fam*.)
Fripon
Sale type (*fam*.)
Polisson
Mauvais sujet
Galopin
V. Bandit, Escroc, Malfaiteur et Voleur

VAUTRER (SE)

Se coucher
Se rouler
S'étendre
Barboter

VEDETTE

1. V. Factionnaire

2. V. Chanteur et Acteur

3. V. Bateau
Canot

VÉGÉTAL
V. Plante

VÉGÉTARIEN

Végétalien
Herbivore
Frugivore

VÉGÉTATION
Flore

VÉGÉTER

Vivoter
S'encroûter

Languir
Subsister

● ANTONYME : S'épanouir.

VÉHÉMENCE

V. FOUGUE, ÉLOQUENCE et PASSION

VÉHÉMENT

Impétueux
Ardent
Passionné
Expressif
Emporté
Émouvant
Fougueux
Entraînant
Catilinaire
Violent

● ANTONYME : Langoureux.

VÉHICULE
V. VOITURE

VÉHICULER

V. TRANSPORTER et TRANSMETTRE

VEILLE

1. Insomnie
Veillée
Quart

2. Jour précédent

3. Éveil

● ANTONYMES : Lendemain; Sommeil.

VEILLÉE

1. V. SOIR
2. V. VEILLE

VEILLER

Surveiller
Être de garde
Être en éveil
Faire attention
Aviser à
Être vigilant
Prendre soin de
Prendre garde que
S'appliquer à
S'occuper à
Songer à
Protéger
Avoir l'œil (*fam.*)

VEILLEUR

Guetteur
Épieur
V. FACTIONNAIRE

VEILLEUSE

Lanterne
V. LAMPE

VEINE

1. Vaisseau sanguin
Artère
Vénule

2. V. FILON

3. Verve
Disposition
Humeur
V. CHANCE

● ANTONYME : Déveine.

VELARIUM
V. TENTE

VÊLER

Mettre bas
Faire son veau

VELLÉITÉ

Désir
Tentative (hésitante)
Envie faible
Volition passagère
Décision sans suite
Intention sans décision
V. VOLONTÉ

VÉLO et **VÉLOCIPÈDE**
V. BICYCLETTE

VÉLOCE

Agile
Rapide

VÉLOCITÉ
V. RAPIDITÉ

VÉLOMOTEUR

Cyclomoteur
Motocycle
Motocyclette
Deux-roues
Engin (*fam.*)

VELOUTÉ

Duveté
De pêche
Doux comme du velours
Doux
Délicat
Agréable

● ANTONYMES : Âpre, Rugueux, Glabre, Dur.

VELU
V. POILU

VELUM
V. TENTE

VÉNAL
V. INTÉRESSÉ

VENDANGE
Récolte

VENDÉEN
Chouan

VENDETTA
V. VENGEANCE

VENDEUR
V. MARCHAND

VENDRE

1. Céder
Aliéner
Se défaire
Se débarrasser
Bazarder (*pop.*)
Débiter
Brocanter
Marchander
Mévendre
Laisser à
Sacrifier
Donner
Rétrocéder
Revendre
Fournir
Livrer
Négocier
Trafiquer (*péj.*)
Cameloter
Regratter
Solder
Brader
Liquider
Exporter

Liciter (*jur.*)
Échanger
Servir

2. V. TRAHIR

VENELLE
V. RUE

VÉNÉNEUX

V. VÉNIMEUX
Vireux
Empoisonné

VÉNÉRABLE

Respectable
Sacré

VÉNÉRATION
V. RESPECT

VÉNÉRER
V. HONORER

VÉNERIE
Chasse à courre

VENGEANCE

Représailles
Vindicte
Vendetta
Réparation
V. PUNITION
Revanche

VENGER

Réparer (l'offense)
Dédommager
Laver

Punir

● ANTONYME : Pardonner.

VENIMEUX

1. V. VÉNÉNEUX

2. (*Fig.*) Haineux
Médisant
Calomnieux
Méchant
Perfide
Empoisonné
Fielleux
Corrosif

VENIN

1. Poison
Substance toxique

2. (*Fig.*) Haine
Malignité
Méchanceté
Mauvaises intentions
Discours dangereux
Bave
Calomnie
Médisance

VENIR

Arriver (*fam.*)
Survenir
Surgir
Aller
Se déplacer
Se rendre
S'amener (*pop.*)
Débarquer (*fam.*)
S'abouler (*pop.*)
Radiner (*arg.*)
Rappliquer (*arg.*)
Se rapprocher
Approcher
Avancer

V. PENSER, DÉCOULER, RÉSULTER et NAÎTRE

VENT

Air
Souffle
Courant
Brise
Zéphir
Alizé (ou Alisé)
Bise
Blizzard
Aquilon
Auster
Autan
Borée
Chamsin et Khamsin (arabe)
Foehn
Mistral (*ou* Magistral)
Noroît (*ou* Norois)
Tramontane
Galerne
Pampero
Simoun
Sirocco
Suroît
Mousson
Orage
Ouragan
Cyclone
Tourbillon
Bouffée
Rafale
Grain
V. BOURRASQUE et TEMPÊTE

VENTE

Débit
Placement
Mévente
Étrenne
Survente

Solde
Braderie
Liquidation
Écoulement
Rabais
Regrat
V. COMMERCE

● ANTONYMES : Achat, Acquisition.

VENTILATEUR

Soufflerie
Radiateur

VENTILATION

Aération
Aérage
Soufflerie
Tirage

VENTRAL
Abdominal

VENTRE

Abdomen
Bas-ventre
Épigastre
Hypogastre
Giron
Bedaine (*fam.*)
Bedon (*fam.*)
Bedondaine (*fam.*)
Bide (*arg.*)
Bidon (*arg.*)
Brioche (*pop.*)
Buffet (*arg.*)
Paillasse (*pop.*)
Gaster (*anc.*)
Estomac
Intestins
Sac
Lanterne (*anc.*)
Sein

VENTRIPOTENT, VENTRU
V. GROS

VENUE
V. ARRIVÉE

VÉNUSTÉ
V. BEAUTÉ

VER

1. Lombric
Annélide
Vermisseau
Arénicole
Ascaride

2. Ténia
Trichine
Oxyure
Strongle
Entozoaire
Helminthe
Filaire

3. Chenille
Larve
Man (Ver blanc)
Ténébrion
Asticot

4. Vermine

VÉRACITÉ

V. VÉRITÉ et FRANCHISE
Véridicité (*peu us.*)
Sincérité
Authenticité

● ANTONYME : Fausseté

VÉRANDA

Varangue
Bungalow
Bow-window
Galerie vitrée

VERBAL

Oral
Formel

VERBE

V. Parole et Langue

VERBEUX

V. Bavard et Diffus

VERBIAGE

Bavardage
Délayage
Remplissage
Verbomanie
Verbosité

VERDEUR

Jeunesse
V. Force

VERDICT

V. Jugement

VERDIR

1. Se couvrir de feuilles
Verdoyer
2. Blêmir

VÉREUX

Malhonnête
Douteux
Louche
Suspect

VERGE

1. V. Baguette
2. V. Pénis

VERGLAS

Givre
Glace
Frimas

VERGOGNE

V. Pudeur
Honte

VERGUE

Agrès
Envergure
Antenne

VÉRIDIQUE

1. V. Vrai
2. Sincère
Croyable

VÉRIFICATEUR

Contrôleur

VÉRIFICATION

1. Contrôle
Épreuve
Contre-épreuve
Expertise
Examen
Essai
Recensement
Pointage
2. Confirmation

VÉRIFIER

Examiner
Contrôler
Récoler (*jur. anc.*)
Avérer

Constater
Reconnaître
Voir (si)
Éprouver
S'assurer (que)
Expérimenter
Essayer (une machine)
Tester (*id.*)
Constater
Prouver
Confirmer
Justifier

● Antonymes : Infirmer, Contredire.

VÉRITABLE

V. Vrai.

VÉRITÉ

Vrai (*subst.*)
Axiome
V. Truisme
Véracité
Véridicité
Exactitude
Justesse
Certitude
Réalité
Sincérité
Franchise
Évidence
Valeur
Sens
Conviction
Certitude
Croyance
Dogme
Principe
Arcane
Réalité
Sagesse
Science
Lumière
Authenticité

● ANTONYMES : Mensonge, Erreur, Fausseté, Illusion, Invention, Fiction, Rêve.

VERMEIL et **VERMILLON**
V. ROUGE

VERMICELLE
V. PÂTES

VERMIFUGE
Anthelminthique

VERMOULU

Rongé
Mangé par les vers
Piqué

VERNIS

1. Enduit
Laque
Mordant
Litharge
Émail
Teinture
2. *Fig.*
Apparence
Brillant
Dehors
Croûte
Écorce

VERRAT
V. PORC

VERRE

1. Cristal
Flint-glass
Strass

2. (*Plur.*) Lunettes

3. Coupe
Gobelet
Flûte
Hanap
Chope
Dé à coudre
Godet
Chopine
Canon
Pot (*pop.*)
Tournée
Bock
Demi
Goutte

VERROU

Fermeture
Serrure
Targette

VERROUILLER
V. ENFERMER et FERMER

VERRUE

1. Élevure
Papillome
Tumeur
Excroissance
Poireau
Fic
Protubérance
2. Laideur (*fig.*)
Chancre

VERS

V. POÈME et POÉSIE
Rimes
● ANTONYME : Prose.

VERSANT

Pente
Raillère
Ubac
Adret
Face

VERSATILE
V. CHANGEANT

VERSEMENT
V. PAIEMENT

VERSER

1. Renverser
Coucher
Faire basculer
V. CULBUTER
2. V. PAYER
3. Répandre
Épandre
Faire tomber
Faire couler
Servir
Remplir
Arroser
Transvaser
Mettre
V. PLEURER

VERSET

Paragraphe
Antienne
Couplet
Sourate (du Coran)

VERSIFICATEUR
V. POÈTE

VERSION

1. V. TRADUCTION
2. Variante
V. VARIÉTÉ

VERSO
V. REVERS

● ANTONYME : Recto.

VERT

1. Verdâtre
Verdoyant
Émeraude
Glauque
Olive
Jade
Sinople
Tilleul
Blême
Bleu (de peur)

2. *Fig.* Jeune
Gaillard
Verdelet
Vaillant
Vigoureux
V. AIGRE
Fort
Rude
Argotique

● ANTONYMES : Mûr, Blet,
Sec.

VERTEMENT

Avec vivacité
Avec rudesse

VERTÈBRE

Spondyle *(anc.)*

VERTICAL

Droit
Debout

VERTIGE

1. Étourdissement
Tournis

Éblouissement
Vertigo
Agoraphobie

2. *Fig.* Ivresse
Trouble
Enivrement
Folie
Égarement
Fumée
Frisson
Peur

VERTUE
V. QUALITÉ

VERTUEUX
V. CHASTE ET HONNÊTE

VERVE
V. ÉLOQUENCE et VEINE

VESPASIENNE
V. URINOIR

VESTE

Veston
Anorak
Blouson
Blazer
Caban
Canadienne
Saharienne
Smoking
Jaquette
Paletot
Vareuse
Dolman
Hoqueton *(anc.)*
Soubreveste *(anc.)*
V. PARDESSUS

VESTIBULE

Entrée
Antichambre

Galerie
Hall
Propylée
Prostyle
Narthex
Porche
Cabinet
Salle d'attente
V. PASSAGE

VESTIGE
V. RESTE, RUINE et TRACE

VÊTEMENT

1. Habit
Habillement
Costume
Accoutrement
Toilette
V. TENUE
Mise
Hardes *(anc.)*
Équipage
Ajustement
Robe *(anc.)*
Uniforme
Défroque
Affaires
Effets
Fringues *(pop.)*
Frusques *(pop.)*
Nippes *(pop.)*
Costar *(arg.)*
Pelure *(pop.)*
Souquenille
Garde-robe
Haillon
Guenille
Affublement
Cache-misère
Trousseau
Oripeau
Penaillon
Friperie
Saint frusquin
Livrée
Ajustement

Pretintaille
Falbala
Fanfreluche
Affûtiau
Atour
Parure
Déguisement
Sous-vêtement
Dessous
Survêtement

2. Parure (*fig.*)
Enveloppe
Manteau

VÉTÉRAN
V. ANCIEN et SOLDAT

VÉTÉRINAIRE
Hippiatre (des chevaux)

VÉTILLE
V. RIEN

VÉTILLEUR ou **VÉTIL-LARD** ou **VÉTILLEUX**

Chicaneur
Maniaque
Minutieux
Formaliste

VÊTIR

1. Habiller
Costumer
Accoutrer
Affubler (*fam.*)
Fagoter (*fam.*)
Couvrir
Mettre (sur quelqu'un)
Fringuer (*pop.*)
Frusquer (*pop.*)
Nipper (*pop.*)
Ficeler (*fam.*)
Faire endosser un vêtement

Caparaçonner
Harnacher

● ANTONYMES : Dévêtir,
Déshabiller.

VETO

Refus
Opposition

● ANTONYME : Assenti-
ment.

VÉTUSTE
V. VIEUX

VEULE
V. MOU

VEXATION

Humiliation
Insulte
Rebuffade
Gifle (*fig.*)
Exaction
Oppression
Persécution
Abus de pouvoir
Brimade

● ANTONYMES : Consola-
tion, Attention, Flatterie.

VEXER

1. V. TOURMENTER

2. V. FROISSER

VIABILITÉ
Praticabilité

VIABLE

Apte à la vie
Durable

VIADUC
V. PONT

VIAGER

Rente viagère
Bail à la rente
Aliénation à fonds perdu

VIATIQUE

Argent
Provision
Secours
Soutien

VIBRANT

1. V. SONORE

2. Ardent
Émotif
Sensible

VIBRATION
V. TREMBLEMENT et OS-
CILLATION

VIBRER
V. TREMBLER

VICAIRE
V. PRÊTRE

VICE

1. Mal
Péché
Dérèglement
Inconduite
Bassesse
Immoralité
Corruption
Dévergondage

Libertinage
Luxure

2. Dépravation
Perversité

3. V. DÉFAUT

● ANTONYMES : Vertu,
Pureté, Innocence.

VICIER

1. Annuler (dr.)

2. V. ALTÉRER

VICIEUX

Corrompu
Immoral
Mauvais
Rétif
Pervers
Taré
Libidineux
Débauché
Libertin
Roué
Satyre
Cochon (fam.)
Vicelard (fam.)
Coupable
Dissolu
V. ÉROTIQUE, OBSCÈNE et
LUXURIEUX

● ANTONYMES : Pur, Bon,
Correct, Chaste.

VICISSITUDE

1. V. CHANGEMENT

2. Plur. Tribulation
Agitation

VICTIME

Martyr
Souffre-douleur
Sacrifié (e)
Jouet (fig.)
Mort
Tué
Blessé

● ANTONYMES : Bourreau,
Meurtrier, Rescapé.

VICTOIRE

Succès
Issue heureuse
Conquête
Triomphe
Réussite
Exploit
Palmes
Lauriers
Avantage
Avènement
Établissement
Comble
Consécration

● ANTONYME : Défaite

VICTORIEUX
V. VAINQUEUR

VICTUAILLES
V. DENRÉE et ALIMENT

VIDANGE

1. Écoulement

2. Tout-à-l'égout
Égout

3. Gadoue
Eaux-vannes
Dépotoir
Matières fécales

VIDANGER
V. VIDER

VIDE

1. (Adj.) Sec
Vacant
Inoccupé
Libre
Disponible
Dépeuplé
Abandonné
Évalué (fig. et pop.)
Désert
Pauvre
Démuni
Dégarni
Plat
Dénudé
Nu

2. Fig. Sans intérêt
Insignifiant
Insipide
Inutile
Futile
Morne
Creux

3. « Vide de » :
Dépourvu
Sans

4. Subst. :
V. TROU
Espace
Distance
Blanc
Lacune
Manque
Interruption
Marge
Perte
Privation
Abandon
Néant
Rien

Et aussi :
Vacuité

Inanité
Futilité
Vanité
Ennui
Désert

● ANTONYMES : Plein,
Rempli, Bourré, Comble,
Occupé, Plein ; 4. Pléni-
tude.

VIDE-GOUSSET
V. VOLEUR

VIDE-ORDURES
V. POUBELLE

VIDER

1. Évacuer
Désemplir
Transvaser
Transvider
Mettre à sec
Assécher
Dessécher
Vidanger
Nettoyer
Boire
Finir
Débarrasser
Déménager
Dépouiller
Épuiser
Ôter
Écoper
Chasser
Expulser

2. V. RENVOYER

3. V. RÉGLER et RÉSOU-
DRE

4. Creuser
Évider
Étriper

VIE

1. Existence
Jours
Destinée
Destin
Carrière
Fortune
V. HISTOIRE
Activité
État
Occupation

2. Création
Génération

3. Évolution

4. Énergie
Vitalité
Vigueur
Force
Entrain
Sève
Santé
Chaleur

VIEILLARD, VIEILLE
V. VIEUX

VIEILLERIE

1. Antiquaille
Antiquité
Friperie
Hardes

2. V. VIEILLESSE (pop. et
péj.)

● ANTONYME : Nouveauté.

VIEILLESSE

Sénescence
Grand âge
Déclin
Hiver de la vie
Ancienneté

Antiquité
Décrépitude
Caducité
Vétusté
Vieillerie (pop. et péj.)

● ANTONYMES : Enfance,
Jeunesse.

VIEILLIR

1. Prendre de l'âge
Avancer en âge
Être sur le retour

2. Décliner
S'affaiblir
Se décatir
Déchoir

3. Affiner
Mûrir

4. (Trans.) Rendre vieux
Faire paraître vieux

● ANTONYMES : Rajeunir,
Se conserver.

VIEILLISSEMENT

Sénescence
Sclérose

VIEILLOT
V. VIEUX

VIERGE

1. Subst. :
Pucelle
Rosière
Vestale
Puceau
Rosier (iron.)
Madone
Notre-Dame
Marie

Mère de Jésus
Mère de Dieu
Immaculée Conception
Pietà
Sainte Vierge

2. *Adj.* :
Puceau
Chaste
Virginal
Innocent
Intact
Pur
Non fécondé
Blanc (*fig.*)
Net (*fig.*)

● ANTONYMES : Souillé, Impur, Expérimenté.

VIEUX

1. *Adj.* :
V. ÂGÉ, ANCIEN et USÉ

2. *Subst.* :
Vieillard
Patriarche
Grand-Père (*ou* mère)
Pépé *et* Mémé (*fam.*)
Barbon
Géronte (*litt.*)
Grison
Baderne (*pé.*)
Birbe (*pop.*)
Vioque (*arg.*)
Centenaire
Nonagénaire
Octogénaire
Septuagénaire
Débris (*péj.*)
Ruine (*péj.*)
Vieux beau (*iron. péj.*)
Roquentin (*litt. class.*)
Gâteux
Guenille
Déchu
Ganache

Sénile
Vétéran
Ancien
Ancêtre

3. Douairière
Rombière

● ANTONYMES : Enfant, Jeune, Adolescent.

VIF

1. V. VIVANT

2. V. AGILE
Ardent
Frétillant
Pétulant
Guilleret
Rapide
V. VIOLENT
Éveillé
Ouvert
Dispos
Brillant
Spirituel
Énergique

3. Intense
Éclatant
Voyant
Criard
Cru
Franc
Haut
Gai
Coloré
Brûlant
Mordant
Perçant
Piquant
Aigre
Âpre
Cuisant
Pénétrant
Aigu
Exaspéré
Éperdu

Fou
Fébrile
Durable
Jeune
Animé
Fort
Chaleureux

● ANTONYMES : Fade, Mort, Amorphe, Calme, Indolent, Endormi, Mou, Faible, Plat, Obscur, Sombre.

VIGIE et VIGILE

Surveillance
Guetteur
Vedette
Factionnaire

VIGILANCE

Surveillance
Attention
V. SOIN

● ANTONYME : Négligence.

VIGILANT

Attentif
Alerte

● ANTONYMES : Endormi, Étourdi, Négligent.

VIGNE

Raisin
Cep
Souche
Pampre
Sarment
Treille
Lambruche

Lambrusque
Cépage
V. VIGNOBLE

VIGNERON

Viticulteur
Vendangeur

VIGNETTE

1. Ex-libris
Frontispice
Motif ornemental
Cul-de-lampe

2. Vigneture
Gravure
Estampe
Illustration
Image
Dessin
Figure

3. Timbre
Timbre-poste (ou taxe)

VIGNOBLE

Plantations (de vigne)
Rangs (*ou* Règes) de vigne
Complant
Clos
Coteau
Cru
Château
V. VIN

VIGOUREUX
V. FORT

VIGUEUR
V. FORCE et VITALITÉ

VIL
V. ABJECT

VILAIN

1. V. PAYSAN

2. Laid
Affreux
Hideux
Horrible
Moche (*fam.*)
Tocard (*arg.*)
Tarte (*id.*)
Toc (*id.*)

3. V. MÉCHANT, ABJECT
et DÉSHONNÊTE
Mauvais
Sale
Déplaisant
Dangereux
Désagréable
Incommode

● ANTONYMES : Beau,
Gentil, Joli.

VILENIE

Méchanceté
Infamie
Saleté
V. BASSESSE
V. INJURE
Saloperie (*pop.*)
Vacherie (*fam.*)
Crasse (*fam.*)

VILIPENDER
V. INJURIER

VILLA
V. MAISON

VILLAGE
V. BOURG

VILLAGEOIS
V. PAYSAN

VILLE

V. BOURG
Cité
Localité
Agglomération
Concentration urbaine
Capitale
Métropole
Fourmilière
Centre
Chef-lieu
Port
Place
Garnison
Municipe
Acropole
Commune
Pentapole
Citadelle
Bastide
Oppidum
Préfecture
Sous-préfecture

● ANTONYMES : Campa-
gne, Village.

VILLÉGIATURE
V. SÉJOUR et VACANCES

VIN

V. VIGNE et VIGNOBLE
Marc
Moût
Récolte
Criquet
Ginguet (*pop.*)
Piquette
Pinard (*fam.*)
Picrate (*pop.*)
Piccolo
Gros bleu
Gros rouge qui tache (*pop.*)
Bordeaux
Bourgogne
Chianti

Falerne
Lacryma-christi
Rouge
Rouquin (arg.)
Blanc
Rosé
Paillet
Pelure d'oignon
Mousseux
Champagne
Vermouth

VINDICATIF

Haineux
Rancunier

VINDICTE
V. JUSTICE et VENGEANCE

VINICOLE
Viticole

VIOL

Attentat aux mœurs
Derniers outrages
Odieuses violences
Forcement (anc.)
Violement (anc.)

VIOLATION

Infraction
Désobéissance
Atteinte
Dérogation
Manquement
Profanation
Outrage

VIOLE
V. VIOLON

VIOLEMMENT

Vivement
Âprement
Brutalement

VIOLENCE

Brutalité
Excès
Mal
Agitation
Sévice
Agressivité et Agression
Colère
Fureur
Irascibilité
Animosité
Démesure
Furie
Intensité
Virulence
Vivacité
Frénésie
Énergie
Déchaînement
Impétuosité
Ardeur
Chaleur
V. FORCE, FOUGUE, PAS-
SION et RÉVOLTE

● ANTONYMES : Douceur,
Mesure, Calme, Persua-
sion, Non-violence; Légè-
reté.

VIOLENT
V. VIF, EXTRÊME, EMPOR-
TÉ, SPONTANÉ

VIOLENTER

1. V. OBLIGER et VIOLER

2. Contrarier
Dénaturer
Altérer

VIOLER

1. Agir contre
Porter atteinte à
Déroger à
Contrevenir
V. DÉSOBÉIR
Profaner
Manquer à
Passer par-dessus
Trahir
Se parjurer
Abandonner

2. Outrager
Violenter
Profaner
Forcer
Souiller
Pénétrer de force
Posséder (une femme con-
tre sa volonté)

VIOLET

Violacé
Améthyste
Lilas
Mauve
Parme
Aubergine
Prune
Lie de vin
Pensée
Violine
Pourpre
Zinzolin

VIOLON

Viole (anc.)
Viole de gambe (id.)
Basse de viole (id.)
Violino
Alto (Violon-alto)
Et subst. :

(Un) Stradivarius
(Un) Amati
(Un) Guarnerius
(Un) Italien
(Un) Tyrolien

VIOLONISTE

Joueur de violon
Violoneux (*péj.*)
Ménétrier
Tzigane
V. Musicien
Racleur de cordes (*péj.*)

VIPÈRE

Péliade
Aspic
Céraste
Vouivre
Guivre

VIRAGE
V. Tournant

VIRAGO

Maritorne
Dragon
Gendarme
Mégère

VIRER

1. V. Tourner

2. (*fam.*) V. Renvoyer

3. Effectuer un virement

VIREVOLTER
V. Tourner

VIRGINAL

Candide
Pudique
V. Vierge

VIRGINITÉ

1. Pucelage
Fleur (*fig.*)
Hymen

2. Pureté
Innocence
Réputation (*fig.*)

VIRIL
V. Mâle

VIRTUALITÉ
Potentialité

VIRTUEL

Potentiel
En puissance
Possible
Probable

● Antonymes : Réel, Actuel, Formel, Effectif.

VIRTUOSE

Maître
As
Technicien
Aigle
V. Musicien et adroit

VIRTUOSITÉ

Brio
Habileté
Maîtrise
Vélocité

Agilité
● Antonyme : Maladresse.

VIRULENT

Violent
Âpre
Venimeux
Envenimé
Corrosif
Cuisant

VIRUS
Germe pathogène
Parasite intracellulaire
Microbe (*abusivt.*)

VISAGE
V. Figure et Air

VIS-À-VIS

1. V. Tête-à-tête
2. À l'égard de
Envers
Avec

VISCÈRE
Organe

VISCOSITÉ

État visqueux
Poise
● Antonyme : Fluidité.

VISER

1. Coucher en joue
Mirer
Pointer
Ajuster
2. (*fig.*) V. Ambitionner,
Convoiter, Poursuivre,
Rechercher, Vouloir

3. (*Pop.*) V. REGARDER
4. (*Fig.*) V. CONCERNER
5. (*Fig.*) V. TENDRE À

VISIBLE

Perceptible
Apercevable
Percevable
Appréciable
Apparent
Ostensible
Distinct
V. VOYANT
V. MANIFESTE et SENSIBLE
● ANTONYMES : Invisible, Caché.

VISIBLEMENT

Manifestement
Évidemment
● ANTONYME : Invisiblement.

VISION

1. V. VUE
Forme

2. Apparition
Révélation

3. Hallucination
Mirage
Fantasme (*ou* phantasme)
Fantôme
V. ILLUSION

4. Représentation
Pressentiment
Intuition
Clairvoyance
Conception
Évocation

Image
Idée
Obsession
Hantise

VISIONNAIRE

V. DEVIN
Illuminé
Enthousiaste
Rêveur
Prophète
Utopiste
Songe-creux

VISITE

Rencontre
Entrevue
Démarche
Tournée
Tour
Ronde
V. PERQUISITION
Consultation

VISITER

1. Fréquenter
Saluer
Aller voir
Passer
Hanter
Se rendre chez

2. V. EXAMINER

VISITEUR

V. VOYAGEUR
Hôte
Invité
Ami (en visite)
Représentant (de commerce)

Malade

VISQUEUX
V. GLUANT

VISSER

1. Fixer
Attacher
Immobiliser
Assujettir
Serrer
Tourner

2. *Fig. et fam.* :
Serrer la vis
Traiter sévèrement
Tenir sévèrement

VITAL

Essentiel
Indispensable
Fondamental

VITALITÉ

Vigueur
Ardeur
Énergie
Dynamisme

● ANTONYMES : Léthargie, Atonie, Langueur.

VITE

Presto
Prestissimo
À pas de géant
À grands pas
À bride abattue
À fond de train
Ventre à terre

À toute vapeur
À plein gaz
À tombeau ouvert
À pleines voiles
À tout berzingue (*pop.*)
À toute pompe (*pop.*)
Quatre à quatre (*fam*).
D'un coup
Comme l'éclair
Comme une flèche
En hâte (*et* à la hâte)
Promptement
Rapidement
À vue d'œil
Brusquement
Rondement
En un tour de main
En deux temps, trois mouvements
Tambour battant
Hâtivement
Précipitamment
Inconsidérément
V. Tôt

VITESSE

1. Rapidité
Vélocité
Célérité
Diligence
Promptitude
2. Allure
Régime
3. Temps de (réaction)
Vitesse de précipitation
V. Précipitation, Hâte

VITICOLE

Vinicole
Œnologique

VITICULTEUR

Vigneron
Vendangeur
Œnologue

VITRAGE

Surface vitrée
Baie vitrée
Cloison (de verre)
Paroi (de verre)
Verrière
Marquise
Vitrine
Châssis

VITRAIL

Rosace
Rose
Verrière
V. Vitrage
Peinture (sur vitrail)

VITRE

Panneau de verre
Carreau
Glace
Vitrine
Pare-brise

VITRINE

V. Étalage

V. Armoire

VITUPÉRER

1. V. Blâmer

2. Déblatérer
S'indigner
Invectiver
Pester
● ANTONYMES : Louer, Approuver.

VIVABLE
Supportable
● ANTONYME : Invivable.

VIVACE

1. Résistant
Robuste
Dur
2. *Fig.*
Durable
Persistant
Enraciné
Tenace

VIVACITÉ

1. V. Ardeur, Entrain et Violence

2. (*fig.*) Pénétration
Brio

3. Éclat
Intensité

VIVANT

1. En vie
Vif

2. Plein de vie
Fort
Expressif
Vif

3. Doué de vie
Animé
Organisé

4. V. Vivace

« *Bon vivant* » :
V. Viveur

● ANTONYME : Mort.

VIVEMENT

1. Ardemment

Prestement
Promptement
Rapidement

2. Intensément
Fortement
Profondément
Sensiblement

● ANTONYMES : Douce-
ment ; Lentement.

VIVEUR

Bon vivant
Noceur
Jouisseur
Fêtard
Débauché

● ANTONYME : Ascète.

VIVIER

Réserve
Clayère
Alevinier
Anguillère

VIVIFIANT

Sain
Revigorant
Reconstituant
Exaltant

● ANTONYMES : Débilitant
Déprimant.

VIVOTER
V. Végéter

VIVRE (1)

1. V. Être
Respirer
Durer

Demeurer
Habiter
Fréquenter
Cohabiter
Approcher
Croupir
Végéter
Se comporter
Se conduire
Nourrir *et* Se nourrir
Consommer
Jouir (de la vie)

2. (*Trans.*) Couler
Passer
Traverser
Éprouver

● ANTONYME : Mourir.

VIVRE (2)
V. Aliment et Denrée

VOCABLE
V. Mot

VOCABULAIRE

1. V. Dictionnaire
Glossaire
Abécédaire
Lexique

2. V. Mot

3. Termes
Terminologie
Jargon

VOCALISER
V. Chanter

VOCATION

1. V. Penchant
Appel
Attrait pour
Disposition
Goût irrésistible
Engagement

2. Destinée
Destination
Rôle
Mission

VOCIFÉRATION

Hurlement
Cri

VOCIFÉRER
V. Crier

VŒU
V. Promesse, Serment et
Souhait

VOGUE
V. Mode.

VOGUER
V. Naviguer

VOIE
V. Rue, Chemin, Route et
Passage

VOILE (1) *n. m.*

1. Morceau d'étoffe
Rideau
Litham
Palladium
Vélum
Crêpe
Voilette
Voilage

2. *Fig.* :
Manteau
Masque
Couvert
Prétexte

VOILE (2) *n. f.*

Toile
Voilure

Civadière
Clinfoc
Foc
Trinquette
Cacatois
Hunier
Misaine
Perroquet
Brigantine
Perruche
Tape-cul
Diablotin
Bonnette

VOILER
V. CACHER

VOILIER
V. BATEAU

VOIR

1. V. REGARDER
Apercevoir
Entrevoir
Distinguer
Discerner
Percevoir
Découvrir
Remarquer
Repérer
Surprendre
Contempler
Considérer
Examiner
Comprendre
Connaître
Découvrir
Constater
Envisager
Juger
Observer
Apprécier
Concevoir
Se représenter
Observer

Imaginer
Se figurer
Prévoir

2. Rencontrer
Trouver
Exister

VOISIN
V. PROCHE

VOISINAGE

1. Entourage

2. V. PROXIMITÉ
Mitoyenneté
Approche

3. Environ
Parage
Quartier
Alentour
Autour
Auprès
Près

● ANTONYME : Éloignement.

VOITURE

1. Véhicule
Plate-forme
Attelage
Camion
Carriole
Chariot
Char
Charrette
Fardier
Tombereau
Malle
Berline
Break
Berlingot
Cab
Cabriolet
Calèche

Carrosse
Chaise
Coucou
Coche
Coupé
Diligence
Derby
Fiacre
Landau
Omnibus
Phaéton
Tandem
Téléga (Russie)
Tilbury
Tonneau
Wiski
Équipage
Panier à salade
Roulotte
Ambulance
Caisson
Fourgon
Sulky
Landau
Poussette

2. Wagon
Train
Rame

3. Automobile
Bagnole (*pop.*)
Guimbarde (*fam.*)
Tacot (*fam.*)
Tire (*arg.*)
Chignole (*arg.*)
Taxi
Clou (*pop.*)
Auto (*fam.*)

VOITURER
V. TRANSPORTER

VOIX

Son (articulé, parlé)
Organe
Gorge
Cri

Chant
Babil
Gazouillement
Gosier
Ton
Parole *et* Parler (*subst.*)

VOL (1)
V. ESSOR

VOL (2)

Larcin
Maraudage
Maraude
Rapine
Appropriation
Détournement
Soustraction
Cambriolage
Indélicatesse
Volerie (*anc.*)
Brigandage
Pillage
Escroquerie
Attaque
Hold-up
Resquille
Grivèlerie

VOLAGE

V. CHANGEANT
Frivole
Inconstant
Coureur
Courailleur
Papillon (*fig.*)
Léger
Infidèle

● ANTONYMES : Constant,
Fidèle.

VOLAILLE

Poulaille (*anc.*)
Oiseau de basse-cour

Chapons
Coqs
Poulets

VOLANT (1)

1. Aérien
2. Mobile

VOLANT (2)

1. Régulateur
Réserve
Marge

2. Direction
Commande (de direction)

VOLATILE
V. OISEAU

VOLATILISER
V. VAPORISER

VOL-AU-VENT

Bouchée à la reine
Timbale
Croûte

VOLÉE

1. V. ESSOR

2. Groupe
Troupe
Essaim
Quantité

3. Décharge
Salve
Ensemble

4. V. COUP et GIFLE
Bastonnade
Correction

VOLER (1)

S'envoler
Planer
S'élever
Tournoyer
Voleter
Voltiger
Survoler

VOLER (2)

S'approprier
S'emparer
Enlever
Escamoter
Prendre
Marauder
Soustraire
Subtiliser
Ravir
Chaparder
Dérober
Butiner
Faire disparaître
Soulager de
Détourner
Emporter
Kidnapper
Détrousser
Gruger (quelqu'un)
Dépouiller
Dévaliser
Cambrioler
Carotter (*arg.*)
Estamper (*fam.*)
Flouer (*id.*)
Rouler (*id.*)
Délester
Exploiter
Piller
Escroquer
Extorquer
Empaumer (*id.*)
Flibuster (*id.*)
Tondre (*pop.*)
Étriller

Entôler (*fam.*)
Écorcher (*fam.*)
Arranger (*fam.*)
Empiler (*arg.*)
Tromper
Barboter (*pop.*)
Calotter (*pop.*)
Chauffer (*pop.*)
Chouraver (*arg.*)
Organiser (*arg. de camps de concentration*)
Choper (*pop.*)
Chiper
Faucher (*pop.*)
Grincher (*arg.*)
Piquer (*pop.*)
Piper (*fam.*)

VOLET

Fermeture
Jalousie
Persienne
Contrevent
Mantelet
Rideau

● ANTONYME : Ouverture.

VOLEUR

1. Pickpocket
Escamoteur
Monte-en-l'air
Rat d'hôtel
Cambrioleur
Tire-laine
Vide-gousset
Détrousseur
Kleptomane
Voleur à la tire
Coupeur de bourse
Escogriffe (*anc.*)
Larron
Pillard
V. MALFAITEUR et VAURIEN

2. Aigrefin
Resquilleur
V. ESCROC et PIRATE

VOLIÈRE

Oisellerie
Gloriette
Cage
Basse-cour

VOLONTAIRE

1. Libre
Voulu
Délibéré
Intentionnel
Prémédité

2. Décidé
Obstiné
Opiniâtre
Résolu
Déterminé
Acharné
Capricieux
Entêté

● ANTONYMES : Involontaire, Instinctif, Spontané, Automatique, Obligatoire; Obéissant, Soumis.

VOLONTAIREMENT

Délibérément
Intentionnellement
Exprès
Bénévolement
De bon gré
De sa propre volonté
En connaissance de cause
Volontiers
De bon cœur
De bonne grâce

● ANTONYMES : Involontairement, Automatiquement, Inconsciemment, Par force.

VOLONTÉ

Détermination
Résolution
Volition
Intention
Dessein
Désir
V. SOUHAIT
Exigence
Décret
Choix
Plaisir (*anc.*)
Gré
Vouloir (*subst.*)
Bienveillance
Malveillance
Libre arbitre
Force d'âme
Opiniâtreté
Ténacité
Cran
Caractère
Énergie
Fermeté
Résolution
Ressort
Initiative
Courage
Entêtement
Obstination
Acharnement
Persévérance
Insistance

« *A sa volonté* »
« *Par sa volonté* » :
Par sa grâce
À sa guise
À sa tête (*ou* sa main)
À son gré
Selon son bon plaisir
« *Volonté indécise* »
Velléité

VOLTE

Pirouette
Tour

VOLTE-FACE

1. Conversion

2. *Fig.* :
V. Changement
Contremarche
Revirement
Reniement
Virevolte

VOLTIGER
V. Voler et Flotter

VOLUBILE
V. Bavard

VOLUBILITÉ
V. Faconde

VOLUME

1. Livre
Tome

2. Cubage
Grosseur
Capacité
Contenance
Mesure
Débit
Profondeur

3. *Abusivt.* :
Encombrement
Place
Importance
Masse
Quantité de matière

4. Intensité (d'un son)
Ampleur

VOLUMINEUX

Gros
Étendu
Enflé
Encombrant
Embarrassant
Énorme
Épais
Profond
Ample

● antonymes : Menu,
Petit, Réduit.

VOLUPTÉ

V. Plaisir
Jouissance
Sensualité
Lasciveté (*ou* Lascivité)
Mollesse
Sybaritisme

● antonymes : Douleur,
Affres, Ascétisme.

VOLUPTUEUX

Sensuel
Sybarite
Épicurien
Jouisseur
Lascif
Amoureux
Raffiné
V. Luxurieux
Caressant
Érotique
Excitant
V. Agréable
Doux

● antonymes : Austère,
Chaste, Froid, Pénible.

VOLUTE

Spirale
Enroulement
Arabesque
Hélice
Tigette

VOMIR

1. Rendre
Régurgiter
Regorger
Dégorger
Évacuer
Restituer
Expulser
Chasser

Pop. et Arg. :
Dégueuler
Dégobiller
Débecqueter
Débagouler
Jeter son lest
Renarder
Rendre gorge
Mettre le cœur sur le
carreau
Aller au refile

2. Cracher
Éructer
Rejeter
Lancer
Laisser sortir
Projeter
Exécrer
Honnir

VOMISSURE

Vomi
Déjection

VOMITIF

1. Émétique
Vomique
Ipéca

2. *Fig.* À vomir
Ignoble
Répugnant
Repoussant
Écœurant

VORACE
V. GLOUTON

VORACITÉ

Appétit
Avidité
Goinfrerie
Gloutonnerie

Spécialement :
Âpreté

● ANTONYME : Frugalité.

VOTE

1. Suffrage
Avis
Opinion
Voix

2. Scrutin
Élection
Consultation
Référendum
Plébiscite
Premier tour
Deuxième tour
Dépouillement
Adoption

● ANTONYMES : Abstention,
Boycott.

VOTER

Exprimer son opinion
Aller aux urnes
Prendre position sur
Décider
Adopter
Plébisciter
V. ÉLIRE

● ANTONYMES : S'abstenir,
Boycotter.

VOUER

1. Promettre
Offrir
Consacrer
Dédier

2. Condamner
Prédestiner

« *Se vouer* » :
Se consacrer
S'employer
Se donner
S'adonner
S'attaquer

VOUIVRE
V. VIPÈRE et SERPENT

VOULOIR (1)

V. VOLONTÉ
Bienveillance
Malveillance
Intention

VOULOIR (2)

1. Commander
Ordonner
Demander
Exiger
Réclamer

Interdire
Défendre
Prescrire
Désirer
Souhaiter
V. CONVOITER
Avoir envie
Aimer
Tenir à
Refuser de
Attendre
Essayer

2. Affirmer
Prétendre

3. Consentir
Permettre
Accepter
Acquiescer
Daigner
Être d'accord
Agréer

● ANTONYME : Refuser.

VOULU

1. V. VOLONTAIRE

2. Prescrit
Requis
Commandé

VOÛTE

Claveau
Voussure
Berceau
Coupole
Dôme
Arche
Arcade
Dais
Calotte
Couronne

VOÛTÉ

Courbé
Arqué

VOÛTER

Courber
Cintrer

« *Se voûter* » :
Se courber
Se casser

VOYAGE

Déplacement
Tournée
Balade
Excursion
Tour du monde
Circuit
Croisière
Périple
Expédition
Exploration
Pérégrination
Randonnée
Virée
Traversée
Navigation
Circumnavigation
Passage
Tourisme
Pèlerinage
V. PROMENADE

VOYAGER

1. Faire des voyages
Se déplacer
Faire un tour
Naviguer
Voir du pays
Parcourir le monde

Rouler sa bosse (*fam.*)
Courir le monde
Sillonner
Être par monts et par vaux
Être par voies et par chemins
Bourlinguer
Naviguer
Pérégriner
Se transporter
Se promener
Marcher
Aller
2. Changer de place
Être transporté
Se déplacer

VOYAGEUR

1. Touriste
Globe-trotter
Vacancier
Estivant
Campeur
Villégiateur
Visiteur
Pérégrin (*anc.*)
Explorateur
Vagabond
Passager

2. Représentant
Commis-voyageur

3. Migrateur
Baladeur
Nomade

VOYANT

1. V. VISIONNAIRE et DEVIN

2. V. VISIBLE
Criard
Éclatant
Tapageur

● ANTONYME : 2. Discret.

VOYOU
V. VAURIEN

VRAC (EN)

Pêle-mêle
Sans emballage
En désordre ou
Sans ordre

VRAI

Véridique
Véritable
Exact
Authentique
Conforme à la vérité
Incontestable
Avéré
Juste
Certain
Sûr
Fidèle
Historique
2. V. RÉEL
3. V. LOYAL
4. V. PLAUSIBLE
5. Bon
Convenable
6. *Subst.* : V. VÉRITÉ

● ANTONYMES : Faux,
Apparent, Inventé, Infidèle, Simulé, Imaginaire,
Illusoire, Imité.

VRAIMENT

Certainement
Réellement
Effectivement
En effet
En vérité
Véritablement
Au vrai
À dire vrai
Sérieusement

Sûrement
Incontestablement
Fidèlement
Exactement
Tout bonnement
Bien
Assurément
Franchement
Sans aucun doute
Sans mentir
Voire

VRAISEMBLABLE
V. PLAUSIBLE

VRAISEMBLABLE-MENT

Probablement
Apparemment
Peut-être

● ANTONYME : Invraisem-blablement.

VRAISEMBLANCE

V. APPARENCE
Crédibilité

● ANTONYME : Invraisem-blance.

VRILLE

1. Attache
Filament
Cirre

2. Forêt
Tarière
Percerette

3. (En) Spirale
(En) Hélice
(En) Tirebouchon

VRILLER

Pénétrer
Percer
Tarauder

VROMBIR

Bourdonner
Rugir (un moteur)

VROMBISSEMENT

Bourdonnement
Ronflement
Vibration
Rugissement (d'un moteur)
V. SON

VUE

1. Œil (et Yeux)
Vision
Regard
Coup d'œil
Abord

2. Point de vue
Panorama
Paysage
Perspective
Apparence
Aspect
Image
Spectacle
Présence
Approche
Considération
Apparition
Perception
Impression
Tableau
Peinture

3. Ouverture
Jour
Fente

4. *Fig.* :
Clairvoyance
Esprit
Pensée
Intelligence
Perspicacité
Compréhension
Pénétration
Conception
Principe
Conseil
Idée
V. BUT

VULGAIRE

1. V. REBATTU et COMMUN

2. V. GROSSIER

3. *Subst.* : V. POPULACE

VULGAIREMENT

1. Communément
Banalement
Couramment
Populairement
Généralement
Ordinairement

2. Trivialement

VULGARISER
V. PROPAGER

VULGARITÉ

1. Prosaïsme
Bassesse
Mauvais goût
Muflerie
Canaillerie

2. Trivialité

VULNÉRABLE

Fragile
Sensible
Attaquable
« *Point vulnérable* » :
Point faible

Faible
Félure
Défaut de la cuirasse
Talon d'Achille

● ANTONYMES : Invulnérable, Immunisé, Insensible, Blindé.

VULTUEUX

Tourmenté
V. GONFLÉ
Congestionné
Bouffi
V. ROUGE

WAGON

Chariot (*étym.*)
Tender
Voiture
Fourgon
Truck
Plate-forme
Plateau
Pullman
Sleeping (*car*)
V. WAGONNET

WAGON-LIT

Wagon-couchette
Sleeping-car

WAGONNET

Benne
Lorry
Tender

WALHALLA
V. CIEL

WARRANT

Contrat de garantie
Récépissé

WATER-CLOSET
V. LIEUX D'AISANCES

WATERPROOF
V. IMPERMÉABLE

WEEK-END
Fin de semaine

XYZ

XÉNOPHOBE

Chauvin
Raciste

● ANTONYMES : Xénophile,
Internationaliste.

XYLOGRAPHIE

Gravure sur bois
V. IMPRIMERIE
Clicherie sur bois

YACHT

Voilier
V. BATEAU

YACHTING

Navigation à voile
Voile
Régate
Plaisance (Navigation de)

YACK ou YAK

Buffle
Bœuf sauvage

YANKEE
V. AMÉRICAIN

YAOURT

Lait caillé
Yogourt

YATAGAN
V. SABRE

YEUX
V. ŒIL et VUE

ZAZOU

Toqué
Un peu fou
Pas sérieux
V. ÉLÉGANT

ZÈLE

V. ARDEUR, ENTRAIN, FOU-
GUE et ÉLAN
Ferveur
Foi
Fanatisme
Dévouement
Empressement
Enthousiasme
Diligence
Attention
Application

ZÉLATEUR
V. PARTISAN

ZÉLÉ

Dévoué
Agissant
Appliqué
Attaché
Attentif

Empressé
Diligent
Enthousiaste
Courageux
Enflammé
Ardent
Fougueux
Vigilant
Actif
Remuant
Assidu
Fervent
Passionné
Agissant
Chaleureux
Chaud
Tout feu, tout flamme

● ANTONYME : Nonchalant, Indifférent.

ZÉNITH

Point culminant
Apogée
Sommet
V. COMBLE

ZÉPHYR
V. VENT et SOUFFLE

ZÉRO

Nul
Inexistant
Sans valeur
Néant
Rien
Mauvais
Aucun

ZESTE

Écorce
Petit morceau

Peu
Rognure

ZÉZAYER

Zozoter
Bléser
Avoir un cheveu sur la langue

ZIG ou ZIGUE (*pop.*)

Individu (*pop.*)
Type
V. PERSONNE
Zigoto *ou* Zigoteau

« *Faire le Zig, le zigoto* » :
Faire le malin
Faire l'intéressant

ZIGOUILLER
V. TUER (*pop.*)

ZIGZAG
V. TOURNANT

ZIGZAGUER

Louvoyer
Aller de travers
Tirer des bordées

ZINC

1. *Fam.* Comptoir (de bistrot)
Café
Débit de boisson
Bar
2. V. AVION

ZIZANIE

V. MÉSINTELLIGENCE et Discorde

ZODIACAL
Astral

ZOMBI

Revenant
Lémures
Mort Vivant
V. FANTÔME

ZONE

1. Ceinture
Bande

2. Espace
Secteur
Lieu
Région
Pays
Division
Sphère
Rayon

3. Faubourg misérable
Bidonville

ZOO

Jardin zoologique
Parc zoologique
Ménagerie
Jardin des plantes
Jardin d'acclimatation

ZOOLOGISTE
Naturaliste

ZOUAVE

1. V. Soldat

2. *Pop.* : Fanfaron
Excentrique

Pitre
Guignol
V. Personne

ZOZOTER
Zézayer

ZUT !

Flûte !
Crotte ! *(fam.)*
Merde ! *(triv.)*

L'impression de ce livre
a été réalisée sur les presses
de Maury-Imprimeur S.A.
45330 Malesherbes

pour les Éditions Bordas

Dépôt légal : octobre 1986
Dépôt légal 1re édition : 1er trimestre 1981

No d'imprimeur : I86/19491